Das Recht des technischen Produkts

Matthias Bauer

Das Recht des technischen Produkts

Praxishandbuch für Unternehmensjuristen

Matthias Bauer
Rosheim, Frankreich

ISBN 978-3-658-21584-2   ISBN 978-3-658-21585-9 (eBook)
https://doi.org/10.1007/978-3-658-21585-9

Die Deutsche Nationalbibliothek verzeichnet diese Publikation in der Deutschen Nationalbibliografie; detaillierte bibliografische Daten sind im Internet über http://dnb.d-nb.de abrufbar.

Springer Vieweg
© Springer Fachmedien Wiesbaden GmbH, ein Teil von Springer Nature 2018
Das Werk einschließlich aller seiner Teile ist urheberrechtlich geschützt. Jede Verwertung, die nicht ausdrücklich vom Urheberrechtsgesetz zugelassen ist, bedarf der vorherigen Zustimmung des Verlags. Das gilt insbesondere für Vervielfältigungen, Bearbeitungen, Übersetzungen, Mikroverfilmungen und die Einspeicherung und Verarbeitung in elektronischen Systemen.
Die Wiedergabe von Gebrauchsnamen, Handelsnamen, Warenbezeichnungen usw. in diesem Werk berechtigt auch ohne besondere Kennzeichnung nicht zu der Annahme, dass solche Namen im Sinne der Warenzeichen- und Markenschutz-Gesetzgebung als frei zu betrachten wären und daher von jedermann benutzt werden dürften.
Der Verlag, die Autoren und die Herausgeber gehen davon aus, dass die Angaben und Informationen in diesem Werk zum Zeitpunkt der Veröffentlichung vollständig und korrekt sind. Weder der Verlag noch die Autoren oder die Herausgeber übernehmen, ausdrücklich oder implizit, Gewähr für den Inhalt des Werkes, etwaige Fehler oder Äußerungen. Der Verlag bleibt im Hinblick auf geografische Zuordnungen und Gebietsbezeichnungen in veröffentlichten Karten und Institutionsadressen neutral.

Gedruckt auf säurefreiem und chlorfrei gebleichtem Papier

Springer Vieweg ist ein Imprint der eingetragenen Gesellschaft Springer Fachmedien Wiesbaden GmbH und ist ein Teil von Springer Nature
Die Anschrift der Gesellschaft ist: Abraham-Lincoln-Str. 46, 65189 Wiesbaden, Germany

Vorwort

Rund achtig Prozent des gesamten Umsatzes des produzierendes Gewerbes entfallen in der Europäischen Union auf harmonisierte Produkte.[1] Die Regelungsdichte des durch den europäischen Gesetzgeber oder auf dessen Veranlassung hin geschaffenen Produktverkehrsrechts nimmt stetig zu. Der Masse der in der Union gehandelten Produkttypen entspricht die Masse der diese regelnden technischen Vorschriften und Normen. Die Stofffülle ist beträchtlich. Wo dem nationalen Gesetzgeber Regelungskompetenzen verbleiben sind nationale Produktregelungen an Unionsrecht zu messen. Der Zugang zur Materie wird zusätzlich durch das Ineinandergreifen von Recht, Technik und geübten Unternehmensprozessen erschwert. Der Gesetz- und Verordnungsgeber setzt ingenieurmäßiges Detailwissen voraus und lehnt sich an Praktiken aus Industrie und Wirtschaft an. Er führt in der Praxis bewährte Qualitätssicherungs-, Entwicklungs-, Risikomanagement- und sonstige Prozesse rechtlicher Regelung zu oder werden von ihm gar als allerorten bestehend vorausgesetzt. Angesichts der zersplitterten Stofffülle und der Inbezugnahme von Technik und geübter Praxis nimmt es nicht Wunder, dass das Produktverkehrsrecht aus der universitären und praktischen Juristenausbildung weitestgehend ausgeklammert ist.

Gleichwohl ist sie im täglichen Geschäft des Unternehmensjuristen zu berücksichtigen. Dies bereits beim Liefervertrag, namentlich beim Kauf von Handelsware, bei Entwicklungsverträgen, beim Unternehmenskauf, bei der rechtlichen Einschätzung von Qualitätsproblemen sowie bei Produkthaftungsfällen. Weiter ist die Produktkonformität mehr und mehr Gegenstand wettbewerblicher Streitigkeiten und behördlicher Verfahren. Der bei den Wirtschaftsteilnehmern und in den Rechtsabteilungen vorfindliche Kenntnisstand wird der Bedeutung dieser Rechtsmaterie allerdings kaum gerecht. Die Materie wird in den Unternehmen überwiegend den Ingenieuren und Technikern überantwortet, die allerdings ganz regelmäßig aus der Norm heraus handeln und wo die Materie Produktverkehrs*recht* originär auch nicht hingehört.

---

[1]Europäische Kommission, Arbeitsdokument, SWD(2017)469 final 2/3, S. 134.

Die rechtswissenschaftliche Begleitung des Produktverkehrsrechts ist dürftig und fehlt ein sektorübergreifendes und die Materie insgesamt behandelndes Werk. Diese Lücke soll mit dem *„Recht des technischen Produkts"* geschlossen werden. Es sollen Zusammenhänge erklärt und soll ein Überblick über das große Ganze gegeben werden, sind Verortung und Stellung des Rechts sowie das *„Wie"* seiner Umsetzung im Unternehmen darzustellen und gilt es die Pflichten der Wirtschaftsakteure in den verschiedenen Produktlebensphasen aufzuzeigen.

Behandelt wird das auf das *technische Produkt* bezogene Produktverkehrsrecht. Unter technischem Produkt wird hierbei ein unter Anwendung ingenieurwissenschaftlicher Erkenntnisse entwickeltes und produziertes Gerät von höherer Komplexität, also ein Apparat, verstanden. Keine technischen Produkte in diesem Sinne sind insbesondere Lebensmittel, Kosmetika, Arzneimittel, Biozide, Spielzeug und Baustoffe.

Das *„Recht des technischen Produkts"* ist nicht als Kommentar einzelner Vorschriftenwerke konzipiert, sondern als Handwerkzeug für den Unternehmensjuristen gedacht. Es soll die Materie verständlich und für die tägliche Arbeit handhabbar machen. Dem Bestreben folgend, die Zusammenhänge und das Große Ganze zu vermitteln, ist – auch auf die Gefahr hin, dass dem Leser diese Zusammenhänge bereits bekannt sind – einer der Schwerpunkte die Freizügigkeitsanordnung des Unionsrechts.

In einem ersten Teil werden die Grundlagen des Rechts des technischen Produkts erörtert: Freizügigkeit, geschichtliche Entwicklung des heutigen Rechts des technischen Produkts, das Verhältnis zwischen technischer Regel und Recht sowie regelungsübergreifende Grundbegriffe.

Der zweite Teil behandelt die Anforderungen an das technische Design: Produktsicherheit, Umweltproduktrecht, Straßenverkehrszulassungsrecht und sonstiges Produktverkehrsrecht.

Der dritte Teil ist den nicht-designbezogenen Marktzugangsvoraussetzungen gewidmet: Konformitätsbewertung sowie Hinweis-, Kennzeichnungs-, Mitteilungs-, Registrierungs- und Anzeigepflichten.

Der vierte Teil gilt der Nachmarktphase: Pflichten nach dem Inverkehrbringen sowie Marktüberwachung, Straf- und Bußgeldvorschriften.

Diese Unterteilungen, die dem Leser hier und da als künstliche Trennung zusammengehörender Themen erscheinen werden, waren notwendig, da andernfalls die Materie in einem einzigen Werk schwerlich hätte behandelt werden können bzw. es bei einer nach den einzelnen Vorschriftenwerken geordneten Darstellung zu zahllosen Wiederholungen gekommen wäre.

Für Kritik und Anregungen, Hinweise auf Entwicklungen und auf Gerichtsurteile bin ich stets dankbar.

Karlsruhe Matthias Bauer
im März 2018

Inhaltsverzeichnis

Teil I Grundlagen des Rechts des technischen Produkts

Freizügigkeit 3
§ 1 – Primärrechtliche Gewährleistung des Binnenmarktes 6
  I. Unmittelbare Wirkung bzw. unmittelbare Anwendbarkeit der
  Warenverkehrsfreiheit 7
  II. Maßnahmen gleicher Wirkung wie mengenmäßige Beschränkungen 9
    1. Produktregelungen – geborene Maßnahmen gleicher Wirkung
    wie mengenmäßige Beschränkungen 9
    2. Produktbezogene Regelungen 14
      a. Begriff der produktbezogenen Regelung 14
      b. Designanforderungen 15
      c. Anforderungen an die Aufmachung, Etikettierung und Verpackung 16
    3. Sonstige Marktzugangsbehinderungen 17
      a. Formalitäten 17
      b. Zulassungserfordernisse 18
      c. Sprachregelungen 20
      d. Nutzungsbeschränkungen 21
      e. Sonstige Anforderungen 22
    4. Prüfungsschema 22
  III. Inländerdiskriminierung 23
  IV. Rechtfertigung handelsbeschränkender Maßnahmen 24
    1. Verhältnismäßigkeit und Nicht-Diskriminierung 26
      a. Nicht-Diskriminierung 26
      b. Erforderlichkeit 27
      c. Verhältnismäßigkeit von Einzelmaßnahmen – Prinzip der
      gegenseitigen Anerkennung 27
    2. Einzelne Rechtfertigungsgründe 29
      a. Gründe der öffentlichen Sittlichkeit, Ordnung und Sicherheit 31
      b. Schutz der Gesundheit und des Lebens 32

c. Schutz der Gesundheit und des Lebens von Tieren und Pflanzen	33
d. Schutz des nationalen Kulturguts	33
e. Schutz des gewerblichen und kommerziellen Eigentums	34
f. Verbraucherschutz	36
g. Lauterkeit des Handelsverkehrs	37
h. Umweltschutz	39
i. Erfordernisse der Sicherheit im Straßenverkehr	39
§ 2 – Sekundärrechtliche Verwirklichung des Binnenmarkts	40
I. Grundlagen	40
1. Binnenmarktkompetenz	40
2. Weißbuch zur Vollendung des Binnenmarkts	42
II. Anforderungen an das technische Design	44
1. Angleichungsbedürftige und angleichungsfähige Sachbereiche	45
a. Theoretische Angleichungsbedürftigkeit	45
b. Angleichungsfähigkeit	46
2. Intensität der Angleichung	49
a. Begriff der Harmonisierungsintensität	49
b. Vollständige Sperrwirkung von auf Art. 114 AEUV gestützten Rechtsangleichungsmaßnahmen	49
c. Vollharmonisierung und Schutzklauseln	52
d. Harmonisierungsmaßnahme als Prüfungsmaßstab	54
3. Regelungsbereich	54
a. Produktanforderungen der Harmonisierungsrechtsvorschriften	55
aa. Wesentliche Anforderungen	57
bb. Delegierte Rechtsakte	64
b. Produktanforderungen der allgemeinen Produktsicherheitsrichtlinie	65
III. Nicht designbezogene Vorschriften	66
1. Sonstige Marktzugangsregelungen	68
2. Nicht-marktzugangesbezogene Regelungen	69
a. Herstellung einheitlicher Marktbedingungen durch Vereinheitlichung der Pflichten nach dem Inverkehrbringen	69
b. Regelung mitgliedstaatlicher Durchführung des Unionsrechts	71
IV. Rechtsnatur der sich aus dem Recht des technischen Produkts ergebenden Pflichten	73
V. Informationsverfahren auf dem Gebiet der technischen Vorschriften	74
1. Zweck des Informationsverfahrens	74
2. Ablauf des Informationsverfahrens	75
3. Autonomie des Begriffs der technischen Vorschrift	76
4. Wirkungen der Nichtnotifizierung	79
VI. Derogationsmöglichkeiten und -verfahren	79
1. Art. 114. Abs. 4, 5 und 6 AEUV	79
2. Schutzklauseln nach Art. 114 Abs. 10 AEUV	80

VII. Vollzug der Rechtsangleichung und das Hin zur Rechtsvereinheitlichung....	81
1. Handlungsformen	81
2. Richtlinienumsetzung in der Praxis.	83
3. Unmittelbare Wirkung von Richtlinien	83
a. Unmittelbare Wirkung im Verhältnis Privatperson gegen Staat	84
b. Unmittelbare Wirkung im Verhältnis Staat gegen Privatperson	85
c. Unmittelbare Wirkung im Verhältnis Privatperson gegen Privatperson	86
d. Zusammenfassung.	87
4. Richtlinienkonforme Auslegung und Rechtsfortbildung.	87
5. Unmittelbare Wirkung der Harmonisierungsrechtsvorschriften	89
§ 3 – Harmonisierung nationaler technischer Regeln	92
I. Beseitigung technischer Handelshemmnisse.	92
1. Erfordernis einer Vereinheitlichung (keine Maßnahme	
gleicher Wirkung)	93
a. Maßnahmebegriff	93
b. Rechtssache Fra.bo	94
c. Abgrenzungskriterium des hoheitlich veranlassten	
Normbefolgungszwangs	97
2. Technik der Harmonisierung	99
a. Europäische Normungsorganisationen (Grundlagen)	99
aa. Comité Européen de Normalisation (CEN) und Comité	
Européen de Normalisation Electrotechnique (CENELEC)	99
bb. European Telecommunications Standards Institute (ETSI)	103
b. Öffentlich-rechtliche Überlagerung privatrechtlicher	
Harmonisierung.	105
aa. Ex-Informationsrichtlinie 83/189/EWG und 98/34/EG auf	
dem Gebiet der Normen und technischen Vorschriften	105
bb. Übernahme- und Stillhalteverpflichtungen bei	
harmonisierten Normen	106
II. Widerspruchsfreiheit technischer Regelwerke auf nationaler Ebene	107
1. Beziehungen des DIN zu anderen deutschen technischen Regelsetzern.	108
2. Konsensprinzip	109
3. Keine rechtlich abgesicherte Einheitlichkeit und Widerspruchsfreiheit	111

Geschichtliche Entwicklung und Überblick über das heutige Recht des technischen Produkts 113

§ 1 – Old Approach (1968–1985) 114
§ 2 – Informationsverfahren auf dem Gebiet der Normen und technischen
Vorschriften (seit 1983) 115
§ 3 – New Approach (seit 1985) 115
§ 4 – Globales Konzept (seit 1990) 118
§ 5 – Harmonisierungsrechtsvorschriften nach der Modellrichtlinie
und dem Gesamtkonzept (1985–2008) 122

§ 6 – Allgemeine Produktsicherheitsrichtlinie (seit 1992) 124
  I. Erfordernis einer allgemeinen Binnenmarktrichtlinie 124
    1. Uneinheitliche Marktüberwachung 124
    2. Gegenständlich begrenzte Geltungsbereiche im Produktsicherheitsrecht...... 125
  II. Horizontal geltende und auf Verbraucherprodukte beschränkte
  Produktsicherheitsrichtlinie 125
§ 7 – Europaweite Kooperation und Koordination der Marktüberwachung
innerhalb der Harmonisierungsrechtsvorschriften nach der Modellrichtlinie
und dem Gesamtkonzept und nach der Produktsicherheitsrichtlinie 126
  I. Bewertungsverfahren nach der Modellrichtlinie 127
  II. Koordinierung nationaler Durchführungsmaßnahmen nach der
  Produktsicherheitsrichtlinie 128
    1. Meldung von Maßnahmen des indirekten Vollzugs 128
    2. Sofortmaßnahmen bei *„ernstem Risiko"* 129
  III. Infrastrukturen behördlicher Zusammenarbeit 131
§ 8 – Neuer Rechtsrahmen (seit 2008) 133
  I. Mitteilung der Europäischen Kommission vom 7.5.2003 *„Verbesserte
  Umsetzung der Richtlinien des neuen Konzepts"* 134
    1. Mangelndes Vertrauen in Zertifizierungsstellen 134
      a. Überprüfung der Stellen bei obligatorischer Drittzertifizierung 134
      b. Überprüfung der Stellen bei freiwilliger Drittzertifizierung 136
    2. Marktaufsicht und Verhältnis zur Richtlinie über die allgemeine
    Produktsicherheit 137
      a. Mitgliedstaatliche Vollzugsdefizite 137
      b. Zusammenarbeit der Marktüberwachungsbehörden 138
      c. Bewertungsverfahren 138
      d. Zusammenhang mit der Richtlinie über die allgemeine
      Produktsicherheit 138
    3. Überarbeitung der rechtlichen Rahmenbedingungen 139
  II. Reform des Europäischen Produktverkehrsrechts 139
    1. Verordnung (EG) Nr. 765/2008 140
    2. Beschluss Nr. 768/2008/EG 142
§ 9 – Fahrzeuge 143
  I. Mindestens vierrädrige Kraftfahrzeuge und Kraftfahrzeuganhänger 143
    1. Anfänge der EWG/EG-Typgenehmigung 143
    2. Revisionsbefugnisse der Kommission 144
    3. Bauteile und technische Einheiten 145
    4. Neuordnung durch die Richtlinie 92/53/EWG 145
    5. Detailbewusste Vorgaben zum Typgenehmigungsverfahren 146
    6. Abschließende Auflistung der Einzelrichtlinien 146
    7. Mehrstufengenehmigung 146
    8. Alternativverfahren 148

9. Gleichwertigkeit von ECE-Regelungen	148
10. Neufassung der Rechtsvorschriften der Richtlinie 70/56/EWG	149
11. Neues Regulierungskonzept	149
II. Zweirädrige und dreirädrige Fahrzeuge	150
1. Rahmenrichtlinien 92/61/EWG und 2002/24/EG	150
2. Verordnung (EU) Nr. 168/2013	151
III. Land- und forstwirtschaftliche Fahrzeuge	153
1. Rahmenichtlinien 74/150/EWG und 2003/37/EG	153
2. Verordnung (EU) Nr. 167/2013	154

Technische Regeln und Recht 157
§ 1 – Begriff der technischen Regel 160
  I. Technische Norm als Unterfall der technischen Regel 161
  II. Bestimmung zur wiederholten oder ständigen freiwilligen Anwendung 163
  III. Abgrenzung zur technischen Norm 164
§ 2 – Verweisungen in Rechtsvorschriften auf technische Regeln 165
  I. Verweisungsformen 167
  II. Relativität normkonkretisierender Verweisung 170
§ 3 – Harmonisierte Normen 172
  I. Reichweite der Konformitätsvermutung 173
  II. Vermutungswiderlegung 175
    1. Konformitätsvermutung im Über-/Unterordnungsverhältnis 175
      a. Abstrakte Normprüfung, Art. 11 VO (EU) Nr. 1025/2012 176
      b. Konkrete Normprüfung innerhalb der Marktüberwachung 176
    2. Konformitätsvermutung im Gleichordnungsverhältnis 178
  III. Ende der Vermutungswirkung 179
  IV. Debatte der 90er und den frühen 2000ern zur primärrechtlichen Zulässigkeit des Verweises auf harmonisierte Normen 180
§ 4 – Stand der Technik und technische Regelsetzung 183
  I. Allgemein anerkannte Regeln der Technik, Stand der Technik und Stand von Wissenschaft und Technik 184
    1. Allgemein anerkannte Regeln der Technik 185
    2. Stand der Technik 186
      a. Verweisungen des deutschen Gesetz- und Verordnungsgebers ... 186
      b. Definition des Begriffs des Stands der Technik 187
      c. Verweisungen und In-Bezugnahmen des unionalen Gesetzgebers ... 188
        aa. Niederspannungsrichtlinie 188
        bb. EMV-Richtlinie 190
        cc. Maschinenrichtlinie 190
        dd. Aufzugsrichtlinie 191
        ee. Druckgeräterichtlinie 192

  d. Stand der Technik – übergreifendes Anforderungsprofil
öffentlich-rechtlicher Design-Anforderungen.................... 192
   aa. Harmonisierter Bereich – Maßstab des zur Erfüllung und
Konkretisierung wesentlicher Anforderungen geforderten Schutzniveaus..... 192
   bb. Übergreifender Maßstab........................ 195
 3. Stand von Wissenschaft und Technik.................... 196
II. Stand der Technik im Zivil- und Strafrecht.................. 196
 1. Allgemein anerkannte Regeln der Technik, Stand der Technik
und kaufrechtlicher Mangelbegriff........................ 197
  a. Öffentlich-rechtliche Verkehrs- und Betriebsfähigkeit als nach
dem Vertrag vorausgesetzte Verwendung.................... 197
  b. Der in der Praxis vorfindliche technische Standard als vertraglich
geschuldeter Standard............................ 198
 2. Technische Standards in der zivilrechtlichen Produzenten- und
Produkthaftung................................ 200
  a. Schutz des Integritätsinteresses...................... 200
  b. Bedeutung technischer Standards..................... 201
  c. Gleichlauf öffentlich-rechtlicher und zivilrechtlicher
Sicherheitsanforderungen.......................... 202
 3. Technische Standards in der strafrechtlichen Produkthaftung........ 203
III. Konkretisierung der allgemein anerkannten Regeln der Technik und
des Stands der Technik durch technische Regeln................. 204
 1. Vermutungswirkung technischer Regeln................... 205
  a. Vermutungsvoraussetzungen....................... 206
   aa. Doppelte Vermutung in der zviligerichtlichen Praxis......... 206
   bb. Doppelte Vermutung in der verwaltungsgerichtlichen Praxis..... 209
  b. Vermutungswiderlegung......................... 211
   aa. Prozedurale Anforderungen an die Aufstellung technischer Regelwerke... 211
   bb. Inhaltliche Anforderungen an die technische Regel.......... 214
 2. Vermutungswirkung im gerichtlichen Verfahren............... 215
  a. Regeln des Anscheinsbeweises im Zivilprozess.............. 215
  b. Antizipiertes Sachverständigengutachten im Verwaltungsprozess..... 216
  c. Prüfung der Einschlägigkeit der konkreten technischen Regel....... 216

Pflichtenbegründung................................ 219
§ 1 – Verpflichtete.................................. 219
I. Hersteller.................................... 219
 1. Harmonisierungsrechtsvorschriften nach der Neuen Konzeption....... 219
  a. Herstellerbegriff und sogenannter Eigenmarken-Hersteller......... 220
  b. Quasi-Hersteller............................. 222
  c. Aufklärende Zusätze........................... 223
  d. Herstellung zum Eigengebrauch..................... 224

e. Produktänderung	224
f. Bevollmächtigte	227
2. Nicht harmonisierte Produkte (Produktsicherheit)	228
3. Fahrzeuge und Fahrzeugteile	228
4. ElektroG und BattG	228
II. Einführer	232
III. Händler	232
IV. Aussteller	233
§ 2 – Pflichtenbegründende Handlungen	233
I. Bereitstellung und Inverkehrbringen	233
1. Abgabe	234
a. Regelungswille des europäischen Gesetzgebers: Binnenmarktverwirklichung	234
b. Zeitlich gestreckter Vorgang des Abgebens	237
c. Feilbieten, Feilanbieten und Anbieten	239
d. Auf dem Unionsmarkt	241
e. Zweifaches Inverkehrbringen	242
f. Einzelfälle	242
2. Entgeltlich oder unentgeltlich	243
3. Zum Vertrieb, Verbrauch oder zur Verwendung	243
4. Auf dem Unionsmarkt	244
5. Im Rahmen einer Geschäftstätigkeit	245
a. Abgabe von Waren in einem unternehmensbezogenen Kontext	245
b. Herstellung einheitlicher Wettbewerbsbedingungen	246
II. Inbetriebnahme	247
III. Ausstellen	248
§ 3 – Das Produkt	250
I. Das Produkt als Gegenstand der Bereitstellung	250
a. Definition	250
b. End- bzw. Gesamtprodukt	251
c. Gesonderte Bereitstellung	254
II. Das „einzelne" Produkt	255
III. Neue und gebrauchte Produkte	256

Teil II Anforderungen an das technische Design

Einführung in Teil 2	261
§ 1 Gesetzliche Design-Anforderungen im Konstruktionsprozess	261
I. Gesetzliche Design-Anforderungen als ein zu berücksichtigender Parameter unter vielen	261
II. Übergreifende Restriktionen	263

§ 2 Produktverwendung als von den produktbezogenen Regelungen
nicht erfasster Regelungsgegenstand 264
   I. Mitgliedstaatliche Regelungskompetenz zu Produktverwendung/-nutzung 264
   II. Rechtssache Mickelsson und Roos 266
§ 3 Zeitlich maßgeblicher Beurteilungszeitpunkt 268
   I. Unterscheidung zwischen harmonisierten und nicht
   harmonisierten Produkten 268
   II. Gebrauchte Produkte 269
§ 4 Verpflichtete 272

Produktsicherheit 277
§ 1 – Rechtsquellen und sachlicher Geltungsbereich der
Anforderungen an das technische Design 279
   I. Harmonisierter Bereich 280
      1. Artikulation der sektoralen Harmonisierungsrechtsvorschriften
      untereinander 280
      2. Abgeschlossenheit wesentlicher Anforderung im
      harmonisierten Bereich 285
         a. Verhältnis zur Produktsicherheitsrichtlinie 285
         b. Verhältnis zur Marktüberwachung 286
   II. Nicht harmonisierter Bereich 287
   III. Sicherheits- und Gesundheitsschutz 287
      1. Schutz der höchstpersönlichen Rechtsgüter Leben, Körper
      und Gesundheit 289
      2. Sonstige Rechtsgüter 292
      3. Erfasste Kausalverläufe 292
§ 2 – Vorgehensweise zur Erfüllung der Sicherheitsanforderungen 295
   I. Rechtliche Qualität der allgemeinen Grundsätze in Anhang I der
   Maschinenrichtlinie 2006/42 296
      1. Rechtliche Verortung der Risikobeurteilung 296
      2. Keine konkreten Anforderungen an den Inhalt der Risikobeurteilung 298
      3. Grundsätze der Risikominderung 298
   II. Anwendbarkeit der grundlegenden Sicherheits- und
   Gesundheitsschutzanforderungen 299
   III. Risikobeurteilung 300
      1. Das Dokument *„Risikobeurteilung"* 300
      2. Risikobeurteilung in vier Schritten 300
      3. Vorwegnahme der Risikobeurteilung durch harmonisierte Norm 302
   IV. Hierarchisches Sicherheitskonzept 303
§ 3 – Sachliche Anforderungen 305
   I. Zu berücksichtigende Verwendung 305
      1. Bestimmungsgemäße Verwendung 307

2. Vorhersehbare Verwendung	309
a. Abgrenzung von Verantwortungsbereichen	309
b. Fallweise Betrachtung	312
aa. Herantasten an den Begriff der „*vorhersehbaren Verwendung*"	312
bb. Herstellerhinweise	315
c. Verwendung gewerblicher Gerätschaften durch Laien	317
aa. Migrationsprodukte	317
bb. Komplexe Produkte und Produkte mit spezifischen nutzerbezogenen Anforderungen	317
cc. Vertriebsgebundene Erzeugnisse	318
dd. Warnhinweise	320
d. Zubehör- und Kombinationsprodukte	321
II. Umfang der geforderten Gefährdungsabwehr	322

Umweltproduktrecht ... 323

§ 1 – Rechtsquellen und Regelungsbereiche der Anforderungen an das technische Design	327
I. Harmonisierungsmaßnahmen mit anderweitigem Schwerpunkt	327
II. Durchführungsmaßnahmen nach der Ökodesign-Richtlinie	329
III. Emissionsbegrenzungen	331
IV. Handlungsaufträge an die Mitgliedstaaten, Kennzeichnungsbestimmungen und Informationspflichten zur Energieeffizienz	332
V. Stoffliche Anforderungen und recycling-, verwertungs- und instandsetzungsgerechte Produktgestaltung	332
1. REACH und RoHS-Richtlinie	334
a. REACH	334
b. RoHS	335
c. Überschneidungen und Unterschiede	336
d. Freier Warenverkehr	337
e. REACH, ROHS und Ökodesign	338
2. Altfahrzeuge	338
3. Ressourcenschonende Produktkonzeption von Elektro- und Elektronikgeräten	339
VI. Nationale Produktanforderungen	341
§ 2 – Ökodesign	342
I. Anwendungsbereich und Produktauswahl	343
II. Ausarbeitung von Durchführungsmaßnahmen	344
III. Verabschiedete Ökodesign-Verordnungen	345
§ 3 – REACH	347
I. Zulassungspflichtige Stoffe im Annex XIV von REACH (Verwendungsverbot mit Erlaubnisvorbehalt)	348
II. Beschränkungen nach Anhang XVII von REACH	348

§ 4 – RoHS 349
  I. Anwendungsbereich.. 350
    1. Begriff des EEE... 350
    2. Gerät vs. Komponente und Bauteil 351
    3. Kabel und Ersatzteile................................... 352
    4. Ausnahmen 353
    5. Übergangsregelungen und Gerätekategorien................ 358
  II. Stoffbeschränkungen und Ausnahmen nach Anhang III der
  RoHS-Richtlinie.. 359
    1. Regelungsbefugnisse der Kommission, Stoffbeschränkungen.. 359
    2. Konzentrationswerte in Gew.-% bezogen auf homogenen Werkstoff......... 359
    3. Von den Beschränkungen ausgenommene Verwendungen 360
§ 5 – Batterierichtlinie/BattG 362
§ 6 – Outdoor-Richtlinie....................................... 364
  I. Anwendungsbereich und Abgrenzungen 365
    1. Art. 12 und 13 der Richtlinie 2000/14/EG 365
    2. Verhältnis zur Maschinenrichtlinie 2006/42/EG 366
    3. Verhältnis zur Ökodesign-Richtlinie 2009/125/EG.......... 367
  II. Geräuschemissionsgrenzwerte 367
§ 7 – Verbrennungsmotoren für nicht für den Straßenverkehr
bestimmte mobile Maschinen und Geräte.......................... 368
  I. Anwendungsbereich und Abgrenzungen 369
  II. Abgasemissionsgrenzwerte 369

Straßenverkehrszulassungsrecht................................ 371
§ 1 – Rechtsquellen und Regelungsbereiche der Anforderungen an
das kraftfahrzeugtechnische Design............................. 372
  I. Sachlicher Geltungsbereich................................ 372
  II. Fahrzeuge.. 375
    1. Genehmigungspflicht 376
    2. Vorrang der drei EU-Vorschriftenwerke 377
    3. Den verkehrsrechtlichen Bauvorschriften unterfallende Fahrzeuge 378
    4. Einschlägige verkehrsrechtliche Bauvorschriften......... 378
  III. Fahrzeugteile.. 379
    1. EU-Rechtsrahmen 379
    2. Genehmigungspflicht 381
    3. Bauartgenehmigungspflicht unabhängig von der
    Genehmigungspflichtigkeit des Fahrzeugs 382
    4. Kriterium der objektiven Verwendungsmöglichkeit 382
    5. Ersatzteile für bauartgenehmigte Einrichtungen.......... 383
    6. Entbehrlichkeit bei „*In-etwa-Wirkung*" 383

IV. Artikulation der Richtlinie 2007/46/EG und der Verordnungen (EU) Nr. 167/2013 und 168/2013 mit anderen Harmonisierungsrechtsvorschriften 385
   1. Fahrzeuge 385
      a. Produktsicherheit 385
      b. Elektromagnetische Verträglichkeit 391
      c. Umweltschutz 391
   2. Fahrzeugteile 392
V. Artikulation der § 22a und §§ 30 ff. StVZO mit EU-Produktverkehrsrecht 393
§ 2 – Kraftfahrzeugtechnische Design-Anforderungen 394
  I. Fahrzeuge 394
   1. Kraftfahrzeuge und Kraftfahrzeuganhänger, Richtlinie 2007/46/EG 394
   2. Land- und forstwirtschaftliche Fahrzeuge, VO (EU) Nr. 167/2013 395
   3. Zwei- oder dreirädrige und vierrädrige Fahrzeuge, Verordnung (EU) Nr. 168/2013 396
   4. Fahrzeugtechnische Anforderungen der §§ 30 ff. StVZO 396
  II. Fahrzeugteile 400

Sonstige(s) Produktverkehrsrecht/öffentliche Interessen 417
§ 1. Elektromagnetische Verträglichkeit 417
  I. Rechtsquellen und Regelungsbereich der Anforderungen an das technische Design 418
   1. Artikulation der Harmonisierungsrechtsvorschriften untereinander 419
   2. Anwendungsbereich der EMV-Richtlinie 421
      a. Gerät 421
      b. Bauteile/Baugruppen und bewegliche Anlagen 422
      c. Ortsfeste Anlagen 423
  II. EMV-Anforderungen 423
§ 2 – Messrichtigkeit 426
  I. Rechtsquellen und Regelungsbereich der Anforderungen an das technische Design 427
   1. Regelungskonzeptionen des Neuen Ansatzes und des Globalkonzepts 427
   2. Messgerät 428
   3. Sachlicher Geltungsbereich 428
  II. Anforderungen an das technische Design 429
§ 3 – Funktechnische Anforderungen 429
  I. Nationale Frequenzpläne 431
  II. Funktechnische Anforderungen an das technische Design 433
   1. Begriff der Funkanlage 433
   2. Kombinierte Produkte 433
   3. Vermeidung funktechnischer Störungen 435

§ 4 – Produktbezogener Arbeitsschutz 435
  I. Arbeitsschutzrecht (Überblick) 438
    1. Europäischer Arbeitsschutz 438
      a. Art. 114 AEUV (vorgelagerter Arbeitsschutz) 438
      b. Art. 153 AEUV (Betrieblicher Arbeitsschutz) 438
      c. Verhältnis Art. 114 – Art. 153 AEUV 439
    2. Arbeitsschutzsystem in Deutschland 440
      a. Staatliches Arbeitsschutzrecht 440
      b. Gesetzliche Unfallversicherung 441
  II. Anforderungen an die zur Verfügung gestellten Arbeitsmittel 443
    1. §§ 5, 7, 8 und 9 BetrSichV (Überblick) 444
      a. (Betriebs-)Sicherheit nach BetrSichV 444
      b. Produktkonformität 444
      c. Gefährdungsbeurteilung 446
      d. Betriebliche Schutzmaßnahmen 447
    2. Verhältnis der produktbezogenen Regelungen der BetrSichV zum EU-Produktsicherheitsecht 449
      a. Spannungslage 450
      b. Identität der sachlichen Geltungsbereiche 451
        aa. Weiter Gesundheitsbegriff in Art. 153 AEUV 451
        bb. Produktbezogener Arbeitsschutz = Schutz der körperlichen Unversehrtheit 452
        cc. Ergänzungs-, Umbau- und Nachrüstungspflichten = produktbezogene und nicht verwendungsbezogene Regelungen 453
      c. Position der Arbeitsmittelbeschaffungsrichtlinie 2009/104/EG 454
    3. Die produktbezogenen Anforderungen nach der BetrSichV 454
      a. Vorgelagerter Arbeitsschutz 455
      b. Betrieblicher Arbeitsschutz 455
      c. Herstellung für den Eigengebrauch und Änderung von Arbeitsmitteln 457

Teil III Sonstige Marktzugangsregelungen

Konformitätsbewertung 461
§ 1 – Harmonisierungsrechtsvorschriften nach der Neuen Konzeption und dem Gesamtkonzept 463
  I. Module für die Konformitätsbewertung 467
    1. Überblick 467
    2. Entwurfsphase 472
      a. Technische Dokumentation 472
        aa. Sinn und Zweck 472
        bb. „Allgemeine Beschreibung des Produkts" 473
        cc. Unterlagen aus der Konzeptphase 474

dd. Unterlagen aus der Phase der Lösungsauswahl und -bewertung 474
ee. Unterlagen aus der Gestaltungsphase. 475
b. Baumusterprüfung 475
c. Qualitätssicherungssystem für die Produktentwicklung 476
d. Prüfverfahren. 476
3. Fertigungsphase. 476
4. Qualitätssicherung. 477
II. Notifizierte Stellen 478
1. Überblick und Begrifflichkeiten 479
2. Regelungsbereich 481
3. Rechtsnatur des Tätigwerdens notifizierter Stellen 482
4. Notifizierungsverfahren und Widerruf der Erlaubnis 483
5. Pflichten der notifizierten Stelle 486
6. Gültigkeit erteilter Bescheinigungen. 486
III. OEM-Produkte 488
1. Konformitätsnachweis des Eigenmarken-Herstellers 488
a. Hersteller „*führen das anzuwendende
Konformitätsbewertungsverfahren durch oder lassen es durchführen*" 488
b. Nachweis der Konformität. 489
2. Konformitätssicherungsvereinbarung 491
a. Generalklauseln 491
b. Regelungen zur Produkt- und Fertigungsfreigabe. 492
aa. Produktfreigabe 492
bb. Fertigungsfreigabe 494
IV. EU-Konformitätserklärung 496
1. Auf das einzelne Produkt bezogene Erklärung 496
2. Inhalt 497
3. Sprache 497
4. Wirkung 498
V. Verpflichtete 498
§ 2 – Fahrzeuge und Fahrzeugteile 500
I. Die Genehmigung 500
1. Genehmigungstypen 500
2. Natur und Regelungsgehalt der die Konformität feststellenden
Genehmigung 501
II. Der Genehmigung zugrundeliegende (hoheitliche)
Konformitätsbewertung. 503
III. Fremdfertigung 505
IV. Erlöschen der Genehmigung 507
§ 3 – Nicht harmonisierte Produkte 510
I. Anforderungen an obligatorische Vorabgenehmigungsverfahren 510
II. Anforderungen an die ablehnende Entscheidung. 512

Hinweis-, Kennzeichnungs-, Mitteilungs- und Registrierungs- und Anzeigepflichten 515
§ 1 – Produktinformation und -instruktion 515
  I. Verwendungsbezogene Informations- und Instruktionspflichten 516
    1. Rechtsquellen öffentlich-rechtlicher Informations- und
    Instruktionspflichten 516
      a. Harmonisierungsrechtsvorschriften nach der Neuen Konzeption 516
        aa. Inhaltliche Anforderungen in den wesentlichen Anforderungen 516
        bb. Inhaltliche Anforderungen im Vorschriftentext 519
        cc. Inhaltliche Anforderungen in Produktnormen 520
        dd. Durchführungsverordnungen zur Ökodesign-Richtlinie 520
      b. Produktsicherheitsrichtlinie 2001/95/EG 521
        aa. Begriff des Verbrauchers 522
        bb. Für Verbraucher bestimmt 524
        cc. „*Vernünftigerweise vorhersehbar*" 525
        dd. Dienstleistungsbezogene Produkte 525
      c. Fahrzeuge und Fahrzeugteile 525
    2. Regelungsbereich 526
      a. Sachlicher Geltungsbereich 526
      b. Öffentlich-rechtliche Instruktionspflicht und EN 82079–1 527
      c. Öffentliche-rechtliche Instruktionspflicht und Betriebsanweisung
      nach § 12 Abs. 2 BetrSichV 528
    3. Anforderungen an die öffentlich-rechtliche Instruktionspflicht 529
      a. Inhalt der Instruktion 530
        aa. Sicherstellung einer der Konstruktion zugrundeliegenden
        Verwendung 530
        bb. Durch Konstruktion nicht ausgeschlossene Restrisiken 534
      b. Erfordernis und Modalitäten der Instruktion 539
        aa. Erfordernis der Instruktion 539
        bb. Bildzeichen 539
        cc. Sprache 539
        dd. Informationsträger 540
      c. Verpflichtete 541
  II. Nicht verwendungsbezogene Informationen 542
    1. Lärminformationspflichten nach der Outdoor-Richtlinie 2000/14/EG 542
    2. Energieverbrauchskennzeichnung nach VO (EU) 2017/1369 543
    3. Richtlinie 1999/94/EG über Verbraucherinformation zu
    Kraftstoffverbrauch und CO2-Emissionen neuer Personenkraftwagen 545
    4. Informationen gemäß Art. 10 Abs. 10 der Richtlinie 2014/53/EU 545
    5. Kennzeichnungs- und Informationspflichten nach ElektroG und BattG 546
      a. Kennzeichnung mit durchgestrichener Abfalltonne 546
      b. Informationspflicht über Batterien und Akkumulatoren in EEE 547

§ 2 – Produktkennzeichnungspflichten zur Rückverfolgbarkeit............... 548
   I. Hersteller-/Einführerkennzeichnung 548
   II. Identifikationskennzeichnung............................. 550
   III. Ort und Art der Anbringung 551
   IV. Verpflichtete....................................... 553
§ 3 – Konformitätskennzeichnungen 553
   I. CE-Kennzeichnung 553
   II. Die CE-Kennzeichnung ergänzende Zeichen..................... 558
   III. Pi-Kennzeichnung................................... 559
   IV. EU-Typgenehmigungszeichen für Fahrzeugteile 559
   V. Prüfzeichen nach § 22a II StVZO............................ 559
§ 4 – Registrierungs-, Mitteilungs- und Informationspflichten
nach REACH... 559
   I. Registrierung nach REACH von Stoffen in Erzeugnissen bei
   beabsichtigter Freisetzung.................................. 561
   II. Mitteilungspflichten nach REACH für Stoffe in Erzeugnissen 561
   III. Informationspflichten nach REACH für Stoffe in Erzeugnissen 562
§ 5 – Registrierungs- und Anzeigepflichten nach ElektroG und BattG 564
   I. Registrierungspflicht nach dem ElektroG 564
     1. Anwendungsbereich 565
     2. Registrierung..................................... 567
   II. Anzeigepflicht nach dem BattG 569

Teil IV Nachmarktphase

Nachmarktpflichten 575
§ 1 – Überwachung nach dem Inverkehrbringen 575
   I. Produktüberwachung im System des Produktverkehrsrechts 575
   II. Anforderungen an die Produktbeobachtung...................... 576
     1. Anknüpfung an die zivilgerichtliche Rechtsprechung................. 576
     2. Am Risikograd ausgerichteter Pflichtenumfang 577
     3. Dauer der Produktbeobachtungspflicht....................... 579
   III. Unterrichtung der Händler 579
§ 2 – Identifikation der Wirtschaftsakteure.......................... 579
§ 3 – Nachmarktliche Konformitäts-, Risikoabwendungs- und behördliche
Notifikationspflicht...................................... 582
   I. Nachmarktliche Konformitäts- und Gefahr-/Risikoabwendungspflicht 582
     1. Straf-, zivil- und öffentlich-rechtliche Pflichtenregime.................. 582
       a. Strafrechtliche Gefahrabwendungspflicht..................... 583
       b. Zivilrechtliche Gefahrabwendungspflicht..................... 584
       c. Öffentlich-rechtliche nachmarktliche Konformitätspflicht 585

2. Risikobewertung	586
3. Maßgebender Risikograd	588
a. Strafrechtliche Gefahrabwendungspflicht	588
b. Zivilrechtliche Gefahrabwendungspflicht	591
c. Öffentlich-rechtliche nachmartliche Konformitätspflicht	591
4. Wissen oder Wissen-Müssen	592
II. Notifikationspflicht	593
1. Meldekriterien	593
2. Meldeverfahren	594
3. Meldefrist	594
4. Privilegierung nach § 6 Abs. 4 S. 3 ProdSG	595
§ 4 – Rückrufmanagement	595
§ 5 – Nachmarktpflichten nach ElektroG und BattG	596
I. Hersteller- und Vertreiberpflichten nach dem ElektroG	596
1. Finanzierungsgarantie	596
2. Mitteilungspflichen	598
3. Bereitstellungs-, Rücknahme- und Abholpflichten	599
4. Informationspflichten gegenüber Behandlungsanlagen	602
5. Information der privaten Haushalte	602
II. Hersteller- und Vertreiberpflichten nach dem BattG	603

Marktüberwachung, Straf- und Bußgeldvorschriften	**607**
§ 1 – Indirekter Vollzug	610
I. Zuständigkeit	612
II. Eingriffsvoraussetzungen	614
1. Verstoß gegen Marktzugangsregelungen	614
2. Eingriffsschwelle und Feststellung der Nichtkonformität	615
III. Sachverhaltsermittlung	619
1. Untersuchungsgrundsatz	619
2. Nachschaubefugnisse	620
3. Untersuchungsanordnung	623
4. Temporäres Bereitstellungsverbot	624
IV. (Verkehrsbeschränkende) Marktüberwachungsmaßnahmen	625
1. Auswahlermessen und Verhältnismäßigkeit	625
2. Standardmaßnahmen	627
a. Ausstellungsuntersagung	627
b. Bereitstellungsverbot mit auflösender Bedingung	627
c. Zweistufiges Verfahren	629
d. Endgültiges Bereitstellungsverbot	629
e. Sicherstellung	630
f. Unbrauchbarmachung	630
g. Anordnung von Rücknahme und Rückruf	630
h. Warnung der Öffentlichkeit	632

3. Adressaten	634
4. Rechtsschutz	635
5. Meldungen	637
a. Überblick	637
b. Rapex	639
c. Information der Öffentlichkeit	641
§ 2 – Schutzklausel im eigentlichen Sinne (Maßnahmen gegen konforme Produkte)	642
§ 3 – Bewertungsverfahren der Union	644
I. Verfahrensablauf	644
II. Kooperationsverhältnis zwischen dem Gerichtshof und den nationalen Gerichten	645
III. Verfahrensgrundsätze	647
IV. Ermessen	650
V. Rechtsschutz	651
§ 4 – Ordnungswidrigkeiten und Straftatbestände des Nebenstrafrechts	653
I. Ordnungswidrigkeiten	653
1. Bußgeldtatbestände und -höhe	653
2. Haftung	655
II. Strafechtliche Produkthaftung	655
1. Strafrechtlich sanktionierte Pflichten	656
2. Strafqualifizierende Merkmale des § 40 ProdSG	657
3. Täterschaft	658
a. Mitarbeiter aus dem „*lower*" und „*middle*" management	659
b. Top-Management-Ebene	661
4. Vorsatz	663
Literatur	665
Sachverzeichnis	675

Abkürzungsverzeichnis

a. A.	anderer Auffassung
a. F.	alte Fassung
ABl.	Amtsblatt
Abs.	Absatz
AEUV	Vertrag über die Arbeitsweise der Europäischen Union
AG	Aktiengesellschaft
AltfahrzeugV	Altfahrzeug-Verordnung
AnerkV	Konformitätsbewertungsstellen-Anerkennungs-Verordnung
Anm.	Anmerkung
ArbSchG	Arbeitsschutzgesetz
Art.	Artikel
AtG	Atomgesetz
Aufl.	Auflage
AVBFernwärmeV	Verordnung über Allgemeine Bedingungen für die Versorgung mit Fernwärme
AVBWasserV	Verordnung über Allgemeine Bedingungen für die Versorgung mit Wasser
AVV	Allgemeine Verwaltungsvorschrift
b2b	business-to-business
b2c	business-to-customer
BAnz	Bundesanzeiger
BattG	Batteriegesetz
BattGDVO	Verordnung zur Durchführung des Batteriegesetzes
BayVBl.	Bayerisches Verwaltungsblatt *(Zeitschrift)*
BB	Betriebs-Berater *(Zeitschrift)*
BBodSchG	Bundesbodenschutzgesetz
Bd.	Band
BeckRS	Beck Rechtsprechung *(Zeitschrift)*
Beschl.	Beschluss
BetrSichV	Betriebssicherheitsverordnung

BfR	Bundesanstalt für Risikobewertung
BG	Berufsgenossenschaft
BGB	Bürgerliches Gesetzbuch
BImSchG	Bundes-Immissionsschutzgesetz
BImSchV	Verordnung zur Durchführung des Bundesimmissionsschutzgesetzes
BioStoffV	Biostoffverordnung
BMV	Bundesministerium für Verkehr
BNetzA	Bundesnetzagentur
BOStrab	Straßenbahn-Bau- und Betriebsordnung
BR-Drs.	Bundesrats-Drucksache
BT-Drs.	Bundestags-Drucksache
BVerfG	Bundesverfassungsgericht
BVerfGE	Entscheidungssammlung des Bundesverfassungsgerichts
BVerwG	Bundesverwaltungsgericht
BVerwGE	Entscheidungssammlung des Bundesverwaltungsgerichts
bzgl.	bezüglich
bzw.	beziehungsweise
CCZ	Corporate Compliance Zeitschrift *(Zeitschrift)*
CECC	CENELEC Electronic Components Committee
CEN	Comité Européen de Normalisation
CENELEC	Comité Européen de Normalisation Electrotechnique
ChemG	Chemikaliengesetz
d. h.	das heißt
DAkkS	Deutsche Akkreditierungsstelle GmbH
DB	Der Betrieb *(Zeitschrift)*
dB	Dezibel
ders.	derselbe
DGUV	Deutsche Gesetzliche Unfallversicherung
DIBt	Deutsches Institut für Bautechnik
dies.	dieselbe
DIN	Deutsches Institut für Normung
DIN-Mitt.	DIN-Mitteilungen *(Zeitschrift)*
DITR	Deutschens Informationszentrum für Technische Regeln im DIN
DKE	Deutsche Elektrotechnische Kommission
DruckLV	Druckluftverordnung
DS	Der Sachverständige *(Zeitschrift)*
DüV	Düngeverordnung
DVBl.	Deutsches Verwaltungsblatt *(Zeitschrift)*
DVGW	Deutscher Verein des Gas- und Wasserfaches
EAG	Europäische Atomgemeinschaft

ear	elektro-altgeräte register
ebd.	ebenda
EBO	Eisenbahn-Bau- und Betriebsordnung
EBPG	Energiebetriebene-Produkte-Gesetz
ECHA	European Chemicals Agency
EEA	Einheitliche Europäische Akte
EEE	Electrical and electronic equipment
EFTA	European Free Trade Association
EG	Europäische Gemeinschaft
EG-FGV	EG-Fahrzeuggenehmigungsverordnung
EGKS	Europäische Gemeinschaft für Kohle und Stahl
EGV	Vertrag zur Gründung der Europäischen Gemeinschaft
EJRR	European Journal of Risk Regulation *(Zeitschrift)*
ElektroG	Elektro- und Elektronikgerätegesetz
ElektroNOG	Gesetz zur Neuordnung des Rechts über das Inverkehrbringen, die Rücknahme und die umweltverträgliche Entsorgung von Elektro- und Elektronikgeräten
ElektroStoffV	Elektro- und Elektronikgeräte-Stoff-Verordnung
ELV	End-of-life-vehicles
EMV	elektromagnetische Verträglichkeit
EMVG	Elektromagnetische-Verträglichkeit-Gesetz
EMVG	Gesetz über die elektromagnetische Verträglichkeit von Geräten
EN	Europäische Norm
ENEC	European Norms Electrical Certification
EnEG	Energieeinsparungsgesetz
EnEV	Energieeinsparverordnung
EnWG	Energiewirtschaftsgesetz
Erg. Lfg.	Ergänzungslieferung
ErP	Energy-related Products
ETSI	European Telecommunications Standards Institute
EU	Europäische Union
EuG	Europäisches Gericht
EuGH	Europäischer Gerichtshof
EuP	Energy-using Products
EUV	Vertrag über die Europäische Union
EuZW	Europäische Zeitschrift für Wirtschaftsrecht *(Zeitschrift)*
EVPG	Energieverbrauchsrelevante-Produkte-Gesetz
EVV	Vertrag über eine Verfassung für Europa
EWG	Europäische Wirtschaftsgemeinschaft
EWR	Europäischer Wirtschaftsraum
EWS	Europäisches Witschafts- & Steuerrecht *(Zeitschrift)*

f.	folgende
ff.	fortfolgende
FIN	Fahrzeug-Identifizierungsnummer
FlsBergV	Festlandsockel-Bergverordnung
FlugLSV 2.	2. Flugplatz-Schallschutzmaßnahmenverordnung
Fn.	Fußnote
FSAV	Verordnung über die Flugsicherungsausrüstung der Luftfahrzeuge
FTEG	Gesetz über Funkanlagen und Telekommunikationsendeinrichtungen
FuAG	Funkanlagengesetz
FzTV	Verordnung über die Prüfung und Genehmigung der Bauart von Fahrzeugteilen sowie deren Kennzeichnung
FZV	Fahrzeugzulassungsverordnung
GefStoffV	Gefahrstoffverordnung
GenTG	Gentechnikgesetz
GewAch	Gewerbearchiv *(Zeitschrift)*
GewO	Gewerbeordnung
GG	Grundgesetz
GPSG	Geräte- und Produktsicherheitsgesetz
GRS	Gemeinsames Rücknahmesystem
GRUR	Gewerblicher Rechtsschutz und Urheberrecht *(Zeitschrift)*
GRURPrax	Gewerblicher Rechtsschutz und Urheberrecht – Praxis im Immaterialgüter- und Wettbewerbsrecht *(Zeitschrift)*
GRUR-RR	Gewerblicher Rechtsschutz und Urheberrecht Rechtsprechungsreport *(Zeitschrift)*
GS	Geprüfte Sicherheit
GSG	Gerätesicherheitsgesetz
GTIN	Global Trade Item Number
GVG	Gerichtsverfassungsgesetz
h. M.	herrschende Meinung
HD	Harmonisierungsdokument
Heizkosten V	Verordnung über Heizkostenabrechnung
Hrsg.	Herausgeber
Hs.	Halbsatz
i. d. F.	in der Fassung
i. e.	im engeren
i. e. S.	im eigentlichen Sinne
i. S.	im Sinne
i. S. d.	im Sinne des/der
i. Ü.	im Übrigen
i. V. m.	in Verbindung mit

ICSMS	internet-supported information and communication system for the pan-European market surveilance
IEC	International Electronical Commission
IPP	Integrierte Produktpolitik
ISO	International Standard Organisation
JbUTR	Jahrbuch des Umwelt- und Technikrechts
JORF	Journal Officiel de la République Française
JUS	Juristische Schulung *(Zeitschrift)*
KAN	Kommission für Arbeitsschutz und Normung
Kap	Kapitel
KBA	Kraftfahrtbundesamt
KrWG	Kreislaufwirtschaftsgesetz
LärmVibrationsArbSchV	Lärm- und Vibrations-Arbeitsschutzverordnung
LASI	Länderausschuss für Arbeitsschutz und Sicherheitstechnik
LBO	Landesbauordnung
LFGB	Lebensmittel- und Futtermittelgesetzbuch
LG	Landgericht
LIEI	Legal Issues of Economic Integration *(Zeitschrift)*
lit.	littera
LuftVG	Luftverkehrsgesetz
m. a. W.	mit anderen Worten
m. w. Nachw.	mit weiteren Nachweisen
MbBO	Magnetschwebebahn-Bau- und Betriebsordnung
MDR	Monatsschrift für Deutsches Recht *(Zeitschrift)*
MessEG	Mess- und Eichgesetzes
MessEV	Mess- und Eichverordnung
MMR	MultiMedia und Recht *(Zeitschrift)*
MPG	Medizinproduktegesetz
MPJ	Medizinprodukte Journal *(Zeitschrift)*
MPR	Zeitschrift für das gesamte Medizinprodukterecht *(Zeitschrift)*
MsbG	Messstellenbetreibergesetz
MüKO	Münchener Kommentar
Nachw.	Nachweise
NAV	Niederspannungsanschlussverordnung
NANDO	New Approach Notified and Designated Organisations
NDAV	Niederdruckanschlussverordnung
NJW	Neue Juristische Wochenschrift *(Zeitschrift)*
NJW-RR	Neue Juristische Wochenschrift – Rechtsprechungsreport *(Zeitschrift)*
NLF	New Legislative Framework
NotrufV	Verordnung über Notrufverbindungen

Nr.	Nummer
NRMM	Non-road mobile machinery
NVwZ	Neue Zeitschrift für Verwaltungsrecht *(Zeitschrift)*
NVwZ-RR	Neue Zeitschrift für Verwaltungsrecht – Rechtsprechungsreport *(Zeitschrift)*
NWVBl.	Nordrhein-Westfälischen Verwaltungsblätter *(Zeitschrift)*
NZV	Neue Zeitschrift für Verkehrsrecht *(Zeitschrift)*
OEM	Original Equipment Manufaturer
OStrV	Arbeitsschutzverordnung zu künstlicher optischer Strahlung
PharmaR	Pharmarecht *(Zeitschrift)*
Phi	Produkthaftpflicht International *(Zeitschrift)*
PkW-EnVKV	PkW-Energieverbrauchskennzeichnungsverordnung
PLM	Private Label Manufacturer
ProdSG	Produktsicherheitsgesetz
ProdSV	Produktsicherheitsverordnung
PtB	Physikalisch-Technische Bundesanstalt
RAPEX	Rapid Exchange of Information System
RdW	Österreichisches Recht der Wirtschaft *(Zeitschrift)*
REACH	Registration, Evaluation, Authorisation and Restriction of Chemicals
Rn.	Randnummer
RoHS	Restriction oft he use of certain hazardous substances in electrical and electronic equipment
Rspr.	Rechtsprechung
S.	Seite
s.	siehe
Schadst Forsch	Environmental Sciences Europe *(Zeitschrift)*
sog.	so genannt
SpielV	Spielverordnung
SR	Straßenverkehrsrecht
StoffR	Stoffrecht *(Zeitschrift)*
StPO	Strafprozessordnung
StVG	Straßenverkehrsgesetz
StVOAusnV 8.	8. Ausnahmeverordnung zur StVO
StVZO	Straßenverkehrs-Zulassungs-Ordnung
SVHC	Substances of very high concern
SVR	Straßenverkehrsrecht *(Zeitschrift)*
Tab.	Tabelle
TR	Technical Report
TRIS	Technical Regulations Information system
TS	Technische Spezifikation
TÜV	Technischer Überwachungsverein

u. a.	unter anderem
u. U.	unter Umständen
UAbs.	Unterabsatz
UBA	Umweltbundesamt
Urt.	Urteil
usw.	und so weiter
UWG	Gesetz gegen unlauteren Wettbewerb
v.	vom
Var.	Variante
VDE	Verband der Elektrotechnik Elektronik Informationstechnik eV
VDI	Verein Deutscher Ingenieure
VDMA	Verband Deutscher Maschinen- und Anlagenbau
VersR	Versicherungsrecht *(Zeitschrift)*
VG	Verwaltungsgericht
VGH	Verwaltungsgerichtshof
Vgl.	vergleiche
VO	Verordnung
Vur	Verbraucher und Recht *(Zeitschrift)*
VuR	Zeitschrift Versicherung *(Zeitschrift)*
VVDStRl	Veröffentlichungen der Vereinigung der Deutschen Staatsrechtler *(Zeitschrift)*
VwGO	Verwaltungsgerichtsordnung
VwVfG	Verwaltungsverfahrensgesetz
WEEE	Waste Electrical and Electronic Equipment
WHG	Wasserhaushaltsgesetz
WRP	Wettbewerb in Recht und Praxis *(Zeitschrift)*
z. B.	zum Beispiel
z. T.	zum Teil
Ziff.	Ziffer
ZIP	Zeitschrift für Internationales Privatrecht *(Zeitschrift)*
ZLS	Zentralstelle der Länder für Sicherheitstechnik
ZPO	Zivilprozessordnung
ZUR	Zeitschrift für Umweltrecht *(Zeitschrift)*

Teil I
Grundlagen des Rechts des technischen Produkts

Freizügigkeit

Im 1957 unterzeichneten Römischen Vertrag waren der **Gemeinsame Markt** und insbesondere die Zollunion Grundpfeiler des gemeinsamen Unternehmens der Europäischen Wirtschaftsgemeinschaft. Dies unterstrichen die Väter des Vertrages durch die Stellung der Regelungen zur Zollunion im unmittelbaren Anschluss an die acht einleitenden Artikel. Mit dem Vertrag von Maastricht wurde die Europäische Wirtschaftsgemeinschaft umbenannt in Europäische Gemeinschaft, die Europäische Union gegründet und mit dem in 2009 in Kraft getretenen Vertrag von Lissabon Erstere auf Letztere verschmolzen.

Der Prozess der Europäischen Integration – *Europäische Integration* steht für einen „*immer engeren Zusammenschluss der europäischen Völker*" (siehe 1. Erwägungsgrund der Präambel des AEUV) – setzte bereits 1951 mit der Gründung der Europäischen Gemeinschaft für Kohle und Stahl (EGKS bzw. Montanunion) ein. Er wurde 1957 mit der Gründung der Europäischen Wirtschaftsgemeinschaft (EWG) und der Europäischen Atomgemeinschaft (EAG bzw. Euratom) fortgesetzt. Gründungsstaaten waren Frankreich, Italien, die drei Benelux-Staaten (Belgien, Niederlande, Luxemburg) und die Bundesrepublik Deutschland. Die drei Gründungsverträge begründeten nicht nur wechselseitige Rechte und Pflichten der Vertragsparteien. Sie schufen auch und vor allem supranationale Organisationen[1], die originäre Hoheitsrechte im Vertragsgebiet besitzen. Ihre Zuständigkeiten erstreckten sich zunächst auf wirtschaftliche Teilbereiche. Es waren dies die Produktion und der Vertrieb von Kohle und Stahl, die Entwicklung und

---

[1]Supranationalität einer Organisation beschreibt deren Fähigkeit, mittels Beschluss, die Mitgliedstaaten auch gegen deren Willen zu einem bestimmten Verhalten verpflichten zu können. Dies kann durch die Schaffung eines Beschlussorgans geschehen, in dem gar kein oder nicht alle Mitgliedstaaten vertreten sind oder in dem alle Mitgliedstaaten vertreten sind, die aber dann mit Stimmenmehrheit entscheiden (Streinz, Europarecht, Rn. 130).

die Förderung der Atomenergie zu friedlichen Zwecken sowie mit der EWG die Schaffung eines einheitlichen und freien Binnenmarktes. Diese so von den Mitgliedstaaten den Gemeinschaften zugewiesenen Zuständigkeiten nahmen im Laufe der Zeit mehr und mehr zu. Die Gründungsverträge waren von Anfang an Gegenstand und zugleich das Instrument des Ausbaus der Europäischen Integration in wirtschaftlicher und politischer Hinsicht:

- Die Organe der drei selbstständigen Europäischen Gemeinschaften EGKS, EAG und EWG (jeweils Ministerrat, Kommission, Parlamentarische Versammlung und Gerichtshof) wurden durch das Abkommen über gemeinsame Organe für die Europäischen Gemeinschaften vom 25.3.1957 und das Abkommen zur Einsetzung eines gemeinsamen Rates und einer gemeinsamen Kommission der Europäischen Gemeinschaften vom 8.4.1965 (**Fusionsverträge**) zusammengelegt.
- Die **Einheitliche Europäische Akte** (EEA) vom 27./28.2.1986 stärkte im institutionellen System die Kommission und das Europäische Parlament und erweiterte die rechtlichen und politischen Kompetenzen der EWG erheblich.
- Durch den als **Vertrag von Maastricht** bezeichneten Vertrag über die Europäische Union vom 7.2.1992 wurde die Europäische Union (EU) als übergeordneter Verbund der Europäischen Gemeinschaften gegründet. Die EWG wurde in die Europäische Gemeinschaft (EG) umbenannt. Hierdurch sollte die Entwicklung von einer reinen Wirtschaftsgemeinschaft in Richtung auf eine politische Union hervorgehoben werden. Der neu benannten Europäischen Gemeinschaft wurden neue Kompetenzen in verschiedenen Bereichen zugewiesen, die Währungsunion geschaffen und die beiden (intergouvernementalen) Politikbereiche *„Gemeinsame Außen- und Sicherheitspolitik"* und *„Zusammenarbeit in den Bereichen Justiz in Inneres"* eingeführt, die mit den Europäischen Gemeinschaften das – mit dem Vertrag von Lissabon aufgehobene – sog. Drei-Säulen-Modell bildeten.
- Materiell-inhaltlich weniger bedeutsam waren sodann der **Vertrag von Amsterdam** vom 2.10.1997 und der **Vertrag von Nizza** vom 26.2.2001.
- Die bisherigen Reformverträge hatten lediglich die allernotwendigsten Anpassungen der ursprünglich für sechs Mitglieder geschaffenen Strukturen an die Erfordernisse eines Verbundes von 27 Mitgliedern vorgenommen. Einigkeit bestand darin, dass sich eine bürgernahe, transparente und handlungsfähige Union in dem bestehenden System von Verträgen und Änderungsverträgen nicht erreichen lasse. Durch den am 29.10.2004 von den Staats- und Regierungschefs unterzeichneten Vertrag über eine Verfassung für Europa sollten die bisherigen Verträge zusammengefasst und auf eine neue zukunftsfähige Grundlage gestellt werden. Der Verfassungsvertrag hätte der Ratifikation durch alle 27 Mitgliedstaaten bedurft. Er wurde aber in Frankreich und den Niederlanden durch Volksabstimmung abgelehnt und war als solcher gescheitert. Die erforderlichen Reformen wurden dann mit dem **Vertrag vom Lissabon vom**

13.12.2007 vorgenommen, der die wesentlichen Inhalte des gescheiterten Verfassungsvertrages übernimmt. Auch hier verlief die Ratifikation durch die einzelnen Mitgliedstaaten nicht immer reibungslos. Er trat am 1.12.2009 in Kraft.

Die für die Europäische Union maßgeblichen Regelungen finden sich nunmehr im weiterhin so benannten Vertrag über die Europäische Union (EUV) und dem diesem gleichrangigen Vertrag über die Arbeitsweise der Europäischen Union (AEUV), vormals Vertrag über die Gründung der Europäischen Gemeinschaft. Die Europäische Union und die Europäische Gemeinschaft wurden miteinander verschmolzen. Die Europäische Union wurde Rechtsnachfolgerin der Europäischen Gemeinschaft, erhielt Rechtspersönlichkeit und die Europäische Gemeinschaft erlosch. Demgemäß wurde aus dem Gemeinschaftsrecht das Unionsrecht.

Im Vertrag von Lissabon wurde der Begriff des Gemeinsamen Marktes aufgegeben und an seine Stelle trat alleine derjenige des Binnenmarktes. Trotz dieser Veränderungen bleibt die **Verwirklichung bzw. die Gewährleistung des Funktionierens des Binnenmarkts** und insbesondere des freien Warenverkehrs eines der zentralen Ziele der Europäischen Union (Art. 3 Abs. 3 UAbs. 1 S. 1 EUV, Art. 26 Abs. 1 AEUV). Mithin ist der Kern des Konzepts unverändert geblieben: *„Der Binnenmarkt umfasst einen Raum ohne Binnengrenzen, in dem der freie Verkehr von Waren, Personen, Dienstleistungen und Kapital gemäß den Bestimmungen der Verträge gewährleistet ist"* (Art. 26 Abs. 2 AEUV).[2] Seine **Bedeutung für das Recht des technischen Produkts** beschränkt sich nicht auf den freien Austausch von Waren über die Grenze in der Weise, dass er nur bei Sachverhalten mit grenzüberschreitenden Bezügen zum Tragen käme und bei reinen Binnensachverhalten für den Wirtschaftsteilnehmer im Alltag nicht spürbar wäre. So werden Regelungskompetenzen der Mitgliedstaaten im übergeordneten Interesse des Binnenmarkts begrenzt und findet an diesem Interesse ausgerichtetes sekundärrechtliches EU-Recht Eingang in die nationalen Rechtsordnungen, das unterschiedslos auf einheimische und eingeführte Produkte anwendbar ist. Diese sekundärrechtliche Verwirklichung des Binnenmarkts durch Rechtsangleichung ergänzt die primärrechtliche Gewährleistung des freien Warenverkehrs. Der freie Warenverkehr wird indes nicht nur durch verbindliche nationale Vorschriften beeinträchtigt. Auch technische Regeln vermögen aufgrund einer Verknüpfung mit nationalen Rechtsvorschriften oder auf Grund faktischer Marktakzeptanz technische Handelshemmnisse zu begründen. Eine Harmonisierung auf europäischer Ebene findet hier durch die europäischen Normungsorganisationen statt. Das Ziel der Beseitigung von Freiverkehrshindernissen veranlasst das Recht des technischen Produkts heutiger Prägung und bestimmt seine Strukturen und Funktionsweise. Nur im Zusammenhang mit dem übergeordneten Interesse des Binnenmarkts wird das Recht des technischen Produkts verständlich.

2

---

[2]Zum Begriff des Binnenmarktes Schröder, in Streinz (Hrsg.), EUV/AEUV, AEUV Art. 26 Rn. 19 ff.

§ 1 – Primärrechtliche Gewährleistung des Binnenmarktes

3 Nach Art. 34 AEUV (ex-Art. 28 EGV) sind *„mengenmäßige Einfuhrbeschränkungen sowie alle Maßnahmen gleicher Wirkung zwischen den Mitgliedstaaten verboten"*. Art. 35 AEUV (ex-Art. 29 EGV) ist gleichlautend, bezieht sich hingegen auf Ausfuhrbeschränkungen. In ihrer Substanz blieben diese Bestimmungen seit dem Römischen Vertrag von 1957 unverändert. Mengenmäßige Beschränkungen definiert der Gerichtshof als *„sämtliche Maßnahmen, die sich als gänzliche oder teilweise Untersagung der Einfuhr, Ausfuhr oder Durchfuhr darstellen"*.[3] Einer genaueren Definition des Begriffs der mengenmäßigen Einfuhrbeschränkung bedarf es hierzu nicht. Zum einen erfasst der Tatbestand der *„Maßnahmen gleicher Wirkung wie mengenmäßige Beschränkungen"* alle Maßnahmen mengenmäßiger Beschränkung und findet eine Abgrenzung zum Begriff der mengenmäßigen Einfuhrbeschränkung in der Praxis nicht statt. Zum anderen kommen Ein- und Ausfuhrverbote oder Kontingentierungen nicht mehr vor. In der Praxis interessieren damit ausschließlich die *„Maßnahmen gleicher Wirkung wie mengenmäßige Beschränkungen"*. Sodann sind die Art. 34 und 35 AEUV unmittelbar anwendbar. In der **Rechtssache *Ianelli/Meoni*** führt der Gerichtshof hierzu aus:[4] *„Das in Artikel [34] des Vertrages verankerte Verbot mengenmäßiger Beschränkungen sowie aller Maßnahmen gleicher Wirkung ist zwingend und klar; es bedarf zu seiner Verwirklichung keiner weiteren Maßnahmen der Mitgliedstaaten oder der [Unions]organe. Das Verbot erzeugt unmittelbare Wirkungen und begründet Rechte des Einzelnen, die von den staatlichen Gerichten zu wahren sind."* Der freie Warenverkehr wird indes, wie zu zeigen sein wird, nicht schrankenlos gewährleistet.

Hieraus ergibt sich ein **dreistufiges Prüfungsschema.** Die Grundlage bildet die Klärung des Schutzbereichs der Freiverkehrsfreiheit und ist demgemäß zu untersuchen, ob im konkreten Fall eine Maßnahme gleicher Wirkung wie mengenmäßige Beschränkungen vorliegt. Ob dieser Schutzbereich beeinträchtigt wurde, ist darauf aufbauend zu untersuchen. Oft liegt eine der beiden Fragen auf der Hand, sodass die Prüfung ineinander fließt. Die dritte Stufe bildet die Rechtfertigung. Beruht die Beeinträchtigung auf einem Rechtfertigungsgrund und verstößt sie nicht gegen Rechtfertigungsschranken, liegt keine Verletzung der Warenverkehrsfreiheit vor.[5]

---

[3] EuGH, Urt. v. 12.7.1973, Geddo/Ente Nazionale Risi, C-2/73, EU:C:1973:89, Rn. 7.
[4] EuGH, Urt. v. 22.3.1977, Ianelli/Meroni, C-74/76, EU:C:1977:51, Rn. 13.
[5] Zur Grundstruktur der Grundfreiheiten, Frenz, Handbuch Europarecht, Bd. 1 – Europäische Grundfreiheiten, Rn. 346 ff.

I. Unmittelbare Wirkung bzw. unmittelbare Anwendbarkeit der Warenverkehrsfreiheit

Frühzeitig hat der Gerichtshof in der **Grundsatzentscheidung** *Costa/E.N.E.L.* aus dem Jahre 1964[6] den Vorrang des heutigen Unionsrechts vor dem Recht der Mitgliedstaaten festgestellt. Dieser Vorrang ist eine rechtspraktische Notwendigkeit. Das Funktionieren der Union wäre infrage gestellt, wenn die aus der Unionrechtsordnung entspringenden Rechte und Pflichten einseitig durch später ergehende innerstaatliche Maßnahmen von einem Mitgliedstaat zum andern verschiedene Geltung haben könnten. Ungeachtet unterschiedlicher Begründung besteht daher in der Rechtsprechung des Gerichtshofs und der Rechtsprechung der mitgliedstaatlichen Verfassungsgerichte über den Vorranggrundsatz Einigkeit.[7] Der Vorrang des Unionsrechts ist ein Anwendungsvorrang im Kollisionsfall. Stehen dem Rechtsanwender zur Lösung des Problemsachverhalts sich inhaltlich widersprechende Rechtssätze des nationalen Rechts und des Unionsrechtsrechts zur Verfügung, ist er verpflichtet die des Unionsrechts anzuwenden und die nationalen Vorschriften für die Lösung des Problemsachverhalts außer Acht zu lassen.[8] Auch die Gründungsverträge können solchermaßen anzuwendende Bestimmungen enthalten, an denen sich nationales Recht messen lassen muss. So binden die Gründungsverträge nicht nur die Mitgliedstaaten untereinander und gegenseitig. Ihre Bestimmungen können unmittelbar Rechte und Pflichten des Einzelnen begründen, d. h. ohne weiteren Ausführungsakt bindend sein. Hierbei handelt es sich nach der Rechtsprechung des EuGH um solche Bestimmungen des Primärrechts, die *„rechtlich vollkommen"* sind, also keiner weiteren Konkretisierung bedürfen. Wird einer Norm des Unionsrechts ein solcher im Völkerrecht anerkannter *„self-executing-Efekt"* zuerkannt, haben die Unionsorgane sowie die nationalen Behörden und Gerichte diese zu beachten, anzuwenden und dürfen wegen des Vorrangs des Unionsrechts entgegenstehendes nationales Recht nicht zur Anwendung bringen.[9] Namentlich das in Art. 34 AEUV verankerte Verbot mengenmäßiger Beschränkungen sowie aller Maßnahmen gleicher Wirkung ist solchermaßen zwingend und klar (→ Rn. 3).

> **Beispiel** (Urteil Nr. 125.707 des belgischen Conseil d'Etat vom 26.11.2003[10] im Nachgang zum Urteil des Gerichtshofs in der **Rechtssache ATRAL SA**[11]): das belgische Gericht hatte über ein nationales Genehmigungsverfahren für Alarmsysteme und -zentralen zu

---

[6] EuGH, Urt. v. 15.7.1964, Costa/E.N.E.L., C-6/64, EU:C:1964:66.
[7] Streinz, Europarecht, Rn. 204. Zur Lösung des Rangverhältnisses in der Rechtsprechung des BVerfG, *ebd.*, Rn. 223 ff.
[8] EuGH, Urt. v. 9.3.1978, Simmenthal, C-106/77, EU:C:1978:49, Rn. 21 und 24; Urt. v. 22.10.1998, Ministero delle Finanze/IN.CO.GE.'90 u. a., C-10/97, EU:C:1998:498.
[9] Grundlegend EuGH, Urt. v. 5.2.1963, Van Gend en Loos, C-26/62, EU:C:1963:1.
[10] Abrufbar unter URL: http://www.conseildetat.be/Arrets/125000/700/125707.pdf.
[11] EuGH, Urt. v. 8.5.2003, ATRAL, C-14/02, EU:C:2003:265.

entscheiden. Art. 2 der Königlichen Verordnung vom 23.4.1999, gestützt auf Art. 12 des belgischen Gesetzes vom 10.4.1990 über Wachunternehmen und interne Wachdienste, verbot das Inverkehrbringen von Alarmsystemen, -zentralen und ihrer Bestandteile, wenn sie nicht vorher durch eine zu diesem Zweck gebildete Kommission genehmigt worden waren. Die Aktiengesellschaft französischen Rechts ATRAL (nachstehend: die Klägerin) vertrieb seit 1996 in Belgien drahtlose Alarmsysteme und -zentralen und sah sich nunmehr mit dem Erfordernis vorheriger Genehmigung konfrontiert. Sie beantragte beim belgischen Conseil d'Etat, die Königliche Verordnung für nichtig zu erklären.

Alarmsysteme und -zentralen bestehen aus unterschiedlichen Teilen und haben mancherlei Funktionen. Zahlreiche Aspekte des Funktionierens einer solchen Anlage oder ihrer Anlageteile waren durch Gemeinschaftsrichtlinien harmonisiert. Die mit Niederspannung arbeitenden Bauteile von Systemen und Zentralen fielen unter die damalige Gesundheits- und Sicherheitsschutzrichtlinie 73/23/EWG. Die Anforderungen zur Sicherung der elektromagnetischen Verträglichkeit wurden durch die Richtlinie 89/336/EWG und die zur Funkübertragung durch die Richtlinie 1999/5/EG erfasst. Soweit die Königliche Verordnung vom 23.4.1999 im Regelungsbereich dieser Richtlinien andere als die dort aufgestellten Anforderungen für das Inverkehrbringen von Alarmanlagen und -systemen aufstellte, war dies mit diesen Richtlinien unvereinbar. Insoweit war die Königliche Verordnung vom 23.4.1999 an Sekundärrecht zu messen (→ Rn. 63).[12] Die Richtlinien deckten aber nicht alles ab, was für das Funktionieren von Alarmsystemen und -zentralen von Bedeutung sein konnte. So müssen diese Geräte je nach Verwendungszweck bestimmten Anforderungen der funktionalen Geeignetheit genügen, wie Betriebssicherheit, Empfindlichkeit für falsche Alarme und Witterungsbeständigkeit. Insoweit sah die Königliche Verordnung vom 23.4.1999 auch Kontrollen in Bereichen vor, die von den Richtlinien nicht erfasst wurden, namentlich Tests der Funktionalität, Klimatests und Wirksamkeitstests. Ein Verstoß gegen Sekundärrecht kam mangels einschlägiger sekundärrechtlicher Bestimmungen nicht in Betracht. Hinsichtlich dieses nicht harmonisierten Teils machte die Klägerin dann auch keinen Verstoß gegen Sekundär-, sondern gegen Primärrecht geltend. Sie berief sich auf die primärrechtlichen Bestimmungen zur Warenverkehrsfreiheit. Der mit der Sache befasste Gerichtshof stellte hierzu fest, dass das belgische Erfordernis vorheriger Genehmigung den Handel zwischen den Mitgliedstaaten beschränkte, gegen ex-Art. 28 EGV (heute Art. 34 AEUV) verstieß und überantwortete dem Conseil d'État zu prüfen, ob die Maßnahme nach ex-Art. 30 EGV (heute Art. 36 AEUV) gerechtfertigt war.[13] Hieran anknüpfend erkannte der belgische Conseil d'Etat in Ermangelung von die Beschränkung der Warenverkehrsfreiheit rechtfertigenden Gründen, dass auch der nicht von den Richtlinien erfasste Teil der belgischen Regelung mit vorrangigem Unionsrecht, nämlich dem primärrechtlichen ex-Art. 28 EGV (heute Art. 34 AEUV), unvereinbar war. Er folgte dem Antrag der Klägerin und hob mit Urteil vom 26.11.2003 die Königliche Verordnung vom 23.4.1999 insgesamt auf.

---

[12]*Ebd.*, Rn. 45 und 47–60.

[13]*Ebd.*, Rn. 61 ff.

II. Maßnahmen gleicher Wirkung wie mengenmäßige Beschränkungen

Bevor nachfolgend über den Begriff der Maßnahme gleicher Wirkung aufzuzeigen ist, was die **Warenverkehrsfreiheit** ist, ist zunächst festzuhalten, was sie nicht ist. Nämlich **kein Instrument der Wirtschaftsteilnehmer** gegen die Mitgliedstaaten **zur Durchsetzung ungehinderter wirtschaftlicher Betätigung.** Es ist nicht Zweck des Art. 34 AEUV dem Einzelnen zu ermöglichen, sich der Anwendung nationaler Normen zu entziehen, die, weil sie eine bestimmte Tätigkeit regeln, dessen wirtschaftliche Handlungsfreiheit einschränken.[14] Art. 34 AEUV ist keine sachgemäße Grundlage für Klagen der Wirtschaftsteilnehmer, die *„jedwede Regelung ... beanstanden [wollen], die sich als Beschränkung ihrer geschäftlichen Freiheit auswirkt, auch wenn sie nicht auf Erzeugnisse aus anderen Mitgliedstaaten gerichtet ist".*[15] *„Die [Unions]angehörigen können aus dieser Bestimmung kein absolutes Recht auf wirtschaftliche oder Handelsfreiheit ableiten. Denn die Bestimmungen des [...] Vertrags über den freien Warenverkehr sollen die Durchlässigkeit der nationalen Märkte gewährleisten, indem sie den Herstellern und Verbrauchern die Möglichkeit eröffnen, die Vorteile eines [...] Binnenmarktes in vollem Umfang zu genießen, nicht aber eine allgemeine Deregulierung der nationalen Volkswirtschaften fördern".*[16]

1. Produktregelungen – geborene Maßnahmen gleicher Wirkung wie mengenmäßige Beschränkungen

Unter Berufung auf Art. 34 AEUV kann der Betroffene nicht nur warenverkehrsbeschränkende hoheitliche Rechtssätze zu Fall bringen und richtet sich das in Art. 34 AEUV verankerte Verbot keineswegs nur an den nationalen Gesetz- und Verordnungsgeber. Maßnahmen im Sinne des Art. 34 AEUV können etwa auch sein, Gerichtsurteile,[17]

---

[14] Generalanwalt Tesauro, Schlussanträge v. 27.10.1993, C-292/92, EU:C:1993:863, Rn. 27.
[15] EuGH, Urt. v. 24.11.1993, Keck und Mithouard, C-267/91 und C-268/91, EU:C:1993:905, Rn. 14.
[16] Generalanwalt Maduro, Schlussanträge v. 30.3.2006, Alfa Vita Vassilopoulos, C–158/04 und C–159/04, EU:C:2006:212, Rn. 37.
[17] So etwa das von einem Zivilgericht in einem wettbewerbsrechtlichen Verfahren wegen irreführender Werbung ausgesprochene Verbot, ein Erzeugnis im Einfuhrstaat unter einer bestimmten Verkaufsbezeichnung zu vertreiben (EuGH, Urt. v. 2.2.1994, Verband Sozialer Wettbewerb/Clinique Laboratories und Estée Lauder, C-315/92, EU:C:1994:34, Rn. 14; Urt. v. 26.11.1996, Graffione/Ditta Fransa, C-313/94, EU:C:1996:450, Rn. 21).

öffentliche Empfehlungen und Warnungen[18] oder bloße Verwaltungspraktiken[19]. Im Zentrum des Rechts des technischen Produkts stehen gleichwohl die gesetzlichen und untergesetzlichen Produktregelungen. So etwa Regelungen des Einfuhrmitgliedstaates über die Zusammensetzung, die Bezeichnung, die Aufmachung und die Verpackung sowie Regelungen, die die Einhaltung bestimmter technischer Normen zur Vorschrift machen, und deren Anforderungen erfüllt sein müssen, damit das Produkt im Inland vertrieben werden darf. Sie erschweren den Marktzugang, wenn diese Anforderungen an die Herstellung und Aufmachung des Produkts, von denen des Ausfuhrlandes abweichen. Die Unternehmen sind gezwungen, entweder ihr Produkt anzupassen, damit es die produktbezogenen Vorschriften des Einfuhrmitgliedstaates erfüllt oder müssen darauf verzichten, es in diesem Mitgliedstaat anzubieten. **Produktregelungen** beschränken daher den Austausch von Waren über die Grenze und haben **handelsbeschränkende Wirkung.** Zwar genießen einheimische Hersteller gegenüber ausländischen Herstellern einen Konkurrenzvorteil, als sie bereits im Einklang mit den nationalen Vorschriften agieren. Produktregelungen sind aber regelmäßig unterschiedslos auf inländische und eingeführte Produkte anwendbar, sind also – bezogen auf das eingeführte Produkt – nicht

---

[18]Schon immer war es die Auffassung der Kommission, dass auch unverbindliche Handlungen vom Verbot mengenmäßiger Einfuhrbeschränkungen und Maßnahmen gleicher Wirkung erfasst würden. Dies zeigt die Präambel zur Richtlinie 70/50/EWG der Kommission, wo es heißt: *„Maßnahmen im Sinne der Artikel [34] ff. sind Rechts- und Verwaltungsvorschriften, Verwaltungspraktiken sowie alle Akte, die von einer öffentlichen Behörde ausgehen, einschließlich der Anregungen. […] unter Verwaltungspraktik* [ist] *jedes einheitliche und regelmäßig befolgte Verhalten einer öffentlichen Behörde zu verstehen; unter Anregungen sind zu verstehen alle Akte, die von einer öffentlichen Behörde ausgehen und die, ohne ihre Bestimmungspersonen rechtlich zu binden, diese veranlassen, ein bestimmtes Verhalten einzunehmen."* In der Rechtssache *Buy Irish* (EuGH, Urt. v. 24.11.1982, Kommission/Irland, C-249/81, EU:C:1982:402) bestätigte der Gerichtshof diese Auffassung. Die irische Regierung startete eine Werbekampagne zur Verbesserung der wirtschaftlichen Lage im Land. Sie war darauf gerichtet, den inländischen Konsumenten zum Kauf irischer Produkte zu bewegen. Es wurden u. a. hierauf gerichtete Plakataktionen durchgeführt und ein kostenloser Service errichtet, der Auskunft darüber gab, wo einheimische Waren zu erwerben waren. Die Kommission sah hierin einen Verstoß gegen ex-Art. 30 EWGV und leitete ein Vertragsverletzungsverfahren ein. Die irische Regierung argumentierte, es handele sich bei diesem Regierungsprogramm mangels Verbindlichkeit nicht um *„Maßnahmen"*, so dass ex-Art. 30 EWGV nicht einschlägig sei. Der Gerichtshof wies dieses Argument zurück. *„Ungeachtet der zu ihrer Durchführung angewandten Mittel,* [war die Kampagne] *Ausdruck der wohldurchdachten Absicht der irischen Regierung, eingeführte Erzeugnisse auf dem irischen Markt durch inländische Waren zu ersetzen und dadurch die Einfuhren aus den anderen Mitgliedstaaten einzudämmen. […] Eine solche Praxis kann nicht dem nach Art. 30 des Vertrages entgehen, nur weil sie sich nicht auf Entscheidungen gründet, die für Unternehmen verbindlich sind. Selbst Regierungsakte eines Mitgliedstaats ohne zwingenden Charakter können das Verhalten der Händler und der Verbraucher in diesem Staat beeinflussen und somit die Erreichung* [des Binnenmarktziels] *vereiteln."* Siehe auch Rechtssache CMA Gütesiegel (EuGH, Urt. v. 5.11.2002, Kommission/Deutschland, C-325/00, EU:C:2002:633).

[19]EuGH, Urt. v. 9.5.1985, Kommission/Frankreich, C-21/84, EU:C:1985:184.

diskriminierend. Fraglich war denn auch lange Zeit, ob Beschränkungen des freien Warenverkehrs auch dann Maßnahmen gleicher Wirkung darstellen, wenn sie nicht diskriminierend, d. h. unterschiedslos anwendbar sind. In der Richtlinie 70/50/EWG unterschied die Kommission zwischen diskriminierenden Maßnahmen (unterschiedlich anwendbar), d. h. solchen, die Einfuhren verhindern oder den Absatz von eingeführten Produkten Bedingungen unterwerfen, welche allein für eingeführte Produkte gefordert werden (Art. 2) und unterschiedslos auf inländische und eingeführte Produkte anwendbare Maßnahmen (Art. 3). Letztere unterfielen nach Auffassung der Kommission nur dann dem Verbot mengenmäßiger Beschränkung, wenn *i)* die den freien Warenverkehr beschränkende Wirkung außer Verhältnis zu dem angestrebten Ziel stand und *ii)* das gleiche Ziel durch ein anderes Mittel erreicht werden konnte, das den Warenaustausch weniger behinderte. Unterschiedslos auf inländische und eingeführte Produkte anwendbare Maßnahmen hatten damit die Vermutung ihrer Rechtmäßigkeit inne.[20]

Der Gerichtshof gab eine abstrakte Definition des Begriffs der Maßnahmen gleicher Wirkung erstmals in der **Rechtssache *Dassonville*.**[21] Nach belgischem Recht durfte Branntwein unter seiner Ursprungsbezeichnung nur eingeführt und verkauft werden, wenn diese von der belgischen Regierung zugelassen und die Berechtigung zur Verwendung dieser Bezeichnung durch amtliche Bescheinigung des Herkunftslandes nachgewiesen war. Die Angeklagten des Ausgangsverfahrens führten „*Scotch Whisky*" von Frankreich nach Belgien ein. Obgleich die Waren mit den erforderlichen französischen Begleitdokumenten eingeführt wurden, genügte dies nach Ansicht der belgischen Behörden nicht den nationalen Anforderungen, weil bei Einfuhr keine Ursprungsbescheinigung der britischen Behörden vorgelegt wurde. Der Gerichtshof entschied im Vorabentscheidungsverfahren und definierte den **Begriff der Maßnahme gleicher Wirkung** als jede mitgliedstaatliche Maßnahme, *„die geeignet ist, den innergemeinschaftlichen Handel unmittelbar oder mittelbar, tatsächlich oder potentiell zu behindern"*.[22] Der Gerichtshof wiederholt diese Formel bis heute. Verglichen mit den damaligen Ansichten im Schrifttum und der Kommission, geht der Gerichtshof von einem weiten Begriff der Maßnahmen gleicher Wirkung aus. Mithin nimmt die Dassonville-Formel im Gegensatz zur damaligen Doktrin der Kommission keine Privilegierung der unterschiedslos anwendbaren Maßnahmen vor. Hierzu gab die Rechtssache Dassonville auch keinen Anlass, weil mit den belgischen Vorschriften zur Ursprungsbescheinigung ein Fall einer unterschiedlich anwendbaren Maßnahme vorlag.

Das Verständnis der Warenverkehrsfreiheit entwickelte sich durch die Dassonville-Formel weg vom Diskriminierungsverbot hin zu einem **allgemeinen Beschränkungsverbot** und erfolgte eine Anwendung der Dassonville-Formel auf unterschiedslos anwendbare, also nicht diskriminierende Maßnahmen erstmals in der **Rechtssache**

---

[20] Oliver, Oliver on Free Movement of Goods in the European Union, Rn. 6.43.
[21] EuGH, Urt. v. 11.7.1974, Dassonville, C-8/74, EU:C:1974:82.
[22] *Ebd.*, Rn. 5.

Cassis de Dijon[23]. Das deutsche Gesetz über das Branntweinmonopol und die hierzu ergangenen Durchführungsverordnungen ordneten für Fruchtsaftliköre mit einem Weingeistgehalt von weniger als 25 % ein Verkehrsverbot an. Der französische Fruchtsaftlikör „*Cassis de Dion*" mit nur 20 % Alkohol durfte in Deutschland nicht in Verkehr gebracht werden. Das angerufene Finanzgericht befasste den Gerichtshof im Wege des Vorabentscheidungsverfahrens. Generalanwalt F. Capotorti wies die in der Richtlinie 70/50/EWG vorgenommene Rechtmäßigkeitsvermutung von unterschiedslos auf inländische und eingeführte Produkte anwendbaren Maßnahmen zurück. Bei der von der Kommission in der Richtlinie vorgenommenen Auslegung des damaligen Art. 30 EWGV [heute Art. 34 AEUV] habe diese eine „*Vorsicht*" walten lassen, die nach Ablauf der primärrechtlich angeordneten Übergangszeit zur schrittweisen Aufhebung von Kontingenten nicht mehr gerechtfertigt war. Er prüfte das Verkehrsverbot im Lichte der *Dassonville*-Rechtsprechung und der Rechtfertigungsgründe des Art. 36 EWGV (heute Art. 36 AEUV).[24] Auch der Gerichtshof nahm die von der Kommission in der Richtlinie 70/50/EWG vorgenommene Unterscheidung zwischen unterschiedlich und unterschiedslos anwendbaren Maßnahmen nicht auf. Er erkannte jedoch, dass bei Letzteren die geschriebenen Rechtfertigungsgründe kein ausreichendes Korrektiv für die weite Begriffsbestimmung der *Dassonville*-Formel sind und schränkte diese in der sog. *Cassis*-**Formel** ein: „*In Ermangelung einer gemeinschaftlichen Regelung der Herstellung und Vermarktung [des betreffenden Produkts] ist es Sache der Mitgliedstaaten, alle die Herstellung und Vermarktung [des Produkts] betreffenden Vorschriften für ihr Hoheitsgebiet zu erlassen. Hemmnisse für den Binnenhandel der Gemeinschaft, die sich aus Unterschieden der nationalen Regelungen über die Vermarktung dieser Erzeugnisse ergeben, müssen hingenommen werden, soweit diese Bestimmungen notwendig sind, um zwingenden Erfordernissen gerecht zu werden, insbesondere den Erfordernissen einer wirksamen steuerlichen Kontrolle, des Schutzes der öffentlichen Gesundheit, der Lauterkeit des Handelsverkehrs und des Verbraucherschutzes.*"[25] Der Gerichtshof wies das Vorliegen solcher zwingender Erfordernisse in der Rechtssache „*Cassis de Dijon*" zurück und führte aus: „*Es gibt somit keinen stichhaltigen Grund dafür, zu verhindern, dass in einem Mitgliedstaat rechtmäßig hergestellte und in den Verkehr gebrachte alkoholische Getränke in die anderen Mitgliedstaaten eingeführt werden; dem Absatz dieser Erzeugnisse kann kein gesetzliches Verbot des Vertriebs von Getränken entgegengehalten*

---

[23]EuGH, Urt. v. 20.2.1979, Rewe/Bundesmonopolverwaltung für Branntwein, C-120/78, EU:C:1979:42.

[24]Generalanwalt Capotorti, Schlussanträge v. 16.1.1979, Rewe/Bundesmonopolverwaltung für Branntwein, C-120/78, EU:C:1979:3, Ziff. 4 f.

[25]EuGH, Urt. v. 20.2.1979, Rewe/Bundesmonopolverwaltung für Branntwein, C-120/78, EU:C:1979:42, Rn. 8. Systematisch sind diese „*zwingenden Erfordernisse*" Rechtfertigungsgründe für Maßnahmen gleicher Wirkung. Sie werden vom Gerichtshof in seiner neueren Rechtsprechung auch als solche behandelt und sind im Zusammenhang mit Art. 36 AEUV zu sehen (→ Rn. 24 f.).

werden, die einen geringeren Weingeistgehalt haben, als im nationalen Recht vorgeschrieben ist."[26] Folgerichtig stellte der Gerichtshof fest, dass eine Maßnahme, wie diejenige, über die er zu befinden hatte, *„unter das [heute] in [Art. 34 AEUV] enthaltene Verbot fällt, wenn es sich um die Einfuhr von in einem anderen Mitgliedstaat rechtmäßig hergestellten und in den Verkehr gebrachten alkoholischen Getränke handelt"*[27]. Aufgrund dieser Rechtsprechung gilt ein Prinzip der gegenseitigen Anerkennung (zu diesem Prinzip → Rn. 28–31). Hiernach sind alle rechtlichen und technischen Regelungen der Mitgliedstaaten *prima facie* als gleichwertig anzuerkennen und daher die in einem Mitgliedstaat nach dessen Regeln rechtmäßig in den Verkehr gebrachten Waren in der gesamten Union verkehrsfähig, sofern dem nicht ausnahmsweise *„zwingende Erfordernisse"* i. S. der *Cassis-de-Dijon*-Rechtsprechung oder durch Art. 36 AEUV anerkannte Schutzinteressen entgegenstehen.[28]

In der Rechtssache *Gilli*[29] wurde die *Cassis de Dijon*-Rechtsprechung erstmals und sodann unzählige Male bestätigt. Sie gibt bezogen auf Produktregelungen den heutigen Stand der Rechtsprechung wieder.[30] Mithin sind Produktregelungen von der in der Folgerechtsprechung mit dem *Keck*-Urteil[31] einsetzenden Präzisierung der *Dassonville*-Formel nicht betroffen. Gemäß dieser einschränkenden Präzisierung ist *„entgegen der bisherigen Rechtsprechung"* die Anwendung nationaler Bestimmungen, die *„bestimmte Verkaufsmodalitäten"* beschränken oder verbieten, *„nicht geeignet, den Handel zwischen den Mitgliedstaaten im Sinne des Urteils Dassonville unmittelbar oder mittelbar, tatsächlich oder potentiell zu behindern, sofern diese Bestimmungen für alle betroffenen Wirtschaftsteilnehmer gelten, die ihre Tätigkeit im Inland ausüben, und sofern den Absatz der inländischen Erzeugnisse und der Erzeugnisse aus anderen Mitgliedstaaten rechtlich wie tatsächlich in der gleiche Weise berühren"*[32]. Diese sog. *Keck*-Rückausnahme erfasst mit Verkaufsmodalitäten Vorschriften, welche die Art und Weise der Vermarktung von Erzeugnissen regeln, also Maßnahmen, die regeln, *„wer verkauft was, wann darf verkauft werden, wo und darf verkauft werden"*.[33] So etwa Vorschriften zu Ladenöffnungszeiten, Regelungen für den Sonn- und Feiertagsverkauf, solche für den Absatz von Waren nach dem Kreis der Verkaufsberechtigten (z. B. Verkaufsvorbehalt für Apotheken oder zugelassene Vertriebshändler für Tabakwaren) oder des Ortes und der Art

---

[26]*Ebd.*, Rn. 14.
[27]*Ebd.*, Rn. 15.
[28]Leible/Streinz T., in Grabitz/Hilf/Nettesheim (Hrsg.), Das Recht der Europäischen Union, Bd. I, EUV/AEUV, AEUV Art. 34 Rn. 71.
[29]EuGH, Urt. v. 26.6.1980, Gilli, C-788/79, EU:C:1980:171, Rn. 5 f.
[30]Vgl. Europäische Kommission, Bericht über die Anwendung der Verordnung (EG) Nr. 764/2008, COM(2012) 292 final, Ziff. 2.1.
[31]EuGH, Urt. v. 24.11.1993, Keck und Mithouard, C-267/91 und C-268/91, EU:C:1993:905.
[32]*Ebd.*, Rn. 16.
[33]Generalanwalt Tesauro, Schlussanträge v. 27.10.1993, C-292/92, EU:C:1993:863, Rn. 20.

und Weise des Absatzes im Allgemeinen (z. B. Verbot des Verkaufs unter Einstandspreis). Es kam damit bei den formal unterschiedslos anwendbaren nationalen Maßnahmen zu der noch heute gültigen Aufspaltung in **Produktregelungen,** die uneingeschränkt in den Anwendungsbereich des Art. 34 AEUV fallen und *„von Natur aus"* geeignet sind, **den freien Warenverkehr zu beeinträchtigen,**[34] und in Verkaufsmodalitäten, die nur bei diskriminierender Wirkung Maßnahmen gleicher Wirkung darstellen.[35]

2. Produktbezogene Regelungen
a. Begriff der produktbezogenen Regelung

11   Die unterschiedslos geltenden nationalen Maßnahmen, auf die der Gerichtshof in der Rechtssache *Cassis de Dijon* und in zahlreichen späteren Urteilen Art. 34 AEUV bzw. dessen Vorgängervorschriften angewandt hat, betreffen die **Erzeugungs- oder Vermarktungsvorschriften, denen,** wie der Gerichtshof im *Keck*-Urteil ausgeführt hat, die *„Waren [...] entsprechen müssen (wie etwa hinsichtlich ihrer Bezeichnung, ihrer Form, ihrer Abmessungen, ihres Gewichts, ihrer Zusammensetzung, ihrer Aufmachung, ihrer Etikettierung und ihrer Verpackung)".*[36] Sie beziehen sich auf die Merkmale oder den Inhalt des Erzeugnisses und bewirken, dass ein Produzent, der seine Erzeugnisse in einem anderen Mitgliedstaat verkaufen möchte, diese gegebenenfalls ändern muss, um sie den Vorschriften des Einfuhrmitgliedstaates anzupassen.[37]

12   Der Begriff der produktbezogenen Regelung fällt nicht mit dem der **technischen Vorschrift nach der Verordnung (EG) 764/2008**[38] oder dem der technischen Vorschrift

---

[34]EuGH, Urt. v. 10.12.2002, British American Tobacco (Investments) und Imperial Tobacco, C-491/01, EU:C:2002:741, Rn. 64.

[35]Oliver, Oliver on Free Movement of Goods in the European Union, Rn. 6.63.

[36]Generalanwalt Van Gerven, Schlussanträge v. 16.3.1994, Tankstation 't Heuske und Boermans, C-401/92, EU:C:1994:105, Rn. 16.

[37]EuGH, Urt. v. 14.12.1995, Banchero, C-387/93, EU:C:1995:439, Rn. 36; Urt. v. 26.6.1997, Vereinigte Familiapress Zeitungsverlags- und vertriebs GmbH/Bauer Verlag, C-368/95, EU:C:1997:325, Rn. 11.

[38]Technische Vorschrift nach der Verordnung (EG) 764/2008 ist *„jedes Gesetz und jede Verordnung oder sonstige Verwaltungsvorschrift eines Mitgliedstaats, die den Vertrieb eines Produkts- oder Produkttyps auf dem Hoheitsgebiet dieses Mitgliedstaats untersagt oder deren Anforderungen erfüllt sein müssen, damit ein Produkt oder Produkttyp auf dem Hoheitsgebiet dieses Mitgliedstaats vertrieben werden darf, und [...] i) die Merkmale, die das Produkt oder der Produkttyp erfüllen muss, wie Qualitätsstufen, Gebrauchstauglichkeit, Sicherheit oder Abmessungen, einschließlich der Vorschriften über Verkaufsbezeichnung, Terminologie, Symbole, Prüfungen und Prüfverfahren, Verpackung, Kennzeichnung und Beschriftung, oder ii) andere Anforderungen, die das Produkt oder der Produkttyp zum Schutz der Verbraucher oder der Umwelt erfüllen muss und die seinen Lebenszyklus nach dem Inverkehrbringen beeinflussen, wie Vorschriften für Gebrauch, Wiederverwertung, Wiederverwendung oder Entsorgung, sofern diese Vorschriften die Zusammensetzung, die Art oder den Vertrieb des Produkts oder Produkttyps wesentlich beeinflussen können,* [regelt]*"*.

in Form technischer Spezifikation nach der **Richtlinie (EU) 2015/1535** (→ Rn. 94 f.) zusammen. Zwar bezweckt der Unionsgesetzgeber mittels dieser Rechtsakte die Beseitigung von Handelshemmnissen aufgrund unterschiedlicher nationaler Vorschriften, lehnt sich an die *Cassis de Dijon*-Rechtsprechung und die im *Keck*-Urteil vorgenommene Unterscheidung zwischen produkt- und vetriebsbezogenen Vorschriften an und unternimmt es, den Begriff der produktbezogenen Regelung im Gewand der technischen Vorschrift zu definieren. Jedoch betriff die mit dem *Keck*-Urteil einhergehende Präzisierung des Anwendungsbereichs des jetzigen Art. 34 AEUV die Auslegung von Primärrecht. Diese Auslegung obliegt in letzter Instanz dem Gerichtshof.[39] Eine verbindliche Begriffsdefinition vermögen die beiden Sekundärrechtsakte nicht zu leisten. Andernfalls ergäbe sich eine Art von umgekehrter Hierarchie im System der Unionrechtsquellen. Das Sekundärrecht kann sich nicht dergestalt auswirken, dass es den Schutzbereich einer Grundfreiheit festlegt und die Anwendung der durch den Vertrag garantierten Grundfreiheiten – hier bezogen auf vom Begriff der technischen Vorschrift nicht erfassten produktbezogenen Regelungen – verdrängt. Dies liefe auch dem Gebot zuwider, das Sekundärrecht im Lichte des Primärrechts auszulegen.[40] Auch beschreibt der Begriff der technischen Vorschrift unterschiedliche Wirklichkeiten, je nachdem ob es sich um technische Vorschriften nach der Verordnung (EG) 764/2008 oder technische Vorschriften nach der Richtlinie (EU) 2015/1535 handelt. Erstere sind Teilmenge der Maßnahmen gleicher Wirkung wie mengenmäßige Einfuhrbeschränkungen, Letztere jedoch nicht.

b. Designanforderungen

Produktbezogene Regelungen sind zunächst **Anforderungen an die Beschaffenheit und die Konzeption des Produkts,** etwa in Bezug auf die Qualität,[41] die Sicherheit des Straßenverkehrs,[42] Regelungen, die die Verwendung bestimmter Stoffe in Erzeugnissen untersagen[43] oder hierzu Höchstmengen festlegen[44].

---

[39] Streinz, Europarecht, Rn. 621 ff.
[40] Zum diesem Verhältnis, siehe Generalanwalt Cruz Villalón, Schlussanträge v. 19.12.2012, Kommission/Frankreich, C-216/11, EU:C:2012:819, Rn. 39 ff.
[41] EuGH, Urt. v. 12.3.1987, Kommission/Deutschland, C-178/84, EU:C:1987:126, Rn. 29 und 40; Urt. v. 14.7.1988, 3 Glocken u. a./USL Centro-Sud u. a., C-407/85, EU:C:1988:401, Rn. 11.
[42] EuGH, Urt. v. 20.3.2014, Kommission/Polen, C-639/11, EU:C:2014:173, Rn. 53 ff.; Urt. v. 20.3.2014, Kommission/Litauen, C-61/12, EU:C:2014:172, Rn. 53 ff.
[43] EuGH, Urt. v. 5.2.1981, Eyssen, C-53/80, EU:C:1981:35, Rn. 11; Urt. v. 12.3.1987, Kommission/ Deutschland, C-178/84, EU:C:1987:126, Rn. 29 und 40; Urt. v. 14.7.1988, 3 Glocken u. a./USL Centro-Sud u. a., C-407/85, EU:C:1988:401, Rn. 11; Urt. v. 2.2.1989, Kommission/Deutschland, C-274/87, EU:C:1989:51, Rn. 22 f.
[44] EuGH, Urt. v. 14.7.1994, Van der Veldt, C-17/93, EU:C:1994:299, Rn. 11 f.; Urt. v. 13.3.1997, Morellato/USL nº 11 di Pordenone, C-358/95, EU:C:1997:149, Rn. 13.

c. Anforderungen an die Aufmachung, Etikettierung und Verpackung

14 Im *Keck*-Urteil werden Anforderungen an die Aufmachung, Etikettierung und Verpackung von Erzeugnissen ausdrücklich als Maßnahmen gleicher Wirkung im Sinne der *Cassis-de-Dijon*-Rechtsprechung genannt.[45] Hierbei kann es sich um Vorschriften handeln, die solche Anforderungen spitz vorgeben, also eine bestimmte Aufmachung, Etikettierung oder Verpackung vorschreiben.[46] Dazu zählen die Verpflichtung, eine bestimmte Verpackungsform zu benutzen, wie beispielsweise Verpackungen in Würfelform,[47] die Verpflichtung zur Verwendung von Mehrwegverpackungen,[48] Vorgaben zu Nennfüllmengen und Nennvolumen[49] und die Anforderung, dass das Produkt verpackt sein muss[50]. Hierzu zählen ferner Etikettierungspflichten, wie etwa die Verpflichtung, eine dem Produkt zugewiesene Registrierungs-/Zulassungsnummer auf dem Etikett anzugeben,[51] die Verpflichtung zur Angabe der Zusammensetzung des Erzeugnisses,[52] dessen Haltbarkeit[53] oder Ursprungs[54]. Erfasst werden aber auch Vorschriften, namentlich Vorschriften zum Schutz der Lauterkeit des Handelsverkehrs, die eine bestimmte Aufmachung, Etikettierung oder Verpackung verbieten, ohne solche konkret vorzugeben.[55]

> **Beispiel:** In der **Rechtssache Verband Sozialer Wettbewerb e. V.**[56] hatte der Gerichtshof im Wege der Vorabentscheidung über die Verwendung der Bezeichnung „*Clinique*" beim Vertrieb kosmetischer Mittel in der Bundesrepublik Deutschland zu entscheiden. Die Frage dieser Verwendung stellte sich in einem Rechtsstreit zwischen einem Gewerbeverband, dem Verband Sozialer Wettbewerb e. V., und den Firmen Clinique Laboratories SNC und

---

[45] EuGH, Urt. v. 24.11.1993, Keck und Mithouard, C-267/91 und C-268/91, EU:C:1993:905, Rn. 15.
[46] Becker, in Schwarze (Hrsg.), EU-Kommentar, AEUV Art. 34 Rn. 57–59.
[47] EuGH, Urt. v. 10.11.1982, Rau/De Smedt, C-261/81, EU:C:1982:382, Rn. 13.
[48] EuGH, Urt. v. 20.9.1988, Kommission/Dänemark, C-302/86, EU:C:1988:421, Rn. 17.
[49] EuGH, Urt. v. 12.10.2000, Ruwet, C-3/99, EU:C:2000:560, Rn. 4 ff.
[50] EuGH, Urt. v. 24.11.2005, Schwarz, C-366/04, EU:C:2005:719, Rn. 28 ff.
[51] EuGH, Urt. v. 14.12.2000, Kommission/Frankreich, C-55/99, EU:C:2000:693, Rn. 19; Urt. v. 16.11.2000, Kommission/Belgien, C-217/99, EU:C:2000:638, Rn. 16 ff.
[52] EuGH, Urt. v. 20.6.1991, Denkavit Futtermittel/Land Baden-Württemberg, C-39/90, EU:C:1991:267, Rn. 17.
[53] EuGH, Urt. v. 1.6.1994, Kommission/Deutschland, C-317/92, EU:C:1994:212, Rn. 12.
[54] EuGH, Urt. v. 25.4.1985, Kommission/Vereinigtes Königreich, C-207/83, EU:C:1985:161, Rn. 17; Urt. v. 16.7.2015, UNIC und Uni.co.pel, C-95/14, EU:C:2015:492, Rn. 44.
[55] EuGH, Urt. v. 2.2.1994, Verband Sozialer Wettbewerb/Clinique Laboratories und Estée Lauder, C-315/92, EU:C:1994:34I-317, Rn. 18 ff.; Urt. v. 6.7.1995, Verein gegen Unwesen in Handel und Gewerbe Köln/Mars, C-470/93, EU:C:1995:224, Rn. 13 f.
[56] EuGH, Urt. v. 2.2.1994, Verband Sozialer Wettbewerb/Clinique Laboratories und Estée Lauder, C-315/92, EU:C:1994:34I-317.

§ 1 – Primärrechtliche Gewährleistung des Binnenmarktes   17

Estée Lauder Cosmetics GmbH. Letztere vertrieben seit vielen Jahren kosmetische Erzeugnisse unter der Bezeichnung „*Clinique*", außer in der Bundesrepublik Deutschland und wo sie seit ihrer Einführung im Jahre 1972 unter der Bezeichnung „*Linique*" vertrieben wurden. Zur Verringerung der durch diese unterschiedliche Bezeichnung verursachten Verpackungs- und Werbekosten beschloss das Unternehmen, auch die für den deutschen Markt bestimmten Erzeugnisse unter der Marke „*Clinique*" zu vertreiben. Der im Ausgangsverfahren klagende Verband stützte seine Klage u. a. auf das Verbot unlauterer geschäftlicher Handlungen nach § 3 UWG, um in der Bundesrepublik Deutschland die Verwendung der Marke „*Clinique*" untersagen zu lassen, da diese dazu führen könne, dass die Verbraucher den infrage stehenden Erzeugnissen zu Unrecht medizinische Wirkungen beimäßen. Der Gerichtshof erkannte, dass das mit § 3 UWG begründete Verbot, in der Bundesrepublik Deutschland kosmetische Mittel unter derselben Bezeichnung in den Verkehr zu bringen, unter der sie in anderen Mitgliedstaaten vermarktet werden, eine Maßnahme gleicher Wirkung sei. Nach ihm ist nicht erforderlich, dass eine bestimmte Aufmachung, Etikettierung oder Verpackung durch oder aufgrund Gesetzes vorgeschrieben oder verboten wird.

Es genügt für die Einordnung als produktbezogene Regelung das sich aus der mitgliedstaatlichen Maßnahme ergebende tatsächliche **Erfordernis, die Verpackung oder die Etikettierung der eingeführten Erzeugnisse zu ändern.** So etwa bei der Verpflichtung zur Einführung eines Pfand- und Rücknahmesystems.[57] In allen vorgenannten Fällen stellte der Gerichtshof immer wieder darauf ab, dass die unterschiedlichen Regelungen im Verhältnis zwischen Herkunfts- und Bestimmungsland die betroffenen Unternehmen zwingt, deren Erzeugnisse je nach dem Ort des Inverkehrbringens unterschiedlich zu verpacken, zu etikettieren, zu bezeichnen, etc. und hierdurch zusätzliche Kosten entstünden.

3. Sonstige Marktzugangsbehinderungen

Die schematische Unterteilung in verkaufs- und produktbezogene Maßnahme erfasst nicht alle Fälle von Maßnahmen gleicher Wirkung. Bei den nachfolgenden Fallgruppen handelt es sich um mitgliedstaatliche Maßnahmen, „*die geeignet* [sind]*, den inner*[unionalen] *Handel unmittelbar oder mittelbar, tatsächlich oder potenziell zu behindern*" und hinsichtlich derer sich eine die *Dassonville*-Formel präzisierende oder einschränkende Rechtsprechung nicht herausgebildet hat.

a. Formalitäten

Kontrollen eingeführter Erzeugnisse, deren Zweck es ist, diese auf ihre Eigenschaften oder Kennzeichnung zu überprüfen, sind geeignet, den innerunionalen Handel unmittelbar oder mittelbar, tatsächlich oder potenziell zu behindern.[58] So etwa die Verpflichtung,

---

[57]EuGH, Urt. v. 14.12.2004, Kommission/Deutschland, C-463/01, EU:C:2004:797, Rn. 66 f.; Urt. v. 14.12.2004, Radlberger Getränkegesellschaft und S. Spitz, C-309/02, EU:C:2004:799, Rn. 70 f.
[58]EuGH, Urt. v. 8.7.1975, Rewe Zentralfinanz/Landwirtschaftskammer Bonn, C-4/75, EU:C:1975:98, Rn. 5; Urt. v. 15.12.1976, Simmenthal Spa/Ministero delle finanze, C-35/76, EU:C:1976:180, Rn. 12/14; Urt. v. 15.4.1997, Bundesanstalt für Landwirtschaft und Ernährung/ Deutsches Milch-Kontor, C-272/95, EU:C:1997:191, Rn. 25 f.

zuvor in einem Mitgliedstaat zugelassene Fahrzeuge, vor ihrer Zulassung in einem anderen Mitgliedstaat einer Untersuchung ihres technischen Zustands zu unterziehen.[59] Ebenso eine nationale Regelung und Praxis, die in anderen Mitgliedstaaten rechtmäßig hergestellten Datenfernübertragungsgeräte einer messtechnischen Überprüfung zu unterwerfen.[60] Gleiches gilt für Einfuhrlizenzen[61] oder eine Einfuhrregistrierung[62], selbst wenn es sich hierbei nur um eine Formalität handelt und dies keine Voraussetzung für die Einfuhr darstellt. Eine Maßnahme gleicher Wirkung stellt es weiter dar, wenn die Einfuhr von Erzeugnissen von der Vorlage von Ursprungs-, Echtheits- oder Gesundheitszeugnissen abhängig gemacht wird[63], die Vorausbezahlung von zur Einfuhr bestimmten Waren an die Stellung einer Kaution oder Bürgschaft geknüpft ist[64] oder vom Importeur verlangt wird, im Einfuhrmitgliedstaat über einen Sitz zu verfügen[65] oder einen Vertreter im Inland zu benennen[66]. Die freiverkehrsbeschränkende Wirkung ergibt sich in diesen Fällen aus dem mit der Erfüllung der Formalität entstehenden Zeit- und Kostenaufwand.[67]

b. Zulassungserfordernisse

16 Es entspricht ständiger Rechtsprechung des Gerichtshofs, dass Rechtsvorschriften eines Mitgliedstaates, die es untersagen, Erzeugnisse ohne vorherige Zulassung in den Verkehr zu bringen, zu erwerben, anzubieten, auszustellen oder feilzuhalten, zu besitzen, herzustellen, zu befördern, zu verkaufen, entgeltlich oder unentgeltlich abzugeben oder zu verwenden, Maßnahmen gleicher Wirkung sind, weil solche Regelungen die Einfuhr von aus anderen Mitgliedstaaten stammenden Erzeugnisses erschweren und verteuern

---

[59]EuGH, Urt. v. 20.9.2007, Kommission/Niederlande, C-297/05, EU:C:2007:531, Rn. 71 ff.; Urt. v. 6.9.2012, Kommission/Belgien, C-150/11, EU:C:2012:539, Rn. 51 f.
[60]EuGH, Urt. v. 10.9.2014, Vilniaus energija, C-423/13, EU:C:2014:2186, Rn. 48 m.w.Nachw.
[61]EuGH, Urt. v. 27.2.1980, Just, C-68/79, EU:C:1980:57, Rn. 14/16 Urt. v. 13.7.1994, Kommission/Deutschland, C-131/93, EU:C:1994:290, Rn. 10 ff.
[62]EuGH, Urt. v. 17.3.2016, Canadian Oil Company Sweden und Rantén, C-472/14, EU:C:2016:171, Rn. 44 m.w.Nachw.
[63]EuGH, Urt. v. 11.7.1974, Dassonville, C-8/74, EU:C:1974:82, Rn. 7/9; Urt. v. 8.11.1979, Denkavit Futtermittel, C-251/78, EU:C:1979:252, Rn. 11; Urt. v. 19.3.1991, Kommission/Griechenland, C-205/89, EU:C:1991:123, Rn. 6.
[64]EuGH, Urt. v. 9.6.1982, Kommission/Italien, C-95/81, EU:C:1982:216, Rn. 24 ff.
[65]EuGH, Urt. v. 27.5.1986, Legia/Ministre de la Santé, C-87/85, EU:C:1986:215, Rn. 15 f.; Urt. v. 28.2.1984, Kommission/Deutschland, C-247/81, EU:C:1984:79, Rn. 12; Generalanwalt Teasauro, Schlussanträge v. 20.2.1997, VAG Sverige, C-329/95, EU:C:1997:79, Rn. 16.
[66]EuGH, Urt. v. 2.3.1983, Kommission/Belgien, C-155/82, EU:C:1983:53, Rn. 14; Urt. v. 28.2.1984, Kommission/Deutschland, C-247/81, EU:C:1984:79, Rn. 4.
[67]Schröder, in Streinz (Hrsg.), EUV/AEUV, AEUV Art. 34 Rn. 56.

können, so dass sie geeignet sind, bestimmte Beteiligte vom Vertrieb solcher Erzeugnisse abzuhalten.[68]

Es genügt für die Einordnung als Maßnahme gleicher Wirkung, dass die **Zertifizierung des Produkts rein tatsächlich zwingend** ist. So erkannte der Gerichtshof in der Rechtssache C-227/06[69], dass die Veranlassung, Produkte mit einem nationalen Konformitätszeichen zu versehen, an der Wettbewerbsfreiheit zu messen ist, wobei er hinsichtlich der dritten Kategorie der von ihm untersuchten Maßnahmen hierfür eine rein tatsächliche Veranlassung ausreichen ließ. Es handelte sich um das Konformitätszeichen BENOR der privaten Normungsorganisation *„Institut Belge de Normalisation"* (nachfolgend *„IBN"*) und das staatliche Prüfzeichen ATG. Eine erste Kategorie von Maßnahmen betraf Verordnungen und Erlasse, die die Wirtschaftsteilnehmer zur Anbringung dieser Prüfzeichen verpflichteten. So etwa die Anordnung, dass bestimmte Typen von Feuerlöschern den in das nationale technische Regelwerk inkorporierten Normen des IBN entsprechen mussten, wobei dies durch das jährlich zu erneuernde Konformitätszeichen BENOR nachzuweisen war. Dieser Kategorie unterfiel ebenfalls die Regelung, wonach finanzielle Zuwendungen beim Austausch einer Heizungsanlage an den Erwerb einer mit dem Prüfzeichen BENOR versehenen Anlage geknüpft wurden. Eine weitere Kategorie von Maßnahmen erfasste die staatlich aufgestellte Vermutung der Gesetzeskonformität von mit den Prüfzeichen BENOR und/oder ATG versehenen Produkten. Bauprodukte beispielsweise hatten den vom IBN im Bereich der Bauprodukte erstellten technischen Spezifikationen sowie denjenigen des technischen Leitfadens ATG zu entsprechen, es sei denn, europäische technische Spezifikationen bestimmten etwas anderes. Hierbei galt ein nicht auf Unionsebene spezifiziertes Bauprodukt als mit den gesetzlichen Anforderungen übereinstimmend, wenn es mit den Prüfzeichen BENOR und/oder ATG versehen war. Für weitere Produktgruppen wurden vergleichbare Konformitätsvermutungen aufgestellt. Bei der dritten Kategorie handelte es sich um allgemeine Empfehlungen zum Bezug von mit den Prüfzeichen BENOR und ATG versehenen Produkten, welche im jährlich vom IBN und der *Union belge pour l'Agrément technique dans la construction* herausgegebenen gemeinsamen und jedermann zugänglichen Verzeichnis der gültigen Zertifikate enthalten waren.

---

[68]EuGH, Urt. v. 27.6.1996, Brandsma, C-293/94, EU:C:1996:254, Rn. 6; Urt. v. 17.9.1998, Harpegnies, C-400/96, EU:C:1998:414, Rn. 30; Urt. v. 3.6.1999, Colim, C-33/97, EU:C:1999:274, Rn. 36; Urt. v. 22.1.2002, Canal Satélite Digital, C-390/99, EU:C:2002:34, Rn. 29 f.; Urt. v. 10.11.2005, Kommission/Portugal, C-432/03, EU:C:2005:669, Rn. 41; Urt. v. 19.6.2008, Nationale Raad van Dierenkwekers en Liefhebbers und Andibel, C-219/07, EU:C:2008:353, Rn. 22; Urt. v. 5.3.2009, Kommission/Spanien, C-88/07, EU:C:2009:123, Rn. 83; Urt. v. 14.2.2008, Dynamic Medien, C-244/06, EU:C:2008:85, Rn. 33 f.; Urt. v. 28.1.2010, Kommission/Frankreich, C-333/08, EU:C:2010:44, Rn. 73.

[69]EuGH, Urt. v. 13.3.2008, Kommission/Belgien, C-227/06, EU:C:2008:160.

18   Bei dem Erfordernis einer Vorabgenehmigung eines Produktes handelt es sich nicht um eine Verkaufsmodalität im Sinne der *Keck*-Rechtsprechung.[70] Das **Erfordernis einer Vorabgenehmigung** stellt als solches auch **keine Produktregelung** dar und unterscheidet der Gerichtshof strikt zwischen den für die Zulassung maßgeblichen technischen Vorschriften und dem Erfordernis vorheriger Zulassung als solches. Anschaulich zum Letzteren das Urteil des Gerichtshofs vom 7.6.2007 in Sachen Kommission gegen Königreich Belgien[71]. Die belgische Gesetzgebung unterwarf den Vertrieb automatischer Feuermeldesysteme mit punktförmigem Melder dem Erfordernis vorheriger Zulassung durch die BOSEC *(Belgian Organisation for Security Certification)*, mit der die Entsprechung der Systeme mit der einschlägigen belgischen Norm NBN S 21–100 zu bescheinigen war. Mit vor dem Gerichtshof eingereichter Vertragsverletzungsklage beantragte die Kommission festzustellen, dass das Königreich Belgien gegen seine Verpflichtungen aus ex-Art. 28 EGV (heute Art. 34 AEUV) dadurch verstoßen hat, dass Systeme der belgischen Norm NBN S 21–100 zu entsprechen hatten und (zusätzlich) dadurch, dass diese Systeme vorheriger Zulassung bedurften. Zum Erfordernis der Einhaltung der Norm NBN S 21-100 konnte der Gerichtshof auf die ständige Rechtsprechung zurückgreifen, wonach Produktregelungen *„von Natur aus"* geeignet sind im Sinne der *Dassonville*-Formel den freien Warenverkehr zu beeinträchtigen.[72] Zum Erfordernis vorherige Zulassung verwies der Gerichtshof auf die bereits in anderer Sache getroffene Feststellung, wonach das Erfordernis einer vorherigen Zulassung eines Produkts zur Bestätigung seiner Eignung für eine bestimmte Verwendung den Zugang zum Markt des Einfuhrmitgliedstaats beschränkt und daher als eine Maßnahme mit gleicher Wirkung wie eine mengenmäßige Einfuhrbeschränkung im Sinne von ex-Art. 28 EGV anzusehen ist.[73] Beide Gesichtspunkte – Erfordernis der Einhaltung bestimmter technischer Vorschriften und Erfordernis vorheriger Zulassung – wurden vom Gerichtshof getrennt behandelt und eine Verletzung von ex-Art. 28 EGV (heute Art. 34 AEUV) unter beiden Gesichtspunkten, mithin in zweifacher Hinsicht, festgestellt. Das Erfordernis vorheriger Zulassung als solches stellt damit eine Maßnahme gleicher Wirkung dar und ist deren rechtliche Qualifizierung als verkehrsfreiheitsbeschränkend unabhängig von den im Zulassungsverfahren zur Anwendung kommenden technischen Vorschriften.

c. Sprachregelungen

19   Sprachliche Anforderungen bezüglich der Angaben auf dem Produkt oder diesem beigefügter Unterlagen, wie Gebrauchs- und Bedienungsanleitungen, stellen eine Behinderung des innerunionalen Handels dar, da aus anderen Mitgliedstaaten

---

[70]Schröder, in Streinz (Hrsg.), EUV/AEUV, AEUV Art. 34 Rn. 58; Oliver, Oliver on Free Movement of Goods in the European Union, Rn. 7.21.
[71]EuGH, Urt. v. 7.6.2007, Kommission/Belgien, C-254/05, EU:C:2007:319.
[72]*Ebd.,* Rn. 27–30.
[73]*Ebd.,* Rn. 41.

stammende Erzeugnisse mit anderen Etiketten versehen werden müssen, anders zu beschriften und beigefügte Unterlagen zu übersetzen sind, wodurch zusätzliche Aufmachungs-, Produktions- und Übersetzungskosten entstehen.[74] Die Sprachregelung als solche ist jedoch keine Produktregelung. So ist zwischen der Verpflichtung, dem Verwender bestimmte Informationen über ein Erzeugnis zu übermitteln, die durch Angaben auf dem Erzeugnis oder durch die Beigabe von Unterlagen erfüllt wird, und der Verpflichtung zur Abfassung dieser Informationen in einer bestimmten Sprache zu unterscheiden. Während die erste Verpflichtung das Erzeugnis unmittelbar betrifft, soll durch die zweite Verpflichtung nur die Sprache bestimmt werden, in der Erstere erfüllt werden muss. Die Sprachregelung ist eine zusätzliche Vorschrift, die für eine erfolgreiche Übermittlung der Information an den Verwender notwendig ist.[75] Auch handelt es sich bei derartigen Sprachregelungen nicht um Verkaufsmodalitäten im Sinne des *Keck*-Urteils.[76]

d. Nutzungsbeschränkungen

In der Rechtssache C-265/06 qualifizierte der Gerichtshof das unterschiedslos geltende Verbot der Befestigung von farbigen Folien an den Scheiben von Kraftfahrzeugen als Maßnahme gleicher Wirkung.[77] Wie der Gerichtshof ausführte, haben potenzielle Interessenten kein Interesse am Kauf eines Erzeugnisses, welches sie nicht nutzen können.[78] Diese Kategorie von Warenverkehrshemmnissen ist mit den Urteilen *Kommission gegen Italien* vom 10.2.2009[79] und *Mickelsson* vom 4.6.2009[80] in das rechtswissenschaftliche Interesse gerückt.[81] In der Rechtssache *Kommission gegen Italien* hatte der Gerichtshof über das Verbot des Ziehens von Anhängern durch Kleinkrafträder zu befinden, inklusive eigens für Kleinkrafträder konzipierter Anhänger. Die Rechtssache *Mickelsson* betraf das Verbot der Benutzung von Wassermotorrädern außerhalb hoheitlich bezeichneter Wasserstraßen. Betreffend das Verbot des Ziehens von Anhängern durch Kleinkrafträder stellte der Gerichtshof auf eigens zum Anhängen an Kleinkrafträdern konzipierte Anhänger ab und stellte hierzu fest, *„dass ein Verbot der Verwendung eines Erzeugnisses im Hoheitsgebiet eines Mitgliedstaats erheblichen Einfluss auf das Verhalten der Verbraucher hat,*

20

---

[74] EuGH, Urt. v. 3.6.1999, Colim, C-33/97, EU:C:1999:274, Rn. 36 f.; Urt. v. 9.8.1994, Meyhui/Schott Zwiesel Glaswerke, C-51/93, EU:C:1994:312, Rn. 13; Urt. v. 18.6.1991, Piageme/Peeters, C-369/89, EU:C:1991:256, Rn. 16. Zu Sprachregelungen, siehe Oliver, Oliver on Free Movement of Goods in the European Union, Rn. 7.78.
[75] EuGH, Urt. v. 3.6.1999, Colim, C-33/97, EU:C:1999:274, Rn. 28–30.
[76] *Ebd.*, Rn. 37.
[77] EuGH, Urt. v. 10.4.2008, Kommission/Portugal, C-265/06, EU:C:2008:210, Rn. 31 ff.
[78] *Ebd.*, Rn. 33.
[79] EuGH, Urt. v. 10.2.2009, Kommission/Italien, C-110/05, EU:C:2009:66.
[80] EuGH, Urt. v. 4.6.2009, Mickelsson und Roos, C-142/05, EU:C:2009:336.
[81] Siehe etwa Reich, EuZW 2008, 485 f.; Classen, EuR 2009, 555–563; Kröger, EuR 2012, 468–479.

das sich wiederum auf den Zugang des Erzeugnisses zum Markt des Mitgliedstaats auswirkt"[82]. „*Denn die Verbraucher, die wissen, dass sie ihr Kraftfahrzeug nicht mit einem eigens dafür konzipierten Anhänger verwenden dürfen, haben praktisch kein Interesse daran, einen solchen Anhänger zu kaufen"*[83]. Das Verbot fiel in den Anwendungsbereich des jetzigen Art. 34 AEUV. Keiner abschließenden Beurteilung durch den Gerichtshof zugänglich war das Verbot der Benutzung von Wassermotorrädern außerhalb bezeichneter Wasserstraßen in der Rechtssache *Mickelsson*. So war nicht geklärt, ob der Erlaubnis der Nutzung von Wassermotorrädern auf bezeichneten Wasserstraßen mehr als nur eine marginale Bedeutung zukam und hatte der nationale Richter hierüber zu befinden. Der Gerichtshof stellte aber fest, dass die Nutzungsbeschränkung als Maßnahme gleicher Wirkung zu qualifizieren sei, wenn sie „*die Benutzer von Wassermotorrädern daran* [hindert]*, von diesen den ihnen eigenen und wesensimmanenten Gebrauch zu machen, oder deren Nutzung stark* [behindert]"[84]. Nutzungsbeschränkungen fallen nach Vorstehendem in den Anwendungsbereich des Art. 34 AEUV, wenn *i*) sie ein generelles Nutzungsverbot begründen, *ii*) den dem Produkt „*eigenen und wesensimmanenten Gebrauch*" verhindern oder *iii*) dessen „*Nutzung stark* [...] *behindern*".[85]

e. Sonstige Anforderungen

21 Vorschriften, die den für das erste Inverkehrbringen eines Erzeugnisses auf dem inländischen Markt Verantwortlichen verpflichten, zu prüfen, ob das Erzeugnis den auf diesem Markt geltenden Vorschriften entspricht, stellen eine Maßnahme gleicher Wirkung dar.[86] Ebenso zur Anerkennung von Gütezeichen aufgestellte Anforderungen an Zertifizierungs-, Überwachungs- und Prüfstellen.[87]

4. Prüfungsschema

22 Im Nachgang zur Rechtssache *Kommission gegen Italien* (→ Rn. 20), den dort vorgenommenen Unterscheidungen und den in den Urteilen *Ker-Optika*[88] und *ANETT*[89] wiederholten „*sonstigen Marktzugangsbehinderungen*" als dritte Kategorie der Maßnahme gleicher Wirkung, kann die Bestimmung des Vorliegens einer Maßnahme gleicher Wirkung zusammengefasst wie folgt erfolgen:[90]

---

[82] EuGH, Urt. v. 10.2.2009, Kommission/Italien, C-110/05, EU:C:2009:66, Rn. 54–56.
[83] *Ebd.*, Rn. 57.
[84] EuGH, Urt. v. 4.6.2009, Mickelsson und Roos, C-142/05, EU:C:2009:336, Rn. 28.
[85] Zum Ganzen Oliver, Oliver on Free Movement of Goods in the European Union, Rn. 7.80–7.82.
[86] EuGH, Urt. v. 11.5.1989, Wurmser u. a., C-25/88, EU:C:1989:187, Rn. 9.
[87] EuGH, Urt. v. 1.3.2012, Ascafor und Asidac, C-484/10, EU:C:2012:113, Rn. 52.
[88] EuGH, Urt. v. 2.12.2010, Ker-Optika, C-108/09, EU:C:2010:725, Rn. 50.
[89] EuGH, Urt. v. 26.4.2012, ANETT, C-456/10, EU:C:2012:241, Rn. 35.
[90] Siehe auch Oliver, Oliver on Free Movement of Goods in the European Union, Rn. 6.93.

1) Es fallen in den Anwendungsbereich des Art. 34 AEUV Maßnahmen, die den Marktzugang für Erzeugnisse aus anderen Mitgliedstaaten unmittelbar oder mittelbar, tatsächlich oder potenziell behindern (*Dassonville*-Formel). Nationale und auf in anderen Mitgliedstaaten rechtmäßig hergestellte und in Verkehr gebrachte Erzeugnisse anwendbare Produktvorschriften tun dies von Natur aus.
2) Eine (nicht produktbezogene) Maßnahme tut dies nicht, wenn deren Wirkungen zu ungewiss und von zu mittelbarer Bedeutung sind, um den innerunionalen Handel behindern zu können.[91]
3) Regelungen über „*bestimmte Verkaufsmodalitäten*" ausgenommen, ist es nicht erforderlich, dass die Maßnahme aus dem Ausland stammende Unionswaren diskriminiert. Andererseits sind Maßnahmen, die Waren aus anderen Mitgliedstaaten rechtlich oder faktisch diskriminieren *per se* Maßnahmen gleicher Wirkung.
4) Nur bei Regelungen über „*bestimmte Verkaufsmodalitäten*" ist zu prüfen, ob diese diskriminierend sind.

III. Inländerdiskriminierung

Inländerdiskriminierung bzw. umgekehrte Diskriminierung beschreibt das **Phänomen, dass** wegen der Gewährleistungen des Art. 34 AEUV **ausländische Produzenten** in bestimmten Fällen **besser behandelt werden als inländische Produzenten,** weil ihnen aufgrund des Anwendungsvorrangs des Unionsrechts die fragliche nationale Regelung nicht entgegengehalten werden kann. Denn die Warenverkehrsfreiheit knüpft tatbestandlich an grenzüberschreitende Sachverhalte an. Deren Zielsetzung ist, Einfuhrhindernisse zu beseitigen und nicht notwendigerweise die Gleichbehandlung eingeführter und einheimischer Erzeugnisse zu erreichen. Können somit nationale Produktregelungen, die sich unionsrechtlich nicht rechtfertigen lassen, dem aus einem anderen Mitgliedstaat eingeführten Produkt nicht entgegengehalten werden, gilt dies nicht für die einheimischen Erzeugnisse.[92] Die nationalen Produktregelungen finden gegenüber im Inland hergestellten und vertriebenen Waren Anwendung. Diese Ungleichbehandlung widerspricht zwar dem Binnenmarktgedanken, nicht aber dem Binnenmarktrecht. Sie wird durch Maßnahmen zur Angleichung der Rechts- und Verwaltungsvorschriften der Mitgliedstaaten beseitigt (→ Rn. 49 ff. (57)). Diese schaffen für die gesamte Union ein einheitliches Recht und finden auch auf reine Inlandssachverhalte Anwendung, also unabhängig davon, ob es um grenzüberschreitende Sachverhalte geht oder nicht.[93]

---

[91] Siehe auch Cremer/Bothe, EuZW, 2015, S. 413 (416).
[92] EuGH, Urt. v. 23.10.1986, Driancourt/Cognet, C-355/85, EU:C:1986:410, Rn. 10; Urt. v. 18.2.1987, Ministère public/Mathot, C-98/86, EU:C:1987:89, Rn. 7.
[93] Zu der z. T. komplexen Rechtsprechung betreffend die Frage, ob eine nationale Maßnahme im Zusammenhang mit der Wareneinfuhr steht und potenziell zu Einfuhrhindernissen führt, siehe Oliver, Oliver on Free Movement of Goods in the European Union, Rn. 6.114–6.129. Zum Ganzen, Streinz, Europarecht, Rn. 844 ff.

IV. Rechtfertigung handelsbeschränkender Maßnahmen

24 Eine nationale Bestimmung ist nicht schon deshalb unionsrechtswidrig, weil sie handelsbeschränkende Wirkung hätte. Es kann sich zum einen um EU-Recht umsetzendes nationales Recht handeln. Ferner können wettbewerbsbeschränkende Maßnahmen primärrechtlich gerechtfertigt sein. **Art. 36 AEUV** bestimmt: *„Die Bestimmungen der Artikel 34 und 35 stehen Einfuhr-, Ausfuhr- und Durchfuhrverboten oder -beschränkungen nicht entgegen, die aus Gründen der öffentlichen Sittlichkeit, Ordnung und Sicherheit, zum Schutze der Gesundheit und des Lebens von Menschen, Tieren oder Pflanzen, des nationalen Kulturguts von künstlerischem, geschichtlichem oder archäologischem Wert oder des gewerblichen und kommerziellen Eigentums gerechtfertigt sind. Diese Verbote oder Beschränkungen dürfen jedoch weder ein Mittel zur willkürlichen Diskriminierung noch eine verschleierte Beschränkung des Handels zwischen den Mitgliedstaaten darstellen."* Neben den geschriebenen Rechtfertigungsgründen des Art. 36 AEUV entwickelte der Gerichtshof in der sog. *Cassis*-**Formel** weitere Rechtfertigungsgründe. Hiernach sind nationale wettbewerbsbeschränkende Maßnahmen gerechtfertigt, soweit sie notwendig sind, um *zwingenden Erfordernissen* zu entsprechen (→ Rn. 9). **Zwingendes Erfordernis** ist ein *„im allgemeinen Interesse liegendes Ziel, das den Erfordernissen des freien Warenverkehrs [vorgeht]"*.[94] In dieser Rechtssache nannte er als solche die Wirksamkeit steuerlicher Kontrollen, den Schutz der öffentlichen Gesundheit, die Lauterkeit des Handelsverkehrs und den Verbraucherschutz. In der Folge kamen weitere hinzu, wie etwa der Umweltschutz, die Kulturpolitik oder die Aufrechterhaltung der Medienvielfalt.

25 **Zwei verschiedene Doktrin** konfrontier(t)en sich zur **Frage des Verhältnisses der „zwingenden Erfordernisse" zu Art 36 AEUV.**[95] **Erstere** sieht in den zwingenden Erfordernissen des Allgemeininteresses immanente Schranken des Art. 34 AEUV mit der Folge, dass nationale Regelungen, die notwendig sind, um diesen Erfordernissen gerecht zu werden, nicht als Maßnahmen gleicher Wirkung wie mengenmäßige Beschränkungen einzustufen sind. Es wird anders gewendet der durch die Dassonville-Rechtsprechung ausgedehnte Anwendungsbereich des Art. 34 AEUV eingeschränkt und die *„zwingenden Erfordernisse"* als negative Tatbestandsvoraussetzung behandelt, wobei die Einschränkung nur bezüglich unterschiedsloser Maßnahmen stattfindet. Für unterschiedlich anwendbare, also diskriminierende Maßnahmen gilt hiernach die Dassonville-Formel weiterhin uneingeschränkt. Insoweit ergeben sich Rechtfertigungsgründe nur aus Art. 36 AEUV. Nach der **zweiten Doktrin** stellen die *„zwingenden Erfordernisse"* zusätzliche

---

[94]EuGH, Urt. v. 20.2.1979, Rewe/Bundesmonopolverwaltung für Branntwein, C-120/78, EU:C:1979:42, Rn. 14.
[95]Hierzu nachstehend Leible/Streinz T., in Grabitz/Hilf/Nettesheim (Hrsg.), Das Recht der Europäischen Union, Bd. I, EUV/AEUV, AEUV Art. 34, Rn. 107 ff.; Oliver, Oliver on Free Movement of Goods in the European Union, Rn. 8.04–8.12.

ungeschriebene Rechtfertigungsgründe dar und werden wie die geschriebenen Rechtfertigungsgründe des Art. 36 AEUV behandelt.

Die erste Doktrin entsprach dem traditionellen Ansatz des Gerichtshofs. Ein klassisches Beispiel hierzu bildet das Urteil des Gerichtshofs in der Rechtssache *Kommission gegen Irland* vom 17.6.1981[96]. Gegenstand des Verfahrens waren zwei irische Verordnungen, die untersagten, eingeführte Schmuckwaren mit Motiven, die als Souvenirs aus Irland erschienen, in Irland zu verkaufen oder feilzubieten bzw. solche Waren einzuführen, sofern sie nicht mit einer Angabe ihres Ursprungslands oder dem Wort „*foreign*" versehen waren. Die irische Regierung bestritt nicht, dass die fraglichen Verordnungen einschränkende Wirkung auf den freien Warenverkehr hatten. Sie macht jedoch deren Rechtfertigung aus Gründen des Verbraucherschutzes und der Lauterkeit im Handelsverkehr geltend und berief sich insoweit auf ex-Art. 36 EWGV (heute Art. 36 AUEV). Hierauf erwiderte der Gerichtshof:[97]

„*Die Beklagte bezieht sich jedoch zu Unrecht auf Artikel 36 EWG-Vertrag als Rechtsgrundlage für ihr Vorbringen. Da nämlich [...] Artikel 36 EWG-Vertrag als Ausnahme von der Grundregel, dass alle Hindernisse für den freien Warenverkehr zwischen den Mitgliedstaaten zu beseitigen sind eng auszulegen ist, können die dort aufgeführten Ausnahmen nicht auf andere als die abschließend aufgezählten Fälle ausgedehnt werden. Da weder der Verbraucherschutz noch die Lauterkeit des Handelsverkehrs zu den in Artikel 36 genannten Ausnahmen gehören, können diese Gründe nicht als solche im Rahmen dieses Artikels geltend gemacht werden. Die irische Regierung hat ihre Berufung auf diese Begriffe jedoch als "die zentrale Frage dieser Rechtssache" bezeichnet. Daher muss dieses Vorbringen im Rahmen des Artikels 30 beurteilt werden, und es ist zu prüfen, ob es mit Hilfe dieser Begriffe möglich ist, das Vorliegen von Maßnahmen gleicher Wirkung wie mengenmäßige Einfuhrbeschränkungen im Sinne dieses Artikels zu verneinen [...]. Wie der Gerichtshof insoweit wiederholt festgestellt hat, [kann] eine nationale Regelung, die unterschiedslos für einheimische wie eingeführte Erzeugnisse gilt, nur dann von den Anforderungen des Artikels 30 abweichen, wenn sie dadurch gerechtfertigt werden kann, dass sie notwendig ist, um zwingenden Erfordernissen, insbesondere in Bezug auf die Lauterkeit des Handelsverkehrs und den Verbraucherschutz, gerecht zu werden.*"

Den so beschriebenen Prüfaufbau wandte der Gerichtshof sodann auf die fraglichen Verordnungen an und stellte fest, dass es sich „*im vorliegenden Fall [nicht] um eine Regelung [handelte], die unterschiedslos für einheimische wie für eingeführte Erzeugnisse gilt, sondern um einen Komplex von Vorschriften, die sich ausschließlich auf eingeführte Erzeugnisse beziehen und daher diskriminierenden Charakter haben. Aus diesem Grunde [konnte] die erwähnte Rechtsprechung, die sich ausschließlich auf Rechtsvorschriften bezieht, durch die das Inverkehrbringen einheimischer und*

---

[96]EuGH, Urt. v. 17.6.1981, Kommission/Irland, C-113/80, EU:C:1981:139.
[97]*Ebd.*, Rn. 6 ff.

eingeführter Erzeugnisse einheitlich geregelt wird, auf die fraglichen Maßnahmen nicht angewandt werden." An dieser Stelle hätte gemäß dem vorgegebenen Prüfaufbau die Prüfung beendet und festgestellt werden müssen, dass die fraglichen Verordnungen gegen Art. 30 EWGV verstießen. Allerdings kann der Grundsatz, dass direkt diskriminierende Maßnahmen nicht auf zwingende Erfordernisse des Allgemeininteresses gestützt werden können, zu ungewollten Ergebnissen führen. Dies bewegt(e) den Gerichtshof wiederholt zu inkonsistenten und inkonsequenten Urteilsbegründungen. In der Rechtssache *Kommission gegen Irland* etwa setzte der Gerichtshof seine Prüfung mit der Frage fort, ob die streitigen Maßnahmen tatsächlich diskriminierenden Charakter hatten oder ob sie nur den Anschein einer Diskriminierung erweckten. In diesem Zusammenhang prüfte er sodann, ob diese aus Gründen des Verbraucherschutzes oder der Lauterbarkeit des Handelsverkehrs gerechtfertigt waren. Er prüfte also, was er sich zuvor zu prüfen verbot. Obgleich der Gerichtshof den traditionellen Ansatz, insbesondere die Unterscheidung zwischen unterschiedslos und unterschiedlich anwendbaren Maßnahmen, nicht aufgegeben hat und hieran vereinzelt ausdrücklich festhält[98], ist die Bedeutung der Unterscheidung zwischen geschützten Interessen nach Art. 36 AEUV und zwingenden Erfordernissen des Allgemeininteresses im Schwinden begriffen und ist auf diese im Rahmen der hiesigen und auf die Strukturen des EU-Rechts zur Warenverkehrsfreiheit abstellenden Darstellung nicht näher einzugehen.

Um gerechtfertigt zu sein muss die nationale Maßnahme kumulativ folgende Voraussetzungen erfüllen:[99]

> sie muss sich auf eine der geschriebenen Ausnahmen des Art. 36 AEUV oder auf zwingende Erfordernisse des Allgemeininteresse stützen können;
> sie muss *„gerechtfertigt"*, d. h. erforderlich sein;
> sie darf weder ein Mittel zur willkürlichen Diskriminierung sein, noch eine verschleierte Beschränkung des Handels zwischen den Mitgliedstaaten darstellen.

1. Verhältnismäßigkeit und Nicht-Diskriminierung
a. Nicht-Diskriminierung

Diskriminierend und nicht zu rechtfertigen sind im Hinblick auf den geltend gemachten Rechtfertigungsgrund sachlich nicht begründbare Ungleichbehandlungen zwischen einheimischen und eingeführten Produkten. Eine unterschiedlich anwendbare Maßnahme ist demgemäß nicht *per se* unzulässig, sondern nur dann, wenn sie willkürlich ist.[100] Anders gewendet stellt „[d]*ie ungleiche Behandlung nicht vergleichbarer Sachverhalte* […]

---

[98]EuGH, Urt. v. 6.10.2009, Kommission/Spanien, C-153/08, EU:C:2009:618, Rn. 37.
[99]Oliver, Oliver on Free Movement of Goods in the European Union, Rn. 8.01.
[100]EuGH, Urt. v. 8.7.1975, Rewe Zentralfinanz/Landwirtschaftskammer Bonn, C-4/75, EU:C:1975:98, Rn. 5; Urt. v. 11.3.1986, Conegate/HM Customs & Excise, C-121/85, EU:C:1986:114, Rn. 15 f.

nicht ohne weiteres eine Diskriminierung dar. Vielmehr liegt in manchen Fällen, die formell den Anschein einer Diskriminierung erwecken, materiell doch keine solche vor. Eine Diskriminierung im materiellen Sinne [liegt vor], *wenn gleichgelagerte Sachverhalte ungleich oder verschieden gelagerte gleich behandelt* [werden]".[101]

b. Erforderlichkeit

Um gerechtfertigt zu sein, muss die nationale Maßnahme (Rechtsvorschrift oder Einzelmaßnahme) im Sinne der deutschen Grundrechtsdogmatik geeignet und erforderlich sein.[102]

c. Verhältnismäßigkeit von Einzelmaßnahmen – Prinzip der gegenseitigen Anerkennung

Nach der *Cassis de Dijon*-Rechtsprechung ist jedes rechtmäßig hergestellte und in den Verkehr gebrachte Erzeugnis grundsätzlich auf dem Markt der anderen Mitgliedstaaten zuzulassen. Diese Rechtsprechung ist Gegenstand der Mitteilung der Kommission vom 6.11.1978 *„Die Gewährleistung des freien Warenverkehrs innerhalb der Gemeinschaft"*[103]. Die dort vorgenommene Auslegung des Urteils und die hieraus abgeleiteten Folgerungen werden heute allgemein akzeptiert und sind weiterhin aktuell:

„Jedes aus einem Mitgliedstaat eingeführte Erzeugnis ist grundsätzlich im Hoheitsgebiet der anderen Mitgliedstaaten zuzulassen, sofern es rechtmäßig hergestellt worden ist, d. h. soweit es der im Ausfuhrland geltenden Regelung oder den dortigen verkehrsüblichen, traditionsmäßigen Herstellungsverfahren entspricht und in diesem Land in den Verkehr gebracht worden ist. Nach den vom Gerichtshof aufgestellten Grundsätzen kann ein Mitgliedstaat den Verkauf eines in einem anderen Mitgliedstaat rechtmäßig hergestellten und in den Verkehr gebrachten Erzeugnisses grundsätzlich nicht verbieten, auch wenn dieses Erzeugnis nach anderen technischen oder qualitativen Vorschriften als den für die inländischen Erzeugnisse geltenden Vorschriften hergestellt worden ist. Sofern das betreffende Erzeugnis "in angemessener und befriedigender Weise" dem in der einschlägigen Regelung angestrebten legitimen Ziel (Sicherheit, Verbraucherschutz, Umweltschutz, usw.) entspricht, kann sich der EG-Einfuhrstaat zur Rechtfertigung eines in seinem Hoheitsgebiet geltenden Verkaufsverbots nicht darauf berufen, dass sich die Mittel zur Erreichung dieses Zieles von den für inländische Erzeugnisse vorgeschriebenen Mitteln unterscheiden."

---

[101] EuGH, Urt. v. 17.7.1963, Italien/Kommission der EWG, C-13/63, EU:C:1963:20, III 4. a).
[102] Grundlegend EuGH, Urt. v. 20.5.1976, De Peijper, C-104/75, EU:C:1976:67, Rn. 14/18. Ebenso etwa EuGH, Urt. v. 12.10.1978, Eggers, C-13/78, EU:C:1978:182, Rn. 30; Urt. v. 23.9.2003, Kommission/Dänemark, C-192/01, EU:C:2003:492, Rn. 45; Urt. v. 26.5.2005, Kommission/Frankreich, C-212/03, EU:C:2005:313, Rn. 43; Urt. v. 11.9.2008, Kommission/Deutschland, C-141/07, EU:C:2008:492, Rn. 50; Urt. v. 28.1.2010, Kommission/Frankreich, C-333/08, EU:C:2010:44, Rn. 90.
[103] ABl. 1980 C 256, 2.

29 Maßgebend ist die dort zuletzt gezogene Folgerung. Wie der Gerichtshof im *Holzbearbeitungsmaschinen*-Fall[104] in der Folge ausdrücklich feststellen sollte, würde es fürwahr dem Grundsatz der **Verhältnismäßigkeit** zuwiderlaufen, wenn eine Regelung des Bestimmungsmitgliedstaates zum Schutz einer der in Art. 36 AEUV genannten Gründen oder eines vom Gerichtshof anerkannten zwingenden Erfordernisses des Allgemeininteresses verlangen würde, dass die eingeführten Erzeugnisse buchstabengetreu den für die einheimischen Erzeugnisse geltenden Vorschriften entsprechen, obwohl die eingeführten Erzeugnisse ein gleichwertiges Schutzniveau garantieren.[105] Im Umkehrschluss bedeutet dies, dass der freie Warenverkehr keine absolute Freiheit ist. Die gegenseitige Anerkennung ist an das Recht des Bestimmungsmitgliedstaates in der Weise geknüpft, dass überprüft wird, ob das von dem Erzeugnis gebotene Schutzniveau dem Schutzniveau gleichwertig ist, das in den Vorschriften des Bestimmungsmitgliedstaates gefordert wird. Nimmt man ein optimales Schutzniveau von 100 und ergeben die Produktregelungen des Bestimmungsmitgliedstaats ein Schutzniveau von 80, so kann der Zugang zum nationalen Markt eines in einem anderen Mitgliedstaat rechtmäßig hergestellten *und/oder* in Verkehr gebrachten Erzeugnisses mit einem Schutzniveau <80 untersagt und eines mit einem Schutzniveau ≥80 nicht untersagt werden.[106] Freilich muss der Bestimmungsmitgliedstaat nachweisen können, dass das von ihm geforderte Schutzniveau zum Schutz des in Bezug genommenen Allgemeininteresses erforderlich ist (→ Rn. 27).[107]

30 Der Bestimmungsmitgliedstaat verfügt damit über das Recht zu prüfen, ob das fragliche Erzeugnis ein Schutzniveau garantiert, das dem in den innerstaatlichen Vorschriften geforderten Schutzniveau entspricht. Macht er von diesem Überprüfungsrecht Gebrauch, hat er die vom Gerichtshof für die Ausübung dieses Rechts festgelegten Schranken zu beachten. Hierzu gibt die Kommission in ihrer Mitteilung „*Erleichterung des Marktzugangs für Waren in einem anderen Mitgliedstaat: praktische Anwendung des Prinzips der gegenseitigen Anerkennung*"[108] den nationalen Behörden Regeln und ein Verfahren an die Hand, die diesen ein Agieren in Übereinstimmung mit der dort in Bezug genommenen Rechtsprechung des Gerichtshofs erlauben sollen. Diese Regeln und Verfahren wurden weitestgehend in die **Verordnung (EG) Nr. 764/2008** vom 9.7.2008 überführt, die gleichsam in Fortführung der Mitteilung von 2003 die bei der Anwendung nationaler Produktregelungen sich aus dem Prinzip der gegenseitigen Anerkennung ergebenden verfahrensmäßigen Anforderungen konkretisiert (→ Rn. 601–603).

---

[104]EuGH, Urt. v. 28.1.1986, Kommission/Frankreich, C-188/84, EU:C:1986:43.
[105]*Ebd.*, Rn. 16.
[106]Oliver, Oliver on Free Movement of Goods in the European Union, Rn. 8.37.
[107]*Ebd.*
[108]ABl. 2003 C 265, 2.

Bei der Überprüfung der Gleichwertigkeit des vom Erzeugnis gebotenen Schutzniveaus mit dem innerstaatlich geforderten Schutzniveau geht es nicht um die Frage, ob die ausländischen Produktregelungen als dem inländischen Schutzniveau vergleichbar anzuerkennen sind. Eine Gegenüberstellung unterschiedlicher mitgliedstaatlicher Schutzphilosophien und Schutzkonzeptionen findet mithin nicht statt. In der Praxis wäre die Gleichwertigkeit nationaler Schutzsysteme, verstanden als die Gesamtheit der den Produkttyp regelnden Vorschriften, auch kaum nachweisbar.[109] In diesem Zusammenhang ist die Prüfung der Verhältnismäßigkeit nationaler Rechtsvorschriften zu unterscheiden von der Prüfung der Verhältnismäßigkeit konkreter Einzelentscheidungen, die den Marktzugang von Erzeugnissen behindern.[110] Eine Prüfung der Gleichwertigkeit des Schutzniveaus findet nur in zuletzt genannten Fällen statt und bezieht sich dort auf das von der Einzelentscheidung betroffene Erzeugnis. Maßgebend ist also nicht, welches Schutzniveau die Produktregelungen des Herkunftsstaates bieten, sondern das **Schutzniveau des konkreten Erzeugnisses**. Dies veranschaulicht die Rechtssache *Fietje*, welche die Frage der Vereinbarkeit nationaler Bestimmungen über die Bezeichnung *„Likeur"* alkoholischer Getränke zum Schutz der Verbraucher mit Art. 30 EWGV zum Gegenstand hatte. Der Gerichtshof erkannte, dass *„die Notwendigkeit eines solchen Schutzes dann nicht mehr [besteht], wenn die Angaben auf dem Etikett des eingeführten Erzeugnisses [...] einen Informationsgehalt haben, der zumindest die gleichen Informationen vermittelt und ebenso verständlich für die Verbraucher des Einfuhrstaates ist wie die nach den Vorschriften dieses Staates verlangte Bezeichnung"*[111,112].

2. Einzelne Rechtfertigungsgründe

Ob die nationale Maßnahme den Schutz des einen oder anderen öffentlichen Interesses bezweckt und sich auf diesen oder jenen Rechtfertigungsgrund stützen kann, ist nicht nur bedeutsam für die Frage des Vorliegens einer Rechtfertigung. Angesichts des Umstands, dass das Recht des technischen Produkts Gegenstand zahlreicher sekundärrechtlicher Regelungen ist und die Union die Materie mehr und mehr durchreglementiert, geht es hier auch und zunächst um die Frage, ob die nationale Maßnahme überhaupt an Art. 34 bis 36 AEUV zu messen ist. Erfolgt nämlich die Regelung von Sachverhalten zum Schutz eines bestimmten öffentlichen Interesses auf unionaler Ebene und ist die Materie in diesem Sinne bereits durch Sekundärrecht *„belegt"*, ist Letzteres ausschließlicher Prüfungsmaßstab der nationalen Regelung (→ Rn. 63). Nun ergehen jedenfalls die unionalen Anforderungen an das technische Design heute quasi ausschließlich zum

---

[109]Schumann, Bauelemente des europäischen Produktsicherheitsrechts, S. 39.

[110]Vgl. Generalanwalt, Mazák, Schlussanträge v. 8.9.2009, Kommission/Frankreich, C-333/08, EU:C:2009:523, Rn. 30.

[111]EuGH, Urt. v. 16.12.1980, Fietje, C-27/80, EU:C:1980:293, Rn. 12.

[112]Oliver, Oliver on Free Movement of Goods in the European Union, Rn. 8.39.

Schutz solcher öffentlicher Interessen, die nach Art. 36 AEUV oder der *Cassis*-Formel den Warenverkehr beschränkende nationale Maßnahme rechtfertigen können (→ Rn. 56 und 145). Da das von der unionalen Regelung verfolgte öffentliche Interesse deren Regelungsbereich maßgebend mitbestimmt und bei identischen Regelungsbereichen die nationale Regelung *„zurücktritt"* (→ Rn. 64), bedarf es der genauen Bestimmung von Inhalt und Umfang der einzelnen Rechtfertigungsgründe zur Beantwortung der Vorfrage, ob Art. 34 bis 36 AEUV überhaupt zur Anwendung kommen.

33 **Beispiel:** In der **Rechtssache Balázs**[113] etwa hatte der Gerichtshof in einem Vorabentscheidungsverfahren über die Frage zu befinden, ob eine nationale technische Vorschrift für das Inverkehrbringen von Dieselkraftstoffen gegenüber den Qualitätsanforderungen der Richtlinie 98/70/EG zusätzliche Qualitätsanforderungen aufstellen konnte. Der Gerichtshof erkannte, dass der Geltungsbereich der technischen Spezifikationen der Richtlinie sachlich den Gesundheits- (→ Rn. 37 f.) und den Umweltschutz (→ Rn. 47) betraf, während die zusätzliche nationale Anforderung auf den Schutz der Verbraucher vor Schäden an ihren Fahrzeugen abzielte. Demgemäß fiel die in Rede stehende nationale technische Spezifikation nicht in den durch die Richtlinie 98/70/EG harmonisierten Bereich über die Qualität von Otto- und Dieselkraftstoffen und war die nationale Rechtssetzungskompetenz insoweit von ihr nicht verdrängt.[114] Die nationale Maßnahme war an Art. 34 und 36 AEUV zu messen.[115] Zu prüfen ist daher stets, welches öffentliche Interesse die unionale und welches öffentliche Interesse die nationale Maßnahme zu schützen bezweckt.

34 Mit der vom Gerichtshof in der Rechtssache *Cassis-de-Dijon* vorgenommenen Anerkennung der sog. zwingenden Erfordernisse im Allgemeininteresse, die Einschränkungen des freien Warenverkehrs rechtfertigen können, treten neben die in Art. 36 AEUV verankerten geschriebenen Rechtfertigungsgründe, weitere, ungeschriebene Rechtfertigungsgründe (→ Rn. 24 f.). Die in dieser Rechtssache angeführten Erfordernisse *„einer wirksamen steuerlichen Kontrolle, des Schutzes der öffentlichen Gesundheit, der Lauterkeit des Handelsverkehrs und des Verbraucherschutzes"* haben nur beispielhaften Charakter. Dieser **Katalog zwingender Erfordernisse ist nicht abschließend.** Im Laufe der Zeit anerkannte der Gerichtshof weitere Erfordernisse, wie den des Umweltschutzes, die Verkehrssicherheit, den Schutz kultureller Belange, die Kultur- und Medienvielfalt, das Gleichgewicht sozialer Sicherungssysteme oder den Schutz des öffentlichen Telekommunikationsnetzes. So zu erwarten ist, dass der Gerichtshof auch in Zukunft weitere Rechtfertigungsgründe bejahen wird, ist eine abschließende Bestimmung der Rechtfertigungsgründe nicht durchführbar.

---

[113]EuGH, Urt. v. 15.10.2015, Balázs, C-251/14, EU:C:2015:687.

[114]*Ebd.*, Rn. 34–44.

[115]*Ebd.*, Rn. 42. Ob die Prävention von Sachschäden handelsbeschränkende Maßnahmen zu rechtfertigen vermag, also einen geschriebenen Rechtfertigungsgrund nach Art. 36 AEUV oder ein zwingendes Erfordernis i. S. der Cassis-Rechtsprechung darstellt, ließ der Gerichtshof hingegen erneut offen (bejahend Generalanwalt, Mazák, Schlussanträge v. 8.2.2007, Kommission/Belgien, C-254/05, EU:C:2007:85, Rn. 54).

Gleichwohl ist eine **abschließende negative Bestimmung** insoweit möglich, als rein wirtschaftliche Ziele eine Beschränkung des freien Warenverkehrs nicht rechtfertigen können.[116] Wie der Gerichtshof erstmals in der Rechtssache *Kommission gegen Italien* (Schweinefleischerzeugnisse) befindet, enthält Art. 36 AEUV *„Tatbestände nicht wirtschaftlicher Art"*.[117] Rein wirtschaftlicher Art sind etwa Maßnahmen zur Sicherstellung der Rentabilität oder des Überlebens eines inländischen Unternehmens,[118] zum Schutz der Wettbewerbsfähigkeit eines Industrie- oder Handwerkzweiges[119] oder zur Stabilisierung eines Produktmarktes[120]. Auch ist der **Schutz der Qualität** von Erzeugnissen als solcher **kein zwingendes Erfordernis** oder ein im Allgemeininteresse liegendes Ziel, das eine Behinderung des innerunionalen Handels zu rechtfertigen vermag. Daher kann eine solche Besorgnis nur in Verbindung mit anderen Erfordernissen berücksichtigt werden, die ausdrücklich als zwingendes Erfordernis anerkannt worden sind.[121]

a. Gründe der öffentlichen Sittlichkeit, Ordnung und Sicherheit

Art. 36 AEUV nennt als ersten Rechtfertigungsgrund Gründe der **öffentlichen Sittlichkeit,** Ordnung und Sicherheit. Hierbei ist es grundsätzlich Sache jedes Mitgliedstaats, den Begriff der **öffentlichen Sittlichkeit** für sein Gebiet im Einklang mit seiner eigenen Wertordnung und in der von ihm gewählten Form auszufüllen.[122] Die im Mitgliedstaat herrschenden Moralvorstellungen müssen dort einen normativen Schutz erfahren, der konsequent angewendet wird. Dies bedeutet, dass diese sittlichen Vorstellungen nur dann Beschränkungen des freien Warenverkehrs zu rechtfertigen vermögen, wenn der betreffende Mitgliedstaat gegenüber den gleichen Waren, die in seinem Hoheitsgebiet hergestellt oder vermarktet werden, strafrechtliche oder sonstige ernsthaften und wirksamen Maßnahmen zur Verhinderung ihres Vertriebs in seinem Hoheitsgebiet ergreift.[123]

---

[116]EuGH, Urt. v. 28.4.1998, Decker/Caisse de maladie des employés privés, C-120/95, EU:C:1998:167, Rn. 39.

[117]EuGH, Urt. v. 19.12.1961, Kommission der EWG/Italien, C-7/61, EU:C:1961:31, C d) zum damaligen Art. 36 EWGV.

[118]EuGH, Urt. v. 25.6.1998, Chemische Afvalstoffen Dusseldorp u. a./Minister van Volkshuisvesting, Ruimtelijke Ordening en Milieubeheer, C-203/96, EU:C:1998:316, Rn. 44; Urt. v. 28.3.1995, The Queen/Secretary of State for the Home Department, ex parte Evans Medical und Macfarlan Smith, C-324/93, EU:C:1995:84, Rn. 36.

[119]EuGH, Urt. v. 18.9.2003, Morellato, C-416/00, EU:C:2003:475, Rn. 40 f.

[120]EuGH, Urt. v. 9.12.1997, Kommission/Frankreich, C-265/95, EU:C:1997:595, Rn. 61–63.

[121]EuGH, Urt. v. 14.9.2006, Alfa Vita Vassilopoulos, C-158/04, EU:C:2006:562, Rn. 23.

[122]EuGH, Urt. v. 14.12.1979, Henn und Darby, C-34/79, EU:C:1979:295, Rn. 15 f.; Urt. v. 11.3.1986, Conegate/HM Customs & Excise, C-121/85, EU:C:1986:114, Rn. 14.

[123]EuGH, Urt. v. 11.3.1986, Conegate/HM Customs & Excise, C-121/85, EU:C:1986:114, Rn. 15 ff.

Die zu diesem Rechtfertigungsgrund bislang ergangenen Entscheidungen betrafen Einfuhrbeschränkungen für Produkte mit sexuellem Bezug.[124] Vorstellbar sind jedoch auch Beschränkungen der Warenverkehrsfreiheit von Produkten mit verunglimpfendem Charakter in Bezug auf Persönlichkeiten mit hohem kirchlichen Rang oder sonstiger Würdenträger sowie von krass gewaltverherrlichenden Schriften und Computerspielen.[125]

Die Begriffe der **öffentlichen Ordnung und Sicherheit** sind als Begriffe des Unionsrechts autonom auszulegen. Ein Rückgriff auf die einheimische Rechtsprechung zur wortgleichen Generalklausel des deutschen Polizeirechts verbietet sich.[126] Die öffentliche Ordnung umfasst staatliche Interessen, die herkömmlich als wesentliche Interessen des Staates betrachtet werden.[127] Im Bereich der Warenverkehrsfreiheit zählen hierzu etwa die Aufdeckung und Verfolgung von Straftaten[128] und die Einbehaltung von außer Kraft gesetzter Silbermünzen, deren Einschmelzung dem Staat vorbehalten ist, als Ausprägung des Münzrechts[129]. Eng verknüpft mit dem Begriff der öffentlichen Ordnung ist der Begriff der öffentlichen Sicherheit. So ist eine Berufung auf diesen Rechtfertigungsgrund nur dann begründet, wenn eine tatsächliche und hinreichend schwere Gefährdung vorliegt, die ein Grundinteresse der Gesellschaft berührt.[130] Dies ist etwa der Fall bei Maßnahmen zur Aufrechterhaltung der Versorgung der Bevölkerung mit existentiellen Gütern.[131]

b. Schutz der Gesundheit und des Lebens

37 In Ermangelung von Harmonisierungsvorschriften ist es Sache der Mitgliedstaaten, darüber zu befinden, welches Schutzniveau sie für Gesundheit und Leben der Menschen sicherstellen wollen und hierzu Produktregelungen zur Abwehr von dem Produkt oder Produkttyp ausgehenden Gefahren für Leib und Leben zu erlassen.[132] Unter

---

[124]EuGH, Urt. v. 14.12.1979, Henn und Darby, C-34/79, EU:C:1979:295 bezog sich auf die Einfuhr pornopgrahischer Artikel in Form von Filmen und Magazinen; Urt. v. 11.3.1986, Conegate/ HM Customs & Excise, C-121/85, EU:C:1986:114 betraf die Einfuhr von „*Puppen eindeutig sexueller Natur*".

[125]Frenz, Handbuch Europarecht, Bd. 1 – Europäische Grundfreiheiten, Rn. 942.

[126]Ahlfeld, Zwingende Erfordernisse im Sinne der Cassis-Rechtsprechung des Europäischen Gerichtshofs zu Art. 30 EGV, S. 30.

[127]EuGH, Urt. v. 23.11.1978, Thompson, C-7/78, EU:C:1978:209, Rn. 32/34.

[128]EuGH, Urt. v. 17.6.1987, Kommission/Italien, C-154/85, EU:C:1987:292, Rn. 13 f.

[129]EuGH, Urt. v. 23.11.1978, Thompson, C-7/78, EU:C:1978:209, Rn. 32/34.

[130]EuGH, Urt. v. 13.3.2008, Kommission/Belgien, C-227/06, EU:C:2008:160, Rn. 59.

[131]EuGH, Urt. v. 10.7.1984, Campus Oil, C-72/83, EU:C:1984:256, Rn. 35; Urt. v. 25.10.2001, Kommission/Griechenland, C-398/98, EU:C:2001:565, Rn. 29.

[132]Statt vieler EuGH, Urt. v. 28.1.1986, Kommission/Frankreich, C-188/84, EU:C:1986:43, Rn. 15; Urt. v. 13.9.2001, Schwarzkopf, C-169/99, EU:C:2001:439, Rn. 37–41.

den in Art. 36 AEUV geschützten Gütern und Interessen nehmen mithin die Gesundheit und das Leben von Menschen den ersten Rang ein.[133] Schutz muss zuvörderst **präventiv** erfolgen, soll er wirksam sein. Für den Erlass von Schutzmaßnahmen ist es damit nicht erforderlich, dass Schadensfälle bereits eingetreten wären. Reine Behauptungen künftiger Schadensfälle reichen allerdings zur Rechtfertigung nicht aus. Es ist vielmehr erforderlich, dass die von bestimmten Produkttypen ausgehenden **Gefahren für Leib und Leben wissenschaftlich belegt** werden.[134] An die Eintrittswahrscheinlichkeit der Gefahr stellt der Gerichtshof hierbei aber keine größeren Anforderungen. So ist einem Mitgliedstaat zuzugestehen, dass er nach dem **Vorsorgeprinzip** Schutzmaßnahmen trifft, ohne abwarten zu müssen, dass das Vorliegen und die Größe dieser Gefahren klar dargelegt sind. Zwar darf die Risikobewertung nicht auf rein hypothetische Erwägungen gestützt werden. *„Wenn es sich [aber] als unmöglich erweist, das Bestehen oder den Umfang des behaupteten Risikos mit Sicherheit festzustellen, weil die Ergebnisse der durchgeführten Studien unzureichend, unschlüssig oder ungenau sind, die Wahrscheinlichkeit eines tatsächlichen Schadens [...] jedoch fortbesteht, falls das Risiko eintritt, rechtfertigt das Vorsorgeprinzip den Erlass beschränkender Maßnahmen"*[135].

Zu den Gefährdungen für Leib und Leben gehören nicht nur die vom Produkttyp ausgehenden Gefahren, sondern auch das, was durch Funktionslosigkeit solcher Produkte geschehen kann, die gerade durch eine bestimmte Funktion Sicherheit erreichen sollen, wie etwa Brand- und Rauchmelder.[136] Regelungen zur Sicherstellung der Funktionsfähigkeit solcher Produkte können mithin auf den Rechtfertigungsgrund des Schutzes von Leib und Leben gestützt werden.[137]

c. Schutz der Gesundheit und des Lebens von Tieren und Pflanzen

In der Judikatur zum Recht des technischen Produkts hat der Schutz der Gesundheit und des Lebens von Tieren und Pflanzen bislang keine Rolle gespielt.

d. Schutz des nationalen Kulturguts

Als auf den Schutz des nationalen Kulturguts gestützte warenverkehrsbeschränkende Maßnahmen kommen Ausfuhrverbote, Genehmigungserfordernisse oder staatliche Vorkaufsrechte im Verkehr mit Kulturgütern in Betracht. Auch dieser Rechtfertigungsgrund hat im Recht des technischen Produkts bislang keine Anwendung erfahren.

---

[133] EuGH, Urt. v. 11.9.2008, Kommission/Deutschland, C-141/07, EU:C:2008:492, Rn. 46 m.w.Rspr.
[134] EuGH, Urt. v. 14.7.1994, Van der Veldt, C-17/93, EU:C:1994:299, Rn. 17; Urt. v. 12.3.1987, Kommission/Deutschland, C-178/84, EU:C:1987:126, Rn. 48 ff.
[135] EuGH, Urt. v. 23.9.2003, Kommission/Dänemark, C-192/01, EU:C:2003:492, Rn. 49–52.
[136] Wilrich, Das neue Produktsicherheitsgesetz, Rn. 296.
[137] EuGH, Urt. v. 7.6.2007, Kommission/Belgien, C-254/05, EU:C:2007:319, Rn. 35; Urt. v. 13.3.2008, Kommission/Belgien, C-227/06, EU:C:2008:160, Rn. 60.

e. Schutz des gewerblichen und kommerziellen Eigentums

41 Zum Schutz der Immaterialgüterrechte existiert umfangreiches Sekundärrecht. Nationale Maßnahmen zugunsten solcher Rechtspositionen sind zuvörderst hieran und nicht am Rechtfertigungsgrund des Schutzes des gewerblichen und kommerziellen Eigentums zu messen (→ Rn. 63). Im Bereich des Markenrechts sind es die Richtlinie 2008/95/EG zur Angleichung der Rechtsvorschriften der Mitgliedstaaten über die Marken und die VO (EG) Nr. 207/2009 über die Gemeinschaftsmarke. Im Bereich des Sortenschutzes besteht die VO (EG) Nr. 2100/94 über den gemeinschaftlichen Sortenschutz. Die Richtlinie 98/71/EG regelt den rechtlichen Schutz von Mustern und Modellen. Patentrechtliche Spezialvorschriften sind vornehmlich das Übereinkommen über die Vereinbarung über Gemeinschaftspatente vom 15.12.1989, die VO (EG) Nr. 469/2009 über das ergänzende Schutzzertifikat für Arzneimittel und die Richtlinie 98/44/EG über den rechtlichen Schutz biotechnologischer Erfindungen. Zum Schutz von Urheberrechten existieren die Richtlinie 2009/24/EG über den Schutz von Computerprogrammen, die Richtlinie 2006/115/EG zum Vermietrecht und Verleihrecht sowie zu bestimmten dem Urheberrecht verwandten Schutzrechten im Bereich des geistigen Eigentums, die Richtlinie 2006/116/EG über die Schutzdauer des Urheberrechts und bestimmter verwandter Schutzrechte und die Richtlinie 96/9/EG über den rechtlichen Schutz von Datenbanken.

42 Der Begriff des gewerblichen und kommerziellen Eigentums erfasst die abwehrfähigen Rechtspositionen des gewerblichen Eigentums. Die aus einer solchen Rechtsposition resultierenden Ansprüche werden durch den jeweiligen privaten Rechtsinhaber geltend gemacht. Nun entfaltet die Warenverkehrsfreiheit im Grundsatz aber keine Dritt- oder Horizontalwirkung, sodass die bloße Anerkennung bzw. Einräumung solcher Rechtspositionen durch den Staat keinen zu rechtfertigenden Eingriff in den Schutzbereich des Art. 34 AEUV zu begründen vermag. Der nach Art. 36 AEUV vorausgesetzte Eingriff in die Warenverkehrsfreiheit ergibt sich denn auch nicht aus der Geltendmachung gewerblicher Schutzrechte durch den privaten Rechtsinhaber, sondern aus dem durch die staatlichen Maßnahmen zugunsten solcher Rechtspositionen gewährten Schutz.[138] Nach ständiger Rechtsprechung des Gerichtshofs sind solche Maßnahmen nur insoweit gerechtfertigt, als sie zur Wahrung des spezifischen Gegenstands des jeweiligen Schutzrechts erforderlich sind.[139] Anders gewendet müssen sie, um gerechtfertigt zu sein, auf den Schutz des Kernbereichs der Schutzrechte abzielen. Verkürzt lässt sich als schützenswerter Kernbereich aller Schutzrechte das Recht **des Inhabers** qualifizieren, **über das erstmalige Inverkehrbringen der Erzeugnisse zu entscheiden.** Das impliziert den Anspruch des Rechtsinhabers, dem Inverkehrbringen eines Erzeugnisses mit gleichen oder verwechselbaren Marken bzw. Warenzeichen oder dem Inverkehrbringen eines Erzeugnisses, das Gegenstand eines Patents oder urheberrechtlich geschützt ist, zu widersprechen.

---

[138] Ganz h.M., etwa Schröder, in Streinz (Hrsg.), EUV/AEUV, AEUV Art. 36 Rn. 20.
[139] EuGH, Urt. v. 8.6.1971, Deutsche Grammophon/Metro SB, C-78/70, EU:C:1971:59, Rn. 11; Urt. v. 17.10.1990, CNL-SUCAL/HAG, C-10/89, EU:C:1990:359, Rn. 12.

Jedoch ist der Inhalt des Schutzrechts erschöpft und sind nationale Schutzmaßnahmen nicht mehr nach Art. 36 AEUV gerechtfertigt, wenn das geschützte Erzeugnis vom Inhaber oder mit seiner Zustimmung in einem Mitgliedstaat in Verkehr gebracht worden ist (**Erschöpfungsgrundsatz**). Denn in diesem Fall hat er den spezifischen Gegenstand des Schutzrechts genutzt, erhält hierfür regelmäßig einen finanziellen Ausgleich und ist damit das gewerbliche Schutzrecht aufgebraucht. Der Rechtsinhaber kann dann die Einfuhr des Erzeugnisses in einen anderen Mitgliedstaat nicht mehr untersagen lassen. Mit diesem Erschöpfungsgrundsatz unvereinbare nationale Maßnahmen sind unzulässige Beschränkungen der Warenverkehrsfreiheit. Eine Rechtfertigung scheidet aus.[140]

Beispiel: In der **Rechtssache** *Merck*[141] hatte der Gerichtshof im Rahmen eines Vorabentscheidungsverfahrens über die Frage zu befinden, ob ein Patent auch dann erschöpft ist, wenn der Inhaber das patentierte Erzeugnis in einem Staat willentlich erstmals in Verkehr bringt, in dem kein Patentschutz besteht. Die Gesellschaft Merck war Inhaberin zweier niederländischer Patente, durch die ein Arzneimittel sowie die Verfahren zu seiner Herstellung geschützt wurden. Aufgrund dieser Patente konnte sie sich nach den niederländischen Rechtsvorschriften mit rechtlichen Maßnahmen dagegen wehren, dass das geschützte Erzeugnis in den Niederlanden von anderen in den Verkehr gebracht wird, auch wenn es in einem anderen Mitgliedstaat vom Patentinhaber oder mit seiner Zustimmung in den Verkehr gebracht wurde. Die Gesellschaft brang das Arzneimittel in Italien in den Verkehr, wo sie kein Patent erhalten konnte. Die Gesellschaft Stephar führte das genannte Arzneimittel aus Italien in die Niederlande ein und brang es dort in Konkurrenz mit Merck in den Verkehr. Das vorlegende Gericht fragte den Gerichtshof, ob unter den geschilderten Umständen die allgemeinen Vertragsbestimmungen über den freien Warenverkehr verhindern, dass sich der Patentinhaber gegen die Einfuhr des von ihm selbst in einem anderen Mitgliedstaat in Verkehr gebrachten Arzneimittels zur Wehr setzen könne. Die Gesellschaft Merck vertrat die Auffassung, der Zweck des Patents, dem Erfinder einen Ausgleich zu gewähren, würde bei Anwendung des Erschöpfungsgrundsatzes in Fällen der vorliegenden Art nicht erreicht. Denn da das Patentrecht in dem Land, in dem der Patentinhaber sein Erzeugnis in den Verkehr gebracht habe, gesetzlich nicht anerkannt werde, könne der Inhaber keinen Ausgleich für seine schöpferische Erfindertätigkeit erhalten, weil er dort nicht das Monopol besitze, das Erzeugnis als erster in den Verkehr zu bringen. Dem trat der Gerichtshof entgegen mit der Erwägung, dass die Substanz des Patentrechts im Wesentlichen darin besteht, dem Erfinder das ausschließliche Recht zu verleihen, das Erzeugnis als erster in den Verkehr zu bringen. Der Patentinhaber habe es in der Hand über die Bedingungen zu entscheiden, unter denen er sein Erzeugnis in den Verkehr bringt, was die Möglichkeit einschließt, das Erzeugnis in einem Mitgliedstaat abzusetzen, in dem dafür kein gesetzlicher Patentschutz besteht. Entscheidet er sich in dieser Weise, so hat er die Konsequenzen seiner Wahl hinzunehmen, soweit es um den Verkehr des Erzeugnisses innerhalb des Binnenmarktes geht, ein Grundprinzip, das zu den rechtlichen und wirtschaftlichen Faktoren gehört, denen der Patentinhaber bei Festlegung der Ausübungsmodalitäten seines Ausschließlichkeitsrechts Rechnung tragen muss.

---

[140]Grundlegend EuGH, Urt. v. 8.6.1971, Deutsche Grammophon/Metro SB, C-78/70, EU:C:1971:59, Rn. 11–13.
[141]EuGH, Urt. v. 14.7.1981, Merck/Stephar und Exler, C-187/80, EU:C:1981:180.

f. Verbraucherschutz

44 Der durch den Gerichtshof im Urteil *Cassis de Dijon* festgestellte Rechtfertigungsgrund des Verbraucherschutzes meint den **Schutz** des Verbrauchers **vor irreführender Information**,[142] nicht aber den Schutz **vor** einer **Gesundheitsgefährdung des Verbrauchers.** Er überschneidet sich regelmäßig mit dem zwingenden Allgemeininteresse der Lauterkeit des Handelsverkehrs. Überschneidungen ergeben sich häufig auch zum Gesundheitsschutz. Der Gerichtshof lässt Verbraucherschutzargumente gelten, wenn es ausschließlich um Schutz vor Täuschung oder Irreführung geht, zieht jedoch Art. 36 AEUV heran, wenn Täuschungen oder Irreführungen zu einer Gesundheitsgefährdung führen können.[143] Verbraucher ist hierbei nicht notwendigerweise die Privatperson, die eine Ware zur eigenen privaten Bedürfnisbefriedigung käuflich erwirbt. Auch Maßnahmen zum Schutz des Unternehmers, der die Ware in Ausübung seiner gewerblichen oder selbständigen beruflichen Tätigkeit bezieht, können sich auf diesen Rechtfertigungsgrund stützen.[144] Der Schutz vor Irreführung rechtfertigt etwa Regelungen zur Produktinformation und kann das Verbot irreführender Angaben über das Erzeugnis umfassen.[145] Die Möglichkeit, den Verbraucher durch entsprechende Hinweise über das Produkt zu informieren hat denn auch zur Folge, dass Verkehrsverbote für Erzeugnisse, die nicht den nationalen Qualitätsanforderungen entsprechen, wie etwa solchen zur Gebrauchstauglichkeit, Qualitätsstufen und Verkaufsbezeichnung, regelmäßig nicht auf den Verbraucherschutz gestützt werden können. So stellen diese ein unverhältnismäßiges Mittel zur Gewährleistung des Schutzes des Verbrauchers vor Irreführung und Täuschung dar, weil eben dieser Schutz regelmäßig durch eine entsprechende Produktinformation erreicht werden kann.[146] Hierbei ist jedoch

---

[142] EuGH, Urt. v. 2.2.1994, Verband Sozialer Wettbewerb/Clinique Laboratories und Estée Lauder, C-315/92, EU:C:1994:34, Rn. 15.

[143] EuGH, Urt. v. 12.3.1987, Kommission/Deutschland, C-178/84, EU:C:1987:126, Rn. 30 ff. und 40 ff.; Urt. v. 23.2.1988, Kommission/Frankreich, C-216/84, EU:C:1988:81, Rn. 9 ff.; Urt. v. 2.2.1994, Verband Sozialer Wettbewerb/Clinique Laboratories und Estée Lauder, C-315/92, EU:C:1994:34, Rn. 20 ff.

[144] EuGH, Urt. v. 20.6.1991, Denkavit Futtermittel/Land Baden-Württemberg, C-39/90, EU:C:1991:267, Rn. 23 (Angaben zur Zusammensetzung von Futtermitteln für Nutztiere und somit Angaben zu für den Verkauf an Landwirte bestimmte Erzeugnisse).

[145] EuGH, Urt. v. 17.3.1983, Kikvorsch, C-94/82, EU:C:1983:85, Rn. 12.

[146] Siehe – jeweils zu Verbraucherschutzvorschriften im Lebensmittelbereich – EuGH, Urt. v. 10.11.1982, Rau/De Smedt, C-261/81, EU:C:1982:382, Rn. 17; Urt. v. 12.3.1987, Kommission/Deutschland, C-178/84, EU:C:1987:126, Rn. 35; Urt. v. 11.10.1990, Kommission/Italien, C-210/89, EU:C:1990:357, Rn. 17; Urt. v. 9.2.1999, van der Laan, C-383/97, EU:C:1999:64, Rn. 24. So könnte etwa der Verkauf einer für das Bohren von Löchern bestimmten Maschine unter der Bezeichnung Bohrmaschine zum Schutz des Verbrauchers nicht deshalb untersagt werden, weil eine bestimmte Bohrkraft nicht erreicht wird. Die Gewährleistung qualitativer Erzeugnisse ist kein zwingendes Interesse (→ Rn. 35) und kann diese auch nicht über den Verbraucherschutz, gleichsam durch die Hintertür, erreicht werden: die Verpflichtung, den Verbraucher über die Bohrkraft zu informieren wäre das mildere Mittel zur Erreichung des geltend gemachten Schutzzwecks der Verbraucherinformation.

zu beachten, dass nationale Regelungen zur Produktinformation ihrerseits an Art. 34 AEUV zu messen sind. Wiederholt hatte der Gerichtshof in diesem Zusammenhang über nationale Sprachregelungen zu befinden.[147] In dem **Vorabentscheidungsverfahren Colim**[148] wollte das vorlegende Gericht wissen, ob und inwieweit die Mitgliedstaaten für eingeführte Erzeugnisse verlangen können, dass die zur Produktkennzeichnung zwingend vorgeschriebenen Angaben, die Gebrauchsanleitung und der Garantieschein in der Sprache des Bestimmungslandes abgefasst sind. Sind die für ein bestimmtes Erzeugnis geltenden sprachlichen Anforderungen durch EU-Richtlinien vollständig harmonisiert, können die Mitgliedstaaten keine zusätzlichen sprachlichen Anforderungen festlegen (→ Rn. 59 f.). Ist dagegen die Harmonisierung auf Unionsebene nur teilweise durchgeführt worden oder fehlt sie ganz, sind die Mitgliedstaaten grundsätzlich weiterhin zur Festlegung zusätzlicher sprachlicher Anforderungen befugt. Gleichwohl stellen sprachliche Anforderungen der beschriebenen Art eine Behinderung des innerunionalen Handels dar (→ Rn. 19). Wie der Gerichtshof im Urteil *Colim* feststellte, sind zwar an den Käufer oder Endverbraucher in Worten gerichtete Informationen ohne praktischen Nutzen, wenn sie in einer ihnen nicht verständlichen Sprache abgefasst sind. Gleichwohl und gleichsam schlussfolgernd darf eine Maßnahme, die die Verwendung einer für die Verbraucher leicht verständlichen Sprache vorschreibt, den möglichen Einsatz anderer Mittel, die die Information der Verbraucher gewährleisten, wie die Verwendung von Zeichnungen, Symbolen oder Piktogrammen, nicht ausschließen.[149] Mithin ist die sprachliche Anordnung auf die vom Mitgliedstaat zwingend vorgeschriebenen Angaben zu beschränken. Dem für den Vertrieb des Erzeugnisses zuständigen Wirtschaftsteilnehmer muss es freistehen, ob er auch zu nicht zwingend vorgeschriebenen Angaben dem Erzeugnis eine Übersetzung beifügt.[150] Für die Frage, ob die geforderte Produktinformation zum Schutz des Verbrauchers vor Irreführung und Täuschung erforderlich ist, ist auf den durchschnittlich informierten, aufmerksamen und verständigen Durchschnittsverbraucher als Referenzverbraucher abzustellen.[151] Nicht völlig geklärt ist in diesem Kontext, ob Prüfungsmaßstab innerhalb der Verhältnismäßigkeitskontrolle das Leitbild des europäischen oder das des nationalen Durchschnittsverbrauchers ist.[152]

g. Lauterkeit des Handelsverkehrs

Der Schutz vor unlauterem Wettbewerb wurde vom Gerichtshof im Urteil *Cassis de Dijon* zu einem der zwingenden Erfordernisse des Allgemeininteresses erhoben. Der Lauterkeitsschutz hat als zwingendes Erfordernis keine große Bedeutung entfaltet. Der Gerichtshof

45

---

[147]Hierzu Oliver, Oliver on Free Movement of Goods in the European Union, Rn. 8.152–8.156.
[148]EuGH, Urt. v. 3 6.1999, Colim, C-33/97, EU:C:1999:274.
[149]*Ebd.*, Rn. 41.
[150]*Ebd.*, Rn. 42.
[151]EuGH, Urt. v. 13.1.2000, Estée Lauder, C-220/98, EU:C:2000:8, Rn. 30.
[152]Oliver, Oliver on Free Movement of Goods in the European Union, Rn. 8.169–8.177.

behandelt ihn regelmäßig gemeinsam mit dem Verbraucherschutz, ohne die beiden Rechtfertigungsgründe klar zu trennen.[153] Theoretisch ergibt sich die Unterscheidung daraus, dass der Verbraucherschutz vor einer Irreführung der Verbraucher schützt und der Lauterkeitsschutz auf den Schutz anderer Wirtschaftsteilnehmer, insbesondere der Wettbewerber, abzielt.[154] Nach der in der Pariser Verbandsübereinkunft zum Schutz des gewerblichen Eigentums vom 20.3.1883, zuletzt revidiert in Stockholm am 14.7.1967[155], in Art. 10bis gegebenen Begriffsbestimmung ist unlauterer Wettbewerb *„jede Wettbewerbshandlung, die den anständigen Gepflogenheiten in Gewerbe oder Handel zuwiderläuft"*, insbesondere, jede Handlung, die geeignet ist, *„auf irgendeine Weise eine Verwechslung mit [...] den Erzeugnissen [...] eines Wettbewerbers hervorzurufen"*, [...], sowie *„Angaben oder Behauptungen, deren Verwendung im geschäftlichen Verkehr geeignet ist, das Publikum über die Beschaffenheit, die Art der Herstellung, die wesentlichen Eigenschaften, die Brauchbarkeit oder die Menge der Waren irrezuführen"*.

46 Zum Recht des technischen Produkts erwähnenswert ist in diesem Zusammenhang die **Rechtssache *Industrie Diensten Groep gegen Beele*[156]** zu sklavischen Produktnachahmungen. Die dem Gerichtshof vorgelegte Frage stellte sich im Rahmen eines Rechtsstreits zwischen einer niederländischen Firma, der Alleinimporteurin in Schweden hergestellter und seit 1963 in den Niederlanden in den Handel gebrachter Kabeldurchleitungsvorrichtungen, und einer anderen niederländischen Firma, die seit 1978 in den Niederlanden in der Bundesrepublik Deutschland hergestellte Kabeldurchleitungsvorrichtungen in den Handel brachte. Die schwedischen Kabeldurchleitungsvorrichtungen waren vorher unter anderem in der Bundesrepublik Deutschland und in den Niederlanden durch ein Patentrecht geschützt. Mit der Herstellung der deutschen Vorrichtungen sowie mit ihrer Einfuhr in die Niederlande wurde erst nach Ablauf der Gültigkeitsdauer dieser Patente begonnen. Die erstgenannte Firma reichte beim Präsidenten der Arrondissementsrechtbank Den Haag einen Antrag auf Erlass einer einstweiligen Anordnung gegen die zweite Firma ein, mit dem sie geltend machte, dass die deutschen Kabeldurchleitungsvorrichtungen eine sklavische Nachahmung der schwedischen Vorrichtungen darstellten, und mit dem sie den Präsidenten ersuchte, der Antragsgegnerin zu verbieten, die deutschen Kabeldurchleitungsvorrichtungen in den Niederlanden in den Handel zu bringen oder bringen zu lassen. Nach niederländischem Recht waren Erzeugnisse vor sklavischen Nachahmungen geschützt. Der Gerichtshof hatte zu untersuchen, ob ein solcher Schutz gegen sklavische Nachahmungen mit den Vertragsbestimmungen über den freien Warenverkehr in Einklang stand. Er erkannte, *„dass Bestimmungen*

---

[153] Schröder, in Streinz (Hrsg.), EUV/AEUV, AEUV Art. 36 Rn. 40; Ahlfeld, Zwingende Erfordernisse im Sinne der Cassis-Rechtsprechung des Europäischen Gerichtshofs zu Art. 30 EGV, S. 97 ff. und 129 ff.
[154] EuGH, Urt. v. 2.2.1989, Kommission/Deutschland, C-274/87, EU:C:1989:51, Rn. 12 ff. und 17 ff.
[155] BGBl. 1970 II S. 391, geändert am 2.10.1979, BGBl. 1984 II S. 799.
[156] EuGH, Urt. v. 2.3.1982, BV Diensten Groep/Beele, C-6/81, EU:C:1982:72.

über den freien Warenverkehr [...] es nicht verhindern, dass ein Händler, der schon seit geraumer Zeit in einem Mitgliedstaat ein Erzeugnis in den Handel bringt, das von anderen gleichartigen Waren abweicht, aufgrund einer nationalen Rechtsvorschrift, die unterschiedslos für einheimische wie für eingeführte Erzeugnisse gilt, ein gerichtliches Verbot gegen einen anderen Händler erwirken kann, in diesem Mitgliedstaat weiterhin ein Erzeugnis in den Handel zu bringen, das aus einem anderen Mitgliedstaat stammt, wo es rechtmäßig in den Verkehr gebracht worden ist, das aber ohne Notwendigkeit mit dem ersten Erzeugnis nahezu identisch ist und dadurch unnötig Verwechslungen zwischen den beiden Erzeugnissen hervorruft".[157]

h. Umweltschutz
Als aus Gründen des Umweltschutzes gerechtfertigt angesehen hatte der Gerichtshof etwa Lärmgrenzwerte für im Hoheitsgebiet des Mitgliedstaats zum Verkehr zuzulassende Zivilflugzeuge[158] oder nationale Regelungen, die Energieversorgungsunternehmen zur Abnahme von Strom aus erneuerbaren Energien zu Mindestpreisen verpflichteten[159]. Aus Gründen des Umweltschutzes sind weiter verpflichtende Rücknahmesysteme für Getränkeverpackungen im Grundsatz rechtfertigbar.[160] Ferner können Abgas- und Lärmgrenzwerte für die Erstzulassung im Einfuhrmitgliedstaat von zuvor in anderen Mitgliedstaaten zugelassenen Kraftfahrzeugen, die aufgrund ihres Alters keine gemeinschaftliche Betriebserlaubnis haben, im Grundsatz auf diesen Rechtfertigungsgrund gestützt werden.[161] Als Maßnahme des produktintegrierten Umweltschutzes sind freilich weitere umweltrelevante Beschaffenheitsanforderungen denkbar, wie etwa die Recyclingfähigkeit von Produkten, d. h. Vorschriften bezüglich des recyclinggerechten Konstruierens und der Wiederverwertbarkeit der eingesetzten Stoffe (→ Rn. 392).

47

i. Erfordernisse der Sicherheit im Straßenverkehr
Nach ständiger Rechtsprechung ist die Straßenverkehrssicherheit als ein zwingender Grund des Allgemeinwohls anerkannt, der eine Beeinträchtigung der Freiheit des Warenverkehrs rechtfertigen kann.[162]

48

---

[157] *Ebd.*, Rn. 15.
[158] EuGH, Urt. v. 14.7.1998, Aher-Waggon/Bundesrepublik Deutschland, C-389/96, EU:C:1998:357, Rn. 19 ff.
[159] EuGH, Urt. v. 13.3.2001, PreussenElektra, C-379/98, EU:C:2001:160, Rn. 68 ff.
[160] Vgl. EuGH, Urt. v. 20.9.1988, Kommission/Dänemark, C-302/86, EU:C:1988:421; Urt. v. 14.12.2004, Radlberger Getränkegesellschaft und S. Spitz, C-309/02, EU:C:2004:799, Rn. 78.
[161] EuGH, Urt. v. 11.12.2008, Kommission/Österreich, C-524/07, EU:C:2008:717, Rn. 59.
[162] EuGH, Urt. v. 5.10.1994, Van Schaik, C-55/93, EU:C:1994:363, Rn. 19; Urt. v. 12.10.2000, Snellers, C-314/98, EU:C:2000:557, Rn. 55; Urt. v. 21.3.2002, Cura Anlagen, C-451/99, EU:C:2002:195, Rn. 59; Urt. v. 10.4.2008, Kommission/Portugal, C-265/06, EU:C:2008:210, Rn. 5; Urt. v. 10.2.2009, Kommission/Italien, C-110/05, EU:C:2009:66, Rn. 60.

§ 2 – Sekundärrechtliche Verwirklichung des Binnenmarkts

I. Grundlagen

1. Binnenmarktkompetenz

49 Der Binnenmarkt im Sinne des Art. 26 Abs. 1 AEUV ist ein Markt mit einheitlichen Marktbedingungen, in dem Waren, Personen, Dienstleistungen und Kapital frei, über die ehemaligen Binnengrenzen hinweg, zirkulieren können. Das Primärrecht allein kann dessen Verwirklichung nicht gewährleisten. Dies gilt zunächst für grenzüberschreitende Sachverhalte. Denn trotz des grundsätzlichen Gebots der gegenseitigen Anerkennung bleiben die Mitgliedstaaten berechtigt, die Einfuhr solcher Produkte zu untersagen, die ein den Produktregelungen des Bestimmungsmitgliedstaates gleichwertiges Schutzniveau nicht aufweisen. Dem Prinzip der gegenseitigen Anerkennung steht nicht entgegen, dass der Bestimmungsmitgliedstaat überprüft, ob das eingeführte Erzeugnis dem Schutzniveau der zum Schutz eines zwingengenden Allgemeininteresses erlassenen *notwendigen* nationalen Produktregelungen entspricht (→ Rn. 30 f.). Auf Inlandssachverhalte ist Art. 34 AUEV von vornherein nicht anzuwenden, so durch nationale Produktregelungen hervorgerufene Wettbewerbsverzerrungen zulasten einheimischer Produkte primärrechtlich nicht sanktioniert werden (→ Rn. 23). Das adäquate Mittel zur Schaffung einheitlicher Marktbedingungen, also letztlich der *„Einheit des Marktes"*[163], ist das Instrument der Rechtsangleichung. Die primärrechtliche Gewährleistung des Binnenmarktes (sog. Negative Integration) wird hierdurch durch eine aktive Politik vonseiten der Union zur Beseitigung von Freiverkehrshindernissen und Wettbewerbsverfälschungen (sog. Positive Integration) ergänzt.

50 **Rechtsangleichung** (Harmonisierung) ist die gegenseitige Angleichung der innerstaatlichen Rechts- und Verwaltungsvorschriften der Mitgliedsstaaten durch europäische Rechtssetzung. Da die Union kein souveräner Staat ist, sondern auch weiterhin nur eine internationale Organisation im Sinne des Völkerrechts ohne originäre Hoheitsbefugnisse mit legitimatorischer und praktischer Rückbindung an die souverän bleibenden Mitgliedstaaten,[164] bedarf es für die Rechtsangleichung durch die Union ausdrücklicher Kompetenzzuweisung durch die Mitgliedstaaten.

51 Das hier zum Ausdruck kommende **Prinzip** ist das **der begrenzten Einzelermächtigung.** So liegt die originäre Zuständigkeit bei den Mitgliedstaaten und haben nur Staaten eine umfassende sachliche Allzuständigkeit. Es ist dies die Befugnis alle Fragen des gesellschaftlichen Miteinanders an sich zu ziehen, zu regeln und notfalls gewaltsam zu lösen.[165] Die Begründung von Zuständigkeiten der Europäischen Union hingegen

---

[163]EuGH, Urt. v. 9.8.1994, Deutschland/Rat, C-359/92, EU:C:1994:306, Rn. 37.
[164]BT Drucks. 13/6450, Ziff. IV. 1.
[165]Seiler, Der souveräne Verfassungsstaat zwischen demokratischer Rückbindung und überstaatlicher Einbindung, S. 67 f.

erfolgt nach dem Prinzip begrenzter Ermächtigung, wonach diese Zuständigkeiten der Union in den Gründungsverträgen zugewiesen werden. Durch diese Herauslösung von Zuständigkeiten der Mitgliedstaaten aus der Gesamtheit ihrer Allzuständigkeit und der Übertragung dieser bisher staatlich wahrgenommenen Zuständigkeiten auf die Europäische Union werden diese einer gemeinsamen Wahrnehmung zugeführt. Hiermit einhergehend wird die Befugnis der Rechtssetzungsorgane der Union begründet, innerhalb der so der Union zur gemeinsamen Ausübung zugewiesenen Zuständigkeiten verbindliche Rechtsakte gegenüber den Mitgliedstaaten und ihren Angehörigen zu erlassen. *„In dieser Verknüpfung von Zuständigkeitsübertragung, gemeinschaftlicher Wahrnehmung und Begründung supranationaler Entscheidungsbefugnisse liegt das Wesen des historischen Prozesses der Europäischen Integration"*[166]. Bereits unter rechtlichen Gesichtspunkten wird das **unionale Produktverkehrsrecht** damit immer **auf Einzelaspekte begrenzt** sein. Eine Gesamtkodifikation dieser Rechtsmaterie strebt die Europäische Union nicht an und könnte es auch nicht. Sie regelt immer nur einen mehr oder minder großen Ausschnitt aus einem umfassenderen Regelungskomplex. Jenseits der Grenzen dieses Ausschnitts verbleiben nationale Spielräume. Der Rechtsanwender muss daher stets ermitteln – gegebenenfalls unter Heranziehung der vom europäischen Gesetzgeber herangezogenen Ermächtigungsgrundlage –, wie weit der Geltungsbereich der unionalen Rechtsvorschrift reicht und inwieweit neben dieser nationales Recht besteht.

Die Rechtsangleichung als solche ist kein eigenes Ziel der Union. Die Rechtsangleichung ist nur ein Mittel zur Erreichung anderer Vertragsziele. Sie dient diesen.[167] Derartige Kompetenzzuweisungen sind zahlreich und ermächtigen zu sachspezifischen, auf einzelne Grundfreiheiten oder Politikbereiche bezogene Rechtsangleichungsmaßnahmen.[168] Zur Angleichung des Rechts der Mitgliedstaaten zum Zwecke der Binnenmarktintegration, die auch nach dem Vertrag von Lissabon zu den zentralen Aufgaben der Union zählt,[169] ermächtigt Art. 114 AEUV. Es geht darum, der Einheit des Marktes entgegenstehendes nationales Recht, das infolge unterschiedlicher Rechtsvorschriften in den Mitgliedstaaten entsteht, durch eine Angleichung dieser Rechtsvorschriften zu beseitigen. *„Eine Harmonisierung dient nämlich dazu, die Hindernisse für das Funktionieren des Binnenmarktes zu verringern, die unterschiedliche Gegebenheiten in den Mitgliedstaaten, gleich welchen Ursprungs diese auch sein mögen, darstellen"*.[170] Hindernisse sieht der Gerichtshof, wenn es aufgrund der unterschiedlichen Rechtsvorschriften zu Freiverkehrshindernissen oder spürbaren Wettbewerbsverzerrungen kommt

---

[166]Von Danwitz, Europäisches Verwaltungsrecht, S. 145.
[167]Leible/Schröder, in Streinz (Hrsg.), EUV/AEUV, AEUV Art. 114 Rn. 5.
[168]Vgl. etwa Art. 18 Abs. 2, 21 Abs. 2, 33, 43 Abs. 2, 50 Abs. 2 lit. g), 52 Abs. 2, 53 Abs. 2, 64 Abs. 2, 70, 81 Abs. 2, 82, 91 Abs. 1, 113, 153 Abs. 1, 157 Abs. 3, 168 Abs. 4, 169 Abs. 2 lit. b) i. V. m. Abs. 3, 172, 192, 194 AEUV.
[169]Siehe Art. 3 Abs. 3 UAbs. 1 S. 1 EUV und Art. 26 Abs. 1 AEUV.
[170]EuGH, Urt. v. 9.10.2001, Niederlande/Parlament und Rat, C-377/98, EU:C:2001:523, Rn. 20.

und ermächtigt Art. 114 AEUV zu deren Beseitigung. Im Bereich des Rechts des technischen Produkts dient diese Kompetenznorm quasi ausschließlich als Kompetenzgrundlage. So führen unterschiedliche Rechtsvorschriften in den Mitgliedstaaten zu produktbezogenen Sachfragen regelmäßig zu einer Beeinträchtigung der Effektivität der Warenverkehrsfreiheit, sodass die Angleichung dieser produktbezogenen Vorschriften stets *„die Errichtung und das Funktionieren des Binnenmarkts zum Gegenstand"*[171] hat.[172] Die im europäischen Produktverkehrsrecht mehr und mehr anzutreffenden Pflichten der Wirtschaftsakteure in der Nachmarktphase stützen sich ebenfalls auf die Binnenmarktkompetenz. Dort unter dem Aspekt der Beseitigung von Wettbewerbsverzerrungen (→ Rn. 85–87). Zuletzt werden auch Vorschriften der Union zum mitgliedstaatlichen Vollzug des europäischen Produktrechts auf Art. 114 AEUV gestützt. Dies gegebenenfalls in Verbindung mit der sog. implied powers-Lehre. Das heißt die Befugnis zur Regelung des Verfahrensrechts wird als Bestandteil oder zumindest als Annex der Binnenmarktkompetenz betrachtet (→ Rn. 88 f.).

53 Rechtsangleichungsmaßnahmen müssen dem **Grundsatz der Verhältnismäßigkeit** genügen.[173] Nach diesem Grundsatz, der zu den allgemeinen Grundsätzen des Unionsrechts gehört (Art. 5 Abs. 4 EUV), müssen die von der Union eingesetzten Mittel zur Erreichung des angestrebten Ziels geeignet sein und dürfen nicht über das dazu Erforderliche hinausgehen.[174] Weiter müssen sich Rechtsangleichungsmaßnahmen – jedenfalls im Grundsatz – am Subsidiaritätsprinzip des Art. 5 Abs. 3 EUV messen lassen.[175]

2. Weißbuch zur Vollendung des Binnenmarkts

54 Art. 114 AEUV wurde als damaliger Art. 100a EWGV durch die einheitliche Europäische Akte in den Vertrag eingeführt. Art. 100a EWGV war Kernstück des mit der EEA (→ Rn. 1) verankerten Ziels der Verwirklichung des Binnenmarkts.[176] Große Bedeutung kam hierbei dem Weißbuch der Kommission über die *„Vollendung des Binnenmarktes"*[177] zu. So bestimmte der Europäische Rat auf seiner Brüsseler Tagung vom 29./30.3.1985,

---

[171] Art. 114 Abs. 1 S. 2 AEUV.
[172] Tietje, in Grabitz/Hilf/Nettesheim (Hrsg.), Das Recht der Europäischen Union, Bd. I, EUV/AEUV, AEUV Art. 114 Rn. 97.
[173] Vgl. Leible/Schröder, in Streinz (Hrsg.), EUV/AEUV, AEUV Art. 114 Rn. 63.
[174] EuGH, Urt. v. 18.11.1987, Maizena, C-137/85, EU:C:1987:493, Rn. 15; Urt. v. 7.12.1993, ADM Ölmühlen, C-339/92, EU:C:1993:917, Rn. 15; Urt. v. 8.6.2008, Vodafone u. a., C-58/08, EU:C:2010:321, Rn. 51 m.w.Nachw.
[175] Bei auf Art. 114 AEUV gestützter – auf die Effektuierung des Binnenmarkts abzielender – Rechtsangleichung dürfte hingegen stets klar sein, dass das verfolgte Ziel nicht durch ein Handeln auf der Ebene der Mitgliedstaaten erreicht werden kann (Leible/Schröder, in Streinz (Hrsg.), EUV/AEUV, AEUV Art. 114 Rn. 67).
[176] Vgl. heute Art. 26 AEUV.
[177] KOM(85) 310 endg.

dass *"Maßnahmen zur Verwirklichung eines großen Binnenmarktes bis zum Jahre 1992, wodurch ein günstigeres Umfeld für die Förderung der Unternehmen, des Wettbewerbs und des Handels geschaffen wird"*[178], zu ergreifen seien. Er beauftragte die Kommission, ein entsprechendes Programm mit einem genauen Zeitplan auszuarbeiten. Der Aufforderung nachkommend, legte die Kommission am 14.6.1985 dem Europäischen Rat das Weißbuch vor, welches von diesem auch gebilligt wurde. Die Initiative für das Binnenmarktprojekt steht im Zusammenhang mit dem in den siebziger Jahren eingetretenen Stillstand der Europäischen Integration und den drohenden Wettbewerbsnachteilen gegenüber den Volkswirtschaften insbesondere Japans und den USA.[179] Das Ziel der Errichtung eines gemeinsamen Marktes, verstanden als einen Wirtschaftsraum, in dem der freie Verkehr von Waren und sonstigen Leistungen gewährleistet ist,[180] konnte mittels der hierfür vorgesehenen Kompetenzgrundlage des Art. 100 Abs. 1 EWGV nicht erreicht werden. Die hiernach im Rat erforderliche Einstimmigkeit war nicht häufig genug herzustellen. Zugleich wuchs die Zahl der Rechts- und Verwaltungsvorschriften in den einzelnen Mitgliedstaaten derart, dass die diesbezüglichen Harmonisierungsbestrebungen auf Gemeinschaftsebene hiermit nicht mehr Schritt halten konnten. Darüber hinaus geriet das Ziel der Errichtung eines gemeinsamen Marktes zugunsten anderer Zielsetzungen der Gemeinschaft zu Beginn der siebziger Jahre, insbesondere der Errichtung einer Wirtschafts- und Währungsunion und der Umwandlung der Gemeinschaft in eine politische Union, aus dem unmittelbaren europapolitischen Blickfeld.[181] Es folgte eine längere Phase der Stagnation.[182] Europa stand am Scheideweg und war das Weißbuch als Reaktion hierauf zu verstehen.[183] Es unterschied sich von vorangehenden Ausarbeitungen erheblich. Erstellt wurde ein detaillierter, präziser und mit genauen Zeitvorstellungen versehener *"Gesetzesfahrplan"* für rund dreihundert für die Realisierung des Binnenmarktes als wesentlich angesehener Rechtsakte. Die Kommission hatte ebenfalls vorgeschlagen, die Rechtsangleichung zur Verwirklichung des Binnenmarkts im Gegensatz zu dem zuvor

---

[178] BullEG Nr. 3/1985, S. 13.

[179] Pühs, Der Vollzug von Gemeinschaftsrecht, S. 52; Seidel, FS Steindorff, 1990, S. 1455 (1467); Weidenfeld, Folgefragen der Binnenmarktvollendung: Zukunftsaufgaben für die europäische Politik, S. 7; Schwarze/Becker/Pollak, Die Implementation von Gemeinschaftsrecht, S. 20.

[180] Vgl. EuGH, Urt. v. 7.10.1985, Procuratore della Repubblica/Migliorini und Fischl, C-199/84, EU:C:1985:397, Rn. 14; Pühs, Der Vollzug von Gemeinschaftsrecht, S. 49 m.w.Nachw.

[181] Franzmeyer, Der Binnenmarkt 1993 und die Europäische Wirtschafts- und Währungsunion, S. 342 (343).

[182] Scherpenberg, Ordnungspolitik im EG-Binnenmarkt, S. 17 f.

[183] KOM (85) 310 endg. Rn. 219: *"Entweder wir gehen mutig und entschlossen weiter oder wir fallen in die Mittelmäßigkeit zurück. Wir haben die Wahl, entweder an der Vollendung der Wirtschaftsintegration Europas weiterzuarbeiten oder wegen politischer Mutlosigkeit angesichts der damit verbundenen ungeheuren Probleme Europa zu einer schlichten Freihandelszone abgleiten zu lassen."*

vornehmlich zur Anwendung kommenden Einstimmigkeitsprinzip im Wege der Mehrheitsentscheidung zu realisieren.[184] Das Mehrheitsprinzip wurde dann durch die EEA vom 28.2.1986 in Art. 100a EWGV eingeführt. Inhaltlich unterteilte das Weißbuch die Vorhaben in drei Maßnahmenblöcke. Nämlich der Beseitigung der *„materiellen Schranken"* (Waren- und Personenkontrolle), der *„technischen Schranken"* (nicht-tarifäre Handelshemmnisse für den freien Warenverkehr, öffentliches Auftragswesen, Freizügigkeit für abhängig Beschäftigte und Selbstständige, gemeinsamer Dienstleistungsmarkt, Kapitalverkehr, industrielle Zusammenarbeit, Anwendung des Gemeinschaftsrecht) und *„Steuerschranken"* (Mehrwertsteuer und Verbrauchssteuern). Obwohl der in Art. 14 Abs. 1 EGV festgelegte Terminplan, der schrittweise bis zum 31.12.1992 verwirklicht werden sollte, nicht eingehalten werden konnte, war sein Konzept ein voller Erfolg, so das umfangreiche Programm in relativ kurzer Zeit in erheblichem Umfang realisiert werden konnte.[185] Gleichwohl trat der Binnenmarkt nicht etwa zum 1.1.1993 *„in Kraft"*. Seine Verwirklichung ist vielmehr als dauernde Aufgabe zu verstehen.[186] Dies verdeutlicht nunmehr auch Art. 26 Abs. 1 AEUV, wonach *„die Union die erforderlichen Maßnahmen* [erlässt], *um nach Maßgabe der einschlägigen Bestimmungen der Verträge den Binnenmarkt zu verwirklichen beziehungsweise dessen Funktionieren zu gewährleisten"*.

II. Anforderungen an das technische Design

55 Die Angleichung der unterschiedlichen Produktregelungen in den Mitgliedstaaten mit dem Ziel, die durch diese begründeten technischen Handelshemmnisse zu beseitigen, bedeutet keine Befreiung des Handels technischer Produkte von sämtlichen Beschränkungen. Zum Abbau dieser Handelshemmnisse und der Erleichterung des Warenverkehrs kann sich der Unionsgesetzgeber nicht mit einer Liberalisierung des Handels mit Waren und der einseitigen Aufhebung mitgliedstaatlicher Regelungen begnügen. Es wird vielmehr ein **europaweit einheitliches Schutzniveau** begründet und werden die divergierenden nationalen Produktregelungen durch **europaweit einheitliche Produktregelungen** abgelöst. Die Erleichterung des Warenverkehrs erfolgt hierbei durch diesen Gleichlauf von den Verkehr mit Waren verbietenden, beschränkenden oder belastenden nationalen Maßnahmen.[187] *„Wenn Handelshindernisse bestehen oder solche Hindernisse wahrscheinlich entstehen werden, weil die Mitgliedstaaten hinsichtlich eines Erzeugnisses*

---

[184]KOM (85) 310 endg. Rn. 61.
[185]Streinz, Europarecht, Rn. 1000.
[186]Schröder, in Streinz (Hrsg.), EUV/AEUV, AEUV Art. 26 Rn. 9.
[187]Generalanwalt, Fennelly, Schlussanträge v. 15.6.2000, Bundesrepublik Deutschland gegen Europäisches Parlament, C-376/98, EU:C:2000:324, Rn. 84 ff.

oder einer Erzeugnisgruppe divergierende Maßnahmen erlassen haben oder zu erlassen im Begriff sind, die ein unterschiedliches Schutzniveau gewährleisten und dadurch den freien Verkehr mit dem oder den betreffenden Erzeugnissen in der [Union] behindern, [ermächtigt] Artikel [114 AEUV] den [Unions] gesetzgeber tätig zu werden [...]. Je nach den Umständen können diese [Angleichungsm]aßnahmen darin bestehen, dass alle Mitgliedstaaten verpflichtet werden, die Vermarktung des oder der betreffenden Erzeugnisse zu genehmigen, an eine solche Verpflichtung zur Genehmigung bestimmte Bedingungen zu knüpfen oder sogar die Vermarktung eines oder einiger Erzeugnisse vorläufig oder endgültig zu verbieten"[188,189]. Die Gesetzgebungsbefugnis der Union ist demgemäß eine *„echte, gestalterische, regulatorische"*.[190] Obliegt es damit der Union an Stelle der Mitgliedstaaten das jeweilige Schutzniveau festzulegen, verpflichtet Art. 114 Abs. 3 AEUV auf ein hohes Schutzniveau und der Berücksichtigung aller auf wissenschaftliche Erkenntnisse gestützten neuen Entwicklungen. Hierbei handelt es sich weder um das jeweils höchstmögliche Schutzniveau noch um das höchste Schutzniveau noch um eine Harmonisierung auf dem niedrigsten Niveau oder auch nur auf irgendeinem Durchschnitt der früheren mitgliedstaatlichen Niveaus.[191]

1. Angleichungsbedürftige und angleichungsfähige Sachbereiche
a. Theoretische Angleichungsbedürftigkeit

Nationale Produktvorschriften haben stets handelshemmende Wirkung im Sinne der *Dassonville*-Formel. Art. 114 AEUV ermächtigt den Unionsgesetzgeber zu deren Beseitigung. Einer Beseitigung handelsbeschränkender Maßnahmen durch Rechtsangleichung bedarf es zur Verwirklichung des Binnenmarktes gedanklich jedoch nur dort, wo das Primärrecht diese Verwirklichung nicht erreichen kann. Hinsichtlich der Effektuierung der Warenverkehrsfreiheit als wesentliche Zielsetzung des Binnenmarktes wurde gezeigt, dass nationale handelsbeschränkende Maßnahmen unter Berufung auf übergeordnete Gemeinwohlbelange gerechtfertigt sein können (→ Rn. 24 ff.). Auch steht das Prinzip der gegenseitigen Anerkennung weitergehenden Schutzanforderungen der Mitgliedstaaten zum Schutz solcher Gemeinwohlbelange nicht entgegen. Eine durchgängige Beseitigung der durch unterschiedliche nationale Produktvorschriften bewirkten Handelshemmnisse vermag das Prinzip der gegenseitigen Anerkennung fürwahr nicht zu gewährleisten. So hat der Gerichtshof immer wieder klargestellt, dass es in Ermangelung

---

[188]EuGH, Urt. v. 12.7.2005, Alliance for Natural Health u. a., C-154/04, EU:C:2005:449, Rn. 32 f. Vgl. auch EuGH, Urt. v. 14.12.2004, Arnold André, C-434/02, EU:C:2004:800, Rn. 35; Urt. v. 14.12.2004, Swedish Match, C-210/03, EU:C:2004:802, Rn. 34.

[189]Möstl, EuR 2002, 318 (334–336).

[190]*Ebd.*, 318 (325).

[191]Generalanwalt, Fennelly, Schlussanträge v. 15.6.2000, Bundesrepublik Deutschland gegen Europäisches Parlament, C-376/98, EU:C:2000:324, Rn. 85.

einer Harmonisierungsmaßnahme Sache der Mitgliedstaaten ist, das für den Rechtsgüterschutz maßgebende Schutzniveau zu bestimmen.[192] Den Mitgliedstaaten ist es damit möglich, unter Verweis auf das inländische höhere Schutzniveau, ausländischen Erzeugnissen den Zugang zum nationalen Markt zu untersagen (→ Rn. 28 ff.). Von dieser Möglichkeit machen die Mitgliedstaaten auch Gebrauch und zeigen die Grenzen des Prinzips der gegenseitigen Anerkennung auf.[193] Im Umkehrschluss hierzu müsste zum Zwecke der Beseitigung bestehender Freiverkehrsbehinderungen durch nationales Recht nur noch all das harmonisiert werden, was nach der *Cassis*-Rechtsprechung berechtigterweise noch eine Berufung auf Art. 36 AEUV bzw. auf zwingenden Erfordernissen, die dem freien Warenverkehr vorgehen, ermöglicht. Anzugleichen wären also nur die auf den Schutz dieser Gemeinwohlbelange abzielenden nationalen Rechts- und Verwaltungsvorschriften.[194]

57 Ferner sanktioniert das Primärrecht nicht die sog. Inländerdiskriminierung (→ Rn. 23). Diese ist vielmehr Folge der Gewährleistungen des Art. 34 AEUV. Hieraus können für den Binnenmarkt nicht hinnehmbare „*spürbare*" Wettbewerbsverzerrungen (→ Rn. 87) entstehen.[195] Zu deren Beseitigung ermächtigt Art. 114 AEUV.[196]

b. Angleichungsfähigkeit

58 Die unionalen Rechtsakte im Recht des technischen Produkts ergehen ganz überwiegend auf der Grundlage der Binnenmarktkompetenz und dort unter dem Aspekt der Beseitigung von Freiverkehrshindernissen. Fraglich ist dann, ob die in Art. 36 AEUV genannten Rechtfertigungsgründe und die vom Gerichtshof anerkannten zwingenden Erfordernisses des Allgemeininteresses nicht nur aufzeigen, was zur Effektuierung der Warenverkehrsfreiheit durch Sekundärrecht angleichungsbedürftig ist, sondern auch das, was aufgrund der Warenverkehrsfreiheit angleichungsfähig ist. Fürwahr ist die Binnenmarktkompetenz

---

[192] EuGH, Urt. v. 5.2.1981, Eyssen, C-53/80, EU:C:1981:35, Rn. 16; Urt. v. 6.6.1984, Melkunie, C-97/83, EU:C:1984:212, Rn. 12 ff.; Urt. v. 10.12.1985, Motte, C-247/84, EU:C:1985:492, Rn. 19; Urt. v. 6.5.1986, Ministère public/Muller, C-304/84, EU:C:1986:194, Rn. 14.

[193] Streinz, Europarecht, Rn. 812; COM(2012) 292 final.

[194] Statt vieler Streinz, Mindestharmonisierung im Binnenmarkt, S. 12. So auch bereits die Kommission in ihrer Mitteilung über die Auswirkungen des Urteils des Europäischen Gerichtshofes vom 20. Februar 1979 in der Rechtssache 120/78 („Cassis de Dijon") (ABl. 1980 C 256, 2), wonach sich die Harmonisierungsbemühungen zur Effektuierung des freien Warenverkehrs auf die Angleichung solcher nationaler freiverkehrsbeschränkender Maßnahmen beschränken sollten, welche nach Art. 36 EWGV (heute Art. 36 AEUV) bzw. der *Cassis*-Rechtsprechung weiterhin zulässig waren.

[195] Leible/Schröder, in Streinz (Hrsg.), EUV/AEUV, AEUV Art. 114 Rn. 40; Classen, in Groeben/Schwarze/Hatje (Hrsg.), Europäisches Unionsrecht, Bd. 3, AEUV Art. 114 Rn. 63.

[196] Statt aller Leible/Schröder, in Streinz (Hrsg.), EUV/AEUV, AEUV Art. 114 Rn. 43 ff.

der Union nicht schrankenlos gewährleistet und sind die Regelungsbefugnisse des Unionsgesetzgebers aus Art. 114 AEUV in mehrfacher Hinsicht begrenzt. Hier geht es um die Frage, inwieweit auch die Grundfreiheiten als Schranke der Rechtsangleichung wirken.[197] Wie vom Gerichtshof vielfach wiederholt, gilt nämlich *„das in Art. 34 AEUV vorgesehene Verbot von mengenmäßigen Beschränkungen sowie von Maßnahmen gleicher Wirkung nicht nur für nationale Maßnahmen, sondern auch für Maßnahmen der Unionsorgane, die ihrerseits die Freiheit des zwischenstaatlichen Warenverkehrs, die ein fundamentaler Grundsatz des Gemeinsamen Marktes ist, beachten müssen"*[198], selbstverständlich einschließlich der Rechtsangleichungsmaßnahmen[199]. Demgemäß muss der die Warenverkehrsfreiheit beeinträchtigende unionale Rechtsakt einem Zweck dienen, der im Allgemeininteresse liegt und den Erfordernissen des freien Warenverkehrs vorgeht.[200] Ist dies etwa beim Sicherheits- und Gesundheitsschutz, dem Umweltschutz und der Straßenverkehrssicherheit unter Heranziehung der vom Gerichtshof anerkannten Rechtfertigungsgründe ohne Weiteres der Fall, könnten u. a. die unionalen Rechtsangleichungsakte zur elektromagnetischen Verträglichkeit die Frage aufwerfen, ob es sich hierbei um solchermaßen prioritäre Gemeinwohlbelange handelt. Es wäre indes nicht bedeutungslos, wenn der Unionsgesetzgeber in gleichem Umfang wie die Mitgliedstaaten an die Warenverkehrsfreiheit gebunden wäre und demgemäß auch auf Unionsebene aufgestellte Produktvorschriften in gleicher Weise vom Verbot der Maßnahmen gleicher Wirkung erfasst würden. Der Unionsgesetzgeber könnte produktbezogene Anforderungen nur zum Schutz solcher Interessen erlassen, die dies auch den Mitgliedstaaten ermöglichen und könnten nur diejenigen Rechtsvorschriften der Mitgliedstaaten angeglichen werden, die den Schutz zwingender Allgemeininteressen verfolgen. Die so zur Effektuierung des freien Warenverkehrs regelungsfähigen Sachbereiche würden sich mit den zur Effektuierung der Warenverkehrsfreiheit regelungsbedürftigen Sachbereichen decken. Sie gingen nicht über diese hinaus. Die Frage ist also, ob Regelungen zur Produktqualität oder -lebensdauer, zu Form,

---

[197]Siehe hierzu Classen, in Groeben/Schwarze/Hatje (Hrsg.), Europäisches Unionsrecht, Bd. 3, AEUV Art. 114 Rn. 179–182, siehe weiter die Arbeiten von Scheffer, Die Marktfreiheiten des EG-Vertrages als Ermessensgrenze des Gemeinschaftsgesetzgebers, und Schwemer, Die Bindung des Gemeinschaftsgesetzgebers an die Grundfreiheiten.

[198]Generalanwalt Bot, Schlussanträge v. 28.1.2014, Ålands Vindkraft, C-573/12, EU:C:2014:37, Rn. 65; vgl. auch EuGH, Urt. v. 17.5.1984, Denkavit Nederland, C-15/83, EU:C:1984:183, Rn. 15; Urt. v. 9.8.1994, Meyhui/Schott Zwiesel Glaswerke, C-51/93, EU:C:1994:312, Rn. 11; Urt. v. 25.6.1997, Kieffer und Thill, C-114/96, EU:C:1997:316, Rn. 27; Urt. v. 13.9.2001, Schwarzkopf, C-169/99, EU:C:2001:439, Rn. 37; Urt. v. 12.7.2012, Association Kokopelli, C-59/11, EU:C:2012:447, Rn. 80.

[199]Generalanwalt Cruz Villalón, Schlussanträge v. 19.12.2012, Kommission/Frankreich, C-216/11, EU:C:2012:819, Rn. 40.

[200]Vgl. namentlich EuGH, Urt. v. 2.2.1994, Verband Sozialer Wettbewerb/Clinique Laboratories und Estée Lauder, C-315/92, EU:C:1994:34, Rn. 13.

Größe, Leistung oder Zusammensetzung des Produkts oder zur Kompatibilität technischer Systeme – also Regelungen, die von Natur aus geeignet sind, den freien Warenverkehr zu beeinträchtigen (→ Rn. 10) – auch dann auf Unionsebene ergehen können, wenn sie nicht im Zusammenhang mit dem Schutz übergeordneter Gemeinwohlbelange stehen. Die Rechtsprechung des Gerichtshofs ist zu dieser Frage nicht belastbar.[201] Die Meinungen im Schrifttum wiederum sind nicht einheitlich. Das Meinungsspektrum reicht von der strikten Bindung des Unionsgesetzgebers an die Freiverkehrsregeln bis hin zur Herausnahme unionaler produktbezogener Vorschriften aus dem Anwendungsbereich des Art. 34 AEUV.[202] Letzteres entspricht der wohl herrschenden Auffassung. Mehrheitlich liegt ihr die Erwägung zugrunde, dass nicht jede Erschwerung wirtschaftlicher Unternehmung im Binnenmarkt von Art. 34 AEUV erfasst würde.[203] Nicht das Bestehen von Produktvorschriften an sich, sondern allein deren Unterschiedlichkeit in den einzelnen

---

[201] Siehe etwa die in den Schlussanträgen des Generalanwalts Darmon in der Rechtssache *Denkavit Futtermittel/Land Baden-Württemberg* zitierte Rechtsprechung zur These, dass die Vorschriften über den freien Warenverkehr, so wie sie gegenüber nationalen Maßnahmen gelten, nicht auch für Harmonisierungsmaßnahmen gelten müssten (Generalanwalt Darmon, Schlussanträge v. 5.3.1991, Denkavit Futtermittel/Land Baden-Württemberg, C-39/90, EU:C:1991:101, Rn. 22 ff.). Der dort zitierten Rechtsprechung zufolge, seien Harmonisierungsmaßnahmen nicht als Maßnahmen gleicher Wirkung anzusehen, wenn sie *„einheitliche"* Marktbedingungen aufstellten. Generalanwalt Darmon zieht hierfür namentlich die Ausführungen des Gerichtshofs in der Rechtssache Bauhuis (EuGH, Urt. v. 25.1.1977, Bauhuis, C-46/76, EU:C:1977:6) betreffend die Harmonisierung gesundheitsbehördlicher Kontrollen heran (Rn. 27/30): „*[Die Kontrollen] können daher nicht als einseitige, den Handel beeinträchtigende Maßnahmen angesehen werden, sondern haben vielmehr als Maßnahmen zu gelten, die den freien Warenverkehr begünstigen sollen, indem sie insbesondere die Wirkung der Hindernisse aufheben, die sich für den freien Warenverkehr aus gesundheitspolitischen Maßnahmen ergeben können, die im Einklang mit Artikel 36 getroffen werden.*" In der Rechtssache *Alliance for Natural Health* stufte der Gerichtshof hingegen eine die Zusammensetzung von Nahrungsergänzungsmitteln regelnde unterschiedslos anwendbare Harmonisierungsmaßnahme – ohne nähere Begründung – als Maßnahme gleicher Wirkung ein (EuGH, Urt. v. 12.7.2005, Alliance for Natural Health u. a., C-154/04, EU:C:2005:449, Rn. 49). Er behandelte diese Maßnahme wie die nationalen Regelungen über die Verwendung bestimmter Inhalts- oder Zusatzstoffe (zu derartigen *„Reinheitsgeboten"*, siehe etwa EuGH, Urt. v. 12.3.1987, Kommission/Deutschland, C-178/84, EU:C:1987:126). Siehe auch Oliver, Oliver on Free Movement of Goods in the European Union, Rn. 4.15 ff., der allerdings mit Verweis auf das Urteil in der Rechtssache *Alliance for Natural Health* eine Bindungswirkung annimmt.

[202] Zum Meinungsspektrum, siehe Scheffer, Die Marktfreiheiten des EG-Vertrages als Ermessensgrenze des Gemeinschaftsgesetzgebers, S. 104–120. Siehe auch Tietje, in Grabitz/Hilf/Nettesheim (Hrsg.), Das Recht der Europäischen Union, Bd. I, EUV/AEUV, AEUV Art. 114 Rn. 48 ff.

[203] Statt aller Generalanwalt Tesauro, Schlussanträge v. 27.10.1993, C-292/92, EU:C:1993:863, Rn. 9 ff. A.A. – Qualifizierung der Art. 34 ff. AEUV als echte wirtschaftliche Freiheitsrechte – Tietje, in Grabitz/Hilf/Nettesheim (Hrsg.), Das Recht der Europäischen Union, Bd. I, EUV/AEUV, AEUV Art. 114 Rn. 52.

Mitgliedstaaten vermögen den innerunionalen Handel zu beeinträchtigen.[204] Eine Maßnahme gleicher Wirkung stelle es nur dann dar, wenn die Harmonisierungsmaßnahme unterschiedliche Anforderungen für inländische und eingeführte Erzeugnisse aufstellt oder die Mitgliedstaaten zu solchen ermächtigt.[205]

2. Intensität der Angleichung
a. Begriff der Harmonisierungsintensität
Die Intensität der Rechtsangleichung bestimmt das Verhältnis der unionsrechtlichen Rechtsangleichungsmaßnahme zu den verbleibenden mitgliedstaatlichen Gestaltungsbefugnissen, also den Spielraum, den der unionale Rechtsakt dem nationalen Gesetzgeber innerhalb seines Regelungsbereichs belässt. Die einzelnen Kompetenznormen verhalten sich zum Grad dieser Vereinheitlichung nicht. Sie schreiben eine bestimmte Rechtsangleichungsintensität bezüglich der auf ihnen beruhenden Maßnahmen des Unionsgesetzgebers nicht vor. Deshalb ist die Intensität der Rechtsangleichung für eine jede solche Maßnahme gesondert zu ermitteln. Der Grad der Harmonisierung ist vor dem Hintergrund der einschlägigen Ermächtigungsgrundlage, der Zielsetzung der Rechtsangleichungsmaßnahme, ihrem Wortlaut und Gesamterscheinungsbild zu beurteilen.[206] Soweit sich hieraus ergibt, dass die Mitgliedstaaten keine von einer Rechtsangleichungsmaßnahme abweichenden oder weitergehenden Vorschriften erlassen dürfen, liegt eine vollständige Harmonisierung vor. Eine solche Vollharmonisierung bewirkt, dass die Mitgliedstaaten im Regelungsbereich der Harmonisierungsmaßnahme keine Regelungen beibehalten oder einführen dürfen, die dort nicht genannt sind. Es ist dies das an die Mitgliedstaaten gerichtete *„Verbot der Auferlegung nicht vorgesehener Beschränkungen"*.[207]

b. Vollständige Sperrwirkung von auf Art. 114 AEUV gestützten Rechtsangleichungsmaßnahmen
Zur Bestimmung der Harmonisierungsintensität stellt der Gerichtshof entscheidend auf die Zielsetzung der Rechtsangleichungsmaßnahme ab. Entsprechend bewirken ihm folgend

---

[204]Möstl, EuR 2002, 318 (335); Classen, in Groeben/Schwarze/Hatje (Hrsg.), Europäisches Unionsrecht, Bd. 3, AEUV Art. 114 Rn. 181 m.w.Nachw.
[205]Schwemer, Die Bindung des Gemeinschaftsgesetzgebers an die Grundfreiheiten, S. 95 ff.; Nachw. bei Scheffer, Die Marktfreiheiten des EG-Vertrages als Ermessensgrenze des Gemeinschaftsgesetzgebers, S. 115 ff.
[206]Vgl. EuGH, Urt. v. 5.4.1979, Ratti, C-148/78, EU:C:1979:110, Rn. 27; Urt. v. 8.5.2003, ATRAL, C-14/02, EU:C:2003:265, Rn. 44.
[207]EuGH, Urt. v. 5.4.1979, Ratti, C-148/78, EU:C:1979:110, Rn. 27.

auf die allgemeine Binnenmarktkompetenz des Art. 114 Abs. 1 AEUV gestützte Rechtsangleichungsmaßnahmen eine vollständige Harmonisierung.[208]

Deutlich sind hierzu die Ausführungen des Gerichtshofs in der Rechtssache *Cindu Chemicals u. a.*[209]. Dort hatte der Gerichtshof über nationale Vorschriften zur Vermarktung und Verwendung von durch die Gefahrstoffrichtlinie erfassten Stoffen und Zubereitungen zu befinden, die strenger waren als in der Richtlinie vorgesehen. Bezweckt die Richtlinie die Beseitigung von Handelshemmnissen bzw. allgemein die Verwirklichung des Binnenmarkts, so sollen die Bestimmungen der fraglichen Richtlinie nicht Mindestschutzvorschriften sein, die es den Mitgliedstaaten freistellen, die darin vorgesehenen Verpflichtungen zu erweitern, sondern sie sollen eine erschöpfende Regelung darstellen:

„Die erwähnte Richtlinie hat daher, wie sich auch aus ihrer Rechtsgrundlage und ihren Begründungserwägungen ergibt, die Beseitigung der Hemmnisse für den Handelsverkehr mit den im Ausgangsverfahren in Rede stehenden Stoffen innerhalb des Binnenmarktes zum Ziel. Wie der Generalanwalt [...] ausgeführt hat, könnte das Ziel der Richtlinie 76/769 nicht verwirklicht werden, wenn es den Mitgliedstaaten freigestellt würde, die darin vorgesehenen Verpflichtungen zu erweitern. Die Bestimmungen dieser Richtlinie sind erschöpfend, und die Beibehaltung oder der Erlass von anderen als den in der Richtlinie vorgesehenen Maßnahmen durch die Mitgliedstaaten sind mit deren Ziel unvereinbar. Eine solche Auslegung der Richtlinie 76/769 wird im Übrigen durch deren Artikel 2 bestätigt, wonach die "Mitgliedstaaten [...] alle zweckdienlichen Maßnahmen [treffen], damit die im Anhang aufgeführten gefährlichen Stoffe und Zubereitungen nur

---

[208] EuGH, Urt. v. 14.10.1987, Kommission/Dänemark, C-278/85, EU:C:1987:439, Rn. 22; Urt. v. 15.10.2015, Balázs, C-251/14, EU:C:2015:687, Rn. 32 f.; Oliver, Oliver on Free Movement of Goods in the European Union, Rn. 13.95. Da jede auf die Verwirklichung des Binnenmarktes abzielende Rechtsangleichung als in ihrem Regelungsbereich abschließend zu begreifen ist, ist im Recht des technischen Produkts auf die im Schrifttum am Grad der Harmonisierung ansetzende Unterscheidung der Harmonisierungstypen nicht näher einzugehen (hierzu statt vieler Everling/Roth (Hrsg.), Mindestharmonisierung im Europäischen Binnenmarkt). Fürwahr lassen sich durch eine Analyse der Harmonisierungspraxis je nach dem den Mitgliedstaaten verbleibenden Spielraum Abstufungen der Harmonisierungsintensität unterscheiden. In diesem Zusammenhang wird zwischen Voll-, Teil- und Mindestharmonisierung unterschieden (zu den Harmonisierungstypen, siehe etwa Streinz, Mindestharmonisierung im Binnenmarkt, S. 18 f.). Entscheidend für das Verständnis der im Recht des technischen Produkts zu behandelten Rechtsangleichungsmaßnahmen sind in diesem Zusammenhang aber einzig zwei Feststellungen: *1)* Mittels der Harmonisierungstypen analysiert das Schrifttum die Frage, ob und inwieweit der Mitgliedstaat im Regelungsbereich der Rechtsangleichungsmaßnahme aufgrund eigener Kompetenz weiterhin rechtssetzend tätig sein kann. *2)* Im Falle einer vollständigen Harmonisierung ist die mitgliedstaatliche originäre Rechtssetzungskompetenz im Regelungsbereich der Rechtsangleichungsmaßnahme vollständig verdrängt und kann sich eine mitgliedstaatliche Rechtssetzungsbefugnis nur noch aus dem Unionsrecht ergeben.

[209] EuGH, Urt. v. 15.9.2005, Cindu Chemicals u. a., C-281/03, EU:C:2005:549, Rn. 41 ff.

unter den dort angegebenen Bedingungen in den Verkehr gebracht oder verwendet werden". Damit geht aus dem Wortlaut dieses Artikels hervor, dass die Mitgliedstaaten das Inverkehrbringen und die Verwendung von im Anhang dieser Richtlinie aufgeführten Stoffen oder Produkten nur den Anforderungen unterwerfen dürfen, die in diesem Anhang festgelegt worden sind."[210]

Unterwirft der Unionsgesetzgeber zur Verwirklichung des Binnenmarkts das Inverkehrbringen von Erzeugnissen bestimmten Anforderungen, so müssen nach Vorstehendem die Mitgliedstaaten nicht nur sicherstellen, dass diese Anforderungen eingehalten werden. Die Mitgliedstaaten dürfen auch kein von diesen Anforderungen abweichendes Recht erlassen. Deren **Rechtsetzungskompetenz** ist **im Regelungsbereich einer auf die Binnenmarktkompetenz gestützten Harmonisierungsmaßnahme** verdrängt. Es ist dies der von Generalanwalt Jacobs in den Schlussanträgen zur Rechtssache *Cindu Chemicals u. a.* herausgearbeitete *„umfassende Grundsatz [des Gerichtshofs], dass die Mitgliedstaaten, wenn im [Union]srecht eine Harmonisierungs-[maßnahme] in einem bestimmten Bereich erlassen worden ist, keine mit der [Maßnahme] unvereinbaren Vorschriften im selben Bereich beibehalten oder einführen dürfen"*[211].

Zwar wird in der das heutige Recht des technischen Produkts einleitenden Entschließung des Rates vom 7.5.1985 über eine neue Konzeption auf dem Gebiet der technischen Harmonisierung und der Normung (→ Rn. 147) noch erwogen, dass ein Mitgliedstaat in dem Ausnahmefall, dass die Harmonisierungsrechtsvorschrift eine Lücke enthält nach – dem heutigen – Art. 36 AEUV rechtsetzend tätig werden könne.[212] Tatsächlich kann er dies außerhalb der Harmonisierungsrechtsvorschrift aber nur im Rahmen des Art. 114 Abs. 4 und 5 AEUV (→ Rn. 97). Enthält nämlich eine Harmonisierungsrechtsvorschrift zu den ihr unterliegenden Aspekten eine Regelungslücke, ist der Unionsgesetzgeber berufen, diese zu schließen. Fürwahr – und vorbehaltlich einer Öffnungsklausel i. S. des Art. 114 Abs. 10 AEUV – bleiben die Mitgliedstaaten im Regelungsbereich einer Harmonisierungsrechtsvorschrift auf Maßnahmen der Marktaufsicht beschränkt. Erfasst beispielsweise eine Sicherheits- und Gesundheitsschutzrichtlinie entgegen ihrer Intention tatsächlich nicht alle für den Schutz des betreffenden öffentlichen Interesses in Betracht zu ziehenden Risiken und Risikokategorien, sind mitgliedstaatliche Maßnahmen im Rahmen der Nachmarktkontrolle, also in Form behördlicher Einzelmaßnahmen zu treffen (zu Maßnahmen gegen konforme Produkte → Rn. 759–761) und ist der Mitgliedstaat nicht befugt, einseitig weitergehende Rechtsvorschriften zu erlassen. Damit schließen die Harmonisierungsrechtsvorschriften nicht nur weitergehende mitgliedstaatliche Vorschriften zu Risiken und Risikokategorien aus, die Gegenstände unionaler Design-Anforderungen sind, also

---

[210] *Ebd.* Rn. 43–45.
[211] Generalanwalt, Jacobs, Schlussanträge v. 17.3.2005, Cindu Chemicals u. a., C-281/03, EU:C:2005:179, Rn. 37.
[212] ABl. 1985 C 136, 1, dort im Anhang II, B. Ziff. IV.2.

angesprochene Risiken und Risikokategorien. Sie sperren in ihrem Anwendungsbereich vielmehr jede weitere nationale Produktanforderung zum Schutz des betreffenden öffentlichen Interesses.

Beispielhaft hierzu die **Rechtssache C-112/97**:[213] Das italienische Dekret Nr. 412/93 vom 26.8.1993 schrieb in Fällen des Neueinbaus oder der Erneuerung von Heizanlagen den Einbau von isolierten Wärmeerzeugern vor. Falls es sich um Geräte anderer Bauart handelte (gemeint waren nichtisolierte Geräte), waren diese außerhalb der Räume oder in technisch angepassten Räumen anzubringen bzw. aufzustellen. Diese Regelung beinhaltete das implizite Verbot des Einbaus und des Gebrauchs von nichtisolierten Wärmeerzeugern, d. h. von Wärmeerzeugern offener Bauart im Wohnbereich. Die Kommission sah hierin einen Verstoß gegen die Richtlinie 90/396/EWG vom 29.6.1990 zur Angleichung der Rechtsvorschriften der Mitgliedstaaten für Gasverbrauchseinrichtungen. Deren Art. 4 Abs. 1 bestimmte in der damals gültigen Fassung, dass die *„Mitgliedstaaten das Inverkehrbringen und die Inbetriebnahme von Geräten, die den grundlegenden Anforderungen dieser Richtlinie entsprechen, nicht untersagen, einschränken oder behindern* [dürfen].*"* Bei den erwähnten grundlegenden Anforderungen handelt es sich gemäß dem fünften Erwägungsgrund der Richtlinie um *„Vorschriften […], die aus zwingenden, wesentlichen Gründen der Sicherheit, Gesundheit und Energieeinsparung bei Gasverbrauchseinrichtungen erforderlich sind"*. Sie sind in Anhang 1 der Richtlinie enthalten. Im Vertragsverletzungsverfahren machte die italienische Regierung u. a. geltend, dass die Richtlinie für Gasverbrauchseinrichtungen nicht alle mit dem Betrieb von Wärmeerzeugern offener Bauart im Wohnbereich einhergehenden Gefahren, wie etwa das Ausströmen von Verbrennungsprodukten, erfasse, sodass die betreffende Regelung gemäß Art. 36 EGV (heute Art. 36 AEUV) gerechtfertigt sei. Für den Gerichtshof stand die Konzeption der Richtlinien der neuen Konzeption (→ Rn. 157 f.) einem Rückgriff auf Art. 36 AEUV entgegen.[214] Risiken aufgrund inhaltlicher Schutzlücken war im Wege des Verwaltungsvollzugs, im Einzelfall und unter Beachtung der in der Richtlinie festgelegten sachlichen und förmlichen Voraussetzungen zu begegnen.[215] Entsprechend war die Ansicht der italienischen Regierung zurückzuweisen.

c. Vollharmonisierung und Schutzklauseln

62 Weitergehendes nationales Recht im Regelungsbereich einer auf die Binnenmarktkompetenz gestützten Harmonisierungsmaßnahme ist – neben den in der Praxis keine Rolle spielenden Derogationsmöglichkeiten nach Art. 114 Abs. 4 und 5 AEUV – nur bei Vorliegen einer hierzu ermächtigenden Öffnungsklausel in Form einer echten Schutzklausel im Sinne des Art. 114 Abs. 10 AEUV möglich.[216] Enthält die Rechtsangleichungsmaßnahme derartige Öffnungsklauseln zugunsten der Mitgliedstaaten, dann wird

---

[213] EuGH, Urt. v. 25.3.1999, Kommission/Italien, C-112/97, EU:C:1999:168.

[214] *Ebd.*, Rn. 54–59; siehe auch Generalanwalt Alber, Schlussanträge v. 9.7.1998, Kommission/Italien, C-112/97, ECLI:EU:C:1998:343, Rn. 29 ff.

[215] Generalanwalt Alber, Schlussanträge v. 9.7.1998, Kommission/Italien, C-112/97, ECLI:EU:C: 1998:343, Rn. 59.

[216] Streinz, Mindestharmonisierung im Binnenmarkt, S. 18 f.

dadurch ihr abschließender Charakter nicht in Frage gestellt. Vielmehr bestätigen sie den abschließenden Charakter.[217] Es handelt sich hierbei um mitgliedstaatliche Handlungsoptionen, die auf der Grundlage der Harmonisierungsmaßnahme und im von ihr vorgegebenen Rahmen wahrgenommen werden. Es fehlt an eigenständigen mitgliedstaatlichen Kompetenzen.[218] In diesem Sinne entschied der Gerichtshof frühzeitig in der Rechtssache **Tedeschi/Denkavit**.[219] Sie betraf die Auslegung der Richtlinie 74/63/EWG über die Festlegung von Höchstgehalten an unerwünschten Stoffen und Erzeugnissen in Futtermitteln, aufgehoben durch die Richtlinie 1999/99/EG. Sie bestimmte in deren Art. 3, dass die im Anhang aufgeführten unerwünschten Stoffe und Erzeugnisse nur unter den im Anhang festgelegten Voraussetzungen und nur bis zu den dort vorgesehenen Höchstgehalten in Futtermitteln zulässig sind. Art. 7 dieser Richtlinie schrieb vor, dass Futtermittel, die diesen Vorschriften entsprachen, in Bezug auf das Vorhandensein von unerwünschten Stoffen und Erzeugnissen keinen anderen Verkehrsbeschränkungen unterliegen dürfen. Art. 5 enthielt allerdings folgende Schutzklausel: „*1. Vertritt ein Mitgliedstaat die Auffassung, da[ss] ein im Anhang festgesetzter Höchstgehalt oder ein im Anhang nicht aufgeführter Stoff oder nicht aufgeführtes Erzeugnis eine Gefahr für die tierische oder menschliche Gesundheit darstellt, so kann der Mitgliedstaat vorübergehend diesen Gehalt herabsetzen, einen Höchstgehalt festsetzen oder das Vorhandensein dieses Stoffes oder Erzeugnisses in Futtermitteln untersagen. Der Mitgliedstaat teilt die getroffenen Maßnahmen den anderen Mitgliedstaaten und der Kommission unverzüglich unter Angabe der Gründe mit. 2. Nach dem Verfahren des Artikels 10 wird sofort entschieden, ob der Anhang zu ändern ist Solange der Rat oder die Kommission keine Entscheidung getroffen hat, kann der Mitgliedstaat die getroffenen Maßnahmen aufrechterhalten.*" Im Ausgangsrechtsstreit ging es um die Nichterfüllung eines Vertrages über die Lieferung von Futtermitteln auf Milchpulverbasis. Die Beklagte machte zur Rechtfertigung der Nichtlieferung geltend, die Ware sei an der Grenze rechtswidrig von den italienischen Gesundheitsbehörden festgehalten worden, weil sie einen höheren Kaliumnitratgehalt hatte als nach diesen Behörden zulässig. Diese Maßnahme erfolgte aufgrund eines an die Grenz-, Hafen- und Flughafentierärzte sowie die Provinzveterinärämter gerichteten Eilerlasses (biglietto urgente) des italienischen Gesundheitsministeriums, mit dem die Einfuhr von Futtermitteln auf Milchpulverbasis verboten wurde, wenn deren Nitratgehalt bei Voll- und Magermilchpulver 30 ppm und bei Molkepulver 50 ppm überstieg. Nach Ansicht der Beklagten und der Streithelfer des Ausgangsverfahrens waren die

---

[217] Generalanwältin Kokott, Schlussanträge v. 21.5.2015, Balázs, C-251/14, ECLI:EU:C:2015:346, Rn. 37 m.w.Nachw.
[218] In diesem Sinne statt vieler Tietje, in Grabitz/Hilf/Nettesheim (Hrsg.), Das Recht der Europäischen Union, Bd. I, EUV/AEUV, AEUV Art. 114 Rn. 40.
[219] EuGH, Urt. v. 5.10.1977, Tedeschi/Denkavit, C-5/77, EU:C:1977:144.

italienischen Maßnahmen unvereinbar mit der Richtlinie 74/63/EWG, weil deren Anhang fraglichen Stoff (Nitrat) nicht listete. Der Gerichtshof erkannte, dass die Richtlinie über das in ihrem Art. 5 vorgesehene Verfahren die Zulässigkeit unerwünschter Stoffe in Futtermitteln abschließend regelte, also auch hinsichtlich nicht im Anhang aufgeführter schädlicher Stoffe. Die ergriffene nationale Maßnahme zur Ausfüllung der inhaltlichen Lücke der harmonisierten Rechtsvorschrift war ausschließlich an der Richtlinie zu messen und im Hinblick auf Art. 5 der Richtlinie 74/63/EWG als vorläufige Maßnahme zulässig. Ein Rückgriff auf ex-Art. 36 EWGV (heute Art. 36 AEUV) kam im Regelungsbereich der harmonisierten Rechtsvorschrift hingegen nicht in Betracht.[220]

d. Harmonisierungsmaßnahme als Prüfungsmaßstab

63 Aus Vorstehendem folgt und entspricht es ständiger Rechtsprechung des Gerichtshofs, dass *„eine nationale Maßnahme in einem Bereich, der auf* [Unions]*ebene abschließend harmonisiert wurde, anhand der Bestimmungen dieser Harmonisierungsmaßnahme und nicht der des Primärrechts zu beurteilen"* ist. Diese Formulierung fand sich bereits implizit in der Rechtsprechung, erscheint aber erstmals in deutlicher Form im Urteil vom 12.10.1993 in der **Rechtssache *Vanacker und Lesage*.**[221] Sie wird in einer langen Reihe von Entscheidungen des Gerichtshofs bekräftigt.[222] Es handelt sich hierbei um eine prozessuale Verdrängung in der Weise, dass das Primärrecht für die Zwecke der Beurteilung der nationalen Maßnahme als Prüfungsmaßstab zugunsten des Aktes des Sekundärrechts zurücktritt.[223]

3. Regelungsbereich

64 Eine Verdrängung mitgliedstaatlicher Rechtssetzungskompetenz findet nur statt soweit die unionale Rechtsvorschrift die Regelung eines Lebenssachverhalts für sich in Anspruch nimmt. Dieser Regelungsumfang und -inhalt, also das, was die Rechtsvorschrift regelt (**Geltungsanspruchs der Rechtsangleichungsmaßnahme**), soll hier als sein Regelungsbereich bezeichnet werden. Es geht hier um die im Recht des technischen Produkts wichtige Frage, was abschließend angeglichen wurde.[224] Diese sachgegenständliche Reichweite der Maßnahme der Rechtsangleichung bestimmt neben der Harmonisierungsintensität die Frage, inwieweit der Rechtsanwender bei der Suche

---

[220]*Ebd.*, Rn. 33/35.
[221]EuGH, Urt. v. 12.10.1993, Vanacker und Lesage, C–37/92, EU:C:1993:836, Rn. 9.
[222]Insbesondere EuGH, Urt. v. 13.12.2001, DaimlerChrysler, C-324/99, EU:C:2001:682, Rn. 32; Urt. v. 11.12.2003, Deutscher Apothekerverband, C-322/01, EU:C:2003:664, Rn. 64; Urt. v. 14.12.2004, Radlberger Getränkegesellschaft und S. Spitz, C-309/02, EU:C:2004:799, Rn. 53.
[223]Generalanwalt Cruz Villalón, Schlussanträge v. 19.12.2012, Kommission/Frankreich, C-216/11, EU:C:2012:819, Rn. 35 ff.
[224]Beispielhaft hierzu das Verfahren vor dem belgischen Conseil d'Etat in der Rechtssache ATRAL SA → Rn. 5.

nach dem auf den zu beurteilenden Sachverhalt anwendbaren Recht neben dem unionalen Rechtsakt – bzw. bei Richtlinien den ihn umsetzenden nationalen Rechtsakt[225] – noch andere Rechtsquellen berücksichtigen muss. Fürwahr ist der Geltungsanspruch der Rechtsangleichungsmaßnahmen nur auf Einzelaspekte von Lebenssachverhalten begrenzt, bedingt aber das Design technischer Produkte aufgrund ihrer Komplexität die Berücksichtigung einer Vielzahl von Aspekten (→ Rn. 317 f.). Es gilt diesen Geltungsanspruch, seine Reichweite, zu ermitteln.[226] Vor allem bei einer nur bruchstückhaften Angleichung einzelner Rechtsgebiete ist dies nicht immer leicht und ist auf die verschiedenen Methoden der Auslegung des Rechts zurück zu greifen.[227] Hier geht es demgemäß letztlich darum, die auf Unionsebene aufgestellten Bedingungen der Marktfähigkeit dort geregelter Produkte zu bestimmen. So ist EU-Rechtsakten zur Angleichung nationaler produktbezogener Regelungen die an die Mitgliedstaaten gerichtete **Anordnung immanent, den innerunionalen Handel** mit den in ihren Anwendungsbereich fallenden und den dortigen Anforderungen genügenden Produkten wegen von der Rechtsvorschrift abgedeckter Risiken **nicht zu beschränken.**[228] Die mitgliedstaatliche originäre Rechtsetzungskompetenz ist mithin im Regelungsbereich der auf Art. 114 Abs. 1 AEUV gestützten Rechtsangleichungsmaßnahme vollständig verdrängt, kann sich eine mitgliedstaatliche Rechtsetzungsbefugnis nur noch aus dem Unionsrecht ergeben und schließt dies das Aufstellen nicht vorgesehener laxerer oder strengerer Marktzugangsvoraussetzungen aus (→ Rn. 59 f.). Hierbei kann die Bestimmung des Regelungsbereichs der einzelnen Rechtsangleichungsmaßnahme nicht isoliert und losgelöst von den Regelungsbereichen anderer Rechtsangleichungsmaßnahmen erfolgen. Es bedarf einer gesamtheitlichen Betrachtung, sind Normkollisionen zu lösen und solchermaßen der Regelungsbereich der einzelnen Rechtsangleichungsmaßnahme bei sich überschneidenden Lebenssachverhalten auch im Verhältnis zu anderen Rechtsangleichungsmaßnahmen zu bestimmen.

a. Produktanforderungen der Harmonisierungsrechtsvorschriften

Anforderungen an das technische Design enthalten namentlich die sogenannten **Harmonisierungsrechtsvorschriften,** d. h. im unionalen Regelungssystem – und entgegen der weiten Begriffsdefinition in Art. 2 des Beschlusses Nr. 768/2008/EG – Rechtsangleichungsmaßnahmen nach dem New Approach (→ Rn. 145 ff.) und dem Old Approach (→ Rn. 142).[229] Man spricht bei den ihnen unterfallenden Produkten von **Produkten im europäisch-harmonisierten Bereich.** Die Bestimmung der Bedingungen ihrer Marktfähigkeit anhand des bloßen Wortlauts der Harmonisierungsrechtsvorschrift

---

[225] Siehe allerdings zur unmittelbaren Anwendbarkeit → Rn. 103 ff.
[226] Bock, Rechtsangleichung und Regulierung im Binnenmarkt, S. 66 m.w. Nachw.
[227] Siehe beispielhaft BVerwG, Urt. v. 28.9.2011, 3 C 26/10, juris = NVwZ-RR 2012, 99–102.
[228] EuGH, Urt. v. 5.4.1979, Ratti, C-148/78, EU:C:1979:110, Rn. 13.
[229] Siehe etwa Commission Staff Working Document, SWD(2013) 33 final, Annex 8.

gestaltet sich schwierig und ist oftmals nicht durchführbar. Fürwahr erschließt sich der Sinngehalt einzelner Bestimmungen der Harmonisierungsrechtsvorschriften nur unter **Rückgriff auf sonstige Auslegungsmethoden** und unter weitgehendem **Ausschluss der grammatischen Auslegung**. So enthalten etwa eine Vielzahl der Harmonisierungsrechtsrechtsvorschriften das uneingeschränkte und damit bei isolierter Betrachtung nicht nachvollziehbare Gebot, das Inverkehrbringen von in den Anwendungsbereich der Harmonisierungsrechtsvorschrift einbezogenen und mit dieser in Einklang stehenden Produkten nicht zu verbieten, zu beschränken oder zu behindern.[230] Bereits ein Blick auf das Ergebnis eines solchen Gebots und die Praxis zeigen, dass derartige Freizügigkeitsanordnungen teleologisch zu reduzieren sind. Zunächst können Produkte mehreren Harmonisierungsrechtsvorschriften unterfallen und müssen diese den Bestimmungen des gesamten auf sie anwendbaren unionalen Rechts entsprechen. Würde man das beschriebene Gebot wörtlich nehmen, käme es zu nicht auflösbaren Normwidersprüchen mit ebenfalls auf das Produkt anwendbaren anderen Harmonisierungsrechtsvorschriften. Ferner vermag eine Rechtsangleichungsmaßnahme von dieser abweichende oder weitergehende nationale Vorschriften zwar zu sperren. Diese Sperre reicht aber von vornherein nur so weit wie das verfolgte öffentliche Interesse identisch ist, d. h. bei identischem **sachlichen Geltungsbereich**.[231] Bestimmt etwa die auf Gesundheits- und Sicherheitsschutz abzielende Maschinenrichtlinie 2006/42/EG in ihrem Art. 6 Abs. 1, dass *„die Mitgliedstaaten das Inverkehrbringen und/oder die Inbetriebnahme von Maschinen in ihrem Hoheitsgebiet nicht untersagen, beschränken oder behindern* [dürfen], *wenn diese den Bestimmungen dieser Richtlinie entsprechen"*, so hindert dies den nationalen Gesetzgeber nicht daran, patentrechtliche Vorschriften zu erlassen und die nationalen Gerichte nicht daran, aufgrund einer nationalen Rechtsvorschrift wegen Patentverletzung den Handel mit einer den Anforderungen der Richtlinie 2006/42/EG entsprechenden Maschine zu verbieten. In diesem Fall geht es um den Schutz des gewerblichen und kommerziellen Eigentums. Dieser ist nicht Regelungsgegenstand der Maschinenrichtlinie und beabsichtigt die Maschinenrichtlinie entgegen ihrem Wortlaut insoweit auch keine Sperrung nationaler Vorschriften. Das Gebot ist daher auf den von der Maschinenrichtlinie verfolgten Zweck hin zu reduzieren.[232]

---

[230] Siehe statt vieler Art. 6 der Maschinenrichtlinie 2006/42/EG, Art. 6.

[231] Das Erfordernis trennscharfer Bestimmung des von der einzelnen Harmonisierungsrechtsvorschrift verfolgten öffentlichen Interesses – Bestimmung des sachlichen Geltungsbereichs der Vorschrift – zwecks Bestimmung der Reichweite der mit der Harmonisierung einhergehenden Sperrwirkung wurde erst kürzlich wieder vom Gerichtshof in der Rechtssache *Balázs* herausgearbeitet (EuGH, Urt. v. 15.10.2015, Balázs, C-251/14, EU:C:2015:687, Rn. 34) (→ Rn. 33).

[232] Zum Bedeutungsgehalt den Freiverkehr anordnender Bestimmungen (etwa: *„Die Mitgliedstaaten dürfen [...] das Inverkehrbringen von [...], die den Vorschriften dieser Richtinie entsprechen, weder untersagen noch beschränken noch behindern"*), siehe beispielhaft, EuGH, Urt. v. 15.10.2015, Balázs, C-251/14, EU:C:2015:687, Rn. 34 ff.

Die den Gegenstand von Harmonisierungsrechtsvorschriften bildenden Aspekte eines Produkts können von spezifischen Themen bei der Konzeption und dem Bau eines Produkts bis hin zu umfassenden Aufgabenstellungen gereichen, nur eng umgrenzte Produkte und Produktkategorien erfassen oder produktspartenübergreifend sein. Die RoHS-Richtlinie 2011/65/EU behandelt etwa die Verwendung von gefährlichen Stoffen in Elektro- und Elektronikgeräten, während die Niederspannungsrichtlinie 2014/35/EU für elektrische Betriebsmittel den gesamten Aspekt des Sicherheits- und Gesundheitsschutzes abdeckt. Die Sportbooterichtlinie 2013/53/EU ist in ihrem Anwendungsbereich auf Sportboote begrenzt, während beispielsweise die EMV-Richtlinie in Sachen elektromagnetische Verträglichkeit einheitliche Anforderungen für unterschiedliche Produktsektoren festlegt. Ungeachtet ihrer konzeptionellen Unterschiede enthalten sie aber die ihnen gemeinsame, an die Mitgliedstaaten gerichtete und jeder Harmonisierungsrechtsvorschrift immanente Anordnung, den freien Verkehr ihr unterfallender Produkte nicht aufgrund der jeweiligen Harmonisierungsrechtsvorschrift unterliegender Aspekte zu behindern, wenn diese Produkte den Bestimmungen derselben entsprechen (→ Rn. 59–61). Die rechtlichen Vorgaben für das technische Design werden hierbei festgelegt in der jeweiligen Harmonisierungsrechtsvorschrift selbst in Form von wesentlichen Anforderungen oder durch die Kommission aufgrund entsprechender Ermächtigung.

66

aa. Wesentliche Anforderungen

Die Mehrzahl der Harmonisierungsrechtsvorschriften enthalten neben der allgemeinen Anordnung, wonach die Mitgliedstaaten das Inverkehrbringen von mit den Harmonisierungsrechtsvorschriften in Einklang stehenden Produkten nicht aufgrund ihnen unterliegender Aspekte behindern dürfen, sogenannte *„wesentliche Anforderungen"*[233]. Diese bestimmen die grundlegenden Produktanforderungen, welche regelmäßig in einem Anhang separat aufgeführt werden. Die wesentlichen Anforderungen leiten sich aus bestimmten mit dem Produkt zusammenhängenden Gefahren oder physikalischen Phänomenen her und enthalten z. B. Anforderungen an die physikalische und mechanische Festigkeit, die Entflammbarkeit, die chemischen oder elektrischen Eigenschaften, die Radioaktivität oder die Genauigkeit, oder beziehen sich auf das Produkt und seine Leistungsfähigkeit, wie etwa Bestimmungen zu Werkstoffen oder legen das Schutzziel fest, etwa anhand einer erläuternden Liste. Oft kommt es zu einer Kombination dieser Anforderungstypen. Die wesentlichen Anforderungen sind in der Regel allgemein und abstrakt gehalten und beschränken sich darauf, die zu erzielenden Ergebnisse oder die abzuwendenden Gefahren zu definieren, ohne jedoch die technischen Lösungen dafür festzulegen. Auf der anderen Seite sind die Anforderungen,

67

---

[233] So der harmonisierungsrechtsvorschriftenübergreifende Sprachgebrauch der Europäischen Kommission (siehe Europäische Kommission, Leitfaden für die Umsetzung der Produktvorschriften der EU 2016, ABl. 2016 C 272, 39 ff.).

denen das Produkt genügen muss, so präzise zu beschreiben, dass die Bewertung und Zertifizierung des Produkts ohne weitere technische Vorgaben möglich ist. Dieser Spagat zwischen einem möglichst präzisen Anforderungsprofil und größtmöglicher Flexibilität bei den technischen Lösungen ermöglicht, Werkstoffwahl und Produktgestaltung dem technologischen Fortschritt anzupassen. Die wesentlichen Anforderungen sind dem Hersteller an die Hand gegebene verbindliche Handlungsanweisungen und fungieren in der Praxis als eine Art *„Checkliste"*[234], die bei der Konstruktion und Herstellung des Produkts zu beachten ist.[235]

1) Abschließende Regelung des technischen Designs

68 Unklar bleiben bei bloßer Lektüre einiger **Harmonisierungsrechtsvorschriften der älteren Generation**[236] Funktion und Rechtsgehalt der wesentlichen Anforderungen insoweit, als deren Wortlaut offen lässt, ob nur ein hinsichtlich des verfolgten öffentlichen Interesses sicheres Produkt den Bestimmungen der Harmonisierungsrechtsvorschrift entspricht oder es genügt, dass es die wesentlichen Anforderungen erfüllt oder Letzteres Ersteres bedingt.[237] So enthalten die Maschinenrichtlinie 2006/42/EG (Art. 4 f.),

---

[234]Langner/Klindt, Technische Vorschriften und Normen, Rn. 49.

[235]Europäische Kommission, Leitfaden für die Umsetzung der Produktvorschriften der EU 2016, ABl. 2016 C 272, 39 f.

[236]Die Harmonisierungsrechtsvorschriften neuer Generation – das Straßenverkehrszulassungsrecht ausgenommen – sind an den Musterbestimmungen des Beschlusses Nr. 768/2008/EG ausgerichtet (→ Rn. 190).

[237]Die Kommission selbst scheint zu dieser Frage und hiermit einhergehend zu der Frage der Funktion der wesentlichen Anforderungen bei den Harmonisierungsrechtsvorschriften der älteren Generation unsicher zu sein. Jedenfalls blieb sie hierzu auffällig ungenau. So führte sie im Leitfaden für die Umsetzung der nach dem neuen Konzept und dem Gesamtkonzept verfaßten Richtlinien (2000) unter 1.2 aus: *„Die wesentlichen Anforderungen werden in den Anhängen zu den Richtlinien festgelegt und enthalten **alles**, was zur Erreichung des Ziels der Richtlinie notwendig ist. Produkte dürfen nur in den Verkehr gebracht und in Betrieb genommen werden, wenn sie die wesentlichen Anforderungen erfüllen. Richtlinien des neuen Konzepts sind im allgemeinen so konzipiert, da[ss] sie alle Gefahren im Zusammenhang mit dem öffentlichen Interesse, das durch die Richtlinie geschützt werden soll, abdecken. **Daher** ist es zur Einhaltung der gemeinschaftlichen Rechtsvorschriften oft erforderlich, mehrere Richtlinien des neuen Konzepts und eventuell auch andere Vorschriften des Gemeinschaftsrechts anzuwenden. Außerdem wurden einige Elemente möglicherweise nicht in den Geltungsbereich der anwendbaren gemeinschaftlichen Rechtsvorschriften einbezogen, so da[ss] Mitgliedstaaten dahingehend nationale Rechtsvorschriften gemäß Artikel 28 und 30 EG-Vertrag erlassen können* (Hervorhebung diesseits).“ Enthalten die wesentlichen Anforderungen alles, was zur Erreichung des Ziels der Richtlinie notwendig ist, sind sie inhaltlich abschließend. Dies wird allerdings im letzten Satz der zitierten Passage relativiert, wenn dort ausgeführt wird, dass dem nicht notwendigerweise immer so ist. Ferner wird im vierten Satz eine nicht nachvollziehbare logische Folge *(„daher")* ausgedrückt. Wenn nämlich die Richtlinie alle Gefahren für den Schutz des öffentlichen Interesses abdeckt, ist dies nicht hinreichender Grund, sondern unzureichender Gegengrund für das Erfordernis gleichzeitiger Anwendung mehrerer Harmonisierungsrechtsvorschriften.

die Medizinprodukterichtlinie 93/42/EWG (Art. 2 f.) und die Richtlinie über aktive implantierbare medizinische Geräte 90/385/EWG (Art. 2 f.) – die beiden letztgenannten aufgehoben mit Wirkung vom 26.5.2020 – die an die Mitgliedstaaten gerichtete Anordnung, alle erforderlichen Maßnahmen zu ergreifen, damit nur sichere Produkte in Verkehr gebracht werden.

Von grundsätzlicher Bedeutung ist in diesem Zusammenhang die **Unterscheidung zwischen Vor- und Nachmarktkontrolle.** Innerhalb der Vormarktkontrolle wird geprüft, ob das Produkt die sich aus dem jeweiligen Rechtsakt ergebenden Voraussetzungen für dessen Inverkehrbringen erfüllt. D. h. ob es *„konform"* ist. Sie schließt bei den Harmonisierungsrechtsvorschriften mit der (Selbst-)Zertifizierung ab. Die Nachmarktkontrolle hingegen betrifft mit der Marktüberwachung die hoheitliche Aufsicht über bereits in Verkehr gebrachte Erzeugnisse. So obliegt der Vollzug der Harmonisierungsrechtsvorschriften seit jeher den nationalen Marktüberwachungsbehörden und haben diese bei Nichtkonformität gegenüber dem Wirtschaftsakteur die zur Abhilfe erforderlichen Korrekturmaßnahmen festzusetzen (→ Rn. 721 ff.). Die entsprechenden Bestimmungen zur Marktüberwachung der jeweiligen Harmonisierungsrechtsvorschrift und der Verordnung (EG) Nr. 765/2008 regeln hiermit aber nicht die Marktzugangsvoraussetzungen durch Festlegung allgemeiner Produktanforderungen, sondern die auf das konkrete Produkt – die Verkehrseinheit (→ Rn. 313) – bezogenen Einzelmaßnahmen der Nachmarktkontrolle. Das die Nachmarktkontrolle regelnde Unionsrecht enthält kein an die Wirtschaftsakteure gerichtetes allgemeines Sicherheitsgebot und verhalten sich die Vorschriften zur Marktüberwachung nicht zu der Frage, wie Produkte zu konzipieren und herzustellen sind. Diese Trennung zwischen Vor- und Nachmarktkontrolle veranschaulicht etwa der die Marktaufsicht betreffende Art. 4 Abs. 1 der Maschinenrichtlinie 2006/42/EG: *„Die Mitgliedstaaten treffen alle erforderlichen Maßnahmen, um sicherzustellen, dass Maschinen nur in Verkehr gebracht und/oder in Betrieb genommen werden, wenn sie den für sie geltenden Bestimmungen dieser Richtlinie entsprechen* **und** *wenn sie bei ordnungsgemäßer oder vernünftigerweise vorhersehbarer Verwendung die Sicherheit und Gesundheit von Personen und gegebenenfalls von Haustieren und Sachen und, soweit anwendbar, die Umwelt nicht gefährden (Hervorhebung diesseits)."* Die Richtlinienkonformität bzw. europäische Produktkonformität und der Schutz der im zweiten Satzteil aufgeführten Rechtsgüter fallen nicht notwendigerweise zusammen. Fürwahr ist dem ersten Halbsatz folgend die allgemeine Sicherheitsanforderung im zweiten Halbsatz keine sich aus der Richtlinie ergebende Anforderung. Regeln aber die Produktanforderungen der Richtlinie das der Vormarktkontrolle zuzuordnende Inverkehrbringen, ist die allgemeine Sicherheitsanforderung keine Voraussetzung dieses Inverkehrbringens. Entsprechend verweisen die informativen Anhänge ZA bzw. ZZ der harmonisierten Normen, in welchen angegeben wird, welche Produktanforderungen die jeweilige Norm abdeckt, auf die wesentlichen Anforderungen der Harmonisierungsrechtsvorschrift und nicht auf ein allgemeines Sicherheitsgebot. Die Neue Konzeption

(→ Rn. 146 f.), die die Brücke schlägt zwischen gesetzlicher Produktanforderung und technischer Norm, geht geradezu davon aus, dass mit der Erfüllung der – durch die technische Norm konkretisierten – wesentlichen Anforderungen die CE-Konformität des Produkts gegeben ist. Demgemäß kann es für die CE-Konformität neben den wesentlichen Anforderungen keine weiteren Produktanforderungen geben.[238] Dies schließt freilich nicht aus, dass die wesentlichen Anforderungen einzelner Harmonisierungsrechtsvorschriften ein allgemeines Sicherheitsgebot enthalten.[239]

70 **Beispiel:** Bevor Herr S. das Hause verließ, legte er die Tageszeitung auf seinem Toaster in der Küche ab. Das Gerät war nicht ausgesteckt. Es ging von selbst an und gerieten die Zeitung und die Küche in Brand. Die Selbstentzündung wurde durch eine elektromagnetische Störaussendung beim Einschalten des Kompressors des in unmittelbarer Nähe zum Toaster stehenden Kühlschranks ausgelöst. Der Toaster entsprach den zur Niederspannungsrichtlinie und zur EMV-Richtlinie in der zum Zeitpunkt des Inverkehrbringens gültigen Fassung ergangenen und auf das Gerät anwendbaren Normen DIN EN 60335-2-3 über die Sicherheit elektrischer Geräte für den Hausgebrauch und ähnliche Zwecke (Teil 2–9: Besondere Anforderungen für Grillgeräte, Brotröster und ähnliche ortsveränderliche Kochgeräte) und DIN EN 55014-2 über die Anforderungen an die elektromagnetische Verträglichkeit von Haushaltsgeräten, Elektrowerkzeugen und ähnlichen Elektrogeräten (Teil 2: Störfestigkeit). Der Toaster genügte auch im Übrigen dem in der Union geltenden Stand der Sicherheitstechnik. War der Toaster somit norm- und richtlinienkonform, durfte der Hersteller auf diesem die CE-Kennzeichnung anbringen und ihn in Verkehr bringen. Diese Norm- und Richtlinienkonformität stand aber der Festlegung von Korrekturmaßnahmen durch die Marktüberwachungsbehörden wegen des Bestehens einer Gefahr für Leib und Leben nicht entgegen.

71 Missverständlich ist insoweit auch der Wortlaut einzelner ProdSV und allgemein des des **§ 3 Abs. 1 Nr. 2 ProdSG,** die weiterhin das in den Gesundheits- und Sicherheitsschutzrichtlinien vormals praktisch durchgängig aufgestellte **allgemeine Sicherheitsgebot** als eine

---

[238]Siehe auch EuGH, Urt. v. 25.3.1999, Kommission/Italien, C-112/97, Rn. 34 – zur aufgehobenen Richtlinie 90/396/EWG, die in deren Art. 2 Abs. 1 eine allgemeine Sicherheitsanordnung enthielt –: *„Folglich brauchen die von der Richtlinie erfa[ss]ten Geräte einschließlich der Wärmeerzeuger offener Bauart lediglich mit den in der Richtlinie festgelegten grundlegenden Anforderungen übereinzustimmen, um in den Verkehr gebracht und in Betrieb genommen werden zu können."* Vgl. auch EuGH, Urt. v. 14.7.1977, Kommission/Italien, C-123/76, EU:C:1977:128.

[239]Siehe etwa Art. 10 der Spielzeugrichtlinie 2009/48/EG, wonach sich die wesentlichen Sicherheitsanforderungen zusammensetzen aus allgemeinen und besonderen Sicherheitsanforderungen. Siehe weiter die Niederspannungsrichtlinie 2014/35/EU, wobei sich hier die Anforderungen an die Konzeption und Herstellung aus dem Verweis auf den in der Union geltenden Stand der Sicherheitstechnik ergeben und es sich demgemäß bei der Anordnung, Produkte so herzustellen, dass *„sie bei einer ordnungsgemäßen Installation und Wartung sowie einer bestimmungsgemäßen Verwendung die Sicherheit von Menschen und Nutztieren sowie die Erhaltung von Sachwerten nicht gefährden"* richtigerweise gar nicht um ein allgemeines Sicherheitsgebot handelt (→ Rn. 241). Siehe auch Art. 4 Abs. 1 der Sportbooterichtlinie 2013/53/EU.

an den Hersteller gerichtete Produktanforderung formulieren.[240] Dies veranlasste Teile der rechtswissenschaftlichen Literatur, die entsprechenden sicherheitstechnischen Generalklauseln bzw. § 3 Abs. 1 Nr. 2 ProdSG als kumulative Inverkehrbringensvoraussetzung neben die in Bezug genommenen wesentlichen Anforderungen anzusehen.[241] Insoweit hat der Unionsgesetzgeber mit der Anpassung der Mehrheit der Harmonisierungsrechtsvorschriften an die Musterbestimmungen nach Anhang I des Beschlusses Nr. 768/2008/EG (→ Rn. 190) Klarheit geschaffen, indem er künftig den Aspekt der Marktüberwachung ausschließlich in spezifisch der Marktüberwachung gewidmeten Abschnitten und damit auch textlich von den Inverkehrbringensvoraussetzungen getrennt regelt. Die Generalklausel (allgemeines Sicherheitsgebot) wird in den neueren Harmonisierungsrechtsvorschriften mithin nicht mehr aufgenommen.[242] Die Vorschrift des § 3 Abs. 1 Nr. 2 ProdSG i. V. m. § 26 Abs. 2 ProdSG dient der Umsetzung der dem Art. R33 des Anhangs I des Beschlusses Nr. 768/2008/EG nachgebildeten Bestimmungen der produktsicherheitsrechtlichen Harmonisierungsrechtsvorschriften, entspricht aber sein Wortlaut, wie sich bereits dem Titel des Artikel R33 entnehmen lässt *(„Gefährdung von Sicherheit und Gesundheit durch konforme Produkte"* (→ Rn. 759–761)), nicht seiner Logik. Dort wird zwischen Produktanforderungen bzw. Konformität, einerseits, und der Ermächtigung zu Maktüberwachungsmaßnahmen wegen Gefährdung eines öffentlichen Interesses, andererseits, klar unterschieden.

2) Design-Anforderungen ($CE_{AspektX} \Leftrightarrow (A + B + C ...)$)
Den Ausgangspunkt der Bestimmung der Funktion und des Verständnisses der wesentlichen Anforderungen bilden zwei *a priori* sich einander ausschließende Feststellungen. Zum einen sind die wesentlichen Anforderungen der jeweiligen Harmonisierungsrechtsvorschrift bezogen auf die von ihr abgedeckten Aspekte abschließend. Zum anderen können zu ein und demselben Aspekt wesentliche Anforderungen mehrerer

---

[240] Siehe etwa § 3 der 1. ProdSV, § 2 der 7. ProdSV, § 2 der 8. ProdSV und § 3 Abs. 1 der 9. ProdSV.

[241] Klindt, in Klindt (Hrsg.), ProdSG, § 3 Rn. 7; Gauger, Produktsicherheit und staatliche Verantwortung, S. 101 ff.; Wiesendahl, Technische Normung in der Europäischen Union, S. 251. Wie hier Schmatz/Nöthlichs, 1025 § 3 Anm. 1.2.8, S. 49 f.

[242] Siehe (Aufgabe der Fomulierung eines allgemeinen Sicherheitsgebots) Art. 5 der Richtlinie 2014/33/EU über Aufzüge unter Aufhebung der Generalklausel in Art. 2 Abs. 1 der Vorgängerrichtlinie 95/16/EG – bereits im Leitfaden zur Aufzugsrichtlinie 95/16/EG wurde Art. 2 Abs. 1 der Marktaufsicht/Nachmarktkontrolle zugeordnet (§ 34); Art. 3 f. der Richtlinie 2014/29/EU über einfache Druckbehälter unter Aufhebung der Generalklausel in Art. 2 der Vorgängerrichtlinie 2009/105/EG; Art. 3 f. der Richtlinie 2014/68/EU über Druckgeräte in Abkehr von Art. 2 f. der Vorgängerrichtlinie 97/23/EG – indes war bereits im Text der Richtlinie 97/23 die Generalklausel klar der Marktaufsicht zugeordnet („Marktüberwachung"); Art. 3 und 5 VO (EU) Nr. 2016/426 über Geräte zur Verbrennung gasförmiger Brennstoffe im Gegensatz zu Art. 2 f. der Vorgängerrichtlinie 2009/142/EG; Art. 3 f. der ATEX-Richtlinie 2014/34/EU gegenüber Art. 2 f. der Vorgängerrichtlinie 94/9/EG.

Harmonisierungsrechtsvorschriften gleichzeitig zur Anwendung kommen. Ordnet die Harmonisierungsrechtsvorschrift „hr1" zu Aspekt X, beispielhaft dem Sicherheits- und Gesundheitsschutz, das technische Design A an, ist A notwendige Bedingung für die europäische Produktkonformität („CE"). Ist das Produkt bezogen auf den der Harmonisierungsrechtsvorschrift unterliegenden Aspekt X, hier im Beispiel dem Sicherheits- und Gesundheitsschutz, unionsrechtskonform („$CE_{AspektX}$"), ist sicher, dass die Produktanforderungen A erfüllt sind. $CE_{AspektX}$ impliziert A ($CE_{AspektX} \Rightarrow A$). Ordnet die Harmonisierungsrechtsvorschrift „hr2" zu Aspekt X das technische Design B an, ist auch B notwendige Bedingung für $CE_{AspektX}$ ($CE_{AspektX} \Rightarrow B$). A und B sind beide notwendige Bedingungen für $CE_{AspektX}$. Es liegen keine sich einander ausschließende Aussagen vor. Ist die jeweilige Harmonisierungsrechtsvorschrift allerdings abschließend in der Weise, dass sie das Aufstellen weitergehender Bedingungen an das Inverkehrbringen des Produkts zu Aspekt X, im Beispiel zum Sicherheits- und Gesundheitsschutz, untersagt, liegen sich gegenseitig ausschließende Aussagen vor. Denn A und B sind dann nicht sich ergänzende notwendige Bedingungen, sondern nicht übereinstimmende hinreichende Bedingungen: genau dann, wenn A und nur dann $CE_{AspektX}$ ($CE_{AspektX} \Leftrightarrow A$) **ist unvereinbar mit $CE_{AspektX} \Leftrightarrow B$**. Auf die hiesige Fragestellung angewandt folgt hieraus, dass bei Identität des den Harmonisierungsrechtsvorschriften „hr1" und „hr2" unterliegenden Aspekts die sich aus den Harmonisierungsrechtsvorschriften ergebenden Produktanforderungen nicht voneinander abweichen können, da bei voneinander abweichenden Anforderungen zwei sich einander widersprechende Normaussagen vorlägen.

73 Betrachtet man aber die Harmonisierungsrechtsvorschriften in ihrer Gesamtheit ist der als $CE_{AspektX} \Leftrightarrow A$ ausgedrückte Normgehalt aussagelogisch schwer vermittelbar. $CE_{AspektX} \Leftrightarrow A$ ist unvereinbar mit $CE_{AspektX} \Leftrightarrow B$. Fürwahr können auf ein und dasselbe Produkt **unterschiedliche Harmonisierungsrechtsvorschriften nebeneinander anwendbar** sein. So können diese zunächst unterschiedliche Aspekte desselben Produkts normieren. Mithin beruht das vom Unionsgesetzgeber geschaffene Regelungssystem zur Harmonisierung der produktbezogenen Vorschriften und Normen auf dem Gebiet des europäischen Produktrechts geradezu auf der Annahme, dass ein Produkt zeitgleich mehreren Harmonisierungsrechtsvorschriften unterfallen kann, die unterschiedliche Aspekte des gleichen Produkts behandeln.[243] In diesen Fällen kommt es mithin nicht zu sich widersprechenden Normaussagen. $CE_{Aspekt1} \Leftrightarrow A$ ist nicht unvereinbar mit $CE_{Aspekt2} \Leftrightarrow B$.

Wenn zwei Harmonisierungsrechtsvorschriften die gleichen Aspekte desselben Produkts regeln, ist es zunächst möglich, dass sich die eine Harmonisierungsrechtsvorschrift zugunsten der anderen für nicht anwendbar erklärt.[244] Insoweit kann es zu

---

[243] Generalanwältin Trstenjak, Schlussanträge v. 28.4.2010, Latchways und Eurosafe Solutions, C-185/08, EU:C:2010:226, Rn. 66.
[244] Siehe etwa zum Produktsicherheitsrecht → Rn. 333.

Überschneidungen nicht kommen. Fehlt es jedoch an einer solchen das Rangverhältnis bestimmenden Ausschlussregelung kommt es zu sich gegenseitig ausschließenden Normaussagen. $CE_{Aspekt1}$ ⇔ A ist nicht vereinbar mit $CE_{Aspekt1}$ ⇔ B. Sind die Vorschriften damit aussagenlogisch paradox, sind sie es rechtlich indes keineswegs. So muss die Erfüllung der wesentlichen Anforderungen in der jeweiligen Harmonisierungsrechtsvorschrift als hinreichende Bedingung für $CE_{AspektX}$ ausgestaltet sein, da andernfalls die mit der Harmonisierung verfolgte Sperrwirkung nicht erreicht würde. Die Sperre richtet sich aber nur an den nationalen Gesetzgeber. Der Unionsgesetzgeber hingegen ist frei zu bereits geregelten Produkten und Aspekten weitergehende Anforderungen aufzustellen, sei es in der jeweiligen Harmonisierungsrechtsvorschrift selbst und durch Änderung derselben oder in einer anderen Harmonisierungsrechtsvorschrift. Für ihn ist dies keine Frage der Rechtssetzungskompetenz, sondern der Konsistenz der von ihm aufgestellten Vorschriftenwerke. Im Gesamtsystem der Gewährleistung des feien Warenverkehrs durch technische Harmonisierung lautet die Formel daher $CE_{AspektX}$ ⇔ (A + B + C ...).[245]

Dies entspricht auch der in den Produktentwicklungs- und Qualitätssicherungsabteilungen der Hersteller vorfindlichen Auffassung, wonach bei mehreren zum Schutz desselben öffentlichen Interesses anwendbaren Harmonisierungsrechtsvorschriften nicht *ab initio* nur die vermeintlich speziellere beachtet würde. Vielmehr orientieren sich die Entwicklung und die Herstellung an den wesentlichen Anforderungen aller einschlägigen Harmonisierungsrechtsvorschriften und den hierzu ergangenen Normen. So muss etwa ein Gasherd und -ofen mit elektrischer Zündung der Brenner und Backofenbeleuchtung, der an das Stromnetz anzuschließen ist, den wesentlichen Anforderungen der Sicherheits- und Gesundheitsschutzrichtlinien 2009/142/EG und 2014/35/EU entsprechen und wird der Hersteller die zu beiden Richtlinien ergangenen Normen heranziehen. Das Produkt darf denn auch nur dann in Verkehr gebracht werden, wenn es den Sicherheitsanforderungen beider Richtlinien genügt. Rechtlich handelt es sich bei diesen Sicherheitsanforderungen somit um kumulative und technisch um sich ergänzende Inverkehrbringensbedingungen.[246] Die Qualifizierung wesentlicher Anforderungen in verschiedenen Harmonisierungsrechtsvorschriften als rechtlich kumulativ und technisch sich ergänzend ist freilich nur insoweit möglich, wie sich die Anforderungen nicht widersprechen. Schließt indes die Erfüllung einer wesentlichen Anforderung die Erfüllung einer anderen aus, ist die so vorliegende Normkonkurrenz mittels Rückgriff auf die **Regeln der Spezialität, Subsidiarität und Konsumtion** zu lösen.[247] So handelt es sich bei den wesentlichen Anforderungen trotz ihres technischen Einschlags um Rechtsvorschriften und finden auf sie die Methoden des Rechts Anwendung. Im Rahmen der

---

[245]Europäische Kommission, Leitfaden für die Umsetzung der Produktvorschriften der EU 2016, ABl. 2016 C 272, 22 f.
[246]Langner, Technische Vorschriften und Normen, Rn. 37.
[247]Vgl. auch Europäische Kommission, Leitfaden für die Umsetzung der Produktvorschriften der EU 2016, ABl. 2016 C 272, 23.

(europäischen) Normung ist in diesem Zusammenhang auch auf das **Prinzip der Einheitlichkeit und Widerspruchsfreiheit** zu verweisen (→ Rn. 135 ff.).

bb. Delegierte Rechtsakte

75 Art. 290 AEUV ermöglicht es den geborenen Gesetzgebungsorganen, d. h. dem Rat und dem Europäischen Parlament, der Kommission die Befugnis zu übertragen, Rechtsakte ohne Gesetzescharakter mit allgemeiner Geltung zur Ergänzung oder Änderung bestimmter nicht wesentlicher Vorschriften eines Gesetzgebungsaktes zu erlassen. Solche Rechtsakte werden als *„delegierte Rechtsakte"* bezeichnet.[248] Das Recht, Produktanforderungen festzulegen wird der Kommission etwa übertragen in der Öko-Design-Richtlinie 2009/125/EG (→ Rn. 386–388 und 405), der Energiekennzeichnungsverordnung (EU) 2017/1369 (→ Rn. 636), der RoHS- Richtlinie 2011/65/EU (→ Rn. 428 und 430) und den KfZ-Verordnungen (EU) Nrn. 167 und 168/2013 (→ Rn. 204, 206). Die in den delegierten Rechtsakten von der Kommission aufgestellten Anforderungen übernehmen hierbei rechtstechnisch dieselbe Funktion wie die wesentlichen Anforderungen der klassischen Harmonisierungsrechtsvorschriften und weisen einen mit ihnen identischen Normgehalt auf. Die zu den Harmonisierungsrechtsvorschriften nach der Neuen Konzeption erörterten Fragen stellen sich in gleicher Weise und gelten die dort getroffenen Lösungen mit der Besonderheit, dass an die Stelle der wesentlichen Anforderungen die sich aus dem delegierten Rechtsakt ergebenden Anforderungen treten. Hingegen geht ihr Detaillierungsgrad über den allgemein gehaltener wesentlicher Anforderungen hinaus und bedürfen sie im Gegensatz zu diesen ganz regelmäßig keiner weiteren Konkretisierung (zu Konkretisierung wesentlicher Anforderungen → Rn. 222 ff.).

76 Soweit und solange zu den hier interessierenden Harmonisierungsrechtsvorschriften delegierte Rechtsakte nicht vorliegen ist die Harmonisierungsrechtsvorschrift in einer Art *„Stand-by-Modus"* (siehe etwa zur Öko-Design-Richtlinie 2009/125/EG → Rn. 386).

77 Die in Art. 290 AEUV vorgesehene Möglichkeit, Befugnisse zu übertragen, soll dem Gesetzgeber erlauben, sich auf die wesentlichen Elemente einer Regelung sowie auf

---

[248] Art. 290 Abs. 3 AEUV. Die Modalitäten dieser Kompetenzübertragung wurden vor dem Inkrafttreten des Vertrages von Lissabon am 1.12.2009 auf der Rechtsgrundlage des Art. 202 des Vertrages über die Gründung der Europäischen Gemeinschaft (EGV) mit dem Komitologie-Beschluss von 1987 geregelt, der 1999 neu gefasst und 2006 um das Regelungsverfahren mit Kontrolle, das eine größere Einflussnahme des Europäischen Parlaments ermöglicht, ergänzt wurde (Beschluss 1999/468/EG). Namentlich die Ökodesign-Richtlinie 2009/125/EG erging noch unter der Herrschafft des EGV. Das bisher praktizierte Komitologieverfahren ist zwar mit dem Inkrafttreten des Vertrages von Lissabon am 1.12.2009 überholt, da die Rechtsgrundlage für die Übertragung von Rechtsetzungsbefugnissen auf die Kommission neu gefasst ist. Für bereits geltende Sekundärrechtsakte, die auf den Komitologie-Beschluss verweisen, ändert sich jedoch bis zur Anpassung an die neue Rechtslage nichts (vgl. Art. 9 des Protokolls über die Übergangsbestimmungen (Nr. 36) zum Vertrag von Lissabon, ABl. 2012 C 326, 13 (326)).

das zu konzentrieren, was ihm sonst zu regeln wichtig erscheint. Er kann der Kommission die Aufgabe anvertrauen, bestimmte nicht wesentliche Elemente des erlassenen Gesetzgebungsakts zu *„ergänzen"* oder aber solche Elemente im Rahmen einer ihr eingeräumten Ermächtigung zu *„ändern"*.[249] Die wesentlichen Bestimmungen einer Materie sind deshalb in der Grundregelung zu erlassen und können nicht Gegenstand einer Befugnisübertragung sein.[250] Der **Basisrechtsakt legt** mithin **den rechtlichen Rahmen fest** innerhalb dessen die Kommission die ihr übertragene Befugnis ausübt.[251] Der so der Kommission im Basisrechtsakt gezogene **Rahmen ist justiziabel.**

> **Beispiel:** In der **Rechtssache Dyson (C-44/16 P)**, beantragte die Klägerin, die Dyson Ltd, welche Haushaltsstaubsauger entwirft, herstellt und in den Verkehr bringt, in denen der Staub in Behältern ohne Staubbeutel aufgefangen wird, die Nichtigerklärung der delegierten Verordnung (EU) Nr. 665/2013 zur Ergänzung der Richtlinie 2010/30/EU im Hinblick auf die Energieverbrauchskennzeichnung von Staubsaugern (zur Energieverbrauchskennzeichnung → Rn. 636–639). Dyson machte u. a. geltend, dass die Kommission die ihr sich aus dem Basisrechtsakt ergebenden Befugnisse überschritten hätte. Strittiger Punkt war die Regelung im Basisrechtsakt, wonach die *„Bestimmungen in delegierten Rechtsakten bezüglich Angaben [...] über den Verbrauch an Energie [...] während des Gebrauchs es dem Endverbraucher zu ermöglichen* [haben], *Kaufentscheidungen besser informiert zu treffen"* (ex.-Art. 10 Abs. 1 UAbs. 3 der Richtlinie 2010/30/EU). Die Wendung *„während der Gebrauchs"* war nach Dyson dahin zu verstehen, dass damit die tatsächlichen Bedingungen des Gebrauchs gemeint sind. Da aber die angefochtene Verordnung Tests mit leerem Behälter vorschreibe, würden die bereitzustellenden Informationen bei Staubsaugern mit Staubbeuteln keine Angaben über die Energieeffizienz *„während des Gebrauchs"* machen. Der im Rechtsmittelverfahren mit der Sache befasste Gerichtshof folgte der Argumentation des Staubsaugerherstellers und war der Rechtsmittelgrund begründet.

b. Produktanforderungen der allgemeinen Produktsicherheitsrichtlinie

Zum Schutz der Gesundheit und der körperlichen Unversehrtheit der Verbraucher dürfen gemäß Art. 3 Abs. 1 der Richtlinie 2001/95/EG „[d]*ie Hersteller [...] nur sicherere Produkte in Verkehr bringen"*. Das hier verfolgte öffentliche Interesse ist die menschliche Gesundheit und Sicherheit. Der nationale Gesetzgeber vermag zum Schutz dieses Interesses keine von diesem **allgemeinen Sicherheitsgebot** abweichenden und unionsrechtlich nicht vorgesehenen Produktanforderungen aufzustellen.

78

---

[249] EuGH, Urt. v. 17.3.2016, Parlament/Kommission, C-286/14, EU:C:2016:183, Rn. 54.
[250] EuGH, Urt. v. 5.9.2012, Parlament/Rat, C-355/10, EU:C:2012:516, Rn. 64; Urt. v. 10.9.2015, Parlament/Rat, C-363/14, EU:C:2015:579, Rn. 46.
[251] EuGH, Urt. v. 17.3.2016, Parlament/Kommission, C-286/14, EU:C:2016:183, Rn. 30 m.w.Nachw.

79 Die **Marktfähigkeit von Verbraucherprodukten** unter dem Aspekt der Produktsicherheit (CE$_{\text{Sicherheit und Gesundheit}}$ ⇔ ...) richtet sich **im europäisch harmonisierten Bereich** ausschließlich nach den auf sie anwendbaren Harmonisierungsrechtsvorschriften (→ Rn. 334).

III. Nicht designbezogene Vorschriften

80 Das europäische Produktverkehrsrecht beschränkt sich nicht auf die Festlegung einheitlicher Vorschriften, denen die *„Waren ... entsprechen müssen"* (→ Rn. 11). Fürwahr ist der europäische Gesetzgeber mehr und mehr dazu übergegangen nicht nur die das Produkt an sich betreffenden Bedingungen des Marktzugangs zu regeln. Frühzeitig hat er mit dem globalen Konzept die unterschiedlichen nationalen Konformitätsbewertungsmethoden angeglichen und ein einheitliches Bewertungs- und Zertifizierungsverfahren eingeführt (→ Rn. 151–156), wurden gemeinsame Anforderungen an die externen Konformitätsbewertungsstellen aufgestellt (→ Rn. 187 und 576), Hinweis- und Kennzeichnungspflichten vereinheitlicht (→ Rn. 604 ff.), gemeinsame sektorielle Registrierungs- und Meldepflichten normiert (→ Rn. 663 ff. und 668 ff.), etc. und damit teilweise erhebliche Unterschiede in den Mitgliedstaaten beseitigt. Ging es hier jeweils um die **Angleichung sonstiger Marktzugangsbehinderungen** (→ Rn. 15 ff.), verfolgen andere Vorschriften des europäischen Produktrechts andere Ziele. Sie regeln nicht den Marktzugang. Es geht um die Beherrschung der von den Produkten ausgehenden Risiken nach deren Inverkehrbringen. So etwa die Nachmarktpflichten der Wirtschaftsakteure oder die Vorschriften zur Marktüberwachung (→ Rn. 672 ff., 719 ff.).

81 Das Weißbuch zur Vollendung des Binnenmarktes stellte einen Wendpunkt in der auf einen einheitlichen Markt abzielenden europäischen Integrationspolitik dar (→ Rn. 54). Dieses Weißbuch beruhte mit der *„neuen Strategie"* auf dem im *Cassis-de-Dijon*-Urteil herausgearbeiteten Prinzip der gegenseitigen Anerkennung (→ Rn. 28–31, 145). Entsprechend lag der Fokus hinsichtlich der im Recht des technischen Produkts interessierenden nicht-tarifären Handelshemmnisse auf den produktbezogenen Anforderungen. Der Erlass nicht-produktbezogener Vorschriften auf europäischer Ebene erfolgte hingegen gleichsam nebenbei, *ad hoc* und ohne eine mit der *„neuen Strategie"* vergleichbaren Systematik. Waren die neue Strategie und die neue Konzeption sowie deren Rechtmäßigkeit Gegenstand umfangreicher Erörterungen im Schrifttum, wurde den nicht-produktbezogenen Vorschriften eine vergleichbare Aufmerksamkeit nicht zuteil. Seit den im Weißbuch angelegten und wenig später um das Globale Konzept ergänzten Richtlinien der Neuen Konzeption hat sich die Regelungsstrategie auf Unionsebene jedoch fortentwickelt. Erschöpften sich die Richtlinien der Neuen Konzeption im Aufstellen einheitlicher Design-Vorgaben und Konformitätsbewertungsverfahren, wird mit den Harmonisierungsrechtsvorschriften heutiger

Prägung das Recht des technischen Produkts auf Unionsebene mehr und mehr durchreglementiert. Seit Längerem beschränkt sich der Unionsgesetzgeber nicht mehr auf Regelungen über das Inverkehrbringen von Produkten. Er will die vom Produkt ausgehenden Risiken zeitlich insgesamt erfasst wissen und einheitlichen Regelungen unterstellen. Fürwahr sind die rechtlichen Anforderungen an das Inverkehrbringen der Produkte seit Einführung der Neuen Konzeption und des Globalen Konzepts konzeptionell unverändert geblieben und präsentieren sich nur in neuem Gewand. Die **neueren Reformen der Materie auf Unionsebene** betreffen denn auch nicht den Marktzugang, sondern den Nachmarkt. Gleichwohl kann der Unionsgesetzgeber nicht alles regeln, was zu regeln er für nötig hält. Er ist an die **Vorgaben der jeweiligen Kompetenzgrundlage** gebunden und ist die **jeweilige Harmonisierungsmaßnahme** an diesen Vorgaben zu messen und **mit Blick auf diese Vorgaben auszulegen** – hier also mit Blick auf die Vorgaben des auf einen einheitlichen Markt zielenden **Art. 114 Abs. 1 AEUV** (→ Rn. 49). Werden mit den marktzugangsbezogenen Anforderungen einheitliche Bedingungen an das Inverkehrbringen aufgestellt, tritt bei den nicht-marktzugangsbezogenen Vorschriften der Umgang mit oder auch die Beherrschung von Risiken von bereits auf dem Markt befindlichen Produkten in den Vordergrund. Als auf Art. 114 Abs. 1 AEUV gestützt verbieten die neueren Harmonisierungsmaßnahmen dem nationalen Gesetzgeber nicht mehr nur das Aufstellen abweichender Design-Vorgaben. Bezogen auf das von der Harmonisierungsmaßnahme verfolgte Interesse, wie dem der Sicherheit und der Gesundheit oder des Umweltschutzes, wird dem nationalen Gesetzgeber vielmehr generell die Kompetenz genommen, zum Schutz vor Produktrisiken aus eigener Initiative weiterhin tätig zu werden oder Pflichten der Wirtschaftsakteure zu begründen. Illustrativ hierzu das Urteil des Gerichtshofs in der Rechtssache *Lidl Magyarország*.[252] Lidl vertrieb in Ungarn die Funkanlage „*UC Babytalker 500*". Die Funkanlage wurde von einem belgischen Unternehmen hergestellt. Die Funkanlage war mit einem CE-Kennzeichen versehen. Eine Konformitätserklärung wurde ausgestellt. Im Zuge einer Inspektion in einer Verkaufsstelle von Lidl stellten die ungarischen Behörden fest, dass die Konformitätserklärung nicht den ungarischen Rechtsvorschriften entsprach. Sie verbot deshalb Lidl den Vertrieb der Anlage bis zur Vorlage einer dem ungarischen Recht genügenden Konformitätserklärung. So war Lidl als Importeur des Geräts nach dem insoweit einschlägigen ungarischen Gesetz über die elektronische Kommunikation als dessen Hersteller zu betrachten. Da die ungarischen Behörden die vom belgischen Hersteller ausgestellte Konformitätserklärung nicht akzeptierten, focht Lidl die Entscheidung über das Vertriebsverbot an und beantragte deren Nichtigerklärung. Das mit der Sache befasste Gericht setzte das Verfahren aus und legte dem Gerichtshof eine Reihe von Fragen zur Vorabentscheidung vor. Die Anforderungen an die Konformitätserklärung und die Bestimmungen zu der die Konformitätserklärung ausstellenden Person waren in der

---

[252] EuGH, Urt. v. 30.4.2009, Lidl Magyarország, C-132/08, EU:C:2009:281.

Richtlinie 1999/5/EG über Funkanlagen und Telekommunikationsendeinrichtungen festgelegt. Hiermit unvereinbar war die im Gesetz über die elektronische Kommunikation aufgestellte Anforderung, wonach der die Anlage in Ungarn einführende Importeur eine Konformitätserklärung auszustellen hatte, obwohl der in einem anderen Mitgliedstaat ansässige Hersteller diese mit dem CE-Kennzeichen versehen und eine Konformitätserklärung für sie ausgestellt hatte. In erfrischender Kürze und gestützt auf den Wortlaut und die Zielsetzung der Richtlinie stellte der Gerichtshof sodann fest, dass die Richtlinie in ihrem Regelungsbereich eine vollständige Harmonisierung bezweckte. Entsprechend waren die nationalen Bestimmungen zur Konformitätserklärung einzig anhand der Richtlinie 1999/5/EG und unter Ausschluss der in Art. 30 EGV (heute Art. 36 AEUV) aufgezählten Gründe des Allgemeininteresses oder eines der in der Rechtsprechung des Gerichtshofs aufgestellten zwingenden Erfordernisse zu bewerten.

1. Sonstige Marktzugangsregelungen

82 Eine Reihe der in den Harmonisierungsrechtsvorschriften vorfindlichen Regeln zielen auf die Beseitigung sonstiger, d. h. nicht-designbezogener Marktzugangsbehinderungen ab. Sie ergehen in Form **formaler Voraussetzungen an die erstmalige Bereitstellung von Produkten** auf dem Markt (fomale Konformität). Sie betreffen Sachverhalte, die, würden sie auf nationaler Ebene geregelt, zu unterschiedlichen Anforderungen an das Inverkehrbringen führen und den innerunionalen Handel beeinträchtigen würden. So etwa Regelungen zur Konformitätsbewertung in Harmonisierungsrechtsvorschriften nach der Neuen Konzeption (→ Rn. 556 ff.), Regelungen zu Fahrzeug-Typgenehmigungen (→ Rn. 592 ff.), die Begründung von Kennzeichnungs-, Informations-, Hinweispflichten und Pflichten im Zusammenhang mit der externen technischen Dokumentation (Gebrauchsanleitung, Sicherheitshinweise, etc.) (→ Rn. 604 ff.). Es geht hier, wie auch bei den design-bezogenen Anforderungen, darum, durch Rechtsangleichung „*technische Schranken*" bzw. nicht-tarifäre Handelshemmnisse für den freien Warenverkehr zu beseitigen.

83 Mit dem „*Neuen Rechtsrahmen*" (→ Rn. 174 ff.) wurden bei den Harmonisierungsrechtsvorschriften der Neuen Konzeption die sonstigen Marktzugangsregelungen weitestgehend angeglichen und sollte es zwischen ihnen zu Normwidersprüchen nicht kommen. Im Verhältnis zwischen der allgemeinen Produktsicherheitsrichtlinie und den Harmonisierungsrechtsvorschriften zur Produktsicherheit gilt auch bei den sonstigen Marktzugangsregelungen, dass die allgemeine Produktsicherheitsrichtlinie bzw. der diese umsetzende nationale Rechtsakt – in der Bundesrepublik Deutschland das ProdSG – nicht zur Anwendung gereicht, wenn dieser Aspekt Gegenstand andernorts harmonisierter Bestimmungen ist (→ Rn. 79). Die allgemeine Produktsicherheitsrichtlinie bzw. der diese umsetzende nationale Rechtsakt kommt mithin nur dann zur Anwendung, wenn der Aspekt in der auf das Verbraucherprodukt anwendbaren Harmonisierungsrechtsvorschrift überhaupt nicht geregelt ist. Dass die Harmonisierungsrechtsvorschrift insoweit u. U. niedrigere Anforderungen aufstellt steht dem nicht entgegen und sind die in

Harmonisierungsrechtsvorschriften aufgestellten Anforderungen stets als abschließende Regelung der von ihnen erfassten Aspekte zu begreifen.[253]

2. Nicht-marktzugangesbezogene Regelungen

Die Rückführung nicht-marktzugangsbezogener Regelungen auf die Binnenmarktkompetenz nach Art. 114 Abs. 1 AEUV gestaltet sich ungleich schwieriger und sind die Handlungsspielräume des europäischen Gesetzgebers dort weit mehr begrenzt, als bei markzugangsbezogenen Regelungen.

a. Herstellung einheitlicher Marktbedingungen durch Vereinheitlichung der Pflichten nach dem Inverkehrbringen

Das sich an die Wirtschaftsakteure richtende Pflichtenprogramm zielt mehr und mehr auf die Zeit nach dem Inverkehrbringen. So haben etwa die Wirtschaftsakteure die in Verkehr befindlichen Produkte zu beobachten und bei entdeckter Nichtkonformität Korrekturmaßnahmen einzuleiten, die Produkte notfalls vom Markt zu nehmen oder zurückzurufen, die zuständigen nationalen Behörden zu unterrichten, mit diesen zu kooperieren und sind verpflichtet, die auf- und absteigende Rückverfolgbarkeit des Produktes sicherzustellen (→ Rn. 672 ff.). Der Unionsgesetzgeber hat hier nicht die mit dem Weißbuch zur Vollendung des Binnenmarktes ins Zentrum gerückten technischen Handelshemmnisse im Blick. Es geht ihm mit diesen Regelungen nicht um die Beseitigung von Einfuhrbeschränkungen. Ziel ist, dass nur konforme und sichere Produkte im Unionsgebiet zirkulieren und werden die Wirtschaftsakteure zur Sicherstellung dieses Ziels mit in die Pflicht genommen. Der Schutz des von der Harmonisierungsmaßnahme abgedeckten öffentlichen Interesses ist über das Aufstellen von Produktanforderungen hinaus sicherzustellen.

Es liegt nun im Wesen der Binnenmarktkompetenz, dass der Unionsgesetzgeber zur Verwirklichung des Binnenmarkts auf nationale Vorschriften zugreift, die regelmäßig nichtwirtschaftliche Gemeinwohlbelange, wie etwa Sicherheit, Gesundheits- und Verbraucherschutz, verfolgen. Jede auf die Verwirklichung des Binnenmarktes gerichtete Maßnahme ist untrennbar mit der Einwirkung auf solche Sachpolitiken verbunden. Indem nun der Union die Kompetenz zugewiesen wird, auf den Binnenmarkt bezogene Rechtssetzungsakte zu erlassen ohne dabei an weitere, über die Verwirklichung des Binnenmarktes hinausgehende sachgegenständliche Voraussetzungen gebunden zu sein, wird ihr eine Querschnittszuständigkeit zugewiesen.[254] Die Rechtsangleichung nach Art. 114 AEUV ermöglicht also auch Maßnahmen, die über die Verwirklichung des

---

[253] Schucht, in Klindt (Hrsg.), ProdSG, § 1 Rn. 85 ff.; Europäische Kommission, Leitfaden für die Umsetzung der Produktvorschriften der EU 2016, ABl. 2016 C 272, 117 f.

[254] Generalanwalt, Fennelly, Schlussanträge v. 15.6.2000, Bundesrepublik Deutschland gegen Europäisches Parlament, C-376/98, EU:C:2000:324, Rn. 62.

Binnenmarktes hinausgehend sonstige Ziele verfolgen.[255] Da andere Vorschriften im Vertrag den jeweilgen Sachbereich gegebenenfalls auch und womöglich anders regeln und die über Art. 114 AEUV der Union zugewiesene Querschnittszuständigkeit im Verhältnis zu den Mitgliedstaaten nicht dazu bestimmt ist, deren Gesetzgebungskompetenz unbegrenzt zu verdrängen, kam dem Gerichtshof mehr und mehr die Aufgabe zu, den Anwendungsbereich des Art. 114 AEUV genauer zu bestimmen. Es ging und geht allgemein um die Notwendigkeit tatbestandlich eingegrenzter Unionskompetenzen.[256] Aus der **dienenden Funktion der Rechtsangleichungsbefugnisse** (→ Rn. 52) ergibt sich, dass die primärrechtliche Zwecksetzung der jeweiligen Rechtsangleichungsbefugnis ihrer Ausübung die inhaltliche Orientierung gibt und Grenzen setzt.[257] Für auf **Art. 114 AEUV** gestützte Rechtsangleichungsmaßnahmen bilden mithin die **Errichtung und das Funktionieren des Binnenmarktes** den **Maßstab für** deren inhaltliche **Ausrichtung und Begrenzung.** Art. 114 Abs. 1 AEUV ist dann die zutreffende Kompetenzgrundlage, wenn Hauptziel und Schwerpunkt des Rechtssetzungsaktes darin bestehen, zum Funktionieren des Binnenmarktes beizutragen. Die diesbezügliche Rechtsangleichung darf anders gewendet „*nicht nur ein beiläufiges oder ergänzendes Ziel*" sein[258],[259].

87 Die vom Gerichtshof vorgenommene Bestimmung der Tatbestandsmerkmale des Art. 114 Abs. 1 AEUV zeigt, dass die Binnenmarktkompetenz nicht die allgemeine Befugnis beinhaltet, jedwede, dem Binnenmarktziel in irgendeiner Form dienende Maßnahme zu erlassen.[260] So wird der Binnenmarkt verwirklicht durch *i)* die **Herstellung des freien Zugangs zu den Teilmärkten** und *ii)* die **Herstellung einheitlicher Wettbewerbsbedingungen,** d. h. der Gewährleistung eines unverfälschten, **fairen Wettbewerbs.**[261] Nur hierzu ermächtigt Art. 114 Abs. 1 AEUV.[262] Bezüglich der im Recht des technischen Produkts auf europäischer Ebene aufgestellten nicht-marktzugangsbezogenen Anforderungen bedarf die Ermächtigung zur Herstellung einheitlicher

---

[255] Tietje, in Grabitz/Hilf/Nettesheim (Hrsg.), Das Recht der Europäischen Union, Bd. I, EUV/AEUV, AEUV Art. 114 Rn. 32.

[256] Leible/Schröder, in Streinz (Hrsg.), EUV/AEUV, AEUV Art. 114 Rn. 47.

[257] Von Danwitz, Rechtsetzung und Rechtsangleichung, Rn. 115 ff.

[258] EuGH, Urt. v. 9.10.2001, Niederlande/Parlament und Rat, C-377/98, EU:C:2001:523, Rn. 28.

[259] Tietje, in Grabitz/Hilf/Nettesheim (Hrsg.), Das Recht der Europäischen Union, Bd. I, EUV/AEUV, AEUV Art. 114 Rn. 129; siehe auch Leible/Schröder, in Streinz (Hrsg.), EUV/AEUV, AEUV Art. 114 Rn. 47 ff.

[260] Von Danwitz, Rechtsetzung und Rechtsangleichung, Rn. 116; Bock, Rechtsangleichung und Regulierung im Binnenmarkt, S. 128.

[261] Leible/Schröder, in Streinz (Hrsg.), EUV/AEUV, AEUV Art. 114 Rn. 39 ff.; Schröder, in Streinz (Hrsg.), EUV/AEUV, AEUV Art. 26 Rn. 22 ff.; Khan, in Geiger/Khan/Kotzur (Hrsg.), EUV/AEUV Kommentar, AEUV Art. 114 Rn. 13.

[262] Generalanwalt Fennelly, Schlussanträge v. 15.6.2000, Deutschland/Parlament und Rat, C-376/98, EU:C:2000:324, Rn. 83 ff.

Wettbewerbsbedingungen der Präzisierung. Dem Gerichtshof folgend geht es hier der Sache nach um die **Beseitigung bestehender oder drohender Wettbewerbsverzerrungen**. Mit dem Begriff der Wettbewerbsverzerrung ist gemeint, dass bezogen auf einen bestimmten Produkt- oder Absatzmarkt die Wirtschaftsakteure aus einem Mitgliedstaat am Markt bessere Chancen haben als die aus anderen Mitgliedstaaten, weil sie einer günstigeren Regulierung unterliegen und daher am Markt preiswerter anbieten können.[263] Es ist dies eine **unterschiedliche und letztlich kostenbelastende Position von Marktteilnehmern, die in grenzüberschreitendem Wettbewerb stehen**. In einem Binnenmarkt dürfen solche Rechtsunterschiede, die über die Kostenbelastung die Chancen der Marktteilnehmer aus unterschiedlichen Mitgliedstaaten unterschiedlich gestalten, nicht bestehen.[264] Da nahezu jede Rechtsregel irgendwie kostenwirksam ist, wäre bei grenzüberschreitendem Wettbewerb auch nahezu jede nationale Rechtsregel angleichungsfähig.[265] Der Gerichtshof fordert denn auch eine *„Spürbarkeit"* der Wettbewerbsverzerrung, auf deren Beseitigung der Rechtssetzungsakt zielt.[266] Er weist darauf hin, dass der Zuständigkeit des Unionsgesetzgebers ohne diese Voraussetzung praktisch keine Grenzen gezogen wären und sieht im Spürbarkeitskriterium die im Hinblick auf den Grundsatz der begrenzten Einzelermächtigung (→ Rn. 51) erforderliche Begrenzung der Binnenmarktkompetenz.[267] Hiernach vermögen *„geringfügige Wettbewerbsverzerrungen"* eine Rechtssetzungskompetenz nach Art. 114 Abs. 1 AEUV nicht zu begründen.[268] Maßgebend ist insoweit eine auf die Qualität der Wettbewerbsverzerrung bezogene Betrachtung und sind auf diese Vorschrift gestützte Rechtsangleichungsmaßnahmen nicht zulässig, wenn sich die Unterschiede innerhalb der mitgliedstaatlichen Regelungen nur mittelbar oder hypothetisch auf den Handel innerhalb der Union auswirken oder allenfalls marginale Wettbewerbsverzerrungen zur Folge haben (beispielhaft zu sich hieraus ergebenden Konsequenzen → Rn. 304).[269]

b. Regelung mitgliedstaatlicher Durchführung des Unionsrechts

Die Gründungsverträge haben der Union Verwaltungsbefugnisse für die Durchführung des Unionsrechts nicht übertragen und ihr auch keine nennenswerten spezifischen Kompetenzen zur Harmonisierung des nationalen Verwaltungsverfahrensrechts

---

[263]Bock, Rechtsangleichung und Regulierung im Binnenmarkt, S. 104 ff.
[264]Generalanwalt Teasauro, Schlussanträge v. 13.3.1991, Kommission/Rat, C-300/89, EU:C:1991: 115, Rn. 10.
[265]Bock, Rechtsangleichung und Regulierung im Binnenmarkt, S. 113.
[266]EuGH, Urt. v. 11.6.1991, Kommission/Rat, C-300/89, EU:C:1991:244, Rn. 23; Leible/Schröder, in Streinz (Hrsg.), EUV/AEUV, AEUV Art. 114 Rn. 45.
[267]EuGH, Urt. v. 5.10.2000, Deutschland/Parlament und Rat, C-376/98, EU:C:2000:544, Rn. 107.
[268]*Ebd.*, Rn. 106 f.; Tietje, in Grabitz/Hilf/Nettesheim (Hrsg.), Das Recht der Europäischen Union, Bd. I, EUV/AEUV, AEUV Art. 114 Rn. 103 ff.; Leible/Schröder, in Streinz (Hrsg.), EUV/AEUV, AEUV Art. 114 Rn. 45 f.
[269]Leible/Schröder, in Streinz (Hrsg.), EUV/AEUV, AEUV Art. 114 Rn. 46 m.w.Nachw.

zugestanden.²⁷⁰ Die Wahrnehmung von Verwaltungsmaßnahmen zur Durchführung des Unionsrechts ist primär Aufgabe der Mitgliedstaaten. Eine Anwendung unionalen Rechts findet daher zuvörderst auf mitgliedstaatlicher Ebene (Behörden, Gerichte) statt. Ein Vollzug des Unionsrechts durch Unionsorgane erfolgt nur dann, wenn Rechtsakte der Union einen solchen unionsunmittelbaren Vollzug ausdrücklich anordnen. Die Überwachung des Marktes auf die Einhaltung der unionsrechtlichen Vorgaben des Rechts des technischen Produkts sowie die Ahndung entsprechender Verstöße obliegt denn auch – trotz der unionsrechtlichen Durchdringung dieses Rechts – nicht etwa einer unionalen Zentralbehörde, sondern allein den in den Mitgliedstaaten hierfür zuständig erklärten Behörden. Auch richten sich Verwaltungsorganisation, -verfahren und -verwaltung bei Vollzug von Unionsrecht nach nationalem Recht. So beantwortet der Gerichtshof seit jeher die Frage der Anwendbarkeit nationalen Rechts im Verwaltungsvollzug von Unionsrecht dahin, dass die nationalen Behörden bei der den Mitgliedstaaten obliegenden Durchführung des Unionsrechts nach den Bestimmungen des nationalen Verfahrensrechts agieren. Dies jedoch nur soweit, wie das Unionsrecht einschließlich seiner allgemeinen Rechtsgrundsätze hierfür keine gemeinsamen Vorschriften enthält.²⁷¹

89   Trotz Fehlens einer spezifischen Kompetenzgrundlage ist der **mitgliedstaatliche Verwaltungsvollzug zunehmend Gegenstand des europäischen Produktverkehrrechts** und weicht die Organisations- und Verfahrensautonomie der Mitgliedstaaten als allgemeiner Grundsatz des Unionsrechts mehr und mehr dem Bedürfnis der **Sicherstellung einer gleichwertigen und einheitlichen mitgliedstaatlichen Durchsetzung** der auf das technische Produkt anwendbaren materiell-rechtlichen Unionsvorschriften. Der Sache nach geht es um die Sicherstellung einer effektiven und einheitlichen Marktüberwachung in den Mitgliedstaaten (→ Rn. 719). Die Zuständigkeit der Union für den Erlass verfahrensrechtlicher Regelungen in einem bestimmten Sachbereich wird im Schrifttum überwiegend, wenn auch meist ohne nähere Prüfung einzelner Bereiche, bejaht.²⁷² Als Kompetenzgrundlagen kommen die jeweiligen materiellen Befugnisnormen, gegebenenfalls unter Rückgriff auf die Lehre von den *implied powers* in Betracht. Im Recht des technischen Produkts also erneut Art. 114 Abs. 1 AEUV. Die Befugnis zur Regelung des Verfahrensrechts wird also als Bestandteil oder zumindest als Annex der Binnenmarktkompetenz betrachtet.²⁷³

---

²⁷⁰Zur Grundentscheidung der Verträge für die mitgliedstaatliche Verwaltung, siehe Von Danwitz, Europäisches Verwaltungsrecht, S. 306 ff.
²⁷¹EuGH, Urt. v. 21.9.1983, Deutsche Milchkontor GmbH, C-205/82, EU:C:1983:233; Urt. v. 16.7.1998, Oelmühle Hamburg und Schmidt Söhne, C-298/96, EU:C:1998:372, Rn. 24; Urt. v. 24.9.2002, Grundig Italiana, C-255/00, EU:C:2002:525, Rn. 33; Urt. v. 23.2.2006, Molenbergnatie, C-201/04, EU:C:2006:136, Rn. 52.
²⁷²Krönke, Die Verfahrensautonomie der Mitgliedstaaten der Europäischen Union, S. 50 m.w.Nachw.; Kahl, NVwZ 1996, 865 (866).
²⁷³*Ebd.*

IV. Rechtsnatur der sich aus dem Recht des technischen Produkts ergebenden Pflichten

Die im Recht des technischen Produkts aus dem sekundärrechtlichen Rechtsakt bzw. dem nationalen Umsetzungsakt sich ergebenden Pflichten der Hersteller, Einführer und Händler sind öffentlich-rechtlicher Natur. Eine **befreiende Übertragung öffentlich-rechtlicher Pflichten** durch zivilrechtliches Rechtsgeschäft **ist ausgeschlossen**.[274] Bedient sich der Wirtschaftsakteur bei der Erfüllung einer ihm obliegenden Pflicht eines Dritten (etwa der Sicherstellung von Konformität bei ausgelagerter Entwicklung und/oder Fertigung), kann Letzterer immer nur **Erfüllungsgehilfe** sein. Fürwahr können öffentlich-rechtliche Pflichten, die eine vertretbare Handlung zum Gegenstand haben, bei sachgerechter Erfüllung durch einen Dritten zum Erlöschen gebracht werden.[275] Bis zur Erfüllung der Pflicht behält der Verpflichtete diese Stellung. Weiter können öffentlich-rechtliche Pflichten nicht durch zivilrechtliches Rechtsgeschäft „*beseitigt*" werden.[276] Insbesondere können die Parteien wirksam nicht vereinbaren, dass diese oder jene Marktzugangsvoraussetzung nicht gelten solle. So bleibt die öffentlich-rechtliche Pflicht immer bestehen.[277] Sind die Marktzugangsvoraussetzungen nicht erfüllt, ist das Produkt nicht verkehrsfähig. Seine Vermarktung ist verboten. Dieses Verkehrsverbot gilt unmittelbar und muss nicht erst in einem behördlichen Akt konkretisiert oder durch einen Verwaltungsakt wirksam gemacht werden. Wissen die am Rechtsgeschäft Beteiligten um die fehlende Verkehrsfähigkeit, ist das Rechtsgeschäft mithin nach § 134 BGB **(gesetzliches Verbot)** nichtig.[278]

90

> **Beispiel:** Einzelunternehmer A vermarktet Häcksler für das Zerkleinern von Schnittgut, wie Äste und Zweige. Die Material- und Herstellkosten für die Sicherheitseinrichtung im Einzugsbereich machen 7 % der Gesamtkosten aus. Der Baumarkt B kaufte zwanzig solcher Häcksler bei A, der diese in der Folge auslieferte. Zwecks Reduzierung des Kaufpreises vereinbarten die Parteien, die Sicherheitseinrichtung wegzulassen. Der hierdurch begründeten Einzugsgefahr sollte mittels eines Warnhinweises begegnet werden. Beide Parteien wussten vom Nachrang der hinweisenden Sicherheitstechnik (Informations- und Warnhinweise) gegenüber der mittelbaren Sicherheitstechnik (Schutzeinrichtungen/-vorrichtungen) und dass solchermaßen der Häcksler konstruktiv den Vorgaben der Maschinenrichtlinie 2006/42/EG nicht entsprach (→ Rn. 355). A verlangt Zahlung des vereinbarten Kaufpreises, hilfsweise die Rückgabe der Häcksler. In der Folge ereigneten sich bei Kunden des B mehrere

---

[274] Vgl. BVerwG, Urt. v. 10.1.2012, 7 C 6.11, juris, Rn. 10 m.w.Nachw.

[275] Hingegen kann eine höchstpersönliche Pflicht, also eine Pflicht, die an die Person des Verpflichteten gebunden ist und sich nicht von der Person des Trägers lösen lässt (zur höchstpersönlichen Pflicht, siehe BVerwG, Urt. v. 16.3.2006, 7 C 3/05, BVerwGE 125, 325–336, Rn. 26–28) nur durch den Verpflichteten selbst erfüllt werden (*ebd.*, Rn. 11).

[276] Vgl. Wilrich, Das neue Produktsicherheitsgesetz, Rn. 407 (dort zu § 3 Abs. 3 und 4 ProdSG).

[277] *Ebd.*

[278] LG Karlsruhe, Urt. v. 10. 11. 1998, 0 149–97 KfH I, NJW-RR 1999, 1284.

Unfälle mangels entsprechender Schutzvorrichtung im Einzugsbereich der Häcksler. Die Staatsanwaltschaft ermittelt bei A.

Ein Anspruch aus § 433 Abs. 2 BGB scheitert am Fehlen wirksamer Kaufverträge. Die zwischen A und B abgeschlossenen Kaufverträge sind nach § 134 BGB nichtig. Da A bei den Lieferungen der Häcksler bewusst gegen § 3 Abs. 2 Nr. 1 der 9. ProdSV verstoßen hat, stehen ihm gemäß § 817 S. 2 BGB auch bereicherungsrechtliche Ansprüche gegen B nicht zu.[279] Weiter hat sich A jedenfalls nach § 229 StGB (fahrlässige Körperverletzung) strafbar gemacht.

V. Informationsverfahren auf dem Gebiet der technischen Vorschriften

1. Zweck des Informationsverfahrens

91 Einzelstaatliche Rechtssetzungsinitiativen erschweren spätere Angleichungsmaßnahmen und setzen Letztere voraus, dass der Unionsgesetzgeber um das Bestehen von den Wettbewerb beschränkenden Maßnahmen weiß. Fürwahr ist ein gemeinsamer Konsens auf Unionsebene umso eher zu finden, wenn die Materie innerstaatlich noch nicht abschließend geregelt ist und sich gesetzgeberische Vorhaben noch im Entwurfsstadium befinden. Ferner wird der EU-Gesetzgeber nur tätig, wenn hierfür ein Bedürfnis besteht und er um dieses Bedürfnis weiß. Dies wurde denn auch frühzeitig erkannt und vereinbarten die im Rat vereinigten Vertreter der Regierungen der Mitgliedstaaten innerhalb des „*Programm*[s] *zur Beseitigung der technischen Hemmnisse im innergemeinschaftlichen Handel, die sich aus der Unterschiedlichkeit der einzelstaatlichen Rechtsvorschriften ergeben*"[280] (→ Rn. 142) eine Stillhalte- und Unterrichtungspflicht. In diesem Programm aus dem Jahre 1969 waren rund 100 Erzeugnisse katalogisiert und unter Angabe eines genauen Zeitplans eine Rangfolge der erforderlichen Harmonisierungsmaßnahmen für eine Angleichung der nationalen Rechts- und Verwaltungsvorschriften vorgesehen. Sah sich bei diesen Erzeugnissen eine Regierung veranlasst, eine Initiative hinsichtlich des Erlasses oder der Änderung von nationalen Rechts- oder Verwaltungsvorschriften zu ergreifen, hatte sie den Rat davon vorab zu unterrichten. Je nachdem, ob die Kommission dem Rat bereits einen Richtlinienvorschlag vorgelegt hatte oder nicht, konnte der nationale Gesetzgeber die beabsichtigte Maßnahme erst fünf oder sechs Monate nachdem er den Rat davon unterrichtete, treffen, vorausgesetzt, dass während der einschlägigen Frist dem Rat von der Kommission kein Richtlinienvorschlag auf dem von der beabsichtigten Maßnahme erfassten Gebiet vorgelegt worden war. Bei im Programm nicht aufgeführten Erzeugnissen hatten die Regierungen bereits im Entwurfsstadium den Text der Rechts- und Verwaltungsvorschriften, deren Anwendung Handelshemmnisse zur Folge haben

---

[279] LG Karlsruhe, Urt. v. 10. 11. 1998, O 149–97 KfH I, NJW-RR 1999, 1284.
[280] Vereinbarung v. 28.5.1969, ABl. 1969 C 76, 9, geändert durch Vereinbarung v. 5.3.1973, ABl. C 9, 3.

§ 2 – Sekundärrechtliche Verwirklichung des Binnenmarkts

konnten sowie deren Begründung der Kommission zur Unterrichtung zu übermitteln. Diese Übermittlung hatte spätestens zwei Monate vor dem Zeitpunkt zu erfolgen, der für das Inkrafttreten der betreffenden Vorschriften vorgesehen war. Mittels dieser Stillhalte- und Unterrichtungsverpflichtung der Mitgliedstaaten sollte also frühzeitig die Entstehung neuer technischer Handelshemmnisse im Binnenmarkt erkannt und Gegenmaßnahmen auf europäischer Ebene eingeleitet werden können.[281]

Diese Vereinbarung war aber als „*Gentlemen's Agreement*"[282] unverbindlich. Rechtlich verbindlich festgeschrieben wurde der dortige Regelungsansatz erst mit der Richtlinie 83/189/EWG vom 28.3.1983 über ein Informationsverfahren auf dem Gebiet der Normen und technischen Vorschriften. Die Richtlinie wurde seither mehrfach geändert und am 22.6.1998 ersetzt durch die Richtlinie 98/34/EG. Letztere wiederum wurde mit der **Richtlinie (EU) 2015/1535** neu kodifiziert.

2. Ablauf des Informationsverfahrens

Die Richtlinie sieht eine vorbeugende Regelung vor, die in Verbindung mit dem Verbot von Maßnahmen gleicher Wirkung wie mengenmäßige Beschränkungen nach Art. 30 bis 36 AEUV und mit der Harmonisierung nationaler Rechtsvorschriften technische Hemmnisse für den innerunionalen Handelsverkehr beseitigen soll. Um dem Auftreten dieser Art von Beschränkungen vorzubeugen, bestimmt die Richtlinie ein Verfahren im Zusammenhang mit den technischen Vorschriften, das sich in drei Abschnitte aufteilen lässt: *i)* Art. 5 der Richtlinie (EU) 2015/1535 verpflichtet die Mitgliedstaaten[283], der Kommission jeden Entwurf einer technischen Vorschrift zu übermitteln, es sei denn, es handelt sich lediglich um eine vollständige Übertragung einer internationalen oder europäischen Norm oder es greift eine der in Art. 7 festgelegten Ausnahmen von der Notifizierungspflicht.[284] Die Kommission unterrichtet die anderen Mitgliedstaaten unverzüglich von dem Entwurf und stellt den Wirtschaftsteilnehmern den Entwurf nebst Übersetzung auf deren Internetseite zur Einsicht bereit.[285] *ii)* Macht der Mitgliedstaat

---

[281]Wiesendahl, Technische Normung in der Europäischen Union. S. 46 f. und 53; Rönck, Technische Normen als Gestaltungsmittel des Europäischen Gemeinschaftsrechts, S. 71 f.; Joerges/Falke/Mickitz/Brüggemeier, Die Sicherheit von Konsumgütern und die Entwicklung der Europäischen Gemeinschaft, S. 252 ff., Schellberg, Technische Harmonisierung in der EG, S. 160 f.

[282]Lauwaars, The „Model Directive" on Technical Harmonization, S. 151 (152).

[283]Private Regelsetzer – selbst wenn deren Regelwerke im konkreten Fall dem Art. 34 AEUV unterfallen (→ Rn. 119–122) – werden aus der Informationsrichtlinie nicht verpflichtet (Germelmann, GewArch 2014, 335 (339 f.).

[284]Gemäß Art. 7 besteht eine Notifizierungspflicht insbesondere nicht für Rechts- und Verwaltungsvorschriften der Mitgliedstaaten, durch die die Mitgliedstaaten verbindlichen Rechtsakten der Union oder einem Urteil des Gerichtshofs nachkommen, Verpflichtungen aus einem internationalen Übereinkommen erfüllen oder Schutzklauseln in Anspruch nehmen.

[285]Die Notifizierungsmitteilung zusammen mit dem Entwurfstext werden in der TRIS-Datenbank zur Verfügung gestellt (http://ec.europa.eu/enterprise/tris/de/search).

keine dringenden Gründe geltend, die zum Schutz von in der Richtlinie aufgeführten Allgemeininteressen den sofortigen Erlass der technischen Vorschrift erfordern, beginnt mit der Übermittlung ein Zeitraum des *Status quo,* in dem die Kommission und die übrigen Mitgliedstaaten den notifizierten Text untersuchen und auf seine Vereinbarkeit mit dem Unionsrecht hin überprüfen können (Art. 6). Erfolgt keine Reaktion, beträgt dieser Zeitraum im Grundsatz drei Monate und kann der Mitgliedstaat nach deren Ablauf die technische Vorschrift erlassen. Sind die Kommission oder ein anderer Mitgliedstaat der Ansicht, dass der Maßnahmenentwurf, wenn er angenommen werden würde, Hindernisse für den freien Warenverkehr schaffen würde, können sie gegenüber dem Mitgliedstaat, der den Entwurf verfasst hat, eine ausführliche Stellungnahme abgeben. In diesem Fall gilt ein Zeitraum des *Status quo* von sechs Monaten bis zur endgültigen Annahme der technischen Vorschrift. Diese Stilhaltefrist verlängert sich auf zwölf Monate, wenn die Kommission innerhalb der drei-Monats-Frist dem Mitgliedstaat ihre Absicht mitteilt, eine unionale Vorschrift auf dem betreffenden Gebiet vorzuschlagen oder zu erlassen oder mitteilt, dass dem Rat ein entsprechender Vorschlag bereits vorgelegt wurde. *iii)* Die Stillhaltepflicht endet neben Zeitablauf ferner dann, wenn die Kommission mitteilt, dass sie auf ihre Absicht verzichtet, einen verbindlichen Rechtsakt vorzuschlagen oder zu erlassen, oder, wenn die Kommission den Mitgliedstaat von der Rücknahme ihres Entwurfs oder Vorschlags unterrichtet oder, sobald ein verbindlicher Rechtsakt auf unionaler Ebene erlassen worden ist.

3. Autonomie des Begriffs der technischen Vorschrift

94   Die Unterrichtungs- und Stillhaltepflicht bezieht sich auf technische Vorschriften. Nach der Rechtsprechung ergibt sich aus Art. 1 Abs. 1 lit. f) der Richtlinie (EU) 2015/1535, dass der Begriff der *„technischen Vorschrift"* – neben der Kategorie der Vorschriften für die Dienste der Informationsgesellschaft, die hier jedoch nicht behandelt werden sollen – drei Kategorien umfasst, nämlich erstens die *„technische Spezifikation"* im Sinne von Art. 1 Abs. 1 lit. c), zweitens die *„sonstige Vorschrift"* im Sinne von Art. 1 Abs. 1 lit. d) und drittens das Verbot von Herstellung, Einfuhr, Inverkehrbringen oder Verwendung eines Erzeugnisses im Sinne von Art. 1 Abs. 1 lit. f).[286] Art. 1 Abs. 1 lit. c), d) und f) der Richtlinie (EU) 2015/1535 enthält folgende Begriffsbestimmungen:

---

[286] Vgl. (zum wortgleichen Art. 1 Nr. 11 der Richtlinie 98/35/EG) EuGH, Urt. v. 21.4.2005, Lindberg, C-267/03, EU:C:2005:246, Rn. 54; Urt. v. 8.11.2007, Schwibbert, C-20/05, EU:C:2007:652, Rn. 34; Urt. v. 9.6.2011, Intercommunale Intermosane und Fédération de l'industrie und du gaz, C-361/10, EU:C:2011:382, Rn. 11; Urt. v. 19.7.2012, Fortuna u. a., C-213/11, EU:C:2012:495, Rn. 27 und Urt. v. 13.10.2016, M. und S., C-303/15, EU:C:2016:771, Rn. 18.

[…]

c) „Technische Spezifikation" eine Spezifikation, die in einem Schriftstück enthalten ist, das Merkmale für ein Erzeugnis vorschreibt, wie Qualitätsstufen, Gebrauchstauglichkeit, Sicherheit oder Abmessungen, einschließlich der Vorschriften über Verkaufsbezeichnung, Terminologie, Symbole, Prüfungen und Prüfverfahren, Verpackung, Kennzeichnung und Beschriftung des Erzeugnisses sowie über Konformitätsbewertungsverfahren.
Unter den Begriff „technische Spezifikation" fallen ferner die Herstellungsmethoden und -verfahren für […] Erzeugnisse, sofern sie die Merkmale dieser Erzeugnisse beeinflussen.

d) „Sonstige Vorschrift" eine Vorschrift für ein Erzeugnis, die keine technische Spezifikation ist und insbesondere zum Schutz der Verbraucher oder der Umwelt erlassen wird und den Lebenszyklus des Erzeugnisses nach dem Inverkehrbringen betrifft, wie Vorschriften für Gebrauch, Wiederverwertung, Wiederverwendung oder Beseitigung, sofern diese Vorschriften die Zusammensetzung oder die Art des Erzeugnisses oder seine Vermarktung wesentlich beeinflussen können.

[…]

f) „Technische Vorschrift" technische Spezifikationen oder sonstige Vorschriften […], einschließlich der einschlägigen Verwaltungsvorschriften, deren Beachtung rechtlich oder de facto für das Inverkehrbringen […] oder die Verwendung [des Erzeugnisses] in einem Mitgliedstaat oder in einem großen Teil dieses Staates verbindlich ist, sowie – vorbehaltlich der in Artikel 10 genannten Bestimmungen – die Rechts- und Verwaltungsvorschriften der Mitgliedstaaten, mit denen Herstellung, Einfuhr, Inverkehrbringen oder Verwendung eines Erzeugnisses oder Erbringung oder Nutzung eines Dienstes oder die Niederlassung als Erbringer von Diensten verboten werden.

Erstmals mit Urteil vom 30.4.1996 in der **Rechtssache *CIA Security International*** und seither in ständiger Rechtsprechung stellt der Gerichtshof zu den hier zu behandelnden Kategorien technischer Vorschriften fest, dass die Richtlinie den freien Wettbewerb, der zu den Grundlagen der Europäischen Union gehört, durch eine vorbeugende Kontrolle schützen soll, *„die insofern sinnvoll ist, als unter die Richtlinie fallende technische Vorschriften möglicherweise Behinderungen des Warenaustauschs zwischen Mitgliedstaaten darstellen, die nur zugelassen werden können, wenn sie notwendig sind, um zwingenden Erfordernissen zu genügen, die ein im allgemeinen Interesse liegendes Ziel verfolgen"*[287]. Der Gerichtshof schien diese Feststellung dann mit Urteil

95

---

[287]EuGH, Urt. v. 30.4.1996, CIA Security International/Signalson und Securitel, C-194/94, EU:C:1996:172, Rn. 40; Urt. v. 8.9.2005, Lidl Italia, C-303/04, EU:C:2005:528, Rn. 22; Urt. v. 15.4.2010, Sandström, C-433/05, EU:C:2010:184, Rn. 42 und Urt. v. 9.6.2011, Intercommunale Intermosane und Fédération de l'industrie et du gaz, C-361/10, EU:C:2011:382, Rn. 10.

vom 20.3.1997 in der **Rechtssache *Bic Benelux*** zu präzisieren, wenn er ausführte, dass *„die unter die Richtlinie fallenden technischen Vorschriften den inner*[unionalen] *Warenverkehr unmittelbar oder mittelbar, tatsächlich oder potentiell beeinträchtigen können".*[288] Wie Generalanwalt Fennelly in seinen Schlussanträgen vom gleichen Tag ausführt, war Anstoß für diese Formulierung ersichtlich der im Urteil *Dassonville* (→ Rn. 8) festgelegte Test für Maßnahmen mit gleicher Wirkung wie eine mengenmäßige Beschränkung.[289] In diesem Sinne führte wenig später auch Generalanwalt Léger in seinen Schlussanträgen von 17.12.1998 und auf der Grundlage einer Analyse vorgenannter Urteile *CIA Security International* und *Bic Benelux* aus, dass *„nur eine* [Vorschrift]*, die unmittelbar oder mittelbar, tatsächlich oder potentiell den inner*[unionalen] *Warenverkehr beeinträchtigen kann, als technische Vorschrift im Sinne der Richtlinie qualifiziert werden* [kann]*".*[290] Hinsichtlich der hier zu behandelnden drei Kategorien von technischen Vorschriften würde hiernach die in Art. 1 Nr. 11 vorfindliche Definition abstrakt Sachverhalte beschreiben, bei deren Vorliegen eine Maßnahme gleicher Wirkung wie mengenmäßige Beschränkungen gegeben wäre. Diesem Befund trat der Gerichtshof mit Urteil vom 21.4.2005 in der **Rechtssache *Lindberg*** klar entgegen.[291] Die Qualifizierung einer Vorschrift als technische Vorschrift setzt nicht voraus, dass sie dem Verbot des Art. 34 AEUV unterfällt. Der **Geltungsbereich der Richtlinie** 98/34/EG (heute (EU) 2015/1535), der sich im Wesentlichen auf den Begriff der technischen Vorschrift gründet, **ist autonom festzulegen** und hängt nicht in allen Fällen davon ab, dass die Voraussetzungen für die Anwendung der Vertragsbestimmungen über den freien Warenverkehr erfüllt sind. *„Dies ist damit zu erklären, dass die Richtlinie* [(EU) 2015/1535] *ein Verfahren der verbeugenden Kontrolle vorsieht, das es erlaubt, zu prüfen, ob eine nationale Norm, die eine technische Vorschrift enthält, unter die Vertragsbestimmungen über den freien Warenverkehr fällt, und, wenn dies der Fall ist, zu prüfen, ob eine solche Norm mit diesen Bestimmungen vereinbar ist. Die möglichen Auswirkungen der technischen Vorschrift auf den innergemeinschaftlichen Handelsverkehr stellen kein Kriterium dar, das die Richtlinie* [(EU) 2015/1535] *für die Festlegung ihres Geltungsbereichs verwendet."*[292]

---

[288]EuGH, Urt. v. 20.3.1997, Bic Benelux/Belgischer Staat, C-13/96, EU:C:1997:173, Rn. 19.
[289]Generalanwalt Fennelly, Schlussanträge v. 20.3.1997, Kommission/Italien, C-279/94, EU:C: 1997:161, Rn. 14.
[290]Generalanwalt, Léger, Schlussanträge v. 17. Dzember 1998, Albers, C-425/97, EU:C:1998:625, Rn. 19.
[291]EuGH, Urt. v. 21.4.2005, Lindberg, C-267/03, EU:C:2005:246.
[292]*Ebd.*, Rn. 50.

4. Wirkungen der Nichtnotifizierung

Verstöße gegen die Mitteilungs- und Stillhaltepflichten führen zur **Nichtanwendbarkeit** der betreffenden technischen Vorschriften.[293] Nichtanwendbar sind nur die rechtswidrig nicht notifizierten und angenommenen technischen Vorschriften aus einem Gesetz, nicht aber das ganze Gesetz.[294]

VI. Derogationsmöglichkeiten und -verfahren

1. Art. 114. Abs. 4, 5 und 6 AEUV

Auf begründeten Antrag eines Mitgliedstaats hin, gestattet die Kommission von der Harmonisierungsmaßnahme abweichende einzelstaatliche Bestimmungen beizubehalten oder einzuführen. Diese den Mitgliedstaaten eröffnete und heute in Art. 114 Abs. 4, 5 und 6 AEUV vorgesehene Möglichkeit, unter bestimmten Voraussetzungen für bestimmte Schutzgüter ein höheres als das in der unionalen Angleichungsmaßnahme erreichte Schutzniveau festzulegen, war der Preis für die Einführung des Mehrheitsprinzips (→ Rn. 54). Sie stellt mit anderen Worten ein Gegengewicht dazu dar, dass der Grundsatz der Einstimmigkeit für den Erlass von Maßnahmen, die für die Errichtung und das Funktionieren des Binnenmarkts erforderlich sind, aufgegeben wurde.[295]

Die Beibehaltung einzelstaatlicher Bestimmungen oder Einführung neuer nationaler Regelungen wird an mehrere kumulative und vom Gerichtshof gerichtlich nachprüfbare Voraussetzungen geknüpft, wie das Vorliegen wichtiger Erfordernisse im Sinne des Art. 36 AEUV, neuer wissenschaftlicher Erkenntnisse und spezifische Probleme des betreffenden Mitgliedstaats und hat der beantragende Mitgliedstaat nachzuweisen, dass die einzelstaatlichen Bestimmungen ein höheres Schutzniveau als die unionale Harmonisierungsmaßnahme gewährleisten und sie nicht über das zur Erreichung dieses Zieles erforderliche Maß hinausgehen.[296] Der Mitgliedstaat teilt der Kommission die einzelstaatliche Maßnahme, die er im nationalen Alleingang beizubehalten oder einzuführen gedenkt, in Form eines Antrags auf Genehmigung seiner Beibehaltung oder Einführung mit. Diese im Amtsblatt veröffentlichte Notifizierung gemäß Art. 114 Abs. 4,

---

[293]EuGH, Urt. v. 30.4.1996, CIA Security International/Signalson und Securitel, C-194/94, EU:C:1996:172, Rn. 55; Urt. v. 26.9.2000, Unilever, C-443/98, EU:C:2000:496, Rn. 49–52; Urt. v. 6.6.2002, Sapod Audic, C-159/00, EU:C:2002:343, Rn. 53; Urt. v. 8.11.2007, Schwibbert, C-20/05, EU:C:2007:652, Rn. 44 und Urt. v. 16.7.2015, UNIC und Uni.co.pel, C-95/14, EU:C:2015:492, Rn. 29; BGH, Urt. v. 28.9.2011, I ZR 189/08, juris, Rn. 33; Schleswig-Holsteinisches Verwaltungsgericht, Urt. v. 11.11.2008, 3 A 30/08, juris, Rn. 33.
[294]VG Berlin, Urt. v. 12.4.2013, 4 K 443.12, juris, Rn. 41.
[295]Generalanwalt Teasauro, Schlussanträge v. 26.1.1994, Frankreich/Kommission, C-41/93, EU:C:1994:23, Rn. 4.
[296]EuGH, Urt. v. 20.3.2003, Dänemark/Kommission, C-3/00, EU:C:2003:167, Rn. 63; Urt. v. 9.7.2015, Deutschland/Kommission, C-360/14 P, EU:C:2015:457, Rn. 33.

5 und 6 AEUV ist nicht zu verwechseln mit der bloßen Notifizierung technischer Vorschriften aufgrund der Richtlinie (EU) 2015/1535 über ein Informationsverfahren auf dem Gebiet der Normen und technischen Vorschriften. Die Annahme einer vom Unionsrecht abweichenden und nach der Richtlinie (EU) 2015/1535 notifizierten technischen Vorschrift ist mangels eines auf Art. 114 Abs. 4, 5 und 6 AEUV gestützten Antrags auch nach Ablauf der in Art. 6 der Richtlinie (EU) 2015/1535 genannten Stillhaltefristen nicht gestattet.[297] Die Notifizierung nach Art. 114 Abs. 4, 5 und 6 AEUV ist eine zwingende Verfahrensregelung, deren Verletzung schon für sich zur unionsrechtlichen Nichtanwendbarkeit einer innerstaatlichen Derogationsmaßnahme führt.[298] Die Kommission beschließt binnen sechs Monaten über den Antrag, nachdem sie geprüft hat, ob die einzelstaatliche Bestimmung ein Mittel zur willkürlichen Diskriminierung und eine verschleierte Beschränkung des Handels zwischen den Mitgliedstaaten darstellt und ob sie das Funktionieren des Binnenmarkts behindert. Erlässt die Kommission innerhalb dieses Zeitraums keinen Beschluss, so gilt die notifizierte Bestimmung als gebilligt.

Als Reaktion auf das Spannungsverhältnis zwischen Liberalisierung durch grenzüberschreitende Marktintegration und mitgliedstaatlichen Souveränitätsinteressen hat Art. 114 Abs. 4, 5 und 6 AUEV rechtspolitische Bedeutung. Im Recht des technischen Produkts spielt er in der Praxis aber keine Rolle.[299]

2. Schutzklauseln nach Art. 114 Abs. 10 AEUV

98 Im Recht des technischen Produkts enthalten die Harmonisierungsrechtsvorschriften nach der Neuen Konzeption die an die Mitgliedstaaten gerichtete Ermächtigung zum Erlass von Maßnahmen bei mit einem Risiko behafteten Produkten. Diese Ermächtigung wurde in den älteren Harmonisierungsrechtsvorschriften und wird teilweise noch heute unter der Überschrift *„Schutzklauselverfahren"* geführt (→ Rn. 166 f., 190, 759–761). Mit Ausnahme des Art. 129 Abs. 1 VO (EG) Nr. 1907/2006 ermächtigen die *„Schutzklauseln"* die Mitgliedstaaten jedoch nicht zum Erlass abweichenden, strengeren Rechts in Form von Rechtsakten mit Gesetz- oder Verordnungscharakter. Vorbehaltlich Art. 129 Abs. 1 VO (EG) Nr. 1907/2006 ermächtigen die unter dem Begriff *„Schutzklauselverfahren"* geführten und der Marktüberwachung zuzuordnenden Bestimmungen ausschließlich zu – auf die Verkehrseinheit und ggf. ein konkretes Produktmodell bezogene – Einzelmaßnahmen.[300]

---

[297] Vgl. Art. 5 Abs. 5 UAbs. 2 der Richtlinie (EU) 2015/1535; siehe zur Vorgängerregelung des Art. 8 Abs. 5 UAbs. 2 der Richtlinie 98/34/EG Europäische Kommission, Leitfaden zum Informationsverfahren auf dem Gebiet der Normen und technischen Vorschriften und der Vorschriften für die Dienste der Informationsgesellschaft, 2005, S. 46 f.
[298] EuGH, Urt. v. 1.6.1999, Kortas, C-319/97, EU:C:1999:272, Rn. 26 f.
[299] Vgl. auch Langner, Technische Vorschriften und Normen, Rn. 33: „Die abstrakte Definition der Schutzziele nach der neuen Konzeption lassen kaum Raum für eine weitergehende Schutzzielbestimmung bzw. erschweren deren Rechtfertigung."
[300] EuG, Urt. v. 15.7.2015, CSF/Kommission, T-337/13, EU:T:2015:502, Rn. 54.

VII. Vollzug der Rechtsangleichung und das Hin zur Rechtsvereinheitlichung

1. Handlungsformen

Ist der Unionsgesetzgeber rechtsangleichend tätig geworden, muss das so auf europäischer Ebene gesetzte Recht noch Eingang in die mitgliedstaatlichen Rechtsordnungen finden bzw. sind im Falle von Richtlinien die so verbindlich verabschiedeten Angleichungsmaßnahmen noch innerstaatlich umzusetzen. Erst dann wird die beschlossene Rechtsangleichung Wirklichkeit. Gemäß Art. 288 Abs. 1 AEUV nehmen die Organe für die Ausübung der Zuständigkeiten der Union Verordnungen, Richtlinien, Beschlüsse, Empfehlungen und Stellungnahmen an. Die Verordnung als das *„Europäische Gesetz"* (so zutreffend die Bezeichnung im gescheiterten Verfassungsvertrag (→ Rn. 1), Art. I-33 Abs. 1 UAbs. 2 EVV) hat allgemeine Geltung, ist in allen ihren Teilen verbindlich und gilt unmittelbar in jedem Mitgliedstaat. Die Richtlinie als das *„Europäische Rahmengesetz"* (Art. I-33 Abs. 1 UAbs. 3 EVV) verpflichtet die Mitgliedstaaten zum Erlass innerstaatlichen Rechts und gibt hierfür einen Rahmen vor. Der Beschluss ist an bestimmte Adressaten gerichtet und für diese verbindlich (früher *„Entscheidung"*). Empfehlungen und Stellungnahmen sind nicht verbindlich.

Ein über die mitgliedstaatlichen Grenzen hinweg geltendes einheitliches Recht wird geschaffen, wenn der Unionsgeber auf die **Handlungsform der Verordnung** zurückgreift. Dies ohne dass es *„irgendwelcher Maßnahmen zur Umwandlung in nationales Recht bedarf"*.[301] So gelten EU-Verordnungen allgemein und sind **in allen ihren Teilen verbindlich.** Sie haben Rechtsnormqualität. Die nationalen Behörden und Gerichte haben diese zu beachten und zu vollziehen. Ab dem Zeitpunkt des Inkrafttretens der Verordnung dürfen diese entgegenstehendes innerstaatliches Recht nicht mehr anwenden. Der nationale Gesetz- und Verordnungsgeber darf mithin keine Vorschriften mehr erlassen, die ihnen widersprechen und hat Rechtsvorschriften, die einer Verordnungsregelung zuwiderlaufen, aufzuheben. Es ist ihm sogar untersagt, inhaltlich gleichlautende Regelungen zu erlassen, da der Normadressat über den Unionsrechtscharakter der gleichlautenden nationalen Vorschrift im Unklaren gelassen wird. Von diesem Normwiederholungsverbot ausgenommen sind allerdings punktuelle Normwiederholungen im Rahmen eines zusammenhängenden Gesetzeswerks.[302]

Nach Art. 288 Abs. 3 AEUV sind die **Richtlinien** für jeden Mitgliedstaat, an den sie gerichtet sind, hinsichtlich der zu erreichenden Ziele verbindlich, überlassen jedoch den innerstaatlichen Stellen die Wahl der Form und der Mittel, mit denen die Ziele zu erreichen sind. Im Zusammenspiel mit Art. 288 Abs. 3 AEUV und Art. 4 Abs. 3 EUV

---

[301]EuGH, Urt. v. 31.1.1978, Zerbone, C-94/77, EU:C:1978:17, Rn. 22/27.
[302]Streinz, Europarecht, Rn. 470–476.

resultiert hieraus die Pflicht der Mitgliedstaaten das Normprogramm der Richtlinie in innerstaatliches Recht zu überführen. Es ist dies die an die Mitgliedstaaten gerichtete Anordnung den Inhalten der Richtlinie entsprechendes nationales Recht zu setzen. Die Rechtsetzung erfolgt demgemäß in zwei Stufen. Der Rechtssetzungsprozess beginnt mit dem Erlass der Richtlinie auf Unionsebene und endet mit deren Umsetzung auf innerstaatlicher Ebene. Der gute Sinn dieser Konstruktion erschließt sich mit Blick auf die spezifische Aufgabenstellung der Richtlinie als Instrument der Rechtsangleichung. Vornehmlich die im Recht des technischen Produkts interessierenden Rechtsangleichungsmaßnahmen für die Verwirklichung des Binnenmarktes ergehen regelmäßig in der Form der Richtlinie. Während es der Union obliegt, die zur Beseitigung von Handelshemmnissen und Wettbewerbsverzerrungen erforderliche Angleichung der Rechtsvorschriften der Mitgliedstaaten inhaltlich zu bestimmen und für die Mitgliedstaaten verbindlich zu verabschieden, obliegt es diesen, zu entscheiden, welche Maßnahmen für die Umsetzung der Richtlinie erforderlich sind und diese in das System des nationalen Rechts einzufügen und daran anzupassen. Die Handlungsform der Richtlinie als Instrument der Rechtsangleichung soll also eine **systemgerechte Einpassung des auf Unionsebene verabschiedeten Normprogramms in Struktur und Systematik des nationalen Rechts** ermöglichen. Eine solche Einpassung erlaubt die auf Rechtsvereinheitlichung angelegte Verordnung nicht. Gleichwohl sind in der Rechtssetzungspraxis der Union die Unterschiede zwischen Verordnung und Richtlinie oftmals keineswegs so groß, wie man annehmen sollte. Entgegen ihrer primärrechtlichen Funktionsbeschreibung als „*Europäisches Rahmengesetz*" beschränken sich Richtlinien schon seit längerer Zeit nicht mehr auf die Festlegung bloßer Zielvorgaben und enthalten weitgehend ein aus sich heraus vollzugsfähiges Regelungsprogramm.

Die **Detailgenauigkeit der Richtlinien** und die damit einhergehende Beschränkung der mitgliedstaatlichen Ausführungs- und Umsetzungsspielräume findet ihren Grund in der verzögerten und unzureichenden Umsetzung von Richtlinien, was zu Defiziten bei der Angleichung der Rechtsvorschriften der Mitgliedstaaten geführt hat. Dies veranlasst die Kommission einerseits immer vollständigere Normprogramme auszuarbeiten und zur Verabschiedung vorzuschlagen. Denn nach Ablauf der Umsetzungsfrist wirken diese unmittelbar in den Rechtsordnungen der Mitgliedstaaten (→ Rn. 103–110), so dass sich auf diesem Wege das Angleichungsziel ebenso erreichen lässt. Andererseits erschwert diese Detailliertheit den Mitgliedstaaten eine systemkonforme und damit nahtlose Einpassung des vorgegebenen Normprogramms in Struktur und Systematik des mitgliedstaatlichen Rechts, was wiederum zu Umsetzungsschwierigkeiten und Umsetzungsdefiziten führt. Es kommt damit zu einem kaum durchbrechbaren Teufelskreis.[303]

---

[303] Von Danwitz, Europäisches Verwaltungsrecht, S. 180–182.

2. Richtlinienumsetzung in der Praxis

Richtlinien enthalten Fristen, vor deren Ablauf die Mitgliedstaaten zur Umsetzung in nationales Recht verpflichtet sind. Gründe, die eine nicht rechtzeitige Umsetzung rechtfertigen könnten werden vom Gerichtshof regelmäßig nicht anerkannt. Erweist sich die Frist als zu kurz, so besteht für den betroffenen Mitgliedstaat nur die Möglichkeit, beim zuständigen Unionsorgan auf die notwendige Verlängerung der Frist durch Erlass einer Änderungsrichtlinie zu drängen.[304] Die Mitgliedstaaten haben alle erforderlichen Maßnahmen zu ergreifen, um die vollständige Wirksamkeit der Richtlinie entsprechend ihrer Zielsetzung zu gewährleisten. Bei der Beurteilung der Frage, ob die von den Mitgliedstaaten ergriffenen Maßnahmen diesen Anforderungen genügen, hat der Gerichtshof seit jeher eine stark formale Sichtweise gepflegt. Das Normprogramm muss hiernach mit hinreichender Klarheit und Genauigkeit in das innerstaatliche Recht überführt werden, damit der Einzelne gegebenenfalls hierdurch begründete Rechte erkennen und geltend machen kann. Praktisch bedeutet dies formal den Erlass einer zwingenden innerstaatlichen Rechtsvorschrift und inhaltlich die weitestgehend **wörtliche Übernahme des Rechtlinientextes.**

102

3. Unmittelbare Wirkung von Richtlinien

Als Instrument der Rechtsangleichung entspricht es der Funktionsbeschreibung der Richtlinie, dass diese im Grundsatz keine unmittelbare Geltung in den Mitgliedstaaten besitzt. Die verbindlich vorgesehene einheitliche Geltung des Normprogramms der jeweiligen Richtlinie in den Mitgliedstaaten wäre jedoch nur noch eine eventuelle, wenn die Mitgliedstaaten den Eintritt der in den Richtlinien beabsichtigten Rechtswirkungen einseitig verzögern oder verhindern könnten. Ist die **Richtlinienbestimmung unbedingt und hinreichend genau** in der Weise formuliert, dass den Mitgliedstaaten hinsichtlich der Bestimmung des Inhalts des umzusetzenden Rechts **kein Umsetzungsspielraum** zusteht und ist sie in diesem Sinne vollkommen, entfaltet sie unmittelbar Rechtswirkungen und begründet trotz fehlender Umsetzung im innerstaatlichen Recht Rechte und Pflichten. Diese **unmittelbare Wirkung** bildet die wichtigste Sanktionskategorie der Rechtsprechung des Gerichtshofs zur Abwendung der Folgen eines mitgliedstaatlichen Verstoßes gegen die Umsetzungspflicht. Diese vom Gerichtshof vorgenommene Rechtsfortbildung[305] wird heute von den nationalen Gerichten allgemein anerkannt.[306] Sie bildet einen wesentlichen Grundsatz des Unionsrechts. Rechtsfolge

103

---

[304] EuGH, Urt. v. 26.2.1976, Kommission/Italien, C-52/75, EU:C:1976:29, Rn. 11/13; Urt. v. 12.2.1987, Kommission/Belgien, C-306/84, EU:C:1987:79, Rn. 6 f.

[305] BVerfGE 75, 223 (235 ff.).

[306] Siehe zuletzt Urteil des französischen Conseil d'Etat vom 30. Okt. 2009, *Mme Perreux*, Rec. p. 407, mit dem auch der letzte nationale Widerstand gegen die Rechtsprecuhung des Gerichtshofs zur unmittelbaren Anwendbarkeit von Richtlinien endete.

dieses Rechtsprechungsinstruments ist, dass die mitgliedstaatlichen Gerichte und Verwaltungsstellen nach Ablauf der Umsetzungsfrist unmittelbare Wirkung entfaltende Richtlinienbestimmungen anzuwenden haben. Entgegenstehendes nationales Recht ist aufgrund des Anwendungsvorrangs des Unionsrechts (→ Rn. 4) außer Acht zu lassen.[307]

Der Ratio der unmittelbaren Wirkung von Richtlinien, wonach der Einzelne die ihm durch die Richtlinienbestimmungen gewährten Rechte gegenüber dem säumigen Staat in der gleichen Weise geltend machen können muss, wie sie ihm bei ordnungsgemäßer Richtlinienumsetzung zustünden, entnahm man, dass einer Richtlinienbestimmung nur dann unmittelbare Wirkung zukommen könne, wenn diese dem Einzelnen individuelle Rechte einräume. Dieser Sicht hat der Gerichtshof im **Urteil *„Großkrotzenburg"*** eine klare Absage erteilt.[308] Die Frage der Verpflichtung zur Anwendung von Richtlinienbestimmung von Amts wegen[309] *„hat mit der – in der Rechtsprechung des Gerichtshofs anerkannten – Möglichkeit für den einzelnen, sich gegenüber dem Staat unmittelbar auf unbedingte sowie hinreichend klare und genaue Vorschriften einer nicht umgesetzten Richtlinie zu berufen, nichts zu tun"*[310].

a. Unmittelbare Wirkung im Verhältnis Privatperson gegen Staat

104 Der Ablauf der Umsetzungsfrist und das Vorliegen einer unbedingten und klar formulierten Richtlinienbestimmung sind notwendige aber nicht hinreichende Bedingungen unmittelbarer Richtlinienwirkung. So kann eine solche Richtlinienbestimmung nicht in jedem Rechtsverhältnis innerstaatlich unmittelbar wirken. Unmissverständlich ist eine unmittelbare Wirkung im Verhältnis *Privatperson gegen Staat*. Der Einzelne kann sich gegenüber den staatlichen Stellen zu seinen Gunsten auf Richtlinienvorschriften berufen **(vertikale Wirkung)**.

105 Beispiel: Eine größere Stadt im Elsass erneuert ihr lokales Straßenbahnnetz. Teil des Vorhabens ist der Auftrag Nr. 4, bei dem es um die Lieferung einer größeren Menge von Produkten des Typs X geht. Die Bekanntmachung dieses Auftrags, der im Wege der öffentlichen Ausschreibung vergeben werden sollte, wurde im Amtsblatt der Europäischen Union vom 13.3.2013 veröffentlicht. Der Zuschlag war dem wirtschaftlich günstigsten Angebot zu erteilen. Die Klausel 4.29 der Verdingungsunterlagen für den Auftrag, die in die Ausschreibungsunterlagen aufgenommen wurde, verwies hinsichtlich der technischen Spezifikation auf das Dekret Nr. 2004-XX. Dieses Dekret setzte eine Richtlinie der neuen Konzeption zur Harmonisierung der Bedingungen für die Vermarktung von Produkten des Typs X um. An der Richtlinie wurden grundlegende Änderungen vorgenommen, diese aus Gründen der Klarheit im Dezember 2010 neu gefasst und das Schutzniveau aufgrund einer

---

[307]Hierzu etwa Streinz, Europarecht, Rn. 488 ff.; Von Danwitz, Europäisches Verwaltungsrecht, S. 186–188.

[308]EuGH, Urt. v. 11.8.1995, Kommission/Deutschland, C-431/92, EU:C:1995:260, Rn. 24 ff.

[309]EuGH, Urt. v. 14.12.1995, Peterbroeck, Van Campenhout & Cie/Belgischer Staat, C-312/93, EU:C:1995:437, Rn. 20.

[310]EuGH, Urt. v. 11.8.1995, Kommission/Deutschland, C-431/92, EU:C:1995:260, Rn. 26.

Neugestaltung der in Anhang I zur Richtlinie aufgeführten grundlegenden Sicherheitsanforderungen gegenüber der Vorgängerrichtlinie teilweise nicht unerheblich abgeschwächt. Die neue Richtlinie war bis zum 1.1.2010 umzusetzen. Das Dekret Nr. 2004-XX wurde den Neuerungen nicht angepasst.

Die deutsche A GmbH bewarb sich für diesen Auftrag. Das Angebot wurde in der Folge nicht berücksichtigt und einem Mitbieter der Zuschlag erteilt. In den Gründen für die Ablehnung wird ausgeführt, dass die A GmbH das wirtschaftlich günstigste Angebot abgegeben hätte, aber deren Produkt den Sicherheitsanforderungen des Dekrets Nr. 2004-XX nicht entspräche. Tatsächlich entsprach das Produkt diesen Anforderungen nicht, wohl aber denen der neu gefassten Richtlinie. Die A-GmbH wird sich gegenüber der Auftraggeberin auf die neu gefasste Richtlinie berufen können. Zwar bedürfen Richtlinien der Umsetzung und ist eine solche im Fallbeispiel nicht erfolgt. Gleichwohl können nach gefestigter Rechtsprechung des Gerichtshofs Richtlinien unmittelbare Wirkung entfalten. Die Voraussetzungen einer unmittelbaren Wirkung sind gegeben. So ist EU-Rechtsakten zur Angleichung nationaler produktbezogener Regelungen die an die Mitgliedstaaten gerichtete Anordnung immanent, den innerunionalen Handel mit den in ihren Anwendungsbereich fallenden und den dortigen Anforderungen genügenden Produkten wegen von der Rechtsvorschrift abgedeckter Risiken nicht zu beschränken (→ Rn. 60 f.). Mithin belassen die Richtlinien der Neuen Konzeption für die Harmonisierung der Bedingungen für die Vermarktung von Produkten den Mitgliedstaaten regelmäßig keinen Umsetzungsspielraum bei der Bestimmung der grundlegenden Sicherheitsanforderungen (→ Rn. 101, 114). Selbiges sei auch hinsichtlich hiesiger neu gefassten Richtlinie unterstellt. Die ablehnende Entscheidung verstößt in ihrer Begründung gegen Unionsrecht und findet auch sonst keine rechtliche Stütze. Denn eine Klausel wie die Klausel 4.29 der Verdingungsunterlagen stellt eine Beschränkung des freien Warenverkehrs dar[311] und hatte die A GmbH das wirtschaftlich günstigste Angebot abgegeben. Die A GmbH wird daher, je nachdem, ob eine Vertragsunterzeichnung bereits erfolgt ist, bei den französischen Verwaltungsgerichten Klage gegen die ablehnende Entscheidung verbunden mit einstweiligen Rechtsschutz oder Klage auf Aufhebung des zwischen der Stadt und dem Begünstigten abgeschlossenen Vertrages einreichen.[312]

b. Unmittelbare Wirkung im Verhältnis Staat gegen Privatperson
Innerhalb der übrigen Rechtsverhältnisse lehnt der Gerichtshof eine unmittelbare Wirkung im Grundsatz ab. Im Verhältnis *Staat gegen Privatperson* stellt er darauf ab, dass sich die Richtlinie an die Mitgliedstaaten adressiert und Verbindlichkeit nur diesen gegenüber entfaltet. Daraus folgt, dass eine Richtlinie nicht selbst Verpflichtungen für den Einzelnen begründen kann, mit der Folge, dass es den innerstaatlichen Stellen nicht möglich ist, sich zu Lasten eines Einzelnen auf eine Richtlinienbestimmung zu berufen, deren erforderliche Umsetzung in innerstaatliches Recht noch nicht erfolgt ist *(keine sog. umgekehrte vertikale unmittelbare Wirkung von Richtlinien).* Dies schließt aber eine unmittelbare Richtlinienwirkung zuungunsten einer Privatperson nicht gänzlich aus. So kann eine Richtlinie den staatlichen Stellen Pflichten auferlegen, deren Erfüllung

---
[311]Vgl. Urt. v. 22.9.1988, Kommission/Irland, C-45/87, EU:C:1988:435, Rn. 18 ff.
[312]Siehe zu Letzterem französischer Conseil d'Etat v. 16.7.2007, Société Tropic Travaux Signalisation, rec. p. 360.

negative Auswirkungen auf Rechte von Privatpersonen hat. Denn in diesen Fällen ist der Eingriff in diese Rechte bloßer **Rechtsreflex unmittelbarer Richtlinienwirkung** und ordnet die Richtlinie selbst den Eingriff nicht an.[313]

107 **Beispiel:** Im Fallbeispiel (→ Rn. 105) der öffentlichen Ausschreibung des Auftrags Nr. 4 hat das nationale Gericht die neu gefasste Richtlinie heranzuziehen, was sich positiv für die A-GmbH, aber negativ für den Begünstigten auswirkt. So riskiert der Begünstigte aufgrund dieser unmittelbaren Wirkung die Aufhebung der Entscheidung über den Zuschlag oder des bereits abgeschlossenen Vertrags. Hierin liegt keine umgekehrte vertikale Wirkung der neu gefassten Richtlinie, weil nämlich nicht diese selbst, sondern die bereits vor Erlass der Richtlinie bestehende nationale Regel, welche die Aufhebung rechtswidriger Verwaltungsentscheidungen oder Verwaltungsverträge anordnet, die Grundlage des Eingriffs in die Rechtsposition des Begünstigten bildet.

c. Unmittelbare Wirkung im Verhältnis Privatperson gegen Privatperson

108 Im Verhältnis *Privatperson gegen Privatperson* lehnt der Gerichtshof in gefestigter Rechtsprechung eine sog. horizontale unmittelbare Wirkung von Richtlinien ebenfalls mit der Erwägung ab, dass sich die Richtlinie an die Mitgliedstaaten richtet und nur für diese verbindlich ist. Bereits auf Grund dieser Adressierung kann die Richtlinie selbst Verpflichtungen für den Einzelnen nicht begründen. Auch würde andernfalls der Unterschied zwischen Richtlinie und Verordnung vollständig verwischt. Die Rechtsprechung zur unmittelbaren Richtlinienwirkung auf das Verhältnis zwischen Privatpersonen auszudehnen hieße geradezu, wie der Gerichtshof im **Fall *Faccini Dori*** ausführt, „*der [Union] die Befugnis zuzuerkennen, mit unmittelbarer Wirkung zu Lasten der Bürger Verpflichtungen anzuordnen, obwohl sie dies nur dort darf, wo ihr die Befugnis zum Erla[ss] von Verordnungen zugewiesen ist*"[314]. Keinen Verstoß gegen das Verbot der horizontalen Wirkung stellt es hingegen dar, wenn eine Richtlinienvorschrift zur Lösung von Streitigkeiten zwischen Privaten herangezogen wird, ohne selbst Rechtsgrundlage der Entscheidung im innerstaatlichen Gerichtsverfahren zu sein. Wie beim Verbot umgekehrter vertikaler Wirkung, wo die Richtlinie nicht Grundlage eines Eingriffs in die Rechte der Privatperson sein kann, kann auch hier die Richtlinie nicht Grundlage eines Anspruchs gegen die Privatperson sein. Im Übrigen aber wirken unbedingte und hinreichend genaue Richtlinien im innerstaatlichen Recht unmittelbar und sind bei der Beurteilung der Frage heranzuziehen, ob der auf einer nationalen Rechtsvorschrift geltend gemachte Anspruch besteht.[315]

109 **Beispielhaft** zur unmittelbaren Wirkung im Verhältnis Privatperson gegen Privatperson die **Rechtssache *CIA Security International SA***[316]. Die CIA Security International SA, eine Gesellschaft belgischen Rechts, beantragte am 21.1.1994 beim Tribunal de commerce de

---

[313] Streinz, Europarecht, Rn. 492.
[314] EuGH, Urt. v. 14.7.1994, Faccini Dori/Recreb, C-91/92, EU:C:1994:292, Rn. 24.
[315] Streinz, Europarecht, Rn. 493–496.
[316] EuGH, Urt. v. 30.4.1996, CIA Security International/Signalson und Securitel, C-194/94, EU:C:1996:172.

Lüttich, zwei ihrer Konkurrenten zu verurteilen, ihr im Januar 1994 gezeigtes unlauteres Verhalten zu unterlassen. Sie stützte den geltend gemachten Unterlassungsanspruch auf Art. 93 und 95 des belgischen Gesetzes über Handelspraktiken, die Handlungen verbieten, die gegen die redlichen Handelsbräuche verstoßen. CIA Security warf ihren Konkurrenten vor, sie insbesondere durch die Behauptung verleumdet zu haben, dass ein von ihr vermarktetes System zum Schutz von Einbrüchen – System Andromeda – nicht den Anforderungen der belgischen Rechtsvorschriften an solche Sicherungssysteme erfülle. Tatsächlich verstieß die CIA Security gegen die Königliche Verordnung vom 14.5.1991, wonach Hersteller, Importeure, Großhändler oder sonstige natürliche oder juristische Personen Sicherungssysteme wie das System Andromeda in Belgien nicht vermarkten oder in anderer Weise Benutzern zur Verfügung stellen durften, wenn dieses nicht zuvor von einem zu diesem Zweck eingesetzten Ausschuss – sog. Materialausschuss – zugelassen wurde. Diese Verordnung wurde aber der Kommission nicht gemäß dem in der Richtlinie 83/189/EWG [heute (EU) 2015/1535] vorgesehenen Informationsverfahren bei technischen Vorschriften mitgeteilt und führt ein Verstoß gegen die Mitteilungspflicht, der innerstaatlich einen Verfahrensfehler beim Erlass der betreffenden technischen Vorschrift darstellt, zur Unanwendbarkeit dieser technischen Vorschrift, sodass sie Einzelnen nicht entgegengehalten werden kann (→ Rn. 96). Gleichwohl war die Richtlinie 83/189/EWG nicht in belgisches Recht umgesetzt und die Unanwendbarkeit nicht notifizierter technischer Vorschriften innerstaatlich nicht angeordnet. Da die Richtlinie aber als inhaltlich unbedingt und hinreichend genau erschien, hatte das nationale Gericht sie zur Beurteilung des Falles heranzuziehen. Dem stand nicht entgegen, dass es sich bei der zu beurteilenden wettbewerbsrechtlichen Streitigkeit um eine Streitigkeit zwischen Privaten handelte. Denn nicht die Richtlinie 83/189/EWG, sondern Art. 93 und 95 des belgischen Gesetzes über unlautere Handelspraktiken waren Grundlage des von der CIA Security geltend gemachten Unterlassungsanspruchs. Das Verbot der Horizontalwirkung stand damit der Heranziehung der Richtlinie durch das nationale Gericht nicht entgegen und konnten sich die Konkurrenten der CIA Security nicht auf den Verstoß gegen die Verordnung vom 14.5.1991 berufen.

d. Zusammenfassung

Festzuhalten ist damit, dass eine Richtlinienbestimmung nicht Rechtsgrundlage eines Eingriffs im Verhältnis Staat gegen Privatperson oder eines Anspruchs im Verhältnis Privatperson gegen Privatperson sein kann. Im Übrigen aber wirkt die einzelne Richtlinienbestimmung innerstaatlich auch zulasten der Privatperson unmittelbar, wenn sie unbedingt, hinreichend klar formuliert und die Umsetzungsfrist abgelaufen ist. 110

4. Richtlinienkonforme Auslegung und Rechtsfortbildung

Von wesentlicher Bedeutung im Recht des technischen Produkts ist weiterhin die **Pflicht** mitgliedstaatlicher Gerichte und sonstiger staatlicher Stellen **zur richtlinienkonformen Auslegung.** Diese Stellen müssen, soweit sie bei der Anwendung des nationalen Rechts dieses Recht auszulegen haben, ihre Auslegung soweit wie möglich am Wortlaut und Zweck der Richtlinie ausrichten, um das mit der Richtlinie verfolgte Ziel zu erreichen und auf diese Weise der Umsetzungsverpflichtung nach Art. 288 111

Abs. 3 AEUV nachzukommen.³¹⁷ Zeitlich entsteht die Pflicht zu richtlinienkonformer Auslegung mit Ablauf der Umsetzungsfrist.³¹⁸ Gegenständlich bezieht sie sich auf das gesamte nationale Recht und beschränkt sich insbesondere nicht auf Vorschriften, die gerade zur Umsetzung der Richtlinie erlassen worden sind. Die Pflicht zur richtlinienkonformen Auslegung gilt in jedem Rechtsverhältnis, insbesondere auch in horizontalen Rechtsverhältnissen.³¹⁹

112   Soweit nationale Gerichte zur **Rechtsfortbildung** berechtigt sind, haben sie das nationale Recht auch richtlinienkonform fortzubilden, wenn andernfalls die von der Richtlinie verfolgten Ziele nicht zu erreichen sind.³²⁰ Auslegen heißt den Inhalt des zur Lösung des zu beurteilenden Lebenssachverhalts heranzuziehenden Rechtssatzes zu bestimmen. Es geht darum, den für unbestimmt viele Fälle geltenden abstrakten Rechtssatz bezogen auf den konkreten Lebensvorgang und auf gleicher Sprachebene wie den erfassten Lebenssachverhalt (neu) zu formulieren. Die heute überwiegend anerkannte, wenn auch teilweise bestrittene Abgrenzung zwischen Auslegung und ergänzender Rechtsfortbildung unterscheidet nach dem noch möglichen sprachlichen Sinn des Rechtssatzes. Bewegt sich das Ergebnis der Arbeit am Text im Rahmen des möglichen Textsinns liegt Auslegung vor. Wird dieser mögliche Textsinn überschritten kann nur noch ergänzende Rechtsfortbildung vorliegen. Rechtstheoretisch handelt es sich bei solcher Rechtsfortbildung um die Schließung von Regelungslücken im nationalen Recht durch richterliche Normsetzung. Die richterliche Kompetenz zur Rechtfortbildung und damit zur Lückenausfüllung folgt in Deutschland aus Kompetenznormen der Gerichtsverfassung und der Verfahrensgesetze. Die Frage aber, wie die Gerichte Lücken auszufüllen haben ist positivrechtlich nicht geregelt. Hierzu hat die Praxis allgemein anerkannte und als legitim befundene Instrumente der Lückenfüllung herausgearbeitet. Ergänzende Rechtsfortbildung ist mithin keine willkürliche, sondern methodisch gelenkte Schließung von Regelungslücken; eine auf die Verwirklichung der Ziele der Richtlinie ausgerichtete Rechtsfortbildung *„um jeden Preis"* findet mithin nicht statt.³²¹

---

³¹⁷EuGH, Urt. v. 10.4.1984, Von Colson und Kamann/Land Nordrhein-Westfalen, C-14/83, EU:C:1984:153, Rn. 26; Urt. v. 13.11.1990, Marleasing/Comercial Internacional de Alimentación, C-106/89, EU:C:1990:395, Rn. 8; Urt. v. 14.7.1994, Faccini Dori/Recreb, C-91/92, EU:C:1994:292, Rn. 26; Urt. v. 23.2.1999, BMW, C-63/97, EU:C:1999:82, Rn. 22; Urt. v. 5.10.2004, Pfeiffer u. a., C-397/01, EU:C:2004:584, Rn. 113; Urt. v. 4.7.2006, Adeneler u. a., C-212/04, EU:C:2006:443, Rn. 108; Urt. v. 18.12.2014, Schoenimport „Italmoda" Mariano Previti, C-131/13, EU:C:2014:2455, Rn. 52.

³¹⁸EuGH, Urt. v. 4.7.2006, Adeneler u. a., C-212/04, EU:C:2006:443, Rn. 115.

³¹⁹Urt. v. 14.7.1994, Faccini Dori/Recreb, C-91/92, EU:C:1994:292, Rn. 25 f.

³²⁰EuGH, Urt. v. 5.10.2004, Pfeiffer u. a., C-397/01, EU:C:2004:584, Rn. 116. Zur richtlinienkonformen Rechtsfortbildung, siehe Herrmann, Richtlinienumsetzung durch die Rechtsprechung, S. 128 ff.; Rüthers/Fischer/Birk, Rechtstheorie, Rn. 912a ff.

³²¹Rüthers/Fischer/Birk, Rechtstheorie, Rn. 878 ff.

Beispielhaft zu einem solchen Arbeiten am Normzweck ein Beschluss des Bayerischen Verwaltungsgerichtshofs vom 2.4.2009.[322] Die Klägerin war Herstellerin batteriebetriebener Luxusuhren. Sie begehrte klagweise die Aufhebung ihrer bei der Beklagten, nämlich der Stiftung Elektro-Altgeräte Register, bestehenden Registrierung nach dem ElektroG und die Entbindung von den sich aus diesem Gesetz ergebenden Verpflichtungen. Dieses Gesetz konkretisiert für Elektro- und Elektronikgeräte die Produktverantwortung nach § 23 KrWG. Hiernach sind Erzeugnisse möglichst so zu gestalten, dass bei ihrer Herstellung und ihrem Gebrauch das Entstehen von Abfällen vermindert wird und sichergestellt ist, dass die nach ihrem Gebrauch entstandenen Abfälle umweltverträglich verwertet oder beseitigt werden. Die Klägerin stellte darauf ab, dass sie hochwertigste Uhren herstelle, die nicht in den Abfallkreislauf gelangten, sodass sie diese Produktverantwortung nicht träfe. Nach § 6 Abs. 2 ElektroG ist jeder Hersteller von Elektro- oder Elektronikgeräten verpflichtet, sich bei der Stiftung Elektro-Altgeräte registrieren zu lassen (→ 668 ff.). Elektro- und Elektronikgeräte im Sinne des Gesetzes sind nach § 3 Abs. 1 Nr. 1 ElektroG alle Geräte, die zu ihrem ordnungsgemäßen Betrieb elektrische Ströme oder elektromagnetische Felder benötigen (→ Rn. 669). Die von der Klägerin produzierten Uhren benötigten zu ihrem Betrieb elektrischen Strom und waren damit bei am Wortlaut der Vorschrift orientierter Auslegung Elektrogeräte im Sinne des Gesetzes. Die Klägerin aber argumentierte, der Zweck des ElektroG gebiete es den Textsinn der Vorschrift einzuschränken. Die buchstabengetreue Anwendung eines Rechtssatzes nach dem Wortlaut kann fürwahr vereinzelt dazu führen, dass der vom Gesetz verfolgte Zweck nicht erreicht wird. Der Textsinn ist dann nach dem Normzweck einzuschränken, weil der Gesetzgeber bei der Formulierung des Textes eine nach dem Zweck erforderliche „*Ausnahme*" übersehen hat. Die im Text fehlende „*Ausnahme*" wird dann im Wege einer richterlich vorgenommenen Reduktion erwirkt und erfolgt „*entgegen dem an sich eindeutigen Wortlaut*"[323],[324]. Das Gericht hatte im vorliegenden Fall diesen Normzweck zu erforschen. Hierbei stellte es wiederholt und entscheidend auf die Richtlinie 2002/96/EG über Elektro- und Elektronik-Altgeräte (sog. WEEE-Richtlinie) ab, welche das ElektroG umsetzte. Der Grundsatz der Prävention erfordere nach dem eindeutigen Wortlaut der RL 2002/96/EG (unter Verweis auf Art. 2 und 3 der Richtlinie 2002/96/EG sowie Erwägungsgründe 1 und 10), sämtliche Elektro- und Elektronikgeräte zu erfassen, die irgendwann einmal als Abfall anfallen könnten. Die Registrierung aller Hersteller sei Folge der mit der Richtlinie eingeführten Herstellerverantwortung (unter Verweis auf Erwägungsgrund 12 der Richtlinie 2002/96/EG). Das Gericht prüfte also, ob hier die Reichweite des nationalen Gesetzes zum Zwecke der Erreichung der von der Richtlinie verfolgten Ziele einzuschränken, d. h. richtlinienkonform fortzubilden war. Sie verneinte dies. Bezogen auf den dem Gericht vorgelegten Lebenssachverhalt war § 3 Abs. 1 Nr. 1 ElektroG dahin auszulegen, dass alle Geräte, die zu ihrem ordnungsgemäßen Betrieb elektrische Ströme oder elektromagnetische Felder benötigen – gleich, ob sie irgendwann einmal Abfall werden oder nicht –, Elektrogeräte sind. Die Klage war folglich abzuweisen.

5. Unmittelbare Wirkung der Harmonisierungsrechtsvorschriften

Ergehen Harmonisierungsrechtsvorschriften in Form der EU-Verordnung ergibt sich deren unmittelbare Anwendbarkeit aus der Handlungsform selbst. Es kommt zu einer

---

[322]Bayerischer Verwaltungsgerichtshof, Beschl. v. 2.4.2009, 20 ZB 08.3013, juris.
[323]BGH, Beschl. v. 10.12.1951, GSZ 3/51, BGHZ 4, 153-167, Rn. 6.
[324]Hierzu Rüthers/Fischer/Birk, Rechtstheorie, Rn. 902 f.

Rechtsvereinheitlichung (→ Rn. 100). Anderes gilt für die EU-Richtlinie. Sie bedarf der Umsetzung durch die Mitgliedstaaten (→ Rn. 101). Es kommt erst mit dem nationalen Umsetzungsakt zu der auf Unionsebene beschlossenen Rechtsangleichung. Wie indes die vorangegangenen Ausführungen zeigen (→ Rn. 103 ff.), ist bezogen auf deren Wirkungen die Trennlinie zwischen EU-Verordnung und EU-Richtlinie nicht immer scharf. Sie wird für den Rechtsanwender und je nach Fallkonstellation gar inexistent, wenn die Voraussetzungen der unmittelbaren Anwendbarkeit einer Richtlinie vorliegen. Dies wiederum ist bei den im Recht des technischen Produkts überragend wichtigen Harmonisierungsrichtlinien grundsätzlich der Fall. Wird eine Harmonisierungsrichtlinie nicht rechtzeitig oder nur unvollkommen in nationales Recht umgesetzt und enthält die Richtlinie im Vergleich zum innerstaatlichen Recht weniger strenge Marktzugangsvoraussetzungen und allgemein für den Wirtschaftsakteur günstigere Regelungen kann sich dieser hierauf regelmäßig berufen. So etwa hinsichtlich der den verschiedenen Harmonisierungsrichtlinien immanenten und an die Mitgliedstaaten gerichtete Anordnung, den innergemeinschaftlichen Handel mit den in ihren Anwendungsbereich fallenden Produkten wegen von der Richtlinie abgedeckter Risiken nicht zu untersagen, zu beschränken oder zu behindern, wenn die Produkte den dortigen Anforderungen an das technische Design entsprechen (→ Rn. 60). Diese **Produktfreizügigkeitsanordnung** verleiht den einzelnen Marktteilnehmern Rechte, die sie gegenüber den Mitgliedstaaten einfordern können.[325] So legen die Harmonisierungsrechtsvorschriften die Anforderungen an ein Produkt abschließend fest. Die Mitgliedstaaten haben bei der Umsetzung insofern keinen Spielraum für zusätzliche eigene Anforderungen.[326]

---

[325] EuGH, Urt. v. 17.4.2007, A.G.M.-COS.MET Srl, C-470/03, EU:C:2007:213, Rn. 79–82.
[326] Siehe auch Europäische Kommission, Vorschlag für eine Verordnung des Europäischen Parlaments und des Rates über Gasverbrauchseinrichtungen vom 12.5.2014, COM(2014) 258 final, Begründung, S. 11: *„Der vorgeschlagene Rechtsakt ist eine Verordnung. Die vorgeschlagene Wahl einer Verordnung statt einer Richtlinie berücksichtigt das allgemeine Ziel der Kommission, das ordnungspolitische Umfeld zu vereinfachen und die Notwendigkeit, eine EU-weit einheitliche Durchführung der vorgeschlagenen Rechtsvorschrift sicherzustellen. Die vorgeschlagene Verordnung stützt sich auf Artikel 114 des Vertrags und zielt darauf ab, das reibungslose Funktionieren des Binnenmarktes für Gasverbrauchseinrichtungen zu gewährleisten. Sie schreibt klare und ausführliche Regeln vor, die in einheitlicher Weise in der gesamten Union gleichzeitig anwendbar werden. Nach den Grundsätzen der vollständigen Harmonisierung ist es den Mitgliedstaaten nicht gestattet, in ihren nationalen Rechtsvorschriften für das Inverkehrbringen von Gasverbrauchseinrichtungen strengere oder zusätzliche Anforderungen vorzuschreiben. Insbesondere müssen die verbindlichen wesentlichen Anforderungen und die von den Herstellern einzuhaltenden Konformitätsbewertungsverfahren in allen Mitgliedstaaten identisch sein. Dasselbe gilt für die Bestimmungen, die infolge der Angleichung an den NLF-Beschluss eingeführt wurden. Diese Bestimmungen sind klar und ausreichend genau, damit sie von den betroffenen Akteuren unmittelbar angewendet werden können. Die vorgesehenen Verpflichtungen der Mitgliedstaaten, etwa die Verpflichtung zur Bewertung, Benennung und Notifizierung der Konformitätsbewertungsstellen,*

Die Festlegungen sind auch ganz regelmäßig derart präzise abgefasst, dass sie durchsetzbare Verpflichtungen formulieren. Eine Bewertung des Produkts mit den in den Richtlinien aufgestellten wesentlichen Anforderungen ist selbst dann möglich, wenn keine harmonisierten Normen vorliegen oder der Hersteller beschließt, diese nicht anzuwenden. Jedenfalls haben seit der Erschließung des Rates vom 28.5.1985 über eine Neue Konzeption die Harmonisierungsrechtsvorschriften einen solchen Detaillierungsgrad aufzuweisen.[327] Soweit ersichtlich kommen sie alle dem in der Entschließung vom 28.5.1985 bzw. im Beschluss Nr. 768/2008/EG geforderten Maß an Detailliertheit auch nach.[328] **Ein Produkt, das den Richtlinienanforderungen entspricht ist demgemäß auch ohne nationale Umsetzung frei verkehrsfähig.** Umgekehrt ist allerdings die Aufsichtsbehörde nicht berechtigt, über das nationale Recht hinausgehende Forderungen einer nicht umgesetzten Richtlinie mit hoheitlichen Mitteln zulasten des Einzelnen durchzusetzen.[329] Ebenfalls erfüllen die in den Harmonisierungsrichtlinien festgelegten und den Musterbestimmungen nach Anhang I des Beschlusses Nr. 768/2008/EG entsprechenden nicht-produktbezogenen Verpflichtungen der Wirtschaftsakteure in puncto Klarheit und Unbedingtheit die Voraussetzungen unmittelbarer Richtlinienwirkung. So werden die an den Musterbestimmungen ausgerichteten Harmonisierungsrichtlinien praktisch durchgängig 1:1 in deutsches Recht umgesetzt. Es finden sich die Musterbestimmungen im nationalen Recht wörtlich wieder. Zu größeren oder bedeutsamen Präzisierungen kommt es hierbei nicht. Demgemäß gehen augenscheinlich auch der Unions- sowie der deutsche Gesetz- und Verordnungsgeber davon aus, dass die Art. R2 bis R7 der Musterbestimmungen des Anhangs I des Beschlusses Nr. 768/2008/EG so hinreichend genau formuliert sind, dass diese aus sich heraus vollziehbar sind und dem nationalen Gesetzgeber keine größeren Umsetzungsspielräume belassen. Die Art. R2 bis R7 der Musterbestimmungen legen dem Einzelnen allerdings Verpflichtungen auf und findet eine umgekehrte vertikale unmittelbare Wirkung von Richtlinien nicht statt.

---

werden in jedem Fall nicht, wie sie sind, in nationales Recht übernommen, sondern von den Mitgliedstaaten über die erforderlichen rechtlichen und administrativen Regelungen umgesetzt. Daran ändert sich nichts, wenn die betreffenden Verpflichtungen in einer Verordnung niedergelegt sind. ***Die Mitgliedstaaten haben daher praktisch keine Flexibilität bei der Umsetzung einer Richtlinie in nationales Recht.*** *Durch die Wahl einer Verordnung können sie jedoch die mit der Umsetzung einer Richtlinie verbundenen Kosten einsparen* (Hervorhebung diesseits)."

[327] Entschließung des Rates vom 7.5.1985 über eine neue Konzeption auf dem Gebiet der technischen Harmonisierung und der Normung, ABl. 1985 C 136, 1, dort im Anhang II, B. Ziff. III.1; siehe auch Erwägungsgrund Nr. 11 des Beschlusses Nr. 768/2008/EG.

[328] Langner/ Klindt, Technische Vorschriften und Normen, Rn. 49; Europäische Kommission, Leitfaden für die Umsetzung der Produktvorschriften der EU 2016, ABl. 2016 C 272, 39 f.; Wiesendahl, Technische Normung in der Europäischen Union, S. 221; Von Danwitz, Europarechtliche Beurteilung der Umweltnormung: Kompetenzen – Legitimation – Binnenmarkt, S. 195 f.

[329] EuGH, Urt. v. 8.10.1987, Kolpinghuis Nijmegen, C-80/86, EU:C:1987:431, Rn. 6 ff.; BVerwG, Urt. v. 12.6.1992, 7 C 31/90, juris; Jarass, NJW 1990, 2420 (2421).

Demgemäß werden sie nur in absoluten Ausnahmefällen unmittelbar wirken können. Bedeutung erlangen sie mit Inkrafttreten der jeweiligen Richtlinie vielmehr über die Pflicht der mitgliedstaatlichen Gerichte und der sonstigen staatlichen Stellen zur richtlinienkonformen Auslegung (→ Rn. 111–113).

§ 3 – Harmonisierung nationaler technischer Regeln

115   Rechtssätze enthalten inhaltlich die Festlegung eines zwingend geschuldeten Verhaltens. Technische Regeln hingegen sind nicht solchermaßen zwingend. Ihre Befolgung ist freiwillig und ihr Inhalt lediglich beschreibender Art im Sinne eines Verhaltensgebotes zur Erreichung eines angestrebten Zieles. Insofern kann der Inhalt einer technischen Regel zunächst beschrieben werden, als *„die einmalige Lösung einer sich wiederholenden Aufgabe"*[330], nämlich eine Festlegung technischer Art für die Herstellung oder Errichtung, die Beschaffenheit oder Bezeichnung sowie die Anwendung oder Verwendung von Gegenständen, wobei unter Gegenständen sowohl körperliche Sachen als auch ein Verhalten oder Verfahren zu verstehen sind[331] (zur technischen Regel → Rn. 210 ff.). Technische Regeln können hierbei und unter Zugrundelegung eines dem Wettbewerbsrecht entlehnten weiten Begriffsverständnisses unterschiedlichste Formen annehmen, von der einvernehmlichen nationalen Festlegung von Normen durch anerkannte nationale, regionale oder internationale Normungsorganisationen, über Konsortien oder Foren bis hin zu Vereinbarungen zwischen einzelnen Unternehmen.[332]

I. Beseitigung technischer Handelshemmnisse

116   Nicht nur rechtliche Vorgaben der Mitgliedstaaten können zu Marktsegmentierungen führen. Ebenso können **technische Regelwerke** privater oder behördlicher Regelsetzer aufgrund einer Verknüpfung mit nationalen Rechtsvorschriften oder aufgrund faktischer Marktakzeptanz **handelshemmend** wirken. Zwar **kommt** diesen **privaten und behördlichen technischen Regeln** *eo ipso* **keine Rechtsverbindlichkeit zu.** Rein tatsächlich präferiert der Verbraucher jedoch norm- bzw. regelkonforme Produkte. Produktqualität, Vereinbarkeit und Vergleichbarkeit mit anderen Produkten werden mit einem normbzw. regelkonformen Produkt in Verbindung gebracht. Ferner nimmt der Verbraucher

---

[330] Kienzle, Vom Wesen der Normen, S. 59.
[331] Wiesendahl, Technische Normung in der Europäischen Union, S. 17.
[332] Vgl. Europäische Kommission, Leitlinien zur Anwendbarkeit von Artikel 101 des Vertrags über die Arbeitsweise der Europäischen Union auf Vereinbarungen über horizontale Zusammenarbeit Text von Bedeutung für den EWR, ABl. 2011 C 11, 1, Rn. 257 (Fn. 1).

an, ein den inländisch anerkannten technischen Regeln entsprechendes Produkt sei qualitativ hochwertiger als das nach den anerkannten technischen Regeln des Herkunftslandes entworfene und hergestellte Importprodukt. Hersteller, die für ihre Produkte europäische Auslandsmärkte erschließen wollen, sehen sich daher aus Wettbewerbsgründen gezwungen, die herrschenden technischen Regeln des Bestimmungslandes bei der Produktgestaltung zu beachten.[333] War die sich aus der Vereinbarung vom 28.5.1969 ergebende Stillhalte- und Unterrichtungspflicht gegenständlich noch auf Rechts- und Verwaltungsvorschriften begrenzt, wurden erstmals mit der Richtlinie 83/189/EWG des Rates vom 28.3.1983 über ein Informationsverfahren auf dem Gebiet der Normen und technischen Vorschriften (→ Rn. 91 f.) derartige Pflichten für technische Regeln eingeführt.[334]

1. Erfordernis einer Vereinheitlichung (keine Maßnahme gleicher Wirkung)

Wie an anderer Stelle ausgeführt (→ Rn. 56 f.), bedürfte es zur Beseitigung von Freiverkehrshindernissen durch technische Regeln gedanklich dann keiner aktiven Politik von Seiten der Union, wenn der Freiverkehr insoweit bereits primärrechtlich gewährleistet wäre. Dies wäre der Fall, wenn die durch technische Regeln bewirkten Beschränkungen des freien Warenverkehrs dem primärrechtlichen Verbot des Art. 34 AEUV unterfielen.

117

a. Maßnahmebegriff

Hauptadressaten der Warenverkehrsfreiheit sind indes die Mitgliedstaaten, sodass im Prinzip nur mitgliedstaatliche Maßnahmen hieran gemessen werden können.[335] Der Gerichtshof geht allerdings in ständiger Rechtsprechung von einem **weiten Verständnis des Begriffs der mitgliedstaatlichen Maßnahmen** aus. So ist für die Einordnung des Handelns einer Person oder einer Einrichtung als eine der Warenverkehrsfreiheit unterfallende mitgliedstaatliche Maßnahme weder deren formale Zuordnung zur Staatsgewalt noch ihre öffentlich-rechtliche Rechtsform zwingend erforderlich. Maßnahmen von Organisationen, denen innerstaatlich hoheitsähnliche Befugnisse eingeräumt werden sind

118

---

[333] Wiesendahl, Technische Normung in der Europäischen Union, S. 27 f. Die Einordnung technischer Regeln als Handelshemmnis ist allgemein anerkannt. Siehe aus der rechtswissenschaftlichen Literatur, jeweils m.w.Nachw., etwa Breulmann, Normung und Rechtsangleichung in der Europäischen Wirtschaftsgemeinschaft, S. 20 f.; Rönck, Technische Normen als Gestaltungsmittel des Europäischen Gemeinschaftsrechts, S. 36 ff.; Röthel, Europäische Normen, S. 31 (38); Vieweg, Technische Normen im EG-Binnenmarkt, S. 57 (58 ff.).

[334] Zur Normungspolitik der Europäischen Union seit der Richtlinie 83/189/EWG, Europäische Kommission, Leitfaden zur europäischen Normung als Unterstützung für legislative und politische Maßnahmen der Union, SWD(2015)205 final, Teil 1, 33 ff.

[335] Hinsichtlich der Warenverkehrsfreiheit siehe etwa EuGH, Urt. v. 1.10.1987, VVR/Sociale Dienst van de Plaatselijke en Gewestelijke Overheidsdiensten, C-311/85, EU:C:1987:418, Rn. 30; Urt. v. 6.6.2002, Sapod Audic, C-159/00, EU:C:2002:343, Rn. 74.

auf ihre Vereinbarkeit mit der Warenverkehrsfreiheit hin zu überprüfen.[336] Ferner können Maßnahmen privatrechtlich organisierter Einrichtungen, die mittelbar oder unmittelbar von dem betreffenden Mitgliedstaat kontrolliert werden, dem jeweiligen Mitgliedstaat als öffentliche Maßnahmen mit der Folge zuzurechnen sein, dass diese Einrichtungen selbst an die Warenverkehrsfreiheit gebunden sind.[337] Die Machtausübung durch solchermaßen beliehene oder staatlich kontrollierte Einrichtungen bleibt ihrer Art nach staatliche Macht.[338]

Im Recht des technischen Produkts interessiert insoweit die Einordnung privater unabhängiger Regelsetzer, handelt es sich doch bei den Herausgebern technischer Regeln regelmäßig und ganz überwiegend um privatrechtlich organisierte Institutionen.[339]

b. Rechtssache Fra.bo

119 Über die Frage der Einordnung der regelsetzenden Tätigkeit privater Einrichtungen hatte der Gerichtshof erstmals im Rahmen eines Vorabentscheidungsverfahrens in der Rechtssache *Fra.bo*[340] zu befinden. In dem vom OLG Düsseldorf zu beurteilenden Ausgangsall standen sich die italienische Firma Fra.bo SpA als Klägerin und die Deutsche Vereinigung des Gas- und Wasserfaches e. V. als Beklagte gegenüber.[341] Erstere stellte sog. Pressfittings her und vertrieb diese. Bei Pressfittings handelt es sich um Verbindungsstücke zwischen zwei Wasser- oder Gasrohrleitungsstücken. Die Pressfittings der Klägerin waren in Italien zum Vertrieb zugelassen und rechtmäßig in den Verkehr gebracht worden. Die Deutsche Vereinigung des Gas- und Wasserfaches e. V. ist ein in Deutschland eingetragener privatrechtlicher Verein, dessen satzungsmäßiges Ziel in der Förderung des Gas- und Wasserfaches besteht. Er erstellt technische Regeln auf den genannten Fachgebieten und erteilt Zertifikate nach einem von ihm vorgeschriebenen Prüfverfahren. Ende November 2000 wurde der Klägerin ein auf fünf Jahre befristetes Zertifikat für deren Fitting erteilt. Die Beklagte änderte in der Folge in einem formalisierten Verfahren, an dem sich die Klägerin nicht beteiligte, die hier maßgebliche

---

[336]EuGH, Urt. v. 18.5.1989, The Queen/Royal Pharmaceutical Society of Great Britain, ex parte Association of Pharmaceutical Importers, C-266/87, EU:C:1989:205, Rn. 13 ff. (Maßnahmen der britischen Standesorganisation der Apotheker aufgrund der ihr zustehenden Befugnisse als Maßnahmen i. S. von Art. 34 AEUV); Urt. v. 15.12.1993, Hünermund u. a./Landesapothekerkammer Baden-Württemberg, C-292/92, EU:C:1993:932, Rn. 12 ff. (Maßnahmen der Landesapothekerkammer Baden-Württemberg).

[337]Vgl. EuGH, Urt. v. 12.12.1990, Hennen Olie/ICOVA und Niederländischer Staat, C-302/88, EU:C:1990:455, Rn. 13 ff. und Urt. v. 5.11.2002, Kommission/Deutschland, C-325/00, EU:C:2002:633, Rn. 14 ff.

[338]Hierzu Crespo van de Kooij, LIEI 40 (2013), 363 (367 f.); Roth, EWS 2013, 16 (19).

[339]Germelmann, GewArch 2014, 335.

[340]EuGH, Urt. v. 12.7.2012, Fra.bo, C-171/11, EU:C:2012:453.

[341]OLG Düsseldorf, Teilurt. v. 14.8.2013, VI-2 U (Kart) 15/08, juris.

technische Regel W 534 durch die Einführung eines 3000-Stunden-Test (Druckverformungstest), mit dem eine längere Lebensdauer der zu zertifizierenden Erzeugnisse gewährleitet werden sollte. Ein solcher Test war in Italien nicht vorgesehen. Nach den Regeln der Beklagten waren die Zertifikatsinhaber verpflichtet, innerhalb von 3 Monaten nach Änderung der entsprechenden technischen Regel eine Zusatzzertifizierung zu beantragen. Die Klägerin stellte keinen derartigen Antrag und lehnte den 3000-Stunden-Test ab. Daraufhin entzog die Beklagte der Klägerin das Zertifikat. Die Klägerin erhob Klage auf Neu- oder Wiedererteilung des Zertifikats und machte geltend, die Entziehung des Zertifikats widerspräche dem Unionsrecht. Die Beklagte sei an die Vorschriften über die Warenverkehrsfreiheit, d. h. Art. 28 ff. EGV, nunmehr Art. 34 ff. AEUV, gebunden. Durch die Entziehung werde ihr, der Klägerin, der Zutritt zum deutschen Markt erheblich erschwert. Aufgrund der Konformitätsvermutung für von der Beklagten zertifizierte Erzeugnisse gemäß § 12 Abs. 4 AVBWasserV sei es ihr nämlich ohne dieses Zertifikat faktisch unmöglich, ihre Erzeugnisse in Deutschland zu vertreiben. Zur maßgeblichen Zeit lautete § 12 Abs. 4 AVBWasserV wie folgt: *„Es dürfen nur Materialien und Geräte verwendet werden, die entsprechend den anerkannten Regeln der Technik beschaffen sind. Das Zeichen einer anerkannten Prüfstelle (zum Beispiel DIN-DVGW, DVGW – oder GS-Zeichen) bekundet, dass diese Voraussetzungen erfüllt sind."* Die Beklagte vertrat die Auffassung, dass sie als privatrechtlich organisierte Vereinigung nicht an die unionsrechtlichen Vorschriften über die Warenverkehrsfreiheit gebunden sei. Sie sei mithin nicht darin gehindert, technische Normen, die über die anderer Mitgliedstaaten hinausgingen, zu erstellen und bei ihren Zertifizierungstätigkeiten anzuwenden.

Generalanwältin *Trstenjak* zog zur Beurteilung der Frage der Anwendbarkeit der Art. 28 ff. EGV, nunmehr Art. 34 ff. AUEV, die vom Gerichtshof entwickelte Argumentation zur Anwendbarkeit der Personenverkehrsfreiheiten auf kollektive Regelungen privater Einrichtungen mit delegierter oder autonomer Regelsetzungsmacht heran.[342] So entscheidet der Gerichtshof in nunmehr ständiger Rechtsprechung, dass die sich aus den Personenverkehrsfreiheiten ergebenden primärrechtlichen Verbote nicht nur für Akte der staatlichen Behörden gelten, sondern sich auch auf Regelwerke privatrechtlicher Vereinigungen oder Einrichtungen erstrecken, die die abhängige Erwerbstätigkeit, die selbstständige Arbeit und die Erbringung von Dienstleistungen kollektiv regeln sollen.[343]

---

[342] Generalanwältin Trstenjak, Schlussanträge v. 28.3.2012, Fra.bo, C-171/11, EU:C:2012:176.

[343] In diesem Sinne EuGH, Urt. v. 11.12.2007, The International Transport Workers' Federation und The Finnish Seamen's Union, C-438/05, EU:C:2007:772, Rn. 33. Vgl. ferner EuGH, Urt. v. 12.12.1974, Walrave und Koch/Association Union Cycliste Internationale u. a., C-36/74, EU:C:1974:140, Rn. 16 ff.; Urt. v. 15.12.1995, Union royale belge des sociétés de football association u. a./Bosman u. a., C-415/93, EU:C:1995:463, Rn. 82; Urt. v. 19.2.2002, Wouters u. a., C-309/99, EU:C:2002:98, Rn. 120; Urt. v. 18.7.2006, Meca-Medina und Majcen/Kommission, C-519/04 P, EU:C:2006:492, Rn. 24; Urt. v. 16.3.2010, Olympique Lyonnais, C-325/08, EU:C:2010:143, Rn. 30 und Urt. v. 10.3.2011, Casteels, C-379/09, EU:C:2011:131, Rn. 19.

Der Gerichtshof weist in ständiger Rechtsprechung darauf hin, dass die Beseitigung der Hindernisse für die Freizügigkeit und den freien Dienstleistungsverkehr zwischen den Mitgliedstaaten gefährdet wäre, wenn die Abschaffung der Schranken staatlichen Ursprungs durch Hindernisse neutralisiert werden könnte, die nicht öffentlich-rechtliche Vereinigungen und Einrichtungen kraft ihrer rechtlichen Autonomie errichten.[344] Außerdem muss eine einheitliche Anwendung des Unionsrechts in allen Mitgliedstaaten in den Fällen erfolgen, in denen einige Mitgliedstaaten per Gesetz Regeln setzen, andere die Regelsetzung demgegenüber an private Einrichtungen delegieren. Diese vom *effet utile* des Unionsrechts getragenen Überlegungen des Gerichtshofs übertrug die Generalanwältin auf die Normierungs- und Zertifizierungstätigkeit des DVGW und stellte maßgeblich auf die sich aus § 12 Abs. 4 AVBWasserV ergebende *„De-facto-Kompetenz"* ab: *„Denn wie aus dem Vorabentscheidungsersuchen hervorgeht, kann der DVGW durch den Erlass von Normen und durch die Zertifizierung von Produkten für die Errichtung, Erweiterung, Änderung und Unterhaltung von Trinkwasseranlagen hinter dem Hausanschluss de facto bestimmen, welche Produkte Zugang zum deutschen Markt erhalten. Demzufolge [ist] der DVGW [...] durchaus in der Lage, im Rahmen der Ausübung dieser De-facto-Kompetenz neue Schranken für den freien Warenverkehr in der Europäischen Union zu errichten."*[345] Der Gerichtshof folgte der Generalanwältin und erkannte: *„Art. 28 EG[V]* [heute Art. 34 AEUV] *ist dahin auszulegen, dass er auf Normungs- und Zertifizierungstätigkeiten einer privaten Einrichtung anzuwenden ist, wenn die Erzeugnisse, die von dieser Einrichtung zertifiziert wurden, nach den nationalen Rechtsvorschriften als mit dem nationalen Recht konform angesehen werden und dadurch ein Vertrieb von Erzeugnissen, die nicht von dieser Einrichtung zertifiziert wurden, erschwert wird."*[346] Auch er stellte hierbei auf die der Einrichtung zukommende faktische Kompetenz ab, zu bestimmen, welche Fittings in Deutschland angeboten werden können. So enden die Begründungserwägungen in der Rechtssache Frabo mit der Feststellung, *„dass eine Einrichtung wie der DVGW insbesondere aufgrund ihrer Ermächtigung zur Zertifizierung von Erzeugnissen in Wirklichkeit über die Befugnis verfügt, den Zugang von Erzeugnissen wie den im Ausgangsverfahren in Rede stehenden Kupferfittings zum deutschen*

---

[344] EuGH, Urt. v. 12.12.1974, Walrave und Koch/Association Union Cycliste Internationale u. a., C-36/74, EU:C:1974:140, Rn. 17; Urt. v. 15.12.1995, Union royale belge des sociétés de football association u. a./Bosman u. a., C-415/93, EU:C:1995:463, Rn. 83; Urt. v. 19.2.2002, Wouters u. a., C-309/99, EU:C:2002:98, Rn. 120; Urt. v. 11.12.2007, The International Transport Workers' Federation und The Finnish Seamen's Union, C-438/05, EU:C:2007:772, Rn. 57 und Urt. v. 18.12.2007, Laval un Partneri, C-341/05, EU:C:2007:809, Rn. 98.
[345] Generalanwältin Trstenjak, Schlussanträge v. 28.3.2012, Fra.bo, C-171/11, EU:C:2012:176, Rn. 47.
[346] EuGH, Urt. v. 12.7.2012, Fra.bo, C-171/11, EU:C:2012:453, Rn. 32.

Markt zu regeln"[347], mit der Folge, dass diese, trotz ihrer nicht öffentlich-rechtlichen Natur im Rahmen ihrer Regelungstätigkeit die Vorschriften zum freien Warenverkehr einhalten muss. Im Ausgangsverfahren vor dem OLG Düsseldorf wurde denn auch der DVGW verurteilt, im Wege des Schadensersatzes den Entzug des Zertifikats rückgängig zu machen und war das Zertifikat von Neuem zu erteilen.[348]

c. Abgrenzungskriterium des hoheitlich veranlassten Normbefolgungszwangs

In der Rechtssache Frabo bejahte der Gerichtshof eine **De-facto-Regelsetzungskompetenz** aufgrund des § 12 Abs. 4 AVBWasserV. So eröffnete der deutsche Gesetzgeber dem DVGW über die in § 12 Abs. 4 AVBWasserV enthaltene Regelung die Möglichkeit, technische Regelwerke mit gesetzlicher Vermutungswirkung in Bezug auf die Eignung von Produkten für die Errichtung, Erweiterung, Änderung und Unterhaltung von Trinkwasseranlagen hinter dem Hausanschluss auszuarbeiten: *„Hinsichtlich der im Ausgangsverfahren in Rede stehenden Fittings hat der DVGW diese Möglichkeit mit dem DVGW-Arbeitsblatt W534 wahrgenommen und dadurch die De-facto-Kompetenz erlangt, zu bestimmen, welche Fittings auf dem Markt für Rohre und Zubehör für die Trinkwasserversorgung in Deutschland angeboten werden können. Denn nach Darstellung des vorlegenden Gerichts führt die in § 12 Abs. 4 AVBWasserV enthaltene Vermutungsregelung in Verbindung mit der Zertifizierungstätigkeit des DVGW [...] auf der Grundlage des DVGW-Arbeitsblatts W534 dazu, dass ein Vertrieb von Rohren und Zubehör für die Trinkwasserversorgung in Deutschland ohne eine DVGW-Zertifizierung kaum möglich ist"*.[349] Fürwahr ist eine so beschriebene faktische Kompetenz, über den Marktzugang von Erzeugnissen zu bestimmen, auch losgelöst von einem dem Regelsetzer zukommenden Zertifizierungsmonopol denkbar.[350] So kann eine private technische Regel Rechtswirkungen zeitigen, ohne dass dem Regelsetzer gesetzlich eine irgendwie geartete Zertifizierungsrolle zukäme.[351] Zu bestimmen bleibt, welcher Art und welchen Grades die der technischen Regel zukommenden Rechtswirkungen sein müssen, damit eine für Art. 34 AEUV beachtliche De-facto-Regelsetzungskompetenz

121

---

[347]*Ebd.* Rn. 31.
[348]OLG Düsseldorf, Teilurt. v. 14.8.2013, VI-2 U (Kart) 15/08, juris.
[349]Generalanwältin Trstenjak, Schlussanträge v. 28.3.2012, Fra.bo, C-171/11, EU:C:2012:176, Rn. 41.
[350]Die rechtswissenschaftliche Literatur versteht die Fra.bo-Entscheidung denn auch dahingehend, dass der EuGH die Warenverkehrsfreiheit auf private Regelwerke erstreckt, wenn diese an die Stelle staatlicher Vorschriften treten; dass der DVGW auch eine monopolartige Stellung bei der erforderlichen Zertifizierung innehatte wird kaum thematisiert (vgl. Germelmann, GeweArch 2014, 335 (337); Schweitzer, EuZW 2012, 765 (767 f.); Schmahl/Jung, NVwZ 2013, 607 (609 f.); Kloepfer/Greve, DVBl. 2013, 1148 (1151 f.).
[351]Zur Konkretisierung durch private Normen → Rn. 259 ff.

des technischen Regelsetzers gegeben ist. Wenig überzeugend wäre die Heranziehung der in der Literatur vorgenommenen Unterscheidung zwischen der für den Rechtsunterworfenen verbindlichen sog. echten oder auch normergänzenden Verweisung und der für den Rechtsunterworfenen grundsätzlich unverbindlichen sog. unechten oder auch normkonkretisierenden Verweisung.[352] Zum einen können auch normkonkretisierende technische Regeln Rechtswirkungen zeitigen (→ Rn. 222 ff.). Zum anderen werden bei normergänzender Verweisung die privaten Regeln vollständig in das Gesetz, welches auf sie Bezug nimmt, eingebunden und haben an dessen Rechtsqualität und Geltungsanspruch teil (→ Rn. 218).[353] Im Falle normergänzender Verweisung ist die private technische Regel für den Rechtsunterworfenen nicht mehr freiwillig, sondern ohne Weiteres eine dem Mitgliedstaat zuzurechnende rechtlich verbindliche Maßnahme. Ein solcher auf die Rechtswirkungen abstellender Ansatz wäre auch mit der auf die tatsächlichen Wirkungen abstellenden Rechtsprechung des Gerichtshofs kaum vereinbar.[354] Es ist deshalb und unter Heranziehung des Gedankens der *„vollen Wirksamkeit"* des Unionsrechts im Einzelfall zu prüfen, ob der Regelsetzer in der Lage ist, neue Schranken für den freien Warenverkehr in der Europäischen Union zu errichten und innerstaatlich bei der Ausarbeitung und Anwendung technischer Normen eine **faktische Kompetenzübertragung auf private Einrichtungen** erfolgt.[355] Demgemäß sind private technische Regeln nicht erst dann an Art. 34 ff. AEUV zu messen, wenn sich der Mitgliedstaat diese rechtlich zu eigen macht oder ihnen eine gesetzliche Vermutungswirkung zukommt.[356] Umgekehrt unterfällt eine private technische Regel nicht bereits deshalb vorgenannten Artikeln, wenn und weil sie eine hohe Marktdurchsetzung und marktzugangsbeschränkende Wirkung hat. Vielmehr muss der **faktische Regelbefolgungszwang hoheitlich veranlasst** sein.

122 Technische Regelsetzung ist ein Stück Selbstverwaltung der Wirtschaft und verläuft in seiner grundsätzlichen und ursprünglichen Ausprägung neben und unabhängig vom Gesetz. Außerhalb des durch unionales Sekundärrecht veranlassten nationalen Rechts

---

[352]Zur gesetzlichen Verweisung → Rn. 214 ff.
[353]Germelmann, GewArch 2014, 335 (337).
[354]Zur wirkungsbezogenen Betrachtung des Gerichtshofs, vgl. Urt. v. 12.7.2012, Fra.bo, C-171/11, EU:C:2012:453, Rn. 26, wonach die Warenverkehrsfreiheit anwendbar ist, wenn die Normungs- und Zertifizierungstätigkeit einer privaten Normungsorganisation *„ebenso wie staatliche Maßnahmen Behinderungen des freien Warenverkehrs zur Folge hat"*. Siehe auch Schweitzer, EuZW 2012, 765 (768).
[355]Generalanwältin Trstenjak, Schlussanträge v. 28.3.2012, Fra.bo, C-171/11, EU:C:2012:176, Rn. 46–49.
[356]Germelmann, GeweArch 2014, 335 (337); Schweitzer, EuZW 2012, 765 (768 f.); a. A. (De-facto-Regelsetzungskompetenz nur bei gesetzlich angeordneter Vermutungswirkung) Kloepfer/Greve, DVBl. 2013, 1148 (1152); Schmahl/Jung, NVwZ 2013, 607 (609).

und der dortigen Inbezugnahme harmonisierter Normen findet ein hoheitlich veranlasster faktischer Regelbefolgungszwang denn auch nur in Ausnahmefällen statt.[357] Folge ist, dass private technische Regeln und trotz ihrer potenziell freiverkehrsbeschränkenden Wirkungen ganz regelmäßig nicht Art. 34 ff. AEUV unterfallen.[358]

2. Technik der Harmonisierung
Durch den technischen Regelsetzer angenommene Regeln haben keinen Rechtsnormcharakter und ist deren Harmonisierung dem EU-Gesetzgeber entzogen.[359]

a. Europäische Normungsorganisationen (Grundlagen)
Die Harmonisierung technischer Regeln erfolgt, soweit es die technischen Regeln der nationalen Normungsorganisationen anbetrifft, durch die Organisationen CEN, CENELEC und ETSI.[360]

aa. Comité Européen de Normalisation (CEN) und Comité Européen de Normalisation Electrotechnique (CENELEC)

(1) Rechtsform
Das *Comité Européen de Normalisation* wurde als internationaler gemeinnütziger Verein 1961 in Paris gegründet. Damals noch unter dem Namen *Comité Européen de Coordination des Normes*. Seit 1975 befindet sich sein Sitz in Brüssel. In seinen Anfängen befasste sich das CEN ausschließlich mit der Unterbreitung von Vorschlägen zur Harmonisierung nationaler technischer Normen. Seit 1970 beinhaltet das Arbeitsprogramm ebenso die eigenständige Erstellung technischer Normen, was auch durch die Namensänderung in *Comité Européen de Normalisation* verdeutlicht werden sollte. Zweck des Vereins ist die Durchführung der Normung auf europäischer Ebene zur Förderung der Entwicklung des Austausches von Waren und Dienstleistungen und zum Abbau von Handelshemmnissen, die durch technische Bestimmungen hervorgerufen werden. CENELEC ist ein internationaler nicht auf Gewinn ausgerichteter Verein belgischen Rechts mit Sitz in Brüssel. Gegründet wurde CENELEC im Jahre 1972. Die satzungsmäßigen Zieles des CENELEC sind im Wesentlichen mit denen des CEN kongruent, aber auf die Normerarbeitung und -harmonisierung elektrotechnischer Normen beschränkt. Die weitgehend parallelen Organisationsstrukturen bei CEN und CENELEC

---

[357]Eine De-facto-Regelsetzungskompetenz wird etwa anzunehmen sein bei den in § 13 Abs. 2 NAV, § 49 EnWG und § 18 Muster-LBO in Bezug genommenen technischen Regelwerken.

[358]Vgl. auch Schepel, The Constitution of Private Governance: Product Standards in the Regulation of Integrating Markets, S. 41 ff.

[359]*Ebd.*, S. 50.

[360]Ausführlich zum NachstehendenWiesendahl, Technische Normung in der Europäischen Union, S. 109 ff.

und deren Komplementärfunktion veranlasste zu frühzeitiger Zusammenarbeit und gemeinsamen Regeln für die Normungsarbeit als zweiter Teil einer gemeinsamen Geschäftsordnung[361,362].

(2) Mitglieder

125 CEN und CENELEC sind die europäischen Dachorganisationen der nationalen Normungsorganisationen in Europa und haben je Staat ein Mitglied, das gemäß dem Prinzip der nationalen Repräsentation die gesamten Normungsinteressen dieses Landes zu vertreten hat. Aktuell sind insgesamt 34 Länder im CEN und CENELEC als Vollmitglieder vertreten. Von Beginn an vertrat DIN Deutsches Institut für Normung e. V. die deutsche Normung in den Normungsgremien CEN und CENELEC, bei Letzterer durch die gemeinsam mit dem VDE getragene Deutsche Elektrotechnische Kommission DKE. Die staatliche Anerkennung des DIN als die zuständige nationale Normungsorganisation in den internationalen Normungsorganisationen erfolgte mit Vertrag vom 5.6.1975 zwischen der Bundesrepublik Deutschland und dem DIN Deutsches Institut für Normung e. V.[363]

(3) Privatrechtliche Grundlagen der Normungstätigkeit

126 Als privatrechtliche Einrichtungen regeln CEN und CENELEC die internen Arbeitsvorgänge im Rahmen autonomen Satzungs- und Geschäftsordnungsrechts selbst. Dies bedeutet indes nicht, dass CEN und CENELEC deren Normungstätigkeit im öffentlichrechtlich gänzlich ungeregelten Bereich wahrnehmen würden. Fürwahr nimmt die

---

[361] *„Vereinbarung über die gegenseitige Zusammenarbeit"*, abgedruckt in DIN-Mitt. 61 (1982), S. 12 f.; CEN/CENELEC Geschäftsordnung Teil 2: Gemeinsame Regeln für die Normungsarbeit, Stand: Juni 2015, abrufbar unter URL: http://boss.cen.eu/ref/IR2_D.pdf.

[362] Wiesendahl, Technische Normung in der Europäischen Union, S. 111–113.

[363] Vertrag zwischen der Bundesrepublik Deutschland, vertreten durch den Bundesminister für Wirtschaft, und dem DIN Deutsches Institut für Normung e. V., vertreten durch dessen Präsidenten, vom 5.6.1975 (Beil. zum BAnz. Nr. 114 v. 27.6.1975). Die Wahl des öffentlich-rechtlichen Vertrages zur Regelung des Verhältnisses zwischen der Bundesrepublik Deutschland und der die nationalen Interessen vertretenden Normungsorganisation DIN waren rein pragmatische Erwägungen (siehe Erläuterungen zum Normungsvertrag in DIN, Normenheft 10: Grundlagen der Normungsarbeit des DIN, S. 42: *„Die wachsende Bedeutung der Normung erfordert es, die bisherige Zusammenarbeit zwischen der Bundesregierung und dem DIN zu intensivieren. […]. Eine Reihe von Industriestaaten hat das Verhältnis zwischen Staat und Normungsorganisationen durch Gesetz geregelt (z. B. Belgien, Frankreich, Österreich). Andere Industriestaaten haben die Lösungen von vertraglichen oder vertragsähnlichen Vereinbarungen gewählt (z. B. Dänemark, Großbritannien, Schweden). Das Verhältnis zwischen der Bundesregierung und dem DIN ist zur Zeit nicht geregelt. Angesichts der geschilderten Situation ist es zweckmäßig, dieses Verhältnis rechtlich klarzustellen. Bei der Entscheidung über die Frage, ob dies durch Gesetz oder durch Vertrag geschehen sollte, haben die Bundesregierung und das DIN der flexibleren Form des Vertrages den Vorzug gegeben. Als öffentlich-rechtlicher Vertrag soll er sich im gesetzesfreien Raum auswirken und der Koordination dienen."*). Zum Normenvertrag siehe auch Schellberg, Technische Harmonisierung in der EG, S. 51–53.

Europäische Union auf unterschiedliche Art und Weise auf die Arbeit der europäischen Normungsorganisationen Einfluss und hat weiter zumindest einen rechtlichen Rahmen für die Normungstätigkeit auf europäischer Ebene geschaffen (→ Rn. 133 ff.). Die inneren Strukturen bei CEN, CENELEC und den nationalen Normungsorganisationen sowie die Beziehungen dieser Normungsorganisationen zueinander blieben bisher aber hoheitlicher Regelung entzogen.

(4) Erarbeitung von Europäischen Normen

Das klassische Dokument der europäischen technischen Normung ist die **Europäische Norm,** abgekürzt *„EN"*. Über diese vollzieht sich die Harmonisierung nationaler technischer Regeln. So geht mit der Annahme einer Europäischen Norm die **Übernahmeverpflichtung** der nationalen CEN/CENELEC-Mitglieder einher. Die Übernahme der Europäischen Norm erfolgt durch Anerkennung oder Veröffentlichung eines identischen Textes. In Deutschland etwa durch die *„DIN-EN"*-Normen. Die Europäische Norm erhält den Status einer nationalen technischen Norm. Abweichende nationale technische Regeln sind zurückzuziehen.[364] Diese Übernahmeverpflichtung gilt auch für CEN/CENELEC-Mitglieder, die der Europäischen Norm nicht zugestimmt haben. Für die Zeit des Normungsverfahrens können den nationalen Normungsorganisationen **Stillhaltepflichten** auferlegt werden. Es handelt sich um eine das Entwurfsverfahren flankierende Maßnahme, wonach die CEN/CENELEC-Mitglieder für die Dauer der Ausarbeitung einer Europäischen Norm keine nationalen Alleingänge unternehmen, die die angestrebte Harmonisierung beeinträchtigen könnten. Insbesondere dürfen keine neuen oder überarbeiteten nationalen technischen Regeln veröffentlicht werden, die nicht vollständig mit einer existierenden Europäischen Norm übereinstimmen. Die Stillhalteverpflichtung tritt nicht automatisch mit der Aufnahme der Normungsarbeiten in Kraft. Die Entscheidung, eine Stillhalteverpflichtung aufzuerlegen oder aufzuheben, obliegt vielmehr dem Technischen Lenkungsausschuss.[365]

127

Neben der Europäischen Norm erarbeiten die europäischen Normungsorganisationen weitere Dokumente, die sich von dieser vor allem durch den Grad ihrer Verbindlichkeit für deren Mitglieder unterscheiden. **Technische Spezifikationen,** abgekürzt *„TS",* entfalten eine gegenüber der Europäischen Norm abgeschwächte Übernahmeverpflichtung. So wird die Technische Spezifikation zwar auf nationaler Ebene bekannt und verfügbar gemacht, jedoch dürfen abweichende nationale technische Regeln weiterhin bestehen. Sie fungieren als Ausweichdokument bei der Unmöglichkeit eines schnellen Konsenses auf eine Europäische Norm und ersetzen in der Sache die früher bestehende Möglichkeit zur Annahme sog. Europäischer Vornormen. Namentlich in hoch innovativen Wirtschaftssektoren reagieren Technische Spezifikationen auf besondere Marktbedürfnisse

128

---

[364] CEN/CENELEC Geschäftsordnung Teil 2: Gemeinsame Regeln für die Normungsarbeit, Stand: Juni 2015, abrufbar unter URL: http://boss.cen.eu/ref/IR2_D.pdf, Ziff. 2.5 und 11.2.1.
[365] *Ebd.,* Ziff. 5.

und stellen ein Instrument europäischer Normung zur Verfügung, das schnell und flexibel erarbeitet werden kann. **Harmonisierungsdokumente,** abgekürzt „*HD*", sind CENELEC-Dokumente, denen eine ähnliche Bedeutung zukommt, wie den Technischen Spezifikationen, mit dem Unterschied jedoch, dass ihr entgegenstehende nationale Normen zurückzuziehen sind.[366] **Technische Berichte,** abgekürzt „*TR*", und **Leitfäden** haben informativen und empfehlenden Charakter.[367]

129 Jedes EN-Normungsprojekt bedarf der Annahme durch den Technischen Lenkungsausschuss.[368] Die **eigentliche Normungsarbeit** vollzieht sich dann in den vom Technischen Lenkungsausschuss mit genauer Angabe des Titels und Aufgabenbereichs eingesetzten **Technischen Komitees.**[369] Der Kreis der Antragsberechtigten erfasst auch Außenstehende und namentlich die Europäische Kommission.[370]

130 Für die eigentliche Normungsarbeit stehen mit dem Fragebogenverfahren und der CEN/CENELEC-Umfrage **zwei Normungsverfahren** bereit.[371] Das **Fragebogenverfahren** zielt auf die Evaluierung der Konsensfähigkeit eines bereits bestehenden Referenzdokuments auf CEN/CENELEC-Ebene oder die Abschätzung des Interesses an einer Harmonisierung auf dem Gebiet des in Bezug genommenen Dokuments. Zu diesem Zweck werden vom CEN-CENELEC-Management-Zentrum an die Mitgliedsorganisationen Fragebögen versandt mit einer üblichen Frist von drei Monaten für deren Beantwortung. Nach Auswertung der Antworten und Kommentare entscheidet

---

[366]*Ebd.,* Ziff. 11.3.

[367]*Ebd.,* Ziff. 11.4 und 11.5.

[368]Der Technische Lenkungsausschuss besteht aus dem Präsidenten und/oder dem (den) Vizepräsidenten sowie einem ständigen Delegierten jedes Mitgliedes, der die notwendigen Kontakte auf nationaler Ebene herzustellen hat, sodass er das Mitglied effektiv repräsentieren kann. Zum Technischen Lenkungsausschuss, siehe CEN/CENELEC Geschäftsordnung Teil 2: Gemeinsame Regeln für die Normungsarbeit, Stand: Juni 2015, abrufbar unter URL: http://boss.cen.eu/ref/IR2_D.pdf, Ziff. 3.1.

[369]An Sitzungen der Technischen Komitees nehmen idealiter gleichzeitig nicht mehr als drei Delegierte einer jeden nationalen Normungsorganisationen teil. Beim Zusammenstellen und Vorbereiten seiner Delegation, die zu Sitzungen eines Technischen Komitees entsandt wird, muss die nationale Normungsorganisation dafür sorgen, dass die Delegation einen einheitlichen nationalen Standpunkt vertritt, der die Meinung aller von der Arbeit betroffenen Fachkreise berücksichtigt. Die Technischen Komitees sind gehalten, einstimmige Beschlüsse zu fassen. Wenn Einstimmigkeit in einer Frage nicht erreichbar ist, ist zu versuchen, Konsens herbeizuführen, statt sich einfach auf einen Mehrheitsbeschluss zu verlassen, wobei unter Konsens in diesem Zusammenhang das Fehlen wesentlicher Einwände eines Mitglieds gemeint ist. Zu den Technische Komitees, siehe CEN/CENELEC Geschäftsordnung Teil 2: Gemeinsame Regeln für die Normungsarbeit, Stand: Juni 2015, abrufbar unter URL: http://boss.cen.eu/ref/IR2_D.pdf, Ziff. 3.2.

[370]Zur Auswahl von Normungsprojekten, siehe *ebd.,* Ziff. 11.1.

[371]Siehe *ebd.,* Ziff. 11.

der Technische Lenkungsausschuss, ob weitere Facharbeit erforderlich ist, die Harmonisierung mangels Interesse nicht notwendig ist oder das Referenzdokument zur Abstimmung gestellt wird. Die **CEN/CENELEC-Umfrage** findet Anwendung, wenn in dem beantragten neuen Tätigkeitsfeld keine einschlägige Arbeit vorhanden und im Technischen Komitee ein eigenständiger Entwurf einer Europäischen Norm auszuarbeiten ist. Wurde ein konsensfähiger Entwurf erarbeitet, leitet das CEN-CENELEC-Management-Zentrum das Umfrageverfahren ein. Der Entwurf wird an die nationalen Normungsorganisationen versandt und diese zur Stellungnahme innerhalb einer Frist von üblicherweise fünf Monaten aufgefordert. Hierbei sollen die nationalen Normungsorganisationen die Öffentlichkeit mit einbeziehen und insbesondere den interessierten Kreisen, die Gelegenheit geben, sich zum Normentwurf zu äußern. Das Technische Komitee analysiert und bewertet sodann die eingegangenen Stellungnahmen. Bei erkennbarer Konsensfähigkeit erarbeitet das Sekretariat des Technischen Komitees einen endgültigen Text für die Annahme. Zeigt die Umfrage, dass eine ungenügende Zustimmung besteht, kann ein zweites Umfrageverfahren durchgeführt werden. Scheitert auch dieses, ist das Normungsprojekt endgültig beendet. Die Mitglieder entscheiden über die Annahme eines Normentwurfs in einem Verfahren mit gewichteter Abstimmung.[372] Hiernach werden die abgegebenen Stimmen der Mitglieder der Bedeutung der repräsentierten Länder entsprechend gewichtet.[373] Der Vorschlag ist angenommen, wenn er die Mehrheit der Länder und 71 % der abgegebenen gewichteten Stimmen auf sich vereinigt. Wenn das Abstimmungsergebnis positiv ist und sofern keine Berufung eingelegt worden ist, stellt der Technische Lenkungsausschuss die Annahme der Europäischen Norm fest und bestimmt die Termine für die nationale Übernahme.[374]

bb. European Telecommunications Standards Institute (ETSI)

(1) Rechtsform und Mitglieder
Initiiert durch die Europäische Kommission, der daran gelegen war, im Bereich Informations- und Telekommunikationstechnologie eine beschleunigte Harmonisierung der Normen herbeizuführen, wurde im März 1988 das Europäische Institut für Telekommunikationsstandards (ETSI) durch die Mitglieder der *„Conférence Européenne*

---

[372]*Ebd.*, Ziff. 11.2.4. i. V. m. Ziff. 6.1.4 und 6.2.

[373]Die Stimmanteile der nationalen CEN/CENELEC-Mitglieder bei gewichteter Abstimmung ergeben sich aus Anhang D der Geschäftsordnung Teil 2 (CEN/CENELEC Geschäftsördnung Teil 2: Gemeinsame Regeln für die Normungsarbeit, Stand: Juni 2015, abrufbar unter URL: http://boss.cen.eu/ref/IR2_D.pdf).

[374]*Ebd.*, Ziff. 11.2.4.4

des Administrations des Postes et Télécommuications (CEPT)" ins Leben gerufen.[375] ETSI ist ein privatrechtlicher Verein französischen Rechts mit Sitz in Sophia-Antipolis, Valbonne. Dessen satzungsmäßige Aufgabe ist zuvörderst die Erarbeitung europäischer Normen für Telekommunikationsnetze und -endgeräte.[376] Von CEN und CENELEC unterscheidet sich ETSI insofern grundlegend, als die Erarbeitung technischer Normen unter direkter Beteiligung aller an der Normung interessierten Kreise erfolgt. Fürwahr kann jede an der Normung interessierte natürliche oder juristische Person als Mitglied aufgenommen werden.[377] Demgemäß ist die Normung nicht wie bei den beiden anderen europäischen Normungsorganisationen nach dem Prinzip der nationalen Repräsentation organisiert. Es kommt zu einer *"funktionalen Repräsentation".*[378] Die Mitglieder im ETSI sind Hersteller aus dem Bereich der Telekommunikationstechnologie, Fernmeldebehörden und nationale Normungsorganisationen, Anwenderorganisationen, Dienstleistungsunternehmen und Forschungsinstitutionen.

(2) Organisation der Normungstätigkeit

132 Wie bei CEN und CENELEC werden die Organisationsstruktur, die Zuständigkeiten der Organe im ETSI und die Arbeitsvorgänge im Wege autonomen Satzungs- und Geschäftsordnungsrechts geregelt. Das Normungs- und Abstimmungsverfahren weicht hier zum Teil nicht unwesentlich von den Regelungsansätzen der beiden anderen europäischen Normungsorganisationen ab.[379] Namentlich das Prinzip der funktionalen Repräsentation führt zu Unterschieden in der Zusammensetzung der für die Normungsarbeit zuständigen Gremien, den sog. *"Technical Bodies".* Das Abstimmungsverfahren hingegen weist mit dem zweistufigen Annahmeverfahren *("Two-step Approval Procedure")* und dem einstufigen Annahmeverfahren *("One-step Approval Procedure")* deutliche Parallelen auf zum Fragebogenverfahren und zur CEN/CENELEC-Umfrage. Hier gilt das Prinzip der nationalen Repräsentation. Findet bei der Erarbeitung der Normen in den *"Technical Bodies"* eine direkte Beteiligung der interessierten Kreise statt, sind die nationalen

---

[375] Ausführlich zu Nachstehenden Wiesendahl, Technische Normung in der Europäischen Union, S. 120 ff. Zur Vorgeschichte des ETSI, siehe Zubke-von Thünen, Technische Normung in Europa, S. 657 ff.

[376] Statutes of the European Telecommunications Standards Institute vom 30.11.2011, Art. 2 und 3, abrufbar unter URL: http://portal.etsi.org/Resources/ETSIDirectives.aspx.

[377] *Ebd.,* Art. 6 bis 8; es wird unterschieden zwischen den Kategorien der Vollmitgliedschaft, der assoziierten Mitgliedschaft und des Beobachters, hierzu Rules of Procedure of the European Telecommunications Standards Institute vom 19.3.2014, Art. 1, abrufbar unter URL: http://portal.etsi.org/Resources/ETSIDirectives.aspx.

[378] Wiesendahl, Technische Normung in der Europäischen Union, S. 121; Rönck, Technische Normen als Gestaltungsmittel des Europäischen Gemeinschaftsrechts, S. 61; Amory, EuZW 1992, 75 (78).

[379] Siehe hierzu näher Wiesendahl, Technische Normung in der Europäischen Union, S. 122–126.

Normungsorganisationen ausschließlich berufen, im Annahmeverfahren über den in den Technical Bodies ausgearbeiteten Entwurf zu entscheiden. Funktionale und nationale Repräsentation werden derart miteinander kombiniert, dass den nationalen Normungsorganisationen zwar die Letztentscheidungskompetenz über die Annahme des Normentwurfs zukommt. Die Inhalte des zur Abstimmung gestellten Normentwurfs bestimmen sie jedoch nicht allein. Im Gleichlauf zu den CEN/CENELEC-Regelungen sehen die Verfahrensregelungen bei ETSI Stillhalteverpflichtungen vor, begründen eine mit der Annahme einer Europäischen Norm einhergehende Verpflichtung zur deren Übernahme und sind entgegenstehende nationale Normen zurückzuziehen.[380]

b. Öffentlich-rechtliche Überlagerung privatrechtlicher Harmonisierung
aa. Ex-Informationsrichtlinie 83/189/EWG und 98/34/EG auf dem Gebiet der Normen und technischen Vorschriften

Mit der Richtlinie 83/189/EWG vom 28.3.1983 über ein Informationsverfahren auf dem Gebiet der Normen und technischen Vorschriften, aufgehoben und ersetzt durch die gleichnamige Richtlinie 98/34/EG, nahm die europäische Harmonisierungspolitik erstmals neben den nationalen Rechts- und Verwaltungsvorschriften auch die nationalen technischen Regeln in den Blick und anerkannte deren potenziell handelshemmende Wirkung. Im Gleichlauf zum Verfahren im Zusammenhang mit den technischen Vorschriften galt es die nationale private Regelsetzung zu kanalisieren. Die hierauf gerichteten und mit der Verordnung (EG) Nr. 1025/2012 zur europäischen Normung aufgehobenen Regelungen der Informationsrichtlinie schufen ein Instrumentarium, welches unter Aufsicht der Europäischen Kommission im Bedarfsfall sicherstellen sollte, dass den nationalen Normungsorganisationen Regelungsgegenstände mit potenziell handelsbeschränkender Wirkung entzogen und auf europäischer Ebene nach den Regeln der europäischen Normungsgremien behandelt wurden.[381] So wurde insbesondere eine systematische Notifizierungspflicht begründet, wonach die nationalen Normungsgremien zentralisiert über ihre Normungsprogramme und nationalen Normentwürfe zu informieren und diese gegebenenfalls zu übermitteln hatten. Dieses Informationsverfahren war mit der an die nationalen Normungsorganisationen gerichteten und von den Mitgliedstaten sicher zu stellenden Verpflichtung versehen, während der Ausarbeitung einer Europäischen Norm oder nach der Annahme einer solchen nichts zu unternehmen, was die angestrebte Harmonisierung beeinträchtigen konnte, und insbesondere in dem betreffenden Bereich keine neue oder überarbeitete nationale Norm zu veröffentlichen,

133

---

[380] Rules of Procedure of the European Telecommunications Standards Institute vom 19.3.2014, abrufbar unter URL: http://portal.etsi.org/Resources/ETSIDirectives.aspx.
[381] Siehe Art. 2 bis 7 der Richtlinie 98/34/EG in der bis 31.12.2012 geltenden Fassung.

die nicht vollständig mit einer bestehenden europäischen Norm übereinstimmte.³⁸² Heute trifft die privatrechtliche Harmonisierung technischer Normen auf die Verordnung (EU) Nr. 1025/2012 zur europäischen Normung.

bb. Übernahme- und Stillhalteverpflichtungen bei harmonisierten Normen

134 Wie die Informationsrichtlinie in ihrer bis 31.12.2012 gültigen Fassung, „*bekräftigt*" auch die Verordnung (EU) Nr. 1025/2012 zur europäischen Normung – allerdings nunmehr auf

---

³⁸²In der Bundesrepublik Deutschland wurde die Einhaltung der Pflichten und die Umsetzung der Informationsrichtlinie insoweit über eine Ergänzung des Vertrags zwischen der Bundesrepublik Deutschland und dem DIN Deutsches Institut für Normung e. V. vom 5.6.1975 organisiert. Diese Vertragsergänzung resultiert aus einem Briefwechsel zwischen dem Bundesminister für Wirtschaft und dem DIN Deutsches Institut für Normung e. V. (veröffentlich in DIN, Normenheft 10: Grundlagen der Normungsarbeit des DIN, S. 40 f.):

„*Der Bundesminister für Wirtschaft – Bonn, den 26. Januar 1984*
Sehr geehrter Herr Reihlen,
Das EG-Informationsverfahren über Normen legt der Bundesregierung folgende Verpflichtungen auf, zu deren Erfüllung die Bundesregierung aufgrund des Normenvertrages vom 5. Juni 1975 das DIN heranziehen möchte 1. Die EG-Kommission und die Normungsgremien der Liste 1 des Anhangs zur EG-Richtlinie sind nach Maßgabe von Art. 2 Abs. 2 der EG-Richtlinie jährlich bis spätestens 31. Januar des Jahres über die Normungsprogramme im Sinne der Richtlinie zu unterrichten; vierteljährlich ist diese Information auf den neuesten Stand zu bringen. 2. Der EG-Kommission und den Normungsgremien nach Liste 1 des Anhangs zur EG-Richtlinie zur EG-Richtlinie sind mindestens alle 4 Monate sämtliche neuen Norm-Entwürfe nach Maßgabe von Art. 4 der EG-Richtlinie zu übersenden. 3. [...]. 4. [...]. 5. Werden die europäischen Normungsgremien CEN und CENELEC von der Kommission ersucht, eine europäische Norm zu erarbeiten, so wird das DIN innerhalb der gesetzten Frist weder eine nationale Norm in dem betreffenden Bereich festlegen noch einführen (Art. 7 Abs. 1 der EG-Richtlinie); Ausnahmen richten sich nach Art. 7 Abs. 2. 6. [...]. 7. [...]. Ich gehe davon aus, da[ss] Sie mit der Deutschen Elektrotechnischen Kommission im DIN und VDE (DKE), die das deutsche Mitglied im CENELEC und auch Organ des DIN ist, die zur Durchführung notwendigen Absprachen treffen. Bitte bestätigen Sie mir die Bereitschaft des DIN, diese Verpflichtungen auf der Grundlage von § 6 und § 7 des Normenvertrages zu übernehmen und die entsprechenden Maßnahmen gemäß der Durchführungsregeln der EG-Kommission fristgerecht gegen Kostenerstattung durchzuführen. [...].
Mit freundlichen Grüßen – Im Auftrag – gez. Dr. Von Beauvais.
DIN Deutsches Institu für Normung e. V. – Berlin, 15. Februar 1984
Sehr geehrter Herr Dr. Von Beauvais.
Das DIN ist bereit, auf der Grundlage von § 6 und § 7 des Normenvertrages die in Ihrem Brief beschriebenen Verpflichtungen aus der EG-Richtlinie 83/189/EWG – Punkte 1 bis 6 Ihres Briefes – zu übernehmen, [...].
Mit freundlichen Grüßen – gez. Dr.-Ing. H. Reihlen".

die sogenannten harmonisierten Normen beschränkt[383] – die bereits vertraglich auf Ebene der europäischen Normungsorganisationen verankerten **Übernahme- und Stillhalteverpflichtungen der nationalen Normungsorganisationen.** War die Einhaltung der sich aus der Informationsrichtlinie ergebenden Verpflichtungen noch durch die Mitgliedstaaten sicherzustellen, richtet sich die Verordnung zur europäischen Normung insoweit nunmehr nicht nur inhaltlich, sondern auch rechtlich an die nationalen Normungsorganisationen und verpflichtet diese unmittelbar. *„Während der Erstellung einer harmonisierten Norm oder nach ihrer Verabschiedung dürfen die nationalen Normungsorganisationen keine Maßnahmen ergreifen, die die beabsichtigte Harmonisierung beeinträchtigen könnten; sie veröffentlichen insbesondere in dem betreffenden Bereich keine neue oder geänderte nationale Norm, die einer geltenden harmonisierten Norm nicht vollständig entspricht. Wird eine neue harmonisierte Norm veröffentlicht, werden alle konkurrierenden nationalen Normen innerhalb einer angemessenen Frist zurückgezogen.“*[384] Gleichwohl vermag auch diese direkte Adressierung keine weitergehenden Wirkungen zu zeitigen. So ist die Anwendung einer technischen Regel stets freiwillig und kommt das Konstitutionsprinzip des Vorrangs des Unionsrechts (→ Rn. 4) bei ihnen nicht zum Tragen. Erlässt eine nationale Normungsorganisation eine technische Regel unter Missachtung der hoheitlich angeordneten Übernahme- oder Stillhalteverpflichtung hat dies mithin nicht zur Folge, dass die technische Regel *„unanwendbar"* wäre.

II. Widerspruchsfreiheit technischer Regelwerke auf nationaler Ebene

Gegenständlich ist die **Harmonisierungstätigkeit** der europäischen Normungsorganisationen **stark begrenzt**. So erfasst diese ausschließlich die Regelsetzung der anerkannten nationalen Normungsorganisationen. Fürwahr können nur die Mitglieder der europäischen Normungsorganisationen durch deren Geschäftsordnungen gebunden sein, bleibt die Verordnung (EU) Nr. 1025/2012 zur europäischen Normung dieser privatrechtlichen Logik treu und sieht diese eine weitergehende Bindungswirkung, also

135

---

[383]Siehe Art. 3 Abs. 6 VO (EU) Nr. 1025/2012. Die Harmonisierte Norm ist eine europäische Norm, die auf der Grundlage eines Auftrages der Kommission zur Durchführung von Harmonisierungsrechtsvorschriften der Union angenommen wurde (siehe Legaldefinition nach Art. 2 Abs. 1 lit. c) VO (EU) Nr. 1025/2012). Das Adjektiv *„harmonisiert"* kennzeichnet demgemäß eine Zugehörigkeit, nämlich die Zugehörigkeit der technischen Norm zu einer Harmonisierungsrechtsvorschrift. Es kennzeichnet mithin nicht den Vorgang des Harmonisierens. So geht jede europäische Norm aus einem Harmonisierungsvorgang hervor und ist in diesem Sinne harmonisiert. Zur harmonisierten Norm → Rn. 222 ff.

[384]Art. 3 Abs. 6 VO (EU) Nr. 1025/2012.

Übernahme- und Stillhalteverpflichtungen auch anderer technischer Regelsetzer nicht vor. In der Bundesrepublik Deutschland sind nur das DIN und die DKE anerkannte Normungsorganisationen im Sinne der Verordnung (EU) Nr. 1025/2012 zur europäischen Normung. Nur ihre Arbeitsergebnisse ergeben das Deutsche Normenwerk. Nur für die Arbeitsvorhaben und Arbeitsergebnisse des DIN und der DKE gelten die in den Geschäftsordnungen der europäischen Normungsorganisationen und in der Verordnung (EU) Nr. 1025/2012 zur europäischen Normung vorgesehenen Übernahme- und gegebenenfalls Stillstandspflichten. Alle anderen im Bereich der technischen Regelsetzung tätigen Institutionen oder Verbände sind nicht Adressat dieser Pflichten. Für eine lückenlose europaweite Harmonisierung der technischen Regeln wäre erforderlich, dass auf nationaler Ebene der durch die europäische Norm geregelte technische Sachverhalt den nationalen Normungsorganisationen zur ausschließlichen Regelung zugewiesen ist bzw. sich die anderen Regelsetzer einer Regelung dieses Sachverhalts enthalten. Anders gewendet müsste sichergestellt sein, dass innerstaatlich dann die entsprechende DIN EN „gilt" und dem keine technischen Regeln anderer Regelsetzer entgegenstehen.

1. Beziehungen des DIN zu anderen deutschen technischen Regelsetzern

136 Nur die Arbeitsergebnisse des DIN und der DKE ergeben das deutsche Normenwerk und macht dieses etwa nur gut die Hälfte der gesamten in Deutschland geltenden technischen Regeln aus. Ein gutes weiteres Viertel wird von Wirtschafts- oder Berufsverbänden oder Ämtern herausgegeben, die für spezielle Fachgebiete Regelwerke erarbeiten. Die restlichen entfallen auf den staatlichen Bereich, also Bund und Länder (→ Rn. 207–209).[385] **Erforderlich** ist demgemäß neben einer vertikalen Widerspruchsfreiheit zwischen europäischer und internationaler Normung, einerseits, und dem DIN-Regelwerk andererseits, auch eine **horizontale Widerspruchsfreiheit** zwischen dem DIN-Regelwerk und den technischen Regeln der anderen nationalen Regelsetzer. Andernfalls würde die mit der europäischen Normung bezweckte Beseitigung von Handelshemmnissen durch technische Regeln nicht erreicht.

137 Die Beziehungen des DIN zu anderen technischen Regelsetzern sind Gegenstand von nicht weniger als 59 mit behördlichen und privaten Institutionen kurz vor und nach dem Abschluss des Normenvertrages vom 5.6.1975 (→ Rn. 125) geschlossener Verträge.[386] Maßgeblich waren dabei folgende Grundsätze und Überlegungen:

- Koordination und Transparenz der Regelsetzungsarbeit mit dem Ziel, Doppelarbeit und Widersprüche zwischen den einzelnen technischen Regeln zu vermeiden;

---

[385] Hertel/Klaiber/Wallner, Technische Regeln systematisch managen, S. 84 und S. 87 ff.
[386] Dazu umfassend Falke, Aspekte der Normung in den EG-Mitgliedstaaten und der EFTA, S. 75 ff.

- vereinfachte Information der Anwender über die zu beachtenden technischen Regeln;
- erhöhte Durchsetzungsfähigkeit bei der westeuropäischen und internationalen Harmonisierung technischer Regeln.

Dem lag die Grundposition des DIN zugrunde, wonach ihm und seinen Organen die Vertretung in den internationalen und regionalen Normungsorganisationen obliegt, die Arbeitsergebnisse dieser internationalen und regionalen Normungsorganisationen in DIN-Normen umzusetzen und die in der Norm DIN 820 und den Beschlüssen des DIN-Präsidiums festgelegten Grundsätze zu respektieren sind.[387]

In den getroffenen Vereinbarungen verpflichten sich die Parteien, **Widersprüche zwischen den Regelwerken** zu **vermeiden** bzw. sich hierum zu bemühen, sich abzustimmen, ihre Arbeiten zu koordinieren und zu regelmäßigen Kontakt. Diese Abstimmung und Koordination wird dadurch zu erreichen versucht, dass die Arbeitsausschüsse des technischen Regelsetzers bei der Aufstellung von technischen Regeln mit den fachlich entsprechenden Arbeitsausschüssen des DIN zusammenarbeiten bzw. die technischen Regelsetzer in den Arbeitsausschüssen des DIN mitarbeiten. Über die Mitarbeit der technischen Regelsetzer in den Arbeitsausschüssen des DIN vollzieht sich auch die Beteiligung der technischen Regelsetzer an der europäischen Normung. So fungieren diese Arbeitsausschüsse für Arbeitsvorhaben auf internationaler oder europäischer Ebene als Spiegelausschüsse des DIN und können die technischen Regelsetzer über diese ihre technischen Regelwerke und ihren Sachverstand in die CEN-/CENELEC Gremien einbringen. Die technischen Regelsetzer sind also an der europäischen Normung nicht unmittelbar beteiligt, können aber mittelbar über die nationalen Normungsorganisationen in deren Spiegelgremien mitwirken. Fürwahr sind für jedes internationale bzw. europäische Normungsvorhaben die auch auf der nationalen Ebene für ein bestimmtes Arbeitsgebiet zuständigen Arbeitsausschüsse eines Normenausschusses im DIN bzw. Komitees der DKE als Spiegelgremien zuständig. Diese Spiegelgremien entscheiden über das deutsche Abstimmungsverhalten in der formellen Abstimmung über einen europäischen Normentwurf und obliegt es ihnen die nationale Delegation zu benennen, deren Aufgabe es ist, die Interessen des deutschen Spiegelgremiums zu vertreten, d. h. zu Entwürfen das deutsche Votum abzugeben.[388]

2. Konsensprinzip

Zur Erreichung der Widerspruchsfreiheit der Regelwerke ist erforderlich, dass die in den Arbeitsausschüssen des DIN/DKE mitarbeitenden technischen Regelsetzer die dort

---

[387]*Ebd.*, S. 88.
[388]Beim Zusammenstellen und Vorbereiten seiner entsandten Delegation stellt die nationale Normungsorganisation sicher, dass die Delegation einen einheitlichen nationalen Standpunkt vertritt, der die Meinung aller von der Arbeit betroffenen Fachkreise berücksichtigt (CEN/CENELEC Geschäftsordnung Teil 2: Gemeinsame Regeln für die Normungsarbeit, Stand: Juni 2015, Ziff. 3.2.3.1 und 3.3.3.1, abrufbar unter URL: http://boss.cen.eu/ref/IR2_D.pdf).

geschaffenen technischen Regeln akzeptieren. Diese Akzeptanz der Arbeitsergebnisse wird durch die im DIN geltenden Verfahrensregelungen und Prinzipien,[389] namentlich das **Prinzip der Konsensbildung** erreicht. Fürwahr würden Abstimmungen oder gar Kampfabstimmungen die Akzeptanz einer geschaffenen technischen Regel beeinträchtigen und hätte eine solche Regel kaum Chancen, allgemein als Stand der Technik anerkannt zu werden.[390] Die Bestimmungen zum Geschäftsgang der Normung im DIN enthalten denn auch keine förmlichen Regelungen über die Abstimmung. In den Normenausschüssen, wie in allen Arbeits- und Lenkungsgremien des DIN, gilt das Konsensprinzip.[391] Konsens heißt nicht Einstimmigkeit. Konsens ist die *„allgemeine Zustimmung, die durch das Fehlen aufrechterhaltenen Widerspruches gegen wesentliche Inhalte seitens irgendeines wichtigen Anteiles der betroffenen Interessen und durch ein Verfahren gekennzeichnet ist, das versucht, die Gesichtspunkte aller betroffenen Parteien zu berücksichtigen und alle Gegenargumente auszuräumen"*[392]. Nur *„[w]enn (in Ausnahmefällen) zum Inhalt einer Norm oder zu dessen Erläuterung sowie zu anderen Fragen, z. B. zur Verabschiedung von Arbeitsprogrammen oder zur Genehmigung, Zwischenergebnisse zu veröffentlichen, Abstimmungen notwendig sind, entscheidet bei Sitzungen die Mehrheit der anwesenden Mitarbeiter bzw. anwesenden Mitglieder des Gremiums. Bei Abstimmungen auf dem Korrespondenzweg entscheidet die Mehrheit der abstimmenden Mitarbeiter bzw. abstimmenden Mitglieder des Gremiums"*[393]. In diesem Zusammenhang sind jedoch die Präsidialbeschlüsse des DIN 4/1996 und 1/2007 zu nennen, die das Konsensprinzip als Grundsatz der Normungsarbeit nochmals bestätigten und darauf aufmerksam machten, dass in Ausnahmefällen, wenn in einem Arbeitsgremium eine Abstimmung erforderlich ist, keine Entscheidung gegen das **geschlossene Votum** eines wesentlichen, an der Normung interessierten Kreises getroffen werden kann. Ersetzt wurden diese Beschlüsse durch den Präsidialbeschluss 07/2011[394], der zwar am *„Geschlossenen Votum"* festhält, wenn eines der drei öffentlichen Interessen **Arbeits-, Umwelt- und Verbraucherschutz** im Raum steht, aber eine Berufung hierauf nunmehr an mehrere Voraussetzungen knüpft. Gleichwohl folgte bereits aus den

---

[389] Die Grundsätze der Normungsarbeit sind in DIN 820-1 und der Geschäftsgang der Normung in DIN 820-4 niedergelegt.
[390] Hertel/Klaiber/Wallner, Technische Regeln systematisch managen, S. 11.
[391] DIN 820-4:2014-06 Ziff. 9.1.
[392] DIN EN 45020:2007-03 „Normung und damit zusammenhängende Tätigkeiten – Allgemeine Begriffe".
[393] DIN, Richtline für Normenausschüsse im DIN Deutsches Institut für Normung e. V. Berlin, September 2013, Ziff. 13.1.
[394] DIN-Mitteilungen 2012-01: Ergebnisse der 64. ordentlichen Sitzung des Präsidiums des DIN vom 4.11.2011, S. 9.

Präsidialbeschlüssen 4/1996 und 1/2007 kein Einstimmigkeitsgebot für die Ausschussarbeit. Dem Einzelnen wurde nie eine Vetoposition verliehen, die eine effektive Arbeit hätte verhindern würde. Sie bestärkten vielmehr den Grundsatz, dass die argumentative Suche nach einem Konsens Vorrang haben soll. Das Konsensprinzip ist Ausdruck des Selbstverständnisses der Normungsarbeit im DIN als ein technisch-wissenschaftliches Verfahren und trägt dem Umstand Rechnung, dass dem DIN keinerlei Durchsetzungsbefugnisse zustehen, sondern auf die freiwillige Befolgung durch die betroffenen Wirtschaftskreise angewiesen ist.[395] Die Durchsetzung einer technischen Regel als anerkannte Regel der Technik wäre fürwahr erheblich erschwert, wenn bereits im Stadium ihrer Verabschiedung ein wesentlicher Verkehrskreis überstimmt würde. Wie andernorts festgestellt,[396] *„können [DIN-Normen] auch bei verbal bekundeten weitereichenden Zielsetzungen nicht wesentlich über die in der Praxis, jedenfalls soweit sie in den Normenausschüssen vertreten ist, eingehaltenen Standards hinausgehen"*. Anders gewendet sind DIN-Normen *„das Ergebnis einer Gemeinschaftsarbeit* [und] *nicht für die Befriedigung von Höchstansprüchen* [ge]*eignet"*.[397] Flankiert wird das Prinzip der Konsensbildung im DIN durch die Verpflichtung des Vorsitzenden eines Technischen Komitees bei CEN und CENELEC, einmütige Beschlüsse oder zumindest Konsens herbeizuführen,[398] wobei hier unter Konsens das Fehlen wesentlicher Einwände einer Partei gemeint ist.[399]

3. Keine rechtlich abgesicherte Einheitlichkeit und Widerspruchsfreiheit

Es gehört damit zum Selbstverständnis der überwiegenden Zahl der technischen Regelsetzer und zum guten Ton unter den institutionalisierten Regelsetzern, dass technische Sachverhalte nicht unterschiedlich oder gar widersprüchlich geregelt werden. Über dieses Prinzip herrscht in der deutschen technischen Regelsetzung weitestgehend Einigkeit unter den beteiligten Institutionen. Mit aller gebotenen Zurückhaltung kann dies auch für die technische Regelsetzung in den anderen Mitgliedstaaten der Europäischen Union konstatiert werden.[400] Dies ist keine Selbstverständlichkeit. Fürwahr wird insbesondere in den USA ein anderes Prinzip der technischen Regelsetzung angewandt. Hier konkurrieren zum Teil regelsetzende Institutionen untereinander mit technischen Regeln zu gleichen

---

[395] Falke, Aspekte der Normung in den EG-Mitgliedstaaten und der EFTA, S. 146 f.
[396] *Ebd.,* S. 147.
[397] DIN, Grundsätze für das Anwenden von DIN-Normen, 2015-06-18, abrufbar unter URL: http//www.din.de/de/ueber-normen-und-standards/anwenden.
[398] CEN/CENELEC Geschäftsördnung Teil 2: Gemeinsame Regeln für die Normungsarbeit, Stand: Juni 2015, Ziff. 3.2.3.3., abrufbar unter URL: http://boss.cen.eu/ref/IR2_D.pdf. Zum Konsensprinzip, Europäische Kommission, Effizienz und Verantwortlichkeit in der europäischen Normung im Rahmen des neuen Konzepts, KOM(98) 291 endg., Ziff. 18.
[399] Wiesendahl, Technische Normung in der Europäischen Union, S. 117 m.w.Nachw.
[400] Hertel/Klaiber/Wallner, Ulrich, Technische Regeln systematisch managen, S. 10.

technischen Sachverhalten und entscheidet der Markt, welche technische Regel sich als die bessere durchsetzt.[401] Trotz dieser Zusammenarbeit und Koordination zwischen den Regelwerken des DIN und anderer institutionalisierter Herausgeber technischer Regeln legen technische Regelsetzer immer wieder Anforderungen fest, die über die vom DIN aufgestellten Anforderungen hinausgehen.[402] Zum Teil halten technische Regelsetzer auch ganz bewusst an der selbstständigen Existenz ihres Regelwerks fest, etwa weil es schneller der technischen und wirtschaftlichen Entwicklung angepasst würde und die Regelungen detailreicher seien als die Inhalte der technischen Normen des DIN.[403] Widerspruchsfreiheit zwischen den technischen Regeln der verschiedenen Regelsetzer in dem Sinne, dass neben der DIN-Regel keine weiteren Regeln zum selben technischen Sachverhalt bestünden wird folglich nicht vollständig erreicht. Eine solche Widerspruchsfreiheit ist rechtlich mithin nicht vorgesehen. Die mit den europäischen Normen verfolgte Beseitigung technischer Handelshemmnisse wird nach alledem zwar durch das DIN auf nationaler Ebene zu erreichen versucht. Gesichert ist sie allerdings nicht.

---

[401]*Ebd.*
[402]Falke, Aspekte der Normung in den EG-Mitgliedstaaten und der EFTA, S. 75 ff.
[403]*Ebd.*, S. 84.

Geschichtliche Entwicklung und Überblick über das heutige Recht des technischen Produkts

Der in den 60er Jahren eintretende Anstieg des Handels mit Investitions- und Konsumgütern sowie eine schnell fortschreitende Technik- und Technologieentwicklung führten auf nationaler Ebene zunehmend zur Reglementierung von bis dahin den Marktkräften vorbehaltenen technischen Sachverhalten. Es waren dies nationale Alleingänge seitens der Gesetz- und Verordnungsgeber, wie auch der technischen Regelsetzer. Es kam zu einer Zersplitterung des Gemeinsamen Marktes.[1] Die primärrechtliche Freizügigkeitsanordnung des ex-Art. 30 EWGV konnte dies nicht verhindern und einen ungestörten Warenaustausch nicht gewährleisten (→ Rn. 56). Die europäischen Institutionen befassten sich fortan mit diesen technischen Handelshemmnissen und deren Beseitigung.[2]

141

---

[1] Langner/Klindt, Technische Vorschriften und Normen, Rn. 2.

[2] Obschon das Recht des technischen Produkts ganz wesentlich vom Streben nach einem funktionierenden Binnenmarkt geprägt ist und in seiner Konzeption und Entwicklung nur im Zusammenhang mit der Verwirklichung des Binnenmarktes verständlich wird, sind Inhalte dieses Rechts auch auf die Mitte der 70er Jahre einsetzende europäische Verbraucherschutzpolitik zurückzuführen (gesundheitlicher Verbraucherschutz). In dem vom Rat am 14.7.1975 gebilligten ersten Programm *„für eine Politik zum Schutz und zur Unterrichtung der Verbraucher"* (ABl. 1975 C 92, 2) wurde das Recht der Verbraucher auf Schutz ihrer Gesundheit und Sicherheit als fundamentales Recht anerkannt. Produkte sollten so beschaffen sein, dass bei ihrem Gebrauch unter normalen und vorhersehbaren Umständen keine Gefahren für die Sicherheit und Gesundheit der Verbraucher bestünden. Zusätzlich sollten die Verbraucher auf Produktgefahren hingewiesen werden. Es folgte im Jahr 1981 ein zweites Verbraucherschutzprogramm, welches die Zielsetzungen des vorangegangenen Programms aufgriff und eine Verbesserung des Dialogs zwischen Herstellern, Händlern und Verbraucher anstrebte (ABl. 1981 C 133, 1). Ein weiterer Schritt hin zu einer europäischen Verbraucherpolitik war die Ratsentschließung vom 13.7.1992, die die Sicherheit und Gesundheit der Verbraucher als eine Priorität der Gemeinschaftspolitik beschrieb (ABl. 1992 C 186, 1).

§ 1 – Old Approach (1968–1985)

142 In den 70er Jahren setzte eine erste Phase europäischer Harmonisierungspolitik ein. Auf Vorlage der Kommission vom 7.3.1968 hin,[3] entschied der Rat in seiner Entschließung vom 28.3.1969 über ein *„Programm zur Beseitigung der technischen Hemmnisse im Warenverkehr, die sich aus den Unterschieden in den Rechts- und Verwaltungsvorschriften der Mitgliedstaaten ergeben"*[4] die Angleichung der disparaten nationalen Anforderungen für mehr als hundert marktrelevante Produkte nach einem in drei Phasen eingeteilten Zeitplan. Die nationalen technischen Vorschriften sollten durch Richtlinien ersetzt werden, die alle erforderlichen Anforderungen in umfassenden **technischen Detailregelungen** festlegten. Für einen jeweils eng definierten Produktbereich wurden die technischen Anforderungen durch den europäischen Gesetzgeber, den Rat, selbst festgelegt bzw. sollten festgelegt werden. Es war dies das noch heute in der Automobilindustrie verfolgte – wenn auch mit dem sog. *„Mehrstufen-Konzept"* (→ Rn. 202, 204, 206) zwischenzeitlich stark modifizierte – Konzept der technischen Detailharmonisierung durch Erlass verbindlicher technischer Spezifikationen auf europäischer Gesetzgebungsebene. Die Umsetzung des Programms erfolgte nur in Teilen und in Abweichung zu den vorgesehenen Zeitplänen. Die Harmonisierungspolitik der siebziger Jahre war gescheitert.[5] Das **Scheitern dieses Integrationskonzepts** war u. a. auf das damalige Einstimmigkeitserfordernis bei einer Beschlussfassung des Rates über Harmonisierungsrichtlinien (→ Rn. 54) zurückzuführen. Eine Beschlussfassung gegen den Willen eines Mitgliedstaats war bereits dann nicht möglich, wenn zwar über Grundsatzfragen einer Rechtsangleichung Einvernehmen bestand, man sich aber über technische Details nicht einigen konnte. Ferner konnte die Methode der Detailharmonisierung mit der Geschwindigkeit und Komplexität technischer Entwicklungen nicht mehr mithalten. So war das Erfordernis der Ausarbeitung und Regelung sämtlicher technischer Detailfragen zu zeitaufwendig, blockierte die statische Fixierung eines bestimmten Sicherheitsstandards die dynamische angelegte Innvotationsfähigkeit der modernen technischen Entwicklung und waren Harmonisierungsrichtlinien teilweise bereits vor ihrer Verabschiedung veraltet. Ohne die in den Richtlinien zu ihrer Anpassung an den technischen Fortschritt enthaltenen Revisionsbefugnisse der Kommission, wäre die Verwirklichung des Programms noch weiter hinter den dort festgelegten Zielen zurückgeblieben. Auch agierten die Mitgliedstaaten aufgrund entgegenstehender nationaler Gewohnheiten in der Industrie bei der Umsetzung der Richtlinien dieses Typs zurückhaltend und war die praktische Untauglichkeit dieser Harmonisierungsmethode zu konstatieren.[6]

---

[3] ABl. 1968 C 48, 24.
[4] ABl. 1969 C 76, 1.
[5] Hierzu Rönck, Technische Normen als Gestaltungsmittel des Europäischen Gemeinschaftsrechts, S. 71–73.
[6] *Ebd.*, Rn. 74–77; Wiesendahl, Technische Normung in der Europäischen Union, S. 48–52; Schellberg, Technische Harmonisierung in der EG, S. 190–201.

§ 2 – Informationsverfahren auf dem Gebiet der Normen und technischen Vorschriften (seit 1983)

Gestützt auf das Urteil des Europäischen Gerichtshofs in der Rechtssache *„Cassis de Dijon"* (→ Rn. 9), leitete die Kommission Anfang der achtziger Jahre eine neue Politik zur Verwirklichung des Binnenmarkts ein. Neben einer Neuausrichtung der Harmonisierungspolitik nach der *„Neuen Konzeption"* (→ Rn. 145–150), zielte sie ab auf eine präventive Kontrolle nationaler technischer Rechtsvorschriften. Die Kommission sollte vor deren Erlass prüfen, ob diese zulässig, d. h. notwendig waren, um zwingenden Erfordernissen zu genügen. Es galt der Warenverkehrsfreiheit widersprechende nationale Rechtsvorschriften *ex ante* zu vermeiden und damit kostspielige und kontroverse Vertragsverletzungsverfahren zu verhindern. Hierfür war eine rechtzeitige Unterrichtung der Kommission über geplante technische Vorschriften erforderlich. Die diesen Ansatz verfolgende Richtlinie 83/189/EWG vom 28.3.1983 beschränkte sich jedoch nicht auf eine Überwachung staatlicher Rechtssetzung und der hiermit einhergehenden Prävention mitgliedstaatlicher Verstöße gegen die Warenverkehrsfreiheit. Sie nahm vielmehr nationale technische Handelshemmnisse in Form technischer Spezifikationen insgesamt in den Blick. Nicht nur Rechtsvorschriften, sondern auch die keine Maßnahmen im Sinne des ex-Art. 30 EWGV (heute Art. 34 AEUV) bildenden technischen Normen wurden einem präventiven Informationsverfahren unterworfen (→ Rn. 133). Dass technische Normen keine unzulässige Beschränkung des freien Warenverkehrs zu begründen vermögen war nicht entscheidend. Maßgebend war deren handelshemmende Wirkung.

143

Die Richtlinie wurde mehrfach geändert und durch die Richtline 98/34/EG vom 22.6.1998 neu kodifiziert und aufgehoben. Heute ist das Informationsverfahren Gegenstand der Richtlinie (EU) 2015/1535 (→ Rn. 91 ff.). Das damals als revolutionär geltende Konzept sollte sich als äußerst effektiv erweisen. Im Zeitraum bis 2005 erklärten sich in etwa 95 % der Fälle, in denen die Kommission reagiert hat, um nationale Vorschriftenentwürfe mit der Warenverkehrsfreiheit in Einklang zu bringen, die Mitgliedstaaten einverstanden, die erforderlichen Änderungen vorzunehmen und ihre Rechtsvorschriften anzupassen. Daduch konnten Vertragsverletzungsverfahren vermieden werden.[7]

144

§ 3 – New Approach (seit 1985)

Das Scheitern des bis dahin praktizierten Integrationskonzepts der Detailharmonisierung führte in den achtziger Jahren zu einer Neuausrichtung der Harmonisierungspolitik.

---

[7]Europäische Kommission, Leitfaden zum Informationsverfahren auf dem Gebiet der Normen und technischen Vorschriften und der Vorschriften für die Dienste der Informationsgesellschaft, 2005, S. 76.

145   Im **Weißbuch zur Vollendung des Binnenmarkts** (→ Rn. 54) anempfahl die Kommission eine *„grundlegende Reorganisation der europäischen Harmonisierungspolitik"* und entwarf eine, von ihr selbst so bezeichnete, **neue Strategie** zur Beseitigung technischer Handelshemmnisse. Aufbauend auf der Rechtsprechung des Gerichtshofs in der Rechtssache *„Cassis-de-Dijon"* (→ Rn. 9) sollten Rechtsangleichungsmaßnahmen fortan nur noch in Bereichen vorgenommen werden, wo dies zur Verwirklichung des freien Warenverkehrs erforderlich und nicht bereits durch den Grundsatz der gegenseitigen Anerkennung nationaler Vorschriften gesichert war. Zu unterscheiden war zwischen den Bereichen, wo eine Harmonisierung unerlässlich ist, und den Bereichen, wo man sich auf eine, gegebenenfalls von der Kommission einzufordernde gegenseitige Anerkennung nationaler Regelungen verlassen konnte. Demgemäß waren fortan einheitliche europäische Produktanforderungen auf den Schutz der heute in Art. 36 AEUV aufgeführten und sonstigen Allgemeininteressen, die den Erfordernissen des freien Warenverkehrs vorgehen, beschränkt (vgl. → Rn. 54, 56).[8]

146   Während sich die neue Strategie auf die Frage bezog, ob und was künftig zu harmonisieren war, befasste sich der ebenfalls im Weißbuch niedergelegte **neue Ansatz** mit der Frage, wie fortan zu harmonisieren war. Nach dem Vorbild der von der Kommission lange Zeit als *„einmaliger Sündenfall"*[9] bezeichneten Niederspannungsrichtlinie 73/23/EWG sollten sich die Harmonisierungsrechtsvorschriften darauf beschränken, lediglich die Grundvoraussetzungen für die Verkehrsfähigkeit von Erzeugnissen festzulegen, die durch harmonisierte technische Normen der anerkannten europäischen Normungsorganisationen konkretisiert und spezifiziert werden sollten.[10]

147   Die konzeptionellen Vorstellungen der Kommission zu einem *neuen Ansatz,* die im Weißbuch ihren Niederschlag fanden, übernahm der Rat in seiner **Entschließung vom 7.5.1985 über eine Neue Konzeption auf dem Gebiet der technischen Harmonisierung**

---

[8]Die Kommission hatte bereits im Vorfeld eine der neuen Strategie korrespondierende Politik der Sicherstellung des Prinzips der gegenseitigen Anerkennung durch die Mitgliedstaaten verfolgt und in ihrer Mitteilung vom 6.11.1978 über *„Die Gewährleistung des freien Warenverkehrs innerhalb der Gemeinschaft"* angekündigt. Rechtsinstrument hierfür war das der Kommission als Hüterin der Verträge zur Verfügung stehende Vertragsverletzungsverfahren. So waren zum Zeitpunkt der Vorlage des Weißbuchs bei der Kommission 1093 diesbezügliche Fälle anhängig (Schmitt von Sydow, Binnenmarktpolitik, S. 156).

[9]Sauer, Normung im neuen Konzept der EG-Kommission, DIN-Mitteilungen 66 (1987), S. 600.

[10]In der Niederspannungsrichtlinie wurde erstmals und mit den elektrischen Betriebsmitteln in einem volkswirtschaftlich bedeutsamen Segment davon abgesehen, die sicherheitstechnischen Anforderungen an das Inverkehrbringen in einem sekundärrechtlichen Rechtsakt detailliert zu regeln. Das geforderte Sicherheitsniveau wurde abstrakt beschrieben. Die Normungsorganisationen wurden eingebunden, auf deren technischen Sachverstand zurückgegriffen und normkonforme Geräte als dem geforderten Sicherheitsniveau genügend angesehen. D. h. und *„*[m]*it etwas Distanz zu Einzelfragen: Normkonformes technisches Produzieren erlaubt*[e] *richtlinienrechtlich zulässiges Inverkehrbringen"* (Klindt, EuZW 2002, 133 (134)).

und **Normung**.[11] Der Rat legte hier in Form rechtlich unverbindlicher Leitlinien die Hauptelemente der künftigen *Harmonisierungsrichtlinien der neuen Konzeption* fest. Es wurde gleichsam ein Muster vorgegeben, auf das bei der Abfassung späterer Harmonisierungsrichtlinien zurückgegriffen werden konnte, weshalb die die Leitlinien beinhaltende Entschließung in der Folge auch als *Modellrichtlinie* bezeichnet wurde.[12]

Die Neue Konzeption (oder auch das Neue Konzept) stützte sich *in puncto* **Produktanforderungen** auf **vier Grundprinzipien**. *Erstens* sollten die Harmonisierungsrechtsvorschriften der neuen Generation nur die wesentlichen Anforderungen zum Schutz des regelungsgegenständlichen Allgemeininteresses festlegen; diesen musste das Erzeugnis genügen, um frei im Binnenmarkt zirkulieren zu können. *Zweitens* waren die in den Harmonisierungsrechtsvorschriften festgelegten grundlegenden Anforderungen durch von den europäischen Normungsorganisationen ausgearbeitete technische Normen zu konkretisieren. *Drittens* war der freiwillige Charakter technischer Normen beizubehalten. *Viertens* hatten die nationalen Behörden bei Erzeugnissen, die nach harmonisierten Normen hergestellt wurden, eine Übereinstimmung mit den in der Harmonisierungsrechtsvorschrift aufgestellten wesentlichen Anforderungen anzunehmen, ohne jedoch die Einhaltung dieser Normen zu verlangen; bei nicht den Normen entsprechenden Erzeugnissen sollte es Sache des Herstellers sein, deren Übereinstimmung mit den wesentlichen Anforderungen nachzuweisen. Damit dieses System funktionierte, war zu gewährleisten, dass die harmonisierten technischen Normen die wesentlichen Anforderungen der jeweiligen Harmonisierungsrechtsvorschrift ordnungsgemäß konkretisierten. Dies sollte durch an die europäischen Normungsorganisationen gerichtete Normungsaufträge der Kommission (sog. Normungsmandate) und der Beachtung allgemeiner Leitlinien, die zwischen diesen Organisationen und der Kommission im Benehmen mit den Mitgliedstaaten festzulegen waren, sichergestellt werden. Hieran anknüpfend formulierte die Modellrichtlinie sodann Struktur und Inhalte der künftigen Harmonisierungsrichtlinien der Neuen Konzeption.

Je nach Art der unter die jeweilige Richtlinie fallenden Erzeugnisse und Gefahren hatte der europäische Gesetzgeber weiter festzulegen, wie der **Nachweis der Übereinstimmung der Produkte** mit den wesentlichen Anforderungen den nationalen Aufsichtsbehörden gegenüber zu führen war. Neben der Konformitätserklärung des Herstellers (Selbstzertifizierung) konnte in den Richtlinien auf die Drittzertifizierung als maßgebende Bescheinigungsform zurückgegriffen werden. Um die Konformität seiner Produkte ordnungsgemäß bescheinigen zu können, hatte sich der Hersteller dann einer neutralen Konformitätsbewertungsstelle zu bedienen, die über die erforderliche Kompetenz für die Prüfung bestimmter Sicherheitsaspekte verfügte. Diese in der Folge auch als *„benannte Stellen"* oder *„notifizierte Stellen"* bezeichneten Konformitätsbewertungsstellen waren von den Mitgliedstaaten der Kommission gegenüber zu benennen.

---

[11]ABl. 1985 C 136, 1.
[12]Wiesendahl, Technische Normung in der Europäischen Union, S. 67.

Mit ihrer Benennung erhielten sie eine Kennnummer und waren fortan berechtigt, die Einhaltung der an das Produkt gestellten Anforderungen zu prüfen und zu bescheinigen. Die nationalen Aufsichtsbehörden blieben hierdurch auf eine kosten- und ressourcensparende nachträgliche Marktüberwachung beschränkt. Die Leitlinien verhielten sich indes nur rudimentär zur Konformitätsbewertung und lag bei Annahme der Leitlinien noch kein einheitliches Konzept vor. Dies wurde erst fünf Jahre später mit dem sogenannten Modulbeschluss vom 13.12.1990 (→ Rn. 155) geschaffen und die Beantwortung der Frage, nach welchem Verfahren der Nachweis der Einhaltung der grundlegenden Anforderungen bzw. der harmonisierten Normen erbracht werden musste, in Angriff genommen.

150 Trotz wiederholter Überarbeitung des Rechtsrahmens ist die Neue Konzeption die noch heute in den Harmonisierungsrechtsvorschriften mehrheitlich vorzufindende Regelungs- und Rechtssetzungstechnik.

§ 4 – Globales Konzept (seit 1990)

151 Wie der Rat bereits in der Entschließung vom 7.5.1985 bemerkte, war mit der Setzung einheitlicher Produktstandards allein ein ungestörter Verkehr der Erzeugnisse nicht zu verwirklichen. Fürwahr befasste sich die Neue Konzeption nur sehr allgemein mit der Frage, wie die Übereinstimmung eines Produktes mit den wesentlichen Anforderungen bzw. den harmonisierten Normen durch die nationalen Behörden zu überprüfen und zu bestätigen war. Parallel galt es die Frage zu beantworten, nach welchem Verfahren der Nachweis der Einhaltung der wesentlichen Anforderungen bzw. der harmonisierten Normen erbracht werden musste und welchen Anforderungen die Stellen genügen mussten, die in dieses Verfahren gegebenenfalls einzuschalten waren. Die Modellrichtlinie enthielt hierzu lediglich eine Aufzählung möglicher Zertifizierungsformen, aber kein kohärentes Konzept für die Prüfung und Zertifizierung der Richtlinienkonformität der Produkte. Trotz Vorschriften- und Normenharmonisierung sowie gegenseitiger Anerkennung bestanden technische Handelshemmnisse mangels eines solchen Konzepts denn auch fort. Der Rat forderte in der Entschließung vom 7.5.1985 denn auch die Kommission auf, die erforderlichen Schritte zur Schließung dieser Regelungslücken einzuleiten. Die Kommission kam diesem Ersuchen mit ihrer dem Rat am 15.6.1989 vorgelegten Mitteilung über ein globales Konzept für Zertifizierung und Prüfwesen nach.[13] Sie erkannte, dass der an die Mitgliedstaaten gerichtete Rechtsbefehl, die in einem anderen Mitgliedstaat erbrachten Konformitätsnachweise anzuerkennen, wie auch die gegenseitige Anerkennung der einzelstaatlichen Vorschriften *„in der Praxis wirkungslos zu bleiben [drohen], wenn nicht das allen gemeinsame Problem gelöst und das allen gemeinsame Bedürfnis*

---

[13] KOM(89) 209 endg.

befriedigt wird, nämlich die Voraussetzungen dafür zu schaffen, da[ss] Vertrauen entstehen kann und zur unentbehrlichen Grundlage für die gegenseitige Anerkennung wird". Es galt somit *„die Voraussetzungen für [dieses] Vertrauen zu schaffen und zu diesem Zweck die Einrichtungen und die entsprechenden Verfahren einander anzunähern"*.

Die Kommission verdeutlichte die Problematik anhand von Beispielen wie folgt: **152**
„Ein Hersteller von Edelmetallegierungen mu[ss], um seine Erzeugnisse verkaufen zu können, den Nachweis bestimmter chemischer Eigenschaften und bestimmter mechanischer Leistungen erbringen. Hierzu kann er entweder aufgrund einer Vorschrift oder aufgrund des Vertrages, den er mit seinem Kunden geschlossen hat, verpflichtet sein. Im Falle einer harmonisierten Vorschrift gibt es eine Richtlinie (z. B. über Druckbehälter), in der nicht nur die Eigenschaften und Leistungen festgelegt sind, sondern auch vorgeschrieben ist, da[ss] jeder Mitgliedstaat die Stelle zu benennen hat, die zur Durchführung der Prüfungen und Ausstellung der Bescheinigungen befugt ist. Außerdem besagt die Richtlinie, da[ss] die Mitgliedstaaten die in anderen Mitgliedstaaten ausgestellten Bescheinigungen [in gleichem Maße wie von inländischen Konformitätsbewertungsstellen ausgestellte Bescheinigungen] anzuerkennen haben. Damit die gegenseitige Anerkennung auch funktioniert, mu[ss] die technische Zuverlässigkeit solcher Stellen vergleichbar sein. Daher kann sich eine Richtlinie nicht auf die Bestätigung dieser Verpflichtung beschränken, sondern sie mu[ss] auch die Bedingungen festlegen, welche die Kontrollstellen erfüllen müssen, um ausgewählt werden zu können. Andernfalls werden die Hersteller in Ländern, in denen die Zuverlässigkeit der ausgewählten Stellen am niedrigsten eingestuft wird, beim Export weiterhin auf Schwierigkeiten stoßen."
Fürwahr belegen Konformitätsnachweise (Zeichen, Stempel, Bescheinigungen, Prüfberichte, etc.) im reglementierten Bereich (obligatorische Drittzertifizierung) lediglich, dass nach Ansicht der Zertifizierungsstelle die Anforderungen aus europäischen Richtlinien erfüllt sind, d. h. nach deren Dafürhalten das Produkt den Beschaffenheitsanforderungen entspricht, das jeweilige Qualitätssicherungssystem hinreichend zuverlässig arbeitet, in Übereinstimmung mit den normativen Vorgaben steht, etc. Eine gegenüber den nationalen Aufsichtsbehörden verbindliche Feststellung, dass die Produkte, Prozesse, Systeme, etc. den Anforderungen der Richtlinie entsprechen ist hiermit nicht verbunden. Die Verpflichtung zur Anerkennung von in anderen Mitgliedstaaten ausgestellten Bescheinigungen hindert demgemäß lediglich die amtliche Feststellung formaler Nichtkonformität (→ Rn. 578 f., 725). Inhaltliche Akzeptanz hingegen setzt Vertrauen der nationalen Kontrollbehörden in die in anderen Mitgliedstaaten erbrachten Nachweise voraus. *„Wird dagegen ein Konformitätszeichen von einer nicht harmonisierten nationalen Vorschrift verlangt – beispielsweise bei der Herstellung von Industriedampfkesseln, für die es noch keine Gemeinschaftsrichtlinie gibt –, hat der Hersteller grundsätzlich das Recht, sich auf die Artikel 30 bis 36 EWG-Vertrag zu berufen, und kann damit rechnen, seine Legierungen auch in den übrigen Mitgliedstaaten verkaufen zu können, wenn er in seinem eigenen Land für sie eine Bescheinigung erhalten hat. Unter der Voraussetzung, da[ss] die Vorschriften für die Eigenschaften und Leistungen dieser Legierungen, die für die Herstellung von Dampfkesseln verwendet werden, in den übrigen Mitgliedstaaten*

tatsächlich gleichwertig sind, müssen die Behörden dieser Mitgliedstaaten auch noch volles Vertrauen in die technische Zuverlässigkeit der Stelle haben, welche die Prüfungen durchgeführt und die Bescheinigungen ausgestellt bzw. die Konformitätszeichen erteilt hat. Ist dieselbe Stelle international jedoch noch nicht bekannt oder ihre Kompetenz nicht objektiv gesichert, so ist es wenig wahrscheinlich, da[ss] unser Legierungshersteller das Glück hat, vom Grundsatz der gegenseitigen Anerkennung profitieren zu können. Schließlich gibt es noch den Fall, in dem die betreffende Legierung zur Herstellung einer Anlage bestimmt ist, für die es keinerlei Vorschrift, weder nationale noch gemeinschaftliche, gibt, deren Leistungen jedoch gegenüber dem Käufer vertraglich garantiert werden müssen. Dieser könnte sich klugerweise nicht damit zufrieden gegeben haben, im Liefervertrag eine Konformitätsbescheinigung zu verlangen, sondern könnte auch die Bescheinigungsstelle genau angegeben haben. Dabei hätte er natürlich jene ausgewählt, die er am besten kennt, deren technischer Ruf einwandfrei ist und mit der er bereits seit langer Zeit zusammenarbeitet. Man darf sich nicht wundern, wenn er in den meisten Fällen ein einheimisches Institut wählt (der EWG-Vertrag enthält keinerlei Bestimmung, die ihm etwas anderes vorschreibt!). In diesem Fall mu[ss] der Hersteller seine Legierungen erneut zertifizieren lassen, sofern es zwischen der Stelle seines Landes und dem von seinem Kunden gewählten Institut keine Vereinbarung über gegenseitige Anerkennung gibt. Die gleiche Situation lä[ss]t sich auch vorstellen, wenn solche Stellen in anderer Weise einschreiten und keine Erzeugnisse, sondern die Fertigungsverfahren der Unternehmen zu zertifizieren haben. In solchen Fällen besteht ihre Aufgabe darin, das Qualitätssicherungsverfahren zu prüfen und anzuerkennen und in den Werken, die über ein zertifiziertes System verfügen, regelmäßig Kontrollen durchzuführen. So mu[ss] beispielsweise ein Hersteller medizinischer Geräte, wenn er seine Erzeugnisse verkaufen will, nachweisen, da[ss] er über ein anerkanntes und durch eine dritte Stelle überwachtes Qualitätssicherungssystem verfügt. Wenn die Stellen, die solche Tätigkeiten durchführen, nicht auf einer gemeinsamen Grundlage und nach denselben Normen und Kriterien arbeiten, ist der Hersteller gezwungen, sich eine Zertifizierung auf jedem einzelnen Markt nach den jeweiligen gesetzlichen Vorschriften oder entsprechend den Forderungen seines Kunden zu besorgen. Die Kosten für solche Vielfachzertifizierungen – für Produkte oder Unternehmen – können eine erhebliche, immer wiederkehrende Belastung darstellen, da zu den anfänglichen Kosten noch die Kosten für die jährlichen Überwachungen hinzugerechnet werden müssen, die diese Stellen so lange durchführen, wie der Hersteller die erhaltenen Zeichen und Bescheinigungen verwendet. Angesichts dieser Beispiele könnte man zu dem Schlu[ss] kommen, da[ss] sich Handelshemmnisse trotz der Erfolge auf juristischem Gebiet innerhalb des Binnenmarkts so lange nicht vermeiden lassen, wie die nationalen Konformitätsbewertungseinrichtungen und -methoden […] nicht wirklich gleich und transparent sind […]."[14]

---

[14]*Ebd.*

§ 4 – Globales Konzept (seit 1990)

Es galt die Neue Konzeption durch eine Konformitätsbewertungspolitik zu ergänzen. Erforderlich waren gemäß der von der Kommission in ihrer Mitteilung vom 15.6.1989 zum Ausdruck gebrachten Ansicht *i)* eine Neuordnung der Verfahren zum Nachweis der Konformität im reglementierten Bereich und *ii)* gemeinsame Anforderungen an Prüflaboratorien, Zertifizierungs- und Überwachungsstellen sowohl im reglementierten, wie auch im nicht reglementierten Bereich (d. h. bei obligatorischer, wie auch bei freiwilliger Drittzertifizierung). Kern des von der Kommission vorgelegten globalen Konzepts war es, durch gemeinsame Grundlagen Vertrauen in die Tätigkeit der Hersteller, aber insbesondere auch in die von diesen freiwillig oder obligatorisch eingeschalteten Zertifizierungsstellen und die diese überwachenden Akkreditierungsstellen zu schaffen.   153

Obgleich die Kommission in der Mitteilung vom 15.6.1989 wiederholt auf das Erfordernis von Vertrauen in die Zertifizierungseinrichtungen und hiermit einhergehend auf das Erfordernis geeigneter Kriterien für die Beurteilung der Kompetenz und Unabhängigkeit dieser Stellen verwies, sollte die Organisation und Durchführung der Benennung und Akkreditierung von Konformitätsbewertungsstellen erst rund 20 Jahre später mit der Verordnung (EG) Nr. 765/2008 und dem Beschluss Nr. 768/2008/EG auf europäischer Ebene engagiert geregelt werden (→ Rn. 185 ff.). Dem Vorschlag der Kommission folgend, beschränkte sich der Rat fürwahr in seiner Entschließung vom 21.12.1989 zu einem Gesamtkonzept für die Konformitätsbewertung[15] mit der an die Mitgliedstaaten und die europäischen Institutionen gerichteten Empfehlung, die Verwendung der europäischen Normen für Qualitätssicherungssysteme und für Akkreditierung zu fördern.[16]   154

Der als **Modulbeschluss** bezeichnete Beschluss **90/683/EWG** des Rates vom 13.12.1990 befasste sich mit der **Konformitätsbewertung** denn auch nur mit dem zweiten von der Kommission herausgearbeiteten Erfordernis. Den Wirtschaftsakteuren waren hiernach die Mittel zum Nachweis der Konformität an die Hand zu geben bzw.   155

---

[15] ABl. 1990 C 10, 1.

[16] Der europäische Gesetzgeber selbst kam dieser Empfehlung in den darauffolgenden Harmonisierungsrechtsvorschriften nach. Hatte der Hersteller zum Nachweis der Richtlinienkonformität seines Erzeugnisses Prüf- und Zertifizierungsstellen einzuschalten, mussten diese Stellen fortan bestimmten und in den Richtlinien festgelegten Mindestkriterien genügen. Um die Vergleichbarkeit der Kompetenz der benannten Stellen sicherzustellen, war fürwahr erforderlich, dass nicht nur die Produkte selbst auf die in den Richtlinien aufgestellten Anforderungen hin überprüft wurden, sondern auch die für die Überprüfung der Produkte zuständigen Konformitätsbewertungsstellen die Einhaltung gewisser Anforderungen zu gewährleisten hatten. Diese Mindestkriterien wurden in vielen Richtlinien mit den in der Entschließung genannten europäischen Normen derart verknüpft, dass bei deren Einhaltung angenommen wurde, dass die Stelle die Mindestkriterien der Richtlinie erfüllt. Nicht geregelt wurde damit jedoch die in der Praxis überragend wichtige freiwillige Drittzertifizierung. Hier vertauten Kommission und Rat auf die Selbstregulierungskräfte der Wirtschaft. Die europäischen Normen setzten die Maßstäbe für die Vergleichbarkeit der technischen Kompetenz und der organisatorischen Grundlagen von Prüflaboratorien und Zertifizierungsstellen fest, so dass sich nur diejenigen Stellen am Markt sollten durchsetzen können, die diese europäischen Normen erfüllten.

die mitgliedstaatlichen Behörden in die Lage zu versetzen, sich vergewissern zu können, dass Produkte den an sie gestellten Anforderungen entsprechen. Dieser sog. Modulbeschluss begründete keine Rechtspflichten. Er enthielt die politische Selbstbindung für die Gestaltung künftiger Harmonisierungsrichtlinien. Acht Zertifizierungsmodule wurden dort aufgeführt, aus denen der europäische Gesetzgeber bei Erlass einer Harmonisierungsrechtsvorschrift nach Art eines Baukastens einzelne Zertifizierungsbausteine auswählen und miteinander kombinieren konnte. Die einzelnen Zertifizierungsverfahren waren die Herstellererklärung (Modul A), die Baumusterprüfung (Modul B), die Erklärung über die Konformität mit der zugelassenen Bauart (Modul C), die EG-Prüfung (Modul F), die Einzelprüfung (Modul G), das Qualitätssicherungssystem Produktion (Modul D) und das Qualitätssicherungssystem Produkt (Modul E) sowie die umfassende Qualitätssicherung (Modul H). Der Beschluss enthielt außerdem Leitlinien, nach denen die Auswahl erfolgen sollte. Grundsatz war, dass unverhältnismäßige Belastungen für den Hersteller vermieden werden sollten. Dem Hersteller sollten nach Möglichkeit verschiedene Verfahren zur Auswahl gegeben werden. Der Ratsbeschluss vom 13.12.1990 zu einem **Gesamtkonzept** für die Konformitätsbewertung wurde ersetzt durch den Ratsbeschluss 93/465/EWG vom 22.7.1993, der zugleich die **CE-Kennzeichnung** einführte und deren Anbringung und Verwendung regelte. Mit der am selben Tag erlassenen Richtlinie 93/68/EWG wurden die bereits bestehenden Richtlinien nach der Neuen Konzeption geändert und die oft divergierenden Konformitätsbewertungsverfahren unter Rückgriff auf die Module aus dem Modulbeschluss angeglichen.

156 Der Beschluss Nr. 93/465/EWG wurde ersetzt durch den Beschluss Nr. 768/2008/EG (→ Rn. 190), der das Baukastenprinzip des Modulbeschlusses fortführt und lediglich die Modultypen verfeinert (→ Rn. 560). Die allgemeinen Grundsätze der CE-Kennzeichnung wurden in die Verordnung (EG) Nr. 765/2008 überführt (→ Rn. 657 f.).

§ 5 – Harmonisierungsrechtsvorschriften nach der Modellrichtlinie und dem Gesamtkonzept (1985–2008)

157 Die Harmonisierungsrechtsvorschriften nach der Modellrichtlinie und dem Gesamtkonzept weisen gemeinsame **Strukturen** auf, die durch die **Ratsentschließung vom 7.5.1985** und den **Modulbeschluss 90/683/EWG,** respektive 93/465/EWG, vorgegeben waren. In ihrer Ausprägung wiesen die einzelnen Harmonisierungsrechtsvorschriften aber durchaus Unterschiede auf. Diese waren u. a. auf unterschiedliche Gegebenheiten im jeweiligen Industriesektor, auf den von Materie zu Materie unterschiedlichen Stand der europäischen Normung und die Bandbreite der zu harmonisierenden nationalen Beschaffenheitsanforderungen zurückzuführen. Ferner unterlag das Recht des technischen Produkts einem stetigen Wandel. Zahlreiche Fragen stellten sich erst mit der zunehmenden Rechtssetzung und wurden die Erkenntnisse aus der Anwendung der ersten Harmonisierungsrechtsvorschriften in den neueren Harmonisierungsrechtsvorschriften berücksichtigt. Die mit der Richtlinie 93/68/EWG erstrebte Angleichung der bis 1992 erlassenen technischen Harmonisierungsrichtlinien an das globale Konzept blieb unvollständig. Die Kommission hatte sich fürwahr auf die notwendigsten Änderungen beschränkt. Es sollten nicht in der Anlaufphase der Mehrheit der Harmonisierungsrichtlinien sogleich wieder grundlegende und kostenverursachende Umstellungen erforderlich werden. Damit wurde andererseits aber eine Möglichkeit nicht genutzt, den Harmonisierungsrechtsvorschriften frühzeitig ein einheitlicheres Gepräge zu geben.[17] Dies sollte dann erst mit der Angleichung der technischen Harmonisierungsrichtlinien an den Beschluss Nr. 768/2008/EG vom 9.7.2008 geschehen (→ Rn. 190).

Wichen damit die Harmonisierungsrechtsvorschriften nach der Modellrichtlinie und dem Gesamtkonzept zwar in verschiedenen Punkten voneinander ab, waren ihnen aber mehrere wesentliche Elemente gemein: *i)* sie definierten deren jeweiligen sachlichen Geltungsbereich, den Anwendungszeitpunkt und sahen Übergangsregelungen vor, *ii)* enthielten regelmäßig eine sog. Freiverkehrsklausel, welche die Verpflichtung der Mitgliedstaaten, das Inverkehrbringen von Erzeugnissen, die den Anforderungen der Richtlinie genügten, nicht zu behindern oder zu verbieten, nochmals ausdrücklich festhielt, *iii)* gaben die zum Schutz des verfolgten öffentlichen Interesses wesentlichen Anforderungen vor, denen die Erzeugnisse bei ihrem Inverkehrbringen genügen mussten, *iv)* beinhalteten eine Konformitätsvermutung der Übereinstimmung mit den wesentlichen Anforderungen bei nach harmonisierten Normen gefertigten Erzeugnissen, *v)* bestimmten unter Rückgriff auf die Zertifizierungsmodule nach dem Modulbeschluss die Verfahren, die es den Herstellern gestatteten, die Konformität der Erzeugnisse nachzuweisen, *vi)* regelten jeweils die Anbringung der CE-Kennzeichnung, *vii)* verpflichteten die Mitgliedstaaten das Inverkehrbringen und die Inbetriebnahme nicht konformer bzw. gemäß einigen Richtlinien anderweit gefährlicher Erzeugnisse einzuschränken bzw. zu verbieten oder aus dem Verkehr ziehen zu lassen und *viii)* legten die Mindestanforderungen an die benannten Stellen, die Grundsätze ihrer Benennung, der Notifizierung und des Widerrufs ihrer Benennung fest.[18]

---

[17]Langner, Technische Vorschriften und Normen, Rn. 34.

[18]Siehe Europäische Kommission, Leitfaden für die Umsetzung für die nach dem Neuen Konzept und dem Gesamtkonzept verfaßten Richtlinien. Harmonisierungsrechtsvorschriften nach der Modellrichtlinie und dem Gesamtkonzept ergingen zu folgenden Produktbereichen, Gefahren und Phänomenen: elektrische Betriebsmittel im Niederspannungsbereich, einfache Druckbehälter, Spielzeug, Bauprodukte, elektromagnetische Verträglichkeit, Maschinen und Hebezeuge, Persönliche Schutzausrüstungen, nichtselbsttätige Waagen, aktive implantierbare medizinische Geräte, Gasverbrauchseinrichtungen, Telekommunikations-Endeinrichtungen und Satellitenfunkanlagen, Wirkungsgrade von Warmwasserheizkesseln, Explosivstoffe für zivile Zwecke, Medizinprodukte, Geräte und Schutzsysteme zur Verwendung in explosionsgefährdeten Bereichen, Sportbooten und Aufzügen.

§ 6 – Allgemeine Produktsicherheitsrichtlinie (seit 1992)

I. Erfordernis einer allgemeinen Binnenmarktrichtlinie

159 Die europäischen Regelungsinitiativen blieben in zweifacher Hinsicht lückenhaft. Zum einen beschränkten sich die nach der Modellrichtlinie und dem Gesamtkonzept verfassten Richtlinien mit der Regelung der Marktzugangsvoraussetzungen auf die Vormarktkontrolle und enthielten zur Nachmarktkontrolle nur rudimentäre Regelungen. Zum anderen deckten sie nicht alle Produkte ab, so Harmonisierungsrichtlinien nur für solche Produkttypen, Gefahren und Phänomene erlassen wurden, bei denen eine Rechtsangleichung als besonders bedeutend für die Binnenmarktintegration angesehen wurde. Es galt das gegenwärtige Regelungssystem nachzubessern. Dies sowohl unter dem Gesichtspunkt der Binnenmarktverwirklichung wie auch unter dem Aspekt des gesundheitlichen Verbraucherschutzes.

1. Uneinheitliche Marktüberwachung

160 Die Harmonisierungsrichtlinien befassten sich schwerpunktmäßig mit der Errichtung eines europaweit einheitlichen Marktzugangssystems, d. h. der **Vormarktkontrolle.** Hingegen blieb die Kontrolle bereits vermarkteter Produkte gemäß dem Grundsatz der Verfahrensautonomie ($\rightarrow$ Rn. 88) weitgehend den Mitgliedstaaten vorbehalten. Die Richtlinien selbst verhielten sich nicht oder nur zurückhaltend zu den Rechtsfolgen von Verstößen gegen die dort festgelegten Schutzanforderungen. Insoweit waren Regelungslücken innerhalb der einzelnen Harmonisierungsrichtlinien zu schließen. So war und ist die effektive und einheitliche Überwachung in den Verkehr gebrachter Produkte, d. h. die Marktüberwachung oder **Nachmarktkontrolle,** aus Binnenmarkt- und Konsumentenschutzgründen geboten. Fürwahr hatte sich die Überwachung des Marktes auf die Einhaltung der Vorgaben des Binnenmarktrechts sowie die Ahndung entsprechender Verstöße durch die Mitgliedstaaten als unzureichend erwiesen. Die Mitgliedstaaten hielten nicht nur unterschiedliche Eingriffsbefugnisse und Sanktionen für Verstöße gegen harmonisiertes Recht vor, sie verfolgten solche Verstöße auch mit teilweise sehr unterschiedlicher Intensität. Dieser uneinheitliche Vollzug ging nicht nur zu Lasten des Produktnutzers, dem in Teilen des Unionsmarktes Produkte angeboten wurden, die aufgrund mit ihnen verbundener Gefahren in anderen Mitgliedstaat bereits vom Markt genommen wurden. Sie gereichte auch den auf die Konformität ihrer Produkte bedachten Herstellern zum Nachteil, die in die Entwicklung hochwertiger Produkte investierten und mit mangels solcher Entwicklungskosten preislich billigeren Produkten konkurrieren mussten. Das Fehlen europaweit einheitlicher Vollzugsstandards verzerrte aber nicht nur den Wettbewerb. Auch die Warenverkehrsfreiheit war betroffen, wenn ein mit einer CE-Kennzeichnung

versehenes Produkt im Land des Herstellers ungehindert vertrieben werden konnte, während es sich in einem anderen Mitgliedstaat von der zuständigen Marktüberwachung einer Inkriminierung, etwa in Form eines Vertriebsverbots, ausgesetzt sah.[19]

2. Gegenständlich begrenzte Geltungsbereiche im Produktsicherheitsrecht

Europaweit einheitliche Design-Anforderungen bestanden nur in den harmonisierten Bereichen. Es nimmt nicht wunder, dass zum Schutz von Leib und Leben des Konsumenten mehrere Mitgliedstaaten die ihnen im Produktsicherheitsrecht verbliebene Rechtssetzungskompetenz aufgriffen. Sie erließen horizontal geltende Rechtsvorschriften, die den Wirtschaftsakteuren eine allgemeine Verpflichtung auferlegten, nur sichere Produkte in den Verkehr zu bringen. Diese unterschiedlichen mitgliedstaatlichen Rechtsvorschriften führten hinsichtlich derjenigen Produkte und Produktgruppen, bei denen eine Rechtsangleichung bis dato ausblieb, zu einem unterschiedlichen Schutzniveau zwischen den Mitgliedstaaten und zu technischen Handelshemmnissen. Zur Verwirklichung des Binnenmarkts und eines europaweit einheitlich hohen gesundheitlichen Verbraucherschutzniveaus war es notwendig, auch die bisher nicht harmonisierten Produkte regelungstechnisch zu erfassen.

II. Horizontal geltende und auf Verbraucherprodukte beschränkte Produktsicherheitsrichtlinie

Zur Schließung dieser Lücken des europäischen Produktsicherheitsrechts verabschiedete der Rat am 29.6.1992 die Richtlinie 92/59/EWG über die allgemeine Produktsicherheit, neu gefasst und aufgehoben durch die gleichnamige Richtlinie 2001/95/EG, mit welcher der europäische Gesetzgeber mittels einer übergreifenden Binnenmarktrichtlinie seine bisherige und weiterhin zu verfolgende Harmonisierungspolitik nach der Neuen Konzeption ergänzte. Produktspartenübergreifend, aber auf Verbraucherprodukte beschränkt, wurden einheitliche Sicherheitsanforderungen festgelegt, den Wirtschaftsteilnehmern weitergehende Pflichten zum gesundheitlichen Schutz des Verbrauchers auferlegt und die Regelungen zum Vollzug in den Mitgliedstaaten harmonisiert.

Die Produktsicherheitsrichtlinie formuliert für Verbraucherprodukte ein **allgemeines** und gegenüber den spezielleren Schutzanordnungen der sektoralen Richtlinien zurücktretendes **Sicherheitsgebot** (→ Rn. 79), wonach auf den Markt gebrachte Produkte sicher sein müssen. Sicher sind sie dann, wenn bei einer normalen oder vernünftigerweise

---

[19]Mitteilung der Kommission an den Rat und das Europäische Parlament – Verbesserte Umsetzung der Richtlinien des neuen Konzepts, KOM(2003) 240 endg. Ziff. 2.5.1; Kapoor/Klindt, EuZW 2008, 649 (652); Joerges/Falke/Micklitz/Brüggemeier, Die Sicherheit von Konsumgütern und die Entwicklung der Europäischen Gemeinschaft, S. 399.

vorhersehbaren Verwendung keine Gefahren für die Gesundheit und Sicherheit des Nutzers des Produkts drohen. Wie nach der Neuen Konzeption können seit der Novellierung der Produktsicherheitsrichtlinie zur Konkretisierung des allgemeinen Sicherheitsgebots europäische technische Normen herangezogen werden (→ Rn. 223). Anders als bei den Harmonisierungsrechtsvorschriften ist indes nach der allgemeinen Produktsicherheitsrichtlinie die Richtlinienkonformität des Produkts nicht durch die Anbringung eines CE-Zeichens auszuweisen. Auch enthält sie keine auf den Nachweis der Einhaltung des allgemeinen Sicherheitsgebots gerichtete – den Modulen nach dem Modulbeschluss vergleichbare – verfahrensrechtliche Regelungen.

163   Weiteres Novum der Produktsicherheitsrichtlinie war die **Einführung** umfassender **nicht design-bezogener Pflichten.** Über das allgemeine Sicherheitsgebot hinaus erließ der europäische Gesetzgeber zum Schutz des Verbrauchers ein breit angelegtes und an die Hersteller und Händler gerichtetes Pflichtenprogramm in Form von Informations-, Marktbeobachtungs- und Selbstanzeigepflichten (→ Rn. 609, 647, 650, 676, 681, 699, 704).

164   Parallel zum Regelungsansatz der Modellrichtlinie und dem Gesamtkonzept wies die Produktsicherheitsrichtlinie zwar auch weiterhin den Mitgliedstaaten die Verantwortung für die Marktüberwachung zu. Sie regelte aber im Gegensatz zu den damaligen Harmonisierungsrichtlinien den Vollzug des europäischen Produktsicherheitsrechts gleich unter mehreren Aspekten und verpflichtete die Mitgliedstaaten zu einer aktiven und effektiven **Nachmarktkontrolle** im Rahmen eines europäischen Marktüberwachungssytems. Fortan hatten die Mitgliedstaaten Überwachungskonzepte auszuarbeiten, um die Effizienz der Marktüberwachung sicherzustellen. Eingefügt wurden weiter ein Befugniskatalog, der nicht abschließend den zuständigen mitgliedstaatlichen Behörden an die Hand zu gebende Standardmaßnahmen aufführt, und mit RAPEX ein Informationssystem europaweiter Verwaltungskooperation und -koordination (→ Rn. 719 ff.).

§ 7 – Europaweite Kooperation und Koordination der Marktüberwachung innerhalb der Harmonisierungsrechtsvorschriften nach der Modellrichtlinie und dem Gesamtkonzept und nach der Produktsicherheitsrichtlinie

165   Im Nachgang zum sog. Sutherland-Bericht[20] setzte sich in den 90er Jahren auf europäischer Ebene mehr und mehr die Erkenntnis durch, dass eine effektive Marktüberwachung in einem länderübergreifenden offenen Markt mit einheitlichen

---

[20]Sutherland u. a., Der Binnenmarkt nach 1992: Die Herausforderung aufnehmen. Bericht der hochrangigen „Beratergruppe Binnenmarkt" an die Kommission der Europäischen Gemeinschaften.

Produktanforderungen nicht auf nationale Aktionen beschränkt bleiben kann.[21] Zur Gewährleistung eines einheitlichen Gesetzesvollzugs war und ist es unerlässlich, dass die nationalen Überwachungsbehörden zusammenarbeiten und ihr Vorgehen untereinander abstimmen oder dies zentral koordiniert wird. Dies zum einen zur Gewährleistung eines europaweit gleichmäßig wirksamen Schutzes der Produktnutzer und zum anderen zur Verwirklichung des Binnenmarkts, in dem hierdurch ein divergierender Verwaltungsvollzug vermieden wird.

I. Bewertungsverfahren nach der Modellrichtlinie

Zum Zwecke der Koordination der nationalen Aufsichtsmaßnahmen enthielten die Harmonisierungsrichtlinien nach der Modellrichtlinie und dem Gesamtkonzept ein bei der Kommission angesiedeltes Bewertungsverfahren.[22] Organisiert und festgelegt wurde das Bewertungsverfahren innerhalb der Bestimmungen zum Verwaltungsvollzug. Zumeist und gemäß VII. der Modellrichtlinie wurde es unter dem Titel *„Schutzklausel"* geführt. Siehe Beispielhaft den noch heute gültigen Art. 11 der Richtlinie 2006/42/EG:

(1) Stellt ein Mitgliedstaat fest, dass eine von dieser Richtlinie erfasste und mit der CE-Kennzeichnung versehene Maschine, […], bei bestimmungsgemäßer oder vernünftigerweise vorhersehbarer Verwendung die Sicherheit und Gesundheit von Personen […] zu gefährden droht, so trifft er alle zweckdienlichen Maßnahmen, um diese Maschine aus dem Verkehr zu ziehen, ihr Inverkehrbringen und/oder die Inbetriebnahme dieser Maschine zu untersagen oder den freien Verkehr hierfür einzuschränken.

(2) Der Mitgliedstaat unterrichtet die Kommission und die übrigen Mitgliedstaaten unverzüglich über eine solche Maßnahme, begründet seine Entscheidung und gibt insbesondere an, ob die Nichtübereinstimmung zurückzuführen ist auf

a) Nichterfüllung der […] grundlegenden Anforderungen;
b) unsachgemäße Anwendung der […] harmonisierten Normen;
c) Mängel der […] harmonisierten Normen selbst.

(3) Die Kommission konsultiert unverzüglich die Betroffenen.

Die Kommission prüft im Anschluss an diese Konsultation, ob die von dem Mitgliedstaat getroffenen Maßnahmen gerechtfertigt sind oder nicht, und teilt ihre Entscheidung dem Mitgliedstaat, der die Initiative ergriffen hat, den übrigen Mitgliedstaaten und dem Hersteller oder seinem Bevollmächtigten mit.

[…]

---

[21]Siehe etwa KOM(93) 632 endg. und KOM(94) 29 endg. sowie Entschließungen des Rates vom 16.6.1994 (ABl. 1994 C 179, 1) und vom 8.7.1996 (ABl. 1996 C 224, 3).
[22]Art. 7 der Richtlinie 87/404/EWG, Art. 11 der Richtlinie 2006/42/EG, Art. 9 der Richtlinie 89/336/EWG, Art. 7 der Richtlinie 90/394/EWG, Art. 7 der Richtlinie 90/385/EWG, Art. 8 der Richtlinie 93/42/EWG, Art. 7 der Richtlinie 94/25/EG.

Diese „*Schutzklauseln*" waren und sind nicht zu verwechseln mit den gleichnamigen Klauseln nach Art. 114 Abs. 10 AEUV (ex-Art. 95 Abs. 10 EGV) (→ Rn. 98). So ermöglicht eine Schutzklausel nach Art. 114 Abs. 10 AEUV den Mitgliedstaaten, in Abweichung von einem harmonisierten Rechtszustand, aus einem oder mehreren der in Art. 36 AEUV genannten nichtwirtschaftlichen Gründen oder aus „*zwingenden Erfordernissen*" im Sinne der *Cassis*-Rechtsprechung, vorläufige Maßnahmen zu treffen, soweit dies die Kommission per Entscheidung genehmigt. Die „*Schutzklauseln*" der Harmonisierungsrechtsvorschriften dagegen verpflichten die Mitgliedstaaten, das Inverkehrbringen nicht konformer Erzeugnisse einzuschränken bzw. zu verbieten und regeln das Verfahren, das die Mitgliedstaaten zu bestreiten haben, wenn sie Maßnahmen zur Beschränkung des freien Verkehrs mit der CE-Kennzeichnung versehener Erzeugnisse ergreifen. Der nationalen Maßnahme ist ein zentralisiertes Bewertungsverfahren nachgeschaltet. Die „*Schutzklauseln*" regeln demgemäß die Durchsetzung des in den Harmonisierungsrichtlinien geforderten Schutzniveaus im Einzelfall. Im Gegensatz zu den Schutzklauselverfahren des Art. 114 Abs. 10 AEUV (ex-Art. 95 Abs. 10 EGV) stellen sie also keinen Sonderfall dar, sondern regeln gerade den **Normalfall des indirekten Vollzugs**.[23]

167 Gemäß Urteil des Europäischen Gerichts vom 15.7.2015 zu ex-Art. 7 Abs. 3 der Maschinenrichtlinie 98/37/EG ist eine von der Kommission im „*Schutzklauselverfahren*" getroffene Entscheidung eine Entscheidung im Sinne des Art. 288 AEUV (ex-Art. 249 UAbs. 4 EGV) und damit in all ihren Teilen verbindlich.[24] Das heutige Bewertungsverfahren der Union nach Art. R31 und R32 des Anhangs I des Beschlusses Nr. 768/2008/EG (→ Rn. 762 ff.) ist eine Fortführung des bereits in der Modellrichtlinie vorgesehenen Verfahrens.

II. Koordinierung nationaler Durchführungsmaßnahmen nach der Produktsicherheitsrichtlinie

1. Meldung von Maßnahmen des indirekten Vollzugs

168 Parallel zur Unterrichtungspflicht der Mitgliedstaaten im „*Schutzklauselverfahren*" der Richtlinien nach der Neuen Konzeption unterwirft die Produktsicherheitsrichtlinie 2001/95/EG in ihrem Art. 11 die mitgliedstaatlichen Maßnahmen der Nachmarktkontrolle einem länderübergreifenden System des Informationsaustauschs, das zur Koordination des Verwaltungsvollzugs beitragen soll. Ergreift ein Mitgliedstaat Maßnahmen, durch die er das Inverkehrbringen von für den Verbraucher bestimmte oder von diesem wahrscheinlich verwendete Erzeugnisse beschränkt, so hat er hiervon unter Angabe der

---

[23] Schumann, Bauelemente des europäischen Produktsicherheitsrechts, S. 116.
[24] EuG, Urt. v. 15.7.2015, CSF/Kommission, T-337/13, EU:T:2015:502, Rn. 24. Die bis dahin wohl h.M. im deutschen rechtswissenschaftlichen Schrifttum sprach der von der Kommission getroffenen „*Feststellung*" über die Rechtmäßigkeit der mitgliedstaatlichen Maßnahmen eine verbindliche Wirkung noch ab (siehe Wiesendahl, Technische Normung in der Europäischen Union, S. 267–260 m. w. Nachw.).

§ 7 – Europaweite Kooperation und Koordination der Marktüberwachung ...

Gründe die Kommission zu unterrichten. Die Kommission leitet sodann die Meldung an die anderen Mitgliedstaaten weiter, sofern sie nicht nach einer Überprüfung auf der Grundlage der in der Meldung enthaltenen Informationen die Rechtswidrigkeit der Maßnahme festzustellen glaubt. In diesem Fall unterrichtet sie den Mitgliedstaat, der die Maßnahme ergriffen hat.

2. Sofortmaßnahmen bei „ernstem Risiko"

Bei Vorliegen einer ernsten Gefahr verdichtet sich das Verfahren der gegenseitigen Unterrichtung nach der Produktsicherheitsrichtlinie 2001/95/EG zu einem System der Steuerung und Koordinierung nationaler Durchführungsmaßnahmen. Fürwahr kann die Kommission nach Art. 13 der seit dem 15.1.2004 geltenden neuen Fassung der Produktsicherheitsrichtlinie bei Produktsicherheitsnotfällen die Mitgliedstaaten zu bestimmten Durchführungsmaßnahmen anweisen.[25] Unter engen Voraussetzungen konnte die Kommission bereits nach ex-Art. 9 der Vorgängerrichtlinie 92/59/EWG einen Beschluss fassen, mit dem die Mitgliedstaaten verpflichtet wurden, bestimmte geeignete vorläufige Maßnahmen zu treffen. Die Möglichkeiten der Kommission zur direkten Einflussnahme auf die nationalen Überwachungsbehörden waren aber sehr beschränkt und hingen noch maßgeblich von der Mitwirkung der Mitgliedstaaten ab. Insbesondere konnte sie nicht aus eigener Initiative, sondern nur innerhalb des Verfahrens der gegenseitigen Unterrichtung Weisungen erteilen. Sie war auf die Informationsbeschaffung durch die Mitgliedstaaten angewiesen und vermochte nur im Falle einer ernsten und unmittelbaren Gefahr, auf Antrag zumindest eines Mitgliedstaats und vorausgesetzt, dass zuvor bereits einzelne Mitgliedstaaten selbst Maßnahmen ergriffen hatten, vorläufige Maßnahmen anzuweisen. Durch Art. 13 der neuen Produktsicherheitsrichtlinie 2001/95/EG werden die **Weisungsbefugnisse der Kommission** nicht unerheblich ausgeweitet. Sie kann nunmehr auf eigene Initiative hin bei Vorliegen einer nur ernsten Gefahr tätig werden und dies losgelöst von der vorherigen Unterrichtung oder des Antrags eines Mitgliedstaates.[26]

169

---

[25]Hierzu Gauger, Produktsicherheit und staatliche Verantwortung, S. 262 f.; Wende in Klindt, ProdSG, § 30 Rn. 34 ff.

[26]Dass Art. 13 der Produktsicherheitsrichtlinie 2001/95/EG nur noch eine ernste Gefahr und keine unmittelbare Gefahr mehr erfordert, wird vor dem Hintergrund der auf der Grundlage des Art. 9 der Produktsicherheitsrichtlinie 92/59/EWG ergangenen Weichmacherentscheidung des Kommission vom 9.12.1999 erklärbar (Entscheidung 1999/815/EG, mit der die Kommission die Mitgliedstaaten anwies, Spielzeug und Babyartikel zu verbieten, die aus Weich-PVC hergestellt waren und die bestimmungsgemäß von Kindern unter drei Jahren in den Mund gneommen wurden). Der Kommision wurde fürwahr entgegengehalten, dass eine „unmittelbare Gefahr" nicht gegeben gewesen sei. Die in Kinderspielsachen und Babyartikeln enthaltenen Weichmacher hätten nur Langzeitschäden herorrufen können, die erst bei der Nutzung eines Spielzeugs über einen längeren Zeitraum hin hätten entreten können, wobei der tatsächliche Eintritt wissenschaftlich nicht genau belegt werden konnte, so nicht gesagt werden konnte, welche Mengen an schädlichen Stoffen bei Gebrauch eines solchen Kinderspielzeugs überhaupt freigesetzt würden (Schumann, Bauelemente des europäischen Produktsicherheitsrechts, S. 167 f.).

Die mit ex-Art. 9 der Produktsicherheitsrichtlinie 92/59/EWG eingeführte Weisungsbefugnis der Kommission war nicht unumstritten und Gegenstand einer **Nichtigkeitsklage der Bundesrepublik Deutschland** vor dem Gerichtshof. In der **Rechtssache C-359/92**[27] ging es um die politisch brisante – und auch außerhalb des hiesigen Kontextes und namentlich hinsichtlich des Bewertungsverfahrens der Union (→ Rn. 762 ff.) bedeutsame – Frage, ob der damalige Art. 100a Abs. 1 EWGV (heute Art. 114 Abs. 1 AEUV) den europäischen Gesetzgeber zu Maßnahmen des Verwaltungsvollzugs ermächtigte. So ermächtigte ex-Art. 145 EWGV (heute Art. 291 AEUV) wohl den Rat, der Kommission Befugnisse zur Durchführung von ihm angenommener Rechtsakte zu übertragen. Gleichwohl galt und gilt der allgemeine Grundsatz, dass niemand mehr Rechte übertragen kann, als er selbst hat. Demgemäß war erforderlich, dass der Rat selbst die Maßnahmen hätte treffen können, die vorzunehmen er die Kommission ermächtigte. Hierzu führte die deutsche Regierung im Verfahren vor dem Gerichtshof aus, dass ex-Art. 100a Abs. 1 EWGV ausschließlich die Rechtsangleichung zum Ziel hätte und daher nicht die Ermächtigung enthielte, anstelle der nationalen Behörden materielles Recht auf Einzelfälle anzuwenden, wie es Art. 9 der Produktsicherheitsrichtlinie 92/59/EWG erlaube. Das Vorbringen der deutschen Regierung beruhte also auf einer Unterscheidung zwischen Harmonisierungs- und Durchführungsmaßnahmen. Würde nämlich die europäische Binnenmarktkompetenz neben der Gesetzgebungskompetenz auch die Verwaltungskompetenz mit einschließen, könnten die europäischen Organe bei Angelegenheiten mit Binnenmarktbezug nicht nur materielle Regelungen erlassen, sondern in kaum begrenzbarem Maße auch Einzelfallentscheidungen treffen. Damit, so der implizite Einwand der deutschen Regierung, würde das Kompetenzgefüge grundlegend verändert (zur Verfahrensautonomie der Mitgliedstaaten → Rn. 88). Der Gerichtshof folgte dem Vortrag Deutschlands nicht. *„Maßnahmen zur Angleichung der Rechts- und Verwaltungsvorschriften"* umfassen nach der von ihm unternommen Auslegung des ex-Art. 110a Abs. 1 EWGV (heute Art. **114 Abs. 1 AEUV**) gar auch die Befugnis des europäischen Gesetzgebers *„**Maßnahmen hinsichtlich eines bestimmten Produkts oder einer bestimmten Produktkategorie und gegebenenfalls auch Einzelmaßnahmen hinsichtlich dieser Produkte vorzuschreiben"*.[28] Demgemäß konnte der Rat der Kommission das in ex-Art. 9 der Produktsicherheitsrichtlinie 92/59/EWG enthaltene Weisungsrecht auch einräumen (unter Beachtung des in Art. 11 der Richtlinie angenommenen Verfahrens III Variante b des Art. 2 des sog. Komitologiebeschlusses 87/373/EWG).

Die Kommission übte deren Weisungsrecht bisher aber zurückhaltend und in nur vier Fällen aus:

i. Verpflichtung der Mitgliedstaaten zum Erlass von Maßnahmen zur Untersagung des Inverkehrbringens von Spielzeug- und Babyartikeln, die dazu bestimmt sind, von

---

[27]EuGH, Urt. v. 9.8.1994, Deutschland/Rat, C-359/92, EU:C:1994:306.
[28]EuGH, Urt. v. 9.8.1994, Deutschland/Rat, C-359/92, EU:C:1994:306, Rn. 37.

Kindern unter drei Jahren in den Mund genommen zu werden, und aus Weich-PVC bestehen.[29]

ii. Verpflichtung der Mitgliedstaaten, Maßnahmen zu treffen, damit nur kindergesicherte Feuerzeuge in Verkehr gebracht werden und das Inverkehrbringen von Feuerzeugen mit Unterhaltungseffekten untersagt wird.[30]

iii. Verpflichtung der Mitgliedstaaten, dafür zu sorgen, dass Magnetspielzeug, das in Verkehr gebracht oder auf dem Markt bereitgestellt wird, einen Hinweis auf die von diesem Spielzeug ausgehende Gefahr für Gesundheit und Sicherheit trägt.[31]

iv. Verpflichtung der Mitgliedstaaten, dafür zu sorgen, dass Produkte, die das Biozid Dimethylfumarat enthalten, nicht in Verkehr gebracht oder auf dem Markt bereitgestellt werden.[32]

III. Infrastrukturen behördlicher Zusammenarbeit

Die nationalen Marktüberwachungsbehörden organisieren sich in den sog. **AdCo Gruppen.** AdCo steht für *„Administration Cooporation Group"*. Zweck ist deren Koordinierung im europäischen Marktüberwachungsumfeld. Der weitaus größte Teil der AdCo-Gruppen wurde *ad hoc* ins Leben gerufen. Eine Institutionalisierung erfolgte nur innerhalb weniger Harmonisierungsrichtlinien.[33] Aufgabe dieser informellen, aus Vertretern von Marktüberwachungsbehörden zusammengesetzten Gruppen für die Zusammenarbeit der Verwaltungsbehörden ist, Informationen zwischen den nationalen Marktüberwachungsbehörden auszutauschen und eine Harmonisierung der Marktüberwachungsaktivitäten zu fördern.[34] Mit der Durchführung gemeinsamer Marktüberwachungskampagnen soll überprüft werden, wie sich die Konformität von ausgewählten Produktbereichen europaweit darstellt und die Effizienz der Marktüberwachung optimiert werden. Die rund zwanzig AdCo-Gruppen wurden gegründet, um eine ordnungsgemäße und einheitliche Anwendung der in den Harmonisierungsrechtsvorschriften enthaltenen technischen Vorschriften in den unterschiedlichsten Bereichen zu gewährleisten, wie Bauwesen, Spielzeugsicherheit, Geräuschemissionen, Pyrotechnik, Funkanlagen und Telekommunikationsendeinrichtungen, elektromagnetische Verträglichkeit, Niederspannungsgeräte, Medizinprodukte, für eine Verwendung in explosionsgefährdeter Umgebung

170

---

[29]Mehrmals geänderte Entscheidung 1999/815/EG vom 7.12.1999, ABl. 1999 L 315, 46.
[30]Mehrmals verlängerte Entscheidung 2006/502/EG vom 11.5.2006, ABl. 2006 L 197, 9.
[31]Entscheidung 2008/329/EG vom 21.4.2008, ABl. 2008 L 114, 40.
[32]Mehrmals verlängerte Entscheidung 2009/251/EG vom 17.3.2009, ABl.2009 L 74, 32.
[33]Siehe etwa Art. 19 der Maschinenrichtlinie 2006/42/EG, Art. 12 der Ökodesignrichtlinie 2009/125/EG und Art. 20a der Medizinprodukterichtlinie 93/42/EWG.
[34]Siehe beispielhaft Art. 19 der Richtlinie 2006/42 und hierzu Europäische Kommission, Leitfaden für die Anwendung der Maschinenrichtlinie 2006/42/EG, § 144.

bestimmte Schutzausrüstungen und -systeme, Druck und transportierbare Druckgeräte, Maschinen, Aufzüge, Seilbahnen, persönliche Schutzausrüstungen, umweltgerechte Gestaltung, Etiketten zur Energieverbrauchsangabe, Messgeräte, nichtselbsttätige Waagen und Sportboote. Die Mitglieder sind Beamte nationaler Marktüberwachungsbehörden, die auch den Vorsitz der Sitzungen übernehmen. Die Kommission ist ebenfalls in den Gruppen vertreten.[35]

171 Eine weitere Form grenzüberschreitender Zusammenarbeit der Marktüberwachungsbehörden findet im Rahmen des von der Europäischen Kommission geförderten und im Jahr 2003 eingerichteten Onlineportals www.ICSMS.org (Information and Communication System for Market Surveillance) statt. Bei ICSMS handelt es sich – im Gegensatz zu RAPEX (→ Rn. 172) – nicht um ein Warnsystem, sondern um ein allgemeines Instrument zur Archivierung und zum Austausch einschlägiger Informationen, durch das die behördliche Zusammenarbeit und der Informationsaustausch erleichtert werden. Es dient insbesondere der Vermeidung unnötiger Doppelarbeit, wie etwa bei Produkttests. Die Beteiligung an diesem System war zunächst freiwillig und sollte dessen Institutionalisierung erst mit der Verordnung (EG) Nr. 765/2008 erfolgen (→ Rn. 756). Bis dahin wurde ICSMS von 12 EU/EFTA-Mitgliedstaaten (Belgien, Deutschland, Estland, Luxemburg, Malta, Niederlande, Österreich, Schweden, Schweiz, Slowenien, Vereinigtes Königreich und Zypern) zur Kommunikation zwischen den Marktüberwachungsbehörden genutzt.[36]

172 Das Rapid Exchange of Information System (**RAPEX**) ist ein internetgestütztes Warnsystem. Es wurde geschaffen durch Art. 12 der Produktsicherheitsrichtlinie 2001/95/EG und steht im Zusammenhang mit dem Verfahren der gegenseitigen Unterrichtung und dem Koordinierungssystem nach Art. 11 und 13 der Richtlinie (→ Rn. 169, 757). Entsprechend seiner Verortung innerhalb vorzitierter Bestimmungen wurden in das System zunächst nur Produkte eingestellt, die ein ernstes Gesundheits- und Sicherheitsrisiko für Verbraucher darstellten. Produkte für die gewerbliche Nutzung wurden ebenso wenig erfasst, wie Produkte, die ein ernstes Risiko für andere öffentliche Interessen als den Schutz von Leib und Leben darstellten, wie etwa die Sicherheit und Gesundheit am Arbeitsplatz, den Umweltschutz oder die sonstigen von den Harmonisierungsrechtsvorschriften verfolgten öffentlichen Interessen.

RAPEX selbst ist eine IT-Plattform, über welches die Marktüberwachungsbehörden die ihnen obliegenden Meldungen ausführen und jedermann einen raschen und mühelosen Einblick in die so übermittelten Informationen ermöglicht. Es besteht in seiner ursprünglichen Konzeption heute noch fort, wenn auch mit einem erweiterten Anwendungsbereich (namentlich der Erstreckung auf b2b-Produkte) und zwischenzeitlich verändertem System (→ Rn. 757). Die Behörden waren und sind zur Abgabe einer RAPEX-Meldung verpflichtet, wenn von einem Produkt eine ernste Gefahr ausgeht,

---

[35] Siehe zum Ganzen, COM(2013) 77 final, Ziffer 3.6.
[36] Hierzu Kapoor/Klindt, EuZW 2008, 649 (651); Gauger, Produktsicherheit und staatliche Verantwortung, S. 263–265.

die ein rasches Eingreifen der Behörden erfordert. Unverändert enthalten die öffentlich einsehbaren Meldungen seit Einführung von RAPEX nicht nur eine Beschreibung des jeweiligen Produkts und der von ihm ausgehenden Gefahren, sondern weisen auch die bereits von den nationalen Behörden getroffenen sowie freiwillige Vorkehrungen zur Gefahrenabwehr aus. Um eine europaweit einheitliche Handhabung zu ermöglichen erlässt die Europäische Kommission Leitlinien, die die Modalitäten und das Verfahren für den Informationsaustausch über RAPEX festlegen. Mithin wird dort die Methodik zur Risikobewertung beschrieben, anhand derer die Behörden eine entsprechende Gefährdungsbeurteilung vornehmen können, um eine einheitliche Einschätzung der Marktüberwachungsbehörden zu der Frage zu ermöglichen, ob die von einem Produkt ausgehende Gefahr so erheblich ist, dass sie ein rasches Einschreiten erfordert.[37]

Die frühzeitig geschaffenen Infrastrukturen bestehen noch heute fort, wurden deren Geltungsbereiche erweitert und insgesamt stärker *„institutionalisiert"* (→ Rn. 757). 173

§ 8 – Neuer Rechtsrahmen (seit 2008)

Der neue Rechtsrahmen oder auch *„New Legislative Framework – NLF"* ist ein horizontales Binnenmarktinstrument, mit dem sich die Kommission anschickte, produktspartenübergreifend die Wirksamkeit der Harmonisierungsrechtsvorschriften und die Mechanismen für ihre Umsetzung zu stärken, für mehr Kohärenz in allen Wirtschaftssektoren zu sorgen und zur Unionspolitik im Bereich der Vereinfachung der Rechtsvorschriften und der Verringerung des Verwaltungsaufwands beizutragen. Er gibt dem heutigen Recht des technischen Produkts sein Gepräge. 174

Verstanden als ein in sich geschlossenes Ganzes hätte der Neue Rechtsrahmen allerdings bereits 2015 mit dem dann aber gescheiterten Produktsicherheits- und Marktüberwachungspaket gemäß COM(2013) 75 und 78 final enden und der Rechtsrahmen erneut neu strukturiert werden sollen. Die durch die Europäische Kommission nur knapp zweieinhalb Jahre nach Inkrafttreten des Neuen Rechtsrahmens unternommene Ankündigung des Produktsicherheits- und Marktüberwachungspakets in der Binnenmarktakte II[38] zeigt, dass der Neue Rechtsrahmen – selbst in den *„eigenen Reihen"* – frühzeitig in die Kritik geriet.[39] 175

---

[37]Siehe zuletzt Entscheidung der Kommission vom 16.12.2009 zur Festlegung von Leitlinien für die Verwaltung des gemeinschaftlichen Systems zum raschen Informationsaustausch „RAPEX" gemäß Artikel 12 und des Meldeverfahrens gemäß Artikel 11 der Richtlinie 2001/95/EG über die allgemeine Produktsicherheit, ABl. 2010 L 22, 1.
[38]COM(2012) 573 final, Leitaktion 11.
[39]Siehe auch, EuropäischeKommission, SWD(2013) 33 final, annex 15.1 (Problems with the existing legislative framework in the non-food product safety area).

I. Mitteilung der Europäischen Kommission vom 7.5.2003 „Verbesserte Umsetzung der Richtlinien des neuen Konzepts"

Mit der Mitteilung der Kommission vom 7.5.2003 erfolgte eine Bestandsaufnahme der Harmonisierungsrechtsvorschriften nach der Modellrichtlinie und dem Gesamtkonzept.[40] Diese Mitteilung bewegte den Rat zur Entschließung vom 10.11.2003,[41] welche die Arbeiten zu einer tief greifenden Veränderung des Rechts des technischen Produkts einleiten sollte. Die Kommission ermittelte fürwahr eine Reihe von Schwachstellen und die Notwendigkeit eines kohärenteren Ansatzes für die Bewertung, Bestimmung und Überwachung der benannten Stellen, der Überarbeitung des *„Schutzklauselverfahrens"* und die Notwendigkeit, die Durchführungsmaßnahmen, einschließlich der Marktaufsicht, zu stärken.

1. Mangelndes Vertrauen in Zertifizierungsstellen

176 Aufgegriffen wurde das bereits in der Mitteilung der Kommission vom 15.6.1989 wiederholt aufgestellte Erfordernis von Vertrauen in die Zertifizierungseinrichtungen und hiermit einhergehend geeigneter Kriterien für die Beurteilung der Kompetenz und Unabhängigkeit dieser Stellen (→ Rn. 151–153). Die Regelung der Organisation und der Durchführung der Akkreditierung und Benennung von Konformitätsbewertungsstellen sollte nunmehr stärker in Angriff genommen werden.

a. Überprüfung der Stellen bei obligatorischer Drittzertifizierung

177 Durch die Einführung des Gesamtkonzepts wurden im reglementierten Bereich zwei Arten von Konformitätsverfahren eingeführt. Zum einen die Überprüfung von Produkten, Prozessen, Systemen, etc. (→ Rn. 155). Zum anderen, aber rudimentär, die Überprüfung der Konformität und Kompetenz der so genannten *„benannten Stellen"*, also derjenigen Prüfstellen, derer sich der Hersteller im Zertifizierungsprozess zu bedienen hat(te), um die Konformität seiner Produkte mit den wesentlichen Anforderungen der jeweiligen Harmonisierungsrechtsvorschrift nachzuweisen (→ Rn. 154). Die Verantwortung für die Anerkennung dieser Stellen lag und liegt in der Zuständigkeit der Mitgliedstaaten. Es entsprach der heute noch gültigen politischen Entscheidung des europäischen Gesetzgebers und dem Subsidiaritätsprinzip, dass die Anerkennung von technischen Einrichtungen als Konformitätsbewertungsstellen eine rein nationale Tätigkeit ist. Im Ratsbeschluss 93/465/EWG (→ Rn. 155) wurde insofern ausgeführt, dass *„diese Verantwortung für die Mitgliedstaaten die Verpflichtung mit sich [bringt], sich davon zu überzeugen, dass die benannten Stellen ständig über die von den Richtlinien verlangte technische Kompetenz verfügen und die zuständigen einzelstaatlichen Behörden über die*

---

[40] KOM 2003, 240 endg.
[41] ABl. 2003 C 282, 3.

Erfüllung ihrer Aufgaben auf dem Laufenden halten"[42]. Lag damit die Verantwortung für die Benennung und Kontrolle fachlich kompetenter Prüf- und Zertifizierungsstellen bei obligatorischer Drittzertifizierung in der Zuständigkeit der Mitgliedstaaten, wurden Kriterien und Verfahren zur Bewertung und Überwachung dieser Stellen kaum vorgegeben. Es wurde ferner nicht vorgegeben, dass die Behörden der Mitgliedstaaten diese Überprüfung auch selbst durchzuführen hätten und trug der Nationalstaat die Verantwortung dafür, dass die benannten Stellen entsprechend den Vorgaben der Richtlinien qualitativ geeignet waren. Die Beantwortung der Fragen, wer diese Eignung und nach welchen Kriterien und Verfahren feststellte, oblag im Wesentlichen der politischen Entscheidung der einzelnen Nationalstaaten. Eine einheitliche Praxis war denn auch nicht gegeben, was wiederum das Vertrauen untergrub, das für ein reibungsloses Funktionieren der gegenseitigen Anerkennung und Akzeptanz der von den benannten Stellen ausgestellten Zertifikate Grundvoraussetzung war.[43] In der Praxis beauftragten die meisten benennenden Behörden in unterschiedlichem Umfang ihre nationalen Akkreditierungsstellen mit der Bewertung und Überwachung der Konformitätsbewertungsstellen. Ein solcher Rückgriff der Nationalstaaten auf Bestätigungen vornehmlich privatrechtlich organisierter Dritter, die formal darlegen, dass Stellen die Kompetenz besitzen, bestimmte Konformitätsverfahren durchzuführen, sah der europäische Gesetzgeber ausdrücklich vor und verwies der Rat in seinem Beschluss 93/465/EWG auf die Normenreihe EN 45000, der ursprünglich die normative Grundlage der Akkreditierung bildete. Diese Normen deckten aber nicht alle Kriterien ab, die für eine Notifizierung der Konformitätsbewertungsstellen zu berücksichtigen waren. Zudem wurden diese Normen in der Zwischenzeit von der internationalen Normenreihe 17000 abgelöst, die erst noch einer formellen Bewertung ihrer Konformität mit den in den Harmonisierungsrechtsvorschriften nach der Modellrichtlinie und dem Gesamtkonzept vorgeschrieben Kriterien bzw. einer Bewertung ihrer Vollständigkeit bedurfte. Um die Anforderungen der Richtlinien abzudecken arbeiteten die benennenden Behörden in der Folge in nationalen Alleingängen richtlinienspezifische Akkreditierungsprogramme aus. Eine Koordination auf europäischer Ebene fand mithin nicht statt. Zur Verbesserung dieser Situation war nach Ansicht der Kommission eine umfassendere Anleitung für die Verwendung der Akkreditierung zu entwickeln, um so eine stärkere Kohärenz und bessere Strukturierung der Akkreditierungsdienste in Europa zu erreichen.[44] Ferner formulierten die einzelnen Richtlinien nur relativ abstrakte Mindestanforderungen an die zu benennenden Stellen. Demgemäß waren die Mitgliedstaaten nicht nur frei höhere Anforderungen an die zu benennenden Stellen zu stellen. Auch wichen die Anforderungen von Richtlinie zu Richtlinie voneinander ab. Insgesamt führte die ungenügende Harmonisierung des Akkreditierungswesens zwischen den Mitgliedstaaten dazu, dass die Hersteller für ihre Produkte in einigen

---

[42]Beschl. 93/465/EWG, Anhang A lit. k).
[43]KOM 2003, 240 endg., 9.
[44]*Ebd.,* 11 f.

Ländern von einer benannten Stelle ein Konformitätszertifikat erhalten konnten, das von einer benannten Stelle eines anderen Mitgliedstaats nicht erteilt worden wäre. Der wirtschaftliche Wettbewerb unter den Konformitätsbewertungsstellen führte nicht nur zu einem die Wertigkeit mancher Konformitätszertifikate infrage stellenden Preiskampf, sondern vor allem auch dazu, dass die erforderlichen Zertifikate mancherorts besonders leicht zu bekommen waren.[45] Nach dem Dafürhalten der Kommission war dem dadurch abzuhelfen, dass alle Anforderungen an die zu benennenden Stellen und deren Überwachung mittels eines einzigen Rechtsaktes konsolidiert würden.

b. Überprüfung der Stellen bei freiwilliger Drittzertifizierung

178 Das Institut der Akkreditierung ist eigentlich nur vor seinem privatrechtlichen Hintergrund erklärlich. Beauftragt nämlich der Staat eine Stelle mit bestimmten Aufgaben, darf davon ausgegangen werden, dass sich der Staat auf Grund seiner Fürsorge für die Rechtsunterworfenen von der Kompetenz der Stelle überzeugt und diese überprüft hat.[46] Anders im privatrechtlichen Bereich. Fürwahr wurde die Zertifizierung von Produkten, Prozessen, Systemen, etc. nicht durch den europäischen Gesetzgeber eingeführt und beschränkt sich mithin nicht auf Bereiche, in denen eine solche durch Rechtsvorschrift angeordnet würde. Die Zertifizierung durch unabhängige Stellen findet gerade auf rein privatrechtlicher Ebene breite Verwendung. Es ist dies eine Tätigkeit, die dem Markt entstammt und ihre Steuerung erfolgt durch Normsetzungs- und Implementationsorgane, die einen marktwirtschaftlichen Ursprung haben. In diesem Bereich der feiwilligen Zertifizierung richtet sich die Anerkennung einer Stelle, bestimmte Aufgaben wahrzunehmen, danach, ob der Marktteilnehmer auf die Kompetenz dieser Stelle vertrauen darf. Die Stelle wird gewissermaßen allein vom Markt evaluiert, in dem diese eine gewisse Reputation aufbaut und eine entsprechende Nachfrage nach den von ihr angebotenen Prüf- und Zertifizierungsleistungen generiert. Das Vertrauen der Marktteilnehmer in diese Stelle bedingt demgemäß die Marktwertigkeit der von ihr ausgestellten Konformitätsnachweise (Zertifikate, Zeichen, Stempel, Bescheinigungen, Prüfberichte, etc.). Einige Nationalstaaten erkannten frühzeitig das öffentliche Interesse in die freiwillige Drittzertifizierung, in deren Glaubwürdigkeit und die Rolle der Akkreditierung der Prüflaboratorien und Zertifizierungsstellen als vertrauensbildende Maßnahme. Sie errichteten hierfür nationale Akkreditierungsstellen hoheitlichen Charakters. In anderen Mitgliedstaaten hingegen, wie etwa Deutschland, oblag es dem Staat nicht, soweit er die Durchführung einer Konformitätsbewertung nicht vorschrieb, diejenigen Stellen, die entstprechende feiwillige Konformitätsbwertungen vornahmen, im Hinblick auf deren Kompetenz zu kontrollieren. Da viele Konformitätsbewertungsstellen Produktprüfungen sowohl im geregelten wie auch im ungeregelten Bereich durchführten, waren sie in diesen Mitgliedstaaten häufig

---

[45]Kapoor/Klindt, EuZW 2009, 134 (136).
[46]Langner, Technische Vorschriften und Normen, Rn 20.

auf eine zeit- und kostenaufwändige Mehrfachakkreditierung angewiesen.[47] Unter Anerkennung der Funktion der Akkreditierungsstellen als Garanten der Qualität der Konformitätsbewertungsstellen und damit des ganzen Konformitätsbewertungssystems sowie des öffentlichen Interesses an der freiwilligen Drittzertifizierung war insoweit fortan die strikte Unterscheidung zwischen reglementierten Bereich und nicht reglementierten Bereich auf europäischer Ebene nach dem Dafürhalten der Kommission abzuschaffen.[48]

2. Marktaufsicht und Verhältnis zur Richtlinie über die allgemeine Produktsicherheit

Wie an anderer Stelle ausgeführt (→ Rn. 88 f., 160) obliegt die Überwachung der Produkte der Zuständigkeit der nationalen Marktüberwachungsbehörden und war in der Union ein einheitlicher Durchsetzungsgrad nicht gegeben. Dadurch wurde auch die Glaubwürdigkeit der verfolgten Harmonisierungspolitik untergraben, und es bestand die Gefahr, dass es im Grunde wieder zu einer Zersplitterung des Binnenmarktes kam.

a. Mitgliedstaatliche Vollzugsdefizite

Diese Abweichungen im mitgliedstaatlichen Vollzug waren u. a. darauf zurückzuführen, dass die Unparteilichkeit der zur Durchsetzung berufenen mitgliedstaatlichen Behörden nicht immer gesichert war. Unterschiedliche Erfordernisse und besondere geografische oder marktspezifische Gegebenheiten in den einzelnen Mitgliedstaaten führten fürwahr dazu, dass die in den Mitgliedstaaten gefundenen Lösungen nicht immer eine strenge Trennung zwischen den benennenden Behörden, Akkreditierungsstellen, Konformitätsbewertungsstellen und Marktaufsichtsbehörden gewährleisteten. Dies bedingte Interessenkonflikte und war auszuräumen. Auch war das Vorgehen der Marktaufsicht in den Mitgliedstaaten unterschiedlich. Einige Mitgliedstaaten gingen bei der Marktaufsicht eher proaktiv vor, während andere eine reaktive Strategie anwendeten. Eine reaktive Strategie umfasst Aktivitäten wie die Prüfung von Beschwerden, die Prüfung von Benachrichtigungen über Maßnahmen anderer Mitgliedstaaten und die üblichen Zollkontrollen. Ein proaktives Vorgehen umfasst gezielte Kampagnen, die Verwendung von Risikobewertungsinstrumenten und die Zusammenarbeit mit anderen Behörden.[49] Folge sollte sein, in Abkehr von der lange Zeit vorherrschenden Ansicht, die Überwachung der Binnenmarktvorschriften sei nach dem Subsidiaritätsprinzip alleinige Angelegenheit der souveränen Mitgliedstaaten, die selbst zu entscheiden hätten, welche Befugnisse sie ihren Behörden für den Vollzug des Binnenmarktrechts in die Hand geben, den mitgliedstaatlichen Vollzug auf unionaler Ebene näher zu regeln, ihm einen Rahmen vorzugeben und damit zu vereinheitlichen.

---

[47]Siehe etwa für Deutschland *Kapoor/Klindt*, EuZW 2009, 134 (135 f.).
[48]KOM 2003, 240 endg., 14.
[49]*Ebd.*, 17 f.

b. Zusammenarbeit der Marktüberwachungsbehörden

181 Die Kommission unterstrich das Erfordernis einer engeren Zusammenarbeit der nationalen Vollzugsbehörden und erkannte deren in weiten Teilen fehlende Institutionalisierung. Den Fokus legte die Kommission hierbei auf die Gewährleistung eines europaweit einheitlichen Verwaltungsvollzugs und somit die Vermeidung von Wettbewerbsverzerrungen.[50]

c. Bewertungsverfahren

182 Die „*Schutzklauselverfahren*" in den Richtlinien (→ Rn. 166 f.) waren nicht einheitlich und die Verfahren wenig effizient ausgestaltet. Ferner ging man vor dem Urteil vom 15.7.015 in der Rechtssache CSF/Kommission (→ Rn. 168, 763) wohl einhellig davon aus, dass die im „*Schutzklauselverfahren*" von der Kommission getroffenen „*Feststellungen*" keine verbindliche Wirkung entfalteten; eine dem Weisungsrecht nach ex-Art. 13 der Produktsicherheitsrichtlinie 2001/95/EG vergleichbare Entscheidungsbefugnis wurde ihr abgesprochen.[51] Folglich war nach damaliger Ansicht der Kommission das Bewertungsverfahren auch in diesem Punkt zu überarbeiten und zu gewährleisten, dass die anderen Mitgliedstaaten zweckdienliche Maßnahmen auf ihren Märkten ergreifen, sobald die Kommission festgestellt hat, dass eine ihr im Bewertungsverfahren notifizierte Maßnahme gerechtfertigt ist.[52]

d. Zusammenhang mit der Richtlinie über die allgemeine Produktsicherheit

183 Das an der Modellrichtlinie und dem Gesamtkonzept orientierte europäische Regelungssystem blieb in zweifacher Hinsicht lückenhaft. Nur für eine begrenzte Auswahl von Produkten und Produktgruppen wurden gemeinsame Anforderungen aufgestellt und beschränkten sich die damaligen Regelungsinitiativen auf die Vormarktkontrolle (→ Rn. 160). Diese Lücken schloss die – ohnehin auf den Sicherheits- und Gesundheitsschutz beschränkte – allgemeine Produktsicherheitsrichtlinie ihrerseits wieder nur unvollständig, weil die dortigen Regelungen auf Verbraucherprodukte beschränkt blieben. In puncto Marktüberwachung enthielten die sektoralen Harmonisierungsrechtsvorschriften auch weiterhin keine detaillierten Bestimmungen zum Verwaltungsvollzug und war in diesem Zusammenhang fortan strikt zu unterscheiden zwischen Verbraucherprodukten und Produkten für die gewerbliche Nutzung. Fürwahr galten dem lex-specialis-Grundsatz entsprechend die einschlägigen und weitergehenden Durchsetzungsbestimmungen der geänderten Produktsicherheitsrichtlinie auch für Verbraucherprodukte, die einer sektoralen Harmonisierungsrichtlinien unterfielen (zu diesem Verhältnis → Rn. 334). Demgemäß kam es zu Unterschieden zwischen dem auf

---

[50] *Ebd.*, 19 f.

[51] Wiesendahl, Technische Normung in der Europäischen Union, S. 258–260; Breulmann, Normung und Rechtsangleichung in der Europäischen Wirtschaftsgemeinschaft, S. 150; Scheel, Privater Sachverstand im Verwaltungsvollzug des europäischen Rechts, S. 65 m.w.Nachw.

[52] KOM 2003, 240 endg., 22.

Verbraucherprodukte und dem auf Produkte für die gewerbliche Nutzung anwendbaren Recht. Dies nicht nur hinsichtlich des in der Produktsicherheitsrichtlinie breit angelegten und an die Hersteller und Händler gerichteten Pflichtenprogramms in Form von Informations-, Marktbeobachtungs- und Selbstanzeigepflichten. Auch die Durchsetzung war uneinheitlich geregelt und galten in der Praxis unterschiedliche Marktaufsichtsbestimmungen je nachdem, ob das in Verkehr gebrachte Produkt als Verbraucherprodukt oder als Nicht-Verbraucherprodukt zu qualifizieren war. Dieser Umstand brachte es mit sich, dass für Produkte und Produktkategorien, die der gleichen sektoralen Richtlinie unterlagen, verschiedene Marktaufsichtbestimmungen gelten konnten. War etwa ein der Niederspannungsrichtlinie unterfallendes Produkt für den Verbraucher bestimmt, galten für die Nachmarktkontrolle die europaweit einheitlichen Anforderungen der Produktsicherheitsrichtlinie. Hingegen verhielt sich die Niederspannungsrichtlinie für in ihren Anwendungsbereich fallende gewerbliche Produkte hierzu überhaupt nicht. Misslich und der Rechtssicherheit abträglich war in diesem Zusammenhang dann auch die teilweise schwierige Einordnung des jeweiligen Produkts als Verbraucherprodukt oder Produkt für die gewerbliche Nutzung (→ Rn. 610–612).[53]

3. Überarbeitung der rechtlichen Rahmenbedingungen

184 Waren damit die aus Sicht der Kommission wesentlichen Schwachstellen des Regelungssystems aufgezeigt, galt es die Methode zu bestimmen, mittels derer diese zu beheben waren. In diesem Zusammenhang stellte die Kommission fest, dass die auf den jeweiligen Sektor zugeschnittenen Harmonisierungsrechtsvorschriften in ihrer Gesamtheit betrachtet kein kohärentes Ganzes bildeten. Fürwahr kam es in der Vergangenheit aufgrund eines nicht bereichs- und Richtlinien übergreifenden Regelungsansatzes zu Regelungswidersprüchen und Inkonsistenzen. So hatten verschiedentlich Begrifflichkeiten in der einen Richtlinie nicht dieselbe Bedeutung wie in der anderen, wichen Definitionen zwischen Richtlinien voneinander ab und waren Inhalte, Handhabung und Verfahren von Regelungsgegenständen in Richtlinien unterschiedlich dargelegt. Bei Erzeugnissen, für die mehr als eine Richtlinie galten, kam es daher zu Verwirrungen und war das fehlende Aufeinander-Abgestimmt-Sein der Rechtssicherheit abträglich. Die Kommission schickte sich daher nicht nur an, die in der Mitteilung aufgedeckten Schwachstellen zu beheben, sondern die Materie insgesamt in Angriff zu nehmen und die Regelungen zu vereinheitlichen.[54]

II. Reform des Europäischen Produktverkehrsrechts

185 Die Kommission entwickelte und der Europäische Gesetzgeber schuf dann unter der Bezeichnung *„New Legislative Framework"* einen Rechtsrahmen, den die Kommission als

---

[53] *Ebd.*, S. 23.
[54] KOM 2003, 240 endg., 23–25.

Neuordnung der Materie verstanden wissen will.⁵⁵ Gleichwohl regelt der Neue Rechtsrahmen die Materie nicht neu im Sinne von anders, sondern lediglich umfassender und in sich stimmiger. So werden zwar Aufgaben und Zuständigkeiten, die bis dahin auf nationaler Ebene geregelt wurden, einheitlichen Regelungen auf unionaler Ebene zugeführt und Begrifflichkeiten vereinheitlicht. Mit dem Fortbestehen der neuen Strategie (→ Rn. 145), dem Neuen Ansatz (→ Rn. 146) und dem Gesamtkonzept (→ Rn. 151 ff.) bleiben aber die Grundkonzeptionen des europäischen Produktverkehrsrechts unverändert.

186 Die Kommission hatte ihre Vorstellungen über einen Rechtsrahmen erstmals im Mai 2006 in Form eines Arbeitspapieres bekanntgemacht.⁵⁶ Die entsprechenden Vorschläge nahm die Kommission unter der Federführung der Generaldirektion Unternehmen und Industrie nach Konsultation der betroffenen Kreise am 14.2.2007 an und übermittelte sie dem Rat und dem Europäischen Parlament.⁵⁷ Im weiteren interinstitutionellen Verfahren wurden die ursprünglichen Kommissionsvorschläge nach rund eineinhalbjähriger Verhandlung mit geringfügigen Abweichungen vom Europäischen Parlament und dem Rat angenommen, am 9.7.2008 unterzeichnet und am 13.8.2008 im Amtsblatt der Europäischen Union veröffentlicht. Der Neue Rechtsrahmen erging als Maßnahmenpaket, das sogenannte **Ayral-Paket**.⁵⁸ Er setzt sich aus zwei verschiedenen, jedoch untrennbar miteinander verbundenen und einander ergänzenden Rechtsakten zusammen, nämlich der Verordnung (EG) Nr. 765/2008 über die Vorschriften für die Akkreditierung und Marktüberwachung im Zusammenhang mit der Vermarktung von Produkten und dem Beschluss Nr. 768/2008/EG über einen gemeinsamen Rechtsrahmen für die Vermarktung von Produkten.

1. Verordnung (EG) Nr. 765/2008

187 Die Verordnung zur Akkreditierung und Marktüberwachung führt **einheitliche Regelungen zur** Organisation und Durchführung der **Akkreditierung** von Konformitätsbewertungsstellen im reglementierten Bereich und im nicht reglementierten Bereich ein. Die Akkreditierung bleibt weiterhin eine auf nationaler Ebene durchzuführende Aufgabe. Neu begründet wurde die Pflicht der Mitgliedstaaten zur Errichtung einer einzigen nationalen Akkreditierungsstelle und wurden unionsweit einheitliche Anforderungen an die nationale Akkreditierungsstelle, deren Kontrolle und im minderen Umfang an die akkreditierten Konformitätsbewertungsstellen aufgestellt. Die Verordnung enthält hierzu den aktuellen Regelungsstand (zu den notifizierten Stellen → Rn. 571 ff.).

---

⁵⁵Europäische Kommission, Leitfaden für die Umsetzung der Produktvorschriften der EU 2016, ABl. 2016 C 272, 9 f.

⁵⁶Kapoor/Klindt, EuZW 2008, 649 (652, Fn. 18).

⁵⁷Vorschlag für eine Verordnung über die Vorschriften für die Akkreditierung und Marktüberwachung im Zusammenhang mit der Vermarktung von Produkten, KOM(2007) 37 endg. und Vorschlag für einen Beschluss über einen gemeinsamen Rechtsrahmen für die Vermarktung von Produkten, KOM(2007) 53 endg.

⁵⁸Es ist dies die vom Europäischen Parlament gewählte Bezeichnung im Gedenken und in Anerkennung der Verdienste des damaligen Direktors in der Generaldirektion Unternehmen und Industrie.

Der europäische Gesetzgeber schickte sich weiter an, auf breiter Ebene dem viel **188** beklagten Defizit im **Vollzug der Harmonisierungsrechtsrechtsvorschriften** zu begegnen und die **Zusammenarbeit der Marktüberwachungsbehörden** zu institutionalisieren. Da die zu verzeichnenden mitgliedstaatlichen Vollzugsdefizite und die mangelnde Zusammenarbeit der Marktüberwachungsbehörden richtlinienübergreifend waren, standen dem europäischen Gesetzgeber grundsätzlich zwei Regelungsoptionen zur Verfügung. Entweder waren sämtliche Harmonisierungsrechtsvorschriften aufeinander abgestimmt abzuändern. Oder waren einheitliche Bestimmungen zum Verwaltungsvollzug in einem einzigen auf alle Harmonisierungsrechtsvorschriften anwendbaren Rechtsakt aufzustellen. Der europäische Gesetzgeber entschied sich letztlich für Beides und stellte in Kapitel III der Verordnung (EG) Nr. 765/2008 detaillierte horizontale Rahmenbestimmungen für die mit dem Vollzug der Harmonisierungsrechtsvorschriften befassten nationalen Behörden auf und ergänzt und wiederholt die dortigen Bestimmungen durch die ebenfalls der Marktaufsicht gewidmeten Art. R31 ff. des Anhangs I des Beschlusses Nr. 768/2008/EG. Die neue Verordnung statuiert zunächst eine Einschreitensverpflichtung der nationalen Marktüberwachungsbehörden und legt Voraussetzung und Umfang derselben fest. Den Marktüberwachungsbehörden wird mithin ein enges Korsett vorgegeben und das *„Wie"* der Aufgabenwahrnehmung über konkrete Vorgaben zur Verwaltungsorganisation und zur einzelnen Marktüberwachungsmaßnahme geregelt. Ferner wird das bis dahin lediglich für Verbraucherprodukte anwendbare RAPEX-System auf sämtliche dem Anwendungsbereich der Verordnung unterfallenden Produkten erweitert und die Mitgliedstaaten zu einer effizienten Zusammenarbeit sowie zum gegenseitigen Informationsaustausch verpflichtet. Insgesamt begründet die Verordnung einen detaillierten Rahmen für die Marktüberwachung, indem sie Mindestanforderungen vor dem Hintergrund der von den Mitgliedstaaten zu erreichenden Ziele und einen Rahmen für die Verwaltungszusammenarbeit festlegt (zur Marktüberwachung → Rn. 719 ff.).

Auch der Geltungsbereich der neuen Marktüberwachungsbestimmungen ist umfassend festgelegt. Dies entspricht der auf europäischer Ebene verfolgten Politik der Vereinfachung der Rechtsvorschriften und der Verringerung des Verwaltungsaufwands.[59] Soweit allerdings Harmonisierungsrechtsvorschriften für ihren Vollzug speziellere Vorschriften enthalten, treten die Bestimmungen der Verordnung zurück. Selbiges gilt auch für die allgemeine Produktsicherheitsrichtlinie 2001/95/EG. Zwar kann wegen der weitgehenden Gleichwertigkeit der Marktüberwachungsbestimmungen der Verordnung (EG) Nr. 765/2008 und der der allgemeinen Produktsicherheitsrichtlinie die Kluft zwischen den auf Verbraucherprodukte und Produkte für die gewerbliche Nutzung anwendbaren Vollzugsbestimmungen (→ Rn. 183) in großen Teilen geschlossen werden. Die der Vereinfachung des Verwaltungsvollzugs abträgliche Situation, dass für Produkte und Produktkategorien, die der gleichen Harmonisierungsrechtsvorschrift unterliegen, verschiedene Marktaufsichtbestimmungen gelten, bleibt jedoch bestehen. Rund fünfzehn **189**

---

[59] Grundlegend Interinstitutionelle Vereinbarung – „Bessere Rechtsetzung", ABl. 2003 C 321, 1.

Monate nach Inkrafttreten der Verordnung äußerte sich das Europäische Parlament in seiner Entschließung vom 8.3.2011 hierzu denn auch kritisch.[60] Fürwahr setzen sich die Marktüberwachungsbestimmungen fortan aus drei Elementen *(„Dritteln")* zusammen, nämlich der Verordnung (EG) Nr. 765/2008, der Richtlinie über die allgemeine Produktsicherheit und den einzelnen Harmonisierungsrechtsvorschriften, und ist die Beziehungen zwischen diesen Dritteln nicht immer klar. Dieser Drei-Drittel-Ansatz, so das Europäische Parlament, sorge für *„Unsicherheiten und Unklarheiten am Binnenmarkt"*. Die Europäische Kommission nahm diese Kritik in der Folge auf.[61]

2. Beschluss Nr. 768/2008/EG

190 In seinen Rechtswirkungen und seiner Zielsetzung den Leitlinien der Entschließung des Rates vom 28.5.1985 (→ Rn. 147) vergleichbar, handelt es sich bei dem Beschluss Nr. 768/2008/EG um einen Rechtsakt *sui-generis*. Er spiegelt eine institutionelle Vereinbarung wider und ist weder direkt noch indirekt verbindlich. Er richtet sich vielmehr an die EU-Gesetzgebungsorgane selbst und verpflichten sich diese, künftige Harmonisierungsrechtsvorschriften den Inhalten des Beschlusses entsprechend auszuarbeiten und bereits erlassene Harmonisierungsrechtsvorschriften diesen anzupassen.[62] Bei den Musterbestimmungen nach Anhang I des Beschlusses handelt es sich demgemäß um die von der Kommission in ihrer Mitteilung vom 7.5.2003 angekündigten *„Standardartikel"* bzw. der dort angekündigten *„all-in-one"*-Lösung.[63] Inhaltlich hervorzuheben ist die mit den Musterbestimmungen erfolgende Einbeziehung weiterer Wirtschaftsakteure in den Pflichtenkreis der Harmonisierungsrechtsvorschriften. Informations-, Marktbeobachtungs- und Selbstanzeigepflichten wurden eingeführt und geht das Pflichtenprogramm künftig gar über das der allgemeinen Produktsicherheitsrichtlinie hinaus. In die Referenzbestimmungen finden auch die zum Weisungsrecht der Kommission innerhalb des *„Schutzklauselverfahrens"* gemachten Überlegungen aus der Mitteilung vom 7.3.2003 Einzug (→ Rn. 182). Darüber hinaus wird das *„Schutzklauselverfahren"* umfassend geregelt und statuiert Art. R31 der Musterbestimmungen parallel zu den Bestimmungen der Verordnung (EG) Nr. 765/2008 eine Einschreitensverpflichtung der nationalen Marktüberwachungsbehörden, legt Voraussetzungen und Umfang derselben spitz fest und begründet Unterrichtungs- und Informationspflichten. An die Musterbestimmungen wurden im Recht des technischen Rechts bisher ausgerichtet, u. a.

---

[60] Entschließung des Europäischen Parlaments vom 8.3.2011 zur Überprüfung der Richtlinie über die allgemeine Produktsicherheit und Marktüberwachung, P7_TA(2011)0076.

[61] Mitteilung der Kommission an das Europäische Parlament, den Rat und den Europäischen Wirtschafts- und Sozialausschuss *Mehr Produktsicherheit und bessere Marktüberwachung im Binnenmarkt für Produkte*, COM(2013) 74 final, 6; siehe auch, Europäische Kommission, SWD(2013) 33 final, annex 15.1 *(Problems with the existing legislative framework in the non-food product safety area)*.

[62] Europäische Kommission, Leitfaden für die Umsetzung der Produktvorschriften der EU 2016, ABl. 2016 C 272, 11.

[63] KOM 2003, 240 endg., 24.

Beschränkung der Verwendung bestimmter gefährlicher Stoffe in Elektro- und Elektronikgeräten (RoHS) – Richtlinie 2011/65/EU (→ Rn. 391 ff., 410 ff.).
  Ökodesign-Richtlinie 2009/125/EG (→ Rn. 386–388, 401 ff.)
  Sportboote – Richtlinie 2013/53/EU (→ Rn. 328 ff.)
  Druckbehälter – Richtlinie 2014/29/EU (→ Rn. 328 ff.)
  Elektromagnetische Verträglichkeit – Richtlinie 2014/30/EU (→ Rn. 494 ff.)
  Nichtselbsttätige Waagen – Richtlinie 2014/31/EU (→ Rn. 511 ff.)
  Messgeräte (MID) – Richtlinie 2014/32/EU (→ Rn. 511 ff.)
  Aufzüge – Richtlinie 2014/33/EU (→ Rn. 328 ff.)
Geräte und Schutzsysteme zur bestimmungsgemäßen Verwendung in explosionsgefährdeten Bereichen (ATEX) – Richtlinie 2014/34/EU (→ Rn. 328 ff.)
  Elektrische Betriebsmittel – Richtlinie 2014/35/EU (→ Rn. 328 ff.)
  Funkanlagen – Richtlinie 2014/53/EU (→ Rn. 328 ff., 516 ff.)
  Druckgeräte – Richtlinie 2014/68/EU (→ Rn. 328 ff.)
  Verordnung (EU) 2016/426 Geräte zu Verbrennung gasförmiger Brennstoffe (→ Rn. 328 ff.)
  Verordnung (EU) 2017/1369 zur Energieverbrauchskennzeichnung (→ Rn. 636–639)

§ 9 – Fahrzeuge

I. Mindestens vierrädrige Kraftfahrzeuge und Kraftfahrzeuganhänger

1. Anfänge der EWG/EG-Typgenehmigung

In jedem Mitgliedstaat mussten Kraftfahrzeuge zur Beförderung von Gütern oder Personen bestimmten, zwingend vorgeschriebenen, auf nationaler Ebene aufgestellten technischen Anforderungen und Merkmalen entsprechen und unterwarfen die Mitgliedstaaten das Inverkehrbringen dem Erfordernis einer vorherigen und auf die Bauart bezogenen Kontrolle der Einhaltung dieser Bestimmungen (*„allgemeine Betriebserlaubnis"* im deutschen Recht, *„agrégation par type"* und *„aanneming"* im belgischen Recht, *„réception par type"* im französischen Recht, *„omologazione* oder *approvazione del tip"* im italienischen Recht, *„agrégation"* im luxemburgischen Recht und *„typegoedkeuring"* im niederländischen Recht). Diese an den Bau von Kraftfahrzeugen gestellten Anforderungen waren von Mitgliedstaat zu Mitgliedstaat verschieden, was den Warenverkehr zwischen den Mitgliedstaaten behinderte. Diese Hemmnisse für die Errichtung und das reibungslose Funktionieren des Gemeinsamen Marktes sollten nach dem Willen der sechs Gründungsmitglieder der Europäischen Wirtschaftsgemeinschaft verringert und sogar beseitigt werden und wurde entsprechend dem allgemeinen Programm für die Beseitigung der technischen Handelshemmnisse des Jahres 1969 (→ Rn. 142) im Februar 1970 die Richtlinie 70/156/EWG über die Betriebserlaubnis für Kraftfahrzeuge und Kraftfahrzeuganhänger erlassen. Es sollte vor allem ein System eingeführt

191

werden, nach dem ein Fahrzeugtyp, zu dem ein Mitgliedstaat die Übereinstimmung mit einer vollständigen Reihe einheitlicher und auf europäischer Ebene festgelegter technischer Anforderungen bescheinigt hat, ohne weitere Prüfungen für den freien Warenverkehr überall in der Gemeinschaft infrage kam. Verkörpert wurde dieses System in der EWG-Typgenehmigung und wurden in der Richtlinie die Grundprinzipien und Verwaltungsverfahren dieser EWG-Typgenehmigung festgelegt. Die Richtlinie umfasste ferner eine vollständige Aufstellung der verschiedenen Merkmale, Systeme und Bauteile eines Fahrzeugs, die durch die Vorschriften von 44 Einzelrichtlinien geregelt werden mussten.[64] Das vollständige EWG-Typgenehmigungsverfahren konnte allerdings erst angewendet werden, wenn alle diese 44 Einzelrichtlinien vorlagen. Zwar ermöglichten die in Art. 10 der Richtlinie 70/156/EWG vorgesehenen Übergangsbestimmungen[65] die Anwendung bereits bestehender Einzelrichtlinien und konnten dadurch im Rahmen der vertrauten Betriebserlaubnissysteme mit nationaler Geltung Erfahrungen mit der steigenden Zahl von Einzelrichtlinien gesammelt werden. Ein durchgängiges einheitliches Genehmigungssystem wurde damit aber nicht geschaffen. Obschon es zu einem Nebeneinander von europäischer und nationaler Betriebserlaubnis kam und das Ziel eines obligatorischen einheitlichen Typgenehmigungsverfahren erst später und sukzessive erreicht werden sollte, ist zu konstatieren, dass mittels der Einzelrichtlinien frühzeitig einheitliche Standards bezogen auf den Bau und die Wirkungsweise der Fahrzeuge geschaffen wurden.[66] Zwar waren die Einzelrichtlinien wegen der Übergangsbestimmung in Art. 10 der Richtlinie 70/156/EWG noch fakultativ und nur insoweit verbindlich, als der Hersteller deren Anwendung anstelle der entsprechenden einzelstaatlichen Vorschriften als Grundlage für die Betriebserlaubnis wünschte und kam es damit zu einer Parallelität europäischer und nationaler Produktanforderungen.[67] Nichtsdestoweniger lagen mit den Einzelrichtlinien einheitliche Standards vor, auf die sich der Hersteller berufen und deren Anwendung er verlangen konnte.

2. Revisionsbefugnisse der Kommission

192   Der Kommission war von Beginn an die Befugnis und Verantwortung übertragen, die zur Anpassung an den technischen Fortschritt erforderlichen Änderungen der Einzelrichtlinien zu erlassen. Die Möglichkeit einer vereinfachten und zügigen Anpassung an den sich rasch verändernden technischen Fortschritt durch Maßnahmen der Kommission war im Hinblick auf das in Art. 100 EWGV verankerte Einstimmigkeitserfordernis im Rat (→ Rn. 54, 142) fürwahr unbedingt erforderlich. Zum Zwecke legitimatorischer Rückbindung

---

[64]Verweise „*ER*" im Anhang II der Richtlinie 70/156/EWG.
[65]Art. 10 der Richtlinie 70/156/EWG in der bis zur Richtlinie 87/358/EWG gültigen Fassung.
[66]Zu diesem „*Nebeneinander*" von nationalen und europäischen Anforderungen siehe Braun/Damm/Konitzer, StVZO, § 20 Rn. 9.
[67]In Deutschland etwa traten die Einzelrichtlinien neben die die Beschaffenheit der Fahrzeuge regelnden Bestimmungen der StVZO.

und Kontrolle mussten die Änderungen das in Art. 13 der Richtlinie 70/156/EWG vorgesehene Verfahren durchlaufen. Dieses Verfahren entsprach dem später im sog. ersten Komitologiebeschluss 87/373/EWG vorgesehenen Regelungsausschussverfahren, Verfahren III, Variante b) (Contrefilet-Verfahren).[68]

3. Bauteile und technische Einheiten
Mit der Richtlinie 78/315/EWG zur Änderung der Richtlinie 70/156/EWG wurde sodann der Regelungsbereich der EWG-Typgenehmigung nicht unwesentlich erweitert. Galt nämlich die Richtlinie 70/156/EWG zunächst nur für Fahrzeuge, konnten fortan auch, soweit Einzelrichtlinien dies ausdrücklich vorsahen, Fahrzeugeinrichtungen und -bauteile EWG-typgenehmigt werden und so zwischen den Mitgliedstaaten frei zirkulieren.

193

4. Neuordnung durch die Richtlinie 92/53/EWG
Eine Neuordnung des Vorschriftenwerks erfolgte mit der Richtlinie 92/53/EWG vom 18.6.1992 zur Änderung der Richtlinie 70/156/EWG. Hauptanliegen war die Beseitigung des Nebeneinanders zweier Genehmigungssysteme. *„Als logische Folge des bevorstehenden Binnenmarktes beruht[e] die neue Richtlinie auf der vollständigen Harmonisierung, d. h., die Vorschriften und Verfahren der EWG-Typgenehmigung sollten verbindlich sein und künftig die Vorschriften der Betriebserlaubnissysteme mit nationaler Geltung, die bisher als Alternative beibehalten worden waren, ersetzen."*[69] Diese *„vollständige Harmonisierung"* blieb allerdings Fahrzeugen der Fahrzeugklasse M1 (Fahrzeuge zur Personenbeförderung mit höchstens acht Sitzplätzen außer dem Fahrersitz) vorbehalten und bezog sich die an die Mitgliedstaaten gerichtete Anordnung, EWG-typgeprüfte Fahrzeuge und nur EWG-typgeprüfte Fahrzeuge zum Verkehr zuzulassen, auf diese Fahrzeugklasse.[70]

194

---

[68]Waren in der ursprünglichen Fassung Änderungen der Einzelrichtlinien im Regelungsausschussverfahren nur hinsichtlich derjenigen Bestimmungen möglich, die in der jeweiligen Richtlinie ausdrücklich genannt wurden, kehrte die Richtlinie 92/53/EWG diese Logik um und konnten fortan all jene Bestimmungen der Einzelrichtlinien im Regelungsausschussverfahren geändert werden, deren Änderung nicht dem originären Gesetzgeber vorbehalten war. Allerdings enthielten die Einzelrichtlinien (bereits) ganz regelmäßig die Befugnis der Kommission im Verfahren nach Art. 13 der Richtlinie 70/156/EWG die zur Anpassung an den technischen Fortschritt notwendigen Änderungen zu erlassen. In der Sache änderte sich mit dieser Umkehrung damit wenig.
[69]KOM(91) 279 endg., 3.
[70]Art. 2 der Richtlinie 92/53/EWG bestimmte in seinen Abs. 2 und 3: „(2) *Im Rahmen der Typgenehmigung für Fahrzeuge wenden die Mitgliedstaaten diese Richtlinie so lange nur auf Fahrzeuge der Klasse M1 mit Verbrennungsmotor an, bis die Anhänge nach dem Verfahren gemäß Artikel 13 der Richtlinie 70/156/EWG in der durch die vorliegende Richtlinie geänderten Fassung zum Zweck der Anwendung auf Fahrzeuge der Klasse M1, die durch andere Motoren als Verbrennungsmotoren angetrieben sind, sowie auf andere Fahrzeugklassen geändert sind. Bis dahin gilt für Fahrzeug-Typgenehmigungen der anderen Klassen Artikel 10 der Richtlinie 70/156/EWG, in der Fassung der Richtlinie 87/403/EWG.* (3) *Die Mitgliedstaaten wenden bis zum 31. Dezember 1995 [...] den Artikel 4 Absatz 1 der Richtlinie 70/156/EWG [auf Fahrzeuge der Klasse M1] in der durch diese*

5. Detailbewusste Vorgaben zum Typgenehmigungsverfahren

Die Richtlinie 70/156/EWG in der Fassung bis zur Richtlinie 92/53/EWG legte lediglich die Grundprinzipien der EWG-Typgenehmigung fest. Deren verfahrensrechtliche Ausgestaltung überließ sie dem Grundsatz der Verfahrensautonomie (→ Rn. 88) folgend den Mitgliedstaaten. Obschon die Kommission erklärte, dass die Richtlinie 92/53/EWG eindeutig nicht die Aufgabe habe, die nationalen (Zulassungs)Verfahren zu harmonisieren,[71] wurden fortan die Inhalte und Abläufe des Antrags- und des Prüfverfahrens, die vom Hersteller einzureichenden Unterlagen und die Maßnahmen zur Bewertung der Qualitätssicherungssysteme der Hersteller spitz vorgegeben. Mit der sukzessiven Ersetzung der Betriebserlaubnis mit nationaler Geltung durch die EWG-Typgenehmigung ging mit diesen Vorgaben eine gradweise Vereinheitlichung der mitgliedstaatlichen Verfahren einher.

195

6. Abschließende Auflistung der Einzelrichtlinien

Die die technischen Anforderungen verfügenden Einzelrichtlinien wurden im Anhang IV in einer Tabelle, unter Nennung des Genehmigungsgegenstandes und der anzuwendenden Fahrzeugklasse aufgeführt[72] (→ Rn. 197) (Abb. 1).

7. Mehrstufengenehmigung

Eingeführt wurde mit der Richtlinie 92/53/EWG die Mehrstufen-Typgenehmigung. Dieses neue Verfahren ermöglichte fortan die Typgenehmigung eines vollständigen Fahrzeugs durch die Kompilation der Genehmigungen der einzelnen Systeme, Bauteile und

198

Richtlinie geänderten Fassung nur auf Antrag des Herstellers an. Bis dahin erteilen die Mitgliedstaaten nationale Typgenehmigungen und gestatten die Zulassung, den Verkauf und das Inverkehrbringen von Fahrzeugen, Bauteilen und selbständigen technischen Einheiten gemäß Artikel 10 der Richtlinie 70/156/EWG, in der Fassung der Richtlinie 87/403/EWG." Siehe hierzu auch KOM(91) 279 endg., 9: „In ihrer gegenwärtigen Form ist die Richtlinie derzeit nur auf Personenfahrzeuge (Fahrzeuge der Klasse M1) anwendbar. Für alle anderen Fahrzeugklassen wird vorgeschlagen, die Übergangsbestimmungen der Richtlinie 70/156 (Artikel 10) beizubehalten, bis die speziellen, für die Erteilung einer EWG-Typgenehmigung für diese Fahrzeugklassen erforderlichen Vorschriften in die Anhänge dieser Richtlinie aufgenommen sind. In der Zwischenzeit würde dieser Vorschlag es den Herstellern solcher Fahrzeuge erlauben, weiterhin die entsprechenden Einzelrichtlinien für die Erlangung der Typgenehmigungen mit nationaler Geltung (Artikel II Absatz 2) anzuwenden. Damit der Übergang von der gegenwärtigen Regelung, die auf fakultativen EWG-Vorschriften beruht, auf das vorgeschlagene verbindliche EWG-Typgenehmigungssystem möglichst reibungslos verläuft, und um mit diesem neuen System Erfahrungen zu sammeln, wird vorgeschlagen, diese Richtlinie bis zum 31. Dezember 1995 auf unverbindlicher Grundlage anzuwenden, das heißt, nur wenn das vom Antragsteller der Typgenehmigung ausdrücklich gewünscht wird. Während dieser Übergangszeit von drei Jahren kann sich der Hersteller entsprechend den Bestimmungen von Artikel 10 der Richtlinie 70/156 (Artikel II Absatz 3) wie bisher für die Betriebserlaubnis mit nationaler Geltung entscheiden."

[71] KOM(91) 279 endg., 5.

[72] Die für Fahrzeugtypen mit besonderer Zweckbestimmung gemäß Anhang XI geltenden Einzelrichtlinien befanden sich in Anhang XI.

§ 9 – Fahrzeuge

Genehmigungsgegenstand	Grundrichtlinie	Veröffentlicht im ABl.	Anzuwenden auf Fahrzeugklasse									
			M1	M2	M3	N1	N2	N3	O1	O2	O3	O4
1. Geräuschpegel	70/157 EWG	L 42 vom 23.2.1970, S. 16	X	X	x	X	X	x				
2. Emissionen	70/220 EWG	L 76 vom 6.4.1970, S. 1	X	X	x	X	X	x				
3. Kraftstoffbehälter/Unterfahrschutz	70/221 EWG	L 76 vom 6.4.1970, S. 23	X	X	x	X	X	x	X	X	x	X
…												

Festlegung der Klassen:

1. Klasse M: Kraftfahrzeuge zur Personenbeförderung mit mindestens vier Rädern.
   Klasse M1: Fahrzeuge zur Personenbeförderung mit höchstens acht Sitzplätzen außer dem Fahrersitz.
   Klasse M2: Fahrzeuge zur Personenbeförderung mit mehr als acht Sitzplätzen außer dem Fahrersitz und einer zulässigen Gesamtmasse bis zu 5 Tonnen.
   Klasse M3: Fahrzeuge zur Personenbeförderung mit mehr als acht Sitzplätzen außer dem Fahrersitz und einer zulässigen Gesamtmasse von mehr als 5 Tonnen.
2. Klasse N: Kraftfahrzeuge zur Güterbeförderung mit mindestens vier Rädern.
   Klasse N1: Fahrzeuge zur Güterbeförderung mit einer zulässigen Gesamtmasse bis zu 3,5 Tonnen.
   Klasse N2: Fahrzeuge zur Güterbeförderung mit einer zulässigen Gesamtmasse von mehr als 3,5 Tonnen bis zu 12 Tonnen.
   Klasse N3: Fahrzeuge zur Güterbeförderung mit einer zulässigen Gesamtmasse von mehr als 12 Tonnen.
3. Klasse O: Anhänger (einschließlich Sattelanhänger)
   Klasse O1: Anhänger mit einer zulässigen Gesamtmasse bis zu 0,75 Tonnen.
   Klasse O2: Anhänger mit einer zulässigen Gesamtmasse von mehr als 0,75 Tonnen bis zu 3,5 Tonnen.
   Klasse O3: Anhänger mit einer zulässigen Gesamtmasse von mehr als 3,5 Tonnen bis zu 10 Tonnen.
   Klasse O4: Anhänger mit einer zulässigen Gesamtmasse von mehr als 10 Tonnen.

Anhang IV der neugeordneten Richtlinie 70/156/EWG hatte mit dem Erlass der Einzelrichtlinien Schritt zu halten und wurde wiederholt abgeändert, vervollständigt und ersetzt.

Abb. 1 Aufbau des Anhangs IV der Richtlinie 70/156/EWG

selbstständigen technischen Einheiten entsprechend den jeweiligen Einzelrichtlinien, selbst wenn diese einzelnen Genehmigungen in verschiedenen Mitgliedstaaten erteilt wurden. Die nunmehr gebotene Möglichkeit, die Genehmigung für den vollständigen Fahrzeugtyp durch Kompilation der Genehmigungen seiner Systeme und Bauteile zu erlangen, erforderte eine sorgfältige Festlegung der entsprechenden Verfahren,[73] was denn auch die erwähnte detailbewusste Reglementierung des Betriebserlaubnisverfahrens zu erklären vermag (→ Rn. 195). So konnte künftig eine Behörde in die Lage versetzt werden, dass sie eine Typgenehmigung für ein vollständiges Fahrzeug lediglich auf der Grundlage von Einzelrichtlinien-Genehmigungen zu erteilen hatte, ohne selbst auch nur eine einzige System- oder Bauteilprüfung durchzuführen. Aufgrund dessen musste der Informationsaustausch zwischen den Behörden und die Weiterreichung von Unterlagen von einer Behörde zur anderen organisiert werden. Dies setzte zunächst voraus, dass sich das künftige EWG-Typgenehmigungsverfahren auf schriftliche Unterlagen eines gewissen Umfangs und einer gewissen einheitlichen Systematik stützte. Die hierdurch begründete Transparenz sollte zugleich das Vertrauen in die wechselseitige Kompetenz und Unabhängigkeit zwischen den eingeschalteten Behörden aufbauen; ein Vertrauen, das eine Voraussetzung für das Funktionieren des Systems insgesamt war.[74]

8. Alternativverfahren

199 Die Tatsache, dass das Typgenehmigungsverfahren schrittweise verbindlich werden würde, machte es notwendig, Ausnahmen zuzulassen und Alternativverfahren für Fahrzeuge, die entweder für besondere Verwendungszwecke bestimmt oder in Kleinserien gebaut werden oder die neue Technologien einbeziehen, die in den Vorschriften der Einzelrichtlinien noch nicht vorgesehen sind, festzulegen.[75]

9. Gleichwertigkeit von ECE-Regelungen

200 Der neue Art. 9 der Richtlinie 70/156/EWG vollzog die Einbeziehung der ECE-Regelungen in das System der Richtlinie, in dem es die Gleichwertigkeit bestimmter ECE-Regelungen, die in einer Entsprechungstabelle in Anhang IV Teil II einzeln aufgeführt wurden, anerkannte (zu den ECE-Regelungen → Rn. 483). Die Öffnung der Systems für die auf internationaler Ebene aufgestellten technischen Vorschriften war fürwahr erforderlich, um der europäischen Automobilindustrie den Zugang zu den Märkten des außereuropäischen Auslands zu erleichtern.

---

[73] KOM(91) 279 endg., 4 f.
[74] KOM(91) 279 endg., 4.
[75] Art. 8 der Richtlinie 70/156/EWG in der Fassung der Richtlinie 1992/53.

10. Neufassung der Rechtsvorschriften der Richtlinie 70/56/EWG

Die Richtlinie 70/156/EWG war das wichtigste Rechtsinstrument, das der Europäischen Gemeinschaft, vormals Europäische Wirtschaftsgemeinschaft, zur Verwirklichung des Binnenmarkts im Kraftfahrzeugsektor zur Verfügung stand. Sie betraf nicht nur die Harmonisierung der technischen Vorschriften im Bereich des Baus von Kraftfahrzeugen und Kraftfahrzeugbauteilen, sondern für Fahrzeuge der Fahrzeugklasse M1 auch den Ersatz der Verwaltungsverfahren für das nationale Typgenehmigungsverfahren durch ein obligatorisches einheitliches EG/EWG-Typgenehmigungsverfahren. Im Laufe der Zeit musste die Richtlinie 70/156/EWG mehr als 18 Mal geändert werden, um sie an die ständig fortschreitende technische Entwicklung anzupassen. Mit der Richtlinie 2007/46/EG erfolgte eine Neufassung der Rechtsvorschriften der Richtlinie 70/156/EWG und wurde Letztere mit Wirkung vom 29.4.2009 aufgehoben. Sie vollendete den bereits mit der Richtlinie 92/53/EWG in Gang gesetzten Ersatz der nationalen Typgenehmigungsverfahren durch ein obligatorisches einheitliches EG/EWG-Typgenehmigungsverfahren und sollte das Nebeneinander nationaler und europäischer Anforderungen nunmehr gemäß dem in Art. 45 der Richtlinie 2007/46/EG festgelegten Zeitplan insgesamt beenden. Die von der Kommission mit der Richtlinie 92/53/EWG angestoßene *„vollständige Harmonisierung"* erfasste künftig nicht mehr nur die Fahrzeuge der Fahrzeugklasse M1, sondern erstreckte sich auf alle Fahrzeugklassen im Geltungsbereich der Richtlinie. Inhaltlich führt die Richtlinie 2007/46/EG die meisten der bis dahin geltenden Rechtsvorschriften der Richtlinie 70/156/EWG in einer überarbeiteten Form fort. Sie verfeinert und modernisiert im Wesentlichen den bisher geltenden Rechtsrahmen. Konzeptionell neu waren namentlich die Einführung der Einzelgenehmigung und der EG-Kleinserien-Typgenehmigung.

201

11. Neues Regulierungskonzept

Mit der Verordnung (EG) Nr. 661/2009 über die allgemeine Sicherheit wurde bei den Vorschriften für Kraftfahrzeuge eine Neuauflage des sog. *„Mehrstufen-Konzepts"* (*split-level approach*) eingeführt. Gemäß dem **Mehrstufen-Konzept** erfolgt die Rechtsetzung in zwei und gegebenenfalls drei Schritten. Die grundlegenden Bestimmungen und der Anwendungsbereich werden vom Europäischen Parlament und vom Rat im Zuge des ordentlichen Gesetzgebungsverfahrens in einem auf der Binnenmarktkompetenz basierenden Rechtsakt – hier der Verordnung (EG) Nr. 661/2009 – festgelegt. Die technischen Spezifikationen, die mit diesen grundlegenden Bestimmungen in Verbindung stehen, werden durch delegierte Rechtsakte im Zuge des Ausschussverfahrens (Regelungsverfahren mit Kontrolle) erlassen. Sie konkretisieren die allgemeinen Vorgaben aus dem Basisrechtsakt und machen diese überprüfbar. In einem dritten Schritt werden mittels Durchführungsrechtsakten Verwaltungsvorschriften festgelegt, etwa zum Beschreibungsbogen, den Definitionen des Typgenehmigungsbogens, der Übereinstimmungsbescheinigung und damit zusammenhängenden Anforderungen an die Übereinstimmung der Produktion usw. Die Verordnung (EG) Nr. 661/2009 bleibt gleichwohl eine klassische

202

Einzelverordnung für die Zwecke des Typgenehmigungsverfahrens gemäß der Richtlinie 2007/46/EG. Sie legt Anforderungen an das technische Design fest und ist der dritte Schritt weiterhin den Regelungen des Art. 39 der Richtlinie 2007/46/EG vorbehalten.[76]

Mit der Verordnung (EG) Nr. 661/2009 wurden ferner rund 50 Einzelrechtsakte zum 1.11.2014 aufgehoben. Die aufgehobenen Richtlinien wurden durch entsprechende Regelungen der Wirtschaftskommission der Vereinten Nationen für Europa („UN/ECE-Regelungen") sowie durch Verordnungen der Kommission ersetzt, Anhang IV der Richtlinie 2007/46/EG neu gefasst und den delegierten Rechtsakten gemäß fortgeschrieben.

II. Zweirädrige und dreirädrige Fahrzeuge

1. Rahmenrichtlinien 92/61/EWG und 2002/24/EG

Analog zum Typgenehmigungsverfahren für mindestens vierrädrige Kraftfahrzeuge und Kraftfahrzeuganhänger wurden mit der Richtlinie 92/61/EWG vom 30.6.1992 auch entsprechende Regelungen für Zwei- und Dreiradfahrzeuge bzw. deren Bauteile und Merkmale verabschiedet, die spätestens bis zum 31.12.1993 innerstaatlich einzuführen waren. Auch hier operierte der Gesetzgeber mit dem Verweis auf Einzelrichtlinien, die die technischen Vorschriften für die Bauteile und Merkmale der Fahrzeuge festlegten. Parallel zur Richtlinie 70/156/EWG konnte eine vollständige Harmonisierung des Typgenehmigungsverfahrens – im Sprachgebrauch der Richtlinie 92/61/EWG „*Betriebserlaubnis- und Bauartgenehmigungsverfahren*" – allerdings erst mit Inkrafttreten sämtlicher

---

[76]Siehe Entwurf VO (EG) Nr. 661/2009 (Mehrstufen-Konzept in zwei Schritten). Ausweislich des 7. Erwägungsgrundes der Verordnung (EG) Nr. 661/2009 kommt mit dieser ein neues Regulierungskonzept zur Anwendung. Gleichwohl wurde das Mehrstufen-Konzept mit der Verordnung nicht eingeführt. Es wurde fortgeführt und umgestaltet. Fürwahr gilt dieses Konzept in abgeschwächter Form bereits seit dem Inkrafttreten der Richtlinie 2007/46/EG. In der Begründung zum Vorschlag für eine Richtlinie des Europäischen Parlaments und des Rates über die Genehmigung für Kraftfahrzeuge und Kraftfahrzeuganhänger sowie für Systeme, Bauteile und selbstständige technische Einheiten dieser Fahrzeuge (KOM(2003) 418 endg.) führt die Kommission unter Ziffer 1 aus: „[...] *legt der Richtlinienvorschlag die erforderlichen Bestimmungen zur Einführung eines neuen mehrstufigen Konzepts („split-level"-approach) für die Regelungsarbeit fest. Wird dieses Konzept umgesetzt, ist zu erwarten, dass die Verabschiedung sehr komplexer Rechtsakte einfacher wird. Jüngste Erfahrungen haben nämlich gezeigt, dass der Rechtsetzungsprozess verlangsamt werden kann, wenn eine Einzelrichtlinie neben den grundlegenden Anforderungen detaillierte, hoch technische Vorschriften enthält. Deshalb wird vorgeschlagen, dass das Europäische Parlament und der Rat über die grundlegenden Anforderungen eines Rechtsaktes entscheiden und dass die Kommission mit der Unterstützung eines Regelungsausschusses für die Festlegung der detaillierten technischen Bestimmungen und der Maßnahmen zur Durchführung zuständig ist.*" Diese Erwägungen flossen in Art. 39 der Richtlinie 2007/46/EG ein. Er setzte das von der Kommission damals so verstandene Mehrstufen-Konzept um. Wurden der Kommission mit Art. 39 der Richtlinie 2007/46/EG umfassende Befugnisse zur Durchführung der Einzelrichtlinien oder -verordnungen übertragen,

Einzelrichtlinien zu den in Anhang I aufgeführten 24 Regelungsaspekten erfolgen.[77] Während gemäß der Übergangsbestimmung in Art. 10 der Richtlinie 70/156/EWG die Einzelrichtlinien dort fakultativ und nur insoweit verbindlich waren, als der Hersteller deren Anwendung anstelle der entsprechenden einzelstaatlichen Vorschriften als Grundlage für die Betriebserlaubnis wünschte und es damit zu einer Parallelität europäischer und nationaler Produktanforderungen kam (→ Rn. 191), sperrten die Einzelrichtlinien zur Richtlinie 92/61/EWG nationale Anforderungen zu den daselbst behandelten Bauteilen und Merkmalen. Die Mitgliedstaaten durften das Inverkehrbringen von Fahrzeugen, die den Anforderungen der jeweiligen Einzelrichtlinie entsprachen, nicht aus Gründen, die sich auf die von der Einzelrichtlinie erfassten Aspekte des Baus oder der Wirkungsweise bezogen, untersagen.

Mit der Richtlinie 97/24/EG des Europäischen Parlaments und des Rates vom 17.6.1997 über bestimmte Bauteile und Merkmale von zweirädrigen und dreirädrigen Kraftfahrzeugen wurden die letzten noch ausstehenden Bauteile und Merkmale gemäß Anhang I einer Regelung auf europäischer Ebene zugeführt. Das in der Richtlinie 92/61/EWG geregelte Typgenehmigungsverfahren wurde verbindlich und ersetzte fortan in Gänze die nationalen Typgenehmigungsverfahren. In der Folge wurden die verfahrensrechtlichen Bestimmungen durch die Richtlinie 2002/24/EG präzisiert, weiterentwickelt und an das Typgenehmigungsverfahren für mindestens vierrädrige Fahrzeuge der Richtlinie 70/156/EWG angeglichen. Aus Gründen der Rechtsklarheit wurde die Richtlinie 92/61/EWG aufgehoben und durch die Richtlinie 2002/24/EG ersetzt.

2. Verordnung (EU) Nr. 168/2013

Mit der Verordnung (EU) Nr. 168/2013 über die Genehmigung und Marktüberwachung von zwei- oder dreirädrigen und vierrädrigen Fahrzeugen wurde das Typgenehmigungsregelungswerk völlig neu geordnet. Die Rahmenrichtlinie 2002/24/EG und die

---

blieben die Befugnisse zum Erlass delegierter Rechtsakte aber auch weiterhin im Wesentlichen auf die zur Anpassung an den technischen Fortschritt notwendigen Änderungen der Bestimmungen der Einzelrichtlinien und -verordnungen beschränkt. Neu war lediglich, dass auch die besonderen Erfordernisse von Menschen mit Behinderungen und Kenntnisse von erheblichen Risiken für Verkehrsteilnehmer oder die Umwelt, die dringliche Maßnahmen erfordern, zu den notwendigen Änderungen der Bestimmungen der Einzelrichtlinien und -verordnungen durch die Kommission ermächtigten. Die Verordnung (EG) Nr. 661/2009 vollzog hier zwar keinen Paradigmenwechsel. Sie löste sich aber hinsichtlich des Erlasses der technischen Spezifikationen vom bisherigen Ansatz und entlässt die Kommission aus dem engen Korsett der Änderungen bereits bestehender Einzelrechtsakte. War die Kommission bisher auf ein Handeln innerhalb der Regelungsbereiche geltender Rechtsvorschriften beschränkt, überträgt ihr Art. 14 VO (EG) Nr. 661/2009 die Befugnis nicht nur Bestehendes zu ändern, sondern auch Neues zu schaffen.

[77] Unter „ER".

Einzelrichtlinien wurden mit Wirkung vom 1.1.2016 aufgehoben. Die neue Systematik folgt dem *„Mehrstufen-Konzept"* (→ Rn. 202) in drei Schritten:

1) Die grundlegenden Bestimmungen und der Anwendungsbereich werden in der auf Art. 114 AEUV basierenden und im ordentlichen Gesetzgebungsverfahren ergangenen Verordnung (EU) Nr. 168/2013 festgelegt. Sie beschreibt das Typgenehmigungsverfahren (Art. 25 ff.), gibt einheitliche Begriffsbestimmungen vor, enthält die Definition der Fahrzeugklassen und legt allgemeine technischen Anforderungen fest, namentlich hinsichtlich herstellerseitiger Maßnahmen zur Verhinderung von Eingriffen in den Antriebsstrang (Art. 20), hinsichtlich der funktionalen Sicherheit (Art. 22) und der Anforderungen für die Umweltverträglichkeit einschließlich Umweltanforderungen hinsichtlich der Treibhausgasemissionen und des Kraftstoffverbrauchs sowie des Verbrauchs an elektrischer Energie und der elektrischen Reichweite (Art. 23 f.). Ferner werden einige Bestimmungen des Beschlusses Nr. 768/2008/EG (→ Rn. 190) übernommen. Diese nennen die Pflichten der Marktteilnehmer in der Lieferkette und der jeweiligen zuständigen Marktüberwachungsbehörden, insbesondere in Bezug auf die Überwachung nach dem Inverkehrbringen und die Kontrolle der Produkte, die in den Markt der Europäischen Union eingeführt werden. Außerdem werden die Anforderungen für Stellen oder Organisationen verschärft, denen die Mitgliedstaaten gewisse Aufgaben der Bewertung von bestimmten Fahrzeugen, Systemen, Bauteilen oder selbstständigen technischen Einheiten übertragen können (Art. 6 ff.) Eine Änderung dieser Festlegungen ist nur durch das Mitentscheidungsverfahren, d. h. durch den Rat und das Europäische Parlament möglich.

2) Auf der Verordnung (EU) Nr. 168/2013 gründend wurden die technischen Spezifikationen in drei delegierten Rechtsakten nach Art. 290 AEUV im Zuge des Ausschussverfahrens erlassen.

Verordnung (EU) Nr. 134/2014 mit Anforderungen für Umweltverträglichkeit und Antriebsleistung:

- umweltbezogene Prüfverfahren für Abgasemissionen, Verdunstungsemissionen, Treibhausgasemissionen und Kraftstoffverbrauch,
- bauartbedingte Höchstgeschwindigkeit, maximales Drehmoment und maximale Nutzleistung des Motors,
- Geräuschpegel.

Verordnung (EU) Nr. 3/2014 mit Anforderungen für die funktionale Sicherheit von Fahrzeugen und verwandte Fragen:

- akustische Warneinrichtungen,
- Bremsen, einschließlich Antiblockier- und kombinierte Bremssysteme,
- elektrische Sicherheit,
- vordere und hintere Schutzvorrichtungen,

- Scheiben, Scheibenwischer und Scheibenwascher sowie Entfrostungs- und Trocknungsanlagen,
- Kennzeichnung der Betätigungseinrichtungen, Kontrollleuchten und Anzeiger,
- Beleuchtungs- und Lichtsignaleinrichtungen,
- Sicht nach hinten,
- Sicherheitsgurtverankerungen und Sicherheitsgurte,
- Reifen,
- Insassenschutzsysteme einschließlich Innenausstattung, Kopfstützen und Fahrzeugtüren,
- bauartbezogene Geschwindigkeitsbegrenzung,
- Festigkeit der Fahrzeugstruktur.

Verordnung (EU) Nr. 44/2014 mit Anforderungen für die Bauweise von Fahrzeugen:

- elektromagnetische Verträglichkeit,
- Maßnahmen gegen unbefugte Eingriffe,
- Anhängevorrichtungen und die Befestigungen,
- Sicherungen gegen unbefugte Benutzung,
- vorstehende Außenkanten,
- Kraftstofflagerung,
- Ladeflächen,
- Massen und Abmessungen,
- On-Board-Diagnosesysteme,
- Halteeinrichtung und Fußstützen für Beifahrer,
- Reparatur- und Wartungsinformationen,
- Anbringungsstelle für das hintere amtliche Kennzeichen,
- Ständer,
- gesetzlich vorgeschriebene Kennzeichnungen.

3) In der Durchführungsverordnung (EU) Nr. 901/2014 werden Verwaltungsvorschriften festgelegt, etwa zum Beschreibungsbogen, den Definitionen des Typgenehmigungsbogens, der Übereinstimmungsbescheinigung und damit zusammenhängenden Anforderungen an die Übereinstimmung der Produktion usw.

III. Land- und forstwirtschaftliche Fahrzeuge

1. Rahmenichtlinien 74/150/EWG und 2003/37/EG
Die Richtlinie 74/150/EWG vom 4.3.1974 zur Angleichung der Rechtsvorschriften der Mitgliedstaaten über die Betriebserlaubnis für land- oder forstwirtschaftliche Zugmaschinen in ihrer ursprünglichen Fassung war ein Duplikat des Textes der Richtlinie

70/156/EWG, angepasst an land- und forstwirtschaftliche Fahrzeuge.[78] Kontinuierlich fortgeschrieben, orientierte sie sich vom Verfahren her immer an den an der Richtlinie für Kraftfahrzeuge vorgenommenen Änderungen. Seit dem 1.1.1990 war für landwirtschaftliche Zugmaschinen die Erteilung einer EWG-Typgenehmigung möglich. Die erste Typgenehmigung für einen Traktor, im Sprachgebrauch des Vorschriftenwerks Zugmaschine auf Rädern, wurde am 19.4.1990 erteilt. Der Traktor war damit das erste Fahrzeug überhaupt und noch vor dem PKW, das eine in ganz Europa gültige Genehmigung erhielt.[79] Obschon damit frühzeitig eine vollständige Harmonisierung erreicht wurde, machten zunächst nur wenige Hersteller von der Möglichkeit einer EWG-Typgenehmigung Gebrauch. Die Gründe hierfür waren vielschichtig.[80] Mit den Richtlinien 2001/3/EG und 2003/37/EG vollzog die Europäische Gemeinschaft die Neufassung der Richtlinie 74/150/EWG in zwei Schritten.[81] Ausweislich des jeweils ersten Erwägungsgrundes der Richtlinien 2001/3/EG und 2003/37/EG war das Typgenehmigungsverfahren für land- und forstwirtschaftliche zwecks Gleichlaufs der Typgenehmigungsverfahren an die mit der Richtlinie 92/53/EWG (→ Rn. 194) neu geordnete KFZ-Rahmenrichtlinie anzupassen. Die Richtlinie 2003/37/EG ersetzte die Richtlinie 74/150/EWG und hob sie auf.

Das Vorschriftenwerk in der Fassung bis zur Richtlinie 2001/3/EG war auf Traktoren beschränkt und enthielt insgesamt 37 technische Sachverhalte, die in 24 Einzelrichtlinien enthalten waren. Wie bei der KFZ-Rahmenrichtlinie wurden auch hier die Einzelrichtlinien seit deren Erlass, d. h. teilweise seit mehr als 25 Jahren, kontinuierlich fortgeschrieben und an den technischen Fortschritt angepasst. Dies hatte zur Folge, dass Richtlinien mehrfach und teilweise bis zu elfmal geändert oder ergänzt wurden und so die Lesbarkeit des Regelwerks deutlich eingeschränkt wurde. Mit der Richtlinie 2003/37/EG wurde der Geltungsbereich formal auch um die gezogenen Fahrzeuge (Anhänger, Klasse R und gezogene Maschinen, Klasse S) und Zugmaschinen über 40 km/h (Klasse T5), erweitert. Allerdings war es nicht gelungen, die hierfür notwendigen technischen Anforderungen zu definieren, sodass die Erteilung einer Typgenehmigung für die Klassen R und S sowie T5 nicht möglich war.

2. Verordnung (EU) Nr. 167/2013

206 Im Gleichlauf zur Verordnung (EU) Nr. 168/2013 über die Genehmigung und Marktüberwachung von zwei- oder dreirädrigen und vierrädrigen Fahrzeugen (→ Rn. 204)

---

[78] Parallel zur Richtlinie 78/315/EWG (→ Rn. 193) erstreckte die Richtlinie 79/694/EWG vom 24.7.1979 das Typgenehmigungsverfahren auf Zugmaschineneinrichtungen und -bauteile.
[79] Schauer, Landtechnik 4/97, 208.
[80] *Ebd.*, 208 f.; *ders.*, Jahrbuch Agrartechnik 1998, 30–41.
[81] Mit der Richtlinie 2001/3/EG wurden die Zugmaschinen fortan und analog der KFZ-Rahmenrichtlinie in Klassen unterteilt und die die technischen Anforderungen verfügenden Einzelrichtlinien im Anhang II in einer Tabelle, unter Nennung des Genehmigungsgegenstandes und der anzuwendenden Klasse der Zugmaschinen aufgeführt.

wurde mit der Verordnung (EU) Nr. 167/2013 auch das Vorschriftenwerk für land- und forstwirtschaftliche Fahrzeuge völlig neu geordnet. Die Rahmenrichtlinie 2003/37/EG und die Einzelrichtlinien wurden mit Wirkung vom 1.1.2016 aufgehoben. Die neue Systematik folgt auch hier dem *„Mehrstufen-Konzept"* (vgl. → Rn. 202) in drei Schritten:

1) Die grundlegenden Bestimmungen und der Anwendungsbereich werden in der auf Art. 114 AEUV basierenden und im ordentlichen Gesetzgebungsverfahren ergangenen Verordnung (EU) Nr. 167/2013 festgelegt. Sie beschreibt das Typgenehmigungsverfahren, legt in Anlehnung an den Beschluss Nr. 768/2008/EG die Pflichten der Hersteller, Marktüberwachungs-, Genehmigungsbehörden sowie der Technischen Dienste fest, gibt einheitliche Begriffsbestimmungen, enthält die Definition der Fahrzeugklassen und legt allgemeine technischen Anforderungen fest, namentlich hinsichtlich der funktionalen Sicherheit, hinsichtlich der Bau- und Konstruktionsvorschriften zur Sicherheit am Arbeitsplatz und der Anforderungen für die Umweltverträglichkeit einschließlich der Grenzwerte für den Außengeräuschpegel. Eine Änderung dieser Festlegungen ist nur durch das Mitentscheidungsverfahren, d. h. durch den Rat und das Europäische Parlament möglich.

Anders als bei den mindestens vierrädrigen Fahrzeugen und den Zwei- und Dreirädern hat der Unionsgesetzgeber nicht durchgängig die obligatorische Harmonisierungslösung gewählt. Lediglich für die Fahrzeugklassen T1, T2, T3 und T.4.3, für die bislang die EU-Typgenehmigung bereits verbindlich war, ist künftig eine Genehmigung nach der Verordnung (EU) Nr. 167/2013 obligatorisch. Alle übrigen Fahrzeugklassen können entweder nach dieser Verordnung oder nach den jeweiligen nationalen Vorschriften genehmigt werden. Die Fahrzeugklasse T5 mit den Zugmaschinen über 40 km/h bauartbedingter Höchstgeschwindigkeit wurde nicht beibehalten. Vielmehr ist der Unionsgesetzgeber hinsichtlich des Höchstgeschwindigkeitsmerkmals dem Konzept der Richtlinie

---

Festlegung der Klassen/Aufbau des Anhangs II der Richtlinien 74/150/EWG und 2003/37/EG:

Klasse T1:	Zugmaschinen auf Rädern mit einer bauartbedingten Höchstgeschwindigkeit von bis zu 40 km/h, einer Mindestspurweite mindestens einer Achse von 1 150 mm oder mehr, einer Leermasse in fahrbereitem Zustand von mehr als 600 kg und einer Bodenfreiheit von bis zu 1 000 mm.
Klasse T2:	Zugmaschinen auf Rädern mit einer bauartbedingten Höchstgeschwindigkeit von bis zu 40 km/h, einer Mindestspurweite von weniger als 1 150 mm, einer Leermasse in fahrbereitem Zustand von mehr als 600 kg und einer Bodenfreiheit von bis zu 600 mm. Liegt der Wert für die Höhe des Schwerpunkts der Zugmaschine (1) (gemessen zum Boden), geteilt durch die mittlere Mindestspurweite jeder Achse jedoch über 0,90, so ist die bauartbedingte Höchstgeschwindigkeit auf 30 km/h begrenzt.
Klasse T3:	Zugmaschinen auf Rädern mit einer bauartbedingten Höchstgeschwindigkeit von bis zu 40 km/h und einer Leermasse in fahrbereitem Zustand von bis zu 600 kg.
Klasse T4:	Sonstige Zugmaschinen auf Rädern mit einer bauartbedingten Höchstgeschwindigkeit von bis zu 40 km/h.

Nr.	Genehmigungsgegenstand	Richtlinie und Anhang	Anwendbarkeit (T4 siehe Anlage 1)		
			T1	T2	T3
1.1	Zulässiges Gesamtgewicht	74/151/EWG	X	X	X
1.2	Anbringungsstelle und Anbringung amtlicher Kennzeichen	74/151 EWG II	X	X	X
1.3	Kraftstoffbehälter/Unterfahrschutz ...	70/221 EWG III	X	X	X

2003/37/EG für die gezogenen Fahrzeuge der Klassen R und S gefolgt. Hiernach erhalten Zugmaschinen aller Kategorien bis 40 km/h den Index „a" und alle über 40 km/h den Index „b".

2) Auf der Grundlage der Verordnung (EU) Nr. 167/2013 wurden die technischen Spezifikationen in vier delegierten Rechtsakten nach Art. 290 AEUV im Zuge des Ausschussverfahrens erlassen.

Die delegierte Verordnung (EU) Nr. 1322/2014 mit Anforderungen zum Aspekt der Arbeitssicherheit, namentlich Anforderungen für Überrollschutzstrukturen, Strukturen zum Schutz gegen herabfallende Gegenstände, Fahrer- und Beifahrersitze, den Betätigungsraum und den Zugang zum Fahrerplatz, den Schutz von Antriebselementen, für Sicherheitsgurte und deren Verankerung, den Schutz gegen das Eindringen von Gegenständen, Bedienungselemente einschließlich der Sicherheit und Zuverlässigkeit der Kontrollsysteme, Notstoppvorrichtungen und selbsttätigen Abstellvorrichtungen, den Schutz vor sonstigen mechanischen Gefahren, trennende und nicht trennende Schutzeinrichtungen und Hinweise, Warnungen und Kennzeichnungen.

Die delegierte Verordnung (EU) 2015/96 mit Anforderungen und Prüfverfahren hinsichtlich der Umweltverträglichkeit und der Leistung der Antriebseinheit in Bezug auf Schadstoffemissionen und die zulässigen äußeren Geräuschpegel, namentlich Grenzwerte für die Emission gasförmiger Schadstoffe und luftverunreinigender Partikel und Anforderungen an das Prüfverfahren unter Bezugnahme auf die Bestimmungen der Richtlinie 97/68/EG für mobile Maschinen und Geräte und Anforderungen zu den äußeren Geräuschemissionen.

Die delegierte Verordnung (EU) 2015/68 mit Anforderungen und Prüfverfahren zur funktionalen Sicherheit im Hinblick auf die Wirkung der Bremsanlage.

Die delegierte Verordnung (EU) 2015/208 mit Anforderungen und Prüfverfahren hinsichtlich der funktionalen Sicherheit außer der Bremswirkung, namentlich Anforderungen in Bezug auf An- bzw. Einbau, Anforderungen für die Festigkeit der Fahrzeugstruktur, die bauartbedingte Höchstgeschwindigkeit, Geschwindigkeitsregler und Geschwindigkeitsbegrenzungseinrichtungen, Lenkanlagen, Geschwindigkeitsmesser, das Sichtfeld und Scheibenwischer, die Verglasung, Rückspiegel, Fahrerinformationssysteme, Beleuchtungs- und Lichtsignaleinrichtungen und deren Lichtquellen, Insassenschutzsysteme einschließlich Innenausstattung, Kopfstützen, Sicherheitsgurte und Fahrzeugtüren, die Fahrzeugaußenseite und Zubehörteile, die elektromagnetische Verträglichkeit, Heizungsanlagen, Sicherungen gegen unbefugte Benutzung, amtliche Kennzeichen, Abmessungen und Anhängelast, die Sicherheit der elektrischen Systeme, Kraftstofftanks, den hinteren Unterfahrschutz, seitliche Schutzvorrichtungen, Abschleppeinrichtungen, Reifen, Rückwärtsgang, Gleisketten und mechanische Verbindungseinrichtungen.

3) In der Durchführungsverordnung (EU) 2015/504 werden die Verwaltungsvorschriften für die Genehmigung und Marktüberwachung festgelegt.

Technische Regeln und Recht

Technische Regeln sind von hoher ökonomischer und gesellschaftspolitischer Bedeutung und durchdringen nahezu alle Wirtschaftsbereiche. Sie gewährleisten die Koordinier-, Kombinier- und Austauschbarkeit von Komponenten und Standards, dienen der Rationalisierung von Produktionsvorgängen, regeln die Sicherheit, die Gebrauchstauglichkeit, Qualitätsabstufungen und Prüfungsbedingungen. Die Planung und Produktion in den Unternehmen, die Vertragsbeziehungen zwischen Industrie und Handel und die grenzüberschreitende Vermarktung von Gütern stützen sich auf technische Regeln. Sie ermöglichen die arbeitsteilige Produktion, die Abkürzung von Liefer- und Bestellvorgängen und die Verständigung über Mindesterfordernisse in Bezug auf den Verbraucher-, Umwelt- und Arbeitsschutz. Zur Stabilität des Elektrizitätsnetzes und der Aufrechterhaltung der Versorgung legen sie Mindestbedingungen zur Vermeidung unzulässiger Rückwirkungen angeschlossener Betriebsmittel fest. Sie regeln die Koordination von Komponenten und Systemen im Bereich der Telekommunikation und der Informationstechnologie. Im Maschinenbau dokumentieren sie besondere Anforderungen an das technische Design hinsichtlich der Verwendungstauglichkeit und des Arbeitsschutzes. Verschärfte Anforderungen werden in technischen Regeln aufgestellt etwa an die dauerhafte Funktionstüchtigkeit von Medizinprodukten, an Geräte zur bestimmungsgemäßen Verwendung in explosionsgefährdeten Bereichen oder an die Messgenauigkeit von Energiezählern.[1]

Der Vielfalt der einzelnen Fachgebiete und der zu regelnden technischen Sachverhalte entspricht die Vielfalt der in der Bundesrepublik Deutschland tätigen Regelsetzer, die Vielfalt der von den technischen Regeln verfolgten unterschiedlichen Zielrichtungen und die Vielfalt der unterschiedlichen Adressatenkreise. Die DITR-Datenbank etwa weist

---

[1]Falke, Rechtliche Aspekte der Normung in den EG-Mitgliedstaaten und der EFTA, S. 115 f.; Schellberg, Technische Harmonisierung in der EG, S. 26 ff.

neben den Normen des DIN, Dokumente von rund 120 anderen Regelsetzern nach.[2] Die Regelwerke legen nicht nur Anforderungen an das technische Design von Produkten zum Zwecke des Verbraucher-, Arbeits- oder Umweltschutzes fest, erschöpfen sich nicht in der Gewährleistung von Systemverträglichkeiten und -kompatibilitäten oder

---

[2]In der DITR-Datenbank, aufgebaut ab 1978 als Datenbank des Deutschen Informationszentrums für Technische Regeln im DIN (DITR), werden sämtliche technischen Regeln der in der Bundesrepublik Deutschland tätigen Regelsetzer nachgewiesen. Aus ihr wird der DIN-Katalog für technische Regeln erstellt. Eingehend zum DITR, Falke, Rechtliche Aspekte der Normung in den EG-Mitgliedstaaten und der EFTA, S. 119–123. Die bekanntesten der dort nachgewiesenen deutschen Regelwerke sind neben den DIN-VDE-Dokumenten und in alphabetischer Reihenfolge die AD-Merkblätter des VdTÜV, die AEL-Dokumente der Arbeitsgemeinschaft für Elektrizitätsanwendung in der Landwirtschaft e. V. (AEL), die AfK-Empfehlungen der Arbeitsgemeinschaft DVGW/VDE für Korrosionsfragen, das AVK-Handbuch der Arbeitsgemeinschaft Verstärkte Kunststoffe – Technische Vereinigung e. V. (AVK-TV), die AWV-Dokumente der Arbeitsgemeinschaft für wirtschaftliche Verwaltung e. V., die BASI-Veröffentlichungen des Bundesamtes für Sicherheit in der Informationstechnik, die Dokumente der Bundesanstalt für Arbeitsschutz und Arbeitsmedizin, die BAW-Empfehlungen, Merkblätter und Richtlinien der Bundesanstalt für Wasserbau, die Bergbau-Betriebsblätter der DMT Deutsche Montan Technologie für Rohstoffe, Energie, Umwelt e. V., die BDZ-Arbeitsblätter Straßenbau des bundesverbands der Deutschen Zementindustrie e. V., die BWB-Dokumente des Bundesamtes für Wehrtechnik und Beschaffung, die BWK-Merkblätter und Fachinformationen des Bundes der Ingenieure für Wasserwirtschaft, Abfallwirtschaft und Kuturbau (BWK) e. V., die DBV-Dokumente des Deutschen Beton- und Bautechnik-Vereins e. V., die DKD-Dokumente der Akkreditierungsstelle des Deutschen Kalibrierdienstes (DKD), die DQS-Schriftenreihe der Deutsche Gesellschaft zur Zertifizierung von Managementsystemen mbH (DQS), das DVGW-Regelwerk der Deutsche Vereinigung des Gas- und Wasserfaches e. V., die DVM-Merkblätter des Deutschen Verbands für Materialforschung und -prüfung e. V. (DVM), die DVWK-Regeln und -Merkblätter zur Wasserwirtschaft der DWA Deutsche Vereinigung für Wasserwirtschaft, Abwasser und Abfall e. V., die FDBR-Normen des Fachverbands Dampfkessel-, Behälter- und Rohrleitungsbau e. V., die FGK-Richtliniein der Fachgruppe Kühlmöbel (FGK), die GDM – Technische Richtlinien Guss des Gesamtverbands Deutscher Metallgießereien e. V., die GEB-Überwachungsbestimmungen der Gütegemeinschaft Erhaltung von Bauwerken e. V., die GEFMA-Richtlinien des GEFMA e. V. Deutscher Verband für Facility Management, die GfKORR-Merkblätter der Gesellschaft für Korrosionsschutz e. V. (GfKORR), die GKV-Regel des Fachverbands Bau-, Möbel- und Industrie-Halbzeuge aus Kunststoff (GKV), die Technischen Richtlinien des Glaserhandwerks des Instituts für Verglasungstechnik und Fensterbau, das GUV-Regelwerk der Deutschen Gesetzlichen Unfallversicherung (DGUV), die HTG-Empfehlungen der Hafenbautechnische Gesellschaft e. V. (HTG), das IFBS-Regelwerk des Industrieverbands für Bausysteme im Metallleichtbau e. V. (IFBS), die IfS-Merkblätter des Instituts für Sachverständigenwesen e. V. (IfS), die ift-Richtlinien des Instituts für Fenstertechnik e. V., die IVL-Merkblätter und -Empfehlungen des Fraunhofer-Instituts für Verfahrenstechnik und Verpackung (IVV), die ITG-Empfehlungen der Informationstechnische Gesellschaft (ITG) im VDE, die LAGA-Richtlinien, -Merkblätter und -Informationsschriften der Länderarbeitsgemeinschaft Abfall, die LASI-Veröffentlichungen des Länderausschusses für Arbeitsschutz und Sicherheitstechnik (LASI), die LAWA-Schriften der Länderarbeitsgemeinschaft Wasser (LAWA), die LBG-Unfallverhütungsvorschriften und Prüfungsgrundsätze des Bundesverbands der landwirtschaftlichen Berufsgenossenschaften (BLB), die LICHT Schriften der

betreffen sonstige „*klassische*" Themen der technischen Regelsetzung. Sie regeln etwa auch Lieferbedingungen und versuchen, den Bezug von Waren und Dienstleistungen zu standardisieren. Soweit sie nicht ohnehin Bestandteil einer Produktnorm sind, regeln Prüfbedingungen für Prüfinstitute und ihre Kunden die Bedingungen von Prüfungen und Analyseverfahren. Gütekriterien legen die Bedingungen des Zugangs zu

---

Fördergemeinschaft Gutes Licht, die LiTG-Schriften der Deutschen Lichttechnische Gesellschafte e. V., die MGA Merkblätter Gefährliche Arbeitsstoffe der sicherheitsNet.de GmbH, die NAMUR-Arbeitsblätter und -Empfehlungen der NAMUR – Interessengemeinschaft Automatisierungstechnik der Prozessindustrie, die NCG-Empfehlungen der NC Gesellschaft e. V. – Anwendung Neuer Technologien, die PI-Musterblätter der Deutsche Gesellschaft für Produkt-Information GmbH, die PTB-Anforderungen, -Prüfregeln und -Richtlinien der Physikalisch-Technischen bundesanstalt (PTB), die RAL-Druckschriften des Deutsches Institut für Gütesicherung und Kennzeichnung e. V., das RGV-Handbuch Verpackung und –Schriften für die Verpackungspraxis der Rationalisierungs-Gemeinschaft Verpackung (RGV) im RKW, die Stahleisen-Dokumente des Stahlinstituts VDEh und Wirtschaftsvereinigung Stahl im Stahl-Zentrum, Technische Regeln für Aufzüge (TRA) und Technische Regeln für Acetylenanlagen und Calciumcarbidlager (TRAC) des Bundesministerium für Wirtschaft und Arbeit, die Technischen Regeln für Aufzüge (TRA) und Technische Regeln für Acetylenanlagen und Calciumcarbidlager (TRAC) des Verbandes der TÜV e. V. (VdTÜV), die Technischen Regeln für Druckbehälter (TRB)des Bundesministerium für Wirtschaft und Arbeit, die Technischen Regeln für Betriebssicherheit (TRBS) des Bundesministeriums für Arbeit und Soziales, die Technischen Regeln für Betriebssicherheit (TRBS) des Verbandes der TÜV e. V. (VdTÜV), Technische Regeln für Dampfkessel (TRD) des Bundesministeriums für Wirtschaft und Arbeit, Technische Regeln für Dampfkessel (TRD) des Verbandes der TÜV e. V. (VdTÜV), Technische Regeln für Rohrfernleitungsanlagen (TRFL) der Bundesrepublik Deutschland, Technische Regeln für Gashochdruckleitungen (TRGL) des Bundesministeriums für Wirtschaft und Arbeit, Technische Regeln für Gashochdruckleitungen (TRGL) des Verbandes der TÜV e. V. (VdTÜV), Technische Regeln für Gefahrstoffe (TRGS) des Bundesministeriums für Wirtschaft und Arbeit, Technische Regeln für Gefahrstoffe (TRGS) des Verbandes der TÜV e. V. (VdTÜV), Technische Regeln für Getränkeschankanlagen (TRSK) des Bundesministeriums für Wirtschaft und Technologie und des Bundesministeriums für Wirtschaft und Arbeit, VGB-Vorschriften der Deutschen Gesetzlichen Unfallversicherung (DGUV), VDA-Empfehlungen, -Prüfblätter und -Richtlinien des Verbandes der Automobilindustrie e. V., VDA-Einheitsblätter des Verbandes der Automobilindustrie e. V., VDA Qualitätsmanagement in der Automobilindustrie des Verbandes der Automobilindustrie e. V., VDEW-Schriften des Bundesverbands der Energie- und Wasserwirtschaft e. V. (BDEW), VDG-Merkblätter des Vereins Deutscher Gießereifachleute e. V., VDI-Richtlinien des Vereins Deutscher Ingenieure, VDMA-Einheitsblätter des Verbands Deutscher Maschinen- und Anlagenbau e. V., VdS-Richtlinien, des Gesamtverbands der Deutschen Versicherungswirtschaft e. V. (GDV), VdTÜV-Merkblätter des Verbands der TÜV e. V. (VdTÜV), VdTÜV-Weisungsbeschlüsse des Verbands der TÜV e. V. (VdTÜV), vfdb-Richtlinien der Vereinigung zur Förderung des Deutschen Brandschutzes e. V. (vfdb), VG-Normen des Bundesamtes für Wehrtechnik und Beschaffung, VSR-Prüfrichtlinien des Vereins Selbständiger Reviisionsingenieure e. V., ZDK-Merkblätter des Zentralverbands Deutsches Kraftfahrzeuggewerbe (ZDK), ZVH-Richtlinien des Zentralverbands Haustechnik e. V. und die ZVSHK-Schriften des Zentralverbands Sanitär, Heizung, Klima (ZVSHK).

einem bestimmten Gütezeichen fest. Technische Dokumente der Versicherer zielen auf die Eingrenzung von Risiken für Versicherer und Versicherte. Regeln zur Verwaltungs- und Büroorganisation zielen auf die Optimierung von Dienstleistungstätigkeiten in Wirtschaft und öffentlicher Verwaltung. Umweltbezogene Regeln enthalten vornehmlich Anforderungen an die Errichtung und den Betrieb von technischen Anlagen. Im Bausektor stößt man auf eine Gemengelage von Regeln mit den Zwecken der Lieferstandardisierung, der Abstimmung unterschiedlicher Gewerke, der Gewährleistung der Qualität eingesetzter Materialien und verwandter Produkte, der Bündelung beruflichen Wissens und des Marketings.[3]

209 Nur für wenige der zahlreichen Regelwerke ist das Verhältnis zum Recht ausdrücklich geregelt. Viele der in der Bundesrepublik Deutschland tätigen Regelsetzer behaupten, ihre Regelwerke seien als Regeln der Technik anerkannt. Diese Behauptung wird apodiktisch und unabhängig davon aufgestellt, ob die technischen Regeln nach schriftlich festgehaltenen Verfahrensregelungen ergehen, ob sich die interessierten Kreise hieran beteiligen oder die Öffentlichkeit die Möglichkeit zur Stellungnahme erhält und in welcher Form die Ergebnisse publiziert werden.[4] Hier besteht Klärungsbedarf und soll nachfolgend das Verhältnis zwischen technischer Regel und Recht aufgezeigt werden.

In der rechtswissenschaftlichen Literatur wird dieses Verhältnis ganz regelmäßig mit Blick auf die technische Norm diskutiert. Namentlich bei der Konkretisierung unbestimmter Rechtbegriffe verweisen der Gesetzgeber und die Gerichte indes nicht auf technische Normen, d. h. sie nutzen diese Begrifflichkeit regelmäßig nicht. Sie verweisen vielmehr auf technische Regeln, die bestimmte Voraussetzungen erfüllen. Die unionalen Bestimmungen, nämlich die Harmonisierungsrechtsvorschriften nach der Neuen Konzeption und die Verordnung (EU) Nr. 1025/2012, ausgenommen, kommt dem Begriff der technischen Norm im Recht des technischen Produkts neben dem allgemeineren Begriff der technischen Regel keine eigenständige Bedeutung zu. Das in diesem Kapitel zu behandelnde Verständnis der **Funktionsweise zwischen technischer überbetrieblicher Spezifikation,** einerseits, **und Recht,** anderseits, vollzieht sich damit nicht über den (restriktiven) Begriff der technischen Norm, sondern dem weiteren Begriff der technischen Regel. Demgemäß wird nachfolgend auch auf ihn abgestellt.

§ 1 – Begriff der technischen Regel

210 Unter dem Begriff der technischen Regel werden teilweise unterschiedslos alle Regeln mit Technikbezug subsumiert. Es ist dies ein rein auf den Inhalt der Regel abstellendes Begriffsverständnis. Hiernach sind auch Rechtssätze des nationalen und europäischen

---

[3] Zu diesen Zielrichtungen und Beispielen aus der Praxis, siehe Falke, Rechtliche Aspekte der Normung in den EG-Mitgliedstaaten und der EFTA, S. 113 f.
[4] *Ebd.,* S. 114.

Verordnungs- und Gesetzgebers, der technische Sachverhalte regelt, technische Regeln.[5] Diese Definition blendet indes die hier interessierende Frage der (Rechts-)Wirkungen von für den Rechtsanwender nicht verbindlichen Regeln aus und soll daher hier nicht übernommen werden. In der deutschen rechtswissenschaftlichen Literatur ist, soweit ersichtlich, die technische Regel als solche nicht Gegenstand spezifischer Abhandlungen und werden dort die technische Norm und die mit ihr einhergehenden (Rechts-)Wirkungen thematisiert.

Die technische Regel hat im Schrifttum oder in der Rechtsprechung eine exakte Definition nicht erfahren.[6] Sie wird hier verstanden als **jede von einem Verband, einer Institution oder Behörde herausgegebene Festlegung technischer Art zur Lösung einer sich wiederholenden Aufgabe, deren Befolgung freiwillig ist.** Die technische Norm ist Teilmenge des Begriffs der technischen Regel.[7]

I. Technische Norm als Unterfall der technischen Regel

Der Begriff der technischen Norm hat Definitionen diverser mit der Normung befasste Organisationen, des rechtswissenschaftlichen Schrifttums und des unionalen Gesetzgebers bemüht. Die International Organization for Standardization (ISO) versteht unter einer technischen Norm ein

> Dokument, das mit Konsens erstellt und von einer anerkannten Institution angenommen wurde und das für die allgemeine und wiederkehrende Anwendung Regeln, Leitlinien oder Merkmale für Tätigkeiten oder deren Ergebnisse festlegt, wobei ein optimaler Ordnungsgrad in einem gegebenen Zusammenhang angestrebt wird. Anmerkung zum Begriff: Normen sollten auf den gesicherten Ergebnissen von Wissenschaft, Technik und Erfahrung basieren und auf die Förderung optimaler Vorteile für die Gesellschaft abzielen.[8]

Der Normenvertrag zwischen der Bundesrepublik Deutschland und dem DIN Deutsches Institut für Normung e. V. vom 5.6.1975 (→ Rn. 125) verweist insoweit auf DIN 820-1. Dort (DIN 820-1:2014-06) werden in Ziffer 6 die Ergebnisse der Normungsarbeit im DIN als die *„Deutschen Normen"* bezeichnet und bilden das *„Deutsche Normenwerk"*. Zur Normungsarbeit heißt es in Ziffer 4 dort:

> Durch die Normung wird eine planmäßige, durch die interessierten Kreise gemeinschaftlich durchgeführte Vereinheitlichung von materiellen und immateriellen Gegenständen zum Nutzen der Allgemeinheit erreicht. Sie darf nicht zu einem wirtschaftlichen Sondervorteil Einzelner führen. Sie fördert die Rationalisierung und Qualitätssicherung in Wirtschaft, Technik, Wissenschaft und Verwaltung. Sie dient der Sicherheit von Menschen und Sachen

---

[5] Hertel/Klaiber/Wallner, Technische Regeln systematisch managen, S. 1 f.
[6] Falke, Rechtliche Aspekte der Normung in den EG-Mitgliedstaaten und der EFTA, S. 307.
[7] *Ebd.*
[8] DIN 820-2:2011-04, Ziffer 3.1.1.

sowie der Qualitätsverbesserung in allen Lebensbereichen. Sie dient außerdem einer sinnvollen Ordnung und der Information auf dem jeweiligen Normungsgebiet. Die Normung wird auf nationaler, europäischer und internationaler Ebene durchgeführt.

Diese Umschreibung entspricht dem in § 1.2 seiner Satzung festgelegten Zweck des DIN, nämlich durch Gemeinschaftsarbeit der interessierten Kreise zum Nutzen der Allgemeinheit deutsche Normen oder andere Arbeitsergebnisse, die der Rationalisierung, der Qualitätssicherung, dem Umweltschutz, der Sicherheit und der Verständigung in Wirtschaft, Technik, Wissenschaft, Verwaltung und Öffentlichkeit dienen, aufzustellen, zu veröffentlichen und deren Anwendung zu fördern. Dabei besteht zwischen dem Gesetzgeber, der Rechtsprechung und den mit der Normung befassten Kreisen **Einvernehmen darüber, dass technische Normen nicht aus sich heraus rechtliche Verbindlichkeit beanspruchen können.** Sie sind Empfehlungen, die ihre Durchsetzungsfähigkeit aus der ihnen zugrunde liegenden sachlichen Kompetenz schöpfen müssen.[9] In DIN 820-1 heißt es dazu in aller Kürze:[10] *„Die Normen des Deutschen Normenwerks stehen jedermann zur Anwendung frei, sie sollen sich als „anerkannte Regeln der Technik" etablieren. [...] Eine Anwendungspflicht kann sich aufgrund von Rechts- oder Verwaltungsvorschriften sowie aufgrund von Verträgen oder sonstigen Rechtsgründen ergeben."* Diese Definitionsbemühungen und begrifflichen Umschreibungen weisen keine sachlichen Widersprüche zu den Festlegungen der Verordnung (EU) Nr. 1025/2012 zur europäischen Normung auf. Sie versteht unter *„Norm eine von einer anerkannten Normungsorganisation angenommene technische Spezifikation zur wiederholten oder ständigen Anwendung, deren Einhaltung nicht zwingend ist"* und die unter die Kategorie einer internationalen, einer europäischen, einer harmonisierten oder einer nationalen Norm fällt. Als technische Spezifikation gilt dabei *„ein Schriftstück, in dem die technischen Anforderungen dargelegt sind, die ein Produkt, ein Verfahren, eine Dienstleistung oder ein System zu erfüllen hat"*, und das einen oder mehrere, dort genauer beschriebene, Punkte regelt, wie etwa *„die Eigenschaften, die ein Produkt erfüllen muss, wie Qualitätsstufen, Leistung, Interoperabilität, Umweltverträglichkeit, Gesundheit, Sicherheit oder Abmessungen, einschließlich der Anforderungen an die Verkaufsbezeichnung, Terminologie, Symbole, Prüfungen und Prüfverfahren, Verpackung, Kennzeichnung oder Beschriftung des Produkts sowie die Konformitätsbewertungsverfahren"*[11].

---

[9]Falke, Rechtliche Aspekte der Normung in den EG-Mitgliedstaaten und der EFTA, S. 109.
[10]DIN 820-1:2014-06, Ziffer 8.1.
[11]Soweit sich der unionale Gesetzgeber anschickt, den Begriff der technischen Norm zu definieren, geschieht dies nur zum Zweck des jeweiligen Rechtsaktes und ist die Legaldefinition ausschließlich im Zusammenhang mit diesem Rechtsakt zu sehen. Begrenzt etwa die Verordnung (EU) Nr. 1025/2012 die *„nationale Norm"* für die Bundesrepublik Deutschland auf Normen des DIN, so heißt dies nicht, dass es in der Bundesrepublik Deutschland neben den DIN-Normen keine technischen Normen gäbe. Es bedeutet lediglich, dass die sonstigen deutschen Normungsorganisationen nicht Adressat der dort an die nationalen Normungsorganisationen gerichteten Regelungen sind.

II. Bestimmung zur wiederholten oder ständigen freiwilligen Anwendung

Eine technische Regel liegt nur dann vor, wenn die technische Spezifikation zur wiederholten oder ständigen Anwendung bestimmt und freiwillig ist. Das Kriterium der Bestimmung zur wiederholten oder ständigen Anwendung dient der **Abgrenzung** einer technischen Regel **gegenüber** einer technischen Lösung im Einzelfall und unterscheiden sich durch dieses Begriffsmerkmal technische Regeln gegenüber **privaten oder öffentlichen Kaufspezifikationen**.[12] So sind technische Regeln Vorschläge zur Lösung wiederkehrender, sich regelmäßig stellender Probleme, die bezogen auf den in der Regel beschriebenen Anwendungsfall allgemeine Gültigkeit beanspruchen.[13] Das **Freiwilligkeitselement** unterscheidet technische Regeln von technischen Vorschriften, d. h. technischen Spezifikation, deren Anwendung verbindlich ist. Der Inhalt einer technischen Regel ist für den Regelungsadressaten nicht zwingend. Er hat lediglich empfehlenden Charakter. Die Durchsetzungskraft technischer Regeln im wirtschaftlichen Leben beruht nicht auf einem rechtlichen Zwang zu ihrer Befolgung. Sie ist Ausdruck der Anerkennung, die die technischen Regeln als Quelle sachgerechter Empfehlungen bei den am Wirtschaftsleben beteiligten Kreisen anstreben.[14] Zwar werden technische Regeln und namentlich technische Normen verschiedentlich durch den Gesetz- oder Verordnungsgeber rezipiert (→ Rn. 214 ff.). Doch entfalten sie auch in diesen Fällen aus sich heraus keine Bindungswirkung.[15] Technische Regeln sind isoliert betrachtet demgemäß keine rechtlichen Phänomene. Sie stellen vielmehr zumeist wissenschaftlich begründete Arbeitsmethoden zur Bewältigung rationeller, jederzeit wiederholbarer Arbeitsprozesse dar und gehören damit dem Bereich des Tatsächlichen an, wie zum Beispiel Empfehlungen eines Sachverständigen zu zweckmäßigem Verhalten.[16] In diesem Sinne hat sich auch die Rechtsprechung wiederholt und in den unterschiedlichsten Rechtsgebieten zur Regelungstätigkeit von Verbänden und Institutionen geäußert. Im Verkehrslärm-Urteil führt das Bundesverwaltungsgerichts aus:[17] *„Technische Regelwerke des Deutschen Instituts für Normung e. V. [...] dienen in erster Linie einer*

212

---

[12]Falke, Rechtliche Aspekte der Normung in den EG-Mitgliedstaaten und der EFTA, S. 110; Thiard/Pfau, Foschung & Entwicklung und Normung, S. 52.
[13]Wiesendahl, Technische Normung in der Europäischen Union, S. 21.
[14]*Ebd.*, S. 22; Breulmann, Normung und Rechtsangleichung in der Europäischen Wirtschaftsgemeinschaft, S. 38.
[15]Ausführlich Falke, Rechtliche Aspekte der Normung in den EG-Mitgliedstaaten und der EFTA, S. 237–246.
[16]Herschel, Regeln der Technik, NJW 1968, S. 617 f.
[17]BVerwG, Urt. v. 22.5.1987, 4 C 33 – 35/83, BVerwGE 77, 285–295 (291) = DÖV 1987, 913 = DVBl 1987, 907 = NJW 1987, 2886.

Standardisierung von Produkten im Interesse ihrer Einheitlichkeit, Vergleichbarkeit und Austauschbarkeit. Darüber hinaus kommt ihnen praktische Bedeutung für die Vereinheitlichung behördlicher Anforderungen an Qualität und Sicherheit von Materialien, Bauwerken und dergleichen im Interesse der Gleichbehandlung und Verfahrensvereinfachung zu." In einem weiteren Urteil des Bundesverwaltungsgerichts heißt es:[18] *„Das Deutsche Institut für Normung hat indes keine Rechtsetzungsbefugnisse. Es ist ein eingetragener Verein, der es sich zur satzungsgemäßen Aufgabe gemacht hat, auf ausschließlich gemeinnütziger Basis durch Gemeinschaftsarbeit der interessierten Kreise zum Nutzen der Allgemeinheit Normen zur Rationalisierung, Qualitätssicherung, Sicherheit und Verständigung aufzustellen und zu veröffentlichen. Wie weit er diesem Anspruch im Einzelfall gerecht wird, ist keine Rechtsfrage, sondern eine Frage der praktischen Tauglichkeit der Arbeitsergebnisse für den ihnen zugedachten Zweck. Rechtliche Relevanz erlangen die von ihm erarbeiteten Normen im Bereich des technischen Sicherheitsrechts nicht, weil sie eigenständige Geltungskraft besitzen, sondern nur, soweit sie die Tatbestandsmerkmale von Regeln der Technik erfüllen, die der Gesetzgeber als solche in seinen Regelungswillen aufnimmt. Werden sie, wie dies beim Bau und beim Betrieb von Abwasseranlagen geschehen ist, vom Gesetzgeber rezipiert, so nehmen sie an der normativen Wirkung in der Weise teil, da*[ss] *die materielle Rechtsvorschrift durch sie näher konkretisiert wird."* In diesem Sinne führt auch der Bundesgerichtshof aus, dass DIN-Normen auf *„freiwillige Anwendung ausgerichtete Empfehlungen"* sind. *„Dem Institut sind keine hoheitlichen Befugnisse übertragen. Seine Normen sind keine Rechtsetzung, sie stellen mithin auch keine Rechtsvorschriften dar."* [19]

III. Abgrenzung zur technischen Norm

213 Der allgemein geteilte Norm-Begriff (→ Rn. 210) enthält mit der *„Beteiligung der interessierten Kreise"* und der *„Annahme durch eine anerkannte Normungsorganisation"* zwei weitere Definitionselemente und hebt sich mit diesen von der Gesamtheit der technischen Regeln ab. Merkmal einer technischen Norm ist damit zunächst die Beteiligung und das bei ihrer Verabschiedung anzustrebende Einvernehmen aller interessierten Kreise. Die technische Regel ist demgemäß idealiter das Ergebnis der Zusammenarbeit aller von der technischen Regel betroffenen Gruppen, die im Verfahren der Regelaufstellung mit möglichst breitem Konsens über die jeweilige technische Regel beschließen.[20] Interessierte

---

[18]BVerwG, Urt. v. 30.9.1996, 4 B 175.96, NVwZ-RR 1997, 214 (214).
[19]BGH, Urt. v. 10.3.1987, VI ZR 144/86, NJW 1987, 2222 (2223).
[20]Reihlen, Europäische und internationale Normung mit ihren Einwirkungen auf das deutsche Recht, S. 5; Böshagen, in Schwappach (Hrsg.), EG-Rechtshandbuch für die Wirtschaft, § 11 Rn. 8; Thiard/Pfau, Forschung & Entwicklung und Normung, S. 52.

Kreise sind hierbei regelmäßig die Hersteller, die Verbraucher- und Umweltschutzverbände sowie die Vertreter der Arbeitnehmerschaft. Sodann muss die technische Regel von einer anerkannten Normungsorganisation angenommen worden sein. Die Normungsorganisation ist gleichsam das organisatorische Forum für die Koordinierung der an der Regelsetzung interessierten Kreise. Es sind dies Zusammenschlüsse privatrechtlicher Art, deren satzungsmäßige Aufgabe es ist, technische Regeln zu erstellen. Die Anerkennung kann auf unterschiedliche Weise erfolgen. So etwa durch eine behördliche Zulassung, durch Gesetz oder Verordnung oder – auch formlos – durch die Wirtschaftsteilnehmer erfolgen. Bereits die breite Verwendung der Arbeitsergebnisse der jeweiligen Organisation durch die betroffenen Kreise ist hinreichendes Indiz ihrer Anerkennung.[21] Das Begriffsmerkmal der *„Annahme"* stellt auf ein förmliches Abstimmungsverfahren ab. Es findet üblicherweise nach Abschluss einer öffentlichen Anhörung statt, mittels derer die Kommentare von Wirtschafts- und Sozialpartnern ermittelt und anschließend bewertet werden. Das Verfahrenselement der öffentlichen Anhörung ist allerdings kein notwendiges Merkmal des Norm-Begriffs.[22]

§ 2 – Verweisungen in Rechtsvorschriften auf technische Regeln

Die Ziele der technischen Regelsetzung sind vielschichtig. Zuvörderst sind dies die Vereinheitlichung und gegenseitige Abstimmung von Gütern und Dienstleistungen, die überbetriebliche Qualitätssicherung, die technische Sicherheit zum Schutz von Leben, Gesundheit und Sachgütern und der Umweltschutz.[23] Sozialwissenschaftlich kann zwischen koordinativer und regulativer Regelsetzung unterschieden werden.[24] **Koordinative technische Regeln** zielen ab auf die Koordinier-, Kombinier- und Austauschbarkeit von Komponenten und Standards und solchermaßen auf die Senkung von Transaktionskosten. Sie gewährleisten, dass auch Erzeugnisse unterschiedlicher Hersteller zusammenpassen. **Regulative technische Regeln** zielen darauf ab, in Bezug auf Produktion, Vertrieb und Nutzung von technischen Erzeugnissen oder Anlagen Gefahren für die Sicherheit, die Gesundheit, die Umwelt oder sonstigen Interessen, also externe Kosten zu verhindern. Sie sind vornehmlicher Gegenstand hoheitlicher Verweisungen auf technische Regelwerke und einer politischen Kontextsteuerung zur Durchsetzung öffentlicher

214

---

[21]Wiesendahl, Technische Normung in der Europäischen Union, S. 21; Böshagen, in Schwappach (Hrsg.), EU-Rechtshandbuch für die Wirtschaft, § 11 Rn. 8.
[22]Falke, Rechtliche Aspekte der Normung in den EG-Mitgliedstaaten und der EFTA, S. 110.
[23]*Ebd.*, S. 247 m.w.Nachw.
[24]*Ebd.*

Interessen.²⁵ Fürwahr kann der Gesetz- und Verordnungsgeber regelmäßig nicht auf ausreichenden eigenen Sachverstand zurückgreifen, um zu den genannten Gefahren die erforderlichen wissenschaftlich-technischen Detailanforderungen an die Technikgestaltung selbst zu treffen.²⁶ Im Recht des technischen Produkts finden sich denn auch ganz regelmäßig nur solche Gesetze und Verordnungen, die die Anforderungen an die Beschaffenheit von technischen Erzeugnissen in generalklauselartigen Formulierungen und allgemein gehaltenen Anforderungen umschreiben. Die erforderliche Präzisierung kann dann mittels Verweisung des Gesetz- und Verordnungsgebers auf technische Regeln erfolgen, die von öffentlich-rechtlichen Sachverständigenausschüssen oder privaten Regelsetzern aufgestellt werden oder nehmen die Gerichte auf solche Bezug. Durch die technischen Detailregelungen wird das genaue Anforderungsprofil des technischen Produkts in für Produzenten, Marktaufsichtsbehörden, Prüfstellen und -institute handhabbarer Weise bestimmt.²⁷

215   Die Präzisierung verbindlicher Anforderungen des Gesetz- oder Verordnungsgebers durch technische Regeln beinhaltet eine Reihe von Qualitäten. Sie mobilisiert Sachverstand aus den verschiedensten Wissens- und Tätigkeitsbereichen und ermöglicht die Berücksichtigung, die Kommunikation und die Vertretung der Eigeninteressen der beteiligten Kreise. Sie entlastet den Gesetz- und Verordnungsgeber. Hiermit eng verknüpft ist die Entlastung des Rechtssetzungsverfahrens von umfangreichen technisch-wissenschaftlichen Detailbestimmungen. Weitere Qualitäten sind die rasche Anpassung der technischen Regeln und damit des verweisenden verbindlichen Rechtsakts an den fortgeschrittenen Stand der Technik und die Schaffung praxisnaher Lösungen infolge der Einbeziehung von Fachleuten aus der betrieblichen Praxis. Erwähnenswert sind ferner der durch das Konsensprinzip veranlasste Ausgleich widerstreitender Interessen aufgrund interessenpluralistischer Besetzung der jeweiligen Gremien und die Akzeptanz der technischen Regeln und damit die gesteigerte Bereitschaft zu ihrer Befolgung infolge der Mitwirkung der betroffenen Kreise.²⁸

216   Der Gesetz- und Verordnungsgeber griff denn auch mehr und mehr auf technische Regelwerke zurück und setzte Anfang der 1960er Jahre in der deutschen verfassungs- und verwaltungsrechtlichen Literatur eine Diskussion um die Rechtmäßigkeit der Verknüpfung

---

²⁵Zur politischen Steuerung der Regelsetzung zum Zweck der Durchsetzung öffentlicher Interessen an der Technikgestaltung, siehe insbesondere VO (EU) Nr. 1025/2012 (hierzu → Rn. 133 f.).
²⁶Falke, Rechtliche Aspekte der Normung in den EG-Mitgliedstaaten und der EFTA, S. 247; Eichener/Heinze/Voelzkow, Techniksteuerung im Spannungsfeld zwischen staatlicher Intervention und verbandlicher Selbstregulierung, S. 396–398. Zum Scheitern der Totalharmonisierung → Rn. 142.
²⁷Grundlegend zur Verweisungstechnik Ossenbühl, DVBl. 1967, S. 401–408; Marburger, Die Regeln der Technik im Recht, S. 379–426.
²⁸Marburger/Gebhard, Gesellschaftliche Umweltnormierungen, S. 40–42; Falke, Rechtliche Aspekte der Normung in den EG-Mitgliedstaaten und der EFTA, S. 248.

von Rechtsvorschriften und technischen Regeln ein.[29] Das Hauptaugenmerk lag auf der verfassungsrechtlichen Anforderung, wonach der Gesetz- und Verordnungsgeber für die jeweiligen technischen Risiken die *„wesentlichen Entscheidungen"* selbst zu treffen hat und Legislativ- und Verordnungsbefugnisse nicht auf private Organisationen übertragen werden können. Mit der in den 1980er Jahren einsetzenden Neuen Konzeption (→ Rn. 145–150) verlagerte sich die Diskussion und wurde nun vor allem auf dem Feld des Europarechts geführt. Die Diskussion kann heute als abgeschlossen angesehen werden und wird mithin die Unvermeidbarkeit der Aufgabenübertragung auf technische Regelsetzer in weiten Bereichen des Technik- und Umweltrechts heute allgemein anerkannt (→ Rn. 232–234).

I. Verweisungsformen

Bei der **starren Verweisung** bezieht sich die Rechtsvorschrift auf eine durch das Ausgabedatum und die Fund- oder Bezugsquelle genau bestimmte Fassung einer technischen Regel. Die in Bezug genommene technische Regel wird hierbei archivmäßig gesichert niedergelegt, was den dauerhaften Zugang zum ursprünglichen Text gewährleistet.[30] Der Gesetz- oder Verordnungsgeber macht sich damit eine bestehende technische Regel zu eigen. Er inkorporiert den Inhalt der in Bezug genommenen Regel in die verweisende Rechtsnorm. Demgemäß ist nicht erforderlich, dass auf den Inhalt einer im Zeitpunkt der Verabschiedung der verweisenden Rechtsnorm gültigen technischen Regel verwiesen wird. Entscheidend ist vielmehr, dass bei Verabschiedung der verweisenden Rechtsnorm der in die verweisende Rechtsnorm zu integrierende Inhalt der technischen Regel feststeht und demgemäß der Inhalt der verweisenden Rechtsnorm durch eine spätere Änderung oder Zurückziehung der technischen Regel durch den Regelsetzer nicht berührt wird. Eine starre Verweisung kann daher auf den Inhalt einer zurückgezogenen bzw. historischen technischen Regel Bezug nehmen.[31] Die starre Verweisung kommt nur dort in Betracht, wo eine technologische Entwicklung einen gewissen Abschluss erreicht hat und wesentliche Neuerungen kurzfristig nicht zu erwarten sind oder für das zu schützende Allgemeininteresse belanglos sind. Die starre Verweisung hat demgemäß nur eine eingeschränkte praktische Bedeutung erlangt und spielt im Recht des technischen Produkts keine praktische Rolle.[32]

---

[29] Ossenbühl, DVBl. 1967, 401–408; Karpen, Die Verweisung als Mittel der Gesetzgebungstechnik; Marburger, Die Regeln der Technik im Recht, S. 379- 407; Clemens, AöR 111 (1986), 63–127. Weitere Nachweise bei Wiesendahl, Technische Normung in der Europäischen Union, S. 212 (Fn. 705).

[30] Zur starren Verweisung grundlegend Marburger, Die Regeln der Technik im Recht, 387–389.

[31] Wiesendahl, Technische Normung in der Europäischen Union, S. 216 m.w.Nachw.

[32] Siehe Beispiele bei Falke, Rechtliche Aspekte der Normung in den EG-Mitgliedstaaten und der EFTA, S. 249 f., die praktisch ausschließlich das Anlagengenehmigungsrecht betreffen.

218 Die gleitende bzw. dynamische Verweisung nimmt auf eine oder mehrere technische Regeln in ihrer jeweils aktuellen Fassung Bezug.[33] Zwei Varianten gleitender bzw. dynamischer Verweisung sind zu unterscheiden, nämlich die normergänzende und die normkonkretisierende Verweisung. Das wesentliche Merkmal einer **normergänzenden Verweisung** besteht in der rechtlichen Unvollständigkeit bzw. Ergänzungsbedürftigkeit der verweisenden Rechtsnorm. Bei der normergänzenden gleitenden Verweisung nimmt der Rechtstext unmittelbar verpflichtend auf technische Regeln in ihrer jeweiligen Fassung Bezug. Erst durch diese Inbezugnahme wird der Rechtstext vervollständigt. Hierdurch gibt der Gesetz- oder Verordnungsgeber im Umfang der Verweisung die Feststellung der den Einzelnen treffenden Pflichten aus der Hand und überlässt sie dem Regelsetzer. Es handelt sich letztlich um ein Blankettgesetz. Der Inhalt des Gesetzes steht zur Disposition des Regelsetzers.[34] Die normergänzende gleitende Verweisung begegnet erheblichen verfassungsrechtlichen Bedenken.[35] Auch sie spielt im Recht des technischen Produkts keine praktische Rolle.

219 Die **normkonkretisierende gleitende Verweisung** dient nicht der Vervollständigung einer an sich lückenhaften Rechtsnorm. Sie hat die Aufgabe, die abschließend im Rechtstext formulierten Verhaltenspflichten des Regelungsadressaten zu präzisieren. Die verweisende und rechtlich vollständige Rechtsnorm ist nicht ergänzungs-, wohl aber konkretisierungsbedürftig. Die normkonkretisierende gleitende Verweisung tritt demgemäß regelmäßig im Zusammenhang mit einem unbestimmten Rechtsbegriff oder allgemein gehaltenen qualitativen Zielvorgaben auf, zu dessen Konkretisierung die bezogene technische Regel dient.[36] Einzig die in der Rechtsnorm niedergelegten Anforderungen sind verbindlich. Sie sind in der Rechtsnorm selbst zwar nicht detailliert, wohl aber abschließend festgelegt. Anders gewendet **zielt die technische Regel lediglich darauf ab, zu übersetzen, was die Rechtsnorm bereits festschreibt. Sie fügt dieser** mithin **nichts hinzu.** Bei der normkonkretisierenden Verweisung soll die technische Regel dem Hersteller eines Erzeugnisses, dem Betreiber einer Anlage, dem Erbringer von Dienstleistungen, etc. aufzeigen, wie er nach Ansicht des Regelsetzers die ihn treffenden Pflichten erfüllen kann. Sie ist **Orientierungs- und Auslegungshilfe bei der Anwendung des Gesetzes.** Die zuständigen Behörden haben die der technischen Regel entsprechenden Erzeugnisse, Anlagen, Dienstleistungen, etc. im Grundsatz zu dulden. Der Grad an Autorität der technischen Regel als technische Konkretisierung des unbestimmten Gesetzes korreliert mit dem Grad der der technischen Regel zukommenden Vermutungswirkung. Obgleich dem Regelungsadressaten

---

[33] Zur gleitenden bzw. dynamischen Verweisung grundlegend Marburger, Die Regeln der Technik im Recht, S. 390–407.
[34] Falke, Rechtliche Aspekte der Normung in den EG-Mitgliedstaaten und der EFTA, S. 251.
[35] *Ebd.*
[36] Grundlegend Marburger, Die Regeln der Technik im Recht, S. 395–407.

freisteht, eine andere als die in der technischen Regel vorgesehene Lösung zu wählen, sofern diese Alternativlösung den verbindlichen rechtlichen Anforderungen mindestens in gleichwertiger Weise genügt, erzeugen die in Bezug genommenen einen faktischen Befolgungszwang. Die normkonkretisierende gleitende Verweisung ist die heute in der deutschen und europäischen Gesetzgebungspraxis absolut vorherrschende Methode. Trotz des dieser Verweisungsform wesensimmanenten Nachteils, dass der Rechtsvorschrift selbst die Anforderungen im Detail nicht entnommen werden können, hat sie bisher in der Praxis reibungslos funktioniert.[37] Andererseits ist aber zu beachten, dass diese Verweisungstechnik auch Nachteile zeitigt. So erhöht sie zwar auf den ersten Blick die Verständlichkeit der verweisenden Rechtsnorm. Die durch die technische Regel unternommene Konkretisierung ist aber nur eine relative, nämlich eine ihrerseits an der verweisenden Rechtsnorm zu messende Konkretisierung (→ Rn. 221). Auch erschließen sich Gegenstand und Reichweite der Konkretisierung erst in einer Zusammenschau von verweisender Rechtsnorm und in Bezug genommener Regel, was oftmals ein erhöhtes Maß an juristischem Sachverstand und juristischem Systemdenken erfordert und den juristisch weniger geschulten Rechtsanwender häufig überfordert.[38]

220 Beispiele normkonkretisierender Verweisungen im Recht des technischen Produkts: § 49 Abs. 2 EnWG (Anforderungen an Energieanlagen – Verweis auf die technischen Regeln des VDE und des DVGW); § 13 Abs. 2 S. 6 NAV (Geräte der elektrischen Anlage – Verweis auf technische Regeln des VDE); § 13 Abs. 2 S. 6 NDAV (Gasgeräte – Zeichen einer akkreditierten Stelle). Weiter sind die Richtlinien der Neuen Konzeption und die zu ihrer Umsetzung ergangenen Rechtsvorschriften mit den dortigen Verweisen auf harmonisierte Normen zu nennen (→ Rn. 146, 222 ff.). Soweit zu den verschiedenen Schutzanordnungen noch keine harmonisierten Normen ergangen sind, verweisen einzelne dieser Richtlinien auf internationale und nationale Normen. Der Wirkungsgrad dieser so in Bezug genommenen internationalen und nationalen Normen wird hierbei allerdings recht uneinheitlich bestimmt. Rechtstechnisch geht die Inbezugnahme einmal und weitestgehend gleichläufig zu den harmonisierten Normen mit einer gesetzlichen Vermutung einher.[39] Ein andermal wird die Vermutung nur dann ausgelöst, wenn die Norm ein bestimmtes Sicherheitsniveau garantiert.[40] Soweit der Unionsgesetzgeber die Mitgliedstaaten anweist, den Wirtschaftsteilnehmern bestehende nationale Normen zur Kenntnis zu bringen, die für die sachgerechte Umsetzung der in der Richtlinie normierten

---

[37] Falke, Rechtliche Aspekte der Normung in den EG-Mitgliedstaaten und der EFTA, S. 252 f.

[38] Zur „Lesbarkeit" siehe auch Brugger, AöR 78 (1987), 1 (7); Wiesendahl, Technische Normung in der Europäischen Union, S. 220 m.w.Nachw.

[39] Siehe bspw. Art. 13 der Richtlinie 2014/35 (Vermutung der Konformität auf der Grundlage internationaler Normen); Art. 14 Abs. 2 und Art. 15 der Richtlinie 2014/32/EU.

[40] Siehe bspw. Art. 14 der Richtlinie 2014/35/EU.

wesentlichen Anforderungen als wichtig oder hilfreich erachtet werden,[41] geht die an die Norm anknüpfende Wirkung über eine tatsächliche Vermutung nicht hinaus und liegt in diesen Fällen eine normkonkretisierende Verweisung mithin nicht vor. Weitere Beispiele normkonkretisierender Verweisung sind Art. 3 Abs. 2 UAbs. 2 der Richtlinie 2001/95/EG, § 5 Abs. 1 und 2 ProdSG und § 7 Abs. 1 Nrn. 2 und 3 MessEG.

II. Relativität normkonkretisierender Verweisung

221 Bei einer normkonkretisierenden Verweisung streitet im Falle der Einhaltung der in Bezug genommenen technischen Regel eine widerlegbare gesetzliche Vermutung dafür, dass auch die rechtsverbindlichen Anforderungen erfüllt sind.[42] D. h. bei den hier interessierenden normkonkretisierenden Verweisungen bedarf es des Nachweises, dass das Produkt der technischen Regel entsprechend konzipiert und hergestellt wurde. Die vermutete Tatsache selbst, nämlich die Erfüllung der rechtsverbindlichen Anforderungen bei Einhaltung der in Bezug genommenen technischen Regel, muss der Hersteller oder sonstige Bereitsteller weder beweisen noch vortragen noch dokumentieren. Die schwierige Frage, ob das Produkt den abstrakten gesetzlichen Voraussetzungen entspricht muss er nicht beantworten, sondern (nur) ob es die auf es anwendbare technische Regel erfüllt. Korrelativ hierzu sind die Marktüberwachungsbehörden bei ihrer Arbeit gehalten, die in Bezug genommene technische Regel als *a priori* korrekte Konkretisierung der gesetzlichen Anforderungen zugrunde zu legen.[43] Zur Widerlegung der gesetzlichen Vermutung genügt es nicht, den Gegenbeweis zu führen, also die Überzeugung des Gerichts vom Vorliegen der vermuteten Tatsache zu erschüttern. Vielmehr ist der Beweis des Gegenteils erforderlich.[44] Kann also im Prozess die Streitfrage, ob die in Bezug genommene technische Regel die vom Gesetz- oder Verordnungsgeber aufgestellten Anforderungen gewährleistet, auch mittels Sachverständigengutachten nicht eindeutig geklärt werden, ergeht die Entscheidung zu Lasten der Marktaufsichtsbehörde.[45] Die zuständige Behörde wird in der Praxis gegen den regelgerecht produzierenden Hersteller vornehmlich denn auch immer erst dann einschreiten, wenn sich trotz Normkonformität eine konkrete und nicht (mehr) hinnehmbare Gefahr für die Rechtsgüter, die zu schützen die Rechtsvorschrift bezweckt, ergibt oder sich anderswie zeigt, dass die eingehaltene

---

[41] Siehe bspw. Art. 12 Abs. 2 der Richtlinie 2014/34/EU; Art. 2 Abs. 5 der Richtlinie 2000/9/EG.
[42] Statt aller Marburger, Die Regeln der Technik im Recht, S. 401.
[43] Vgl. (für die harmonisierte technische Norm) Schmatz/Nöthlichs, 1025 § 3 Anm. 1.2.7.2, S. 47.
[44] Vgl. Schenke, in Kopp/Schenke (Hrsg.), VwGO, § 108 Rn. 12.
[45] Falke, Rechtliche Aspekte der Normung in den EG-Mitgliedstaaten und der EFTA, S. 256.

einschlägige technische Regel, gegebenenfalls auch erst im Laufe der Zeit, dem in der verweisenden Rechtsvorschrift abstrakt formulierten und deswegen einem dynamischen Rechtsgüterschutz verpflichteten Anforderungsniveau nicht (mehr) genügt.[46] Fraglich ist, ob die an die Verweisung anknüpfende Vermutung nur mit Hinweis auf inhaltliche Mängel der in Bezug genommenen technischen Regel, oder auch mit dem Nachweis der Verletzung prozeduraler Anforderungen an die Regelerstellung widerlegt werden kann. Fürwahr ist die den DIN-Normen zukommende *tatsächliche Vermutung,* den allgemein anerkannten Regeln der Technik oder dem Stand der Technik zu entsprechen, dann widerlegt, wenn nachgewiesenermaßen bestimmte prozessuale Anforderungen, denen die Aufstellung technischer Regelwerke genügen müssen, nicht erfüllt sind. Dies liegt darin begründet, dass die technische Regel, die in einem förmlichen und bestimmten Anforderungen genügenden Verfahren aufgestellt wurde, die Gewähr der Richtigkeit in sich trägt, wobei weiter vermutet wird, dass DIN-Normen stets unter Beachtung dieser verfahrensrechtlichen Anforderungen zustande kommen (→ Rn. 262 ff.). Im Fall der normkonkretisierenden Verweisung streitet aber keine tatsächliche, sondern eine *gesetzliche Vermutung* dafür, dass bei Einhaltung der in Bezug genommenen technischen Regel die gesetzlichen Produktanforderungen erfüllt sind. Anders gewendet ist die Einhaltung bestimmter Mindesterfordernisse an das Verfahren der Regelerstellung keine Voraussetzung der vom Gesetz- oder Verordnungsgeber aufgestellten Vermutung. Die Rechtsprechung, wonach die Heranziehung technischer Regeln bei der Konkretisierung rechtsverbindlicher Standards an die Einhaltung bestimmter prozeduraler Anforderungen geknüpft ist (→ Rn. 262 ff.), ist auf die normkonkretisierende Verweisung demgemäß nicht anwendbar.[47]

---

[46]*Ebd.*

[47]Nach anderer Auffassung im rechtswissenschaftlichen Schrifttum ist indes die Basis der Vermutungsregel nicht vorhanden, wenn bei Erstellung der in Bezug genommenen technischen Regel wesentliche Verfahrensregeln verletzt wurden (in diesem Sinne wohl auch bei der normkonkretisierenden Verweisung, Falke, Rechtliche Aspekte der Normung in den EG-Mitgliedstaaten und der EFTA, S. 257 ff.). Marburger (Formen, Verfahren und Rechtsprobleme der Bezugnahme gesetzlicher Regelungen auf industrielle Normen und Standards, S. 43 f.) hat dies wie folgt zusammengefasst: „*Der normkonkretisierenden Verweisung liegt die gesetzgeberische Erwägung zugrunde, da*[ss] *die bezogenen technischen Regeln in einem geordneten Verfahren unter (repräsentativer) Beteiligung der interessierten Kreise und der Öffentlichkeit von sachverständigen Gremien ausgearbeitet werden und deshalb zur Gefahrsteuerung präsumtiv geeignet sind. Diese Wertung ist ohne innere Berechtigung, wenn die genannten Voraussetzungen nicht vorliegen. Deshalb kann die Vermutungswirkung durch den Beweis entkräftet werden, da*[ss] *die Verfahrensvorschriften für die Aufstellung technischer Regeln, soweit sie für den Inhalt der Regeln von substantieller Bedeutung sind, nicht eingehalten wurden.*"

§ 3 – Harmonisierte Normen

222 Harmonisierte Normen sind europäische Normen, die auf der Grundlage eines Auftrags der Kommission zur Durchführung von Harmonisierungsrechtsvorschriften von den europäischen Normungsorganisationen angenommen wurden.[48] Die Fundstelle der angenommenen europäischen Norm wird der Europäischen Kommission vorgelegt, prüft diese sodann, ob die ausgearbeitete Norm dem Auftrag entspricht und veröffentlicht bejahendenfalls die Fundstelle im Amtsblatt der Europäischen Union.[49] Die **Veröffentlichung** der Fundstellen erfolgt über **Normenlisten.** Sie sind Gegenstand periodischer Mitteilungen und ergehen in Durchführung der jeweiligen Harmonisierungsrechtsvorschrift. Die Entscheidung über die Veröffentlichung ist ein Rechtsakt mit allgemeiner Geltung und als solcher anfechtbar.[50] Über den veröffentlichten Funstellennachweis erhält die europäische Norm sodann Einzug in das Unionsrecht.[51] An sie knüpfen die Harmonisierungsrechtsvorschriften der Neuen Konzeption eine **besondere Vermutungswirkung:** *„Bei Produkten, die mit harmonisierten Normen oder Teilen davon übereinstimmen, deren Fundstellen im Amtsblatt der Europäischen Union veröffentlicht worden sind, wird eine Konformität mit den [wesentlichen] Anforderungen vermutet, die von den betreffenden Normen oder Teilen davon abgedeckt sind."*[52] Die Fundstellen der harmonisierten Normen werden als Mitteilungen der Kommission in der Reihe C des Amtsblatts der Europäischen Union veröffentlicht.[53]

223 Eine vergleichbare Regelungssystematik enthält Art. 3 Abs. 2 UAbs. 2 der Richtlinie 2001/95/EG. So wird für vermutet, dass *„ein Produkt sicher ist – soweit es um Risiken und Risikokategorien geht, die durch die betreffenden nationalen Normen geregelt werden –, wenn es den nicht bindenden nationalen Normen entspricht, die eine europäische Norm umsetzen, auf die die Kommission gemäß Artikel 4 im Amtsblatt der Europäischen [Union] verwiesen hat. Die Fundstellen solcher nationalen Normen sind von den Mitgliedstaaten zu veröffentlichen".*[54] Nachstehende Ausführungen, mit Ausnahme der zur abstrakten und

---

[48] Art. 2 Nr. 1 lit. c) VO (EU) Nr. 1025/2012.

[49] Ausführlich zum Verfahren zur Festlegung von die Konformitätsvermutung begründenden harmonisierten Normen, Europäische Kommission, Leitfaden für die Umsetzung der Produktvorschriften der EU 2016, ABl. 2016 C 272, 43–45.

[50] EuG, Beschl. v. 25.5.2004, Schmoldt u. a./Kommission, T-264/03, EU:T:2004:157, Rn. 91–94; Urt. v. 26.1.2017, GGP Italy/Kommission, T-474/15, EU:T:2017:36, Rn. 60.

[51] EuGH, Urt. v. 27.10.2016, James Elliott Construction, C-613/14, EU:C:2016:821, Rn. 40.

[52] Vgl. Art. R8 des Anhangs I des Beschlusses Nr. 768/2008/EG.

[53] Die jeweils aktuelle Liste zu den einzelnen Harmonisierungsrechtsvorschriften ist abrufbar unter URL: https://ec.europa.eu/growth/single-market/european-standard/harmonised-standards_de.

[54] Die Normen sind zu finden in den Mitteilungen der Kommission im Rahmen der Durchführung der Richtlinie 2001/95/EG des Europäischen Parlaments und des Rates über die allgemeine Produktsicherheit, zuletzt ABl. 2017 C 267, 7. Siehe auch zu § 5 Abs. 2 ProdSG Verzeichnis 2 der Nomenverzeichniss auf www.baua.de.

konkreten Normprüfung (→ Rn. 227 f.), gelten daher, *mutatis mutandis,* entsprechend für die in Art. 3 Abs. 2 UAbs. 2 der Richtlinie 2001/95/EG (§ 5 Abs. 2 ProdSG) und § 7 Abs. 1 Nrn. 2 und 3 MessEG in Bezug genommenen technischen Regeln.[55]

I. Reichweite der Konformitätsvermutung

Die Vermutung reicht soweit wie die rechtsverbindlichen wesentlichen Anforderungen durch die betreffenden Normen oder Teilen davon abgedeckt sind. Die abzudeckenden wesentlichen oder sonstigen rechtlichen Anforderungen werden üblicherweise in einem gesonderten Informationsanhang zur harmonisierten Norm, regelmäßig dem Anhang ZZ, angegeben.[56] In manchen Fällen weist auch der Geltungsbereich einer harmonisierten Norm mit ausreichender Klarheit auf die einschlägigen Anforderungen hin, so etwa bei eindeutigem Verweis in der Norm auf die abgedeckten Sicherheitsrisiken. Diese in einer harmonisierten Norm enthaltenen Informationen zur „*beabsichtigten Abdeckung wesentlicher und sonstiger Anforderungen*" bestimmen somit den Umfang der Vermutung der Konformität mit den Rechtsvorschriften. Anders gewendet deckt eine harmonisierte Norm nicht notwendigerweise alle wesentlichen Anforderungen ab und kann auch Spezifikationen enthalten, die sich nicht mit wesentlichen Anforderungen, sondern anderen nicht regulierten Themen befassen. Es ist daher stets auf den Informationsanhang zu referieren und sind die in der Norm vorgenommenen Abgrenzungen zu beachten. Entsprechend ist auch klar zu unterscheiden zwischen der Konformität mit einer Norm und der Konformitätsvermutung bei der Anwendung einer harmonisierten Norm. Die Konformität mit einer Norm meint, dass eine Norm vollständig angewendet wird. Dies etwa im Falle freiwilliger Drittzertifizierung, wenn die Prüfstelle das Produkt nach einer bestimmten Norm prüft und die Normkonformität feststellt. Für die Konformitätsvermutung genügt es hingegen, nur diejenigen Anforderungen anzuwenden, die sich auf die abzudeckenden wesentlichen oder sonstigen rechtlichen Anforderungen beziehen. Die Verweisung in Harmonisierungsrechtsvorschriften auf harmonisierte Normen ist regelungstechnisch eine **gleitende normkonkretisierende Verweisung** und damit **relativ,** also eine ihrerseits an der verweisenden Rechtsnorm zu messende Konkretisierung (→ Rn. 221). Die harmonisierten Normen vermögen nicht an die Stelle rechtsverbindlicher wesentlicher Anforderungen zu treten. Die Festlegungen in harmonisierten Norm stellen keine Alternative zu den einschlägigen wesentlichen oder sonstigen rechtlichen Anforderungen dar. Sie sind nur ein technisches und *a priori* geeignetes Mittel zu ihrer Einhaltung. Dies bedeutet, dass der Hersteller auch dann, wenn er harmonisierte Normen anwendet, die alleinige Verantwortung für die Beurteilung aller mit seinem Produkt für das geschützte Interesse verbundenen Risiken trägt.

224

---

[55]Siehe auch zu § 5 Abs. 2 ProdSG, Menz in Klindt, ProdSG, § 5 Rn. 12.
[56]Die europäischen Normungsorganisationen können nur ihre Absicht zur Abdeckung bestimmter Anforderungen erklären.

Ausschließlich er kann und muss auf der Grundlage der von ihm durchzuführenden Risikoanalyse bestimmen, welche der wesentlichen (oder sonstigen) Anforderungen von ihm einzuhalten sind und muss er entscheiden, ob die in den harmonisierten Normen festgelegten Maßnahmen zur Begrenzung oder Beseitigung der ermittelten Risiken ausreichend sind und wie die dortigen Spezifikationen konkret umzusetzen sind. Deckt eine harmonisierte Norm nur einen Teil der auf das Produkt anwendbaren wesentlichen Anforderungen ab – *„beabsichtigt abzudecken"* –, muss der Hersteller zur Sicherung der Konformität mit den von der Norm nicht abgedeckten wesentlichen Anforderungen auf andere technische Spezifikationen zurückgreifen oder die nicht abgedeckten wesentlichen Anforderungen direkt, also ohne *„technische Übersetzung"* (→ Rn. 219) anwenden. Entsprechendes gilt, wenn ein Hersteller beschließt, nicht alle Bestimmungen einer harmonisierten Norm anzuwenden, die eine Konformitätsvermutung begründen würden. In diesen Fällen ist auf der Grundlage der Risikobewertung in der technischen Dokumentation anzugeben, wie Konformität gesichert wird oder dass einschlägige wesentliche Anforderungen auf das Produkt nicht anwendbar sind (→ Rn. 342 f., 348, 564). Hervorzuheben ist allerdings, dass die Nichtheranziehung einschlägiger harmonisierter Normen nicht die Vermutung der Gesetzeswidrigkeit des Produkts begründet. Es besteht keine umgekehrte Vermutung der Nichtkonformität.[57] Ausgangspunkt bleibt, dass die Behörde, die Marktüberwachungsmaßnahmen ergreift, das Vorliegen der Eingriffsvoraussetzungen nachweisen muss (→ Rn. 726–728). **Folge der Nichtheranziehung der einschlägigen harmonisierten Norm** ist jedoch, dass der Hersteller die von ihm angewandte **Alternativlösung** zur Erfüllung der verbindlichen Anforderungen durch seine technischen Unterlagen **eingehender beschreiben** muss, also dort detailliert, nachvollziehbar und plausibel darzustellen hat, wie die von ihm angewandte Alternativlösung die wesentlichen Anforderungen sicherstellt.[58] Ebenso berechtigt die Möglichkeit, die Konformität eines Produkts mit Hilfe anderer technischer Spezifikationen nachzuweisen, den Hersteller nicht ein hinter dem Niveau der Spezifikationen der harmonisierten Norm zurückbleibendes Schutzniveau anzuwenden. **Das in der Norm niedergelegte Schutzniveau ist** vielmehr als Minimum **maßgebend** für die Beurteilung der Frage der Einhaltung der grundlegenden Anforderungen. Anders ausgedrückt gibt die harmonisierte Norm das Maß an Sicherheit, Messgenauigkeit, Energieeffizienz, etc. an, das zu diesem Zeitpunkt von einem bestimmten Produkttyp erwartet werden kann. **Eine von der harmonisierten Norm abweichende Lösung muss** also ein zumindest **gleichwertiges Schutzniveau gewährleisten.**[59]

---

[57] Schmatz/Nöthlichs, 1025 § 3 Anm. 1.2.7.3, S. 48; Menz in Klindt, ProdSG, § 4 Rn. 17 m.w.Nachw.
[58] Schmatz/Nöthlichs, 1025 § 3 Anm. 1.2.7.3, S. 48; Europäische Kommission, Leitfaden für die Umsetzung der Produktvorschriften der EU 2016, ABl. 2016 C 272, 51; VG München, Beschl. v. 18.7.2016, M 16 S 15.5563, juris, Rn. 25 und 26. Generell → Rn. 730.
[59] Langner/Klindt, Technische Vorschriften und Normen, Rn. 23; Schmatz/Nöthlichs, 1025 § 3 Anm. 1.2.6, S. 44; Europäische Kommission, Leitfaden für die Anwendung der Maschinenrichtlinie 2006/42/EG, § 110; *dies.*, Guide to application of the Machinery Directive 2006/42/EC, Edition 2.1, § 162.

II. Vermutungswiderlegung

Die vorangegangenen Ausführungen zur Reichweite der Konformitätsvermutung belegen die bereits oben angeführte systematische Komplexität gleitender normkonkretisierter Verweisung (→ Rn. 219). Bereits die *„Anwendung"* der in Bezug genommenen technischen Regel ist methodisch anspruchsvoll. So bedarf es eines koordinierten Hin- und Herwandern des Blickes zwischen der verweisenden Harmonisierungsrechtsvorschrift und den dort festgelegten rechtsverbindlichen Anforderungen, der in Bezug genommenen harmonisierten Norm, dem Produkt, der zu berücksichtigenden Verwendung und den ermittelten Risiken. Sodann und insoweit wie die Norm die vom Hersteller ermittelten einschlägigen wesentlichen Anforderungen abzudecken beabsichtigt und die dortigen Spezifikation korrekt *„angewendet"* wurden offenbart sich mit der Relativität der Verweisung (→ Rn. 221) eine dem Hersteller praktisch unüberwindbare und nicht steuerbare Unbekannte. Die dieser Unbekannten immanente Rechtsunsicherheit ist für den Wirtschaftsakteur umso kritischer als eine innerhalb der Nachmarktkontrolle erfolgende Widerlegung der gesetzlichen Vermutung auf den Zeitpunkt der Anwendung der harmonisierten Norm zurückwirkt. Entsprechend bedarf es einer möglichst weitgehenden Bindung der nationalen Behörden und Gerichte an die harmonisierten Normen, da nur dann gesichert ist, dass der Hersteller normgemäß hergestellte Waren möglichst frei von hoheitlichen Einschränkungen im europäischen Binnenmarkt absetzen kann.[60] Begründet das Unionsrecht eine solche faktische Bindungswirkung weitestgehend im Verhältnis Staat – Bürger, ist im Verhältnis Bürger – Bürger eine gesetzlich angeordnete Vermutung nicht gegeben.

225

1. Konformitätsvermutung im Über-/Unterordnungsverhältnis

Seit Einführung der Neuen Konzeption attestieren Teile des rechtswissenschaftlichen Schrifttums den harmonisierten Normen eine faktische Bindungswirkung für die nationalen Behörden, die weit über den Begriff der widerlegbaren Vermutung hinausgehe.[61] Ungeachtet des Umstands, dass harmonisierten Normen ihrer Idee nach nur unverbindliche Empfehlungen darstellen, käme ihnen im Regelungsmodell der Neuen Konzeption eine rechtliche und faktische Bedeutung zu, die gewöhnliche Normen nicht zeitigen.[62] Diese Einschätzung liegt darin begründet, dass *im Grundsatz* über die Tauglichkeit der

226

---

[60]Siehe auch Kloepfer, Instrumente des Technikrechts, S. 149; Jörissen, Produktbezogener Umweltschutz und technische Normen, S. 79, 116, 119.

[61]Breulmann, Normung und Rechtsangleichung in der Europäischen Wirtschaftsgemeinschaft, S. 173 f.; Kloepfer, Instrumente des Technikrechts, S. 148 f. m.w.Nachw.; Marburger/Enders, Technische Normen im Europäischen Gemeinschaftsrecht, S. 363; Jörissen, Produktbezogener Umweltschutz und technische Normen, S. 73–79.

[62]Vgl. statt aller Marburger/Enders, Technische Normen im Europäischen Gemeinschaftsrecht, S. 359 ff.

Norm abschließend nur die Europäische Kommission entscheidet.[63] Nichtsdestotrotz ist die Vermutung widerlegbar und bleibt die harmonisierte Norm eine technische Regel.

a. Abstrakte Normprüfung, Art. 11 VO (EU) Nr. 1025/2012

227 Zunächst kann die an eine harmonisierte Norn anknüpfende Vermutung im Verfahren des sog. formellen Einwands losgelöst von einem konkreten Sachverhalt zu Fall gebracht werden und endet die Vermutung dann mit **Wirkung *ex nunc*.** Initiativberechtigt für die Geltendmachung eines formellen Einwands sind die Mitgliedstaaten[64] und das Europäische Parlament. Die Europäische Kommission entscheidet auf formellen Einwand hin und nach Konsultation, ob eine harmonisierte Norm erst gar nicht im Amtsblatt der EU veröffentlicht wird oder eine bereits ausgelöste Konformitätsvermutung durch Streichung der veröffentlichten Fundstelle im Amtsblatt zurückgenommen[65] oder eingeschränkt[66] wird.[67] Die Europäische Kommission verfügt hingegen nicht über die Befugnis, den Inhalt einer harmonisierten Norm selbstständig anzupassen bzw. zu überarbeiten.[68]

b. Konkrete Normprüfung innerhalb der Marktüberwachung

228 Weiter kann die Vermutung bezogen auf das konkrete Produkt, d. h. im Einzelfall, durch die Marktüberwachungsbehörde widerlegt werden. Die **Vermutungswirkung entfällt** dann bezogen auf das konkrete Produkt (Bauart) *ex tunc* und wirkt auf den Zeitpunkt der Anwendung der harmonisierten Norm zurück. Seit jeher konnten die nationalen Überwachungsbehörden im Regelungsmodell der Neuen Konzeption im Rahmen konkreter Martküberwachungsmaßnahmen den Inhalt der bei einem Produkt zu Anwendung

---

[63]*Ebd.*, S. 363; Jörissen, Produktbezogener Umweltschutz und technische Normen, S. 74.

[64]Wird die Mangel-/Lückenhaftigkeit der harmonisierten Norm auf der Vollzugebene (Marktüberwachung) konstatiert, wird der formelle Einwand durch die Marktüberwachungsbehörden zwar „*ausgelöst*", aber regelmäßig durch diese selbst nicht eingereicht. Nationale Verfahrensabläufe sind festgelegt in § 4 Abs. 3 ProdSG (Einschaltung der Bundesanstalt für Arbeitsschutz und Arbeitsmedizin (BAuA)), § 7 Abs. 2 (Einreichung durch die Physikalisch-Technische Bundesanstalt) und § 6 Abs. 2 FTEG (Einreichung durch das Bundesministerium für Wirtschaft und Technologie).

[65]Streichung der veröffentlichen Fundstelle im Amtsblatt der EU, siehe beispielhaft, Durchführungsbeschluss (EU) 2014/934.

[66]Veröffentlichung der Fundstelle der Norm im Amtsblatt EU mit angemessenem Warnhinweis (Teilen der Norm kommt die Vermutung der Konformität mit den wesentlichen Anforderungen nicht mehr zu), siehe beispielhaft Durchführungsbeschlüsse (EU) 2015/16, 2015/27 und 2017/1357.

[67]Zum Verfahren nach Art. 11 VO (EU) Nr. 1025/2012, siehe ausführlich Europäische Kommission, Leitfaden für die Umsetzung der Produktvorschriften der EU 2016, ABl. 2016 C 272, 47–49.

[68]Menz in Klindt (Hrsg.), ProdSG, § 4 Rn. 26.

kommenden Normen verifizieren und einer nach deren Ansicht nicht richtlinienkonformen harmonisierten Norm deren Vermutungswirkung absprechen. So entspricht aus Sicht der Regelsetzung das in der harmonisierten Norm festgelegte Anforderungsprofil dem Stand der Technik und dokumentiert die harmonisierte Norm den Stand der Technik.[69] Die harmonisierte Norm trägt als in einem geordneten Verfahren unter repräsentativer Beteiligung der interessierenden Kreise und von einem sachverständigen Gremium ausgearbeitete technische Regel die Gewähr der Richtigkeit in sich und ist dazu bestimmt die herrschende Auffassung unter den technischen Praktikern widerzuspiegeln (→ Rn. 262–265). Solchermaßen und jedenfalls aus theoretischer Perspektive geben die harmonisierten Normen die wesentlichen Anforderungen *und* den Stand der Technik wieder bzw. beabsichtigen sie diese wiederzugeben.[70] Ihrem Wesen und ihrer Funktion nach unterscheidet sich die harmonisierte Norm damit nicht von der rein nationalen technischen Norm. Die normkonkretisierende Verweisung ist beide Male relativ (→ Rn. 221). Damit gilt auch bei der harmonisierten Norm, dass deren Einhaltung (Normkonformität) Rechtskonformität nicht zu begründen vermag, wenn sie zum maßgeblichen Beurteilungszeitpunkt (→ Rn. 323) überholt oder von Beginn an – bezogen auf die Bauart des von der Marktüberwachungsbehörde im Einzelfall zu prüfenden Produkts – lückenhaft war. Denn der Maßstab der wesentlichen Anforderungen – das zu ihrer Erfüllung und Konkretisierung geforderte Schutzniveau – ist einzig der Stand der Technik (→ Rn. 246–249). Genügt das Produkt diesem nicht, ist es nicht konform. Die Besonderheit der gesetzlichen Vermutung im Regelungsmodell der Neuen Konzeption gegenüber der normkonkretisierenden Verweisung im nationalen Recht liegt demgemäß nicht im Wesen oder der Funktion der harmonisierten Norm begründet. Sie besteht einzig darin, dass bei grenzüberschreitendem Bezug die auf nationaler Ebene und für den Einzelfall festgestellte Unzulänglichkeit der harmonisierten Norm nur vorläufigen Charakter hat: über die Rechtfertigung der nationalen Maßnahme und damit inzident über die Eignung der harmonisierten Norm im konkreten Fall entscheidet abschließend die Kommission im Bewertungsverfahren der Union(→ Rn. 762 ff.). Bei rein nationalen Sachverhalten ist indes auch diese Besonderheit nicht gegeben.

---

[69]Europäische Kommission, Leitfaden zur europäischen Normung als Unterstützung für legislative und politische Maßnahmen der Union, SWD(2015)205 final, Teil 1, S. 10 und 14, Teil 3, S. 10 f. Vgl. auch Europäische Kommission, Leitfaden für die Anwendung der Maschinenrichtlinie 2006/42/EG, § 110: *„Eine harmonisierte Norm gibt [...] einen Hinweis auf den Stand der Technik zum Zeitpunkt, da die Norm angenommen wurde. Anders ausgedrückt, die harmonisierte Norm gibt das Maß an Sicherheit an, das zu diesem Zeitpunkt von einem bestimmten Produkttyp erwartet werden kann."* Vgl. auch Schmatz/Nöthlichs, 1025 § 3 Anm. 1.2.6, S. 43; Geiß/Doll, Geräte- und Produktsicherheitsgesetz (GPSG), § 4 Rn. 42.
[70]Europäische Kommission, Leitfaden zur europäischen Normung als Unterstützung für legislative und politische Maßnahmen der Union, SWD(2015)205 final, Teil 1, S. 10 und 14.

2. Konformitätsvermutung im Gleichordnungsverhältnis

229 Im Über-/Unterordnungsverhältnis sind die Gerichte auf ihre Kontrollfunktion beschränkt. Sie selbst können keine warenverkehrsbeschränkenden Maßnahmen zum Schutz solcher öffentlicher Interessen treffen, die von den auf das Produkt anwendbaren Harmonisierungsrechtsvorschriften abgedeckt werden (→ Rn. 724). Solchermaßen schlägt im Verhältnis Staat – Bürger die sich an die Verwaltung gerichtete Bindungswirkung harmonisierter Normen auf die Verwaltungsgerichte durch.[71] Im Verhältnis zwischen Privaten treffen die Gerichte jedoch keine Maßnahmen zum Schutz dieser Interessen. Dort geht es vielmehr um private Interessen, wie etwa die Unterbindung unlauterer Geschäftspraktiken, das Interesse auf Ausgleich von durch ein fehlerhaftes Produkt verursachter Schäden, das Interesse auf Rückabwicklung eines Kaufs aufgrund der Mangelhaftigkeit eines Produkts, etc. Mithin regeln die Harmonisierungsrechtsvorschriften nicht das Verhältnis Bürger – Bürger und kann schon deshalb die dort verankerte Vermutungswirkung harmonisierter Normen im Verhältnis Bürger – Bürger keine direkte Geltung beanspruchen. Für zivilgerichtliche Verfahren gibt es mithin keine im Gesetz geregelte Vermutungswirkung. Es gelten aber ähnliche Rechtsprechungsgrundsätze (→ Rn. 259 ff.).[72]

---

[71] Die Bindungswirkung der Konformitätsvermutung gegenüber den Marktaufsichtsbehörden schlägt auf die Verwaltungsgerichte durch, weil diese nur berufen sind, über die Rechtmäßigkeit der Verwaltungsmaßnahme (entsprechend dem für die Verwaltungsbehörden verbindlichen Prüfungsprogramm) zu befinden.

Bsp.: ein Hersteller eines elektronischen Betriebsmittels wendet sich gegen ein ihm gegenüber ausgesprochenes Bereitstellungsverbot. Die zuständige Verwaltungsbehörde begründet ihre Entscheidung damit, dass das Produkt nicht die Sicherheitsanforderungen der Niederspannungsverordnung auf der Basis der einschlägigen harmonisierten Norm erfülle. Das Produkt sei wohl entsprechend der auf es anwendbaren harmonisierten Norm konzipiert worden und beabsichtigte die harmonisierte auch alle für das Produkt wesentlichen Anforderungen abzudecken. Die harmonisierte Norm weise aber Mängel auf und spiegle die Sicherheitsanforderungen der Niederspannungsrichtlinie nicht oder nicht mehr wider. In diesem Fall hätte das Gericht neben der Einhaltung der anwendbaren Verfahrensregelungen zu prüfen, ob die Maßnahme einen grenzüberschreitenden Bezug aufweist und bejahendenfalls, ob die behördliche Maßnahme von der Kommission im Bewertungsverfahren der Union bestätigt wurde, kraft Fiktion als gerechtfertigt gilt oder ob unabhängig hiervon die Vermutungswirkung im Rahmen des Verfahrens des formellen Einwands nach Art. 11 VO (EU) Nr. 1025/2012 widerlegt wurde. Wenn all dies nicht geschehen ist, müsste das Gericht das Verfahren aussetzen und gegebenenfalls auf entsprechenden Antrag hin vorläufigen Rechtsschutz nach § 80 Abs. 5 VwGO gewähren (vgl. auch Wilrich, Das neue Produktsicherheitsgesetz, Rn. 374; Menz in Klindt (Hrsg.), ProdSG, § 4 Rn. 16), könnte aber bei grenzüberschreitendem Bezug der Maßnahme – genauso wenig wie die nationale Verwaltungsbehörde – abschließend und an Stelle der Kommission entscheiden (zum Ganzen Rn. 763 f.).

[72] Vgl. auch Schmatz/Nöthlichs, 1025 § 3 Anm. 1.2.7.2, S. 48; Menz, in Klindt (Hrsg.), ProdSG, § 4 Rn. 16.

III. Ende der Vermutungswirkung

Die Vermutungswirkung einer harmonisierten Norm endet, wenn *i)* die Norm von der herausgebenden Normungsorganisation zurückgezogen wird bzw. deren Gültigkeit ausläuft, d. h. mit Datum der Zurücknahme (sog. „Dow") oder *ii)* mittels Beschlusses der Fundstellennachweis gestrichen bzw. eingeschränkt wird (etwa im Verfahren des formellen Einwands → Rn. 227).[73] Hingegen endet die Vermutungswirkung nicht bereits deshalb, weil die Harmonisierungsrechtsvorschrift, zu der die harmonisierte Norm erging, durch eine andere ersetzt wurde oder die einmal über ihren Fundstellennachweis veröffentliche Norm in späteren Normenlisten nicht mehr erscheint. Dies dann, wenn, was ganz regelmäßig der Fall ist, bestimmt wird, dass Verweisungen auf die alte Harmonisierungsrechtsvorschrift als Verweisungen auf die neue Harmonisierungsrechtsvorschrift gelten.

230

Beispiel: In der **Rechtssache GGP Italy** hatte das Europäische Gericht über die Rechtmäßigkeit eines auf Art. 11 Abs. 3 der Maschinenrichtlinie 2006/42/EG (Bewertungsverfahren der Union → Rn. 762 ff.) gestützten Durchführungsbeschlusses zu entscheiden. Diesem gingen gegen den Hersteller GGP Italy SpA gerichtete Marktüberwachungsmaßnahmen der lettischen Behörden voraus. Der Hersteller brachte Rasenmäher des Typs *„Stiga Collector 35 EL"* in Verkehr. Die Konformität mit den wesentlichen Anforderungen der Maschinenrichtlinie 2006/42/EG wurde von einer benannten Stelle, der TÜV Rheinland LGA Products GmbH, festgestellt. Diese bezog sich hierbei insbesondere auf die harmonisierte Norm EN 60335-2-77:2006 mit dem Titel *„Sicherheit elektrischer Geräte für den Hausgebrauch und ähnliche Zwecke – Teil 2-77: Besondere Anforderungen für handgeführte netzbetriebene Rasenmäher"*. Diese Norm erging noch unter der Herrschaft der Vorgängerfassung der Maschinenrichtlinie 98/37/EG und wurde zuletzt am 28.3.2009 mit Vermutungswirkung für diese Richtlinie im EU-Amtsblatt gelistet. Sechs Monate nach dieser Veröffentlichung der Normenliste wurde die Maschinenrichtlinie 98/37/EG durch die Neufassung 2006/42/EG abgelöst. In den Normenlisten zu dieser Richtlinie tauchte die EN 60335-2-77:2006 dann nicht mehr auf. Allerdings gab es auch keinen Hinweis auf ein Ende ihrer Vermutungswirkung. Aus Sicht der Normung war sie weiter eine gültige Norm und endete deren normative Gültigkeit erst am 1.9.2013, nämlich mit Ablauf der Übergangsfrist zur Anwendung der zwischenzeitlich angenommen neueren Ausgabe der Norm. Am 8.4.2011 wurde sodann die Fundstelle der neueren Ausgabe der Norm EN 60335-2-77:2010 im EU-Amtsblatt veröffentlicht. Im April 2013 untersuchten die lettischen Behörden einen Rasenmäher des Typs *„Stiga Collector 35 EL"*. Sie stellten fest, dass dieser nicht den Anforderungen der Norm EN 60335-2-77:2010 entsprach und auch kein dieser Norm vergleichbares Schutzniveau aufwies. Fürwahr hielt der Rasenmäher die in der Norm EN 60335-2-77:2010 zu den Schutzabdeckungen vorgegebenen Mindestmaße nicht ein: Pkt. 20.107.1.1 der Norm zur Konkretisierung der Anforderungen nach Ziff. 1.4.1. des Anhangs I der Richtlinie 2006/42/EG. Im Raum stand demgemäß eine fehlende Konformität mit den Anforderungen nach Ziff. 1.4.1. des Anhangs I der Richtlinie 2006/42/EG (im Kern identisch mit denen der Ziff.

231

---

[73] Urt. v. 26.1.2017, GGP Italy/Kommission, T-474/15, EU:T:2017:36, Rn. 60–63.

1.4.1. des Anhangs I der Richtlinie 98/37/EG). Die lettischen Marktüberwachungsbehörden vertraten die Ansicht, dass die Vermutungswirkung der älteren Fassung der Norm mangels Listung unter der Richtlinie 2006/42/EG mit Ablösung der Vorgängerrichtlinie endete. Die Kommission sah dies ähnlich und erachtete die von Lettland verhängten Maßnahmen als begründet. Das Gericht trat dem entgegen und konnte sich der Hersteller bis zum Ablauf der Übergangsfrist am 1.9.2013 auf die Ausgabe der Norm aus 2006 stützen. Denn der Fundstellennachweis der Norm EN 60335-2-77:2006 sei weder gestrichen bzw. aufgehoben worden (zur Rechtsnatur der Veröffentlichung einer Fundstelle → Rn. 222) und bestimmt Art. 25 Abs. 2 der Richtlinie 2006/42/EG, dass Verweisungen auf die alte Richtlinie 98/37/EG als Verweisungen auf die neue Richtlinie 2006/42/EG gelten, inklusive des Richtlinienbezugs in den zur Richtlinie 98/37/EG ergangenen Normenlisten. Auch sei die Norm nicht zurückgezogen worden. Sie bestand damit bis zum 1.9.2013 fort.[74] Obschon sich die im Fall maßgebende wesentliche Anforderung (Ziff. 1.4.1. des Anhangs I) zwischen alter und neuer Richtlinie nicht änderte, ist das Gericht im Urteil hierauf mit keinem Wort eingegangen. Das Vorliegen gleichlautender wesentlicher Anforderungen in den strittigen Punkten zwischen der alten und der neuen Harmonisierungsrechtsvorschrift war für das Gericht mithin keine Bedingung für das Fortbestehen der an die Norm EN 60335-2-77:2006 anknüpfenden Vermutungswirkung.[75]

IV. Debatte der 90er und den frühen 2000ern zur primärrechtlichen Zulässigkeit des Verweises auf harmonisierte Normen

232 Die Einbeziehung europäischer technischer Normen in die Richtlinien nach der Neuen Konzeption und der Richtlinie über die allgemeine Produktsicherheit ist auch heute noch nicht unumstritten. Sie wurde unter Aufnahme einer in der juristischen Literatur bereits in den 70er Jahren einsetzenden umfassenden Debatte zu den Strukturen und Rechtsproblemen gesetzlicher Verweisungen insbesondere Ende der 90er und den frühen 2000ern zunehmend analysiert und kritisiert.[76] Noch bis zuletzt hegten einige Autoren an der Vereinbarkeit der Verweisung auf harmonisierte technische Normen im Regelungsmodell der Neuen Konzeption Zweifel.[77] Zwar ist und war man sich aus rechtspolitischer Sicht weitgehend darüber einig, dass diese Verweisungstechnik und die damit einhergehende Aktivierung des in den europäischen Normungsorganisationen gebündelten privaten Sachverstands zur Verwirklichung des Binnenmarkts unverzichtbar sind. Dies weil der europäische Gesetzgeber selbst nicht in der Lage ist, zur Vereinheitlichung der Produktanforderungen detaillierte Bestimmungen zu formulieren. Gleichwohl wurde die primärrechtliche Zulässigkeit des Normverweisungsmodells vermehrt in Frage gestellt. Ausgangspunkt der Diskussion waren die mit harmonisierten Normen

---

[74] *Ebd.*, Rn. 60–64.
[75] *Ebd.*, Rn. 68.
[76] Siehe bei Scheel, Privater Sachverstand im Verwaltungsvollzug des europäischen Rechts, S. 103 ff.
[77] Vgl. Hofmann/Rowe/Türk, Administrative Law and Policy of the European Union, S. 598–600.

einhergehenden Vermutungs- bzw. Rechtswirkungen[78] gegenüber den nationalen Verwaltungen wie auch die in der Literatur bemühte Figur der faktischen Bindungswirkung harmonisierter Normen gegenüber den Wirtschaftsakteuren[79]. Kern der Einwände war die hierauf aufbauende Annahme, durch die Richtlinien würden Regelungskompetenzen auf private Verbände delegiert. Dies beruhte auf der Einschätzung, die europäischen Normungsgremien verfügten bei der Konkretisierung der in den Richtlinien definierten wesentlichen Anforderungen über einen nicht unerheblichen Entscheidungsspielraum, der diese Tätigkeit als quasi-legislatorische Rechtsetzung oder auch als echte Rechtsetzungsbefugnis erscheinen ließ. Unter dieser Annahme waren fürwahr verschiedene Rechtsgrundsätze und Prinzipien des Primärrechts thematisch betroffen. Neben dem europäischen Demokratieprinzip und dem Grundsatz des institutionellen Gleichgewichts wurde darin vor allem ein Verstoß gegen das Prinzip begrenzter Einzelermächtigung gesehen. Aus dieser Perspektive gleichsam zweitrangig waren die Rügen betreffend die Einhaltung des Bestimmtheits-, des Begründungs- und des Publikationsgebots.

Im Mittelpunkt der Diskussion stand die noch heute aktuelle[80] *Meroni-Rechtsprechung* des Gerichtshofs aus den Gründerjahren der Europäischen Gemeinschaft[81], die sich im Wesentlichen mit den rechtlichen Grenzen der Übertragung von Befugnissen – im konkreten Fall der Übertragung von Befugnissen auf privatrechtliche Verbände – befasst. Der Gerichtshof prüft hiernach in einem *ersten Schritt*, ob (überhaupt) eine Übertragung von Befugnissen vorliegt. Dem Gerichtshof folgend stellt es keine Übertragung von Befugnissen dar, wenn eine Stelle außerhalb des institutionellen Gefüges der Europäischen Union zwar ermächtigt wird über etwas zu entscheiden, aber die in Art. 263 Abs. 1 AEUV und Art. 277 AEUV genannten Organe, Einrichtungen und Stellen der Union diese Entscheidung durchzuführen und solchermaßen zu verantworten haben. Nur dann, wenn die Entscheidung den europäischen Organen nicht zurechenbar ist, ist in einem *zweiten Schritt* die Zulässigkeit der Übertragung anhand der im Urteil

---

[78]Europäische Kommission, Leitfaden zur europäischen Normung als Unterstützung für legislative und politische Maßnahmen der Union, SWD(2015)205 final, Teil II, S. 19.

[79]Siehe etwa Von Danwitz, Europarechtliche Beurteilung der Umweltnormung: Kompetenzen – Legitimation – Binnenmarkt, S. 190; Rönck, Technische Normen als Gestaltungsmittel des Europäischen Gemeinschaftsrechts, S. 202 ff.; Schulte, Materielle Regelungen: Umweltnormung, Rn. 83–87. Obschon die technischen Normen unverbindlich seien, hielten sich die Hersteller aufgrund der Vermutungswirkung harmonisierter Norm und der hiermit einhergehenden Privilegierung normkonformen Konstruierens faktisch an die harmonisierten Normen gebunden. Es kommt zu einem faktischen Befolgungszwang.

[80]EuGH, Urt. v. 22.1.2014, Vereinigtes Königreich/Parlament und Rat, C-270/12, EU:C:2014:18, Rn. 26–55.

[81]EuGH, Urt. v. 13.6.1958, Meroni/Hohe Behörde, C-9/56, EU:C:1958:7.

Meroni/Hohe Behörde genannten Grundsätze zu prüfen. Nach diesen Grundsätzen ist entscheidend die Frage, ob die Übertragung der jeweiligen Befugnisse eine „*tatsächliche [unzulässige] Verlagerung der Verantwortung*"[82] mit sich bringt, so nur die in Art. 263 Abs. 1 AEUV und Art. 277 AEUV genannten Organe, Einrichtungen und Stellen berufen sind „*Rechtsakte mit normativen Charakter*" zu erlassen.[83] Zur Beantwortung dieser Frage stellt der Gerichtshof maßgeblich auf den der Organisation bei der Ausübung der Befugnisse zukommenden Handlungsspielraum ab. Je größer dieser Handlungs- oder auch Ermessensspielraum ist, je eher geht die Befugnisübertragung in Richtung einer Verlagerung von Verantwortung.

234 Ein Teil der Literatur sah die mit dem Neuen Ansatz verfolgte Rechtstechnik als mit den in der *Meroni*-Rechtsprechung aufgestellten Grundsätzen unvereinbar an. So hätten die europäischen harmonisierten Normen nicht allein die vom europäischen Gesetzgeber festgesetzten wesentlichen Anforderungen vollzogen und diese technisch präzisiert. Vielmehr hätten die europäischen Normungsorganisationen selbst die zur Bestimmung des konkreten Schutzniveaus wesentlichen Wertentscheidungen getroffen. Sie verfügten damit über einen nicht unerheblichen Ermessensspielraum, seien ihnen hoheitliche, politische Aufgaben auf dem Gebiet der Rechtssetzung übertragen worden und übten sie autonom Rechtssetzungsbefugnisse aus.[84] Mit der Verordnung (EU) Nr. 1025/2012 wurde die europäische Normung nunmehr derart reformiert, dass die Bedenken an der primärrechtlichen Zulässigkeit des Verweisungsmodells des Neuen Ansatzes als insgesamt ausgeräumt angesehen werden können. Fürwahr lag der Diskussion der Umstand zugrunde, dass die an die harmonisierten europäischen Normen anknüpfenden Rechtswirkungen mit der Veröffentlichung ihrer Fundstelle im Amtsblatt eintraten, ohne dass die Kommission den Inhalt der Normen auf ihre Konformität mit den grundlegenden Schutzanforderungen hin geprüft hätte oder jedenfalls hätte prüfen müssen. Damit seien die harmonisierten Normen der Kommission nicht zurechenbar gewesen, sodass nach der *Meroni*-Rechtsprechung eine Übertragung von Befugnissen stattgefunden hätte.[85] Heute allerdings schreibt Art. 10 VO (EU) Nr. 1025/2012 eine solche Kontrolle ausdrücklich vor und resultiert aus der Neugestaltung des Normprüfungsverfahrens, wonach

---

[82] EuGH, Urt. v. 22.1.2014, Vereinigtes Königreich/Parlament und Rat, C-270/12, EU:C:2014:18, Rn. 42.

[83] *Ebd.*, Rn. 63–65.

[84] Schulte, Materielle Regelungen: Umweltnormung, Rn. 88 ff.; Breuer, Die internationale Orientierung von Umwelt- und Technikstandards im deutschen und europäischen Recht, S. 114; Breulmann, Normung und Rechtsangleichung in der Europäischen Wirtschaftsgemeinschaft, S. 216, 230; Rönck, Technische Normen als Gestaltungsmittel des Europäischen Gemeinschaftsrechts, S. 206; Roßnagel, DVBl. 1996, 1181 (1185 f.).

[85] Statt aller Breulmann, Normung und Rechtsangleichung in der Europäischen Wirtschaftsgemeinschaft, S. 206.

die Kommission nicht mehr anfechtungsbefugt ist, sondern selbst – vergleichbar einer Ausgangsbehörde im verwaltungsrechtlichen Widerspruchsverfahren – die an die harmonisierte europäische Norm anknüpfenden Rechtswirkungen beseitigen kann, dass die Kommission mit der Fundstellenveröffentlichung die harmonisierten europäischen Normen inhaltlich rezipiert. Obschon die Kommission eine hieraus resultierende Verantwortung für die technischen Inhalte der Norm noch heute von sich weist[86], scheint auch der Gerichtshof im Urteil vom 27.10.2016 in der Rechtssache *James Elliott Construction Limited* davon auszugehen, dass die Kommission die harmonisierte Norm verantwortet.[87] Sie macht sich mithin die harmonisierte Norm durch die Veröffentlichung der Fundstelle zu eigen und setzt die den harmonisierten europäischen Normen zufallenden Rechtswirkungen in eigener Verantwortung und aufgrund eigener Entscheidung frei.

§ 4 – Stand der Technik und technische Regelsetzung

Im Recht des technischen Produkts verdrängt der auf europäischer Ebene einsetzende Rückgriff auf mehr oder weniger präzise Schutzanforderungen zunehmend den ehemals im deutschen Technikrecht vorherrschenden Verweis des Gesetz- und Verordnungsgebers auf die *„allgemein anerkannten Regeln der Technik"*, den *„Stand der Technik"* oder den *„Stand von Wissenschaft und Technik"*.[88] Gleichwohl bleiben diese Generalklauseln im Recht des technischen Produkts weiterhin bedeutsam, so der deutsche Gesetzgeber dort, wo es unionaler Regelungen ermangelt, regelmäßig auf diese Regelungstechnik zurückkommt und auch der unionale Gesetzgeber hier und da ausdrücklich auf den Stand der Technik verweist. Weiter ist der Stand der Technik der zur Erfüllung unionaler Produktanforderungen heranzuziehende Maßstab (→ Rn. 246–249). Sodann beschreibt er mithin allgemein, d. h. auch außerhalb hoheitlich angeordneter Produktstandards, den vom Konstrukteur geschuldeten technischen bzw. wissenschaftlichen Erkenntnis- und Entwicklungsstand. So erfasst das öffliche Recht mit dem

235

---

[86]Europäische Kommission, Leitfaden für die Umsetzung der Produktvorschriften der EU 2016, ABl. 2016 C 272, 45.
[87]EuGH, Urt. v. 27.10.2016, James Elliott Construction, C-613/14, EU:C:2016:821, Rn. 43–46.
[88]Lediglich der Verweis auf diese Generalklauseln als Regelungstechnik wird *„verdrängt"*. Das Anforderungsprofil des Standes der Technik selbst bleibt aber auf Grund der Unbestimmtheit der Schutzanforderungen als das zu ihrer Erfüllung letztlich allgegenwärtige Maß bestehen (→ Rn. 246–249).

Sicherheits- und Gesundheitsschutz, der Messgenauigkeit, der elektromagnetischen Verträglichkeit, dem Umweltschutz und den Schutz sonstiger Allgemeininteressen nur einen Ausschnitt der Produktanforderungen. Das Zivilrecht aber erfasst das Produkt in seiner Gesamtheit und referiert auch es zur Bestimmung dessen, was der Anbieter schuldet, auf den Stand der Technik. Anders gewendet schließt der Stand der Technik bei der Bestimmung der konstruktiven Herstellerpflichten die vom öffentlichen Produktverkehrsrecht offengelassene und dem Privatsektor – namentlich den technischen Regelsetzern – vorbehaltene Regelung der sonstigen produktbezogenen Aspekte, wie die Gebrauchstauglichkeit, Funktionsfähigkeit und Handhabbarkeit.

I. Allgemein anerkannte Regeln der Technik, Stand der Technik und Stand von Wissenschaft und Technik

236   Die vom Gesetzgeber oder den Vertragsparteien vorgenommene Auswahl zwischen den drei Generalklauseln bestimmt, mit welchem Verzögerungsgrad die rechtlichen Anforderungen dem aktuellen technischen bzw. wissenschaftlichen Erkenntnis- und Entwicklungsstand folgen.[89] Diese Generalklauseln entsprechen den vom Bundesverfassungsgericht im **Kalkar-Beschluss** vorgenommenen Abstufungen:[90]

„Um die Erkenntnisse und Entwicklungen von Wissenschaft und Technik im Wege einer Normgebung, die damit Schritt hält, rechtlich verbindlich werden zu lassen, stehen dem Gesetzgeber grundsätzlich mehrere Möglichkeiten zur Verfügung. Sie haben, trotz der zwischen ihnen bestehenden Unterschiede, eines gemeinsam: Durch die Verwendung unbestimmter Rechtsbegriffe werden die Schwierigkeiten der verbindlichen Konkretisierung und der laufenden Anpassung an die wissenschaftliche und technische Entwicklung mehr oder weniger auf die administrative und – soweit es zu Rechtsstreitigkeiten kommt – auf die judikative Ebene verlagert. Behörden und Gerichte müssen mithin das Regelungsdefizit der normativen Ebene ausgleichen.

*Das Gesetz kann, wie bspw. in § 3 Abs. 1 des Gesetzes über technische Arbeitsmittel [...], auf die „**allgemein anerkannten Regeln der Technik**" verweisen. Bei dieser Art der Verknüpfung von Technik und Recht können Behörden und Gerichte sich darauf beschränken, die herrschende Auffassung unter den technischen Praktikern zu ermitteln, um festzustellen, ob das jeweilige technische Arbeitsmittel in den Verkehr gebracht werden darf oder nicht. Der Nachteil dieser Lösung besteht darin, da[ss] die Rechtsordnung*

---

[89] Hierzu ausführlich Falke, Rechtliche Aspekte der Normung in den EG-Mitgliedstaaten und der EFTA, S. 307 ff.
[90] BVerfG, Beschl. v. 8.8.1978, 2 BvL 8/77, BVerfGE 49, 89 (135 f., 138 f.).

mit dem Maßstab der allgemein anerkannten Regeln stets hinter einer weiterstrebenden technischen Entwicklung herhinkt.

Dies wird vermieden, wenn das Gesetz auf den ***„Stand der Technik"*** *abhebt (wie z. B. in § 5 Nr. 2 BImSchG). Der rechtliche Maßstab für das Erlaubte oder Gebotene wird hierdurch an die Front der technischen Entwicklung verlagert, da die allgemeine Anerkennung und die praktische Bewährung allein für den Stand der Technik nicht ausschlaggebend sind. Bei der Formel vom Stand der Technik gestaltet sich die Feststellung und Beurteilung der maßgeblichen Tatsachen für Behörden und Gerichte allerdings schwieriger. Sie müssen in die Meinungsstreitigkeiten der Techniker eintreten, um zu ermitteln, was technisch notwendig, geeignet, angemessen und vermeidbar ist [...].*

§ 7 Abs. 2 Nr. 3 AtomG geht schließlich noch einen Schritt weiter, indem er auf den ***„Stand von Wissenschaft und Technik"*** *abstellt. Mit der Bezugnahme auch auf den Stand der Wissenschaft übt der Gesetzgeber einen noch stärkeren Zwang dahin aus, da[ss] die rechtliche Regelung mit der wissenschaftlichen und technischen Entwicklung Schritt hält. Es mu[ss] diejenige Vorsorge gegen Schäden getroffen werden, die nach den neuesten wissenschaftlichen Erkenntnissen für erforderlich gehalten wird. Lä[ss]t sie sich technisch noch nicht verwirklichen, darf die Genehmigung nicht erteilt werden; die erforderliche Vorsorge wird mithin nicht durch das technisch gegenwärtig Machbare begrenzt [...]. Diese Formel wirft freilich für die Behörden noch mehr Erkenntnisprobleme auf als die Formel vom Stand der Technik. Sie kommen bei sich widersprechenden Sachverständigengutachten in aller Regel nicht umhin, zu wissenschaftlichen Streitfragen Stellung zu nehmen. [...] Insbesondere mit der Anknüpfung an den jeweiligen Stand von Wissenschaft und Technik legt das Gesetz damit die Exekutive normativ auf den Grundsatz der bestmöglichen Gefahrenabwehr und Risikovorsorge fest* (Hevorhebungen diesseits)".

Bei der Verwendung dieser Generalklauseln werden also die bei technischen Sachverhalten unbestreitbaren Rechtssetzungsschwierigkeiten und eine nachteilige Gesetzesstatik vermieden. Anders gewendet vermag der Gesetzgeber mittels dieser unbestimmten Rechtsbegriffe die einzuhaltenden Anforderungen abschließend festzulegen, ohne die technische Lösung detailliert beschreiben zu müssen und wozu er mangels entsprechenden Sachverstands jedenfalls auf Dauer auch nicht in der Lage wäre. Die Dynamik der Generalklauseln erlaubt eine ständige und sich selbst vollziehende Anpassung der einzuhaltenden Anforderungen an die technische Entwicklung. Die anerkannten Regeln der Technik beschreiben hierbei einen ersten und guten Maßstab, der Stand der Technik einen höheren und anspruchsvolleren Maßstab und der Stand von Wissenschaft und Technik den höchsten und anspruchsvollsten Maßstab.

1. Allgemein anerkannte Regeln der Technik

Allgemeine anerkannte Regeln der Technik bzw. die ihnen gleichgestellten anerkannten Regeln der Technik sind *„diejenigen Prinzipien und Lösungen [...], die in der Praxis erprobt und bewährt sind und sich bei der Mehrheit der Praktiker durchgesetzt* *haben"*.[91] Maßgebend ist, dass die technischen Festlegungen für Verfahren, Einrichtungen und Betriebsweisen nach herrschender Auffassung der beteiligten Kreise (Fachleute, Anwender, Verbraucher und öffentliche Hand) zur Erreichung des vorgegebenen Ziels geeignet sind und sich in der Fachpraxis bewährt haben oder deren Bewährung nach herrschender Auffassung in überschaubarer Zeit bevorsteht.[92] Regelmäßig wird dieser Maßstab in Form von Mindestanforderungen durch ein bestehendes technisches Regelwerk abgebildet. Sie richten sich an den durchschnittlichen Anwender, zielen auf eine breite Umsetzung in der Praxis und berücksichtigen im Rahmen der Verhältnismäßigkeit zwischen Aufwand und Nutzen wirtschaftliche Gesichtspunkte, die praktischen Ausführungs- und Umgebungsbedingungen und die berufliche Qualifikation des Adressaten.[93]

238 Die anerkannten Regeln der Technik waren früher Sicherheitsmaßstab in § 3 Abs. 1 S. 3 Gerätesicherheitsgesetz (GSG) und § 6 Abs. 1 Produktsicherheitsgesetz (ProdSG) 1997. Heute ist dieses Anforderungsprofil gefordert z. B. in § 49 Abs. 1 EnWG (Anforderungen an Energieanlagen), § 13 Abs. 2 S. 6 NAV (Geräte der elektrischen Anlage), § 22 Abs. 1 NAV (Zählerplatz – Elektrizität), § 2 Abs. 1 BOStrab (Fahrzeuggestaltung (Sicherheitsanforderungen) – Straßenbahnen), § 5 Abs. 1 HeizkostenV (Wärmezähler und Heizkostenverteiler), § 11 DüV (Geräte zum Ausbringen von Düngemitteln, Bodenhilfsstoffen, Kultursubstraten oder Pflanzenhilfsmitteln), § 4 Abs. 1 DruckLV (Einrichtungen für Arbeiten in Druckluft), § 2 Abs. 1 EBO (Fahrzeuggestaltung (Sicherheitsanforderungen) – Eisenbahnen), § 12 Abs. 4 AVBFernwärmeV (Geräte der Kundenanlage – Anschluss an die Fernwärmeversorgung), § 3 MbBO (Fahrzeuggestaltung (Sicherheitsanforderungen) – Magnetschwebebahnen), § 13 Abs. 2 S. 4 (Gasgeräte) und § 22 Abs. 1 NDAV (Zählerplatz – Gas).

2. Stand der Technik

a. Verweisungen des deutschen Gesetz- und Verordnungsgebers

239 Weisen Anlagen, Geräte, Stoffe oder Betriebsweisen ein komplexeres Gefährdungspotenzial auf oder befinden sich die technischen Kenntnisse und Verfahren zu dessen Abschätzung und Beherrschung in einem ständigen Überarbeitungsprozess, verweist der Gesetz- und Verordnungsgeber auf das strengere Anforderungsprofil des Stands der Technik.[94]

---

[91]BVerwG, Beschl. v. 30.9.1996, 4 B 175/96, DÖV 1997, 303 = BauR 1997, 290 = NVwZ-RR 1997, 214 = NuR 1997, 289. Vgl. auch BVerfG, Beschl. v. 8.8.1978, 2 BvL 8/77, BVerfGE 49, 89 (135); BVerwG, Urt. v. 25.9.1992, BVerwG 8 C 28.90, NVwZ 1993, 998.
[92]Vgl Bundesministerium für Wirtschaft, Bericht der Arbeitsgruppe *„Rechtsetzung und technische Norm"*, S. 12.
[93]Falke, Rechtliche Aspekte der Normung in den EG-Mitgliedstaaten und der EFTA, S. 261 f.
[94]*Ebd.,* S. 263.

Beispiele finden sich im Recht des technischen Produkts in § 6 Abs. 2 Nr. 2 MessEG, § 7 Abs. 1 Nr. 1 MessEV (Messgeräte – Messrichtigkeit), § 4 EMVG (elektrische Betriebsmittel – elektromagnetische Verträglichkeit), § 2 Abs. 1 FSAV (Flugsicherungsausrüstung), § 13 Abs. 1 FlsBergV (Rettungsmittel), § 3 Abs. 6 der 2. FlugLSV (Belüftungseinrichtungen in Schlafräumen), § 4 NotrufV (Notrufverbindung), § 33 Abs. 3 BOStrab (Fahrzeuggestaltung (Brandschutz) – Straßenbahnen), Nr. 1 der Anlage zur 8. StVOAusnV (Anforderungen an zwei- oder dreirädrige Fahrzeuge als Voraussetzung für eine Befreiung von der Schutzhelmtragepflicht), § 2 Abs. 1 LuftVG (technische Ausrüstung von Luftfahrzeugen), § 13 Abs. 1 der 1. BImSchV (Messeinrichtungen), § 13 Nr. 10 SpielV (Zuverlässigkeit von Spielgeräten), § 30a StVZO (Erschwerung von Veränderungen an Kraftfahrzeugen, die zu einer Änderung der durch die Bauart bestimmten Höchstgeschwindigkeit führen), § 41 Abs. 12 StVZO (Bremsen), § 43 Abs. 1 StVZO (Einrichtungen zur Verbindung von Fahrzeugen) und § 49 Abs. 1 StVZO (Geräuschentwicklung).

b. Definition des Begriffs des Stands der Technik

In Anlehnung an die verschiedenen Legaldefinitionen kann dieser Maßstab für die **deutsche Rechtslandschaft** allgemein und losgelöst von den verschiedenen spezifischen Regelungsgegenständen wie folgt definiert werden: *„Stand der Technik ist der Entwicklungsstand fortschrittlicher Verfahren, Einrichtungen oder Betriebsweisen, der die praktische Eignung einer Maßnahme [zur Erreichung der Zielvorgabe] gesichert erscheinen lässt. Bei der Bestimmung des Stands der Technik sind insbesondere vergleichbare Verfahren, Einrichtungen oder Betriebsweisen heranzuziehen, die mit Erfolg in der Praxis erprobt worden sind."*[95] Bei der Bestimmung des zu berücksichtigenden Maßstabs ist *„in die Meinungsstreitigkeiten der Techniker ein[zu]treten, um zu ermitteln, was technisch notwendig, geeignet, angemessen und vermeidbar ist"*.[96] Es geht um eine Verknüpfung des technischen Fortschritts mit der Eignung zur Zielerreichung. Im Rahmen der Verhältnismäßigkeitsprüfung ist zu fragen, ob der Aufwand außer Verhältnis zu den jeweiligen Schutzzwecken steht. Wirtschaftliche Erwägungen sind zu berücksichtigen und ist die **wirtschaftliche Verhältnismäßigkeit** zu wahren.[97] Die angewandten technischen Lösungen, mit denen die Zielvorgaben erreicht werden sollen, entsprechen dann dem Stand der Technik, wenn in ihnen die wirksamsten technischen Mittel zur Anwendung kommen, die zu dem betreffenden Zeitpunkt zu Kosten zur Verfügung stehen, welche sich unter Berücksichtigung der Gesamtkosten der betreffenden Produktkategorie und der

---

[95] Vgl. etwa § 2 Abs. 15 GefStoffV, § 2 Abs. 12 BioStoffV, § 2 Abs. 8 LärmVibrationsArbSchV, § 2 Abs. 11 OStrV, § 2 Abs. 10 12. BImSchV; vgl. auch § 3 Abs. 6 BImSchG, § 3 Abs. 11 WHG, § 3 Abs. 28 KrWG.
[96] BVerfG, Beschl. v. 8.8.1978, 2 BvL 8/77, BVerfGE 49, 89 (136).
[97] Falke, Rechtliche Aspekte der Normung in den EG-Mitgliedstaaten und der EFTA, S. 267.

Zielvorgabe auf einem angemessen Niveau bewegen.[98] Der Maßstab des Stands der Technik wird von der vormals gern beschworenen *„Front der technischen Entwicklung"*[99] auf das wirtschaftlich Vernünftige zurückverlagert.[100]

Obschon auf **Unionsebene** verwendete Rechtsbegriffe autonom auszulegen sind, liegt dem vom Unionsgesetzgeber hier und da geforderten – allerdings nicht legaldefinierten – Schutzlevel der *„state of the art"* und dem deutschen Begriff *„Stand der Technik"* ein einheitliches Verständnis zugrunde.[101]

c. Verweisungen und In-Bezugnahmen des unionalen Gesetzgebers

Ebenfalls referiert verschiedentlich das Unionsrecht auf den Stand der (Sicherheits-) Technik. Es tut dies indes in unterschiedlicher Weise.

aa. Niederspannungsrichtlinie

241 Hervorzuheben ist zuvörderst der in Art. 3 Abs. 1 der Richtlinie 2014/35/EU vorgenommene Verweis auf den *„in der Union geltenden Stand der Sicherheitstechnik"*. Dieser Verweis ist zu lesen in Verbindung mit den in Anhang I aufgeführten *„Angaben über die Sicherheitsziele für elektrische Betriebsmittel"* und ergänzen Absatz 1 und Anhang I einander.[102] Bestimmt Art. 3 Abs. 1, dass *„elektrische Betriebsmittel nur dann auf dem Unionsmarkt bereitgestellt werden* [dürfen], *wenn sie – entsprechend dem in der Union geltenden Stand der Sicherheitstechnik – so hergestellt sind, dass sie bei einer ordnungsgemäßen Installation und Wartung sowie einer bestimmungsgemäßen Verwendung die Gesundheit und Sicherheit von Menschen und Haus- und Nutztieren sowie Güter nicht gefährden"*, werden hierdurch die Bedingungen für das Inverkehrbringen aufgestellt.[103] Dies folgt weiter aus Art. 6 Abs. 1 und ist Art. 3 Abs. 1 mit dem

---

[98]Europäische Kommission, Leitfaden für die Anwendung der Maschinenrichtlinie 2006/42/EG, § 161.

[99]BVerfG, Beschl. v. 8.8.1978, 2 BvL 8/77, BVerfGE 49, 89 (135).

[100]Falke, Rechtliche Aspekte der Normung in den EG-Mitgliedstaaten und der EFTA, S. 268.

[101]Gauger, Produktsicherheit und staatliche Verantwortung, S. 163; vgl. auch Europäische Kommission, Guide to application of the Machinery Directive 2006/42/EC, Edition 2.1, § 161.

[102]Vgl. Schmatz/Nöthlichs, Lfg. 3/96, 1610 Anm. II. B. 2.

[103]In diesem Sinne zu Art. 2 der Niederspannungsrichtlinie 2006/95/EG, VG Sigmaringen, Urt. v. 27.11.2008, 8 K 1828/06, juris, Rn. 32 ff.; VG Köln, Urt. v. 27.6.2013, 1 K 2434/12, juris, Rn. 27 f.; OVG des Saarlandes, Beschl. v. 10.3.2003, 3 W 3/05, juris, Rn. 11; OVG für das Land Nordrhein-Westfalen, Beschl. v. 16.12.2002, 21 B 1723/02, juris, Rn. 14 = GewArch 2003, 301 = NVwZ-RR 2003, 493 = NWVBl 2003, 315; OVG Rheinland-Pfalz, Beschl. v. 22.12.1998, 11 B 12769/98, 11 B 12931/98, juris, Rn. 3 = GewArch 1999, 118 = NVwZ-RR 1999, 371; VG Minden, Beschl. v. 23.12.1997, 2 L 1851/97, juris, Rn. 13; VG Bayreuth, Beschl. v. 2.12.1997, B 1 S 97.943, juris, Rn. 15.

in Bezug genommenen *„in der Union geltenden Stand der Sicherheitstechnik"* eine Beschaffenheitsregel. Der hiernach zu ermittelnde Stand der Sicherheitstechnik ist nicht gleichzusetzen mit dem allgemeinen Stand der Elektrotechnik, der etwa auch die Gebrauchstauglichkeit des elektrischen Betriebsmittels behandelt. Es geht vielmehr darum, diejenigen und dem Stand der Technik entsprechenden technischen Lösungen ausfindig zu machen, die den Schutz der Gesundheit und Sicherheit von Menschen und Haus- und Nutztieren sowie Gütern bezwecken. Angesprochen sind nicht nur technische Lösungen zum Schutz der Gefahren der Elektrizität. Im Rahmen der Niederspannungsrichtlinie sind vielmehr alle Risiken zu berücksichtigen, die bei der Verwendung von elektrischen Betriebsmitteln auftreten können. Dies sind neben elektrischen, auch mechanische, chemische und alle anderen Gefährdungen.[104] Das zum Gefahrenschutz Erforderliche wird in Art. 3 Abs. 1 in zweifacher Hinsicht eingeschränkt. Zunächst ist bei der Beurteilung des maßgebenden Stands der Sicherheitstechnik von einer ordnungsgemäßen Installation und Wartung auszugehen. Sodann ist bei der Bestimmung des maßgebenden Stands der Sicherheitstechnik die bestimmungsgemäße Verwendung (→ Rn. 359) des elektrischen Betriebsmittels zugrunde zu legen. Keine Beschränkung der an elektrische Betriebsmittel zu stellenden Sicherheitsanforderungen, sondern eine, wenn auch nicht erschöpfende Präzisierung der nach Art. 3 Abs. 1 zu berücksichtigenden Sicherheitsziele findet über den in Art. 3 Abs. 2 in Bezug genommenen Anhang I statt, der die *„wichtigsten Angaben über die Sicherheitsziele enthält"*. Anders gewendet enthält Anhang I selbst keine Sicherheitsanforderung und formuliert selbst auch keine Sicherheitsziele.[105] Er beschränkt sich auf eine Katalogisierung von Bedingungen (*„Angaben"*), die bei der Ermittlung der Sicherheitsanforderungen gemäß dem in der Union geltenden Stand der Sicherheitstechnik zu erfüllen sind.[106] Dieser Stand der Sicherheitstechnik wird kraft

---

[104] Europäische Kommission, Niederspannungsrichtlinie 2014/35/EU – Leitfaden, November 2016, §§ 52, 54.

[105] A.A. Schmatz/Nöthlichs, 1025 § 3 Anm. 1.2.5.3, S. 41.

[106] Bei den Sicherheitsgrundsätzen in Anhang I, die beim technischen Design zu berücksichtigen sind, handelt es sich gewissermaßen um ingenieurmäßiges Allgemeingut, d. h. unter den Praktikern allgemein anerkannte und in der elektrotechnischen Normung anzutreffende grundlegende Festlegungen darüber, was beim Herstellen und Verwenden elektrischer Betriebsmittel zur Abwendung von Gefahren für Leben und Gesundheit des Benutzers und zum Schutz gegen Beschädigungen von Sachen beachtet werden muss (Schmatz/Nöthlichs, Lfg. 3/96, 1610 Anm. II. B. 2). Diese wesentlichen Gesichtspunkte, genannt *„Sicherheitsziele"*, sind zu beachten, damit das Endziel, nämlich der Schutz der in Art. 3 S. 1 der Niederspannungsrichtlinie aufgeführten Schutzgüter, gewährleistet ist. Das Verhältnis zwischen diesen in Anhang I vorzufindenden allgemeinen Sicherheitsaussagen und dem heranzuziehenden Stand der Sicherheitstechnik ist mithin nicht derart, dass die geforderte Beschaffenheit abschließend in Anhang I geregelt wäre und/oder die dort aufgestellten Sicherheitsgrundsätze den Stand der Sicherheitstechnik abschließend verbindlich aufzeigen würden. Auch sind die beiden Absätze des Art. 3 nicht getrennt zu sehen und dürfen die Sicherheitsziele in Anhang I nicht als ein vom Unionsgesetzgeber (vor-)ermittelter Ausschnitt des Standes der Sicherheitstechnik begriffen werden.

gesetzlicher Verweisung durch die in den Art. 12 bis 14 der Niederspannungsrichtlinie 2014/35/EU aufgeführten technischen Normen konkretisiert.[107]

bb. EMV-Richtlinie

242 Gemäß dortigem Anhang I, bildet im Rahmen der Richtlinie 2014/30/EU über die elektromagnetische Sicherheit der Stand der Technik das maßgebende Anforderungsprofil. Bei der Ermittlung des Stands der Technik ist auch hier die ordnungsgemäße Installierung und Wartung des Betriebsmittels sowie dessen bestimmungsgemäße Verwendung (→ Rn. 359) zugrunde zu legen (Art. 4 der Richtlinie).[108]

cc. Maschinenrichtlinie

243 Weiter referiert die Richtlinie 2006/42/EG über Maschinen auf den Stand der Technik und wird dort der Stand der Technik als maßgebendes Schutzniveau verankert. Die Richtlinie bestimmt in ihrem Anhang I Allgemeine Grundsätze Nr. 3: *„Die in diesem Anhang aufgeführten grundlegenden Sicherheits- und Gesundheitsschutzanforderungen sind bindend. Es kann jedoch sein, dass die damit gesetzten Ziele aufgrund des Stands der Technik nicht erreicht werden können. In diesem Fall muss die Maschine so weit wie möglich auf diese Ziele hin konstruiert und gebaut werden."* Dem Wortlaut gemäß sind die grundlegenden Sicherheits- und Gesundheitsschutzanforderungen des Anhangs I verpflichtend. Werden die dahinter stehenden Schutzziele erreicht, soll es nach andernorts vertretener Meinung unerheblich sein, ob die eingesetzte technische Lösung dem Stand der Technik entspricht. Nur soweit die Schutzziele des Anhangs I im Einzelfall nicht in vollem Umfang eingehalten würden, sei zu fragen, ob dem Stand der Technik entsprochen wird. Der Stand der Technik sei aber auch in dieser Konstellation nicht erforderliche, sondern hinreichende Bedingung für das Inverkehrbringen. So sei Maßstab wieder Anhang I, der *„soweit wie* [nach dem Stand der Technik] *möglich"* umgesetzt werden müsse.[109] Diese Meinung verkennt zweierlei. Zunächst setzt der zweite Satz zitierter Nr. 3 des Anhangs I den Stand der Technik als Richtschnur sicherheitsgerechten Konstruierens bereits voraus (*„… aufgrund des Standes Technik nicht erreicht werden können"*). In den maßgeblichen englischen und französischen Sprachfassungen lautet die interessierende Passage *„…taking into account the state of the art, it may not be possible to meet the objectives set by them"* bzw. *„compte tenu de l'état de la technique, les objectifs qu'elles fixent peuvent ne pas être atteints"*. Sodann sind die verschiedenen Sicherheits- und Gesundheitsschutzanforderungen nicht derart formuliert, dass sie, wie

---

[107] In diesem Sinne zu Art. 2 der Niederspannungsrichtlinie 2006/95/EG, VG Sigmaringen, Urt. v. 27.11.2008, 8 K 1828/06, juris, Rn. 32 ff.; VG Köln, Urt. v. 27.6.2013, 1 K 2434/12, juris, Rn. 27 f.; Schmatz/Nöthlichs, Lfg. 3/96, 1610 Anm. II. B. 2.
[108] A.A. Schmatz/Nöthlichs, 1025 § 3 Anm. 1.2.5.4, S. 41 f.
[109] Schmatz/Nöthlichs, 1025 § 3 Anm. 1.2.5.3, S. 41.

etwa strikte Grenzwerte, entweder erreicht oder nicht erreicht werden. Vielmehr sind sie regelmäßig wertungsoffen und enthalten bezogen auf den jeweiligen Aspekt ihrerseits die Forderung nach sicherheitsgerechter und gefährdungsmindernder Konstruktion.[110] Im Leitfaden zur Anwendung der Maschinenrichtlinie heißt es in den letzten beiden Absätzen des § 161 denn auch: „[…]. *Eine technische Lösung, welche die grundlegenden Sicherheits- und Gesundheitsschutzanforderungen der Richtlinie zu einem bestimmten Zeitpunkt erfüllt, kann deshalb zu einem späteren Zeitpunkt als unzureichend gelten, wenn sich der Stand der Technik zwischenzeitlich weiterentwickelt hat. Ein Maschinenhersteller kann nur den Stand der Technik zum Zeitpunkt der Herstellung der Maschine berücksichtigen. Können die Ziele der grundlegenden Sicherheits- und Gesundheitsschutzanforderungen aufgrund der Weiterentwicklung des Standes der Technik besser erreicht werden, muss der Hersteller, der eine Serie von Maschinen in der selben Ausführung fertigt, seine Konstruktion entsprechend verbessern.*" Die Europäische Kommission geht also davon aus, dass der Hersteller – obschon einer Schutzzielerreichung in der Vergangenheit – das Produkt kontinuierlich dem sich wandelnden Stand der Technik anzupassen hat, d. h. der Stand der Technik die Konstruktion (weiterhin) determiniert und die grundlegenden Sicherheits- und Gesundheitsschutzanforderungen dem Stand der Technik gemäß dynamische Anforderungen sind. Nach Alledem bildet der Stand der Technik auch hier das maßgebende Anforderungsprofil.

dd. Aufzugsrichtlinie

Anhang I der Richtlinie 2014/33/EU über Aufzüge enthält unter Ziffer 2 der Vorbemerkungen eine dem Anhang I Allgemeine Grundsätze Nr. 3 der Maschinenrichtlinie gleichlautende Bestimmung. Die Regelungskonzeption beider Richtlinien ist insoweit identisch.[111]

---

[110] Siehe etwa Nr. 1.1.3 („*Die für den Bau der Maschine eingesetzten Materialien oder die bei ihrem Betrieb verwendeten oder entstehenden Produkte dürfen nicht zur Gefährdung der Sicherheit und der Gesundheit von Personen führen. Insbesondere bei der Verwendung von Fluiden muss die Maschine so konstruiert und gebaut sein, dass sie ohne Gefährdung aufgrund von Einfüllung, Verwendung, Rückgewinnung und Beseitigung benutzt werden kann.*"), Nr. 1.1.5 („*Die Maschine oder jedes ihrer Bestandteile müssen sicher gehandhabt und transportiert werden können [und] so verpackt oder konstruiert sein, dass sie sicher und ohne Beschädigung gelagert werden können.*"), Nr. 1.1.6 („*Bei bestimmungsgemäßer Verwendung müssen Belästigung, Ermüdung sowie körperliche und psychische Fehlbeanspruchung des Bedienungspersonals auf das mögliche Mindestmaß reduziert sein […]*"), Nr. 1.1.7 („*[…]. Ist die Maschine zum Einsatz in einer gefährlichen Umgebung vorgesehen, von der Risiken für Sicherheit und Gesundheit des Bedieners ausgehen, oder verursacht die Maschine selbst eine gefährliche Umgebung, so sind geeignete Einrichtungen vorzusehen, damit gute Arbeitsbedingungen für den Bediener gewährleistet sind und er gegen vorhersehbare Gefährdungen geschützt ist. […]*").
[111] Vgl. Europäische Kommission, Guide to Application of the Lifts Directive 95/16/EC, 15 May 2007, § 87.

ee. Druckgeräterichtlinie

245 Die Richtlinie 2014/68/EU über Druckgeräte bestimmt in deren Anhang I Vorbemerkungen Nr. 4, dass *„die wesentlichen Sicherheitsanforderungen so zu interpretieren und anzuwenden [sind], dass dem Stand der Technik und der Praxis zum Zeitpunkt der Konzeption und der Fertigung sowie den technischen und wirtschaftlichen Erwägungen Rechnung getragen wird, die mit einem hohen Maß des Schutzes von Gesundheit und Sicherheit zu vereinbaren sind".*

d. Stand der Technik – übergreifendes Anforderungsprofil öffentlich-rechtlicher Design-Anforderungen
aa. Harmonisierter Bereich – Maßstab des zur Erfüllung und Konkretisierung wesentlicher Anforderungen geforderten Schutzniveaus

246 Der Wortlaut der wesentlichen Anforderungen der Harmonisierungsrechtsvorschriften nach der Neuen Konzeption ist ganz regelmäßig sehr weit gefasst. Ihnen selbst ist das Maß der konstruktiv geschuldeten Risikominderung mithin nur selten zu entnehmen. Namentlich im Produktsicherheitsrecht – aber nicht nur dort – decken die abstrakt formulierten Schutzziele und -anordnungen nicht nur alle praktischen Risiken für das zu schützende Interesse ab.[112] Auch scheinen dem geforderten Aufwand zur Beseitigung der Risiken und zur Erreichung der Sicherheits-/Schutzziele noch oben oftmals keine Grenzen gesetzt. So heißt es etwa in Anhang I Nr. 2 lit. b) der Niederspannungsrichtlinie 2014/35/EU, dass technische Maßnahmen vorzusehen sind, *„damit keine Temperaturen, Lichtbogen oder Strahlungen entstehen, aus denen sich Gefahren ergeben können".* Bei wortgetreuer Auslegung würde dies bedeuten, dass etwa bei Verbrennungen oder Bränden aufgrund heißer Oberflächen die vom Hersteller gewählte Maßnahme der Risikominderung unzureichend war. Fürwahr wäre immer dann, wenn sich eine abzuwendende Gefahr realisiert dem Sicherheitsgrundsatz des Anhangs I Nr. 2 lit. b) nicht entsprochen worden. Allerdings kann selbst bei finaler Normstruktur technischer Design-Anforderungen nicht vom Verfehlen des Schutzzieles auf die Unzulänglichkeit des Produktdesigns geschlossen werden.[113] Fürwahr kann vollkommener Schutz *in praxi* nie erreicht werden. Es gibt kein Nullrisiko. Dies bereits aus technischen Gründen. Aber auch aus wirtschaftlichen Erwägungen können nur solche vorbeugenden Maßnahmen gefordert werden, *„die zu der Gefahr, zu den Kosten und zum technischen Stand des Produkts in einem angemessenen Verhältnis stehen".*[114,115] Die Maschinenrichtlinie spricht von

---

[112]Langner, Technische Vorschriften und Normen, Rn. 33.
[113]Jedenfalls aus rechtlicher Perspektive unrichtig ist es daher, wenn es heißt, dass ein Unfall an einer Maschine der materielle Beweis dafür sei, dass sie nicht sicher war (so aber Neudörfer, Sicherheitsgerechte Maschinen, Ziff. 5.2.3).
[114]Europäische Kommission, Erläuterungen zur Maschinenrichtlinie 98/37/EG, Rn. 279.
[115]Hierzu Wilrich, Das neue Produktsicherheitsgesetz (ProdSG), Rn. 341 ff.

§ 4 – Stand der Technik und technische Regelsetzung 193

„Restrisiken" aufgrund der nicht vollständigen Wirksamkeit von Schutzmaßnahmen und gesteht die Möglichkeit ein, dass Ziele der Richtlinie *„aufgrund des Stands der Technik nicht erreicht werden können"* (→ Rn. 243). In der Normung wird Sicherheit definiert als die Abwesenheit nicht hinnehmbarer – d. h. nicht sozialadäquater – Risiken und gibt es auch hiernach keine absolute Sicherheit.[116]

Resultiert aus Vorstehendem und entspricht es allgemeinen Konsens, dass eine völlige Gefahrlosigkeit nicht erwartet und auch nicht geschuldet sein kann,[117] bleibt gleichwohl offen, auf welcher Basis rechtstechnisch die Korrektur weitgefasster Schutzanforderungen erfolgen kann und welcher Grad an Sicherheit respektive welches Schutzniveau gefordert wird.[118] Anknüpfungspunkt einer Korrektur kann zunächst der Text der Schutzanordnung sein. Fürwahr tragen manche Sicherheits-/Schutzanforderungen eine Mäßigung in sich. So wird etwa verfügt, dass Risiken *„so gering wie möglich"*[119] zu halten sind oder ein *„angemessene[r] Schutz gegen die auftretenden Risiken [zu] bieten"*[120] ist. Einfallstor für die Berücksichtigung technischer und wirtschaftlicher Belange bildet weiter die in einigen Harmonisierungsrechtsvorschriften erfolgende Bezugnahme auf den Stand der Technik (→ Rn. 241–245). Ist der Text der Harmonisierungsrechtsvorschrift den Erfordernissen technischer Machbarkeit und wirtschaftlicher Vertretbarkeit nicht zugänglich, ist der für alles Handeln der Unionsorgane geltende und in Art. 5 Abs. 4 EUV verankerte **Grundsatz der Verhältnismäßigkeit** zu bemühen.[121] Die Anwendbarkeit des Verhältnismäßigkeitsgrundsatzes als Prüfungsmaßstab für die Rechtmäßigkeit einer Maßnahme der Rechtsangleichung nach Art. 114 ff. AEUV ist denn auch unstrittig (→ Rn. 53). Entsprechend der freiheitlichen Grundausrichtung des Binnenmarkts ist stets auch zu beachten, welche individuellen Freiheitsbeeinträchtigungen von einer Rechtsangleichungsmaßnahme ausgehen. Widerstreitende Ziele, Interessen, Rechtgüter und Rechtspositionen sind innerhalb der Prüfung der Verhältnismäßigkeit einer Maßnahme der Rechtsgleichung ins Verhältnis zu setzen und ist demgemäß auch zu prüfen, ob die Nachteile, die sich aus der Maßnahme für bestimmte Wirtschaftsteilnehmer ergeben, zu

247

---

[116]ISO/IEC Guide 51:2014, 3rd edition 2014–0401, Safetyaspects – Guidelines for their inclusion in standards, Ziff. 3.14.
[117]Schmatz/Nöthlichs, 1025 § 3 Anm. 1.2.5.2, S. 37; Wilrich, Das neue Produktsicherheitsgesetz (ProdSG), Rn. 341 ff; Schumann, Bauelemente des europäischen Produktsicherheitsrechts, S. 94–96; Gauger, Produktsicherheit und staatliche Verantwortung, S. 124 und 167.
[118]Kein solches Korrektiv bilden die zu berücksichtigenden Verwendungen. Ist nämlich, um das Beispiel des Sicherheitsgrundsatzes nach Anhang I Nr. 2 lit. b) der Niederspannungsrichtlinie 2014/35/EU wieder aufzunehmen (→ Rn. 246) etwa die Herdplatte nicht dazu bestimmt, dass hierauf Brot geröstet wird, so ist richtigerweise die Gefahr eines hierdurch entstehenden Brandes schon innerhalb der Risikobeurteilung (Identifizierung der Gefährdungen) als nicht zu berücksichtigende Gefahr zu erkennen und bedarf es hierzu keiner Maßnahme der Risikominderung.
[119]Vgl. Sicherheitsanforderungen in Anhang II der Richtline 2009/48/EG.
[120]Anhang I Nr. 1 VO (EU) 2016/425.
[121]Schmatz/Nöthlichs, 1025 § 3 Anm. 1.2.5.2, S. 37.

den im übrigen mit ihr verbundenen Vorteilen nicht außer Verhältnis stehen.[122] Nach Alledem und entsprechend dem **Gebot primärrechtskonformer Auslegung** des Sekundärrechts[123] kann dem Grundsatz der Verhältnismäßigkeit entsprechend bei Anwendung der wesentlichen Anforderungen nur das wirtschaftlich noch Vernünftige und Zumutbare geschuldet sein.[124]

248 Zur Bestimmung des geforderten Schutzgrades ist der Blick weiter zu richten auf die als Neuer Ansatz respektive Neue Konzeption bezeichnete Regelungstechnik (→ Rn. 146). Hiernach werden in den Harmonisierungsrechtsvorschriften lediglich die wesentlichen Anforderungen für die Marktfähigkeit des Erzeugnisses festgelegt, die sodann durch harmonisierte Normen konkretisiert und spezifiziert werden. Diese „*technischen Übersetzungen*" der wesentlichen Anforderungen sollen das Maß zum Schutz des verfolgten öffentlichen Interesses angeben, welches zum Zeitpunkt der Annahme der harmonisierten Norm von einem bestimmten Produkttyp erwartet werden kann (→ Rn. 219, 224). Sie sind bestimmt das maßgebende Schutzniveau ingenieurmäßig festzulegen. Dieses Schutzniveau korrespondiert mit dem Stand der Technik und dokumentiert die harmonisierte Norm den Stand der Technik.[125] So trägt die harmonisierte

---

[122]Siehe zum Ganzen Tietje, in Grabitz/Hilf/Nettesheim (Hrsg.), Das Recht der Europäischen Union, Bd. I, EUV/AEUV, AEUV Art. 114 Rn. 54–57.

[123]EuGH, Urt. v. 21.3.1991, Rauh/Hauptzollamt Nürnberg-Fürth, C-314/89, EU:C:1991:143, Rn. 17.

[124]Wilrich, Das neue Produktsicherheitsgesetz (ProdSG), Rn. 346. Die Europäische Kommission führte zur Maschinenrichtlinie 94/42/EG etwa aus, dass „*die in der Richtlinie vorgeschriebenen technischen Maßnahmen in einem vernünftigen Verhältnis zur Gefahr, zu den Kosten der Maschine und zu ihren tatsächlichen Anwendungsbedingungen stehen* [müssen und dürfen] *hochentwickelte besondere Vorrichtungen zur Ausschließung jeglicher Gefahr nur soweit vorgeschrieben werden, wie dies die Wirtschaftlichkeit der Maschine nicht in Frage stellt, d. h. den Kaufpreis und die Betriebskosten nicht unverhältnismäßig in die Höhe treibt*" (Erläuterungen zur Maschinenrichtlinie 98/37/EG, Rn. 26). „*Die Richtlinie schreibt nur vorbeugende Maßnahmen vor, die zur Gefahr, zu den Kosten und zum technischen Stand des Produkts in einem angemessenen Verhältnis stehen*" (Erläuterungen zur Maschinenrichtlinie 98/37/EG, Rn. 279). Zur Maschinenrichtlinie 2006/42/EG heißt es an anderer Stelle (Europäische Kommission, Leitfaden für die Anwendung der Maschinenrichtlinie 2006/42/EG, § 161): „[Es sind] *die wirksamsten technischen Mittel an*[zu]*wenden, die zu dem betreffenden Zeitpunkt zur Verfügung stehen, zu Kosten, die unter Berücksichtigung der Gesamtkosten der betreffenden Maschinenkategorie und der erforderlichen Risikominimierung angemessen sind.*"

[125]Europäische Kommission, Leitfaden zur europäischen Normung als Unterstützung für legislative und politische Maßnahmen der Union, SWD(2015)205 final, Teil 1, S. 10 und 14, Teil 3, S. 10 f. Vgl. auch Europäische Kommission, Leitfaden für die Anwendung der Maschinenrichtlinie 2006/42/EG, § 110: „*Eine harmonisierte Norm gibt* [...] *einen Hinweis auf den Stand der Technik zum Zeitpunkt, da die Norm angenommen wurde. Anders ausgedrückt, die harmonisierte Norm gibt das Maß an Sicherheit an, das zu diesem Zeitpunkt von einem bestimmten Produkttyp erwartet werden kann.*" Vgl. auch OVG Münster, Beschl. v. 16.12.2002, 21 B 1723/02, juris, Rn. 14 = NVwZ-RR 2003, 493 = GewArch 2003, 301; VG Bayreuth, Beschl. v. 2.12.1997, B 1 S 97.943, juris, Rn. 15; Schmatz/Nöthlichs, 1025 § 3 Anm. 1.2.6, S. 43 f.; Geiß/Doll, Geräte- und Produktsicherheitsgesetz (GPSG), § 4 Rn. 42.

§ 4 – Stand der Technik und technische Regelsetzung

Norm als in einem geordneten Verfahren unter repräsentativer Beteiligung der interessierenden Kreise und von einem sachverständigen Gremium ausgearbeitete technische Regel die Gewähr der Richtigkeit in sich und ist dazu bestimmt die herrschende Auffassung unter den technischen Praktikern widerzuspiegeln. Solchermaßen und jedenfalls aus theoretischer Perspektive geben die harmonisierten Normen die grundlegenden Anforderungen *und* den Stand der Technik wieder.[126] Sind aber die den Stand der Technik abzubildenden harmonisierten Normen als Wiedergabe der durch sie abzudeckenden wesentlichen Anforderungen zu begreifen geht das von Letzteren geforderte Schutzniveau denknotwendig nicht über den Stand der Technik hinaus und fällt das geforderte Schutzniveau mit dem des Standes der Technik zusammen. Demgemäß ist den wesentlichen Anforderungen hinreichend Genüge getan, wenn dem Stand der Technik entsprechende Maßnahmen der Risikominderung ergriffen werden.[127] Andererseits darf die für die Risikominderung gewählte konstruktive Lösung auch nicht hinter dem Stand der Technik zurückbleiben.[128] Dies deckt sich mit dem in Art. 3 Abs. 1 der Niederspannungsrichtlinie 2014/35/EU vorgenommenen Verweis auf den *„in der Union geltenden Stand der Sicherheitstechnik"* (→ Rn. 241), dem Stand Technik als maßgebendes Anforderungsprofil gemäß Anhang I der Richtlinie 2014/30/EU (→ Rn. 242), dem allgemeinen Grundsatz nach Anhang I Nr. 3 Maschinenrichtlinie 2006/42/EG (→ Rn. 243), der Konzeption der Richtlinie 2014/33/EU über Aufzüge (→ Rn. 244) und der Vorbemerkung Nr. 4 in Anhang I der Richtlinie 2014/68/EU über Druckgeräte (→ Rn. 245), etc. Der Stand der Technik bildet nach Alledem die Obergrenze, aber auch das Maß des konstruktiv Geschuldeten.[129] Dieser berücksichtigt wirtschaftliche Belange und ist nur, aber auch das wirtschaftlich noch Vernünftige und Zumutbare geschuldet.[130]

bb. Übergreifender Maßstab

Vorstehendes wird im Hinblick auf Art. 3 Abs. 2 UAbs. 2 der Richtlinie 2001/95/EG entsprechend für das allgemeine Sicherheitsgebot gemäß dortigem Art. 3 Abs. 1 gelten müssen.[131] Soweit der Gesetz- oder Verordnungsgeber für von ihm aufgestellte

---

[126]Europäische Kommission, Leitfaden zur europäischen Normung als Unterstützung für legislative und politische Maßnahmen der Union, SWD(2015)205 final, Teil 1, 10 und 14.

[127]Vgl. auch Europäische Kommission, Leitfaden für die Umsetzung der Produktvorschriften der EU 2016, ABl. 2016 C 272, 39. Vgl auch Gauger, Produktsicherheit und staatliche Verantwortung, S. 163; Klindt/Schucht, in Klindt (Hrsg.), § 2 Rn. 112.

[128]Es entspricht denn auch h.M., dass die von einer harmonisierten Norm abweichende Lösung zumindest ein dieser Norm gleichwertiges Schutzniveau gewährleisten muss (→ Rn. 224), d. h. – weil die harmonisierte Norm den Stand der Technik wiedergibt – ein dem Stand der Technik entsprechendes bzw. gleichwertiges Schutzniveau.

[129]Dezidiert a. A. Schucht, NVwZ 2015, 852 (854).

[130]Zur Berücksichtigung wirtschaftlicher Belange bei der Bestimmung des Standes der Technik, siehe oben Rn. 240.

[131]Vgl. auch Klindt/Schucht, in Klindt (Hrsg.), ProdSG, § 2 Rn. 112. A. A. Gauger, Produktsicherheit und staatliche Verantwortung, S. 165 f.

Design-Anforderungen kein bzw. kein anderes Schutzniveau bestimmt, wird mithin ganz regelmäßig zu deren Erfüllung und Konkretisierung der **Stand der Technik** als **grundsätzlicher Maßstab ingenieurtechnischer Designentscheidungen** heranzuziehen sein.

3. Stand von Wissenschaft und Technik

250 Das strengste Anforderungsniveau bildet der Stand von Wissenschaft und Technik. Dieser Begriff bezeichnet *„den Entwicklungsstand fortschrittlichster Verfahren, Einrichtungen und Betriebsweisen, die nach Auffassung führender Fachleute aus Wissenschaft und Technik auf der Grundlage neuester wissenschaftlich vertretbarer Erkenntnisse im Hinblick auf das gesetzlich vorgegebene Ziel für erforderlich gehalten werden und die Erreichung dieses Ziels gesichert erscheinen lassen".*[132] Wirtschaftliche Gesichtspunkte sind nicht zu berücksichtigen. Der Stand von Wissenschaft und Technik ist im Anlagenzulassungsrecht gefordert, wenn es um besondere Gefährdungssituationen geht und die rechtlichen Anforderungen mit den neuesten naturwissenschaftlichen und technischen Entwicklungen Schritt halten müssen.[133] Im Recht des technischen Produkts spielt dieser Maßstab – als Inverkehrbringensvoraussetzung – keine Rolle.

II. Stand der Technik im Zivil- und Strafrecht

251 Die in den Entwicklungsabteilungen der Hersteller vorzufindende Praxis einer gleichsam sklavischen Befolgung technischer Regeln mit dem Ziel, eine dem technischen Wissensstand entsprechende Qualität, Gebrauchstauglichkeit, Funktionsfähigkeit, Handhabbarkeit, Lebensdauer, Beständigkeit, Festigkeit, etc. zu gewährleisten, die Kompatibilität mit anderen Systemen und Produkten oder deren Austauschbarkeit untereinander herzustellen, etc., erfolgt nicht vor dem Hintergrund öffentlich-rechtlicher Produktanforderungen. Die öffentlich-rechtliche Verkehrsfähigkeit eines Produktes ist von diesen, **dem Privatsektor vorbehaltenen Aspekten der Qualität, Gebrauchstauglichkeit, etc.** vielmehr weitestgehend unabhängig. So fällt etwa die Gebrauchstauglichkeit eines elektrischen Betriebsmittels nicht in den Regelungsbereich der Niederspannungsrichtlinie und könnte beispielsweise ein Handmixer, der seine primäre Funktion des Mixens nicht oder nur eingeschränkt erfüllt, mit der CE-Kennzeichnung versehen und unionsweit vertrieben werden, vorausgesetzt nur, dass er sicher ist. Anders gewendet werden die Anforderungen an die Gebrauchstauglichkeit eines Mixers nicht gesetzlich festgelegt. Sie werden vielmehr durch den jeweiligen Vertrag bestimmt, welcher der betreffenden Bereitstellung zugrunde liegt. Die hiernach geschuldete Beschaffenheit wird entweder durch eine hierauf bezogene Parteiabrede oder mangels einer solchen danach bestimmt,

---

[132]Bundesministerium für Wirtschaft, Bericht der Arbeitsgruppe *„Rechtssetzung und technische Norm"*, S. 14.
[133]Vgl. § 6 Abs. 2 und § 7 Abs. 2 Nr. 3 AtG und § 6 Abs. 2 GenTG.

was bei Sachen der gleichen Art allgemein üblich ist und vom Abnehmer erwartet werden kann. Dies führt bei fehlender Parteiabrede zur **Heranziehung des Stands der Technik als herstellerübergreifender Vergleichsmaßstab und technischer Mindeststandard.** Entsprechendes gilt für das zivil- und strafrechtliche Produkthaftungsrecht und entspricht der Stand der Technik dem dort bei Inverkehrbringen geforderten Sicherheitsniveau.

1. Allgemein anerkannte Regeln der Technik, Stand der Technik und kaufrechtlicher Mangelbegriff

Nach § 433 Abs. 1 BGB hat der Verkäufer dem Käufer die Sache frei von Sachmängeln zu verschaffen. Geschuldet ist die vereinbarte Beschaffenheit (§ 434 Abs. 1 S. 1 BGB). Mangels vereinbarter Beschaffenheit ist die Sache frei von Sachmängeln, wenn sie sich für die nach dem Vertrag vorausgesetzte Verwendung eignet, sonst wenn sie sich für die gewöhnliche Verwendung eignet und eine Beschaffenheit aufweist, die bei Sachen der gleichen Art üblich ist und die der Käufer nach der Art der Sache erwarten kann (§ 434 Abs. 1 S. 2 BGB). Entspricht die Kaufsache nicht den Anforderungen eines bestimmten technischen Standards, liegt ein Mangel hiernach nur vor, wenn die Übereinstimmung mit diesem Standard entweder vertraglich vorausgesetzt oder doch üblich ist. Bei der ausdrücklichen vertraglichen Festlegung der Sollbeschaffenheit einer Kaufsache kann auf den Stand der Technik, auf die allgemein anerkannten Regeln der Technik oder auf technische Normen oder Teile von ihnen zurückgegriffen werden.

252

a. Öffentlich-rechtliche Verkehrs- und Betriebsfähigkeit als nach dem Vertrag vorausgesetzte Verwendung

Lässt sich dem Vertrag eine ausdrückliche Vereinbarung der Sollbeschaffenheit nicht entnehmen, kann sich aus dem im Vertrag genannten Verwendungszweck eine konkludente Vereinbarung eines solchen technischen Standards ergeben. Dies ist etwa dann anzunehmen, wenn der Gesetzgeber die Vermarktung oder Verwendung von Produkten nur gestattet, sofern sie den Anforderungen bestimmter technischer Standards genügen.[134] Fürwahr gehört die öffentlich-rechtliche Verkehrs- und Betriebsfähigkeit des Kaufgegenstandes zu der nach dem Vertrag vorausgesetzten Verwendung.[135] So **sind etwa nach § 434 Abs. 1 S. 2 BGB mangelhaft,** ein der Maschinenrichtlinie unterfallender Radlader, der nicht alle Voraussetzungen dieser Richtlinie erfüllt,[136] ein nach der StVZO nicht zulassungsfähiger Gebrauchtwagen,[137] nicht verkehrsfähige Feuerwehrstiefel (persönliche Schutzausrüstung), weil sowohl das EG-Baumusterprüfzertifikat als auch

253

---

[134]Falke, Rechtliche Aspekte der Normung in den EG-Mitgliedstaaten und der EFTA, S. 424.
[135]Vgl. etwa BGH, Urt. v. 16.1.1985, VIII ZR 317/83, juris, Rn. 12 = WM 1985, 463 = DB 1985, 1385 = NJW 1985, 1769 = JuS 1985, 641 = BB 1985, 1561 = EWiR 1985, 269; OLG München, Urt. v. 16.7.2014, 20 U 4218/13, juris Rn. 53 ff.
[136]LG Erfurt, Urt. v. 7.8.2014, 10 O 410/12, juris, Rn. 16 ff.
[137]Hanseatisches Oberlandesgericht in Bremen, Urt. v. 10.9.2003, 1 U 12/03 (b), 1 U 12/03, juris.

ein Nachweis über die Qualitätssicherung nicht vorlagen und ohne dass es noch auf die Beschaffenheit des einzelnen Schuhs ankäme[138] und **generell all jene Erzeugnisse im Anwendungsbereich einer Harmonisierungsrechtsvorschrift, die die technischen Anforderungen für ihre Bereitstellung nicht erfüllen**[139]. Es kommt zu einem Gleichlauf zwischen öffentlich-rechtlicher Produktanforderung und vertraglich geschuldeter Beschaffenheit der Kaufsache.

b. Der in der Praxis vorfindliche technische Standard als vertraglich geschuldeter Standard

254 Die **öffentlich-rechtlichen Produktanforderungen betreffen** aber ganz regelmäßig **nur einen Ausschnitt der bei der Konzeption eines Produktes zu berücksichtigenden Aspekte** (→ Rn. 56–58, 251, 317–319) und allen voran den Aspekt der Sicherheit. Wo das Gesetz keine Anforderungen an das Inverkehrbringen oder den Betrieb des Produktes aufstellt – namentlich zu den Aspekten der Qualität und der Gebrauchstauglichkeit – und soweit keine Beschaffenheitsvereinbarung getroffen ist, greifen die Zivilgerichte zur Bestimmung der vertraglich geschuldeten Beschaffenheit auf die allgemein anerkannten Regeln der Technik und teilweise auf den Stand der Technik zurück. Diese beschreiben die im allgemeinen Rechtsverkehr erwartete Beschaffenheit und die stillschweigend vereinbarte Mindestqualität, sodass ein Verstoß hiergegen im Regelfall zu einem Mangel führt. In einem vom Bundesgerichtshof zu entscheidenden Fall begehrte der Kläger die Rückabwicklung eines Kaufvertrages über ein mit einem Dieselpartikelfilter ausgestattetes Neufahrzeug, weil es im Kurzstreckenbetrieb mehrfach zu Störungen kam. Diese beruhten auf einer Verstopfung des Partikelfilters, zu dessen (Selbst-)Reinigung (Regeneration) erforderlich war, dass das Fahrzeug über mehrere Minuten mit einer bestimmten Mindestgeschwindigkeit betrieben und damit die für das Freibrennen erforderliche Abgastemperatur erreicht wurde. Der Kläger setzte aber das Fahrzeug überwiegend im Kurzstreckenverkehr ein, sodass es zu keiner ausreichenden (Selbst-)Reinigung des Partikelfilters kam. Der Bundesgerichtshof hatte über die Frage zu befinden, ob die fehlende Kurzstreckeneignung des Fahrzeugs einen Mangel begründete. Er stellte auf die Beschaffenheit ab, die der Käufer „*nach der Art der Sache*" erwarten kann. Abzustellen war demgemäß auf die objektiv berechtigte Käufererwartung, die sich in Ermangelung abweichender Anhaltspunkte an der üblichen Beschaffenheit gleichartiger Sachen orientiert. Zur Bestimmung dieser objektiv berechtigten Käuferbewertung zog er den Stand der Technik gleichartiger Sachen heran und verneinte im konkreten Fall das Vorliegen eines Mangels. Eine Kaufsache, die dem Stand der Technik gleichartiger Sachen entspricht, sei mithin nicht deswegen nach § 434 Abs. 1 S. 2 Nr. 2 BGB mangelhaft, weil der Stand der Technik hinter der tatsächlichen oder durchschnittlichen

---

[138] LG Aachen, Urt. v. 24.6.2010, 8 O 386/09, juris.
[139] Vgl. AG Frankfurt, Urt. v. 5.7.2011, 31 C 635/11 (44), juris, Rn. 30.

Käufererwartung zurückbleibt.[140] In gleicher Weise zog das Oberlandesgericht Karlsruhe zur Bestimmung der objektiv berechtigten Käuferbewertung den Stand der Technik als Beurteilungsmaßstab heran und erkannte bei verzögerter Beschleunigung eines Geländewagens nach dem automatischen Gangwechsel bei Geschwindigkeiten über 140 km/h auf einen Mangel.[141] Weiter zogen Gerichte den Stand der Technik heran bei der Beurteilung von Pendelbewegungen eines schweren und stark motorisierten Touren- bzw. Reisemotorrads,[142] bei der Beurteilung eines zähen Anlassverhaltens des Startes eines Gebrauchtwagens[143] oder etwa bei der Beurteilung von Schwankungen in der Lichtstärke der Beleuchtung eines Motorrads[144]. Betrifft die einschlägige Rechtsprechung vornehmlich Fahrzeuge, bestimmen die Gerichte, ohne explizit den Stand der Technik als Beurteilungsmaßstab heranzuziehen, den Erwartungshorizont eines Durchschnittskäufers gleichwohl auch bei sonstigem technischen Gerät unter Rückgriff auf den in der Praxis vorfindlichen technischen Standard.[145] Erwähnenswert ist in diesem Zusammenhang ein Urteil des Oberlandesgerichts München aus dem Jahre 1991[146]. Es waren in die Sowjetunion gelieferte Schaltnetzteile reihenweise ausgefallen, weil ein Überspannungsschutz gemäß VDE 0160 fehlte. Ob aufgrund der konkreten Parteiabreden ein solcher Überspannungsschutz geschuldet war, ließ sich nicht feststellen. In dieser Non-liquet-Situation folgerte das OLG München aus der Nichteinhaltung von DIN- und VDE-Bestimmungen, die allgemein für die betreffende Art von Ware gelten, eine Umkehr der Darlegungs- und Beweislast. Diese Verlagerung der Darlegungs- und Beweislast betrifft nicht nur die tatsächliche Frage, ob die Nichteinhaltung der betreffenden technischen Norm für den eingetretenen Fehler kausal war. Sie betraf auch die rechtliche Frage, ob die Herstellungs- bzw. Lieferungspflicht die Einhaltung der fraglichen technischen Normen umfasste bzw. Letztere die zu realisierende Mindestqualität, d. h. den in der Praxis vorfindlichen technischen Standard dokumentieren. *„Der Verkehr,* so das Oberlandesgericht München, *kann grundsätzlich davon ausgehen, da[ss] angebotene und bezogene Waren einem bestimmten technischen Standard entsprechen. Einem Hersteller oder Verkäufer bleibt es unbenommen, davon abzuweichen. Er mu[ss] dies dann aber in entsprechender Weise vereinbaren oder wenigstens klarstellen".*

---

[140] BGH, Urt. v. 4.3.2009, VIII ZR 160/08, juris = NJW 2009, 2056 = VersR 2009, 937 = NZV 2009, 337.
[141] OLG Karlsruhe, Urt. v. 28.6.2007, 9 U 239/06, juris = MDR 2007, 1128 = NJW-RR 2008, 137 = NZV 2008, 157.
[142] OLG Hamm, Urt. v. 18.3.2014, I-28 U 162/13, 28 U 162/13, juris, Rn. 41 ff.
[143] LG Bremen, Urt. v. 28.1.2013, 2 O 1795/11, juris, Rn. 34.
[144] AG Köln, Urt. v. 3.11.2006, 136 C 207/05, juris.
[145] OLG Hamm, Urt. v. 5.7.2004, 2 U 17/04, juris, Rn. 18; vgl. auch Falke, Rechtliche Aspekte der Normung in den EG-Mitgliedstaaten und der EFTA, S. 425.
[146] OLG München, Urt. v. 8.11.1991, 23 U 6990/90, juris = NJW-RR 1992, 1523.

2. Technische Standards in der zivilrechtlichen Produzenten- und Produkthaftung

a. Schutz des Integritätsinteresses

255 Es gilt ein Nebeneinander zwischen vertraglicher Haftung, der Produzentenhaftung nach § 823 BGB und der Produkthaftung nach dem ProdHaftG. Erstere, insbesondere die Sachmängelansprüche nach den §§ 437 ff. BGB, wie auch vertragliche Ansprüche nach den §§ 280 ff. BGB, werden nach ihren jeweiligen Anspruchsvoraussetzungen hin überprüft und bleiben von den Grundsätzen der allgemeinen deliktischen Produkthaftung und der Haftung nach dem ProdHaftG unberührt. Die maßgeblichen Regelungen laufen eigenständig.[147] Die klassische Produzentenhaftung nach § 823 Abs. 1 BGB setzt dem Grunde nach nicht an der Beschaffenheit des Produkts, sondern beim Verhalten des Verpflichteten (Hersteller, Händler, Weiterverarbeiter, etc.) an und ist insofern nicht fehler-, sondern verhaltensbezogen.[148] Nach § 823 Abs. 1 BGB macht sich derjenige schadensersatzpflichtig, der *„vorsätzlich oder fahrlässig das Leben, den Körper, die Freiheit, das Eigentum oder ein sonstiges Recht eines anderen widerrechtlich verletzt"*. Ein Schadensersatzanspruch nach § 823 Abs. 1 BGB setzt also voraus, dass eines der erwähnten Rechtsgüter verletzt worden ist, zwischen der Verletzung des Rechtsguts und dem Tun oder Unterlassen des Anspruchsgegners ein Ursachenzusammenhang besteht, die Verletzung widerrechtlich erfolgt ist, der Schadenstifter vorsätzlich oder fahrlässig die Rechtsgutsverletzung bewirkt hat und aus der Verletzung des Rechtsgutes ein Schaden entstanden ist. Im Unterschied zur Produzentenhaftung und insoweit parallel zur Sachmängelhaftung setzt auch die Produkthaftung nach dem ProdHaftG an der Beschaffenheit des Produkts, nämlich der Fehlerhaftigkeit des Produkts an: *„Wird durch den Fehler eines Produkts jemand getötet, sein Körper oder seine Gesundheit verletzt oder eine Sache beschädigt, so ist der Hersteller des Produkts verpflichtet, dem Geschädigten den daraus entstehenden Schaden zu ersetzen."* Die Zielrichtung des ProdHaftG ist gegenüber der Sachmängelhaftung aber eine andere. So stellt die Sachmängelhaftung auf den Sachmangel, d. h. die Abweichung der tatsächlichen von der vertraglich vereinbarten Beschaffenheit der Kaufsache, ab. Die vertragliche Mängelhaftung referiert hierbei auf die Gebrauchstauglichkeit des Produkts. Sanktioniert werden die Fälle, in denen die vereinbarte oder übliche Gebrauchstauglichkeit nicht gegeben ist. Die Produkthaftung nach dem ProdHaftG hingegen ahndet nicht eine fehlende Gebrauchstauglichkeit. Sie ist allein an das Inverkehrbringen eines fehlerhaften Produkts durch den Hersteller geknüpft und berührt damit die Sicherheit des Produkts, und zwar so, wie die berechtigte Sicherheitserwartung ist. Die **Sachmängelhaftung schützt** das wirtschaftliche **Nutzungs- und Äquivalenzinteresse** des Vertragspartners, die **Produkthaftung,** wie auch die

---

[147] Lenz, Produkthaftung, § 3 Rn. 155.
[148] Falke, Rechtliche Aspekte der Normung in den EG-Mitgliedstaaten und der EFTA, S. 448.

Produzentenhaftung hingegen das **Integritätsinteresse,** nämlich die Integrität von Eigentum sowie Leib und Leben von anderen.[149]

b. Bedeutung technischer Standards

Technische Standards sind in diesem Zusammenhang bedeutsam bei der Bestimmung der Widerrechtlichkeit der Rechtsgutsverletzung nach § 823 Abs. 1 BGB und der Fehlerhaftigkeit des Produkts nach § 3 ProdHaftG. Beide Male ist abzustellen auf die Sicherheit, die der Geschädigte berechtigterweise erwarten konnte und stellt sich die Frage, in welchem Umfang einschlägige technische Standards zu Konkretisierung der hiernach objektiv erforderlichen Sicherungsmaßnahmen herangezogen werden können. So kann das für eine Haftung nach § 823 Abs. 1 BGB geforderte rechtswidrige Verhalten des Warenherstellers vornehmlich darin bestehen, dass er die ihm obliegende **Verkehrssicherungspflicht, nur sichere Produkte in Verkehr zu bringen,** verletzt hat. Die Sicherungspflicht richtet sich nach dem allgemeinen objektiven Sorgfaltsmaßstab des § 276 Abs. 1 S. 2 BGB und demgemäß nach der *„im Verkehr erforderlichen Sorgfalt"*. Geschuldet ist damit nicht jede denkmögliche Sicherheitsmaßnahme. Dem **Sorgfaltsmaßstab des § 276 Abs. 1 S. 2 BGB** und somit der Verkehrssicherungspflicht genügt der Warenhersteller vielmehr, wenn *„im Ergebnis derjenige Sicherheitsgrad erreicht ist, den die in dem entsprechenden Bereich herrschende Verkehrsauffassung für erforderlich erachtet"*[150], d. h. wenn der *„Verkehrserwartung"* entsprochen wurde.[151] Maßgebend sind also nicht die Sicherheitserwartungen des Geschädigten, sondern der Grad an Sicherheit, den ein vernünftiger Angehöriger der in Betracht kommenden Abnehmerkreise erwarten darf.[152] Es kommt hierdurch zu einem **Gleichlauf der nach § 823 Abs. 1 BGB und nach § 3 ProdHaftG zu berücksichtigenden Sicherheitserwartungen.** § 3 Abs. 1 ProdHaftG stellt bereits wörtlich auf die Sicherheit ab, die *„berechtigterweise erwartet werden kann"* und sind dort die maßgeblichen Sicherheitserwartungen nach denselben objektiven Maßstäben zu beurteilen wie die Verkehrspflichten des Herstellers im Rahmen der deliktischen Haftung gemäß § 823 Abs. 1 BGB (vgl. aber zur zivilrechtlichen Gefahrabwendungspflicht → Rn. 686, 689).[153]

256

---

[149]Lenz, Produkthaftung, § 3 Rn. 303 m.w.Nachw.
[150]BGH, Urt. v 16.2.1972, VI ZR 111/70, juris Rn. 12 = VersR 1972, 559.
[151]BGH, Urt. v. 17.10.1989, VI ZR 258/88, juris Rn. 14 ff. = EWiR 1989, 1191 = BB 1989, 2429 = VersR 1989, 1307 = WM 1990, 272 = NJW 1990, 906 = ZIP 1990, 516 = MDR 1990, 425.
[152]BGH, Urt. v. 4.2.1986, VI ZR 179/84, juris, Rn. 10 = VersR 1986, 653 = NJW 1986, 1863; BGH, Urt. v. 7.12.1993, VI ZR 74/93, juris Rn. 16 = NJW 1994, 517 = ZIP 1994, 213 = MDR 1994, 254 = VersR 1994, 319.
[153]BGH, Urt. v. 16.6.2009, VI ZR 107/08, juris, Rn. 12 = BGHZ 181, 253 = VersR 2009, 1125 = NJW 2009, 2952 = MDR 2009, 1106 = BGHReport 2009, 980; Urt. v. 17.3.2009, VI ZR 176/08, juris, Rn. 6 = NJW 2009, 1669 = MDR 2009, 627 = BGHReport 2009, 673; MüKo/Wagner, § 3 ProdHaftG Rn. 3.

c. Gleichlauf öffentlich-rechtlicher und zivilrechtlicher Sicherheitsanforderungen

257 Obschon die auf das Produkt anwendbaren produktsicherheitsrechtsrechtlichen Inverkehrbringensvorschriften umfassende Sicherheitsanforderungen aufstellen, ist nicht auszuschließen, dass sie hinsichtlich nach § 823 Abs. 1 BGB und § 3 ProdHaftG zu berücksichtigender Gefährdungen und Verwendungen Schutzlücken aufweisen. Keinen Widerspruch duldet denn auch die im rechtswissenschaftlichen Schrifttum und der Rechtsprechung vorherrschende Auffassung, wonach das Produktsicherheitsrecht sowie technische Normen nur einen Mindeststandard im Rahmen der konstruktiven Herstellerpflichten bilden.[154] Soweit allerdings die einschlägigen hoheitlichen Sicherheitsanforderungen alle Risiken und neben der bestimmungsgemäßen Verwendung (→ Rn. 359) auch den vorhersehbaren Fehlgebrauch (→ Rn. 360 ff.) abdecken ist von einem Gleichlauf öffentlich-rechtlicher und zivilrechtlicher Produktanforderungen auszugehen: **geschuldeter Maßstab ist** im öffentlich-rechtlichen Produktverkehrsrecht wie auch bei der zivilrechtlichen Verkehrssicherungspflicht **der des Standes der Technik,** ggf. auch der der allgemein anerkannten Regeln der Technik, und wird dieser – mit etwas Distanz zu Einzelfragen – **durch die öffentlich-rechtlichen Inverkehrbringensvorschriften** sowie durch technische Normen **abgebildet** (→ Rn. 246–248).[155] Der sich hieraus ergebende Sicherheitsstandard prägt die Benutzerwartung.[156] Fürwahr

---

[154] BGH, Urt. v. 26.5.1998, VI ZR 183/97, juris, Rn. 17 = BGHZ 139, 43 = NJW 1998, 2436; Urt. v. 9.6.1998, VI ZR 238/97, juris, Rn. 14 = BGHZ 139, 79–88 = NJW 1998, 2905; OLG Karlsruhe, Urt. v. 10.10.2001, 7 U 117/99, juris, Rn. 31 = VersR 2003, 1584 (bezogen auf den Maßstab der anerkannten Regeln der Technik); explizit LG Stuttgart, Urt. v. 10.4.2012, 26 O 466/10, juris, m.w.Nachw. (bezogen auf den Maßstab der anerkannten Regeln der Technik); Klindt/Schucht, in Klindt (Hrsg.) ProdSG, § 2 Rn. 112 m.w.Nachw.; MüKo/Wagner, § 823 Rn. 651; w. Nachw. bei Lenz, Produkthaftung § 3 Rn. 189.

[155] Der Zivilrichter und der von ihm mit der technischen Beurteilung eingesetzte Sachverständige werden denn auch das Erzeugnis im Hinblick auf die auf es anwendbaren technischen Regeln und Rechtsvorschriften prüfen. Entspricht es dem öffentlich-rechtlichen Sicherheitsrecht, wird im Zweifel auch kein Zivilgericht annehmen, dass der Hersteller seiner objektiven Verantwortung vor Inverkehrbringen nicht nachgekommen ist, *vice versa* (vgl. Lenz, Produkthaftung, § 3 Rn. 189; OLG Karlsruhe, Urt. v. 10.10.2001, 7 U 117/99, juris, Rn. 31 ff. = VersR 2003, 1584; OLG Düsseldorf, Urt. v. 26.2.1993, 13 U 110/92, juris). Freilich genügt es nicht, DIN-Normen oder sonstiges einschlägiges technisches Regelwerk zu erfüllen, wenn die technische Entwicklung darüber hinausgegangen ist (BGH, Urt. v. 27.9.1994, VI ZR 150/93, juris, Rn. 12 = NJW 1994, 3349 = ZIP 1994, 1960) oder *„wenn sich bei der Benutzung des Produkts Gefahren gezeigt haben (Produktbeobachtungspflicht), die in den Normen noch nicht berücksichtigt sind"* (OLG Hamm, Urt. v. 21.12.2010, 21 U 14/08, juris, Rn. 36); in diesem Fall entspricht das Erzeugnis schon nicht dem aktuellen Stand der Technik bzw. den anerkannten Regeln der Technik und hieraus folgend auch nicht dem öffentlich-rechtlichen Produktsicherheitsrecht.

[156] Graf von Westphalen, NJW 1990, 83 (88); Hertel/Oberbichler/Wilrich, Technisches Recht, Rn. 2.2.2.5, S. 27.

betonen der Bundesgerichtshof und die Untergerichte seit einiger Zeit immer deutlicher einen das Anforderungsprofil des Stands der Technik darstellenden Test zur Bestimmung der erforderlichen – wenn auch im Hinblick auf § 1 Abs. 2 Nr. 5 ProdHaftG nicht hinreichenden – Anforderungen an die konstruktive Sicherheit, wonach der Hersteller diejenigen Maßnahmen zu treffen hat, die zur Vermeidung einer Gefahr objektiv erforderlich und dem Hersteller nach objektiven Maßstäben zumutbar sind.[157] Im sog. **Airbag-Urteil**[158] stellt der Bundesgerichtshof die Formel auf, dass Gefahren in den Grenzen des technisch Möglichen und wirtschaftlich Zumutbaren konstruktiv ausgeschaltet werden müssen. Zwar sagt er sodann semantisch unglücklich[159], dass solche Sicherungsmaßnahmen erforderlich seien, die nach dem im Zeitpunkt des Inverkehrbringens des Produkts vorhandenen neuesten Stand der Wissenschaft und Technik konstruktiv möglich sind und als geeignet und genügend erscheinen, um Schäden zu verhindern. Entscheidend aber ist die sich hieran anschließende Aussage:

> Die Möglichkeit der Gefahrvermeidung ist gegeben, wenn nach gesichertem Fachwissen der einschlägigen Fachkreise praktisch einsatzfähige Lösungen zur Verfügung stehen. Hiervon kann grundsätzlich erst dann ausgegangen werden, wenn eine sicherheitstechnisch überlegene Alternativkonstruktion zum Serieneinsatz reif ist. Der Hersteller ist dagegen nicht dazu verpflichtet, solche Sicherheitskonzepte umzusetzen, die bisher nur „auf dem Reißbrett erarbeitet" oder noch in der Erprobung befindlich sind.

Hier beschreibt der Bundesgerichtshof als das zu berücksichtigende technisch Mögliche fürwahr nicht den Stand von Wissenschaft und Technik, sondern den Stand der Technik.[160]

3. Technische Standards in der strafrechtlichen Produkthaftung

Löst ein Produkt Personenschäden Dritter aus, kann dies eine strafrechtliche Verantwortung unter dem Gesichtspunkt der Körperverletzungs- oder der Tötungsdelikte (§§ 223 ff., 211 ff. StGB) begründen. Nunmehr sind mit den Harmonisierungsrechtsvorschriften und der Richtlinie 2001/95/EG für den Großteil technischer Geräte die Sicherheits- und Gesundheitsschutzanforderungen abschließend auf Unionsebene geregelt. Aus der mit der Rechtsangleichung einhergehenden Sperrwirkung folgt mithin, dass die jeweilige Rechtsangleichungsmaßnahme einer nationalen Regelung entgegensteht, wonach zum Schutz von Leib und Leben mit Strafe bedroht wird, wer ein

---

[157]BGH, Urt. v. 17.3.2009, VI ZR 176/08, juris, Rn. 8 = NJW 2009, 1669 = MDR 2009, 627 = BGHReport 2009, 673; OLG Karlsruhe, Urt. v. 10.10.2001, 7 U 117/99, juris, Rn. 31 = VersR 2003, 1584; LG Siegen, Urt. v. 5.9.2014, 2 O 6/12, juris, Rn. 15.
[158]BGH, Urt. v. 16.6.2009, VI ZR 107/08, juris, Rn. 12 = BGHZ 181, 253 = VersR 2009, 1125 = NJW 2009, 2952 = MDR 2009, 1106 = BGHReport 2009, 980.
[159]Vgl. auch Klindt/Handorn, NJW 2010, 1105 (1106) – *„semantische Verunsicherung"*.
[160]Siehe auch Schmatz/Nöthlichs, 1025 § 3 Anm. 1.2.5, S. 38 f.; vgl. auch MüKo/Wagner § 823 Rn. 646.

der Rechtsangleichungsmaßnahme konformes Produkt bereitstellt.[161] Demgemäß handelt auch in strafrechtlicher Hinsicht derjenige sorgfaltsgemäß und macht sich nicht nach §§ 222, 229 StGB strafbar, der ein Gerät bereitstellt, das den Sicherheits- und Gesundheitsschutzanforderungen der auf es anwendbaren Rechtsangleichungsmaßnahme genügt. Ein Produktfehler, an den eine strafrechtliche Produktverantwortung würde anknüpfen können, liegt dann nicht vor, *vice versa*. Solchermaßen kommt es auch hier – jedenfalls bei einer Rechtsangleichungsmaßnahme unterfallendem technischen Gerät – zu einem Gleichlauf öffentlich-rechtlicher und strafrechtlicher Produktanforderungen: **geschuldeter Maßstab** bei der strafrechtlichen Verkehrssicherungspflicht ist auf Grund des sich nach den Vorschriften des öffentlichen Sicherheitsrechts bestimmenden Produktfehlers der **Stand der Technik** (→ Rn. 246–248) (zum Anknüpfungspunkt der strafrechtlichen Gefahrabwendungspflicht bei Im-Feld-Belassen gefährlicher Produkte → Rn. 686 f.).[162]

III. Konkretisierung der allgemein anerkannten Regeln der Technik und des Stands der Technik durch technische Regeln

259   Gerichte nutzen technische Regeln regelmäßig als Hinweis darauf, ob die in Gesetzen oder Verordnungen häufig nur generalklauselartig formulierten Produktanforderungen erfüllt sind, Waren oder Werk-/Dienstleistungen dem vertraglich Geschuldeten genügen, etc. Solcherart fungieren technische Regeln als Konkretisierung gesetzlicher und vertraglicher Anforderungen. Allerdings dokumentiert nicht jede technische Regel den Stand der Technik und spiegelt nicht jede technische Regel die herrschende Auffassung unter den technischen Praktikern wider.[163] Die hier angesprochene und von den Gerichten festzustellende Konkretisierung rechtsverbindlicher Standards durch technische Regeln ist abzugrenzen von der normkonkretisierenden Verweisung. Eine normkonkretisierende Verweisung ist gegeben, wenn allgemein oder generalklauselartig formulierte Anforderungen durch eine zusätzliche gesetzliche Verweisung auf bestimmte technische Regeln konkretisiert werden (→ Rn. 219 f.). Hingegen soll nachstehend die Handhabung der technischen Regeln in Abwesenheit gesetzlicher Verweisung aufgezeigt werden.

---

[161] Generalanwalt Colomer, Schlussanträge v. 13.9.2001, Haugsted Hansen, C-233/99, EU:C:2001:440, Rn. 12 ff.

[162] Der hier behandelte strafrechtlich relevante Produktfehler ist Grundvoraussetzung strafrechtlicher Produktverantwortung. In der Praxis problematisch sind indes die Aspekte der persönlichen Verschuldensverantwortung auf Grund betrieblicher Arbeitsteilung und die Feststellung der Kausalität zwischen dem vorgefundenen oder eingetretenen Erfolg und dem fehlerhaften Produkt. Der Produktfehler allein vermag mithin eine strafrechtliche Haftung nicht zu begründen. Zur strafrechtlichen Produkthaftung, siehe Winkelbauer, in Foerste/Graf von Westphalen (Hrsg.), Produkthaftungshandbuch, §§ 80–82.

[163] Falke, Rechtliche Aspekte der Normung in den EG-Mitgliedstaaten und der EFTA, S. 288 f. m.w.Nachw.

Beispiel: Die DIN EN 50131-Reihe enthält Festlegungen für Alarmanlagen – Einbruch- und Überfallmeldeanlagen. Ihr sachlicher Geltungsbereich (→ Rn. 65) erstreckt sich mit Anforderungen an die Betriebssicherheit, an die Unempfindlichkeit gegenüber Fehlalarmen, HF-Störungen, Dämpfung, etc. auf nicht von Harmonisierungsrechtsvorschriften abgedeckte (und wohl auch nicht regelungsbedürftige → Rn. 56) Aspekte. Der Käufer einer solchen Anlage wird in Ermangelung abweichender Parteiabrede eine dieser Norm qualitativ genügende Anlage einfordern und der mit einem Nachbesserungsbegehren befasste Richter diese Norm heranziehen können, wenn sie den in der Praxis vorfindlichen technischen Standard korrekt widerspiegelt (→ Rn. 254).

260

1. Vermutungswirkung technischer Regeln

Fürwahr können technische Nonnen nicht ungeprüft mit den allgemein anerkannten Regeln der Technik oder gar mit dem anspruchsvolleren Stand der Technik gleichgesetzt werden. Der Begriff der anerkannten Regeln der Technik darf nicht als die Summe der geltenden DIN-Normen interpretiert werden.[164] Davon gehen auch die Grundsätze der Normungsarbeit aus. In DIN 820, Teil 1 heißt es hierzu erfrischend knapp: *„Die Normen des Deutschen Normenwerks stehen jedermann zur Anwendung frei, sie sollen sich als „anerkannte Regeln der Technik" einführen. [...] Eine Anwendungspflicht kann sich aufgrund von Rechts- oder Verwaltungsvorschriften sowie aufgrund von Verträgen oder sonstigen Rechtsgründen ergeben."* Neu herausgegebene DIN- Normen sollen sich demgemäß als anerkannte Regeln der Technik erst noch einführen. Insbesondere diejenigen technischen Regeln, die begleitend zu neuen technologischen Entwicklungen verabschiedet werden, bedürfen erst noch der allgemeinen Durchsetzung und Anerkennung in der Praxis, ehe sie als allgemein anerkannte Regeln der Technik angesehen werden können. Weiter besteht die einmal eingetretene Anerkennung nicht zeitlich unbeschränkt. Während sich nämlich die anerkannten Regeln der Technik im Laufe der Zeit gleitend weiterentwickeln, können technische Regeln und namentlich die DIN-Normen nur durch ausdrückliche Beschlüsse im Konsens der interessierten Kreise geändert werden und dadurch im Einzelfall hinter den anerkannten Regeln der Technik zurückbleiben.[165] So ist es wiederholt vorgekommen, dass DIN-Normen trotz der im Mindestabstand von fünf Jahren vorgeschriebenen Überarbeitung sich in rechtlichen Streitfällen als technisch überholt herausgestellt haben.[166] Solchermaßen erfordert die Aufrechterhaltung der

261

---

[164]*Ebd.*, S. 289.
[165]*Ebd.*
[166]*Ebd.*, S. 289 f. m.w.Nachw.; vgl. auch BGH, Urt. v. 24.5.2013, V ZR 182/12, juris, Rn. 26 = NJW 2013, 2271 = BauR 2013, 1443; BGH, Urt. v. 14.6.2007, VII ZR 45/06, juris, Rn. 32 = BGHZ 172, 346 = NJW 2007, 2983 = BauR 2007, S. 1570.

Überzeugungskraft technischer Regeln ihre kontinuierliche Anpassung an neue Erkenntnisse und technische Möglichkeiten. Richtigerweise sind denn auch zwei Aspekte zu unterscheiden. Zunächst sind die Voraussetzungen zu bestimmen, unter welchen eine technische Regel als allgemein anerkannte Regel der Technik oder als den Stand der Technik dokumentierend einzustufen ist. Es ist dies die Bestimmung des Beginns und der Voraussetzungen der Vermutung dafür, dass die technische Regel den allgemeinen anerkannten Regeln der Technik oder dem Stand der Technik entspricht. Sodann ist zu bestimmen, wie die einmal eingetretene Vermutung widerlegt werden kann.

a. Vermutungsvoraussetzungen
aa. Doppelte Vermutung in der zviligerichtlichen Praxis

262 Eine technische Regel ist nicht aus sich heraus verbindlich und besteht zwischen dem Gesetz- und Verordnungsgeber, der Rechtsprechung und den die Normung tragenden Kreisen Einvernehmen darüber, dass technische Regeln aus sich heraus eine irgendwie geartete rechtliche Verbindlichkeit nicht beanspruchen können. Technische Regeln sind freiwillig und müssen sich *im Grundsatz* in der jeweiligen Branche erst noch einführen. Als bloße Empfehlungen müssen sie ihre Durchsetzungsfähigkeit aus der ihnen zugrunde liegenden sachlichen Kompetenz schöpfen (→ Rn. 211). Den Nachweis einer solchen Branchenübung bzw. ihrer Durchsetzungsfähigkeit zu führen wird allerdings nicht immer leicht sein. Die Gerichte verlangen denn auch einen solchen Nachweis regelmäßig nicht, sondern greifen auf die **Denkfigur der tatsächlichen Vermutung** zurück. Aufschlussreich ist in diesem Zusammenhang ein Urteil des Bundesgerichtshofs vom 6.6.1991 zum Verhältnis zwischen DIN-Normen und den allgemein anerkannten Regeln der Technik nach ex-§ 3 Abs. 1 GSG.[167] Ex-§ 3 Abs. 1 des Gesetzes über technische Arbeitsmittel vom 24.6.1968 in der bis 31.12.1992 gültigen Fassung (GSG)[168] bestimmte: *„Der Hersteller oder Einführer von technischen Arbeitsmitteln darf diese nur in den Verkehr bringen oder ausstellen, wenn sie nach den allgemein anerkannten Regeln der Technik sowie den Arbeitsschutz- und Unfallverhütungsvorschriften so beschaffen sind, da*[ss] *Benutzer oder Dritte bei ihrer bestimmungsgemäßen Verwendung gegen Gefahren aller Art für Leben oder Gesundheit soweit geschützt sind, wie es die Art der bestimmungsgemäßen Verwendung gestattet. Von den allgemein anerkannten Regeln der Technik sowie den Arbeitsschutz- und Unfallverhütungsvorschriften darf abgewichen werden, soweit die gleiche Sicherheit auf andere Weise gewährleistet ist."* Nach ex-§ 10 a) des Gesetzes konnte die Bundesregierung nach Anhörung des Ausschusses für technische Arbeitsmittel mit Zustimmung des Bundesrates in allgemeinen Verwaltungsvorschriften die technischen Normen bezeichnen, in denen die allgemein anerkannten Regeln der Technik ihren Niederschlag gefunden haben. Unklar war nun, ob eine neue technische Sicherheitsnorm

---

[167] BGH, Urt. v. 6.6.1991, I ZR 234/89, juris = NJW-RR 1991, 1445 = MDR 1992, 363.
[168] Gerätesicherheitsgesetz vom 24.6.1968 (BGBl. I S. 717).

mit Beginn ihrer Gültigkeit als anerkannte Regel der Technik im Sinne von ex-§ 3 Abs. 1 GSG einzustufen war und deshalb schon ab diesem Zeitpunkt zu beachten war.[169] Nach einer Ansicht sollte eine Sicherheitsnorm erst dann als allgemein anerkannte Regel der Technik gelten, wenn sich die in ihr enthaltenen sicherheitstechnischen Festlegungen als Branchenübung durchsetzt hatten. Im eindeutigen Kontrast hierzu sollte nach anderer Ansicht jede neue technische Sicherheitsnorm ab dem in ihr festgelegten Gültigkeitstermin als allgemein anerkannte Regel der Technik angesehen werden können. Nach einer weiteren Ansicht oblag es dem Bundesminister für Arbeit und Sozialordnung im Verzeichnis A der AVV-GSG diejenigen technischen Sicherheitsnormen abschließend aufzuführen, die für die Beurteilung nach ex-§ 3 Abs. 1 GSG maßgebend sein sollten. In seinem Urteil vom Juni 1991 hatte der Bundesgerichtshof die zuletzt genannte Ansicht verworfen und im Übrigen eine vermittelnde Position angenommen. Er hatte über die Frage zu befinden, ob Siphongeräte für Sodawasser und Sahnezubereitung nach Inkrafttreten der auf diese Geräte anwendbaren DIN-Norm 32 615 im Hinblick auf ex-§ 3 Abs. 1 GSG weiterhin in Verkehr gebracht werden konnten, wenn diese Geräte die in der Norm geforderte Druckbegrenzungseinrichtung nicht aufwiesen. Der Bundesgerichtshof verneinte dies mit folgender Begründung: *„[...] die Klägerin war nach dem Inkrafttreten der DIN 32 615 zum 1. Februar 1988 gehindert gewesen, ihre Geräte, die nicht den darin genannten Sicherheitsanforderungen entsprechen, in Verkehr zu bringen. Die DIN 32 615 ist mit ihrem Inkrafttreten zugleich als eine allgemein anerkannte Regel der Technik anzusehen. Damit bestand für die Klägerin als Importeurin gemäß § 3 Abs. 1 Satz 1 GerSiG ab dem 1. Februar 1988 das gesetzliche Verbot, ihre Geräte ohne den geforderten Sicherheitsstandard in Verkehr zu bringen. [...]. Die sicherheitstechnische DIN-Norm 32 615 ist mit ihrem Inkrafttreten zum 1. Februar 1988 zu einer allgemein anerkannten Regel der Technik geworden und war deshalb gemäß § 3 Abs. 1 GerSiG ab diesem Zeitpunkt zu befolgen. Es kann zwar nicht davon ausgegangen werden, da[ss] jede DIN-Norm mit ihrem Inkrafttreten auch als eine allgemein anerkannte Regel der Technik zu qualifizieren ist. DIN-Normen haben zunächst den Charakter von Empfehlungen. Sie sollen der Sicherheit von Mensch und Sache sowie der Qualitätsverbesserung in allen Lebensbereichen dienen; soweit sie sich auf die Technik beziehen, sollen sie sich als „anerkannte Regeln der Technik einführen". Daraus ist grundsätzlich zu folgern, da[ss] eine DIN-Norm für ihre Qualifikation als eine allgemein anerkannte Regel der Technik in ihrer Handhabung einer Branchenübung und der Durchsetzung bei den beteiligten Verkehrskreisen bedarf. Von diesem Grundsatz ist jedoch im Streitfall nicht auszugehen. Auf eine allgemeine Handhabung der DIN 32 615 als Voraussetzung ihrer Qualifikation als allgemein anerkannte Regel der Technik kommt es vorliegend nämlich nicht an, weil sie als Sicherheitsnorm **unter Beteiligung der betroffenen Fachkreise erarbeitet wurde**, um*

---

[169]Hierzu und zu den verschiedenen denkbaren Positionen, siehe Falke, Rechtliche Aspekte der Normung in den EG-Mitgliedstaaten und der EFTA, S. 290–292.

ein erkanntes Unfallrisiko auszuschließen. Eine solche Norm spiegelt den Stand der für die betroffenen, bei der Erarbeitung der Norm beteiligten Kreise geltenden anerkannten Regeln der Technik wieder. Eine solche Norm ist regelmäßig mit ihrem Inkrafttreten als eine verbindliche, allgemein anerkannte Regel der Technik im Sinne des § 3 Abs. 1 GerSiG anzusehen, wenn ihre Befolgung dem Hersteller aufgrund ihrer Vorveröffentlichung und des vorgegebenen Standes der Technik keine Schwierigkeiten bereitet. Für eine dahingehende rechtliche Qualifikation ist nicht erforderlich, da[ss] die DIN-Norm [...] in der Anlage A der Allgemeinen Verwaltungsvorschrift zum Gesetz über technische Arbeitsmittel [...] bereits aufgenommen ist (Hervorhebung diesseits)".

263 Das Urteil vom Juni 1991 relativiert und präzisiert die in vorangegangenen Urteilen des Bundesgerichtshofs kategorisch aufgestellte Gleichsetzung von DIN-Norm und allgemein anerkannter Regel der Technik.[170] Das Erfordernis, die herrschende Auffassung unter den technischen Praktikern zu ermitteln blieb erhalten. Die eigentliche Aussage des Urteils vom Juni 1991 ist, dass es des Nachweises einer Durchsetzung der in der technischen Regel enthaltenen Festlegungen als Branchenübung nicht bedarf, wenn die technische Regel unter Beachtung bestimmter Mindesterfordernisse an das Verfahren der Regelerstellung, namentlich unter Beteiligung der maßgeblichen Verkehrskreise, zustande gekommen ist. Denn auch dann, so die nicht ausgesprochene Feststellung des Bundesgerichtshofs, entspricht die technische Regel der herrschenden Auffassung unter den technischen Praktikern.[171] Dem liegt ersichtlich die Erwägung zugrunde, dass die in einem geordneten Verfahren unter repräsentativer Beteiligung der interessierenden Kreise und der Öffentlichkeit von sachverständigen Gremien ausgearbeitete technische Regel die Gewähr der Richtigkeit in sich trägt (**prozedurale Richtigkeitsgewähr**). Hiernach besteht eine tatsächliche und jederzeit widerlegbare **Vermutung** dafür, **dass die unter Beachtung bestimmter verfahrensrechtlicher Anforderungen zustande gekommenen technischen Regeln** – je nach Norm- und Vorschriftenkontext[172] – den allgemein anerkannten Regeln der Technik oder **dem Stand der Technik entsprechen.**[173] Diesen prozeduralen Anforderungen dürfte jedenfalls bei Einhaltung der in DIN 820 niedergelegten Grundsätzen Genüge getan sein[174] und ist die von den Zivilgerichten regelmäßig ausgesprochene Vermutung, wonach eine tatsächliche Vermutung

---

[170]Statt vieler BGH, Urt. v. 1.3.1988, VI ZR 190/87, juris = BGHZ 103, 338; BGH, Urt. v. 19.4.1991, V ZR 349/89, juris = BGHZ 114, 273.

[171]Vgl. auch OLG Köln, Urt. v. 26.11.1999, 6 U 90/95, juris, Rn. 30, wonach eine Sicherheitsnorm „*regelmäßig bereits mit ihrem Inkrafttreten eine verbindliche, allgemein anerkannte Regel der Technik*" ist.

[172]In der praktischen Normungsarbeit des DIN wird zwischen den Anforderungsprofilen der „*anerkannten Regeln der Technik*" und des „*Standes der Technik*" nicht wie bei den Juristen unterschieden und gilt als „*anerkannte Regel der Technik*" eine technische Festlegung, die von einer Mehrheit repräsentativer Fachleute als Wiedergabe des Standes der Technik angesehen wird (hierzu Falke, Rechtliche Aspekte der Normung in den EG-Mitgliedstaaten und der EFTA, S. 155 f.).

[173]Falke, Rechtliche Aspekte der Normung in den EG-Mitgliedstaaten und der EFTA, S. 417.

[174]*Ebd.*, S. 292 m.w.Nachw.

§ 4 – Stand der Technik und technische Regelsetzung   209

dafür bestehe, dass DIN-Normen die allgemein anerkannten Regeln der Technik oder gar den Stand der Technik dokumentieren,[175] dahin gehend zu verstehen, dass bei DIN-Normen die Einhaltung genau dieser Grundsätze vermutet wird. Es kommt demgemäß zu einer *doppelten Vermutung*. Zunächst wird vermutet, dass technische Regeln, die unter Beachtung bestimmter verfahrensrechtlicher Anforderungen (hierzu → Rn. 266 f.) zustande kommen, je nach Norm- und Vorschriftenkontext, die allgemein anerkannten Regeln der Technik oder den Stand der Technik abbilden. Sodann wird vermutet, dass DIN-Normen unter Beachtung dieser verfahrensrechtlichen Anforderungen zustande kommen. Dies erhellt zugleich die den früheren Urteilen zugrunde liegende Argumentationslogik, wenn es dort ohne nähere Begründung heißt, es bestehe eine tatsächliche, jedoch jederzeit widerlegbare Vermutung, dass DIN-Normen die allgemein anerkannten Regeln der Technik wiedergeben.[176]

bb. Doppelte Vermutung in der verwaltungsgerichtlichen Praxis

Auch die verwaltungsrechtliche Rechtsprechung praktiziert eine solche doppelte Vermutung. So hatte etwa das Oberverwaltungsgericht Lüneburg über die Klage eines Grundstückseigentümers gegen eine an ihn gerichtete wasserrechtliche Anordnung zu befinden. Die einschlägige landesrechtliche Bestimmung entsprach der rahmenrechtlichen Regelung in § 18 b WHG. Zu der im Zeitpunkt der Verfügung gültigen Fassung waren hiernach Abwasseranlagen „*nach den hierfür in Betracht kommenden Regeln der Technik zu errichten und zu betreiben*". Das Oberverwaltungsgericht wies die Klage ab, obgleich die Abwasseranlage den Anforderungen der DIN-Norm 4261 Teil 1 entsprach. Im Beschwerdeverfahren lehnte das Bundesverwaltungsgericht seinerseits die vom Beschwerdeführer behauptete Gleichsetzung von DIN-Norm und Regeln der Technik ab, wenn es ausführt:[177] „*Der Bundesgesetzgeber nimmt zwar [...] auf die „Regeln der Technik" Bezug. Diese Regeln stellen aber nicht selbst Rechtsnormen dar. [...] Das Deutsche Institut für Normung hat indes keine Rechtsetzungsbefugnisse. Es ist ein eingetragener Verein, der es sich zur satzungsgemäßen Aufgabe gemacht hat, auf ausschließlich gemeinnütziger Basis durch Gemeinschaftsarbeit der interessierten Kreise*

264

---

[175]BGH, Urt. v. 3.2.2004, VI ZR 95/03, juris, Rn. 9 m.w.Nachw. = NJW 2004, 1449 = BGHReport 2004, 736; OLG Hamm, Urt. v. 1.2.2013, I-7 U 22/12, 7 U 22/12, juris, Rn. 24 = MDR 2013, 715; OLG Düsseldorf, Urt. v. 15.4.2011, I-23 U 90/10, 23 U 90/10, juris, Rn. 38 = BauR 2011, 1994; Brandenburgisches Oberlandesgericht, Urt. v. 18.6.2009, 12 U 164/08, juris, Rn. 4 = NJW-RR 2009, 1468 = BauR 2010, 100; OLG Bamberg, Urt. v. 13.3.2009, 6 U 27/08, juris, Rn. 29; Saarländisches Oberlandesgericht Saarbrücken, Urt. v. 29.11.2006, 1 U 616/05 – 212, juris, Rn. 8 = NJW-RR 2007, 462; OLG Düsseldorf, Urt. v. 4.8.2006, I-22 U 32/06, 22 U 32/06, juris, Rn. 41 = BauR 2007, 1748; Thüringer Oberlandesgericht, Urt. v. 27.7.2006, 1 U 897/04, juris, Rn. 42 = BauR 2009, 669; OLG Hamm, Urt. v. 13.4.1994, 12 U 171/93, juris, Rn. 6 = NJW-RR 1995, 17 = BauR 1994, 767; OLG München, Urt. v. 8.11.1991, 23 U 6990/90, juris = NJW-RR 1992, 1523.
[176]Vgl. etwa OLG Stuttgart, Urt. v. 26.8.1976, 10 U 35/76, juris, Rn. 28 = BauR 1977, 129.
[177]BVerwG, Beschl. v. 30.9.1996, 4 B 175/96, juris, Rn. 5 = NVwZ-RR 1997, 214 = DÖV 1997, 303 = BauR 1997, 290 = NuR 1997, 289.

*zum Nutzen der Allgemeinheit Normen zur Rationalisierung, Qualitätssicherung, Sicherheit und Verständigung aufzustellen und zu veröffentlichen. [...] Rechtliche Relevanz erlangen die von ihm erarbeiteten Normen im Bereich des technischen Sicherheitsrechts nicht, weil sie eigenständige Geltungskraft besitzen, sondern nur, soweit sie die Tatbestandsmerkmale von Regeln der Technik erfüllen, die der Gesetzgeber als solche in seinen Regelungswillen aufnimmt. Werden sie [...] vom Gesetzgeber rezipiert, so nehmen sie an der normativen Wirkung in der Weise teil, da[ss] die materielle Rechtsvorschrift durch sie konkretisiert wird. [...] Danach lassen sich als anerkannte Regeln der Technik diejenigen Prinzipien und Lösungen bezeichnen, die in der Praxis erprobt und bewährt sind und sich bei der Mehrheit der Praktiker durchgesetzt haben [...]. DIN-Vorschriften und sonstige technische Regelwerke kommen hierfür als geeignete Quellen in Betracht. Sie haben aber nicht schon kraft ihrer Existenz die Qualität von anerkannten Regeln der Technik und begründen auch keinen Ausschließlichkeitsanspruch. Als Ausdruck der fachlichen Mehrheitsmeinung sind sie nur dann zu werten, wenn sie sich mit der Praxis überwiegend angewandter Vollzugsweise decken. [...]. Sie begründen eine **tatsächliche Vermutung** dafür, **da[ss] sie als Regeln, die unter Beachtung bestimmter verfahrensrechtlicher Vorkehrungen zustande gekommen sind,** sicherheitstechnische Maßnahmen enthalten, die **einer objektiven Kontrolle standhalten,** sie schließen den Rückgriff auf weitere Erkenntnismittel aber keineswegs aus. Die Behörden, die im Rahmen des einschlägigen Rechts den Regeln der Technik Rechnung zu tragen haben, dürfen dabei auch aus Quellen schöpfen, die nicht in der gleichen Weise wie etwa die DIN-Normen kodifiziert sind (Hervorhebung diesseits)".*

265   Bereits zuvor hatte das Bundesverwaltungsgericht Zweifel darüber aufkommen lassen, ob eine in einem nichtförmlichen Verfahren zustande gekommene technische Regel überhaupt als allgemein anerkannte Regel der Technik in Betracht kommen kann.[178] Ebenso verneinte das Bundesverwaltungsrecht das Vorliegen einer anerkannten Regel der Technik, wenn im Verfahren der Regelerstellung die betroffenen Fachleute nicht gehört worden sind.[179] Gleichwohl besteht bei DIN-Normen eine tatsächliche Vermutung dafür, dass sie die allgemein anerkannten Regeln der Technik wiedergeben.[180] Demgemäß herrscht auch in der verwaltungsrechtlichen Rechtsprechung ein Erfahrungssatz des Inhalts, dass DIN-Normen regelmäßig unter Beachtung bestimmter Mindesterfordernisse an das Verfahren der Regelerstellung, namentlich unter Beteiligung der maßgeblichen Verkehrskreise, zustande kommen und schließt sich dem die weitere Vermutung an, dass eine so zustande gekommene technische Regel die Gewähr der Richtigkeit in sich trägt. Anders gewendet ist – jedenfalls bei DIN-Normen – die Beachtung bestimmter Verfahrensregeln keine Voraussetzung der Vermutung, dass die technische Regel – je nach

---

[178] BVerwG, Urt. v. 25.9.1992, 8 C 28/90, juris, Rn. 10 = NVwZ 1993, 998.
[179] BVerwG, Urt. v. 31.1.1984, 1 C 133/80, juris, Rn. 14.
[180] So etwa VG Düsseldorf, Urt. v. 8.11.2007, 4 K 3125/06, juris, Rn. 27; VG Weimar, Urt. v. 13.7.2005, 6 K 938/02.We, Rn. 35.

Norm- und Vorschriftenkontext – die allgemein anerkannten Regeln der Technik oder den Stand der Technik abbilden, sondern deren Nichtbeachtung ein Mittel zur Widerlegung dieser Vermutung.

b. Vermutungswiderlegung
Bei der tatsächlichen Vermutung ist die Vermutung durch Widerlegung des ihr zugrunde liegenden Erfahrungssatzes im Einzelfall zu widerlegen.

aa. Prozedurale Anforderungen an die Aufstellung technischer Regelwerke
Die an eine DIN-Norm anknüpfende Vermutungswirkung kann durch Hinweise darauf widerlegt werden, dass bei deren Aufstellung ein **maßgeblicher Verkehrskreis nicht beteiligt** war. In einem vom Bundesverwaltungsgericht zu entscheidenden Fall untersagte das beklagte Amt einem führenden Hersteller von Krankenhausmöbeln, zwei bestimmte Typen von Krankenbetten für Kinder und Säuglinge in den Verkehr zu bringen oder auszustellen. Dies solange die Klägerin nicht durch amtliche Prüfbescheinigungen oder amtliche Prüfzeichen nachgewiesen habe, dass die Betten der DIN 66078 entsprächen und in dieser Eigenschaft einen Abstand bei den seitlichen Gitterstäben zwischen 70 und 75 mm aufwiesen.[181] Den Anlass zu diesen Ordnungsverfügungen gab ein Unfall, bei dem in einem der Kinderkrankenbetten ein Kind tödlich verunglückt war. Nach erfolglosem Widerspruch wandte sich die Herstellerin an das Verwaltungsgericht mit dem Klageantrag, die Ordnungsverfügungen der Beklagten aufzuheben, hilfsweise festzustellen, dass die DIN 66078 für Kinderkrankenbetten nicht verbindlich sei. Sie trug vor, dass im Zeitpunkt des Inverkehrbringens eine anerkannte Regel der Technik, die den vom beklagten Amt geforderten Abstand bei den seitlichen Gitterstäben vorschreibe, nicht bestanden habe. Insbesondere habe die DIN 66078 nicht für Krankenhauskinderbetten gegolten, was sich schon daraus ergebe, dass bei Schaffung dieser Norm der zuständige Normenausschuss im DIN *„Rettungswesen und Krankenhaus"* nicht mitgewirkt habe. Diesem Einwand folgte das Bundesverwaltungsgericht: „

266

[Es] besteht zwischen den Beteiligten Einigkeit darüber, da[ss] die DIN 66078 eine allgemein anerkannte Regel im Sinne des § 3 Abs. 1 Satz 1 GSG ist, deren Anforderungen hinsichtlich des Abstandes der seitlichen Gitterstäbe die in den Verfügungen angeführten Bettentypen zum maßgeblichen Zeitpunkt der letzten mündlichen Verhandlung vor dem Berufungsgericht nicht genügten. Die Klägerin behauptet aber, da[ss] zu dem vorerwähnten Zeitpunkt die DIN 66078 für die von der Klägerin hergestellten Krankenhauskinderbetten als Sicherheitsbestimmung nicht allgemein anerkannt war. Die Richtigkeit dieser entscheidungserheblichen Behauptung wird im Berufungsurteil nicht widerlegt. Im Berufungsurteil ist nicht verbindlich festgestellt, die DIN 66078 schreibe als allgemein anerkannte Regel den oben erwähnten Gitterabstand gerade auch für Krankenhauskinderbetten vor. Die einschlägigen Ausführungen im Berufungsurteil auf den Seiten

---

[181]BVerwG, Urt. v. 31.1.1984, 1 C 133/80, juris.

8 und 9 besagen lediglich, da[ss] das Berufungsgericht die Anwendung der DIN 66078 auf Krankenhauskinderbetten für vernünftig hält, aus ihnen ergibt sich aber nicht, da[ss] die maßgebliche Mehrheit der Fachleute die vorerwähnte technische Norm auch für die Krankenhauskinderbetten anerkennt. Ausschlaggebend ist nicht die Auffassung des Gerichts darüber, was vernünftig ist, sondern die Feststellung, welche gesellschaftliche Übereinkunft hinsichtlich der technischen Maßstäbe getroffen worden ist. Das Berufungsgericht verkennt auch die Bedeutung des Einwandes der Klägerin, die DIN 66078 sei ohne Mitwirkung des Ausschusses für Rettungswesen und Krankenhaus niedergelegt worden. Ob dieser Ausschu[ss] mitgewirkt hat, berührt zwar nicht die allgemeine Anerkennung dieser Norm als solcher, ist aber von indizieller Bedeutung für die Frage, ob diese Anerkennung sich auch auf den Bereich der Krankenhauskinderbetten bezieht. [...]. Allgemein anerkannt ist eine Regel, wenn die Fachleute, die für die Sicherheit des betreffenden technischen Arbeitsmittels verantwortlich sind, von ihrer Richtigkeit überzeugt sind und dies auch dokumentiert haben. Wenn indes die betroffenen Fachleute [...] überhaupt nicht gehört worden sind, kann in dem Bereich, in dem diese Fachleute wirken, die betreffende Regel nicht anerkannt sein."

267 Die Vermutungswirkung kann formal nicht nur mit dem Hinweis auf die fehlende Beteiligung maßgeblicher Verkehrskreise widerlegt werden. Vielmehr und generell fehlt die Basis für das Eingreifen der Vermutungsregel immer dann, wenn bei der Erstellung von technischen Regeln **wesentliche Verfahrensregeln verletzt** wurden. Im rechtswissenschaftlichen Schrifttum werden hier insbesondere das Gebot eines geordneten und transparenten Verfahrens, die Beteiligung der interessierenden Kreise und teilweise auch die der Öffentlichkeit genannt.[182] Der Rechtsprechung lassen sich konkrete prozedurale Anforderungen an die Regelerstellung allerdings nur bedingt entnehmen. Soweit sich jedenfalls die Verwaltungsgerichte mit den prozeduralen Anforderungen beschäftigten, erfolgte dies stets im Zusammenhang mit dem teilweise unverhüllt ausgesprochenen Verdacht, die technische Regel verfolge möglicherweise **eigenwirtschaftliche Interessen** am Verfahren (indirekt) **beteiligter Hersteller** und verletze damit die Gemeinwohlbindung. Besonders kritisch waren etwa die Ausführungen des Bundesverwaltungsgerichts in seinem **Verkehrslärm-Urteil** aus dem Jahr 1987:[183]

„Die Normenausschüsse des Deutschen Instituts für Normung sind so zusammengesetzt, da[ss] ihnen der für ihre Aufgabe benötigte Sachverstand zu Gebote steht. Daneben gehören ihnen aber auch Vertreter bestimmter Branchen und Unternehmen

---

[182]Marburger, Formen, Verfahren und Rechtsprobleme der Bezugnahme gesetzlicher Regelungen auf industrielle Normen und Standards, S. 43 f.; Schmidt-Preuß, Private technische Regelwerke – Rechtliche und politische Fragen, S. 96; Falke, Rechtliche Aspekte der Normung in den EG-Mitgliedstaaten und der EFTA, S. 256 ff.
[183]BVerwG, Urt. v. 22.5.1987, 4 C 33 – 35/83, 4 C 33/83, 4 C 34/83, 4 C 35/83, juris, Rn. 19 = BVerwGE 77, 285 = DÖV 1987, 913 = DVBl 1987, 907 = NJW 1987, 2886–2889.

an, die deren Interessenstandpunkte einbringen. Die Ergebnisse ihrer Beratungen dürfen deswegen im Streitfall nicht unkritisch als „geronnener Sachverstand" oder als reine Forschungsergebnisse verstanden werden. Zwar kann den DIN-Normen einerseits Sachverstand und Verantwortlichkeit für das allgemeine Wohl nicht abgesprochen werden. Andererseits darf aber nicht verkannt werden, da[ss] es sich dabei zumindest auch um Vereinbarungen interessierter Kreise handelt, die eine bestimmte Einflu[ss]nahme auf das Marktgeschehen bezwecken. Den Anforderungen, die etwa an die Neutralität und Unvoreingenommenheit gerichtlicher Sachverständiger zu stellen sind, genügen sie deswegen nicht. Besondere Zurückhaltung ist gegenüber technischen Normen dort geboten, wo ihre Aussagen nicht als „außerrechtliche Fachfragen" eingestuft werden können, sondern [...] Bewertungen entgegengesetzter Interessen einschließen, die an sich einer demokratisch legitimierten, politischen Entscheidung in Form der Rechtsetzung bedürften. Als Ersatz für derartige rechtliche Regelungen sind sie ungeeignet."

Mit dem Verweis auf die *„außerrechtlichen Fragen"* unternimmt das Gericht die **Abgrenzung zwischen ingenieurmäßig begründbarer Entscheidung und politischem Kompromiss,**[184] begrenzt aber die bei der Heranziehung von technischen Regeln seitens der Gerichte anzuwendende Sorgfalt keineswegs hierauf.[185] Die Brücke zwischen Normtauglichkeit und Verfahren im Sinne prozeduraler Richtigkeitsgewähr schlug das Bundesverwaltungsgericht dann explizit mit **Beschluss vom 15.1.2008:**[186]

„Im Übrigen lässt sich die Frage nach den prozeduralen Anforderungen, denen die Aufstellung technischer Regelwerke genügen muss, um diese im verwaltungsgerichtlichen Verfahren zu verwerten, aufgrund der vorhandenen Rechtsprechung beantworten, [...]. Technische Regelwerke stellen keine Rechtsquellen dar, sondern können als Ausdruck der Erkenntnisse und Erfahrungen von Fachleuten die Bedeutung von allgemeinen Erfahrungssätzen und antizipierten generellen Sachverständigengutachten haben. Ob sie in dieser Weise verwertbar sind, hängt maßgeblich davon ab, ob die Zusammensetzung der Normungsgremien und ihr Verfahren die Gewähr dafür bieten, dass der auf einem Fachgebiet vorhandene Sachverstand durch sie repräsentiert wird und nicht Interessengruppen einseitig die Normung steuern. Welche Anforderungen an die Pluralität der Normungsgremien und die Publizität des Normungsverfahrens sich daraus ergeben, lässt sich jedoch nicht abstrakt bestimmen, da die betroffenen Fachkreise sehr unterschiedlich strukturiert sein können und der wertende, interessenabhängige Gehalt der Regelwerke

---

[184]Siehe etwa auch BVerwG, Urt. v. 19.1.1989, 7 C 77/87, juris, Rn. 27=BVerwGE 81, 197=BauR 1989, 172=DVBl 1989, 463=UPR 1989, 189=NJW 1989, 1291; siehe auch Hessischer Verwaltungsgerichtshof, Urt. v. 21.2.2001, 2 UE 2899/96, juris, Rn. 52=NVwZ 2002, 742=UPR 2001, 396; VG Düsseldorf, Urt. v. 26.3.2014, 5 K 9057/13, juris Rn. 76–78.
[185]Siehe etwa auch BVerwG, Urt. v. 24. 4.1991, 7 C 12/90, Rn. 14=BVerwGE 88, 143=UPR 1991, 340=NVwZ 1991, 884=BauR 1991, 593=DVBl 1991, 1151.
[186]BVerwG, Beschl. v. 15.1.2008, 9 B 7/07, juris, Rn. 15=UPR 2008, 186=NVwZ 2008, 675. Vgl. auch OVG Lüneburg, Urt. v. 4.12.2015, 1 LC 178/14, juris, Rn. 86=BauR 2016, 985.

sehr verschieden ausgeprägt sein kann. Verallgemeinernd lässt sich insoweit nur die Aussage treffen, dass den Kriterien der Repräsentanz und der Publizität umso eher und umso mehr Bedeutung zukommt, je stärker die einschlägigen Fachkreise zugleich Interessengruppen sind und je stärker sich in den Regelwerken fachliche Einschätzungen und Wertungen verbinden. Die jeweils maßgeblichen Anforderungen zu konkretisieren, ist Sache tatrichterlicher Würdigung."

bb. Inhaltliche Anforderungen an die technische Regel

268 Die technischen Regeln, die unter Beachtung der an die Regelerstellung zu stellenden prozeduralen Anforderungen zustande gekommen sind, begründen eine tatsächliche, also widerlegbare Vermutung dafür, dass sie – je nach Norm- und Vorschriftenkontext – den allgemein anerkannten Regeln der Technik oder dem Stand der Technik entsprechen. Diese Vermutung kann durch den Nachweis widerlegt werden, dass die in der technischen Regel enthaltenen technischen Festlegungen überholt sind oder in anderer Weise sachlich dem gesetzlich oder vertraglich geforderten technischen Standard nicht (mehr) genügen. Ermittelt das Gericht für die Konkretisierung eines rechtsverbindlichen Standards ein *a priori* einschlägiges technisches Regelwerk, muss es demgemäß zunächst darüber entscheiden, ob dieses Regelwerk wirklich den maßgebenden Standard wiedergibt.[187] Zum Umfang der gerichtlichen Prüfungspflicht und der Reihenfolge der Prüfungsschritte führte der Bundesgerichtshof aus:[188] *„Das Berufungsgericht wird sich nunmehr mit der Frage zu befassen haben, welche Anforderungen nach dem gegebenenfalls auszulegenden Vertrag an den Schallschutz der in Rede stehenden Treppe zu stellen sind. Erst wenn dazu keine Feststellungen getroffen werden können, wird es die anerkannten Regeln der Technik heranziehen können. Dabei wird es sich mit der in Rechtsprechung und Schrifttum erörterten Frage auseinanderzusetzen haben, ob die seiner Beurteilung erkennbar zugrunde gelegte DIN 4109 in der Fassung von 1962 bei Abnahme noch den anerkannten Regeln der Technik entspricht oder ob sie diese Regeln nicht mehr ausreichend wiedergibt [...]. Bei alledem ist zu berücksichtigen, da[ss] nach der Rechtsprechung des Senats die anerkannten Regeln der Technik nicht ausschließlich in förmlich veröffentlichten Vorschriften niedergelegt und solche Bestimmungen nicht selten durch den neuesten Stand der Technik überholt sind. Deshalb wird das Berufungsgericht – gegebenenfalls sachverständig beraten – auch erwägen müssen, aus welchen Gründen die genannte DIN 4109 keine Trittschallschutzmaße bei Wohnungstrennwänden enthält; seine Schlu[ss]folgerung, allein mangels einer Regelung der hier in Rede stehenden Frage des Schallschutzes in der genannten DIN 4109 könne kein Mangel vorliegen,*

---

[187] BGH, Urt. v. 11.12.1979, VI ZR 141/78, juris, Rn. 24 = NJW 1980, 1219 = MDR 1980, 480. Vgl. auch OLG Celle, Urt. v. 2.11.2011, 14 U 52/11, juris, Rn. 45 = BauR 2012, 509.
[188] BGH, Urt. v. 19.1.1995, VII ZR 131/93, juris Rn. 15 f. = NJW-RR 1995, 472 = MDR 1995, 354 = BauR 1995, 230 = WM 1995, 672; siehe auch BGH, Urt. v. 20.3.1986, VII ZR 81/85, juris, Rn. 13 = NJW-RR 1986, 755 = BauR 1986, 374.

§ 4 – Stand der Technik und technische Regelsetzung

ist jedenfalls fehlerhaft." Namentlich die *"Überholung"* einschlägiger DIN-Normen veranlasst die Gerichte immer wieder zu der Feststellung, dass dem geforderten technischen Standard trotz Einhaltung der DIN-Normen nicht entsprochen wurde.[189]

2. Vermutungswirkung im gerichtlichen Verfahren

Die prozessuale Handhabung technischer Regelwerke ist im Zivilprozess eine andere als die im Verwaltungsprozess.

a. Regeln des Anscheinsbeweises im Zivilprozess

Als tatsächliche Vermutung, die nicht auf gesetzlicher Anordnung, sondern auf allgemeinen Erfahrungssätzen beruht, ergibt sich die Wirkung technischer Regeln im Zivilprozess als schriftlich fixiertes Erfahrungswissen aus den Regeln des Anscheinsbeweises.[190] Beim Anscheinsbeweis geht es um die Berücksichtigung der allgemeinen Lebenserfahrung durch den Richter im Rahmen der freien Beweiswürdigung. Die freie Beweiswürdigung ermöglicht dem Richter, aus feststehenden Tatsachen unter Berücksichtigung der Lebenserfahrung Schlüsse auf das Vorliegen streitiger Tatsachenbehauptungen zu ziehen. Eine Form dieser mittelbaren Beweisführung ist der Anscheinsbeweis. Voraussetzung seiner Anwendung ist ein sog. typischer Geschehensablauf, also ein sich aus der Lebenserfahrung ergebender gleichförmiger Vorgang, durch dessen Typizität es sich erübrigt, die tatsächlichen Einzelumstände eines bestimmten historischen Geschehens nachzuweisen. Als Teil der Beweiswürdigung ist der **Anscheinsbeweis prozessrechtlicher Natur.** Die Führung dieses Beweises wirkt nicht auf die Beweislast ein. Demgemäß reicht es für den Beweisgegner aus, dass er die bestehende richterliche Überzeugung erschüttert, also einen **sog. Gegenbeweis** führt. Die Führung eines vollen Beweises des Gegenteils wird nicht verlangt. Der Gegenbeweis wird bereits dadurch geführt, dass der Beweisgegner konkrete Tatsachen darlegt und zur Überzeugung des Gerichts nachweist, aus denen sich die ernsthafte Möglichkeit eines abweichenden Geschehensablaufs im konkreten Fall ergibt. Dann ist im konkreten Fall der Schluss aus dem typischen Geschehensablauf, auf dem der Anscheinsbeweis beruht, nicht gültig und durch die Möglichkeit ersetzt, dass ausnahmsweise ein atypischer Sachverhalt vorliegt.[191]

269

---

[189]BGH, Urt. v. 14.5.1998, VII ZR 184/97, Rn. 16 = BGHZ 139, 16–20 = BauR 1998, 872; OLG Köln, Urt. v. 23.9.1980, 15 U 262/79, juris = BauR 1981, 475; Schleswig-Holsteinisches Oberlandesgericht, Beschl. v. 5.8.2003, 2 W 144/02, juris, Rn. 10; LG Landshut, Urteil vom 31.8.2012, 12 S 969/12, juris, Rn. 25 m.w.Nachw. = NJW-RR 2012, 1370. Vgl. auch OLG Dresden, Urt. v. 24.9.2009, 9 U 1430/08, juris, Rn. 27.
[190]Falke, Rechtliche Aspekte der Normung in den EG-Mitgliedstaaten und der EFTA, S. 436.
[191]BGH, Urt. v. 9.10.2009, V ZR 178/08, juris, Rn. 15 ff. = NJW 2010, 363 = BauR 2010, 219; MüKo/Prütting, § 292 ZPO Rn. 27.

b. Antizipiertes Sachverständigengutachten im Verwaltungsprozess

270 In der verwaltungsrechtlichen Rechtsprechung wird zur Rechtfertigung des Rückgriffs auf technische Regeln zunehmend die **Rechtsfigur des antizipierten Sachverständigengutachtens** bemüht.[192] Die Beachtung eines technischen Regelwerks als ein solches antizipiertes Sachverständigengutachten setzt im Grundsatz voraus, dass die dort aufgestellten Festlegungen sachlich einschlägig und aktuell sind und dass die regelerstellenden Gremien den Anforderungen an Fachwissen, Unparteilichkeit und Objektivität genügen, die üblicherweise an Sachverständige gestellt werden. Während man die besondere Sachkunde der regelerstellenden Gremien in deren jeweiligen Tätigkeitsgebieten und das Vorliegen gesicherter Erkenntnisse in diesen Gremien nicht wird bezweifeln können, werden Vorbehalte gegen ihre Objektivität und Neutralität geäußert.[193] Obschon die Verfolgung eigenwirtschaftlicher Interessen in den Gremien empirisch nicht nachgewiesen ist, ist sie modelltheoretisch jedenfalls nicht auszuschließen. Damit mag der Rückgriff auf die Rechtsfigur des antizipierten Sachverständigengutachtens aus rechtstheoretischen und -politischen Erwägungen womöglich nicht unproblematisch sein. Allerdings ist festzustellen, dass das den Verwaltungsgerichten an die Hand gegebene Prüfungsprogramm zu den prozeduralen Anforderungen an die Regelerstellung geeignet ist, im Einzelfall diese Zweifel auszuräumen. Die Verwaltungsgerichte haben denn auch von Fall zu Fall zu prüfen, ob die an ein antizipiertes Sachverständigengutachten zu stellenden Voraussetzungen erfüllt sind. So ist in Anwendung des Verkehrslärm-Urteils aus dem Jahr 1987 eine **technische Regel nicht heranzuziehen, soweit** sie nicht nur naturwissenschaftlich-technisch begründete Festlegungen, sondern **wertende, volitive und letztlich politische Entscheidungen** enthält (→ Rn. 267).[194] Die zivilrechtliche Rechtsprechung lässt eine solche explizite *„Aussonderung"* nicht-technischer Festlegungen vermissen.

c. Prüfung der Einschlägigkeit der konkreten technischen Regel

271 Zu berücksichtigen ist allerdings, dass nicht jede Abweichung vom heranzuziehenden technischen Regelwerk einen konstruktiven Sachmangel bzw. Konstruktionsfehler indiziert. Fürwahr enthalten diese auch Einzelbestimmungen, die keine konstruktiven Anforderungen an die technische Gestaltung des Produkts selbst festlegen, sondern nicht designbezogen der Erleichterung von Reparatur oder Wartung dienen, die bloße Handhabungshinweise

---

[192] VG Düsseldorf, Urt. v. 1.12.2014, 5 K 6952/13, juris, Rn. 92; VG Arnsberg, Urt. v. 26.8.2014, 4 K 3708/13, juris, Rn. 50; VG Düsseldorf, Urt. v. 26.3.2014, 5 K 9057/13, juris, Rn. 73 ff.; vgl. auch BVerwG, Beschl. v. 28.7.2010, 4 B 29/10, juris, Rn. 3 = BauR 2010, 2083; Oberverwaltungsgericht für das Land Nordrhein-Westfalen, Beschl. v. 21.9.2012, 8 B 762/11, juris, Rn. 30; VG Münster, Urt. v. 14.10.2014, 2 K 163/13, juris, Rn. 52.

[193] Zu der namentlich in den 80er Jahren aufkommenden Kritik an der Qualifizierung technischer Regelwerke als antizipierte Sachverständigengutachten, siehe Falke, Rechtliche Aspekte der Normung in den EG-Mitgliedstaaten und der EFTA, S. 419 f.

[194] Vgl. auch Falke, *ebd.*

enthalten oder nur sicherheitstechnisch irrelevante Kennzeichnungsregelungen, wie etwa Angaben über Hersteller, Baujahr und Fabriknummer beinhalten.[195]

In beiden Gerichtsbarkeiten ist der Einwand, die fraglichen Regelungen seien nach dem neueren Stand der naturwissenschaftlichen Erkenntnisse und der neueren praktischen Übung unzureichend und überholt, ebenso wie der Einwand, es liege ein atypischer, bei der Erstellung der technischen Regel nicht berücksichtigter Fall vor, im Einzelfall erheblich. Die Gerichte sind denn auch zur inhaltlichen Überprüfung der technischen Regel verpflichtet, wenn Hinweise auf die mangelnde Aktualität vorliegen oder wenn die Atypizität des zu beurteilenden Sachverhalts im Vergleich zur fraglichen technischen Regel auf der Hand liegt.[196] Zur ordnungsgemäßen richterlichen Überzeugungsbildung sind die Gerichte denn auch regelmäßig auf die Unterstützung durch Sachverständige angewiesen. Die Gerichte haben dessen Sachverstand heranzuziehen, wenn sie prüfen, ob die technische Regel angesichts der technischen Entwicklung noch die erforderliche Anerkennung in der Praxis genießt, ob die technische Regel für die fraglichen technischen Zusammenhänge eine abschließende Regelung enthält und ob bei Abweichung von der einschlägigen technischen Regel der geforderte Standard in gleicher Weise erreicht wurde.[197]

272

---

[195]Vgl. BGH, Urt. v. 16.1.1985, VIII ZR 317/83, juris Rn. 13 = NJW 1985, 1769 = JuS 1985, 641.
[196]Falke, Rechtliche Aspekte der Normung in den EG-Mitgliedstaaten und der EFTA, S. 422 m.w.Nachw.
[197]*Ebd.* m.w.Nachw.

Pflichtenbegründung

§ 1 – Verpflichtete

Adressaten produktverkehrsrechtlicher Pflichten sind der Hersteller, der Einführer und der Händler.[1]

I. Hersteller

1. Harmonisierungsrechtsvorschriften nach der Neuen Konzeption

Die Harmonisierungsrechtsvorschriften der Neuen Konzeption und die zu ihrer Umsetzung ergangenen nationalen Rechtsakte definieren den Hersteller in Anlehnung an Art. R2 Nr. 3 des Anhangs I des Beschlusses Nr. 768/2008/EG als *„jede natürliche oder juristische Person, die ein Produkt herstellt bzw. entwickeln oder herstellen lässt und dieses Produkt unter ihrem eigenen Namen oder ihrer eigenen Marke vermarktet"* (**tatsächlicher Hersteller**). Weiter wird entsprechend Art. R6 bestimmt, dass *„[e]in Einführer oder Händler als Hersteller [...] [gilt] und den Verpflichtungen eines Herstellers nach Artikel R2 [unterliegt], wenn er ein Produkt unter seinem eigenen Namen oder seiner eigenen Marke in Verkehr bringt [...]"* (**Quasi-Hersteller**). Zwei grundlegende Feststellungen sind bei der Auslegung beider Bestimmungen zu berücksichtigen: *1)* Das Inverkehrbringen eines Produkts erfolgt entweder durch einen Hersteller oder einen Einführer, die folglich die einzigen Wirtschaftsbeteiligten sind, die Produkte in Verkehr bringen.[2] *2)* Es kann nur einen Hersteller geben. Der Hersteller muss nicht in

273

---

[1] Siehe zum Bevollmächtigten nach ElektroG Rn. 284.
[2] Europäische Kommission, Leitfaden für die Umsetzung der Produktvorschriften der EU 2016, ABl. 2016 C 272, 18.

der Europäischen Union niedergelassen sein. Bringt ein Hersteller ein Produkt auf dem Unionsmarkt in Verkehr, muss er unabhängig davon, ob er in einem Drittland oder einem EU-Mitgliedstaat niedergelassen ist, dieselben Anforderungen erfüllen.

„*Eigene Marke*" im Sinne vorgenannter Regelungen ist auch eine Marke, deren Nutzung durch vertragliche Regelung (Lizenz) vom Markeninhaber eingeräumt wurde.[3]

a. Herstellerbegriff und sogenannter Eigenmarken-Hersteller

274 Die erste Variante des Herstellerbegriffs (*„Person, die ein Produkt herstellt [...] und dieses Produkt unter ihrem eigenen Namen oder ihrer eigenen Marke vermarktet"*) bereitet keine größeren Anwendungsschwierigkeiten.[4] Ungleich schwieriger ist die zweite Variante des Herstellerbegriffs (*„Person, die ein Produkt [...] entwickeln oder herstellen lässt und dieses Produkt unter ihrem eigenen Namen oder ihrer eigenen Marke vermarktet"*) und die Einordnung der Fälle der Auftragsentwicklung und -herstellung, Lohnherstellung und generell all jener Sachverhalte, wo größere Teile des Produktentstehungsprozesses ausgelagert werden. Zu bestimmen ist dann, ob ein sogenanntes **OEM-Geschäft** oder ein gewöhnlicher Handelskauf vorliegt, mit jeweils unterschiedlichen Pflichten für die Beteiligten. Der *„Original Equipement Manufacturer"*, auch Originalhersteller oder Erstausrüster genannt, ist hierbei das Unternehmen, das Produkte für einen anderen, der das Produkt sodann unter eigenem Namen vertreibt, produziert. Letzterer wird auch als *„Private Label Manufacturer"* bezeichnet. Der Originalhersteller ist nicht Hersteller im Sinne des öffentlich-rechtlichen Produktverkehrsrechts. Hersteller ist der Private Label-Hersteller. Unproblematisch ist zunächst derjenige als (Private Label-)Hersteller zu qualifizieren, der ein für ihn hergestelltes und werkseitig ausschließlich mit seinem Namen, seiner Handelsmarke oder seinem Warenzeichen versehenes Produkt vertreibt. Ob es sich hierbei um eigens für ihn entwickelte Erzeugnisse oder im technischen Design leicht abgeänderte oder unveränderte Katalogware des Originalherstellers handelt spielt dann keine Rolle und genügt eine bloße Veranlassung der Etikettierung mit dem eigenen Namen oder der eigenen Marke.[5] In vielen Fällen aber weisen die für den Auftraggeber

---

[3]Vgl. Giesberts/Hilf, ElektroG, § 3 Rn. 53.

[4]Zur Einordnung des Assemblers – Unternehmen, das vorgefertigte Teile zu dem von ihm konstruierten Produkt zusammenfügt – als Hersteller, Klindt/Schucht in Klindt (Hrsg.), ProdSG, § 2 Rn. 118; Wilrich, Das neue Produktsicherheitsgesetz (ProdSG), Rn. 190.

[5]Vgl. zum Herstellerbegriff des ElektroG Giesberts/Hilf, ElektroG, § 3 Rn. 55. Es wäre denkbar Art. R1 Nr. 3 des Anhangs I des Beschlusses Nr. 768/2008/EG so zu lesen, dass der tatsächliche Hersteller zumindest die Entwicklung oder die Herstellung selbst ausführen muss. Wird beides ausgelagert (Auftragsentwicklung+Lohnherstellung oder Katalogware) wäre Hersteller nur der physische Hersteller und nicht der Andere. Richtigerweise sieht die Europäische Kommission indes auch den Fall des Entwickeln- *und* Herstellenlassens von Art. R1 Nr. 3 Var. 2 erfasst an (Europäische Kommission, Leitfaden für die Umsetzung der Produktvorschriften der EU 2016, ABl. 2016 C 272, 28): Der Hersteller kann das Produkt selbst entwickeln und herstellen. Er kann

produzierten Produkte neben dessen Handelsmarke oder Warenzeichen auch den Namen des Vertragsherstellers, also des physischen Herstellers aus (sog. Dual-Branding). Ein OEM-Geschäft läge in diesen Fällen nur vor, wenn bezogen auf das seitens des Auftraggebers zugekaufte Erzeugnis er und nicht der Vertragshersteller Hersteller wäre. Eine Parallele zu § 4 Abs. 1 S. 2 ProdHaftG bzw. Art. 3 Abs. 1 der Produkthaftungsrichtlinie 85/374/EWG verbietet sich und kann die Herstellereigenschaft nicht davon abhängen, ob sich derjenige, der entwickeln oder herstellen lässt, *„durch das Anbringen seines Namens, seiner Marke oder eines anderen unterscheidungskräftigen Kennzeichens als* [physischer] *Hersteller ausgibt"*[6]. So verlangt Art. R1 Nr. 3 des Anhangs I des Beschlusses Nr. 768/2008/EG seinem Wortlaut nach ein solches Ausgeben als *physischer* Hersteller nicht. Freilich kann Hersteller nur sein, wer das Produkt als sein Erzeugnis ausgibt und als Hersteller auftritt. Dies folgt daraus, dass Hersteller nur ist, wer das Produkt *„unter seinem Namen oder seiner Marke"* vermarktet. Dies impliziert im Gegensatz zu § 4 Abs. 1 S. 2 ProdHaftG bzw. Art. 3 Abs. 1 S. 1 der Produkthaftungsrichtlinie 85/374/EWG aber nicht, dass er als der physische Hersteller auftreten müsste. Denn nach Art. R1 Nr. 3 Var. 2 des Anhangs I des Beschlusses Nr. 768/2008/EG und dem dort zum Ausdruck gebrachten gesetzgeberischen Willen, vermag auch das Entwickeln- und Herstellenlassen die Herstellereigenschaft zu begründen. Solchermaßen können über das Erfordernis, dass der Hersteller als solcher auftreten muss (*„unter ihrem eigenen Namen oder ihrer eigenen Marke"*) die Fälle der Auftragsverarbeitung, -entwicklung, Lohnherstellung, etc. nicht gelöst werden und kann hierüber die Person des Herstellers nicht bestimmt werden. Ist nämlich auf dem Produkt werkseitig neben dem Warenzeichen des Auftraggebers auch das Warenzeichen des Vertragsherstellers angebracht oder Letzterer sonst erkennbar, treten fürwahr beide als Hersteller im Sinne des Art. R1 Nr. 3 des Anhangs I des Beschlusses Nr. 768/2008/EG auf, nämlich der eine, als derjenige, der das Produkt herstellt und der andere als derjenige, der das Produkt herstellen lässt. Bei am Normtext orientierter Anwendung der Definition des tatsächlichen Herstellers kommt es in dieser Konstellation denn auch ausschließlich darauf an, wer das Produkt vermarktet,[7] so tatsächlicher

---

es aber auch entwickeln, herstellen, zusammenbauen, verpacken, verarbeiten oder etikettieren lassen, um es unter seinem Namen oder seiner Marke in Verkehr zu bringen, wodurch er selbst als Hersteller fungiert. Diese Hersteller werden oft als Hersteller mit *„Eigenmarken"* oder *„privaten Kennzeichnungen"* bezeichnet.

[6] Zum *„Ausgeben als* [physischer] *Hersteller"* in § 4 Abs. 1 S. 2 ProdHaftG, siehe Lenz, Produkthaftung, § 3 Rn. 343. Zum Begriff des *„wahren"* Herstellers als derjenige, der das Produkt rein tatsächlich erzeugt hat, siehe *ebd.*, § 3 Rn. 334 ff.

[7] A. A. Wilrich, Das neue Produktsicherheitsgesetz (ProdSG), Rn. 192; Schmatz/Nöthlichs, 1025 § 2 Anm. 9, S. 27 f., wonach Hersteller nur derjenige sei, der sich als (wahrer) Hersteller ausgibt, so dass aufklärende – den wahren Hersteller ausweisende – Zusätze die Herstellereigenschaft entfielen ließen (namentlich also die Fälle der Verwendung von Händlermarken).

Hersteller nur diejenige **natürliche oder juristische Person** ist, *„die ein Produkt* [...] *vermarktet"*. Vermarkten ist nach allgemeinem Sprachgebrauch und in Anlehnung an den Gerichtshof[8] das (öffentliche) **Anbieten** des ge- oder verbrauchsfertigen Produkts.[9] Vorstehendes zusammengefasst ist tatsächlicher Hersteller derjenige, der unabhängig von der Absatzmethode, einschließlich der Fernkommunikationsmittel im Sinne des § 312c Abs. 2 BGB,[10] das Produkt *i)* herstellt oder *ii)* konzipieren oder herstellen lässt[11] und es unter seinem Namen oder seiner Marke innerhalb der EU anbietet. Anbieten ist das im Rahmen einer gewerbsmäßigen Tätigkeit auf den Abschluss eines auf die Übertragung eines Rechts gerichteten Rechtsgeschäfts abzielende Präsentieren oder öffentliche Zugänglichmachen des Produkts innerhalb der EU; dies umfasst *a priori* auch die Aufforderung, ein Angebot abzugeben (→ Rn. 294 f.).[12] Demgemäß sind Hersteller im Sinne des öffentlich-rechtlichen Produktverkehrsrechts Versandhäuser, Handelsketten, Vertriebsgesellschaften und Industrielle, die Produkte herstellen lassen und unter ihrem eigenem Namen oder Warenzeichen vertreiben und dies selbst dann, wenn der physische Warenhersteller nach außen in Erscheinung tritt.[13] Letzterer bietet mithin dem Eigenmarken-Hersteller kein ge- oder verbrauchsfertiges Produkt zum Kauf an, sondern stellt dem Eigenmarken-Hersteller dessen Produkt her.

b. Quasi-Hersteller

275 Die Art. R6 Var. 1. des Anhangs I des Beschlusses Nr. 768/2008/EG nachgebildeten Bestimmungen erfassen nicht das OEM-Geschäft und beschreibt die erste Variante nicht den Fall des Entwickeln- und Herstellenlassens.[14] Wie beim Herstellerbegriff des Art. R1

---

[8]EuGH, Urt. v. 9.2.2006, O'Byrne, C-127/04, EU:C:2006:93, Rn. 27.

[9]Vgl. auch § 3 Nr. 9, lit. a) i. V. m. § 3 Nr. 6 ElektroG in Umsetzung des Begriffs des tatsächlichen Herstellers aus der WEEE-Richtlinie 2012/19/EU.

[10]Zum Online-Handel unter dem Aspekt der Bereitstellung → Rn. 293.

[11]Konzipieren- oder Herstellenlassen wird immer dann anzunehmen sein, wenn das Produkt bereits werkseitig mit der Eigenmarke des Auftraggebers versehen wird.

[12]Die Erstreckung des Herstellerbegriffs auf den sog. Hersteller mit Eigenmarken und all jener, die das Produkt als eigenes Erzeugnis ausgeben, ist auch sachgerecht. Zielen die Harmonisierungsrechtsvorschriften auch darauf ab, Wettbewerbsverzerrungen durch Rechtsunterschiede zwischen den Mitgliedstaaten zu beseitigen (→ Rn. 85–87), wird man erwarten dürfen, dass in dem auch zu diesem Zweck auf EU-Ebene geschaffenen System faire Wettbewerbsbedingungen herrschen. Derjenige aber, der ein Produkt durch Anbringen seines Namens, seiner Marke oder sonstwie als *„sein"* Erzeugnis vermarktet, wird als Hersteller auf dem Markt wahrgenommen und tritt mit den anderen Herstellern im sachlich und räumlich gleichen Markt in Wettbewerb. Es wären ungleiche Wettbewerbsbedingungen, wenn den Einen weitgehende Pflichten hinsichtlich der Produktkonzeption, der Konformitätsbewertung, etc. träfen, während sich der Andere mit dem bloßen Hinweis darauf, dass er nicht physischer Hersteller sei, von diesen kostenintensiven Pflichten lossagen könnte.

[13]Europäische Kommission, Leitfaden für die Umsetzung der Produktvorschriften der EU 2016, ABl. 2016 C 272, 28; a. A. Schmatz/Nöthlichs, 1025 § 2 Anm. 9, S. 27 f.

[14]A. A. Klindt/Schucht, in Klindt (Hrsg.), ProdSG, § 2 Rn. 115.

Nr. 3 ist auch beim Begriff des Quasi-Herstellers entscheidend, dass das Produkt unter eigenem Namen oder eigener Marke vermarktet bzw. angeboten wird und man sich damit als Hersteller ausgibt; der Unterschied zu Art. R1 Nr. 3 Var. 2. besteht darin, dass der Händler oder Einführer das Produkt nicht eigens für sich hat entwickeln oder herstellen lassen, andernfalls er (tatsächlicher) Hersteller wäre. Wenn Art. R6 im Wortlaut nicht auf das Vermarkten des Produkts, sondern dessen Inverkehrbringen referiert, erklärt sich dies aus der wiederholten Bezugnahme in den Rechtsakten auf das Inverkehrbringen als pflichtenbegründende Handlung (→ Rn. 290 ff.). Der Gesetzgeber stellt hiermit klar, dass die Bereitstellung durch denjenigen, der das Produkt unter seinem Namen oder seiner Marke vermarktet, als Inverkehrbringen anzusehen ist und dies obschon er nicht (tatsächlicher) Hersteller ist. Es kommt zu einer Fiktion und *gilt* die Bereitstellung durch den Quasi-Hersteller als Inverkehrbringen. Sie ist aber kein Inverkehrbringen, weil der Hersteller und der Einführer die einzigen Wirtschaftsbeteiligten sind, die Produkte in Verkehr bringen und der Händler, der das Produkt unter seinem eigenen Namen oder seiner eigenen Marke vermarktet, nicht Hersteller, sondern Händler ist und nur als Hersteller *gilt*.[15] Demgemäß erfasst Art. R6 Var. 1 die Hypothese, dass ein bereits in Verkehr gebrachtes Produkt nicht (mehr) unter dem Namen oder der Marke des tatsächlichen Herstellers, sondern unter dem Namen des Beziehers (Einführer oder Händler) vermarktet wird. Die Pflichten des ursprünglichen (tatsächlichen) Herstellers enden und gehen auf den Bezieher in dem Zeitpunkt über, wo Letzterer das Produkt bereitstellt bzw. nach der Fiktion des Art. R6 Var. 1. *„in Verkehr bringt"*. Typische Fälle der Begründung einer Quasi-Hersteller-Eigenschaft sind etwa Produkte ohne Herstellerangabe, die der Händler unter Verwendung einer die Händlermarke und die CE-Kennzeichnung tragenden Verpackung portioniert sowie das Überkleben von auf dem Produkt angebrachter Herstellerangaben mit dem Etikett des Händlers.

c. Aufklärende Zusätze
Im Gegensatz zum Produkthaftungsrecht, wo aufklärende Zusätze zur Person des physischen Herstellers die Rechtsscheinhaftung nach § 4 Abs. 3 S. 1 ProdHaftG entfallen lassen,[16] erachtet das öffentlich-rechtliche Produktverkehrsrecht auch denjenigen als Hersteller, der entwickeln oder herstellen lässt. Es bestimmt sich die Herstellereigenschaft nach den Kriterien des Art. R1 Nr. 3 des Anhangs I des Beschlusses Nr. 768/2008/EG und bestimmt sich die Quasi-Herstellereigenschaft nach dem dortigen Art. R6 Var. 1 Diese Kriterien stehen nicht zur Disposition der Wirtschaftsakteure (→ Rn. 90) und kann somit derjenige, der das Produkt unter seinem Namen oder seiner Marke vermarktet nicht durch Zusätze einseitig bestimmen, ob er als Hersteller oder Händler behandelt werden möchte.[17] Entweder er möchte das Produkt als *„sein"* Erzeugnis vermarkten und fällt unter Art. R1

---

[15]Rechtstechnisch handelt es sich bei dieser Fiktion um einen weiteren Fall des mehrfachen Inverkehrbringens (zum mehrfachen Inverkehrbringen → Rn. 297).
[16]BT-Drucks. 11/2447, 19 ff.; Lenz, Produkthaftung, § 3 Rn. 343 m.w.Nachw.
[17]A. A. Wilrich, Das neue Produktsicherheitsgesetz (ProdSG), Rn. 192.

Nr. 3 oder Art. R6 Var. 1 des Beschlusses Nr. 768/2008/EG oder aber muss er auf die Vermarktung unter seinem Namen oder seiner Marke verzichten. D. h., ihm bleibt nur die Möglichkeit, das Produkt nicht als „*sein*" Produkt zu vermarkten und darf es nicht als von ihm selbst hergestellt oder für ihn entwickelt oder produziert vermarkten und ist Händler nur derjenige, der fremde Produkte vermarktet. Auf Produkten vorfindliche Angaben wie „*powered by*", „*produced by*" können daher nicht isoliert betrachtet werden und lassen die Eigenschaft als (tatsächlicher) Hersteller nicht entfallen.[18] Aufklärende Zusätze sind denn auch nur beim Weiterverkauf fremder Produkte bedeutsam, nämlich bei der Frage, ob der Weiterverkäufer bloßer Händler oder Quasi-Hersteller ist.[19]

d. Herstellung zum Eigengebrauch

277 Einige Harmonisierungsrechtsvorschriften nach der Neuen Konzeption kennen mit dem Hersteller, der ein Erzeugnis herstellt oder entwickeln oder herstellen lässt und für seine eigenen Zwecke verwendet bzw. in Betrieb nimmt weiter den sogenannten Eigenhersteller.[20]

e. Produktänderung

278 Als Hersteller gilt ebenfalls bzw. gehen die Herstellerverpflichtungen auf denjenigen über, der „*ein bereits auf dem Markt befindliches Produkt so ändert, dass die Konformität mit den geltenden Anforderungen beeinträchtigt werden kann*"[21, 22]. Die Europäische Kommission subsumiert hierunter zwei Fälle:[23] *1) Der „Verwendungszweck eines Produkts [wird] so verändert,*

---

[18]Giesberts/Hilf, ElektroG, § 3 Rn. 55, zum Herstellerbegriff des ElektroG.
[19]Vgl. auch § 3 Nr. 9 lit. b) ElektroG.
[20]Art. 2 lit. i) der Maschinenrichtlinie 2006/42/EG; Art. 4 Nr. 8 der MID-Richtlinie 2014/32/EU; Art. 4 Nr. 18 der Druckgeräterichtlinie 2014/68/EU; Art. 2 Nr. 17 der VO (EU) 2016/426 und Art. 2 Nr. 6 der Ökodesign-Richtlinie 2009/125/EU.
[21]Siehe Anhang I Art. R6 des Beschlusses Nr. 768/2008/EG. Vgl. auch § 2 Nr. 14 Hs. 2 lit. b) ProdSG.
[22]Bereitstellung eines im Sinne des Art. R6 des Anhangs I des Beschlusses Nr. 768/2008/EG geänderten Produkts ist produktverkehrsrechtlich Bereitstellung eines neuen Produkts (vgl. BT-Drs 17/6276, S. 41; Schmatz/Nöthlichs, 1025 § 1 Anm. 1.3.1.1, S. 16 f.). Fehlt die Zustimmung des ursprünglichen Herstellers zur Produktänderung, kann der neue Hersteller – zumindest bei patentierten Erzeugnissen – das veränderte und somit produktverkehrsrechtlich „*sein*" Produkt ohne Verletzung von Schutzrechten des ursprünglichen Herstellers nur (erneut) bereitstellen, wenn das Schutzrecht Letzteren erschöpft ist. Es ist patentrechtlich denn auch nicht zu beanstanden, wenn patentierte Erzeugnisse unter eigenem Namen oder eigener Marke vertrieben werden, obliegt aber dem Patentverletzer der Nachweis der Erschöpfung (LG Düsseldorf, Urt. v. 24.10.2013, 4c O 3/13, juris). Die Erschöpfung des Schutzrechts setzt voraus, dass es sich bei den betreffenden Erzeugnissen um Originalprodukte aus berechtigter Quelle handelt, d. h. das patentierte Erzeugnis in einem der Vertragsstaaten der EU mit Billigung des Berechtigten willentlich in den Verkehr gebracht worden ist (LG Düsseldorf, Urt. v. 24.10.2013, 4c O 3/13, juris). Die Einstufung der Bereitstellung eines veränderten Produkts als Inverkehrbringen bzw. Inverkehrbringen eines neuen Produkts (zum „*Inverkehrbringen*" → Rn. 290 ff.) ist mithin auf das Produktverkehrsrecht beschränkt.
[23]Europäische Kommission, Leitfaden für die Umsetzung der Produktvorschriften der EU 2016, ABl. 2016 C 272, 28.

dass andere wesentliche oder sonstige rechtliche Anforderungen gelten." Hiernach scheint eine physische Einwirkung auf das Produkt selbst nicht erforderlich und die bloße **Produktumwidmung** des Produkts zu genügen.[24] Erforderlich und ausreichend wird sein, dass sich durch händlerseitige Maßnahmen (Werbung, Aussagen der Vertriebsmitarbeiter, vertragliche Eigenschaftszusicherungen, etc.) die für die Konformitätsbeurteilung zu berücksichtigende Verwendung (→ Rn. 357 f.) ändert. So namentlich, wenn ein aus der Sicht des Herstellers nicht zu berücksichtigender, weil unvernünftiger oder gar missbräuchlicher Fehlgebrauch – für den Händler und von ihm (mit)veranlasst – vorhersehbar wird. *2) „[E]in Produkt [wird] erheblich verändert oder um*[ge]*baut (wodurch ein neues Produkt entsteht)"*. Gemeint sind erhebliche Veränderungen oder Überarbeitungen mit dem Ziel der Modifizierung seiner ursprünglichen Leistung, Verwendung oder Bauart.[25] Maßnahmen der Instandhaltung, inklusive der Instandsetzung, führen im Grundsatz nicht zur Einstufung des Produkts als umgebaut, modifiziert oder neu aufbereitet.[26] Erforderlich ist also eine **Änderung am**

---

[24]**Beispiel** einer Produktänderung durch Produktumwidmung: Ein vom Hersteller für den häuslichen Gebrauch bestimmtes Haushaltsgerät wird vom Händler als (auch) für den gewerblichen oder industriellen Einsatz bestimmt vertrieben. Während nämlich für den häuslichen Gebrauch bestimmte Haushaltsgeräte nach Art. 1 Abs. 2 lit. k) der Maschinenrichtlinie 2006/42/EG vom Anwendungsbereich der Richtlinie ausgenommen sind, gilt der Ausschluss nicht für Geräte für Haushaltszwecke, die für eine industrielle oder gewerbiche Nutzung bestimmt sind (Europäische Kommission, Leitfaden für die Anwendung der Maschinenrichtlinie 2006/42/EG, § 64).

[25]Europäische Kommission, Leitfaden für die Umsetzung der Produktvorschriften der EU 2016, ABl. 2016 C 272, 16.

[26]*Ebd.,* S. 17:
Produkte, die (z. B. nach Auftreten eines Fehlers) instandgesetzt oder ausgetauscht worden sind, ohne dass ihre ursprüngliche Leistung, Verwendung oder Bauart verändert worden ist, werden nicht als neue Produkte im Sinne der Harmonisierungsrechtsvorschriften der Union angesehen. Bei diesen Produkten ist demnach keine erneute Konformitätsbewertung erforderlich, ganz gleich, ob das Originalprodukt vor oder nach dem Inkrafttreten der Rechtsvorschrift in Verkehr gebracht wurde. Dies trifft selbst dann zu, wenn das Produkt zu Reparaturzwecken vorübergehend in ein Drittland ausgeführt wurde. Um solche Reparaturtätigkeiten handelt es sich häufig, wenn ein defektes oder verschlissenes Teil durch ein Ersatzteil ausgetauscht wird, das mit dem Originalteil entweder identisch oder ihm zumindest ähnlich ist (beispielsweise können infolge technischer Fortschritte oder der ausgelaufenen Herstellung des alten Teils Veränderungen eingetreten sein), wenn Karten, Bauteile, Baugruppen ersetzt werden oder das komplette Gerät durch ein identisches ersetzt wird. Wird die ursprüngliche Leistung eines Produkts geändert (im Rahmen des im Entwurfsstadium festgelegten vorgesehenen Verwendungszwecks und Leistungsbereichs sowie der vorgesehenen Instandhaltung), weil die zu seiner Reparatur verwendeten Ersatzteile bedingt durch den technischen Fortschritt eine bessere Leistung erbringen, ist dieses Produkt nicht als neu gemäß den Harmonisierungsrechtsvorschriften der Union zu erachten. Daher sind Instandhaltungsarbeiten im Grunde vom Anwendungsbereich der Harmonisierungsrechtsvorschriften der Union ausgenommen. Im Entwurfsstadium des Produkts müssen der vorgesehene Verwendungszweck und die Instandhaltung des Produkts jedoch berücksichtigt werden. Softwareaktualisierungen oder -reparaturen könnten Instandhaltungsarbeiten gleichgesetzt werden, sofern sie ein bereits auf dem Markt befindliches Produkt nicht so verändern, dass die Konformität mit den geltenden Anforderungen beeinträchtigt werden kann.
Siehe auch Schmatz/Nöthlichs, 1025 § 1 Anm. 1.3.1.1, S. 16.

Produktdesign. Keine Produktänderung ist es, wenn der Parallelhändler die Bedienungs-/ Gebrauchsanleitung übersetzt (→ Rn. 632) oder einen ihn als Parallelhändler ausweisenden Aufkleber auf der Originalverpackung aufbringt[27]. Eine Änderung am Produktdesign, jedenfalls eine Produktänderung im Sinne des Art. R6 Var. 2 des Anhangs I des Beschlusses Nr. 768/2008/EG stellt es hingegen dar, wenn das Produkt mit vom ursprünglichen Hersteller nicht freigegebenem – obschon bauartgleichen – konformitätsrelevantem **Zubehör** ausgeliefert wird.

> **Beispielhaft** hierzu das Urteil des Schleswig-Holsteinischen Verwaltungsgerichts vom 31.5.2012:[28] Die von der Klägerin vornehmlich an deutsche Endverbraucher verkauften streitgegenständlichen Grills stammten ursprünglich aus Dänemark, wo sie zu deutlich geringeren Preisen erhältlich waren als in Deutschland. In Deutschland wurden die Grills dagegen von dem deutschen Vertriebspartner des ursprünglichen Herstellers durch autorisierte Märkte an die Endverbraucher grundsätzlich preisgebunden verkauft. Die Klägerin nutzte den sich aus dieser Vertriebspraktik ergebenden Preisunterschied, um den Grill zu einem niedrigeren Preis anbieten zu können, als die autorisierten Händler. Die Sicherheit des vom ursprünglichen Hersteller vertriebenen Grills wurde im Rahmen einer EG-Baumusterprüfung des Danish Institute of Fire and Security Technology bescheinigt. In diesem Rahmen wurde auch berücksichtigt, dass in den einzelnen Ländern des EWR unterschiedliche Anschlussdrucke für Gas existieren. Während in Deutschland ein Gasdruck von 50 mbar verwendet wird, wird in Dänemark ein Gasdruck von nur 30 mbar genutzt. Die Baumusterprüfung erfolgte für alle EWR-Staaten und legte fest, unter welchen Voraussetzungen und welcher Form der Grill in den einzelnen Ländern sicher benutzt werden konnte. Insbesondere wurde der für das jeweilige Land notwendige Druckminderer aufgeführt und der Hersteller des jeweils geprüften Druckminderers angegeben. Um eine Nutzung des ursprünglich auf dem dänischen Markt ausgerichteten Grills in Deutschland zu ermöglichen, legte die Klägerin den von ihr verkauften Grills einen von ihr selbst ausgewählten Universaldruckminderer bei, der zwar seinerseits baumustergeprüft wurde und der Bauart des Druckminderers des ursprünglichen Herstellers entsprach, aber nicht von der Baumusterprüfung des Danish Institute of Fire and Security Technologie erfasst war (also nicht von einem in der Baumusterprüfung des Danish Institute of Fire and Security Technologie aufgeführten Hersteller stammte). Das Verwaltungsgericht, wie auch das Oberverwaltungsgericht, sahen im Vertrieb des Gasgrills mit einem vom ursprünglichen Hersteller nicht freigegebenen Adapter eine sicherheitsrelevante Modifizierung des Gasgrills. Die Klägerin hätte daher als neuer Hersteller des Grills eine Konformitätsbewertung durchführen, eine eigene Konformitätserklärung abgeben und sich durch Angaben auf dem Produkt als Hersteller ausweisen müssen.[29]

---

[27] EuGH, Urt. v. 24.11.2016, Lohmann & Rauscher International, C-662/15, EU:C:2016:903, Rn. 32 ff.
[28] Schleswig-Holsteinisches Verwaltungsgericht, Urt. v. 31.5.2012, 12 A 1/11, juris.
[29] *Ebd.*, Rn. 41 ff.

f. Bevollmächtigte

Unabhängig davon, ob er in der EU niedergelassen ist oder nicht, kann der Hersteller, muss aber nicht,[30] einen Bevollmächtigten in der Union benennen, der im Namen des Herstellers bestimmte sich aus den geltenden Harmonisierungsrechtsvorschriften der Union ergebende Aufgaben wahrnimmt.[31] Genauer Inhalt der Pflichten und die Grenzen der Befugnisse des Bevollmächtigten sind schriftlich zu fixieren.[32] Die Pflichten, die dem Bevollmächtigten gemäß den Harmonisierungsrechtsvorschriften der Union übertragen werden können, sind administrativer Art. Ein gewisser Mindestumfang wird vorgegeben.[33] Der Bevollmächtigte ist rechtsgeschäftlicher Vertreter des Herstellers und in seiner Eigenschaft als Bevollmächtigter berufen, den Hersteller nach außen – namentlich gegenüber den Marktaufsichtsbehörden – zu vertreten, für diesen und in dessen Namen zu handeln und verbindlich Erklärungen abzugeben. Hiervon zu unterscheiden sind die nicht außenwirksamen bzw. nicht nach außen gerichteten Handlungen sonstiger Gehilfen, deren sich der Hersteller zur Erfüllung seiner Pflichten bedient. Aus dem Blickwinkel des deutschen Verwaltungsrechts ist die Möglichkeit solch rechtsgeschäftlicher Vertretung mithin eine Selbstverständlichkeit. Sind die Anforderungen an

279

---

[30] Als Ausnahmeregelung muss gemäß den Richtlinien über Medizinprodukte und In-vitro-Diagnostika ein Hersteller, der im eigenen Namen Medizinprodukte in der Union in Verkehr bringt und keinen Firmensitz in einem Mitgliedstaat hat, eine in der Union niedergelassene für das Inverkehrbringen verantwortliche Person benennen.

[31] Zwar ist der *„Bevollmächtigte"* Wirtschaftsakteur (siehe Art. R1 Nr. 7 des Anhangs I des Beschlusses Nr. 768/2008/EG), adressiert sich aber Art. R7 als einzige an die Wirtschaftsakteure gerichtete Vorschrift an die Hersteller, Einführer und Händler (→ Rn. 681–684). Der Bevollmächtigte ist nicht Verpflichteter (Ausnahme innerhalb des Elektro → Rn. 284).

[32] Entsprechend § 126 BGB, siehe Klindt/Schucht, in Klindt (Hrsg.), ProdSG, § 2 Rn. 65; Wilrich, Das neue Produktsicherheitsgesetz (ProdSG), Rn. 199.

[33] Benennt der Hersteller einen Bevollmächtigten, so muss dessen Mandat es dem Bevollmächtigten mindestens ermöglichen, folgende Aufgaben auszuführen (vgl. Art. R3 Abs. 2 des Anhangs I des Beschlusses Nr. 768/2008/EG):
- die EU-Konformitätserklärung und die technischen Unterlagen für die nationalen Aufsichtsbehörden zur Verfügung zu halten und auf Verlangen mit diesen zu kooperieren;
- auf begründetes Verlangen einer zuständigen nationalen Behörde dieser sämtliche für den Nachweis der Konformität eines Produkts erforderlichen Informationen und Unterlagen zur Verfügung zu stellen;
- auf Verlangen der zuständigen nationalen Behörden mit diesen bei allen Maßnahmen zur Abwendung der Gefahren zu kooperieren, die mit Produkten verbunden sind, die zu ihrem Aufgabenbereich gehören.

Je nach dem Konformitätsbewertungsverfahren und der betreffenden Harmonisierungsrechtsvorschrift der Union kann der Bevollmächtigte beispielsweise auch dafür benannt werden,
- die CE-Kennzeichnung (und gegebenenfalls andere Kennzeichnungen) sowie die Nummer der benannten Stelle an dem Produkt anzubringen;
– die EU-Konformitätserklärung zu erstellen und zu unterzeichnen.

die Bestellung des Bevollmächtigten, wie etwa das Schriftlichkeitserfordernis oder der Mindestumfang der dem Vertreter anzuvertrauenden Aufgaben, nicht erfüllt, gelten die allgemeinen Grundsätze (→ Rn. 90).

2. Nicht harmonisierte Produkte (Produktsicherheit)

280 Für nicht harmonisierte Produkte enthält § 2 Nr. 14 ProdSG einen von Art. R1 Nr. 3 und Art. R6 des Anhangs I des Beschlusses Nr. 768/2008/EG im Wortlaut abweichenden, aber inhaltlich identischen Herstellerbegriff.[34] Die Begründung der Herstellereigenschaft durch Produktänderung ist dort auf den Aspekt der Sicherheit bezogen (*„Beeinflussung der Sicherheitseigenschaften"*).

3. Fahrzeuge und Fahrzeugteile

281 Die Genehmigung von Fahrzeugen, selbstständigen technischen Einheiten und Bauteilen regelnden Harmonisierungsrechtsvorschriften definieren den Hersteller als den Genehmigungsinhaber bzw. diejenige natürliche oder juristische Person, die das Genehmigungsverfahren betreibt.[35] Hingegen legt der die Bauartgenehmigungserteilung für Fahrzeugteile (§ 22a StVO) regelnde § 2 FzTV keine formale Betrachtung an und bedarf es im Genehmigungsverfahren des Nachweises über die Herstellereigenschaft im Sinne eigener Erzeugung im eigenen Betrieb.[36]

4. ElektroG und BattG

282 Der dem Herstellerbegriff gewidmete § 3 Nr. 9 **ElektroG**[37] setzt Art. 3 Abs. 1 lit. f) der WEEE-Richtlinie 2012/19/EU um. Die Begriffe des **tatsächlichen Herstellers** in § 3 Nr. 9 lit. a) ElektroG und des **Quasiherstellers** in § 3 Nr. 9 lit. b) ElektroG entsprechen

---

[34] Vgl. Klindt/Schucht in Klindt (Hrsg.), ProdSG, § 2 Rn. 113, 115.
[35] Art. 3 Nr. 27 der Richtlinie 2007/46/EG, Art. 2 Nr. 25 VO (EU) Nr. 167/2013 und Art. 3 Nr. 47 VO (EU) Nr. 168/2013.
[36] Hierzu Braun/Damm/Konitzer, StVZO, § 22a Rn. 11.
[37] Hersteller ist hiernach *„jede natürliche oder juristische Person oder Personengesellschaft, die unabhängig von der Verkaufsmethode, einschließlich der Fernkommunikationsmittel im Sinne des § 312c Absatz 2 des Bürgerlichen Gesetzbuchs,*
a) Elektro- oder Elektronikgeräte.
aa) unter ihrem Namen oder ihrer Marke herstellt und innerhalb des Geltungsbereiches dieses Gesetzes anbietet oder.
bb) konzipieren oder herstellen lässt und sie unter ihrem Namen oder ihrer Marke innerhalb des Geltungsbereiches dieses Gesetzes anbietet,
b) Elektro- oder Elektronikgeräte anderer Hersteller unter ihrem eigenen Namen oder ihrer Marke im Geltungsbereich dieses Gesetzes anbietet oder gewerbsmäßig weiterverkauft, wobei der Anbieter oder Weiterverkäufer dann nicht als Hersteller anzusehen ist, wenn der Name oder die Marke des Herstellers gemäß Buchstabe a auf dem Gerät erscheint,
c) erstmals aus einem anderen Mitgliedstaat der Europäischen Union oder aus einem Drittland stammende Elektro-oder Elektronikgeräte auf dem Markt im Geltungsbereich dieses Gesetzes anbietet oder

inhaltlich denen nach Art. R2 Nr. 3 und R6 des Anhangs I des Beschlusses 768/2008/ EG (→ Rn. 274–277), mit dem Unterschied, dass die Vermarktung (das „*Anbieten*") des Geräts im Bundesgebiet erfolgen muss (Inlandsbezug des ElektroG → Rn. 296). Weiter ist Hersteller nach dem ElektroG der Importateur (§ 3 Nr. 9 lit. c) ElektroG) und der ausländische Fernabsatzvertreiber (§ 3 Nr. 9 lit. d) ElektroG). Der **Importateur** entspricht dem Einführer nach Art. R1 Nr. 5 des Anhangs I des Beschlusses 768/2008/ EG (→ Rn. 286) mit der Maßgabe, dass auch hier (§ 3 Nr. 9 lit. c) ElektroG) und entsprechend § 3 Nr. 9 lit. a) und b) ElektroG auf das Anbieten im Geltungsbereich des ElektroG abgestellt wird *(„nationaler Herstellerbegriff")*. **Ausländischer Fernabsatzvermittler** ist derjenige, der Elektro- oder Elektronikgeräte unter Verwendung von Fernkommunikationsmitteln direkt Endnutzern im Bundesgebiet anbietet und im europäischen Ausland oder einem Drittland niedergelassen ist.

> **Beispiel:** Die deutsche Vertriebsgesellschaft A vertreibt in Deutschland elektronische Haushaltsgeräte ihrer deutschen Schwestergesellschaft B und ihrer französischen Schwestergesellschaft C. Hersteller im Sinne der einschlägigen Richtlinien 2011/65/EU, 2014/30/EU, 2014/35/EU und ggf. 2009/125/EG sind B und C, so es sich um „*deren*" Produkte handelt (→ Rn. 274). Hingegen richtet sich die Herstellereigenschaft nach dem ElektroG danach, wer (A, B oder C) die Haushaltsgeräte im Bundesgebiet zum Kauf anbietet:
> Hiernach ist B Hersteller der von ihm hergestellten Produkte, so er diese A im Bundesgebiet bereitstellt und dort dem A anbietet. Bezogen auf die von C hergestellten Haushaltsgeräte wäre dieser Hersteller nach § 3 Nr. lit. a) aa) ElektroG, wenn die Ware dem A ins Bundesgebiet *(„frei Haus")* geliefert wurde und wäre A Hersteller nach § 3 Nr. 9 lit. c) ElektroG (Importateur), wenn die Lieferung außerhalb des Bundesgebiets stattfindet, d. h. dem A dort angeboten wird. So die dem A abgegebene Ware des C für den deutschen Markt bestimmt ist, wird C die entsprechenden Mengen den französischen Stellen mangels Inverkehrbringens in Frankreich nicht mitzuteilen haben und dies unabhängig davon, ob die Ware ins Bundesgebiet geliefert wurde *(„frei Haus")* oder vom A bei C abgeholt wurde (→ Rn. 296).

Zuletzt fingiert § 3 Nr. 9 HS. 2 und 3 ElektroG den Vertreiber (→ Rn. 288) als Hersteller, wenn er entgegen § 6 Abs. 2 S. 2 ElektroG vorsätzlich oder fahrlässig neue Elektro- oder Elektronikgeräte nicht oder nicht ordnungsgemäß registrierter Hersteller oder von Herstellern, deren Bevollmächtigte nicht oder nicht ordnungsgemäß registriert

283

---

d) Elektro- oder Elektronikgeräte unter Verwendung von Fernkommunikationsmitteln direkt Endnutzern im Geltungsbereich dieses Gesetzes anbietet und in einem anderen Mitgliedstaat der Europäischen Union oder einem Drittland niedergelassen ist;
als Hersteller gilt zugleich auch jeder Vertreiber nach Nummer 11, der entgegen § 6 Absatz 2 Satz 2 vorsätzlich oder fahrlässig neue Elektro- oder Elektronikgeräte nicht oder nicht ordnungsgemäß registrierter Hersteller oder von Herstellern, deren Bevollmächtigte nicht oder nicht ordnungsgemäß registriert sind, zum Verkauf anbietet".

sind, zum Verkauf anbietet. Den Vertreibern obliegen dann dieselben Pflichten wie den Herstellern. Dies entbindet die Hersteller aber nicht von deren Pflichten. Die Hersteller bleiben vielmehr daneben verpflichtet, den Anforderungen des ElektroG nachzukommen.[38] Fahrlässig handelt der Vertreiber, wenn er aufgrund mangelnder Sorgfalt nicht erkennt, dass er Geräte nicht registrierter Hersteller anbietet.[39] Zur Sorgfaltspflicht gehört, dass sich der Vertreiber vor der Bereitstellung des Produkts in geeigneter Weise – etwa durch Nachfrage beim Hersteller oder Recherche im von der stiftung ear veröffentlichten Herstellerregister (§ 31 Abs. 2 S. 2 ElektroG) – nach dem Vorliegen einer ordnungsgemäßen Registrierung (→ Rn. 670) erkundigt.[40] Durch die Regelung in § 3 Nr. 9 HS. 2 und 3 ElektroG soll eine Selbstkontrolle des Marktes erreicht werden, um zu verhindern, dass in großem Umfang Elektro- und Elektronikgeräte nicht registrierter Hersteller in Verkehr gelangen.[41] Diese *„vorgeschaltete"* Selbstkontrolle ergänzt und verbessert die durch die marken- und geräteartbezogene Registrierungspflicht ermöglichte Marktkontrolle.[42]

284 Nach § 3 Nr. 10 ElektroG ist **Bevollmächtigter,** jede im Bundesgebiet niedergelassene natürliche oder juristische Person oder Personengesellschaft,[43] die ein Hersteller ohne Niederlassung im Geltungsbereich dieses Gesetzes beauftragt hat, in eigenem Namen sämtliche Aufgaben wahrzunehmen, um die Herstellerpflichten nach dem ElektroG zu erfüllen; Bevollmächtigter kann auch ein Importateur (§ 3 Nr. 9 lit. c) ElektroG) oder ein Vertreiber nach Nummer 11 sein. Hersteller nach § 3 Nr. 9 ElektroG, die selbst keine Niederlassung im Inland haben, sind zur Beauftragung eines inländischen Bevollmächtigten verpflichtet (§ 8 Abs. 1 S. 1, Abs. 2 ElektroG). Umgekehrt kann nur ein nicht im Inland niedergelassener Hersteller einen Bevollmächtigten beauftragen.[44] Ein Verstoß gegen die Verpflichtung zur Benennung eines Bevollmächtigten gegenüber der zuständigen Behörde ist nach § 46 Abs. 1 Nr. 7 ElektroG bußgeldbewehrt. Die Modalitäten der Beauftragung sind in § 8 Abs. 1 S. 2 und 3 ElektroG und die der Benennung

---

[38] BT-Drs. 18/4901, 81.
[39] Giesberts/Hilf, ElektroG, § 3 Rn. 62.
[40] OLG Hamm, Urt. v. 24.7.2014, 4 U 142/13, juris, Rn. 61 = GRUR-RR 2015, 60.
[41] Vgl. zur Vorgängerregelung BR-Drs. 664/04, 43.
[42] BVerwG, Urt. v. 15.4.2010, 7 C 9/09, juris, Rn. 51.
[43] Die WEEE-Richtlinie 2012/19/EU und das ElektroG enthalten keine eigene Definition des Begriffs einer Niederlassung. Heranzuziehen ist die Legaldefinition des § 4 Abs. 3 GewO (Giesberts/Hilf, ElektroG, § 8 Rn. 12). Hiernach besteht eine Niederlassung, *„wenn eine selbständige gewerbsmäßige Tätigkeit auf unbestimmte Zeit und mittels einer festen Einrichtung von dieser aus tatsächlich ausgeübt wird"*. Zum Ganzen Giesberts/Hilf, ElektroG, § 8 Rn. 12–16.
[44] Freilich kann sich der im Inland niedergelassene Hersteller zur Erfüllung seiner Pflichten eines Dritten begnügen (→ Rn. 90), der dann aber nicht – wie ein Bevollmächtigter nach dm ElektroG – im eigenen Namen, sondern als schlichter Vertreter des Herstellers im fremden Namen handelt. Im Fall (schlichter) Drittbeauftragung gilt § 43 ElektroG.

gegenüber der zuständigen Behörde in § 8 Abs. 3 ElektroG geregelt.[45] Die Rechtsfolgen der Bevollmächtigung nach dem ElektroG sind beachtlich und unterscheiden sich klar von denen einer Bevollmächtigung nach den Harmonisierungsrechtsvorschriften nach der Neuen Konzeption (→ Rn. 279). Der Bevollmächtigte handelt in eigenem Namen und treffen die verschiedenen Herstellerpflichten (→ Rn. 642, 648, 668, 705 ff.) den Bevollmächtigten selbst. Bevollmächtigte können selbst von Bußgeldverfahren betroffen werden und sich der Abmahnung von Konkurrenten nach den Vorschriften des UWG (→ Rn. 754) ausgesetzt sehen.[46] § 8 Abs. 4 ElektroG regelt die Beendigung der Benennung.

Das **BattG,** in Umsetzung von Art. 3 Nr. 12 der **Batterierichtlinie 2006/66/EG,** 285 definiert den Hersteller in seinem § 2 Abs. 15 S. 1 als jeden, *„der, unabhängig von der Vertriebsmethode, gewerblich Batterien im Geltungsbereich* [des BattG] *erstmals in Verkehr bringt".* Unter Verwendung der aus Anhang I des Beschlusses 768/2008/EG bekannten Begrifflichkeiten[47] ist hiernach Hersteller derjenige, der Batterien im Bundesgebiet (Inlandsbezug des BattG → Rn. 296) in Verkehr bringt *(„nationaler Herstellerbegriff"),* also der tatsächliche Hersteller (→ Rn. 274) und der Einführer (→ Rn. 286) i. S. des Anhangs I des Beschlusses 768/2008/EG, wobei eine Batterie auch dann als bereitgestellt gilt, wenn diese nicht gesondert, sondern in einem Produkt eingebaut oder diesem beigefügt bereitgestellt wird (zu den eingebauten/beigefügten Batterien → Rn. 432).[48] Wie § 3 Nr. 9 HS. 2 und 3 ElektroG zur dortigen Registrierungspflicht fingiert § 2 Nr. 15 S. 1 BattG den Vertreiber (→ Rn. 288) als Hersteller, wenn er entgegen § 4 Abs. 1 S. 1 BattG vorsätzlich oder fahrlässig Batterien von Herstellern anbietet, die deren Marktteilnahme nicht oder nicht ordnungsgemäß (zur Ordnungsmäßigkeit der Anzeige → Rn. 671) angezeigt haben. Insofern gelten die Ausführungen zu § 3 Nr. 9 HS. 2 und 3 ElektroG entsprechend.[49] Die ordnungsgemäße Anzeige des Herstellers ist zu recherchieren im BattG-Melderegister UBA.[50]

---

[45]Die Beauftragung hat schriftlich zu erfolgen, setzt das Einverständnis des Bevollmächtigten voraus und ist eine Kopie der Beauftragung der Benennung beizufügen. Die stiftung ear stellt unter URL: https://www.stiftung-ear.de/service/fragen-und-antworten/bevollmaechtigter/ eine Checkliste derjenigen Angaben bereit, die die Beauftragung enthalten muss.

[46]Giesberts/Hilf, ElektroG, § 8 Rn. 22.

[47]Die Batterierichtlinie 2006/66/EG und das BattG verwenden noch die frühere Begrifflichkeit des Inverkehrbringens als *„die entgeltliche oder unentgeltliche Abgabe an Dritte mit dem Ziel des Vertriebs, des Verbrauchs oder der Verwendung. […]"* und *„gewerblich"* statt *„im Rahmen einer Geschäftstätigkeit"* (→ Rn. 303 f.) und hat die Batterierichtlinie 2006/66/EG eine Anpassung an die Begriffe des Anhangs I des Beschlusses 768/2008/EG nicht erfahren.

[48]Vgl. zu den verschiedenen Herstellervarianten, BT-Drs. 16/12.227, 24 f.

[49]Vgl. auch Ahlhaus/Waggershauser, Das neue Batteriegesetz, S. 31 f.

[50]Einsehbar unter URL: https://www.battg-melderegister.umweltbundesamt.de/battg/content.do.

II. Einführer

286 Die Harmonisierungsrechtsvorschriften nach der Neuen Konzeption definieren den Einführer[51] als jede in der Union ansässige natürliche oder juristische Person, die ein Produkt aus einem Drittstaat auf dem Unionsmarkt in Verkehr bringt.[52] Nach der Europäischen Kommission ist hiernach Einführer, **der erste** ein Drittlandsprodukt auf dem Unionsmarkt **bereitstellende Marktteilnehmer in der Union** (→ Rn. 297). § 2 Nr. 8 ProdSG, Art. 3 Nr. 27 der Richtlinie 2007/46/EG, Art. 2 Abs. 1 Nr. 41 VO (EU) Nr. 167/2013 und Art. 3 Nr. 48 VO (EU) Nr. 168/2013 enthalten, bezogen auf den jeweiligen sachlichen Geltungsbereich, entsprechende Begriffsdefinitionen.

III. Händler

287 Als Händler bezeichnen die Harmonisierungsrechtsvorschriften jede natürliche oder juristische Person in der Lieferkette,[53] die ein Produkt auf dem Markt bereitstellt, mit Ausnahme des Herstellers oder des Einführers.[54] Die Bestimmung des Händlers erfolgt somit im Wege einer Negativauswahl und kommt dem Händlerbegriff die Funktion eines Auffangtatbestandes zu.[55] Jeder Bereitsteller ist Händler, es sei denn er ist Hersteller oder Einführer. Das Merkmal *„in der Lieferkette"* hat keine eigenständige Bedeutung und grenzt den Händlerbegriff nicht weiter ein.[56] Sind damit ebenfalls Händler der **Vermieter, Verpächter** und **Leasinggeber.** Händler sind weiter **Elektriker, Gas- und Wasserinstallateure,** wenn sie im Rahmen ihrer Leistungserbringung, wie der Errichtung, Erweiterung oder Änderung einer elektrischen Anlage, Gas-Kundenanlage oder Heizungs- und Sanitäranlage, Produkte abgeben.

288 Gegenstück des Händlers ist im **ElektroG** und im **BattG** der **Vertreiber,** nämlich derjenige, der Elektro- oder Elektronikgeräte bzw. Batterien – im Inland – anbietet (§ 3 Nr. 11 ElektroG und § 2 Abs. 14 BattG). Erachtet man mit der Europäischen Kommission auch das Feilbieten, Feilanbieten und Anbieten als Abgabehandlung (→ Rn. 294),

---

[51] In der RoHS-Richtlinie 2011/65/EU als Importeur bezeichnet (Art. 3 Nr. 9).
[52] Vgl. Art. R1 Nr. 5 des Anhangs I des Beschlusses Nr. 768/2008/EG.
[53] In der RoHS-Richtlinie 2011/65/EU als Vertreiber bezeichnet (Art. 3 Nr. 8).
[54] Dies gilt unterschiedslos: vgl. für die Harmonisierungsrechtsvorschriften nach der Neuen Konzeption Art. R1 Nr. 6 des Anhangs I des Beschlusses Nr. 768/2008/EG, für die nicht harmonisierten Produkte in puncto Produktsicherheit § 2 Nr. 12 ProdSG und für die auf Unionsebene geregelten Fahrzeuge und Fahrzeugteile Art. 3 Nr. 42 VO (EU) Nr. 167/2013 und Art. 3 Nr. 50 VO (EU) Nr. 168/2013.
[55] Siehe (für das ProdSG) Klindt/Schucht, in Klindt (Hrsg.), ProdSG, § 2 Rn. 95; Gauger, Produktsicherheit und staatliche Verantwortung, S. 97.
[56] *Ebd.;* Wilrich, Das neue Produktsicherheitsgesetz (ProdSG), Rn. 213.

mit der Folge, dass bereits das bloße, auf den Abschluss eines Rechtsgeschäfts gerichtete Darbieten des Erzeugnisses als Bereitstellung anzusehen wäre, ergeben sich zwischen dem Begriff des Händlers und dem des Vertreibers keine Unterschiede. Allerdings ist Vertreiber nach dem BattG nur der Letztvertreiber, also nicht auch der Zwischenhändler, d. h. das Angebot muss sich dort zwingend an den Endnutzer richten. Hingegen enthält § 3 Nr. 11 ElektroG keine Einschränkung auf die letzte Handelsstufe.[57]

IV. Aussteller

Austeller ist gemäß § 2 Nr. 2 ProdSG *„jede natürliche oder juristische Person, die ein Produkt ausstellt"*[58]. Dieser nach dem ProdSG Verpflichtete findet auf Unionsebene keine Entsprechung. Mit der Inpflichtnahme des Ausstellers soll der Warenvertrieb bereits in einem sehr frühen Stadium produktsicherheitsrechtlich erfasst und die Inpflichtnahme der Bereitsteller (Hersteller, Einführer und Händler) ergänzt werden.[59] Dem liegt ersichtlich das in Deutschland vorherrschende Verständnis zugrunde, wonach die pflichtenbegründende Bereitstellung (→ Rn. 290 ff.) eine physische Übergabe des Produkts voraussetzt (→ Rn. 291, 306).

289

§ 2 – Pflichtenbegründende Handlungen

I. Bereitstellung und Inverkehrbringen

Das Recht des technischen Produkts erschöpft sich nicht in Anforderungen an das technische Design der in der Europäischen Union vermarkteten Produkte. Als Vermarktungs- und Warenvertriebsrecht[60] bzw. Recht des Produktvertriebs[61] gibt es den Wirtschaftsakteuren auch vor, was innerhalb der Absatzkette zu tun ist, damit nur diesen Anforderungen genügende Produkte innerhalb der Europäischen Union zirkulieren. Die Wirtschaftsteilnehmer übernehmen die Vormarktkontrolle, fördern die Nachmarktkontrolle und wirken hierbei aktiv mit. Ausgelöst werden die den Wirtschaftsakteuren auferlegten Pflichten durch die *„Bereitstellung auf dem Markt"*, also nicht nur durch

290

---

[57] Giesberts/Hilf, ElektroG, § 3 Rn. 69.
[58] Zum Begriff des Ausstellens → Rn. 306.
[59] Gauger, Produktsicherheit und staatliche Verantwortung, S. 97.
[60] Klindt, DS 2004, 93 (94); Wilrich, Das neue Produktsicherheitsgesetz (ProdSG), Rn. 147.
[61] Gauger, Produktsicherheit und staatliche Verantwortung, S. 89.

die **erstmalige Bereitstellung auf dem Unionsmarkt**[62], d. h. das **Inverkehrbringen** (Art. R1 Nr. 2 des Anhangs I des Beschlusses Nr. 768/2008/EG), sondern auch durch **jedes weitere Bereitstellen**. Es ist dies *„jede entgeltliche oder unentgeltliche Abgabe eines Produkts zum Vertrieb, Verbrauch oder zur Verwendung auf dem* [Unions]*markt im Rahmen einer Geschäftstätigkeit"*[63] bzw. *„die entgeltliche oder unentgeltliche Abgabe eines Fahrzeugs, Systems, Bauteils, einer selbstständigen technischen Einheit, eines Teils oder einer Ausrüstung zum Vertrieb oder zur Verwendung auf dem Markt im Rahmen einer Geschäftstätigkeit"*[64]. Die Anknüpfung der den Wirtschaftsakteuren auferlegten Pflichten an die Bereitstellung macht die Bereitstellung mithin zu einem der zentralen Begriffe des europäischen Produktverkehrsrechts.[65]

1. Abgabe
a. Regelungswille des europäischen Gesetzgerbers: Binnenmarktverwirklichung

291 Die Legaldefinition der Bereitstellung wurde mit der Verordnung (EG) Nr. 765/2008 und dem Beschluss Nr. 768/2008/EG vom 9.7.2008 eingeführt. Der Begriff der Bereitstellung wurde bereits zuvor von der Europäischen Kommission im Zusammenhang mit der Definition des Inverkehrbringens verwendet, nämlich *„die erstmalige entgeltliche oder unentgeltliche Bereitstellung eines Produkts auf dem Gemeinschaftsmarkt für den Vertrieb oder die Benutzung im Gebiet der Gemeinschaft"*. Unter Bereitstellung war *„die Überlassung eines Produkts nach Herstellung mit dem Ziel des Vertriebs oder der Verwendung auf dem Gemeinschaftsmarkt zu verstehen"*.[66] Nach der im deutschen Schrifttum zum Produktsicherheitsrecht wohl h.M. setzte dies zunächst voraus, dass der

---

[62]Hiervon abweichend Art. 3 Abs. 3 lit. k) der WEEE-Richtlinie 2012/19/EU und § 3 Nr. 8 ElektroG, wonach es für das Inverkehrbringen auf die erstmalige Bereitstellung eines Elektro- oder Elektronikgerätes im Geltungsbereich des ElekrtoG, d. h. im Bundesgebiet (Inland), ankommt.

[63]Art. R1 Nr. 1 des Anhangs I des Beschlusses Nr. 768/2008/EG. Das ProdSG hat in § 2 Nr. 4 die Definition aus Anhang I des Beschlusses Nr. 768/2008/EG auch für den nicht harmonisierten Bereich wortgleich übernommen und sich für einen terminologischen Gleichlauf der europäischen und der nationalen Ebene entschieden. Die Formulierung *„Bereitstellung auf dem Markt"* in § 2 Nr. 4 ProdSG ist daher unterschiedslos so zu interpretieren, wie in Art. 2 Nr. 1 VO (EG) Nr. 765/2008 und in Art. R1 Nr. 1 des Anhangs des Beschlusses Nr. 768/2008/EG bzw. den diesem nachgebildeten Harmonisierungsrechtsvorschriften (vgl. hierzu Klindt/Schucht, in Klindt (Hrsg.), ProdSG, § 2 Rn. 20 f.).

[64]Art. 3 Nr. 47 VO (EU) Nr. 167/2013 und Art. 3 Nr. 55 VO (EU) Nr. 168/2013.

[65]Europäische Kommission, Leitfaden für die Umsetzung der Produktvorschriften der EU 2016, ABl. 2016 C 272, 18.

[66]Europäische Kommission, Leitfaden für die Umsetzung der nach dem neuen Konzept und dem Gesamtkonzept verfaßten Richtlinien, S. 18. *„Abgabe"* ist Synonym des früheren Rechtsbegriffs des *„Überlassens"* (Klindt/Schucht in Klindt (Hrsg.), ProdSG § 2 Rn. 26).

§ 2 – Pflichtenbegründende Handlungen

Bereitsteller das Erzeugnis aus der Hand gibt und der andere es in Empfang nimmt.[67] Zur weiteren Eingrenzung des Begriffs wurde auf den Übergang der tatsächlichen Sachherrschaft[68], der tatsächlichen Verfügungsgewalt[69] oder der Übertragung der völligen Sachherrschaft[70] abgestellt. Der Übernehmer müsse Zugriff auf das Produkt haben und mit ihm eigenverantwortlich umgehen können. Denn ab dann ginge das produktspezifische Gefahrenpotenzial über.[71] Dieser Literaturmeinung lag ersichtlich die Ansicht zugrunde, dass das Produktsicherheitsrecht den Schutz des Einzelnen bezwecke. Die an das Inverkehrbringen anknüpfenden Herstellerpflichten wurden hiernach immer dann und erst dann ausgelöst, wenn die Gefahrenquelle, d. h. das Produkt, physisch in den Machtbereich des Übernehmenden gelangte. Dies ist im produktsicherheitsrechtlichen Schrifttum auch das heute noch vorherrschende Verständnis.[72] Die Gesetzgeber anderer EU-Mitgliedstaaten ziehen diesen Schluss indes nicht. Die produktverkehrsrechtlichen Pflichten der Wirtschaftsakteure werden dort zum Teil mit dem bloßen Feilbieten und -halten ausgelöst, d. h. unabhängig vom Übergang eines Gefahrenpotenzials.[73] Problematisch war und ist die Anknüpfung an den Übergang des Gefahrenpotenzials auch deshalb, weil mit dem bloßen Halten eines Produkts ganz regelmäßig keine Gefahr einhergeht. Produktrisiken entstehen erst mit seiner Verwendung auf Endnutzerebene und sind nur im Zusammenhang mit dieser Verwendung verständlich (→ Rn. 357 ff.). Da aber eine Bereitstellung auch auf den vorgelagerten Vertriebsstufen stattfindet (Hersteller – Großhandel – Einzelhandel), kann es für den Begriff der Bereitstellung auf einen Gefahr-/Risikoübergang nicht ankommen. Die Europäische Kommission legt den Fokus

---

[67]Scheel, in Landmann/Rohmer (Hrsg.), GPSG § 2 Rn. 57; Klindt, NJW 2004, 465 (467); ders., Geräte- und Produktsicherheitsgesetz - GPSG, § 2 Rn. 59–64; Littbarski, VersR 2005, 448 (452).
[68]Janiszewski, Gerätesicherheitsrecht, S. 38 f.
[69]Klindt, Geräte- und Produktsicherheitsgesetz – GPSG, § 2 Rn. 58.
[70]Schmatz/Nöthlichs, 1025 § 2 Anm. 7.1, S. 20.
[71]Wilrich, Das neue Produktsicherheitsgesetz (ProdSG), Rn. 153; Klindt, Geräte- und Produktsicherheitsgesetz – GPSG, § 2 Rn. 60 und Wiebauer, EuZW 2012, 14 (15 f.).
[72]Gauger, Produktsicherheit und staatliche Verantwortung, S. 90; Klindt/Schucht, in Klindt (Hrsg.), ProdSG, § 2 Rn. 26; Schucht, VuR 2013, 86 (88); ders., EuZW 2013, 90 (92); Wiebauer, EuZW 2012, 14 (16); Wilrich, Das neue Produktsicherheitsgesetz (ProdSG), Rn. 153 und 162; Gesmann-Nuissl, Weiterentwicklung des BAuA-Produktsicherheitsportals: Internethandel und Produktsicherheit, S. 52–54; Scheel, in Landmann/Rohmer (Hrsg.), GPSG § 2 Rn. 57 f.
[73]Siehe etwa aus dem französischen Recht zu Produkten nach der ATEX-Richtlinie (2014/34/EU), der Druckbehälterrichtlinie (2014/29/EU) oder der Druckgeräterichtlinie (2014/68/EU), Art. L557-4 des französischen Umweltgesetzbuchs in der Fassung des Gesetzes Nr. 2013–619 vom 16.7.2013; zu der Niederspannungsrichtlinie (2014/35/EU) unterfallenden Betriebsmitteln siehe Dekret Nr. 2015–1083 vom 27.8.2015, JORF Nr. 0199 vom 29.8.2015, Seite 15.348; zu der Maschinenrichtlinie (2006/42/EG) unterfallenden Maschinen siehe Art. L4311-1 und Art. R4313-17 des französischen Arbeitsgesetzbuchs. Zu anderen Rechtsordnungen → Rn. 294 (Fn. 768).

denn auch eher auf das den Harmonisierungsmaßnahmen gemeinsame Ziel, nämlich dass ein gemeinsamer Markt für die jeweiligen Produkte oder Produktgruppen in der Europäischen Union entstehen kann und der **freie Warenverkehr** entsprechend den dortigen Vorgaben gesichert wird: *„Die zentrale Rolle, die das Konzept der Bereitstellung in den Harmonisierungsrechtsvorschriften der Union spielt, hängt mit der Tatsache zusammen, dass [sich] alle Wirtschaftsbeteiligten in der Lieferkette [...] aktiv an der Gewährleistung beteiligen müssen, dass sich nur konforme Produkte auf dem Unionsmarkt befinden".*[74] Die **Pflichten der Wirtschaftsakteure sind** demnach zuvörderst **im Zusammenhang mit der Binnenmarktverwirklichung zu sehen.**[75] Es geht darum sicherzustellen, dass Produkte mit Binnenmarktrelevanz im Unionsmarkt nur dann zirkulieren, wenn sie den harmonisierten technischen Produktanforderungen entsprechen. Hierfür werden die Wirtschaftsakteure in die Pflicht genommen. Jeder auf seiner Stufe innerhalb der Absatzkette. Entsprechend werden die den Wirtschaftsakteuren auferlegten **Pflichten immer dann** ausgelöst, **wenn das Produkt zirkuliert,** es also rechtlich innerhalb der Absatzkette in die nächste Stufe abgegeben wird. Hierbei kommt es auf eine physische Übergabe des Produkts richtigerweise nicht an.[76]

292   Hingegen bezweckt die auf die Umweltkompetenz nach 192 Abs. 1 AEUV gestützte Richtlinie 2012/19/EU bzw. in deren Umsetzung das ElektroG nicht die Verwirklichung des Binnenmarktes. Sie verfolgen abfallwirtschaftliche Ziele (→ Rn. 668). Die dortige

---

[74]Europäische Kommission, Leitfaden für die Umsetzung der Produktvorschriften der EU 2016, ABl. 2016 C 272, 18.

[75]Der Regelungswille des europäischen Gesetzgebers zielt bei auf Art. 114 AEUV gestützter Rechtsangleichung zwingend auf die Binnenmarktverwirklichung. Er verfolgt das ordnungspolitische Ziel der Schaffung eines freien Wirtschaftsraumes. Der Schutz des mit der jeweiligen Harmonisierungsmaßnahme verfolgten öffentlichen Interesses ist lediglich Reflex der zur Verwirklichung eines gemeinsamen Marktes erforderlichen Rechtsangleichung, nicht aber ein eigenständig verfolgtes Ziel (→ Rn. 52, 86 f.).

[76]Europäische Kommission, Leitfaden für die Umsetzung der Produktvorschriften der EU 2016, ABl. 2016 C 272, 18. Auch im Produkthaftungsrecht (Produkthaftungsrichtlinie 85/374/EWG) kommt es auf einen Übergang der tatsächlichen Sachherrschaft nicht an. Danach ist Inverkehrbringen die endgültige, willentliche Entlassung des Produkts aus dem Einfluss- und Organisationsbereichs des Herstellers (MüKo/Wagner, § 1 ProdHaftG Rn. 24–30 m.w.Nachw.). Gekleidet in die Metapher des Werktorprinzips ist hiernach ein Produkt in Verkehr gebracht, wenn es das Werktor des Herstellers mit dessen Willen passiert hat (Taschner/Frietsch, Produkthaftungsgesetz und EG-Produkthaftungsrichtlinie, Art. 7 Richtl. Rn. 7; Graf von Westphalen, in Foerste/Graf von Westphalen (Hrsg.), Produkthaftungshandbuch, § 46 Rn. 20 ff.). In diesem Sinne auch die Rechtsprechung des Gerichtshofs, wonach *„ein Produkt als im Sinne von Artikel 11 der Richtlinie [...] in den Verkehr gebracht anzusehen [ist], wenn es den vom Hersteller eingerichteten Prozess der Herstellung verlassen hat und in einen Prozess der Vermarktung eingetreten ist, in dem es in ge- oder verbrauchsfertigem Zustand öffentlich angeboten wird"* (EuGH, Urt. v. 9.2.2006, O'Byrne, C-127/04, EU:C:2006:93, Rn. 27).

§ 2 – Pflichtenbegründende Handlungen

Produktverantwortung des Herstellers – Verantwortung für die Entsorgung der Geräte – wird erst begründet, wenn er die Sache aus den Händen gibt, d. h. einem anderen physisch überlässt. Denn nur dann liegt ein abfallwirtschaftlich bedeutsames Verhalten vor, so das Gerät erst dann so in den Rechtsverkehr gelangt, dass es später als Altgerät zur Entsorgung ansteht.[77]

b. Zeitlich gestreckter Vorgang des Abgebens

Die Abgabe ist denn auch mit und gemäß der Europäischen Kommission als zeitlich gestreckter einheitlicher Vorgang zu denken und erschöpft sich nicht in einer einzelnen Handlung. Bildlich kann sie in Form einer Zeitschiene gedacht werden, welche bei aus Drittländern eingeführten Produkten in der Mitte eine Grenze zur EU ausweist. Wird während des Abgebens die Grenze überschritten liegt Inverkehrbringen vor. Lediglich bei den an den Endnutzer in der EU gerichteten Produktangeboten (siehe nachstehend *i)*) aus Drittländern wird das Bild eines einheitlichen Vorgangs durchbrochen.

Beipiel bei welchem die Abgabe im außereuropäischen Ausland beginnt, aber Leistungshandlung (namentlich der Transport) und -erfolg (auch) in der EU stattfinden und solchermaßen die Abgabe auch in der EU erfolgt.

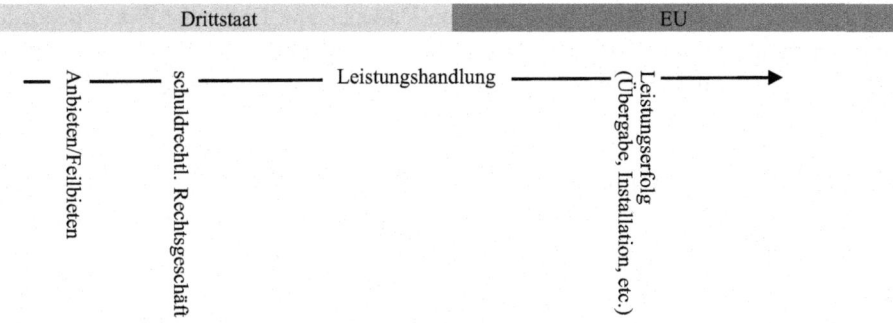

Die Abgabe beginnt jedenfalls mit dem Abschluss eines auf die Übertragung von Eigentum, Besitz oder sonstigen Rechts gerichteten Rechtsgeschäfts,[78] erstreckt sich die Abgabe weiter auf und erfasst die geschuldeten Leistungshandlungen und endet mit

---

[77]Giesberts/Hilf, ElektroG, § 3 Rn. 46; OLG des Landes Sachsen-Anhalt, 1 Ss (B) 109/09, juris, Rn. 14.
[78]Die beim Gattungskauf notwendige Individualisierung (siehe namentlich hinsichtlich des In-Gang-Setzens von Fristen, etwa → Rn. 682) wird über das in Vollziehung des Rechtsgeschäfts letztlich ausgelieferte Produkt erfolgen müssen und dieses Produkt als zum Zeitpunkt des Abschlusses des Rechtsgeschäfts (ggf. bereits zum Zeitpunkt des Anbietens → Rn. 294 f.) abgegeben gelten müssen.

deren Erbringung, inklusive der mit dem Rechtsgeschäft verfolgten Rechtseinräumung. Findet eines dieser Ereignisse in der EU statt, erfolgt die Abgabe (auch) in der EU und wird das Produkt zu diesem Zeitpunkt – erste Abgabehandlung in der EU – auf dem Unionsmarkt bereitgestellt und in Verkehr gebracht: *i)* Richtet sich der Produkte-Anbieter im Rahmen einer Geschäftstätigkeit mit seinem Angebot an Verbraucher oder andere Endbenutzer in der EU (namentlich Online-Händler außerhalb der EU), bietet er in der EU an. Das auf das Angebot hin zustande kommende Rechtsgeschäft gilt produktverkehrsrechtlich als in der EU zustandegekommen, ist das Produkt von da an, d. h. mit Abschluss des Rechtsgeschäfts, als in Verkehr gebracht anzusehen und findet solchermaßen bei aus Drittländern eingeführten Erzeugnissen ein Inverkehrbringen noch vor der Überführung in den zollrechtlich freien Verkehr statt.[79] *ii)* Finden Angebot bzw. Aufforderung zum Angebot und der Kauf außerhalb der EU statt und liefert der im Drittland ansässige Hersteller an einen in der EU ansässigen deutschen Händler, Verbraucher oder sonstigen Endbenutzer *„frei Haus"*, dann beginnt mit dem Kauf die Abgabe außerhalb der EU, wird mit der Überführung in den zollrechtlich freien Verkehr die Ware in Verkehr gebracht und endet die Abgabe mit der Belieferung am Haus des Kunden.[80] *iii)* Finden der Kauf und die rechtsgeschäftlich geschuldeten Leistungen, inklusive Rechtseinräumung, außerhalb der EU statt (z. B. nach incoterms EXW oder FCA außerhalb der EU), bringt der im Drittland ansässige Hersteller mangels Abgabe in der EU das Produkt nicht in Verkehr. Er agiert nicht auf dem Unionsmarkt. Er hat die ihm obliegenden Leistungen außerhalb der EU erbracht. Ein Inverkehrbringen erfolgt in diesem Fall erst und nur dann, wenn der Geschäftspartner des Herstellers seine Abnehmer in der EU

---

[79]Europäische Kommission, Leitfaden für die Umsetzung der Produktvorschriften der EU 2016, ABl. 2016 C 272, 19 f.: *„Von in der EU niedergelassenen Online-Anbietern zum Kauf angebotene Produkte gelten als auf dem Unionsmarkt in Verkehr gebracht, unabhängig davon, wer sie in Verkehr gebracht hat (der Online-Händler, der Einführer usw.). Produkte, die online von Händlern außerhalb der EU zum Kauf angeboten werden, gelten als auf dem Unionsmarkt in Verkehr gebracht, wenn die Verkäufe besonders auf Verbraucher oder andere Endbenutzer in der EU ausgerichtet sind."* Ebd., S. 21: *„Das Inverkehrbringen kann vor der Überführung in den zollrechtlich freien Verkehr stattfinden, etwa im Falle von Online- Verkäufen durch Wirtschaftsakteure außerhalb der EU, auch wenn die physische Überprüfung der Konformität der Produkte frühestens dann stattfinden kann, wenn sie beim Zoll in der EU ankommen."* Für Einfuhren in Deutschland im Ergebnis ebenso (allerdings mit Blick auf § 2 Nr. 15 S. 2 ProdSG) Gesmann-Nuissl, Weiterentwicklung des BAuA-Produktsicherheitsportals: Internethandel und Produktsicherheit, S. 56 f.; Wiebauer, EuZW 2012, 14 (18).

[80]Europäische Kommission, Leitfaden für die Umsetzung der Produktvorschriften der EU 2016, ABl. 2016 C 272, 21:
Bevor sie den Endnutzer in der EU erreichen können, werden Produkte aus Ländern außerhalb der EU dem Zoll nach dem Verfahren der Überführung in den zollrechtlich freien Verkehr vorgestellt. Ziel der Überführung in den zollrechtlich freien Verkehr ist es, alle Einfuhrformalitäten zu erfüllen, damit die Waren auf dem EU-Markt bereitgestellt werden können, so wie dies auch bei jedem in der EU hergestellten Produkt der Fall ist. Wenn daher Produkte dem Zoll nach dem Verfahren der Überführung in den zollrechtlich freien Verkehr vorgestellt werden, so kann in der Regel davon ausgegangen werden, dass die Produkte auf dem Unionsmarkt in Verkehr gebracht werden und daher den geltenden Harmonisierungsrechtsvorschriften der Union entsprechen müssen.

beliefert, d. h. das Produkt in der EU abgibt (Einführer). So kann bei aus Drittländern importierten Produkten das Inverkehrbringen auch nach der Überführung in den zollrechtlich freien Verkehr stattfinden[81] und werden hiervon die Bereitstellungen des Einführers und des Eigenmarken-Herstellers[82] erfasst. *iv)* Der Privatimport in Form des Warenimports zu eigenen Zwecken ist kein Inverkehrbringen[83] und wäre eine spätere Abgabe keine Abgabe eines neuen Produkts (→ Rn. 314).

c. Feilbieten, Feilanbieten und Anbieten

Unklar bleibt, ob die Europäische Kommission bereits an der dem Rechtsgeschäft vorgelagerten Stufe des Feilhaltens, Feilanbietens und Anbietens anzusetzen gedenkt. Deren Äußerungen deuten darauf hin.[84] Eine solche frühzeitige Anknüpfung innerhalb der Produktvermarktung wäre vor dem Hintergrund des mit der Rechtsangleichung verfolgten Ziels der Schaffung einheitlicher Wettbewerbsbedingungen naheliegend, wenn nicht gar zwingend. Entgegen teilweiser heftiger Kritik der Vertretungen der deutschen Industrie wäre sie auch wirtschaftlich zu begrüßen.[85] Je später nämlich die Harmonisierung an der Produktvermarktung ansetzt, je später findet die mit der Harmonisierung einhergehende

294

---

[81] *Ebd.*, 21.

[82] Liefert der (im Drittland oder in der EU ansässige) *Original Equipement Manufacturer* an den Eigenmarken-Hersteller *(Private Label Manufacturer)*, kann hierin keine Bereitstellung durch den *Original Equipement Manufacturer* liegen, weil Hersteller im Rechtssinne der Eigenmarken-Hersteller ist (→ Rn. 274). Die Lieferung des *Original Equipement Manufacturer* an den Eigenmarken-Hersteller wird anders gewendet vom Recht des technischen Produkts nicht erfasst (ebenso Wiebauer, EuZW 2012, 14 (16)).

[83] Europäische Kommission, Leitfaden für die Umsetzung der Produktvorschriften der EU 2016, ABl. 2016 C 272, 19.

[84] Europäische Kommission, Leitfaden für die Umsetzung der Produktvorschriften der EU 2016, ABl. 2016 C 272, 17: „*Die Bereitstellung eines Produkts auf dem Markt bedeutet jede entgeltliche oder unentgeltliche Abgabe eines Produkts zum Vertrieb, zum Verbrauch oder zur Verwendung auf dem Unionsmarkt im Rahmen einer gewerblichen Tätigkeit. Diese **Bereitstellung umfasst jegliches Angebot zum Vertrieb, Verbrauch oder zur Verwendung auf dem Unionsmarkt**, das zu einer tatsächlichen Bereitstellung führen kann (z. B. eine Aufforderung zum Kauf, Werbekampagnen)* (Hervorhebung diesseits)." *Dies.*, Bekanntmachung der Kommission zur Marktüberwachung von online verkauften Produkten, ABl. 2017 C 250, 5 f.; Guide to application of the Machinery Directive 2006/42/EC, Edition 2.1, § 74: „Placing on the market includes any offer for distribution, consumption or use on the EU market which could result in actual supply (e. g. an invitation to purchase, advertising campaigns) and this includes the general offer to supply into the EU on the internet. Therefore, if a machine is offered or advertised for supply (and hence use) on the internet into the EU it is considered as being placed on the market in the same way as a machine may be advertised for supply in a newspaper or magazine, and so the machinery must comply with the Machinery Directive." Vgl. zum Willen der Kommission das „*Anbieten zum Verkauf*" oder das „*Vorhalten zum Verkauf*" als im Begriff des Bereitstellens mitenthalten zu begreifen, Gesmann-Nuissl, Weiterentwicklung des BAuA-Produktsicherheitsportals: Internethandel und Produktsicherheit, S. 54 (Fn. 83).

[85] Ebenso (jedoch unter dem Gesichtspunkt des Schutzes von Leib und Leben), Gesmann-Nuissl, Weiterentwicklung des BAuA-Produktsicherheitsportals: Internethandel und Produktsicherheit, S. 59.

Sperre nationaler Rechtssetzungsbefugnisse statt und umso mehr sieht sich der exportwillige Wirtschaftsakteur mit disparaten Regelungsansätzen der Mitgliedstaaten konfrontiert. Die unionalen Rechtsvorschriften knüpfen die Pflichten der Wirtschaftsakteure an die Bereitstellung und ist die Bereitstellung das zeitliche Moment des die Sperrwirkung bestimmenden Regelungsbereichs. Nichts hält die Mitgliedstaaten sonach davon ab und verbietet ihnen, die Pflichtenbegründung an Vorgänge im Vorfeld des Bereitstellens festzumachen und das Pflichtenprogramm für den Zeitraum vor dem Bereitstellen inhaltlich gar zu erweitern. Die Regelungen innerhalb der Mitgliedstaaten waren und sind in diesem Zusammenhang denn auch uneinheitlich.[86] Würde man das Feilbieten, Feilanbieten

---

[86]Vgl. Comparative inventory of national transposition measures of GPSD, abrufbar unter URL: http://ec.europa.eu/consumers/cons_safe/keydocs/gpsd_comp_inv_a_en.pdf: S. 211 ff.: Republik **Österreich,** Produktsicherheitsgesetz vom 1.4.2004, 1. Kapitel, Abschn. 3 Nr. 8: *„Marketing* [=pflichtenbegründende Handlung] *shall mean the offering for sale, sale, introduction, giving-out for free or distribution of a product and its application or giving it within the scope of rendering a service".* S. 771 ff.: Republik **Finnland,** Act on the safety of consumer products and services, Statute Book 75/2004, Abschn. 1: *„This Act applies to consumer products that an entrepreneur manufactures, markets, sells or otherwise in conjunction with his or her business activities supplies, imports, exports or transits, and to consumer services that are supplied, performed, marketed, sold or otherwise provided".* S. 1140 ff.: Königreich **Dänemark,** Act CLV of 1997 on Consumer Protection, 1. Teil, 1. Kapitel, Abschn. 2, lit. i): *„Marketing to consumers* [=pflichtenbegründende Handlung]: *the distribution of goods or the provision of services directly to consumers, as the end user, furthermore the provision of complementary samples or goods".* S. 1424 ff.: Republik **Lettland,** Products and Services Safety Law vom 28.4. 2004, Art. 4: *„A producer has a duty to produce and put into circulation only safe products, which are harmless to human life and health, and personal property, as well as the environment. The producer shall be liable for the safety of the product put into circulation".* S. 1512 ff.: Republik **Litauen,** Produktsicherheitsgesetz vom 1.6.1999 No VIII-1206 Vilnius, Art. 3 Nr. 2: *„Placing of a product on the market shall mean keeping/storage of a product, its distribution, lease, or any other way of transfer of the product to consumers".* S. 1637 ff.: Republik **Malta,** Product Safety Act vom 1.3.2001, Abschn. 12: *„Any person who (a) sells, hires, exposes or offers for sale or hire or has in his possession for the purposes of such sale, hire, exposure or offer, any product which does not comply with the provisions of this Act or of any regulation made under this Act; or (b) deposits with, or otherwise supplies to, any other person any such product, under whatever title, whether for consideration or not, for the purpose of such sale, hire, offer or exposure, shall be guilty of an offence under this Act".* S. 1719 ff.: Königreich der **Niederlande,** Gesetz vom 15.9.2005, Art. 1 Abs. 1 lit. e.: *„Trade* [=pflichtenbegründende Handlung]: *the offering for sale, exposure for sale, displaying, selling, delivering, having at hand or having in stock of a commodity".* S. 1821 ff.: Republik **Polen,** Gesetz vom 12.12.2003 über die allgemeine Produktsicherheit, Art. 3 Abs. 5: *„placing on the market shall mean a situation where a product is supplied or made available to a distributor or consumer by a manufacturer or distributor".* S. 2224 ff.: Königreich **Schweden,** Code of Statutes N°: 2004:451 vom 27.5.2004, Abschn. 6 Abs. 5: *„supply goods* [=pflichtenbegründende Handlung]: *means to transfer of offer goods, or grant the right to use goods".* S. 2300 ff.: **Vereinigtes Königreich,** Statutory Instruments 2005 N°. 1803 Consumer Protection vom 30.6.2005, Teil 2, Abschn. 5 (General safety requirement): *„(1) No producer shall place a product on the market unless the product is a safe product. (2) No producer shall offer or agree to place a product on the market or expose or possess a product for placing on the market unless the product is a safe product. (3) No producer shall offer or agree to supply a product or expose or possess a product for supply unless the product is a safe product. (4) No producer shall supply a product unless the product is a safe product".*

und das Angebot als vom Begriff des Bereitstellens nicht erfasst und als auf Unionsebene nicht geregelt ansehen, blieb es zu diesen Vorgängen bei unterschiedlichen und von Mitgliedstaat zu Mitgliedstaat abweichenden Regelungen.

Vom Wortsinn des Begriffs der Abgabe wären das Feilbieten, Feilanbieten und das Anbieten gedeckt, wenn man, wie ausgeführt (→ Rn. 293), die *"Abgabe eines Produkts [...] auf dem Unionsmarkt"* nicht als Abgabe an einen anderen, also nicht als eine einmalige Handlung, sondern als einen Vorgang bzw. Prozess begreift. Dieser könnte parallel zur Rechtsprechung des Gerichtshofs zum Inverkehrbringensbegriff der Produkthaftungsrichtlinie als dann in Gang gesetzt betrachtet werden, sobald das Produkt vermarktet wird, in dem es in ge- oder verbrauchsfertigem Zustand angeboten wird, also nicht erst mit Abschluss des auf eine Rechtseinräumung gerichteten Rechtsgeschäfts.[87] Dies scheint auch das Begriffsverständnis der Europäischen Kommission zu sein und würde sich mit demjenigen der Gesetzgeber vieler anderer Mitgliedstaaten decken. Dieses Begriffsverständnis sollte vom Hersteller umso mehr als Basis seines Handelns herangezogen werden, als Marktüberwachungsbehörden nicht abwarten müssen bis das Produkt tatsächlich in den Ausgang gelangt.[88] Im sachlichen und gegenständlichen Geltungsbereich des ProdSG ist weiter auf den dortigen § 3 Abs. 5 zu verweisen, wonach nur nach Maßgabe des ProdSG marktfähige Produkte angeboten werden können (→ Rn. 306). Demgemäß ist das Feilbieten, Feilanbieten und Anbieten – jedenfalls bezogen auf die öffentlich-rechtlichen sicherheitstechnischen Anforderungen – auch dann pflichtenbegründend, wenn man mit der wohl h.M. im deutschen produktsicherheitsrechtlichen Schrifttum für die Abgabe einen Sachherrschaftswechsel fordern sollte.

d. Auf dem Unionsmarkt

Die Abgabe eines Produkts ist nur dann Bereitstellung auf dem Unionsmarkt im Sinne des Art. R1 Nr. 1 des Anhangs I des Beschlusses 768/2008/EG, wenn die Endnutzung des Produkts ebenfalls auf diesem Markt erfolgen soll. Die Abgabe von Produkten sowohl zum weiteren Vertrieb, zum Einbau in ein Endprodukt als auch zur weiteren Verarbeitung oder Veredelung, um das Endprodukt nach außerhalb des EU-Markts zu exportieren, ist keine Bereitstellung.[89] Entsprechendes gilt – dort bezogen auf das Bundesgebiet – für den Begriff der Bereitstellung in § 3 Nr. 7 ElektroG und dem des Inverkehrbringens nach § 2 Abs. 16 BattG.

---

[87] EuGH, Urt. v. 9.2.2006, O'Byrne, C-127/04, EU:C:2006:93, Rn. 27.
[88] Europäische Kommission, Bekanntmachung der Kommission zur Marktüberwachung von online verkauften Produkten, ABl. 2017 C 250, 5. Vgl. auch VG München, Urt. v. 8.2.2001, M 22 K 00.3959, juris.
[89] Europäische Kommission, Leitfaden für die Umsetzung der Produktvorschriften der EU 2016, ABl. 2016 C 272, 17.

e. Zweifaches Inverkehrbringen

297 Die Europäische Kommission geht davon aus, dass in jedem Fall ein in der EU ansässiger Marktakteur die Verantwortung für das Inverkehrbringen trägt, sei es ein in der Union ansässiger Hersteller oder Einführer.[90] Stellt der drittländische Hersteller das Produkt in der EU bereit und bringt es solchermaßen in Verkehr, wird trotz bereits erfolgtem Inverkehrbringens diejenige in der EU ansässige natürliche oder juristische Person als (weiterer) Inverkehrbringer behandelt (Einführer), die in der Absatzkette nach dem Hersteller als erste ein Produkt aus einem Drittland auf dem EU- Markt bereitstellt. Hiernach steht ein vorheriges Inverkehrbringen durch den drittländischen Hersteller einem *„zweiten"* Inverkehrbringen nicht entgegen.[91]

f. Einzelfälle

298 Keine Abgabe liegt nach Vorstehendem vor, wenn der Arbeitgeber **Arbeitsmittel** für Beschäftigte im Betrieb bereitstellt. Ebenso liegt im Falle der **Zurverfügungstellung** von Erzeugnissen **an Dienstleister,** etwa zur Montage, zum Verpacken oder zur Etikettierung, zur Instandhaltung, zur Beförderung oder zur Lagerung oder Verwahrung eine Abgabe nicht vor. Es fehlt in all diesen Fällen an einem auf die Übertragung von Eigentum, Besitz oder sonstigen Rechts gerichteten Rechtsgeschäft.[92] Aus gleichem Grund ist auch die Zurverfügungstellung von Produkten **im Rahmen einer Dienstleistung** keine Abgabe.[93] Praxisrelevant ist ferner die rechtliche Beurteilung des Überlassens von **Produktmustern und Prototypen** für Probe-, Schulungs- und Testläufe. Eindeutig keine Bereitstellung ist es, wenn der Hersteller den Einsatz und die Verwendung solcher

---

[90] Zur Koexistenz von auf dem EU-Markt bereitstellenden Hersteller und Einführer, vgl. Europäische Kommission, Leitfaden für die Umsetzung der Produktvorschriften der EU 2016, ABl. 2016 C 272, 33: *„Bei dem von einem Hersteller benannten Bevollmächtigten kann es sich um einen Einführer oder Händler im Sinne der Harmonisierungsrechtsvorschriften der Union handeln, der in diesem Falle ebenfalls den einschlägigen Verpflichtungen nachkommen muss."* Ebd., 34: *„Wünscht der Einführer, im Namen des Herstellers administrative Pflichten wahrzunehmen, so muss er vom Hersteller ausdrücklich dazu benannt werden, als Bevollmächtigter aufzutreten."* Vgl. auch Wiebauer, EuZW 2012, 14 (17); Gauger, Produktsicherheit und staatliche Verantwortung, S. 92 f.; Wilrich, Das neue Produktsicherheitsgesetz (ProdSG), Rn. 195.

[91] Wiebauer, EuZW 2012, 14 (18), sieht wegen des doch klaren Wortlauts der Inverkehrbringensdefinition *(„erstmalige")* eine *„teuer erkaufte"* Lösung in der Notwendigkeit der Inpflichtnahme eines verantwortlichen Marktakteurs mit Sitz in der EU.

[92] Im Ergebnis ebenso (aber über die Figur des Besitzdieners nach § 855 BGB) Schmatz/Nöthlichs, 1025 § 2 Anm. 7.1, S. 20; Wilrich, Das neue Produktsicherheitsgesetz (ProdSG), Rn. 153–155, 160; vgl. auch Gauger, Produktsicherheit und staatliche Verantwortung, S. 91.

[93] Vgl. auch Wilrich, Das neue Produktsicherheitsgesetz (ProdSG), Rn. 159; Schmatz/Nöthlichs,1025 § 1 Anm. 2.1, S. 33.

Muster und Proben kontrolliert oder beaufsichtigt.[94] Bei der Übergabe eines funktionsfähigen Musters zu Test- und Versuchszwecken, dessen Betrieb nicht mehr der Aufsicht des Herstellers unterliegt, ist indes von einer Abgabe jedenfalls dann auszugehen, wenn die Testphase auf Dauer angelegt ist und das Produkt im Test seiner bestimmungsgemäßen Verwendung zugeführt wird (z. B. unbegrenzte Überlassung einer Kaffeemaschine zu Testzwecken). Das Produkt *„zirkuliert"* (→ Rn. 291) hingegen nicht notwendigerweise bereits dann, wenn der Hersteller dem potenziellen Kunden für nur wenige Tage eine Vorführmaschine mitgibt und dieser in seinem Betrieb ein paar Probeläufe startet.[95] Jedenfalls würde es hier, wie auch bei der Übergabe von Funktionsmustern an den zukünftigen Käufer, der Übergabe von Baumustern an Prüflabore oder der Übergabe ähnlicher Muster zu Prüfzwecken an einer Abgabe zur Verwendung (→ Rn. 300) fehlen.[96] Nach wohl h.M. soll auch die **Übergabe von Produkten zwischen Unternehmen im Konzern** Abgabe sein.[97]

2. Entgeltlich oder unentgeltlich

Das Rechtsgeschäft bzw. die mit dem Rechtsgeschäft verfolgte Rechtseinräumung kann entgeltlich oder unentgeltlich erfolgen.   299

3. Zum Vertrieb, Verbrauch oder zur Verwendung

Bereitstellung ist *„die Abgabe eines Produkts zum [Weiter-]Vertrieb, Verbrauch oder zur Verwendung"*. Bei erstem Hinsehen stellen diese Nutzungsarten auf die künftige Nutzung des Abnehmers ab. Dies erscheint wenig sinnvoll.[98] So kann es für die Frage des Bereitstellens fürwahr nicht entscheidend sein, wie der Abnehmende das Produkt letztlich nutzt oder ggf. auch nicht nutzt. Wie jedoch der Wendung *„Abgabe eines Produkts zum ..."* zu entnehmen ist, kommt es nicht auf die *tatsächliche* künftige Nutzung an. Entscheidend ist vielmehr, dass das Produkt – zum Zeitpunkt seiner Abgabe – dazu bestimmt ist, innerhalb der Lieferkette bis hin zum Endverwender zu zirkulieren. Es kommt also gerade nicht auf die Nutzungsabsicht des Abnehmers an. Die französische Sprachfassung gibt dies (auch) wörtlich wieder. Hiernach ist Bereitstellung *„toute fourniture d'un produit destiné à être distribué, consommé ou utilisé sur le marché communautaire dans le cadre d'une activité*   300

---

[94] Schucht, EuZW, 2013, 90 (92); Klindt/Schucht, in Klindt (Hrsg.), ProdSG, § 2 Rn. 41.
[95] A. A. Schmatz/Nöthlichs, 1025 § 2 Anm. 7.1, S. 20 (Überlassung zur vorübergehenden Nutzung); Schucht, EuZW, 2013, 90 (92); Klindt/Schucht in Klindt (Hrsg.), ProdSG, § 2 Rn. 39.
[96] Wie hier Europäische Kommission, Leitfaden für die Umsetzung der Produktvorschriften der EU 2016, ABl. 2016 C 272, 19, wonach es sich nicht um ein Inverkehrbringen handelt, *„wenn noch als in der Herstellungsphase befindlich erachtete Prototypen zu Erprobungs- oder Validierungszwecken übertragen werden"*.
[97] *LASI*, Produktsicherheitsgesetz, S. 10 f.; Klindt/Schucht, in: Klindt (Hrsg.), ProdSG, § 2 Rn. 32; Wilrich, Das neue Produktsicherheitsgesetz (ProdSG), Rn. 167.
[98] Wilrich, Das neue Produktsicherheitsgesetz (ProdSG), Rn. 152.

commerciale, à titre onéreux ou gratuit" („jede Abgabe eines zum Vertrieb, Verbrauch oder zur Verwendung bestimmten Produkts auf dem Gemeinschaftsmarkt im Rahmen einer Geschäftstätigkeit"). Wie bei der Produktwidmung (→ Rn. 359, 611) ist bei den Abgabezwecken auf die Sicht des Abgebenden abzustellen.[99] Über diese Abgabezwecke begrenzt der europäische Gesetzgeber den Regelungsbereich des europäischen Produktverkehrsrechts nicht unerheblich. Ist das Produkt – zum Zeitpunkt seiner Abgabe – dazu bestimmt getestet, vernichtet, entsorgt, ausgestellt oder sonst nicht bestimmungsgemäß verwendet zu werden und zirkuliert es damit außerhalb der Lieferkette, wird es mangels Bereitstellens vom europäischen Produktverkehrsrecht nicht (mehr) erfasst.[100] Dies ist vor dem Hintergrund der Binnenmarktverwirklichung auch konsequent, weil diese Handlungen keinerlei Binnenmarktrelevanz haben.

301 Rechtsgrundlage der Bereitstellung können Verträge unterschiedlichster Art sein.[101] So etwa ein Kaufvertrag, Leasing- oder Mietvertrag, Leihvertrag oder eine Schenkung. Auf die Vertriebsform kommt es ebenso wenig an. Erfasst werden auch besondere Vertriebsformen, wie Haustürgeschäfte, Fernabsatzverträge oder Verträge im e-commerce. Das Erzeugnis muss aber willentlich überlassen und darf nicht etwa gestohlen werden, es ansonsten *„nicht bereitgestellt, sondern genommen"* wird.[102]

4. Auf dem Unionsmarkt

302 Die Abgabe muss auf dem Markt der Europäischen Union erfolgen. Wird zwar in der Europäischen Union, aber nicht in der Bundesrepublik Deutschland abgegeben, sind indes die nationalen Vorschriften nicht anwendbar. So statuieren Letztere Produktanforderungen und Pflichten nur hinsichtlich der Bereitstellung von Produkten auf dem deutschen Markt. Nicht erfasst ist weiter **Durchfuhrware** aus einem Drittland bzw. der Transitverkehr, d. h. die Beförderung von Erzeugnissen aus Drittländern, ohne dass sie auf den Markt der Europäischen Union gelangen, oder wenn das Erzeugnis noch nicht in den zollrechtlich freien Verkehr überführt oder einem andern Zollverfahren unterworfen worden ist oder wenn es sich in einem Zollfreigebiet befindet.[103] Weiter ist die Abgabe eines Produkts nur dann eine Bereitstellung auf dem Markt, wenn das Produkt für den Unionsmarkt bestimmt ist. Ist das Produkt für den **Export** in ein Drittland bestimmt oder wird es einem Hersteller für weitere Vorgänge, wie dem Einbau in ein Endprodukt oder

---

[99] *Ebd.*
[100] Vgl. Europäische Kommission, Leitfaden für die Umsetzung der Produktvorschriften der EU 2016, ABl. 2016 C 272, 19; Klindt/Schucht in Klindt (Hrsg.), ProdSG, § 2 Rn. 40.
[101] Statt aller Wilrich, Das neue Produktsicherheitsgesetz (ProdSG), Rn. 155 m.w. Nachw.
[102] *Ebd.*, Rn. 156.
[103] Europäische Kommission, Leitfaden für die Umsetzung der Produktvorschriften der EU 2016, ABl. 2016 C 272, 19.

der Weiterverarbeitung überlassen und ist das Endprodukt für den Export in ein Drittland bestimmt, liegt keine Bereitstellung auf dem Markt vor.[104]

5. Im Rahmen einer Geschäftstätigkeit
a. Abgabe von Waren in einem unternehmensbezogenen Kontext

Das Erfordernis der Abgabe des Produkts im Rahmen einer Geschäftstätigkeit dient der Begrenzung des persönlichen Anwendungsbereichs. Der Begriff der Geschäftstätigkeit im Recht des technischen Produkts ist ein unionsrechtlicher. Er fällt nicht notwendigerweise mit den in den nationalen Rechtsordnungen in anderem Zusammenhang gebrauchten Begriffen, wie etwa in Deutschland dem des *„gewerbsmäßigen Handelns"*[105] oder der *„wirtschaftlichen Unternehmung"*[106] zusammen. Dies umso mehr, als auch diese und ähnliche Begrifflichkeiten von Mitgliedstaat zu Mitgliedstaat inhaltlich voneinander abweichen können. Soweit daher auf die nationale Rechtsprechung zu gleichlautenden oder verwandten Begriffen außerhalb des öffentlichen Produktverkehrsrechts verwiesen wird,[107] können diese Verweise nur Anhaltspunkte einer möglichen Auslegung des unionsrechtlichen Begriffs der gewerblichen Tätigkeit sein. Eine Begriffsbestimmung liefern sie mithin nicht. Die Europäische Kommission definiert Geschäftstätigkeit als die Abgabe von Waren in einem unternehmensbezogenen Kontext.[108] Schließt der Gebrauch des Plurals *(„Bereitstellung von Waren")* zumindest aus, dass hiervon auch singuläre Lieferungen erfasst sein sollen,[109] so bleibt **offen, ob** hiernach die **Bereitstellung** von Waren **Gegenstand einer Unternehmung sein muss oder es genügt, dass sie im Zusammenhang mit (irgend)einer Unternehmung erfolgt.** Der Länderausschuss für Arbeitsschutz und Sicherheitstechnik und das deutsche produktsicherheitsrechtliche Schrifttum nehmen Letzteres an.[110] Dem liegt ersichtlich der

303

---

[104]*Ebd.* Siehe auch *LASI,* Produktsicherheitsgesetz, S. 12 f.

[105]Hierzu Wilrich, Das neue Produktsicherheitsgesetz (ProdSG), Rn. 177.

[106]*Ebd.,* Rn. 179.

[107]Vgl. etwa bei Schucht, in: Klindt (Hrsg.), ProdSG, § 1 Rn. 27 ff.; Wilrich, Das neue Produktsicherheitsgesetz (ProdSG), Rn. 177–179.

[108]Europäische Kommission, Leitfaden für die Umsetzung der Produktvorschriften der EU 2016, ABl. 2016 C 272, 17.

[109]Schucht, in Klindt (Hrsg.), ProdSG, § 1 Rn. 29, hingegen möchte jede Teilnahme am Wirtschaftsverkehr und solchermaßen auch vereinzelte Abgabevorgänge vom Begriff der Geschäftstätigkeit erfasst wissen. Auf eine Wiederholungsabsicht soll es mithin nicht ankommen. Anders Wilrich, Das neue Produktsicherheitsgesetz (ProdSG), Rn. 178.

[110]Nach *LASI,* Produktsicherheitsgesetz, S. 8 ist die Formulierung *„im Rahmen einer Geschäftstätigkeit"* zu verstehen als *„jedes von einer natürlichen oder juristischen Person (einschließlich gemeinnütziger Vereine) vorgenommene Bereitstellen, Ausstellen oder erstmalige Verwenden von Produkten zur Erreichung eines wirtschaftlichen Zwecks, wenn hierdurch eine Teilnahme am Wirtschaftsverkehr stattfindet. Die Absicht der Gewinnerzielung ist dabei nicht erforderlich. Tätigkeiten im Rahmen eines Gewerbebetriebs zählen insbesondere als im Rahmen einer Geschäftstätigkeit".* Ähnlich Schucht, in Klindt (Hrsg.), ProdSG, § 1 Rn. 29–34; Wilrich, Das neue Produktsicherheitsgesetz (ProdSG), Rn. 178–181.

Gedanke eines vom ProdSG beabsichtigten umfassenden Sicherheitsschutzes des Endnutzers zugrunde.[111] Konkret geht es um Fälle, bei denen Unternehmen, Selbstständige und sonstige Unternehmungen außerhalb ihres eigentlichen Geschäfts- und Betätigungsfelds Produkte abgeben. Solchermaßen werden etwa Mitarbeiterverkäufe, wie der Verkauf eines abgeschriebenen Arbeitsmittels[112], die Abgabe kostenloser Proben oder von Werbegeschenken[113] oder das Verteilen von Wahlgeschenken durch Parteien[114] als im Rahmen einer Geschäftstätigkeit getätigt angesehen. Diese Sicht ist EU-kompetenzrechtlich nicht unbedenklich (→ Rn. 304).

b. Herstellung einheitlicher Wettbewerbsbedingungen

304 Die Wirtschaftsakteure treffen Vor- und Nachmarktpflichten. Die pflichtenbegründende Handlung ist hier wie da die der Bereitstellung. Die Regelung nicht-marktzugangsbezogener (Nachmarkt-)Pflichten auf Unionsebene stützt sich auf die Binnenmarktkompetenz des Art. 114 Abs. 1 AEUV zur Herstellung einheitlicher Wettbewerbsbedingungen, d. h. der Gewährleistung eines unverfälschten Wettbewerbs (→ Rn. 85–87). Der Sache nach geht es hier um die Beseitigung bestehender oder drohender Wettbewerbsverzerrungen und nicht um die – dem Unionsgesetzgeber einen weitergehenden Handlungsspielraum einräumende – Herstellung der Warenverkehrsfreiheit. Wie an anderer Stelle ausgeführt (→ Rn. 87) ist mit dem Begriff der Wettbewerbsverzerrung gemeint, dass bezogen auf einen bestimmten Produkt- oder Absatzmarkt die Wirtschaftsakteure aus einem Mitgliedstaat am Markt bessere Chancen haben als die aus anderen Mitgliedstaaten, weil sie einer günstigeren Regulierung unterliegen und daher am Markt preiswerter anbieten können. In einem Binnenmarkt dürfen Rechtsunterschiede, die über die Kostenbelastung die Chancen der Marktteilnehmer aus unterschiedlichen Mitgliedstaaten unterschiedlich gestalten, nicht bestehen. Die Kompetenz der Union zur Beseitigung von Wettbewerbsverzerrungen – Sicherstellung eines fairen Wettbewerbs – ist indes begrenzt. Die Wettbewerbsverzerrung, auf deren Beseitigung der Rechtssetzungsakt zielt, muss spürbar sein. „*Geringfügige Wettbewerbsverzerrungen*" vermögen eine Rechtssetzungskompetenz nach Art. 114 Abs. 1 AEUV nicht zu begründen. Maßgebend ist insoweit eine auf die Qualität der Wettbewerbsverzerrung bezogene Betrachtung und sind auf Art. 114 Abs. 1 AEUV gestützte Rechtsangleichungsmaßnahmen nicht zulässig, wenn sich die Unterschiede innerhalb der mitgliedstaatlichen Regelungen nur mittelbar oder hypothetisch auf den Handel innerhalb der Union auswirken oder allenfalls marginale Wettbewerbsverzerrungen zur Folge haben. Die im Recht des

---

[111]Siehe etwa Schucht, in Klindt (Hrsg.), ProdSG, § 1 Rn. 29.

[112]*Ebd.*, § 1 Rn. 31; Wilrich, Das neue Produktsicherheitsgesetz (ProdSG), Rn. 178; vgl. auch (zum GPSG) Lenz/Laschet, Das neue Geräte- und Produktsicherheitsgesetz, Band 1, Kap. 2/2.2, S. 3.

[113]*LASI*, Produktischerheitsgesetz, S. 10; Scheel, in Landmann/Rohmer (Hrsg.), GPSG § 2 Rn. 69; Schucht, in Klindt (Hrsg.), § 1 Rn. 31; Wilrich, Das neue Produktsicherheitsgesetz (ProdSG), Rn. 180.

[114]Wilrich, Das neue Produktsicherheitsgesetz (ProdSG), Rn. 180; Geiß/Doll, Geräte- und Produktsicherheitsgesetz (GPSG), § 1 Rn. 7.

technischen Produkts auf die Herstellung einheitlicher Wettbewerbsbedingungen gerichteten (Nachmarkt-)Pflichten (→ Rn. 672 ff.) sind etwa die den Hersteller treffende Produktbeobachtungspflicht, die Pflicht des Herstellers zur Errichtung eines Rückrufmanagements, die den Hersteller, Einführer und Händler treffende Pflicht zur Sicherstellung der Rückverfolgbarkeit der von ihnen bezogenen und abgegebenen Produkte sowie Mitwirkungspflichten innerhalb der öffentlichen Nachmarktkontrolle. Diese Harmonisierung der Pflichten nach Bereitstellung ist kompetenzrechtlich von vornherein nur dann gerechtfertigt, wenn die hiernach Verpflichteten auf dem jeweils relevanten (Produkt-)Markt mit Anderen in Wettbewerb stehen. Nur insoweit kann es überhaupt zu einem Preiskampf kommen und wären bei unterschiedlichen mitgliedstaatlichen Regelungen Wettbewerbsverzerrungen zu befürchten. Ein solchermaßen wettbewerblich relevantes Tätigwerden ist jedoch nicht gegeben, wenn der Arbeitgeber seinen Mitarbeiten ausgemusterte Maschinen überlässt, Angehörige der freien Berufe deren Kunden Geschenke machen, Unternehmen Weihnachtsgeschenke abgeben, Parteien Wahlgeschenke verteilen und mithin immer dann nicht, wenn die Abgabe nicht Geschäftsgegenstand ist und beiläufig geschieht. Demgemäß sind der unionale Begriff der Geschäftstätigkeit und die in dessen Sog ergangenen nationalen Begriffe so auszulegen, dass sie, bezogen auf den jeweils relevanten (Produkt-)Markt, nur die in Wettbewerb zueinander stehenden Marktteilnehmer erfassen, nämlich mit dem **Vertrieb von regelungsgegenständlichen Erzeugnissen befasste Unternehmungen,**[115] so andernfalls der persönliche Anwendungsbereich zumindest der Nachmarktpflichten kompetenzrechtlich nicht zu rechtfertigen wäre[116]: **Recht des technischen Produkts als Recht der – auf ihrem Markt tätigen – Warenanbieter.**

II. Inbetriebnahme

Einige Harmonisierungsrechtsvorschriften der Neuen Konzeption sowie die Verordnungen (EU) Nr. 167/2013 und (EU) Nr. 168/2013 stellen neben dem Inverkehrbringen auf die Inbetriebnahme ab.[117] Inbetriebnahme ist die erstmalige Benutzung eines Produkts

---

[115] Vgl. auch Gesmann-Nuissl, Weiterentwicklung des BAuA-Produktsicherheitsportals: Internethandel und Produktsicherheit, S. 50 f., wonach für die Qualifizierung von Verkäufen im Internet als „*im Rahmen einer Geschäftstätigkeit*" primär Umfang, Häufigkeit und Anzahl der Verkaufstätigkeit zu berücksichtigen sind.

[116] Einzig die Wendung „*im Rahmen einer gewerblichen Tätigkeit*" erlaubt solche Sachverhalte aus dem Regelungsbereich herauszunehmen, die unter Binnenmarktgesichtspunkten nicht regelungsbedürftig und -fähig sind und der unionale Gesetzgeber mit der jeweiligen Harmonisierungsmaßnahme ersichtlich auch nicht geregelt haben will, weil außerhalb seiner Regelungskompetenz liegend.

[117] ATEX-Richtlinie 2014/34/EU; MID-Richtlinie 2014/32/EU; RED-Rrichtlinie 2014/53/EU; Medizinprodukterichtlinien 93/42/EG; EMV-Richtlinie 2014/30/EU; Sportbooterichtlinie 2013/53/EU; Druckgeräterichtlinie 2014/68/EU; Aufzugsrichtlinie 2014/33/EU; Druckbehälterrichtlinie 2014/29/EU; Ökodesign-Richtlinie 2009/125/EG; VO (EU) 2016/426.

für den beabsichtigten Zweck durch den Endbenutzer im Gebiet der Union. An die Inbetriebnahme sind keine inhaltlichen Anforderungen geknüpft und werden dort keine Anforderungen an die Installation des Produkts, an dessen Montage und Einbau oder an dessen Betrieb begründet.[118] Soweit die Rechtsvorschriften auf die Inbetriebnahme referieren geht es auch hier – und im Gleichlauf zum Inverkehrbringen – um **Anforderungen an das in Betrieb zu nehmende Erzeugnis.**[119] Die Anknüpfung an die Inbetriebnahme hat eine rein **zeitliche Dimension.** Die Inverkehrbringens- bzw. Marktzugangsvoraussetzungen müssen zum Zeitpunkt der Inbetriebnahme (weiterhin) vorliegen. Die Konformität und Marktfähigkeit des Produkts bestimmt sich auch dann grundsätzlich nach den Rechtsvorschriften in der für die Beurteilung der Konformität maßgebenden Fassung, regelmäßig also in der zum Zeitpunkt des Inverkehrbringens geltenden Fassung.[120]

III. Ausstellen

306   Zeitlich entgegengesetzt zur Inbetriebnahme erfasst das Ausstellen Vorgänge im Vorfeld der Bereitstellung. Ausstellen ist gemäß § 2 Nr. 2 ProdSG das *„Anbieten, Aufstellen oder Vorführen von Produkten zu Zwecken der Werbung oder Bereitstellung auf dem Markt"* (vgl. außerhalb des Produktsicherheitsrechts auch § 23a EMVG, § 10 MessEG, § 8 Abs. 2 FuAG). Nach § 3 Abs. 5 S. 1 ProdSG darf ein Produkt im Grundsatz nur ausgestellt werden, wenn es nach Maßgabe des ProdSG marktfähig ist. D. h., die Inverkehrbringens- bzw. Marktzugangsvoraussetzungen nach dem ProdSG müssen im Grundsatz zum Zeitpunkt des Ausstellens (bereits) vorliegen. Die Konformität und Marktfähigkeit des Produkts bestimmt sich im Falle des Ausstellens nach den produktsicherheitsrechtlichen Rechtsvorschriften in der zum Zeitpunkt des Ausstellens des Produkts geltenden Fassung. Entspricht das Produkt nicht den auf es anwendbaren Vorschriften, muss der Aussteller, etwa durch Anbringung eines Hinweisschildes,[121] hierauf deutlich hinweisen und angeben, dass das Gerät erst erworben werden kann, wenn die entsprechende Übereinstimmung hergestellt ist. Der Begriff des Ausstellens erstreckt sich zunächst auf den Vorgang des *„Aufstellens"*. Es ist dies die bloße **Präsentation**

---

[118]Das unionale Produktverkehrsrecht beschäftigt sich nicht mit der Verwendung (→ Rn. 320–322).

[119]Vgl. Generalanwältin Kokott, Schlussanträge v. 14.12.2006, Mickelsson und Roos, C-142/05, EU:C:2006:782, Rn. 33 ff.

[120]Europäische Kommission, Leitfaden für die Umsetzung der Produktvorschriften der EU 2016, ABl. 2016 C 272, 22; siehe auch Erwägungsgrund 61 der Richtlinie 2014/32/EU, Erwägungsgrund 49 der Richtlinie 2014/34/EU, Erwägungsgrund 71 der Richtlinie 2014/53/EU und Erwägungsgrund 57 der Richtlinie 2014/30/EU bzw. die jeweilige Übergangsbestimmung.

[121]Eine Verpflichtung, einen Hinweis mittels Schild zu geben, besteht nicht (BT-Drucks. 17/6276 v. 24.6.2011, 42).

des Produkts[122], wie etwa das Hinstellen eines Produkts im Ladenlokal oder im Schaufenster eines Geschäfts[123]. Mit dem „*Vorführen*" ist die **Darstellung der Funktionsweise** des Produkts[124] bzw. seine Inbetriebnahme zum Zwecke der Demonstration[125] gemeint. Aufstellen und Vorführen verlangen nicht öffentliche Zugänglichkeit des Ortes der Darbietung, z. B. auf Märkten oder Messen oder in einem Gewerberaum, der jedermann zugänglich wäre. Es genügt, dass das Produkt irgendwo, z. B. in einem Lagerraum, in einem Innenhof, in Privaträumen, aufgestellt oder vorgeführt wird.[126] Die Variante des „*Anbietens*" trägt der steigenden Tendenz Rechnung, Produkte im Internet zu bewerben und soll den **Produktvertrieb der Online-Anbieter** erfassen.[127] Neben dem Anbieten, Aufstellen oder Vorführen ist weitere Voraussetzung, dass dies „*zu Zwecken der Werbung oder Bereitstellung auf dem Markt*" geschieht. Hierbei wird man in Anlehnung an die Europäische Kommission,[128] die *a priori* das Anbieten bereits vom Begriff der Abgabe (Bereitstellung) erfasst wissen will (→ Rn. 294 f.), annehmen dürfen, dass von Online-Anbietern zum Kauf angebotene Produkte zum Zweck der Bereitstellung auf dem deutschen Markt angeboten werden, wenn die Verkäufe besonders auf Verbraucher oder andere Endbenutzer in der Bundesrepublik Deutschland ausgerichtet sind. Die Beurteilung, ob eine innerhalb oder außerhalb der Bundesrepublik Deutschland angesiedelte Website auf deutsche Endbenutzer abzielt, wird auch hier von Fall zu Fall erfolgen müssen. Relevante Faktoren sind etwa die geografischen Gebiete, in die versandt werden kann, die Sprachen, die für das Angebot oder Bestellungen benutzt werden, Bezahlungsmöglichkeiten. Liefert ein Online-Händler in die Bundesrepublik, akzeptiert Zahlungen von deutschen Verbrauchern/-Endbenutzern und benutzt die deutsche Sprache, dann kann davon ausgegangen werden, dass sich der Händler ausdrücklich dafür entschieden hat, Produkte an deutsche Verbraucher oder andere Endbenutzer zu liefern.

---

[122]Gauger, Produktsicherheit und staatliche Verantwortung, S. 93.
[123]Klindt/Schucht, in Klindt (Hrsg.), ProdSG, § 2 Rn. 11; VG Berlin, Beschl. v. 9.2.2012, 1 L 422.11, juris.
[124]Gauger, Produktsicherheit und staatliche Verantwortung, S. 93.
[125]Schmatz/Nöthlichs, 1025 § 2 Anm. 8, S. 25.
[126]*Ebd.;* Wilrich, Das neue Produktsicherheitsgesetz (ProdSG), Rn. 172; Gauger, Produktsicherheit und staatliche Verantwortung, S. 93 f. m.w.Nachw.; siehe auch Gesetzesbegründung in BT-Drucks. 17/6276, 40.
[127]Gesetzesbegründung in BT-Drucks. 17/6276, 40; Gauger, Produktsicherheit und staatliche Verantwortung, S. 93 m.w.Nachw.; Klindt/Schucht, in Klindt (Hrsg.), ProdSG, § 2 Rn. 11; Gesmann-Nuissl, Weiterentwicklung des BAuA-Produktsicherheitsportals: Internethandel und Produktsicherheit, S. 58.
[128]Europäische Kommission, Leitfaden für die Umsetzung der Produktvorschriften der EU 2016, ABl. 2016 C 272, 19 f.

§ 3 – Das Produkt

307 Der jeweilige sachliche Anwendungsbereich der hier interessierenden Harmonisierungsmaßnahmen wird über die von ihnen erfassten Produkte und Produkttypen bestimmt.[129]

I. Das Produkt als Gegenstand der Bereitstellung

a. Definition

308 Mangels Begriffsdefinition durch den Unionsgesetzgeber ist der Produktbegriff unter Rückgriff auf die Rechtsprechung des Gerichtshofs zu Art. 34 AEUV zu bestimmen. So erfolgt die Begründung eines europaweit einheitlichen Schutzniveaus mit dem Ziel, die durch die unterschiedlichen Produktregelungen der Mitgliedstaaten begründeten technischen Handelshemmnisse zu beseitigen. Bezüglich der im Recht des technischen Produkts auf europäischer Ebene aufgestellten produktbezogenen Anforderungen geht es demgemäß um die Beseitigung der *„technischen Schranken"* mit dem Ziel der Herstellung des freien Zugangs zu den Teilmärkten und gegebenenfalls dem der Beseitigung verbleibender Inländerdiskriminierungen (→ Rn. 49 ff.). Zur Bestimmung des der Harmonisierungsmaßnahme unterfallenden Gegenstandes, dort bezeichnet etwa als Produkt, Ausrüstung, Apparat, Gerät, Einrichtung, Instrument, Element, Zubehörteil, Betriebsmittel, Vorrichtung oder System, ist daher der vom Gerichtshof in Art. 34 AEUV verwendete Warenbegriff heranzuziehen. Fürwahr ergibt sich aus Art. 28 Abs. 2 AEUV, dass das Verbot von

---

[129] In der Praxis kommt es bei der Bestimmung des sachlichen Anwendungsbereichs einzelner Harmonisierungsrechtsvorschriften immer wieder zu schwierigen Abgrenzungsfragen. Siehe etwa zur Anwendbarkeit der Niederspannungsrichtlinie auf elektrische Betriebsmittel im Sinne von IEV Nr. 826-16-01, die zum Einbau in andere Geräte bestimmt sind und deren Sicherheit wesentlich davon abhängt, wie sie in das Endprodukt eingebaut werden, Europäische Kommission, Niederspannungsrichtlinie 2014/35/EU – Leitfaden, S. 21 f.; EuGH, Urt. v. 13.3.2014, Zentrale zur Bekämpfung unlauteren Wettbewerbs, C-132/13, EU:C:2014:141 (→ Rn. 343). Siehe ferner EuGH, Urt. v. 22.11.2012, Brain Products, C-219/11, EU:C:2012:742, zur Frage, ob ein Produkt zur Untersuchung eines physiologischen Vorgangs unter den Begriff Medizinprodukt fällt, wenn es für medizinische Zwecke nicht bestimmt ist; Urt. v. 7.12.2017, Snitem und Philips France, C-329/16, EU:C:2017:947, zur Frage, ob eine Software, die es ermöglicht u. a. Wechselwirkungen von Medikamenten und Überdosierungen festzustellen, ein Medizinprodukt ist. Ebenfalls zum Anwendungsbereich der Medizinprodukterichtlinie 93/42/EG, und unter vielen BVerwG, Urt. v. 20.11.2014, 3 C 27/13, juris (E-Zigaretten); Bayerischer Verwaltungsgerichtshof, Beschl. v. 7.6.2011, 9 ZB 09.1657, jurs (mit Trauben- oder Johannesbeerkernen gefüllte Öko-Wärmesäckchen); VG Ansbach, Urt. v. 16.7.2008, AN 11 K 06.03.206, juris (Kapselgehörschutzgeräte); Verwaltungsgerichtshof Baden-Württemberg, Urt. v. 2.1.2008, 9 S 2089/06, juris (Zahnbleichmittel). Zur Maschinenrichtlinie etwa VG Hamburg, Urt. v. 28.9.2010, 10 K 1128/09, juris (Einweg-FIBC); Interpretationspapiere der Arbeitsgruppe Maschinen des Maschinenausschusses der Europäischen Kommission, herunterzuladen unter: http://ec.europa.eu/enterprise/sectors/mechanical/documents/guidance/machinery/index_en.htm.

mengenmäßigen Beschränkungen und Maßnahmen gleicher Wirkung nur auf den Verkehr mit „Waren" anwendbar ist. Hierunter sind Erzeugnisse zu verstehen, die Gegenstand von Handelsgeschäften sein können.[130] Das Produkt muss sodann und in Anlehnung an die Begriffsdefinition des Art. 15 Abs. 4 VO (EG) Nr. 765/2008 aus einem Herstellungsprozess hervorgegangen sein. Bezogen auf die technischen Produkte genügt die weitere Feststellung, dass es keine Rolle spielt, ob das Produkt Gegenstand industrieller, handwerklicher oder künstlerischer Fertigung war und ob es serienmäßig oder individuell hergestellt wurde.[131] Demgemäß gehen auch Prototypen, Vorserien- und Nullserienmodelle aus einem Herstellungsprozess hervor und sind alle Zulieferprodukte und Zubehörteile erfasst. Unerheblich ist schließlich auch, ob es sich um Produkte des täglichen Bedarfs oder um Luxusartikel handelt.[132] Vom Produktbegriff wird letztlich jedes Gebrauchsmittel und jedes Verbrauchsmittel erfasst. Nicht zum Herstellungsprozess gehören indes die der Instandhaltung unterfallenden Maßnahmen der Wartung, Instandsetzung und Verbesserung, so es hier um Dienstleistungen am schon fertigen Produkt geht.[133] Das gewartete, reparierte oder verbesserte Produkt ist damit kein neues Produkt.[134]

b. End- bzw. Gesamtprodukt

Es ist das bereitgestellte Produkt in den Blick zu nehmen und ist Gegenstand der Bereitstellung im Grundsatz das End- bzw. Gesamtprodukt und nicht auch die in diesem befindlichen Geräte und Bauteile (→ Rn. 312).[135] Aus Art. 28 Abs. 2 AEUV ergibt sich, wie erwähnt, dass das Verbot von mengenmäßigen Beschränkungen und Maßnahmen gleicher Wirkung nur auf den Verkehr mit „Waren" anwendbar ist. Hierfür ist, wie ausgeführt, im Grundsatz nur darauf abzustellen, ob das Erzeugnis Inhalt eines Handelsgeschäfts sein kann. Verliert nun eine Sache durch **Verbindung, Vermischung oder Vermengung** mit einer anderen Sache ihre rechtliche Selbstständigkeit, kann sie nicht mehr Gegenstand besonderer Rechte sein. Handelsgeschäfte beziehen sich dann stets auf die Gesamtsache. Bei verbauten oder sonst zu einer Einheit zusammengeführten Teilen ist also mangels Vorliegens einer Ware der sachliche Anwendungsbereich des Art. 34 AEUV nicht eröffnet. Handelshemmnisse können insoweit nicht entstehen und

309

---

[130]EuGH, Urt. v. 10.12.1968, Kommission/Italien, C-7/68, EU:C:1968:51 [S. 642]; Urt. v. 9.7.1992, Kommission/Belgien, C-2/90, EU:C:1992:310, Rn. 26; zum Warenbegriff Oliver, Oliver on Free Movement of Goods in the European Union, 2.01 ff.
[131]Klindt/Schucht in Klindt (Hrsg.), ProdSG, § 2 Rn. 161; Wilrich, Das neue Produktsicherheitsgesetz (ProdSG), Rn. 62 f.
[132]Klindt/Schucht in Klindt (Hrsg.), ProdSG, § 2 Rn. 161; Wilrich, Das neue Produktsicherheitsgesetz (ProdSG), Rn. 64.
[133]Wilrich, Das neue Produktsicherheitsgesetz (ProdSG), Rn. 63.
[134]Anders hingegen, wenn diese Maßnahmen eine Produktänderung zur Folge haben (→ Rn. 278).
[135]Europäische Kommission, Leitfaden für die Umsetzung der Produktvorschriften der EU 2016, ABl. 2016 C 272, 16; dies., Niederspannungsrichtlinie 2014/35/EU – Leitfaden, § 36.

wären auf Art. 114 Abs. 1 AEUV gründende Harmonisierungsmaßnahmen zumindest unverständlich. Ob es sich bei der gegenständlichen Zusammenführung von Teilen um eine **einheitliche Sache** handelt oder die Teile ihre Selbstständigkeit bewahren, richtet nach der Verkehrsauffassung, hilfsweise nach der natürlichen Betrachtungsweise. Diese Teile müssen der Vollendung einer einheitlichen Sache dienen und unter Einbüßung ihrer körperlichen Selbstständigkeit in der neuen Sache aufgehen. Liegt hiernach eine einheitliche Sache vor, würde dies – jedenfalls nach deutschem Recht – nur dann zum Verlust der Sonderrechtsfähigkeit ihrer Bestandteile führen, wenn diese nicht voneinander getrennt werden könnten, ohne dass der eine oder der andere zerstört oder in seinem Wesen verändert wird (wesentliche Bestandteile). Maßgebend wäre hiernach, ob der abgetrennte Bestandteil noch wirtschaftlich vergleichbar und gleichwertig genutzt werden kann. Die sachenrechtliche Beurteilung körperlicher Verbindungen und ihrer Bestandteile kann aber von Mitgliedstaat zu Mitgliedstaat abweichen und können Bestandteile in dem einen Mitgliedstaat Gegenstand eines Handelsgeschäfts sein und in einem anderen nicht. Der Unionsgesetzgeber hat denn auch die teilweise schwierigen sachenrechtlichen Grundsätze der Mitgliedstaaten nicht weiter berücksichtigt, sondern einen pragmatischen Ansatz verfolgt, in dem er auf das in Verkehr gebrachte Enderzeugnis abstellt.[136] So verlieren etwa in eine Maschine verbaute Bauteile und Baugruppen ihre rechtliche Selbstständigkeit im Sinne des unionalen Produktverkehrsrechts und dies unabhängig davon, ob sie nach nationalem Recht auch nach dem Einbau weiterhin sonderrechtsfähig sind. Produktverkehrsrechtlich ist dann nur noch die Gesamtsache von Interesse.[137] Die Produkteigenschaft von in anderen beweglichen Sachen oder in einem Bauwerk verbauten Erzeugnissen lebt erst wieder auf – dann als gebrauchte Produkte (→ Rn. 314–316) –, wenn die Sache wieder ausgebaut, d. h. von der Hauptsache getrennt wird. Für Bauteile gilt das Erfordernis einer CE-Kennzeichnung demgemäß stets und das einer EU-Konformitätserklärung regelmäßig nur, wenn sie gesondert in Verkehr gebracht werden.[138] Dies schließt allerdings nicht aus, dass wegen im End- bzw. Gesamtprodukt verbauter Bauteile Anforderungen unterschiedlicher Harmonisierungsrechtsvorschriften gelten.

---

[136]Europäische Kommission, Leitfaden für die Umsetzung der Produktvorschriften der EU 2016, ABl. 2016 C 272, 16.

[137]Loerzer, EMV und Niederspannungsrichtlinie, Rn. 48 f.; Europäische Kommission, Niederspannungsrichtlinie 2014/35/EU – Leitfaden, § 36. Ausnahmen vom Grundsatz, wonach produktverkehrsrechtlich nur die Gesamtsache zu betrachten ist, finden sich im Straßenverkehrszulassungsrecht bei den Fahrzeugaufbauten (→ Rn. 469), bei den Informationspflichten nach REACH (→ Rn. 667) und im BattG (Pflichten des Geräteherstellers in Bezug auf im Gerät eingebaute Batterien → Rn. 432).

[138]Europäische Kommission, Leitfaden für die Anwendung der Maschinenrichtlinie 2006/42/EG, § 63; Loerzer, EMV und Niederspannungsrichtlinie, Rn. 48 f.

Beispiel Elektrischer Kolbenkompressor mit Kessel zur Druckluftherstellung: Der elektrische Antriebsmotor ist dort mit dem Kompressoraggregat über einen Keilriemen verbunden. Über einen Ansaugfilter wird Umgebungsluft angesaugt und im Zylinder verdichtet. Die verdichtete Luft gelangt über das im Zylinderkopf eingebaute Druckventil in den Verbindungsschlauch und strömt dann durch das Rückschlagventil in einen Druckkessel.

310

Ist der Hersteller des Kompressors zugleich Hersteller des Druckkessels und des Elektromotors bringt er zwar rein tatsächlich mit der Maschine auch einen Druckbehälter (Richtlinie 2014/29/EU) und ein elektrisches Betriebsmittel (Richtlinie 2014/35/EU) in den Verkehr. Rechtlich gesehen handelt es sich aber um eine Einheit und ist nur eine CE-Kennzeichnung anzubringen (also keine – zusätzlichen – CE-Kennzeichnungen auf dem Druckkessel und dem Elektromotor). Hiervon zu unterscheiden ist die Frage, ob und inwieweit auf das End- und Gesamtprodukt bezogen zum Aspekt der Sicherheit neben der hier einschlägigen Maschinenrichtlinie 2006/42/EG die Druckbehälter- und/oder Niederspannungsrichtlinie oder dortige Bestimmungen zur Anwendung kommen. Richtigerweise nimmt der sich mit der Abgrenzung zu anderen Richtlinien befassende Art. 3 der Maschinenrichtlinie nicht Bauteile, sondern *i)* die Maschine als Ganzes und *ii)* Gefahren in den Blick: *„Werden die in Anhang I genannten, von einer Maschine ausgehenden Gefährdungen [i)] ganz oder [ii)] teilweise von anderen Gemeinschaftsrichtlinien genauer erfasst, so gilt diese Richtlinie für diese Maschine und diese Gefährdungen nicht bzw. ab dem Beginn der Anwendung dieser anderen Richtlinien nicht mehr."* Hiernach wird die Maschine entweder insgesamt vom Anwendungsbereich der Maschinenrichtlinie ausgenommen und dem Regelungsregime einer anderen Richtlinie unterworfen, weil die von der Maschine ausgehenden Gefährdungen in Gänze von einer spezielleren Richtlinie erfasst werden. Oder aber wird wegen spezifischer Gefährdungen auf die Produktanforderungen einer spezielleren Richtlinie verwiesen. Im zuletzt genannten und im Beispielsfall interessierenden Fall bezieht sich die spezifische Gefährdung wieder (nur) auf die Maschine als Ganzes. Im Beispielsfall heißt dies, dass die vom Druckbehälter ausgehenden druckbedingten Risiken – und demgemäß der Druckbehälter als Bauteil – nach den Sicherheitsanforderungen der Druckbehälterrichtlinie zu beurteilen sind,[139] nicht aber, dass der Druckbehälter selbst dieser Richtlinie unterfiele und als isoliert in Verkehr gebrachtes Produkt zu betrachten wäre.[140] Letzteres gilt hinsichtlich elektrischer Risiken auch für den im Kompressor integrierten Elektromotor und finden auf die Maschine kraft des in Abschn. 1.5.1 des Anhangs I der Richtlinie 2006/42/EG unternommen Verweises die produktbezogenen Anforderungen der Niederspannungsrichtlinie 2014/35/EU Anwendung. Der Elektromotor selbst unterfällt der Niederspannungsrichtlinie aber nur dann, wenn er gesondert in Verkehr gebracht wird.

---

[139]Europäische Kommission, Leitfaden für die Anwendung der Maschinenrichtlinie 2006/42/EG, § 91.

[140]Europäische Kommission, Die Rechtsvorschriften der Gemeinschaft für Maschinen – Erläuterungen zu der Richtlinie 98/37/EG, Rn. 91: *„Einfache Druckbehälter sind Gegenstand der geänderten Richtlinie 87/404/EWG über einfache Druckbehälter. Zum Einbau in eine Maschine in Verkehr gebrachte einfache Druckbehälter müssen der Richtlinie 87/404/EWG entsprechen. Auch einfache Druckbehälter, die von Maschinenherstellern für ihre Maschinen entwickelt werden, müssen mit dieser Richtlinie übereinstimmen."*

311 **Keine einheitliche Sache** liegt vor, wenn das Bauteil, Gerät, etc. nicht im Hauptgerät fest verbaut bzw. nicht in dieses ein-, sondern dort nur an-/aufgebracht ist[141] oder diesem nur beiliegt[142].

> **Beispiel** Niederspannungs-Schaltanlage bestehend aus einem Leergehäuse, Sammelschienen, Klemmen, Schalt- und Modulargeräten. Der Schaltanlagenbauer stellt mit der Schaltanlage nicht nur ein Gerät, sondern eine Vielzahl von Geräten bereit. So sind namentlich die in einer solchen Anlage eingebauten Schalt- und Modulargeräte austauschbar, können jederzeit abmontiert, neu montiert und/oder als Teil der Schaltanlage nachgerüstet werden und werden separat vertrieben.[143]

c. Gesonderte Bereitstellung

312 Bei dem für die Zusammenführung mit einer anderen Sache bestimmten unselbstständigen (Teil)Produkt (Bauteil oder -gruppe, Einzelteil, unvollständige Maschine, etc.) kommt es nach Alledem bei der Frage, ob das Erzeugnis produktverkehrsrechtlich isoliert zu beurteilen ist, darauf an, ob es gesondert in Verkehr gebracht wird. Ein gesondertes Inverkehrbringen liegt hierbei nicht bereits dann vor, wenn das Erzeugnis einzeln, getrennt oder separat vom Hersteller bereitgestellt, also etwa in gesonderter Verpackung einzeln geliefert wird. Wenn beispielsweise ein Maschinenhersteller – zum Ersatz der original Bauteile der von ihm in Verkehr gebrachten Maschine – Ersatzteile liefert, so liegt hierin kein gesondertes Inverkehrbringen.[144] Die Maschinenrichtlinie hat hier nur die Gesamtsache im Auge und ist das Bauteil nur Teil dieser Gesamtsache. Anders gewendet wird ein Bauteil nur dann gesondert in Verkehr gebracht, wenn es eigenständig und unabhängig von einer anderen Sache bereitgestellt wird. Original **Ersatz-, Austausch- oder Nachrüstteile** werden solchermaßen nicht gesondert in Verkehr gebracht. Sie teilen das Schicksal der Gesamtsache und sind produktverkehrsrechtlich nur im Zusammenhang mit der Gesamtsache zu beurteilen. Selbiges gilt für die einzelnen **Teile eines Bausatzes.** Die vom Verwender zu einem vorgegebenen Produkt zusammenzubauenden Einzelteile eines Bausatzes können ebenso wenig wie

---

[141] Vgl. etwa die Rspr. zu § 2 Abs. 2 Nr. 2 ElektroG, wonach ein Gerät nicht Teil eines anderen Geräts ist, *„wenn es über eine eigene spezifische Funktionalität verfügt und von dem anderen Gerät ohne unverhältnismäßigem Aufwand wieder getrennt werden kann"* (VG Ansbach, Urt. v. 2.7.2008, AN 11 K 06.02339, juris, Rn. 40; Urt. v. 13.1.2010, AN 11 K 09.01985, juris, Rn. 27; Urt. v. 1.12.2010, AN 11 K 10.00426, juris, Rn. 38; Urt. v. 13.3.2013, AN 11 K 12.00721, juris, Rn. 64; vgl. auch BayVGH, Beschl. v. 19.8.2008, 20 ZB 08.1647, juris, Rn. 3; Urt. v. 30.6.2009, 20 BV 08.2417, BeckRS 2009, 45253, Rn. 69; Beschl. v. 1.3.2010, 20 ZB 09.3099, juris, Rn. 8).

[142] Vgl. Europäische Kommission, Niederspannungsrichtlinie 2014/35/EU – Leitfaden, § 36. Siehe aber Rn. 312 für Ersatz-, Austausch- und Nachrüstteile. Diese teilen als speziell für das Hauptgerät konzpierte Erzeugnisse stets das Schicksal der Gesamtsache und unabhängign davon, ob sie dem Erzeugnis beiliegen oder gesondert bezogen werden.

[143] Vgl. Europäische Kommission, RoHS 2 FAQ, S. 18.

[144] Europäische Kommission, Leitfaden für die Anwendung der Maschinenrichtlinie 2006/42/EG, §§ 42 und 48. Siehe auch Art. 2 Abs. 4 lit. c) der RoHS-Richtlinie 2011/65/EU.

original Ersatzteile als von der Gesamtsache eigenständig oder unabhängig betrachtet werden. Hier wie da ist ausschließlich die Gesamtsache produktverkehrsrechtlich zu würdigen und ist das Bauteil nur als ein unselbstständiges Teil derselben zu begreifen. Weiter sind **Baukastensysteme,** wie etwa das von der Beklagten in der Rechtssache *Zentrale zur Bekämpfung unlauteren Wettbewerbs e. V. Frankfurt am Main gegen ILME GmbH*[145] (→ Rn. 343) angebotene Baukastensystem für Steckverbindungen, praktisch bedeutsam.[146] Die Bauteile der vertriebenen (End-)Geräte werden vom Kunden entsprechend seinen Bedürfnissen ausgewählt. Nach der Lieferung baut der Kunde sie selbst zusammen. Wie bei den Ersatzteilen und den Teilen von Bausätzen ist auch hier ein gesondertes Inverkehrbringen zu verneinen, wenn die Teile als Einheit respektive als Teile einer Einheit dargeboten werden, d. h. der Kunde ein zusammenzubauendes (End-)Gerät kauft. Wird hingegen, wie etwa in der Rechtssache Zentrale zur Bekämpfung unlauteren Wettbewerbs e. V. Frankfurt am Main gegen ILME GmbH, kein zusammenzubauendes (End-)Gerät ausgeliefert, sondern die einzelnen Teile lose angeboten, liegt für jedes dieser Teile ein gesondertes Inverkehrbringen vor.[147]

II. Das „einzelne" Produkt

Die Marktfähigkeit ist hinsichtlich des einzelnen Produkts und nicht des ersten in Verkehr gebrachten Produkts einer bestimmten herstellerseitigen Bauart zu beurteilen. Es ist das einzelne Produkt, die **Verkehrseinheit,** in den Blick zu nehmen. Mit dem Begriff des Produkts ist im öffentlich-rechtlichen Produktverkehrsrecht denn auch grundsätzlich das einzelne Produkt, Gerät, Erzeugnis, etc. gemeint und nicht ein Produktdesign. Wird in der Alltagssprache mit dem Begriff des Produkts regelmäßig (auch) eine Bauart in Verbindung gebracht („... *Klaus und Paul haben das gleiche Produkt*", nämlich Produkte derselben Bauart), sind im Produktverkehrsrecht das Produkt, einerseits, und die Bauart oder das Produktdesign, andererseits, strikt zu unterscheiden.

313

> **Beispiel** Bei der von X hergestellten und unter der Marke Y vertriebenen Bohrmaschine des Typs Z mit einheitlicher Artikelnummer handelt es sich um eine (einheitliche) Bauart. Es wird hier eine Gattung beschrieben. Dieser Gattung liegt ein bestimmtes Produktdesign zugrunde, das bei allen Produkten der Gattung *a priori* gleich ist. „Produkt" hingegen ist nur der einzelne und aus einem Herstellungsprozess hervorgegangene körperliche Gegenstand.

---

[145]EuGH, Urt. v. 13.3.2014, Zentrale zur Bekämpfung unlauteren Wettbewerbs, C-132/13, EU:C:2014:141.

[146]Ein normierter Baukasten ist etwa das Schaltgerätekombinationssystem nach DIN EN 61439. Es wird dem Produkt Schaltgerätekombination gleichgestellt.

[147]EuGH, Urt. v. 13.3.2014, Zentrale zur Bekämpfung unlauteren Wettbewerbs, C-132/13, EU:C:2014:141, Rn. 37.

Leider lassen der nationale und der unionale Gesetzgeber bei der Nutzung der Begrifflichkeiten nicht immer die gewünschte Sorgfalt walten und wird aus Gründen der Lesbarkeit der Begriff *„Produkt"* auch dort verwendet, wo nicht die einzelne Verkehrseinheit, sondern die Bauart gemeint ist. D. h. der Gesetzgeber nutzt verschiedentlich den Begriff des Produkts, obgleich es sich ersichtlich um eine Bauart handelt. Für den Rechtsanwender gilt es die Begrifflichkeiten strikt zu trennen und ist jeweils zu prüfen, ob sich die Regelung auf das einzelne Produkt oder die Bauart bezieht.

III. Neue und gebrauchte Produkte

314 Die **Harmonisierungsrechtsvorschriften** gelten nur für **neue und ihnen gleichgestellte Produkte.**[148] Hierbei ist das einmal in Verkehr gebrachte Produkt dann nicht mehr neu, sobald es an den Endbenutzer übergeht.[149] D. h., die durch die Harmonisierungsrechtsvorschriften begründete Marktfähigkeit neuer Produkte endet mit deren Abgabe an den Endnutzer. Ab dann entfällt auch die sich aus der Harmonisierungsmaßnahme ergebende Sperrwirkung (→ Rn. 64). Hingegen gilt die **Produktsicherheitsrichtlinie** 2001/95/EG auch für **gebrauchte Produkte.** Sie erfasst gebrauchte Verbraucherprodukte, die über Wirtschaftsakteure wieder in die Lieferkette gelangen (→ Rn. 334).

315 Der *Resale*-**Markt mit gewerblichen Produkten,** der insbesondere im Maschinen- und Anlagenbau von ungebrochener Bedeutung ist, ist hiernach nicht Gegenstand unionaler Harmonisierungsmaßnahmen und unterliegt weiterhin der **Regelungshoheit der Mitgliedstaaten.** Bei grenzüberschreitenden Sachverhalten ist freilich dann die primärrechtlich garantierte Warenverkehrsfreiheit gemäß Art. 34 AEUV zu beachten, so der Rückgriff auf europäisches Primärrecht hier nicht am Anwendungsvorrang des Sekundärrechts (→ Rn. 63) scheitert. Weiter haben die nationalen Behörden bei der Anwendung nationaler technischer Vorschriften die Verordnung Nr. (EG) 764/2008 zu beachten (→ Rn. 601–603).

---

[148]Siehe etwa – und im Vergleich zur Produktsicherheitsrichtlinie 2001/95/EG, Erwägungsgrund 11 – Richtlinie 2014/29/EU, Erwägungsgrund 4; Richtlinie 2014/32/EU, Erwägungsgrund 4; Richtlinie 2014/34/EU, Erwägungsgrund 4. Siehe ferner Europäische Kommission, Leitfaden für die Umsetzung der Produktvorschriften der EU 2016, ABl. 2016 C 272, 15; Klindt/Schucht in Klindt (Hrsg.), ProdSG, § 2 Rn. 51 und § 3 Rn. 25; Schucht, NJW 2013, 967 (968). Neuen Produkten gleichgestellt sind aus einem Drittland importierte gebrauchte Produkte und Produkte aus zweiter Hand, wenn diese erstmalig auf den Unionsmarkt gelangen (Europäische Kommission, Leitfaden für die Umsetzung der Produktvorschriften der EU 2016, ABl. 2016 C 272, 16) sowie im Design veränderte Produkte (→ Rn. 278) (BT-Drucks. 17/6276 v. 24.6.2011, 41).

[149]Europäische Kommission, Leitfaden für die Umsetzung der Produktvorschriften der EU 2016, ABl. 2016 C 272, 15 zu den Harmonisierungsrechtsvorschriften nach der Neuen Konzeption; Klindt in: Klindt (Hrsg.), ProdSG, § 3 Rn. 25 f.; EG-Kommission, Erläuterungen zur Maschinenrichtlinie 98/37/EG, S. 246 ff.

Nationale Anforderungen an das technische Design gebrauchter Produkte haben die Wertungen des Unionsgesetzgebers zum harmonisierten Neuprodukt zu beachten und *a priori* auch zu übernehmen. Anschaulich hierzu die Urteile des Gerichtshofs in den **Rechtssachen C-639/11 und C-61/12**[150]. In beiden Fällen war über nationale Anforderungen an die Lenkanlage von Kraftfahrzeugen zu befinden. So war sowohl in Polen als auch in Litauen die Zulassung von Kraftfahrzeugen, deren Lenkanlage sich auf der rechten Seite befanden, unabhängig davon, ob diese Fahrzeuge neu waren oder zuvor in einem anderen Mitgliedstaat zugelassen wurden, verboten und/oder an die Voraussetzung geknüpft, dass die Lenkanlage auf die linke Seite des Fahrzeugs versetzt wurde. Soweit es die Neufahrzeuge anging, trafen die Regelungen auf die Rahmenrichtlinie 2007/46/EG und die Einzelrichtlinie 70/311/EWG. Die Position des Fahrerplatzes war nach Ansicht des Gerichtshofs von der durch diese Richtlinien eingeführten Harmonisierung erfasst. Demgemäß verstießen die Regelungen, soweit es die Neufahrzeuge betraf, gegen unionales Sekundärrecht. Hinsichtlich der Zulassung von Fahrzeugen, die in einen Mitgliedstaat eingeführt werden, nachdem sie zuvor in einem anderen Mitgliedstaat zugelassen wurden (Gebrauchtfahrzeuge), fehlt es an einer Harmonisierung der nationalen Rechtsvorschriften. Die streitigen Regelungen waren demgemäß an den Bestimmungen des AEU-Vertrags über den freien Warenverkehr zu messen. Der Gerichtshof führte in Anlehnung an seine ständige Rechtsprechung hierzu zunächst aus, dass es Sache der Mitgliedstaaten sei, wenn auf der Ebene der Europäischen Union keine vollständige Harmonisierung erfolgt ist, wie dies bei der Zulassung von bereits in einem anderen Mitgliedstaat zugelassenen Fahrzeugen der Fall sei, unter Berücksichtigung der Erfordernisse des freien Warenverkehrs innerhalb der Union zu entscheiden, auf welchem Niveau sie die Sicherheit des Straßenverkehrs in ihrem Hoheitsgebiet gewährleisten wollen. Hierbei obliege es den zuständigen nationalen Behörden, nachzuweisen, dass ihre Regelung geeignet ist, das verfolgte Ziel zu erreichen, und nicht über das hinausgeht, was zur Erreichung dieses Ziels erforderlich sei. In diesem Zusammenhang war über die mit der Anbringung des Lenkrads eines Fahrzeugs auf der Seite der Verkehrsrichtung einhergehenden Gefahren zu befinden: verringerte Sicht des Fahrers, erschwertes Überholen, erschwertes Manövrieren, etc. Es waren dies nun ausnahmslos Gefahren, über die der Unionsgesetzgeber im Zusammenhang mit dem technischen Design der Neufahrzeuge notwendigerweise bereits befunden hatte. Entsprechend führte der Gerichtshof denn auch aus: „*Hierzu ist zunächst darauf hinzuweisen, dass das Risiko, das die Teilnahme von Fahrzeugen mit dem Lenkrad auf der rechten Seite am Verkehr im polnischen* [litauischen] *Hoheitsgebiet mit sich bringt, gleich hoch ist, unabhängig davon, ob es sich um Neufahrzeuge oder um zuvor in einem anderen Mitgliedstaat zugelassene Fahrzeuge handelt. Was Neufahrzeuge betrifft, ist aber in Rn. 42* [47] *des vorliegenden Urteils festgestellt worden, dass der Gesetzgeber dieses*

316

---

[150]EuGH, Urt. v. 20.3.2014, Kommission/Polen, C-639/11, EU:C:2014:173; Urt. v. 20.3.2014, Kommission/Litauen, C-61/12, EU:C:2014:172.

potenzielle Risiko beim Erlass von Art. 2a der Richtlinie 70/311 berücksichtigt hat." So bestimmte ex-Art 2a der Richtlinie 70/311/EWG, dass die Mitgliedstaaten den Verkauf, die Zulassung, die Inbetriebnahme oder die Benutzung der Kraftfahrzeuge nicht wegen der Lenkanlage verweigern oder verbieten, wenn diese den Vorschriften des Anhangs entspricht. Der Unionsgesetzgeber habe hierbei, so der Gerichtshof in der in Bezug genommenen Randnummer, sehr wohl die Risiken im Zusammenhang mit dem Straßenverkehr erkannt, die durch die Teilnahme von für den Linksverkehr ausgestatteten Kraftfahrzeugen am Rechtsverkehr entstehen können. Diese Risiken habe er aber bewusst in Kauf genommen. Anders gewendet konnten die Mitgliedstaaten nicht eine vom Unionsgesetzgeber abweichende Wertung annehmen und mussten die nationalen Regelungen mit gegenläufiger Wertung am Grundsatz der Verhältnismäßigkeit scheitern.

Teil II
Anforderungen an das technische Design

Einführung in Teil 2

§ 1 Gesetzliche Design-Anforderungen im Konstruktionsprozess

I. Gesetzliche Design-Anforderungen als ein zu berücksichtigender Parameter unter vielen

Die **gesetzlichen Produktanforderungen** decken immer nur einen **kleinen Ausschnitt der** im Verlauf des Konstruktionsprozesses **zu berücksichtigenden Produktanforderungen** ab. Nur soweit ein Allgemeininteresse zu schützen ist, sind hoheitliche Anforderungen überhaupt nachvollziehbar.[1] Innerhalb des Konstruktionsprozesses wirken die gesetzlichen Produktanforderungen mithin transversal. So ist die Gesetzeskonformität keine im Verlauf

317

---

[1] Zur Angleichunsbedüftigkeit und -fähigkeit bezogen auf unionales Sekündärrecht → Rn. 56–58. Entsprechendes gilt für rein nationale gesetzliche Produktanforderungen: Jedes Gesetz, das das Handeln der Bürger betrifft, ist verfassungsrechtlich zumindest am Maßstab des Art. 2 Abs. 1 GG zu messen. Die gebotene Abwägung zwischen der Freiheitsgewährleistung nach Art. 2 Abs. 1 GG einerseits und deren Begrenzung durch legitime Belange des Gemeinwohls andererseits erfolgt nach dem Prinzip der Verhältnismäßigkeit. Als Ausfluss aus dem Rechtsstaatsprinzip bindet es im Verhältnis Staat-Bürger alles staatliche Handeln, also den Gesetzgeber, die Verwaltung und die Rechtsprechung. Jedenfalls dann, wenn die hoheitliche Produktanforderung, wie regelmäßig, ein Verkehrsverbot beinhaltet, tritt an die Stelle der allgemeinen die spezielle Freiheitsgewährleistung nach Art. 12 GG. Beispielhaft hierzu der sog. **Schokoladenosterhasen-Fall** (BVerfG, Beschl. v. 16.1.1980, 1 BvR 249/79, juris = BVerfGE 53, 135 = NJW 1980, 1511 = DVBl 1980, 637). Das Bundesverfassungsgericht hatte über die Verfassungsmäßigkeit des § 14 Nr. 2 der Verordnung über Kakao und Kakaoerzeugnisse (Kakaoverordnung) v. 30.6.1975 (BGBl. I S. 1760) – KakaoVO – zu befinden. Hiernach durften gewerbsmäßig nicht in den Verkehr gebracht werden, *„Lebensmittel, die infolge ihrer sinnlich wahrnehmbaren Eigenschaften, insbesondere Aussehen,*

des Konstruktionsprozesses an einem bestimmten technischen Sachverhalt festzumachende oder zu einem bestimmten Zeitpunkt zu berücksichtigende Eigenschaft des technischen Systems. Sie ist nicht Konstruktionsziel. Sie ist gleichsam *„nebenbei"* zu berücksichtigen. Die gesetzlichen Vorgaben sind ein bei der Produktentwicklung obligatorisch zu berücksichtigender Parameter und bilden zusammen neben anderen Parametern, wie Zeit, Budget, Ressourcen, Art und Stückzahl der zu entwickelnden Produkte, Stand der Technik, Fertigungsrestriktion im Unternehmen, etc. das Umfeld der Entwicklung. Anders gewendet gibt der Gesetzgeber nicht nur nicht vor wie die Produktanforderungen zu erfüllen sind, also wie das Produkt zu bauen ist. Auch kümmert sich das Recht nicht derart um das technische Design, dass es den Konstruktionsprozess insgesamt selbst steuern oder methodisch vorgeben würde. Als bloße Randbedingungen sind die gesetzlichen Produktanforderungen bei einer jeden der im Entwicklungsprozess zu berücksichtigenden Gestaltungsrichtlinie zu

---

Geruch oder Geschmack, mit einem in der Anlage aufgeführten Erzeugnis [hierunter Schokolade] *verwechselbar* [waren]." Gegenstand des wettbewerbsrechtlichen Ausgangsverfahrens waren Puffreisosterhasen, bei denen die als Bindemasse verwendete Glasur sich aus Sojafett, Staubzucker und Kakaopulver zusammensetzte und von echter Schokolade kaum zu unterscheiden war. Das Gericht erster Instanz bejahte einen Verstoß gegen § 14 Nr. 2 KakaoVO und gab der gegen die Herstellung und den Verkauf dieser Artikel gerichteten und auf §§ 1 und 3 UWG gestützten Unterlassungsklage statt. Das Bundesverfassungsgericht stellte – nachdem es einen Eingriff in den Schutzbereich des Art. 12 Abs. 1 GG bejahte – fest, dass die Regelung, die der Verordnungsgeber getroffen hatte, gegen den Grundsatz der Erforderlichkeit verstieß. § 14 Nr. 2 KakaoVO war damit unverhältnismäßig und mit Art. 12 Abs. 1 GG unvereinbar. Das Bundesverfassungsgericht begründete dies damit, dass zwar bei der Prüfung der Frage, ob die in einer Berufsausübungsregelung enthaltenen Einschränkungen verhältnismäßig sind, zunächst der Gestaltungsfreiheit Rechnung zu tragen sei, die dem Gesetzgeber, aber auch – im Rahmen der Ermächtigung – dem Verordnungsgeber im Bereich der wirtschaftlichen Betätigung zukomme. So ließe das Grundgesetz in der Bestimmung wirtschaftspolitischer Ziele und der zu ihrer Verfolgung geeigneten Maßnahmen einen Beurteilungs- und Handlungsspielraum zu, innerhalb dessen das freie Spiel der Kräfte auch durch wirtschaftspolitische Lenkungsmaßnahmen korrigiert werden dürfe. Von verfassungswegen war § 14 Nr. 2 KakaoVO mithin nur dann zu beanstanden, wenn die relativ weiten verfassungsrechtlichen Grenzen dieses Spielraums überschritten wurden. Hierfür wiederum musste sich eindeutig feststellen lassen, dass zur Erreichung des verfolgten Zwecks andere, weniger einschneidende Mittel zur Verfügung standen. Das, so das Bundesverfassungsgericht, war bei § 14 Nr. 2 KakaoVO aber der Fall. Aufgabe der Vorschriften des Lebensmittelrechts war und ist es, im Interesse der Verbraucher eine Verwechslung von Lebensmitteln zu verhindern und die Verbraucher vor gesundheitlichen Gefahren zu schützen. § 14 Nr. 2 KakaoVO diente allein dem Schutz des Verbrauchers vor Täuschung. Dieser Schutz war unzweifelhaft ein vernünftiger Grund des Gemeinwohls, der Berufsausübungsbeschränkungen rechtfertigen konnte. Das in § 14 Nr. 2 KakaoVO normierte Verkehrsverbot war jedoch eines der denkbar einschneidendsten Mittel, um den Verbraucher vor Verwechslungen und Täuschungen zu bewahren. Regelmäßig, so das Bundesverfassungsgericht, könne einer solchen Gefahr in gleich wirksamer, aber weniger einschneidender Weise durch ein Kennzeichnungsgebot begegnet werden.

beachten. Das Gesetz selbst bzw. das gesetzeskonforme Design bildet aber nicht selbst eine solche Gestaltungsrichtlinie.²

Das erfolgreiche Produkt muss sowohl die Kundenanforderungen als auch die Restriktionen erfüllen, die sich aus dem gesamten Produktentstehungsprozess und -lebenszyklus, d. h. von der Fertigung bis hin zur Entsorgung ergeben. In der Konzeptphase, vor allem beim Entwerfen, haben die Entwickler und Konstrukteure eine **Fülle von Gestaltungsrichtlinien zu beachten.** Die Erfüllung der Funktion ist die wichtigste Hauptforderung bei der Konstruktion eines Produkts. Darüber hinaus gilt es aber, eine Vielzahl gegenseitig vernetzter und teilweise sich widersprechender Forderungen und Restriktionen unter Abwägung ihrer Wichtigkeit zu berücksichtigen³ (Abb. 5.1).

318

II. Übergreifende Restriktionen

Die vielfältigen Wechselbeziehungen zwischen den verschiedenen Gestaltungsrichtlinien führen dazu, dass gesetzliche Anforderungen Design-Aspekt-übergreifend wirken. Stoffverbote etwa können nicht isoliert innerhalb eines recyclinggerechten Konstruierens (→ Rn. 391 ff.) abgehandelt werden und muss die Wahl der Substitutionsstoffe diversen anderen Erfordernissen, etwa den Erfordernissen eines beanspruchungsgerechten (Festigkeit, Verformung, Verschleiß, etc.), fertigungsgerechten (Herstellbarkeit, Bauteilgestaltung, etc.) und kostengerechten Konstruierens genügen. Nach Alledem sind die **gesetzlichen Anforderungen an das technische Design** im Konstruktionsprozess als **übergreifende Restriktionen** zu begreifen. Sie schließen bestimmte Lösungen zur Erfüllung der gestellten technischen Aufgaben aus und lassen andere gestalterische Lösungen zu.

319

---

²Zu den Gestaltungsrichtlinien siehe Grote/Feldhusen, Dubbel, F 16 ff.: Beanspruchungsgerecht *(Design for strength)*, Formänderungsgerecht *(Design for controlled defomation)*, Stabilitäts- und resonanzgerecht *(Design for stability to avoid resonance)*, Ausdehungsgerecht *(Design to accommodate thermal expansion)*, Korrosionsgerecht *(Design to avoid corrosion)*, Verschleißgerecht *(Design to limit wear)*, Arbeitssicherheits- und ergonomiegerecht *(Design for ergonomics and user safety)*, Formgebungsgerecht *(Design for aesthetic)*, Fertigungs- und kontrollgerecht *(Design for ease of manufacture and inspection)*, Montagegerecht *(Design for ease of assembly)*, Gebrauchs- und instandhaltungsgerecht *(Design to ensure operability and maintainability)*, recyclinggerecht *(Design for ease of recycling)*.
³Meerkamm u. a., Design for X (DFX), S. 445 ff.

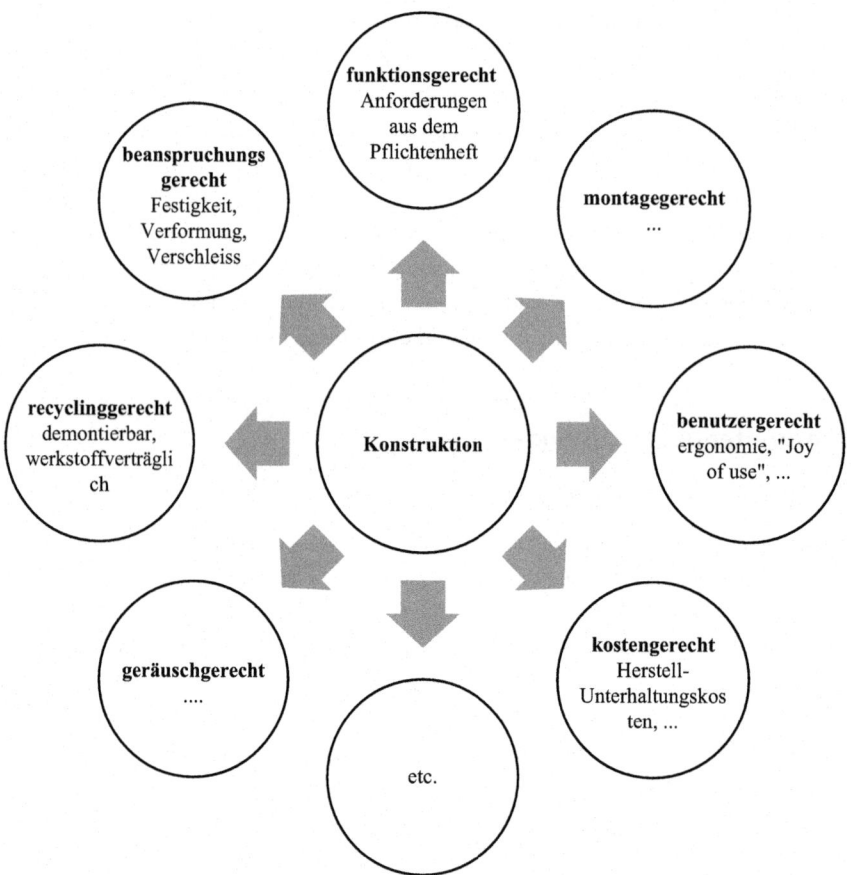

Abb. 5.1 Gestaltungsrichtlinien

---

§ 2 Produktverwendung als von den produktbezogenen Regelungen nicht erfasster Regelungsgegenstand

I. Mitgliedstaatliche Regelungskompetenz zu Produktverwendung/-nutzung

320   Den Feststellungen im vorangegangen Abschnitt entsprechend, sind gesetzliche **Design-Anforderungen** immer nur in Bezug auf die Bauweise verständlich und definieren sich als **an die Bauweise gerichtete Anforderungen.** Regelt der Gesetzgeber auch die Produktverwendung wird die zulässige Produktverwendung im Konstruktionsprozess natürlich Berücksichtigung finden. Sie verbietet aber nicht eine bestimmte Bauweise, sondern macht das Produkt allenfalls für den Kunden weniger bis gar nicht attraktiv, weil

er ein an der zulässigen Produktverwendung vorbeikonstruiertes Produkt nicht oder nur eingeschränkt benutzen kann. Die Gesetzeskonformität des technischen Designs und somit die Marktfähigkeit des Produkts wird von an den Endbenutzer adressierte Regelungen zur Produktverwendung also nicht berührt. Allerdings ist die Abgrenzung zwischen Design-Anforderungen bzw. sonstigen Marktzugangsvoraussetzungen, einerseits, und verwendungsbezogenen Anforderungen, andererseits, nicht immer trennscharf. Ausgangspunkt der Abgrenzung ist die **Regelung der Verkehrs- bzw. Marktfähigkeit des Produkts.** So zielen die Harmonisierungsmaßnahmen der Union auf die Verwirklichung des Binnenmarktes ab. Diese sperren in ihrem Regelungsbereich mitgliedstaatliche Anforderungen, denen die *„Waren … entsprechen müssen"* (→ Rn. 11). Die Mitgliedstaaten können hingegen zusätzliche einzelstaatliche Bestimmungen beibehalten oder erlassen, die die Benutzung dieser Produkte betreffen und auf den Schutz vor Gefahren für Arbeitnehmer, andere Benutzer, die Umwelt oder sonstiger (kollektiver) Rechtsgüter abzielen, die von der Benutzung des Produkts ausgehen.[4] Solche einzelstaatlichen Bestimmungen dürfen jedoch weder Veränderungen an dem entsprechend der anwendbaren Harmonisierungsmaßnahme hergestellten Produkt verlangen noch die Bedingungen für sein Inverkehrbringen beeinflussen.[5] Es geht den produktbezogenen Regelungen darum, festzulegen, welchen Anforderungen das einzelne Produkt bei seinem Inverkehrbringen genügen muss. Die Bestimmungen beziehen sich auf das Produkt an sich. Nichts anderes gilt, wenn die Harmonisierungsmaßnahme zusätzlich auf die Inbetriebnahme abstellt. Zwar bestimmen die entsprechenden Harmonisierungsmaßnahmen, dass die Mitgliedstaaten die Inbetriebnahme von Produkten, die den Bestimmungen der anwendbaren Harmonisierungsmaßnahme entsprechen, nicht untersagen, einschränken oder behindern dürfen. Gemeint sind hiermit jedoch auf den Zeitpunkt der Inbetriebnahme abzielende Produktanforderungen (→ Rn. 305). Es bleibt den Mitgliedstaaten mithin weiterhin freigestellt, Installation und Verwendung zu regeln, vorausgesetzt dass sie keine Veränderungen am konformen Produkt verlangen. Die in den Harmonisierungsmaßnahmen festgelegten Anforderungen an das technische Design haben stets das Produkt an sich zum Gegenstand und nicht deren Verwendung. Sie bezwecken die Harmonisierung der technischen Anforderungen an das Produkt.

---

[4]So die wiederkehrende Formulierung in verschiedenen Harmonisierungsrechtsvorschriften, z. B. Art. 15 der Richtlinie 2006/42/EG, Art. 5 der Richtlinie 2013/53/EU, Art. 3 Abs. 2 der Richtlinie 2014/34/EU oder Art. 3 Abs. 2 der Richtlinie 2014/68/EU.
[5]*Ebd.;* siehe auch Europäische Kommission, Leitfaden für die Umsetzung der Produktvorschriften der EU 2016, ABl. 2016 C 272, 22 und 38.

321 Der Leitfaden zur Maschinenrichtlinie führt einige Beispiele für Themen auf, die durch einzelstaatliche Vorschriften über die Installation und Verwendung von Maschinen geregelt werden können.[6] Sie sind auf andere Produkte übertragbar:

- *Installation von Maschinen in bestimmten Gebieten, beispielsweise Installation von Kränen in Stadtgebieten oder Installation von Windkraftanlagen in ländlichen Gebieten;*
- *Benutzung mobiler Maschinen in bestimmten Gebieten, beispielsweise der Einsatz von Geländefahrzeugen in Bereichen, die für die Öffentlichkeit zugänglich sind oder der Einsatz bestimmter landwirtschaftlicher Maschinen in der Nähe von Wohngebäuden oder öffentlichen Straßen;*
- *Teilnahme von mobilen Maschinen am öffentlichen Straßenverkehr;*
- *Betrieb von Maschinen zu bestimmten Tageszeiten, beispielsweise Beschränkungen beim Betrieb von Rasenmähern am Wochenende;*
- *Benutzung von bestimmten Arten von Maschinen durch Personen unterhalb einer bestimmten Altersgrenze.*

II. Rechtssache Mickelsson und Roos

322 Eine solche Nutzungsbeschränkung war Gegenstand der Rechtssache *Mickelsson und Roos*.[7] Es hatte eine schwedische Staatsanwaltschaft gegen Percy Mickelsson und Joakim Roos beim LuleåTingsrätt Anklage erhoben. Sie warf ihnen vor, Wassermotorräder auf Gewässern geführt zu haben, auf denen die Nutzung von Wassermotorrädern nach der streitgegenständlichen schwedischen Verordnung nicht zulässig war. Zu ihrer Verteidigung beriefen sich die Angeklagten darauf, dass die schwedische Verordnung wegen Verstoßes gegen die Sportboote-Richtlinie europarechtswidrig sei. Das mit der Sache befasste schwedische Gericht setzte sein Verfahren aus und legte dem Gerichtshof die Frage zur Vorabentscheidung vor, ob die Sportboote-Richtlinie einer nationalen Rechtsvorschrift, wie der vorgenannten, die die Benutzung von Wassermotorrädern auf bestimmten Gewässern verbietet, entgegenstünde. Ex-Art. 4 Abs. 1 der Sportboote-Richtlinie 94/25/EG in der damaligen Fassung lautete: *„Die Mitgliedstaaten dürfen in ihrem Hoheitsgebiet das Inverkehrbringen und/oder die Inbetriebnahme der in Artikel 1 Absatz 1 genannten Erzeugnisse nicht verbieten, einschränken oder behindern, wenn diese die CE-Kennzeichnung gemäß Anhang IV tragen, aus der hervorgeht, dass sie alle Bestimmungen dieser Richtlinie einschließlich der Bestimmungen über die Konformitätsbewertungsverfahren nach Kapitel II erfüllen."* In ihren Schlussanträgen

---

[6]Europäische Kommission, Leitfaden für die Anwendung der Maschinenrichtlinie 2006/42/EG, § 139.
[7]EuGH, Urt. v. 4.6.2009, Mickelsson und Roos, C-142/05, EU:C:2009:336.

vom 14.12.2006 stellte **Generalanwältin Kokott** zum Regelungsinhalt der Sportboote-Richtlinie hierzu fest:[8]

„29. Nach ständiger Rechtsprechung des Gerichtshofes sind bei der Auslegung des Gemeinschaftsrechts sowohl der Wortlaut einer Vorschrift, als auch ihr Zusammenhang und ihre Ziele zu berücksichtigen.

30. Der natürliche Wortsinn des Begriffes „Inbetriebnahme" spricht insofern dagegen, hierunter jegliches Nutzungsverhalten zu fassen. Denn das weite Feld der Nutzung eines Gerätes ist der schlichten Inbetriebnahme zeitlich nachgeordnet und von ihr zu unterscheiden. Insbesondere **werden** nach allgemeinem Sprachgebrauch **unter Regelungen betreffend die Inbetriebnahme solche Vorschriften verstanden, die Anforderungen an das in Betrieb zu nehmende Gerät zum Gegenstand haben und sich somit mit dessen Eigenschaften beschäftigen, während Nutzungsregelungen solche sind, die den Gebrauch eines bereits in Betrieb genommenen Gerätes, d. h. die Art und Weise seiner Verwendung, betreffen.** Inbetriebnahme- und Nutzungsvorschriften haben somit klar zu unterscheidende Regelungsgegenstände. Sofern der Gemeinschaftsgesetzgeber in Artikel 4 Absatz 1 der Richtlinie lediglich den speziellen Begriff der Inbetriebnahme verwendet, steht dies einem Normverständnis entgegen, das von dem Verbot auch mitgliedstaatliche Nutzungsbeschränkungen erfasst sehen will.

31. Dieses Ergebnis bestätigt Artikel 2 Absatz 2 der Sportboote-Richtlinie, auf den auch die beteiligten Regierungen zu Recht hinweisen. Artikel 2 Absatz 2 stellt nämlich klar, dass die Richtlinie nicht die Befugnis der Mitgliedstaaten berührt, „unter Einhaltung der Vertragsbestimmungen im Hinblick auf den Umweltschutz, die Struktur der Wasserwege sowie zur Gewährleistung der Sicherheit auf den Wasserwegen Bestimmungen für die Schifffahrt auf bestimmten Gewässern zu erlassen, sofern dies keine Änderung von Wasserfahrzeugen im Sinne dieser Richtlinie zur Folge hat".

32. Unter „Bestimmungen für die Schifffahrt" sind dabei neben bloßen Verkehrsregeln unzweifelhaft auch Nutzungsbeschränkungen zu verstehen, da in der Schifffahrt – wie auch im Straßenverkehr – verschiedene Formen der Beschränkung bis hin zum Ausschluss einzelner Verkehrsmittel klassische Steuerungsmittel darstellen. Darunter fallen also sowohl Regelungen zur Art der Nutzung eines Wasserfahrzeugs als auch Regelungen zum Ort der Nutzung. Auch wenn Artikel 2 Absatz 2 insofern nur von Schifffahrtsbestimmungen auf „bestimmten" Gewässern spricht, stellt die Regelung jedenfalls klar, **dass Nutzungsvorschriften von der Richtlinie nicht harmonisiert werden.**

33. Dass allein die technischen Anforderungen und nicht die Nutzung Regelungsgegenstand der Sportboote-Richtlinie sind, unterstreicht auch die teleologische Auslegung.

34. So stellt der 12. Erwägungsgrund der Richtlinie ausdrücklich klar, dass die Richtlinie keine Vorschriften zur Beschränkung der Verwendung von Sportbooten nach ihrer

---

[8]Generalanwältin Kokott, Schlussanträge v. 14.12.2006, Mickelsson und Roos, C-142/05, EU:C:2006:782.

Indienststellung enthält. Aus anderen Erwägungsgründen ergibt sich, dass die **Richtlinie lediglich das Ziel verfolgt, die spezifischen, aus unterschiedlichen technischen Anforderungen resultierenden Handelshemmnisse durch die Harmonisierung der technischen Anforderungen** *für Sportboote und Wassermotorräder zu beseitigen.*

35. Auch die Entstehungsgeschichte bestätigt, dass die Sportboote-Richtlinie nicht die Regelung der Verwendung von Wassermotorrädern zum Gegenstand hat, sondern nur die Harmonisierung der technischen Anforderungen an Wassermotorräder. Im Gemeinsamen Standpunkt des Rates zur Änderung der Richtlinie 94/25 heißt es, dass auch nach der Änderung der Richtlinie an der Möglichkeit für die Mitgliedstaaten festgehalten wird, striktere Normen hinsichtlich der Verwendung bestimmter Bootstypen anzuwenden. Spezielle Einschränkungen ihrer Verwendung seien nach dem Subsidiaritätsprinzip auf einzelstaatlicher Ebene zu regeln.

36. Die umfassende Auslegung der Sportboote-Richtlinie ergibt also, dass diese lediglich die technischen Anforderungen, nicht aber die Nutzung von Sportbooten und Wassermotorrädern harmonisieren wollte (Hervorhebung diesseits)".

Der so umrissene Regelungsgegenstand ist **allgemeingültig** in der Weise, dass die in den Harmonisierungsrechtsvorschriften enthaltenen **produktbezogenen Anforderungen** stets nur **das Produkt an sich** in den Blick nehmen. Wie Generalanwältin Kokott namentlich unter Rn. 30 der Schlussanträge herausarbeitete, hatte ex-Art. 2 Abs. 2 der Sportboote-Richtlinie 94/25/EG insoweit nur klarstellenden Charakter.

§ 3 Zeitlich maßgeblicher Beurteilungszeitpunkt

I. Unterscheidung zwischen harmonisierten und nicht harmonisierten Produkten

323 Maßgeblich für die Beurteilung der Marktfähigkeit eines Produktes im **europäisch harmonisierten Bereich** ist der Zeitpunkt seines Inverkehrbringens.[9] Das nach den Harmonisierungsrechtsvorschriften rechtmäßig in Verkehr gebrachte Produkt bleibt bis zu dessen Abgabe an den Endbenutzer marktfähig. Die Mitgliedstaaten können den freien Verkehr eines den Anforderungen der jeweiligen Harmonisierungsrechtsvorschrift entsprechenden Produkts aufgrund dort geregelter Aspekte (→ Rn. 65 f.) im Grundsatz nicht behindern.[10] Änderungen der maßgeblichen Rechtsvorschriften in der Zeitpanne zwischen dem Inverkehrbringen des Produkts und dessen Abgabe an den Endnutzer müssen bei Maßnahmen der Nachmarktkontrolle außer Betracht bleiben. D. h. die Verpflichtung zur Bereitstellung konformer Produkte generiert keine Nachrüstungspflichten der das Produkt

---

[9] Vgl. Art. R 2 des Anhangs I des Beschlusses Nr. 768/2008/EG.
[10] Ausgenommen sind Marktüberwachungsmaßnahmen im Schutzklauselverfahren im eigentlichen Sinne (Art. R33 des Anhangs I des Beschlusses Nr. 768/2008/EG) (→ Rn. 759–761).

bereitstellenden Wirtschaftsakteure, wenn sich die Anforderungen nach dem Inverkehrbringen ändern. Es bestimmt sich die Marktfähigkeit des Produkts bis zu dessen Abgabe an den Endnutzer ausschließlich nach den Harmonisierungsrechtsvorschriften in der zum Zeitpunkt des Inverkehrbringens des Produkts geltenden Fassung.[11] Hierbei handelt es sich um einen allgemeinen produktverkehrsrechtlichen Grundsatz.[12] Im produktsicherheitsrechtlichen Schrifttum streitig ist hingegen der maßgebliche Beurteilungszeitpunkt für Produkte im **europäisch nicht harmonisierten Bereich.** Die Frage, auf welche Rechtslage zur Bestimmung der auf das Produkt anwendbaren Anforderungen abzustellen ist, wird vornehmlich im Zusammenhang mit dem Handel von gebrauchten Arbeitsmitteln und allen voran mit Gebrauchtmaschinen diskutiert. Hier hat sie ihre praktisch wichtigste Bedeutung. Die maßgebende Bestimmung für nicht harmonisierte Produkte ist § 3 Abs. 2 ProdSG:

„Ein Produkt darf, soweit es nicht Absatz 1 unterliegt, nur auf dem Markt bereitgestellt werden, wenn es bei bestimmungsgemäßer oder vorhersehbarer Verwendung die Sicherheit und Gesundheit von Personen nicht gefährdet. Bei der Beurteilung, ob ein Produkt der Anforderung nach Satz 1 entspricht, sind insbesondere zu berücksichtigen:

1. *die Eigenschaften des Produkts einschließlich seiner Zusammensetzung, seine Verpackung, die Anleitungen für seinen Zusammenbau, die Installation, die Wartung und die Gebrauchsdauer,*
2. *die Einwirkungen des Produkts auf andere Produkte, soweit zu erwarten ist, dass es zusammen mit anderen Produkten verwendet wird,*
3. *die Aufmachung des Produkts, seine Kennzeichnung, die Warnhinweise, die Gebrauchs- und Bedienungsanleitung, die Angaben zu seiner Beseitigung sowie alle sonstigen produktbezogenen Angaben oder Informationen,*
4. *die Gruppen von Verwendern, die bei der Verwendung des Produkts stärker gefährdet sind als andere.*

Die Möglichkeit, einen höheren Sicherheitsgrad zu erreichen, oder die Verfügbarkeit anderer Produkte, die ein geringeres Risiko darstellen, ist kein ausreichender Grund, ein Produkt als gefährlich anzusehen."

II. Gebrauchte Produkte

Gebrauchte Produkte unterliegen nicht den Anforderungen der auf neue Produkte anwendbaren Harmonisierungsrechtsvorschriften. So unterfallen namentlich gebrauchte

---

[11] Europäische Kommission, Leitfaden für die Umsetzung der Produktvorschriften der EU 2016, ABl. 2016 C 272, 15 und 35; Wilrich, Das neue Produktsicherheitsgesetz (ProdSG), Rn. 228 m.w.Nachw.
[12] Erwägungsgrund 2 der Richtlinie (EU) 2017/2102.

und für den gewerblichen Einsatz bestimmte Maschinen nicht der Maschinenrichtlinie 2006/42/EG. Wird eine gebrauchte Maschine bereitgestellt, also im Rahmen einer Geschäftstätigkeit zum Vertrieb, Verbrauch oder zur Verwendung abgegeben (→ Rn. 290 ff.), schweigt das ProdSG zur Frage, auf welche Rechtslage zur Bestimmung der maßgeblichen Sicherheitsanforderungen abzustellen ist. Ex-§ 4 Abs. 3 GPSG hatte diesen Aspekt noch ausdrücklich geregelt: *„Bei einem technischen Arbeitsmittel, das von Rechtsverordnungen nach § 3 Abs. 1 erfasst ist, ist maßgeblich für* [die Bereitstellung] *die Rechtslage im Zeitpunkt seine*[r] *erstmaligen* [Bereitstellung im] *Europäischen Wirtschaftsraum. Satz 1 gilt auch für ein Verbraucherprodukt, soweit es von Rechtsverordnungen nach § 3 Abs. 1 erfasst ist. Bei einem technischen Arbeitsmittel, das nicht von einer Rechtsverordnung nach § 3 Abs. 1 erfasst ist, ist maßgeblich die Rechtslage im Zeitpunkt seine*[r] *erstmaligen* [Bereitstellung] *im Geltungsbereich dieses Gesetzes. Bei* [Bereitstellung] *eines Verbraucherprodukts ist, soweit es keiner Rechtsverordnung nach § 3 Abs. 1 unterfällt, maßgeblich die Rechtslage im Zeitpunkt seine*[r] [Bereitstellung]*.“* Für die hier angesprochenen gebrauchten Arbeitsmittel war nach Satz 2 damit die Rechtslage im Zeitpunkt der erstmaligen Bereitstellung im Gebiet der Bundesrepublik Deutschland maßgeblich. Es war also zulässig, technische Arbeitsmittel auf dem Markt bereitzustellen, die nur dem Sicherheitsstand zum Zeitpunkt ihrer ersten Bereitstellung im Gebiet der Bundesrepublik Deutschland entsprachen. Dabei war unerheblich, wie weit dieser Zeitpunkt zurücklag. Es konnten also auch gebrauchte technische Produkte auf dem Markt bereitgestellt werden, die zwar dem bei Inverkehrbringen gültigen Stand der Technik entsprachen, aber nach neueren Maßstäben nicht mehr als sicher anzusehen waren.[13] So hatte etwa eine im Jahr 2008 erstmals in Deutschland in den Verkehr gebrachte neue Maschine im Falle ihrer erneuten Bereitstellung auf dem deutschen Markt als gebrauchte Maschine im Jahr 2011 lediglich den Vorgaben der *„alten"* Maschinenrichtlinie 98/37/EG und nicht der seit dem 29.12.2009 anzuwendenden neuen Maschinenrichtlinie 2006/42/EG zu entsprechen. Das ProdSG hat die Regelung aus ex-§ 4 Abs. 3 GPSG nicht übernommen. An ihre Stelle trat mit § 3 Abs. 2 S. 3 ProdSG die aus der Produktsicherheitsrichtlinie 2001/95/EG bekannte gesetzliche Feststellung, wonach die Möglichkeit, einen höheren Sicherheitsgrad zu erreichen, kein ausreichender Grund sei, ein Produkt als gefährlich einzustufen.[14] Solchermaßen wird nach dem Gesetzeswortlaut bei den gebrauchten Produkten (nicht harmonisierter Bereich) zwischen Verbraucherprodukten und Nicht-Verbraucherprodukten nicht (mehr) unterschieden und wäre die Frage des maßgeblichen Beurteilungszeitpunktes für beide Produktkategorien einheitlich zu beantworten. Der Feststellung eines einheitlichen Beurteilungszeitpunktes halten Stimmen in der rechtswissenschaftlichen Literatur die Gesetzesbegründung zu § 3 Abs. 2 S. 3 ProdSG entgegen und soll die Rechtslage

---

[13]Ostermann/Moritz/Geiß, PHi 2012, 116 (118).
[14]So die Gesetzesbegründung zum ProdSG in BT-Drucks. 17/6276, 42.

ungeachtet des veränderten Wortlauts in § 3 Abs. 2 S. 3 ProdSG gleichwohl fortbestehen und der maßgebliche Beurteilungszeitpunkt entsprechend ex-§ 4 Abs. 3 GPSG nach den damaligen Produktkategorien zu bestimmen sein.[15] In der Gesetzesbegründung heißt es: *„Es wurde ein neuer Satz 3 ergänzt, der inhaltlich den bisherigen Absatz 3 ersetzt. Absatz 3 des bisherigen GPSG war seinerzeit eingeführt worden, um [die Bereitstellung] gebrauchter technischer Arbeitsmittel, die nicht dem neuesten technischen Stand entsprechen, aber gleichwohl als sicher anzusehen sind, zu ermöglichen. Die Regelung hat sich grundsätzlich bewährt, war aber immer stark erklärungsbedürftig. Mit dem neuen, weitaus besser verständlichen Satz 3 wird das gleiche Ziel erreicht."*[16] Der Ansicht einer inhaltlichen Fortgeltung des ex-§ 4 Abs. 3 GPSG wird entgegengehalten, dass die Aussage des Gesetzgebers, mit der Neuregelung werde *„dasselbe Ziel"* erreicht, offensichtlich nur Bezug auf sein Anliegen nehme, sichern, aber nicht notwendigerweise dem neuesten Stand der Technik entsprechenden Gebrauchtprodukten, die Marktfähigkeit zuzuerkennen.[17] Eine andere Literaturmeinung wiederum erachtet die einheitliche Behandlung von nicht harmonisierten Verbraucherprodukten und gebrauchten Arbeitsmitteln als mit den abgeschwächten Produktsicherheitspflichten des Händlers nicht vereinbar an. Es bestünde bei Änderung der Rechtslage oder der Sicherheitsanforderungen nach dem Inverkehrbringen händlerseits keine Nachrüstungspflicht. Maßgeblich sei die Rechtslage beim Inverkehrbringen des Arbeitsmittels.[18] Fürwahr treffen den Händler weder im harmonisierten, noch im nicht harmonisierten Bereich Nachrüstungspflichten (→ Rn. 327). Allerdings gibt die Feststellung, dass den Händler keine Nachrüstungspflichten treffen keine Auskunft über den maßgeblichen Beurteilungszeitpunkt. So kann der Händler Adressat von Marktüberwachungsmaßnahmen unabhängig davon sein, ob er eine ihm obliegende Pflicht verletzt und wäre die Konstellation durchaus denkbar, dass die auf den Produkttyp zum Zeitpunkt der Bereitstellung anwendbaren Design-Anforderungen maßgeblich sind, obschon den Händler keine Nachrüstungspflichten treffen (→ Rn. 327). Folgt man der am Wortlaut der Vorschrift des § 3 Abs. 2 ProdSG orientierten und mithin der restriktivsten der in diesem Zusammenhang vertretenen Literaturmeinung („[...] *darf* [...] *nur auf dem Markt bereitgestellt werden, wenn* [...]"), wäre bei jedem Bereitstellungsvorgang das zum Zeitpunkt der Bereitstellung herrschende Schutzniveau maßgebend.[19]

Letzteres ist nicht selbstverständlich. So regelt das öffentlich-rechtliche Produktverkehrsrecht mit den auf die Produkte anwendbaren Design-Anforderungen und sonstigen

---

[15]Kapoor/Klindt, NVwZ 2012, 719 (721); Schucht, NJW 2013, 967 (970).
[16]BT-Drucks. 17/6276, 42.
[17]Ostermann/Moritz/Geiß, PHi 2012, S. 116 (118 f.); Gauger, Produktsicherheit und staatliche Verantwortung, S. 174.
[18]Wilrich, Das neue Produktsicherheitsgesetz (ProdSG), Rn. 232 f.
[19]So explizit Gauger, Produktsicherheit und staatliche Verantwortung, S. 174.

Marktzugangsvoraussetzungen deren Marktfähigkeit. Es gibt an, unter welchen Voraussetzungen das Produkt vertrieben, verkauft, vermarktet oder abgegeben werden kann. Im Grundsatz bleibt das einmal marktfähige Produkt solchermaßen marktfähig. Es kann unbeschränkt zirkulieren, ohne dass beim jeweiligen Bereitstellungsvorgang am Produkt selbst, also an seinem Design, noch etwas verändert werden müsste (→ Rn. 323).[20] Ist Abweichendes nicht bestimmt, richtet sich die Marktfähigkeit dann stets nach der Rechtslage zum Zeitpunkt der ersten Vertriebshandlung, also im Sinne des unionalen Produktverkehrsrechts zum Zeitpunkt der ersten Bereitstellung, d. h. des Inverkehrbringens und bei genehmigungspflichtigen Produkten nach der Rechtslage zum Zeitpunkt der Genehmigungserteilung. Dass die jeweilige Rechtsvorschrift ihrem Wortlaut nach bestimmt, das Produkt müsse bei seiner Bereitstellung – und nicht (nur) erstmaligen Bereitstellung – den sich aus ihr ergebenden Anforderungen entsprechen, wird mithin nicht als für die Bestimmung der maßgeblichen Rechtslage einschlägig angesehen bzw. im Zusammenhang mit der Zeitpunktbestimmung nicht einmal erörtert. Gleichsam selbstverständlich wird einheitlich auf die Rechtslage zum Zeitpunkt der ersten Bereitstellung abgestellt. Demgemäß findet auch die These, wonach dem § 3 Abs. 2 ProdSG unterfallende Produkte bei jedem Bereitstellen den in diesem Zeitpunkt geltenden produktsicherheitsrechtlichen Vorschriften entsprechen müssen, in Rechtsprechung und Schifttum nur bedingt Stütze.

326 Keine der im produktsicherheitsrechtlichen Schrifttum vertretenen Meinungen zum maßgeblichen Beurteilungszeitpunkt bei gebrauchten Arbeitsmaschinen ist frei von möglicher Kritik. Der unionale und nationale Gesetzgeber haben diese Frage der Rechtsprechung überantwortet, die hierzu sich zu äußern, soweit ersichtlich, noch keine Gelegenheit hatte.

§ 4 Verpflichtete

327 Die den Marktzugang regelnden Rechtsvorschriften bestimmen durchgängig und ungeachtet ihrer Regelungskonzeption, dass die ihnen unterfallenden Produkte nur dann auf dem Unionsmarkt bereitgestellt werden dürfen, wenn sie gemäß den im Rechtsakt aufgestellten Design-Anforderungen entworfen und hergestellt wurden. Entsprechend sind Adressaten von **Marktüberwachungsmaßnahmen** nicht nur der Hersteller und Einführer als Inverkehrbringer, sondern auch der Händler (→ Rn. 749). Vom behördlichen Vollzugszugriff ist die Frage zu unterscheiden, wen bezogen auf das technische Design welche Pflichten treffen und solchermaßen, wer **repressive hoheitliche Maßnahmen,** auf das UWG gestützte **wettbewerbliche Unterlassungsklagen** seiner Mitbewerber (→ Rn. 754)

---

[20] A.A. (wohl) Gauger, Produktsicherheit und staatliche Verantwortung, S. 174, wonach die Rechtslage „*für jeden* [einzelnen] *Bereitstellungsvorgang*" zu bestimmen wäre.

oder auf § 823 Abs. 2 BGB gestützte **Schadensersatzklagen** befürchten muss. Hier hat der Unionsgesetzgeber ein abgestuftes Pflichtensystem geschaffen. Er weist dem jeweiligen Wirtschaftsakteur ein unterschiedliches Maß an Verpflichtungen zu.[21] Uneingeschränkt verpflichtet ist der **Hersteller.** Er hat ohne Abstriche die Konformität der von ihm in Verkehr gebrachten Produkte zu gewährleisten und verantwortet die rechtskonforme Produktgestaltung und -fertigung. Die Pflichten der Einführer und Händler sind dagegen eingeschränkt und kann „[j]*edem Produktverantwortlichen nur der Standard seines Berufskreises abverlangt werden*".[22] Die Verpflichtungen der **Einführer** sind in Art. 4 des Anhangs I des Beschlusses Nr. 768/2008/EG sektorübergreifend zusammengefasst. Soweit dessen Absatz 1 bestimmt, der Einführer dürfe nur konforme Produkte in Verkehr bringen, stellt die Europäische Kommission klar, dass hiermit eine Verpflichtung zu systematischer Kontrolle und Prüfung nicht einhergeht und sieht in den Pflichten nach den Absätzen 2 ff. eine Konkretisierung der Pflicht nach Absatz 1.[23] Der Einführer muss hiernach vor dem Inverkehrbringen eines Produkts sicherstellen, dass vom Hersteller das entsprechende Konformitätsbewertungsverfahren durchgeführt worden ist. Hat er Zweifel hinsichtlich der Konformität des Produkts, darf er es nicht in Verkehr bringen. Ist das Produkt bereits in Verkehr gebracht worden, so muss er Korrekturmaßnahmen vornehmen (→ Rn. 685 ff.). Er hat weiter sicherzustellen, dass der Hersteller die technischen Unterlagen erarbeitet und die einschlägige Konformitätskennzeichnung angebracht hat sowie seinen Pflichten in Bezug auf die Produktrückverfolgbarkeit nachgekommen ist. Auch hat er sicherzustellen, dass der Hersteller das Produkt mit etwa erforderlichen Gebrauchsanweisungen und Sicherheitsinformationen in einer für die Endbenutzer leicht verständlichen und vom betreffenden Mitgliedstaat bestimmten Sprache versehen hat. Sind hiernach systematische Produktkontrollen und -prüfungen nicht vorgeschrieben, meint dies nicht die Abwesenheit jedweder Untersuchungspflicht. Der Bundesgerichtshof führt

---

[21] Gauger, Produktsicherheit und staatliche Verantwortung, S. 98.
[22] BGH, Urt. v. 28.3.2006, VI ZR 46/05, juris, Rn. 20 m.w.Nachw. = NJW 2006, 1589 = VersR 2006, 710 = MDR 2006, 1123. Vgl. auch BT-Drucks. 12/2693, 17, 21. Das produktverkehrsrechtliche Pflichtenprogramm der Einführer und Händler ist denn auch in Erwägung folgender Gründe reduziert (siehe Erwägungsgründe 17, 19 und 20 des Beschlusses Nr. 768/2008/EG): „[…] *die Wirtschaftsakteure sollten für die Konformität der Produkte verantwortlich sein, je nachdem welche Rolle sie jeweils in der Lieferkette spielen* […]." „*Alle Wirtschaftsakteure, die Teil der Liefer- und Vertriebskette sind, sollten die erforderlichen Maßnahmen ergreifen, um zu gewährleisten, dass sie nur Produkte auf dem Markt bereitstellen, die mit den geltenden Rechtsvorschriften übereinstimmen*" und „[…] *ist eine klare und verhältnismäßige Verteilung der Pflichten vorgesehen, die auf die einzelnen Akteure je nach ihrer Rolle im Liefer- und Vertriebsprozess entfallen*". „*Da bestimmte Aufgaben nur vom Hersteller wahrgenommen werden können, muss klar zwischen dem Hersteller und den in der Vertriebskette nachgeschalteten Akteuren unterschieden werden*".
[23] Europäische Kommission, Leitfaden für die Umsetzung der Produktvorschriften der EU 2016, ABl. 2016 C 272, 33.

hierzu in Anwendung der Vorgängerbestimmung des heutigen § 3 Abs. 1 ProdSG aus:[24] *„Die Beklagte, die das von ihr aus China importierte Produkt in hoher Stückzahl vertreibt, wäre jedenfalls verpflichtet gewesen, die Tapetenkleistermaschinen zu Beginn des Inverkehrbringens und sodann stichprobenartig [auf deren Konformität hin] zu untersuchen [...]. [...]. Welche Prüfungen der Importeur anstellen und in welchem Umfang er die importierten Geräte untersuchen oder untersuchen lassen muss, ist eine Frage des Einzelfalls. Die Häufigkeit der notwendigen Stichproben hängt unter anderem davon ab, ob die importierten Maschinen aus einem[/demselben] Fertigungsvorgang stammen oder nicht. Im letztgenannten Fall sind häufigere Stichproben erforderlich, um die Entdeckung von Fehlern wahrscheinlich zu machen."* Der Pflichtenumfang der **Händler** ist demgegenüber deutlich abgeschwächt. Der Händler muss hinsichtlich der anzuwendenden Marktzugangsregelungen angemessene Sorgfalt walten lassen. Ihn treffen zunächst und **zuvörderst formelle Prüfpflichten.**[25] Zu den hier interessierenden Design-Anforderungen trifft den Händler die Pflicht, keine Produkte zu liefern, von denen er weiß oder bei denen er anhand der ihm vorliegenden Informationen und als Gewerbetreibender hätte davon ausgehen müssen, dass sie diesen Anforderungen nicht genügen.[26] Untersuchungspflichten technischer Art werden hierdurch nicht begründet und trifft den Händler keine Pflicht zur Konformitätsbewertung. Zur Maschinenrichtlinie 98/37/EWG hatte

---

[24] BGH, Urt. v. 28.3.2006, VI ZR 46/05, juris, Rn. 21 und 24 = NJW 2006, 1589 = VersR 2006, 710 = MDR 2006, 1123.

[25] Er muss, bevor er das Produkt auf dem Markt bereitstellt, formell prüfen, dass *1)* das Produkt mit der/den erforderlichen Konformitätskennzeichnung/en versehen ist, *2)* dem Produkt die erforderlichen Unterlagen und die Gebrauchsanweisungen und Sicherheitsinformationen in einer Sprache, die von den Verbrauchern und sonstigen Endbenutzern leicht verstanden werden kann, beigefügt sind, *3)* Hersteller und Einführer ihren Namen, ihren eingetragenen Handelsnamen oder ihre eingetragene Handelsmarke und ihre Kontaktanschrift angegeben haben, und zwar auf dem Produkt oder — falls dies aufgrund der Größe oder materieller Eigenschaften des Produkts nicht möglich sein sollte — auf seiner Verpackung und/oder den Begleitunterlagen, und *4)* das Produkt eine Typen-, Chargen- oder Seriennummer oder ein anderes für Verbraucher leicht erkennbares und lesbares Kennzeichen zu seiner Identifikation trägt.

[26] Art. R5 Abs. 2 Hs. 2 des Anhangs I des Beschlusses Nr. 768/2008/EG. Ob der Händler die Nichtkonformität des Produkts kennen musste, ist nach der Europäischen Kommission (Leitfaden für die Umsetzung der Produktvorschriften der EU 2016, ABl. 2016 C 272, 35) nach Maßgabe der ihm vorliegenden Informationen und in seiner Eigenschaft als Gewerbetreibender zu beurteilen (vgl. auch § 6 Abs. 5 ProdSG). Zum *„Wissen und Wissenmüssen"* nach § 6 Abs. 5 ProdSG, siehe Kapoor, in: Klindt (Hrsg.), ProdSG, § 6 Rn. 99–103 und 106 ff. Der Vorwurf fahrlässiger Unkenntnis ist insbesondere dann begründet, wenn dem Händler bei Bereitstellung entsprechende – auf die Nichtkonformität hinweisende – Informationen vorlagen. Er muss sich solche Information indes nicht aktiv verschaffen. Im Gegensatz zum Hersteller (→ Rn. 673 ff.) trifft ihn keine allgemeine öffentlich-rechtliche Produktbeobachtungspflicht. Weiter entspricht es der Sorgfalt eines Händlers (als Gewerbetreibender) zu *„wissen, [...] welche Umstände eindeutig für die Nichtkonformität des Produkts sprechen"* (Europäische Kommission, Leitfaden für die Umsetzung der Produktvorschriften der EU 2016, ABl. 2016 C 272, 35).

§ 4 Verpflichtete 275

der Gerichtshof in der **Rechtssache *Yonemoto*** [27] festgestellt, dass angesichts der Stellung des Händlers in der Vertriebskette die diesem – hinsichtlich der Überwachung des Marktes – mitgliedstaatlich auferlegten Mitwirkungspflichten nicht darauf hinauslaufen dürfen, dass er verpflichtet wird, selbst festzustellen, ob das Produkt den festgelegten wesentlichen Anforderungen entspricht, da eine solche Verpflichtung der Systematik der Richtlinie zuwiderliefe. Es ist nicht ersichtlich, dass der Unionsgesetzgeber mit Art. R5 des Anhangs I des Beschlusses Nr. 768/2008/EG von dieser Rechtsprechung abweichen wollte. Gleiches gilt im Produktsicherheitsrecht im europäisch nicht harmonisierten Bereich.[28]

---

[27]EuGH, Urt. v. 8.9.2005, Yonemoto, C-40/04, EU:C:2005:519, Rn. 44–53.
[28]*LASI*, Produktsicherheitsgesetz, S. 14; Klindt, in: Klindt (Hrsg.), ProdSG, § 3 Rn. 40.

Produktsicherheit

Die an sich kreative Tätigkeit des Konstruierens unterliegt mehreren gesetzlichen Vorgaben. Die wohl praktisch bedeutendste Vorgabe ist die des sicherheitsgerechten Konstruierens. Sicherheit ist eine Sachlage, bei der das Risiko kleiner als das Grenzrisiko ist. D. h. im Umkehrschluss, dass es absolute Sicherheit (Null-Risiko) nicht gibt (→ Rn. 246). Das Grenzrisiko ist das größte noch vertretbare Risiko eines technischen Systems. Vor diesem Risiko sind Mensch, Tier und Güter durch Schutzmaßnahmen weitestgehend zu schützen. Mit „*Schutzmaßnahmen*" sind hierbei nicht nur und nicht einmal vorrangig Maßnahmen der mittelbaren Sicherheitstechnik in Form von Schutzeinrichtungen und Schutzsystemen (z. B. Schutzhauben, Sicherheitsschalter, Lichtschranken) gemeint, sondern allgemein Konstruktionsmaßnahmen gegen Gefährdungen. Hierbei kann zwischen zwei Arten von Gefahren, die von einem technischen System ausgehen können, nämlich den stochastischen (zufallsbedingten) und deterministischen (vorbestimmten) Gefahren, unterschieden werden.[1] **Stochastische Gefährdungen** treten im Laufe der Lebensdauer des Produkts mit einer zeitabhängigen Wahrscheinlichkeit auf. Sie haben ihre Ursache zumeist im Bauteilversagen und Softwarefehlern. Sie treten plötzlich und überraschend auf und lassen sich nur selten unmittelbar erkennen. **Deterministische Gefahren** sind durch den funktionellen Aufbau des technischen Systems begründet, z. B. durch technologisch notwendige Gefahrstellen an Werkzeugen mit ihren Soll-Bewegungen. Sie sind eindeutig nach Eintrittsvoraussetzungen und Schadenswirkung vorhersehbar und latent während der ganzen Produktlebensdauer mit gleichbleibender Eintrittswahrscheinlichkeit vorhanden (z. B. die mit dem Betrieb einer Motorkettensäge einhergehenden und sich aus dem bestimmungsgemäßen Herumlaufen der Sägekette um die Schiene ergebenden Gefahren). Gefahrstellen deterministischer

328

---

[1] Schindler, Der allgemeine Konstruktionsprozess – Grundlagen des methodischen Konstruierens, S. 427.

mechanischer Gefahren sind etwa Quetschstellen bei Pressen- und Abkantwerkzeugen, Scherstellen bei Stanzwerkzeugen, Schneidstellen bei Kreismessern, Trennschneidern und Sägen, Stichstellen bei Perforierwalzen, Reibstellen bei Fachschleifmaschinen, Fangstellen bei Antriebswellen und Kupplungen, Auflaufstellen bei Transportbändern sowie Einzugsstellen bei Riffel- und Scherwalzen.

329 Die gegen **stochastische Gefahren** gerichteten Konstruktionsmaßnahmen verfolgen das Ziel, die zeitabhängige Wahrscheinlichkeit zu erhöhen, dass das technische System innerhalb einer vorgesehenen Betriebsdauer die ihm zugedachte Funktion erfüllt und störfest gegenüber zufälligen Bauteilausfällen bleibt. Hierauf gerichtete Maßnahmen folgen drei Prinzipien:

- Prinzip des sicheren Bestehens (safe-life)
- Prinzip des beschränkten Versagens (fail-life)
- Prinzip der Redundanz

Hinter dem **Safe-life-Prinzip** steht das Ziel, dass die Konstruktion so robust ist, dass alle möglichen Vorkommnisse ohne Versagen oder die Sicherheit beeinträchtigende Störungen überstanden werden. Ein Versagen eines technischen Systems entsteht zumeist durch Unterdimensionierung seiner Bauteile aufgrund unzulänglich bekannter Belastung oder durch Veränderung der Bauteileigenschaften aufgrund Verschleißes, Korrosion, Alterung, Versprödung, etc. Aber auch Produktions- und Montagefehler können anlässlich der Konstruktion nicht berücksichtigte Beanspruchungen sicherheitsrelevanter Bauteile nach sich ziehen. Es geht demgemäß zuvörderst um die ausreichende Dimensionierung und funktionsgerechte Gestaltung aller Teile und Baugruppen und eine den Bauteilverschleiß reduzierende Konstruktion und Montage.

Das **Fail-Safe-Prinzip** besagt, dass bei Fehlern oder Bauteilversagen das technische System, gegebenenfalls bei eingeschränkter Funktionalität, insgesamt weiter sicher und zuverlässig arbeiten soll. Auf Störungen und Fehler – und das gilt nur für bekannte und vorhersehbare Störungen und Fehler – soll das System zur *„sicheren Seite"* hin reagieren. Das technische Produkt ist so zu konzipieren und zu gestalten, dass ein Bauteilversagen nicht zum sicherheitsrelevanten Absturz des technischen Systems insgesamt führt, sondern auf einem vorgesehen Niveau stehen bleibt. Bei den sogenannten Run-Flat Pkw-Reifen etwa verhindern verstärkte Seitenwände, dass das Rad bei Druckverlust auf den Felgen abrollt. Auch die Verwendung duktiler Werkstoffe ist dem fail-safe zuzuordnen, da Risse im Material nicht zum sofortigen Bruch führen, sondern die Bauteilfunktion für eine gewisse Zeit weiter erhalten bleibt.

Redundanz bedeutet Überfluss und sind in redundanten Systemen zur Erfüllung der Funktion mehr Baugruppen vorgesehen, als es eigentlich erforderlich wäre. Fällt eine dieser Baugruppen aus übernimmt eine andere ihre Funktion.

330 Die gegen **deterministische Gefahren** gerichteten Konstruktionsmaßnahmen sind die unmittelbare (primäre), die mittelbare (sekundäre) und die hinweisende Sicherheitstechnik. Methoden der **unmittelbaren Sicherheitstechnik** versuchen Gefahren konstruktiv zu vermeiden, z. B. die Gefahr von Verletzungen durch Berühren scharfkantiger oder heißer Oberflächen durch deren Abrundung oder Verkleidung. Quetschungen können durch ausreichende Mindestabstände sich bewegender Teile, durch Kraftbegrenzung oder Sensorüberwachung verhindert werden, etc. Dem Konstrukteur stehen hier geometrische und energetische Maßnahmen zur Verfügung. Mit der **mittelbaren Sicherheitstechnik** werden Einrichtungen zum Schutz vor Gefahren erfasst, die zur technologischen Funktion des technischen Systems notwendig sind und sich demgemäß konstruktiv nicht vermeiden lassen. Die Schutzeinrichtungen sind zwischen Mensch und der Gefährdungsstelle angeordnet und unterbrechen die Möglichkeit des räumlichen und zeitlichen Zusammentreffens. Beispielsweise können die Bewegungen eines Industrieroboters aus wirtschaftlichen Gründen nicht so langsam ausgeführt werden, dass von ihnen keine Gefahr mehr ausginge und wäre ein Zusammentreffen von Mensch und Roboter zu verhindern (neben Absperrungen z. B. Lichtschranken oder Laserscanner, die zwar nicht den Zutritt in den Aktionsbereich des Roboters verhindern, die gefährliche Situation aber ausschalten, in dem sie den Roboter desaktivieren). Die **hinweisende Sicherheitstechnik** versucht in Ergänzung vorgenannter Maßnahmentypen mit zielgerichteten Informationsbotschaften und Informationsträgern, z. B. mit Hinweisschildern, Unterweisungen, etc., bei gefährdeten Personen ein sicherheitsgerechtes Verhalten zu bewirken.[2]

Während sich das Ingenieurwesen solchermaßen mit der Frage befasst, wie Gefahren für Leib und Leben ausgeschaltet oder zumindest reduziert werden können, bestimmt das Recht, in welchem Umfang dies geschehen muss und wie der Nachweis sicherheitsgerechten Konstruierens zu führen ist.

§ 1 – Rechtsquellen und sachlicher Geltungsbereich der Anforderungen an das technische Design

Das auf das technische Produkt anwendbare Produktsicherheitsrecht ist unionsrechtlich determiniert und bleiben rein nationale Design-Anforderungen auf Nischen beschränkt. Das zur Produktsicherheit ergangene sekundäre Unionsrecht wiederum stützt sich ganz vornehmlich auf die Kompetenznorm des Art. 114 AEUV und ergehen die dortigen Anforderungen an das technische Design zur Effektuierung der Warenverkehrsfreiheit (→ Rn. 55 f.). Hintergrund der unionalen Vorschriften und damit der Quasitotalität der Vorschriften, die sicherheitstechnische Sachverhalte verbindlich regeln, ist demgemäß nicht die Sicherheit als solche, sondern die Realisierung des freien Warenverkehrs von technischen Geräten. Deren Sicherheit ist eher ein Vehikel dazu. Konstrukteure und

331

---

[2]Zum Ganzen Schindler, Der allgemeine Konstruktionsprozess – Grundlagen des methodischen Konstruierens, S. 426 ff.; Neudörfer, Sicherheitsgerechte Maschinen, S. 526 ff.; Grote/Feldhusen, Dubbel, F 16.

Hersteller müssen in eigener Verantwortung recherchieren, welche Rechtsvorschriften für ihr Produkt relevant sind. Hierfür sind die Regelungsbereiche der einzelnen Vorschriften zu bestimmen (→ Rn. 64 ff.) und sind die Akteure teilweise schwierigen Abgrenzungsfragen ausgesetzt.

I. Harmonisierter Bereich

332　Die sicherheitstechnischen Anforderungen resultieren im europäisch harmonisierten Bereich aus den auf das Produkt anwendbaren Harmonisierungsrechtsvorschriften bzw. den diese umsetzenden Rechtsverordnungen nach § 8 Abs. 1 ProdSG (§ 3 Abs. 1 ProdSG).[3] Die im Recht des technischen Produkts einschlägigen Harmonisierungsrechtsvorschriften sind namentlich:

1) Aufzüge: Richtlinie 2014/33/EU
2) Druckbehälter: Richtlinie 2014/29/EU
3) Druckgeräte: Richtlinie 2014/68/EU
4) Elektrische Betriebsmittel: Richtlinie 2014/35/EU
5) Funkanlagen: Richtlinie 2014/53/EU
6) Gasverbrauchseinrichtungen bzw. Geräte zur Verbrennung gasförmiger Brennstoffe: Richtlinie 2009/142/EG bzw. VO (EU) 2016/426
7) Geräte und Schutzsysteme zur bestimmungsgemäßen Verwendung in explosionsgefährdeten Bereichen: Richtlinie 2014/34/EU
8) Maschinen: Richtlinien 2006/42/EG und 2000/14/EG
9) Medizinprodukte: Richtlinien 90/385/EG, 93/42/EG und 98/79/EG
10) Sportboote: Richtlinie 2013/53/EU

Zu erwähnen ist weiter die VO (EG) Nr. 1935/2004 (Lebensmittelkontaktmaterialien).[4]

1. Artikulation der sektoralen Harmonisierungsrechtsvorschriften untereinander

333　Für die Rechtsanwendung von grundsätzlicher Bedeutung ist die Artikulation der Harmonisierungsrechtsvorschriften untereinander. Wie an anderer Stelle ausgeführt

---

[3]Nationale sicherheitstechnische Anforderungen, die über das in der jeweiligen Harmonisierungsrechtsvorschrift geforderte Schutzniveau hinausgehen (bspw. § 3 Abs. 1 Nr. 2 ProdSG), können dem Wirtschaftsteilnehmer nicht entgegengehalten werden (→ Rn. 334).

[4]Die Verordnung (EG) Nr. 1935/2004 dient dem Gesundheitsschutz (S. 3. Erwägungsgrund). Sie ist aber keine „klassische" Produktsicherheitsrechtsvorschrift. Nachstehende Ausführungen (→ Rn. 334 ff.) gelten für sie nicht. Die Verordnung gilt ausweislich ihres Art. 1 Abs. 2 u. a. für Gegenstände, die dazu bestimmt sind, mit Lebensmitteln in Berührung zu kommen und enthält – hinsichtlich des Kontakts mit Lebensmitteln – die rechtlichen Grundlagen und allgemeinen Anforderungen für das Herstellen, Kennzeichnen und Inverkehrbringen dieser Gegenstände.

(→ Rn. 72–74), ist bezogen auf das technische Design der Normgehalt der einzelnen Harmonisierungsrechtsvorschrift $CE_{AspektX} \Leftrightarrow A$ und der Normgehalt der Gesamtheit der auf das Produkt anzuwendenden Harmonisierungsrechtsvorschriften zum Schutz desselben öffentlichen Interesses $CE_{AspektX} \Leftrightarrow (A+B+C\ ...)$. Im Produktsicherheitsrecht gilt $CE_{\text{Sicherheits- und Gesundheitsschutz}} \Leftrightarrow (A+B+C\ ...)$. Zur Vermeidung von (Norm)Widersprüchen artikulieren einige der Harmonisierungsrechtsvorschriften untereinander mittels dort aufgestellter und regelmäßig am Grundsatz der Spezialität ausgerichteter Ausschluss- und Vorrangregelungen und kommt es hier zu teilweise komplizierten Rück- und Querverweisungen.[5]

So erklärt sich die **Aufzugsrichtlinie** 2014/33/EU bezogen auf von ihr abgedeckten Risiken in deren Art. 1 Abs. 3 zugunsten speziellerer Harmonisierungsrechtsvorschriften für nicht anwendbar und verweist in Anhang I Ziff. 1.1 S. 1 hinsichtlich von ihr nicht abgedeckter Risiken auf die Maschinenrichtlinie 2006/42/EG. Die Maschinenrichtlinie wiederum tritt bezogen auf von ihr abgedeckter Risiken über deren Art. 3 gegenüber der spezielleren Aufzugsrichtlinie zurück. Anhang II der Niederspannungsrichtlinie 2014/35/EU nimmt sodann elektrische Teile von Personen- und Lastenaufzügen aus ihrem Anwendungsbereich heraus, kommt es aber

---

Hierunter fallen etwa auch Geräte zur Lebensmittelherstellung (Kutter, Fleischwolf) und -zubereitung (Toaster und Wasserkocher) (s. Meyer, in Meyer/Streinz, LFGB, BasisVO, HCVO, LFGB § 2 Rn. 189). Sie bestimmt in deren Art. 3 allgemeine Sicherheitsanforderungen. Hiernach sind *„Materialien und Gegenstände [...] nach guter Herstellungspraxis* [hierzu Verordnung (EG) Nr. 2023/2006] *so herzustellen, dass sie unter den normalen oder vorhersehbaren Verwendungsbedingungen keine Bestandteile auf Lebensmittel in Mengen abgeben, die geeignet sind, a) die menschliche Gesundheit zu gefährden oder b) eine unvertretbare Veränderung der Zusammensetzung der Lebensmittel herbeizuführen oder c) eine Beeinträchtigung der organoleptischen Eigenschaften der Lebensmittel* [insbes. Beeinträchtigung des Geschmacks der Lebensmittel] *herbeizuführen."* Soweit zu in Anhang I aufgeführten Materialien Einzelmaßnahmen nach Art. 5 Abs. 1 vorliegen (Maßnahmen im Regelungsverfahren nach Beschluss 1999/468/EG, hierzu → Rn. 403), sind *zusätzlich* die dortigen Vorgaben und Beschränkungen zu beachten (Art. 5 Abs. 1 UAbs. 2 VO (EG) 1935/2004 führt die möglichen Inhalte einer Einzelmaßnahme auf (zur Justiziabilität dieses Rahmens → Rn. 77)). Die VO (EU) Nr. 10/2011 etwa enthält für Gegenstände aus Kunststoff (oder kunststoffbeschichtet), wie beispielsweise Förderbänder für die Lebensmittelindustrie oder Handstabmixer, in deren Anhang I eine Liste derjenigen Stoffe, die für die Herstellung zugelassen sind (Positivliste), enthält weiter neben einem Gesamtmigrationsgrenzwert auch spezifische Migrationsgrenzwerte und werden in deren Anhang II Stoffbeschränkungen festgelegt. Bei nicht von einer Einzelmaßnahme erfassten Materialien kann auf die BfR-Empfehlungen verwiesen werden (URL: http://www.bfr.bund.de/de/bfr_empfehlungen_zu_materialien_fuer_den_lebensmittelkontakt-447.html.).

[5] Nur wenn und soweit solche Ausschluss- und Vorrangregelungen nicht bestehen, ist eine Normkonkurrenz mittels Rückgriff auf die Regeln der Spezialität, Subsidiarität und Konsumtion zu lösen (→ Rn. 74).

über Anhang I Ziff. 1.5.1 der Maschinenrichtlinie und bezogen auf Risiken durch die Verwendung elektrischer Energie zur Anwendung der sich aus der Niederspannungsrichtlinie ergebenden Schutzanforderungen, nicht aber zur Anwendung der Niederspannungsrichtlinie selbst.[6] Hingegen enthält die **Druckbehälterrichtlinie** 2014/29/EU keine Ausschlussregelung. Die **Druckgeräterichtlinie** 2014/68/EU wiederum nimmt über deren Art. 1 Abs. 1 eine Reihe von Produkte aus deren Anwendungsbereich heraus und vollzieht sich die Artikulation zwischen den Richtlinien 2014/29/EU und 2014/68/EU über die Anwendungsbereiche der beiden Harmonisierungsrechtsvorschriften.[7] Komplexer ist die Bestimmung des auf elektrische Betriebsmittel anwendbaren unionalen Sekundärrechts. Die zuvörderst einschlägige **Niederspannungsrichtlinie** 2014/35/EU erfasst weite Bereiche der elektrotechnischen Industrie, allerdings mit zum Teil erheblichen Ausnahmeregelungen.[8] Spezifischere Sicherheitsanforderungen an elektrische Betriebsmittel werden dann in vertikalen bzw. sektoralen, d. h. produktabhängigen Rechtsvorschriften verfügt. In diesen Fällen kommt die Niederspannungsrichtlinie nicht zur Anwendung. Namentlich die Maschinenrichtlinie 2006/42/EG hat mit Art. 1 Abs. 2 lit. k) eine direkte Schnittstelle zur Niederspannungsrichtlinie und sind hiernach folgende Arten elektrischer Niederspannungsgeräte vom Anwendungsbereich der Maschinenrichtlinie ausgeschlossen: „[E]*lektrische und elektronische Erzeugnisse folgender Arten, soweit sie unter die Richtlinie* [2014/35/EU zur Verwendung innerhalb bestimmter Spannungsgrenzen auf dem Markt] *fallen:*

- *für den häuslichen Gebrauch bestimmte Haushaltsgeräte,*
- *Audio- und Videogeräte,*
- *informationstechnische Geräte,*
- *gewöhnliche Büromaschinen,*
- *Niederspannungsschaltgeräte und -steuergeräte,*
- *Elektromotoren.*"[9]

---

[6] Zur Vorgängervorschrift des Art. 1 Abs. 5 der Aufzugsrichtlinie 95/16/EG und deren Anhang I Ziff. 1.1., siehe Europäische Kommission, Guide to Application of the Lifts Directive 95/16/EC, §§ 30–32 und 91–97.

[7] Siehe hierzu Eberhardt, Die EU-Maschinenrichtlinie, S. 44.

[8] Zum Geltungsbereich der Niederspannungsrichtlinie und den in Anhang II der Richtlinie vom Geltungsbereich der Richtlinie ausgenommenen Betriebsmitteln, siehe Europäische Kommission, Niederspannungsrichtlinie 2014/35/EU – Leitfaden, §§ 6, 7, 56 und 57.

[9] Zu den in Art. 1 Abs. 2 lit. k) aufgeführten Kategorien, siehe Europäische Kommission, Leitfaden für die Anwendung der Maschinenrichtlinie 2006/42/EG, §§ 63–69.

Elektrische und elektronische Maschinen, die keiner der in Art. 1 Abs. 2 lit. k) aufgeführten Kategorien unterfallen und die auch nicht durch eine der anderen Ausnahmen erfasst werden, fallen in den Anwendungsbereich der Maschinenrichtlinie. Der Text der beiden Richtlinien lässt indes offen, ob elektrisch betriebene Maschinen mit einer Betriebsspannung zwischen 50 und 1000 V Wechselstrom oder zwischen 75 und 1500 V Gleichstrom und die keiner der in Art. 1 Abs. 2 lit. k) aufgeführten Kategorien angehören sowohl der Maschinenrichtlinie als auch der Niederspannungsrichtlinie unterfallen.[10] Zwar bestimmt Abschnitt 1.5.1 des Anhangs I der Richtlinie 2006/42/EG über die grundlegenden Sicherheits- und Gesundheitsschutzanforderungen für Konstruktion und Bau von Maschinen, dass „[e]*ine mit elektrischer Energie versorgte Maschine so konstruiert, gebaut und ausgerüstet sein* [muss], *dass alle von Elektrizität ausgehenden Gefährdungen vermieden werden oder vermieden werden können*[,][d]*ie Schutzziele der Richtlinie* [2014/35/EU] *für Maschinen* [gelten] [und][i]*n Bezug auf die Gefährdungen, die von elektrischem Strom ausgehen, die Verpflichtungen betreffend die Konformitätsbewertung und das Inverkehrbringen und/oder die Inbetriebnahme von Maschinen jedoch ausschließlich durch die vorliegende Richtlinie geregelt* [werden]". Der Querverweis auf die Schutzziele der Niederspannungsrichtlinie und die Anordnung des Vorrangs der Maschinenrichtlinie („*Verpflichtungen betreffend die Konformitätsbewertung und das Inverkehrbringen und/oder die Inbetriebnahme*") erfolgen allerdings nur im Hinblick auf die mit der Verwendung von Maschinen verbundenen elektrischen Risiken. Die Niederspannungsrichtlinie hingegen deckt alle Risiken ab, die bei der Verwendung von elektrischen Betriebsmitteln auftreten können. Sie deckt also nicht nur elektrische, sondern auch mechanische und chemische Risiken und alle anderen Gefährdungen ab und berücksichtigt die Niederspannungsrichtlinie ferner Gesundheitsaspekte wie Lärm und Erschütterungen und ergonomische Aspekte. Hinsichtlich dieser Gefährdungen und Aspekte ist Abschnitt 1.5.1 des Anhangs I der Richtlinie 2006/42/EG seinem Wortlaut nach nicht einschlägig. Gleichwohl wird auch insoweit und im Anschluss an die Einschätzung der Europäischen Kommission[11] eine Verdrängung der

---

[10]Vgl. Europäische Kommission, Leitfaden zur Anwendung der Richtlinie 2006/95/EG, §§ 30, 31.

[11]Europäische Kommission, Leitfaden für die Anwendung der Maschinenrichtlinie 2006/42/EG, § 63: „*Elektrische Maschinen, die nicht zu einer der in Artikel 1 Absatz 2 Buchstabe k aufgeführten Kategorien zählen (und die nicht durch eine der anderen erfasst werden), fallen in den Anwendungsbereich der Maschinenrichtlinie. Wenn die Stromversorgung derartiger Maschinen innerhalb der Spannungsgrenzen der Niederspannungsrichtlinie (zwischen 50 und 1000 V bei Wechselstrom oder zwischen 75 und 1500 V bei Gleichstrom) liegt, muss sie die Schutzziele der Niederspannungsrichtlinie erfüllen* [Verweis auf § 222 des Leitfadens zur Anwendung der Maschinenrichtlinie]. **In diesem Fall darf die EG-Konformitätserklärung des Herstellers jedoch nicht auf die Niederspannungsrichtlinie verweisen** (Hervorhebung diesseits).*" Ebd., § 222: *„Mit Nummer 1.5.1 Absatz 2 werden die Sicherheitsanforderungen der Niederspannungsrichtlinie* [2014/35/EU] *auf Maschinen anwendbar gemacht. Der zweite Satz dieses Absatzes stellt klar, dass die Verfahren der Niederspannungsrichtlinie, die sich auf Inverkehrbringen und Inbetriebnahme*

Niederspannungsrichtlinie durch die Maschinenrichtlinie angenommen.[12] Hiernach regelt die Niederspannungsrichtlinie nicht die Marktfähigkeit von in den Anwendungsbereich der Maschinenrichtlinie fallender elektrischer Betriebsmittel. Für diese gelten die Schutzziele der Niederspannungsrichtlinie mithin nur kraft des in Abschnitt 1.5.1 des Anhangs I der Richtlinie 2006/42/EG unternommen Verweises und nicht aufgrund der Anordnung des Art. 3 der Richtlinie 2014/35/EU. Letzterer unterliegen allerdings elektrische Niederspannungsgeräte, die für den Einbau in Maschinen gesondert in Verkehr gebracht werden.[13] Für elektrische oder elektronische Erzeugnisse, die unter die Richtlinie 2014/53/EU über **Funkanlagen** fallen, gelten deren Bestimmungen für Sicherheit und Gesundheitsschutz. Allerdings enthält diese insoweit keine detaillierten Anforderungen. Stattdessen wird auf die Sicherheitsziele der Niederspannungsrichtlinie verwiesen, jedoch ohne Anwendung der Spannungsgrenzen.[14] Hinsichtlich Gasverbrauchseinrichtungen bzw. **Geräten zur Verbrennung gasförmiger Brennstoffe** bestimmt Art. 1 Abs. 4 VO (EU) 2016/426 nunmehr ausdrücklich die Subsidiarität der dortigen Anforderungen gegenüber anderen Harmonisierungsrechtsvorschriften und behandelt die VO (EU) 2016/426 vornehmlich die mit Gas verbundenen Risiken. Der Anwendung der **ATEX-Richtlinie** 2014/34/EU neben anderen eventuell geltenden Richtlinien widmen sich die ATEX-Leitlinien der Europäischen Kommission. Es kommt auch hier wiederholt zu schwierig aufzulösenden Überschneidungen und komplexen Regel-Ausnahme-Verhältnissen.[15] Eine der praktisch bedeutsamsten Ausschlussregelungen ist sodann die des Art. 3 der **Maschinenrichtlinie** 2006/42/EG. Hiernach werden die Bestimmungen der Maschinenrichtlinie für Produkte im Anwendungsbereich der Maschinenrichtlinie ganz oder teilweise durch andere Harmonisierungsrechtsvorschriften abgelöst, die alle oder einzelne der von Anhang I der Maschinenrichtlinie genannten und von der Maschine ausgehenden Gefährdungen genauer erfassen.[16] Auch sei nochmals auf die Schnittstelle zur Niederspannungsrichtlinie 2014/35/EU in Art. 1 Abs. 2 lit k) und die Inbezugnahme der Schutzziele der Niederspannungsrichtlinie im Abschnitt 1.5.1 des Anhangs I der Richtlinie 2006/42/EG hingewiesen. Hinsichtlich der **Medizinprodukte** finden sich Kollisionsregelungen in Art. 1 Abs. 5 und 7 der Richtlinie

---

beziehen, nicht auf Maschinen anwendbar sind, welche der Maschinenrichtlinie unterliegen. Die Konformitätserklärung für Maschinen, die der Maschinenrichtlinie unterliegen, darf also nicht auf die Niederspannungsrichtlinie verweisen (Hervorhebung diesseits)." Europäische Kommission, Niederspannungsrichtlinie 2014/35/EU – Leitfaden, § 69.

[12]Siehe etwa Loerzer, EMV und Niederspannungsrichtlinie, Rn. 182.

[13]Europäische Kommission, Leitfaden für die Anwendung der Maschinenrichtlinie 2006/42/EG, § 63.

[14]Art. 1 Abs. 4 i. V. m. Art. 3 Abs. 1 lit. a) der Richtlinie 2014/53/EU.

[15]Europäische Kommission, ATEX 2014/34/EU Guidelines, §§ 231–240.

[16]Siehe hierzu im Einzelnen Europäische Kommission, Leitfaden für die Anwendung der Maschinenrichtlinie 2006/42/EG, §§ 89–92.

93/42/EG, Art. 1 Abs. 5 der Richtlinie 90/385/EG und Art. 1 Abs. 7 der Richtlinie 98/79/EG. Die **Sportbooterichtlinie** 2013/53/EU nimmt in deren Art. 2 Abs. 2 lit. a) bestimmte Produkte von deren Anwendungsbereich aus, enthält im Übrigen aber keine Vorrang- oder Ausschlussregelung. Bedeutsam ist auch hier wieder die Ausschlussregelung des Art. 3 der Maschinenrichtlinie 2006/42/EG. Die Verordnung Nr. 1935/2004 über **Materialien und Gegenstände, die dazu bestimmt sind, mit Lebensmitteln in Berührung zu kommen,** die auf Art. 5 Abs. 1 dieser Verordnung gestützten Einzelmaßnahmen sowie die im Rahmen der aufgehobenen Richtlinien 76/893/EWG und 89/109/EWG erlassenen Einzelrichtlinien finden produktspartenübergreifend Anwendung. Sie sind parallel zu und hinsichtlich der dort erfassten Gesundheitsgefährdungen wegen des Übergangs von Stoffen aus Materialien auf Lebensmittel gegebenenfalls anstatt der sektoralen Harmonisierungsrechtsvorschriften heranzuziehen.[17]

2. Abgeschlossenheit wesentlicher Anforderung im harmonisierten Bereich

Sicherheitstechnische Anforderungen im harmonisierten Bereich sind abschließend. Neben ihnen kommt auch kein – die Vermutungswirkung harmonisierter Normen (→ Rn. 222 ff.) aushebelndes – allgemeines Sicherheitsgebot (Art. 3 Abs. 1 der Richtlinie 2001/95/EG, Art. 16 Abs. 2 VO (EG) Nr. 765/2008) zum Zuge.

a. Verhältnis zur Produktsicherheitsrichtlinie

Im rechtswissenschaftlichen Schrifttum umfassend kommentiert, erläutert und untersucht ist das Verhältnis der allgemeinen Produktsicherheitsrichtlinie bzw. des ProdSG und dessen Vorgängergesetzen zu den Harmonisierungsrichtlinien.[18] Mit der mit dem Neuen Rechtsrahmen (→ Rn. 174 ff.) unternommen weitestgehenden Angleichung der Pflichten der Wirtschaftsakteure hat die Frage um dieses Verhältnis viel von ihrer praktischen Bedeutung verloren. Soweit es die hier interessierenden sicherheitstechnischen Produktanforderungen anbelangt, richtet sich die Marktfähigkeit von Verbraucherprodukten im europäisch harmonisierten Bereich ausschließlich nach den auf sie anwendbaren

---

[17] Namentlich Art. 3 der Maschinenrichtlinie 2006/42/EG ordnet für die entsprechenden Teile von Lebensmittelmaschinen einen solchen Vorrang an (siehe Europäische Kommission, Leitfaden für die Anwendung der Maschinenrichtlinie 2006/42/EG, § 91).

[18] Schumann, Bauelemente des europäischen Produktsicherheitsrechts, S. 61 ff. m. w. Nachw.; Wiesendahl, Technische Normung in der Europäischen Union, S. 88–90; Schucht, in Klindt (Hrsg.), ProdSG, § 1 Rn. 79 ff.; siehe auch Europäische Kommission, Leitlinien betreffend das Verhältnis zwischen der Richtlinie über die allgemeine Produktsicherheit und bestimmten sektoralen Richtlinien mit Vorschriften zur Produktsicherheit.

Harmonisierungsrechtsvorschriften.[19] Vereinzelt wird angenommen, dass das allgemeine Produktsicherheitsgebot (→ Rn. 78) im Anwendungsbereich einer Harmonisierungsrechtsvorschrift neben dieser zur Anwendung käme, wenn und soweit diese die Sicherheit nur bei bestimmungsgemäßer Verwendung, nicht aber bei vorhersehbarer Fehlanwendung regelt (zur zu berücksichtigenden Verwendung → Rn. 357 ff.).[20] Wie jedoch andernorts zutreffend bemerkt,[21] muss die Tatsache, dass die betreffende Harmonisierungsrechtsvorschrift eine bestimmte Verwendung nicht regelt, ebenso wie die politische Entscheidung akzeptierter Restrisiken als politisch verhandelter Ausdruck der auf Unionsebene sicherheitsrechtlich konsensfähigen Produktanforderungen betrachtet werden.[22]

b. Verhältnis zur Marktüberwachung

335 Sperren damit die Harmonisierungsrechtsvorschriften in ihrem Regelungsbereich, hier also namentlich die umfassenden Sicherheits- und Gesundheitsschutzrichtlinien, den Rückgriff auf das allgemeine Sicherheitsgebot nach Art. 3 Abs. 1 der Richtlinie 2001/95/EG, geht es der Sache nach um die Marktfähigkeit des Produkts. So entsprach etwa im Beispielsfall des brennenden Toasters (→ Rn. 70) das inkriminierte Gerät den Anforderungen aus der Niederspannungsrichtlinie 2014/35/EU und der EMV-Richtlinie 2014/30/EU. Der Toaster durfte vermarktet werden, obgleich er, was sich später herausstellen sollte, nicht sicher war. Thematisch geht es hier mit der Marktfähigkeit um die Vormarktkontrolle. Hiervon strikt zu trennen ist die Thematik der Nachmarktkontrolle,

---

[19]So decken die unionalen – auf Sicherheits- und Gesundheitsschutz abzielenden – Harmonisierungsrechtsvorschriften (jedenfalls ganz regelmäßig) sämtliche (Sicherheits-)Aspekte ab, so dass es dort inhaltliche Lücken (d. h. nicht abgedeckte Aspekte, Risiken oder Risikokategorien i. S. von Art. 1 Abs. 2 der Richtlinie 2001/95/EG) nicht gibt. In der Begründung zum Vorschlag der Produktsicherheitsrichtlinie (KOM(2000) 139 endg., Ziff. 2.1.) heißt es denn auch: *„Die Gemeinschaftsvorschriften, die auf eine "absolute Sicherheit" abzielen (die also alle Sicherheitsanforderungen harmonisieren, die für die jeweilige Produktkategorie als maßgeblich angesehen werden), insbesondere die Richtlinien der "neuen Konzeption", sollen per definitionem Sicherheitsanforderungen aufstellen, die sämtliche Sicherheitsaspekte abdecken, die im Hinblick auf die Gewährleistung der Sicherheit des betreffenden Produkts zu berücksichtigen sind. Produkte, die diesen Anforderungen genügen, müssen im Binnenmarkt frei verkehren können, sofern die in den einschlägigen Richtlinien vorgesehenen Konformitätsbewertungsverfahren eingehalten wurden. Deshalb gelten nur diese "wesentlichen Sicherheitsanforderungen" für die Produkte, die unter derartige Richtlinien fallen. Die allgemeine Sicherheitsanforderung, die Definition des "sicheren Produkts" und die Konformitätskriterien der Produktsicherheits-Richtlinie gelten dann nicht. Ihre sonstigen Bestimmungen sind in diesem Fall aber anwendbar, unbeschadet besonderer, in den einschlägigen sektoralen Rechtsvorschriften enthaltener Bestimmungen, die sich auf dieselben Sicherheitsaspekte beziehen."* Siehe auch Schmatz/Nöthlichs, 1025 § 3 Anm. 1.2.8, S. 49 f.

[20]In diesem Sinne etwa Schumann, Bauelemente des europäischen Produktsicherheitsrechts, S. 63–65 m. w. Nachw.

[21]Klindt, Geräte- und Produktsicherheitsgesetz – GPSG, § 1 Rn. 28.

[22]Siehe auch VG Sigmaringen, Urt. v. 27.11.2008, 8 K 1828/06, juris, Rn. 61.

also im genannten Beispielsfall die Festlegung von Korrekturmaßnahmen durch die Marktüberwachungsbehörden (zur Unterscheidung zwischen Vor- und Nachmarktkontrolle → Rn. 69 f.). Enthalten die Regelungen zur Marktüberwachung auch Eingriffsbefugnisse im Falle konformer, aber risikobehafteter Produkte (→ Rn. 759–761), wobei hier auch die vorhersehbare Fehlanwendung mitzuberücksichtigen ist (Art. 16 Abs. 2 VO (EG) Nr. 765/2008, Rechtsvorschriften nach Art. R33 des Anhangs I des Beschlusses Nr. 768/2008/EG), werden hierdurch keine Sicherheitsanforderungen aufgestellt.[23] Allerdings ergibt sich aus der bloßen Existenz dieser Eingriffsbefugnisse und der hiermit einhergehenden finanziellen Risiken auf Herstellerseite der faktische Zwang, nur solche Produkte in Verkehr zu bringen, die unter Berücksichtigung auch der vorhersehbaren Fehlanwendung keine Risiken für Leib und Leben begründen, d. h. unabhängig von der nach der jeweiligen Harmonisierungsrechtsvorschrift zu berücksichtigenden Verwendung. Wenn demgemäß im konkreten Fall auch keine öffentlich-rechtliche Pflicht bestehen sollte, dies zu tun, sind die Hersteller gut beraten am Ende des Tages nur solche Produkte zu vermarkten, die unter Berücksichtigung jeder vorhersehbaren Verwendung sicher sind und die Anforderungen aus den Harmonisierungsrechtsvorschriften nur als Mindestanforderungen zu behandeln. Es kommt dann zu einem Gleichlauf mit den sich aus der zivilrechtlichen Produkthaftung ergebenden Produktanforderungen. Wie das Produkthaftungsrecht wirken auch die Regelungen zur Marktüberwachung wie ein *„Damoklesschwert, das die Hersteller [faktisch] zwingt, Produkte ohne unnötige Risiken für Gesundheit und Unversehrtheit des Menschen herzustellen"*[24].

II. Nicht harmonisierter Bereich

Im nicht harmonisierten Bereich, d. h. bezogen auf gebrauchte Produkte und von Harmonisierungsrechtsvorschriften sonst nicht erfasste Produkte, unterwirft § 3 Abs. 2 ProdSG sowohl B2B-Podukte, wie auch B2C-Podukte einem einheitlichen Sicherheitsmaßstab. Maßstab ist das allgemeine Sicherheitsgebot nach Art. 3 Abs. 1 der Richtlinie 2001/95/EG (→ Rn. 78).

336

III. Sicherheits- und Gesundheitsschutz

Der Regelungsbereich produktbezogener Regelungen resultiert zunächst aus dem Begriff der produktbezogenen Regelung, nämlich der Festlegung der Anforderungen,

337

---

[23]A. A. Kapoor/Klindt, EuZW 2008, 649 (653) und Schucht, EuZW 2013, 90 (94 f.), die Art. 16 Abs. 2 VO (EG) Nr. 765/2008 als eine die Sicherheitsanforderungen modifizierende Vorschrift verstehen.
[24]Vgl. KOM(99) 396 endg., 14, Punkt 2.2.

denen die „*Waren ... entsprechen müssen*" (→ Rn. 11). Er bestimmt sich weiter nach dem von den Harmonisierungsrechtsvorschriften erfassten Produkten und Produkttypen (→ Rn. 307 ff.). Für die weitere Bestimmung des Regelungsbereichs ist sodann nicht der Inhalt der Regelung, sondern dessen Gegenstand zu betrachten (**sachlicher Geltungsbereich**). Es ist aufzuzeigen, „*um was es geht*", „*welche Aspekte abgedeckt werden*" und ist der Regelungsbereich im Zusammenhang mit der Sperrwirkung der auf die Binnenmarktkompetenz nach Art. 114 Abs. 1 AEUV gestützten unionalen Harmonisierungsmaßnahmen zu sehen. Solchermaßen ist das öffentliche Interesse, das zu schützen die Produktanforderungen der jeweiligen Harmonisierungsrechtsvorschrift bezwecken, in den Blick zu nehmen. Es ist dies das oben mit „*AspektX*" dargestellte öffentliche Interesse (→ Rn. 72–74). Für das sicherheitsgerechte Konstruieren geht es darum, zu bestimmen, was mit Sicherheitsschutz gemeint ist und auf was er sich genau erstreckt.

338 Zur Verdeutlichung sei nochmals das Beispiel des Vertriebsverbots zu einer Maschine wegen Patentverletzung bemüht (→ Rn. 65). Zwar bestimmt die Maschinenrichtlinie 2006/42/EG in deren Art. 6 Abs. 1, dass *„die Mitgliedstaaten das Inverkehrbringen und/oder die Inbetriebnahme von Maschinen in ihrem Hoheitsgebiet nicht untersagen, beschränken oder behindern* [dürfen]*, wenn diese den Bestimmungen dieser Richtlinie entsprechen"*. Aber eine Rechtsangleichungsmaßnahme vermag von dieser abweichende oder weitergehende nationale Vorschriften nur insoweit zu sperren, als das verfolgte öffentliche Interesse identisch ist. Trotz seiner allgemein gehaltenen Formulierung hindert Art. 6 Abs. 1 der Maschinenrichtlinie einen Mitgliedstaat demgemäß nicht daran, aufgrund einer nationalen Rechtsvorschrift wegen Patentverletzung den Handel mit einer den Anforderungen der Richtlinie 2006/42/EG entsprechenden Maschine zu verbieten. In diesem Fall geht es um den Schutz des gewerblichen und kommerziellen Eigentums. Dieser ist nicht Regelungsgegenstand der Maschinenrichtlinie und beabsichtigt die Maschinenrichtlinie entgegen ihrem Wortlaut insoweit auch keine Sperrung nationaler Vorschriften. Das Gebot ist daher auf den von der Maschinenrichtlinie verfolgten Zweck hin zu reduzieren und die Maschinenrichtlinie insgesamt auch nur dahin gehend zu begreifen, dass sie nicht angibt, wie Maschinen zu bauen sind, sondern welchen Anforderungen sie zum Schutz der Sicherheit und Gesundheit genügen müssen.

339 Inhalt und Reichweite des öffentlichen Interesses sind hierbei unter Zugrundelegung des mit der Harmonisierung nationaler Produktvorschriften verfolgten Zieles zu bestimmen. Es ist dies die zur Effektuierung der Warenverkehrsfreiheit unternommene Beseitigung technischer Handelshemmnisse, die dadurch entstehen, dass der nationale Gesetzgeber zum Schutz eines öffentlichen Interesses nach Art. 36 AEUV oder eines *„zwingenden Erfordernisses"* nach der *Cassis*-Rechtsprechung wirksam freiverkehrsbeschränkende Regelungen aufstellt. Weiter ist in diesem Zusammenhang die vom europäischen Gesetzgeber und als Neue Strategie bezeichnete Harmonisierungspolitik zu beachten, wonach aufbauend auf der *Cassis-de-Dijon*-Doktrin Rechtsangleichungsmaßnahmen nur noch in Bereichen vorgenommen werden soll(t)en, wo dies zur Verwirklichung des freien Warenverkehrs erforderlich und nicht bereits durch den Grundsatz der gegenseitigen Anerkennung gesichert ist. Einheitliche europäische Produktanforderungen sollen nach dieser Strategie auf den Schutz der heute in Art. 36 AEUV aufgeführten und sonstigen Allgemeininteressen, die den Erfordernissen des freien Warenverkehrs vorgehen, beschränkt bleiben (→ Rn. 54, 145).

1. Schutz der höchstpersönlichen Rechtsgüter Leben, Körper und Gesundheit

Das unionale Produktsicherheitsrecht bezweckt zunächst und zuvörderst den Schutz der Gesundheit und des Lebens im Sinne des Art. 36 AEUV. So bezwecken die entsprechenden Harmonisierungsmaßnahmen innerhalb ihres jeweiligen Geltungsbereichs nationale Maßnahmen auf der Grundlage dieses Rechtfertigungsgrundes insgesamt zu sperren und kann damit ihr Regelungsbereich inhaltlich nicht hinter diesem zurückbleiben.[25] Dies bedeutet im Umkehrschluss, dass zur Bestimmung des Regelungsbereichs der auf den Sicherheits- und Gesundheitsschutz abzielenden Regelungen

340

---

[25]Betrachtet der Unionsgesetzgeber diese Sachzusammenhänge heute als Allgemeingut, stellten die Harmonisierungsrechtsvorschriften der ersten Generation das verfolgte öffentliche Interesse und den Regelungsumfang noch regelmäßig klar heraus. Beispielhaft hierzu nachstehend Auszüge aus den Erwägungsgründen dreier Harmonisierungsrechtsvorschriften. So heißt es zur Richtlinie 90/396/EWG über Gasverbrauchseinrichtungen: *„In bestimmten Mitgliedstaaten legen zwingende Bestimmungen insbesondere das erforderliche Sicherheitsniveau für Gasverbrauchseinrichtungen fest. Dies geschieht durch Spezifizierung der Konstruktion, der Betriebseigenschaften und der Inspektionsverfahren. Diese zwingenden Bestimmungen führen nicht notwendigerweise zu unterschiedlichen Sicherheitsniveaus von einem Mitgliedstaat zum anderen, behindern jedoch aufgrund ihrer Unterschiedlichkeit den Handel innerhalb der Gemeinschaft. […]. Das Gemeinschaftsrecht sieht abweichend von einer der grundlegenden Regeln der Gemeinschaft, nämlich dem freien Warenverkehr, vor, da[ss] die innergemeinschaftlichen Handelshemmnisse aufgrund der unterschiedlichen einzelstaatlichen Rechtsvorschriften über die Vermarktung von Produkten insofern hingenommen werden müssen, als diese Hemmnisse als erforderlich anerkannt werden können, um zwingenden Erfordernissen zu genügen. Die Rechtsangleichung im vorliegenden Fall sollte sich deshalb auf Vorschriften beschränken, die aus zwingenden, wesentlichen Gründen der Sicherheit [und] Gesundheit […] bei Gasverbrauchseinrichtungen erforderlich sind. Da es sich um grundlegende Anforderungen handelt, müssen sie an die Stelle der einzelstaatlichen Vorschriften treten.“* Zur Richtlinie 94/25/EG über Sportboote liest man: *„Der Binnenmarkt umfasst einen Raum ohne Binnengrenzen, in dem der freie Verkehr von Waren, Personen, Dienstleistungen und Kapital gewährleistet ist. Die in den einzelnen Mitgliedstaaten geltenden Rechts- und Verwaltungsvorschriften über die Sicherheitseigenschaften von Sportbooten unterscheiden sich nach Inhalt und Anwendungsbereich. Diese Unterschiede können zu Handelshemmnissen und ungleichen Wettbewerbsbedingungen auf dem Binnenmarkt führen. Nur durch eine Harmonisierung der einzelstaatlichen Rechtsvorschriften können diese Hindernisse des freien Warenverkehrs beseitigt werden. […]. In dieser Richtlinie werden lediglich die für den freien Warenverkehr von Sportbooten unerlä[ss]lichen Anforderungen festgelegt. […]. Die Beseitigung der technischen Handelshemmnisse im Bereich der Sportboote und ihrer Bauteile mu[ss] – sofern sie nicht durch die gegenseitige Anerkennung der Gleichwertigkeit durch alle Mitgliedstaaten erfolgen kann – der neuen Konzeption gemäß der Entschließung des Rates vom 7. Mai 1985 folgen, wonach grundlegende Sicherheitsanforderungen und sonstige Anforderungen im Interesse des Gemeinwohls*

innerhalb der unionalen Harmonisierungsmaßnahmen vornehmlich, und ggf. gar ausschließlich (→ Rn. 58), auf den Begriff der „*Gesundheit*"[26] in Art. 36 AEUV abzustellen ist. Mithin ist der Begriff der „*Gesundheit*" in Art. 36 AEUV nicht zwingend identisch

---

festzulegen sind. [...]. Diese Richtlinie legt somit nur die grundlegenden Anforderungen fest." Zur Richtlinie 87/404/EWG über einfache Druckbehälter wird ausgeführt: „*Es obliegt den Mitgliedstaaten, auf ihrem Hoheitsgebiet die Sicherheit von Personen, Haustieren und Gütern vor der Gefährdung durch Leckage oder Bersten zu gewährleisten, die bei einfachen Druckbehältern auftreten können. In den Mitgliedstaaten bestehen zwingende Vorschriften, die über eine Regelung der Konstruktions- und Funktionsmerkmale, der Aufstell- und Benutzungsbedingungen sowie der Verfahren zur Überwachung vor und nach dem Inverkehrbringen insbesondere den Sicherheitsgrad festlegen, den einfache Druckbehälter aufweisen müssen. Diese Mu[ss]vorschriften führen zwar nicht notwendigerweise zu einem von Mitgliedstaat zu Mitgliedstaat unterschiedlichen Sicherheitsniveau, behindern aber gleichwohl aufgrund ihrer verschiedenartigen Ausgestaltung den innergemeinschaftlichen Handel. Es ist erforderlich, die einzelstaatlichen Sicherheitsvorschriften zu harmonisieren, um den freien Handelsverkehr mit einfachen Druckbehältern zu gewährleisten, ohne da[ss] dadurch der in den Mitgliedstaaten jeweils bestehende und gerechtfertigte Schutzumfang vermindert wird. Nach dem geltenden Gemeinschaftsrecht müssen in Abweichung vom Grundsatz des freien Warenverkehrs innergemeinschaftliche Handelshemmnisse, die sich aus der Unterschiedlichkeit der einzelstaatlichen Rechtsvorschriften über die Vermarktung der Erzeugnisse ergeben, hingenommen werden, soweit diese Vorschriften zur Einhaltung zwingender Erfordernisse als unerlä[ss]lich angesehen werden können. Im vorliegenden Fall mu[ss] die Harmonisierung der Rechtsvorschriften daher auf die für einfache Druckbehälter zwingend vorgeschriebenen Sicherheitserfordernisse beschränkt bleiben; da letztere wesentlich sind, müssen die einschlägigen einzelstaatlichen Vorschriften durch entsprechende Gemeinschaftsbestimmungen ersetzt werden. Demnach enthält diese Richtlinie lediglich die zwingend vorgeschriebenen und wesentlichen Anforderungen."* In den Erwägungsgründen der Richtlinie 92/59/EWG über die allgemeine Produktsicherheit werden diese Sachzusammenhänge ebenfalls herausgestellt, wenn es dort heißt: „*Es sind Maßnahmen zur schrittweisen Vollendung des Binnenmarktes bis zum 31. Dezember 1992 zu erlassen. Der Binnenmarkt umfa[ss]t einen Raum ohne Binnengrenzen, in dem der freie Verkehr von Waren, Personen, Dienstleistungen und Kapital gewährleistet ist. Mehrere Mitgliedstaaten haben horizontale Rechtsvorschriften zur Produktsicherheit erlassen, die den Wirtschaftssubjekten vor allem eine allgemeine Verpflichtung auferlegen, nur sichere Produkte in den Verkehr zu bringen. Diese Rechtsvorschriften führen zu einem unterschiedlichen Schutzniveau. Derartige Unterschiede und das Fehlen horizontaler Rechtsvorschriften in anderen Mitgliedstaaten sind geeignet, den innergemeinschaftlichen Handel zu behindern und Wettbewerbsverzerrungen innerhalb des Binnenmarktes hervorzurufen. Es ist sehr schwierig, Gemeinschaftsvorschriften für alle gegenwärtigen und künftigen Produkte zu erlassen. Für solche Produkte sind umfassende horizontale Rahmenvorschriften notwendig, die Lücken in gegenwärtigen oder künftigen spezifischen Rechtsvorschriften schließen, um vor allem das nach Artikel 100a Absatz 3 des Vertrages geforderte hohe Schutzniveau für die Sicherheit und Gesundheit von Personen zu gewährleisten. Daher ist es erforderlich, für alle auf den Markt gebrachten Produkte, die für die Verbraucher bestimmt sind oder von den Verbrauchern verwendet werden könnten, gemeinschaftsweit eine allgemeine Sicherheitsanforderung zu schaffen".*

[26] Der Begriff der „*Sicherheit*" hat keine selbstständige Bedeutung. Die Gewährleistung der Sicherheit ist Unterfall der Gewährleistung des Gesundheitsschutzes (Wilrich, Das neue Produktsicherheitsgesetz (ProdSG), Rn. 287).

mit den Begriffen „*Sicherheit*" und „*Gesundheit*" im Sinne des Art. 153 AEUV (ex-Art. 137 EGV) innerhalb der Sozialpolitik. Die zum Arbeitsschutz ergangene Rechtsprechung des Gerichtshofs, wonach nicht nur die „*körperliche Unversehrtheit*", als das Freisein von Krankheit, Gebrechen und körperlicher Mängel, sondern auch das „*körperliche, geistige und soziale Wohlbefinden*" erfasst werden,[27] kann im hiesigen Kontext nicht eins zu eins herangezogen werden.[28] Bereits im Schrifttum zum deutschen Arbeitsschutzrecht wird die Schwelle zur Relevanz und entgegen der Ansicht des Gerichtshofs höher angesetzt und sind hiernach das Wohlbefinden und die Belästigung erst in den Blick zu nehmen, wenn die Schwelle der Gesundheitsbeeinträchtigung erreicht ist. Nur wenn eine Belästigung langandauernd ist und einem körperlichen Eingriff nahekommt, müssten die erforderlichen Maßnahmen getroffen werden. Mithin seien nur solche Beeinträchtigungen erfasst, die nicht unerheblich sind.[29] Dies folge bereits aus der tatsächlichen Feststellung, dass es „*keinen allgemeinen Erfahrungssatz [gebe], dass jedwede psychische oder physische Belastung krank macht*". Die Gleichsetzung von Belästigung und Gesundheitsschutz wäre mithin „*utopisch*" und würde die Wirtschaftsakteure „*völlig überfordern*".[30] Es kann an dieser Stelle dahinstehen, ob dies für das Arbeitsschutzrecht so zutrifft oder vielmehr der Ansicht des Gerichtshofs der Vorrang gebührt. Jedenfalls für das Produktsicherheitsrecht erscheinen diese Erwägungen zwingend.[31] Verlangt etwa das allgemeine Sicherheitsgebot nach Art. 3 Abs. 2 ProdSG (nicht harmonisierter Bereich), nur sichere Produkte in Verkehr zu bringen oder bereitzustellen, d. h. Produkte, die als mit einem hohen Gesundheitsschutz- und Sicherheitsniveau von Personen vereinbar gelten, wäre es ersichtlich excessiv, wenn dem Hersteller bei der Konstruktion des Produkts auch die Sorge um das geistige und soziale Wohlbefinden des Produktnutzers aufgegeben würde. Das Produktsicherheitsrecht will weder Wohlbefinden steigern, noch der Abwehr von Belästigungen dienen.[32] Soweit Harmonisierungsrechtsvorschriften, wie etwa die Maschinenrichtlinie, die PSA-Richtlinie oder die Niederspannungsrichtlinie, Produktanforderungen, wie solche zur Ergonomie, aufstellen, die

---

[27]EuGH, Urt. v. 9.9.2003, Jaeger, C-151/02, EU:C:2003:43, Rn. 93. Wohlbefinden heißt „*gutes körperliches, seelisches Befinden*" und spricht man von einer Belästigung, wenn das Wohlbefinden eines Menschen beeinträchtigt wird, ohne dass es bereits eine Beeinträchtigung der Gesundheit wäre (Wilrich, Das neue Produktsicherheitsgesetz (ProdSG), Rn. 291 und 294).

[28]So im Ergebnis auch – wenn auch aus anderen Erwägungen – Wilrich, Das neue Produktsicherheitsgesetz (ProdSG), Rn. 295; anders wohl Klindt in Klindt (Hrsg.), ProdSG, § 3 Rn. 31, der den Schutz der Arbeitskraft als vom Gesundheitsschutz mitumfasst ansieht.

[29]So für das Arbeitsschutzrecht, Kollmer, in Kollmer/Klindt (Hrsg.), Arbeitsschutzgesetz, § 1 ArbSchG Rn. 16–22 m. w. Nachw.

[30]Wilrich, Das neue Produktsicherheitsgesetz (ProdSG), Rn. 294.

[31]A. A. Klindt in Klindt (Hrsg.), ProdSG, § 3 Rn. 31.

[32]Wilrich, Das neue Produktsicherheitsgesetz (ProdSG), Rn. 290 ff.

auf das körperliche, geistige und soziale Wohlbefinden abzuzielen scheinen, geht es auch dort „*nur*" um den Schutz der körperlichen Unversehrtheit.[33] Nach Alledem meint Sicherheits- und Gesundheitsschutz den **Schutz der körperlichen Unversehrtheit**.

2. Sonstige Rechtsgüter

341 Einige dem Produktsicherheitsrecht zurechenbare Harmonisierungsrechtsvorschriften beziehen auch den Schutz von Haus- oder Nutztieren und von Gütern mit ein.[34] Dies ist aus der Sicht des Unionsgesetzgebers konsequent, so dieser annimmt, dass den Mitgliedstaaten auch obliege, in ihrem Hoheitsgebiet den Schutz der Gesundheit von Tieren und den Sachgüterschutz zu gewährleisten.[35]

Nach dem Unionsgesetzgeber soll demgemäß bei dem Schutz von Haus- oder Nutztieren und von Gütern ein Rechtfertigungsgrund nach Art. 36 AEUV oder ein zwingendes Erfordernis im Sinne der *Cassis*-Rechtsprechung vorliegen. Aus dieser Perspektive ist dann ein Einschreiten des unionalen Gesetzgebers getreu der neuen Strategie (→ Rn. 145) fürwahr auch angezeigt. Ist wohl der Schutz der Gesundheit und des Lebens von Tieren ein Rechtfertigungsgrund nach Art. 36 AEUV, ist die Richtigkeit der vom Unionsgesetzgeber angenommenen Prämisse einer Rechtfertigung nationaler freiverkehrsbeschränkender Maßnahmen aus Gründen des Sachgüterschutzes zumindest zweifelhaft (→ Rn. 33 (Fn. 115)). Sollte die Prämisse unzutreffend sein, stellt sich hier die Frage, ob die in Art. 36 AEUV genannten Rechtfertigungsgründe und die vom Gerichtshof anerkannten zwingenden Erfordernisse nicht nur aufzeigen, was zur Effektuierung der Warenverkehrsfreiheit durch Sekundärrecht angleichungsbedürftig ist, sondern auch das, was aufgrund der Warenverkehrsfreiheit angleichungsfähig ist (→ Rn. 58).

3. Erfasste Kausalverläufe

342 Die mittels der Harmonisierungsmaßnahmen geregelte Beziehung zwischen Produkt (**Ursache**), einerseits, und der durch die Produktanforderungen zu verhindernden Schäden (**Wirkung**), andererseits, ist lose. Es werden nicht nur **unmittelbare Einwirkungen** des Produkts auf das Schutzgut, wie der **Schutz vor Berührung, Quetschungen, Explosion oder die Emissionen aggressiver Stoffe,** sondern auch **mittelbare Einwirkungen** erfasst, also die durch mancherlei Zwischenursachen vermittelten Gefährdungen. Fürwahr ist das Produkt nicht isoliert zu betrachten. Es ist im Zusammenhang mit der Umgebung zu sehen, in der es verwendet wird.[36]

---

[33] Vgl. Europäische Kommission, Niederspannungsrichtlinie 2014/35/EU – Leitfaden, November 2016, § 52.
[34] Etwa Richtlinien 2006/42/EG, 2009/142EG, 2014/29/EU, 2014/33/EU, 2014/34/EU und 2014/35/EU.
[35] Statt vieler 3. Erwägungsgrund der Maschinenrichtlinie 2006/42/EG.
[36] Siehe etwa OLG Frankfurt, Urt. v. 21.5.2015, 6 U 64/14, juris, Rn. 36: *„Bei der Beurteilung, ob eine Gefährdung vorliegt, ist auch die Einwirkung des Produkts auf andere Produkte zu berücksichtigen, mit denen zusammen die Verwendung zu erwarten ist"*.

Namentlich **Teilprodukte und Komponenten** in der Elektroindustrie, also Bauteile und Baugruppen, werden selbst auf das Rechtsgut regelmäßig nicht einwirken. Sie können aber zu einer Fehlfunktion des Endprodukts führen, mit welchem der Verwender direkt in Berührung kommt oder dem er zumindest ausgesetzt ist. Bei dem Endprodukt Kraftfahrzeug etwa sind Sicherheitsanforderungen auch zu stellen an die Teilprodukte Räder (und deren Teilprodukte Felgen und Reifen) und das Teilprodukt Bremsanlage (und dessen Teilprodukte Bremsbeläge, Bremsbacken, etc.) und ist die Sicherheit der Teilprodukte im Hinblick auf die funktionale Einheit „*Kraftfahrzeug*" zu beurteilen. Entscheidend ist letztlich, dass Funktion und Verwendung des Bauteils bekannt sind und das Bauteil in dieser Verwendung auf seine Sicherheit hin beurteilt werden kann. Ist dies für das konkrete Bauteil zu bejahen, so kann es auch Gegenstand hoheitlicher Produktanforderungen sein.

> **Beispielhaft** zu diesen Zusammenhängen das Urteil des Gerichtshofs zur Frage der Einordnung von Zulieferprodukten als elektrische Betriebsmittel in der **Rechtssache C-132/13, Zentrale zur Bekämpfung unlauteren Wettbewerbs**[37]. Die Niederspannungsrichtlinie 2014/35/EU gilt für elektrische Betriebsmittel zur Verwendung bei einer Nennspannung zwischen 50 und 1000 V für Wechselstrom und zwischen 75 und 1500 V für Gleichstrom. Der Begriff „*elektrisches Betriebsmittel*" wird in der Niederspannungsrichtlinie selbst nicht definiert. Gemeinhin wird er in seiner international anerkannten Bedeutung verstanden. Im „*Internationalen elektrotechnischen Wörterbuch*" der Internationalen elektrotechnischen Kommission wird der Begriff des elektrischen Betriebsmittels wie folgt bestimmt (IEV Nr. 826-16-01): „*Produkt, das [als Ganzes oder in einzelnen Teilen] zum Zweck der Erzeugung, Umwandlung, Übertragung, Verteilung oder Anwendung von elektrischer Energie benutzt wird, zum Beispiel Maschinen, Transformatoren, Schaltgeräte und Steuergeräte, Messgeräte, Schutzeinrichtungen, Kabel und Leitungen, elektrische Verbrauchsmittel.*"[38] Zur „*Erzeugung, Umwandlung, Übertragung, Verteilung oder Anwendung von elektrischer Energie*" gehören etwa das Speichern, Umspannen, Umformen und Verteilen elektrischer Energie, ferner das Aufnehmen, Speichern, Übertragen, Verarbeiten und Wiedergeben von Informationen sowie das Messen physikalischer Größen und das Unterbrechen, Regeln, Steuern, Ausgleichen und Drosseln von Vorgängen auf elektrischem Wege.[39] Nach allgemeiner Ansicht sind indes vom Anwendungsbereich der Niederspannungsrichtlinie solche elektrischen Betriebsmittel[40] ausgenommen, die zum Einbau in andere Geräte bestimmt sind und deren Sicherheit wesentlich davon abhängt, wie sie in das Endprodukt eingebaut werden. Komponenten, die zur industriellen Weiterverarbeitung an gewerbliche Abnehmer

---

[37]EuGH, Urt. v. 13.3.2014, Zentrale zur Bekämpfung unlauteren Wettbewerbs, C-132/13, EU:C:2014:141.
[38]International Electrotechnical Vocabulary (IEV) Nr. 826-16-01.
[39]Vgl. ÖVE/ÖNORM, E 8001-1, Ausgabe: 2000-03-01, Ziff. 3.2.1.
[40]Gemeint „*elektrische Betriebsmittel*" im Sinne von IEV Nr. 826-16-01.

abgegeben werden, und nach IEV Nr. 826-16-01 als elektrische Betriebsmittel zu qualifizieren sind, unterfallen zwar im Grundsatz der Niederspannungsrichtlinie. Aus den Zielen der Niederspannungsrichtlinie folgt indes, dass sie nicht für Grundbauteile gilt, deren Sicherheit überwiegend nur im eingebauten Zustand richtig bewertet werden kann und für die eine Risikobewertung – mangels Kenntnis ihrer Verwendung – nicht vorgenommen werden kann. Wenn also die Sicherheit des Grundbauteils allein im eingebauten Zustand zutreffend beurteilt und eine vorherige Risikobewertung aus diesem Grund nicht durchgeführt werden kann, ist die Niederspannungsrichtlinie nicht anwendbar. Hierbei kann offen bleiben kann, ob rechtlich zwar ein elektrisches Betriebsmittel nach IEV Nr. 826-16-01, nicht aber ein solches im Sinne der Niederspannungsrichtlinie vorliegt oder aber es sich um eine Ausnahme vom Anwendungsbereich der Niederspannungsrichtlinie handelt. Entscheidend ist, ob das fragliche Bauteil hinsichtlich der Sicherheitsanforderungen der Niederspannungsrichtlinie geprüft werden kann. In seinem Urteil vom 13.3.2014 präzisiert der Gerichtshof, dass insoweit auf den ordnungsgemäßen und einen der Bestimmung des Bauteils entsprechenden Einbau abzustellen ist.[41] Sind also Funktion und Einbauumgebung des Bauteils bestimmbar und kann Letztere im Labor abgebildet werden, ist auch eine Prüfung der Konformität mit den Sicherheitsanforderungen der Niederspannungsrichtlinie ohne Weiteres möglich. Im zu entscheidenden Fall hatte der Gerichtshof über die Frage zu befinden, ob auf dem Gehäuse einer im Baukastensystem bereitgestellten Steckverbindung die CE-Kennzeichnung angebracht werden durfte. Nach Auffassung der Klägerin war die Anbringung der CE-Kennzeichnung nicht gerechtfertigt, da sie ausschließlich die Gehäuse betreffe und folglich keine Gewähr für die Sicherheit der zusammengebauten Steckverbindung biete. So könnten die fraglichen Gehäuse als Bauteile nicht vor dem vollständigen Zusammenbau der Steckverbindungen auf ihre Konformität mit den Sicherheitsanforderungen hin überprüft werden. Der Gerichtshof hingegen stellte auf die spezifische Funktion der Gehäuse ab. Ihnen käme eine Hauptfunktion zu, nämlich die körperliche und elektrische Isolierung der unterschiedlichen Kabel voneinander und von der Umwelt durch Erdung. Gleichsam das Ergebnis vorwegnehmend gab er sodann dem vorlegenden Gericht auf, zu prüfen, ob insoweit die Gehäuse hinsichtlich der einschlägigen Sicherheitsanforderungen geprüft werden könnten und stellt abschließend fest, dass Bauteile der Niederspannungsrichtlinie unterfallen, sofern ihre Konformität mit den Sicherheitsanforderungen, in Bezug auf die sie gemäß ihrer bestimmungsgemäßen Funktion zu kontrollieren sind, kontrolliert werden können, wobei hier von einem ordnungsgemäßen und ihrer Bestimmung entsprechenden Einbau auszugehen ist.

344 Ist bei der **Ursache-Wirkung-Beziehung** auch stets die Funktion des Produktes zumindest mit zu berücksichtigen, so tritt die Funktion im Produkthaftungsrecht bei fehlerhaften Sicherheitsgeräten in der Weise in den Vordergrund, als ausschließlich

---

[41] EuGH, Urt. v. 13.3.2014, Zentrale zur Bekämpfung unlauteren Wettbewerbs, C-132/13, EU:C:2014:141, Rn. 36.

danach zu fragen ist, ob bei **Funktionstüchtigkeit** die Rechtsgutsverletzung nicht eingetreten wäre.[42] Ist diese Frage positiv zu bescheiden, ist Kausalität zwischen dem fehlerhaften **Sicherheitsgerät** und der Rechtgutverletzung gegeben. Im Produktsicherheitsrecht gilt Entsprechendes. Produkte, deren Aufgabe gerade darin besteht, durch eine bestimmte Funktion Sicherheit zu erreichen, sind auch unter dem Aspekt ihrer Unwirksamkeit produktsicherheitsrechtlich relevant.[43] Insoweit kommt es auf eine unmittelbare oder mittelbare Einwirkung auf die Rechtsgüter durch das Produkt selbst nicht an. Der Fehlerstromschutzschalter etwa, der auf die Vermeidung von Stromunfällen abzielt, schützt den Menschen und besteht hier eine produktsicherheitsrechtlich relevante Beziehung zwischen dem fehlerhaften/funktionsuntüchtigen Fehlerstromschutzschalter und dem durch das an das Stromnetz angeschlossene Elektrogerät verursachten Stromschlag.[44]

§ 2 – Vorgehensweise zur Erfüllung der Sicherheitsanforderungen

Die sicherheitstechnischen Anforderungen resultieren aus § 3 Abs. 1 und 2 ProdSG bzw. den dort in Bezug genommenen Rechtsverordnungen nach § 8 Abs. 1 ProdSG und § 3 Abs. 2 ProdSG für den nicht harmonisierten Bereich. Konstrukteure finden jedoch im Text der jeweiligen Vorschrift wenig, was sie in ihrer täglichen Arbeit praktisch umsetzen könnten. Fürwahr enthalten die Rechtsverordnungen respektive die Harmonisierungsrechtsvorschriften, vor allem ihre Anhänge, mit den wesentlichen Sicherheits- und Gesundheitsschutzanforderungen zwar verbindliche technische Sicherheitsanforderungen. Dies sind allerdings regelmäßig nur Zielvorgaben allgemein beschreibender Art. Mit welchen Maßnahmen Konstrukteure und Hersteller die Anforderungen einhalten, bleibt letztlich ihnen überlassen und geben die Rechtsverordnungen respektive die Harmonisierungsrechtsvorschriften die konstruktive Lösung

345

---

[42] Vgl. BT-Drucks. 11/2447, 18; BGH, Urt. v. 17.3.1981, VI ZR 191/79, BGHZ 80, 186–199; Urt. v. 14.5.1996, VI ZR 158/95, juris, Rn. 14 = NJW 1996, 2224 = MDR 1996, 910; Lenz, Produkthaftung, § 3, Rn. 328 m. w. Nachw.; Kullmann, ProdHaftG, § 3 ProdHaftG, Rn. 63–67 m. w. Nachw.

[43] Europäische Kommission, Entscheidung v. 16.12.2009 (RAPEX-Leitlinien), ABl. 2010 L 22, 42; Wilrich, Das neue Produktsicherheitsgesetz (ProdSG), Rn. 296 ff.; vgl. auch VG Arnsberg, Beschl. v. 28.10.2016, 1 L 1531/16, juris, Rn. 15 (funktionsloser Rauchwarnmelder als die Sicherheit und Gesundheit von Personen gefährdend).

[44] Der Fehlerstromschutzschalter – genauer seine Funktionstüchtigkeit – ist denn auch Gegenstand harmonisierter Normen, siehe etwa EN 61008-1:2012 Fehlerstrom-/Differenzstrom-Schutzschalter ohne eingebauten Überstromschutz (RCCBs) für Hausinstallationen und für ähnliche Anwendungen – Teil 1: Allgemeine Anforderungen IEC 61008-1:2010.

für ein sicherheitsgerechtes Konstruieren nicht vor. Selbiges gilt für das allgemeine Sicherheitsgebot nach § 3 Abs. 2 ProdSG. Trotz gegenteiliger oder jedenfalls missverständlicher Stimmen im rechts- und ingenieurwissenschaftlichen Schrifttum wird auch die Methodik des Konstruierens sicherer technischer Geräte rechtlich nicht vorgegeben.[45] Soweit sich das Recht mit Konzepten wie Risikoanalyse, Risikobeurteilung und Risikominderung an den Konstrukteur richtet, erschöpft sich das Recht in einer äußerst groben Ordnung des allgemeinen Konstruktionsprozesses. Das Ermitteln, Beurteilen und die Reduzierung von Risiken im Konstruktionsprozess ist dem sicherheitsgerechten Konstruieren immanent und gibt der Gesetzgeber mit diesen Konzepten darüber hinaus keine fassbaren Handlungsanweisungen heraus. Es ist in vielen Fällen sicherlich vernünftig und anzuraten, den Leitsätzen der Norm EN ISO 12100 zur Risikobeurteilung und Risikominderung (→ Rn. 353) entsprechend zu verfahren. Gesetzlich gefordert wird dies aber nicht.

346 An anderer Stelle wurden bereits der Normgehalt der wesentlichen (Sicherheits)Anforderungen nach der Neuen Konzeption und des allgemeinen Sicherheitsgebots, deren Verhältnis zur Nachmarktkontrolle sowie die Regelungskonzeption des Neuen Ansatzes respektive der Neuen Konzeption dargestellt (→ Rn. 67 ff., 145 ff., 334 f.). Ausstehend ist noch die Erörterung der im produktsicherheitsrechtlichen Schrifttum hervorgehobenen allgemeinen Grundsätze in Anhang I der Maschinenrichtlinie 2006/42/EG betreffend die Umsetzung dieser Anforderungen. Die dort normierten Grundsätze sind als dem sicherheitsgerechten Konstruieren immanente *„Methodologie"* allgemeingültig und auf die anderen Gesundheits- und Sicherheitsschutzrichtlinien respektive der Rechtsverordnungen nach § 8 Abs. 1 ProdSG sowie § 3 Abs. 2 ProdSG, *mutatis mutandis*, übertragbar.[46] Den vorstehenden Ausführungen entsprechend ist dieser Methodologie rechtlich Greifbares allerdings kaum zu entnehmen.

I. Rechtliche Qualität der allgemeinen Grundsätze in Anhang I der Maschinenrichtlinie 2006/42

1. Rechtliche Verortung der Risikobeurteilung

347 An der Schnittstelle zwischen Technik und Recht steht die **Risikobeurteilung** oder auch Gefährdungs- oder Sicherheitsanalyse. Zunächst und zuvörderst ist die Risikobeurteilung ein konstruktionsbegleitender Prozess. Als **konstruktionsbegleitender Prozess** ist sie

---

[45] Eine Reihe von Abhandlungen verweisen bei der dort dargestellten Risikobeurteilung und Risikominderung auf die Maschinenrichtlinie und suggerieren eine von gesetzeswegen vorgegebene Methodik, etwa Eberhardt, Die EU-Maschinenrichtlinie, Abschn. 5.2, S. 146 ff.; Kessels/Muck, Risikobeurteilung gemäß 2006/42/EG; Mössner, Risikobeurteilung im Maschinenbau.
[46] Siehe etwa Schmatz/Nöthlichs, 1025 § 3 Anm. 1.1.4.1, S. 10 f. und Anm. 1.2.3, S. 24 f. (harmonisierter Bereich) sowie Anm. 2.2, S. 52 (allg. Produktsicherheit).

dem Ingenieurwesen zuzuordnen. Die Realitäten in den Bereichen der Technik sind zu vielfältig, als dass das Recht hierzu ein allgemein verbindliches, universell einsetzbares und gerichtlich kontrollierbares Verfahren aufzustellen in der Lage wäre. Die auf die Risikobeurteilung bezogenen allgemeinen Grundsätze nach Anhang I der Maschinenrichtlinie sind denn auch nicht in diesem Sinne zu verstehen. Vorgegeben werden ganz allgemein gehaltene Grundsätze, nicht aber ein Verfahren, bei dessen Einhaltung *die* (einzig richtige) Risikobeurteilung herauskäme. Im rechts- und ingenieurwissenschaftlichen Schrifttum und in der Normungsarbeit mit der Norm EN 12100 vorzufindende Darstellungen zur Durchführung einer Risikobeurteilung sind denn auch als bloße Handlungsempfehlungen zu begreifen. Ein gesetzlich vorgegebenes Vorgehen wird dort nicht beschrieben und werden gesetzliche Vorgaben dort nicht konkretisiert. Soweit in den **allgemeinen Grundsätzen nach Anhang I der Maschinenrichtlinie** die Methodik der Risikobeurteilung vorgegeben zu werden scheint, handelt es sich bei Lichte besehen nämlich um an sich **selbstverständliche Grundsätze:**

- Bestimmung der *„Grenzen des Produkts"*, nämlich – in der Spezifikation aufzunehmende – Bestimmung von Zweck und Einsatz des Produkts, der vorgesehenen Umgebungsbedingungen und Lebensdauer, der Schnittstellen *„Mensch/Maschine"* und *„Maschine/Energieversorgung"*;
- Ermitteln der vom Produkt ausgehenden Gefährdungen und der sich aus ihnen ergebenden Gefährdungssituationen;
- Abschätzen der mit den Gefährdungen verbundenen Risiken unter Berücksichtigung der Schwere möglicher Verletzungen bzw. Gesundheitsschäden und der Wahrscheinlichkeit ihres Eintretens;
- Bewerten und Beurteilen dieser Risiken.

Rechtlich verortet ist die Risikobeurteilung im Konformitätsbewertungsverfahren (→ Rn. 563, 565, 674). Dokumentiert dient sie dem Nachweis der Erfüllung der Sicherheitsanforderungen. Sie ist innerhalb der verschiedenen Module nach Anhang II des Beschlusses Nr. 768/2008/EG zwingender Bestandteil der technischen Unterlagen. Ist eine dokumentarisch verkörperte geeignete Risikobeurteilung nicht vorhanden, bedingt dies die formale Nichtkonformität des Produkts mit den sich aus Art. 16 Abs. 2 VO (EG) Nr. 765/2008 bzw. Art. R34 des Anhangs I des Beschlusses Nr. 768/2008/EG ergebenden Folgen (→ Rn. 725, 737 ff.). Als Dokument ist die geeignete Risikobeurteilung demgemäß **formale Bedingung rechtmäßigen Inverkehrbringens.** Es handelt sich um eine formal-rechtliche Anforderung (→ Rn. 82 f.).

Das **Vor-die-Klammer-Ziehen** der der Risikobeurteilung gewidmeten allgemeinen Grundsätze im Kontext der wesentlichen Sicherheits- und Gesundheitsschutzanforderungen in Anhang I der Maschinenrichtlinie 2006/42/EG und die Einordnung der

Risikobeurteilung als wesentliche Sicherheits- und Gesundheitsschutzanforderung sind gesetzessystemtisch nicht nachvollziehbar. In die Maschinenrichtlinie „*reingerutscht*" ist die Forderung nach einer Risikoanalyse mit Art. 1 Nr. 10 lit. b) der Richtlinie 93/44/EWG: „*Der Hersteller ist verpflichtet, eine Gefahrenanalyse vorzunehmen, um alle mit seiner Maschine verbundenen Gefahren zu ermitteln; er mu*[ss] *die Maschine dann unter Berücksichtigung seiner Analyse entwerfen und bauen.*" Die Risikobeurteilung ist aber nicht Selbstzweck. Materiell-rechtlich ist entscheidend, dass das Produkt die auf es anwendbaren Sicherheitsanforderungen erfüllt, ohne dass es darauf ankäme, wie dies methodisch erreicht wird. Dies ist Konsens aller Harmonisierungsrechtsvorschriften und ist zumindest fraglich, ob die Maschinenrichtlinie hier wirklich eine Ausnahme bereithält oder es sich bei dem Vor-die-Klammer-Ziehen der Risikobeurteilung im Kontext der grundlegenden Sicherheits- und Gesundheitsschutzanforderungen nicht vielmehr um einen bloßen rechtstechnischen Fehlgriff handelt. Es soll hier der Frage denn auch nicht weiter nachgegangen werden, ob bei Maschinen und im Gegensatz zu sonstigem technischen Gerät eine Risikoanalyse und -bewertung auch außerhalb des Konformitätsbewertungsverfahrens, also als eigenständige materiell-rechtliche Pflicht, zu berücksichtigen ist. Unter dem Gesichtspunkt der Praxis ist vielmehr zu prüfen, welchen Anforderungen die in den technischen Unterlagen aufzunehmende Risikobeurteilung genügen muss.

2. Keine konkreten Anforderungen an den Inhalt der Risikobeurteilung

349 Nach den verschiedenen Modulen bzw. Modulkombinationen (→ Rn. 560) muss es anhand der technischen Unterlagen möglich sein, „*die Übereinstimmung des Produkts mit den betreffenden Anforderungen zu bewerten; sie müssen* [zu diesem Zweck] *eine* […] *geeignete Risikoanalyse und -bewertung enthalten*" (→ Rn. 561 ff.). Die Eignung der Risikoanalyse bezieht sich auf die Konformitätsfeststellung und ist die Risikobeurteilung wie jedes in die technischen Unterlagen einzustellendes Dokument, ein Dokument zum Nachweis der Einhaltung der grundlegenden Sicherheitsanforderungen. „*Geeignet*" ist die Risikobeurteilung damit immer dann, wenn dieser Nachweis und unter Hinzuziehung der Gesamtheit der technischen Unterlagen gelingt. Konkrete Anforderungen an die Risikobeurteilung selbst resultieren hieraus mithin nicht.

3. Grundsätze der Risikominderung

350 Für das eigentliche Konstruieren sicherheitsgerechter Produkte legt Anhang I der Maschinenrichtlinie zu der sich der Risikobeurteilung anschließenden Risikominderung unter Ziffer 1.1.2 lit. b) ein schrittweises Vorgehen fest. Auch hier ist aber festzustellen, dass es sich um maschinenbauübergreifendes ingenieurmäßiges Allgemeingut handelt, wenn der unmittelbaren Sicherheitstechnik Vorrang vor der mittelbaren Sicherheitstechnik

§ 2 – Vorgehensweise zur Erfüllung der Sicherheitsanforderungen

und dieser Vorrang vor der hinweisenden Sicherheitstechnik einzuräumen ist.[47] Methodisch ist dies das Ermitteln dessen, was technisch notwendig, geeignet, angemessen und vermeidbar ist. Ist damit aber das in einem wirtschaftlich vernünftigen Rahmen technisch Machbare, also der **Stand der Technik,** geschuldet, so wird nur allgemein für den Maschinenbauer etwas *„vor die Klammer"* gezogen, was rechtlich bei den einzelnen sachlichen Sicherheitsanforderungen angesiedelt und dort bereits geregelt ist.[48] Isoliert, d. h. neben und außerhalb der am Maßstab des Standes der Technik orientierten Prüfung der Einhaltung der jeweiligen Schutzanforderung, ist der Grundsatz nach 1.1.2 lit. b) des Anhangs I der Maschinenrichtlinie rechtlich ohne Belang, weil dem Stand der Technik als maßgebendes Schutzniveau (→ Rn. 246–248) immanent.

II. Anwendbarkeit der grundlegenden Sicherheits- und Gesundheitsschutzanforderungen

Der Inverkehrbringer hat *„ausnahmslos alle im Anhang der einschlägigen EG-Richtlinie genannten grundlegenden Anforderungen zu prüfen".*[49] Aber nicht alle Anforderungen sind bei jedem Produktmodell relevant. Zu erfüllen, das heißt umzusetzen sind nur die einschlägigen Anforderungen. Anhang I Nr. 2 Maschinenrichtlinie 2006/42/EG formuliert diese allgemein geltende methodische Regel wie folgt: *„Die mit den grundlegenden*

351

---

[47]Siehe etwa im Maschinenbau DIN 31000 und Grote/Feldhusen, Dubbel, F 16. In der Elektrotechnik siehe ISO/IEC Guide 51:2014, 3rd édition 2014-0401, Safetyaspects – Guidelines fortheirinclusion in standards, S. 6–8. Nach ISO/IEC Guide 51:2014 kommt bei der Ausarbeitung technischer Normen der Konstruktion Vorrang vor der Instruktion zu. Weil aber die technische Norm den Stand der Technik widerspiegelt bzw. widerspiegeln soll (→ Rn. 259 ff.), ist dieser Vorrang nach ISO/IEC Guide 51:2014 dem Stand der Technik immanent.

[48]Dies verkennen Klindt/Schucht in Klindt (Hrsg.), ProdSG, § 2 Rn. 231 (siehe auch diesen folgend Schucht, NVwZ 2015, 852 (856)), wenn es dort – und entgegen der h. M. (*LASI*, Produktsicherheitsgesetz, Leitlinie 3/4, S. 17; Zentralstelle der Länder für Sicherheitstechnik (ZLS), FAQ 07-001 v. 7.5.2007; siehe auch VG Münster, Urt. v. 29.1.2010, 9 K 1667/07, juris, Rn. 18 f.) – heißt, dass im Bereich der vorhersehbaren Verwendung (zur vorhersehbaren Verwendung → Rn. 360 ff.) der Konstruktion nur dann Vorrang vor der Instruktion zukomme, wenn – wie etwa im europäischen und deutschen Maschinenrecht – eine klare Regelung vorhanden sei, wonach sich dieser Grundsatz auch auf eine vernünftigerweise vorhersehbare Fehlanwendung beziehe. Auch der von Molitoris/Klindt, NJW 2010, 1569 (1572 f.) unternommene Verweis auf OLG Hamm, Urt. v. 10.11.2008, 2 U 155/08, juris = NJW-RR 2009, 1537, greift nicht durch. Dass das Gericht Warnhinweise als Schutzmaßnahme vor der streitgegenständlichen Fehlanwendungsgefahr hat ausreichen lassen, würde die These der Gleichwertigkeit von Konstruktion und Instruktion nur dann stützen, wenn das Gericht im konkreten Fall technisch machbare und wirtschaftlich vernünftige konstruktive Schutzmaßnahmen zumindest in einem Nebensatz wenigstens erwähnt hätte. Dies hat das Gericht aber nicht getan und war die Instruktion augenscheinlich die einzig wirtschaftlich vernünftige *„Schutzmaßnahme".*

[49]Europäische Kommission, Erläuterungen zur Maschinenrichtlinie 98/37/EG, Rn. 126.

Sicherheits- und Gesundheitsschutzanforderungen verbundenen Verpflichtungen gelten nur dann, wenn an der betreffenden Maschine bei Verwendung unter den vom Hersteller oder seinem Bevollmächtigten vorgesehenen Bedingungen oder unter vorhersehbaren ungewöhnlichen Bedingungen die entsprechende Gefährdung auftritt. [...]."
Fürwahr werden die wesentlichen Sicherheits- und Gesundheitsschutzanforderungen üblicherweise ohne Einschränkung formuliert. Sie gelten allerdings nur dann, wenn sie zutreffend und notwendig sind, also bei dem speziellen Produktmodell die betreffende Gefährdung auch tatsächlich auftritt. Der erste Satz des allgemeinen Grundsatzes nach Anhang I Nr. 2 Maschinenrichtlinie unterstreicht außerdem, dass bei der Ermittlung der Gefährdungen für ein bestimmtes Produktmodell, nicht nur die vorgesehenen Verwendungsbedingungen, sondern auch jede nach der jeweiligen Harmonisierungsrechtsvorschrift zu berücksichtigende Verwendung mit einfließen muss.[50]

III. Risikobeurteilung

1. Das Dokument „Risikobeurteilung"

352 Wie bereits erwähnt ist die Risikobeurteilung nicht Selbstzweck. Sie ist nicht selbst eine Sicherheitsanforderung, sondern dient dem Nachweis der Einhaltung der zutreffenden Sicherheits- und Gesundheitsschutzanforderungen (→ Rn. 347). Hierzu wird sie gewissen Grundprinzipien gehorchen müssen.

Aus der Perspektive des Konstrukteurs ist die Risikobeurteilung freilich weit mehr als ein den Konformitätsnachweis dienendes Dokument. Sie ist ein konstruktionsbegleitender Prozess und eröffnet die gedankliche Dreistufung Gefährdung – Risiko – Schutzmaßnahme neue, über normative Festlegungen hinausgehende sicherheitstechnische Gestaltungsmöglichkeiten und bietet ausreichende Rechtssicherheit für Hersteller und deren Konstrukteure. Oberstes Credo und anzustrebendes Ziel beim sicherheitsgerechten Konstruieren ist, dass alle Gefährdungsarten angegangen werden, um Unfälle zu vermeiden und ist die Risikobeurteilung notwendiges Instrument zur Erreichung dieses Ziels. Diese Perspektive ist jedoch, wie ausgeführt, nicht Gegenstand des Rechts.[51] Nachstehende Grundprinzipien sind als auf das den Nachweis der Konformität dienende Dokument bezogen zu verstehen. Wie jedes Prinzip sind auch nachstehende Grundprinzipien Ausnahmen zugänglich.

2. Risikobeurteilung in vier Schritten

353 Um die vom Produkt ausgehenden Risiken für einen Dritten erfassbar und die Wirksamkeit der Sicherheitsmaßnahmen objektiv beurteilbar zu machen, sind alle Gefährdungen

---

[50]Europäische Kommission, Leitfaden für die Anwendung der Maschinenrichtlinie 2006/42/EG, § 160.
[51]Zur Risikobeurteilung aus der Perspektive des Konstrukteurs, Neudörfer, Sicherheitsgerechte Maschinen, S. 522 ff.

und unter Achtung aller vorhersehbaren Lebensphasen vollständig und systematisch, d. h. nachvollziehbar, aufzulisten und ihnen dann die getroffenen oder noch zu treffenden Maßnahmen der Risikominderung zuzuordnen. Dies auch, wenn sie an dem zu beurteilenden Produkt, seiner Bauart, durch Maßnahmen der Sicherheitstechnik bereits gesichert sein sollten.[52] Das formuliert Anhang I Nr. 1, UAbs. 2 der Maschinenrichtlinie – prozessorientiert – so:

> *Bei [...] der Risikobeurteilung und Risikominderung hat der Hersteller oder sein Bevollmächtigter*
> - *die Grenzen der Maschine zu bestimmen, was ihre bestimmungsgemäße Verwendung und jede vernünftigerweise vorhersehbare Fehlanwendung einschließt;*
> - *die Gefährdungen, die von der Maschine ausgehen können, und die damit verbundenen Gefährdungssituationen zu ermitteln;*
> - *die Risiken abzuschätzen unter Berücksichtigung der Schwere möglicher Verletzungen oder Gesundheitsschäden und der Wahrscheinlichkeit ihres Eintretens;*
> - *die Risiken zu bewerten, um zu ermitteln, ob eine Risikominderung gemäß dem Ziel dieser Richtlinie erforderlich ist;*
> - *die Gefährdungen auszuschalten oder durch Anwendung von Schutzmaßnahmen die mit diesen Gefährdungen verbundenen Risiken [...] zu mindern.*

Der Dokumentation liegt demgemäß eine zumindest gedanklich in vier Schritte gegliederte Risikobeurteilung zugrunde. Die ersten drei Schritte, nämlich die Festlegung der Grenzen, die Identifizierung der Gefährdungen unter Zugrundelegung der zu berücksichtigenden Verwendungen und die Risikoeinschätzung, dienen der **Risikoanalyse.** Anschließend erfolgt im vierten Schritt die **Risikobewertung.** Ergibt diese, dass ein nicht akzeptables Risiko verbleibt, muss eine Risikominderung erfolgen und wiederholt sich der Prozess unter Berücksichtigung der Maßnahme zur Risikominderung. So ist die Risikobeurteilung ein **iterativer Prozess,** da jede Maßnahme zur Minderung eines Risikos, die für eine bestimmte Gefährdung vorgesehen ist, darauf zu überprüfen ist, ob sie angemessen ist und keine neuen Gefährdungen hervorruft.

Rechtlich maßgebend ist, dass eine solche Risikobeurteilung vorgenommen und nachvollziehbar dokumentiert wird. Nach welcher Methode der Inverkehrbringer hierbei vorgeht entzieht sich gesetzlicher Determinierung. Die in der ingenieurmäßigen Praxis angewandten und in den Ingenieurwissenschaften theoretisierten Methoden der Risikobeurteilung, namentlich die Verfahren zur Risikoeinschätzung, sowie die hierzu ergangenen Normen sind den angewandten Wissenschaften zugeordnet. Bei ihnen steht die Lösung einer praktischen Aufgabe und nicht das Wie der Umsetzung einer gesetzlichen Pflicht im Vordergrund. Das einzig richtige Verfahren gibt es mithin nicht und sind die einzelnen Methoden als bloße Lösungsangebote zu begreifen.

---

[52]*Ebd.*, S. 522.

3. Vorwegnahme der Risikobeurteilung durch harmonisierte Norm

354 Das Risikobeurteilungsverfahren wird durch die Anwendung harmonisierter Normen erleichtert. So zeigen die Typ-C-Normen für Maschinen bzw. die Produktnormen für die sonstigen technischen Produkte die wesentlichen Gefährdungen, die im Allgemeinen bei der betreffenden Produktkategorie auftreten können und die Schutzmaßnahmen/-anforderungen zum Umgang mit diesen Gefährdungen auf. Die Risikobeurteilung und die Identifizierung der notwendigen Maßnahmen für das betreffende Produkt wurden also durch das zuständige Normungsgremium bereits durchgeführt. Lässt sich die Produktnorm vollständig anwenden, kann demgemäß die Risikobeurteilung als durchzuführender Prozess als erledigt betrachtet werden. Die Verpflichtung zur Durchführung der Risikobeurteilung beschränkt sich in diesem Fall auf die Feststellung und Dokumentierung, dass die harmonisierte Norm für das betreffende Produkt geeignet ist, sämtliche davon ausgehenden Risiken abdeckt, sie noch aktuell und nicht veraltet ist. Wenn von dem betreffenden Produkt Gefährdungen ausgehen, die nicht durch die harmonisierte Norm abgedeckt werden, ist eine umfassende Risikobeurteilung für diese Gefährdungen notwendig und es müssen geeignete Schutzmaßnahmen zum Umgang mit diesen Gefährdungen ergriffen werden. Wenn darüber hinaus in harmonisierten Normen mehrere Alternativlösungen angegeben sind, ohne dass Kriterien für die Auswahl festgelegt wurden, muss die Wahl der geeigneten Lösungen für das betreffende Produkt wiederum auf einer spezifischen Risikobeurteilung basieren.[53]

---

[53] Europäische Kommission, Leitfaden für die Anwendung der Maschinenrichtlinie 2006/42/EG, § 159. Beachte aber auch Europäische Kommission, Leitfaden für die Umsetzung der Produktvorschriften der EU 2016, ABl. 2016 C 272, 42: *„Auf keinen Fall ist es so, dass die harmonisierten Normen an die Stelle rechtsverbindlicher wesentlicher Anforderungen treten können. Eine Festlegung in einer harmonisierten Norm stellt keine Alternative zu einer einschlägigen wesentlichen oder sonstigen rechtlichen Anforderung dar, sondern nur ein technisches Mittel zu ihrer Einhaltung. Bei risikobezogenen Harmonisierungsrechtsvorschriften bedeutet dies insbesondere, dass der Hersteller auch dann, wenn er harmonisierte Normen anwendet, die alleinige Verantwortung für die Beurteilung aller mit seinem Produkt verbundenen Risiken trägt und daher bestimmen muss, welche der wesentlichen (oder sonstigen) Anforderungen von ihm einzuhalten sind. Nach dieser Beurteilung kann sich der Hersteller für die Anwendung von Spezifikationen aus harmonisierten Normen entscheiden, um "Maßnahmen zur Risikominderung" umzusetzen, die in den harmonisierten Normen festgelegt sind. Ungeachtet der Tatsache, dass bei den risikobezogenen Harmonisierungsrechtsvorschriften in den harmonisierten Normen in den meisten Fällen bestimmte Mittel zur Begrenzung oder Beseitigung von Risiken festgelegt sind, tragen die Hersteller die alleinige Verantwortung für die Risikobeurteilung, was von ihnen verlangt, die jeweiligen Risiken zu erkennen, festzustellen, welche der wesentlichen Anforderungen zu erfüllen sind und dementsprechend die harmonisierten Normen oder andere Spezifikationen auszuwählen, die für den konkreten Fall anwendbar sind".*

IV. Hierarchisches Sicherheitskonzept

Ebenfalls allgemeingültig, weil dem Stand der Technik bzw. guter Ingenieurpraxis entsprechend,[54] beschreibt Nummer 1.1.2 lit. b des Anhangs I der Maschinenrichtlinie die auf sämtliche EU-Sicherheits- und Gesundheitsschutzrechtsakte anwendbare Vorgehensweise bei der Festlegung der Maßnahmen zur Risikominderung:[55]

355

Bei der Wahl der angemessensten Lösungen muss der Hersteller oder sein Bevollmächtigter folgende Grundsätze anwenden, und zwar in der angegebenen Reihenfolge:

- *Beseitigung oder Minimierung der Risiken so weit wie möglich (Integration der Sicherheit in Konstruktion und Bau der Maschine);*
- *Ergreifen der notwendigen Schutzmaßnahmen gegen Risiken, die sich nicht beseitigen lassen;*
- *Unterrichtung der Benutzer über die Restrisiken aufgrund der nicht vollständigen Wirksamkeit der getroffenen Schutzmaßnahmen; Hinweis auf eine eventuell erforderliche spezielle Ausbildung oder Einarbeitung und persönliche Schutzausrüstung.*

Die Ausschaltung der Gefährdungen bzw. die Schutzmaßnahmen haben in drei aufeinander folgenden Schritten zu erfolgen, häufig als „*3-Stufen-Methode*" bezeichnet.[56] Sie findet Anwendung auf **deterministischen Gefahren**.[57] Schritt 1 ist und hat höchste Priorität die unmittelbare Sicherheitstechnik bzw. inhärente Sicherheit durch Maßnahmen zur Integration der Sicherheit in die Konstruktion.[58] Schritt 2 ist und hat zweite Priorität die mittelbare Sicherheitstechnik, also die Ergreifung von technischen

---

[54] Grote/Feldhusen, Dubbel, F 16.

[55] Entsprechende Grundsätze enthalten (ausdrücklich) Ziff. 1.0.1 des Anhangs II der Richtlinie 2014/34/EU; Ziff. 1.2 des Anhangs I der Richtlinie 2014/68/EU; Anhang I Ziff. 1.3 VO (EU) 2016/426; Anhang I Ziff. I.2 der Richtlinie 93/42/EWG und Anhang I A Ziff. 2 der Richtlinie 98/79/EG.

[56] Hierzu Europäische Kommission, Leitfaden für die Anwendung der Maschinenrichtlinie 2006/42/EG, § 174; Schmatz/Nöthlichs, 1025 § 3 Anm. 1.2.3, S. 24–26; vgl. auch EuG, Urt. v. 15.7.2015, CSF/Kommission, T-337/13, EU:T:2015:502, Rn. 64–71.

[57] Schindler, Der allgemeine Konstruktionsprozess – Grundlagen des methodischen Konstruierens, S. 429 f.; Neudörfer, Sicherheitsgerechte Maschinen, S. 531–540.

[58] Europäische Kommission, Leitfaden für die Anwendung der Maschinenrichtlinie 2006/42/EG, § 174, Schritt 1 = höchste Priorität: *„Höchste Priorität erhalten Maßnahmen, mit denen die Sicherheit in die Konstruktion integriert wird, da sie wirksamer als Schutzmaßnahmen oder Warnhinweise sind. Einige Beispiele für Maßnahmen zur Integration der Sicherheit in die Konstruktion sind:*
  - *vollständige Beseitigung der Gefährdung, beispielsweise indem eine brennbare Hydraulikflüssigkeit durch eine nicht brennbare Variante ersetzt wird;*
  - *Konstruktion der Steuerung und der Befehlseinrichtungen einschließlich der Stellteile im Hinblick darauf, eine zuverlässige Funktion sicherzustellen;*

Schutzmaßnahmen, wenn die Gefährdungen durch inhärent sichere Konstruktion nicht oder nicht zumutbar beseitigt werden konnten.[59] Schritt 3 ist und hat dritte Priorität die hinweisende Sicherheit durch Unterrichtung der Benutzer über verbleibende Gefährdungen.[60]

- *Gewährleistung der eigenen Standsicherheit der Maschine durch ihre Form und die Verteilung der Massen;*
- *Gewährleisten, dass zugängliche Teile der Maschine keine scharfen Kanten oder rauen Oberflächen aufweisen;*
- *Ausreichenden Abstand zwischen beweglichen und feststehenden Teilen der Maschine gewährleisten, damit Quetschgefahren vermieden werden;*
- *Zugängliche Flächen mit extremen Temperaturen vermeiden;*
- *Geräusch-, Vibrations-, Strahlungs- oder Gefahrstoffemissionen an der Quelle reduzieren;*
- *Wenn möglich Geschwindigkeit und Energie beweglicher Teile oder die Verfahrgeschwindigkeit der Maschine selbst reduzieren;*
- *Anordnung gefährlicher Maschinenteile in unzugänglichen Bereichen;*
- *Anordnung von Einstellungs- und Wartungsstellen außerhalb von Gefahrenbereichen".*

[59]*Ebd.*, Leitfaden für die Anwendung der Maschinenrichtlinie 2006/42/EG, § 174, Schritt 2 = zweite Priorität: „*Wenn es nicht möglich ist, durch Maßnahmen zur Integration der Sicherheit in die Konstruktion Gefährdungen zu beseitigen oder Risiken hinreichend zu verringern, sind als zweite Priorität technischen Schutzmaßnahmen vorgegeben, um zu verhindern, dass Personen den Gefährdungen ausgesetzt sind. Einige Beispiele für technische Schutzmaßnahmen sind:*
- *trennende Schutzeinrichtungen: feststehende trennende Schutzeinrichtungen, bewegliche trennende Schutzeinrichtungen mit Verriegelung, wenn erforderlich mit Zuhaltung, oder zugangsbeschränkende verstellbare Schutzeinrichtungen;*
- *nichttrennende Schutzeinrichtungen;*
- *Isolation stromführender elektrischer Bauteile;*
- *Einhausung der Lärmquellen;*
- *Dämpfung von Vibrationen;*
- *Einhausung oder Absaugung von Gefahrstoffen;*
- *Einrichtungen zum Ausgleich fehlender Direktsicht;*
- *Schutzvorrichtungen gegen ein Überroll- oder Kipprisiko oder das Risiko herabfallender Gegenstände;*
- *Abstützungen".*

[60]*Ebd.*, § 174, Schritt 3 = dritte Priorität: „*Schließlich müssen gefährdete Personen über die restlichen Risiken, die nicht ausreichend durch Maßnahmen zur Integration der Sicherheit in die Konstruktion oder durch technische Schutzmaßnahmen vermindert werden können, durch Warnhinweise, Beschilderungen und Informationen an der Maschine unterrichtet werden und Benutzer durch die Betriebsanleitungen, sodass die Benutzer die notwendigen Vorsichtsmaßnahmen ergreifen können. Einige Beispiele für derartige Warnhinweise und Betriebsanleitungen sind:*
- *Informations- oder Warnhinweise an der Maschine in Form von Symbolen oder Piktogrammen;*
- *akustische oder optische Warnsignale;*

§ 3 – Sachliche Anforderungen

Wie ausgeführt (→ Rn. 345) gibt das Recht nicht vor, wie die Sicherheitsanforderungen an das technische Gerät einzuhalten sind. Maßgebend ist, dass sie eingehalten werden. Rechtlich entscheidend ist demgemäß, das Maß des konstruktiv Geschuldeten zu bestimmen. *„Sicherheit"* ist ein normatives Konzept.[61] Es geht um Wertungen des Gesetzgebers. Dieser muss das Spanungsfeld zwischen den Interessen des Produktnutzers am Schutz seiner Rechtsgüter beim Umgang mit dem Produkt und den Interessen des Herstellers an einer freien wirtschaftlichen Betätigung auflösen.[62] Hundertprozentige Sicherheit gibt es nicht. Eine solche wird auch nicht gefordert und relativiert der Gesetzgeber die absolut formulierten Sicherheitsanforderungen mittels zweier *„vor die Klammer"* gezogener Maße. So ist konstruktive Sicherheit nicht in Bezug auf jedwede Verwendung und nur insoweit geschuldet, wie dies technisch machbar und wirtschaftlich vernünftig erreicht werden kann.

356

I. Zu berücksichtigende Verwendung

In den verschiedenen Vorschriftenwerken werden die der Produktkonstruktion zugrunde zu legenden Verwendungen recht unterschiedlich formuliert, lassen sich aber trotz sprachlicher Abweichungen unterteilen in die bestimmungsgemäße Verwendung und die vorhersehbare Verwendung.

357

- *Angabe des Gewichts der Maschine oder der Maschinenteile, die während der verschiedenen Phasen der absehbaren Maschinenlebensdauer mit Hebezeugen gehandhabt werden müssen;*
- *Warnhinweise gegen die Verwendung von Maschinen durch bestimmte Personen, wie beispielsweise durch junge Menschen unterhalb eines bestimmten Alters;*
- *Informationen in Bezug auf den sicheren Zusammenbau und Aufbau der Maschine;*
- *Festlegen, dass es erforderlich ist, dem Bedienpersonal die notwendigen Informationen zu gegeben und es zu schulen;*
- *Informationen zu ergänzenden Schutzmaßnahmen am Arbeitsplatz;*
- *Festlegen dass es erforderlich ist, geeignete persönliche Schutzausrüstung für das Bedienpersonal bereitzustellen und dafür zu sorgen, dass diese auch benutzt wird.*

Warnhinweise und Betriebsanleitungen gelten als fester Bestandteil von Konstruktion und Bau von Maschinen. Die Tatsache, dass dieser dritte Schritt der letzte Schritt in der Rangfolge gemäß Nummer 1.1.2 Buchstabe b ist, bedeutet, dass Warnhinweise und Betriebsanleitungen kein Ersatz für Maßnahmen zur Integration der Sicherheit in die Konstruktion oder für technische Schutzmaßnahmen sein dürfen, wenn diese nach dem Stand der Technik möglich sind.".

[61] Joerges u. a., Die Sicherheit von Konsumgütern und die Entwicklung der Europäischen Gemeinschaft, S. 42.
[62] Schuman, Bauelemente des europäischen Produktsicherheitsrechts, S. 89.

Gemäß Nr. 1 der Vorbemerkung in Anhang I der Aufzugsrichtlinie **2014/33/EU** kommen die dort aufgeführten wesentlichen Gesundheitsschutz- und Sicherheitsanforderungen nur insoweit zur Anwendung, als von dem betreffenden Aufzug oder Sicherheitsbauteil unter Zugrundelegung der **vom Montagebetrieb oder vom Hersteller vorgesehenen Verwendung** ein entsprechendes Risiko ausgeht. Die Druckbehälterrichtlinie **2014/39/EU** gibt zu den eingesetzten Werkstoffen und der Auslegung der Behälter Grenzwerte und Maße vor und stellt jeweils auf die **vorgesehene Verwendung** ab. Nr. 2 der Vorbemerkung des Anhangs I der Druckgeräterichtlinie **2014/68/ EU** bestimmt: *„Die Pflichten, die sich aus den wesentlichen Sicherheitsanforderungen ergeben, gelten nur, wenn von dem betreffenden Druckgerät bei Verwendung unter den vom Hersteller* **nach vernünftigem Ermessen vorhersehbaren Bedingungen** *die entsprechende Gefahr ausgeht.* (Hervorhebung diesseits)" Nach Art. 3 Abs. 1 der Niederspannungsrichtlinie **2014/35/EU** dürfen *„Elektrische Betriebsmittel [...] nur dann auf dem Unionsmarkt bereitgestellt werden, wenn sie – entsprechend dem in der Union geltenden Stand der Sicherheitstechnik – so hergestellt sind, dass sie bei einer ordnungsgemäßen Installation und Wartung sowie einer* **bestimmungsgemäßen Verwendung** *die Gesundheit und Sicherheit von Menschen und Haus- und Nutztieren sowie Güter nicht gefährden"* (Hervorhebung diesseits). Den wesentlichen Anforderungen nach der Funkanagenrichtlinie **2014/53/EU** ist ebenfalls das ordnungsgemäß installierte und gewartete sowie den Angaben des Herstellers **bestimmungsgemäß verwendete Gerät** zugrunde zu legen.[63] Die Richtlinie **2009/142/EG** über Gasverbrauchseinrichtungen bestimmt in deren Anhang I unter Nr. 1.1: *„Ein Gerät ist so zu konstruieren und herzustellen, dass es sicher betrieben werden kann und keine Gefahr für Personen, Haustiere und Güter darstellt, wenn es* **vorschriftsmäßig** *nach Artikel 1 Absatz 3 dieser Richtlinie* **verwendet** *wird.* (Hervorhebung diesseits)" Entsprechendes gilt nach Art. 3 Abs. 1, Anhang I Nr. 1.1 **VO (EU) 2016/426 über Geräte zur Verbrennung gasförmiger Brennstoffe.** Die ATEX-Richtline **2014/34/EU** fordert in deren Anhang II unter 1.0.2 auch den **vernünftigerweise vorhersehbaren Missbrauch** mit einzubeziehen. Bei Maschinen ist gemäß Anhang I Nr. 1.1.2 der Richtlinie **2006/42/EG** auch die **vernünftigerweise vorhersehbare Fehlanwendung** zu berücksichtigen. Für In-vitro-Diagnostika und ihr Zubehör ist maßgebend die **vorgesehene Verwendung** (Art. 3 de Richtlinie **98/79/EG**). Medizinprodukte müssen die grundlegenden Anforderungen gemäß Anhang I der Richtlinie **93/42/EWG** erfüllen, *„die auf sie unter Berücksichtigung ihrer* **Zweckbestimmung** *anwendbar sind* (Hervorhebung diesseits)" (Art. 3 de Richtlinie 93/42/EWG). Ähnlich formuliert Art. 3 Abs. 1 der Richtlinie **90/385/EWG,** dass *„die in Artikel 1 Absatz 2 Buchstaben c, d und e genannten aktiven implantierbaren medizinischen Geräte [...] die grundlegenden Anforderungen gemäß Anhang 1 erfüllen* [müssen]*, die auf sie unter* **Berücksichtigung ihrer Zweckbestimmung** *anwendbar sind"* (Hervorhebung diesseits).

---

[63]Europäische Kommission, Guide to the R&TTE Directive 1999/5/EC, S. 16, zur Vorgängerrichtlinie 1999/5/EG.

Sportboote dürfen gemäß Art. 4 Abs. 1 der Richtlinie **2013/53/EU** „*nur dann bereitgestellt oder in Betrieb genommen werden, wenn sie bei **sachgemäßer Instandhaltung und Verwendung** entsprechend ihrer Zweckbestimmung weder die Gesundheit und die Sicherheit von Personen und Sachen noch die Umwelt gefährden und zugleich die einschlägigen grundlegenden Anforderungen des Anhangs I erfüllen*" (Hervorhebung diesseits). „*Sicher*" im Sinne des allgemeinen Sicherheitsgebots nach Art. 3 Abs.1 der Richtlinie 2001/95/EG ist „*jedes Produkt, das bei **normaler oder vernünftigerweise vorhersehbarer Verwendung**, was auch die Gebrauchsdauer sowie gegebenenfalls die Inbetriebnahme, Installation und Wartungsanfoderungen einschließt, keine Risiken oder nur geringe, mit seiner Verwendung zu vereinbarende und unter Wahrung eines hohen Schutzniveaus für die Gesundheit und Sicherheit von Personen vertretbare Gefahren birgt, […]*" (Hervorhebung diesseits).

Zeitlich umfasst die bei technischem Gerät zu berücksichtigende Verwendung neben dem eigentlichen Betrieb auch „*notwendige Vor- und Nachbereitungshandlungen*"[64] sowie die Beseitigung von Funktionsstörungen[65] und allgemein die gesamte Nutzungsphase, vom Auspacken, Aufbauen und Montieren, über das Betreiben, Pflegen, Reinigen und der Instandhaltung bis zum Abbau und zur Stilllegung[66]. **358**

1. Bestimmungsgemäße Verwendung

Die bestimmungsgemäße oder auch vorgesehene Verwendung richtet sich zuvörderst nach dem **vom Hersteller festgelegten** und beschriebenen **Verwendungszweck.**[67] Unter Heranziehung von zur Produkthaftung ergangener Rechtsprechung „*gehört [zur bestimmungsgemäßen Verwendung] nicht nur ein irgendwie gearteter "Kernbereich", sondern* **359**

---

[64] BGH, Urt. v. 28.3.2006, VI ZR 46/05, juris = NJW 2006, 1589 = VersR 2006, 710 (Tapetenkleistermaschine aus China).

[65] OLG Bremen, Urt. v. 6.12.2002, 4 U 15/01, juris = VersR 2004, 207 (Faltschachtelanlage).

[66] Schmatz/Nöthlichs, 1025 § 3 Anm. 1.2.4.1, S. 26.

[67] Europäische Kommission, Leitfaden für die Anwendung der Maschinenrichtlinie 2006/42/EG, § 171; Klindt/Schucht, in Klindt (Hrsg.), ProdSG, § 2 Rn. 59 f.; Schmatz/Nöthlichs, 1025 § 3 Anm. 1.2.4.1.1, S. 26 f. Siehe auch Europäische Kommission, Leitfaden für die Anwendung der Maschinenrichtlinie 2006/42/EG, § 263: „*Die Beschreibung der bestimmungsgemäßen Verwendung der Maschine […] muss eine genaue Angabe der Zwecke enthalten, für die die Maschine vorgesehen ist. Die Beschreibung der bestimmungsgemäßen Verwendung der Maschine muss Angaben zu den Grenzen der Verwendungsbedingungen enthalten, die bei der Risikobeurteilung des Herstellers und bei Konstruktion und Bau der Maschine berücksichtigt worden sind […]. Die Beschreibung der bestimmungsgemäßen Verwendung der Maschine muss alle verschiedenen Betriebsarten und Betriebsphasen der Maschine abdecken und eine Angabe der sicheren Werte jener Parameter enthalten, von denen der sichere Maschinenbetrieb abhängt. Zu diesen Parametern zählen beispielsweise:*
- *die maximale Last von Maschinen zum Heben von Lasten;*
- *die maximale Neigung, auf der mobile Maschinen ohne Verlust der Standsicherheit eingesetzt werden können;*

jedweder Einsatz, der nach der Art der Bewerbung und Beschreibung des Produkts durch den Hersteller für einen Verwender entsprechend dessen Kenntnissen im Rahmen seines Fachgebiets bei sachgemäßer Betrachtung in Frage kommt. Der [Hersteller] mu[ss] sich an dem gesamten, sich aus seinen konkreten eigenen Angaben in Produktbeschreibung, Bedienungsanleitung, Werbung, Beratung etc. ergebenden Einsatzspektrum festhalten lassen"[68]. Sodann bezeichnet die bestimmungsgemäße oder auch vorgesehene Verwendung unterschiedslos, d. h. vorschriftenübergreifend, auch *„die **übliche Nutzung** entsprechend dem Entwurf und der Bauweise des Produkts"*.[69] Inhaltlich gleich beschreibt § 2 Nr. 5 ProdSG diese beim vorgesehenen Verwendungszweck zu berücksichtigende Verwendungsüblichkeit als *„die übliche Verwendung, die sich aus der Bauart und Ausführung des Produkts ergibt"*. Bestimmungsgemäß wird hiernach eine Verwendung allerdings nicht bereits dadurch, dass sie sich eingebürgert hat.[70] Erst wenn die Beschaffenheit eines Produkts eine bestimmte Nutzung nahelegt, ist sie üblich. Dann aber treten auch anderslautende Angaben und Festlegungen des Herstellers zurück und hat im Widerspruchsfall das **objektive Kriterium** der Verwendungsüblichkeit **Vorrang vor herstellerseitigen Verlautbarungen.**[71] Fürwahr könnte der Hersteller die von ihm vorgesehene Verwendung durch Angaben zur Verwendung und Nutzungsverboten praktisch vollständig beschränken, etwa mittels Warnhinweisen oder Verwendungsverboten in der Produktbeschreibung oder der Bedienungsanleitung. Wie aber andernorts richtig bemerkt, vermag eine der üblichen Verwendung gegenteilige Produktwidmung nicht zu verfangen, *„weil der Hersteller sonst durch seine Bestimmungsangaben objektiv notwendige Sicherheitsmaßnahmen vermeiden könnte"*[72] bzw. wäre es ein Leichtes, *„durch umfangreiche Hinweise die Sicherheitsanforderungen zu umgehen, in dem jegliche Möglichkeit*

- *die maximale Windgeschwindigkeit, bei der die Maschine im Freien sicher betrieben werden kann;*
- *die Höchstabmessungen der Werkstücke;*
- *die Höchstdrehzahl rotierender Werkzeuge, bei denen Bruchgefahr durch Überdrehzahlen besteht;*
- *die Art der Werkstoffe, die von der Maschine auf sichere Weise verarbeitet werden können. "*.

[68] BGH, Urt. v. 14.5.1996, VI ZR 158/95, juris, Rn. 16 = NJW 1996, 2224 = VersR 1996, 979 = WM 1996, 1400.
[69] Europäische Kommission, Leitfaden für die Umsetzung der Produktvorschriften der EU 2016, ABl. 2016 C 272, 23. A.A. Molitoris/Klindt, NJW 2012, 1489 (1491).
[70] Schmatz/Nöthlichs, 1025 § 3 Anm. 1.2.4.1.2, S. 27 f.
[71] *Ebd.;* Klindt/Schucht, in Klindt (Hrsg.), ProdSG, § 2 Rn. 61. Vgl. weiter VG Münster, Urt. v. 29.1.2010, 9 K 1667/07, juris; hierzu Jockusch/Kapoor, NVwZ 2011, 540 ff; Kapoor, in Klindt (Hrsg.), ProdSG, § 6 Rn. 12.
[72] Joerges/Falke/Micklitz/Brüggemeier, Die Sicherheit von Konsumgütern und die Entwicklung der Europäischen Gemeinschaft, S. 145.

der gefahrgeneigten Nutzung in der Bedienungsanleitung untersagt wird"[73]. Diese Erwägungen stehen in engem Zusammenhang mit dem hierarchischen Sicherheitskonzept und dem sich hieraus ergebenden Vorrang der Konstruktion vor der Instruktion. Risiken, die konstruktiv ausgeschlossen bzw. begrenzt werden können, sind konstruktiv anzugehen (*„Keine Flucht in die Instruktion"* (→ Rn. 355)).

2. Vorhersehbare Verwendung

Neben der bestimmungsgemäßen Verwendung ist die vorhersehbare Verwendung zu berücksichtigen bei Maschinen, Druckgeräten, bei Geräten und Schutzsystemen zur bestimmungsgemäßen Verwendung in explosionsgefährdeten Bereichen und bei den Verbraucherprodukten. In einem ersten Schritt ist beim Konstruieren dieser Produkte zu fragen, mit welchen Verwendungen zu rechnen, ist d. h. welche Verwendungen grundsätzlich vorhersehbar sind. In einem zweiten Schritt ist das solchermaßen Vorhersehbare auf das vernünftigerweise Vorhersehbare, nämlich der Sache nach auf den **vernünftigerweise vorhersehbaren Fehlgebrauch**[74], zu reduzieren.[75]

a. Abgrenzung von Verantwortungsbereichen

Das in mehreren Harmonisierungsrichtlinien verwendete Wort *„vernünftigerweise"* hat im Alltagsgebrauch mehrere sprachliche Bedeutungen. Im hiesigen Zusammenhang ist zunächst an eine Bezugnahme auf die Vernunft im Sinne von Rationalität, Denkvermögen und Erfahrung zu denken. *„Vernünftigerweise vorhersehbar"* wäre hiernach das, was bei rationaler, nüchterner und sachlicher Betrachtung möglicherweise eintritt, also im weitesten Sinne eine nicht auszuschließende Verwendung. Sodann kann der sprachliche Ausdruck *„vernünftigerweise"* auch in Beziehung zu dem gedacht werden, was gerecht, fair, berechtigt, zumutbar oder angemessen, also bei wertender Betrachtung *„vernünftig"* ist. Bei diesem ***„reasonably foreseeable use"*** handelt es sich um ein aus

360

361

---

[73]LG Düssledorf, Urt. v. 30.11.2005, 10 O 144/04, juris, Rn. 29 = NJW-RR 2006, 1033 = VersR 2006, 1650.
[74]Schmatz/Nöthlichs, 1025 § 3 Anm. 1.2.4.2, S. 30.
[75]Soweit in der deutschen Sprachfassung die ATEX-Richtlinie 2014/34/EU in deren Anhang II unter 1.0.2 auf den vernünftigerweise vorhersehbaren Missbrauch referiert wird, handelt es sich um eine unsorgfältige Abfassung des deutschen Textes. Im englischen Text (*„Any misuse which can reasonably be anticipated must be taken into account."*) heißt *misue* nicht Missbrauch (das wäre *abuse*), sondern Fehlgebrauch und ist in der französischen Fassung der *„mauvais usage éventuel qui peut être raisonnablement attendu"* zu berücksichtigen, also auch dort der fehlerhafte Gebrauch, nicht aber der Missbrauch (das wäre *usage abusive*). Zu dem häufig anzutreffenden Übersetzungsfehler des dem US-amerikanischen Begriffs des *foreseeable misuse*, siehe Klindt/Schucht, in Klindt (Hrsg.), ProdSG, § 2 Rn. 226. Zur Lösung von Auslegungsproblemen bei unterschiedlichen Sprachfassungen (Lösung in Anlehnung an Art. 33 des Wiener Übereinkommens über das Recht der Verträge vom 23.5.1969), siehe Streinz, Europrecht, Rn. 284.

dem Deliktsrecht stammendes und im US-amerikanischen Recht weit verbreitetes Konzept.[76] Es fand Einzug in Art. 6 Abs. 1 lit. b) der Produkthaftungsrichtlinie 85/374/EWG, so hiernach der Hersteller bei der Konzeption des Produkts den Gebrauch zu berücksichtigen hat, *„mit dem billigerweise gerechnet werden kann"*. In diesem Zusammenhang ist Abs. 6 S. 2 der Eingangserwägungen der Produkthaftungsrichtlinie 85/374/ EWG in den Blick zu nehmen. Hiernach muss der Hersteller den missbräuchlichen Gebrauch des Produkts nicht berücksichtigen, d. h. denjenigen Gebrauch, *„der unter den betreffenden Umständen als unvernünftig gelten mu*[ss]*"*[77]. Damit wird zutreffend

---

[76]Siehe statt vieler Sanchez v. Bock Laundry Machine Co., 107 Ill. App.3d 1024 (1982), 438 N.E.2d 569: *„The manufacturer of a product owes a duty to design the product so that it is reasonably safe for its intended use and for any reasonably foreseeable use* (Johnson v. Amerco, Inc. (1980), *87 Ill.App.3d 827, 409 N.E.2d 299;* Murphy v. Cory Pump & Supply Co. (1964), *47 Ill.App.2d 382, 197 N.E.2d 849) and is liable in tort for the negligent design of a product that imposes an unreasonable risk of harm upon the user* (see Mieher v. Brown (1973), *54 Ill.2d 539, 301 N.E.2d 307)."* Derrick v. Yoder Co., 88 Ill. App.3d 864 (1980), 410 N.E.2d 1030: *„The conduct of the operator of machinery is a defense to a product liability action only where it is shown that such conduct amounted to a misuse of the product* (Williams v. Brown Manufacturing Co. (1970), 45 Ill.2d 418, 425). *The causal connection between an allegedly defective product and the injury is broken only where the misuse was not reasonably foreseeable* (Lewis v. Stran Steel Corp. (1974), 57 Ill.2d 94, 102, 311 N.E.2d 128)."

[77]Siehe auch österr. OGH, Beschl. v. 30.10.2001, 10 Ob 19/01v, Multivitaminsaftflasche, RdW 2002, 340 („[...] *Die Erwartungen eines Produktbenützers von der Sicherheit eines Produkts sind nur berechtigt, wenn der Benützer den Anforderungen an seine Eigenverantwortung gerecht wird. § 5 Abs 1 Z 2 PHG nennt daher als weiteren Umstand, der für die Berechtigung von Sicherheitserwartungen von Bedeutung ist, den "Gebrauch des Produkts, mit dem billigerweise gerechnet werden kann." Der Bezug auf die Billigkeit zeigt, dass das Risiko einer missbräuchlichen Produktverwendung nicht auf den Hersteller abgewälzt werden soll. Für unvorhersehbare oder geradezu absurde Gebrauchsarten hat der Hersteller nicht einzustehen.* [...].") und Urt. v. 30.9.2002, 1 Ob 169/02p, Raumteiler, Kullmann/Pfister/Stöhr/Spindler, Produzentenhaftung, KzA 11 100/25 („...*Zu den Instruktionspflichten des Herstellers (bzw Scheinherstellers) gehöre, den Benützer auf gefährliche Eigenschaften des Produkts hinzuweisen, ja ihn unter Umständen selbst vor einem widmungswidrigen Gebrauch zu warnen. Diese Pflicht bestehe aber nur bei einem Schutzbedürfnis des Verbrauchers. Ein solches sei zu bejahen, wenn der Hersteller damit rechnen müsse, dass ein Produkt in die Hände von Personen gerate, die mit den Produktgefahren nicht vertraut seien. Beurteilungsmaßstab sei der Idealtypus des durchschnittlichen Produktbenützers. Instruktionsinhalt und -umfang seien an der am wenigsten informierten und damit gefährdetsten Benutzergruppe auszurichten. Was jedoch im Erfahrungswissen eines solchen (potentiellen) Abnehmers liege, müsse nicht zum Inhalt einer Warnung gemacht werden. Die Erwartungen der Produktsicherheit eines Benutzers seien nur berechtigt, wenn er seinerseits den Anforderungen an seine Eigenverantwortung gerecht werde. Dieser Gesichtspunkt wurde in der Entscheidung 10 Ob 19/01vOGH 10 Ob 19/01v (Volltext) OGH 3 Ob 168/14y (Rechtssatz) OGH 3 Ob 168/14y (Rechtssatz) OGH 3 Ob 168/14y (Rechtssatz) (= RdW 2002, 340 [Eustacchio – Teilveröffentlichung]) in Fortschreibung weiterer Leitlinien der Rechtsprechung des Obersten Gerichtshofs noch insoweit ergänzt, als der Bezug auf den billigerweise erwartbaren Produktgebrauch in § 5 Abs 1 Z 2 PHG zeige, dass das Risiko einer missbräuchlichen Produktverwendung nicht auf den Hersteller abgewälzt werden solle. Der Hersteller hafte daher nicht für unvorhersehbare oder geradezu absurde Gebrauchsarten. ....*").

die Schranke der im Produkthaftungsrecht zu berücksichtigenden Vorhersehbarkeit umschrieben.[78] Es kommt dort zu einer wertenden Betrachtung. § 2 Nr. 28 ProdSG lehnt sich hieran an, macht sich die produkthaftungsrechtliche Sicht zu Eigen und meint *„vorhersehbare Verwendung"* stets, d. h. unabhängig von einer entsprechenden Präzisierung im Text,[79] die *„vernünftigerweise vorhersehbare Verwendung"* im Sinne einer Verwendung, mit der billigerweise gerechnet werden muss.[80] Der Ausdruck *„vernünftigerweise"* impliziert demgemäß sowohl im zivilen Produkthaftungsrecht, wie auch im öffentlich-rechtlichen Produktverkehrsrecht eine Abwägung zwischen den Interessen des Verwenders und denen des Herstellers und ist zu prüfen, ob eine Verwendung innerhalb der rechtlichen Verantwortungs- und Risikosphäre des Herstellers oder der des Verwenders liegt.[81] Der sprachliche Ausdruck *„vernünftigerweise"* ist demgemäß in Beziehung zu dem zu denken, was gerecht, fair, berechtigt, zumutbar oder angemessen, also bei wertender Betrachtung *„vernünftig"* ist und hat der Hersteller bei der Konzeption des Produkts den Gebrauch zu berücksichtigen, *„mit dem billigerweise gerechnet werden kann"*. Es geht um die Abgrenzung von Verantwortungsbereichen, d. h. der gesetzgeberischen **Entscheidung zwischen Fremdverantwortung** in Form von Sicherungspflichten **des Herstellers** zugunsten des Verwenders **und Selbstverantwortung des Verwenders**.[82] Abzustellen ist auf eine verantwortungsbewusste Person und gilt im Privatbereich als vorhersehbares Verhalten dasjenige eines *„guten Familienvaters"* und im gewerblichen Bereich dasjenige des Fachmanns, der das Gerät den in der Branche geltenden Regeln der Technik gemäß verwendet.[83]

---

[78]Kullmann, ProdHaftG, § 3 ProdHaftG, Rn 31; Pfeifer, Produktfehler oder Fehlverhalten des Produzenten – Das neue Produkthaftungsrecht in Deutschland, den USA und nach der EG-Richtlinie, S. 238.

[79]Zu den unterschiedlichen Formulierungen → Rn. 357.

[80]Vgl. zum Gedanken der Billigkeit Klindt/Schucht, in Klindt (Hrsg.), ProdSG, § 2 Rn. 228; Wilrich, Das neue Produktsicherheitsgesetz (ProdSG), Rn. 322 ff.

[81]Gauger, Produktsicherheit und staatliche Verantwortung, S. 132 m. w. Nachw. Siehe etwa auch Zentralstelle der Länder für Sicherheitstechnik (ZLS), FAQ 07-01 v. 7.5.2007, zur Frage, ob das Ignorieren der Gebrauchsanleitung/Bedienungsanleitung durch den Endnutzer als vorhersehbare Fehlanwendung zu bewerten ist: *„Daneben ist in § 2 Abs. 6 GPSG die vorhersehbare Fehlanwendung als das vernünftigerweise vorhersehbare Verhalten des jeweiligen zu erwartenden Verwenders definiert. Das Lesen der Bedienungsanleitung kann aber grundsätzlich vernünftigerweise erwartet werden (mit der Ausnahme von z. B. Kindern, Blinden, etc.). Damit fällt das Nichtlesen (Ignorieren) der Gebrauchsanleitung in der Regel schon gar nicht erst unter die Definition der vorhersehbaren Fehlanwendung. Letztlich handelt es sich um ein nachlässiges und unter Umständen fahrlässiges Verhalten des Verwenders, welches nicht in den Verantwortungsbereich des Inverkehrbringers fällt"*.

[82]Wilrich, Das neue Produktsicherheitsgesetz (ProdSG), Rn. 330; Gauger, Produktsicherheit und staatliche Verantwortung, S. 132 m. w. Nachw.

[83]Europäische Kommission, Erläuterungen zur Maschinenrichtlinie 98/37/EG, Rn. 307.

b. Fallweise Betrachtung
aa. Herantasten an den Begriff der „vorhersehbaren Verwendung"

362 Das hiermit einhergehende Erfordernis der Wertung verbietet eine allgemeingültige Annäherung an den Begriff der *„vorhersehbaren Verwendung"*. Die Ermittlung des vernünftigerweise Vorhersehbaren kann nur *in concreto* erfolgen und erfordert stets eine Einzelfallbetrachtung.[84] Nicht zielführend sind denn auch die in diesem Zusammenhang oftmals anzutreffenden Schilderungen von Selbstverständlichkeiten und Benennungen von Extremfällen.[85] Es geht um die Annäherung an die fließende Grenze zwischen Vorhersehbarkeit und Vernünftigkeit, einerseits, und atypischer Verwendung und Produktmissbrauch, andererseits,[86] also um die Bestimmung dessen, was gerechterweise berücksichtigt werden muss.[87] Insoweit sind Beispiele die einzige Möglichkeit das Kriterium der vorhersehbaren Verwendung handhabbar zu machen.[88].

363 Bei nachstehenden Sachverhalten liegt nach Ansicht des **Länderausschusses für Arbeitsschutz und Sicherheitstechnik** *„tendenziell"* eine vorhersehbare Verwendung vor:[89]

- Situationen, die rational begründbar sind, den üblichen Erfahrungen und dem gesunden Menschenverstand entsprechen (Beispiel: Berührung der Backofentür durch Kleinkinder).
- Es kann nicht vorausgesetzt werden, dass die Verwendung des Produkts in einer bestimmten Weise vom Verwender als riskant erkannt wird (Beispiel: Verkettung von Mehrfachsteckdosen mit der Folge einer Überhitzungsgefahr).
- Das Risiko der Verwendung des Produkts in einer bestimmten Weise wird als solches zwar vom Verwender erkannt, aber in der Höhe unterschätzt (Beispiel: Kippgefahr bei – Schnellkurvenfahrt mit Gabelstapler oder Fahren mit angehobener Last).
- Die Verwendung des Produkts in einer vom Hersteller nicht vorgesehenen Weise ist weit verbreitet und wird vom Verwender nicht mehr als Risiko wahrgenommen (Beispiel: Stecker wird am Kabel aus der Steckdose gezogen).

---

[84]Klindt/Schucht in Klindt (Hrsg.), ProdSG, § 2 Rn. 221 und 228; Wilrich, Das neue Produktsicherheitsgesetz (ProdSG), Rn. 335; *LASI*, Produktsicherheitsgesetz, Leitlinie 3/4, S. 16; Gauger, Produktsicherheit und staatliche Verantwortung, S. 132 m. w. Nachw.

[85]Wie hier Wilrich, *ebd.;* siehe auch Klindt/Schucht in Klindt (Hrsg.), ProdSG, § 2 Rn. 227.

[86]Schmatz/Nöthlichs, 1025 § 3 Anm. 1.2.4.2, S. 31 ff.

[87]Joerges/Falke/Micklitz/Brüggemeier, Die Sicherheit von Konsumgütern und die Entwicklung der Europäischen Gemeinschaft, S. 44 und 71.

[88]Wie hier Schmatz/Nöthlichs, 1025 § 3 Anm. 1.2.4.2, S. 34; Wilrich, Das neue Produktsicherheitsgesetz (ProdSG), Rn. 335; a. A. Klindt/Schucht in Klindt (Hrsg.), ProdSG, § 2 Rn. 227 (Erfordernis belastbarer *„juristisch subsumierbarer Orientierungsmarken"*).

[89]*LASI*, Produktsicherheitsgesetz, Leitlinie 3/4, S. 16.

- Die Handlung ist aus Gründen der Bequemlichkeit des Menschen zu erwarten (Beispiel: Kabeltrommel wird nicht vollständig abgewickelt).
- Verhalten im Falle einer Fehlfunktion, einer Störung oder eines Ausfalls während des Gebrauchs des Produkts (Beispiel: Beseitigung der Verstopfung am Einzugstrichter eines Gartenhäckslers).
- Verhalten aufgrund von Unachtsamkeit oder Konzentrationsmangel (Beispiel: Verwechselung von Bedienteilen).

EN ISO 12000-1 nennt folgende Beispiele vorhersehbarer Verwendung bzw. vorhersehbaren menschlichen Verhaltens:[90]

- Verlust der Kontrolle der Bedienperson.
- Reflexartiges Verhalten einer Person im Falle einer Fehlfunktion, eines Störfalls oder Ausfalls.
- Verhalten durch Konzentrationsmangel oder Unachtsamkeit.
- Verhalten, das bei der Durchführung einer Aufgabe aus dem *„Weg des geringsten Widerstandes"* herrührt.
- Verhalten unter dem Druck, den Betriebszustand aufrechtzuerhalten.
- Verhalten von bestimmten Personen (z. B. Kinder)[91].

Das **Verwaltungsgericht Berlin** hatte über die an ein **Elektrofahrrad** zu stellenden Sicherheitsanforderungen zu befinden und erachtete den Anschluss des für eine 36-Volt-Gleichstromspannung ausgelegten Akkumulators des Elektrofahrrads an das 230-Volt-Stromnetz als vorhersehbaren Fehlgebrauch.[92] Bei den streitgegenständlichen Elektrofahrrädern waren bei ordnungsgemäßer Verwendung die Akkumulatoren an das gesondert mitgelieferte Ladegerät anzuschließen, welches dann über eine normale Steckdose an das 230-V-Stromnetz anzuschließen war (Gleichrichter für die Umwandlung von 230-Volt-Wechselspannung in 36-Volt-Gleichspannung). Die Akkumulatoren der Elektrofahrräder waren allerdings mit sogenannten Kaltgerätesteckern ausgestattet, bei denen aufgrund ihrer Gestaltung ein direkter Anschluss an eine 230-Volt-Steckdose mit der Folge möglicher Explosionen nahelag (*„Weg des geringsten Widerstandes"*).

In einem vom Oberlandesgericht Naumburg zu entscheidenden Fall sah das Gericht im versehentlichen Verschütten von brennbarer Flüssigkeit bei einer **Tischfeuerstelle**

---

[90]Siehe auch Europäische Kommission, Leitfaden für die Anwendung der Maschinenrichtlinie 2006/42/EG, § 172.
[91]Jedoch kann auch von Kindern Vernünftigkeit erwartet werden, vgl. LG Ravensburg, Urt. v. 30.9.1998, 1 S 193/98, NJW-RR 1999, 534 (Bandverletzungen durch eine durch Sonneneinstrahlung erhitzte Metallrutsche).
[92]VG Berlin, Beschl. v. 9.2.2012, 1 L 422.11, juris.

einen vorhersehbaren Fehlgebrauch.[93] Die Tischfeuerstelle bestand aus einem Übertopf, in dem ein Brenngefäß eingebracht war. Geriet beim Eingießen von flüssigem Brennstoff, wie Ethanol, etwas daneben, konnte die Flüssigkeit ungehindert in den Übertopf laufen. Durch die sich dort nach dem Entzünden des Brenngefäßes entwickelnden Temperaturen verdunstete der fehlgeleitete Brennstoff im Übertopf und bildete mit der über ein kleines Loch einströmenden Luft ein explosives Gemisch, das infolge der im weiteren Brennvorgang steigenden Temperatur des Brenngefäßes mit Erreichen der Zündtemperatur verpuffte und dabei, gleich dem Prinzip des Verbrennungsmotors, das Brenngefäß aus dem Übertopf schleuderte, womit sich der brennende Restbrennstoff auf die Umgebung ergoss.

367 Bei einem **Mountainbike**, selbst wenn vom Hersteller nur für die Kategorie *„Tour"* (Straßen- und Waldwege, keine Sprünge) freigegeben, ist ein Fehlgebrauch in Form von Treppenfahren, Stoppies, Wheelies und Slides naheliegend.[94]

368 Mit Urteil vom 27.11.2008 hob das Verwaltungsgericht Sigmaringen die Anordnung des beklagten Regierungspräsidiums auf, wonach *„mit IP44 oder einem sonstigen* **Hinweis auf Spritzwasserschutz gekennzeichnete Steckdosenleisten** *nicht in Verkehr gebracht werden* [durften], *wenn Wasser im Spritzwasserfall eindringen kann und die Verwender nicht darauf hingewiesen werden, dass der Spritzwasserschutz nur bei geeigneten Steckern gewährleistet ist, z. B. "Spritzwasserschutz ist nur bei Verwendung von IP 44-Steckern gewährleistet"*[95]. Nach DIN EN 60529 bzw. IEC 60529 gibt erste Ziffer des IP-Code an, welchen Schutzgrad ein Gehäuse für Berührungs- und Fremdkörperschutz aufweist, die zweite Ziffer beschreibt den Schutzgrad des Gehäuses gegen Wasser. Ein IP-Code mit der „4" als zweiter Ziffer – wie *„IP44"* – bezeichnet ein spritzwassergeschütztes Gehäuse. In Tab. 3 der DIN EN 60529 wird Spritzwasser definiert als *„Wasser, das aus jeder Richtung gegen das Gehäuse spritzt"*. Das Gericht erkannte, dass die Verwendung nicht spritzwassergeschützter Stecker unter Spritzwassereinwirkung nicht bestimmungsgemäß sei. Obschon die hier maßgebende Niederspannungsrichtlinie – und in der nationalen Umsetzung ex-§ 2 Abs. 1 der 1.GPSGV – allein auf die Gefahren bei bestimmungsgemäßem Gebrauch abstellte und es somit auf die Frage des Vorliegens eines Sicherheitsdefizits bei vorhersehbaren Fehlgebrauch der Steckdosenleisten nicht ankam, führte das Gericht in einem *obiter dictum* aus:

> Ungeachtet dessen ist es zweifelhaft, ob die Verwendung einer spritzwassergeschützten Steckdosenleiste unter Spritzwassereinwirkung mit einem nicht spritzwassergeschützten Stecker überhaupt eine Verwendung darstellt, die im Sinne der §§ 8 Abs. 4 S. 2 Nr. 6, 4 Abs. 1 GPSG schutzbedürftig bzw. -würdig ist. § 4 Abs. 1 GPSG bezweckt nur den Schutz vor Gefahren bei bestimmungsgemäßer Verwendung und naheliegendem Fehlgebrauch. Dabei stellt sich

---

[93]OLG des Landes Sachsen-Anhalt, Urt. v. 21.11.2013, 1 U 38/12, juris.
[94]OLG Nürnberg, Urt. v. 20.5.2014, 4 U 206/14, juris, = NJW-RR 2014, 1304 = NZV 2014, 523.
[95]VG Sigmaringen, Urt. v. 27.11.2008, 8 K 1828/06, juris.

die Frage, ob die Verwendung ihrerseits nicht spritzwassergeschützter Stecker unter Spritzwassereinwirkung noch „vorhersehbar" ist, wobei ggf. zwischen Schuko-Steckern und Euro-Flachsteckern weiter differenziert werden könnte. Ebenso stellt sich die Frage, ob eine solche Verwendung nicht den Einsatzbedingungen angepasster Stecker überhaupt einer – ihrerseits den Anforderungen des Spritzwasserschutzes entsprechenden – Steckdosenleiste zugerechnet werden kann. Betrachtet man Stecker und Steckdosen hingegen als lebensnah gemeinsam als Steckverbindung und damit als eine Einheit, so dürfte es der Natur der Sache entsprechen und sich unmittelbar – auch ohne weiteren Hinweis – aufdrängen, dass das schwächere Glied dieser Einheit den Schutzgrad der Verbindung bestimmen muss.

Das Verwaltungsgericht Münster sah in der Nutzung einer aus mehreren Holztieren bestehenden **Geburtstagskaravane** (Möglichkeit, Geburtstagskerzen und eine das Alter des Geburtstagskindes angebende Ziffer auf dem Geburtstagszug anzubringen) als Kinderspielzeug eine voraussehbare, zu berücksichtigende Fehlanwendung. Dies trotz des auf dem Geburtstagszug versehenen Aufdrucks: *„Dekorationsartikel, zum Spielen nicht geeignet".*[96]

Nach dem Verwaltungsgericht Arnsberg ist der **Einbau eines Rauchwarnmelders ohne Batterie** eine vorhersehbare Verwendung im Sinne des § 2 Nr. 28 ProdSG.[97]

bb. Herstellerhinweise

Bei der Bestimmung der vorhersehbaren Fehlanwendung kommt den Angaben des Herstellers besondere Bedeutung zu. Die Produktwidmung lässt Rückschlüsse auf Verwendungen zu, für die das Gerät konzipiert ist und enthält damit auch Aussagen über Verwendungen, für die das Gerät nicht konzipiert ist. Der Hersteller begrenzt so mittelbar den Kreis der zu berücksichtigenden vorhersehbaren, weil von der Konzeption nicht mehr abgedeckten, Fehlanwendungen, sodass früher die Schwelle zu der nicht mehr zu berücksichtigenden atypischen oder gar missbräuchlichen Verwendung angenommen werden kann.[98] Je enger die Produktverwendungsangaben den vom Hersteller vorgesehenen Gebrauch definieren, desto eher wird eine von ihm nicht vorgesehene Verwendung nicht als vorhersehbare Fehlanwendung, sondern als atypischer oder gar missbräuchlicher Gebrauch angesehen werden können und müssen, für den der Hersteller

---

[96] VG Münster, Urt. v. 29.1.2010, 9 K 1667/07, juris.
[97] VG Arnsberg, Beschl. v. 28.10.2016, 1 L 1531/16, juris, Rn. 14 f.
[98] So etwa der Hinweis der Installation eines Heißwasser-Untertischgeräts durch qualifiziertes Personal (BGH, Urt. v. 5.2.2013, VI ZR 1/12, juris = NJW 2013, 1303). Weiter der Hinweis der Installation von Elektroinstallationsprodukten wie Steckdosen oder Kabel durch das Elektroinstallationshandwerk, die fehlende Eignung eines Spielzeugs für Kinder unterhalb eines bestimmten Alters, das Verbot der Benutzung eines Geräts bei Vorliegen von Beschädigungen, die Vermeidung einer Tiefentladung eines Akkus, die Verhinderung der Reflexion von Mikrowellenstrahlung bei Mikrowellen durch Nichtverwendung metallischer Utensilien oder die Anweisung bei handgeführten Maschinen, wie etwa einer Handkreissäge, persönliche Schutzausrüstungen, wie Schutzbrillen, Staubmasken, rutschfeste Sicherheitsschuhe oder Gehörschütz zu tragen (Schlucht, NVwZ 2015, 852 (856)).

nicht verantwortlich ist.[99] Flankiert wird die Bedeutung der Angaben zur bestimmungsgemäßen Verwendung durch die allgemein geteilte Überzeugung, wonach das Ignorieren der Bedienungsanleitung oder Sicherheitsinformationen seinerseits nicht vorhersehbar ist.[100] Solchermaßen kann der Hersteller den Kreis der vorhersehbaren Fehlanwendungen begrenzen und eine mit der objektiven Gestaltung des Produkts einhergehende Fehlanwendung atypisch oder missbräuchlich werden lassen. Es geht, und dies sei betont, um die Abgrenzung zwischen vernünftigerweise vorhersehbarer und atypischer bzw. missbräuchlicher Verwendung und nicht um die Abgrenzung zwischen bestimmungsgemäßer/üblicher und nicht bestimmungsgemäßer/unüblicher Verwendung. Legt nämlich die Beschaffenheit eines Produkts eine bestimmte Nutzung nahe, ist sie üblich. Sie ist damit im Sinne des Gesetzes bestimmungemäß und vermögen anderslautende Angaben des Herstellers nicht zu greifen (→ Rn. 359). Angaben des Herstellers, etwa in Form von Sicherheitsinformationen oder Warnhinweisen, sind dann gegebenenfalls bei der Frage zu berücksichtigen, ob das Produkt den Sicherheitsanforderungen genügt, nicht aber bei der vorgelagerten Frage der zu berücksichtigenden Verwendung.

> **Beispiel:** In dem oben aufgeführten und vom Oberlandesgericht Nürnberg entschiedenen Mountainbike-Fall (→ Rn. 367) hätte der Hersteller bei dem als Mountainbike vertriebenen Fahrrad aus der an sich vorhersehbaren Fehlanwendung in Form von Treppenfahren, Stoppies, Wheelies und Slides mittels Hinweises in der Bedienungsanleitung leicht einen missbräuchlichen oder jedenfalls atypischen Gebrauch machen können. Hätte hingegen das Mountainbike selbst den sich aus der Nutzung von einfachen Waldwegen ergebenden Belastungen nicht standgehalten, wäre ein dieser üblichen Verwendung gegenläufiges Verwendungsverbot (z. B. *„Nicht zum Fahren auf Waldwegen geeignet"*) in der Bedienungsanleitung bei der Bestimmung der zu berücksichtigenden Verwendung unbeachtlich gewesen.

---

[99] Schmatz/Nöthlichs, 1025 § 3 Anm. 1.2.4.1.3, S. 29; siehe auch BGH, Urt. v. 5.2.2013, VI ZR 1/12, juris, Rn. 14 m. w. Nachw. = NJW 2013; 1302 = VersR 2013, 469; hierzu Molitoris/Klindt, NJW 2014, 1567 (1569).

[100] VG Arnsberg, Beschl. v. 28.10.2016, 1 L 1531/16, juris, Rn. 15; Klindt/Schucht, in Klindt (Hrsg.), ProdSG, § 2 Rn. 225; Zentralstelle der Länder für Sicherheitstechnik (ZLS), FAQ 07-01 v. 7.5.2007: *„Daneben ist in § 2 Abs. 6 GPSG die vorhersehbare Fehlanwendung als das vernünftigerweise vorhersehbare Verhalten des jeweiligen zu erwartenden Verwenders definiert. Das Lesen der Bedienungsanleitung kann aber grundsätzlich vernünftigerweise erwartet werden (mit der Ausnahme von z. B. Kindern, Blinden, etc.). Damit fällt das Nichtlesen (Ignorieren) der Gebrauchsanleitung in der Regel schon gar nicht erst unter die Definition der vorhersehbaren Fehlanwendung. Letztlich handelt es sich um ein nachlässiges und unter Umständen fahrlässiges Verhalten des Verwenders, welches nicht in den Verantwortungsbereich des Inverkehrbringers fällt (aber: je höher die drohende Gefahr ist, desto deutlicher muss dies in den Warnhinweisen hervorgehoben werden)"*.

c. Verwendung gewerblicher Gerätschaften durch Laien

Im Rahmen der ihnen obliegenden Produktbeobachtungspflicht (→ Rn. 673 ff.) müssen die Hersteller immer wieder feststellen, dass für den Fachmann bestimmtes Gerät in die Hände des Laien gelangt. Die sich dem Hersteller aufdrängende Frage ist dann, ob er die Konzeption seines Produkts und die mitzuliefernde Bedienungsanleitung dieser neuen Verwendung anpassen oder gar bereits im Feld befindliche Produkte zurückrufen muss.

aa. Migrationsprodukte

Produktmigration beschreibt das Phänomen des Hineinwachsens einer für den gewerblichen Gebrauch bestimmten Produktgattung in eine Nutzung durch Laien. Gemeint sind die Fälle, in denen der Privatmann und Laie Produkte, die originär für die gewerbliche Nutzung konzipiert waren, für sich *„entdeckt"* und im Alltag nutzbar macht.[101] Beispiele solcher vom B2B-Bereich in den B2C-Bereich abwandernder Migrationsprodukte sind Bohrmaschinen, Winkelschleifer oder Tischsägen für den gewerblichen Bedarf.[102] Ein Migrationsprodukt ist demgemäß ein Produkt, das vorhersehbar den Privatmann erreicht, weil sich Produkte derselben Gattung bereits auf den Verbrauchermarkt befinden. Die Einordnung eines für den gewerblichen Gebrauch bestimmten Geräts als Migrationsprodukt bedeutet allerdings nicht *per se,* dass der Hersteller das Abwandern in den Verbrauchermarkt fortan zu berücksichtigen hätte. Wie ausgeführt, darf der Ausdruck *„vernünftigerweise"* nicht mit einsichtigerweise im Sinne rationaler Begründbarkeit gleichgesetzt werden und ist die Verwendung durch Laien nicht immer schon dann zu berücksichtigen, wenn und weil man weiß oder ahnt, dass es den Privatmann erreicht.[103] Befinden sich gleiche und für den Laien nicht bestimmte Produkte derselben Bauart bereits auf dem Verbrauchermarkt, ist die Verwendung aller nachfolgend in Verkehr gebrachten Produkte dieser Produktgattung durch Laien herstellerseitig nur dann zu berücksichtigen, wenn dies im Einzelfall und unter Abwägung der widerstreitenden Interessen der Billigkeit entspricht (→ Rn. 361).

372

bb. Komplexe Produkte und Produkte mit spezifischen nutzerbezogenen Anforderungen

Eine regelmäßig im rechtswissenschaftlichen Schrifttum vorgenommene Begrenzung der zu berücksichtigenden Vorhersehbarkeit setzt an der Größe und Komplexität des Produkts an. Resultiert bereits aus dem Produkt selbst, dass es nicht für den Verbrauchermarkt bestimmt

373

---

[101] Lenz/Laschet, Bd. 1, Kap. 2/2.3.2, S. 5.

[102] Beachte: Produkte, die mit dem Willen des Herstellers in Supermärkten, Warenhäusern und Einzelhandelsgeschäften der Öffentlichkeit zum Kauf angeboten werden, sind offensichtlich für den privaten Gebrauch bestimmt und ist somit deren Verwendung durch Laien bestimmungsgemäß (Klindt/Schucht in Klindt (Hrsg.), ProdSG, § 2 Rn. 190). Gleiches gilt für den B2B-Bereich und den B2C-Bereich bestimmte Produkte (Wilrich, Das neue Produktsicherheitsgesetz (ProdSG), Rn. 85).

[103] A. A. Klindt/Schucht, in Klindt (Hrsg.), ProdSG, § 2 Rn. 196.

ist, dürfe der Hersteller auch annehmen, dass es nicht vom Laien benutzt werde.[104] Aus diesem Grunde seien die Verwendung eines ABS-Steuergeräts ebenso wie die sicherheitsrelevanter Zulieferteile im Bereich Automotive[105] oder einer Drehmaschine[106] vernünftigerweise nicht vorhersehbar.[107] Fürwahr erscheint der Erwerb solcher Produkte durch den Laien wenig vernünftig. Jedenfalls kann es nicht die Absicht des Gesetzgebers sein, die Hersteller zu verpflichten, solch komplexe und sicherheitsrelevante Produkte und/oder deren externe Dokumentation an die Bedürfnisse und Fähigkeiten von Privaten anzupassen. Dies wäre wohl bereits technisch nicht immer möglich. Jedenfalls wäre es regelmäßig stark kostenintensiv. Die Nutzung solch komplexer und für den Fachkundigen konzipierter Produkte durch den Privaten dürfte denn auch ganz regelmäßig nicht mehr im Verantwortungsbereich des Inverkehrbringers liegen. Eng mit den Erwägungen zu den komplexen Produkten stehend wird allgemeinhin angenommen, dass mit einer Verwendung des Produkts durch Laien (billigerweise) nicht gerechnet werden muss, wenn es hierzu besonderer Fähigkeiten und Kenntnisse bedarf, die beim Nicht-Fachmann üblicherweise nicht vorhanden sind.[108] Wie bei den komplexen Produkten sei maßgebend, ob es (noch) vernünftig ist, dass der durchschnittliche private Endnutzer das Produkt in die Hand nimmt und für sich entdeckt. Abzustellen sei auch hier auf die Einsichtsfähigkeit einer vernünftigen, verantwortungsbewussten Person und gilt als vorhersehbares Verhalten dasjenige eines *„guten Familienvaters"*.[109]

cc. Vertriebsgebundene Erzeugnisse

374 Weiter werden im Schrifttum unter dem Aspekt der Vorhersehbarkeit ihrer Verwendung durch Laien die auf Internet-Verkaufsplattformen oder Internet-Auktionshäusern erhältlichen B2B-Produkte diskutiert. Unbestritten ist in diesem Zusammenhang die tatsächliche Feststellung, dass dort praktisch jedes handelbare Produkt auch gehandelt wird. Nach einer in der Literatur geäußerten Meinung soll der Verkauf über ebay & Co. schon grundsätzlich keine Auswirkungen auf die Frage vorhersehbarer Verwendung durch Private haben. Dies gelte jedenfalls, wenn die Produkte außerhalb eines vom Hersteller betriebenen Vertriebsbindungssystems mit autorisierten Fachhändlern angeboten würden.

---

[104] Wilrich, Das neue Produktsicherheitsgesetz (ProdSG), Rn 87; Hagena/Freeman/Volz, BB 2005, 2591 (2592 f.).
[105] Hagena/Freeman/Volz, *ebd.*
[106] Wilrich, Das neue Produktsicherheitsgesetz (ProdSG), Rn. 87.
[107] Vgl. auch Schleswig-Holsteinisches Oberlandesgericht, Urt. v. 27.9.2007, 11 U 135/06, juris, Rn. 19 ff. (Verlegung von Wellblechplatten durch Fachunkundigen als nicht zu berücksichtigende Verwendung).
[108] Hagena/Freeman/Volz, BB 2005, 2591 (2592 f.); Klindt/Schucht in Klindt (Hrsg.), ProdSG, § 2 Rn. 199; Wilrich, Das neue Produktsicherheitsgesetz (ProdSG), Rn. 89.
[109] Wilrich, *ebd.*

Gelangen Ausreißer dann doch in die Hände von Verbrauchern sei dies nämlich (rein tatsächlich) nicht vorhersehbar.[110] Diese Sicht ist nicht unproblematisch. Erreicht nämlich das in ein Vertriebsbindungssystem mit Fachhandelsbindung eingebundene Produkt mehr und mehr den Fachunkundigen, handelt sich bei diesem Produkt nicht mehr nur um einen zu vernachlässigenden Ausreißer und ist das Produkt – wenn auch vom Hersteller ungewollt – nunmehr rein tatsächlich auf den Verbrauchermarkt angekommen. Hat sich ein solcher paralleler Markt aber einmal etabliert, wird die Berufung des Herstellers auf sein Vertriebsbindungssystem in der argumentativen Auseinandersetzung mit den Marktüberwachungsbehörden voraussichtlich nicht mehr greifen. So ist unter Berücksichtigung der tatsächlichen Übung am Markt die Verwendung des Produkts durch Laien ab dato nämlich vorhersehbar. Zu beachten ist weiter, dass die Hersteller in Deutschland das Abwandern von B2B-Produkten in den B2C-Bereich auch über die Errichtung eines Vertriebsbindungssystems mit Fachhandelsbindung wirksam nur unter erschwerten Bedingungen verhindern können. Der Abverkauf von B2B-Produkten an Endverbraucher durch den sog. Außenseiter, d. h. den nicht zugelassen Händler, ist nämlich grundsätzlich nicht unzulässig. Mit anderen Worten erscheint bereits im Grundsatz fraglich, ob die vom Hersteller gewollten und zugelassenen Vertriebswege bei der Frage der Vorhersehbarkeit überhaupt eine Rolle spielen können. Fürwahr gibt der Bundesgerichtshof dem Hersteller in seinem Urteil „*Außenseiteranspruch II*"[111] zu der praktisch äußerst bedeutsamen Frage des Bestehens von Unterlassungsansprüchen gegen den nicht zugelassenen Händler eine nur wenig praktisch brauchbare Lösung in die Hand. Der Händler, der – sonst ausschließlich im Rahmen eines selektiven Vertriebssystems vertriebene – Waren anbietet, ohne selbst zu dem Kreis der Vertragshändler zu gehören, handelt nach Ansicht des Bundesgerichtshofs auch dann nicht wettbewerbswidrig, wenn die Waren nur aufgrund des Vertragsbruchs eines gebundenen Händlers in seinen Besitz gelangt sein können. Setze der Hersteller zur Überwachung der Vertriebswege in einem auf wirksamen Verträgen beruhenden und auch sonst rechtlich nicht zu missbilligenden Vertriebsbindungssystem Kontrollnummern ein, könne er hingegen wettbewerbsrechtlich und gegebenenfalls auch markenrechtlich gegen denjenigen vorgehen, der Kontrollnummern entfernt oder Ware mit entfernten Kontrollnummern vertreibt. Anders gewendet wird der Hersteller auf ein solches Kontrollnummernsystem verwiesen und wird sich nur derjenige Hersteller gegenüber den Marktüberwachungsbehörden auf sein Vertriebsbindungssystem berufen können, der ein solches Kontrollnummernsystem zwecks Überwachung der Vertriebswege unterhält und hierauf aufbauend auch

---

[110] Klindt/Schucht, in Klindt (Hrsg.), ProdSG, § 2 Rn. 198.
[111] BGH, Urt. v. 15.7.1999, I ZR 14/97, juris = BGHZ 142, 192 = NJW 1999, 3043 = GRUR 1999, 1109 = WM 1999, 1941 = EuZW 1999, 694.

rigoros gegen vertragsbrüchige Vertragshändler und nicht gebundene Händler vorgeht. Dann und nur dann wäre die Abgabe des Produkts an Verbraucher (rein tatsächlich) nicht vorhersehbar.[112]

> **Beispiel:** Vertreibt ein Hersteller von Werkzeugen für Bau- und Reparaturarbeiten seine Produkte über den Fachgroß- und Einzelhandel, befinden sich aber bereits mehrere seiner Bohrmaschinen der Bauart des Typs Z auf dem Verbrauchermarkt, dann ist die Abgabe von Bohrmaschinen dieser Bauart an den Nicht-Fachmann (rein tatsächlich) vorhersehbar und dies unabhängig vom Bestehen eines Vertriebsbindungssystems. Ist dann die Verwendung durch den Laien auch nicht unvernünftig, etwa weil es hierfür besonderer Fachkunde nicht bedarf, so ist diese auch vernünftigerweise vorhersehbar und dies trotz Vertriebsbindungssystems.

dd. Warnhinweise

375 Ist ein B2B-Produkt bereits in den B2C-Bereich abgewandert oder droht es dieses zu tun und ist es weder ein komplexes Produkt, noch ein Produkt mit spezifischen nutzerbezogenen Anforderungen (→ Rn. 373), wird dessen Nutzung durch den Laien regelmäßig als übliche Nutzung – also aufgrund seiner Bauart bestimmungsgemäße Nutzung (→ Rn. 359) – zu betrachten sein. Dieser Qualifizierung kann der Hersteller kaum noch entgegenwirken. Insbesondere ist zu beachten, dass zum bloßen Selbstschutz des Herstellers aufgestellte und der Verwendungsüblichkeit gegenläufige Anwendungsbeschränkungen, Warn- und Sicherheitshinweise, etc. von vornherein unbeachtlich

---

[112]Im Nachbarland Frankreich hingegen kommt dem Hersteller hier nicht nur die Rechtsprechung zur Hilfe. Der Gesetzgeber selbst ist eingeschritten. So entspricht es gefestigter Rechtssprechung des französischen Kassationsgerichtshofs im Recht der unerlaubten Handlung, dass der Verkauf von Erzeugnissen, deren Verpackung die Aufschrift „*Alleinverkauf durch Vertragshändler*" trägt, durch einen nicht zugelassenen Händler schon in sich eine Handlung unlauteren Wettbewerbs darstellt (Cass. Com., 27.10.1992, n° 90-15.831, RJDA 1993, n° 1; Cass. Com., 19.5.1998, n° 96-16.042, Bull. Civ. IV, n° 157). Nach französischem Recht ist somit nicht einmal der Nachweis erforderlich, dass der nicht zugelassene Händler durch einen vertragsbrüchigen zugelassenen Händler beliefert wurde und an dessen Vertragsbruch beteiligt war. Art. L. 442-6, I, Nr. 6 des französischen Handelsgesetzbuches zum Wettbewerbsrecht schützt selektive Vertriebssysteme von unmittelbaren und mittelbaren Eingriffen. Er begründet Unterlassungsansprüche gegen Außenseiter und sonstige Beteiligte in der Absatzkette. Solange aber der Bundesgerichtshof keine dem französischen Kassationsgerichtshof vergleichbare Position einnimmt und an seiner Rechtsprechung „*Außenseiteranspruch II*" festhält oder der deutsche Gesetzgeber hier nicht einschreitet, ist der Hersteller in Deutschland gegen ein ungewolltes Abwandern seiner B2B-Produkte in den B2C-Bereich weitestgehend schutzlos gestellt. Dies schlägt dann richtigerweise auch auf die produktsicherheitsrechtliche Frage der Vorhersehbarkeit einer Verwendung durch den Laien durch, so es bei der Frage der Vorhersehbarkeit und im Gegensatz zur bestimmungsgemäßen Verwendung gerade nicht (mehr) auf den Willen des Inverkehrbringers ankommt.

sind (→ Rn. 359). Erforderlich ist bei derartigen Anwendungsbeschränkungen, hier die Beschränkung des Abnehmerkreises, dass bei der Verwendung des Produkts tatsächlich Fachkenntnisse erforderlich sind. Dann jedoch dürfte es sich bereits um Produkte mit spezifischen nutzerbezogenen Anforderungen handeln, sodass es insoweit herstellerseitig ausdrücklicher Beschränkung des Abnehmerkreises nicht bedarf. Zu beachten ist auch, dass sich derjenige Hersteller widerspricht, der einerseits ein Nutzungsverbot für Fachunkundige ausspricht, andererseits aber einen für diese Nutzergruppe ohne Weiteres zugänglichen eigenen Verkaufskanal eröffnet.[113] In diesem Fall ist das Produkt trotz gegenläufiger herstellerseitiger Angaben zum Abnehmerkreis als für diese Nutzergruppe bestimmt zu werten (das gilt dann auch für komplexe Produkte und Produkte mit spezifischen nutzerbezogenen Anforderungen).[114]

d. Zubehör- und Kombinationsprodukte

Unter Rückgriff auf den **Motorradlenkerverkleidung-Fall**[115] wird man eine generelle Pflicht des Herstellers, auch solche Gefahren zu berücksichtigen, die aus der Kombinierung seines Produkts mit Produkten anderer Hersteller entstehen können, verneinen müssen. Obschon auch bei Zubehör- und Kombinationsprodukten dieser Grundsatz greift, kommt es dort zu bedeutsamen Differenzierungen. Zwar ist in erster Linie der Hersteller von Zusatzgeräten oder zusätzlichen Ausstattungsgegenständen zu der Prüfung verpflichtet, ob sie ihrer Bestimmung gemäß auch gefahrlos verwendet werden können. Da etwaige Gefahren aber auch durch das Produkt hervorgerufen werden können, das durch eine derartige zusätzliche Ausstattung ergänzt oder mit ihr kombiniert wird, kann auch für den Hersteller des Ausgangsprodukts die Pflicht bestehen, diese Gefahren zu berücksichtigen. Dies etwa indem er technisch die Verwendung von ihm nicht zugelassener Zubehör- und Kombinationsprodukte verhindert, durch Gebrauchsanleitung bzw. durch Aufkleber auf dem Produkt deren Verwendung einschränkt oder vor einer missbräuchlichen Verwendung derselben warnt. Eine solche Pflicht bejaht der Bundesgerichtshof jedenfalls dann, wenn der Hersteller des Produkts die Verwendung von Zubehör- und Kombinationsprodukte durch Vorrichtungen am Produkt erst ermöglicht hat – wie etwa durch an einem Motorrad angebrachte Bohrlöcher, Ösen, Halterungen, Aufhängevorrichtungen usw. für Lenkerverkleidungen –, wie auch bei allgemein gebräuchlichen Zubehör- und Kombinationsprodukten.

376

---

[113]Vgl. auch OLG Frankfurt, Urt. v. 21.5.2015, 6 U 64/14, juris Rn. 32.
[114]Vgl. auch Klindt/Schucht, in Klindt (Hrsg.), ProdSG, § 2 Rn. 199 (dort aber zur zweiten Alternative des § 2 Nr. 26 Hs. 1 ProdSG).
[115]BGH, Urt. v. 9.12.1986, VI ZR 65/86, juris Rn. 17-24 = BGHZ 99, 167-181 = VersR 1987, 312-315 = WM 1987, 176-179 = NJW 1987, 1009-1012 = GRUR 1987, 191.

II. Umfang der geforderten Gefährdungsabwehr

377 Der Grad des zur Erfüllung der jeweiligen sicherheitstechnischen Anforderung – wesentliche Anforderungen im harmonisierten Bereich (→ Rn. 67 ff.) oder allgemeines Sicherheitsgebot im nicht harmonisierten Bereich (→ Rn. 78) – konstruktiv Geschuldeten bestimmt sich bei neuen Produkten unterschiedslos nach dem Stand der Technik, d. h. die jeweilige Anforderung ist dem Stand der Technik gemäß zu erfüllen (→ Rn. 246–249).[116]

378 Konkretisiert wird der Maßstab des Stands der Technik im harmonisierten Bereich durch die harmonisierten technischen Normen (→ Rn. 222 ff.). Im nicht harmonisierten Bereich erfolgt die Inbezugnahme technischer Normen über § 5 Abs. 1 und 2 ProdSG und wird spiegelbildlich zum harmonisierten Bereich bei den dort in Bezug genommen technischen Regeln eine Konformitätsvermutung gesetzlich normiert (→ Rn. 223).

---

[116] Zu den gebrauchten Produkten → Rn. 324–326.

Umweltproduktrecht

Produktbezogene Regelungen zum Zwecke des Umweltschutzes stellen Beschaffenheitsanforderungen an Produkte, durch welche deren Auswirkungen auf die Umwelt verringert werden sollen. Die Beschaffenheitsanforderungen können die Umweltfreundlichkeit der Produkte in jeder Phase des **Produktlebenszyklus,** also *„von der Wiege bis zur Bahre"*[1] betreffen.

379

Ein Produkt hat nicht nur im Verlauf seiner Nutzung, sondern auch in den vor- und nachgelagerten Lebensphasen ökologische Auswirkungen auf seine Umgebung. Zur Beurteilung von mit dem Produkt einhergehenden Umweltbeeinträchtigungen ist eine das ganze Produktleben umfassende Lebenslauf- oder Life-Cycle-Betrachtung erforderlich. Innerhalb jeder Lebensphase durchläuft das Produkt, seine Komponenten und Bauteile eine Fülle von Prozessen. Innerhalb eines jeden dieser Prozesse kommt es zum Verbrauch von Energie und Materialien. Neben gewünschten Ergebnissen wie dem Entstehen von Halbzeugen, Bauteilen und Komponenten kommt es zu unerwünschten Effekten, wie Emissionen und Abfällen. Umweltbeeinträchtigungen entstehen also nicht durch das Produkt an sich. Sie werden stets durch die in den einzelnen Phasen des Produktlebens auftretenden Prozesse hervorgerufen. Zunächst ist die **Phase der Werkstoffherstellung** zu betrachten. So benötigen gegenständliche technische Produkte für ihre Herstellung Rohstoffe, die aus der Geosphäre (Land, Gewässer, Atmosphäre) entnommen, aufbereitet und transportiert werden müssen. Dies erfordert eine Vielzahl an Gewinnungs-, Aufbereitungs- und Transportprozessen, die meist große Mengen an Energie und Rohstoffen benötigen. Bei der Werkstoffherstellung kommt es zu Umweltbeeinträchtigungen etwa in Form von Landverbrauch beim Abbau, der Verschmutzung der Ökospäre durch Förderung oder Transport oder der Verwendung von giftigen Stoffen bei der Aufbereitung und

380

---

[1]Mitteilung der Europäischen Kommission vom 18.6.2003 „Integrierte Produktpolitik", KOM(2003) 302 endg., § 3.

Weiterverarbeitung von Rohstoffen. Die Umweltbeeinträchtigungen bei der Werkstoffherstellung sind besonders relevant, wenn für die Herstellung eines Produkts sehr große Mengen an Rohstoffen (z. B. Öl, Kohle, Erze) oder sehr seltene oder nur aufwendig zu gewinnende Rohstoffe (z. B. Edelmetalle, seltene Erden) notwendig sind. Sodann werden in der **Produktionsphase** aus den in der Werkstoffherstellung gewonnenen Rohstoffen Halbzeuge, Bauteile, Komponenten und Produkte gefertigt. Innerhalb dieser Fertigungs- und Montageprozesse kommt es zum Verbrauch von Energie und Hilfs- und Betriebsstoffen und werden Fertigungsabfälle (z. B. Metallspäne) und Emissionen (z. B. chemische Stoffe, Strahlung und Lärme) erzeugt. Wesentliche Umweltbeeinträchtigungen resultieren in der heute stark arbeitsteiligen Produktion auch aus dem Transport der Vorprodukte, Bauteile und Baugruppen zum Endproduzenten. Weiter entstehen in der **Nutzungsphase** bei den sogenannten aktiven Produkten wie Staubsaugern, Drehmaschinen oder Fahrzeugen Umweltbeeinträchtigungen durch den Einsatz von Materialien und Energie und Hilfs- und Betriebsstoffen, wie Schmier- oder Reinigungsmitteln. Am Ende des Produktlebenslaufs steht die **Recycling- und Entsorgungs- bzw. Abfallphase.** In dieser Phase kommt es zum Verbrauch von Energien und Stoffen, Freisetzung von Emissionen und Erzeugung weiterer Abfälle. Selbst beim ökologisch vorzuziehenden Recycling ist zu beachten, dass das zu recycelnde Produkt zur Reyclingstätte transportiert, dort demontiert, gereinigt und aufbereitet werden muss.[2]

381 Vorstehendes zeigt die potenziell möglichen Regelungsinhalte umweltbezogener Produktregelungen auf. Eine alle Produktlebensphasen berücksichtigende umweltgerechte Produktgestaltung (Gesamtökobilanz) wird von Gesetzes wegen indes nicht gefordert. Ein dahin gehendes Gebot wäre aufgrund der Komplexität der Umweltthematik auch kaum justiziabel. So ist es beispielsweise sicherlich richtig, die in der Öffentlichkeit gerne als *„grüne Revolution"* oder *„Null-Emissions-Fahrzeuge"* gefeierten rein elektrisch betriebenen Elektroautos als lokal emissionsfrei zu bezeichnen. Betrachtet man allerdings die gesamte Energiekette vom Kraftwerk bis zum Rad, wird deutlich, dass Elektrofahrzeuge, solange sie Strom aus konventionellen Kraftwerken beziehen, nicht unbedingt wesentlich umweltgerechter sind als herkömmliche, auf Verbrennungsmotoren basierende Fahrzeuge. Während also im Produktsicherheitsrecht das allgemeine Sicherheitsgebot bei den nicht harmonisierten Produkten und die umfassenden Sicherheitsanordnungen der Harmonisierungsrechtsvorschriften ihre volle Berechtigung finden, wäre eine allgemeine hoheitliche Pflicht, nur umweltgerechte Produkte in Verkehr zu bringen, also die Pflicht zu umweltgerechter Produktgestaltung, jedenfalls aus rechtlicher Perspektive mangels hinreichender Bestimmtheit wenig verständlich oder doch zumindest stark konfliktträchtig. Rechtstechnisch denkbar wäre die hoheitliche Forderung nach methodischer Berücksichtigung der Umweltbelange im Konstruktionsprozess und deren Dokumentierung in den technischen Unterlagen. Ein solch umweltgerechtes Konstruieren wird hoheitlich aber nicht gefordert. Es gibt im

---

[2] Birkhofer/Rath/Zhao, Umweltgerechtes Konstruieren, S. 564 f.

Recht des technischen Produkts **kein allgemeines Umweltschutzgebot**. Das Umweltproduktrecht trifft denn auch immer **nur punktuelle Regelungen** zur Verkehrsfähigkeit des Produkts. Ob dann die auf ein Produkt anwendbaren Regelungen das Produkt insgesamt umweltgerechter machen, spielt für den Rechtsanwender keine Rolle. Produktbezogene Regelungen zum Zwecke des Umweltschutzes können etwa sein **Stoffverbote** bzw. -beschränkungen wegen von solchen Stoffen in der Herstellungsphase ausgehender negativer Schadstoffemissionen. Zur Eindämmung von Umweltauswirkungen während der Nutzungsphase des Produkts können dies etwa sein **Regelungen zum** zulässigen **Energieverbrauch**, zur **Leistungsfähigkeit**, zum zulässigen **Schallpegel** oder zu den **Abgasemissionen**. *„Ökodesign"*-Kriterien zur Optimierung der **Ressourcen- und Materialeffizienz** können u. a. umfassen Kriterien für Haltbarkeit, Reparaturfähigkeit, Wiederverwendbarkeit, Recyclierbarkeit, recyclierte Inhaltsstoffe und Lebensdauer des Produkts.

Bereits das erste Aktionsprogramm der Europäischen Gemeinschaften für den Umweltschutz vom 22.11.1973 erkannte, dass *„die beste Umweltpolitik darin [besteht], Umweltbelastungen von vornherein zu vermeiden, statt sie erst nachträglich in ihren Auswirkungen zu bekämpfen".*[3] Demgemäß wurde als eine der notwendigen *„Aktionen zur Eindämmung der Umweltbelastungen"* die *„Harmonisierung der Spezifikationen für verunreinigende Erzeugnisse"* genannt: *„Zur Gewährleistung eines wirksamen Schutzes für den Menschen und seine Umwelt ist diese Harmonisierung, mit der im Hinblick auf die Beseitigung der technischen Handelshemmnisse bereits begonnen worden ist, durch eine Studie über die Schädlichkeit der in diesen Erzeugnissen enthaltenen verunreinigenden Stoffe, die Möglichkeit einer Änderung der Zusammensetzung dieser Erzeugnisse und gegebenenfalls ihres Ersatzes durch nicht oder weniger verunreinigende Erzeugnisse zu ergänzen. Ferner sind, soweit erforderlich, gemeinsame Maßnahmen in Bezug auf Modalitäten und Kontrolle der Zulassung und Verwendung dieser Erzeugnisse zu prüfen und zu ergreifen. Eine Priorität wird den Fahrzeugen, den lärmerzeugenden Produkten und Geräten, den Pre[ss]lufthämmern, den Brenn- und Kraftstoffen sowie den Schmier- und Waschmitteln eingeräumt".*[4] Diesem Ansatz blieb die Europäische Gemeinschaft auch in der Folge verpflichtet. So forderte das fünfte Umweltaktionsprogramm *„strengere und zuverlässigere Produktnormen, damit gesichert wird, da[ss] die Einwirkungen der Produkte auf die Umwelt während ihres gesamten Lebenszyklus minimiert werden [...]"*[5]. Das sechste Umweltaktionsprogramm zählt zu den durchzuführenden erforderlichen Aktionen *„die Förderung des Ansatzes der* **integrierten Produktpolitik** *im gesamten Programm zugunsten einer stärkeren* **Berücksichtigung von Umweltaspekten während des gesamten Lebenszyklus** *von Produkten sowie eines*

---

[3] Aktionsprogramm der Europäischen Gemeinschaften für den Umweltschutz, ABl. 1973, C 112, 6.
[4] *Ebd.*, 9.
[5] Programm der Europäischen Gemeinschaft für Umweltpolitik und Maßnahmen im Hinblick auf eine dauerhafte und umweltgerechte Entwicklung, ABl. 1993 C 136, 29.

verstärkten Einsatzes umweltfreundlicher Prozesse und Produkte" (Hervorhebung desseits).[6] Bereits am 7.2.2001 hatte die Kommission ein **Grünbuch zur integrierten Produktpolitik** vorgelegt.[7] Dieser IPP-Ansatz (*"cradle-to-grave"* Prinzip – *"von der Wiege bis zur Bahre"*) war auch Gegenstand der Mitteilung der Kommission vom 18.6.2003 mit dem Titel *"Integrierte Produktpolitik – Auf den ökologischen Lebenszyklus-Ansatz aufbauen"*[8] und mündete diese in die sog. Ökodesign-Richtline 2005/32/EG, neugefasst durch die Richtlinie 2009/125/EG. Gemäß dem 7. Umweltaktionsprogramm *"Gut leben innerhalb der Belastbarkeitsgrenzen unseres Planeten"* soll neben einer Überprüfung existierender Produktvorschriften zum Umweltschutz eine der politischen Initiativen im Zeitraum bis 2020 darin bestehen, sicherzustellen, dass Produkte aus nachhaltigen Quellen stammen und für Wiederverwendung und Recycling konzipiert sind.[9]

383 Diese umweltpolitischen Programmaussagen sind zu sehen vor dem Hintergrund des in Art. 191 Abs. 1 AEUV (ex-Art. 174 Abs. 1 EGV) normierten Handlungsauftrags an die Europäische Union zur Verfolgung einer eigenständigen Umweltpolitik. Die Umweltpolitik der Europäischen Union beruht nach Art. 191 Abs. 2 auf *„den Grundsätzen der Vorsorge und Vorbeugung, auf dem Grundsatz, Umweltbeeinträchtigungen mit Vorrang an ihrem Ursprung zu bekämpfen, sowie auf dem Verursacherprinzip"*. Obschon die Europäische Union mit Art. 192 AEUV (ex-Art. 175 EGV) über eine umweltschutzspezifische Ermächtigungsgrundlage zur Umsetzung ihrer Umweltpolitik verfügt, ergehen die umweltbezogenen Produktregelungen vornehmlich auf der Grundlage des Art. 114 AEUV (ex-Art. 95 EGV). Die Querschnittsklausel des Art. 11 AEUV (ex-Art. 6 EGV) sorgt dann dafür, dass auch insoweit die umweltpolitischen Handlungsgrundsätze des Art. 191 Abs. 2 einzubeziehen sind.[10] Fürwahr steht auch beim Umweltproduktrecht die **Gewährleistung des Binnenmarkts** durch **Schaffung einheitlicher Marktbedingungen** im Vordergrund. Es geht darum, Beeinträchtigungen der Warenverkehrsfreiheit durch auf den Rechtfertigungsgrund des Umweltschutzes gestützte mitgliedstaatliche Alleingänge zu verhindern (→ Rn. 56, 145). Nur wenn und soweit Produktvorschriften nach ihrem Inhalt und Zweck ihren Schwerpunkt im Umweltschutz haben, bietet für sie Art. 191 AEUV eine umweltschutzspezifische Ermächtigungsgrundlage.[11] Nach Art. 193 AEUV (ex-Art. 176 EGV) besteht in diesem Fall die Möglichkeit mitgliedstaatlicher Schutzverstärkungen über die unionalen Produktstandards hinaus.

---

[6] Beschl. Nr. 1600/2002/EG, ABl. 2002 L 242, 5.
[7] KOM(2001) 68 endg. Hierzu Falke, ZUR 2001, 314 ff.
[8] Mitteilung der Europäischen Kommission an den Rat und das Europäische Parlament, Integrierte Produktpolitik – Auf den ökologischen Lebenszyklus-Ansatz aufbauen, KOM(2003) 302 endg.
[9] Beschluss Nr. 1386/2013/EU, ABl. 2013 L 354, 171.
[10] Hierzu Kahl, Umweltprinzip und Gemeinschaftsrecht, S. 26 f.; 58 ff.; 222 ff.; Zils, Die Wertigkeit des Umweltschutzes in Beziehung zu anderen Aufgaben der Europäischen Gemeinschaft.
[11] Vgl. EuGH, Urt. v. 17.3.1993, Kommission/Rat, C-155/91, EU:C:1993:98, Rn. 19.

Bei auf die allgemeine Binnenmarktkompetenz nach Art. 114 AEUV gestützten Rechtsangleichungsmaßnahmen hingegen sind solche Schutzverstärkungen wiederum nur unter den erschwerten Voraussetzungen des Art. 114 Abs. 4, 5 und 6 AEUV möglich (→ Rn. 97).

§ 1 – Rechtsquellen und Regelungsbereiche der Anforderungen an das technische Design

Wie sich nachstehend zeigen wird, ermangelt es dem europäischen Umweltproduktrecht an einem einheitlichen Rechtsrahmen im Sinne einer durchgängigen Regelungskonzeption. Insoweit unterscheidet sich das Umweltproduktrecht bereits konzeptionell vom Produktsicherheitsrecht. Die hier auf Unionsebene aufgestellten Instrumente stehen mehr oder weniger lose nebeneinander und lassen ein in sich abgestimmtes Ganzes vermissen.

Während etwa die Sicherheitsanforderungen an Maschinen im Grundsatz abschließend in der Richtlinie 2006/42/EG sektoral geregelt sind, hat der Maschinenbauer zur Beantwortung der Frage, ob und inwieweit bei der Konzeption seiner Maschine auch umweltbezogene Produktanforderungen zu beachten sind, das gesamte europäische Umweltproduktrecht zu analysieren und die für seine Maschine einschlägigen Bestimmungen ausfindig zu machen. Hierbei wird er auf unterschiedliche Regelungsansätze stoßen und neben der Einschlägigkeit der unionalen Regelungen prüfen müssen, was dort konkret mit welcher Intensität geregelt wird. Das Ergebnis seiner Analyse wird darüber entscheiden, ob er bezogen auf die unterschiedlichen Schutzrichtungen des Umweltschutzes auch nationale und nicht europarechtlich veranlasste Produktanforderungen, etwa zur Energieeffizienz oder zur recyclinggerechten Konstruktion, zu beachten hat.

I. Harmonisierungsmaßnahmen mit anderweitigem Schwerpunkt

Vereinzelt werden auf den Schutz der Umwelt abzielende Produktanforderungen in Harmonisierungsrechtsvorschiften aufgestellt, die beispielsweise mit der Produktsicherheit und der Sicherheit des Straßenverkehrs primär den Schutz anderer öffentlicher Interessen verfolgen. So bestimmt die primär dem Schutz der Sicherheit und Gesundheit verpflichtete **Richtlinie 2013/53/EU über Sportboote und Wassermotorräder** in deren Art. 4 Abs. 1, dass die ihrem Anwendungsbereich unterfallenden Produkte *„nur dann bereitgestellt oder in Betrieb genommen werden, wenn sie bei sachgemäßer Instandhaltung und Verwendung entsprechend ihrer Zweckbestimmung weder die Gesundheit und die Sicherheit von Personen und Sachen noch die Umwelt gefährden und zugleich* *die einschlägigen grundlegenden Anforderungen des Anhangs I erfüllen".* Es wird hier neben einem allgemeinen Sicherheitsgebot ein allgemeines Umweltschutzgebot – jedoch keine Pflicht zu (alle Produktlebensphasen berücksichtigender) umweltgerechter Produktgestaltung (→ Rn. 381) – begründet. Soweit in Anhang I unter A. Abschnitt 5.8 und B spezifische umweltbezogene Anforderungen zum Schutz gegen Gewässerverschmutzung, zur Erleichterung der Abfallentsorgung und in Bezug auf Abgasemissionen von Antriebsmotoren aufgestellt werden, handelt es sich hierbei der Sache nach um nicht abschließende Präzisierungen des allgemeinen Umweltschutzgebots nach Art. 4 Abs. 1. Hinsichtlich der Vorgehensweise zur Erfüllung des allgemeinen Umweltschutzgebots gilt auch hier das aus dem Produktsicherheitsrecht bekannte Erfordernis einer Risikobeurteilung, haben die Ausschaltung der Gefährdungen bzw. die Schutzmaßnahmen in drei aufeinander folgenden Schritten gemäß der *„3-Stufen-Methode"* zu erfolgen und sind die Schutzmaßnahmen am Stand der Technik auszurichten (→ Rn. 246–248, 345 ff.). Weiter enthalten die **Rahmenrichtlinie 2007/46/EG** zur Schaffung eines Rahmens für die Genehmigung von **Kraftfahrzeugen** und deren Einzelrichtlinien umweltbezogene Produktanforderungen und legen die technischen Anforderungen für Systeme, Bauteile, selbstständige technische Einheiten und Fahrzeuge zum Zwecke des Umweltschutzes im Grundsatz abschließend fest. Die dort aufgestellten produktbezogenen Umweltanforderungen sind also grundsätzlich die allein verbindlichen Regelungen zum Schutz der Umwelt. Ausnahmen von diesem Grundsatz können kraft entsprechender Ermächtigung bestehen, namentlich der Ermächtigung zum Erlass der in Art. 23 bei der nationalen Kleinserien-Typgenehmigung oder in Art. 24 bei den Einzelgenehmigungen vorgesehenen *„alternativen Anforderungen"*. Entsprechendes gilt für die **Verordnungen (EU) Nr. 167/2013 und Nr. 168/2013** (→ Rn. 474–476). Sodann enthält die **Maschinenrichtlinie 2006/42/EG** in Anhang I Abschnitt 2.3 umweltbezogene Anforderungen an Maschinen zur Ausbringung von Pestiziden, eingeführt mit der Änderungsrichtlinie 2009/127/EG vom 21.10.2009. Im Übrigen aber enthält die Maschinenrichtlinie keine umweltbezogenen Produktanforderungen und erfassen die in Anhang I Abschnitt 2.3 aufgestellten Anforderungen lediglich die Umweltauswirkungen im Zusammenhang mit der Ausbringung und Freisetzung von Pestiziden. Die Maschinenrichtlinie enthält demgemäß Umweltanforderungen nur für einen ganz bestimmten Maschinentyp und regelt dort nur einen Ausschnitt der von diesem Maschinentyp ausgehenden Umwelteinwirkungen. Während damit die Sportboote-Richtlinie, die Rahmenrichtlinie 2007/46/EG und die Verordnungen (EU) Nr. 167/2013 und Nr. 168/2013 *a priori* die mitgliedstaatliche originäre Kompetenz zum Erlass von Produktanforderungen zum Schutz der Umwelt vollständig verdrängen, entfaltet die Maschinerichtlinie *in puncto* Umweltschutz keine solch umfassende Sperrwirkung und bleibt die mitgliedstaatliche Rechtssetzungsbefugnis insoweit weitestgehend intakt. Beziehen nach alledem sektorale Harmonisierungsrechtsvorschriften den Schutz der Umwelt in ausgewählten Bereichen zwar mit ein, ist jedoch auch festzustellen, dass ein durchgehendes Konzept, die Umwelt mittels dort aufgestellter Produktanforderungen zu schützen, nicht besteht.[12]

II. Durchführungsmaßnahmen nach der Ökodesign-Richtlinie

Als Ökodesign- oder auch EuP- oder ErP-Richtlinie wird die Richtlinie 2009/125/EG vom 21.10.2009 zur Schaffung eines Rahmens für die Festlegung von Anforderungen an die umweltgerechte Gestaltung energieverbrauchsrelevanter Produkte bezeichnet. Diese tritt an die Stelle der Vorgängerrichtlinie 2005/32/EG vom 6.7.2005. Ziel der als Binnenmarktvorschrift nach ex-Art. 95 EGV (heute Art. 114 AEUV) erlassenen Richtlinie ist es, durch Harmonisierung umweltbezogener Produktanforderungen das Funktionieren des Binnenmarktes für diese Produkte zu gewährleisten und die von ihnen ausgehenden Umweltauswirkungen zu verringern. *„Ökodesign"* bedeutet, dass versucht wird, die Umweltverträglichkeit von Produkten während ihres gesamten Lebenszyklus (Auswahl und Einsatz von Rohstoffen, Herstellung, Verpackung, Transport und Vertrieb, Installation und Wartung, Nutzung, Ende der Lebensdauer) dadurch zu verbessern, dass Umweltaspekte systematisch bereits im frühesten Stadium der Produktgestaltung berücksichtigt werden. Es geht der Sache nach um Regelungen zur Senkung des Energieverbrauchs, der Verminderung des Materialaufwands, der Reduzierung von Schadstoffbelastungen und soll gleichzeitig ein Beitrag zur Sicherheit der Energieversorgung geleistet werden.[13] Die jeweils für einzelne Produktgruppen in Durchführungsmaßnahmen festgelegten Ökodesign-Anforderungen gelten für die betroffenen Produkte als Voraussetzung für den Zugang zum EU-Binnenmarkt. Produkte, welche die jeweils geltenden Anforderungen nicht erfüllen, dürfen in der Europäischen Union nicht (mehr) vermarktet werden.[14] Die Rahmenrichtlinie selbst normiert keine Produktanforderungen. In der Rahmenrichtlinie werden vielmehr die Prinzipien, Bedingungen und Kriterien für die Festlegung der ökologischen Anforderungen an Produkte im Anwendungsbereich der Rahmenrichtlinie festgelegt. Produktspezifische Anforderungen werden zu einem späteren Zeitpunkt und nach eingehender Konsultation der Interessengruppen und einer

386

---

[12]Soweit andernorts unter Bezugnahme auf die der Nachmarktkontrolle zuzurechnenden Bestimmungen der Verordnung (EG) Nr. 765/2008 (namentlich Art. 20 Abs. 1 VO (EG) Nr. 765/2008) Gegenteiliges angenommen wird und die Grenze zwischen dem Produktsicherheitsrecht, einerseits, und dem umweltbezogenen Produktrecht, andererseits, etwa in Gestalt der RoHS-Richtlinie (→ Rn. 410 ff.) oder der Ökodesign-Richtlinie (→ Rn. 401 ff.), als *„in Luft aufgelöst"* erklärt wird (Schucht, EuZW 2014, 848 (849 f.)), sei betont, dass der Autor eine auf die praktischen Folgen abstellende Sicht anlegt und nicht zwischen Vor- und Nachmarktkontrolle unterscheidet. Es sind dies jedoch strikt zu unterscheidende Regelungsgegenstände (→ Rn. 335).
[13]Vgl. Erwägungsgründe 2, 6 und 10 zur Richtlinie 2009/125/EG.
[14]Hierzu Lustermann, NVwZ 2007, 895 ff.

Folgenabschätzung im Rahmen vorgenannter Durchführungsmaßnahmen aufgestellt (→ Rn. 403 f.).

387 Die Richtlinie ist ein konkretes Beispiel für die Anwendung der Prinzipien der integrierten Produktpolitik (IPP) und ist zu sehen im Zusammenhang mit den Zielen des sechsten Umweltaktionsprogramms und der Mitteilung der Kommission vom 18.6.2003 *„Integrierte Produktpolitik – Auf den ökologischen Lebenszyklus-Ansatz aufbauen"* (→ Rn. 382). Obschon gemäß dem IPP-Ansatz alle Umweltauswirkungen während des gesamten Produktlebenszyklus betrachtet werden, werden in den Durchführungsmaßnahmen nur diejenigen Umweltaspekte einer harmonisierten Regelung zugeführt, die die Kommission für bedeutsam, regelungsbedürftig und regelungsfähig erachtet. Der **Regelungsbereich** der einzelnen Durchführungsmaßnahme wird demgemäß **gegenständlich durch die in dem jeweiligen Rechtsakt behandelten Umweltaspekte abgesteckt.** Solchermaßen von einer Durchführungsmaßnahmen erfasste Umweltaspekte bzw. Ökodesign-Parameter können gemäß Nr. 1.2 des ersten Teils des Anhang I der Rahmenrichtlinie sein *a)* der Verbrauch an Material, Energie und anderen Ressourcen wie etwa Frischwasser, *b)* Immissionen in Luft, Wasser und Boden, *c)* Umweltbelastung durch physikalische Einwirkungen wie Lärm, Schwingungen, Strahlung, elektromagnetische Felder, *d)* Menge der voraussichtlich entstehenden Abfallstoffe und *e)* Möglichkeiten der Wiederverwendung, des Recyclings und der Verwertung von Material und/oder Energie. Im Gegensatz zur Sportboote-Richtlinie 2013/53/EU und der Rahmenrichtlinie 2007/46/EG usurpiert der unionale Gesetzgeber damit nicht alle Umweltthemen und belässt den Mitgliedstaaten deren Regelungsbefugnisse zu den Themen, zu denen die Durchführungsmaßnahme entweder schweigt oder die sie trotz Regelungsbedürftigkeit nicht regelt.[15]

---

[15]Beispielhaft hierzu Erwägungsgründe 4 bis 6 der Verordnung (EU) Nr. 813/2013 der Kommission vom 2.8.2013 zur Durchführung der Richtlinie 2009/125/EG des Europäischen Parlaments und des Rates im Hinblick auf die Festlegung von Anforderungen an die umweltgerechte Gestaltung von Raumheizgeräten und Kombiheizgeräten:

„Die Kommission hat eine Vorstudie über die technischen, umweltbezogenen und wirtschaftlichen Aspekte der üblicherweise in der Union verwendeten Raumheizgeräte und Kombiheizgeräte (Heizung und Warmwasserbereitung) durchgeführt. Die Studie wurde zusammen mit Interessenträgern und Betroffenen aus der EU und Drittstaaten konzipiert, und die Ergebnisse wurden veröffentlicht. Als bedeutsam für die Zwecke dieser Verordnung wurden folgende Umweltmerkmale von Raumheizgeräten und Kombiheizgeräten ermittelt: der Energieverbrauch während der Nutzung und (für Heizgeräte mit Wärmepumpe) der Schallleistungspegel. Ferner wurde für Raumheizgeräte, die mit fossilem Brennstoff betrieben werden, der Ausstoß von Stickoxiden, Kohlenstoffmonoxid, Feinstaub und Kohlenwasserstoffen als bedeutsames Umweltmerkmal ermittelt. Es ist nicht angebracht, Anforderungen an die umweltgerechte Gestaltung hinsichtlich des Ausstoßes von Kohlenstoffmonoxid, Feinstaub und Kohlenwasserstoffen festzulegen, da bislang keine geeigneten europäischen Messmethoden verfügbar sind. […] **Einzelstaatliche Vorschriften über die umweltgerechte Gestaltung hinsichtlich des Ausstoßes von Kohlenstoffmonoxid,**

Die Durchführungsmaßnahme schweigt nicht zu solchen Umweltaspekten bzw. Ökodesign-Parametern, hinsichtlich derer sie bestimmt, dass Ökodesign-Anforderungen nicht erforderlich sind. Auch dann behandelt nämlich die Durchführungsmaßnahme den Umweltaspekt und sperrt nationale Ökodesign-Anforderungen. Insoweit präzisiert Art. 6 Abs. 2 der Ökodesign-Richtlinie 2009/142/EG die den freien Warenverkehr anordnende Bestimmung in Art. 6 Abs. 1, wenn es dort heißt, dass die „*Mitgliedstaaten das Inverkehrbringen und/oder die Inbetriebnahme eines Produkts in ihrem Hoheitsgebiet, das mit der in Artikel 5 genannten CE-Kennzeichnung versehen ist und für das die jeweils geltende Durchführungsmaßnahme vorsieht, dass keine Ökodesign-Anforderung erforderlich ist, nicht unter Berufung auf Ökodesign-Anforderungen betreffend die in Anhang I Teil 1 genannten Ökodesign-Parameter untersagen, beschränken oder behindern* [dürfen]".[16]

388

III. Emissionsbegrenzungen

Geräuschemissionen sind Regelungsgegenstand der sog. Outdoor-Richtlinie 2000/14/EG (→ Rn. 434–440). **Schadstoffemissionen** sind Regelungsgegenstand von Einzelrechtsakten zur Richtlinie 2007/46/EG und zu den Verordnungen (EU) Nr. 167/2013 und Nr. 168/2013 (→ Rn. 446 ff.) sowie der Verordnung (EU) 2016/1628 über Verbrennungsmotoren für nicht für den Straßenverkehr bestimmte mobile Maschinen und Geräte (→ Rn. 441–445).

389

Feinstaub und Kohlenwasserstoffen durch Raumheizgeräte und Kombiheizgeräte können bestehen bleiben oder erlassen werden, bis entsprechende Anforderungen der Union in Kraft treten. Die Vorschriften der Richtlinie 2009/142/EG des Europäischen Parlaments und des Rates vom 30. November 2009 über Gasverbrauchseinrichtungen, durch die Verbrennungsprodukte von Gasverbrauchseinrichtungen hinsichtlich der Gesundheit und der Sicherheit begrenzt werden, sind hiervon nicht betroffen (Hervorhebung diesseits).".

[16]Beispielhaft hierzu Erwägungsgründe 6 und 7 der Verordnung (EG) Nr. 643/2009 der Kommission vom 22.7.2009 zur Durchführung der Richtlinie 2005/32/EG des Europäischen Parlaments und des Rates im Hinblick auf die Festlegung von Anforderungen an die umweltgerechte Gestaltung von Haushaltskühlgeräten (Sperrung aller in Anhang I Teil 1 genannten Ökodesign-Parameter):
„*Die für die Zwecke dieser Verordnung als wesentlich ermittelten ökologischen Aspekte sind der Energieverbrauch während der Betriebsphase und Produktmerkmale, die eine umweltfreundlichere Nutzung von Haushaltskühlgeräten durch den Nutzer gewährleisten. In der vorbereitenden Studie hat sich gezeigt, dass Anforderungen bezüglich anderer, in Anhang I Teil 1 der Richtlinie 2005/32/EG genannten Ökodesign-Parameter nicht erforderlich sind.*".

IV. Handlungsaufträge an die Mitgliedstaaten, Kennzeichnungsbestimmungen und Informationspflichten zur Energieeffizienz

390 Die auf Art. 194 AEUV (Energiepolitik) gestützten Richtlinien 2012/27/EU vom 25.10.2012 zur Energieeffizienz und 2010/31/EU vom 19.5.2010 über die Gesamtenergieeffizienz von Gebäuden enthalten an die Mitgliedstaaten gerichtete Handlungsaufträge zur Erreichung bestimmter Energieeffizienzziele. Zwar beziehen sich diese teilweise auch auf konkrete Produkttypen, wie etwa Zähler für Energie[17] sowie Heizungs-, Warmwasser-, Klima- oder große Lüftungsanlagen[18]. Die Richtlinien selbst legen aber keine Produktanforderungen fest und obliegt dies den Mitgliedstaaten. Die Verordnung (EG) Nr. 106/2008 vom 15.1.2008 über ein gemeinschaftliches Kennzeichnungsprogramm für Strom sparende Bürogeräte betrifft die freiwillige Teilnahme der Marktteilnehmer am unionalen Kennzeichnungsprogramm für diese Gerätetypen, sog. *„Energy-Star-Programm"*. In der Verordnung werden die Regeln für das Programm festgelegt. Die Verordnung (EU) Nr. 66/2010 vom 25.11.2009 zur Vergabe eines Umweltzeichens betrifft das freiwillige europäische Gütezeichen der Euroblume bzw. EU Ecolabel und regelt die Verordnung die Kriterien für die Vergabe des Umweltzeichens. Die auf Art. 194 AEUV (Energiepolitik) gestützte Verordnung (EU) 2017/1369 zur Festlegung eines Rahmens für die Energieverbrauchskennzeichnung begründet Informationspflichten für Lieferanten und Händler über den Energieverbrauch bei bestimmten energieverbrauchsrelevanten Produkten (→ Rn. 636–639). Anforderungen an das technische Design werden in den genannten Regelungswerken nicht festgelegt. **Konstruktionsbezogene Regelungen zum Energieverbrauch** ergehen auf europäischer Ebene denn auch **ausschließlich auf der Grundlage der Ökodesign-Richtlinie**.

V. Stoffliche Anforderungen und recycling-, verwertungs- und instandsetzungsgerechte Produktgestaltung

391 Produkte können mit Stoffen belastet sein, die aus gesundheitlichen oder aus Umweltgründen problematisch sind. Dies birgt das Risiko einer, oft auch unentdeckten, Schädigung des Menschen oder der Umwelt durch Schadstoffe in Produkten. Dies wiederum betrifft alle Phasen im Produktlebenszyklus. Stoffliche Anforderungen zum Zwecke des Umweltschutzes beinhalten die Verordnung (EG) Nr. 1907/2006 vom 18.12.2006 zur Registrierung, Bewertung, Zulassung und Beschränkung chemischer Stoffe **(REACH)**, die Richtlinie 2011/65/EU vom 8.6.2011 zur Beschränkung der Verwendung bestimmter gefährlicher Stoffe in Elektro- und Elektronikgeräten **(RoHS-Richtlinie)**, die Richtlinie

---

[17] Art. 9 der Richtlinie 2012/27/EU.
[18] Art. 8 der Richtlinie 2010/31/EU.

2000/53/EG vom 18.9.2000 über Altfahrzeuge (**ELV-Richtlinie**), die **Batterierichtlinie** 2006/66/EG, die **Verordnung (EU) Nr. 517/2014** vom 16.4.2014 über fluorierte Treibhausgase (FCKW-Verbot u. a. für bestimmte (Haushalts-)Kühl- und Gefriergeräte, Art. 11) und potenziell ebenfalls die delegierten Verordnungen zur Ökodesign-Richtlinie.

Eine auf Wiederverwendbarkeit, Recyclingfähigkeit und Verwertbarkeit gerichtete Konstruktion soll helfen, Abfälle zu vermeiden, Abfälle zu verringern, Produktkreisläufe zu etablieren, Stoffkreisläufe auf möglichst hohem qualitativen Niveau auszubauen sowie eine energetische Verwertung zu fördern und damit ein Inertisieren und Deponieren von Reststoffen möglichst zu vermeiden.[19] Ein recycling- und verwertungsgerechtes Konstruieren zielt denn auch u. a. auf die Vermeidung bzw. den kritischen Einsatz von Problem- und Störstoffen ab, etwa weil sie die Betriebsfähigkeit von Recyclinganlagen beeinträchtigen können, die sichere Abtrennung von Zielfraktionen in Recycling- und Verwertungsprozessen vereiteln oder schädigende Emissionen hervorrufen.[20] Während ein allgemeines Gebot umweltgerechter Produktgestaltung aufgrund der Einwirkung konstruktiver Maßnahmen auf die verschiedenen Umweltmedien, ihrer Wechselwirkungen und dem Beziehungsgefüge zwischen den verschiedenen Umwelt-Schutzgütern nicht oder jedenfalls praktisch nicht durchführbar ist (→ Rn. 381), wäre die Forderung nach recycling-, verwertungs- und instandsetzungsgerechter Konstruktion zumindest denkbar. Wesentliche Anforderungen im Sinne der Neuen Konzeption könnten bei Maschinen etwa sein, dass dem Stand der Technik entsprechend

- der Werkstoffeinsatz minimiert und Werkstoffarten reduziert werden;
- verwertungsverträgliche Werkstoffe und recyclierbare Werkstoffe verwendet werden;
- Werkstoffe gekennzeichnet werden (hochwertige und problematische/gefährliche Stoffe hervorheben);
- Problem- und Störstoffe vermieden werden (z. B. eingebettete Verstärkungsmaterialien, Flammhemmer, etc.), auf deren gezielte Entnahmemöglichkeiten hingewiesen und kontrollierte Entnahmen ermöglicht (z. B. Batterie, Getriebeöl) werden;
- zerstörungsfreie Demontierbarkeit und Zugänglichkeit (demontage-/remontagegerechte Gestaltung durch Vermeidung unlösbarer Verbindungen, wie Kleben, Nieten, mit der Möglichkeit einer zerstörungsfreien Gewinnung der Zielbauteile und eine flache Demontagetiefe), Verschleißresistenz, Reparierbarkeit, Überarbeitbarkeit, Austauschbarkeit, etc. gegeben sind;
- Reinigbarkeit (reinigungsregerechte Gestaltung, z. B. durch Vermeidung von Zwischenräumen, Sacklöchern, Hinterschneidungen, korrosiven Oberflächen) sichergestellt wird.[21]

---

[19]Hierzu Crone/Rosemann/Mörtl, Recyclinggerechtes Konstruieren, S. 487 ff.
[20]*Ebd.*, S. 488, 492.
[21]*Ebd.*, S. 492 ff.

Derartige **ganzheitliche Anforderungen an eine ressourcenschonende Produktgestaltung** sind dem Unionsrecht indes fremd (als Ausnahme könnte hier allenfalls Art. 4 der WEEE-Richtlinie 2012/19/EU angeführt werden, hat sich hier der deutsche Gesetzgeber allerdings für ein nicht vollzugsfähiges Gestaltungsgebot entschieden (→ Rn. 399)). Das unionale Umweltproduktrecht trifft auch hier nur punktuelle Anforderungen. Bestehen zumindest bezogen auf das Umweltmedium Luft umfassende und strikte Emissionsgrenzwerte für bestimmte Motoren, motorbetriebene Fahrzeuge und Sportboote, wird die Energieeffizienz für immer mehr Produkte in Ökodesign-Verordnungen geregelt, enthält die Sportboote-Richtlinie die allgemeine Anforderung der Verhinderung des Abflusses von verunreinigenden Stoffen (z. B. Öl, Kraftstoff) in die Gewässer, etc., sind die alle Produkte betreffende Wiederverwendbarkeit, Recyclingfähigkeit und Verwertbarkeit bis dato kaum Gegenstand der unionalen produktintegrierten Umweltschutzpolitik. Der gesamte Komplex designgestützter Vermeidung von Abfällen, Verwertung und Wiederverwendung wird im unionalen Produktverkehrsrecht – Fahrzeuge der Klassen M1 und N1 ausgenommen (→ Rn. 398) – mehr oder weniger ausgeklammert. Stand heute kann unionales Sekundärrecht den nationalen Gesetzgeber im Prinzip daher nicht daran hindern, eigene Vorschriften zur ressourcenschonenden Produktgestaltung zu erlassen.[22] Bei Exporten ins europäische Ausland sind die Hersteller daher trotz CE-Konformität angehalten sich auch über die Gesetzgebung im Bestimmungsland zu informieren.

1. REACH und RoHS-Richtlinie
a. REACH

393 REACH steht für *„Registrierung, Bewertung, Zulassung und Beschränkung chemischer Stoffe" („Registration, Evaluation, Authorisation and Restriction of Chemicals")* und ist die gemeinhin als REACH bezeichnete **Verordnung (EG) Nr. 1907/2006** am 1.6.2007 in Kraft getreten. Ein großer Unterschied für die Behandlung eines *„Produktes"* unter

---

[22]Siehe bereits BT-Drucks. 13/6450, 39. Die im Zusammenhang mit recyclinggerechtem Konstruieren regelmäßig als legislative Rahmenbedingungen aufgeführten Regelungen betreffen mit der RoHS-Richtlinie für Elektro- und Elektronikgeräte und REACH und der ELV-Richtlinie vornehmlich Stoffverbote. Neben diesen Stoffverboten enthalten im Grund nur noch die Einzelrichtlinie 2005/64/EG zur Rahmenrichtlinie 2007/46/EG für Fahrzeuge und die Richtlinie 2006/66/EG über Batterien und Akkumulatoren Anforderungen an eine ressourcenschonende Produktgestaltung. Die Altgeräterichtlinie 2012/19/EU (WEEE) hingegen regelt die Rücknahme und die umweltgerechte Entsorgung von Elektro- und Elektronikgeräten und nur in einem sehr geringen Maße auch die Produktkonzeption. Die delegierten Verordnungen zur Ökodesign-Richtlinie ihrerseits enthalten bis dato keine Anforderungen an eine auf Wiederverwendbarkeit, Recyclingfähigkeit und Verwertbarkeit gerichtete Produktgestaltung und regeln diese Aspekte allenfalls negativ in der Weise, dass sie weitere und über den jeweils geregelten Umweltaspekt hinausgehende Ökodesign-Anforderungen als für nicht regelungsbedürftig erklären, was mitgliedstaatliche Anforderungen an eine ressourcenschonende Produktgestaltung sperrt.

REACH gegenüber Harmonisierungsmaßnahmen, die die Vermarktung von Produkten regeln, besteht bereits hinsichtlich der Begrifflichkeiten. Das Chemikalienrecht nämlich kennt den Begriff des Produkts gar nicht. Dort gibt es nur **Stoffe, Gemische** und **Erzeugnisse.** Ein Stoff ist unter REACH ein chemisches Element oder eine chemische Verbindung. Gemische sind *„Gemenge, Gemische oder Lösungen, die aus zwei oder mehr Stoffen bestehen".* Ein Erzeugnis wiederum ist *„ein Gegenstand, der bei der Herstellung eine spezifische Form, Oberfläche oder Gestalt erhält, die in größerem Maße als die chemische Zusammensetzung seine Funktion bestimmt".* **Technische Produkte sind chemikalienrechtlich** also **Erzeugnisse.** REACH setzt allerdings nicht am Erzeugnis an, sondern am Einzelstoff. Herzstück des Regelwerks ist die **Registrierung von Stoffen** bzw. Stoffen in Gemischen bei der europäischen Chemikalienagentur ECHA (European Chemicals Agency) und dürfen in der Europäischen Union keine chemischen Stoffe hergestellt oder in Verkehr gebracht werden, wenn sie nicht unter REACH registriert sind *(„Ohne Daten kein Markt").* Bei der Registrierung müssen Daten über die physikalisch chemischen Stoffeigenschaften, die humantoxischen und ökotoxischen Wirkungen sowie die Anwendungsbereiche der Stoffe vorgelegt werden, was eine Bewertung des Stoffes erlauben soll, z. B. hinsichtlich des Verbleibs in der Umwelt, der Anreicherung in Organismen oder der Giftigkeit. Es ist gegenüber der ECHA aufzuzeigen, wie der Stoff sicher verwendet werden kann. Die Wirtschaftsakteure sind für die sichere Verwendung ihrer Chemikalien selbst verantwortlich. Die Registrierungsunterlagen werden von den Behörden nur stichprobenartig inhaltlich überprüft und nur ausgewählte Stoffe von diesen bewertet und gegebenenfalls einer Regelung zugeführt. Die meisten Chemikalien (Industriechemikalien) werden solchermaßen von REACH erfasst. Ausgenommen sind Stoffe dann, wenn sie z. B. als Biozide, Pflanzenschutzmittel, Lebensmittelzusatzstoffe oder Arzneimittel, für die jeweils eigene Regelwerke vorliegen,[23] verwendet werden. Eine Registrierungspflicht für Chemikalien in Erzeugnissen besteht hingegen nur im Ausnahmefall (→ Rn. 664). Neben der Registrierung und als mögliche Folge einer der Registrierung nachgeschalteten Stoffbewertung sind die Instrumente der **Zulassungspflicht** und der **Beschränkung von Stoffen** zu nennen und für den Konstrukteur technischen Geräts bedeutsam (→ Rn. 407–409).

b. RoHS

Die Richtlinie 2002/95/EG vom 27.1.2003 zur Beschränkung der Verwendung bestimmter gefährlicher Stoffe in Elektro- und Elektronikgeräten (→ Rn. 410 ff.), neu gefasst durch die gleichnamige Richtlinie 2011/65/EU vom 8.6.2011, wurde verabschiedet, um ein europaweit einheitliches Vorgehen hinsichtlich Schwermetallen und Flammschutzmitteln in Elektro- und Elektronikprodukten zu ermöglichen.

394

---

[23] Art. 2 VO (EG) Nr. 1907/2006.

Insbesondere soll durch die RoHS-Richtlinie[24] der Gehalt gefährlicher Stoffe im Abfall gesenkt und damit die Umweltbelastung reduziert sowie mittels recyclinggerechter Konstruktion die Wiederverwendung erleichtert werden. Die RoHS-Richtlinie ist **Regelung zur Abfallbewirtschaftung.**[25] Zu den dort aufgestellten Stoffbeschränkungen sind überall dort Ausnahmen vorgesehen, wo gegenwärtig noch kein adäquater Ersatz durch weniger problematische Stoffe möglich ist.[26] Der **Anwendungsbereich** der RoHS-Richtlinie erstreckt sich auf **Elektro- und Elektronikgeräte** (zum Anwendungsbereich → Rn. 412 ff.).

c. Überschneidungen und Unterschiede

395 Behandeln demgemäß sowohl die RoHS-Richtlinie als auch REACH die Beschränkung von Stoffen, gibt es dennoch erhebliche Unterschiede zwischen beiden Instrumenten.[27] So betrachtet **REACH** insbesondere die Lebenszyklusphase der Entsorgung nur oberflächlich. REACH zielt auf die **Beherrschung der mit der Exposition von Mensch und Umwelt durch Stoffe einhergehenden Risiken** ab und überlässt die Abfallphase weitgehend dem Abfallrecht. Die Senkung der Schadstoffgehalte von Produkten mit dem Ziel, eine Kreislaufwirtschaft zu ermöglichen und dadurch die Ressourcen zu schonen, ist nicht Gegenstand von REACH. Die **RoHS-Richtlinie** hingegen unterstützt in Verbindung mit der Altgeräterichtlinie WEEE **auch** Maßnahmen zur **Ressourcenschonung.** Umgekehrt betrachtet REACH die Herstellungsphase und – wenn auch abgeschwächt – die Nutzungsphase im Produktlebenszyklus, während entsprechend dem auf die Abfallvermeidung gerichteten Fokus der RoHS-Richtlinie dort eine systematische Beurteilung dieser Produktlebensphasen unterbleibt. Sodann ist die **Behandlung von Importprodukten** in beiden Regularien unterschiedlich. Fürwahr gelten Stoffbeschränkungen in der RoHS-Richtlinie unmittelbar auch für aus Drittstaaten importierte Produkte. Unter REACH hingegen ist dies nur der Fall, wenn eine Beschränkung für Erzeugnisse in Anhang XVII ausgesprochen ist, nicht jedoch, wenn ein Stoff lediglich als zulassungspflichtig in Anhang XIV aufgenommen wird (→ Rn. 408). Eine weitere Nichtübereinstimmung resultiert alsdann aus der mit der Neufassung der **RoHS-Richtlinie** unternommenen **Ausrichtung an den Musterbestimmungen des Beschlusses**

---

[24]Die Abkürzung RoHS bezieht sich auf den englischen Titel der Richtlinie: directive on the „*restriction of the use of certain hazardous substances in electrical and electronic equipment*".

[25]Siehe ausführlich Ziffern 1 bis 6 der Begründung zum Vorschlag für eine Richtlinie des Europäischen Parlaments und des Rates zur Beschränkung der Verwendung bestimmter gefährlicher Stoffe in elektrischen und elektronischen Geräten, KOM(2000) 347 endg. Siehe aber auch OLG Karlsruhe, Urt. v. 30.1.2015, 4 U 266/13, juris, Rn. 8 = NJW-RR 2015, 996, das hier einen verbraucherschützenden Aspekt der RoHS-Richtlinie (Gesundheitsschutz) herausstellt. Dem folgend BGH, Urt. v. 21.9.2016, I ZR 234/15, juris, Rn. 28 = GRUR 2017, 203 = StoffR 2017, 50.

[26]Art. 4 Abs. 6 i. V. m. Art. 5 i. V. m. Anhang III der Richtlinie 2011/65/EU.

[27]Die nachfolgende Analyse findet sich ausführlich in Kalberlah u. a., Karzinogene, mutagene, reproduktionstoxische (CMR) und andere problematische Stoffe in Produkten, S. 327 ff.

Nr. 768/2008/EG. Unter REACH sind keine vergleichbaren Maßnahmen zur CE-Kennzeichnung, zur Konformitätsbewertung und zu den Pflichten der Wirtschaftsakteure vorgesehen, da REACH konzeptionell eine Stoffregelung und keine Produktregelung ist. Ferner sind die in den beiden Regularien vorgesehenen **Ausnahmeregelungen** unterschiedlich. REACH normiert bei zulassungspflichtigen Stoffen ein Verwendungsverbot mit Erlaubnisvorbehalt und bei Stoffen, für die eine Beschränkung gilt, eine grundsätzliche Erlaubnis mit Verboten (→ Rn. 408 f.). Die RoHS-Richtlinie kombiniert zwei Verfahren, deren Kombination in REACH nicht vorgesehen ist. So können zwar auch dort auf Antrag hin Ausnahmen zu den allgemeingültigen Beschränkungen von Stoffen in Erzeugnissen festgelegt werden, was der Zulassungspflicht nach REACH zu entsprechen scheint. Die Zulassung nach REACH ist aber auf den Inhaber der Zulassung, also auf den Einzelnen, bezogen, während die Ausnahmen zu den Beschränkungen nach der RoHS-Richtlinie in Anhang III für jedermann gültig von der Kommission festgelegt werden. Schließlich werden als große Stärke der RoHS-Richtlinie und im Unterschied zu REACH deren Kürze und gute Verständlichkeit hervorgehoben.

d. Freier Warenverkehr

REACH und die RoHS-Richtlinie sind auf die Binnenmarktkompetenz (Art. 114 AEUV) gestützte Harmonisierungsmaßnahmen. Der Umfang der Sperrwirkung von REACH resultiert aus deren Art. 128 und 129.[28] Eine Harmonisierung von Stoffbeschränkungen in Erzeugnissen zur Vermeidung von Stoffeinträgen in die einzelnen Umweltmedien (Luft, Wasser, Boden) ist hiernach zunächst immer dann anzunehmen,

396

---

[28] **Art. 128 (Freier Warenverkehr)**
(1) Vorbehaltlich des Absatzes 2 dürfen die Mitgliedstaaten die Herstellung, die Einfuhr, das Inverkehrbringen oder die Verwendung eines unter diese Verordnung fallenden Stoffes als solchem, in einem Gemisch oder in einem Erzeugnis, der dieser Verordnung und gegebenenfalls gemeinschaftlichen Rechtsakten zur Durchführung dieser Verordnung entspricht, nicht untersagen, beschränken oder behindern.
(2) Diese Verordnung steht der Möglichkeit nicht entgegen, dass die Mitgliedstaaten innerstaatliche Vorschriften für den Schutz der Arbeitnehmer, der menschlichen Gesundheit und der Umwelt in Fällen beibehalten oder einführen, in denen die Anforderungen an die Herstellung, das Inverkehrbringen oder die Verwendung mit dieser Verordnung nicht harmonisiert werden.
Art. 129 (Schutzklausel)
(1) Hat ein Mitgliedstaat berechtigten Grund zur Annahme, dass hinsichtlich eines Stoffes als solchem, in einem Gemisch oder in einem Erzeugnis auch bei Übereinstimmung mit den Anforderungen dieser Verordnung sofortiges Handeln erforderlich ist, um die menschliche Gesundheit oder die Umwelt zu schützen, so kann er geeignete vorläufige Maßnahmen treffen. Er unterrichtet hierüber unverzüglich die Kommission, die Agentur und die übrigen Mitgliedstaaten unter Angabe der Gründe für diese Entscheidung und legt die wissenschaftlichen oder technischen Informationen vor, auf denen diese vorläufige Maßnahme beruht.
(2) Die Kommission trifft innerhalb von 60 Tagen nach Eingang der Informationen des Mitgliedstaates eine Entscheidung gemäß dem in Artikel 133 Absatz 3 genannten Verfahren. Mit dieser Entscheidung wird entweder

wenn die Verwendung des Stoffes zulassungspflichtig oder beschränkt ist.[29] Angesichts der Regelungen in Art. 59 und 69 ff. REACH bezüglich mitgliedstaatlicher Anträge auf Aufnahme von Stoffen als zulassungspflichtig oder auf Einleitung eines Beschränkungsverfahrens und der Regelung in Art. 129 Abs. 3 REACH sind die Mitgliedstaaten aber auch bei den nur registrierten Stoffen auf unionale Verfahren verwiesen und können den Warenverkehr beschränkende Stoffregelungen zur Vermeidung von Stoffexpositionen nur nach Maßgabe der Voraussetzungen des Art. 129 erlassen (→ Rn. 62). Obschon die RoHs-Richtlinie keine den freien Warenverkehr anordnende Bestimmung enthält, ist ihr als klassische Produktregelung die an die Mitgliedstaaten gerichtete Anordnung immanent, den innerunionalen Handel mit den in ihren Anwendungsbereich fallenden Produkten nicht wegen von der Richtlinie abgedeckter Aspekte zu beschränken (→ Rn. 60).

e. REACH, ROHS und Ökodesign

397 Der Unionsgesetzgeber versteht die Richtlinie 2009/125/EG und die auf dieser Richtlinie ergehenden Durchführungsmaßnahmen als Ergänzung zur REACH-Verordnung.[30] Entsprechendes gilt für das Verhältnis der Ökodesign-Richtlinie zur RoHS-Richtlinie[31] und für das Verhältnis der REACH-Verordnung zur RoHS-Richtlinie[32] Demgemäß sind die Produktanforderungen aller drei Regularien zu beachten und besteht bei Überschneidungen keine ein Rangverhältnis anordnende Ausschlussregelung. Finden auf ein und dasselbe Produkt bzw. Produktmodell unterschiedliche stoffbezogene Anforderungen Anwendung, gilt $CE_{Umweltschutz} \Leftrightarrow (A+B+C\ldots)$ (→ Rn. 72–74).

2. Altfahrzeuge

398 Mit der auf der Grundlage der allgemeinen Umweltkompetenz ergangenen Richtlinie 2000/53/EG über Altfahrzeuge, auch ELV-Richtlinie genannt *("end-of-live vehicles")*, und der als Einzelrichtlinie zur Richtlinie 70/156/EWG (heute 2007/46/EG) ergangenen Richtlinie 2005/64/EG über die Typgenehmigung für Kraftfahrzeuge hinsichtlich ihrer

---

a) die vorläufige Maßnahme für einen in der Entscheidung genannten Zeitraum zugelassen oder
b) der Mitgliedstaat aufgefordert, die vorläufige Maßnahme zu widerrufen.
(3) Besteht im Fall einer Entscheidung nach Absatz 2 Buchstabe a die vorläufige Maßnahme des Mitgliedstaates in einer Beschränkung des Inverkehrbringens oder der Verwendung eines Stoffes, so leitet der betreffende Mitgliedstaat ein gemeinschaftliches Beschränkungsverfahren ein, indem er der Agentur gemäß Anhang XV innerhalb von drei Monaten nach Erlass der Entscheidung der Kommission ein Dossier vorlegt.
(4) Im Fall einer Entscheidung nach Absatz 2 Buchstabe a prüft die Kommission, ob diese Verordnung angepasst werden muss.

[29]EuGH, Urt. v. 7.3.2013, Lapin luonnonsuojelupiiri, C-358/11, EU:C:2013:142, Rn. 33–38.
[30]Siehe 35. Erwägungsgrund der Richtlinie 2009/125/EG.
[31]Siehe 13. Erwägungsgrund der Richtlinie 2011/65/EU.
[32]Siehe Art. 2 Abs. 3 der Richtlinie 2011/65/EU und deren 14. Erwägungsgrund.

Wiederverwendbarkeit, Recyclingfähigkeit und Verwertbarkeit soll u. a. die Umweltbelastung durch Altfahrzeuge verringert und dadurch ein Beitrag zum Schutz, zur Erhaltung und Qualitätsverbesserung der Umwelt sowie zur Rohstoff- und Energieeinsparung geleistet werden. In den Richtlinien sind auch an die Konstruktion von Neufahrzeugen gerichtete Maßnahmen festgelegt, die vorrangig auf die Vermeidung von Fahrzeugabfällen und darüber hinaus auf die Wiederverwendung, das Recycling und andere Formen der Verwertung von Altfahrzeugen und ihren Bauteilen abzielen. Zur Förderung der Abfallvermeidung wird die **Verwendung gefährlicher Stoffe** wie Blei, Quecksilber, etc. reduziert (Art. 4 Abs. 2 der Richtlinie 2000/53/EG und § 8 Abs. 2 AltfahrzeugV). Die Hersteller sollen auch dafür sorgen, dass Fahrzeuge der Klassen M1 und N1 gemäß Anhang II der Richtlinie 2007/46/EG so konstruiert und hergestellt werden, dass die quantifizierten Zielvorgaben für die Wiederverwendung, das Recycling und die Verwertung erreicht werden. Seit dem 15.12.2010 müssen neu zugelassene PkW so beschaffen sein, dass wenigstens 85 % der Fahrzeugmasse wieder verwendbar und/oder recyclingfähig sind und wenigstens 95 % der Fahrzeugmasse wieder verwendbar und/oder verwertbar sind (Art. 7 der Richtlinie 2000/53/EG und § 5 AltfahrzeugV). Den Mitgliedstaaten wird die Pflicht auferlegt, für die Fahrzeugklassen M1 und N1 die zur Zielerreichung erforderlichen Maßnahmen zu erlassen. Verbindliche Produktanforderungen an eine **recycling- und verwertungsgerechte Konstruktion** werden dann über Art. 9 Abs. 1 lit. a) der Richtlinie 2007/46/EG in der Einzelrichtlinie 2005/64/EG festgelegt. Der zur Umsetzung des Art. 4 Abs.1 der ELV-Richtlinie 2000/53/EG ergangene § 8 Abs. 1 AltfahrzeugV ist denn auch nicht das Maß der Dinge[33] und werden die Anforderungen abschließend und verbindlich auf unionaler Ebene und auf der Binnenmarktkompetenz beruhend in genannter Einzelrichtlinie festgelegt (→ Rn. 482).

3. Ressourcenschonende Produktkonzeption von Elektro- und Elektronikgeräten

Mehrere Rechtsvorschriften zielen auf eine ressourcenschonende Konstruktion von Elektro- und Elektronikgeräten ab. Wie jedoch eingangs erwähnt (→ Rn. 392) ergibt sich hieraus keine Pflicht zur Entwicklung recycling-, verwertungs- oder instandsetzungsgerechter Produkte. Die **WEEE-Richtlinie 2012/19/EU** ist auf die umweltschutzspezifische Ermächtigungsgrundlage des Art. 192 AEUV gestützt. Die Schaffung einheitlicher Marktzugangsbedingungen ist mithin nicht Regelungsziel der Richtlinie. Gemäß dem 11. Erwägungsgrund sollen denn auch „Anforderungen an die umweltgerechte Gestaltung, durch die die Wiederverwendung, die Demontage und die Verwertung von Elektro- und Elektronik-Altgeräten erleichtert werden, […] im Rahmen der Maßnahmen zur Durchführung der Richtlinie 2009/125/EG festgelegt werden". Der der Produktkonzeption gewidmete Art. 4 der WEEE-Richtlinie verweist seinerseits auf die

---

[33]Zu der eher geringen Bedeutung der AltfahrzeugV in der Praxis, siehe Brinktrine, in Schmehl, GK-KrWG, Altfahrzeug-Verordnung (AltfahrzeugV), Rn. 1 f.

zur Ökodesign-Richtlinie ergangenen delegierten Verordnungen und fordert selbst mitgliedstaatliche Regelungen nur insoweit, dass *„die Hersteller die Wiederverwendung von Elektro- und Elektronik-Altgeräten nicht durch besondere Konstruktionsmerkmale oder Herstellungsprozesse verhindern, es sei denn, dass die Vorteile dieser besonderen Konstruktionsmerkmale oder Herstellungsprozesse überwiegen, beispielsweise im Hinblick auf den Umweltschutz und/oder Sicherheitsvorschriften".* Der Anforderungen an die Ausbaufähigkeit von **Altbatterien und -akkumulatoren** festlegende Art. 11 der Richtlinie 2006/66/EG ist gestützt auf die umweltspezifische Ermächtigungsgrundlage nach ex-Art. 175 Abs. 1 EGV (Art. 192 AEUV).[34] Auch dort liegt der Fokus also nicht auf der Schaffung einheitlicher Marktzugangsbedingungen. Der der Umsetzung dieser unionalen Richtlinienbestimmungen gewidmete § 4 des **ElektroG** (*„Produktkonzeption"*) bestimmt:

„(1) Hersteller haben ihre Elektro- und Elektronikgeräte möglichst so zu gestalten, dass insbesondere die Wiederverwendung, die Demontage und die Verwertung von Altgeräten, ihren Bauteilen und Werkstoffen berücksichtigt und erleichtert werden. Elektro- und Elektronikgeräte, die vollständig oder teilweise mit Batterien oder Akkumulatoren betrieben werden können, sind möglichst so zu gestalten, dass Altbatterien und Altakkumulatoren durch Endnutzer problemlos entnommen werden können. Sind Altbatterien oder Altakkumulatoren nicht problemlos durch den Endnutzer entnehmbar, sind die Elektro- und Elektronikgeräte so zu gestalten, dass die Altbatterien und Altakkumulatoren problemlos durch vom Hersteller unabhängiges Fachpersonal entnommen werden können.

(2) Die Hersteller sollen die Wiederverwendung nicht durch besondere Konstruktionsmerkmale oder Herstellungsprozesse verhindern, es sei denn, dass die Konstruktionsmerkmale rechtlich vorgeschrieben sind oder die Vorteile dieser besonderen Konstruktionsmerkmale oder Herstellungsprozesse überwiegen, beispielsweise im Hinblick auf den Gesundheitsschutz, den Umweltschutz oder auf Sicherheitsvorschriften.

(3) Absatz 1 Satz 2 und 3 gilt nicht für Elektro- und Elektronikgeräte, in denen aus Gründen der Sicherheit, der Leistung, aus medizinischen Gründen oder aus Gründen der Vollständigkeit von Daten eine ununterbrochene Stromversorgung notwendig und

---

[34] Richtlinie 2006/66/EG, Art. 11: *„Die Mitgliedstaaten stellen sicher, dass die Hersteller die Geräte so entwerfen, dass Altbatterien und -akkumulatoren problemlos entnommen werden können. Geräten, in die Batterien und Akkumulatoren eingebaut sind, müssen Anweisungen beigefügt sein, wie die Batterien und Akkumulatoren sicher entnommen werden können, und die die Verbraucher über den Typ der eingebauten Batterien und Akkumulatoren informieren. Das gilt nicht für die Fälle, in denen aus Gründen der Sicherheit, der Leistung, aus medizinischen Gründen oder aus Gründen der Vollständigkeit von Daten eine ununterbrochene Stromversorgung notwendig und eine ständige Verbindung zwischen dem Gerät und der Batterie oder dem Akkumulator erforderlich ist."* Die Richtlinie ist gestützt auf Art. 175 Abs. 1 EGV (Art. 192 Abs. 1 AEUV) sowie auf Art. 95 Abs. 1 EGV (Art. 114 Abs. 1 AEUV) für die Art. 4, 6 und 21.

eine ständige Verbindung zwischen dem Gerät und der Batterie oder dem Akkumulator erforderlich sind."

Inhaltlich betreffen § 4 Abs. 1 S. 1 und Abs. 2 ElektroG verwertungs- und instandsetzungsgerechtes Konstruieren.[35] Es geht darum, dass dem öffentlich-rechtlichen Entsorgungsträger überlassene wiederverwendungsfähige Geräte von diesem ausgesondert und gegebenenfalls aufbereitet werden und wieder in den Wirtschaftskreislauf zurückfließen (sog. **ReUse II**) bzw. Altgeräte, deren Bauteile und darin enthaltene Werkstoffe der Verwertung zugeführt werden können. Diese Ziele sollen seitens des Herstellers bei der Produktgestaltung *möglichst* berücksichtigt und erleichtert werden und *soll* die Wiederverwendung nicht herstellerseits ausgeschlossen werden. Ein erzwingbares Verhalten wird hierdurch allerdings nicht begründet.[36] Ein vollzugsfähiges Gestaltungsgebot enthält allenfalls § 4 Abs. 1 ElektroG in seinem Satz 3.[37]

VI. Nationale Produktanforderungen

Die mitgliedstaatliche originäre Rechtssetzungskompetenz im Umweltproduktrecht ist nur in Teilen beschränkt. Gleichwohl gibt auch im Umweltproduktrecht das Unionsrecht den Ton an, so sich das nationale Recht weitestgehend in der Umsetzung europarechtlicher Vorgaben erschöpft. Als eigenständige nationale – aber gleichwohl im Sog des Unionsrechts (Energieeffizienz) ergangene – mittelbar umweltbezogene Produktanforderungen sind gleichwohl zu nennen die in §§ 19 ff. MsbG festgelegten Anforderungen an Messsysteme und die in Rechtsverordnungen nach § 2 Abs. 2 EnEG festgelegten Energieeffizienzanforderungen an Heizungs-, raumlufttechnische, Kühl-, Beleuchtungs- sowie Warmwasserversorgungsanlagen oder -einrichtungen in Gebäuden (Abschnitt 4 EnEV). Zu nennen sind weiterhin die §§ 23 bis 27 KrWG. § 23 Abs. 1 und 2 KrWG bestimmt:

„Wer Erzeugnisse entwickelt, herstellt, be- oder verarbeitet oder vertreibt, trägt zur Erfüllung der Ziele der Kreislaufwirtschaft die Produktverantwortung. Erzeugnisse sind möglichst so zu gestalten, dass bei ihrer Herstellung und ihrem Gebrauch das Entstehen von Abfällen vermindert wird und sichergestellt ist, dass die nach ihrem Gebrauch entstandenen Abfälle umweltverträglich verwertet oder beseitigt werden.

Die Produktverantwortung umfasst insbesondere

1. die Entwicklung, die Herstellung und das Inverkehrbringen von Erzeugnissen, die mehrfach verwendbar, technisch langlebig und nach Gebrauch zur ordnungsgemäßen,

---

[35] Vgl. Crone/Rosemann/Mörtl, Recyclinggerechtes Konstruieren, S. 496.
[36] Giesberts/Hilf, ElektroG, § 4 Rn. 9 und 15 m. w. Nachw.; vgl. auch Ellinghaus, in Schmehl, GK-KrWG, Elektro- und Elektronikgerätegesetz (ElektroG) Rn. 31.
[37] In diesem Sinne, Giesberts/Hilf, *ebd.*, § 4 Rn. 13.

schadlosen und hochwertigen Verwertung sowie zur umweltverträglichen Beseitigung geeignet sind,

2. den vorrangigen Einsatz von verwertbaren Abfällen oder sekundären Rohstoffen bei der Herstellung von Erzeugnissen,

3. die Kennzeichnung von schadstoffhaltigen Erzeugnissen, um sicherzustellen, dass die nach Gebrauch verbleibenden Abfälle umweltverträglich verwertet oder beseitigt werden,

4. den Hinweis auf Rückgabe-, Wiederverwendungs- und Verwertungsmöglichkeiten oder -pflichten und Pfandregelungen durch Kennzeichnung der Erzeugnisse sowie

5. die Rücknahme der Erzeugnisse und der nach Gebrauch der Erzeugnisse verbleibenden Abfälle sowie deren nachfolgende umweltverträgliche Verwertung oder Beseitigung."

Hierbei sind gemäß § 23 Abs. 3 KrWG neben dem Grundsatz der Verhältnismäßigkeit u. a. die Festlegungen des Unionsrechts über den freien Warenverkehr zu berücksichtigen. Die Regelungen in § 23 KrWG zur Produktverantwortung sind allerdings nicht aus sich heraus vollziehbar *(„not self executing")*. Erst durch den Erlass von Rechtsverordnungen nach §§ 24, 25 KrWG bzw. durch auf das KrWG Bezug nehmende Gesetze wird die Produktverantwortung aktiviert und ist dort festzulegen, für welche Erzeugnisse und in welcher Art und Weise die Produktverantwortung wahrzunehmen ist (§ 23 Abs. 4 KrWG).[38] Zu technischem Produkt sind hierzu bisher – mithin u. a. durch Unionsrecht veranlasst – ergangen: ElektroG, BattG, AltfahrzeugV und ElektroStoffV.

§ 2 – Ökodesign

401 Die Ökodesign-Richtlinie 2009/125/EG ist ein an den Musterbestimmungen des Beschlusses Nr. 768/2008/EG (→ Rn. 190) ausgerichteter Harmonisierungsrechtsakt und finden sich dort geläufige Bestimmungen zur CE-Kennzeichnung, EU-Konformitätserklärung, Konformitätsbewertung, Konformitätsvermutung aufgrund harmonisierter Normen und unionales Bewertungsverfahren wieder. Die Ökodesign-Richtlinie unterscheidet sich von den klassischen Harmonisierungsrechtsvorschriften nach der neuen Konzeption allerdings bereits dadurch, dass die umweltgerechte Produktgestaltung nicht mittels mehr oder weniger allgemeingehaltener wesentlicher Anforderungen in

---

[38]Tünnesen-Harmes, in Jarass/Petersen, Kreislaufwirtschaftsgesetz, § 23 Rn. 6; Prelle, in Schmehl, GK-KrWG, KrWG § 23 Rn. 22. Indes erschöpft sich § 23 KrWG nicht in einem reinen Appell und wird für die Wirtschaftsakteure eine latente bzw. abstrakte Grundpflicht geschaffen: das Entstehen eines schutzwürdigen Vertrauenstatbestands dahingehend, dass keine produktbezogenen kreislaufwirtschaftsrechtlichen Vorschriften erlassen werden, wird verhindert und werden die Anforderungen des Verhältnismäßigkeitsgrundsatzes beim Erlass späterer Regelungen zur abfallrechtlichen Produktverantwortung herabgesetzt (Tünnesen-Harmes, *ebd.*, § 23 Rn. 7 m.w. Nachw.).

der Richtlinie selbst, sondern durch spezielle Durchführungsmaßnahmen für die einzelnen Produktgruppen spitz festgelegt werden. Durchführungsmaßnahmen werden dann erwogen, wenn die Industrie keine geeignete Selbstregulierungsinitiative ergriffen hat.[39] Rechtstechnisch übernehmen die Durchführungsmaßnahmen die Funktion wesentlicher Anforderungen, obschon ihr Detaillierungsgrad über die wesentlichen Anforderungen klassischer Art klar hinausgeht (→ Rn. 75). Solchermaßen ist die Ökodesign-Richtlinie eine Rahmenrichtlinie, die selber keine Anforderungen an bestimmte Produkte definiert. Sie formuliert vielmehr übergreifende Zielstellungen und prozedurale Regelungen. Fürwahr erschließt sich jedermann ohne weiteres, dass für solcherart unterschiedliche Produkte wie Staubsauger und Heizungsanlagen keine identischen Vorgaben gemacht werden können.

I. Anwendungsbereich und Produktauswahl

Die Ökodesign-Richtlinie erfasste in ihrer ursprünglichen Fassung (2005/32/EG) energiebetriebene Produkte (*„Energy using Products"*, EuP), das heißt Produkte, denen zu ihrer bestimmungsgemäßen Funktion Energie in Form von Elektrizität, fossilen Treibstoffen oder erneuerbaren Energiequellen zugeführt werden muss, mit Ausnahme von Verkehrsmitteln zur Personen- oder Güterbeförderung. Mit der Neufassung in Gestalt der Richtlinie 2009/125/EG wurde der Anwendungsbereich auf energieverbrauchsrelevante Produkte (*„Energy related Products"*, ErP) erweitert (Art. 1). Damit sind neben Geräten, die mit Energie betrieben werden, wie etwa Kühlschränke, Fernsehgeräte, Pumpen, auch Gegenstände erfasst, die selbst keine Energie verbrauchen, aber während ihrer Nutzung den Verbrauch von Energie beeinflussen (Art. 2 Nr. 1), wie etwa Fenster und Isoliermaterialien oder wasserführende Armaturen wie Duschköpfe oder Wasserhähne. Es ist Aufgabe der Europäischen Kommission, anhand des Verfahrens nach Art. 16 i. V. m. Art. 15 der Ökodesign-Richtlinie 2009/125/EG und in Form von Arbeitsprogrammen zu bestimmen, für welche Produktgruppen (Produktlose) Ökodesign-Anforderungen festzulegen sind:[40] Die in Art. 15 Abs. 1 der Ökodesign-Richtlinie zur Produktauswahl festgelegten Kriterien sind Marktvolumen, Erheblichkeit von Umweltauswirkungen und Optimierungspotenzial. Die Auswahl selbst erfolgt durch die Europäische Kommission nach Anhörung der Mitgliedstaaten und der interessierenden Kreise, wie Industrie, Handwerk, Gewerkschaften, Groß- und

402

---

[39]Voluntary Agreements under the Eco-design legislation, Stand 22.6.2015, abrufbar unter UL: https://ec.europa.eu/energy/sites/ener/files/documents/List_Eco-design-Voluntary%20Agreements.pdf.
[40]Vgl. KOM(2008) 660 endg.

Einzelhändler, Importeure, Umweltschutzgruppen und Verbraucherorganisationen, d. h. des Konsultationsforums nach Art. 18 der Richtlinie.[41]

II. Ausarbeitung von Durchführungsmaßnahmen

403 Die Richtlinie selbst gibt die einzelnen Verfahrensschritte bei der Ausarbeitung von Durchführungsmaßnahmen insgesamt nur zurückhaltend vor und belässt deren Ausgestaltung zu Beginn des Prozesses in weiten Teilen der von der Kommission vorzugebenden Praxis. Üblicherweise gehen den Durchführungsmaßnahmen vorbereitende Studien voraus, die von externen Sachverständigen bzw. der Kommission erstellt werden.[42] Auf der Basis der Vorstudien ergehen erste Entwürfe für Durchführungsmaßnahmen in Form von Arbeitsdokumenten. Es kommt sodann zur Diskussion mit dem Konsultationsforum. Unter Berücksichtigung der abgegebenen Stellungnahmen überarbeitet die Kommission gegebenenfalls das Arbeitsdokument und können dem, je nach Verlauf der Diskussion, mehrere Arbeitsdokumente folgen. Anschließend gibt die Kommission eine Studie zur Folgenabschätzung in Auftrag. Stuft die Folgenabschätzung das Arbeitsdokument oder Teile davon aus technischen, wirtschaftlichen oder anderen Gründen als nicht umsetzbar ein, wird es erneut überarbeitet bevor es zur Abstimmung im Ausschussverfahren an den in Art. 19 Abs. 1 der Ökodesign-Richtlinie 2009/125/EG genannten Ausschuss abgegeben wird.[43] Das Verfahren richtet sich von da an und nach Maßgabe des Art. 12 VO (EU) Nr. 182/2011 nach dem in ex-Art. 5a des Beschlusses 1999/468/EG festgelegten Regelungsverfahren mit Kontrolle. Hiernach unterbreitet die Kommission dem Europäischen Parlament und dem Rat den Entwurf der Durchführungsmaßnahme zur Kontrolle. Der Erlass dieses Entwurfs durch die Kommission kann sodann vom Europäischen Parlament mit der Mehrheit seiner Mitglieder oder vom Rat mit qualifizierter Mehrheit abgelehnt werden, wobei diese Ablehnung darin begründet sein muss, dass der von der Kommission vorgelegte Entwurf über die im Basisrechtsakt vorgesehenen Durchführungsbefugnisse hinausgeht oder dass dieser Entwurf mit dem Ziel oder dem Inhalt des Basisrechtsakts unvereinbar ist oder gegen die Grundsätze der Subsidiarität oder Verhältnismäßigkeit (→ Rn. 53) verstößt. Spricht sich das Europäische Parlament oder der Rat innerhalb von drei Monaten nach seiner Befassung gegen

---

[41] Siehe hierzu Beschluss der Kommission Nr. 2008/591/EG vom 30.6.2008 über das Ökodesign-Konsultationsforum, ABl. 2008 L 190, 22. Die Mitgliederliste ist abrufbar unter URL: http://ec.europa.eu/DocsRoom/documents/5363/attachments/1/translations/en/renditions/native.

[42] Die Vorstudien werden auf der Webseite der Generaldirektion Energie und Verkehr (http://ec.europa.eu/energy/en/topics/energy-efficiency/energy-efficient-products) zum download zur Verfügung gestellt.

[43] Art. 15 Abs. 1 S. 2 i. V. m. Art. 19 Abs. 3 der Ökodesign-Richtlinie 2009/125/EG i. V. m. Art. 5a Abs. 1 und 2 des Beschlusses 1999/468/EG i. V. m. Art. 12 VO (EU) Nr. 182/2011.

den Entwurf aus, wid die Maßnahme nicht von der Kommission erlassen. Hat sich nach Ablauf dieser Frist weder das Europäische Parlament noch der Rat gegen den Entwurf ausgesprochen, wird sie erlassen.[44]

Die Durchführungsbefugnisse der Kommission werden in Art. 15 Abs. 5 bis 8 der Ökodesign-Richtlinie 2009/125/EG nicht unerheblich eingegrenzt und der mögliche Inhalt der Durchführungsmaßnahmen abgesteckt. Insbesondere dürfen die Ökodesign-Anforderungen *i)* nicht zu nennenswerten nachteiligen Auswirkungen auf die Funktionsweise des Produkts führen, *ii)* nicht die Gesundheit, Sicherheit und Umwelt beeinträchtigen, *iii)* nicht die Erschwinglichkeit und die Lebenszykluskosten des Produkts nennenswert beeinträchtigen, *iv)* nicht die Wettbewerbsfähigkeit der Industrie nennenswert beeinflussen, *v)* grundsätzlich nicht dazu führen, dass die Technik eines bestimmten Herstellers von allen anderen Herstellern übernommen werden muss und *vi)* den Herstellern keine übermäßige administrative Belastung aufbürden. Der so der Kommission gesetzte Rahmen ist justiziabel (→ Rn. 77). **404**

III. Verabschiedete Ökodesign-Verordnungen

Mit Stand zum 23.1.2018 wurden Ökodesign-Anforderungen in Form unmittelbar wirksamer EU-Verordnungen für 24 Produktgruppen verabschiedet.[45] **405**

Luftheizungsprodukte, Kühlungsprodukte, Prozesskühler mit hoher Betriebstemperatur und Gebläsekonvektoren (VO (EU) 2016/2281)

Festbrennstoffkessel (VO (EU) 2015/1189)

Einzelraumheizgeräte (VO (EU) 2015/1188)

Festbrennstoff-Einzelraumheizgeräte (VO (EU) 2015/1185)

Gewerbliche Kühllagerschränke, Schnellkühler/-froster, Verflüssigungssätze und Prozesskühler (VO (EU) 2015/1095)

Lüftungsanlagen (VO (EU) Nr. 1253/2014)

Kleinleistungs-, Mittelleistungs- und Großleistungstransformatoren (VO (EU) Nr. 548/2014)

Haushaltsbacköfen, -kochmulden und -dunstabzugshauben (VO (EU) Nr. 66/2014)

Raumheizgeräte und Kombiheizgeräte (VO (EU) Nr. 813/2013)

Warmwasserbereiter und Warmwasserspeicher (VO (EU) Nr. 814/2013)

Staubsauger (VO (EU) Nr. 666/2013)

Computer und Computerserver (VO (EU) Nr. 617/2013)

---

[44]Das Kontrollrecht des Europäischen Parlaments und des Rates besteht auch nach Ablauf der 3-Montats-Frist fort (Art. 11 i. V. m. Art. 13 Abs. 1 lit c) VO (EU) Nr. 182/2011 i. V. m. Art. 19 Abs. 3 der Ökodesign-Richtlinie 2009/125/EG).

[45]Aktuelle Liste der verabschiedeten Verordnungen abrufbar unter: https://ec.europa.eu/energy/sites/ener/files/documents/list_of_ecodesign_measures.pdf.

Lampen mit gebündeltem Licht, LED-Lampen und dazugehörige Geräte (VO (EU) Nr. 1194/2012)

Haushaltswäschetrockner (VO (EU) Nr. 932/2012)

Wasserpumpen (VO (EU) Nr. 547/2012)

Raumklimageräte und Komfortventilatoren (VO (EU) Nr. 206/2012)

Ventilatoren (VO (EU) Nr. 327/2011)

Haushaltsgeschirrspüler (VO (EU) Nr. 1016/2010)

Haushaltswaschmaschinen (VO (EU) Nr. 1015/2010)

Haushaltskühlgeräte (VO (EG) Nr. 643/2009)

Fernsehgeräte (VO (EG) Nr. 642/2009)

Nassläufer-Umwälzpumpen (VO (EG) Nr. 641/2009)

Elektromotoren (VO (EG) Nr. 640/2009)

Netzteile (VO (EG) Nr. 278/2009)

Leuchtstofflampen, Hochdruckentladungslampen sowie Vorschaltgeräte und Leuchten zu ihrem Betrieb (VO (EG) Nr. 245/2009)

Haushaltslampen (VO (EG) Nr. 244/2009)

Set-Top-Boxen (VO (EG) Nr. 107/2009)

Elektrische und elektronische Haushalts- und Bürogeräte (VO (EG) Nr. 1275/2008)

Im Fokus stehen dabei Anforderungen zur Energieeffizienz bezogen auf den Umweltparameter des Energieverbrauchs in der Nutzungsphase. Dabei werden Anforderungen zum Wirkungsgrad der Produkte festgelegt, d. h. es werden auf die jeweilige Leistung bezogene Grenzwerte für den maximal noch zulässigen Energieverbrauch definiert. Hinsichtlich der für die Feststellung und Überprüfung der Konformität mit den Anforderungen maßgebenden Messungs- und Berechnungsmethoden verweisen die Verordnungen regelmäßig auf harmonisierte Normen, deren Nummern im Amtsblatt der Europäischen Union veröffentlicht werden. Alternativ kann der Hersteller Messungen und Berechnungen unter Verwendung anderer zuverlässiger, genauer und reproduzierbarer Verfahren vornehmen, die dem Stand der Technik Rechnung tragen und deren Ergebnisse als mit geringer Unsicherheit behaftet gelten. Diese müssen den in der einzelnen Verordnung aufgeführten technischen Parametern entsprechen. Einzelne Verordnungen geben die Messungs- und/oder Berechnungsmethode auch selbst spitz vor.

406 Die Verordnungen gelten unmittelbar und geben diese die Ökodesign-Anforderungen letztverbindlich vor (→ Rn. 100). Dem die Ökodesign-Richtlinie umsetzenden Energieverbrauchsrelevante-Produkte-Gesetz (EVPG) vom 16.11.2011, welches das Energiebetriebene-Produkte-Gesetz (EBPG) vom 27.2.2008 ablöst, kommt hier keine eigenständige Bedeutung zu. So liegt der Fokus des EVPG auf der Überführung der Rahmenbestimmungen der Ökodesign-Richtlinie ins innerstaatliche Recht und der mitgliedstaatlich geschuldeten Durchsetzung der auf Unionsebene für den Hersteller verbindlich aufgestellten Ökodesign-Anforderungen.[46] Solange und soweit nämlich die

---

[46] Hierzu Dietrich/Akkermann, ZUR 2013, S. 274 (275 f.).

Kommission im hiesigen Kontext als Handlungsform die Verordnung wählt, kommen nationale Ökodesign-Anforderungen durch Rechtsverordnungen nach § 3 S. 2 EVPG nur insoweit in Betracht, als zur jeweiligen Produktgruppe keine Durchführungsmaßnahme vorliegt oder die Durchführungsmaßnahme zum konkreten Umweltparameter schweigt und vorbehaltlich der Rechtfertigung hiermit einhergehender Beschränkungen der Warenverkehrsfreiheit (→ Rn. 3 ff.).

§ 3 – REACH

Der Hersteller oder Importeur eines Erzeugnisses muss die Inhaltsstoffe dieses Erzeugnisses nicht selbst registrieren. Der Umwelt- und Gesundheitsschutz vor Stoffen ist unter REACH grundsätzlich über die Registrierung durch den **Stoffhersteller** vorgesehen. Ein anderer, aber bei technischem Gerät wohl eher theoretischer Fall liegt vor und kommen gewisse Pflichten auf den **Produzenten oder Importeur eines Erzeugnisses** zu, wenn Stoffe, die in das Erzeugnis eingehen, unter normalen oder vernünftigerweise vorhersehbaren Verwendungsbedingungen freigesetzt werden sollen (→ Rn. 664). Für den Hersteller von technischem Gerät bedeutsam sind hingegen unter Berücksichtigung des Urteils des Gerichtshofs vom 10.9.2015 in der **Rechtssache *FCD und FMB*** die Mitteilungs- und Informationspflichten nach Art. 7 Abs. 2 und Art. 33 VO (EG) Nr. 1907/2006 (→ Rn. 665 f.).

407

Designbezogene Anforderungen zu technischem Gerät liegen vor in Form von auf Stoffen bezogene Verwendungsverbote (mit Erlaubnisvorbehalt) und -beschränkungen.[47] Sie werden im Wesentlichen nur für eine enge Auswahl besonders besorgniserregender Stoffe, die sogenannten SVHC *("substances of very high concern")*, aufgestellt.[48]

---

[47] Ausführlich hierzu Führ, in Ehlers/Fehling/Pünder, Besonderes Verwaltungsrecht, § 58, Rn. 61 ff.; Kalberlah/Schwarz/Bunke/Wurbs, Schadst Forsch (2010), 188–204.
[48] Unter den Begriff der *"substances of very high concern"* (SVHC), die in Anhang XIV von REACH aufgenommen sind, fallen Stoffe mit den in Art. 57 VO (EG) Nr. 1907/2006 genannten Stoffeigenschaften, nämlich *i)* krebserzeugende, erbgutverändernde und fortpflanzungsgefährdende Stoffe (CMR-Stoffe) der Kategorie 1 und 2, *ii)* persistente, bioakkumulierbare und toxische Stoffe (PBT-Stoffe), *iii)* sehr persistente und sehr bioakkumulierbare Stoffe (vPvB-Stoffe) und *iv)* Stoffe, die nach einer Öffnungsklausel unter Art. 57 f. (REACH) im Einzelfall als SVHC-Stoffe ausgewiesen werden.

I. Zulassungspflichtige Stoffe im Annex XIV von REACH (Verwendungsverbot mit Erlaubnisvorbehalt)

408 Art. 55 bis 66 VO (EG) Nr. 1907/2006 unterwerfen die **Verwendung** bestimmter problematischer Stoffe einem **Zulassungserfordernis**. Über ein gestaffeltes Vorgehen (Kandidatenliste ⇨ Prioritätenliste ⇨ Aufnahme in Anhang XIV von REACH) werden Stoffe bestimmt, die ab einem stoffspezifisch festgelegten Datum – dem so genannten *„sunset date"* – nur noch in Ausnahmefällen in den Verkehr gebracht und verwendet werden dürfen. Diese Stoffe werden in Anhang XIV von REACH aufgelistet (Art. 58 Abs. 1 lit. e) VO (EG) Nr. 1907/2006). Nach dem *sunset date* bedarf die Verwendung der Zulassung. Im Rahmen der Zulassung werden dann auf der Grundlage des Zulassungsantrags, den der Hersteller, Importeur oder nachgeschaltete Anwender stellt, durch die ECHA Verwendungen und Bedingungen spezifiziert, unter denen ein Stoff eingesetzt werden darf. Hier gelten weder die in der REACH-Verordnung wiederholt erwähnten Tonnage-, noch Konzentrationsbegrenzungen, sondern eine Zulassung muss für jede Verwendung beantragt werden. Der erste Schritt Richtung Zulassungspflicht ist die Identifizierung eines Stoffes als SVHC und die Aufnahme in die so genannte *„Kandidatenliste"* (Liste nach Art. 59 Abs. 1 VO (EG) Nr. 1907/2006). Die Aufnahme erfolgt auf Basis von so genannten *„Annex XV- Dossiers"*, die jeder Mitgliedsstaat, sowie die ECHA auf Ersuchen der Kommission, einreichen kann.[49] Im Dossier finden sich Informationen zu human- und ökotoxischen Stoffeigenschaften, zur Exposition, zu Ersatzstoffen und Risiken. Sie sind Grundlage der weiteren Entscheidungsfindung und bestimmt sich hiernach, ob ein Stoff der Kandidatenliste der Zulassung unterworfen werden sollte und in die *„Prioritätenliste"* aufzunehmen ist. Am Ende des Prozesses steht die Listung in Anhang XIV der zulassungspflichtigen Stoffe. Eine **Zulassung** kann nur auf Einzelantrag hin erfolgen. Die Zulassung ist befristet und **auf den Inhaber bezogen**. Der Importeur von Erzeugnissen mit SVHC bedarf keiner Zulassung. Denn das Inverkehrbringen von Erzeugnissen, die in Anhang XIV gelistete Stoffe enthalten, ist nicht zulassungspflichtig. Lediglich das Verwenden solcher Stoffe bedarf der Zulassung.[50]

II. Beschränkungen nach Anhang XVII von REACH

409 Nach Art. 67 Abs. 1 VO (EG) 1907/2006 darf *„ein Stoff als solcher, in einem Gemisch oder in einem Erzeugnis, für den eine Beschränkung nach Annex XVII gilt, […] nur hergestellt, in Verkehr gebracht oder verwendet werden, wenn die Maßgaben dieser*

---

[49]Siehe hierzu im Überblick REACH-Info 6, S. 25–27, abrufbar unter URL: http://www.reach-clp-biozid-helpdesk.de/de/Publikationen/Broschueren/REACH-Broschueren.html.
[50]Helpdesk reach-clp-biozid, FAQ Nr. 0274 (http://www.reach-clp-biozid-helpdesk.de/de/FAQ/W-Z/Zulassung/Zulassung.html); Kalberlah/Schwarz/Bunke/Wurbs, Schadst Forsch (2010), 188 (196).

Beschränkung beachtet werden". Dieser Anhang, obgleich SVHC zahlenmäßig im Vordergrund stehen, ist formal nicht auf SVHC beschränkt. Damit können alle Stoffe, die in irgendeiner Weise Mensch oder Umwelt in nicht zu vertretendem Ausmaß schädigen, aufgenommen werden. So sind auch einzelne Stoffe in Anhang XVII vertreten, die anderweitige besorgniserregende Eigenschaften haben. Hersteller technischen Geräts haben stets genau zu prüfen, ob deren Erzeugnis Stoffe gemäß Spalte 1 des Anhangs XVII enthält, wie die jeweilige Beschränkung in Spalte 2 aussieht und insbesondere, ob sie auch das *„Inverkehrbringen"* des Stoffes in Erzeugnissen mit einschließt.

§ 4 – RoHS

Die Richtlinie 2002/95/EG vom 27.1.2003 zur Beschränkung der Verwendung bestimmter gefährlicher Stoffe in Elektro- und Elektronikgeräten, neugefasst durch die gleichnamige **Richtlinie 2011/65/EU** vom 8.6.2011, regelt die **Verwendung von Gefahrstoffen in elektrischen und elektronischen Geräten.** Anlass der europäischen Initiative waren die unterschiedlichen nationalen Regelungsansätze zur Lösung des mit der massiven Ausweitung der Wegwerfelektronik einhergehenden Entsorgungsproblems. Es handelte sich insbesondere um unterschiedliche nationale Standards für eine recyclinggerechte Konstruktion, einschließlich des schrittweisen Ersatzes bestimmter Stoffe durch weniger problematische Stoffe.[51] Fürwahr erschweren Stoffe wie Blei, Quecksilber, Cadmium, hexavalentes Chrom, die Entsorgung, führen beim **Recycling** zu **Schadstoffemissionen** und galt es die problematischen Bestandteile aus den Produkten zu verbannen. Die als problematisch eingestuften Stoffe sollten ursprünglich denn auch prinzipiell in Produkten in Gänze nicht mehr enthalten sein und vollständig durch andere Stoffe ersetzt werden. Da dies aber von den Herstellen nur unter unverhältnismäßigen Aufwand umzusetzen war und kleine Mengen technisch gar nicht nachgewiesen werden konnten, wurde der Anhang der Richtlinie 2002/95/EG mit Entscheidung der Kommission vom 18.8.2005 ergänzt und wurden für die Stoffe Konzentrationshöchstwerte festgelegt.[52] Aus den Stoffverboten wurden **Stoffbeschränkungen.**

410

In nationales Recht umgesetzt wurde die Richtlinie 2002/95/EG durch das am 16.3.2005 verabschiedete und am 13.8.2005 in Kraft getretene Elektro- und Elektronikgesetz. Mit diesem Gesetz wurden neben den Regelungen der Richtlinie 2002/95/EG die Regelungen der Richtlinie 2002/96/EG über Elektro- und Elektronik-Altgeräte – aufgehoben durch die gleichnamige Richtline 2012/19/EU – in das nationale Recht überführt. Das ElektroG a.F. regelte denn auch die Aspekte beider Richtlinien, nämlich

411

---

[51] Siehe Ziff. 1 bis 6 der Begründung zum Vorschlag für eine Richtlinie des Europäischen Parlaments und des Rates zur Beschränkung der Verwendung bestimmter gefährlicher Stoffe in elektrischen und elektronischen Geräten (KOM(2000) 347 endg.).
[52] Entscheidung 2005/615/EG.

zum einen die Rücknahme und Verwertung von Elektro- und Elektronikaltgeräten (→ Rn. 705 ff.), wie auch die Einschränkung der Verwendung bestimmter gefährlicher Stoffe bei der Herstellung solcher Geräte. Die Umsetzung der neuen Richtlinie 2011/65/EU sollte dann außerhalb des ElektroG mittels einer eigenständigen Rechtsverordnung erfolgen. Die Bundesregierung begründete dies in erster Linie mit den durch die neue Richtlinie verbundenen umfangreichen Änderungen.[53] Gestützt wurde die so erlassene **Elektro- und Elektronikgeräte-Stoff-Verordnung (ElektroStoffV)** im Wesentlichen auf § 24 Nummern 1 und 2 und § 65 Abs. 1 KrWG.

I. Anwendungsbereich

1. Begriff des EEE

412   Während die Vorgängerrichtlinie 2002/95/EG nur auf bestimmte und ausdrücklich genannte Produktkategorien abzielte, ist die Neufassung künftig auf alle **Elektro- und Elektronikgeräte** anzuwenden (zu den Übergangsregelungen → Rn. 426). Dies resultiert aus der Einführung der neuen Kategorie 11 in Anhang I der RoHS-Richtlinie: *„Sonstige Elektro- und Elektronikgeräte, die keiner der bereits genannten Kategorien zuzuordnen sind"* (*„catsh-all-Klausel"*). Definiert wird der Begriff Elektro- und Elektronikgeräte (*„electrical and electronic equipment"*, **EEE**) in Art. 3 Nrn. 1 und 2 der RoHS-Richtlinie 2011/65/EU (§ 2 Nr. 1 ElektroStoffV). Dies sind *„Geräte, die zu ihrem ordnungsgemäßen Betrieb von elektrischen Strömen oder elektromagnetischen Feldern abhängig sind, und Geräte zur Erzeugung, Übertragung und Messung solcher Ströme und Felder, die für den Betrieb mit Wechselstrom von höchstens 1000 V bzw. Gleichstrom von höchstens 1500 V ausgelegt sind"*. Der Ausdruck *„abhängig"* bezeichnet hierbei *„den Umstand, dass zur Erfüllung mindestens einer der beabsichtigten Funktionen elektrische Ströme oder elektromagnetische Felder benötigt werden"*. Jedes **Gerät**, verstanden als *„Einrichtung oder Gruppe von zusammenwirkenden Einrichtungen, die als unabhängige Einheit für bestimmte Funktionen benutzt werden kann"*[54], mit einer Betriebsspannung von maximal 1000 V-Wechselstrom und 1500 V-Gleichstrom, das **zur Erfüllung** mindestens einer **der beabsichtigten Funktionen elektrische Ströme oder elektromagnetische Felder benötigt** oder welches **solche Ströme oder Felder erzeugt, überträgt oder misst,** ist ein EEE.

413   Es genügt hiernach, dass das Gerät elektrische Ströme oder elektromagnetische Felder benötigt, um irgendeine – wenn auch nur untergeordnete – beabsichtigte Funktion eigenständig zu erfüllen. Eigen- oder selbständige Funktion meint in diesem Sinn jede Funktion, die den beabsichtigten Gebrauch des Produkts erfüllt.[55] Hierbei sind ausweislich des

---

[53]BR-Drs. 68/13, 13.
[54]Internationales Elektrotechnisches Wörterbuch (IEC 60050).
[55]Vgl. VG Ansbach, Urt. v. 13.3.2013, AN 11 K 12.00721, juris, Rn 64.

12. Erwägungsgrundes der RoHS-Richtlinie 2011/65/EU die beabsichtigten Funktionen des Geräts auf der Grundlage objektiver Eigenschaften, wie der Gestaltung des Produkts und seiner Vermarktung, festzulegen.[56] Der Hersteller hat insoweit kein Definitionsmonopol.[57] EEE sind hiernach beispielsweise ein Gasherd mit elektrischer Zeitanzeige,[58] ein singendes Stofftier,[59] ein Freizeit-/Sportschuh mit Licht,[60] benzinbetriebene Geräte mit elektrischer Zündung, wie etwa Rasenmäher.[61] In all diesen Fällen ist die elektronische Funktion eine beabsichtigte Funktion und benötigt das Gerät zum ordnungsgemäßen Betrieb elektrische Ströme.[62]

2. Gerät vs. Komponente und Bauteil

Unselbstständige Bauteile und Komponenten, also klassische Zulierferteile, wie etwa Schalter, Relais, Lämpchen, sind keine Geräte und bereits insoweit keine EEE.[63]   **414**

---

[56]European Engineering Industrie Association, ORGALIME RoHS GUIDE, S. 7 f.

[57]Die deutsche Rechtsprechung zu § 3 Abs. 1 Nr. 1 ElektroG stellte bezüglich der Beurteilung der beabsichtigten Funktion noch darauf ab, welchen ordnungsgemäßen Betrieb der Hersteller für das jeweilige Gerät bestimmte (BVerwG, Beschl. v. 2.3.2010, 7 B 37/09, juris, Rn. 10; Urt. v. 21.2.2008, 7 C 43/07, juris, Rn. 15 = NVwZ 2008, 697 = DÖV 2008, 600 = UPR 2008, 314 = GewArch 2008, 322; hierzu auch Stuiber/Hoffmann, ZUR 2011, 519 (520). Siehe auch Verweise bei VG Ansbach, Urt. v. 13.3.2013, AN 11 K 12.00.721, juris, Rn. 64).

[58]Europäische Kommission, RoHS 2 FAQ, S. 20.

[59]Giesberts/Hilf, ElektroG, § 2 Rn. 27.

[60]Europäische Kommission, RoHS 2 FAQ, S. 20. Hingegen hat das BVerwG die Einordnung eines Sportschuhs mit elektronischem Mikroprozessor (Vorrichtung im Fersenbereich zur weiteren Modifizierung einer im Schuh bereits vorhandenen Dämpfung) als Elektro- oder Elektronikgerät ausdrücklich offengelassen (BVerwG, Urt. v. 21.2.2008, 7 C 43.07, juris = NVwZ 2008, 697 = DÖV 2008, 600).

[61]Europäische Kommission, *ebd.*

[62]So bereits BVerwG, Urt. v. 21.2.2008, 7 C 43/07, juris, Rn. 15 = NVwZ 2008, 697 = DÖV 2008, 600 = UPR 2008, 314 = GewArch 2008, 322, das zur Bestimmung des Elektrogerätebegriffs bereits unter der Herrschafft des ElektroG den Rückgriff auf einen dem Gesetz nicht bekannten Begriff des Primärzwecks ablehnte. Siehe auch Europäische Kommission, RoHS 2 FAQ, S. 19 f.

[63]European Engineering Industrie Association, ORGALIME RoHS GUIDE, S. 7 und 19. Zur Abrenzung von Geräten und Bauteilen siehe VG Ansbach, Urt. v. 13.1.2010, AN 11 K 09.00812, juris, Rn. 29 = UPR 2010, 157 und Urt. v. 13.3.2013, AN 11 K 12.00721, Rn. 64. Danach ist Gerät ein Produkt, das eine eigenständige, vom Endnutzer gewünschte Funktion erfüllt, als einzelne Verkaufseinheit im Handel angeboten wird, zur unmittelbaren Nutzung durch den Endnutzer vorgesehen ist und ein eventuell erforderlicher Einbau ohne großen technischen Aufwand – wenn auch von technisch dazu befähigten Personen – erfolgen kann. Bauteile und Baugruppen hingegen sind dazu bestimmt, durch Hersteller anderer Produkte in diese eingebaut oder sonstiger Weise weiterverarbeitet zu werden. Zusätzliche Einrichtungen, die nicht in ein Gerät eingebaut, sondern durch einfache Verbindungen an das Gerät angeschlossen werden, sind hiernach in der Regel selbst als eigenständige Geräte aufzufassen (z. B. Peripheriegeräte von PC's wie Drucker, Tastatur, Maus, Scanner, USB memory sticks etc.). Vgl. auch BVerwG, Urt. v. 23.9.2010, 7 C 20/09, juris, Rn. 38 = DVBl 2010, 1508 = ZUR 2011, 30, der die vom AG Ansbach vorgenomme Abgrenzung indes nicht bestätigt, ihr aber auch nicht widerspricht.

Zur Abgrenzung zwischen eigenständigem Gerät und unselbstständigem Bauteil kann weiter – unter Ausschluss des Sachzusammenhangs elektromagnetischer Störungen – der **Gerätebegriff der EMV-Richtlinie** 2014/30/EU herangezogen werden (→ Rn. 500).[64] Unterfallen hiernach unselbstständige Bauteile und Komponenten selbst nicht der RoHS-Richtlinie, müssen sie aufgrund der nicht auf das Gesamtprodukt, sondern auf den eingesetzten homogenen Werkstoff bezogenen Grenzwerte (→ Rn. 429) gleichwohl den Stoffbeschränkungen immer dann genügen, wenn das Gesamtprodukt dem Anwendungsbereich der RoHS-Richtlinie unterfällt und keine Ausnahmen nach Anhang III oder IV (→ Rn. 430) zur Anwendung kommen. Die Einhaltung der Grenzwerte seitens der Zulieferer von Teilprodukten sicherzustellen ist Aufgabe des **Schadstoffmanagements** des Herstellers des EEE.[65]

3. Kabel und Ersatzteile

415 Von Komponenten und Bauteilen zu unterscheiden sind vom Hauptprodukt getrennt bereitgestellte Kabel und Ersatzteile, für welche die RoHS-Richtlinie 2011/65/EU spezifische Bestimmungen bereithält. So bestimmt deren Art. 4, dass die *„Mitgliedstaaten sicher[stellen], dass in Verkehr gebrachte Elektro- und Elektronikgeräte einschließlich Kabeln und Ersatzteilen für die Reparatur, die Wiederverwendung, die Aktualisierung von Funktionen oder die Erweiterung des Leistungsvermögens keine der in Anhang II aufgeführten Stoffe enthalten"*. Konkret bedeutet dies die Anordnung mitgliedstaatlicher Verkehrsverbote für nicht RoHS-konforme Kabel und Ersatzteile.[66] Art. 3 Nr. 5 der RoHS-Richtlinie 2011/65/EU definiert Kabel, als *„Kabel mit einer Nennspannung von weniger als 250 V, die als Verbindungs- oder Verlängerungskabel zum Anschluss von Elektro- oder Elektronikgeräten an eine Steckdose oder zur Verbindung von zwei oder mehr Elektro- oder Elektronikgeräten dienen"*. Ersatzteil ist nach Art. 3 Nr. 27 der RoHS-Richtlinie 2011/65/EU *„ein Einzelteil eines Elektro- oder Elektronikgeräts, das einen Bestandteil eines Elektro- und Elektronikgeräts ersetzen kann. Das Elektro- oder Elektronikgerät kann ohne diesen Bestandteil nicht ordnungsgemäß funktionieren. Die Funktionstüchtigkeit des Elektro- oder Elektronikgeräts wird wiederhergestellt oder verbessert, wenn der Bestandteil durch ein Ersatzteil ersetzt wird"*. Kabel und Ersatzteile unterliegen nur dann sowohl den Stoffbeschränkungen nach Art. 4 der RoHS-Richtlinie

---

[64] VG Ansbach, Urt. v. 1.12.2010, AN 11 K 10.00426, juris, Rn. 38; Urt. v. 13.3.2013, AN 11 K 12.00721, juris, Rn. 64; BMUB, Hinweise zum Anwendungsbereich des ElektroG, S. 14 (zwischenzeitlich zurückgenommen).

[65] Zum Schadstoffmanagement des Herstellers des EEE, siehe Schneider, Die neue Elektrostoffverordnung – RoHS II, S. 77 ff. Im Hinblick auf die Anforderung der Durchführung eines ordnungsgemäßen Konformitätsbewertungsverfahrens (§ 3 Abs. 2 ElektroStoffV) kann sich der Hersteller nicht ohne weiteres darauf verlassen, dass ein Komponentenlieferant ihm die RoHS-Konformität seiner Waren bestätigt (Ellinghaus, in Schmehl, GK-KrWG, Elektro- und Elektronikgerätegesetz Rn. 42).

[66] Siehe § 3 Abs. 1 ElektroStoffV.

2011/65/EU als auch den weiteren Anforderungen an das Inverkehrbringen, wenn Sie ein eigenständiges Elektro- und Elektronikgerät im Sinne des Art. 2 Abs. 1 sind. Dies bejaht die Europäische Kommission bei Kabeln und bedarf es der CE-Kennzeichnung und EU-Konformitätserklärung.[67] Insoweit wäre die in Art. 4 der RoHS-Richtlinie vorgenommene Nennung (*„einschließlich Kabeln"*) überschießend. Ersatzteile sind, jedenfalls im Grundsatz, keine EEE.[68]

4. Ausnahmen

Die RoHS-Richtlinie 2011/65/EU nimmt sodann in deren Art. 2 Abs. 4 eine Reihe von Produkten aus ihrem Anwendungsbereich heraus (§ 1 Abs. 2 ElektroStoffV):

a) **Geräte, die für den Schutz der wesentlichen Sicherheitsinteressen der Mitgliedstaaten** erforderlich sind, einschließlich Waffen, Munition und Kriegsmaterial für militärische Zwecke. 416

Dieser Ausnahmetatbestand begründet keine generelle Ausnahme für alle Geräte, die bei Behörden und Organisationen mit sicherheitsrelevanten Aufgaben eingesetzt werden (bspw. Kaffeemaschinen, Staubsauger, Computer, Drucker). Entscheidend ist, ob ein Gerät speziell für die Sicherheitsorgane konzipiert wurde, seine Nutzung ihnen vorbehalten ist und damit ausschließlich staatlichen Sicherheitsinteressen (Interessen der inneren und äußeren Sicherheit) dient. Vom Anwendungsbereich ausgenommen sind des Weiteren Geräte, die eigens für militärische Zwecke bestimmt sind wie Waffen, Munition und Kriegsmaterial. Findet indes die Nutzung eines Geräts nicht nur in militärischen, sondern auch in außermilitärischen Einrichtungen, bei Privatunternehmen oder im häuslichen Bereich statt (sog. Dual-Use-Güter), fällt es nicht unter den Ausnahmetatbestand nach lit a).[69] Selbst Geräte mit erhöhtem militärischem Bezug, wie etwa thermische Sichtgeräte, fallen nicht unter den Ausnahmetatbestand, wenn sie auch von Privatpersonen oder Unternehmen erworben werden können.[70]

---

[67]Europäische Kommission, RoHS 2 FAQ, Stand 12.12.2012, S. 15 f.; European Engineering Industrie Association, ORGALIME RoHS GUIDE, S. 19.
[68]European Engineering Industrie Association, *ebd.*, S. 29 f. Art. 4 der RoHS-Richtlinie 2011/65/EU ist Ausdruck des Grundsatzes, wonach Ersatzteile das Schicksal der Gesamtsache teilen und produktverkehrsrechtlich im Zusammenhang mit der Gesamtsache zu beurteilen sind (→ Rn. 309). Obschon das Ersatzteil selbst nicht EEE ist, finden auf es die für das EEE geltenden Stoffbeschränkungen Anwendung.
[69]BayVGH, Urt. v. 30.6.2009, 20 BV 08.2417, BeckRS 2009, 45.253, Rn. 52.
[70]*Ebd.*, Rn. 53; Europäische Kommission, Frequently Asked Questions on Directive 2012/19/EU on Waste Electrical and Electronic Equipment (WEEE), S. 27.

417 b) Ausrüstungsgegenstände für einen **Einsatz im Weltraum.**
Unter den Ausschluss fallen Geräte, die für den Einsatz oberhalb von 100 km über dem Meeresspiegel bestimmt sind (z. B. Satelitten oder Raumsonden).[71]

418 c) Geräte, die speziell als **Teil eines anderen, von dieser Richtlinie ausgenommenen oder nicht in den Geltungsbereich dieser Richtlinie fallenden Gerätetyps** konzipiert sind und als ein solches Teil installiert werden sollen, die ihre Funktion nur als Teil dieses Geräts erfüllen können und die nur durch gleiche, speziell konzipierte Geräte ersetzt werden können.
Dieser Ausnahmetatbestand ist von besonderer Bedeutung. Hier gilt zunächst, dass ein EEE nur dann als Teil eines anderen Gerätetyps konzipiert ist, wenn es nach dem Einbau in das Hauptgerät seine rechtliche Selbstständigkeit verliert, d. h. zusammen mit dem Hauptgerät eine einheitliche Sache bilden wird (→ Rn. 309–311).[72] Der Ausschluss gilt nur für solche Bestandteilsgeräte, die *ausschließlich* in anderen und ihrerseits ausgenommenen Gerätetypen eingesetzt werden.[73] Der deutsche Verordnungsgeber nennt hier beispielhaft Navigationsgeräte, die in Fahrzeugen verbaut sind und spezielle Pumpen/Aggregate für die Wasser- und Abwasserversorgung in Passagierflugzeugen.[74] Wird das Gerät auch als separate Handelseinheit vertrieben und ist anderweit – unabhängig vom Hauptgerät – einsetzbar, scheidet ein Vorliegen des Ausnahmetatbstands nach lit. c) aus.[75] Im Umkehrschluss zu Art. 2 Abs. 4 lit. c) i. V. m. den Ausnahmen der *„ortsfesten industriellen Großwerkzeuge"* und der *„ortsfesten industriellen Großanlagen"* folgt u. a., dass die bei Herstellern teilweise vorzufindende Meinung im Text keine Stütze findet, wonach ortsfest zu verbauende oder fest zu installierende elektronische Geräte, wie etwa Lüftungs- und Klimageräte, Türsprechanlagen, etc. vom Anwendungsbereich

---

[71]Giesberts/Hilf, ElektroG, § 2 Rn.41 (zu § 2 Abs. 2 Nr. 4 ElektroG).
[72]Vgl. zu § 2 Abs. 2 Nr. 2 ElektroG, VG Ansbach, Urt. v. 2.7.2008, AN 11 K 06.02339, juris, Rn. 40; Urt. v. 13.1.2010, AN 11 K 09.01985, juris, Rn. 27; Urt. v. 1.12.2010, AN 11 K 10.00426, juris, Rn. 38; Urt. v. 13.3.2013, AN 11 K 12.00721, juris, Rn. 64; vgl. auch BayVGH, Beschl. v. 19.8.2008, 20 ZB 08.1647, juris, Rn. 3; Urt. v. 30.6.2009, 20 BV 08.2417, BeckRS 2009, 45253, Rn. 69; Beschl. v. 1.3.2010, 20 ZB 09.3099, juris, Rn. 8.
[73]Zum Merkmal des *„speziell konzipierten Geräts"*, siehe Europäische Kommission, RoHS 2 FAQ, Stand 12.12.2012, S. 13 f.: *„For"specifically designed" EEE to benefit from the exclusion of 2(4)(c) it must be intended only to be installed in another type of equipment that is excluded. Thus if a particular EEE can function in excluded and in scope equipment, it would be in scope unless it can be demonstrated (e.g. with sales documents, installation instructions, marketing literature, etc.) that it is only to be installed in an excluded equipment."* Siehe auch EuGH, Urt. v. 16.7.2015, Sommer Antriebs- und Funktechnik, C-369/14, EU:C:2015:491.
[74]BR-Drucks. 68/13, 24.
[75]BayVGH, Urt. v. 30.6.2009, 20 BV 08.2417, BeckRS 2009, 45253, Rn. 69.

der RoHS-Richtlinie ausgenommen seien; Art. 2 Abs. 4 lit. c) enthält mithin keine Ausnahme für Geräte der Gebäudeausrüstung.[76]

d) Ortsfeste industrielle Großwerkzeuge.

"Ortsfeste industrielle Großwerkzeuge" sind groß angelegte Anordnungen mehrerer Maschinen, Geräte und/oder Bauteile, die für eine bestimmte Anwendung gemeinsam eine Funktion erfüllen, die von Fachpersonal dauerhaft an einem bestimmten Ort installiert und abgebaut werden und die von Fachpersonal in einer industriellen Fertigungsanlage oder einer Forschungs- und Entwicklungsanlage eingesetzt und instand gehalten werden (Art. 3 Nr. 3 der Richtlinie 2011/65/EU). Diese Kombination mehrerer Systeme, Endprodukte und/oder Bauteile wird nicht als einzelne funktionale oder Handelseinheit in Verkehr gebracht.[77] Der Begriff des Werkzeugs bezeichnet Gegenstände, die zur Durchführung eines bestimmten Vorgangs oder einer bestimmten Arbeit verwendet werden, also insbesondere der Herstellung oder Bearbeitung von Materialien und Produkten dienen.[78] Die Größe der Anordnung, ihre Kapazität, ihr Durchsatz und ihre sonstigen Leistungsmerkmale, ihre Komplexität und der Aufwand für deren Installation, Betrieb, Instandhaltung und De-Installation bestimmen, ob die Anordnung groß angelegt ist.[79] Die geforderte Ortsfestigkeit ist gegeben, wenn eine Veränderung des Standortes während der Nutzungsphase nicht vorgesehen ist,[80] d. h. die Anordnung an einem festen Platz montiert ist und – etwa aufgrund ihrer Größe und Schwere – normalerweise nicht umgestellt oder entfernt werden kann bzw. dies nur mit unverhältnismäßigen Aufwand möglich wäre.[81] Großwerkzeuge mit einer teilweisen Beweglichkeit, z. B. auf Schienen, gelten ebenfalls als ortsfest.[82] Wesentlich ist weiter, dass das Großwerkzeug ausschließlich in einer industriellen Produktionsstätte oder einer Forschungs- und Entwicklungsanlage zu industrielen Zwecken oder zu Forschungszwecken eingesetzt wird.[83] Beispiele für *"ortsfeste industrielle*

419

---

[76]EuGH, Urt. v. 16.7.2015, Sommer Antriebs- und Funktechnik, C-369/14, EU:C:2015:491, Rn. 55; VG Ansbach, Urt. v. 24.2.2010, AN 11 K 09.01434, juris, Rn. 22; Urt. v. 2.7.2008, AN 11 K 06.02339, juris, Rn. 34 f.; Europäische Kommission, RoHS 2 FAQ, S. 15; vgl. auch VG Ansbach, Urt. v. 2.7.2008, AN 11 K 06.02339, juris, Rn. 33–34.

[77]BayVGH, Urt. v. 30.6.2009, 20 BV 08.2417, BeckRS 2009, 45253, Rn. 66.

[78]EuGH, Urt. v. 16.7.2015, Sommer Antriebs- und Funktechnik, C-369/14, EU:C:2015:491, Rn. 45.

[79]Europäische Kommission, RoHS 2 FAQ, S. 9 und 12.

[80]BT-Drs. 18/4901, 82 (zum ElektroG).

[81]EuGH, Urt. v. 16.7.2015, Sommer Antriebs- und Funktechnik, C-369/14, EU:C:2015:491, Rn. 49; BayVGH, Urt. v. 30.6.2009, 20 BV 08.2417, BeckRS 2009, 45253, Rn. 66.

[82]Europäische Kommission, RoHS 2 FAQ, S. 11.

[83]Vgl. EuGH, Urt. v. 16.7.2015, Sommer Antriebs- und Funktechnik, C-369/14, EU:C:2015:491, Rn. 45 und 49; BayVGH, Urt. v. 30.6.2009, 20 BV 08.2417, BeckRS 2009, 45253, Rn. 66.

Großwerkzeuge" sind Fertigungsstraßen, Spritzgussmaschinen, Montagekräne, Schweißroboter, Fräs- und Bohrmaschinen.[84]

420 **e) Ortsfeste Großanlagen.**
„Ortsfeste Großanlage" ist eine groß angelegte Kombination von Geräten unterschiedlicher Art und gegebenenfalls weiteren Einrichtungen, die von Fachpersonal montiert und installiert werden und dazu bestimmt sind, auf Dauer an einem vorbestimmten Ort betrieben und von Fachpersonal abgebaut zu werden (Art. 3 Nr. 4 der Richtlinie 2011/65/ EU). Die Europäische Kommission stellt für das Merkmal *„groß angelegte Kombination"* maßgeblich auf die Transportfähigkeit der Anlage ab. Eine groß angelegte Kombination soll vorliegen, wenn die Kombination nicht in einen 20 Fuß-ISO -Container passt (Gesamtheit der Teile >5,71 m × 2,35 m × 2,39 m) oder deren Gewicht 44t übersteigt oder Lastkräne für die Installation oder De-Installation erforderlich sind oder in einem normalen industriellen Umfeld nicht ohne Weiteres aufgestellt werden kann (z. B. Verstärkung des Fundaments oder wenn die Nennleistung grösser 375 kW ist).[85] Ortsfeste Großanlagen sind im industriellen, gewerblichen, öffentlichen (z. B. in Krankenhäusern, am Flughafen) oder privaten/häuslichen Bereich vorfindliche und dem fachmännischen Ein- und Ausbau vorbehaltene Anlagen, wie Aufzüge, Gepäcktransportbänder, automatisierte Vorratssysteme, Transportsysteme, Rolltreppen.[86]

421 **f) Verkehrsmittel zur Personen- oder Güterbeförderung** mit Ausnahme von elektrischen Zweirad-Fahrzeugen, die nicht typgenehmigt sind.
Verkehrsmittel sind bewegliche technische Einrichtungen, die der Beförderung von Personen oder Gütern dienen. Dies können muskelkraftbetriebene Fortbewegungsmittel (z. B. Fahrräder), motorgetriebene Fortbewegungsmittel (z. B. PkW, Schiffe, Flugzeuge) und spurgebundene Fortbewegungsmittel (z. B. Züge, Strassen- und U-Bahnen) sein. Die Rückausnahme in Hs. 2 gilt für nicht typgenehmigungspflichtige elektrische Zweiradfahrzeuge. Ob das elektrische Zweiradfahrzeug tatsächlich typgenehmigt ist, ist nicht entscheidend.[87] D. h., elektrische Zweiradfahrzeuge, für die eine Typgenehmigung nicht erforderlich ist, fallen ausdrücklich in den Anwendungsbereich der Richtlinie 2011/65/ EU. Die Typgenehmigungspflicht richtet sich nach VO (EU) Nr. 168/2013 (siehe namentlich dort Art. 2 Abs. 2 lit. h: keine Typgenehmigungspflicht und damit kein Ausschluss nach lit. f) für E-Bikes, die nur eine Tretunterstützung bis zu 25 km/h und eine maximale Motordauerleistung von 250 W aufweisen).

---

[84] BT-Drs. 18/4901, 82 (zum ElektroG).
[85] Europäische Kommission, RoHS 2 FAQ, S. 12.
[86] BT-Drs. 18/4901, 82 (zum ElektroG).
[87] Giesberts/Hilf, ElektroG, § 2 Rn. 47 (zu § 2 Abs. 2 Nr. 7 ElektroG).

g) **Bewegliche Maschinen,** die nicht für den Straßenverkehr bestimmt sind und aus- 422
schließlich zur professionellen Nutzung zur Verfügung gestellt werden.
Art. 3 Nr. 28 der RoHS-Richtlinie 2011/65/EU in der bis zum 12.6.2019 umzusetzenden Fassung der Änderungsrichtlinie 2017/2102/EU definiert *„bewegliche Maschinen, die nicht für den Straßenverkehr bestimmt sind und ausschließlich zur professionellen Nutzung zur Verfügung gestellt werden"* als *„Maschinen mit eigener Energieversorgung oder mit externem Antrieb über Netzkabel, die beim Betrieb entweder beweglich sein müssen oder kontinuierlich oder halbkontinuierlich zu verschiedenen festen Betriebsorten bewegt werden müssen und ausschließlich zur professionellen Nutzung zur Verfügung gestellt werden"*. *„Beweglich"* ist hiernach jedenfalls was im Sinne der VO (EU) 2016/1628 *„mobil"* ist (→ Rn. 442).[88] Gegenstück sind ortsfeste Maschinen, die bestimmungsgemäß auf Dauer am Ort ihrer ersten Verwendung aufgestellt werden und außer während des Transports vom Herstellungsort an den Ort der ersten Aufstellung weder über die Straße noch auf andere Weise bewegt werden sollen (Art. 1 Nr. 36 VO (EU) 2016/1628). Sodann darf die Maschine nicht für den Straßenverkehr und ausschließlich zur professionellen Nutzung zur Verfügung bestimmt sein (zum Konzept der bestimmungsgemäßen Verwendung → Rn. 359).

h) **Aktive implantierbare medizinische Geräte.** 423
Es gilt die Definition in Art. 1 Abs. 2 lit. c) der Richtlinie 90/385/EWG.

i) **Fotovoltaikmodule,** die in einem System verwendet werden sollen, das zum stän- 424
digen Betrieb an einem bestimmten Ort zur Energieerzeugung aus Sonnenlicht für öffentliche, kommerzielle, industrielle und private Anwendungen von Fachpersonal entworfen, zusammengesetzt und installiert wurde.
Weder die RoHS-Richtlinie 2011/65/EG noch die ElektroStoffV enthalten eine Definition des Begriffs des Photovoltaikmoduls. Er kann mit § 3 Nr. 13 ElektroG definiert werden als elektrische Vorrichtung, die zur Verwendung in einem System bestimmt ist und zur Erzeugung von Strom aus solarer Strahlungsenergie entworfen, zusammengesetzt und installiert wird. Der Gesetzebegründung zum ElektroG ist zu entnehmen, dass ein System im Sinne der Definition in der Regel aus einem oder mehreren Photovoltaikmodulen und ggf. weiteren funktionalen Einheiten, wie etwa einem Wechselrichter, besteht.[89] Gemeint sind zuvörderst Solaranlagen.[90]

---

[88] Vgl. Europäische Kommission, RoHS 2 FAQ, S. 17: *„Non-road mobile mshinery (NRMM)";* vgl. auch BT-Drs. 18/4901, 83.
[89] BT-Drs. 18/4901, 82.
[90] *Ebd.*

425 j) **Geräte,** die ausschließlich **zu Zwecken der Forschung und Entwicklung** entworfen wurden und nur auf zwischenbetrieblicher Ebene bereitgestellt werden.
Ausweislich der Gesetzesbegründung zum inhaltsgleichen Ausschluss im ElektroG sind ausschließlich Geräte für Spezialanwendungen gemeint, die kundenspezifisch angefertigt und im Bereich der Forschung und Entwicklung eingesetzt werden. Standardisierte Geräte, wie z. B. Kontroll- und Überwachungsinstrumente für chemische Analysen, die sowohl für Forschungs- und Entwicklungszwecke als auch für andere Anwendungen verwendet werden können, unterfallen hiernach nicht dem Ausschluss. Wesentliches Merkmal ist die ausschließliche Bereitstellung auf zwischenbetrieblicher Ebene. Das bedeutet, dass die Geräte ausschließlich im gewerblichen Bereich genutzt und nicht an Verbraucher abgegeben werden.[91]

5. Übergangsregelungen und Gerätekategorien

426 Im Zuge der bedeutsamen Ausweitung des Anwendungsbereichs der RoHS-Richtlinie (→ Rn. 412) und der mit der delegierten Richtlinie 2015/863/EU unternommenen Erweiterung des Katalogs bestehender Beschränkungen waren jeweils **gerätekategoriespezifische Übergangszeiträume** vorzusehen. Die entsprechenden Bestimmungen finden sich konsolidiert in §§ 3 Abs. 4 und 15 ElektroStoffV.

427 Die Einordnung des Geräts in die Kategorien des § 1 Abs. 1 ElektroStoffV kann unter Heranziehung der in Anlage 1 des ElektroG (in der bis zum 14.8.2018 gültigen Fassung (vgl. Art. 7 Abs. 3 i. V. m. Art. 3 Abs. 1 ElektroNOG)) gelisteten Gerätetypen erfolgen. Die Aufzählung ist allerdings nicht abschließend und handelt es sich um Beispielsnennungen. Definitionen aus der Rechtsprechung liegen nur zu einzelnen Gerätekategorien vor: Als Haushaltsgroßgerät ist ein Gerät zu verstehen, das in der Regel nicht durch eine Person tragbar ist, und einmal in den Haushalt verbracht, ortsfest ist, wie beispielsweise eine Waschmaschine oder ein Kühlschrank.[92] Hierbei ist der Haushaltsbegriff nicht auf den Haushalt als Anknüpfungspunkt für eine Nutzung beschränkt. Vielmehr unterfallen hierunter auch Nutzungen im industriellen oder gewerblichen Bereich.[93] Werkzeug ist ein Arbeitsmittel, um auf Gegenstände (Werkstücke oder Materialien im weitesten Sinne) mechanisch einzuwirken. Im weiteren Sinne steht der Werkzeugbegriff für Hilfsmittel im Allgemeinen.[94] In der Adidas-Entscheidung unternimmt das BVerwG die Abgrenzung zwischen Sportgerät und bloßem Bekleidungsstück. Hiernach sind unter Sportgeräten Gegenstände zu verstehen, die – gegebenenfalls genormt und zur Erzielung von Leistungen bestimmt – zur Ausübung einer Sportart benötigt werden. Ein zum Laufen geeigneter Sportschuh, ist nach zwanglosem Verständnis und angesichts seiner vielfältigen Nutzungsmöglichkeiten nicht als Sportgerät, sondern als Kleidungsstück zu verstehen.

---

[91] BT-Drs. 18/4901, 70.
[92] AG Dessau-Roßlau, Urt. v. 27.4. 2009, 13 OWi 128/09, juris, Rn. 34.
[93] VG Ansbach, Urt. v. 13.1.2010, AN 11 K 09.00812, juris, Rn. 33.
[94] BVerwG, Urt. v. 23.9.2010, 7 C 20/09, juris, Rn. 26.

Wenn ein Laufschuh bei der Sportausübung verwendet wird, verliert er damit seine Eigenschaft als Bekleidungsgegenstand ebenso wenig wie andere Kleidungsstücke, die sowohl beim Sport als auch im Alltag nutzbar sind. Die Verwendung bei der Sportausübung macht einen Laufschuh nicht zum Sportgerät, sondern bestenfalls zu einem Sportschuh, der auch in dieser Funktion vorrangig der Fußbekleidung dient.[95]

II. Stoffbeschränkungen und Ausnahmen nach Anhang III der RoHS-Richtlinie

1. Regelungsbefugnisse der Kommission, Stoffbeschränkungen

Im Gegensatz zur Vorgängerrichtlinie werden die Stoffbeschränkungen nicht im Richtlinientext selbst, sondern in dessen Anhang II gelistet. Die Kommission überprüft fortlaufend diese Liste und ist ihr die Befugnis übertragen, diese durch delegierte Rechtsakte und unter Berücksichtigung der in den Art. 20 und 22 genannten Bedingungen und der in Art. 6 Abs. 1 aufgeführten Aspekte zu ändern[96] Der so der Kommission gesetzte Rahmen ist justiziabel (→ Rn. 77). In der RoHS-Richtlinie sind mit Stand der delegierten Richtlinie (EU) 2015/863 und bis auf die in den Anhängen II und III aufgeführten Ausnahmen folgende Stoffe für die Verwendung in Elektro- und Elektronikprodukten verboten (Gewichtsprozent bezogen auf homogenen Werkstoff): Blei (Pb) (>0,1 Gew.-%), Quecksilber (Hg) (>0,1 Gew.-%), Cadmium (Cd) (>0,01 Gew.-%), sechswertiges Chrom (CrVI) (>0,1 Gew.-%), Polybromierte Biphenyle (PBB) (>0,1 Gew.-%), Polybromierte Diphenylether (PBDE) (>0,1 Gew.-%), Di(2-ethylhexyl)phthalat (DEHP) (>0,1 Gew.-%), Butylbenzylphthalat (BBP) (>0,1 Gew.-%), Dibutylphthalat (DBP) (>0,1 Gew.-%) und Diisobutylphthalat (DIBP) (>0,1 Gew.-%).

428

2. Konzentrationswerte in Gew.-% bezogen auf homogenen Werkstoff

Die normierten Konzentrationsgrenzwerte werden in Gewichtsprozent (Gew-%) ausgedrückt. Gew-% = 100 * m/M und ist der Stoff (m) nicht auf das Produkt oder ein Bauteil, sondern auf den homogenen Werkstoff (M) bezogen. Letzterer ist definiert in Art. 3 Nr. 20 als *„Werkstoff von durchgehend gleichförmiger Zusammensetzung oder einen aus verschiedenen Werkstoffen bestehenden Werkstoff, der nicht durch mechanische Vorgänge wie Abschrauben, Schneiden, Zerkleinern, Mahlen und Schleifen in einzelne Werkstoffe zerlegt oder getrennt werden kann"*, d. h. jede mechanisch nicht weiter zerlegbare Einheit. Für die Praxis bedeutet dies, dass zum Beispiel beim Löten eine Obergrenze von 0,1 % Blei in der Lötstelle gilt. Das bedingt das Erfordernis der RoHS-Konformität für

429

---

[95] BVerwG, Urt. v. 21.2.2008, 7 C 43/07, juris, Rn. 13 f.
[96] Mit der delegierten Richtlinie 2015/863/EU wurden Stoffbeschränkungen aufgenommen zu Hexabromcyclododecan (HBCDD), Di(2-ethylhexyl)phthalat (DEHP), Butylbenzylphthalat (BBP) und Dibutylphthalat (DBP).

jedes noch so kleine Bauteil eines EEE. In Ermangelung einer bestimmten Prüfmethode hat die Feststellung des jeweiligen Stoffgehalts nach den anerkannten Regeln der Technik zu erfolgen.[97]

3. Von den Beschränkungen ausgenommene Verwendungen

430 Zu den in Anhang II aufgeführten Grenzwerten sehen Anhang III (zu allen EEE) und Anhang IV (zu **medizinischen Geräten und Überwachungs- und Kontrollinstrumenten**) bestimmte Ausnahmen vor, die höhere Anteile der als gefährlich eingestuften Stoffe für bestimmte Verwendungen in Werkstoffen und Komponenten bestimmter elektronischer Geräte gestatten.[98] Auch hier wird der Kommission die Befugnis übertragen, die Anhänge an den wissenschaftlichen und technischen Fortschritt anzupassen. Die **Voraussetzungen einer** solchen **Anpassung** sind in **Art. 5 Abs. 1 der RoHS-Richtlinie 2011/65/EU** normiert.[99] Zum einen darf hiernach der durch die Verordnung (EG) Nr. 1907/2006 gewährte Schutz von Umwelt und Gesundheit nicht abgeschwächt werden. Weiter ist eine Anpassung nur zulässig, wenn bezogen auf die konkrete Stoffverwendung *i)* aus wissenschaftlicher und technischer Sicht eine Stoffsubstitution nicht praktikabel ist oder *ii)* wenn die durch die Substitution verursachten negativen Auswirkungen auf Umwelt, Gesundheit und Verbrauchersicherheit die aus der Substitution resultierenden Vorteile für diese Schutzgüter voraussichtlich überwiegen oder *iii)* wenn die Zuverlässigkeit von Substitutionsprodukten nicht gewährleistet ist. Weiter sind bei der Entscheidung über Ausnahmen und die Dauer möglicher Ausnahmen die Verfügbarkeit von Substitutionsprodukten und die sozioökonomischen Auswirkungen der Substitution zu berücksichtigen, wie etwa die Auswirkungen auf die Wettbewerbsfähigkeit, Kosten, Auswirkungen auf kleine und mittelständische Unternehmen oder die Sicherung der Arbeitsplätze.[100] Verfügbar ist ein Substitutionsprodukt gemäß Art. 2 Nr. 25 der RoHS-Richtlinie 2011/65/EU, wenn es innerhalb eines angemessenen Zeitraums hergestellt und geliefert werden kann. **Initiativberechtigt** sind Hersteller, Bevollmächtigte und Wirtschaftsakteure in der Lieferkette. Deren Anträge auf Ausnahmen,

---

[97]OLG Karlsruhe, Urt. v. 30.1.2015, 4 U 266/13, juris, Rn 18.

[98]Beispielsweise sind für Blei als Legierungselement die in Ziffern 6a bis c normierten Ausnahmen ohne Beschränkung der zeitlichen Gültigkeit zugelassen:

Kupferlegierungen dürfen einen Masseanteil Blei von bis zu 4 % besitzen;

Aluminium darf Blei als Legierungselement mit einem Masseanteil von 0,4 % besitzen;

Stahl darf für Bearbeitungszwecke und in verzinktem Stahl einen Masseanteil von bis zu 0,35 % besitzen.

[99]Vgl. beispielhaft zu ex-Art. 5 Abs. 1 lit. b) der Richtlinie 2002/95/EG EuGH, Urt. v. 1.4.2008, Parlament und Dänemark/Kommission, C-14/06, EU:C:2008:176 (Nichtigerklärung der Entscheidung 2005/717/EG).

[100]Bestimmung der sozioökonomischen Kriterien nach Art. 5 Abs. 1 lit. a. 4. Spiegelstrich der Richtlinie 2011/65/EU in Anlehnung an Anhang XVI VO (EG) 1907/2006 (vgl. Schneider, Die neue Elektrostoffverordnung – RoHS II, S. 68).

Erneuerung von Ausnahmen oder auf Widerruf von Ausnahmen müssen die in Anhang V der RoHS-Richtlinie geforderten Angaben enthalten.[101] Hervorzuheben sind die dortigen Buchstaben c) bis e) und obliegt hiernach dem Antragsteller der Nachweis des Vorliegens oder des Wegfalls der in Art. 5 Abs. 1 lit. a) festgelegten Bedingungen. Art. 5 enthält sodann in Abs. 2, 5 und 6 Regelungen zur Dauer der Ausnahmen und zu Fristen im Zusammenhang mit Anträgen auf Erneuerung von Ausnahmen. Im hiesigen Kontext bedeutsam ist die Feststellung, dass die gewährten **Ausnahmen abschließend in den Anhängen III und IV aufgeführt** sind. Sie beziehen sich auf bestimmte Stoffe bei bestimmter Verwendung und demgemäß nicht auf ein konkretes Produkt oder ein konkretes Unternehmen. D. h. jeder kann den Stoff der gewährten Ausnahme gemäß verwenden und ist dies nicht dem Antragsteller vorbehalten. Die gewährte Ausnahme ist demgemäß **nicht Ausdruck eines dem Einzelnen** bei Vorliegen der Bedingungen nach Art. 5 Abs. 1 lit. a) der RoHS-Richtlinie zustehenden **subjektiven Rechtsanspruchs** auf Erteilung einer Ausnahme oder eines ihm zustehenden Anspruchs auf ermessensfehlerfreie Bescheidung. Hier unterscheidet sich die gewählte Regelungskonzeption ganz wesentlich von den Zulassungen nach Art. 60 ff. VO (EG) 1907/2006 (→ Rn. 408).

Entsprechend kann unter der RoHS-Richtlinie 2011/65/EU der Einzelne im Wege der Untätigkeitsklage auch nicht den Erlass der begehrten Ausnahme erzwingen. Fürwahr kann gemäß Art. 265 Abs. 3 AEUV (ex-Art. 232 EGV) jede *„natürliche oder juristische Personen [...] vor dem Gerichtshof Beschwerde [nur] darüber führen, dass ein Organ oder eine Einrichtung oder sonstige Stelle der Union es unterlassen hat, einen anderen Akt als eine Empfehlung oder eine Stellungnahme an sie zu richten"*. Zur Statthaftigkeit einer Individualuntätigkeitsklage bedarf es somit des Nachweises, dass sich der Kläger in der Rechtsstellung eines (potentiellen) Adressaten des Rechtsaktes befindet (*„an sie zu richten"*),[102] der begehrte Rechtsakt also individuelle Geltung entfalten würde. Maßnahmen mit allgemeiner Geltung, die zwar rechtsverbindlichen aber *„weder ihrer Form noch ihrer Rechtsnatur nach an den Einzelnen gerichtet sind"*, werden danach ausgenommen.[103] Die Untätigkeit im Hinblick auf in die Anhänge III oder IV der RoHS-Richtlinie aufzunehmende Ausnahmen scheidet daher als statthafter Klagegenstand im Rahmen des Art. 265 Abs. 3 AEUV aus, da diese den Einzelnen nicht individuell, sondern nur in seiner Eigenschaft als Angehörigen einer nach allgemeinen

431

---

[101]Art. 5 Abs. 8 der RoHS-Richtlinie 2011/65/EU sieht ferner die Annahme eines einheitlichen Formats für die Anträge sowie umfassende Leitlininen für solche Anträge durch die Europäische Kommission vor. Mit Stand 1.1.2018 lagen diese (noch) nicht vor. Anträge sind einsehbar unter URL: http://ec.europa.eu/environment/waste/rohs_eee/adaptation_en.htm.

[102]EuG, Urt. v. 23.1.1991, Prodifarma/Kommission, T-3/90, EU:T:1991:2, Rn. 12.

[103]Siehe (zu ex-Art. 175 Abs. 3 EWGV) EuGH, Urt. v. 28.3.1979, Granaria/Rat und Kommission, C-90/78, EU:C:1979:85, Rn. 14; Urt. v. 11.7.1979, Producteurs de vins/Kommission, C-60/79, EU:C:1979:189.

Merkmalen bestimmten Gruppe betreffen.[104] Aus den gleichen Gründen wäre auch die vom Antragsteller gegen die Ablehnung einer Ausnahme gerichtete Nichtigkeitsklage nach Art. 263 AEUV (ex-Art. 230 EGV) unstatthaft. So richtet sich die Rechtsnatur der Ablehnung nach der Rechtsnatur des beantragten Aktes. Da aber die begehrte Ausnahme von der Stoffbeschränkung nach Art. 4 Abs. 1 RoHS-Richtlinie 2011/65/EU den Einzelnen nicht unmittelbar und individuell betrifft, scheidet eine Anfechtung der Ablehnung aus.[105]

§ 5 – Batterierichtlinie/BattG

432 Das in Umsetzung der Batterierichtlinie 2006/66/EG ergangene BattG enthält in dessen § 3 Abs. 1 und 2 **Stoffbeschränkungen** für Quecksilber (Hg) mit dem Grenzschwellenwert 0,0005 Gew.-% (=5 mg/kg) bezogen auf alle Typen[106] und für Cadmium (Cd) mit dem Grenzschwellenwert 0,002 Gew.-% (=20 g/kg) bezogen auf Gerätebatterien (ausgenommen Gerätebatterien, die für Not- oder Alarmsysteme einschließlich Notbeleuchtung oder für medizinische Ausrüstung bestimmt sind[107]). Das **Verkehrsverbot** richtet sich an jeden, der im Bundesgebiet solchermaßen nicht konforme Batterien bereitstellt, d. h. neben dem Hersteller (→ Rn. 285) auch Vertreiber und Zwischenhändler (→ Rn. 288). Für den Hersteller technischen Geräts sind diese für Batterien geltenden Stoffbeschränkungen und das sich hieraus ergebende bußgeldbewehrte (→ Rn. 768) Verkehrsverbot bedeutsam, wenn Batterien im Gerät eingebaut oder diesem beigefügt sind. So bestimmt § 1 S. 2 BattG – in Abkehr vom Grundsatz, wonach nur die Gesamtsache zu betrachten ist (→ Rn. 309) –, dass das BattG auch solche Batterien erfasst, die nicht gesondert, sondern in eingebautem Zustand bereitgestellt werden. Der **Begriff der Batterie** wird in Art. 3 Nr. 1 der Batterierichtlinie 2006/66/EG und § 2 Abs. 2 BattG legaldefiniert. Hiernach sind Batterien im Sinne des BattG *„aus einer oder mehreren nicht wiederaufladbaren Primärzellen oder aus wiederaufladbaren Sekundärzellen bestehende Quellen elektrischer Energie, die durch unmittelbare Umwandlung chemischer Energie gewonnen wird"*. Damit werden unter dem Batteriebegriff sowohl

---

[104]Vgl. EuGH, Urt. v. 15.1.1974, Holtz & Willemsen/Rat und Kommission, C-134/73, EU:C:1974:1, Rn. 5.

[105]Vgl. EuGH, Urt. v. 24.11.1992, Buckl u. a./Kommission, C-15/91, EU:C:1992:454, Rn. 22.

[106]Mit Richtlinie 2013/56/EU wurde die bis dahin geltende Ausnahmeregelung für Knopfzellen (Hg. Knopfzellen: 20.000 ppm) zum 1.10.2015 abgeschaft (vgl. auch Übergangsregelung in § 23 Abs. 1 S. 2 BattG).

[107]Mit Richtlinie 2013/56/EU wurde die bis dahin geltende Ausnahmeregelung für zur Verwendung in schnurlosen Elektrowerkzeugen bestimmte Gerätebatterien zum 31.12.2016 abgeschaft (vgl. auch § 3 Abs. 2 S. 3 und § 23 Abs. 1 S. 3 BattG).

Batterien im Sinne wieder aufladbarer Primärzellen, wie auch Akkumulatoren im Sinne wiederaufladbarer Sekundärzellen zusammengefasst. Brennstoffzellen hingegen sind keine Batterien im Sinne des BattG.[108] § 1 Abs. 2 BattG nimmt sodann bestimmte Batterien mit besonderem Verwendungszweck vom Anwendungsbereich des BattG aus. Es sind dies Batterien, die *konkret* dafür bestimmt sind[109], i) in Ausrüstungsgegenständen, die mit dem Schutz der wesentlichen Sicherheitsinteressen der Bundesrepublik Deutschland in Zusammenhang stehen, einschließlich in Waffen, Munition oder Wehrmaterial für militärische Zwecke (vgl. → Rn. 416) oder ii) in Ausrüstungsgegenständen für den Einsatz im Weltraum (vgl. → Rn. 417) verwendet oder eingesetzt zu werden.

Der Grenzschwellenwert von 20 ppm Cadmium (Cd) gilt ausschließlich für **Gerätebatterien,** nämlich *„Batterien, die gekapselt sind und in der Hand gehalten werden können. Fahrzeug- und Industriebatterien sind keine Gerätebatterien"* (§ 2 Abs. 6 S. 1 BattG). Insbesondere erfasst der Begriff *„Gerätebatterien"* Monozellenbatterien, Batterien für Mobiltelefone, tragbare Computer, schnurlose Elektrowerkzeuge, Spielzeuge und Haushaltsgeräte wie elektrische Zahnbürsten, Rasierer und tragbare Staubsauger (einschließlich der vergleichbaren Geräte in Schulen, Geschäften, Restaurants, Flughäfen, Büros und Krankenhäusern) sowie alle Batterien, die Verbraucher für die üblichen Zwecke im Haushalt nutzen.[110] § 2 Abs. 6 S. 2 BattG erklärt die Einstufung als Fahrzeugbatterie oder als Industriebatterie im Zweifel für vorrangig gegenüber der Einstufung als Gerätebatterie. **Fahrzeugbatterien** sind gemäß § 2 Abs. 4 S. 1 BattG *„Batterien, die für den Anlasser, die Beleuchtung oder für die Zündung von Fahrzeugen [i. S. des § 1 Abs. 2 StVG] bestimmt sind."* Der Begriff *„Fahrzeugbatterie"* erfasst auch Batterien, die eine dieser Funktionen in sogenannten Hybridfahrzeugen erfüllen. Nicht erfasst werden Batterien für den Vortrieb von ausschließlich elektrisch angetriebenen Fahrzeugen sowie Batterien für den elektrischen Vortrieb von sog. Hybridfahrzeugen.[111] **Industriebatterien** sind gemäß § 2 Abs. 5 S. 1 und 2 BattG *„Batterien, die ausschließlich für industrielle, gewerbliche oder landwirtschaftliche Zwecke, für Elektrofahrzeuge jeder Art oder zum Vortrieb von Hybridfahrzeugen bestimmt sind. Fahrzeugbatterien sind keine Industriebatterien."* Erfasst werden insbesondere Batterien für die Not- oder Reservestromversorgung in Krankenhäusern, Flughäfen oder Büros, Batterien zum Einsatz in Zügen oder Flugzeugen und Batterien für Offshorebohrinseln, Schiffe und Leuchttürme.

433

---

[108]Vgl. BT-Drs. 16/12.227, 23; Ahlhaus/Waggershauser, Das neue Batteriegesetz, S. 22.

[109]Vgl. BT-Drs, 16/12.227, 23, wonach die bloße Zweckbestimmung nicht genügt und Batterien, die mit vom Anwendungsbereich ausgenommenen Batterien identisch oder baugleich sind, jedoch in anderen als den in § 1 Abs. 2 BattG Anwendungen zum Einsatz kommen, nicht von der Ausnahme des § 1 Abs. 2 BattG erfasst sind.

[110]BT-Drs. 16/12227, 24.

[111]*Ebd.,* 23.

Ferner zählen dazu Batterien zur ausschließlichen Nutzung für tragbare Inkassogeräte in Geschäften und Restaurants, Strichcodelesegeräte in Geschäften, professionelle Videotechnik für Fernsehsender und Studios, Gruben- und Taucherlampen an Helmen von Bergleuten und Berufstauchern, Batterien für Sicherheitssysteme von elektrisch betätigten Türen, mit denen das Blockieren der Tür oder das Einklemmen von Personen verhindert werden soll, Batterien für unterschiedlichste Geräte in der Mess-, Steuer- und Regelungstechnik, Batterien zur Verwendung bei Solarmodulen und weiteren fotovoltaischen und sonstigen Anwendungen im Bereich der erneuerbaren Energien sowie Batterien für Fahrzeuge mit Elektroantrieb wie Autos, Rollstühle, Fahrräder, Flughafenfahrzeuge und Fahrzeuge für fahrerlose Transportsysteme (FTS-Fahrzeuge). § 2 Abs. 5 S. 3 BattG bestimmt sodann, dass Batterien, die weder Fahrzeug- noch Industrie- oder Gerätebatterien sind, für die Zwecke dieses Gesetzes wie Industriebatterien behandelt werden. Für Fahrzeug- und Industriebatterien ist nach § 17 Abs. 3 BattG der Grenzschwellenwerte von 20 ppm Cadmium (Cd) Kennzeichnungsschwellenwert (vgl. → Rn. 643).

§ 6 – Outdoor-Richtlinie

434 Im Fünften Umweltaktionsprogramm wird Lärm als eines der gravierendsten Umweltprobleme in städtischen Gebieten bezeichnet und die Notwendigkeit unterstrichen, Maßnahmen zur Reduktion der Emissionen der verschiedenen Lärmquellen zu ergreifen.[112] Im Grünbuch vom 4.11.1996 mit dem Titel „*Künftige Lärmschutzpolitik*"[113] tat die Europäische Kommission sodann ihre Absicht kund, die zersplitterten Rechtsvorschriften zur Bekämpfung der Geräuschemissionen im Freien verwendeter Maschinen in einen Rechtsakt zusammenzuführen und auf andere Produkte auszuweiten. Insbesondere galt es zu vermeiden, dass einzelstaatliche Lärmschutzvorschriften zu im Freien verwendeter Maschinen zu Handelshemmnissen führen und das Funktionieren des Binnenmarkts beeinträchtigen. So gab es etwa in Frankreich Rechtsvorschriften über Geräuschemissionen von Baumaschinen, in Deutschland für Betonpumpen und Betonmischer und in den Niederlanden für Motorkettensägen. Den Vorschlag für eine Richtlinie betreffend die Geräuschemission im Freien betriebener Geräte und Maschinen legte die Europäische Kommission am 18.2.1998 vor.[114] Am 8.5.2000 erging sodann die Richtlinie 2000/14/EG über umweltbelastende Geräuschemissionen von zur Verwendung im Freien vorgesehenen Geräten und Maschinen, sog.

---

[112] ABl. 1993 C 138, 55.
[113] KOM(96) 540 endg.
[114] KOM (98) 46 endg.

"Outdoor-Richtlinie". Mit dieser Rahmenrichtlinie werden der im Grünbuch kommunizierten Absicht entsprechend die bei Erlass der Richtlinie bereits bestehenden Rechtsvorschriften zu Geräuschemissionen **unterschiedlicher Baumaschinen** sowie eine Richtlinie für **Rasenmäher** miteinander in Einklang gebracht und die Regelungen auf andere Produkte erstreckt. Ziel ist die effizientere Bekämpfung von Geräuschemissionen von mehr als 50 Typen von zur Verwendung im Freien vorgesehenen Geräten und Maschinen wie beispielsweise Kompressoren, Baggerlader, verschiedene Sägetypen und Mischmaschinen. Die Richtlinie soll durch Verringerung der Geräuschemissionen im Freien betriebener Geräte und Maschinen zum reibungslosen Funktionieren des Binnenmarkts und zur Verbesserung von Wohl und Gesundheit der Bürger beitragen. Innerhalb der in den Anwendungsbereich der Richtlinie fallenden Geräte und Maschinen gilt es **zwei Gruppen** zu unterscheiden, nämlich Geräte und **Maschinen, für die Geräuschemissionsgrenzwerte gelten** und Geräte und **Maschinen,** die nur einer **Kennzeichnungspflicht** unterliegen. Insoweit unterfallen die Geräte und Maschinen unterschiedlichen Regelungsregimen.[115]

Die Richtlinie stützt sich auf die im **Modul-Beschluss 93/465/EWG** (→ Rn. 155) **435** niedergelegten Grundprinzipien und Ansätze über die in den technischen Harmonisierungsrichtlinien zu verwendenden Module für die verschiedenen Phasen der **Konformitätsbewertungsverfahren** und die Regeln über die Anbringung und Verwendung der **CE-Kennzeichnung.** Obgleich eine Anpassung an die Musterbestimmungen des Beschlusses Nr. 768/2008/EG bis dato nicht erfolgt ist, fügen sich die in der Outdoor-Richtlinie 2000/14/EG enthaltenen Bestimmungen zur CE-Kennzeichnung, EU-Konformitätserklärung, Konformitätsbewertung und Schutzklauselverfahren in das übrige Produktverkehrsrecht reibungslos ein.

Umgesetzt wurde die Outdoor-Richtlinie 2000/14/EG durch die Abschnitte 1 und 2 der **436** 32. BImSchV vom 28.8.2002. Es handelt sich hierbei um eine 1:1-Umsetzung.

I. Anwendungsbereich und Abgrenzungen

1. Art. 12 und 13 der Richtlinie 2000/14/EG

Die Richtlinie 2000/14/EG gilt gemäß Art. 2 Abs. 1 S. 1 für Produkte, die einem der in **437** den Art. 12 und 13 aufgelisteten und in Anhang I definierten Geräte- und Maschinentypen

---

[115] Ausführlich zur Outdoor-Richtlinie, Leitfaden für die Anwendung der Richtlinie 2000/14/EG, abufbar unter URL: http://ec.europa.eu/DocsRoom/documents/10.335/attachments/1/translations.

unterfallen[116] und unter der Voraussetzung, dass sie zur Verwendung im Freien vorgesehen sind.[117]

2. Verhältnis zur Maschinenrichtlinie 2006/42/EG

438 Fast alle in den Art. 12 und 13 aufgelisteten Geräte- und Maschinentypen fallen auch in den Anwendungsbereich der Maschinenrichtlinie 2006/42EG. Letztere verpflichtet in Nummer 1.7.4.2 lit. u) des Anhangs I (Inhalt der Betriebsanleitung) zur Angabe des Schalldruckpegels und bei einem Schalldruckpegel größer als 80 dB(A) – parallel zur Richtlinie 2001/14/EG – auch des Schallleistungspegels. Bei von der Richtlinie 2000/14/EG erfassten Maschinen sind *„beide Richtlinien, [2006/42/EG] und 2000/14/EG, anzuwenden, und zwar Richtlinie [2006/42/EG] für die Messung des Schalldruckpegels*

---

[116]Der den Anwendungsbereich regelnde Art. 2 enthält sodann weitergehende Regelungen und widmet sich Art. 3 lit. a) umfassend der Definition des Ausdrucks *„zur Verwendung im Freien vorgesehene Geräte und Maschinen"*. Neben der klaren und an den Rechtsanwender gerichteten Regelung des Art. 2 Abs. 1 S. (Art. 2 Abs. 1 S. 1) 1 *(„Diese Richtlinie gilt für die in den Artikeln 12 und 13 aufgelisteten und in Anhang I definierten zur Verwendung im Freien vorgesehenen Geräte und Maschinen")* werden diese weiteren Regelungen nur im Zusammenhang mit Art. 20 Abs. 1 S. 2 lit. b) und in ihrer Funktion als Auslegungshilfe verständlich. So legt gemäß Art. 20 Abs. 1 die Kommission dem Europäischen Parlament und dem Rat alle vier Jahre einen Bericht über die Erfahrungen der Kommission bei der Umsetzung und dem Vollzug der Richtlinie vor und bezieht hierin Stellung zur Notwendigkeit einer Überarbeitung der Verzeichnisse der Art. 12 und 13. Bei deren Stellungnahme zur Notwendigkeit einer Überarbeitung des Anwendungsbereichs soll die Kommission demgemäß den durch Art. 2 Abs. 1 S. 2 und 3, Abs. 2 und Art. 3 lit. a) gezogenen Rahmen beachten und regeln diese Bestimmungen eher, was grundsätzlich im Anwendungsbereich und ohne Systembruch mit aufgenommen werden könnte, als dass sie den Anwendungsbereich selbst weiter festlegen würden. Für den Rechtsanwender sind genannte Bestimmungen allenfalls insoweit von Bedeutung, als sie bei der Auslegung der in Art. 12 und 13 und in Anhang I definierten Geräte- und Maschinentypen herangezogen werden können. Angesichts der klaren Definitionen in Anhang I kommt diesen Bestimmungen als Auslegungshilfe allerdings eine nur untergeordnete Bedeutung zu. So werden beispielsweise in Art. 13 auch rollbare Müllbehälter erfasst und definiert Anhang I in seiner Nr. 30 den rollbaren Müllbehälter als *„entsprechend ausgelegter, mit einem Deckel versehener Behälter auf Rädern zur vorübergehenden Lagerung von Müll"*. Obschon also in Art. 3 lit. a) der Ausdruck *„zur Verwendung im Freien vorgesehene Geräte und Maschinen"* unter Rückgriff auf die Begriffsbestimmung der Maschinen nach der Maschinenrichtlinie definiert wird, die gewöhnliche Hausmülltonne aber keine Maschine ist, erfasst Art. 13, 26. Spiegelstrich, genau diese Hausmülltonne und unterfällt die Hausmülltonne den Regelungen der Outdoor-Richtlinie. Der Anwendungsbereich wird anders gewendet abschließend in Art. 12 und 13 festgesetzt. In diesem Sinne auch § 1 Hs. 2 der 32. BImschV.

[117]Europäische Kommission, Leitfaden für die Anwendung der Richtlinie 2000/14/EG, S. 22. Ein Gerät oder Maschine ist zur Verwendung im Freien vorgesehen, wenn es vom Hersteller zur Anwendung im Freien konzipiert und gefertigt worden ist. Geräte und Maschinen, die nur zufällig im Freien verwendet werden, sind nicht erfasst. Anwendung im Freien bedeutet außerhalb von Gebäuden oder innerhalb einer umschliessenden Struktur, die keine nennenswerte Wirkung auf die Schallübertragung haben, wie Zelte, Regenschutzdächer oder offene Bauwerke.

(Richtlinie 2000/14/EG befasst sich nicht mit dieser Thematik) und Richtlinie 2000/14/ EG für die Messung des Schallleistungspegels unabhängig vom Wert des Schalldruckpegels. Für die Messung des Schallleistungspegels werden in Richtlinie 2000/14/EG das Messverfahren und die Betriebsbedingungen der Maschinen während der Messung festgelegt. Darüber hinaus muss der Hersteller den Wert des garantierten Schallleistungspegels angeben, d. h. das Ergebnis der Messung des Schallleistungspegels, erhöht um den Wert der Messunsicherheit und einen Wert, der die Unterschiede zwischen der untersuchten Maschine und der Fertigung identischer Maschinen berücksichtigt."[118]

3. Verhältnis zur Ökodesign-Richtlinie 2009/125/EG

Die Ökodesign-Richtlinie erfasst in deren Anhang I, Teil 1, Nr. 1.2 den Umweltaspekt Lärm und sind demgemäß Ökodesign-Anforderungen in Durchführungsmaßnahmen zur Begrenzung umweltbelastender Geräuschemissionen grundsätzlich denkbar. Demgemäß besteht zumindest theoretisch die Möglichkeit von Überschneidungen. Finden auf ein und dasselbe Produktmodell unterschiedliche Anforderungen zum Parameter Lärm Anwendung, so gilt mangels Ausschluss-/Vorrangregelung $CE_{Lärm} \Leftrightarrow (A+B \ldots)$ ($\rightarrow$ Rn. 73 f.).

439

II. Geräuschemissionsgrenzwerte

Sämtliche der Outdoor-Richtlinie unterfallende Geräte und Maschinen bedürfen der Angabe des garantierten Schallleistungspegels ($\rightarrow$ Rn. 635). Designbezogene Anforderungen bestehen lediglich hinsichtlich der in Art. 12 aufgeführten Geräte und Maschinen und haben diese den auf den jeweiligen Geräte- und Maschinentyp abgestimmten und in Art. 12 festgelegten maximalen Schallleistungspegel einzuhalten.[119] Es findet mithin **kein Verweis auf harmonisierte Normen** statt. Regelungstechnisch handelt es sich um eine **Detailharmonisierung** ($\rightarrow$ Rn. 142).[120]

440

---

[118] Siehe Anhang III zu Teil 3 des Leitfadens für die Anwendung der Richtlinie 2000/14/EG sowie Europäische Kommission, Leitfaden für die Anwendung der Maschinenrichtlinie 2006/42/EG, § 273.

[119] Ausführlich zu Art. 12, siehe Leitfaden für die Anwendung der Richtlinie 2000/14/EG, S. 35 ff., abufbar unter URL: http://ec.europa.eu/DocsRoom/documents/10335/attachments/1/translations.

[120] Insoweit irritiert die im 3. Erwägungsgrund vorgenommene Feststellung, wonach sich die Outdoor-Richtlinie auf die Grundprinzipien und Ansätze der Entschließung des Rates vom 7.5.1985 zur Neuen Konzeption stütze. Lediglich die Prinzipien des im 3. Erwägungsgrund ebenfalls ewähnten Modul-Beschlusses 93/465/EWG wurden übernommen.

§ 7 – Verbrennungsmotoren für nicht für den Straßenverkehr bestimmte mobile Maschinen und Geräte

441 Nicht für den Straßenverkehr bestimmte mobile Maschinen und Geräte (*„non-road mobile machinery"* – NRMM) tragen erheblich zur Luftverschmutzung bei. Auf sie entfallen rund 15 % der Emissionen von Stickoxiden (NOx) und 5 % von Partikelmaterie (PM) in der Union, die insbesondere als Ruß bei Dieselmotoren freigesetzt werden.[121] Emissionsgrenzwerte von NRMM-Motoren waren in der Emissionsrichtlinie 97/68/EG geregelt (28. BImSchV). Diese wies nach Ansicht der Kommission Mängel auf, da ihr Anwendungsbereich einige Motorenkategorien nicht erfasste und die zuletzt 2004 geänderten Emissionsgrenzen nicht mehr dem Stand der Technik entsprachen. Die die Richtlinie 97/68/EG ersetzende VO (EU) 2016/1628 bezweckt den **Schutz der menschlichen Gesundheit und der Umwelt,** die **Gewährleistung des Binnenmarkts** für NRMM-Motoren und die **Beseitigung von Hindernissen für den Außenhandel** durch Angleichung der EU-Anforderungen an die strengeren Anforderungen der USA. Übergangsbestimmungen enthält Art. 58 VO (EU) 2016/1628. NRMM-Motoren sind typgenehmigungspflichtig.

Die Verordnung (EU) 2016/1628 folgt dem aus dem KfZ-Bereich bekannten **„Mehrstufen-Konzept"** (→ Rn. 202, 204, 206). Nach diesem Konzept erfolgt die Rechtsetzung in drei Schritten: *1)* Die grundlegenden Bestimmungen (namentlich die Emissionsgrenzwerte) und der Anwendungsbereich werden vom Europäischen Parlament und vom Rat im Zuge des ordentlichen Gesetzgebungsverfahrens in der Verordnung (EU) 2016/1628 festgelegt. *2)* Die technischen Spezifikationen, die mit diesen grundlegenden Bestimmungen in Verbindung stehen, werden in zwei delegierten Rechtsakten (Art. 290 AEUV) erlassen: delegierte VO (EU) 2017/654 hinsichtlich technischer und allgemeiner Anforderungen in Bezug auf die Emissionsgrenzwerte und die Typgenehmigung von Verbrennungsmotoren für NRMM und delegierte VO (EU) 2017/655 im Hinblick auf die Überwachung der Emissionen gasförmiger Schadstoffe von in Betrieb befindlichen Verbrennungsmotoren in NRMM (zur **Überwachung der Emissionen von Motoren im Betrieb,** Art. 19 VO (EU) 2016/1628). *3)* Die Verwaltungsvorschriften im Zusammenhang mit den Emissionsgrenzwerten und der Typgenehmigung von Verbrennungsmotoren für NRMM werden in der Durchführungsverordnung (EU) 2017/656, festgelegt.

Das Typgenehmigungsverfahren der VO (EU) 2016/1628 ist ausgerichtet an den aus der VO (EU) Nr. 167/2013 bekannten Regelungen zum **EU-Typgenehmigungsverfahren** (→ Rn. 592 ff.).

---

[121]COM(2014) 581 final, 2. Zur Umweltbelastung aus NRMM, siehe ausführlich Helms/Heidt, Erarbeitung eines Konzepts zur Minderung der Umweltbelastung aus NRMM (non road mobile machinery) unter Berücksichtigung aktueller Emissionsfaktoren und Emissionsverminderungsoptionen für den Bestand, S. 1–48.

I. Anwendungsbereich und Abgrenzungen

Nach deren Art. 2 Abs. 1 gilt die VO (EU) 2016/1628 für die in Art. 4 aufgeführten und dort in Motorenklassen unterteilten **Motoren,** die in nicht für den Straßenverkehr bestimmte mobile Maschinen und Geräte eingebaut sind oder eingebaut werden sollen. In ihrem **sachlichen Geltungsbereich (Ausstoß gasförmiger Schadstoffe und luftverunreinigender Partikel)** gilt sie weiter für diese mobilen Maschinen und Geräte. Zu **NRMM** gehören etwa handgeführte Geräte (z. B. Rasenmäher und Kettensägen), Baumaschinen (z. B. Bagger, Planiermaschinen und Betonmischer), Stromgeneratoren, Schneemobile (Art. 3 Nr. 38), Geländefahrzeuge bzw. ATVs/Quads (Art. 3 Nr. 39), Side-by-Side-Fahrzeuge bzw. Buggys (Art. 3 Nr. 40) und Motorboote.

442

Motoren selbst sind keine Maschinen und findet die Maschinenrichtlinie 2006/42/EG auf sie keine Anwendung. Für NRMM gilt die Maschinenrichtlinie 2006/42/EG neben der VO (EU) 2016/1628 (vgl. Art. 5 Abs. 3 lit. b), Abs. 4 lit. b), Art. 15 VO (EU) 2016/1628).[122]

443

Motoren in für Sport- und Freizeitwecke bestimmte Wasserfahrzeuge (Sportbooterichtlinie 2013/53/EU) sind vom Anwendungsbereich der VO (EU) 2016/1628 ausgenommen (Art. 2 Abs. 2 lit. h)).

444

II. Abgasemissionsgrenzwerte

Die VO (EU) 2016/1628 legt in Art. 18 Abs. 2 i.V.m. Anhang II divergierend nach Motorentyp Abgasemissionsgrenzwerte fest für *i)* gasförmige Schadstoffe: Kohlenmonoxid (CO), Gesamtkohlenwasserstoffe (HC) und Stickoxide (NOx) und *ii)* luftverunreinigende Partikel. Die Prüfmethoden, -bedingungen und -umgebungen werden in der delegierten VO (EU) 2017/654 aufgeführt.

445

---

[122]Vgl. Europäische Kommission, Leitfaden für die Anwendung der Maschinenrichtlinie 2006/42/EG, § 92 (zu Richtlinie 97/68/EG).

Straßenverkehrszulassungsrecht

In seinen Grundzügen ist das Automobil seit einem Jahrhundert Fahrzeugtechnik gleich **446**
geblieben. Es ist dies eine aus vier Rädern, einem Otto- oder Dieselmotor als Antrieb
und einem Getriebe als Drehmomentwandler bestehende Konstruktion. Entsprechendes
gilt für die Zweiräder und andere Kraftfahrzeuge. Gleichwohl hat dieser Produkttyp im
Laufe der Zeit erhebliche Änderungen erfahren und erfährt diese noch heute. Diese werden
auch weiterhin geprägt durch den immer steigenden weltweiten Mobilitätsbedarf
und die Demokratisierung der verschiedenen Fortbewegungsmittel, der fortschreitenden
Internationalisierung des Wettbewerbs, den technischen Fortschritt, einem immer steigenden
Produktangebot, den gesetzgeberischen Aktivitäten, den eingesetzten Energiequellen
und die vielfältigen Kundenanforderungen. Solchermaßen sieht sich auch hier
der Konstrukteur einer Vielzahl sich zum Teil widersprechender Design-Anforderungen
konfrontiert und hat diese einer gesamtheitlichen Lösung zuzuführen. Die **gesetzlichen
Produktanforderungen** sind auch hier nicht selbst Gestaltungsrichtlinie, wirken als
zu berücksichtigende Randbedingungen **Design-Aspekt-übergreifend** und sind im
Konstruktionsprozess als übergreifende Beschränkungen der gestalterischen Lösung zu
begreifen. Sie schließen bestimmte Lösungen zur Erfüllung der gestellten technischen
Aufgaben aus und lassen andere Lösungen zu (⟶ Rn. 317–319).

Hinsichtlich der Wirkungsweise der gesetzlichen Produktanforderungen besteht **447**
demnach kein Unterschied zu den *„gewöhnlichen"* Produkten. Ein nicht unwesentlicher
Unterschied besteht allerdings darin, dass im Kraftfahrzeugbereich auf unionaler
Ebene das, was bei den *„gewöhnlichen"* Produkten unter *„Umsetzungsvereinfachung"*
beschrieben wird hoheitlich erfolgt und zwar in der Weise, dass die Risikobewertung,
die Anforderungen an die Risikominderung, etc. (⟶ Rn. 347 ff.) durch den Gesetzgeber
vorgenommen und die Anforderungen an das Inverkehrbringen spitz vorgegeben
werden (**Detailharmonisierung**) (⟶ Rn. 142). Bei der aktiven und passiven Verkehrssicherheit
etwa zeigt sich, dass die sich aus dem Wettbewerb ergebende Messlatte an

die konstruktive Sicherheit oftmals viel höher sitzt, als die sich aus den gesetzlichen Bestimmungen ergebende Messlatte.[1] Das Gesetz hinkt dem technischen Fortschritt hinterher. So ist nach der Neuen Konzeption die Konkretisierung der wesentlichen Anforderungen ein dynamischer Prozess. Der sich stetig wandelnde Stand der Technik bestimmt Inhalt und Reichweite der wesentlichen Anforderungen. Die Anpassung der wesentlichen Anforderungen an den technischen Fortschritt erfolgt automatisch. Sie ist den wesentlichen Anforderungen inhärent (⟶ Rn. 246–248). Im Kraftfahrzeugbereich hingegen sind die unionalen Bauvorschriften statisch. Sie sind stetig gesetzgeberischerseits dem technischen Fortschritt anzupassen.[2] Nur soweit noch rein nationales Recht im Kraftfahrzeugbereich zur Anwendung gereicht, bleibt es bei der traditionellen Regelungskonzeption des Rückgriffs auf den Stand der Technik zur Ausfüllung gesetzgeberischer Vorgaben. Dies wirft die Frage auf, inwieweit neben unionalem Recht nationales Recht und neben den spezifisch kraftfahrzeugtechnischen Regelungen die allgemeinen Regelungen des Produktsicherheitsrechts, des Umweltproduktrechts, etc. zur Anwendung kommen.

§ 1 – Rechtsquellen und Regelungsbereiche der Anforderungen an das kraftfahrzeugtechnische Design

I. Sachlicher Geltungsbereich

448 Die verkehrsrechtlichen Bau- und Betriebsvorschriften regeln die gesetzlich geforderte Beschaffenheit der zum Verkehr auf öffentlichen Straßen bestimmten Fahrzeuge und der für diese bestimmten Fahrzeugteile.[3] Diese die **Zulassung zum Straßenverkehr regelnden technischen Vorschriften** verfolgen im allgemeinen Interesse liegende Ziele, die den Erfordernissen des freien Warenverkehrs vorgehen, nämlich die Sicherheit des

---

[1]Braess u. a., Anforderungen, Zielkonflikte, in Braess/Seiffert (Hrsg.), Vieweg Handbuch Kraftfahrzeugtechnik, S. 28.

[2]Siehe zur Richtlinie 2007/46/EG dort Erwägungsgrund 21 und Art. 21 Abs. 1; zur VO (EU) Nr. 167/2013 dort Art. 36 Abs. 1 und VO (EU) 2015/208 Erwägungsgründe 6 und 10, VO (EU) Nr. 1322/2014 Erwägungsgründe 5 und 20 und VO (EU) 2015/96 Erwägungsgrund 10; zur VO (EU) Nr. 168/2013 dort Erwägungsgründe 8 und 27, VO (EU) Nr. 134/2014, Erwägungsgrund 5, VO (EU) 44/2014 Erwägungsgrund 4 und VO (EU) Nr. 3/2014 Erwägungsgründe 6 und 10.

[3]Als Grundregel der Zulassung von Fahrzeugen im Allgemeinen bestimmt § 16 Abs. 1 StVZO: *„Zum Verkehr auf öffentlichen Straßen sind alle Fahrzeuge zugelassen, die den Vorschriften dieser Verordnung und der Straßenverkehrs-Ordnung entsprechen, soweit nicht für die Zulassung einzelner Fahrzeugarten ein Erlaubnisverfahren vorgeschrieben ist".* Hiervon zu unterscheiden ist die in einem gesonderten Erlaubnisverfahren zu erteilende Zulassung nach der FZV (Zulassung i. e. S.).

Straßenverkehrs,[4] den Umweltschutz,[5] Verbraucherschutz,[6] Sicherheit am Arbeitsplatz[7] und Sonstige, wie beispielsweise die Verbrechensbekämpfung im Rahmen des Schutzes der öffentlichen Sicherheit[8].

Die auf die Sicherheit des Straßenverkehrs abzielenden Bauvorschriften zur Unfallvorbeugung (*„aktive Sicherheit"*) und Unfallfolgenmilderung (*„passive Sicherheit"*) sind solche zum Schutz der Fahrzeuginsassen und anderer Verkehrsteilnehmer. Insoweit zielen sie auch auf den Schutz von Leib und Leben ab. Gleichwohl handelt es sich bei den verkehrsrechtlichen Bauvorschriften **nicht** um **spezifisches Produktsicherheitsrecht**. So ist die **Sicherheit des Straßenverkehrs** ein gesondertes Allgemeininteresse und **fällt nicht mit dem** vom **Produktsicherheitsrecht** verfolgten Sicherheits- und Gesundheitsschutz **zusammen.**[9] Es geht darum, dass der Gesetzgeber bestimmt, unter welchen Voraussetzungen ein Fahrzeug öffentliche Fahrbahnen nutzen darf und solchermaßen zum Straßenverkehr zugelassen ist. Alle Risiken im Zusammenhang mit dem Straßenverkehr sind dem Straßenverkehrsrecht zuzuordnen und erfolgt hierüber – Risiken im Zusammenhang mit dem Straßenverkehr *versus* Produktrisiken – die Abgrenzung zum Produktsicherheitsrecht. Erhellend hierzu Art. 2 Abs. 3 der Richtlinie 2007/46/EG. Dieser räumt den Mitgliedstaaten die Möglichkeit ein, für mobile Maschinen eine Typgenehmigung oder Einzelgenehmigung gemäß dieser Richtlinie vorzusehen, besagt jedoch zugleich, dass die Anwendung der Maschinenrichtlinie 2006/42/EG von derartigen fakultativen Genehmigungen unberührt bleibt. Dieses Nebeneinander beider Vorschriftenwerke ist vor dem Hintergrund des Art. 3 der Richtlinie 2006/42/EG (⟶ Rn. 333) nur dann verständlich, wenn der jeweilige sachliche Geltungsbereich (⟶ Rn. 65) ein anderer ist und grenzt die Europäische Kommission die sachlichen Geltungsbereiche über die jeweils erfassten Risiken voneinander ab: *„Folglich unterliegt jede mobile Maschine, für deren Teilnahme am Straßenverkehr* [nach nationalem Recht] *eine Typgenehmigung oder Einzelgenehmigung erforderlich ist, hinsichtlich aller Risiken*[,] *die nicht im Zusammenhang mit der Teilnahme am Straßenverkehr stehen*[,] *der Maschinenrichtlinie."*[10]

---

[4]EuGH, Urt. v. 20.3.2014, Kommission/Litauen, C-61/12, EU:C:2014:172, Rn. 60; Urt. v. 10.2.2009, Kommission/Italien, C-110/05, EU:C:2009:66, Rn. 60; Urt. v. 5.10.1994, Van Schaik, C-55/93, EU:C:1994:363, Rn. 19; Urt. v. 12.10.2000, Snellers, C-314/98, EU:C:2000:557, Rn. 55; Urt. v. 15.3.2007, Kommission/Finnland, C-54/05, EU:C:2007:168, Rn. 40; Urt. v. 20.9.2007, Kommission/Niederlande, C-297/05, EU:C:2007:531, Rn. 77; Urt. v. 5.6.2008, Kommission/Polen, C-170/07, EU:C:2008:322, Rn. 49.

[5]EuGH, Urt. v. 6.10.2015, Capoda Import-Export, C-354/14, EU:C:2015:658, Rn. 43.

[6]EuGH, Urt. v. 6.9.2012, Kommission/Belgien, C-150/11, EU:C:2012:539, Rn. 55.

[7]Vgl. Art. 18 VO (EU) Nr. 167/2013.

[8]Vgl. EuGH, Urt. v. 10.4.2008, Kommission/Portugal, C-265/06, EU:C:2008:210, Rn. 38 ff.

[9]Vgl. Generalanwältin Trstenjak, Schlussanträge v. 13.12.2007, Kommission/Portugal, EU:C:2007:784, Rn. 55; Schleswig-Holsteinisches Verwaltungsgericht, Urt. v. 11.11.2008, 3 A 30/08, juris, Rn. 32.

[10]Europäische Kommission, Leitfaden für die Anwendung der Maschinenrichtlinie 2006/42/EG, § 54.

Zwischen den verkehrsrechtlichen und den produktsicherheitsrechtlichen Bauvorschriften herrscht demgemäß kein Vorrangverhältnis und schließen sich diese einander nicht aus. Sie ergänzen sich. $CE_{\text{Straßenverkehrssicherheit}} \Leftrightarrow A$ ist nicht unvereinbar mit $CE_{\text{Produktsicherheit}} \Leftrightarrow B$. Entscheidend ist die korrekte Einordnung einer Bauvorschrift als dem Straßenverkehrsrecht oder dem Produktsicherheitsrecht zugehörig.[11]

---

[11] Andernorts wird das Verhältnis zwischen den verkehrsrechtlichen Bestimmungen und dem Produktsicherheitsrecht über den Vorrang der *leges speciales* zu lösen versucht (Schucht in Klindt (Hrsg.), ProdSG, § 1 Rn. 131 ff.; Wilrich, Das neue Produktsicherheitsgesetz (ProdSG), Rn. 144; Schleswig-Holsteinisches Verwaltungsgericht, Urt. v. 11.11.2008, 3 A 30/08, juris, Rn. 35; Kraftfahrt-Bundesamt (KBA), Kodex zur Ausführung des Produktsicherheitsgesetzes (ProdSG) bei Straßenfahrzeugen, 2011, Ziff. 2.1.2, S. 5). Nach diesem Lösungsansatz wären indes die Anforderungen an die aktive und passive Sicherheit der von der Richtlinie 2007/42/EG und den Verordnungen (EU) Nr. 167/2013 und Nr. 168/2013 nicht erfassten und für die Teilnahme am Straßenverkehr bestimmten Fahrzeuge nach der Richtlinie 2001/95/EG und bei motorbetriebenen Fahrzeugen nach der Maschinenrichtlinie 2006/42/EG und unter Ausschluss der StVZO und der FZV zu beurteilen (zur Harmonisierungsintensität → Rn. 59 ff.). Selbiges würde für Fahrzeugteile und Fahrzeugzubehörteile zu gelten haben. Diese Konsequenz wird freilich nicht gezogen und gehen auch der deutsche Verordnungsgeber und die Vollzugebehörden von sich einander ergänzenden sachlichen Geltungsbereichen aus. Beispielsweise gelten nach § 16 Abs. 2 StVZO die Bau- und Ausführungsrechtsvorschriften der StVZO nicht für Roller-/Inline-Skates, so sie nach dieser Vorschrift keine Fahrzeuge im Sinne der StVZO sind. Damit dürfen sie aber öffentliche Fahrbahnen auch nicht benutzen und richtet sich deren Inverkehrbingen ausschließlich nach der Spielzeugrichtlinie (Braun/Damm/Konitzer, StVZO, § 16 Rn. 2 f.). Hingegen haben motobetriebene Skateboards und City-Roller *(„FUN-Mobile")* den verkehrsrechtlichen Bau- und Betriebsvorschriften zu genügen. So haben sich bereits im Februar 1992 die obersten Landesbehörden mit der Frage der Zulässigkeit dieser FUN-Mobile befasst. Sie kamen mit überwiegender Mehrheit zu der Auffassung, dass es sich hierbei um Kfz im Sinne von § 1 Abs. 2 StVG handelt, die beim Verkehr auf öffentlichen Straßen der Betriebserlaubnispflicht gemäß § 18 StVZO (jetzt § 3 Abs. 1 FZV) und der Versicherungspflicht nach dem PflVG unterliegen. Da aber die erforderlichen Voraussetzungen nicht vorliegen, müsse die Betriebserlaunis verweigert werden. Auch der Fachausschuss Kraftfahrzeugtechnik befasste sich 1998 mit einem ähnlichen Fahrzeug, nämlich einem Tretroller mit elektrischer (Hilfs-)Motorisierung. Er stellte fest, dass im Interesse der Verkehrssicherheit die Erteilung einer Betriebserlaubnis abzulehnen sei (Braun/Damm/Konitzer, StVZO, FZV § 3 Rn. 8). Zusammenfassend ist daher festzustellen, dass in Deutschland auf motorisierte FUN-Mobile – neben Vorschriften zur Produktsicherheit – die verkehrsrechtlichen Bau- und Betriebsvorschriften Anwendung fanden. Richtig ist es dann, wenn der deutsche Gesetzgeber zum damaligen § 1 Abs. 3 GPSG die sich aus der StVZO ergebenden Anforderungen zur Verkehrssicherheit nicht mit Anforderungen bezüglich Gewährleistung von Sicherheit und Gesundheit gleichsetzte, sondern hierzu zurückhaltend formulierte (BT-Drucks. 156/1620, 25): *„Satz 1 der neuen Kollisionsregel nimmt Produkte in Gänze vom Anwendungsbereich des GPSG aus, wenn es für diese spezifischen Produkte Rechtsvorschriften gibt und diese entsprechende oder weitergehende Anforderungen bezüglich der Gewährleistung von Sicherheit und Gesundheit enthalten (z. B. Medizinproduktegesetz (MPG), Gesetz über Funkanlagen- und Telekommunikationssendeinrichtungen (FTEG), Arzneimittelgesetz (AMG), Chemikaliengesetz (ChemG)). Wenn nach spezialgesetzlichen Regelungen ein Produkt nur im Wege eines behördlich geregelten Verfahrens hergestellt und verwendet werden darf – wie regelmäßig bei verkehrsrechtlichen Zulassungsvorschriften –, kann bezüglich der durch die Zulassung abgedeckten Anforderungen hinsichtlich Sicherheit und Gesundheit davon ausgegangen werden, dass sie insoweit den Anforderungen dieses Gesetzes entsprechen."*

Dieses Nebeneinander verkehrsrechtlicher und produktsicherheitsrechtlicher Bauvorschriften veranlasst den Unionsgesetzgeber zwecks Vermeidung von Doppelregelungen Ersteren hier und da den Vorrang einzuräumen bzw. in einem Rechtsakt die auf das Fahrzeug anwendbaren verkehrs- und produktsicherheitsrechtlichen Anforderungen abschließend zu regeln (siehe bspw. Art. 1 Abs. 2 lit. e) der Richtlinie 2006/42/EG; Art. 77 VO (EU) Nr. 167/2013 (vgl. hiezu dortigen Erwägungsgund 28) (⟶ Rn. 466–472)). Dies vermag die in der rechtswissenschaftlichen Literatur z. T. vorfindliche Einordnung des Straßenverkehrszulassungsrechts als spezialgesetzliche Regelungen des Produktsicherheitsrechts zu erklären. Wo es indes unionaler Ausschluss- oder Vorrangregelung bzw. eines beide Allgemeininteressen regelnden Vorschriftenwerks ermangelt, bleibt es bei diesem Nebeneinander.[12] Die richtige Einordnung einer Produktanforderung als dem Straßenverkehrs- oder dem Produktsicherheitsrecht zugehörig ist sodann insoweit bedeutsam, als die Produktsicherheit von motorisiertem Gerät auf Unionsebene abschließend geregelt ist (Richtlinie 2006/42/EG) und nationale kraftfahrzeugtechnische Vorschriften – zu vom unionalen Straßenverkehrszulassungsrecht nicht geregelten Fahrzeugen – nur (noch) aus Gründen im Zusammenhang mit der Teilnahme am Straßenverkehr in Betracht kommen.[13]

450

II. Fahrzeuge

Der die Grundregel der Zulassung von Fahrzeugen verfügende § 16 StVZO lautet in seinem ersten Absatz: *„Zum Verkehr auf öffentlichen Straßen sind alle Fahrzeuge zugelassen, die den Vorschriften* [der Straßenverkehrszulassungsordnung] *und der Straßenverkehrs-Ordnung entsprechen, soweit nicht für die Zulassung einzelner Fahrzeugarten ein Erlaubnisverfahren vorgeschrieben ist."* Von der abstrakt generellen Zulassung in Form gesetzlicher Anordnung nach dem ersten Halbsatz zu unterscheiden ist die konkret individuelle Zulassung in Form hoheitlicher Erlaubnis nach der Fahrzeug-Zulassungsverordnung (FZV). Weiter ist zu differenzieren zwischen den genehmigungspflichtigen Fahrzeugen und den sonstigen, den §§ 30 ff. StVZO unterfallenden Fahrzeugen.

451

---

[12] Tritt die Maschinenrichtlinie gegenüber der Richtlinie 2007/46/EG zurück (⟶ Rn. 467–472), bedeutet dies, dass die Maschinenrichtlinie auf die von der Richtlinie 2007/46/EG erfassten Fahrzeuge keine Anwendung findet. Die Produktsicherheitsrichtlinie 2001/95/EG findet weiterhin neben der Richtlinie 2007/46/EG Anwendung. Solchermaßen gelten etwa die Regelungen der Richtlinie 2001/95/EG zu Produktrückruf und RAPEX-Meldungen und die diese umsetzenden Regelungen des ProdSG auch für Fahrzeuge nach der Richtlinie 2007/46/EG.

[13] Wenn daher etwa § 35d StVZO bestimmt, dass *„die Beschaffenheit der Fahrzeuge sicheres Auf- und Absteigen ermöglichen* [muss]", ist zumindest fraglich, ob diese Vorschrift Rechtswirkungen zu entfalten vermag.

1. Genehmigungspflicht

452 Kraftfahrzeuge mit einer bauartbedingten Höchstgeschwindigkeit von mehr als 6 km/h und deren Anhänger, die auf öffentlichen Straßen in Betrieb gesetzt werden, bedürfen im Grundsatz einer Genehmigung. Sei es in Form der **Betriebserlaubnis** oder der **EU-Typgenehmigung**: die Straßenverkehrs-Zulassung-Ordnung (StVZO) kennt als Arten der Betriebserlaubnis die Allgemeine Betriebserlaubnis für Typen nach § 20 StVZO und die Betriebserlaubnis für Einzelfahrzeuge nach § 21 StVZO; die EU-Typgenehmigung ist geregelt in der Rahmenrichtlinie 2007/46/EG (Personenkraftwagen und deren Anhänger), der VO (EU) Nr. 167/2013 (Traktoren und deren Anhänger) und der VO (EU) Nr. 168/2013 (motorisierte Zwei- und diesen gleichgestellten Drei- und Vierräder, wie etwa Dreiradroller, Trikes oder Gelände-Quads).

453 Formal ist das In-Betrieb-Setzen auf öffentlichen Straßen eines den Anwendungsbereich der **Fahrzeug-Zulassungsverordnung (FZV)** unterfallenden Fahrzeugs zunächst nämlich erst einmal verboten. Es bedarf **hoheitlicher Erlaubnis** und dürfen nach § 3 Abs. 1 S. 1 FZV Kraftfahrzeuge auf öffentlichen Straßen nur in Betrieb gesetzt werden, wenn sie zum Verkehr durch Zuteilung eines Kennzeichnens, Abstempelung der Kennzeichenschilder und Ausfertigung einer Zulassungsbescheinigung zugelassen sind (§ 3 Abs. 1 FZV).[14] Diese Zulassung wird sodann nur erteilt, wenn das Fahrzeug einem genehmigten Typ entspricht oder eine Einzelgenehmigung vorliegt (§ 3 Abs. 1 S. 2 FZV). Die meisten von den Vorschriften über das Zulassungsverfahren ausgenommenen Fahrzeuge müssen ebenfalls einem genehmigten Typ entsprechen oder über eine Einzelgenehmigung verfügen (§ 4 Abs. 1 FZV). D. h., am öffentlichen Straßenverkehr teilnehmende Fahrzeuge i. S. der FZV bedürfen, von wenigen Ausnahmen abgesehen, der Genehmigung in Form einer nationalen Betriebserlaubnis oder EU-Typgenehmigung. Betriebserlaubnis und EU-Typgenehmigung sind vorbehaltlich der Erfüllung verfahrensrechtlicher Anforderungen zu erteilen, wenn das Fahrzeug oder der Fahrzeugtyp den materiellen Bau- und Betriebsvorschriften der StVZO oder bei der EU-Typgenehmigung den unionalen Einzelrechtsvorschriften entspricht, also so beschaffen ist, dass ein

---

[14] Der Gesetzgeber verbietet die einer Kontrollerlaubnis unterworfenen Betätigungen nicht, weil sie generell unterbleiben sollen, sondern weil vorweg behördlich geprüft werden soll, ob sie im Einzelfall gegen bestimmte materiell-rechtliche Rechtsvorschriften verstoßen. Bei positiver Prüfung wird festgestellt, dass die Betätigung im Einklang mit dem materiellen Recht steht und ist die Genehmigung zu erteilen. Das „*formelle*" Verbot steht also von vornherein unter dem Vorbehalt, die Erlaubnis zu erteilen, wenn sich im Erlaubnisverfahren keine gesetzlichen Versagungsgründe ergeben (präventives Verbot mit Erlaubnisvorbehalt). Zur Kontrollerlaubnis, siehe Maurer, Allgemeines Verwaltungsrecht, § 9 Rn. 51–54.

§ 1 – Rechtsquellen und Regelungsbereiche der Anforderungen ...

verkehrssicherer und umweltgerechter Betrieb gewährleistet ist. Die Genehmigung ist die **Anerkennung und Feststellung der Vorschriftsmäßigkeit** des Fahrzeugs.[15]

2. Vorrang der drei EU-Vorschriftenwerke

Die drei EU-Vorschriftenwerke, d. h. die **Basisrechtsakte, Richtlinie 2007/46/EG, VO (EU) Nr. 167/2013** und **VO (EU) Nr. 168/2013,** haben den Schritt zur vollständigen Harmonisierung vollzogen. Innerhalb ihrer Anwendungsbereiche wurde das Nebeneinander von nationaler und unionaler Genehmigung abgeschafft (⟶ Rn. 202, 204, 206). Soweit die FZV eine Genehmigungspflicht für Fahrzeuge begründet, die von diesen drei Vorschriftenwerken nicht erfasst werden, resultieren die Genehmigungsvoraussetzungen aus den **§§ 30 ff. StVZO**.[16] So gilt der Vorrang genannter drei Vorschriftenwerke nur insoweit, wie ihr Anwendungsbereich reicht und belassen sie den Mitgliedstaaten die Befugnis das Inverkehrbringen, den Verkauf, die Inbetriebnahme oder die Benutzung der von ihnen nicht erfassten und für den Straßenverkehr bestimmten Fahrzeuge – unter Beachtung der Bestimmungen des Vertrags – zu regeln.[17] Von wenigen Ausnahmen abgesehen unterfallen nach der Fahrzeug-Zulassungsverordnung dem **Erfordernis vorheriger Genehmigung** *i)* die zum Betrieb auf öffentlichen Straßen bestimmten Fortbewegungsmittel auf Rädern mit eigenem Antrieb und einer bauartbedingten Höchstgeschwindigkeit ab 6 km/h, *ii)* die durch Muskelkraft angetriebenen Fortbewegungsmittel mit Motorunterstützung ab 25 km/h und *iii)* die für diese

454

---

[15]OLG Hamm, Beschl. v. 22.8.2005, 1 Ss OWi 272/05, juris, Rn. 12 = NJW 2006, 241; Dauer, in König/Dauer, Straßenverkehrsrecht, § 19 StVZO Rn. 2 m.w.Nachw. Zum Verhältnis von Erteilung der Betriebserlaubnis bzw. Genehmigung und Zulassung, also zur Frage, ob das Erlöschen der Betriebserlaubnis zur Unwirksamkeit der Zulassung führt, siehe Rebler, SVR 2010, 361 (363 f.); Dauer, in König/Dauer, Straßenverkehrsrecht, § 19 StVZO Rn. 14. Siehe auch amtl. Begr. zu § 7 EG-FGV, VkBl 2009, 314 (334): *„Absatz 1 übernimmt die in Artikel 17 der Richtlinie 2007/46/ EG ausgewiesenen Fälle, in denen die Gültigkeit der Genehmigung erlischt. Eine erloschene Genehmigung hat keine Auswirkungen auf die Zulassung, den Verkauf oder die Inbetriebnahme der während ihrer Gültigkeit entsprechend hergestellten Fahrzeuge, sofern nicht gesonderte Regelungen getroffen werden, wie zum Beispiel die Festlegung einer Frist zum Inverkehrbringen derartiger Fahrzeuge [...].“*

[16]Obschon die §§ 30 ff. StVZO zunehmend über die in Bezug genommenen Anhänge die zu den drei EU-Vorschriftenwerken ergangenen Einzelrechtsakte zur Anwendung bringen, findet nicht über diese, sondern über die EG-FGV die Umsetzung der Richtlinie 2007/46/EG statt; die VO (EU) Nr. 167/2013 und die VO (EU) Nr. 168/2013 gelten unmittelbar. Die §§ 30 ff. StVZO regeln nach nationalem Recht zu beurteilende Sachverhalte und macht sich der deutsche Gesetzgeber über genannte In-Bezugnahmen die auf Unionsebene ergangenen kraftfahrzeugtechnischen Vorschriften lediglich zu eigen. Er unternimmt hiermit aber keine Umsetzung von Unionsrecht in nationales Recht.

[17]Vgl. EuGH, Urt. v. 18.11.2010, Lahousse und Lavichy, C-142/09, EU:C:2010:694, Rn. 42–48.

Fortbewegungsmittel bestimmten Anhänger.[18] Die Summe der einer Genehmigungspflicht nach FZV unterfallenden Fahrzeuge ist solchermaßen ungleich größer als die einer Genehmigungspflicht nach unionalem Recht unterfallenden Fahrzeuge und sind Letztere Teilmenge Ersterer. Weiter werden die §§ 30 ff. StVZO nur insoweit vom unionalen Recht überlagert, als es um die Genehmigung von Typen oder die Einzelgenehmigung von der Richtlinie 2007/46/EG unterfallenden Fahrzeuge geht.[19] Im Übrigen richtet sich die Einzelgenehmigung auch weiterhin ausschließlich nach nationalem Recht.

455 Das Genehmigungsverfahren ist geregelt in den §§ 19 ff. StVZO für die nationale Betriebserlaubnis, in der EG-FGV für die EU-Typgenehmigung von Fahrzeugen nach der Richtlinie 2007/46/EG und in den Verordnungen (EU) Nr. 167/2013 und Nr. 168/2013 für die Typgenehmigung der von diesen erfassten Fahrzeuge (⟶ Rn. 592 ff.).

3. Den verkehrsrechtlichen Bauvorschriften unterfallende Fahrzeuge

456 Nach § 1 Abs. 1 StVG sind alle maschinell angetriebenen, nicht an Gleise gebundenen Landfahrzeuge als Kraftfahrzeuge einzustufen. Dabei ist unerheblich, von welcher Art der Antrieb ist und wie viel er zu leisten vermag. Die im Interesse der Sicherheit der Verkehrsteilnehmer erlassenen **Bau- und Betriebsvorschriften der StVZO** gelten solchermaßen **auch für genehmigungsfreie Kraftfahrzeuge.**[20] Weiter gelten die verkehrsrechtlichen Bauvorschriften für alle Fahrzeuge, nicht nur für Kraftfahrzeuge und deren Anhänger.[21] Hingegen sind *„Schiebe- und Greifreifenrollenstühle, Rodelschlitten, Kinderwagen, Roller, Kinderfahrräder und ähnliche nicht motorbetriebene oder mit einem Hilfsantrieb ausgerüstete ähnliche Fortbewegungsmittel mit einer bauartbedingten Höchstgeschwindigkeit von nicht mehr als 6 km/h nicht Fahrzeuge im Sinne der* [StVZO]"[22]. Den §§ 30 ff. StVZO unterfallende Fortbewegungsmittel sind damit beispielsweise auch Fahrräder und gelten insoweit die §§ 63 ff. StVZO.

4. Einschlägige verkehrsrechtliche Bauvorschriften

457 Die zur Anwendung kommenden verkehrsrechtlichen Bauvorschriften sind nachstehendem Schema zu entnehmen (Abb. 1).

---

[18] § 1 Abs. 2 StVG. Hierzu beispielhaft VG Hamburg, Beschl. v. 13.11.2000, 21 VG 4201/2000, juris (Begriff des Krankenfahrstuhls, Erfordernis einer Betriebserlaubnis). Zum Ganzen Dauer, in König/Dauer, Straßenverkehrsrecht, vor § 16 StVZO Rn. 1 f., § 16 StVZO Rn. 2 f.
[19] Art. 1 Abs. 1 UAbs. 2 VO (EU) Nr. 167/2013, Art. 1 Abs. 1 UAbs. 2 VO (EU) Nr. 168/2013.
[20] § 16 Abs. 1 StVZO.
[21] Braun/Damm/Konitzer, StVZO, § 30 Rn. 15.
[22] § 19 Abs. 2 StVZO.

§ 1 – Rechtsquellen und Regelungsbereiche der Anforderungen ...

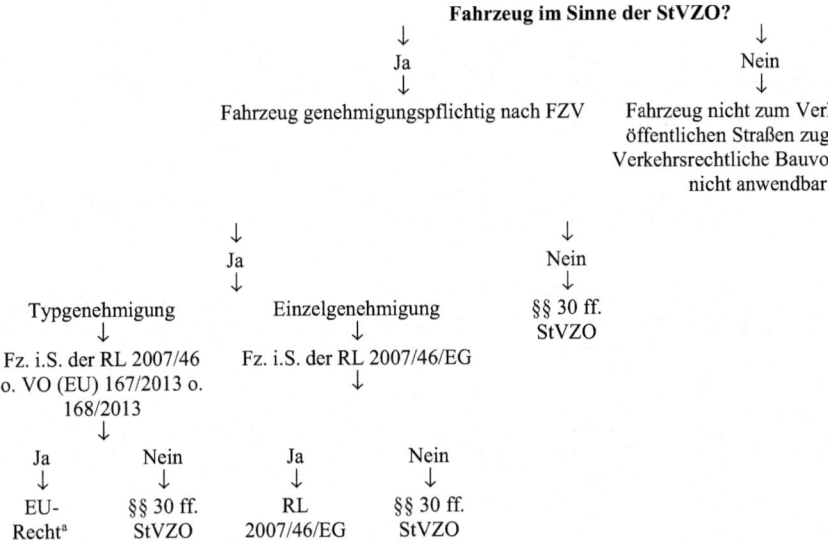

[a]Die bei der Typgenehmigung zu berücksichtigenden Genehmigungsvoraussetzungen richten sich nach der Richtlinie 2007/46/EG für die dort in Art. 3 Nr. 13 definierten Fahrzeuge und unter Ausschluss der in Art. 2 Abs. 2 aufgeführten Fahrzeuge, nach der VO (EU) Nr. 167/2013 für die dort in Art. 2 Abs. 2 und optional in Abs. 3 aufgeführten land- und forstwirtschaftlichen Fahrzeuge sowie nach der VO (EU) Nr. 168/2013 für die von ihr nach deren Art. 2 erfassten zwei-, drei- oder vierrädrigen Fahrzeuge.

Abb. 1 Auf Fahrzeuge anwendbare verkehrsrechtlichen Bauvorschriften.

III. Fahrzeugteile

1. EU-Rechtsrahmen

Art. 31 der Richtlinie 2007/46/EG mit der Überschrift *„Verkauf und Inbetriebnahme von Teilen oder Ausrüstungen, von denen ein erhebliches Risiko für das einwandfreie Funktionieren wesentlicher Systeme ausgehen kann"* bestimmt:

„(1) Die Mitgliedstaaten erlauben den Verkauf, das Anbieten zum Verkauf oder die Inbetriebnahme von Teilen oder Ausrüstungen, von denen ein erhebliches Risiko für das einwandfreie Funktionieren von Systemen ausgehen kann, die für die Sicherheit des Fahrzeugs oder für seine Umweltwerte von wesentlicher Bedeutung sind, nur dann, wenn für diese Teile oder Ausrüstungen von einer Genehmigungsbehörde eine Autorisierung gemäß den Absätzen 5 bis 10 erteilt wurde.

(2) Teile oder Ausrüstungen, die einer Autorisierung gemäß Absatz 1 unterliegen, werden in die in Anhang XIII zu erstellende Liste aufgenommen. [...]

[...]

(11) Dieser Artikel findet auf ein Teil oder eine Ausrüstung erst Anwendung, wenn das betreffende Teil oder die betreffende Ausrüstung in Anhang XIII aufgelistet ist. [...]

(12) *Solange keine Entscheidung darüber getroffen wurde, ob ein Teil oder eine Ausrüstung in die in Absatz 1 genannte Liste aufzunehmen ist, können die Mitgliedstaaten nationale Vorschriften über Teile oder Ausrüstungen beibehalten, von denen ein erhebliches Risiko für das einwandfreie Funktionieren von Systemen, die für die Sicherheit des Fahrzeugs oder seine Umweltwerte von wesentlicher Bedeutung sind, ausgehen kann. Sobald eine entsprechende Entscheidung getroffen wurde, verlieren die nationalen Vorschriften über die betreffenden Teile oder Ausrüstungen ihre Gültigkeit.*
[…]."

Die Verordnungen (EU) Nr. 167/2013 und Nr. 168/2013 enthalten entsprechende Regelungen für solche Teile und Ausrüstungen.[23] **Bauteile und selbstständige technische Einheiten** hingegen sind einem unionalen Einzelrechtsakt unterliegende Einrichtungen, die Bestandteil eines Fahrzeugs sein sollen und für die bei gesondertem Inverkehrbringen der Einzelrechtsakt eine Genehmigung vorsieht.[24] Die Anforderungen an solche Einrichtungen werden im jeweiligen Einzelrechtsakt festgelegt.

459 Der Gerichtshof hatte im Rahmen eines Vorabentscheidungsersuchens über die Vereinbarkeit eines nationalen Bauartgenehmigungserfordernisses für Fahrzeugteile mit EU-Recht zu befinden (**EuGH, Urt. v. 6.10.2015, C-354/14 (Teile und Ausrüstungen)**).[25] Im zugrundeliegenden Fall wendete sich die Firma SC Capoda Import-Export SRL gegen einen gegen sie gerichteten Bußgeldbescheid der rumänischen Behörden in Höhe von 454 EUR wegen des Vertriebs nicht bauartgenehmigter Fahrzeugteile. Fürwahr unterlagen nach rumänischem Recht die fraglichen Fahrzeugteile dem Erfordernis vorheriger Genehmigung durch die hierfür zuständige Stelle (Regia Autonomă [RAR]) und ermangelte es im konkreten Fall den Fahrzeugteilen einer solchen Genehmigung. Der Gerichtshof stellte zunächst fest, dass die Richtlinie 2007/46/EG gemäß deren Art. 1 nicht nur einen harmonisierten Rahmen für die Genehmigung aller in ihren Geltungsbereich fallenden Neufahrzeuge und der zur Verwendung in diesen Fahrzeugen bestimmten Systeme, Bauteile und selbstständigen technischen Einheiten schafft, um damit ihre Zulassung, ihren Verkauf und ihre Inbetriebnahme in der Gemeinschaft zu erleichtern, sondern außerdem die Vorschriften für den Verkauf und die Inbetriebnahme von Teilen und Ausrüstungen für nach dieser Richtlinie genehmigter Fahrzeuge enthält. Da aber die insoweit einschlägige Regelung des Art. 31 der Richtlinie 2007/46/EG gemäß dessen Abs. 11 erst Anwendung findet, wenn das betreffende Teil oder die betreffende Ausrüstung in Anhang XIII aufgelistet ist, die Kommission indes eine solche Liste noch nicht aufgestellt hat, war das Erfordernis vorheriger Genehmigung nicht an der Richtlinie 2007/46/EG, sondern an Art. 34 AEUV zu messen. Fraglich war einzig, unter welchen Bedingungen das Erfordernis vorheriger Genehmigung von Fahrzeugteilen als zur Sicherheit des Straßenverkehrs

---

[23] Art. 45 f. VO (EU) Nr. 167/2013 und Art. 50 f. VO (EU) Nr. 168/2013.
[24] Art. 3 Nrn. 24 und 25 der Richtlinie 2007/46/EG; Art. 3 Nrn. 18 und 19 VO (EU) Nr. 167/2013 und Art. 3 Nrn. 15 und 16 VO (EU) Nr. 168/2013.
[25] EuGH, Urt. v. 6.10.2015, Capoda Import-Export, C-354/14, EU:C:2015:658.

und des Umweltschutzes verhältnismäßige Beschränkung der Warenverkehrsfreiheit anzusehen ist. Der Gerichtshof urteilte:

> Art. 34 AEUV und Art. 31 Abs. 1 und 12 der Richtlinie 2007/46/EG des Europäischen Parlaments und des Rates vom 5. September 2007 zur Schaffung eines Rahmens für die Genehmigung von Kraftfahrzeugen und Kraftfahrzeuganhängern sowie von Systemen, Bauteilen und selbstständigen technischen Einheiten für diese Fahrzeuge (Rahmenrichtlinie) sind dahin auszulegen, dass sie einer nationalen Regelung wie der des Ausgangsverfahrens, die die Vermarktung fabrikneuer Ersatzteile für Straßenfahrzeuge – im vorliegenden Fall Wasserpumpen und Kraftstofffilter – in einem Mitgliedstaat von der Durchführung eines Typgenehmigungsverfahrens oder Genehmigungsverfahrens in diesem Mitgliedstaat abhängig macht, nicht entgegenstehen, soweit diese Regelung auch Ausnahmen vorsieht, durch die gewährleistet werden kann, dass die in den anderen Mitgliedstaaten rechtmäßig hergestellten und vermarkteten Teile von diesem Verfahren ausgenommen sind, oder – mangels solcher Ausnahmen – von den fraglichen Teilen ein erhebliches Risiko für das einwandfreie Funktionieren von Systemen, die für die Sicherheit des Fahrzeugs oder für seine Umweltwerte von wesentlicher Bedeutung sind, ausgehen kann und dieses Genehmigungsverfahren oder Typgenehmigungsverfahren unbedingt erforderlich und verhältnismäßig ist, um die Ziele des Schutzes der Straßenverkehrssicherheit und des Umweltschutzes zu erreichen.

Der Gerichtshof hatte bereits in der Rechtssache Lahousse und Lavichy (**EuGH, Urt. v. 18.11.2010, C-142/09**) erkannt, dass in Ermangelung harmonisierten Rechts, das Inverkehrbringen, der Verkauf und die Benutzung von Einrichtungen, die Bestandteil eines Fahrzeugs sein sollen, dem nationalen Recht unterliegen.[26]

2. Genehmigungspflicht

Für die in § 22a Abs. 1 StVZO aufgeführten Fahrzeugteile bestimmt § 22a Abs. 2 StVZO, dass diese zur Verwendung im Geltungsbereich dieser Verordnung nur feilgeboten, veräußert, erworben oder verwendet werden dürfen, wenn sie mit einem amtlich vorgeschriebenen und zugeteilten Prüfzeichen gekennzeichnet sind und unterwirft diese solchermaßen dem Erfordernis vorheriger Genehmigung.[27] § 27 Abs. 2 EG-FGV enthält eine im Wesentlichen gleichlautende Regelung für die auf Unionsebene geregelten selbstständigen technischen Einheiten und Bauteile und verweist auf die Anforderungen der einschlägigen unionalen Rechtsakte und solchermaßen auf das dort

---

[26]EuGH, Urt. v. 18.11.2010, Lahousse und Lavichy, C-142/09, EU:C:2010:694.

[27]„Der Grundgedanke des § 22a Abs. 2 StVZO liegt darin, dass das – bis zum Inkrafttreten des diesem zugrunde liegenden Verkehrssicherungsgesetzes vom 19.12.1952 geltende – alleinige Verwendungsverbot für sich genommen nur geringe Möglichkeiten der Überwachung bot. Durch die Einführung der Prüfzeichenpflicht und des Verbots des Vertreibens nicht mit Prüfzeichen versehener Fahrzeugteile sollte im Interesse der Verkehrssicherheit der Gefahr entgegengewirkt werden, dass nicht amtlich genehmigte Fahrzeugteile, bei denen die Möglichkeit mangelhafter Ausführung nicht ausgeschlossen werden kann, in den Verkehr gebracht werden. Auf diese Weise sollte im Dienste der Verkehrssicherheit der Verwendung unzulänglicher Teile entgegengewirkt werden", OLG Hamm, Urt. v. 13.6.2013, 4 U 26/13, juris, Rn. 82. Siehe auch Dauer, in König/Dauer, Straßenverkehrsrecht, § 22a Rn. 27.

aufgestellte Erfordernis vorheriger Genehmigung.[28] § 22a Abs. 3 StVZO enthält sodann Ausnahmen von der Bauartgenehmigungspflicht.

Das Genehmigungsverfahren ist geregelt in der Fahrzeugteileverordnung (FzTV) für die nach § 22a Abs. 1 StVZO der Bauartgenehmigung unterfallenden Fahrzeugteile, in der EG-FGV für die EU-Typgenehmigung der von der Richtlinie 2007/46/EG geregelten selbstständigen technischen Einheiten und Bauteile und in den Verordnungen (EU) Nr. 167/2013 und Nr. 168/2013 für die Typgenehmigung der von diesen geregelten selbstständigen technischen Einheiten und Bauteile (hierzu ⟶ Rn. 592 ff.).

3. Bauartgenehmigungspflicht unabhängig von der Genehmigungspflichtigkeit des Fahrzeugs

462 Die Vorschrift des § 22a StVZO macht keinen Unterschied zwischen genehmigungspflichtigen und genehmigungsfreien Fahrzeugen und beschränkt die Bauartgenehmigungspflicht nicht auf für Kraftfahrzeuge bestimmte Einrichtungen. Das Kriterium liegt vielmehr in der Teilnahme am öffentlichen Straßenverkehr. Da die Union bisher Fahrräder und Fahrradteile nicht harmonisiert hat und insoweit die jeweiligen nationalen Vorschriften gelten, benötigen in Deutschland etwa auch Beleuchtungseinrichtungen für Fahrräder weiterhin eine Bauartgenehmigung.[29]

4. Kriterium der objektiven Verwendungsmöglichkeit

463 Bei Fahrzeugteilen, die der Bauartgenehmigungspflicht unterliegen, kommt es im Hinblick auf die Verletzung der §§ 22a Abs. 2 StVZO und 23 Abs. 1 StVG allein auf die objektive Verwendungsmöglichkeit und nicht auf die subjektive herstellerseitige Verwendungsbestimmung an.[30] Das Verbot, Fahrzeugteile, die in einer vom Kraftfahrt-Bundesamt genehmigten Bauart ausgeführt sein müssen, gewerbsmäßig feilzubieten, wenn sie nicht mit einem amtlich vorgeschriebenen und zugeteilten Prüfzeichen gekennzeichnet sind, entfällt demgemäß lediglich für solche Teile, die ihrer Bauart nach objektiv nur für nicht am öffentlichen Verkehr teilnehmende Fahrzeuge bestimmt und geeignet sind. In Montageanleitungen oder in anderen beiliegenden Unterlagen vorfindliche **Hinweise des Typs „*… nicht für den Straßenverkehr zugelassen und entspricht nicht der StVZO!*" sind unbeachtlich.**[31] Indes greift das Verbot, bauartgenehmigungspflichtige Fahrzeugteile ohne Prüfzeichen feilzubieten, nur ein, wenn solche Fahrzeugteile zur Verwendung

---

[28] Für die von den Verordnungen (EU) Nr. 167/2013 und Nr. 168/2013 erfassten selbstständigen technischen Einheiten und Bauteilen resultiert die Genehmigungspflicht auf Grund der unmittelbaren Anwendbarkeit der Verordnungen aus diesen selbst.

[29] Braun/Damm/Konitzer, StVZO, § 22a Rn. 10 und 39.

[30] Schleswig-Holsteinisches Oberlandesgericht, Beschl. v. 4.6.1987, 1 Ss OWi 218/87, juris, Rn. 14.

[31] OLG Hamm, Beschl. v. 25.9.2012, I-4 72/12, 4 W 72/12, juris, Rn. 6; Braun/Damm/Konitzer, StVZO, § 22a Rn. 18 und 20.

im Geltungsbereich der StVZO feilgeboten werden. Die in § 22a Abs. 2 StVZO vorgenommene Einschränkung *„zur Verwendung im Geltungsbereich der StVZO"* will sicherstellen, dass das Feilbieten der im ersten Absatz aufgelisteten Fahrzeugteile ohne Prüfzeichen im Inland dann möglich ist, wenn die Fahrzeugteile ausgeführt werden sollen. Diese auf den Export gerichtete Zielsetzung muss aber aus den Umständen objektiv und eindeutig hervorgehen und bleiben auch hier der objektiven Verwendungstauglichkeit gegenläufige subjektive herstellerseitige Verwendungsbestimmungen unbeachtlich. Art und Inhalt der Offerte sowie der Personenkreis, an den sich das Angebot richtet, müssen offenkundig machen, dass die Fahrzeugteile nicht zur Verwendung im Inland bestimmt sind.[32]

5. Ersatzteile für bauartgenehmigte Einrichtungen

Der Genehmigungszwang gilt nur für die in § 22a Abs. 1 StVZO aufgeführten Einrichtungen und nicht auch für die zur Reparatur von solchen Einrichtungen eingesetzten Ersatzteile (→ Rn. 312). So dürfen schadhafte Einrichtungen, für die eine gültige Bauartgenehmigung vorliegt durch Einfügen von Originalersatzteilen repariert werden. Die Ersatzteile müssen die gleichen Teile sein wie die, die zur Herstellung des bauartgenehmigten Fahrzeugteils verwendet werden. Die Verantwortung für die genehmigungsgerechte Fertigung des bauartgenehmigten Fahrzeugteils trägt der Inhaber der Bauartgenehmigung. Daraus folgt, dass auch nur er die Verantwortung für die zugehörigen Ersatzteile übernehmen kann.[33]

464

6. Entbehrlichkeit bei *„In-etwa-Wirkung"*

Nach § 22a Abs. 3 StVZO sind von der Bauartgenehmigungspflicht ausgenommen

465

„1. [...]

2. Einrichtungen – ausgenommen lichttechnische Einrichtungen für Fahrräder und Lichtquellen für Scheinwerfer –, die in den Geltungsbereich dieser Verordnung verbracht worden sind, an Fahrzeugen verwendet werden, die außerhalb des Geltungsbereichs dieser Verordnung gebaut worden sind, und in ihrer Wirkung etwa den nach Absatz 1 geprüften Einrichtungen gleicher Art entsprechen und als solche erkennbar sind,

3. Einrichtungen, die an Fahrzeugen verwendet werden, deren Zulassung aufgrund eines Verwaltungsverfahrens erfolgt, in welchem ein Mitgliedstaat der Europäischen Union bestätigt, dass der Typ eines Fahrzeugs, eines Systems, eines Bauteils oder einer selbstständigen technischen Einheit die einschlägigen technischen Anforderungen der Richtlinie 70/156/EWG des Rates vom 6. Februar 1970 zur Angleichung der Rechtsvorschriften der Mitgliedstaaten über die Betriebserlaubnis für Kraftfahrzeuge und Kraftfahrzeuganhänger (ABl. L 42 vom 23.2.1970, S. 1), die zuletzt durch die Richtlinie

---

[32] Braun/Damm/Konitzer, StVZO, § 22a Rn. 14 m.w.Nachw.
[33] *Ebd.*, § 22a Rn. 17 und 32.

2004/104/EG (ABl. L 337 vom 13.11.2004, S. 13) geändert worden ist, der Richtlinie 92/61/EWG des Rates vom 30. Juni 1992 über die Betriebserlaubnis für zweirädrige oder dreirädrige Kraftfahrzeuge (ABl. L 225 vom 10.8.1992, S. 72), die durch die Richtlinie 2000/7/EG (ABl. L 106 vom 3.5.2000, S. 1) geändert worden ist, oder der Richtlinie 2007/46/EG oder der Richtlinie 2002/24/EG oder der Richtlinie 2003/37/EG in ihrer jeweils geltenden Fassung oder einer Einzelrichtlinie erfüllt."

Nr. 2 erfasst Einrichtungen, die nachträglich an Fahrzeugen verwendet werden. Hierunter sind nicht nur solche Einrichtungen zu verstehen, die serienmäßige Teile ersetzen. So stellt § 22a Abs. 3 Nr. 2 StVZO lediglich darauf ab, dass die Einrichtungen *i)* in den Geltungsbereich der StVZO verbracht worden sind, *ii)* an Fahrzeugen verwendet werden, die außerhalb des Geltungsbereichs der StVZO gebaut worden sind und *iii)* in ihrer Wirkung etwa den nach deutschem Recht bauartgenehmigten Einrichtungen gleicher Art entsprechen. Die diesen Voraussetzungen genügenden Einrichtungen bedürfen folglich auch dann nicht der Bauartgenehmigung, wenn sie nicht statt anderer, gleichartiger Einrichtungen, also im eigentlichen Sinne nicht zu Ersatzzwecken verwendet werden.[34] Von der In-etwa-Wirkung ist sodann auszugehen, wenn die Einrichtungen nicht offensichtlich ungünstige Wirkungen haben, die bei den im Bundesgebiet bauartgenehmigten Einrichtungen nicht oder zumindest nur in wesentlich geringerem Umfang vorkommen.[35]

Bei nach EU-Recht typgenehmigten Fahrzeugen wurde grundsätzlich angenommen, dass hinsichtlich bauartgenehmigungspflichtiger Teile nach § 22a Abs. 1 StVZO für diese Teile eine In-etwa-Wirkung gemäß § 22a Abs. 3 Nr. 2 StVZO vorlag. Dies galt sowohl für EU-Typgenehmigungen, die durch das Kraftfahrt-Bundesamt als auch durch Genehmigungsbehörden anderer Mitgliedstaaten der EU erteilt wurden. Zur Klarstellung dieses Sachverhalts wurde in § 22a Abs. 3 StVZO die neue Nummer 3 eingeführt und die In-etwa-Wirkung für an nach EU-Recht typgenehmigten Fahrzeugen verwendete Einrichtungen unwiderleglich festgeschrieben.[36] Um nach § 22a Abs. 3 Nr. 3 StVZO von der Bauartgenehmigungspflicht ausgenommen zu sein, müssen die Einrichtungen die gleichen Einrichtungen sein wie die, die zur Herstellung des typgenehmigten Fahrzeugs verwendet werden (Originale-Ersatzzeile).

Mit den in § 22a Abs. 3 Nrn. 2 und 3 StVZO normierten Ausnahmen von der Bauartgenehmigungspflicht genügt § 22a StVZO dem **Prinzip der gegenseitigen Anerkennung** und den vom Gerichtshof mit Urteil vom 6.10.2015 (⟶ Rn. 459) aufgestellten Anforderungen an die Zulässigkeit nationaler Bauartgenehmigungserfordernisse für Fahrzeugteile.

---

[34]*Ebd.*, § 22a Rn. 30.
[35]*Ebd.*, § 22a Rn. 13.
[36]*Ebd.*, § 20 Rn. 30.

IV. Artikulation der Richtlinie 2007/46/EG und der Verordnungen (EU) Nr. 167/2013 und 168/2013 mit anderen Harmonisierungsrechtsvorschriften

1. Fahrzeuge

Wie ausgeführt (⟶ Rn. 449) handelt es sich bei den verkehrsrechtlichen Bauvorschriften nicht um spezifisches Produktsicherheitsrecht. Die Sicherheit des Straßenverkehrs ist ein gesondertes Allgemeininteresse und fällt nicht mit dem vom Produktsicherheitsrecht verfolgten Sicherheits- und Gesundheitsschutz zusammen. Vorbehaltlich anderslautender Regelungen herrscht zwischen den verkehrsrechtlichen und den produktsicherheitsrechtlichen Bauvorschriften kein Vorrangverhältnis und schließen sich diese einander nicht aus.

466

> **Beispiel:** Fahrräder benötigen für die Teilnahme am Straßenverkehr zwar keine Betriebserlaubnis, sie müssen aber den Bau- und Betriebsvorschriften der StVZO entsprechen. Sie müssen nach § 30 StVZO so gebaut sein, dass ihr verkehrsüblicher Betrieb niemanden schädigt oder mehr als unvermeidbar gefährdet, behindert oder belästigt. Fahrzeuge, also auch Fahrräder, müssen nach § 64 StVZO leicht lenkbar sein. Nach § 64a StVZO müssen sie mit mindestens einer hell tönenden Glocke ausgerüstet sein und nach § 65 StVZO zwei voneinander unabhängige Bremsen haben. § 67 StVZO regelt sodann die lichttechnischen Einrichtungen an Fahrrädern.[37] Daneben unterfällt das Fahrrad dem § 3 Abs. 2 ProdSG und gelten die aufgrund Beschlusses 2011/786/EU und des Normungsauftrags M/508 ergangenen Normen EN ISO 4210, Teile 1–9, für City- und Trekkingfahrräder, Geländefahrräder (Mountainbikes) und Rennräder sowie die Norm EN ISO 8098 für Kinderfahrräder, Verweis auf dieselben veröffentlicht im Amtsblatt der Europäischen Union gemäß Durchführungsbeschluss (EU) 2015/681.

Obschon also sonstiges Recht, namentlich Produktsicherheitsrecht, neben dem Straßenverkehrszulassungsrecht zur Anwendung kommt, reißt Letzteres, wie sich nachstehend zeigt, andernorts geregelte Schutzaspekte an sich, deckt diese insoweit mit ab und führt sie einer abschließenden Regelung zu. Zu Überschneidungen sachlicher Geltungsbereiche kommt es hingegen im Umweltproduktrecht. Normwidersprüche werden dort über die Abgrenzung der Anwendungsbereiche vermieden.

a. Produktsicherheit

Die drei Basisrechtsakte nehmen für sich in Anspruch, alle Sicherheits- und Gesundheitsaspekte der von ihnen erfassten Fahrzeuge – ausgenommen die in Art. 2 Abs. 3 der Richtlinie 2007/46/EG aufgeführten Fahrzeuge sowie Anhänger und gezogene auswechselbare Geräte nach der VO (EU) Nr. 167/2013 – abzudecken. Insoweit werden dort

467

---

[37]*Ebd.*, § 67 Rn. 1.

nicht nur die Risiken im Zusammenhang mit der Teilnahme am Straßenverkehr erfasst. Abgedeckt werden vielmehr alle Risiken für Leib und Leben.[38]

468   Die Usurpierung aller Risiken für Leib und Leben erfolgt über **Art. 1 Abs. 2 lit. e) Spiegelstriche 1 bis 3 der Maschinenrichtlinie 2006/42/EG.** Hiernach sind vom Anwendungsbereich der Maschinenrichtlinie ausgenommen

- land- und forstwirtschaftliche Zugmaschinen im Sinne der VO (EU) Nr. 167/2013 mit Ausnahme der auf diesen Fahrzeugen angebrachten Maschinen,
- Kraftfahrzeuge und Kraftfahrzeuganhänger im Sinne der Richtlinie 2007/46/EG mit Ausnahme der auf diesen Fahrzeugen angebrachten Maschinen,
- Zwei-, drei- und vierrädrige Fahrzeuge im Sinne der VO (EU) Nr. 168/2013 mit Ausnahme der auf diesen Fahrzeugen angebrachten Maschinen.

469   Zum Aspekt des Sicherheits- und Gesundheitsschutzes gilt die **Richtlinie 2007/46/EG** hiernach **abschließend** für kraftbetriebene Fahrzeuge mit mindestens vier Rädern und einer bauartbedingten Höchstgeschwindigkeit von mehr als 25 km/h, die in einer oder mehreren Stufen zur Teilnahme am Straßenverkehr konstruiert und gebaut werden und für Fahrzeuge auf Rädern ohne eigenen Antrieb, die dafür konstruiert und gebaut wurden, von einem Kraftfahrzeug gezogen zu werden. Fahrzeuge, die nicht für die Teilnahme am Straßenverkehr bestimmt sind, sind beispielsweise Offroad-Quads, Go-Karts, Golfplatzfahrzeuge, Schneemobile. Sie unterliegen der Maschinenrichtlinie, sofern sie nicht ausschließlich für sportliche Wettbewerbe entwickelt wurden.[39] Art. 2 Abs. 3 der Richtlinie 2007/46/EG enthält dann mehrere Rückausnahmen und findet die Maschinenrichtlinie Anwendung u. a. auf Fahrzeuge, die hauptsächlich für den Einsatz auf Baustellen, in Steinbrüchen, in Häfen oder auf Flughäfen konstruiert und gebaut sind sowie auf selbstfahrende Arbeitsmaschinen.[40] Weiter werden innerhalb der Aufzählungspunkte unter Art. 1 Abs. 2 lit. e) der Maschinenrichtlinie 2006/42/EG die auf den Fahrzeugen angebrachten Maschinen rückausgenommen und bleibt die Maschinenrichtlinie auf diese anwendbar. Mit auf Straßenfahrzeugen oder -anhängern montierte Maschinen (**Fahrzeugaufbauten**) beschäftigte sich der Fachausschuss „*Verkehr*", Sachgebiet „*Verkehr*", der berufsgenossenschaftlichen Zentrale für Sicherheit und Gesundheit (BGZ) des

---

[38] Europäische Kommission, Leitfaden für die Anwendung der Maschinenrichtlinie 2006/42/EG, §§ 52 ff.

[39] Siehe Art. 1 Abs. 2 lit. e), vierter Spiegelstrich der Richtlinie 2006/42/EG.

[40] „*Selbstfahrende Arbeitsmaschine*" ist gemäß Art. 3 Nr. 16 der Richtlinie 2007/46/EG „*ein Fahrzeug mit eigenem Antrieb, das speziell für die Verrichtung von Arbeiten konstruiert und gebaut und bauartbedingt nicht zur Beförderung von Personen oder Gütern geeignet ist. Eine Maschine, die auf einem Kraftfahrzeugfahrgestell montiert ist, gilt nicht als selbstfahrende Arbeitsmaschine*". Siehe hierzu Braun/Damm/Konitzer, StVZO, § 20 Rn. 10. Zur Einstufung einer Maschine als selbstfahrende Arbeitsmaschine, siehe *ebd.*, FZV § 2 Rn. 1.

Hauptverbandes der gewerblichen Berufsgenossenschaften und gab hierzu einen **Beispielkatalog** heraus. Dieser erging noch unter Herrschaft der Vorgängerrichtlinie 89/392/ EWG vom 14.6.1989. Die maßgebende Textpassage[41] der Vorgängerrichtlinie lautete (kodifizierte Fassung 98/37/EG) und waren vom Anwendungsbereich der Maschinenrichtlinie ausgenommen: *„Beförderungsmittel, d. h. Fahrzeuge und dazugehörige Anhänger, die ausschließlich für die Beförderung von Personen in der Luft, auf Straßen- und Schienennetzen oder auf dem Wasserwege bestimmt sind, und Beförderungsmittel, soweit sie für den Transport von Gütern in der Luft, auf öffentlichen Straßen- und Schienennetzen oder auf dem Wasserwege konzipiert sind. Nicht ausgenommen sind Fahrzeuge in mineralgewinnenden Betrieben."* Der Beispielkatalog in Form einer Kommentierung befasste sich konkret mit der **Frage, inwieweit Fahrzeuge und deren Aufbauten vom Anwendungsbereich der Maschinenrichtlinie erfasst werden.**[42] Der Fachausschuss unterschied hierbei zwischen dem **fahrzeugtechnischen Teil (Trägerfahrzeug, Fahrgestell und Führerhaus)**, einerseits, und verneinte diesbezüglich die Anwendbarkeit der Maschinenrichtlinie, und **Aufbauten, Aggregaten** und **Einrichtungen von Fahrzeugen,** die Maschinenmerkmale aufweisen, andererseits. Diese Sicht sollte mit der Richtlinie 2006/46/EG bestätigt werden. So wird mit der allgemeinen Einschränkung *„mit Ausnahme der auf diesen Fahrzeugen angebrachten Maschinen"* in Art. 1 Abs. 2 lit. e), Spiegelstriche 1 bis 3 und der Begriffsbestimmung Maschine nach Art. 2 lit. a), dritter Aufzählungspunkt der Maschinenrichtlinie 2006/42/EG klargestellt, dass alle Fahrzeugaufbauten mit Maschinenmerkmalen von der Maschinenrichtlinie erfasst sind. Zwar hat die im Beispielkatalog vorgenommene Unterscheidung zwischen verschiedenen Typen von Fahrzeugaufbauten wegen der allgemeinen Einschränkung *„mit Ausnahme der auf diesen Fahrzeugen angebrachten Maschinen"* heute keine Berechtigung mehr. Die im Katalog aufgeführten Beispiele bleiben aber gültig. Es ist darauf hinzuweisen, dass auf nachstehend aufgeführten Fahrzeugaufbauten neben denen der Maschinenrichtlinie auch Anforderungen anderer Harmonisierungsrechtsakte einschlägig sein können, z. B. nach der Richtlinie 2014/29/EU für einfache Druckbehälter, der Richtlinie 2009/142/EG bzw. VO (EU) 2016/426 über Gasverbrauchseinrichtungen oder der Druckgeräterichtlinie 2014/68/EU. Beispiele für Fahrzeugaufbauten mit Maschinenmerkmalen gemäß Beispielkatalog des Fachausschusses *„Verkehr"*, Sachgebiet *„Fahrzeuge"*, der BGZ (Stand 09/93):

---

[41]Eingefügt mit Richtlinie 91/368/EWG vom 20.6.1991 zur Änderung der Richtlinie 89/392/EWG.

[42]Der Beispielkatalog ist entnommen der Loseblattsammlung „Übersicht über das berufsgenossenschaftliche Vorschriftenwerk zur arbeitssicheren Gestaltung und Ausrüstung von Fahrzeugen (BG-Vorschriften Fahrzeuge)", vertrieben durch die *„Dokumentation Kraftfahrwesen e. V.",* abgedruckt in Braun/Damm/Konitzer, StVZO, § 20 Rn. 31.

1	FzAufbauten, die aufgrund ihrer Bauart und ihrer besonderen Einrichtungen zur Leistung von Arbeit, nicht zur Güterbeförderung bestimmt sind, z. B. Aufbauten von
1.1	Auto- und Mobilkränen
1.2	Betonförderpumpen
1.3	Fahrbaren Hubarbeitsbühnen
1.4	Feuerwehr-Drehleiterfahrzeuge
1.5	Fahrbahren Schneepflügen und Schneefräsen
1.6	Rückefahrzeuge
1.7	Stammholzentrindungsfahrzeuge
1.8	Hochdruckspülwagen
1.9	Kanal- und Grubenreinigungsfahrzeuge (Saug-/Druckwagen)
1.10	Tanklöschwagen
1.11	Straßenkehrmaschinen
1.12	Straßenmarkierungsfahrzeuge
1.13	Straßenfertigern
1.14	Gussasphalt-Mischgeräten
1.15	Spritzmaschinen für Straßenbau-Bindemittel
1.16	Gleisreinigungsfahrzeuge
2	FzAufbauten für die Güterbeförderung, die aufgrund ihrer Bauart und ihrer maschinellen Einrichtungen in ihrer Gesamtheit vom Anwendungsbereich der Maschinenrichtlinie erfasst sind
2.1	Kraftbetriebene, kippbare Aufbauten (z. B. Pritschen, Mulden, Silos), einschließlich kraftbetriebener Bordwände
2.2	Aufbauten von Müllsammelfahrzeugen mit Belade- und Fördereinrichtungen und Hupkippvorrichtungen
2.3	Aufbauten von Absetz-, Abgleit- und Abrollkippern und deren Lastaufnahmemittel (z. B. Mulden)
2.4	Aufbauten von Seitenladern, einschließlich Tragmitteln, soweit diese mit der Hubeinrichtung fest verbunden sind
2.5	Kühlfahrzeugaufbauten mit
2.5.1	Kompressionskälteanlagen
2.5.2	Sonstigen Kühleinrichtungen (z. B. Trockeneisgebläsen, Flüssigstickstoffkühlung)
2.6	Autotransporter-Aufbauten mit höhenverstellbaren oberen Ladeflächen
2.7	Viehtransporter-Aufbauten mit kraftbetriebenen Zwischenböden
2.8	Wechseleirichtungen an Trägerfahrzeugen für Wechselsysteme (wie Hubschwingen, zusätzliche Hebe- und Senkventile bei Luftfederungen)
2.9	Aufbauten von Fahrmischern/Transportbetonfahrzeugen, einschließlich Förderbandanlagen

§ 1 – Rechtsquellen und Regelungsbereiche der Anforderungen ...

2.10	Aufbauten von Innenladern/Flachglastransportern (z. B. kraftbetriebene Palettenhebeeinrichtungen, Rückwandverriegelungen, Ladungssicherungspratzen)	
2.11	Aufbauten von Niederflurwagen/Schräghubwagen (veränderliche Ladenflächenhöhen)	
2.12	Aufbauten von Garagentransportfahrzeugen	
2.13	Aufbauten von Catering-Hubfahrzeugen	
3	FzAufbauten für die Güterbeförderung, die teilweise mit maschinellen Einrichtungen ausgerüstet sind oder sein können	
3.1	Antriebs- und Steuereinrichtungen (in Verbindung mit Fahrzeugaufbauten nach 3.2 bis 3.9)	
	[...]	
	[z. B. Hydraulikpumpen, Hydraulikmotoren, Pneumatikmotoren, Elektro-Generatoren, Elektro-Motoren, Verbrennungsmotoren, Übersetzungs- und Verteilergetriebe]	
3.2	Einrichtungen an Standardaufbauten (Pritschen-, Koffer-, Planenaufbauten)	
3.2.1	In die Ladefläche integrierte, kraftbetriebene Fördereinrichtungen	
	[...]	
	[z. B. hydraulisch betriebene Schiebeböden (z. B. Walking-Floor-System), Transport-Fördersysteme (z. B. Wanderteppiche), anhebbare Rollenfördersysteme, Kettenfördersysteme, Schneckenfördere]	
3.2.2	Kraftunterstützte Dach- und Seitenwandelemente	
	[...]	
	[z. B. kraftbetriebene Schiebe-Planenverdecke (Dachplanen und/oder Seitenplanen), kraftbetätigte Hubdächer, kraftbetätigte Rolltore und Rollplanen]	
3.2.3	[...]	
	[...]	
3.3	Aufbauten von Behälterfahrzeugen (Tanks und Silos)	
3.3.1	Kraftbetriebene Scherengeländer (als Absturzsicherungen)	
3.3.2	Verdichter	
	[...]	
3.4	Viehtransporter ohne kraftbetriebene Zwischenböden	
3.4.1	Kraftbetriebene Heckrampen	
3.4.2	Belüftungsventilatoren	
3.5	Aufbauten von Langholz-/Langmaterialfahrzeugen	
3.5.1	[...]	
	[...]	

Die im Beispielkatalog unter Ziffern 2 und 3 gelisteten Aufbauten zeigen, dass bei mit einem solchen Aufbau versehenem Fahrzeug produktrechtlich nicht das Gesamtfahrzeug betrachtet wird und es sich bei dem **Grundfahrzeug und** dem **Aufbau** um

470

zwei Produkte handelt, wenn das Straßenfahrzeug oder der Anhänger der Richtlinie 2007/46/EG unterfällt. Das Grundfahrzeug unterliegt dann den kraftfahrzeugtechnischen Vorschriften des Straßenverkehrszulassungsrechts mit dem Erfordernis der Homologation in Form der EU-Typgenehmigung und unterliegt der Aufbau der Maschinenrichtlinie mit dem Erfordernis der Zertifizierung in Form der CE-Kennzeichnung. Die den Aufbauhersteller treffenden Anforderungen der Maschinenrichtlinie gelten hierbei sowohl für die Maschine als auch für sämtliche Aspekte der **Schnittstelle zwischen** der **Maschine und** dem **Fahrgestell**, auf dem sie montiert ist. Die unter Ziffern 2 und 3 aufgeführten Aufbauten werden demgemäß unterschiedlich zu den unter Ziffer 1 aufgeführten Aufbauten betrachtet, so bei Letzteren das Gesamtfahrzeug als selbstfahrbare Arbeitsmaschine der Maschinenrichtlinie unterliegt (Art. 2 Abs. 3 der Richtlinie 2007/46/EG) und auch rechtlich der Aufbau mit dieser eine einheitliche Sache bildet.

471   Der **Ausschluss nach Art. 1 Abs. 2 lit. e), erster Spiegelstrich der Richtlinie 2006/42/EG** bezieht sich nur auf **land- und forstwirtschaftliche Zugmaschinen** und nicht auf deren Anhänger, auf gezogene oder geschobene Maschinen oder auf diesen Zugmaschinen angebrachte oder aufgesattelte Maschinen.[43] Anhänger und auswechselbare Geräte fallen demgemäß in den Anwendungsbereich sowohl der VO (EU) Nr. 167/2013 als auch der Maschinenrichtlinie 2006/42/EG. Weiter unterfallen auch hier auf Zugmaschinen angebrachte oder aufgesattelte Maschinen ausschließlich der Maschinenrichtlinie.[44]

472   Der im dritten Aufzählungspunkt von Art. 1 Abs. 2 lit. e) der Richtlinie 2006/42/EG aufgeführte Ausschluss bezieht sich auf Fahrzeuge, die unter die Verordnung (EU) Nr. 168/2013 fallen und findet die Maschinenrichtlinie auf die von der Verordnung (EU) Nr. 168/2013 erfassten Fahrzeuge keine Anwendung (**zwei- oder dreirädrige und vierrädrige Fahrzeuge**). Soweit nach Art. 2 Abs. 2 lit. f) VO (EU) Nr. 168/2013 vom Anwendungsbereich derselben ausgenommen sind „*Maschinen gemäß der Richtlinie 97/68/EG [...] über Maßnahmen zur Bekämpfung der Emission von gasförmigen Schadstoffen und luftverunreinigenden Partikeln aus Verbrennungsmotoren für mobile Maschinen und Geräte und* **der** *Richtlinie 2006/42/EG [...] über Maschinen*" ist hiermit nicht gemeint, dass Maschinen generell ausgenommen wären. Dies wäre unsinnig, so die der VO (EU) Nr. 168/2013 unterfallenden Fahrzeuge sämtlich Maschinen sind. Vielmehr betrifft der Ausschluss nur Maschinen i. S. der Richtlinie 97/68/EG, nunmehr VO (EU) Nr. 2016/1628, d. h. nicht für den Straßenverkehr bestimmte mobile Maschinen und Geräte.

---

[43]Europäische Kommission, Leitfaden für die Anwendung der Maschinenrichtlinie 2006/42/EG, § 53. Zum Begriff „*Zugmaschine*" Braun/Damm/Konitzer, StVZO, FZV § 2 Rn. 4.
[44]Es gelten die Ausführungen unter Rn. 469 entsprechend.

b. Elektromagnetische Verträglichkeit

Weiter stehen sich kollisionsfrei gegenüber die sachlichen Geltungsbereiche der verkehrsrechtlichen Bauvorschriften und der EMV-Richtline 2014/30/EU. Letztere zielt neben der Effektuierung der Warenverkehrsfreiheit auf die Schaffung einer annehmbaren elektromagnetischen Umgebung in der Union ab. Die Sicherheit von Geräten in Bezug auf Menschen, Haustiere oder Vermögenswerte ist mithin nicht Gegenstand der EMV-Richtlinie (⟶ Rn. 496). Ziel der UN/ECE-Regelung 10 zu **VO (EU) Nr. 661/2009**, des Art. 17 Abs. 2 lit. g) **VO (EU) 167/2013** und des Art. 18 **VO (EU) Nr. 168/2013** hingegen ist, das aus dem Fahrzeugbetrieb resultierende Maß der unvermeidbaren Gefährdung von Verkehrsteilnehmern auch unter elektromagnetischen Einflüssen nicht zu überschreiten. Entscheidend ist, dass das Fahrzeug in den Teilen, in denen es Gefährdungspotenziale für Verkehrsteilnehmer aufweist, z. B. Bremse, Lenkung, Rückhaltesystem, trotz innerer und äußerer elektromagnetischer Einflüsse sicher arbeitet.[45] Obschon hiernach die EMV-Richtlinie ihrem sachlichen Geltungsbereich gemäß grundsätzlich neben den kraftfahrzeugtechnischen Vorschriften zur Funkentstörung von Fahrzeugausrüstungen hätte verbleiben können, tritt sie zugunsten Letzterer vollständig zurück.[46] So gilt gemäß Art. 2 Abs. 3 der EMV-Richtlinie diese in Bezug auf EMV-Anforderungen an Geräte, für die in anderen Unionsrechtsvorschriften teilweise oder insgesamt genauere EMV-Anforderungen festgelegt werden, nicht bzw. nicht mehr ab dem Datum der Anwendung dieser Rechtsvorschriften.

473

c. Umweltschutz

Die Richtlinie 2007/46/EG, die Verordnungen (EU) Nr. 167/2013 und Nr. 168/2013, inklusive ihrer Einzelrechtsakte, sowie die §§ 30 ff. StVZO enthalten Anforderung an die umweltverträgliche Gestaltung der von ihnen erfassten Fahrzeuge, deren sachliche Geltungsbereiche sich mit denjenigen anderer Vorschriften des Umweltproduktrechts überschneiden.

474

Die **Outdoor-Richtlinie 2000/14/EG** legt für die in deren Art. 12 aufgeführten Geräte und Maschinen Geräuschemissionsgrenzwerte fest (⟶ Rn. 440). Kollisionen mit den Grenzwerten der Einzelrichtlinie 70/157/EWG zur Rahmenrichtlinie 2007/46/EG, der Einzelrichtlinie 2009/63/EG zur VO (EU) Nr. 167/2013, dem Art. 19 Abs. 4 VO (EU) Nr. 167/2013 und dem Anhang VI (D) der VO (EU) Nr. 168/2013 werden vermieden über die Abgrenzung der Anwendungsbereiche:

475

- im Verhältnis zur Richtlinie 70/157/EWG über deren Art. 1 i. V. m. Art. 2 Abs. 2, erster Spiegelstrich der Richtlinie 2000/14/EG, wonach der zulässige Geräuschpegel von Fahrzeugen i. S. der Richtlinie 2007/46/EG für selbstfahrende Arbeitsmaschinen

---

[45]Braun/Damm/Konitzer, StVZO, § 55a Rn. 3.
[46]Vgl. Europäische Kommission, Leitfaden zur Anwendung der Richtlinie 2004/108/EG, S. 12 f.

nach der Outdoor-Richtlinie und im Übrigen nach der Richtlinie 70/157/EWG zu bestimmen ist;
- im Verhältnis zu Art. 19 Abs. 2 und 3 VO (EU) Nr. 167/2013 und Anhang VI (D) der VO (EU) Nr. 168/2013 über die enumerative Aufzählung der nach der Richtlinie 2000/14/EG zu beurteilenden Geräte und Maschine in deren Art. 12.

476 Die **VO (EU) 2016/1628 über Emissionen von mobilen Maschinen und Geräte** gilt ausweislich ihres Art. 2 Abs. 2 lit. a) bis c) nicht für Motoren zum Antrieb von Kraftfahrzeugen im Sinne der Richtlinie 2007/46/EG und der VO (EU) Nr. 168/2013 und landwirtschaftlichen Zugmaschinen im Sinne der VO (EU) Nr. 167/2013.

2. Fahrzeugteile

477 Die Frage der Anwendbarkeit einer die CE-Kennzeichnung fordernden Harmonisierungsrechtsvorschrift auf Fahrzeugteile stellt sich immer (nur) dann, wenn diese gesondert in Verkehr gebracht werden. Werden sie nicht gesondert in Verkehr gebracht und nur als im Fahrzeug verbautes Erzeugnis bereitgestellt, so interessiert produktverkehrsrechtlich nur das End- bzw. Gesamtprodukt *„Fahrzeug"* (⟶ Rn. 303–312).

478 Elektrische Betriebsmittel, die hinsichtlich ihrer Sicherheit einzustufen sind und innerhalb der Spannungsgrenzen 50 bis 1000 V_{AC} bzw. 75 bis 1500 V_{DC} an den Anschlussklemmen in einem PkW betrieben werden, fallen in den Geltungsbereich der **Niederspannungsrichtlinie 2014/35/EU**. So fällt etwa ein Wechselrichter mit einer herausgeführten 230-V_{AC}-Steckdose im Grundsatz unter die CE-Kennzeichnungspflicht der Niederspannungsrichtlinie, da Betriebsmittel für den Kraftfahrzeugbereich nicht gemäß Anhang II der Richtlinie 2014/35/EU vom Anwendungsbereich derselben ausgenommen sind.[47] Für der EU-Typgenehmigung unterfallende Bauteile enthalten die Art. 17 Abs. 3 VO (EU) Nr. 167/2013 (land- und forstwirtschaftliche Fahrzeuge) und 22 Abs. IV VO (EU) Nr. 168/2013 (zwei- oder dreirädrige und vierrädrige Fahrzeuge) eine wortgleiche Kollisionsregel, wonach *„Bauteile von Fahrzeugen nicht der Richtlinie […] [2014/35/EU] [unterliegen], wenn die mit ihnen verbundenen Gefahren elektrischer Natur von den gemäß dieser Verordnung erlassenen delegierten Rechtsakten oder Durchführungsrechtsakten erfasst werden"*.

479 Die UN/ECE-Regelung Nr. 10 zur VO (EG) 661/2009 über einheitliche Bedingungen für die Genehmigung der Fahrzeuge hinsichtlich der elektromagnetischen Verträglichkeit[48] erstreckt sich auch auf Bauteile und besondere technische Einheiten, die für den Einbau in Fahrzeuge vorgesehen sind und tritt demgemäß die **EMV-Richtlinie 2014/30/EU** nach deren Art. 2 Abs. 3 zurück (⟶ Rn. 473). Der die Anforderungen für

---

[47]Loerzer, EMV und Niederspannungsrichtlinie, Rn. 57 f.
[48]ABL. 2012 L 254, 1.

die elektromagnetische Verträglichkeit von land- und forstwirtschaftlichen Fahrzeugen regelnde Anhang XV der VO (EU) 2015/208 gilt ferner für selbstständige technische (elektrische oder elektronische) Einheiten, die zum Einbau in die Fahrzeuge bestimmt sind. Insoweit tritt die Richtlinie 2014/30/EU nach deren Art. 2 Abs. 3 zurück, bleibt aber im Übrigen – Bauteile und Teile und Ausrüstungen – anwendbar. Zwei- oder dreirädrige und vierrädrige Fahrzeuge nach der VO (EU) Nr. 168/2013 müssen hinsichtlich der elektromagnetischen Verträglichkeit die einschlägigen Anforderungen der UNECE-Regelung Nr. 10 erfüllen[49] und bestimmt Art. 18 Abs. 2 VO (EU) Nr. 168/2013, dass diese Fahrzeuge und ihre Systeme, Bauteile und selbstständigen technischen Einheiten nicht der EMV-Richtlinie 2014/30/EU unterliegen.

Die kraftfahrzeugtechnischen Bauvorschriften enthalten Verwendungsverbote für gefährliche Stoffe wie Quecksilber, Blei, Chrom IV und Cadmium nur zu den Fahrzeugkategorien M_1 und N_1 (Richtlinie 2005/64/EG). Für Fahrzeuge bestimmte und gesondert in Verkehr gebrachte Elektro- und Elektronikgeräte gelten indes die Stoffverbote der **RoHS-Richtlinie 2011/65/EU.** So sind nach Art. 2 Abs. 4 lit. f) von der RoHS-Richtlinie ausgenommen *„Verkehrsmittel zur Personen- und Güterbeförderung"*, nicht aber Fahrzeugteile. Freilich aber werden in Fahrzeuge einzubauende Erzeugnisse ganz regelmäßig nicht als Gerät im Sinne der RoHS-Richtlinie einzustufen sein (⟶ Rn. 414). Von besonderer Bedeutung für Bauteile und selbstständige Einheiten ist weiter der Ausnahmetatbestand in Art. 2 Abs. 4 c) der Richtlinie 2011/65/EU. Hiernach unterfallen der Richtlinie solche Geräte nicht, die speziell als Teil eines anderen, von der Richtlinie ausgenommenen Gerätetyps konzipiert sind – was, wie gesehen, bei Verkehrsmitteln zur Personen- und Güterbeförderung nach Art. 2 Abs. 4, lit. f) der Fall ist – und als ein solches Teil installiert werden sollen (⟶ Rn. 418). Der deutsche Verordnungsgeber nennt hier denn auch als Beispiel solcher Geräte, die ausschließlich in anderen Geräten eingesetzt werden und demgemäß nicht dem Anwendungsbereich der ElektroStoffV unterliegen, Navigationsgeräte, die in Fahrzeugen verbaut sind.[50]

480

V. Artikulation der § 22a und §§ 30 ff. StVZO mit EU-Produktverkehrsrecht

Das Verhältnis der § 22a und §§ 30 ff. StVZO zu dem auf Unionsebene ergangenen Recht des technischen Produkts bestimmt sich nach dem Grundsatz des Vorrangs des Unionsrechts und dem in der Rechtssache *Cindu Chamicals u. a.* zum Ausdruck gebrachten Grundsatz, wonach auf die allgemeine Binnenmarktkompetenz des Art. 114 Abs. 1 AEUV gestützte Rechtsangleichungsmaßnahmen eine vollständige Harmonisierung bezwecken mit der Folge, dass die Mitgliedstaaten in einem so vollständig

481

---

[49] Anhang VII zu Art. 11 VO (EU) Nr. 44/2014 und Anhang II (C6) VO (EU) Nr. 168/2013.
[50] BT-Drucks. 17/11.836, 17.

harmonisierten Bereich keine mit der Maßnahme unvereinbaren Vorschriften im selben Bereich beibehalten oder einführen dürfen (⟶ Rn. 60). Die § 22a und §§ 30 ff. StVZO vermögen solchermaßen auf das Produkt anwendbares EU-Recht nicht auszuschließen und treten bei Überschneidungen der Regelungsbereiche zurück.

- Zum Verhältnis der §§ 30 ff. StVZO gegenüber der Richtlinie 2007/46/EG und den Verordnungen (EU) Nr. 167/2013 und Nr. 168/2013 ⟶ Rn. 457.
- Zum Verhältnis der §§ 30 ff. StVZO gegenüber unionalem Produktsicherheitsrecht ⟶ Rn. 449.
- Zu berücksichtigen sind in Sachen Umweltschutz grundsätzlich die Outdoor-Richtlinie 2000/14/EG und die Richtlinie 97/68/EG bzw. VO (EU) 2016/1628, wobei diese jedoch auf der StVZO unterfallende Fahrzeuge kaum zur Anwendung kommen dürften.[51] Gleiches gilt für dem § 22a StVZO unterfallende Fahrzeugteile hinsichtlich der Anforderungen nach der RoHS-Richtlinie (⟶ Rn. 480).
- Die EMV-Richtlinie 2014/30 kommt auf §§ 30 ff. StVZO unterfallenden Fahrzeugen und § 22a StVZO unterfallenden Fahrzeugteilen zur Anwendung. So tritt diese gemäß deren Art. 2 Abs. 3 nur dann zurück, wenn in anderen Unionsrechtsvorschriften teilweise oder insgesamt genauere EMV-Anforderungen festgelegt werden.

§ 2 – Kraftfahrzeugtechnische Design-Anforderungen

I. Fahrzeuge

1. Kraftfahrzeuge und Kraftfahrzeuganhänger, Richtlinie 2007/46/EG

482 Materiell-rechtlich setzt die EU-Genehmigung für einen Typ eines Fahrzeugs voraus, dass er den technischen Anforderungen der in Anhang IV der Richtlinie 2007/46/EG aufgeführten einschlägigen Rechtsakte entspricht.[52] Diese die technischen Anforderungen verfügenden Rechtsakte werden in **Anhang IV der Richtlinie 2007/46/EG** in einer Tabelle, unter Nennung des Genehmigungsgegenstandes und der anzuwendenden Fahrzeugklasse aufgeführt (siehe Tab. 3 (⟶ Rn. 491)).[53]

483 **UN/ECE-Regelungen.** Die dort in Verweis genommenen UN/ECE-Regelungen der UN-Wirtschaftskommission für Europa (Economic Comission for Europe, ECE)

---

[51]Siehe Art. 2 Abs. 2, erster Spiegelstrich der Outdoor-Richtlinie 2000/14/EG, wonach vom Anwendungsbereich ausgenommen sind *„alle Geräte und Maschinen, die in erster Linie für den Gütertransport oder die Beförderung von Personen auf Straßen, Schienen, auf dem Luft- oder Wasserweg bestimmt sind"* und ⟶ Rn. 442 zur Richtlinie 97/68/EG bzw. VO (EU) 2016/1628.
[52]Art. 9 Abs. 1 lit. a) der Richtlinie 2007/46/EG.
[53]Die für Fahrzeugtypen mit besonderer Zweckbestimmung gemäß Anhang XI geltenden Einzelrichtlinien befinden sich in Anhang XI.

sind auf der Grundlage des Übereinkommens vom 20.3.1958 ergangene Regelungen zur Harmonisierung kraftfahrzeugtechnischer Vorschriften.[54] Mit Beschluss 97/836/EG ist die Europäische Gemeinschaft dem Übereinkommen in der Fassung der Revision 2 vom 16.10.1995 beigetreten. Die Ausarbeitung und Annahme der Regelungen, ihrer Änderungen, Ergänzungen und Berichtigungen erfolgen im Gremium UNECE WP29 des Weltforums für die Harmonisierung der Regelungen für Kraftfahrzeuge. Die Europäische Union wird hierbei durch die Europäische Kommission vertreten. Gemäß Art. 218 Abs. 9 AEUV muss der Rat einen Beschluss erlassen, um die Standpunkte festzulegen, die im Namen der Union in einem durch eine internationale Übereinkunft eingesetzten Gremium zu vertreten sind und wird für jede Sitzung der WP29 ein Beschluss des Rates, ein sogenannter Mantelbeschluss, abgefasst, der die Kommission in die Lage versetzt, in der jeweiligen WP29-Sitzung im Namen der Union abzustimmen.[55] Der Rat beschließt dann erneut über den Beitritt zu der angenommenen Regelung. Das jeweils einschlägige Verfahren wird im Beschluss 97/836/EG im Einzelnen festgelegt. Die so legitimatorisch auf den Rat zurückzuführende UN/ECE-Regelung wird dann in einem ersten Schritt auf der Grundlage der VO (EU) Nr. 661/2009 im Verordnungswege von der Europäischen Kommission in Anhang IV vorgenannter Verordnung überführt und in einem zweiten Schritt Anhang IV der Richtlinie 2007/46/EG angepasst.[56] Während der Rat als geborener Gesetzgeber über den Beitritt zur UN/ECE-Regelung beschließt, resultiert die Befugnis der Europäischen Kommission diese als Voraussetzung der Typgenehmigung festzulegen aus Art. 14 Abs. 1 lit. f) der VO (EU) Nr. 661/2009 und die Befugnis zur Anpassung des Anhangs IV der Richtlinie 2007/46/EG aus deren Art. 34.

2. Land- und forstwirtschaftliche Fahrzeuge, VO (EU) Nr. 167/2013

Dem Mehrstufen-Konzept gemäß werden die materiell-rechtlichen Anforderungen an die Typgenehmigung land- und forstwirtschaftlicher Fahrzeuge in delegierten Rechtsakten festgelegt (⟶ Rn. 206). Zu den für die Typgenehmigung geltend Anforderungen, siehe Tab. 4 (⟶ Rn. 492).

---

[54]Übereinkommen über die Annahme einheitlicher technischer Vorschriften für Radfahrzeuge, Ausrüstungsgegenstände und Teile, die in Radfahrzeuge(n) eingebaut und/oder verwendet werden können, und die Bedingungen für die gegenseitige Anerkennung von Genehmigungen, die nach diesen Vorschriften erteilt wurden – Revision 2 – einschließlich der am 16.10.1995 in Kraft getretenen Änderungen, ABl. 1997 L 346, 81. Die Signatarstaaten gehen weit über den Bereich Europas hinaus. So gehören etwa auch die Russische Föderation, Japan, Australien, Südafrika, Neuseeland, Südkorea, Tunesien, Malaysia und Thailand dazu.

[55]Zum Begriff „rechtswirksame Akte" in Art. 218 Abs. 9 AEUV, siehe EuGH, Urt. v. 7.10.2014, Deutschland/Rat, C-399/12, EU:C:2014:2258, Rn. 56 ff.

[56]Siehe als Beispiel unter vielen VO (EU) Nr. 1129/2012.

3. Zwei- oder dreirädrige und vierrädrige Fahrzeuge, Verordnung (EU) Nr. 168/2013

485 Zu den geltenden Anforderungen für die Typgenehmigung von der VO (EU) Nr. 168/2013 unterfallenden Fahrzeugen (⟶ Rn. 204)., siehe Tab. 5 (⟶ Rn. 493).

4. Fahrzeugtechnische Anforderungen der §§ 30 ff. StVZO

486 Die Bau- und Betriebsvorschriften der §§ 30 ff. StVZO (Tab. 1 ⟶ Rn. 487) regeln die Beschaffenheit der Fahrzeuge weit weniger detailliert als die kraftfahrzeugtechnischen Vorschriften des Unionsrechts. Sie sind konkretisierungsbedürftig. Ihre inhaltliche Ausfüllung erfolgt über das **Anforderungsprofil des Stands der Technik.**[57] Diesen für die einzelne Vorschrift zu bestimmen ist Gegenstand der auf eine einheitliche Anwendung der Bau- und Betriebsvorschriften abzielenden **nationalen Richtlinien,** nationalen **Merkblättern** zu einzelnen Paragraphen der StVZO, den **VdTÜV-Merkblättern** und **Verkehrsblattverlautbarungen.** Eine Bindungswirkung kommt diesen gleichwohl nicht zu.[58]

---

[57] Vgl. auch Dauer, in König/Dauer, Straßenverkehrsrecht, § 30 StVZO Rn. 5.
[58] Siehe zu den technischen Richtlinien bereits BMV/StV – 4117 Va/61 vom 24.6.1961, Einzelentscheid (zitiert nach Braun/Damm/Konitzer, StVZO, § 21 Rn. 9): *„KfZ dürfen auf öffentlichen Straßen nur in Betrieb gesetzt werden, wenn sie durch Erteilung einer Betriebserlaubnis und durch Zuteilung eines amtlichen Kennzeichens zum Verkehr zugelassen sind. Die Betriebserlaubnis ist zu erteilen, wenn das Fahrzeug den Vorschriften der StVZO entspricht. Den vorschriftsmäßigen Zustand des Fahrzeugs hat ein amtlich anerkannter Sachverständiger oder Prüfer für den Kraftfahrzeugverkehr zu begutachten. Die Gutachtertätigkeit des Sachverständigen stellt nicht nur hohe Ansprüche an sein Fachwissen, sondern auch an seine Erfahrung bei der Auswahl geeigneter Prüfmethoden. Das Gutachten hat der Sachverständige aus eigener Überzeugung und in eigener Verantwortung zu erstellen, wobei allein die gesetzlichen Vorschriften für ihn maßgebend sind. Das Bestreben des Gesetzgebers ist auch darauf gerichtet, soweit möglich das Ziel, nicht aber die Mittel in den Vorschriften der Verordnung anzugeben. Es entspricht dies einem immer wieder geäußerten Wunsch der Fahrzeughersteller, um dem Fahrzeugkonstrukteur unter Berücksichtigung des Standes der technischen Entwicklung freie Wahl unter den sich bietenden Lösungsmöglichkeiten zu lassen. Bei der gegenwärtigen Fassung der StVZO wurden diese Gesichtspunkte bereits entsprechend berücksichtigt; […]. Der Sachverständige steht somit vor der Tatsache, in eigener Verantwortung die verschiedenen Wege, die der Konstrukteur des Fahrzeugs zur Erfüllung der gesetzlichen Forderungen ausgewählt hat, daraufhin zu beurteilen, ob das Ziel des Gesetzgebers hinreichend erfüllt ist. Es lag nahe, dass zur Erleichterung dieser Aufgabe in schwierigen Fällen schon früher dazu übergegangen wurde, in Besprechungen und im gegenseitigen Austausch der Erkenntnisse zunächst mündlich gewisse Gesichtspunkte zu vereinbaren, unter denen die Fahrzeuge hinsichtlich der Erfüllung des geforderten Ziels beurteilt werden sollten. Bei der fortschreitenden technischen Entwicklung und der Zunahme des Fahrzeugbestands hat die Prüfstellentätigkeit nicht nur zahlenmäßig, sondern auch umfangmäßig beträchtlich zugenommen. Daraus ergab sich die Notwendigkeit, die bisher mündlich getroffenen* **Absprachen zwischen den Sachverständigen für Widerholungsfälle** *auch* **schriftlich durch Richtlinien festzulegen.** *Diese Richtlinien stellen demnach eine Sammlung von Unterlagen für den Sachverständigen dar, die angibt,*

Tab. 1 Fahrzeugtechnische Anforderungen der §§ 30 ff. StVZO

KRAFTFAHRZEUGE UND IHRE ANHÄNGER	
Kraftomnibusse	§ 30d
Anforderungen an die aktive Fahrzeugsicherheit (Unfallvorbeugung)	
Lenkanlagen	§ 38
Bremsanlagen	§ 41

(Fortsetzung)

auf welche Weise das in der StVZO vorgeschriebene Ziel bei den einzelnen Bestimmungen erreicht werden kann und mit welchen der vom Konstrukteur angewendeten Mittel dieses Ziel auf Grund vorangegangener Prüfungen das Sachverständigen als gesichert zu betrachten ist. Auf diese Weise ist auch im Interesse des Herstellers dem Sachverständigen eine Erleichterung gegeben, weil ihm die Erfahrungen aus der praktischen Tätigkeit anderer Stellen gleichfalls zugute kommen und er in einzelnen Fällen nicht gezwungen ist, selbst in umfangreiche Prüfungen einzutreten, die schon vorher unter gleichen Voraussetzungen stattgefunden haben. Es ergibt sich hieraus, dass in den vorhandenen Richtlinien zu den Vorschriften der StVZO verschiedene Mittel und Wege aufgezeigt werden, die vom Sachverständigen geprüft und zum Erreichen des vorgeschriebenen Ziels als ausreichend betrachtet werden. […]. Der Sachverständige ist jedoch bei seiner Gutachtertätigkeit an diese Richtlinien, die gewissermaßen eine Vorarbeit für die ihm gestellte Aufgabe bedeuten, ebensowenig gebunden wie der Konstrukteur, der auch unter anderen als den schon geprüften Lösungsmöglichkeiten bei der Gestaltung des Fahrzeugs wählen kann. Entscheidend ist, dass der Sachverständige durch seine Prüfung die ausreichende Wirksamkeit nach den Forderungen der StVZO feststellt; […]. Die Herausgabe und Veröffentlichung der Richtlinien durch den Bundesverkehrsminister nach Abstimmung ihres Inhalts mit den zuständigen obersten Landesbehörden, dem Verband der Automobilindustrie e. V. und den übrigen in Betracht kommenden Wirtschaftsverbänden stellt für den Sachverständigen sicher, dass seine Begutachtung unter Anwendung der Richtlinie mit der Auffassung der für die Zulassung der Fahrzeuge zuständigen Verkehrsbehörden übereinstimmt und dem Stand der Technik entspricht. […]. Ferner ist zu folgern, dass es sich bei den Richtlinien um Unterlagen für den Sachverständigen, nicht aber um Konstruktionsanweisungen für den Hersteller handeln kann. Der Konstrukteur ist in der Auswahl der ihm geeignet erscheinenden Mittel frei. Der Sachverständige hat nach eigenem Ermessen durch seine Prüfung zu entscheiden, ob das Ziel der gesetzlichen Forderung erreicht ist; es bleibt ihm vorbehalten, bei seiner Tätigkeit die Richtlinie als Anhaltspunkte mit heranzuziehen. Eine Anwendung der Richtlinien in der Weise, dass der Sachverständige bei der von ihm vorzunehmenden Beurteilung lediglich die in den Richtlinien aufgeführten Konstruktionswege anerkennt und andere von vornherein ablehnt, entspricht nicht ihrem Sinn und Zweck, da im Zuge der technischen Entwicklung auch die Lösungsmöglichkeiten berücksichtigt werden müssen, die der Konstrukteur als neue Wege beschreitet und die auf Grund der mangelnden praktischen Erfahrungen noch keinen Eingang in den Richtlinien gefunden haben. In solchen Fällen ist vom Sachverständigen in eine sorgfältige, umfassende Prüfung einzutreten, für die der Hersteller den erforderlichen Zeitaufwand billigerweise berücksichtigen muss und seine Mithilfe bei der Erstellung der erforderlichen Nachweise nicht versagen sollte." Siehe auch Dauer, in Hentschel/König/Dauer (Hrsg.), Straßenverkehrsrecht, § 30 StVZO Rn. 3 m.w.Nachw.

Tab. 1 (Fortsetzung)

KRAFTFAHRZEUGE UND IHRE ANHÄNGER	
Automatischer Blockierverhinderer	§ 41 b
Einrichtungen für Schallzeichen	§ 55
Sichtfeld	§ 35b
Entfrostungs- und Trocknungsanalgen für verglaste Flächen	§ 35b
Scheibenwischer und Scheibenwascher	§ 40
Einrichtungen für indirekte Sicht	§ 56
Heizungen (Motorwärme und Zusatzanlagen) und Lüftung	§ 35c
Einrichtungen zum Auf- und Absteigen an Fahrzeugen	§ 35d
Beleuchtungsanlagen, Warnblinklicht	§ 49a, 53a
Rückstrahler	§ 53
Umrissleuchten, Begrenzungsleuchten, Schlussleuchten, Bremsleuchten	§ 51, § 51b, § 53
Seitenmarkierungsleuchten	§ 51a
Fahrtrichtungsanzeiger	§ 54
Scheinwerfer für Fern- und/oder Abblendlicht	§ 50
Sowie ihre Lichtquellen	§ 22a
Nebelscheinwerfer	§ 52
Nebelschlussleuchten	§ 53d
Rückfahrscheinwerfer	§ 52a
Parkleuchten	§ 51c
Beleuchtungseinrichtungen für das hintere Kennzeichen	§ 60
Rückwärtsgang	§ 39
Geschwindigkeitsmessgerät und –begrenzer	§ 57, § 57c
Innenausstattung (Symbole, Kontrollleuchten)	§ 30
Radabdeckungen	§ 36a
Reifen und ihre Montagen, Profiltiefe der Reifen	§ 36
Anhängelast, Stützlast	§ 42, § 44
Verbindungseinrichtungen (Anhängekupplung)	§ 43
Pedalanordnung	§ 30
Seitliche Schutzvorrichtungen	§ 32c
Elektromagnetische Verträglichkeit	§ 55a
Halteeinrichtungen, Fußstützen und Ständer von zweirädrigen Fahrzeugen	§ 61
Anforderungen an die passive Fahrzeugsicherheit (Unfallfolgenmilderung)	
Innenausstattung (vorstehende Teile)	§ 30
Lenkanlagen (Verhalten bei Unfallstößen)	§ 38

(Fortsetzung)

Tab. 1 (Fortsetzung)

KRAFTFAHRZEUGE UND IHRE ANHÄNGER	
Verankerung der Sicherheitsgurte	§ 35a
Sicherheitsgurte und Rückhaltesysteme	§ 22a, § 35a
Sitze, ihre Verankerungen und Kopfstützen	§ 35a
Notausstiege, Gänge, Anordnung von Fahrgastsitzen und Innenausstattung in Kraftomnibussen	§ 35 f, § 35i, § 35j
Vorstehende Außenkanten	§ 30c
Kraftstoffbehälter und Unterfahrschutz	§ 45, § 32b
Autogasanalgen (Flüssig- und Erdgas)	§ 41a, § 45, § 47
Türen (Schlösser und Scharniere)	§ 35^e
Sicherheitsscheiben	§ 40
Elektroantrieb (Sicherheit)	§ 62
Anforderungen an das Emissionsverhalten	
Geräuschpegel und Auspuffanlage	§ 49
Schadstoffemissionen, Kraftstoffverbrauch, Abgastrübung und CO_2-Emissionen	§ 47, § 47c
Kraftstoffverbrauch und CO_2-Ausstoß	§ 47d
Verschiedenes	
Kennzeichenanbringung, hinten	§ 60
Sicherungseinrichtungen gegen unbefugte Benutzung	§ 38a
Alarmsysteme und Wegfahrsperren	§ 38b
Fabrikschild, Fahrzeugidentifizierungsnummern	§ 59
Abschleppeinrichtungen	§ 43
Motorleistung, Messung	§ 35
Massen, Abmessungen, Gesamtgewicht	§ 32, § 34, § 34b
Höchstgeschwindigkeit (Messung), Berechnung des Hubraums	§ 30a, § 30b
Kurvenlaufeigenschaften	§ 32d
Klimaanlagen	§ 47^e
ANDERE STRASSENFAHRZEUGE	
Anwendung der für Kraftfahrzeuge geltenden Vorschriften (Abmessungen, Achslast, Gesamtgewicht und Bereifung)	§ 63
Lenkeinrichtung	§ 64
Einrichtungen für Schallzeichen	§ 65
Bremsen	§ 65
Rückspiegel	§ 66
Lichttechnische Einrichtungen	§ 66a, § 67

II. Fahrzeugteile

488 Die kraftfahrzeugtechnischen Anforderungen an **Bauteile, selbstständige technische Einheiten und Systeme** resultieren aus dem anwendbaren Einzelrechtsakt (⟶ Rn. 458).

489 Für **Fahrzeugteile nach § 22a Abs. 1 StVZO** bestimmt § 22a Abs. 2 StVZO, dass diese *„zur Verwendung im Geltungsbereich dieser Verordnung nur feilgeboten, veräußert, erworben oder verwendet werden* [dürfen], *wenn sie mit einem amtlich vorgeschriebenen und zugeteilten Prüfzeichen gekennzeichnet sind"* und unterwirft diese einer Genehmigungspflicht (⟶ Rn. 461). Die Genehmigungsvoraussetzungen sind geregelt in den dort in Bezug genommen §§ 30 ff. StVZO und ihren Anhängen, konkretisiert durch die Technischen Anforderungen an Fahrzeugteile bei der Bauartprüfung nach § 22a StVZO, kurz Technische Anforderungen (TA) genannt. Zu den Anforderungen, siehe Tab. 2 (⟶ Rn. 490).

Grundnorm ist § 30 Abs. 1 StVZO. Sie enthält allgemeine Anforderungen in Form einer Generalklausel.[59] Hiernach müssen *„Fahrzeuge so gebaut und ausgerüstet sein, dass 1. ihr verkehrsüblicher Betrieb niemand schädigt oder mehr als unvermeidbar gefährdet, behindert oder belästigt, 2. die Insassen insbesondere bei Unfällen vor Verletzungen möglichst geschützt sind und das Ausmaß und die Folgen von Verletzungen möglichst gering bleiben".* Diese in § 30 StVZO genannten Ziele sind nach dem Stand der Technik anzustreben, der insofern den gebotenen Standard der Verkehrssicherheit bestimmt.[60] Der Sicherheitsstandard des § 30 StVZO und mit ihm das Anforderungsprofil des Stand der Technik durchzieht die Gesamtheit der §§ 30 ff. StVZO, dient der Auslegung der speziellen Vorschriften und kommt immer dann zur Anwendung, wenn die speziellen Beschaffenheitsvorschriften der §§ 32 ff. StVZO der Konkretisierung bedürfen oder weitergehende Anforderungen nicht formulieren.[61] Fürwahr ist auch im Straßenverkehrszulassungsrecht der Stand der Technik das Maß der Dinge und nehmen die nationalen und unionalen Beschaffenheitsanforderungen für sich in Anspruch, diesen zu dokumentieren. Fehlt es an außenwirksamer Konkretisierung in Form hoheitlicher Rechtssetzung, obliegt es dem Rechtsanwender und in den Fällen des § 22a StVZO dem Kraftfahrt-Bundesamt bzw. den Prüfstellen und ggf. den Zulassungsbehörden den Stand der Technik zu ermitteln. Die **Technischen Anforderungen (TA)**

---

[59] KG Berlin, Beschl. v. 17.2.1997, 2 Ss 309/96, 3 Ws (B) 30/97, juris, Rn. 4; Thüringer Oberlandesgericht, Beschl. v. 13.1.2012, 1 Ss Rs 185/11, juris, Rn. 14.
[60] Braun/Damm/Konitzer, StVZO, § 30 Rn. 20; Dauer, in König/Dauer, Straßenverkehrsrecht, § 30 StVZO Rn. 5.
[61] KG Berlin, Beschl. v. 17.2.1997, 2 Ss 309/96, 3 Ws (B) 30/97, juris, Rn. 4; Thüringer Oberlandesgericht, Beschl. v. 13.1.2012, 1 Ss Rs 185/11, juris, Rn. 14.

§ 2 – Kraftfahrzeugtechnische Design-Anforderungen

des Bundesministeriums für Verkehr fungieren dann als **verwaltungsinterne Regelungen,** die von einer vorgesetzten Behörde an die ihr unterstellten Verwaltungsbediensteten gerichtet sind. Es handelt sich um eine Verwaltungsvorschrift. Rechtlich beruht sie auf der Leitungs- und Weisungskompetenz der übergeordneten Verwaltungsinstanz, d. h. dem Bundesministerium für Verkehr. Vieles und vornehmlich ihr technischer Bezug streiten für eine Einordnung der Technischen Anforderungen (TA) als **normkonkretisierende Verwaltungsvorschrift** mit der Folge entsprechender Verbindlichkeit gegenüber den Verwaltungsgerichten und beschränkter gerichtlicher Überprüfbarkeit.[62] Trotz fehlender rechtlicher Außenwirkung gegenüber dem Fahrzeugteilehersteller bedeutet dies für die Praxis einen jedenfalls faktischen Zwang, Fahrzeugteile den technischen Anforderung gemäß zu konzipieren und zu bauen. Fürwahr wird das Kraftfahrt-Bundesamt nur in Ausnahmefällen von den Technischen Anforderungen abweichen, nämlich (allenfalls) dann, *„wenn die Verkehrssicherheit es zulässt und die technische Entwicklung es erfordert"*[63].

---

[62]Zu Arten und Abgrenzung der Verwaltungsvorschriften und deren Rechtswirkungen, Maurer, Allgemeines Verwaltungsrecht, § 24.
[63]Technische Anforderungen an Fahrzeugteile bei der Bauartprüfung nach § 22a StVZO (TA), Teil I, Nr. 1 (2), abgedruckt in Braun/Damm/Konitzer, StVZO.

490 **Tab. 2** Anforderungen an Fahrzeugteile nach § 22a StVZO

	Bauartgenehmigungspflichtige Fahrzeugteile	Anforderungen
1.	Heizungen in Kraftfahrzeugen, ausgenommen elektrische Heizungen sowie Warmwasserheizungen, bei denen als Wärmequelle das Kühlwasser des Motors verwendet wird (§ 35c Abs. 1)	Fz der Klassen M, N und O: Anhang; Im Übringen TA Nr. 27
1a.	Luftreifen (§ 36 Abs. 2 StVZO)	Anhang
2.	Gleitschutzeinrichtungen (§ 37 Abs. 1 S. 2 StVZO)	TA Nr. 28
3.	Scheiben aus Sicherheitsglas (§ 40 StVZO) und Folien für Scheiben aus Sicherheitsglas	Fz nach Rili 97/24 [VO (EU) 168/2013]: Anhang Im Übrigen TA Nr. 29
4.	Frontschutzsysteme (§ 30c Abs. 4 StVZO)	Anhang
5.	Auflaufbremsen (§ 41 Abs. 10 StVZO), ausgenommen […]	TA Nr. 30
6.	Einrichtungen zur Verbindung von Fahrzeugen (§ 43 Abs. 1 StVZO), mit Ausnahme von […]	TA Nr. 31
7.	Scheinwerfer für Fernlicht und für Abblendlicht sowie für Fern- und Abblendlicht (§ 50 StVZO);	Fz nach Rili 76/756/EWG [UN/ECE Nr. 14]: Anhang Im Übrigen TA Nr. 7
8.	Begrenzungsleuchten (§ 51 Abs. 1 und 2, § 53b Abs. 1 StVZO)	TA Nr. 9
8a.	Spurhalteleuchten (§ 51 Abs. 4 StVZO)	TA Nr. 10
8b.	Seitenmarkierungsleuchten (§ 51a Abs. 6 StVZO)	§ 51a Abs. 6 i. V. m. Rili 76/756/EWG [UN/ECE Nr. 14]
9.	Parkleuchten, Park-Warntafeln (§ 51c StVZO)	TA Nr. 11
9a.	Umrissleuchten (§ 51b StVZO)	Anhang
10.	Nebelscheinwerfer (§ 52 Abs. 1 StVZO)	TA Nr. 12
11.	Kennleuchten für blaues Blinklicht (§ 52 Abs. 3 StVZO)	TA Nr. 13a
11a.	Nach vorn wirkende Kennleuchten für rotes Blinklicht mit nur einer Hauptausstrahlrichtung (Anhaltesignal) (§ 52 Abs. 3a StVZO)	TA Nr. 13b
12.	Kennleuchten für gelbes Blinklicht (§ 52 Abs. 4 StVZO)	TA Nr. 13
12a.	Rückfahrscheinwerfer (§ 52a StVZO)	TA Nr. 8a
13.	Schlussleuchten (§ 53 Abs. 1 und 6, § 53b StVZO)	TA Nr. 14
14.	Bremsleuchten (§ 53 Abs. 2 StVZO)	TA Nr. 17
15.	Rückstrahler (§ 51 Abs. 2, § 51a Abs. 1, § 53 Abs. 4, 6 und 7, § 53b, § 66a Abs. 4 StVZO, § 22 Abs. 4 StVO	TA Nr. 18
16.	Warndreiecke und Warnleuchten (§ 53a Abs. 1 und 3 StVZO)	TA Nr. 19
16a.	Nebelschlussleuchten (§ 53d StVZO)	TA Nr. 15

(Fortsetzung)

Tab. 2 (Fortsetzung)

	Bauartgenehmigungspflichtige Fahrzeugteile	Anforderungen
17.	Fahrtrichtungsanzeiger (Blinkleuchten) (§ 53b Abs. 5, § 54 SVZO)	TA Nr. 21
17a.	Tragbare Blinkleuchten und rot-weiße Warnmarkierungen für Hubladebühnen (§ 53b Abs. 5 StVZO)	TA Nr. 16a
18.	Lichtquellen für bauartgenehmigungspflichtige lichttechnische Einrichtungen, soweit die Lichtquellen nicht fester Bestandteil der Einrichtungen sind (§ 49a Abs. 6, § 67 Abs. 6 StVZO, § 22 Abs. 4 und 5 StVO)	§ 49a Abs. 6 StVZO
19.	Warneinrichtungen mit einer Folge von Klängen verschiedener Grundfrequenz – Einsatzhorn – (§ 55 Abs. 3 StVZO)	TA Nr. 32
19a.	Warneinrichtungen mit einer Folge von Klängen verschiedener Grundfrequenz (Anhaltehorn) (§ 55 Abs. 3a StVZO)	TA Nr. 32a
20.	Fahrtschreiber (§ 57a StVZO)	TA Nr. 33
21.	Beleuchtungseinrichtungen für Kennzeichen (§ 10 FZV)	TA Nr. 22
21a.	Beleuchtungseinrichtungen für transparente amtliche Kennzeichen (§ 10 FZV)	TA Nr. 22a
22.	Lichtmaschinen, Scheinwerfer, Schlussleuchten, rote, gelbe und weiße Rückstrahler, Pedalrückstrahler und retroreflektierende Streifen an Reifen oder in den Speichen für Fahrräder (§ 67 Abs. 1 bis 5, § 67a StVZO)	TA Nrn. 14b, 23, 24
23.	(weggefallen)	
24.	(weggefallen)	
25.	Sicherheitsgurte und andere Rückhaltesysteme in Kraftfahrzeugen	TA Nr. 26
26.	Leuchten zur Sicherung hinausragender Ladung (§ 22 Abs. 4 und 5 StVO)	TA Nr. 16
27.	Rückhalteeinrichtungen für Kinder in Kraftfahrzeugen (§ 35a Abs. 12 StVZO sowie § 21 Abs. 1a StVO)	TA Nr. 34

Tab. 3 Anhang IV der Richtlinie 2007/46/EG – für die Typgenehmigung von Fahrzeugen anzuwendende Vorschriften – Teil 1 (in unbegrenzter Serie hergestellte Fahrzeuge) – Stand: konsolidierte Fassung 18.1.18

Nr.	Genehmigungsgegenstand	Rechtsakt	Anzuwenden auf Fahrzeugklasse								
			M_1	M_2	M_3	N_1	N_2	N_3	O_1	O_2	O_3	O_4
1	Zulässiger Geräuschpegel	RiLi 70/157/EWG	X	X	X	X	X	X				
1A	Geräuschpegel	VO (EU) Nr. 540/2014	X	X	X	X	X	X				
2A	Emissionen leichter Pkw und Nutzfahrzeuge (Euro 5 und 6) [...]	VO (EG) Nr. 715/2007	X^1	X^1		X^1	X^1					
3A	Verhütung von Brandgefahren (Behälter für flüssigen Kraftstoff)	UN/ECE Nr. 34*	X	X	X	X	X	X	X	X	X	X
3B	Einrichtungen für den hinteren Unterfahrschutz und ihr Anbau [...]	UN/ECE Nr. 58*	X	X	X	X	X	X	X	X	X	X
4A	Anbringungsstelle und Anbringung, hinteres Kennzeichen	VO (EU) Nr. 1003/2010*	X	X	X	X	X	X	X	X	X	X
5A	Lenkanlagen	UN/ECE Nr. 79*	X	X	X	X	X	X				
6A	Einstieg ins Fahrzeug und Manövriereigenschaften [...]	VO (EU) Nr. 130/2012*	X			X	X	X				
6B	Türverschlüsse und Türaufhängungen	UN/ECE Nr. 11*	X			X						
7A	Vorrichtungen für Schallzeichen/Schallzeichen	UN/ECE Nr. 28*	X	X	X	X	X	X				
8A	Einrichtungen für indirekte Sicht und ihre Anbringung	UN/ECE Nr. 46*	X	X	X	X	X	X				
9A	Bremsen von Kraftfahrzeugen und Kraftfahrzeuganhängern	UN/ECE Nr. 13*		X^3	X^3	X^3	X^3	X^3	X^3	X^3	X^3	X^3
9B	Bremsen (PKW)	UN/ECE Nr. 13-H*	X^4			X^4						
10A	Elektromagnetische Verträglichkeit	UN/ECE Nr. 10*	X	X	X	X	X	X	X	X	X	X
12A	Innenausstattung	UN/ECE Nr. 21*	X									
13A	Schutz von Kraftfahrzeugen gegen unbefugte Benutzung	UN/ECE Nr. 18*		X^{4A}	X^{4A}		X^{4A}	X^{4A}				
13B	Schutz von Kraftfahrzeugen gegen unbefugte Benutzung	UN/ECE Nr. 116*	X			X						
14A	Schutz des Fahrzeugführers vor der Lenkanlage bei Unfallstößen	UN/ECE Nr. 12*	X			X						
15A	Sitze, ihre Verankerungen und Kopfstützen	UN/ECE Nr. 17*	X	X^{4B}	X^{4B}	X	X	X				
15B	Sitze für Kraftomnibusse	UN/ECE Nr. 80*		X	X							
16A	Vorstehende Außenkanten	UN/ECE Nr. 26*	X									
17A	Einstieg ins Fahrzeug und Manövriereigenschaften (Rückwärtsgang)	VO (EU) Nr. 130/2012*	X	X	X	X	X	X				
17B	Geschwindigkeitsmesseinrichtung einschließlich ihres Einbaus	UN/ECE Nr. 39*	X	X	X	X	X	X				
18A	Gesetzlich vorgeschriebenes Fabrikschild und Fahrzeug-Identifizierungsnummer	VO (EU) Nr. 19/2011*	X	X	X	X	X	X	X	X	X	X

(Fortsetzung)

§ 2 – Kraftfahrzeugtechnische Design-Anforderungen

Tab. 3 (Fortsetzung)

Nr.	Genehmigungsgegenstand	Rechtsakt	Anzuwenden auf Fahrzeugklasse									
			M_1	M_2	M_3	N_1	N_2	N_3	O_1	O_2	O_3	O_4
19A	Sicherheitsgurtverankerungen, ISOFIX-Verankerungssysteme [...]	UN/ECE Nr. 14*	X	X	X	X	X	X				
20A	Anbau der Beleuchtungs- und Lichtsignaleinrichtungen an Kraftfahrzeugen	UN/ECE Nr. 48*	X	X	X	X	X	X	X	X	X	X
21A	Retroreflektierende Einrichtungen für Kraftfahrzeuge und ihre Anhänger	UN/ECE Nr. 3*	X	X	X	X	X	X	X	X	X	X
22A	Begrenzungsleuchten, Schlussleuchten, Bremsleuchten und Umrissleuchten [...]	UN/ECE Nr. 7*	X	X	X	X	X	X	X	X	X	X
22B	Tagfahrlicht für Kraftfahrzeuge	UN/ECE Nr. 87*	X	X	X	X	X	X				
22C	Seitenmarkierungsleuchten für Kraftfahrzeuge und ihre Anhänger	UN/ECE Nr. 91*	X	X	X	X	X	X	X	X	X	X
23A	Fahrtrichtungsanzeiger für Kraftfahrzeuge und ihre Anhänger	UN/ECE Nr. 6*	X	X	X	X	X	X	X	X	X	X
24A	Beleuchtungseinrichtungen für das hintere Kennzeichenschild [...]	UN/ECE Nr. 4*	X	X	X	X	X	X	X	X	X	X
25A	Sealed-Beam-Halogenscheinwerfereinheit (HSB) für Kraftfahrzeuge [...]	UN/ECE Nr. 31*	X	X	X	X	X	X				
25B	Glühlampen zur Verwendung in genehmigten Scheinwerfern und Leuchten [...]	UN/ECE Nr. 37*	X	X	X	X	X	X	X	X	X	X
25C	Kfz-Scheinwerfer mit Gasentladungslichtquellen	UN/ECE Nr. 98*	X	X	X	X	X	X				
25D	Gasentladungslichtquellen für genehmigte Gasentladungsleuchteinheiten [...]	UN/ECE Nr. 99*	X	X	X	X	X	X				
25E	Kraftfahrzeugscheinwerfer für asymmetrisches Abblendlicht und/oder [...]	UN/ECE Nr. 112*	X	X	X	X	X	X				
25F	Adaptive Front- Beleuchtungssysteme für Kraftfahrzeuge	UN/ECE Nr. 123*	X	X	X	X	X	X				
26A	Nebelscheinwerfer für Kraftfahrzeuge	UN/ECE Nr. 19*	X	X	X	X	X	X				
27A	Abschleppeinrichtung	VO (EU) Nr. 1005/2010*	X	X	X	X	X	X				
28A	Nebelschlussleuchten für Kraftfahrzeuge und ihre Anhänger	UN/ECE Nr. 38*	X	X	X	X	X	X	X	X	X	X
29A	Rückfahrscheinwerfer für Kraftfahrzeuge und ihre Anhänger	UN/ECE Nr. 23*	X	X	X	X	X	X	X	X	X	X
30A	Parkleuchten für Kraftfahrzeuge	UN/ECE Nr. 77*	X	X	X	X	X	X				
31A	Sicherheitsgurte, Rückhaltesysteme, Kinder-Rückhaltesysteme [...]	UN/ECE Nr. 16*	X	X	X	X	X	X				
32A	Sichtfeld des Fahrzeugführers nach vorn	UN/ECE Nr. 125*	X									
33A	Anordnung und Kennzeichnung der Betätigungseinrichtungen, [...]	UN/ECE Nr. 121*	X			X						
34A	Entfrostungs- und Trocknungsanlagen	VO (EU) Nr. 672/2010*	X	(⁷)	(⁷)	(⁷)	(⁷)	(⁷)				
35A	Windschutzscheibenwischanlagen und Windschutzscheibenwaschanlagen	VO (EU) Nr. 1008/2010*	X	(⁸)	(⁸)	(⁸)	(⁸)	(⁸)				
36A	Heizungssysteme	UN/ECE Nr. 122*	X	X	X	X	X	X	X	X	X	X

(Fortsetzung)

Tab. 3 (Fortsetzung)

Nr.	Genehmigungsgegenstand	Rechtsakt	Anzuwenden auf Fahrzeugklasse							
			M_1	M_2	M_3	N_1	N_2	N_3	O_1	O_2	O_3	O_4
37A	Radabdeckung	VO (EU) Nr. 1009/2010*	X									
38A	In Fahrzeugsitze einbezogene und nicht einbezogene Kopfstützen	UN/ECE Nr. 25*	X									
41A	Emissionen schwerer Nutzfahrzeuge (Euro 6)/Zugang zu Informationen)	VO (EG) Nr. 595/2009 VO (EU) Nr. 582/2011	X^{10}	X^{10}	X	X^{10}		X				
41B	Lizenz des CO_2-Simulationsinstruments (schwere Nutzfahrzeuge)	VO (EG) Nr. 595/2009 VO (EU) 2017/2400					X^{18}	X				
42A	Seitenschutz von Lastkraftwagen, Anhängern und Sattelanhängern	UN/ECE Nr. 73*					X	X			X	X
43A	Spritzschutzsysteme	VO (EU) Nr. 109/2011*				X	X	X	X	X	X	X
44A	Massen und Abmessungen	VO (EU) Nr. 1230/2012*	X									
45A	Sicherheitsglas	UN/ECE Nr. 43*	X	X	X	X	X	X	X	X	X	X
46A	Montage von Reifen	VO (EU) Nr. 458/2011*	X	X	X	X	X	X	X	X	X	X
46B	Luftreifen für Kraftfahrzeuge und ihre Anhänger (Klasse C1)	UN/ECE Nr. 30*	X			X			X	X		
46C	Luftreifen für Nutzfahrzeuge und ihre Anhänger (Klassen C2 und C3)	UN/ECE Nr. 54*		X	X	X	X	X			X	X
46D	Reifen: Rollgeräuschemissionen, Haftung auf nassen Oberflächen […]	UN/ECE Nr. 117*	X	X	X	X	X	X	X	X	X	X
46E	Komplettnotrad, Notlaufreifen/Notlaufsystem […]	UN/ECE Nr. 64*	X^{9A}			X^{9A}						
47A	Geschwindigkeitsbegrenzungseinrichtungen	UN/ECE Nr. 89*		X	X		X	X				
48A	Massen und Abmessungen	VO (EU) Nr. 1230/2012*		X	X	X	X	X	X	X	X	X
49A	Außen vorstehende Teile vor der Führerhausrückwand von Nutzfahrzeugen	UN/ECE Nr. 61*				X	X	X				
50A	Mechanische Verbindungseinrichtungen für Fahrzeugkombinationen	UN/ECE Nr. 55*	X^{12}	X^{12}	X^{12}	X^{12}	X^{12}	X^{12}	X	X	X	X
50B	Kurzkupplungseinrichtung; Anbau eines genehmigten Typs […]	UN/ECE Nr. 102*					X^{12}	X^{12}			X^{12}	X^{12}
51A	Brennverhalten von Werkstoffen der Innenausstattung […]	UN/ECE Nr. 118*			X							
52A	Fahrzeuge der Klassen M_2 und M_3	UN/ECE Nr. 107*		X	X							
52B	Festigkeit des Aufbaus von Kraftomnibussen	UN/ECE Nr. 66*		X	X							
53A	Schutz der Insassen bei einem Frontalaufprall	UN/ECE Nr. 94*	X^{13}									
54A	Schutz der Insassen bei einem Seitenaufprall	UN/ECE Nr. 95*	X^{14}			X^{14}						

(Fortsetzung)

§ 2 – Kraftfahrzeugtechnische Design-Anforderungen

Tab. 3 (Fortsetzung)

Nr.	Genehmigungsgegenstand	Rechtsakt	Anzuwenden auf Fahrzeugklasse							
			M_1	M_2	M_3	N_1	N_2	N_3	O_1	O_2	O_3	O_4
56A	Fahrzeuge für die Beförderung gefährlicher Güter	UN/ECE Nr. 105*				X^{15}	X^{15}	X^{15}	X^{15}	X^{15}	X^{15}	X^{15}
57A	Einrichtungen für den vorderen Unterfahrschutz und ihr Anbau [...]	UN/ECE Nr. 93*					X	X				
58	Fußgängerschutz	VO (EG) Nr. 78/2009	X			X						
59	Recyclingfähigkeit	RiLi 2005/64/EG	X			X						
61	Klimaanlagen	RiLi 2006/40/EG	X			X^{16}						
62	Wasserstoffsystem	VO (EG) Nr. 79/2009	X	X	X	X	X	X				
63	Allgemeine Sicherheit	VO (EG) Nr. 661/2009	X^{17}	X^{17}	X^{17}	X^{17}	X^{17}	X^{17}	X^{17}	X^{17}	X^{17}	X^{17}
64	Gangwechselanzeiger	VO (EU) Nr. 65/2012*	X									
65	Notbrems-Assistenzsystem	VO (EU) Nr. 347/2012*		X	X		X	X				
66	Spurhaltewarnsystem	VO (EU) Nr. 351/2012*		X	X		X	X				
67	Spezielle Ausrüstung für Kraftfahrzeuge, in deren Antriebsystem [...]	UN/ECE Nr. 67*	X	X	X	X	X	X				
68	Fahrzeug-Alarmsysteme	UN/ECE Nr. 97*	X			X						
69	Elektrische Sicherheit	UN/ECE Nr. 100*	X	X	X	X	X	X				
70	Spezielle Bauteile von Kraftfahrzeugen, in deren Antriebsystem [...]	UN/ECE Nr. 110*	X	X	X	X	X	X				
71	Festigkeit des Fahrerhauses	UN/ECE Nr. 29*				X	X	X				

(Fortsetzung)

* Zu VO (EU) 661/2009

(1) Für Fahrzeuge mit einer Bezugsmasse von bis zu 2 610 kg. Auf Antrag des Herstellers auch für Fahrzeuge mit einer Bezugsmasse von bis zu 2 840 kg

(2) Für Fahrzeuge, die mit einer Flüssiggas- bzw. Erdgasanlage ausgestattet sind, ist der Einbau eines elektronischen Fahrdynamik-Regelsystems erforderlich. Folglich müssen die in Einklang mit der UN/ECE Nr. 67 bzw. UN/ECE Nr. 110 erforderlich

(3) Gemäß Art. 12 VO (EG) Nr. 661/2009 ist der Einbau eines elektronischen Fahrdynamik-Regelsystems erforderlich. Folglich müssen die in Anhang 21 der UN/ECE Nr. 13 festgelegten Anforderungen für die Zwecke einer EG-Typgenehmigung für neue Fahrzeugtypen sowie für die Zwecke der Zulassung, des Verkaufs und der Inbetriebnahme neuer Fahrzeuge eingehalten werden. Es gelten die Einführungstermine nach Maßgabe von Art. 13 VO (EG) Nr. 661/2009 anstatt der Termine der UN/ECE Nr. 13

(4) Gemäß Art. 12 VO (EG) Nr. 661/2009 ist der Einbau eines elektronischen Fahrdynamik-Regelsystems erforderlich. Folglich müssen die in Teil A von Anhang 9 der UN/ECE Nr. 13-H festgelegten Anforderungen für die Zwecke einer EG-Typgenehmigung für neue Fahrzeugtypen sowie für die Zwecke der Zulassung, des Verkaufs und der Inbetriebnahme neuer Fahrzeuge eingehalten werden. Es gelten die Einführungstermine nach Maßgabe von Art. 13 der VO (EG) Nr. 661/2009 anstatt der Termine der UN/ECE Nr. 13-H

(4A) Sofern eingebaut, muss die Schutzeinrichtung der Anforderungen der UN/ECE Nr. 18 erfüllen

(4B) Diese VO gilt für Sitze, die nicht in den Anwendungsbereich der UN/ECE Nr. 80 fallen

(7) Fahrzeuge dieser Klasse sind mit einer geeigneten Entfrostungs- und Trocknungseinrichtung auszurüsten

(8) Fahrzeuge dieser Klasse sind mit einem geeigneten Scheibenwischer und -wäscher auszurüsten

Tab. 3 (Fortsetzung)

(9) Für Fahrzeuge mit einer Bezugsmasse von über 2 610 kg, die nicht im Einklang mit der VO (EG) Nr. 715/2007 typengenehmigt sind (auf Antrag des Herstellers und sofern ihre Bezugsmasse 2 840 kg nicht überschreitet)
(10) Gilt nur für Fahrzeuge, die mit Ausrüstung gemäß UN/ECE Nr. 64 ausgestattet sind. Für Fahrzeuge der Klasse M1 ist die Ausstattung mit einem Reifendrucküberwachungssystem im Einklang mit Art. 9 Abs. 2 VO (EG) Nr. 661/2009 obligatorisch
(9A) Gilt nur für Fahrzeuge, die mit Ausrüstung gemäß UN/ECE-Regelung Nr. 64 ausgestattet sind. Für Fahrzeuge der Klasse M1 ist die Ausstattung mit einem Reifendrucküberwachungssystem im Einklang mit Artikel 9 Absatz 2 der Verordnung (EG) Nr. 661/2009 obligatorisch
(12) Gilt nur für Fahrzeuge mit einer Verbindungseinrichtung
(13) Gilt nur für Fahrzeuge mit einer technisch zulässigen Gesamtmasse bis 2,5 t
(14) Gilt nur für Fahrzeuge mit einem „Sitzplatzbezugspunkt" („R-Punkt") des niedrigsten Sitzes, der höchstens 700 mm über dem Boden liegt
(15) Gilt nur, wenn der Hersteller die EG-Typgenehmigung für Fahrzeuge beantragt, die für die Beförderung gefährlicher Güter bestimmt sind
(16) Gilt nur für Fahrzeuge der Klasse N, Gruppe I gemäß RiLi 70/220/EWG Anhang I Abschnitt 5.3.1.4. Tabelle 1
(18) Für Fahrzeuge mit einer technisch zulässigen Gesamtmasse im beladenen Zustand von 7 500 kg

Erläuterungen:
X Rechtsakt ist anwendbar
Anmerkung: Die verbindlich geltenden Änderungsserien der UN/ECEen sind in Anhang IV der VO (EG) Nr. 661/2009 aufgeführt. Die später erlassenen Änderungsserien werden als Alternative akzeptiert

Tab. 4 Aufstellung der für die Typengenehmigung von Fahrzeugen geltenden Anforderungen nach Anhang I VO (EU) Nr. 167/2103 (Stand: konsolidierte Fassung 18.1.18)

Nr.	Artikel zu VO 167/2008	Gegenstand	Delegierter Rechtsakt (Artikel)	Kfz	Fahrzeugklassen																
					T1a	T1b	T2a	T2b	T3a	T3b	T4.1a	T4.1b (+)	T4.2a	T4.2b (+)	T4.3a	T4.3b	Ca	Cb (++)	Ra	Rb	Sa	Sb
1	17(2)(a)	Festigkeit der Fahrzeugstruktur	VO 2015/208 (Art. 6)		X	X	X	X	X	X	X	X	X	X	X	X	I	I	X	X	X	X
2	17(2)(b)	Bauartbedingte Höchstgeschwindigkeit [...]	VO 2015/208 (Art. 7)		X	X	X	X	X	X	X	X	X	X	X	X	I	I				
3	17(2)(b)	Bremsanlage und Anhängerbremsverbindung	VO 2015/68		X	X	X	X	X	X	X	X	X	X	X	X	X	X	X	X	X	X
4	17(2)(b)	Lenkanlagen für schnelle Zugmaschinen	VO 2015/208 (Art. 8)	Y		X		X		X		X		X		X		I				
5	17(2)(b)	Lenkanlagen	VO 2015/208 (Art. 9)	Y	X		X		X		X		X		X		I					
6	17(2)(b)	Geschwindigkeitsmesser	VO 2015/208 (Art. 10)		X	X	X	X	X	X	X	X	X	X	X	X	X	X				
7	17(2)(c)	Sichtfeld und Scheibenwischer	VO 2015/208 (Art. 11)	Y	X	X	X	X	X	X	X	X	X	X	X	X	I	I				
8	17(2)(c)	Verglasung	VO 2015/208 (Art. 12)		X	X	X	X	X	X	X	X	X	X	X	X	I	I				
9	17(2)(c)	Rückspiegel	VO 2015/208 (Art. 13)	Y	X	X	X	X	X	X	X	X	X	X	X	X	I	I				
10	17(2)(c)	Fahrerinformationssysteme	VO 2015/208 (Art. 14)	Y	X	X	X	X	X	X	X	X	X	X	X	X	I	I				
11	17(2)(d)	Beleuchtungs- und Lichtsignaleinrichtungen [...]	VO 2015/208 (Art. 15)	Y	X	X	X	X	X	X	X	X	X	X	X	X	X	X	X	X	X	X
12	17(2)(d)	Anbau der Beleuchtungseinrichtungen	VO 2015/208 (Art. 16)		X	X	X	X	X	X	X	X	X	X	X	X	I	I				
13	17(2)(e)	Insassenschutzsysteme [...]	VO 2015/208 (Art. 17)		X	X	X	X	X	X	X	X	X	X	X	X	I	I				
14	17(2)(f)	Fahrzeugaußenseite und Zubehörteile	VO 2015/208 (Art. 18)		X	X	X	X	X	X	X	X	X	X	X	X	X	X	X	X	X	X
15	17(2)(g)	Elektromagnetische Verträglichkeit	VO 2015/208 (Art. 19)	Y	X	X	X	X	X	X	X	X	X	X	X	X	I	I				
16	17(2)(h)	Einrichtung für Schallzeichen	VO 2015/208 (Art. 20)	Y	X	X	X	X	X	X	X	X	X	X	X	X	I	I				

(Fortsetzung)

Tab. 4 (Fortsetzung)

Nr.	Artikel ZuVO 167/2008	Gegenstand	Delegierter Rechtsakt (Artikel)	Kfz	Fahrzeugklassen																	
					T1a	T1b	T2a	T2b	T3a	T3b	T4.1a	T4.1b (+)	T4.2a	T4.2b (+)	T4.3a	T4.3b	Ca	Cb (++)	Ra	Rb	Sa	Sb
17	17(2)(i)	Heizungsanlagen	VO 2015/208 (Art. 21)	Y	X	X	X	X	X			X	X	X	X	X	I	I				
18	17(2)(j)	Sicherungen gegen unbefugte Benutzung	VO 2015/208 (Art. 22)	Y¹	X	X	X	X	X	X	X	X	X	X	X	X	I	I	Z	Z	X	X
19	17(2)(k)	Amtliche Kennzeichen	VO 2015/208 (Art. 23)		X	X	X	X	X	X	X	X	X	X	X	X	I	I	X	X	X	X
20	17(2)(k)	Gesetzlich vorgeschriebene Schilder [...]	VO 2015/208 (Art. 24)		X	X	X	X	X	X	X	X	X	X	X	X	I	I	X	X	X	X
21	17(2)(l)	Abmessungen und Anhängelast	VO 2015/208 (Art. 25)		X	X	X	X	X	X	X	X	X	X	X	X	I	I	X	X	X	X
22	17(2)(l)	Gesamtmasse in beladenem Zustand	VO 2015/208 (Art. 26)		X	X	X	X	X	X	X	X	X	X	X	X	X	X	X	X	X	X
23	17(2)(l)	Belastungsgewichte	VO 2015/208 (Art. 27)		X	X	X	X			X	X	X	X	X	X	I	I				
24	17(2)(m)	Sicherheit der elektrischen Systeme	VO 2015/208 (Art. 28)		X	X	X	X	X	X	X	X	X	X	X	X	X	X	X	X	X	X
25	17(2)(a), 17(2)(m), 18(2)(l)	Kraftstofftank	VO 2015/208 (Art. 29)		X	X	X	X	X	X	X	X	X	X	X	X	X	X				
26	17(2)(n)	Hinterer Unterfahrschutz	VO 2015/208 (Art. 30)																X	X		
27	17(2)(o)	Seitliche Schutzvorrichtungen	VO 2015/208 (Art. 31)																	X		
28	17(2)(p)	Ladepritschen	VO 2015/208 (Art. 32)		X	X	X	X	X	X			X	X	X	X	I	I				
29	17(2)(q)	Abschleppeinrichtungen	VO 2015/208 (Art. 33)		X	X	X	X	X	X	X	X	X	X	X	X	I	I				
30	17(2)(r)	Reifen	VO 2015/208 (Art. 34)	Y	X	X	X	X	X	X	X	X	X	X	X	X			X	X	X	X
31	17(2)(s)	Spritzschutzsysteme	VO 2015/208 (Art. 35)			X		X		X		X		X		X				X		
32	17(2)(t)	Rückwärtsgang	VO 2015/208 (Art. 36)		X	X	X	X	X	X	X	X	X	X	X	X	X	X				
33	17(2)(u)	Gleisketten	VO 2015/208 (Art. 37)														X	X				

(Fortsetzung)

§ 2 – Kraftfahrzeugtechnische Design-Anforderungen

Tab. 4 (Fortsetzung)

Nr.	Artikel Zu VO 167/2008	Gegenstand	Delegierter Rechtsakt (Artikel)	Kfz.	Fahrzeugklassen																	
					T1a	T1b	T2a	T2b	T3a	T3b	T4.1a	T4.1b (+)	T4.2a	T4.2b (+)	T4.3a	T4.3b	Ca	Cb (++)	Ra	Rb	Sa	Sb
34	17(2)(v)	Mechanische Verbindungseinrichtungen	VO 2015/208 (Art. 38)		X	X	X	X	X		X	X	X	X			I	I	X	X	X	X
35	18(2)(a)	ROPS	VO 1322/2014 (Art. 9)		X	X							X	X	X	X						
36	18(2)(a)	ROPS (Zugmaschinen auf Gleisketten)	VO 1322/2014 (Art. 10)														X	X				
37	18(2)(a)	ROPS (Statische Prüfungen)	VO 1322/2014 (Art. 11)		X	X							X				X	X				
38	18(2)(a)	ROPS, vorn angebracht (Schmalspurzugmaschinen)	VO 1322/2014 (Art. 12)				X		X	X					X	X						
39	18(2)(a)	ROPS, hinten angebracht (Schmalspurzugmaschinen)	VO 1322/2014 (Art. 13)				X	X	X	X					X	X	X	X				
40	18(2)(b)	FOPS, Schutzaufbau gegen herabfallende Gegenstände	VO 1322/2014 (Art. 14)		X	X	X	X	X	X	X	X	X	X	X	X	I	I				
41	18(2)(c)	Beifahrersitze	VO 1322/2014 (Art. 15)		X	X	X	X	X	X	X	X	X	X	X	X	I	I				
42	18(2)(d)	Exposition des Fahrers gegenüber dem Geräuschpegel	VO 1322/2014 (Art. 16)		X	X	X	X	X	X	X	X	X	X	X	X	X	X				
43	18(2)(e)	Fahrersitz und –position	VO 1322/2014 (Art. 17)		X	X	X	X	X	X	X	X	X	X	X	X	X	X				
44	18(2)(f)	Betätigungsraum und Zugang zum Fahrerplatz	VO 1322/2014 (Art. 18)		X	X	X	X	X	X	X	X	X	X	X	X	X	X				
45	18(2)(g)	Zapfwellen	VO 1322/2014 (Art. 19)		X	X	X	X	X	X	X	X	X	X	X	X	X	X				
46	18(2)(h)	Schutz von Antriebselementen	VO 1322/2014 (Art. 20)		X	X	X	X	X	X	X	X	X	X	X	X	X	X				
47	18(2)(i)	Verankerung der Sicherheitsgurte	VO 1322/2014 (Art. 21)		X	X	X	X	X	X	X	X	X	X	X	X	I	I				
48	18(2)(j)	Sicherheitsgurte	VO 1322/2014 (Art. 22)		X	X	X	X	X	X	X	X	X	X	X	X	I	I				
49	18(2)(k)	OPS, Schutz gegen das Eindringen von Gegenständen	VO 1322/2014 (Art. 23)		X	X	X	X	X	X	X	X	X	X	X	X	I	I				

(Fortsetzung)

Tab. 4 (Fortsetzung)

Nr.	Artikel ZuVO 167/2008	Gegenstand	Delegierter Rechtsakt (Artikel)	Kfz	T1a	T1b	T2a	T2b	T3a	T3b	T4.1a	T4.1b (+)	T4.2a	T4.2b (+)	T4.3a	T4.3b	Ca	Cb (++)	Ra	Rb	Sa	Sb
50	18(2)(l)	Auspuffanlage *Schutz des Fahrers vor gefährlichen Stoffen*	VO 1322/2014 (Art. 24) VO 1322/2014 (Art. 32)		X	X	X	X	X	X	X	X	X	X	X	X	X	X				
51	18(2)(l), 18(2)(n), 18(2)(q), 18(4)	Betriebsanleitung	VO 1322/2014 (Art. 25)		X	X	X	X	X	X	X	X	X	X	X	X	X	X	X	X	X	X
52	18(2)(o)	Bedienungselemente [...]	VO 1322/2014 (Art. 26)		X	X	X	X	X	X	X	X	X	X	X	X	I	I				
53	18(2)(p)	Schutz vor anderen als den in Artikel 18(2) (a), (b), (g) und (k) genannten mechanischen Gefahren [...]	VO 1322/2014 (Art. 27)		X	X	X	X	X	X	X	X	X	X	X	X	I	I	Z	Z	X	X
54	18(2)(r), 18(2)(p)	Trennende und nicht trennende Schutzeinrichtungen	VO 1322/2014 (Art. 28)		X	X	X	X	X	X	X	X	X	X	X	X	I	I				
55	18(2)(l), 18(2)(s), 18(2)(q), 18(4)	Hinweise, Warnungen und Kennzeichnungen	VO 1322/2014 (Art. 29)		X	X	X	X	X	X	X	X	X	X	X	X	I	I	Z	Z	X	X
56	18(2)(t)	Materialien und Produkte	VO 1322/2014 (Art. 30)	Y	X	X	X	X	X	X	X	X	X	X	X	X	I	I				
57	18(2)(u)	Batterien	VO 1322/2014 (Art. 31)	Y	X	X	X	X	X	X	X	X	X	X	X	X	I	I				
58	18(4)	Notausstieg	siehe Nr. 44		X	X	X	X	X	X	X	X	X	X	X	X	I	I				
59	18(2)(l), 18(4)	Kabinenbelüftungs- und –filtersystem *(Schutz vor gefährlichen Stoffen)*	siehe Nr. 50		X	X	X	X	X²	X²	X	X	X	X	X	X	I	I				
60	18(4)	Brenngeschwindigkeit des Kabinenmaterials	siehe Nr. 56												X	X	I	I				
61	19(2)(a)	Schadstoffemissionen	VO 2015/96		X	X	X	X	X	X	X	X	X	X	X	X	X	X				
62	19(2)(b)	Geräuschpegel (außen)	VO 2015/96	Y	X	X	X	X	X	X	X	X	X	X	X	X	I	I				

(Fortsetzung)

Tab. 4 (Fortsetzung)

(1) nur für die Klassen T und C
(2) sofern im Anwendungsbereich der Richtlinie
Legende:
(+) = wenn in dieser Klasse eine solche Unterklasse geschaffen wird
(++) = nur für Unterklassen, die jenen mit Index b in der Klasse T entsprechen
X = zutreffend
I = wie für T, je nach Klasse
Y = einschlägige Rechtsakte für Kraftfahrzeuge gelten als gleichwertig, wie im delegierten Rechtsakt festgelegt
Z = zutreffend nur für gezogene austauschbare Geräte der Klasse R; Verhältnis zwischen der technisch zulässigen Gesamtmasse in beladenem Zustand und der Leermasse mindestens 3,0 (Artikel 3 Nummer 9)

493 Tab. 5 Aufstellung der für die Typgenehmigung von Fahrzeugen geltenden Anforderungen nach Anhang II VO (EU) Nr. 168/2103 (Stand: konsolidierte Fassung 1.1.18)

Nr.	Artikel	Gegenstand	Anforderungen	Fahrzeugklassen													
				L1e-A	L1e-B	L2e	L3e	L4e	L5e-A	L5e-B	L6e-A	L6e-B	L7e-A1	L7e-A2	L7e-B1	L7e-B2	L7e-C
A		LEISTUNGSANFORDERUNGEN AN UMWELTVERTRÄGLICHKEIT UND ANTRIEBSLEISTUNG															
1	23 & 24	umweltbezogene Prüfverfahren für Abgasemissionen, Verdunstungsemissionen, Treibhausgasemissionen, Kraftstoffverbrauch und Bezugskraftstoffe	Anhang V VO (EU) 168/2013 in der durch Artikel 18 VO (EU) 134/2014 ab 1.1.2016 gegebenen Fassung, Anhänge VI und VII VO (EU) 168/2014	X	X	X	X	X	X	X	X	X	X	X	X	X	X
2		bauartbedingte Höchstgeschwindigkeit des Fahrzeugs, maximales Drehmoment und maximale Dauergesamtleistung des Antriebs			X	X	X	X	X	X	X	X	X	X	X	X	X
3		Verfahren für die Geräuschprüfung		X	X	X	X	X	X	X	X	X	X	X	X	X	X

Nr.	Artikel	Gegenstand	Delegierter Rechtsakt (Artikel)	Fahrzeugklassen													
				L1e-B	L2e	L3e	L4e	L5e-A	L5e-B	L6e-A	L6e-B	L7e-A1	L7e-A2	L7e-B1	L7e-B2	L7e-C	
B		ANFORDERUNGEN FÜR DIE FUNKTIONALE SICHERHEIT DES FAHRZEUGS															
1	22	akustische Warneinrichtungen	VO 3/2014 (Art. 6)	X	X	X	X	X	X	X	X	X	X	X	X	X	
2		Bremsen, einschließlich Antiblockier- und kombinierte Bremssysteme	VO 3/2014 (Art. 7)	X	X	X	X	X	X	X	X	X	X	X	X	X	
3		elektrische Sicherheit	VO 3/2014 (Art. 8)	X	X	X	X	X	X	X	X	X	X	X	X	X	
4		Anforderungen an die Erklärung des Herstellers zur Dauerprüfung funktionaler Sicherheitssysteme, Teile und Ausrüstungen	VO 3/2014 (Art. 9)	X	X	X	X	X	X	X	X	X	X	X	X	X	
5		vordere und hintere Schutzvorrichtungen	VO 3/2014 (Art. 10)			IF			IF	IF	IF	IF	IF	IF	IF	IF	
6		Scheiben, Scheibenwischer und Scheibenwascher sowie Entfrostungs- und Trocknungsanlagen	VO 3/2014 (Art. 11)	IF	IF	IF	IF	IF	IF	IF	IF	IF	IF	IF	IF	IF	
7		vom Fahrer bediente Betätigungseinrichtungen, einschließlich Kennzeichnung der Betätigungseinrichtungen, Kontrollleuchten und Anzeiger	VO 3/2014 (Art. 12)	X	X	X	X	X	X	X	X	X	X	X	X	X	
8		Anbau der Beleuchtungs- und Lichtsignaleinrichtungen einschließlich des automatischen Einschaltens der Beleuchtungseinrichtung	VO 3/2014 (Art. 13)	X	X	X	X	X	X	X	X	X	X	X	X	X	
9		Sicht nach hinten	VO 3/2014 (Art. 14)	X	X	X	X	X	X	X	X	X	X	X	X	X	
10		Überrollschutzstruktur (ROPS)	VO 3/2014 (Art. 15)												X		
11		Sicherheitsgurtverankerungen und Sicherheitsgurte	VO 3/2014 (Art. 16)	IF				IF	IF	IF	IF	IF	IF	X	X	X	
12		Sitzplatz (Sättel und Sitze)	VO 3/2014 (Art. 17)	X	X	X	X	X	X	X	X	X	X	X	X	X	
13		Steuerfähigkeit, Kurvenfahr-Eigenschaften und Wendefähigkeit	VO 3/2014 (Art. 18)	X	X	X	X	X	X	X	X	X	X	X	X	X	
14		Montage der Reifen	VO 3/2014 (Art. 19)	X	X	X	X	X	X	X	X	X	X	X	X	X	
15		Geschwindigkeitsbegrenzungsschild und Anbringungsstelle am Fahrzeug	VO 3/2014 (Art. 20)				IF	IF		IF	IF	IF	IF	IF	IF	IF	
16		Insassenschutz einschließlich Innenausstattung, Kopfstützen und Fahrzeugtüren	VO 3/2014 (Art. 21)	IF		IF									IF	IF	
17		bauartbezogene Begrenzung der maximalen Nenndauerleistung oder Nutzleistung und/oder Geschwindigkeitsbegrenzung des Fahrzeugs	VO 3/2014 (Art. 22)	X	X	IF			X		X		X		X	X	
18		Festigkeit der Fahrzeugstruktur	VO 3/2014 (Art. 23)	X	X	X	X	X	X	X	X	X	X	X	X	X	

(Fortsetzung)

§ 2 – Kraftfahrzeugtechnische Design-Anforderungen

Tab. 5 (Fortsetzung)

C														
	ANFORDERUNGEN FÜR DIE FAHRZEUGAUSLEGUNG UND ALLGEMEINE ANFORDERUNGEN FÜR DIE TYPGENEHMIGUNG													
1	20	Maßnahmen betreffend unbefugte Eingriffe	VO 44/2014 (Art. 6)	X	X	X	X	X	X	X	X	X	X
2	[...]													
3	[...]													
4	18	Verbindungseinrichtungen und Befestigungen	VO (44/2014 (Art. 9)	IF	IF	IF	IF	IF	IF	IF	IF	IF	IF
5	18	Sicherungen gegen unbefugte Benutzung	VO (44/2014 (Art. 10)	X	X	X	X	X	X	X	X	X	X
6	18	Elektromagnetische Verträglichkeit (EMV)	VO (44/2014 (Art. 11)	X	X	X	X	X	X	X	X	X	X
7	18	vorstehende Außenkanten	VO (44/2014 (Art. 12)	X	X	X	X	X	X	X	X	X	X
8	18	Kraftstoffspeicher	VO (44/2014 (Art. 13)	IF	IF	IF	IF	IF		IF	IF	IF	IF
9	18	Ladeflächen	VO (44/2014 (Art. 14)			IF		X					
10	18	Massen und Abmessungen	VO (44/2014 (Art. 15)	X	X	X	X	X	X	X	X	X	X
11	21	On-Board-Diagnosesysteme	VO (44/2014 (Art. 16)				X	X	X		X	X	
12	18	Halteeinrichtungen und Fußstützen für Beifahrer	VO (44/2014 (Art. 17)		IF	IF	IF	IF	X	IF	IF	IF	IF
13	18	Anbringungsstelle Kennzeichen	VO (44/2014 (Art. 18)	X	X	X	X	IF	X	X	X	X	X
14	18	Reparatur- und Wartungsinformationen	VO (44/2014 (Art. 19)	X	X	X	X	X	X	X	X	X	X
15	18	Ständer	VO (44/2014 (Art. 10)	X	X			X					

„IF" bedeutet „*falls installiert*".

Sonstige(s) Produktverkehrsrecht/ öffentliche Interessen

§ 1. Elektromagnetische Verträglichkeit

Überall dort, wo Strom fließt, gibt es auch elektromagnetische Felder. Die Felder bleiben hierbei nicht zwingend innerhalb des die elektrische Energie nutzenden elektrischen Betriebsmittels. Sie können sich auch außerhalb des Betriebsmittels ausbreiten. Felder, die sich frei ausbreiten, können in andere elektrische Betriebsmittel eindringen und die Funktion dieser Betriebsmittel beeinflussen. Hier setzt das Produktverkehrsrecht zur elektromagnetischen Verträglichkeit an. Unter elektromagnetischer Verträglichkeit, abgekürzt EMV (engl.: EMC, Electo-Magnetic Compatibility), wird die friedliche Koexistenz von Sendern und Empfängern elektromagnetischer – im elektromagnetischen Feld befindlicher – Energie verstanden und bezwecken die Anforderungen an die elektromagnetische Verträglichkeit eine **verträgliche Koexistenz von Betriebsmitteln** wie beispielsweise Maschinen, Hauselektronik, Funk- und Telekommunikationsanlagen. Sender sollen nur die gewünschten Empfänger erreichen und Empfänger nur auf Signale von Sendern ihrer Wahl reagieren. Solchermaßen findet idealiter keine ungewollte gegenseitige Beeinflussung statt. Die Begriffe Sender und Empfänger sind hierbei nicht auf Kommunikationsmittel beschränkt. So sind Sender elektromagnetischer Energie, sog. Störer, neben Fernseh-, Tonrundfunk- und Mobilfunksendern auch elektromagnetische Energie ungewollt aussendende Stromkreise und Systeme, wie KfZ-Zündanlagen, Leuchtstofflampen, Universalmotoren, Leistungselektronik, Schaltkontakte. Empfänger elektromagnetischer können etwa sein Automatisierungssysteme, KfZ-Mikroelektronik, Mess-, Steuer- und Regelgeräte, Datenverarbeitungsanlagen oder Herzschrittmacher. Bezogen auf das hier interessierende einzelne Gerät definiert der Unionsgesetzgeber elektromagnetische Verträglichkeit als *„die Fähigkeit eines Betriebsmittels, in seiner elektromagnetischen Umgebung zufriedenstellend zu arbeiten, ohne dabei selbst elektromagnetische Störungen zu verursachen, die für andere Betriebsmittel in derselben*

494

Umgebung unannehmbar wären".[1] Elektromagnetische Verträglichkeit bezeichnet also die Fähigkeit eines Gerätes, zufriedenstellend zu funktionieren, ohne andere Einrichtungen zu stören oder selbst gestört zu werden. Es geht um die Begrenzung der Störquellen auf das Aussenden tolerierbarer Emissionen, sog. **Funkentstörung,** und dem Bau immissions- bzw. störfester Geräte auf der Empfängerseite, d. h. **Störfestigkeit bzw. Immunität.** Dies wird im Wesentlichen dadurch erreicht, dass einerseits die Störaussendungen eines elektrotechnischen Gerätes begrenzt sind und andererseits das Gerät eine Mindeststörfestigkeit besitzen muss.[2] Die im Recht des technischen Produkts vornehmlich interessierenden Sender, die parasitär elektromagnetische Energie an ihre Umwelt abgeben, gelten solchermaßen als elektromagnetisch verträglich, wenn die von ihnen erzeugten Feldstärken in einem bestimmten Abstand vorgegebene Grenzwerte einhalten, d. h. dass zufriedenstellendes Arbeiten eines in diesem Abstand befindlichen Empfängers innerhalb seiner Spezifikation möglich ist. Empfänger gelten als elektromagnetisch verträglich, wenn sie in einer elektromagnetisch verseuchten Umwelt ihr Nutzungssignal mit befriedigendem Störabstand zu empfangen in der Lage sind und selbst keine unverträglichen Störungen aussenden. Erreicht wird dies durch Maßnahmen beim Sender, nämlich Schirmung, Spektrumsbegrenzung, usw., beim Kopplungspfad, also dem Pfad zwischen Störquelle (Sender) und Störsenke (Empfänger), nämlich Schirmung, Filterung, Leitungstopologie, Lichtleiter, usw. und beim Empfänger, nämlich Schirmung, Filterung, Schaltungskonzept, usw.[3]

495 Die allgegenwärtige EMV-Problematik in den verschiedenen Bereichen der Elektrotechnik und die zahllosen Anwendungen Letzterer in den anderen Industriebranchen riefen verschiedenste EMV-Gesetz- und Normungsaktivitäten hervor. Kriterien für die elektromagnetische Verträglichkeit eines Geräts sind grob vereinfacht die **Nichtüberschreitung bestimmter Emissionsgrenzwerte** und die **Tolerierung bestimmter Immissionsgrenzwerte.** In praxi ist das Vorschriftenwesen allerdings sehr heterogen. Dies ist mitunter konzeptionell divergierenden branchen-, produkt- und umgebungsbezogenen Regelungsansätzen geschuldet.

I. Rechtsquellen und Regelungsbereich der Anforderungen an das technische Design

496 Parallel zum Produktsicherheitsrecht (→ Rn. 331) ist auch das auf das technische Produkt anwendbare EMV-Recht unionsrechtlich determiniert, stützt sich das zur elektromagnetischen Verträglichkeit ergangene sekundäre Unionsrecht auf die Kompetenznorm des **Art. 114 AEUV** und ergehen die dortigen Anforderungen an das technische Design

---

[1] Art. 3 Abs. 1 Nr. 4 der Richtlinie RL 2014/30/EU.
[2] Schwab/Kürner, Elektromagnetische Verträglichkeit, S. 2.
[3] *Ebd.,* S. 5.

zur **Effektuierung der Warenverkehrsfreiheit**. Zweck der unionalen Vorschriften, die EMV-Sachverhalte verbindlich regeln, ist demgemäß auch hier nicht primär die Festlegung eines europaweit einheitlichen Schutzniveaus, sondern die Realisierung des freien Warenverkehrs von technischen Geräten. Auch hier ist die Festlegung einheitlicher elektromagnetischer Standards ein Mittel dazu. Hier wie dort müssen die Konstrukteure und Hersteller in eigener Verantwortung recherchieren, welche Rechtsvorschriften für ihr Produkt relevant sind. Zuvörderst zu beachten ist die produktübergreifende **Richtlinie 2014/30/EU** vom 26.2.2014 über die elektromagnetische Verträglichkeit, sog. EMV-Richtlinie. Die elektromagnetische Verträglichkeit ist weiter ein Aspekt sicherheitsgerechten Konstruierens, wenn etwa Sicherheitsgeräte oder -vorrichtungen elektrische oder elektronische Teile enthalten und deren normaler Betrieb durch elektromagnetische Störungen beeinträchtigt werden kann. Die einzelnen **Gesundheits- und Sicherheitsschutzrichtlinien** erfassen denn auch regelmäßig elektromagnetische Aspekte im Zusammenhang mit Sicherheit, einschließlich der funktionalen Sicherheit, und ist die EMV-Richtlinie selbst keine solche Gesundheits- und Sicherheitsschutzrichtlinie.[4] Wie stets ist sodann auch hier die Artikulation der Harmonisierungsrechtsvorschriften untereinander zu bestimmen.

1. Artikulation der Harmonisierungsrechtsvorschriften untereinander

Ausgangspunkt der Bestimmung der auf das Gerät anwendbaren EMV-Anforderungen bildet die produktübergreifende EMV-Richtlinie 2014/30/EU. Ausweislich ihres Art. 1 zielt die EMV-Richtlinie 2014/30/EU neben bzw. zum Zwecke der Gewährleistung des freien Warenverkehrs auf die Schaffung einer annehmbaren elektromagnetischen Umgebung in der Union ab. Die Sicherheit von Geräten in Bezug auf Menschen, Haustiere oder Vermögenswerte ist mithin nicht Gegenstand der EMV-Richtlinie 2014/30/EU (Art. 2 Abs. 4). Die Unempfindlichkeit sicherheitsrelevanter Steuerungen, Vorrichtungen, etc. gegenüber Störungen, die durch elektromagnetische Felder verursacht werden können, ist stets von der auf das technische Produkt anwendbaren Gesundheits- und Sicherheitsschutzrichtlinie abgedeckt und nach dieser zu beurteilen. Die EMV-Richtlinie ist dann grundsätzlich zusätzlich zur jeweiligen Gesundheits- und Sicherheitsschutzrichtlinie anwendbar. Allerdings nimmt die EMV-Richtlinie mehrere Geräte aus ihrem Anwendungsbereich heraus und werden EMV-Erscheinungen andernorts abschließend geregelt.

Gemäß ihrem Art. 2 Abs. 2 findet die EMV-Richtlinie 2014/30/EU keine Anwendung auf die dort **explizit ausgenommenen Geräte:**

---

[4] Siehe 13. Erwägungsgrund der Richtlinie 2014/30/EU.

- Funkanlagen nach der Richtlinie 2014/53/EU,[5]
- Luftfahrttechnische Erzeugnisse, Teile und Ausrüstungen im Sinne der Verordnung (EG) Nr. 216/2008,
- Funkgeräte, die von Funkamateuren im Sinne der von der Internationalen Fernmeldeunion (UIT) erlassenen Vollzugsordnung[6] genutzt werden.

Gemäß der **allgemeinen Kollisionsregel** des Art. 2 Abs. 3 gilt die EMV-Richtlinie 2014/30/EU in Bezug auf EMV-Anforderungen an Geräte, für die in anderen Unionsrechtsvorschriften teilweise oder insgesamt genauere EMV-Anforderungen festgelegt werden, nicht bzw. nicht mehr ab dem Datum der Anwendung dieser Rechtsvorschriften. Nachstehende Liste enthält Beispiele für Betriebsmittel, die hiernach sowohl hinsichtlich der Emissionen als auch der Störfestigkeit von der EMV-Richtlinie ausgenommen sind:

- Kraftfahrzeuge (→ Rn. 473)
- Aktive implantierbare medizinische Geräte nach der Richtlinie 90/385/EWG[7]
- Medizinprodukte nach der Richtlinie 93/42/EWG[8]
- In-vitro-Diagnostika nach der Richtlinie 98/79/EG[9]

Lediglich in Bezug auf die Störfestigkeit sind von der EMV-Richtlinie ausgenommen:

- Messgeräte nach der Richtlinie 2014/32/EU[10]
- Nichtselbsttätige Waagen nach der Richtlinie 2014/31/EU[11]

---

[5]Geräte, die von der Richtlinie 2014/53EU erfasst werden, sind von der EMV-Richtlinie ausgenommen. Gemäß dem 8. Erwägungsgrund genannter Richtlinie erachtet der Unionsgesetzgeber die in der EMV-Richtlinie 2014/30/EU festgelegten grundlegenden Anforderungen auf dem Gebiet der elektromagnetischen Verträglichkeit gleichwohl als für Funkanlagen ausreichend und wird in Art. 3 Abs. 1 lit. b) der Richtlinie 2014/53/EU auf die EMV-Anforderungen der Richtlinie 2014/30/EU verwiesen. Das bedeutet, dass die in der Richtlinie 2014/30/EU festgelegten Schutzanforderungen für Funkanalgen verbindlich vorgeschrieben sind, sich jedoch das Konformitätsbewertungsverfahren nicht nach der Richtlinie 2014/30/EU, sondern der Richtlinie 2014/53/EU richtet. Funkanlagen, die von der Richtlinie 2014/53/EU nicht erfasst werden, fallen weiterhin unter die Bestimmungen der EMV-Richtlinie.

[6]Konstitution und Konvention der Internationalen Fernmeldeunion, verabschiedet von der Zusätzlichen Konferenz der Regierungsbevollmächtigten (Genf 1992), geändert durch die Konferenz der Regierungsbevollmächtigten (Kyoto 1994).

[7]Vgl. Art. 1 Abs. 5 der Richtlinie 90/385/EWG.

[8]Vgl. Art. 1 Abs. 7 der Richtlinie 93/42/EWG.

[9]Vgl. Erwägungsgrund 14 der Richtlinie 98/79/EG.

[10]Art. 2 Abs. 2 der Richtlinie 2014/32/EU.

[11]Siehe Anhang I Ziff. 8.2. der Richtlinie 2014/31/EU.

2. Anwendungsbereich der EMV-Richtlinie

Die elektromagnetische Verträglichkeit von Betriebsmitteln ist seit dem 3.5.1989 Gegenstand produktübergreifender Harmonisierung auf europäischer Ebene. Der ersten EMV-Richtlinie 89/336/EWG folgte die Richtlinie 2004/108/EG und dieser die Richtlinie 2014/30/EU. Der Regelungs-/Anwendungsbereich und die grundlegenden Anforderungen blieben gegenüber der Vorgängerrichtlinie unverändert. 498

Die Richtlinie 2014/30/EU gilt für **Betriebsmittel**. Nach Art. 3 Abs. 1 Nr. 1 der EMV-Richtlinie 2014/30/EU ist Betriebsmittel ein **Gerät** oder eine **ortsfeste Anlage**. Auch unterfallen bestimmte **Bauteile, Baugruppen** und **bewegliche Anlagen** den auf Geräte anwendbaren Regelungen und werden diesen gleichgestellt.[12] 499

a. Gerät

Gerät im Sinne der EMV-Richtlinie ist ein *„fertiger Apparat oder eine als Funktionseinheit auf dem Markt bereitgestellte Kombination solcher Apparate, der bzw. die für Endnutzer bestimmt ist und elektromagnetische Störungen verursachen kann oder dessen bzw. deren Betrieb durch elektromagnetische Störungen beeinträchtigt werden kann"* (Hervorhebung diesseits).[13] Eine der Voraussetzungen, die ein fertiger Apparat erfüllen muss, um Gerät im Sinne der EMV- Richtlinie zu sein, ist die, dass er für Endnutzer bestimmt sein muss. Endnutzer ist eine natürliche Person (z. B. Verbraucher) oder eine rechtliche Einheit (z. B. Unternehmen), die den Apparat bestimmungsgemäß nutzt oder beabsichtigt, ihn bestimmungsgemäß zu nutzen. Damit werden Zulieferteile vom Anwendungsbereich der EMV-Richtlinie ausgenommen (zu dem sich hieraus für den Endgerätehersteller ergebenden Erfordernis eines EMV-Management → Rn. 503).[14] Ein weiteres Kriterium ist die Wahrscheinlichkeit, dass der Apparat elektromagnetische Störungen verursacht oder dass seine Funktionsfähigkeit durch elektromagnetische Störungen beeinträchtigt wird. Ist aufgrund der inhärenten Eigenschaften des Apparats beides nicht der Fall, so kann er als aufgrund seiner Beschaffenheit unkritisch im Hinblick auf die elektromagnetische Verträglichkeit gelten und fällt damit auch nicht unter die EMV-Richtlinie.[15] 500

Ein **fertiger Apparat,** häufig auch als *„Endgerät"* bezeichnet, ist eine Einrichtung oder Einheit, die eine Funktion erfüllt und über ein eigenes Gehäuse verfügt.[16] Fertige Apparate bzw. Endgeräte sind etwa PC's, Kopierer, einzeln vertriebene Netzteile, Multimeter, Haushaltsgeräte wie Toaster, Unterhaltungselektronik wie DVD-Player, Laborgeräte wie Oszilloskope, fertige industrielle oder wissenschaftliche Apparate.[17] 501

---

[12]Ausführlich zum Anwendungsbereich, siehe Europäische Kommission, EMV-Leitfaden, S. 8 ff.
[13]Art. 3 Abs. 2 Nr. 1 der Richtlinie 2014/30/EU.
[14]Loerzer, EMV und Niederspannungsrichtlinie, S. 93–95.
[15]Europäische Kommission, EMV-Leitfaden, S. 17.
[16]*Ebd.,* S. 18.
[17]Loerzer, EMV und Niederspannungsrichtlinie, S. 81.

502 Eine als Funktionseinheit vertriebene **Kombination mehrerer fertiger Apparate** (System), die für Endnutzer bestimmt ist, gilt als Gerät. Es wird von derselben Person, dem Hersteller, kombiniert und/oder konstruiert und/oder zusammengesetzt und in Verkehr gebracht, um als einzelne Funktionseinheit an Endnutzer verkauft und von diesen als Ganzes zur Erfüllung einer bestimmten Aufgabe installiert und betrieben zu werden.[18]

b. Bauteile/Baugruppen und bewegliche Anlagen

503 **Bauteile oder Baugruppen** gelten in Bezug auf die Anwendung der EMV-Richtlinie kraft dort verordneter Fiktion (Art. 3 Abs. 2 Nr. 1) als Geräte, wenn sie *i)* dazu bestimmt sind, vom Endnutzer in ein Gerät eingebaut zu werden, und *ii)* elektromagnetische Störungen verursachen können oder deren Betrieb durch elektromagnetische Störungen beeinträchtigt werden kann.[19] Der Begriff des Endnutzers bezieht sich hierbei auf das Gerät und ist entscheidend, dass die Bauteile/Baugruppen dazu bestimmt sind, von diesem in (s)ein Gerät ein- oder an (s)ein Gerät angebaut zu werden. Die Europäische Kommission nennt hier beispielhaft Steckkarten für Computer, programmierbare Logik-Kontrolleinheiten, Elektromotoren, Computer-Diskettenlaufwerke, Stromversorgungsgeräte und elektronische Temperaturregler.[20] Wie bei den Verbraucherprodukten und dem dortigen Kriterium des Bestimmtseins (→ Rn. 611), wird auch hier bei den Bauteilen und Baugruppen ein Definitionsmonopol des Inverkehrbringers und in erster Linie das des Herstellers der Bauteile/Baugruppen begründet. Er definiert durch *„Produktwidmung"* den Adressatenkreis des Produkts. Er bestimmt, ob das Bauteil oder die Baugruppe dem Endnutzer für den Einbau in oder den Anbau an (s)ein Gerät zur Verfügung gestellt werden soll oder die Bauteile/Baugruppen Geräteherstellern zur Weiterverarbeitung abgegeben werden. Die Bestimmung der Nutzergruppe kann hierbei auf vielerlei Art und Weise erfolgen. So kann etwa in der Produktbeschreibung, im Verkaufsvertrag oder mittels Hinweisen die Nutzung auf Gerätehersteller beschränkt werden. Der Nutzerkreis kann weiter über die Vertriebswege beschränkt werden, etwa durch die Abgabe von Mengen, die eine sinnvolle Nutzung durch Endnutzer ausschließen. Solchermaßen gelten Bauteile/Baugruppen nicht als Geräte und unterfallen nicht der EMV-Richtlinie, wenn sie als Einbaukomponenten im Rahmen der Veredelungskette von einem Zulieferer ausschließlich an Endgerätehersteller weitergegeben werden. Die sich aus der EMV-Richtlinie ergebenden wesentlichen Anforderungen und diversen Dokumentations- und Hinweispflichten gelten solchermaßen insgesamt **nicht für Zulieferteile.** Der Endgerätehersteller ist daher *in praxi* angehalten,

---

[18]*Ebd.*, S. 93 f. Hierzu ferner → Rn. 309. Beachte Hinweis Europäische Kommission, EMV-Leitfaden, S. 18: *„Es wird darauf hingewiesen, dass eine Kombination von zwei oder mehr mit der CE-Kennzeichnung versehenen fertigen Apparaten nicht automatisch ein „konformes" System ergibt; beispielsweise erfüllt eine Kombination aus programmierbaren Logik-Kontrolleinheiten und motorischen Antrieben – beide mit CE-Kennzeichnung versehen – nicht unbedingt die Schutzanforderungen."*

[19]Europäische Kommission, EMV-Leitfaden, S. 18.

[20]*Ebd.*, S. 19.

die EMV-Anforderungen und -pflichten, soweit erforderlich, im Kauf-Liefervertrag vertraglich festzulegen. Es empfiehlt sich hier dringend ein **EMV-Management** aufseiten des Endgeräteherstellers, so die *„nachträgliche"* Umsetzung der EMV-Anforderungen im Endgerät zu kostenintensiv, wenn nicht gar unmöglich wird. Es sollten vertraglich bestimmte EMV-Eigenschaften eingefordert und das zu erreichende EMV-Schutzniveau bestimmt werden, z. B. die Erfüllung bestimmter EMV-Normen sowie die Erbringung messtechnischer Nachweise. Zu Dokumentationszwecken bietet sich an, dass der Lieferant eine Konformitätserklärung (keine EU-Konformitätserklärung) nach DIN EN ISO/IEC 17050-1 und eine entsprechende Begleitdokumentation nach DIN EN ISO/IEC 17050-2 bereitstellt.[21]

Unterfallen der EMV-Richtlinie weiter und sind den Geräten gleichgestellt, *„bewegliche Anlagen"*, d. h. eine Kombination von Geräten und gegebenenfalls weiteren Einrichtungen, die beweglich und für den Betrieb an verschiedenen Orten bestimmt ist.   **504**

c. Ortsfeste Anlagen

Nach Art. 3 Abs. 1 Nr. 3 der EMV-Richtlinie 2014/30/EU ist ortsfeste Anlage *„eine besondere Kombination von Geräten unterschiedlicher Art und gegebenenfalls weiteren Einrichtungen, die miteinander verbunden oder installiert werden und dazu bestimmt sind, auf Dauer an einem vorbestimmten Ort betrieben zu werden"*. Bereits die von der Europäischen Kommission aufgeführten Beispiele ortsfester Anlagen – nämlich auf die spezifischen Bedürfnisse des Betreibers zugeschnittenen Einrichtungen, wie Industrieanlagen, Kraftwerke, Stromversorgungsnetze, Telekommunikationsnetze, Kabelfernsehnetze, Computernetze, Gepäckbearbeitungsanlagen am Flughafen, Beleuchtungsanlagen für Start- und Landebahnen, automatische Lager, Maschinenanlagen in Eissporthallen, Sturmflutwehranlagen (mit Kontrollraum, usw.), Windenergieanlagen, Fahrzeugmontageanlagen, Wasserpumpstationen, Wasseraufbereitungsanlagen, Eisenbahninfrastrukturanlagen[22] – zeigen, dass die in der EMV-Richtlinie 2014/30/EU enthaltenen Regelungen zu den ortsfesten Anlagen im Recht des technischen Produkts nur insoweit von Interesse sind, als deren Art. 19 Abs. 1 Sonderregelungen für in ortsfeste Anlagen einzubauenden Geräte vorhält (→ Rn. 510).   **505**

II. EMV-Anforderungen

Die EMV-Anforderungen werden für Geräte und diesen gleichgestellten Bauteilen/Baugruppen und beweglichen Anlagen in der **EMV-Richtlinie 2014/30/EU** allgemein und grundlegend wie folgt formuliert: **506**

---

[21]Loerzer, EMV und Niederspannungsrichtlinie, S. 95 f.
[22]Europäische Kommission, EMV-Leitfaden, S. 20.

Betriebsmittel müssen nach dem Stand der Technik so entworfen und gefertigt sein, dass

a) *die von ihnen verursachten elektromagnetischen Störungen keinen Pegel erreichen, bei dem ein bestimmungsgemäßer Betrieb von Funk- und Telekommunikationsgeräten oder anderen Betriebsmitteln nicht möglich ist;*
b) *sie gegen die bei bestimmungsgemäßem Betrieb zu erwartenden elektromagnetischen Störungen hinreichend unempfindlich sind, um ohne unzumutbare Beeinträchtigung bestimmungsgemäß arbeiten zu können.*

Die Umsetzung dieser EMV-Anforderungen wird dem **Regelungsansatz der Neuen Konzeption** gemäß durch harmonisierte europäische EMV-Normen erleichtert (→ Rn. 222 ff.).

507 Soweit neben oder anstelle der EMV-Richtlinie 2014/30/EU Harmonisierungsrechtsvorschriften zu **Medizinprodukten** EMV-Anforderungen aufstellen, sind auch diese generalklauselartig und final formuliert.[23] So müssen etwa gemäß Richtlinie 90/385/EWG alle aktiven Körperhilfsmittel so konstruiert sein, dass sie unter allen Umweltbedingungen, die im normalen Leben des Implantatträgers auftreten, insbesondere im Zusammenhang mit Magnetfeldern, elektrischen Fremdeinflüssen, elektrostatischen Entladungen, unbeeinflusst funktionieren. Die an einen Herzschrittmacher gestellte und final formulierte wesentliche Anforderung angemessener Störfestigkeit unterscheidet sich demgemäß nicht wesentlich von der einfacher Hausgeräte. Für den Konstrukteur sind die sich zwischen einem Medizinprodukt und sonstigem Gerät aufdrängenden unterschiedlichen Störfestigkeitsanforderungen dem Gesetzestext mithin nicht zu entnehmen. Das unterschiedliche Anforderungsprofil resultiert vielmehr aus dem zur Konkretisierung der gesetzlichen Störfestigkeitsanforderungen heranzuziehenden Stand der Technik bzw. den diesen wiedergebenden technischen Normen und enthalten die Produktnormen für Herzschrittmacher und Defibrillatoren, z. B. DIN EN 45502- 2-1 und DIN EN 45502-2-2, in puncto Störfestigkeit denn auch ganz andere Grenzwerte, etc. als die für Haushaltsgeräte geltende DIN EN 55014-2 (zum Stand der Technik als übergreifender Maßstab → Rn. 246–249).

---

[23]Die Richtlinie 93/42/EWG bestimmt in deren Anhang I, unter Ziff. 9.2. und 12.5, dass die Produkte so ausgelegt und hergestellt sein müssen, dass *i)* Risiken im Zusammenhang mit vernünftigerweise vorhersehbaren Umgebungsbedingungen, wie z. B. Magnetfelder, elektrische Fremdeinflüsse oder elektrostatische Entladungen und *ii)* Risiken im Zusammenhang mit der Erzeugung elektromagnetischer Felder, die in ihrer üblichen Umgebung befindliche weitere Einrichtungen oder Ausrüstungen in deren Funktion beeinträchtigen können, ausgeschlossen oder soweit wie möglich verringert werden. Die Richtlinie 98/79/EG über In-vitro-Diagnostika enthält in deren Anhang I B unter Ziff. 3.3 und 6.2 im Wesentlichen identische Regelungen und die Richtlinie 90/385/EWG über aktive implantierbare medizinische Geräte enthält zur Störfestigkeit in deren Anhang I unter Ziffer 8 gleichlautende Anforderungen.

Obschon auch die die **Messgeräte** regelnde MID-Richtlinie 2014/32/EU eine solche der Neuen Konzeption ist und der europäische Gesetzgeber bekräftigt, nur die wesentlichen Anforderungen zur Messgenauigkeit vorzugeben,[24] werden die Störfestigkeitsanforderungen dort spitz vorgegeben.[25]

508

Die weitere Richtlinie zur Messgenauigkeit, nämlich die Richtlinie 2014/31/EU über **nichtselbsttätige Waagen,** unternimmt dann wieder den Rückgriff auf den Stand der Technik zur Konkretisierung dortiger Störfestigkeitsanforderungen. So unterliegen die dortigen EMV-Anforderungen, wonach „[e]*lektronische Geräte, wenn sie Störeinflüssen ausgesetzt sind, keine bedeutenden Störungen anzeigen* [dürfen], *oder aber bedeutende Störungen selbsttätig erkennen und melden* [müssen]"[26], technischer Wertung. Es kommt solchermaßen und trotz spitzer Grenzwerte zur Messgenauigkeit im Übrigen zur Einbeziehung des Stands der Technik (zum Stand der Technik als übergreifender Maßstab → Rn. 246–249).

509

Keine gesetzlichen EMV-Anforderungen gelten und wird die Bestimmung des EMV-Anforderungsprofils in die der Bereitstellung zugrunde liegende Vertragsbeziehung verlagert, wenn der Gerätehersteller zulässigerweise die Ausnahme nach Art. 19 Abs. 1 EMV-Richtlinie 2014/30/EU in Anspruch nimmt.[27] Hiernach unterliegen **Geräte, die für den Einbau in eine bestimmte ortsfeste Anlage bestimmt sind** und anderweitig nicht auf dem Markt bereitgestellt werden, nicht zwingend den für Geräte geltenden Vorschriften der EMV-Richtlinie. Diese Ausnahme kann nur in Anspruch genommen werden, wenn zwischen dem Hersteller des betreffenden Geräts und den Eigentümern,

510

---

[24]25. Erwägungsgrund der Richtlinie 2014/32/EU.

[25]Richtlinie 2014/32/EU, wesentliche EMV-Anforderungen in Anhang I, Ziffern 1.2 und 1.3.3 und spezifische EMV-Anforderungen in den gerätespezifischen Anhängen MI-001 (Wasserzähler), Ziffer 7.1; MI-002 (Gaszähler und Mengenumwerter), Ziffer 3.1; MI-003 (Elektrizitätszähler für Wirkverbrauch), Ziffer 4; MI-004 (Wärmezähler), Ziffer 4; MI-005 (Messanlagen für die kontinuierliche und dynamische Messung von Mengen von Flüssigkeiten ausser Wasser), Ziffer 3; MI 006 (Selbsttätige Waagen), Kapitel I (Für alle Arten selbsttätiger Waagen geltende Anforderungen) Ziffer 2, Kapitel II (Selbsttätige Mengenwaagen) Ziffer 7, Kapitel III (Selbsttätige Waagen zum Abwägen (SWA)) Ziffer 3, Kapitel IV (Selbsttätige Waagen zum diskontinuierlichen Totalisieren (SWT)) Ziffer 8, Kapitel V (Selbsttätige Waage zum kontinuierlichen Totalisieren) Ziffer 6, Kapitel VI (Selbsttätige Gleiswaagen) Ziffer 5; MI-007 (Taxameter), Ziffer 8; MI-009 (Geräte zur Messung von Längen und ihrer Kombinationen), Kapitel I (Für alle Längenmessgeräte geltende Anforderungen) und MI-010 (Abgasanalysatoren), Ziffer 5.

[26]Anhang I (Wesentliche Anforderungen) Ziffer 8.2. der Richtlinie 2014/31/EU.

[27]Allerdings enthält Art. 19 Abs. 1 EMV-Richtlinie 2014/30/EU für den Fall, dass der Gerätehersteller die Ausnahme in Anspruch nimmt, spezifische Dokumentationspflichten und müssen die Begleitunterlagen die folgenden Anhaben enthalten: Typbezeichnung, Baureihe, Seriennummer oder andere Angaben zur Identifizierung des Geräts sowie Name und Anschrift des Herstellers, gegebenenfalls Name und Anschrift des Bevollmächtigten oder des Einführers und ist anzugeben, welche Vorkehrungen beim Einbau des Geräts in die Anlage zu treffen sind, damit die Konformität der Anlage nicht beeinträchtigt wird.

Monteuren, Konstrukteuren, Betreibern der ortsfesten Anlage, für die das Gerät bestimmt ist, eine direkte vertragliche Verbindung besteht. Eine solche Verbindung zwischen Anbieter und Kunde ist Bedingung.[28]

§ 2 – Messrichtigkeit

511   Zum Messen bestimmte Geräte sind allerorten anzutreffen, sei es zu Hause die Küchenwaage oder die Wetterstation, im Supermarkt die Waage an der Kasse, die Zapfsäule an der Tankstelle, der Taxameter, der Wasserzähler im Keller, die Zeiterfassung im Unternehmen, etc. Zu bestimmende Messgrößen sind hierbei etwa Länge, Masse, Temperatur, Druck, Volumen oder Strom. Primäres Ziel eines Messgeräts ist, dass es richtig bzw. genau misst. Die Ermittlung der Messrichtigkeit, genauer des Grades an Messrichtigkeit, erfolgt hierbei mittels eines Vergleichs der durch den Prüfling ausgeworfenen Messergebnisse mit denen eines Referenzmessgeräts – in diesem Fall als Normal bezeichnet – bzw. über diesen Vergleich abbildende Prüfeinrichtungen. Diesen Abgleich nennt man **Kalibrierung.** Sie erfolgt bezogen auf das Baumuster durch eine hoheitlich anerkannte Stelle (→ Rn. 571 ff.). Die beim Kalibrieren festgestellte Messabweichung ist die sogenannte systematische Messabweichung als Ergebnis der Kalibrierung. Sie ist konstant, d. h. sie lässt sich unter gleichen – gesetzlich oder normativ vorgegebenen – Prüf-/Referenzbedingungen immer wieder ermitteln. Sie ist dem Prüfling bzw. der Gerätekonzeption immanent. Im Gegensatz hierzu unterliegen die zufälligen Messabweichungen keiner Systematik und treten zufällig auf. Nicht zu verwechseln ist dieser Vorgang des Kalibrierens mit der **Justierung.** Beim Justieren eines Gerätes wird die systematische Messabweichung nicht bestimmt oder dokumentiert, sondern durch einen mechanischen Eingriff in das Gerät korrigiert. Zweck ist die Annäherung an das Normal. Beispielhaft sei hier das *„Stellen"* einer Armbanduhr genannt. Der Vergleich der Anzeige der Armbanduhr mit der der Referenzuhr und die Feststellung, dass die Armbanduhr z. B. fünf Minuten nachgeht (systematische Messabweichung) wäre ein Kalibrieren der Armbanduhr. Die Ausrichtung der Anzeige der Armbanduhr an der der Referenzuhr mittels Verstellen des Zeigers wäre ein Justieren. Nun sind Abweichungen vom Normal üblich und konventionell. Im Sinne des Gesetzes *„richtig"* misst ein Messgerät denn auch bereits immer dann, wenn es bestimmte **Fehlergrenzen** einhält. Allerdings kann sich aufgrund Alterung, Drift (langsame zeitliche Änderung des Wertes eines messtechnischen Merkmals eines Messgerätes), Umwelteinflüssen oder Ähnlichem das Messverhalten ändern und hat die Kalibrierung keine zeitlich unbegrenzte Gültigkeit. Entscheidend ist daher weiter eine gewisse **Langzeitstabilität,** damit richtiges Messen auch dauerhaft gewährleistet ist. Nicht jedes zum Messen bestimmte Gerät wird aber solch gesetzlichen Genauigkeitsanforderungen unterworfen. So ist die

---

[28]Europäische Kommission, Leitfaden zur Anwendung der Richtlinie 2004/108/EG, S. 41.

Messrichtigkeit kein öffentliches Interesse an sich (zum Erfordernis eines öffentlichen Interesses bei den Warenverkehr beschränkenden Maßnahmen → Rn. 317). Das hinter den Anforderungen zur Messrichtigkeit stehende öffentliche Interesse ist zuvörderst der **Schutz der Verbraucher** (Verbraucherschutz i. e. S. → Rn. 44). Es geht insoweit um die Gewährleistung richtigen Messens im geschäftlichen oder amtlichen Verkehr, d. h. die Richtigkeit von Messungen, die den wirtschaftlichen Wert einer Sache oder Dienstleistung bestimmen (z. B. das Abwiegen von Obst oder Gemüse im Supermarkt, Bestimmung von Stromverbrauch) sowie die Richtigkeit behördlicher Messungen (z. B. Messgeräte zur Überwachung des Straßenverkehrs oder im Rahmen der Hauptuntersuchung von Kraftfahrzeugen verwendete Abgas-Messgeräte): **Lauterkeit des Handelsverkehrs und Gesetzmäßigkeit des Verwaltungshandelns.** Weiter werden auch Geräte erfasst, die zur Durchführung von Messungen im öffentlichen Interesse bestimmt sind (z. B. Reifendruckmessgeräte an Tankstellen oder in Kfz-Werkstätten (Sicherheit des Straßenverkehrs) oder Personenwaagen im medizinischen Bereich).

I. Rechtsquellen und Regelungsbereich der Anforderungen an das technische Design

1. Regelungskonzeptionen des Neuen Ansatzes und des Globalkonzepts

Das die Messgeräte regelnde Unionsrecht war lange Zeit unübersichtlich und ließ eine einheitliche Systematik vermissen. Auf der einen Seite bestand die Rahmenrichtlinie 71/316/EWG, neu gefasst und aufgehoben durch die Rahmenrichtlinie 2009/34/EG mit den hierzu ergangenen Einzelrichtlinien und den Erfordernissen einer EG-Bauartzulassung und EG-Ersteichung. Auf der anderen Seite gab es die Richtlinie über nichtselbsttätige Waagen 2009/23/EG, vormals 90/384/EWG und nunmehr 2014/31/EU sowie die Richtlinie über Messgeräte 2004/22/EG, nunmehr 2014/32/EU, mit den Regelungskonzeptionen des Neuen Ansatzes und des Globalkonzepts. Ein Großteil der von Einzelrichtlinien zur Richtlinie 71/316/EWG geregelten Messgeräte wurde der am Neuen Ansatz und dem globalen Konzept ausgerichteten Richtlinie 2004/22/EG unterstellt und hob die Richtlinie 2004/22/EG die jeweilige Einzelrichtlinie auf. Die noch verbliebenen Einzelrichtlinien zur Richtlinie 71/316/EWG bzw. Richtlinie 2009/34/EG wurden dann mit der Richtlinie 2011/17/EU allesamt mit Wirkung zum 1.12.2015 aufgehoben. Die dortigen Messgerätetypen wurden entweder in die beiden Richtlinien der Neuen Konzeption überführt oder fielen wieder in die Regelungszuständigkeit der Mitgliedstaaten. Damit haben sich auch im Messwesen auf europäischer Ebene die Neue Konzeption und das globale Konzept als Regelungskonzeptionen durchgesetzt. Mit dem Mess- und Eichgesetz vom 25.7.2013 (MessEG) wurde auch in Deutschland die Materie umfassend neu geordnet. Das Nebeneinander unterschiedlicher Verfahren, je nachdem, ob das Messgerät rein national geregelt war oder ob es einer europäischen Richtlinie unterlag, wurde beseitigt. Die **Materie** ist **insgesamt** – sowohl für harmonisierte wie

512

auch für national geregelte Messgeräte – an der Systematik der Richtlinien 2014/31/EU und 2014/32/EU und solchermaßen **an den Musterbestimmungen des Anhangs I des Beschlusses Nr. 768/2008/EG ausgerichtet.** Die Anforderungen an das technische Design werden demgemäß einheitlich in Form wesentlicher Anforderungen festgelegt, konkretisiert durch über Fundstellenveröffentlichungen hoheitlich anerkannte technische Regeln (→ Rn. 223).

2. Messgerät

513 Der den Anwendungsbereich des MessEG bestimmende Messgerätebegriff ist legaldefiniert in § 3 Nr. 13 MessEG und sind Messgeräte *„alle Geräte oder Systeme von Geräten mit einer Messfunktion einschließlich Maßverkörperungen, die jeweils zur Verwendung im geschäftlichen oder amtlichen Verkehr oder zur Durchführung von Messungen im öffentlichen Interesse bestimmt sind"*. Die MessEV definiert sodann die Begriffe des amtlichen Verkehrs (§ 6 Nr. 1 MessEV) und des geschäftlichen Verkehrs (§ 6 Nr. 6 MessEV). Die Fälle der zur Durchführung von Messungen im öffentlichen Interesse bestimmten Messgeräte werden in der MessEV abschließend aufgeführt in § 1 Abs. 2 Nrn. 2–4, Abs. 3 und 4 MessEV. *„Sonstige Messgeräte"* im Sinne des § 3 Nr. 14 MessEG sind nichtselbsttätige Waagen – Waagen, die beim Wägen das Eingreifen einer Bedienungsperson erfordern –, soweit diese Waagen nicht zur Verwendung im geschäftlichen oder amtlichen Verkehr oder zur Durchführung von Messungen im öffentlichen Interesse bestimmt sind (§ 3 MessEV). Für diese gelten die Kennzeichnungs- und Informationspflichten nach § 16 MessEV. Anforderungen an das technische Design bestehen dort nicht. Weiter nimmt § 2 MessEV eine Reihe von Messgerätetypen vom Anwendungsbereich des MessEG aus. Das **MessEG erfasst** damit **nur einen Ausschnitt der zum Messen bestimmten Geräte** und enthält **technische Anforderungen nur für eine Teilmenge der ihr unterfallenden Geräte.** So fallen nicht unter das MessEG etwa für den Heimwerker oder für die innerbetriebliche Verwendung bestimmte Reifenfüllmessgeräte (sog. Reifenfüller), Strommessgeräte, Druckmessgeräte, Temperaturmessgeräte sowie für den häuslichen Gebrauch bestimmte Küchenwaagen, Personenwaagen oder Thermostate (Temperaturregler). Gegebenenfalls bestehen insoweit normative Anforderungen, etwa innerhalb von Qualitätsmanagementnormen. Hoheitliche Marktzugangsanforderungen bestehen aber nicht.

3. Sachlicher Geltungsbereich

514 Sachlich regelt das MessEG ausschließlich die Anforderungen an richtiges Messen. Insoweit sind die dortigen und in der MessEV aufgestellten Anforderungen an die Messrichtigkeit als abschließendes Regelwerk zu verstehen.[29] Es gilt $CE_{Messrichtigkeit}$ ⇔ MessEG/MessEV (hinsichtlich des Verhältnisses zum EMVG → Rn. 508 f.).

---

[29] BT-Drucks 17/12727, 32.

II. Anforderungen an das technische Design

Für die **europäisch geregelten Messgeräte** kommt es über § 6 Abs. 2 Nr. 1, § 8 Abs. 1 MessEV zu einem Verweis auf die in den Richtlinien 2014/31/EU und 2014/32/EU festgelegten gerätespezifischen Anforderungen. Obschon beide Richtlinien dem Neuen Ansatz verpflichtet sind, geben die Richtlinien selbst die einzuhaltenden Fehlergrenzen spitz vor, regeln detaillierter als von anderen Harmonisierungsrechtsvorschriften nach der Neuen Konzeption gewohnt die sonstigen Anforderungen und ist solchermaßen der Handlungsspielraum der harmonisierten Norm vergleichsweise stark begrenzt. Parallel zum Regelungsansatz der beiden EU-Richtlinien gilt auch für rein **national geregelte Messgeräte,** dass diese die vom Gesetz- und Verordnungsgeber aufgestellten wesentlichen Anforderungen erfüllen müssen und sind dies nach 6 Abs. 2 S. 2 Nr. 2 MessEG und § 7 Abs. 1 MessEV *i)* die Einhaltung der dem Stand der Technik entsprechenden Fehlergrenzen, *ii)* Eignung, Zuverlässigkeit und Messbeständigkeit des Geräts, *iii)* Schutz der Messwerte vor Verfälschungen, *iv)* geeignete Darstellung der Messwerte und *v)* Prüfbarkeit. Es obliegt bei national geregelten Messgeräten nach der neuen Systematik des MessEG dem Regelungsausschuss nach § 46 MessEG die gerätespezifischen Anforderungen zu konkretisieren. Hierbei kommt einer von diesem Ausschuss ermittelten technischen Spezifikation oder Regel, deren Fundstelle von der Physikalisch-Technischen Bundesanstalt im Bundesanzeiger bekannt gemacht wurde, eine – den harmonisierten Nomen entsprechende – Vermutungswirkung zu (§ 7 MessEG) (→ Rn. 223). Solange Regeln, technische Spezifikationen oder Erkenntnisse nach § 46 MessEG nicht ermittelt und veröffentlicht werden sind die Anlagen 1 bis 23 der Eichordnung in der zum 31.12.2014 geltenden Fassung heranzuziehen (§ 7 Abs. 4 MessEV).

515

§ 3 – Funktechnische Anforderungen

Funk ist bei einer Vielzahl von Produkttypen die zur Funktionserfüllung herangezogene technische Methode. Die Anwendungsfelder sind zahlreich: Alarmfunk- und Baby-Überwachungsanlagen, Audio- und Funkmikrofon-Anwendungen, Erkennungs-, Aufspürungs-, Ortungs- und Peil-Systeme, Funkbewegungsmelder, Hörhilfen, Modellfunk, Verkehrstelematik, Abstandswarnsysteme, Zugsysteme, etc. Es geht um die Übertragung von Sprache und Daten über die Luft. Genutzt werden die physikalischen Eigenschaften der Ausbreitung elektromagnetischer Wellen. Der hierbei in der Funktechnik allgegenwärtige Begriff Frequenz bezeichnet die Anzahl der Wiederholungen pro Zeiteinheit eines periodischen Vorgangs. Sie wird in Hertz (Hz.) gemessen. Solchermaßen bezeichnet im Funkwesen die Frequenz die Anzahl der Schwingungen pro Sekunde einer elektromagnetischen Welle. Der Vorrat nutzbarer Frequenzen ist aus physikalischen Gründen beschränkt. Es handelt sich bei den Frequenzen um ein knappes Gut,

516

das bei unkoordinierter Nutzung störanfällig ist.[30] Demgemäß bedarf es staatlicher Koordinierung, Steuerung und Kontrolle der **Frequenznutzung,** um eine effiziente und störungsfreie Nutzung dieser knappen Ressource sicherzustellen (→ Rn. 519–521).[31]

517 Für die Übertragung von Informationen durch Funk werden elektromagentische Wellen mittels eines Schwingungserzeugers erzeugt, diese gewollt ausgesendet oder abgestrahlt und die Frequenz moduliert, d. h. sie wird so beeinflusst, dass die zu übertragende Information darin codiert ist. Die durch den Sender ausgesandten oder abgestrahlten elektromagnetischen Wellen breiten sich sodann frei im Raum aus. Diese für die allgemeine, unkörperliche Verbreitung von Funkwellen vorteilhafte Eigenschaft ist mit dem Nachteil verbunden, dass die so ausgestrahlten Wellen mit denen anderer Sender kollidieren (Interferenz), wenn sie an demselben Ort mit derselben Frequenz schwingen. Es kommt so zu gegenseitigen Störungen. Die hiermit in Zusammenhang stehende, gesetzlich verfolgte **Gewährleistung von Störungsfreiheit** (siehe Erwägungsgrund 10 der Richtlinie 2014/53/EU) ist eng mit dem Begriff der *„funktechnischen Störung"* verbunden. Dieser ist Grundlage dafür, wann von einer Störung auszugehen und ist nach Art. 2 Abs. 1 Nr. 7 der Richtlinie 2014/53/EU (§ 3 Abs. 1 Nr. 7 FuAG) eine **funktechnische Störung** ein *„Störeffekt, der für das Funktionieren eines Funknavigationsdienstes oder anderer sicherheitsbezogener Dienste eine Gefahr darstellt oder einen Funkdienst, der im Einklang mit den geltenden internationalen, gemeinschaftlichen oder nationalen Vorschriften betrieben wird, anderweitig schwerwiegend beeinträchtigt, behindert oder wiederholt unterbricht".* Der Begriff *„Funkdienst"* ist hierbei im Sinne der ITU-Vollzugsordnung als drahtloser Nachrichten- bzw. Fernmeldeverkehr zu verstehen und von den *„anderen Anwendungen elektromagnetischer Wellen"* abzugrenzen. Letztere umfassen zunächst sämtliche Anwendungen aus Industrie, Wissenschaft, Medizin, Haushalt usw. (sogenannte **ISM-Geräte,** nämlich Hochfrequenzanwendungen in Industrie, Wissenschaft und Medizin), die nicht Funkanwendungen sind, deren Betrieb aber ebenfalls elektromagnetische Wellen erzeugt.[32] Hierunter fallen etwa Funkenerosionsmaschinen, Mikrowellenherde oder Kurzwellenbestrahlungen in der Medizin.[33] Weiter sind **Funkanwendungen mit geringer Reichweite** (*„Short Range Devices"* – **SRD**) keine Funkdienste, wird deren Funkbetrieb nicht vor Störungen geschützt und ist es Sache der Hersteller, solche Geräte gegen Störungen

---

[30]Göddel, in: Geppert/Schütz (Hrsg.), Beck'scher TKG-Kommentar, § 55, Rn. 2.
[31]BR-Drucks. 755/03, 105. Nationale – nicht designbezogene – Anforderungen an die Inbetriebnahme und/oder die Verwendung von Funkanlagen (zu den verwendungsbezogenen Regelungen → Rn. 320–322) sind aus Gründen effektiver und effizienter Nutzung der Funkfrequenzen, der Verhütung funktechnischer Störungen, der Vermeidung elektromagnetischer Störungen oder der öffentlichen Gesundheit zulässig (Art. 7 der Richtlinie 2014/53/EU).
[32]BT-Drucks. 15/2316, 57; VG Köln, Urt. v. 7.12.2011, 21 K 8195/09, juris, Rn. 77.
[33]Riegner/Kühn, in: Geppert/Schütz (Hrsg.), Beck'scher TKG-Kommentar, § 2, Rn. 25.

durch Funkdienste sowie anderer Geräte mit geringer Reichweite zu sichern.[34] Obwohl **Empfangsgeräte,** wie etwa TV-Geräte, AM/FM-Radios und -Receiver, selbst keine funktechnischen Störungen verursachen, kommt den Empfangsfähigkeiten eine immer größere Bedeutung für die effiziente Nutzung von Funkfrequenzen zu und werden auch diese reglementiert und unterliegen funktechnischen Anforderungen.

Die gesetzlichen **funktechnischen Anforderungen** gelten für **Funkanlagen** und sind abschließend geregelt in Art. 3 Abs. 2 und 3 der Richtlinie 2014/53/EU, sog. RED (Radio Equipment Directive) (§ 4 Abs. 2 und 3 FuAG). Obschon die Bestimmungen des 5. Teils des TKG (§§ 52 ff.) nicht das Inverkehrbringen von technischem Gerät, sondern die **Nutzung von Frequenzen** regeln, sind sie auch für den Hersteller von Funkanlagen von Bedeutung. So hat er sicherzustellen, dass diese so gebaut sind, dass sie in mindestens einem Mitgliedstaat der EU betrieben werden können, ohne die Vorschriften über die Nutzung des Funkspektrums zu verletzen (Art. 10 Abs. 2 der Richtlinie 2014/53/EU, § 9 Abs. 1 Satz 2 FuAG). Weiter hat der Hersteller den Endnutzer über etwaige Nutzungsbeschränkungen (vgl. Art. 7 der Richtlinie 2014/53/EU) zu informieren und ist anzugeben, in welchem Mitgliedstaat der Union oder in welchem geografischen Gebiet innerhalb eines Mitgliedstaats solche Beschränkungen gelten (Art. 10 Abs. 10 der Richtlinie 2014/53/EU, § 10 Abs. 3 FuAG (→ Rn. 641)). Schließlich ist in der technischen Dokumentation eine Erklärung aufzunehmen, ob die Anforderung nach Art. 10 Abs. 2 der Richtlinie 2014/53/EU (§ 9 Abs. 1 Satz 2 FuAG) erfüllt ist, und eine Erklärung, ob auf der Verpackung die Angaben nach Art. 10 Abs. 10 der Richtlinie 2014/53/EU (§ 10 Abs. 2 FuAG) gemacht wurden.

518

I. Nationale Frequenzpläne

Die hoheitliche Koordinierung und Steuerung der Frequenznutzung (**Frequenzregulieung**) erfolgt mittels nationaler Frequenz(zuteilungs)pläne für einzelne Funkdienste und andere Anwendungen elektromagnetischer Wellen (→ Rn. 517). Eine sinnvolle Zuweisung von Frequenzbereichen ermöglicht eine effiziente Nutzung des Frequenzspektrums und ist eine solche Zuweisung Voraussetzung für einen ausreichenden Schutz

519

---

[34]Vgl. etwa Entscheidung 2006/771/EG, 3. Erwägungsgrund. Beispiele für SRD-Geräte: Fernmessungsgeräte, Fernsteuerungen, Alarmanlagen, allgemeine Datenübertragung, Personenhilferufanlagen elektronische Wegfahrsperren, Zugangskontrollen, Näherungssensoren, Diebstahlsicherungssysteme einschl. Funketiketten mit Frequenzinduktion, automatische Artikelerkennungen, drahtlose Steuerungssysteme und automatische Straßenmauterfassungen, Funkteile in aktiven implantierbaren medizinischen Geräten, drahtlose Lautsprecher, drahtlose Kopfhörer, drahtlose Kopfhörer für den tragbaren Einsatz z. B. für tragbare CD- oder Kassettenabspielgeräte und Radioempfänger, drahtlose Kopfhörer in Fahrzeugen, z. B. für Radios oder Mobiltelefone, In-Ohr-Mithörgeräte für Konzerte und andere Bühnenproduktionen.

des Funkbetriebs gegen Störungen durch Funkdienste anderer Kategorien sowie ISM- und SRD-Geräten.

520 In Deutschland konkretisiert der Frequenzplan nach § 54 f. TKG die in der Frequenzverordnung nach § 53 TKG enthaltenen Frequenzzuweisungen. Schwerpunktziel ist die Sicherstellung einer effizienten und störungsfreien Frequenznutzung. Unterschiedliche Anforderungen durch Frequenznutzungen sind in die richtige Balance zu setzen. Hierbei ist die Störungsfreiheit nicht als absolutes Ziel zu verstehen. Bereits aus physikalisch-technischen Gründen ist eine absolute Störungsfreiheit nicht zu gewährleisten. Gleichzeitig ist die effiziente Frequenznutzung zu berücksichtigen. Je mehr die Frequenzverwaltung Maßnahmen zugunsten der Störungsfreiheit ergreift, desto mehr werden sich die Maßnahme zulasten einer möglichst breiten Ressourcennutzung auswirken. So kann etwa das Störpotenzial durch größere Kanal- und Bandabstände vermindert werden. Derartige Schutzabstände reduzieren aber die Menge des für eine Frequenznutzung verfügbaren Spektrums. Effizienz und Störungsfreiheit sind also Zielvorstellungen und stehen zueinander in Konflikt.[35] § 55 Abs. 1 S. 1 TKG stellt den Grundsatz auf, dass grundsätzlich jede Frequenznutzung der vorherigen Frequenzzuteilung bedarf.[36] Es handelt sich bei dem Erfordernis vorheriger **Frequenzzuteilung** um ein präventives Verbot mit Erlaubnisvorbehalt und ist die Frequenzzuteilung ein **personengebundener Verwaltungsakt**.[37] Eine Frequenznutzung ohne die entsprechende Frequenzzuteilung ist eine Ordnungswidrigkeit (§ 149 Abs. 1 Nr. 10 TKG). Die Frequenzzuteilung erfolgt gemäß § 55 Abs. 2 TKG von Amts wegen als – auf Funkdienste/-anwendungen bezogene – Allgemeinzuteilung oder gemäß § 55 Abs. 3 TKG auf Antrag hin als Einzelerteilung. § 55 Abs. 2 TKG sieht die **Allgemeinzuteilung** als Regelfall vor. Sie ergeht in Form einer **Allgemeinverfügung gemäß § 35 S. 2 VwVfG.** Sie ist zu veröffentlichen (§ 55 Abs. 2 S. 2 TKG).[38] Die Frequenznutzung der für die Volkswirtschaft und den Lebensalltag der Bürger bedeutsamen Geräte mit geringer Reichweite (**SRD-Geräte**) wurde auf Unionsebene harmonisiert und liegen in den Mitgliedstaaten **Allgemeinzuteilungen** vor.[39]

521 Gemäß Entscheidungen Nr. 676/2002/EG und 2007/344/EG übermitteln die Mitgliedstaaten an das EFIS (**ERO-Frequenzinformationssystem**) die in Art. 3 der Entscheidung Nr. 2007/344/EG gelisteten Informationen über Rechte, Bedingungen,

---

[35]Riegner/Kühn, in Geppert/Schütz (Hrsg.), Beck'scher TKG-Kommentar, § 52 Rn. 4–6.
[36]Nur die aktive Frequenznutzung im Sinne einer gewollten Aussendung oder Abstrahlung elektromagnetischer Wellen ist Frequenznutzung im Sinne des Gesetzes (BT-Drucks. 15/2316, 57).
[37]Göddel, in Geppert/Schütz (Hrsg.), Beck'scher TKG-Kommentar, § 55 Rn. 6.
[38]Gemäss § 5 TKG erfolgt die Veröffentlichung im Amtsblatt der Bundesnetzagentur und auf deren Internetseite und sind dort die Ausgaben der Amtsblattvefügungen abufbar (http://www.Bundesnetzagentur.de).
[39]Entscheidung 2006/771/EG, zuletzt geändert durch Duchführungsbeschluss (EU) 2017/1483. Siehe für die Bundesrepublik Deutschland BNetzA, Vfg. 30/2014.

§ 3 – Funktechnische Anforderungen   433

Verfahren, Gebühren und Entgelte in Bezug auf die Frequenznutzung in ihrem Hoheitsgebiet, abrufbar unter http://www.efis.dk.[40]

II. Funktechnische Anforderungen an das technische Design

1. Begriff der Funkanlage

Die funktechnischen Anforderungen nach Art. 3 Abs. 2 und 3 der Richtlinie 2014/53/EU und § 4 Abs. 2 und 3 FuAG gelten für Funkanlagen (zu den für Funkanlagen geltenden Sicherheitsanforderungen und EMV-Anforderungen → Rn. 333 und Rn. 497).   522

> *„Funkanlage"* ist *„ein elektrisches oder elektronisches Erzeugnis, das zum Zweck der Funkkommunikation und/oder der Funkortung bestimmungsgemäß Funkwellen ausstrahlt und/oder empfängt, oder ein elektrisches oder elektronisches Erzeugnis, das Zubehör, etwa eine Antenne, benötigt, damit es zum Zweck der Funkkommunikation und/oder der Funkortung bestimmungsgemäß Funkwellen ausstrahlen und/oder empfangen kann"* (Art. 2 Abs. 1 Nr. der Richtlinie 2014/53/EU, § 3 Abs. 1 Nr. 1 FuAG).[41]

2. Kombinierte Produkte

Funk ist bei der Produktkonzeption zunehmend die technische Lösung zur Erfüllung von Nebenfunktionen, wird zur Steuerung von Maschinen eingesetzt, unterstützt Dienste oder dient einem *„Joy of use"*. So etwa Waschmaschinen mit Bluetooth®-Modul, Industriedruckanlagen mit Zigbee-Steuerung, Funkvernetzung bei Rauchwarnmeldern oder Funktechnologien im Kraftfahrzeug. Obschon die Primärfunktion dieser Produkte nicht darin besteht mittels Funk zu kommunizieren, zu orten oder geortet zu werden, kann die im End-/Gesamtprodukt eingebaute Funkeinrichtung   523

---

[40]Dort werden auch die verschiedenen, auf Art. 4 Abs. 3 der Entscheidung Nr. 676/2002/EG gestützten, Durchführungsbeschlüsse der Kommission zu harmonisierten Bedingungen für die Verfügbarkeit und die effiziente Nutzung des Frequenzspektrums sowie die – unverbindlichen – CEPT/ECC-Entscheidungen und -Empfehlungen zum Herunterladen bereitgestellt. Zur europäischen Frequenzregulierung, siehe Riegner/Kühn/Korehnke, in Geppert/Schütz (Hrsg.), Beck'scher TKG-Kommentar, Vor § 52 Rn. 17 ff.

[41]Hierbei ist *„Funkkommunikation"* *„elektronische Kommunikation mittels Funkwellen"* (Art. 2 Abs. 1 Nr. 2 der Richtlinie 2014/53/EU, § 3 Abs. 1 Nr. 2 FuAG), *„Funkortung"* *„die Bestimmung der Position, Geschwindigkeit und/oder anderer Merkmale eines Objekts oder die Erfassung von Daten in Bezug auf diese Parameter mittels der Ausbreitungseigenschaften von Funkwellen"* (Art. 2 Abs. 1 Nr. 3 der Richtlinie 2014/53/EU, § 3 Abs. 1 Nr. 3 FuAG) und sind *„Funkwellen"* *„elektromagnetische Wellen mit Frequenzen unter 3000 GHz, die sich ohne künstliche Führung im Raum ausbreiten"* (Art. 2 Abs. 1 Nr. 4 der Richtlinie 2014/53/EU, § 3 Abs. 1 Nr. 4 FuAG). Art. 1 Abs. 2 der Richtlinie 2014/53/EU nimmt sodann bestimmte Funkanlagen von ihrem Anwendungsbereich aus (§ 2 Abs. 1 FuAG).

dieses zur Funkanlage machen (zum Produkt als Gegenstand der Bereitstellung (End- bzw. Gesamtprodukt) → Rn. 309).[42]

> **Beispiel:** Bei einer Waschmaschine mit Bluetooth®-Modul wird aufgrund des in ihr verbauten Funkmoduls der Konstrukteur neben den Richtlinien 2014/30/EU und 2014/35/EU bzw. den nationalen Umsetzungsakten auch die funktechnischen Anforderungen der Richtlinie 2014/53/EU zu beachten haben. Obgleich das End-/Gesamtprodukt „*Waschmaschine*" der Richtlinie 2014/53/EU unterfällt, wird der Konstrukteur den **Konformitätsnachweis** isoliert über die Konformität des Funkmoduls führen und auf dessen Konformität aufsetzen können, wenn die Funkeinrichtung für den konkreten Einsatz vorgesehen ist, d. h. die konkreten Einsatzbedingungen von der Konformitätsbewertung der Funkeinrichtung erfasst sind, und das Funkmodul entsprechend den Instruktionen des Herstellers verbaut wurde.[43]

Nach der in den Orgalime Guidelines vom 12.6.2017 wiedergegebenen Ansicht der RED-AdCo-Gruppe (zu den AdCo-Gruppen → Rn. 170) stellt grundsätzlich *jedes* mit einer Funkeinrichtung versehene „*Non-radio product*" eine Funkanlage dar, sei es dass die Funkeinrichtung in das Ausgangsprodukt eingebaut oder an diesem dauerhaft fest angebracht ist.[44] Dies ist zutreffend, soweit in den Guidelines „*Non-radio product*" definiert wird als „*electrical or electronic product whose function is not to intentionally emit or receive radio waves*". Ist aber das Ausgangsprodukt kein elektrisches oder elektronisches Erzeugnis macht auch der dortige Einbau einer Funkeinrichtung dieses nicht zur Funkanlage. Dies zeigt die **Entstehungsgeschichte der RED-Richtlinie 2014/53/ EU.** So war der Begriff „*Funkanlage*" im Vorschlag der Kommission noch definiert als „*ein Produkt, das, um seinen Zweck zu erfüllen, bestimmungsgemäß Funkwellen ausstrahlt, oder ein Produkt, das Zubehör, etwa eine Antenne, benötigt, damit es zur Erfüllung seines Zwecks Funkwellen ausstrahlen kann*".[45] Die heutige Fassung geht mithin auf den Standpunkt des Europäischen Parlaments vom 13.3.2014 zurück, getragen vom Bestreben des Europäischen Parlaments den Anwendungsbereich der RED-Richtlinie nicht uferlos werden zu lassen.[46] Das End-/Gesamtprodukt (*„combined product"*)

---

[42] Zu den „*combined products*" im Rahmen der Richtlinie 2014/53/EU, siehe ETSI EG 203 367 V1.1.1 (2016-06).
[43] ETSI EG 203 367 V1.1.1 (2016-06), S. 14 ff.
[44] European Engineering Industrie Association, ORGALIME guidance on the manufacturer's obligations for the combination of a machine with radio equipment.
[45] COM/2012/584 final.
[46] EP-PE_TC1-COD(2012)0283. Siehe auch Begründung zu Bericht des Ausschusses für Binnenmarkt und Verbraucherschutz vom 2.10.2013 über den Vorschlag für eine Richtlinie des Europäischen Parlaments und des Rates zur Harmonisierung der Rechtsvorschriften der Mitgliedstaaten über die Bereitstellung von Funkanlagen auf dem Markt, A7-0316/2013.

ist daher nur dann Funkanlage und unterliegt der Richtlinie 2014/53/EU, wenn es – das End-/Gesamtprodukt – ein **elektrisches oder elektronisches Erzeugnis** ist. Demgemäß ist nicht jedes mit einem Funkmodul ausgestattete Produkt auch immer gleich eine Funkanlage. Es obliegt der Rechtsprechung, den Begriff des elektrischen oder elektronischen Erzeugnisses zu bestimmen, dürften aber konventionell angetriebene Fahrzeuge und Maschinen mit Verbrennungsmotor hiervon nicht mehr erfasst sein. In diese mechanisch fest eingebaute Funkreinrichtungen, wie etwa Navigationssysteme mit GPS-Empfänger, *„keyless-go"* Systeme oder Steuerungen wären dann gesondert zu betrachten (zum Erfordernis gesonderter Bereitstellung → Rn. 312).

3. Vermeidung funktechnischer Störungen

Die funktechnischen Anforderungen sind in Form wesentlicher Anforderungen in Art. 3 Abs. 2 der Richtlinie 2014/53 EU (§ 4 Abs. 2 FuAG), festgelegt: *„Funkanlagen müssen so gebaut sein, dass sowohl eine effektive Nutzung von Funkfrequenzen erfolgt als auch eine Unterstützung zur effizienten Nutzung von Funkfrequenzen gegeben ist, damit keine funktechnischen Störungen auftreten."* Deren Konkretisierung erfolgt gemäß dem Regelungsansatz des Neuen Konzepts durch harmonisierte Normen (→ Rn. 146, 222 ff.). Die dortigen Anforderungen regeln typischerweise die in der ETSI-Empfehlung EG 201 399, Annex B, aufgeführten Aspekte.[47] Wendet der Hersteller die einschlägigen harmonisierten Normen nicht an oder sind solche nicht vorhanden (siehe aber EuG, GGP Italy/Kommission, T-474/15 → Rn. 231) ist innerhalb der Konformitätsbewertung zwingend eine notifizierte Stelle zu beteiligen (Art. 17 Abs. 4 der Richtlinie 2014/53/EU mit Verweis auf die Module B, C und H → Rn. 560, 566, 569 f.).

524

§ 4 – Produktbezogener Arbeitsschutz

Der **produktbezogene Arbeitsschutz,** verstanden als **das auf Arbeitsschutz abzielende technische Design,** ist nicht kodifiziert geregelt. Es gibt kein dem produktbezogenen Arbeitsschutz gewidmetes transversales Vorschriftenwerk. Auch die sektoralen Produktvorschriften verhalten sich hierzu ganz regelmäßig nicht explizit. In der ingenieurmäßigen Fachliteratur werden in diesem Zusammenhang sicherheitstechnische und ergonomische Aspekte betrachtet. Dies steht im Einklang mit dem rechtswissenschaftlichen Schrifttum und den Vorgaben des deutschen Gesetz- und Verordnungsgebers. Das Augenmerk ist hier wie da auf den **Schutz der körperlichen Unversehrtheit der**

525

---

[47]Beispielsweise die Frequenzgenauigkeit und -stabilität, die Sendeleistung, die Nachbarkanalleistung, die Nebenaussendungen, die Intermodulationsunterdrückung, das Einschwingverhalten und die Modulationsqualität oder (für Empfänger) die Empfängerdynamik und -empfindlichkeit, die Gleichkanalstörunterdrückung, die Nachbarkanalstörunterdrückung, die Nebenempfangsdämpfung, die Intermodulationsunterdrückung, das Blocking/die Desensibilisierung oder die Nebenaussendungen oder die Mehrwegeempfindlichkeit.

Beschäftigten gerichtet. Der produktbezogene Arbeitsschutz wird als von der Produktsicherheit miterfasst verstanden und hinsichtlich des produktbezogenen Arbeitsschutzes auf das ProdSG verwiesen. Diese Sicht wird indes dem Spezifikum des produktbezogenen Arbeitsschutzes nicht gerecht. Zunächst ist die in Deutschland vorgenommene Beschränkung des produktbezogenen Arbeitsschutzes auf sicherheitstechnische und ergonomische Maßnahmen unionsrechtlich zwar nicht zu beanstanden. Diese Beschränkung ist aber auch nicht vorgegeben. Im Unionsrecht geht der arbeitsschutzrechtliche Gesundheitsbegriff über den Gesundheitsschutz des Art. 36 AEUV hinaus. Sodann und insbesondere sind im Rahmen der sicherheitstechnischen Produktanforderungen zwei Ebenen zu unterscheiden, nämlich mit der **Marktebene** die des Herstellers und mit der **Betriebsebene** die des Arbeitgebers. Ein für Beschäftigte bestimmtes Produkt mag daher seiner bestimmungsgemäßen Verwendung gemäß sicher sein. Das solchermaßen sichere Produkt genügt aber nicht notwendigerweise auch den sicherheitstechnischen und auf die konkrete Verwendung abstellenden Anforderungen zum Arbeitsschutz. Anders gewendet ist das nach produktsicherheitsrechtlichen Kriterien marktfähige Arbeitsmittel nicht notwendigerweise auch arbeitsschutzrechtlich zulässig. Die Verortung sicherheitstechnischer Anforderungen an Arbeitsmittel in an den Hersteller adressierten **Vorschriften für das Inverkehrbringen,** einerseits, und an den Arbeitgeber adressierten **Vorschriften für die Zurverfügungstellung an Beschäftigte,** andererseits, durchbricht den Grundsatz, wonach die dem technischen Design zugrunde zu legende Verwendung für eine Vielzahl von Sachverhalten (abstrakt) zu bestimmen ist. So fordert der produktbezogene Arbeitsschutz die Berücksichtigung der konkreten Verwendung. Der Arbeitgeber hat nicht nur sicherzustellen, dass das Produkt an sich sicher ist. Er hat vielmehr die Merkmale der Benutzer und Benutzung im konkreten Fall zu berücksichtigen, d. h. die Kenntnisse, Fähigkeiten, Fertigkeiten, Erfahrung, Ausbildung, Übung, physische Merkmale und Gewohnheiten des einzelnen Arbeitnehmers, die Arbeitsaufgaben und -prozesse, die Umgebung, also den gesamten Nutzungskontext im konkreten Einzelfall. Der **produktbezogene Arbeitsschutz** ist solchermaßen **Gegenstand disparater Regelungsansätze.** Neben den Harmonisierungsrechtsvorschriften und den auf ihre Umsetzung gerichteten Gesetzen und Verordnungen enthalten namentlich die zuvörderst dem betrieblichen Arbeitsschutz gewidmeten Vorschriften der **Betriebssicherheitsverordnung (BetrSichV)** und Unfallverhütungsvorschriften der Unfallversicherungsträger produktbezogene Anforderungen zur Sicherheit und den Gesundheitsschutz der Beschäftigten. Sie sind Vorschriften des Arbeitsschutzes und regeln die betriebliche Zurverfügungstellung von Arbeitsmitteln durch den Arbeitgeber. Ihr **Ziel** ist, den **Arbeitnehmer vor gesundheitlichen und ergonomischen Beeinträchtigungen zu schützen** (→ Rn. 543). Sicherheitstechnische Produktanforderungen werden innerhalb der BetrSichV vornehmlich in Form von Schutzmaßnahmen bei Gefährdungen durch Energien, Ingangsetzen und Stillsetzen nach § 8 BetrSichV festgelegt. Zu den Unfallverhütungsvorschriften seien beispielhaft genannt die Vorschriften

§ 4 – Produktbezogener Arbeitsschutz

zu Bau und Ausrüstung von Fahrzeugen[48] und § 4 Abs. 5 der Unfallverhütungsvorschrift *"Elektrische Anlagen und Betriebsmittel"*, wonach *"[e]lektrische Anlagen und Betriebsmittel so beschaffen sein* [müssen], *dass bei Arbeiten und Handhabungen, bei denen aus zwingenden Gründen der Schutz gegen direktes Berühren* […] *aufgehoben oder unwirksam gemacht werden muss,* [i] *der spannungsfreie Zustand der aktiven Teile hergestellt und sichergestellt werden kann oder* [ii] *die aktiven Teile unter Berücksichtigung von Spannung, Frequenz, Verwendungsart und Betriebsort durch zusätzliche Maßnahmen gegen direktes Berühren geschützt werden können"*[49]. Sie beziehen sich auf das Produkt an sich (zur Abgrenzung zwischen Design-Anforderungen und Regelungen zur Verwendung → Rn. 320–322). Sie regeln das technische Design (für die Zurverfügungstellung an Beschäftigte im konkreten Fall). Im Hinblick auf das allgemeine Ziel dieser arbeitsschutzrechtlichen Vorschriften, die Sicherheit und den Schutz der Gesundheit von Beschäftigten bei der Verwendung von Arbeitsmitteln zu gewährleisten,[50] ist deren Verortung im Recht des technischen Produkts und deren Verhältnis zu den produktsicherheitsrechtlichen Vorschriften zu bestimmen. Die praktische Bedeutung dieses Verhältnisses sei anhand zweier vorangestellter Fälle verdeutlicht:

Fall A: Der französische Hersteller A konzipiert und fertigt LkW-Kranaufbauten. Seine Aufbauten werden gemäß der Maschinenrichtlinie hergestellt und tragen die CE-Kennzeichnung. Das Bundesland B schreibt EU-weit die Lieferung mehrerer Ladekräne für deren Straßenmeistereien aus. In der Leistungsbeschreibung wird neben den Bestimmungen der StVZO die Einhaltung der geltenden Gesetze und Verordnungen zum Arbeitsschutz sowie der Arbeitsschutz- und Unfallverhütungsvorschriften, Sicherheitsregeln und Merkblätter der Unfallversicherungsträger gefordert. Der exportwillige französische Hersteller sieht hierin eine unzulässige Beschränkung des freien Warenverkehrs.[51] Zu Recht?

Fall B: Hersteller B stellt Häcksler her. Das Gartenbauunternehmen C möchte von B die Schalteinrichtung der von B gelieferten Häcksler umbauen lassen. Ein sich kürzlich bei C zugetragener Arbeitsunfall habe gezeigt, dass der Häcksler des B die Sicherheit der Beschäftigten nicht gewährleiste. Die involvierte Aufsichtsbehörde verlange deren Umbau. Der Einzug soll über einen Schaltbügel aktiv in Gang gesetzt und gehalten werden und nicht nur, wie bisher, bei Berührung des Bügels der Einzug unterbrochen werden. Hersteller B wundert sich. Sind seine norm- und gesetzeskonformen Häcksler nicht sicher?

---

[48]DGUV 71. Die DGUV Vorschriften sind abrufbar unter URL: http://publikationen.dguv.de/dguv.
[49]Die produktbezogenen Anforderungen an elektrische Anlagen und Betriebsmittel nach der Unfallverhütungsvorschrift *"Elektrische Anlagen und Betriebsmittel"* (BGV A3) gelangen nur zur Anwendung, soweit unionale Rechtsvorschriften über das Inverkehrbringen nach Art. 114 AEUV nicht zutreffen (siehe Anhang 3 BGV A3).
[50]§ 1 S. 2 BetrSichV, § 1 Abs. 1 S. 1 ArBSchG; Pieper, Betriebssicherheitsverordnung, Einl., Rn. 5.
[51]Vgl. hierzu (öffentliche Auftragsvergabe und Beschränkung der Warenverkehrsfreihiet aufgrund zusätzlicher Produktanforderungen im europäisch harmonisierten Bereich) EuGH, Urt. v. 22.9.1988, Kommission/Irland, C-45/87, EU:C:1988:435, Rn. 18 ff.

I. Arbeitsschutzrecht (Überblick)

Der Arbeitsschutz bildet einen Ausschnitt der allgemeinen Sozialpolitik. Mittels technischer, organisatorischer und personeller Regelungen, Instrumente und Institutionen zielt er darauf ab, die Sicherheit und den Gesundheitsschutz der Beschäftigten zu verbessern und zu einer menschengerechten Gestaltung der Arbeit beizutragen. Er wird aufgrund seines auf die Beschäftigten bezogenen Schutzzwecks auch als Arbeitnehmerschutz bezeichnet.[52]

1. Europäischer Arbeitsschutz

526 Das deutsche Arbeitsrecht wird zunehmend von der Rechtssetzungstätigkeit der Europäischen Union beeinflusst. Dies gilt insbesondere für das Arbeitsschutzrecht.[53] Zentrale Ermächtigungsgrundlagen des AEUV für Arbeitsschutzregelungen sind Art. 114 und Art. 153 AEUV.[54]

a. Art. 114 AEUV (vorgelagerter Arbeitsschutz)

527 Die auf Art. 114 AEUV gestützten Harmonisierungsrechtsvorschriften setzen in ihrem Regelungsbereich die **Beschaffenheitsanforderungen** an Arbeitsmittel **abschließend** fest, d. h. die Mitgliedstaaten können abgesehen von den engen Ausnahmen des Art. 114 Abs. 4 bis 10 AEUV im Regelungsbereich der Harmonisierungsrechtsvorschrift kein strengeres oder laxeres Schutzniveau bestimmen (→ Rn. 60 f.). Die so bewirkte Vollharmonisierung macht deutlich, dass es im Anwendungsbereich des Art. 114 AEUV darum geht, durch einheitliche Regelungen den freien Warenverkehr in der Europäischen Union zu verwirklichen (→ Rn. 55). Der Arbeitsschutz ist hierbei bereits immer dann betroffen, wenn zur Verwirklichung des freien Warenverkehrs und auf Art. 114 AEUV gestützt, einheitliche Beschaffenheitsanforderungen für Produkte festgelegt werden und Arbeitnehmer bei der Arbeit mit diesen Produkten in Berührung kommen. So die produktbezogenen Vorschriften des betrieblichen Arbeitsschutzes (Art. 153 AEUV) an der Zurverfügungstellung des Arbeitsmittels durch den Arbeitgeber und damit nach dem Inverkehrbringen ansetzen, wird der durch Harmonisierungsrechtsvorschriften bewirkte Arbeitsschutz auch als vorgelagerter Arbeitsschutz bezeichnet.[55]

b. Art. 153 AEUV (Betrieblicher Arbeitsschutz)

528 Während sich die binnenmarktfinalen Harmonisierungsrechtsvorschriften nach Art. 114 AEUV auf den Arbeitsschutz auswirken können, ist der Arbeitsschutz in Art. 153 Abs. 2 i. V. m. Abs. 1 lit. a) AEUV das zentrale Regelungsziel. Nach Art. 153 Abs. 1 lit. a)

---

[52] Kittner/Pieper, ArbSchR, Teil I Anm. 1.1, Rn. 1, S. 37.
[53] Siehe hierzu Balze, in Kollmer/Klindt, ArbSchG, Einl. B Rn. 1 ff.
[54] Zu nachstehenden Ausführungen, siehe Balze, in Kollmer/Klindt, ArbSchG, Einl. B Rn. 49–60.
[55] Hierzu Kittner/Pieper, ArbSchR, Teil I Anm. 3.2, Rn. 74 ff., S. 74–81.

AEUV unterstützt und ergänzt die Union die auf eine Verbesserung der Arbeitsumwelt abzielenden und auf den Schutz der Gesundheit und der Sicherheit der Arbeitnehmer gerichteten mitgliedstaatlichen Bemühungen. Nach Art. 153 Abs. 2 lit. b) AEUV kann die Union *„in den in Absatz 1 Buchstaben a bis i genannten Bereichen unter Berücksichtigung der in den einzelnen Mitgliedstaaten bestehenden Bedingungen und technischen Regelungen durch Richtlinien Mindestvorschriften erlassen, die schrittweise anzuwenden sind".* Legen die binnenmarktfinalen und auf Art. 114 AEUV gestützten Harmonisierungsrechtsvorschriften zur Verwirklichung des freien Warenverkehrs einheitliche Produktstandards fest, so beschränken sich die auf Art. 153 AEUV gestützten Richtlinien auf die **Schaffung verbindlicher Mindestregelungen** in den Mitgliedstaaten. Art. 153 Abs. 4, 2. Spiegelstrich AEUV bestimmt ausdrücklich, dass *„[d]ie aufgrund dieses Artikels erlassenen Bestimmungen die Mitgliedstaaten nicht daran [hindern], strengere Schutzmaßnahmen beizubehalten oder zu treffen, die mit den Verträgen vereinbar sind".* Strengere Regelungen zum betrieblichen und sozialen Arbeitsschutz sind mithin nicht nur zulässig, sondern sogar bezweckt. So beruht die Konzeption des Art. 153 AEUV darauf, die Mitgliedstaaten mit einem geringeren Arbeitsschutzniveau zu verpflichten, ihren Arbeitsschutz an im gesamten Gebiet der Europäischen Union geltende Mindeststandards anzupassen, ohne die weiterentwickelten Mitgliedstaaten daran zu hindern, strengere Arbeitsschutzbestimmungen zu treffen oder beizubehalten. Bezweckt wird eine allmähliche Angleichung des Arbeitsschutzes in der Europäischen Union auf hohem Niveau. Diese Vorgehensweise berücksichtigt, dass die verbindliche Festschreibung des Arbeitsschutzstandards der Mitgliedstaaten mit dem höchsten Niveau für die weniger entwickelten Mitgliedstaaten eine Überforderung bedeuten würde. Eine verbindliche Nivellierung auf niedrigem Niveau, das für einige Mitgliedstaaten einen Rückschritt darstellen würde, kommt ebenfalls nicht in Betracht.[56]

c. Verhältnis Art. 114 – Art. 153 AEUV

Die unterschiedliche Zielrichtung der Art. 114 AEUV und Art. 153 AEUV entscheidet über die einschlägige Kompetenzzuweisung. Geht es zuvörderst um die Verwirklichung des Binnenmarkts und namentlich um den freien Warenverkehr und bedarf es deshalb abschließender Harmonisierung, ist Art. 114 AEUV die zutreffende Ermächtigungsgrundlage. Geht es hingegen um den betrieblichen und sozialen Arbeitsschutz ist Art. 153 Abs. 2 i. V. m. Abs. 1 lit. a) AEUV einschlägig.[57] Die wesentlichen Unterschiede beider Kompetenzzuweisungsregeln und hierauf gestützter Harmonisierungsmaßnahmen werden in nachstehender Tabelle gegenübergestellt (Tab. 1). 529

Die **Leitlinien und Grundsätze des betrieblichen europäischen Arbeitsschutzes** sind in der **Rahmenrichtlinie 89/391/EWG** vom 12.6.1989 über die Durchführung von Maßnahmen zur Verbesserung der Sicherheit und des Gesundheitsschutzes der Arbeitnehmer 530

---

[56] Balze, in Kollmer/Klindt, Arbeitsschutzgesetz, Einl B Rn. 55 ff.
[57] EuGH, Urt. v. 12.11.1996, Vereinigtes Königreich/Rat, C-84/94, EU:C:1996:431, Rn. 45.

Tab. 1 Vergleich Art. 114 AEUV und Art. 153 AEUV. (In Anlehnung an Balze, in Kollmer/Klindt, ArbSchG, Einl. B Rn. 61.)

	Art. 114 AEUV	Art. 153 AEUV
Ziel	Verwirklichung des Binnenmarkts, insbesondere Freier Warenverkehr = wirtschaftspolitische Zielrichtung	Verbesserung des Arbeitsschutzes = sozialpolitische Zielrichtung
Konzept	Schaffung einheitlicher Beschaffenheitsanforderungen für Waren (Vereinheitlichung)	Schaffung verbindlicher Mindestvorschriften
Auswirkung auf nationales Recht	Grds. keine Abweichungsmöglichkeiten (Ausnahme: Art. 114 Abs. 4–10)	Günstigere nationale Bestimmungen zulässig (Art. 153 Abs. 4, 2. Spiegelstrich)
Arbeitsschutzrelevanz	Vorgelagerter produktbezogener Arbeitsschutz	Betrieblicher und sozialer Arbeitsschutz
Beispiel	Maschinen-Richtlinie 2006/42/EG	Rahmenrichtlinie 89/391/EWG

bei der Arbeit enthalten.[58] Die Konkretisierung der Bestimmungen der Rahmenrichtlinie erfolgt gemäß dortigem Art. 16 in Einzelrichtlinien, die jeweils bestimmte Arbeitsschutzbereiche näher regeln. Bisher sind **18 Einzelrichtlinien** ergangen.[59] Zentral ist im Recht des technischen Produkts die **zweite Einzelrichtlinie 2009/104/EG** vom 16.9.2009 über Mindestvorschriften für Sicherheit und Gesundheitsschutz bei Benutzung von Arbeitsmitteln durch Arbeitnehmer bei der Arbeit (**Arbeitsmittelbeschaffungsrichtlinie**) (→ Rn. 535).

2. Arbeitsschutzsystem in Deutschland

Seit mehr als einem Jahrhundert steht der Arbeitsschutz in Deutschland auf zwei Säulen.

a. Staatliches Arbeitsschutzrecht

531 Die erste Säule bildet das staatliche Arbeitsschutzrecht mit den von Bund und Ländern erlassenen Arbeitsschutzgesetzen und -verordnungen. Zu nennen ist zunächst und insbesondere das Gesetz vom 7.8.1996 über die Durchführung von Maßnahmen des Arbeitsschutzes zur Verbesserung der Sicherheit und des Gesundheitsschutzes der Beschäftigten bei der Arbeit (**Arbeitsschutzgesetz – ArbSchG**). Mit dem auch als *„Grundgesetz des betrieblichen Arbeitsschutzes"*[60] bezeichneten ArbSchG erfolgte

---

[58]Zu Systematik und Grundzüge des europäischen Arbeitsschutzrechts, Balze, in Kollmer/Klindt, ArbSchG, Einl. B Rn. 82–106.
[59]Hierzu Kollmer, in Kollmer/Klindt, ArbSchG, Vor § 1 ArbSchG Rn. 76 ff.
[60]Kittner/Pieper, ArbSchR, Teil I Anm. 4.4, Rn. 111, S. 75.

§ 4 – Produktbezogener Arbeitsschutz

verzögert die am 31.12.1992 fällige **Umsetzung der Rahmenrichtlinie 89/391/ EWG.** Korrelierend zur Stellung der Rahmenrichtlinie 89/391/EWG im europäischen Arbeitsschutzrecht ist das ArbSchG das zentrale Vorschriftenwerk des deutschen Arbeitsschutzsystems. Es ist rechtliches Kernstück und *„Allgemeiner Teil"* des Arbeitsschutzrechts. Zu nennen sind weiter und sind aufgrund des Arbeitsschutzgesetzes ergangen etwa die PSA-Benutzungsverordnung[61] in Umsetzung der PSA-Benutzer-Richtlinie 89/656/EWG, die Lastenhandhabungs-Verordnung[62] in Umsetzung der Lastenhandhabungs-Richtlinie 90/269/EWG, die Bildschirmarbeitsverordnung[63] in Umsetzung der Bildschirm-Richtlinie 90/270/EWG, die Arbeitsstättenverordnung[64] in Umsetzung der Arbeitsstätten-Richtlinie 89/654/EWG, die Baustellen-Verordnung[65] in Umsetzung der Baustellensicherheits-Richtlinie 92/57/EWG, die Biostoff-Verordnung[66] in Umsetzung der Richtlinie 90/679/EWG, die Mutterschutzverordnung[67] in Umsetzung der EG-Mutterschutzrichtlinie, die Lärm- und Vibrations-Arbeitsschutzverordnung[68] in Umsetzung der Richtlinie 2002/44/EG und die für den produktbezogenen Arbeitsschutz besonders bedeutsame neu gefasste Betriebssicherheitsverordnung[69] in Umsetzung der Arbeitsmittelbeschaffungsrichtlinie 2009/104/EG.

b. Gesetzliche Unfallversicherung

Die zweite Säule bildet die Prävention im Rahmen der gesetzlichen Unfallversicherung und die dort durch **autonomes Recht der Unfallversicherungsträger** aufgestellten Anforderungen an den Schutz von Leben und Gesundheit der Versicherten.[70] Die Unfallversicherungsträger sind Zusammenschlüsse von Unternehmern in bundes- oder landesunmittelbaren Körperschaften des öffentlichen Rechts mit Selbstverwaltung unter staatlicher Aufsicht. Sie gliedern sich nach Wirtschafts- und Verwaltungszweigen.

532

---

[61] Verordnung über Sicherheit und Gesundheitsschutz bei der Benutzung persönlicher Schutzausrüstungen bei der Arbeit vom 4.12.1996, BGBl. I 1996, S. 1841.

[62] Verordnung über Sicherheit und Gesundheitsschutz bei der manuellen Handhabung von Lasten bei der Arbeit vom 4.12.1996, BGBl. I S. 1841, 1842.

[63] Verordnung über Sicherheit und Gesundheitsschutz bei der Arbeit an Bildschirmgeräten vom 4.12.1996, BGBl. I S. 1841, 1843.

[64] Verordnung über Arbeitsstätten vom 12.8.2004, BGBl. I S. 2179.

[65] Verordnung über Sicherheit und Gesundheitsschutz auf Baustellen vom 10.6.1998, BGBl. I S. 1283.

[66] Verordnung über Sicherheit und Gesundheitsschutz bei Tätigkeiten mit Biologischen Arbeitsstoffen vom 15.7.2013, BGBl. I S. 2514.

[67] Verordnung zum Schutze der Mütter am Arbeitsplatz vom 15.4.1997, BGBl. I. S. 782.

[68] Verordnung zum Schutz der Beschäftigten vor Gefährdungen durch Lärm und Vibrationen vom 6.3.2007, BGBl. I S. 261.

[69] Verordnung über Sicherheit und Gesundheitsschutz bei der Verwendung von Arbeitsmitteln vom 3.2.2015, BGBl. I S. 49.

[70] Nachstehend, Leube, in Kollmer/Klindt, ArbSchG, Syst D Rn. 31–32, 38–40, 59 ff.

Ihre Zuständigkeit ist gesetzlich festgelegt. Die gewählte Selbstverwaltung in Form einer Vertreterversammlung und eines Vorstands ist regelmäßig paritätisch durch die Versicherten und die Arbeitgeber besetzt. Die Zugehörigkeit eines Unternehmens zu dem fachlich und örtlich zuständigen Unfallversicherungsträger beginnt automatisch ohne Anmeldung mit der Eröffnung des Unternehmens und endet in gleicher Weise mit dessen Einstellung. Gleichwohl hat der Unternehmer dem Unfallversicherungsträger Beginn und Ende der Unternehmung anzuzeigen. Über die Zugehörigkeit erteilt der Unfallversicherungsträger schriftlichen Bescheid. Gemäß § 1 SGB VII ist es **Aufgabe der gesetzlichen Unfallversicherung** mit allen geeigneten Mitteln **Arbeitsunfälle und Berufskrankheiten sowie arbeitsbedingte Gesundheitsgefahren** zu **verhüten.** Das Handeln mit *„allen geeigneten Mitteln"* umfasst Öffentlichkeitsarbeit mit Plakaten und Filmen, Belohnungen für Rettung aus Unfallgefahr, Preisausschreiben, Wettbewerbe, Fahrtraining für Berufskraftfahrer, finanzielle Förderung wissenschaftlicher Untersuchungen, Bau und Unterhaltung von Schulungsstätten sowie die Mitgliedschaft in Sicherheitsorganisation, wie etwa Deutscher Verkehrssicherheitsrat e. V. Insbesondere aber sind die Unfallversicherungsträger **ermächtigt** unter Mitwirkung der DGUV **Unfallverhütungsvorschriften (UVV) zu erlassen,** mit denen Unternehmer und Versicherte zu bestimmten Maßnahmen der Prävention verpflichtet werden (§ 15 Abs. 1 Satz 1 SGB VII). Es handelt sich um autonomes Recht, beschlossen durch die Vertreterversammlungen der einzelnen Unfallversicherungsträger und beschränkt auf ihren Zuständigkeitsbereich. Die DGUV wirkt beim Erlass von Unfallverhütungsvorschriften auf Rechtseinheitlichkeit hin (§ 15 Abs. 1 Satz 3 SGB VII) und unterliegt dabei der Rechtsaufsicht des Bundesministeriums für Arbeit und Soziales (§ 87 Abs. 3 SGB IV). Die Unfallverhütungsvorschriften unterteilen sich in Regelungen, die als DGUV-Vorschriften für alle Gewerbe- und Wirtschaftszweige gelten (z. B. BGV A1 *„Grundsätze der Prävention"*) und auf den jeweiligen Gewerbezweig der Unfallversicherungsträger zugeschnittene Regelungen (z. B. BGV C7 *„Wach- und Sicherungsdienste"*). Die Rechtssetzungsbefugnis der Unfallversicherungsträger ist durch das Gesetz zur Modernisierung der gesetzlichen Unfallversicherung (UMVG) vom 30.10.2008 grundlegend geändert und eingeschränkt worden. Zunächst wird im neu gefassten § 15 Abs. 1 Satz 1 SGB VII nunmehr auch explizit der **Vorrang des staatlichen Arbeitsschutzrechts** festgeschrieben (*„Die Unfallversicherungsträger können unter Mitwirkung der Deutschen Gesetzlichen Unfallversicherung e. V. als autonomes Recht Unfallverhütungsvorschriften über Maßnahmen zur Verhütung von Arbeitsunfällen, Berufskrankheiten und arbeitsbedingten Gesundheitsgefahren oder für eine wirksame Erste Hilfe erlassen, soweit dies zur Prävention geeignet und erforderlich ist und staatliche Arbeitsschutzvorschriften hierüber keine Regelung treffen"*). Der **mögliche Inhalt einer Unfallverhütungsvorschrift** wird in **§ 15 SGB VII** bestimmt und können Unfallverhütungsvorschriften u. a. erlassen werden über *„Einrichtungen, Anordnungen und Maßnahmen, welche die Unternehmer zur Verhütung von Arbeitsunfällen, Berufskrankheiten und arbeitsbedingten Gesundheitsgefahren zu treffen haben, sowie die Form der Übertragung dieser Aufgaben auf andere Personen"* (Nr. 1).

Im Recht des technischen Produkts haben Unfallverhütungsvorschriften, in denen Beschaffenheitsanforderungen geregelt sind, **keine praktische Bedeutung** (mehr). So gelten Beschaffenheitsanforderungen in Unfallverhütungsvorschriften, die vom Regelungsbereich einer Harmonisierungsrechtsvorschrift erfasst werden, nicht (mehr)[71] und geht das deutsche Arbeitsschutzrecht gegenständlich nicht über Schutz der körperlichen Unversehrtheit hinaus: die sachlichen Geltungsbereiche der auf Arbeitsschutz abzielenden nationalen und der auf Sicherheits- und Gesundheitsschutz abzielenden unionalen Produktregelungen decken sich und treten demgemäß Erstere gegenüber Letzteren zurück (zur Identität der Regelungsbereiche → Rn. 543).

533

II. Anforderungen an die zur Verfügung gestellten Arbeitsmittel

Anforderungen an das auf Arbeitsschutz abzielende technische Design enthalten neben den Inverkehrbringensvorschriften des Produktsicherheitsrechts (vorgelagerter Arbeitsschutz) die die Betriebssicherheit regelnden Arbeitsschutzvorschriften (betrieblicher Arbeitsschutz).

534

Ausgangspunkt der Betrachtung der Anforderungen an den Beschäftigten überlassener Arbeitsmittel ist die **Arbeitsmittelbeschaffungsrichtlinie 2009/104/EG,** welche die mehrfach geänderte Vorgängerrichtlinie 89/655/EWG kodifiziert und aufhebt. Sie bestimmt in deren Art. 3 und 4, dass sich der Arbeitgeber nur ein solches Arbeitsmittelmittel beschafft und benutzt, das kumulativ folgende Bedingungen erfüllt:

535

- das Arbeitsmittel entspricht den Bestimmungen aller geltenden einschlägigen Harmonisierungsrechtsvorschriften,
- das Arbeitsmittel entspricht den Mindestvorschriften im Sinne des Anhangs I der Richtlinie, wenn keine auf Sicherheit und Gesundheitsschutz abzielende Harmonisierungsrechtsvorschrift anwendbar ist oder wenn eine etwaige auf Sicherheit und Gesundheitsschutz abzielende Harmonisierungsrechtsvorschrift nur teilweise anwendbar ist,
- das Arbeitsmittel ist für die jeweilige Arbeit generell und im Hinblick auf die betrieblichen Arbeits- und Umgebungsbedingungen auch konkret geeignet, die Sicherheit und den Gesundheitsschutz der Arbeitnehmer zu gewährleisten.

National wird die Arbeitsmittelbenutzungsrichtlinie durch die Betriebssicherheitsverordnung (BetrSichV) umgesetzt.

---

[71] Kittner/Pieper, ArbSchR, Teil I Anm. 3.2, Rn. 80, S. 65.

1. §§ 5, 7, 8 und 9 BetrSichV (Überblick)
a. (Betriebs-)Sicherheit nach BetrSichV

536 Die BetrSichV gilt für jede Verwendung eines jeden Arbeitsmittels durch jeden Beschäftigten. *„Die sichere Verwendung des Arbeitsmittels ergibt sich aus der mitgelieferten Sicherheit des Arbeitsmittels, ergänzt um die Maßnahmen, die sich aus der Gefährdungsbeurteilung für die Verwendung ergeben".*[72] Das ergibt die andernorts aufgestellte Formel: **(Betriebs-)Sicherheit = Produktkonformität + Gefährdungsbeurteilung + betriebliche Schutzmaßnahmen.**[73]

Arbeitsmittel im Sinne der Verordnung sind *„Werkzeuge, Geräte, Maschinen oder Anlagen"* (§ 2 Abs. 1 BetrSichV), also alles *„vom Kugelschreiber bis zur großtechnischen Anlage"*.[74] Verwendung ist *„jegliche Tätigkeit"* mit Arbeitsmitteln und dazu gehört insbesondere *„das Montieren und Installieren, Bedienen, An- oder Abschalten oder Einstellen, Gebrauchen, Betreiben, Instandhalten, Reinigen, Prüfen, Umbauen, Erproben, Demontieren, Transportieren und Überwachen"* (§ 2 Nr. 2 BetrSichV), d. h. verkürzt alle Stadien des betrieblichen Alltags.[75]

b. Produktkonformität

537 Arbeitsmittel müssen gemäß § 5 Abs. 3 BetrSichV *„den für sie geltenden Rechtsvorschriften über Sicherheit und Gesundheitsschutz entsprechen".* Diese durch den Hersteller mitgelieferte Sicherheit wird, wie erwähnt (→ Rn. 527), auch als *„vorgelagerter Arbeitsschutz"* bezeichnet.[76] Die Konformität mit den produktsicherheitsrechtlichen Vorschriften ist **Grundanforderung an jedes Arbeitsmittel.** Gegebenenfalls kommen betriebliche Schutzmaßnahmen hinzu, aber bei verwendungsfertigen und einfach zu benutzenden Arbeitsmitteln wie etwa einer Bohrmaschine, kann die aufgrund des Binnenmarktrechts mitgebrachte Sicherheit durchaus ausreichen. Die einschlägigen Bestimmungen zum vorgelagerten Arbeitsschutz enthalten die §§ 5 Abs. 3 und 7 BetrSichV.

§ 5 Anforderungen an die zur Verfügung gestellten Arbeitsmittel

(1) *Der Arbeitgeber darf nur solche Arbeitsmittel zur Verfügung stellen und verwenden lassen, die unter Berücksichtigung der vorgesehenen Einsatzbedingungen bei der Verwendung sicher sind. Die Arbeitsmittel müssen*
  1. *für die Art der auszuführenden Arbeiten geeignet sein,*
  2. *den gegebenen Einsatzbedingungen und den vorhersehbaren Beanspruchungen angepasst sein und*

---

[72] BR-Drucks. 400/14 v. 28. 8. 2014, 83.
[73] Wilrich, CCZ 2015, S. 175.
[74] BR-Drucks. 301/02 v. 11. 4. 2002, 82 zur alten BetrSichV.
[75] Wilrich, CCZ 2015, S. 175; Pieper, Betriebssicherheitsverordnung, § 2, Rn. 9.
[76] BR-Drucks. 400/14 v. 28. 8. 2014, 79 f. und 83.

3. *über die erforderlichen sicherheitsrelevanten Ausrüstungen verfügen,*
   sodass eine Gefährdung durch ihre Verwendung so gering wie möglich gehalten wird. Kann durch Maßnahmen nach den Sätzen 1 und 2 die Sicherheit und Gesundheit nicht gewährleistet werden, so hat der Arbeitgeber andere geeignete Schutzmaßnahmen zu treffen, um die Gefährdung so weit wie möglich zu reduzieren.
(2) *[…].*
(3) *Der Arbeitgeber darf nur solche Arbeitsmittel zur Verfügung stellen und verwenden lassen, die den für sie geltenden Rechtsvorschriften über Sicherheit und Gesundheitsschutz entsprechen. Zu diesen Rechtsvorschriften gehören neben den Vorschriften dieser Verordnung insbesondere Rechtsvorschriften, mit denen Gemeinschaftsrichtlinien in deutsches Recht umgesetzt wurden und die für die Arbeitsmittel zum Zeitpunkt des Bereitstellens auf dem Markt gelten. […].*
(4) *[…].*

§ 7 Vereinfachte Vorgehensweise bei der Verwendung von Arbeitsmitteln

(1) *Der Arbeitgeber kann auf weitere Maßnahmen nach den §§ 8 und 9 verzichten, wenn sich aus der Gefährdungsbeurteilung [§ 3 BetrSichV] ergibt, dass*
   1. *die Arbeitsmittel mindestens den sicherheitstechnischen Anforderungen der für sie zum Zeitpunkt der Verwendung geltenden Rechtsvorschriften zum Bereitstellen von Arbeitsmitteln auf dem Markt entsprechen,*
   2. *die Arbeitsmittel ausschließlich bestimmungsgemäß entsprechend den Vorgaben des Herstellers verwendet werden,*
   3. *keine zusätzlichen Gefährdungen der Beschäftigten unter Berücksichtigung der Arbeitsumgebung, der Arbeitsgegenstände, der Arbeitsabläufe sowie der Dauer und der zeitlichen Lage der Arbeitszeit auftreten und*
   4. *Instandhaltungsmaßnahmen nach § 10 getroffen und Prüfungen nach § 14 durchgeführt werden*
(2) *Absatz 1 gilt nicht für […] die in Anhang 3 genannten Arbeitsmittel.*

Die **vereinfachte Vorgehensweise** bei der Verwendung von Arbeitsmitteln nach § 7 Abs. 1 BetrSichV beschreibt die Anwendung eines vereinfachten Maßnahmekonzepts **für einfache Sachverhalte** bei der Verwendung von Arbeitsmitteln.[77] Mit dieser Vorschrift werden dem Arbeitgeber Erleichterungen bei der Zurverfügungstellung von Arbeitsmitteln eingeräumt. Die Erleichterungen zielen darauf ab, dass der Arbeitgeber auf weitere Schutzmaßnahmen bei Gefährdungen durch Energien, Ingangsetzen und Stillsetzen nach § 8 BetrSichV sowie bei der Verwendung von Arbeitsmitteln nach § 9

---

[77] BR-Drucks. 400/14 v. 28. 8. 2014, 84.

BetrSichV verzichtet kann. Hierfür ist erforderlich, dass sich aus der Gefährdungsbeurteilung ergibt, dass die Nummern 1 bis 4 zutreffen.[78]

c. Gefährdungsbeurteilung

538 Die Gefährdungsbeurteilung ist im Einzelnen geregelt in § 3 BetrSichV. Dort werden in Bezug auf die Zurverfügungstellung von Arbeitsmitteln durch den Arbeitgeber und deren Verwendung durch Beschäftigte die Verpflichtungen nach §§ 5, 6 ArbSchG konkretisiert.[79] Bei der Beurteilung nach § 3 BetrSichV sind allgemein die für die Beschäftigten mit der Verwendung von Arbeitsmitteln bei der Arbeit verbundenen Gefährdungen zu ermitteln, die sich insbesondere aus Gestaltung, Auswahl und Einsatz der Arbeitsmittel sowie aus dem Umgang mit ihnen ergeben können.[80] Darüber hinaus können sich bezogen auf die Verwendung von Arbeitsmitteln Gefährdungen aufgrund weiterer Faktoren ergeben, wie aus der Gestaltung des Arbeitsprozesses,[81] aus einer unzureichenden Qualifikation und Unterweisung der Beschäftigten[82] oder aufgrund psychischer Belastungen bei der Arbeit[83]. Die Anforderungen an die Gefährdungsbeurteilung in § 3 BetrSichV werden durch die Technische Regel für Betriebssicherheit (TRBS) 1111 *„Gefährdungsbeurteilung und sicherheitstechnische Bewertung"* konkretisiert, welche die Vorgehensweise zur Beurteilung und damit die Ermittlung und Bewertung von Gefährdungen sowie zur Ableitung der notwendigen Maßnahmen zum Arbeitsschutz beschreibt.[84]

---

[78] Hierzu BR-Drucks. 400/14 v. 28. 8. 2014, 84 f.; Schmatz/Nöthlichs, 1801 § 7 zu Abs. 1; Pieper, Betriebssicherheitsverordnung, § 7 Rn. 1–10.

[79] Nach §§ 5, 6 ArbSchG geht den nach §§ 3, 4 ArbSchG zu treffenden Maßnahmen eine Beurteilung der Arbeitsbedingungen voraus und sind solchermaßen
- mögliche Gefährdungen für Sicherheit und Gesundheit der Beschäftigten zu ermitteln und zu bewerten,
- Maßnahmen des Arbeitsschutzes angemessen durchzuführen,
- diese auf ihrer Wirksamkeit hin zu überprüfen und ggf. an den Stand der Technik und der sonstigen gesicherten arbeitswissenschaftlichen Erkenntnisse hin anzupassen sowie
- diese Prozessschritte zu dokumentieren.

[80] Hierzu und nachstehend Pieper, Betriebssicherheitsverordnung, § 3 Rn. 7 ff.

[81] Vgl. § 5 Abs. 3 Nr. 4 ArbSchG.

[82] Vgl. § 5 Abs; 2 Nr. 5 ArbSchG, § 12 BetrSichV.

[83] Vgl. § 5 Abs. 3 Nr. 6 ArbSchG, § 3 Abs. 2 Nr. 2 BetrSichV.

[84] Bekanntmachung des Bundesministeriums für Arbeit und Soziales vom 15.9.2006, BAnz. 232a vom 9.12.2006, S. 7. Zu den einzelnen Prozessschritten (Beurteilung der Arbeitsbedingungen bei Zurverfügungstellung und Verwendung von Arbeitsmitteln) unter Einbeziehung der allgemeinen Regelungen des ArbSchG, der spezifischen Regelungen in § 3 BetrSichV und weiterer Bestimmungen zur Ermittlung und Beurteilung von Gefährdungen in anderen Arbeitsschutzvorschriften, siehe Darstellung bei Pieper, Betriebssicherheitsverordnung, § 3 Rn. 11.

d. Betriebliche Schutzmaßnahmen

Wenn und soweit die Gefährdungsbeurteilung nach § 3 ergibt, dass die sich aus der Produktkonformität ergebende mitgelieferte inhärente Sicherheit des Arbeitsmittels nur unzureichenden Schutz bietet, ordnen § 5 Abs. 1 S. 3 und § 7 BetrSichV Schutzmaßnahmen an. Nach im rechtswissenschaftlichen Schrifttum vertretener Ansicht und in Übereinstimmung mit Äußerungen des Gesetzgebers soll es sich bei diesen Schutzmaßnahmen um auf die Verwendung bezogene Maßnahmen handeln.[85] Bei Lichte besehen bleiben die in der BetrSichV vorgesehenen Schutzmaßnahmen allerdings nicht auf die Verwendung beschränkt. Sie sind **nicht durchgängig verhaltens-,** sondern **auch produktbezogen. § 6 Abs. 1 BetrSichV** etwa fordert für die sichere Verwendung von Arbeitsmitteln die Beachtung der Grundsätze der Ergonomie. Diese Vorschrift beschränkt sich nicht auf die Produktionsergonomie. Sie erfasst auch die Produktergonomie.[86] Weil der Aspekt der Produktergonomie bei der Auswahl und Beschaffung von Arbeitsmitteln durch den Arbeitgeber einzubeziehen ist (vgl. 3 Abs. 3 und § 5 Abs. 3 BetrSichV)[87] bzw. ihn verpflichten kann, das Produkt konstruktiv zu ergänzen oder umzubauen[88] (→ Rn. 544), bedarf es herstellerseitig der Berücksichtigung ergonomischer Prinzipien bereits bei der Produktgestaltung. Andernfalls wird der Konstrukteur ein gegebenenfalls sichereres und rechtskonformes, aber nicht verwendungs- und somit nach arbeitsschutzrechtlichen Kriterien nicht absatzfähiges Arbeitsmittel entwerfen. Weiter enthalten die Kataloge von Schutzmaßnahmen in **§§ 8 und 9 BetrSichV** eine Reihe produktbezogener Anforderungen. Diese gelten, wenn das vereinfachte Maßnahmenkonzept nicht zur Anwendung gereicht (→ Rn. 537).

539

§ 8 Schutzmaßnahmen bei Gefährdungen durch Energien, Ingangsetzen und Stillsetzen

(1) Der Arbeitgeber darf nur solche Arbeitsmittel verwenden lassen, die gegen Gefährdungen ausgelegt sind durch
  1. *die von ihnen ausgehenden oder verwendeten Energien,*
  2. *direktes oder indirektes Berühren von Teilen, die unter elektrischer Spannung stehen, oder*
  3. *Störungen ihrer Energieversorgung.*

---

[85]Pieper, Betriebssicherheitsverordnung, § 5 Rn. 7 („*Die sichere Verwendung des Arbeitsmittels ergibt sich dementsprechend aus der "mitgelieferten" inhärenten Sicherheit des Arbeitsmittels, ergänzt um die **auf die Verwendung bezogenen Maßnahmen** [...].*"); BR-Drucks. 400/14 v. 28. 8. 2014, 83 („*Die sichere Verwendung des Arbeitsmittels ergibt sich dann aus der mitgelieferten Sicherheit des Arbeitsmittels, ergänzt um die **Maßnahmen**, die sich aus der Gefährdungsbeurteilung **für die Verwendung** ergeben.*").

[86]Zu dieser Unterscheidung, siehe Bruder/Kaiser, Ergonomiegerechtes Konstruieren, S. 549.

[87]Pieper, Betriebssicherheitsverordnung, § 6 Rn. 10.

[88]Schmatz/Nöthlichs, 1801 § 6 zu Abs. 1.

Die Arbeitsmittel müssen ferner so gestaltet sein, dass eine gefährliche elektrostatische Aufladung vermieden oder begrenzt wird. Ist dies nicht möglich, müssen sie mit Einrichtungen zum Ableiten solcher Aufladungen ausgestattet sein.

(2) *Der Arbeitgeber hat dafür zu sorgen, dass Arbeitsmittel mit den sicherheitstechnisch erforderlichen Mess-, Steuer- und Regeleinrichtungen ausgestattet sind, damit sie sicher und zuverlässig verwendet werden können.*

(3) *Befehlseinrichtungen, die Einfluss auf die sichere Verwendung der Arbeitsmittel haben, müssen insbesondere*
   1. *als solche deutlich erkennbar, außerhalb des Gefahrenbereichs angeordnet und leicht und ohne Gefährdung erreichbar sein; ihre Betätigung darf zu keiner zusätzlichen Gefährdung führen,*
   2. *sicher beschaffen und auf vorhersehbare Störungen, Beanspruchungen und Zwänge ausgelegt sein,*
   3. *gegen unbeabsichtigtes oder unbefugtes Betätigen gesichert sein.*

(4) *Arbeitsmittel dürfen nur absichtlich in Gang gesetzt werden können. Soweit erforderlich, muss das Ingangsetzen sicher verhindert werden können oder müssen sich die Beschäftigten Gefährdungen durch das in Gang gesetzte Arbeitsmittel rechtzeitig entziehen können. Hierbei und bei Änderungen des Betriebszustands muss auch die Sicherheit im Gefahrenbereich durch geeignete Maßnahmen gewährleistet werden.*

(5) *Vom Standort der Bedienung des Arbeitsmittels aus muss dieses als Ganzes oder in Teilen so stillgesetzt und von jeder einzelnen Energiequelle dauerhaft sicher getrennt werden können, dass ein sicherer Zustand gewährleistet ist. Die hierfür vorgesehenen Befehlseinrichtungen müssen leicht und ungehindert erreichbar und deutlich erkennbar gekennzeichnet sein. Der Befehl zum Stillsetzen eines Arbeitsmittels muss gegenüber dem Befehl zum Ingangsetzen Vorrang haben. Können bei Arbeitsmitteln, die über Systeme mit Speicherwirkung verfügen, nach dem Trennen von jeder Energiequelle nach Satz 1 noch Energien gespeichert sein, so müssen Einrichtungen vorhanden sein, mit denen diese Systeme energiefrei gemacht werden können. Diese Einrichtungen müssen gekennzeichnet sein. Ist ein vollständiges Energiefreimachen nicht möglich, müssen an den Arbeitsmitteln entsprechende Gefahrenhinweise vorhanden sein.*

(6) *Kraftbetriebene Arbeitsmittel müssen mit einer schnell erreichbaren und auffällig gekennzeichneten Notbefehlseinrichtung zum sicheren Stillsetzen des gesamten Arbeitsmittels ausgerüstet sein, mit der Gefahr bringende Bewegungen oder Prozesse ohne zusätzliche Gefährdungen unverzüglich stillgesetzt werden können. Auf eine Notbefehlseinrichtung kann verzichtet werden, wenn sie die Gefährdung nicht mindern würde; in diesem Fall ist die Sicherheit auf andere Weise zu gewährleisten. Vom jeweiligen Bedienungsort des Arbeitsmittels aus muss feststellbar sein, ob sich Personen oder Hindernisse im Gefahrenbereich befinden, oder dem Ingangsetzen muss ein automatisch ansprechendes Sicherheitssystem vorgeschaltet sein, das das Ingangsetzen verhindert, solange sich Beschäftigte im Gefahrenbereich aufhalten. Ist dies*

nicht möglich, müssen ausreichende Möglichkeiten zur Verständigung und Warnung vor dem Ingangsetzen vorhanden sein. Soweit erforderlich, muss das Ingangsetzen sicher verhindert werden können, oder die Beschäftigten müssen sich Gefährdungen durch das in Gang gesetzte Arbeitsmittel rechtzeitig entziehen können.

§ 9 Weitere Schutzmaßnahmen bei der Verwendung von Arbeitsmitteln

(1) *Der Arbeitgeber hat dafür zu sorgen, dass Arbeitsmittel unter Berücksichtigung der zu erwartenden Betriebsbedingungen so verwendet werden, dass Beschäftigte gegen vorhersehbare Gefährdungen ausreichend geschützt sind. Insbesondere müssen*
   1. *Arbeitsmittel ausreichend standsicher sein […],*
   2. *Arbeitsmittel mit den erforderlichen sicherheitstechnischen Ausrüstungen versehen sein,*
   3. *Arbeitsmittel, ihre Teile und die Verbindungen untereinander den Belastungen aus inneren und äußeren Kräften standhalten,*
   4. *Schutzeinrichtungen bei Splitter- oder Bruchgefahr sowie gegen herabfallende oder herausschleudernde Gegenstände vorhanden sein,*
   […],
(2) *[…].*
(3) *Der Arbeitgeber hat weiterhin dafür zu sorgen, dass Schutzeinrichtungen*
   1. *einen ausreichenden Schutz gegen Gefährdungen bieten,*
   2. *stabil gebaut sind,*
   3. *sicher in Position gehalten werden,*
   4. *die Eingriffe, die für den Einbau oder den Austausch von Teilen sowie für Instandhaltungsarbeiten erforderlich sind, möglichst ohne Demontage der Schutzeinrichtungen zulassen,*
   5. *keine zusätzlichen Gefährdungen verursachen,*
   6. *nicht auf einfache Weise umgangen oder unwirksam gemacht werden können und*
   7. *die Beobachtung und Durchführung des Arbeitszyklus nicht mehr als notwendig einschränken*
(4) *[…].*
(5) *Soweit nach der Gefährdungsbeurteilung erforderlich, müssen an Arbeitsmitteln oder in deren Gefahrenbereich ausreichende, verständliche und gut wahrnehmbare Sicherheitskennzeichnungen und Gefahrenhinweise sowie Einrichtungen zur angemessenen, unmissverständlichen und leicht wahrnehmbaren Warnung im Gefahrenfall vorhanden sein.*

2. Verhältnis der produktbezogenen Regelungen der BetrSichV zum EU-Produktsicherheitsecht

Nach der ständigen Rechtsprechung des Gerichtshofs ist „*eine nationale Maßnahme in einem Bereich, der auf* [Unions]*ebene abschließend harmonisiert wurde, anhand der Bestimmungen dieser Harmonisierungsmaßnahme und nicht der des Primärrechts zu beurteilen*" (→ Rn. 63).

a. Spannungslage

540 Das Verhältnis zwischen den auf das technische Design einwirkenden Bestimmungen der BetrSichV (→ Rn. 539) und den auf Sicherheit und Gesundheitsschutz abzielenden Harmonisierungsrechtsvorschriften ist ambivalent und zufriedenstellend nicht zu lösen. Wohl ließen sich unter Heranziehung des unionsrechtlichen Gesundheitsbegriffs zu Art. 153 AEUV auch außerhalb des sachlichen Geltungsbereichs des Produktsicherheitsrechts Produktanforderungen zum Schutz der Beschäftigten vorstellen, etwa zur Förderung der Arbeitszufriedenheit in Form benutzerfreundlicher Arbeitsmittel *("Joy of Use")*. Der dem deutschen Arbeitsschutzrecht zugrunde liegende Gesundheitsbegriff geht indes über den Schutz der körperlichen Unversehrtheit nicht hinaus (→ Rn. 543). Es kommt aufgrund der Identität der Regelungsbereiche (→ Rn. 64) zu nicht auflösbaren **Kompetenzkonflikten.**

541 Zur Verdeutlichung der Spannungslage sei nochmals Fall A bemüht. Soweit das Bundesland B die Einhaltung der dem Schutz des Straßenverkehrs dienenden einschlägigen Bestimmungen der StVZO[89] verlangt, ist ein Konflikt mit Art. 6 der Maschinenrichtlinie 2006/42/EG nicht gegebenen und vermögen die in der Ausschreibung aufgestellten Anforderungen einen Verstoß gegen Art. 34 AEUV nicht zu begründen.[90] So gilt die Verpflichtung der Mitgliedstaaten, den freien Warenverkehr von Maschinen zuzulassen, die den Bestimmungen der Richtlinie entsprechen, nur hinsichtlich der durch die Maschinenrichtlinie abgedeckten Gefährdungen. Das Straßenverkehrs(zulassungs)recht und das Produktsicherheitsrecht verfolgen indes den Schutz unterschiedlicher Interessen. Die sachlichen Geltungsbereiche sind nicht identisch (→ Rn. 449). Mit den arbeitsschutzrechtlichen Vorschriften, deren Einhaltung das Bundesland B fordert, und der Maschinenrichtlinie 2006/42/EG kommt es indes, vorbehaltlich etwaiger Nachrangregelungen, zu einem Nebeneinander nationaler und unionaler produktbezogener Anforderungen zum Schutz von Leib und Leben. Die sachlichen Geltungsbereiche sind identisch (→ Rn. 543 f.). Während nun die Nichtanwendbarkeit von Beschaffenheitsanforderungen in Unfallverhütungsvorschriften, die vom

---

[89]Siehe etwa § 30 StVZO. Hiernach müssen Anbaugeräte so gebaut, beschaffen und so am Fahrzeug angebracht sein, dass ihr verkehrsüblicher Betrieb weder die Fahrzeuginsassen noch andere Verkehrsteilnehmer schädigt oder mehr als unvermeidbar gefährdet, behindert oder belästigt, und dass bei Unfällen Ausmaß und Folgen von Verletzungen möglichst gering bleiben. Dies gilt auch für ständig am Fahrzeug angebrachte Teile von Anbaugeräten. Behelfsladeflächen müssen so gebaut sein, dass sie die vorgesehene Belastung sicher tragen können. Kippeinrichtungen, Hub- und sonstige Arbeitsgeräte müssen gegen unbeabsichtigtes Ingangsetzen oder Herabfallen bzw. unbeabsichtigte Lageveränderung gesichert sein (siehe VkBl.-Veröffentlichung *„Sicherung von Kippeinrichtungen sowie von Hub- und sonstigen Arbeitsgeräten an Straßenfahrzeugen"* vom 17.9.1999, VkBl. 663).

[90]Vgl. hierzu (öffentliche Auftragsvergabe und Beschränkung der Warenverkehrsfreiheit aufgrund zusätzlicher Produktanforderungen im europäische harmonisierten Bereich) EuGH, Urt. v. 22.9.1988, Kommission/Irland, C-45/87, EU:C:1988:435, Rn. 18 ff.

Regelungsbereich einer Harmonisierungsrechtsvorschrift erfasst werden, anerkannt zu sein scheint (→ Rn. 533), werden nach Stimmen in der rechtswissenschaftlichen Literatur und nach der Bundesregierung die auf das technische Design einwirkenden Anforderungen der BetrSichV nicht solchermaßen verdrängt. Als rein betriebsbezogene Regelungen würden sie nicht das Inverkehrbringen regeln. Sie seien keine den freien Warenverkehr behindernde Regelungen.[91] Hiernach lebt die durch die Harmonisierungsrechtsvorschriften verdrängte mitgliedstaatliche Rechtssetzungskompetenz nach dem Inverkehrbringen gewissermaßen wieder auf und seien die Mitgliedstaaten frei, dem Inverkehrbringen nachgelagerte Sachverhalte zu regeln. Diese Sicht ist nicht selbstverständlich. So kann nicht verkannt werden, dass die BetrSichV neben der Maschinenrichtlinie Anforderungen an die LkW-Kranaufbauten unseres französischen Herstellers A stellt. So handelt es sich bei LkW-Kranaufbauten um besonders prüfpflichtige Arbeitsmittel nach Anhang 3 BetrSichV und kann das vereinfachte Maßnahmekonzept ausdrücklich nicht angewandt werden (§ 7 Abs. 2 BetrSichV). Die Schutzmaßnahmen nach §§ 8, 9 BetrSichV kommen zur Anwendung und handelt es sich bei diesen mithin um für alle Arbeitsmittel geltende und **von den konkreten Einsatzbedingungen unabhängige abstrakte Designanforderungen** und solchermaßen um von der Maschinenrichtlinie erfasste Aspekte.[92]

b. Identität der sachlichen Geltungsbereiche

Eine Verdrängung mitgliedstaatlicher Rechtssetzungskompetenz durch auf die Binnenmarktkompetenz gestützte Rechtsvorschriften findet nur statt soweit die unionale Rechtsvorschrift die Regelung eines Lebenssachverhalts für sich in Anspruch nimmt. Die Reichweite der Sperrwirkung wird durch den Regelungsbereich der Harmonisierungsrechtsvorschrift bestimmt (→ Rn. 64).

aa. Weiter Gesundheitsbegriff in Art. 153 AEUV

Wie an anderer Stelle zum sachlichen Geltungsbereich des Produktsicherheitsrechts ausgeführt (→ Rn. 340), ist der produktsicherheitsrechtliche und in Anlehnung an Art. 36 AEUV zu bestimmende Begriff der *„Gesundheit"* nicht identisch mit den arbeitsschutzrechtlichen Begriffen *„Sicherheit"* und *„Gesundheit"* im Sinne des Art. 153 AEUV (ex.-Art. 137 EGV). Die vom Gerichtshof zum Arbeitsschutz vorgenommene Begriffsbestimmung, wonach nicht nur die *„körperliche Unversehrtheit"*, als das Freisein von Krankheit, Gebrechen und körperlicher Mängel, sondern auch das *„körperliche, geistige*

---

[91] BR-Drucks. 400/14 v. 28. 8. 2014, 70; Pieper, Betriebssicherheitsverordnung, § 3 Rn. 5.
[92] Vgl. Europäische Kommission, Leitfaden für die Anwendung der Maschinenrichtlinie 2006/42/EG, §§ 139 f.

und soziale Wohlbefinden" erfasst werden,[93] kann im Produktsicherheitsrecht nicht eins zu eins herangezogen werden. Produktsicherheit und Arbeitsschutz sind nicht deckungsgleich. Der sachliche Geltungsbereich des Produktsicherheitsrechts wird mit der im Rahmen des Art. 153 AEUV vom Gerichtshof vorgenommenen Bestimmung des Begriffs *„Gesundheit"* mithin nicht beschrieben. Das Produktsicherheitsrecht will weder Wohlbefinden steigern, noch der Abwehr von Belästigungen dienen. Referieren die Harmonisierungsmaßnahmen auf die Sicherheit von Personen ist der Schutz der körperlichen Unversehrtheit gemeint. Im Umkehrschluss hierzu vermögen die zur Sicherheit und zum Schutz der Gesundheit ergangenen Harmonisierungsrechtsvorschriften nationale Produktanforderungen zum Arbeitsschutz von vornherein nur insoweit zu sperren, als Letztere den Schutz der körperlichen Unversehrtheit der Beschäftigten bezwecken. Geht indes der nationale produktbezogene Arbeitsschutz über den bloßen Schutz der körperlichen Unversehrtheit der Beschäftigten hinaus, ist die nationale Maßnahme hinsichtlich des den Schutz der körperlichen Unversehrtheit übersteigenden Teils nicht anhand der Bestimmungen des Sekundärrechts, sondern anhand der Bestimmungen des Primärrechts, namentlich den Art. 34 und 36 AEUV, zu beurteilen.

bb. Produktbezogener Arbeitsschutz = Schutz der körperlichen Unversehrtheit

543 Werden hiernach nationale Anordnungen zum technischen Design harmonisierter Produkte von vornherein insoweit durch unionales Produktsicherhietsrecht nicht gesperrt, als die nationale Anordnung nicht auf den Schutz der körperlichen Unversehrtheit der Beschäftigen, sondern auf sonstigen Arbeitsschutz abzielt (etwa auf das Wohlbefinden abzielende Design-Anfordeungen zu einem *„Joy of Use"*), ist indes festzustellen, dass der arbeitsschutzrechtliche Gesundheitsbegriff in Deutschland kaum über diesen Schutz der körperlichen Unversehrtheit hinausgeht. So deckt sich nach allgemeiner Meinung der **arbeitsschutzrechtliche Gesundheitsbegriff in Deutschland** nicht mit dem des Art. 153 AEUV. Ziel arbeitsschutzrechtlicher Bestimmungen ist in Deutschland nicht die Abwehr bloßer Belästigungen oder die Förderung der allgemeinen Arbeitszufriedenheit. Belästigungen als Störungen des körperlichen Wohlbefindens, die nicht mit einer messbaren Schädigung der Gesundheit von Arbeitnehmern verbunden sind, liegen außerhalb des Schutzzwecks des Arbeitsschutzgesetzes und der hierzu ergangenen Verordnungen. Bloße Belästigung liegt vor, wenn das körperliche oder seelische Wohlbefinden eines Menschen beeinträchtigt wird, ohne dass darin bereits eine erhebliche Beeinträchtigung der Gesundheit bestünde. Zusammenfassend kann man sagen, dass der Arbeitsschutz hauptsächlich dem Schutz der körperlichen Unversehrtheit dient. Unerhebliche Beeinträchtigungen der Gesundheit werden vom Gesundheitsbegriff des Arbeitsschutzgesetzes nicht erfasst.[94] Das solchermaßen vom Arbeitsschutz in Deutschland verfolgte öffentliche Interesse ist identisch mit dem sachlichen Geltungsbereich

---

[93] EuGH, Urt. v. 9.9.2003, Jaeger, C-151/02, EU:C:2003:437, Rn. 93.
[94] Kollmer, in Kollmer/Klindt, ArbSchG, § 1 Rn. 17 ff.

der produktsicherheitsrechtlichen Inverkehrbringensvorschriften. Heute beschränkt sich demgemäß der deutsche produktbezogene Arbeitsschutz insgesamt – d. h. die auf Arbeitsschutz abzielenden Anforderungen an das technische Design innerhalb des vorgelagerten und des betrieblichen Arbeitsschutzes – auf den Schutz der körperlichen Unversehrtheit.

cc. Ergänzungs-, Umbau- und Nachrüstungspflichten = produktbezogene und nicht verwendungsbezogene Regelungen

Dass Arbeitsmittel ohne Ergänzung, Umbau oder Nachrüstung nicht zur Verfügung gestellt werden können, wenn nach der Gefährdungsbeurteilung betrieblicherseits zusätzliche sicherheitstechnische oder ergonomische Schutzmaßnahmen getroffen werden müssen, also der Schutz der Beschäftigten ohne zusätzliche Schutzmaßnahmen nicht gewährleistet ist,[95] ist bei wertender Betrachtung selbsterklärend und selbstverständlich. Rechtlich ist dies indes keineswegs selbsterklärend und selbstverständlich. Fürwahr wirft die in der Formel (Betriebs-)Sicherheit = Produktkonformität + Gefährdungsbeurteilung + betriebliche Schutzmaßnahmen (→ Rn. 536) zum Ausdruck kommende Logik der Betriebssicherheitsverordnung die Frage auf, wie die Anordnung produktbezogener Schutzmaßnahmen bei harmonisierten Produkten unionsrechtlich zu begründen ist. Wirken nämlich hoheitlich angeordnete (Schutz)Maßnahmen innerhalb des Regelungsbereichs einer Harmonisierungsrechtsvorschrift auf die Gestaltung der Arbeitsmittel ein, so regeln sie mit dem technischen Design einen Aspekt, der abschließend harmonisiert ist. Zwar nimmt die BetrSichV für sich in Anspruch nur die Verwendung zu regeln und ist die Verwendung nicht Regelungsgegenstand binnenmarktfinaler und auf Art. 114 AEUV gestützter Produktanforderungen (→ Rn. 320–322). Allerdings gestatten die auf Sicherheit und Gesundheitsschutz abzielenden Harmonisierungsrechtsvorschriften den Mitgliedstaaten die Festlegung von Anforderungen, die sie zum Schutz von Leib und Leben bei der Verwendung des Produkts für notwendig erachten, nur insoweit, als eine solche Anforderung keine Änderung der Produkte zur Folge hat. Das sich hieraus ergebende Verbot, im sachlichen Geltungsbereich der Harmonisierungsrechtsvorschriften über Anforderungen an die Verwendung auf das technische Design einzuwirken, gilt insbesondere für Regelungen des betrieblichen Arbeitsschutzes.[96] Demgemäß ist nach der Konzeption der binnenmarktfinalen Harmonisierungsrechtsvorschriften den Mitgliedstaaten im Regelungsbereich einer Harmonisierungsrechtsvorschrift jedwede Rechtssetzungskompetenz zum technischen Design des Produkts entzogen. Dies auch dann, wenn die mitgliedstaatliche Regelung unter der Flagge der Verwendung ergeht.

544

---

[95] BR-Drucks. 400/14 v. 28. 8. 2014, 85.
[96] Europäische Kommission, Leitfaden für die Anwendung der Maschinenrichtlinie 2006/42/EG, §§ 139 f.

c. Position der Arbeitsmittelbeschaffungsrichtlinie 2009/104/EG

545 Nun bestimmt jedoch die Arbeitsmittelbeschaffungsrichtlinie 2009/104/EG in deren Art. 3 Abs. 1, dass seitens des Arbeitgebers das Arbeitsmittel anzupassen, also sein technisches Design zu ändern ist, wenn es den dort aufgestellten Anforderungen an Sicherheit und Gesundheitsschutz nicht entspricht. Diese Anpassungspflicht, verbunden mit dem von der Richtlinie 2009/10/EG verfolgten Konzept der Mindestharmonisierung, kann durchaus als an die Mitgliedstaaten gerichteter Handlungsauftrag verstanden werden, die Eignung der Arbeitsmittel zu regeln und bei nicht geeigneten Arbeitsmitteln, deren Ergänzung, Umbau und Nachrüstung anzuordnen. Die Folge wäre ein **nicht auflösbarer Widerspruch:** Das in den Harmonisierungsrechtsvorschriften vorfindliche und an den nationalen Gesetzgeber gerichtete Verbot, über Anforderungen zur sicheren Verwendung der dort geregelten Produkte, eine Änderung des technischen Designs anzuordnen, wäre nicht vereinbar mit dem an ihn in der Arbeitsmittelbschaffungsrichtlinie gerichteten Auftrag, zur sicheren Verwendung, eine solche Änderung anzuordnen. Beides schließt sich gegenseitig aus.

546 Ginge man davon aus, dass die allgemeine Anordnung in den Harmonisierungsrechtsvorschriften, wonach Regelungen zur Verwendung eine Änderung des Produkts nicht bewirken dürfen, gegenüber der Anordnung der Richtlinie 2009/104/EG in Art. 3 Abs. 1 zurücktritt, ist gleichwohl festzustellen, dass die **BetrSichV 2015** und insoweit abweichend von der BetrSichV 2002 **keine 1:1-Umsetzung der Arbeitsmittelbeschaffungsrichtlinie 2009/104/EG** darstellt. Zwar mögen die §§ 8, 9 BetrSichV, zusammen mit den Grundpflichten, den Anforderungen an Arbeitsmittel und den grundlegenden Schutzmaßnahmen gemäß §§ 4, 5 und 6 BetrSichV dazu dienen, die Anhänge I und II der Arbeitsmittelbeschaffungsrichtlinie 2009/104/EG zusammenzuführen und – als Schutzziele formuliert – in den verfügenden Teil der BetrSichV zu überführen.[97] Die Richtline 2009/104/EG ordnet in deren Anhang I Mindestanforderungen an die Beschaffenheit indes nur hinsichtlich solcher Arbeitsmittel an, auf die keine Harmonisierungsrechtsvorschrift anwendbar ist oder eine solche nur teilweise anwendbar ist oder im Fall besonderer und bereits am 5.12.1998 im Unternehmen bzw. im Betrieb befindlicher besonderer Arbeitsmittel.[98] In dem die in §§ 8, 9 BetrSichV angeordneten – mithin von den konkreten Einsatzbedingungen unabhängigen – Beschaffenheitsanforderungen auch auf harmonisierte Produkte Anwendung finden, geht der deutsche Verordnungsgeber über die Mindestanforderungen der Richtlinie hinaus.

3. Die produktbezogenen Anforderungen nach der BetrSichV

Kann das Verhältnis der produktbezogenen Regelungen der BetrSichV zum EU-Produktsicherheitsecht zufriedenstellend nicht bestimmt werden (→ Rn. 540–546), ist dem Praktiker eine ausschließlich an der BetrSichV orientierte Betrachtung anzuempfehlen.

---

[97]Pieper, Betriebssicherheitsverordnung, Vor §§ 8, 9 Rn. 5; BR-Drucks. 400/14 v. 28. 8. 2014, 70.
[98]Art. 4 Abs. 1 lit. a) ii) der Richtlinie 2009/104/EG.

a. Vorgelagerter Arbeitsschutz

Nach § 5 Abs. 3 S. 1 BetrSichV darf der Arbeitgeber nur solche Arbeitsmittel zur Verfügung stellen und verwenden lassen, die den für sie geltenden Rechtsvorschriften über Sicherheit und Gesundheitsschutz entsprechen (**Sicherheit des Produktes „an sich"**). Kommt das vereinfachte Maßnahmekonzept nicht zur Anwendung, weil es der Produktkonformität ermangelt (§ 7 Abs. 1 Nr. 1 BetrSichV) (→ Rn. 537), vermögen die Schutzmaßnahmen nach §§ 8, 9 BetrSichV diesen Fehler nicht zu heilen. Schutzmaßnahmen sind nicht dazu bestimmt, eine sich aus den produktsicherheitsrechtlichen Vorschriften ergebende Nicht-Konformität zu kompensieren.[99] Die produktsicherheitsrechtliche Konformität der Arbeitsmittel ist notwendige, wenn auch nicht hinreichende Bedingung ihrer Zurverfügungstellung. Finden auf das Arbeitsmittel Rechtsvorschriften für die Bereitstellung auf dem Markt Anwendung, hat sich nach Gesagtem der Arbeitgeber über deren Einhaltung zu vergewissern. Maßgebend ist demgemäß zunächst, dass das zur Verwendung vorgesehene Arbeitsmittel den Vorschriften des produktsicherheitsrechtlichen Inverkehrbringensrechts genügt, d. h. verkürzt das Produkt „an sich" sicher ist. Die Prüfung der **Produktkonformität** ist eine **von den** konkreten **Gegebenheiten im Betrieb losgelöste** abstrakte **Prüfung**. Hierbei besteht im Ausgangspunkt ein Vertrauensschutz bei CE-Kennzeichnung.[100] „*Arbeitsmittel, die neu in Verkehr gebracht werden, müssen nach dem ProdSG bzw. dem Binnenmarktrecht sicher sein. Darauf kann sich der Arbeitgeber verlassen, so dass folglich eine Prüfung eines neuen Arbeitsmittels vor seiner ersten Inbetriebnahme rechtssystematisch nicht erforderlich ist*".[101] Das Vertrauen auf die CE-Kennzeichnung ist indes erschüttert, wenn ein Anlass zu Zweifeln an der Sicherheit besteht.

b. Betrieblicher Arbeitsschutz

Die Verwendung eines jeden noch so „an sich" sicheren Produkts ist potenziell gefährlich, wenn es nicht bestimmungsgemäß verwendet wird (vgl. § 7 Abs. 1 Nr. 2 BetrSichV) oder die Art und Weise seiner Verwendung im einzelnen Unternehmen bei der Produktkonzeption nicht berücksichtigt wurde (vgl. § 7 Abs. 1 Nr. 1 BetrSichV). Der Häcksler im Fall B war womöglich für das Zerkleinern von Schnittgut durch eingewiesene und erfahrene Fachkräfte bestimmt und wurde auch solchermaßen bestimmungsgemäß im Gartenbaubetrieb des C verwendet. Nichtsdestotrotz ist ein Häcksler mit einer Schalteinrichtung zur Unterbrechung eines fortlaufenden Einzugs, wie der Arbeitsunfall indiziert, im Betrieb des C – etwa aufgrund dortiger Arbeitsabläufe – nicht notwendigerweise

---

[99]BR-Drucks. 400/14 v. 28. 8. 2014, 83. Zwar gehören zu den „*Rechtsvorschriften*" im Sinne des § 5 Abs. 3 S. 1 BetrSichV neben den Vorschriften, mit denen Harmonisierungsrechtsvorschriften in deutsches Recht umgesetzt wurden, auch die Vorschriften der BetrSichV (Pieper, Betriebssicherheitsverordnung, § 5 Rn. 8). Letztere aber regeln die Frage, ob das Produkt an sich sicher ist, nur, wenn es keine Rechtsvorschriften für die Bereitstellung auf dem Markt gibt.
[100]Wilrich, CCZ 2015, S. 175 (176).
[101]BR-Drucks. 400/14 v. 28. 8. 2014, 90.

geeignet die Sicherheit der Beschäftigten im Betrieb des C zu gewährleisten und solchermaßen gefährlich. Die *„Sicherheit"* des Produkts richtet sich im Arbeitsschutz und nach der Logik der BetrSichV daher in letzter Instanz stets nach der **Produktwidmung des Arbeitgebers**, d. h. den **konkreten Einsatzbedingungen.** Diese sind der Ermittlung und Bewertung von Gefährdungen sowie den hieraus abzuleitenden Schutzmaßnahmen zugrunde zu legen und bestimmen sich solchermaßen die Anforderungen an die Beschaffenheit der Arbeitsmittel zur Gewährleistung von Sicherheit und Gesundheit der Beschäftigten *in concreto*. Korrelat ist die allgemeine Verpflichtung nach § 5 Abs. 1 BetrSichV, nur solche Arbeitsmittel zur Verfügung zu stellen, die unter Berücksichtigung der vorgesehenen Einsatzbedingungen bei der Verwendung sicher sind.[102] Es ist dies die sich aus der Arbeitsmittelbeschaffungsrichtlinie 2009/104/EG ergebende und in der BetrSichV umgesetzte und an den Arbeitgeber adressierte Anordnung, Beschäftigten nur geeignete Arbeitsmittel zur Verfügung zu stellen. *„Damit wird der Arbeitgeber nicht nur verpflichtet, sichere Arbeitsmittel bereit zu stellen, sondern darf auch nur solche Arbeitsmittel auswählen, die bei der vorgesehenen Benutzung sicher sind. "*[103]

549 Wenn in der BetrSichV, namentlich in **§§ 8, 9 BetrSichV,** für alle Arbeitsmittel geltende und von den konkreten Einsatzbedingungen unabhängige Beschaffenheitsanforderungen abstrakt aufgestellt werden, liegt diesen Anforderungen eine durch den Verordnungsgeber vorgenommene **typisierte Gefährdungsbeurteilung** zugrunde. Sie berücksichtigen die in Betrieben üblicherweise vorzufindenden Einsatzbedingungen. Die Betriebsbezogenheit, also die Eignung *in concreto,* erfolgt über § 4 Abs. 5 BetrSichV, wonach die Schutzmaßnahmen nach §§ 8, 9 BetrSichV auf ihre Wirksamkeit zu überprüfen und gegebenenfalls anzupassen sind.[104] Auch darf die Bedeutung der produktbezogenen Anforderungen in §§ 8, 9 BetrSichtV nicht überbewertet werden. So haben sei jedenfalls bei neuen Arbeitsmitteln eine nur **untergeordnete Bedeutung.** Deren Einhaltung wird nämlich im Regelfall bereits durch eine angemessene Auswahl und Beschaffung der Arbeitsmittel nach § 3 Abs. 3 BetrSichV gewährleistet, da die dortigen Forderungen, insbesondere bei Maschinen, schon im Hinblick auf die Bereitstellung auf dem Markt durch den Hersteller gewährleistet sein müssen (vgl. § 5 Abs. 3 BetrSichV).[105] So findet § 8 Abs. 1 BetrSichV seine Entsprechung in Anhang I Nrn. 1.2.6, 1.5.1 und 1.5.3 der Maschinenrichtlinie 2006/42/EG, § 8 Abs. 2 und 3 BetrSichV eine solche in Anhang I Nrn. 1.2.1 und 1.2.2 derselben, § 8 Abs. 4 und 5 BetrSichV in Anhang I Nrn. 1.2.2 bis 1.2.4 und 1.6.3 der Richtlinie und § 8 Abs. 6 in deren Anhang I Nrn. 1.2.4.3 und 1.2.2.[106] Entsprechungen zu § 9 Abs. 1 S. 2 Nrn. 1

---

[102]Vgl. Pieper, Betriebssicherheitsverordnung, § 3 Rn. 42, § 5 Rn. 1 ff.
[103]BR-Drucks. 301/02, 84 (zu § 5 Abs. 2 BetrSichV 2002).
[104]Pieper, Betriebssicherheitsverordnung, Vor §§ 8, 9, Rn. 4.
[105]*Ebd.,* Vor §§ 8, 9 Rn. 3.
[106]*Ebd.,* § 8, Rn. 6, 8 und 9.

bis 4, Abs. 3 und 5 finden sich in Anhang I Nrn. 1.1.2, 1.3.1, 1.3.2, 1.4 und 1.7.3 der Maschinenrichtlinie 2006/42/EG.[107]

> **Beispiel:** Die §§ 8, 9 BetrSichV stellen damit an die LkW-Kranaufbauten des französischen Herstellers im Fall A keine über die Maschinenrichtlinie 2006/42/EG hinausgehenden Beschaffenheitsanforderungen auf. Im Fall B resultiert die sich im Nachgang zu dem kürzlich zugetragenen Arbeitsunfall erforderliche Schutzmaßnahme des Umbaus der Schalteinrichtung nicht aus §§ 8, 9 BetrSichV, sondern aus der allgemeinen Verpflichtung nach § 5 Abs. 1 BetrSichV.

c. Herstellung für den Eigengebrauch und Änderung von Arbeitsmitteln

Unterfällt ein Arbeitsmittel, das der Arbeitgeber für eigene Zwecke selbst herstellt, dem Anwendungsbereich einer binnenmarktfinalen Harmonisierungsrechtsvorschrift, muss es nach § 5 Abs. 3 S. 3 BetrSichV den grundlegenden Sicherheits- und Gesundheitsschutzanforderungen derselben entsprechen. Den formalen Anforderungen dieser Vorschriften, wie etwa zur Konformitätsbewertung oder zur CE-Kennzeichnung, braucht das dem Beschäftigten zur Verfügung gestellte selbst hergestellte Arbeitsmittel nach § 5 Abs. 3 S. 4 BetrSichV mangels Inverkehrbringens nicht zu entsprechen, es sei denn, es ist in der jeweiligen Harmonisierungsrechtsvorschrift ausdrücklich anders bestimmt. Letzteres ist etwa der Fall bei der Maschinenrichtlinie 2006/42/EG unterfallenden Maschinen, so hier „*die Pflichten des Herstellers hinsichtlich des Inverkehrbringens und der Inbetriebnahme der Maschine identisch*" sind.[108] Ist das Arbeitsmittel kein unter dem Aspekt der Sicherheit und des Gesundheitsschutzes harmonisiertes Produkt, finden ausschließlich die auf die „*Verwendung*" bezogenen Vorschriften der BetrSichV, namentlich die produktbezogenen Anforderungen in §§ 8, 9 BetrSichV, Anwendung.[109] Das ProdSG findet mangels Abgabe mithin keine Anwendung (→ Rn. 290 ff.).

Werden Arbeitsmittel vom Arbeitgeber nachgerüstet, umgebaut, ergänzt oder mit anderen als vom Hersteller erlaubten Teilen oder Komponenten instand gesetzt, sind zwei Fälle zu unterschieden. Wird im Sinne des EU-Inverkehrbringensrechts das Arbeitsmittel als Produkt nicht „*erheblich*" oder „*bedeutend*", d. h. nicht wesentlich verändert (→ Rn. 278), unterliegt der Arbeitgeber, der für die Änderung des Arbeitsmittels verantwortlich ist, keinen Herstellerpflichten. Er hat in diesem Fall alleine die Schutzziele der BetrSichV zu erfüllen. Dies hat er nach § 10 Abs. 3 und § 14 Abs. 1 und 2 BetrSichV im Rahmen der Beurteilung nach § 3 BetrSichV zu prüfen und zu dokumentieren.

---

[107]*Ebd.*, § 9, Rn. 2 f., 6, 10 und 15.
[108]Europäische Kommission, Leitfaden für die Anwendung der Maschinenrichtlinie 2006/42/EG, § 86.
[109]Pieper, Betriebssicherheitsverordnung, § 5 Rn. 13.

Nimmt der Arbeitgeber am Arbeitsmittel wesentliche Veränderung vor oder verantwortet er vom ursprünglichen Hersteller vorgenommene wesentliche Veränderungen,[110] wird er zum **Hersteller eines „*neuen*" Arbeitsmittels** und findet § 5 Abs. 3 S. 3 und 4 BetrSichV Anwendung.[111]

---

[110]Siehe zum Verhältnis (ursprünglicher) Hersteller – Betreiber bei in Auftrag gegebenen Nachrüst-/Umbauarbeiten, Eberhardt, Die EU-Maschinenrichtlinie, S. 60 f.

[111]In der Regierungsbegründung wird zu § 10 Abs. 5 Satz 4 BetrSichV ausgeführt, dass dann, wenn das Arbeitsmittel nach der Änderung oder dem Umbau als neues Produkt anzusehen sei, der Arbeitgeber die Herstellerpflichten nach dem ProdSG zu erfüllen habe (BR-Drucks. 400/14 v. 28. 8. 2014, 88). Da aber die Zurverfügungstellung von Arbeitsmitteln durch den Arbeitgeber keine Abgabe im Sinne des ProdSG ist (→ Rn. 291 ff.), können die Vorschriften des ProdSG nur kraft Verweisung zur Anwendung kommen. Anknüpfungspunkt könnte dann allenfalls § 10 Abs. 5 S. 4 BetrSichV sein (so womöglich BR-Drucks. 400/14 v. 28. 8. 2014, 88 und dem folgend Pieper, Betriebssicherheitsverordnung, § 10 Rn. 18, wobei indes Satz 4 als „*deklaratorischer Hinweis vor dem Hintergrund des EU-Binnenmarktrechts*" verstanden wird, was wiederum gegen ein dortiges Verständnis des § 10 Abs. 5 S. 4 BetrSichV als Rechtsfolgeweisung auf das ProdSG streitet).

Teil III
Sonstige Marktzugangsregelungen

Konformitätsbewertung

Konformitätsbewertung bezeichnet die **Feststellung der Vorschriftsmäßigkeit des Produkts** und erfasst die dieser Feststellung vorgelagerten Prüfungen und Kontrollen. **Konformitätsbewertungsverfahren** bezeichnet das **Verfahren, mittels dessen der Nachweis der Vorschriftsmäßigkeit zu führen ist** und betrifft das „*Wie*" der Konformitätsbewertung. In ihrer dem Rat am 15.6.1989 vorgelegten Mitteilung über ein globales Konzept für Zertifizierung und Prüfwesen (→ Rn. 152) führte die Kommission aus und erkannte, dass „[d]*ie Prüfung von Erzeugnissen auf ihre Übereinstimmung mit technischen Spezifikationen, die ihre Qualität bestimmen, entweder den Forderungen zwingender Vorschriften oder einem Marktbedürfnis* [entspricht]. *Im ersten Fall schreiben die Behörden Konformitätsnachweise vor, die der Hersteller – unter Umständen aus Gründen des Gesundheits- und Umweltschutzes, der Sicherheit usw. – zu erbringen hat, bis er die Erzeugnisse in Verkehr bringen kann. Im zweiten Fall werden sie von den Käufern bei Abschlu*[ss] *eines Geschäfts verlangt und haben folglich vertraglichen Charakter*"[1]. Die Bestimmung der an die Zertifizierung technischer Produkte gerichteten Anforderungen durch den nationalen Gesetzgeber oder das Verhalten der Käufer, Benutzer und Verbraucher hatte zur Folge, dass die Hersteller ihre Produkte, je nachdem, auf welchem Markt sie diese absetzen wollten, einer Reihe unterschiedlicher Kontrollen unterwerfen mussten. Soweit die sich hieraus ergebenden Handelshemmnisse auf zwingende Vorschriften zurückzuführen waren, schickte sich der europäische Gesetzgeber mit dem Modulbeschluss 90/683/EWG, ersetzt durch den Beschluss 93/465/EWG und der Richtlinie 93/68/EWG, an, die Konformitätsbewertung der auf der Grundlage der Neuen Konzeption erlassenen Harmonisierungsrechtsvorschriften zu harmonisieren (→ Rn. 156 f.). *Das* Konformitätsbewertungsverfahren im Sinne eines einzigen, produktübergreifend einheitlich vorgeschriebenen Verfahrens gibt es nicht. Der stattdessen

552

---

[1] KOM(89) 209 endg., 13.

im Modulbeschluss verfolgte modulare Ansatz hat vielmehr zur Folge, dass jede Harmonisierungsrechtsvorschrift der Neuen Konzeption für die von ihr erfassten Produkte das bzw. die angemessene(n) und geeignete(n) Konformitätsbewertungsverfahre(n) benennt. Später, nämlich mit der Verordnung (EG) Nr. 765/2008, sollten auch die nicht auf rechtliche Verpflichtungen, sondern auf die freie Marktnachfrage zurückzuführenden Handelshemmnisse durch Schaffung gemeinsamer Zertifizierungs- und Prüfsysteme an Konformitätsbewertungsstellen beseitigt werden (→ Rn. 187).

553 Wird in den Harmonisierungsrechtsvorschriften nach der neuen Konzeption die Vormarktkontrolle dem privaten Bereich überantwortet, halten die nach dem *old approach* ergangenen Harmonisierungsrechtsvorschriften (Straßenverkehrszulassungsrecht) am Erfordernis hoheitlicher Marktzugangskontrolle in Form des Erfordernisses vorheriger Erlaubnis fest. Die Logik der Konformitätsbewertung ist hier eine grundsätzlich andere und obliegt diese den hierfür zuständigen nationalen Behörden (→ Rn. 592 ff.).

554 Im Verhältnis Hersteller – Behörde haben die in den Harmonisierungsrechtsvorschriften festgelegten Konformitätsbewertungsverfahren zweierlei Bedeutung. Zunächst geben sie an, wie der Nachweis ordnungsgemäßer Konformitätsbewertung des Produkts zu erbringen ist. Sodann ist die ordnungsgemäße Durchführung der Konformitätsbewertung des Produkts formale Inverkehrbringensvoraussetzung (→ Rn. 556). Entsprechend sperren im Verhältnis Mitgliedstaat – Europäische Union die auf europäischer Ebene erlassenen Vorschriften zur Konformitätsbewertung in ihrem Regelungsbereich weitergehende nationale Maßnahmen. Der **Regelungsbereich der die Konformitätsbewertung** regelnden Vorschriften ist hierbei begrenzt auf die **Vormarktkontrolle** und auf den **Nachweis der Übereinstimmung** des Produkts mit den in der Harmonisierungsrechtsvorschrift festgelegten Anforderungen an das technische Design. Die Konformitätsbewertung darf nicht mit der Marktüberwachung verwechselt werden, die in Kontrollen der nationalen Marktaufsichtsbehörden nach dem Inverkehrbringen des Produkts besteht. Die im Rahmen der Nachmarktkontrolle zum Nachweis materieller Konformität vorzuzeigenden Unterlagen, Produktmuster, die Rechte der Marktüberwachungsbehörden im Rahmen von Kontrollen zur Produktkonformität, diesbezügliche Auskunftspflichten der Wirtschaftsakteure, etc. (→ Rn. 731–733) sind denn auch nicht Gegenstand der Vorschriften zur Konformitätsbewertung. Ebenso wenig sperren die Vorschriften zur Konformitätsbewertung nationale Anforderungen an den Nachweis der Konformität des Produkts mit anderen zwingenden Vorschriften.[2]

555 **Gegenstand der Konformitätsbewertung ist das einzelne Produkt** und nicht eine herstellerseitige Bauart oder Produktgattung (→ Rn. 313). Das einzelne Produkt darf erst in Verkehr gebracht werden, wenn nachgewiesen wurde, dass die auf es bezogenen

---

[2] So bedürfen etwa der Niederspannungsrichtlinie unterfallende Leergehäuse für Niederspannungs-Schaltgerätekombinationen oder Kabelanlagen für den Funktionserhalt im Brandfall als nicht harmonisierte Bauprodukte gemäß den landesrechtlichen Regelungen (§§ 17 ff. MBO) der nationalen bauaufsichtlichen Zulassung (DIBt) bzw. eines bauaufsichtlichen Prüfzeugnisses einer Materialprüfanstalt, eines Übereinstimmungsnachweises und müssen neben der CE-Kennzeichnung das Übereinstimmungszeichen (Ü-Zeichen) tragen.

Design-Anforderungen erfüllt sind, d. h. die Verkehrseinheit den Design-Anforderungen gemäß konzipiert und hergestellt wurde. Dieser **Nachweis** ist regelmäßig nicht materieller, sondern **prozessualer Art** und wird er regelmäßig nicht am fertigen Produkt, sondern durch vom Hersteller aufzustellende Verfahren und Prozesse und gleichsam gedanklich geführt. Die Bewertung der Konformität eines jeden einzelnen – aus demselben Herstellungsprozess hervorgegangenen und derselben Bauart zugehörigen – Produkts wird rationalisiert und wird aus der Fähigkeiten von Prozessen, konforme Produkte zu gewährleisten, auf die Konformität des aus einem solchen Prozess hervorgegangenen einzelnen Produkts geschlossen. Obschon sich also die Konformitätsbewertung auf das einzelne Produkt bezieht geht es unter dem Aspekt der Konformitätsbewertung im industriellen Bereich der Sache nach darum, **Konformität bei Serienfertigung** sicherzustellen.[3]

§ 1 – Harmonisierungsrechtsvorschriften nach der Neuen Konzeption und dem Gesamtkonzept

Den auf die Konformitätsbewertung bezogenen Zertifikaten, Bescheinigungen und Verfahren ist gemein, dass sie **Bedingung rechtmäßigen Inverkehrbringens** der in Bezug genommenen Produkte sind. Sie sind **formale Anforderung an das Inverkehrbringen**.[4] Die Ausgestaltung dieser formalen Anforderung, also die Strenge des zur Anwendung kommenden Konformitätsbewertungsverfahrens, variiert nach Maßgabe des Gefahrenpotenzials eines Produkttyps, der Eignung der Module für die Produktionsart, der wirtschaftlichen Infrastruktur des Sektors, etc.[5] Die sich hieraus ergebenden Unterschiede der Aussagekraft der Zertifikate sind beträchtlich. So bedarf es etwa für das Inverkehrbringen eines Flüssiggasbehälters für Propan mit einem zulässigen Druck > 0,5 bar und einem Volumen von > 1000 L (Druckgerät der Kategorie IV) der Mitwirkung einer notifizierten Stelle sowohl in der Entwurfs- wie auch in der Fertigungsphase. Dem steht in dem überwiegend zur Anwendung kommenden Konformitätsbewertungsverfahren der „internen Fertigungskontrolle" die Feststellung der Vorschriftsmäßigkeit des Produkts durch den Hersteller gegenüber, wie etwa bei einer Bohrmaschine oder einem Wäschetrockner. Zwischen diesen beiden Extremen sieht der unionale Gesetzgeber fürwahr Abstufungen vor. Findet indes im Konformitätsbewertungsverfahren die Einbeziehung

556

---

[3]Vgl. auch Art. R2 Abs. 4 des Anhangs I des Beschlusses Nr. 768/2008/EG.
[4]Etwa VG Trier, Urt. v. 5.12.2007, 5 K 755/07.TR, juris, Rn. 35; OVG Lüneburg, Beschl. v. 26.10.2001, 11 LA 2170/01, juris (Untersagung des Inverkehrbringens eines Medizinprodukts wegen fehlerhaften Konformitätsbewertungsverfahrens); siehe auch Gauger, Produktsicherheit und staatliche Verantwortung, S. 190 („*Die ordnungsgemäße Durchführung eines [Konformitätsbewertungsverfahrens] ist eine weitere formelle Anforderung des § 3 Abs. 1 ProdSG, mit der die Verkehrsfähigkeit eines Produktes steht und fällt.*").
[5]Spindler, Unternehmensorganisationspflichten, S. 162.

einer unabhängigen Stelle nicht statt, fordert jedenfalls im B2B-Bereich der Markt eine solche Einbeziehung. Mittels Zertifikaten privater Stellen (VDE-Prüfzeichen, DGUV Test Zeichen, ENEC-Zeichen des VDE, CECC-Zeichen, BG-Prüfzeichen, etc.) kompensiert der Hersteller die fehlende Aussagekraft der CE-Kennzeichnung. Vom gewerblichen Kunden geforderte Qualitätssicherungsvereinbarungen, die Forderung eines etwa nach ISO 16949, ISO 13485, ISO 9001 zertifizierten Qualitätsmanagementsystems, die Auditierung und Freigabe der Produktion des Zulieferers treten hinzu. Solchermaßen erbringt der Lieferant über einen Dritten dem gewerblichen Käufer gegenüber den Nachweis der Einhaltung der im Verfahren zur Konformitätsfeststellung gesetzlich vorgeschriebenen Anforderungen zur Entwurf- und zur Fertigungsstufe. Entsprechende Nachweise verlangt der auf die Fürsorgepflicht des Staates vertrauende Verbraucher nicht.[6] Sieht das einschlägige Konformitätsbewertungsverfahren die Einbeziehung einer unabhängigen Stelle nicht vor, erfolgt im B2C-Bereich eine objektive (hoheitliche) Prüfung der Vorschriftsmäßigkeit nur in Bezug auf das bereits in Verkehr gebrachte Produkt. Die auf privater Initiative beruhende Vorabkontrolle im B2B-Bereich durch unabhängige Dritte verlagert sich im B2C-Bereich in die staatliche Nachmarktkontrolle, die dann aber nur noch zur „Nachsteuerung" der eigenverantwortlichen Selbstkontrolle der Hersteller genutzt werden kann.[7] Vor Inverkehrbringen des Produkts wird seine Vorschriftsmäßigkeit durch keine neutrale Stelle kontrolliert.

557 Im Verzicht auf eine staatliche Marktzugangskontrolle zugunsten selbstregulativer Kontrollstrukturen sahen Teile des rechtswissenschaftlichen Schrifttums der 90er Jahre eine Aufweichung ordnungsrechtlicher Strukturen.[8] Die *„Privatisierung der Konformitätsbewertung"* und die damit einhergehende weitreichende *„Übertragung von Verantwortung auf gesellschaftliche Kräfte"* seien unvereinbar mit der den Staat treffenden Pflicht, Leben und Gesundheit des Einzelnen vor Produktgefahren zu schützen. In Anbetracht der vielen Produkten innewohnenden technischen Gefahren und der unüberschaubaren Flut von Produkten auf dem europäischen Markt sei ein Mehr an Sicherheitsgewährleistung und Überwachung erforderlich und nicht ein Weniger. Vornehmlich mit Blick auf die häufige Verwendung des Moduls der internen Fertigungskontrolle wurde kritisiert, dass in vielen Fällen allein der Hersteller darüber entscheide, ob ein Produkt vermarktet werden könne, ohne dass sein Handeln einer effektiven staatlichen Kontrolle unterliege. Es bestünde daher die Gefahr, dass die Hersteller ihre Autonomie bei der Konformitätsbewertung missbräuchten und ungehindert unsichere Produkt in Verkehr brächten. Erforderlich sei, die Überwachung der Vorschriftsmäßigkeit der

---

[6]Zur Pflicht der Mitgliedstaaten zur Sicherheitsgewährleistung, siehe Schumann, Bauelemente des europäischen Produktsicherheitsrechts, S. 73 ff.; Gauger, Produktsicherheit und staatliche Verantwortung, S. 34 f.
[7]Vgl. Schumann, *ebd.,* S. 148.
[8]Siehe zur damaligen Diskussion Schumann, *ebd.,* S. 146 ff.

Produkte durch staatliche Stellen auszubauen und die Freiräume der Hersteller einzuschränken. So die damalige Kritik. Dem wurde entgegengehalten, dass eine verstärkte Überwachungstätigkeit der Behörden im Vormarktbereich weder aus praktischer Sicht eine realistische Option sei, noch sei sie ordnungspolitisch geboten. So sei im Bereich des Marktzugangs bei industriell gefertigten Massenprodukten eine hoheitliche Eröffnungskontrolle in Form der Kontrollerlaubnis überhaupt nur in relativ überschaubaren Bereichen, wie etwa in der Automobilindustrie praktiziert, durchführbar. Weiter sei es angesichts der den Herstellern für viele Produktarten eingeräumten Möglichkeit der Selbstzertifizierung zugegebenermaßen nicht auszuschließen, dass diese die ihnen übertragene Eigenverantwortung missbräuchten und etwa aus Kostengründen oder Unkenntnis nicht vorschriftsmäßige Produkte auf den Markt brächten. Gleichwohl dürfe den Herstellern nicht vorschnell ein verantwortungsloses Verhalten oder Gewinnstreben vorgeworfen werden, da sie bereits aufgrund der Wettbewerbssituation dazu gezwungen seien, nur vorschriftsmäßige Produkt in Verkehr zu bringen, ein Verlust des existenznotwendigen Verbrauchervertrauens drohe und sich die Hersteller im Fall des Inverkehrbringens nicht vorschriftsmäßiger Produkte hohen Schadensersatzforderungen oder dem Erfordernis eines kostenintensiven Produktrückrufs ausgesetzt sähen.

Die gegen eine verstärkte Überwachungstätigkeit vorgebrachten Erwägungen vermögen zu erklären, weshalb der europäische Gesetzgeber nicht auf das klassische Instrument der Kontrollerlaubnis zurückgriff. Sie vermögen aber nicht zu erklären, weshalb er überhaupt die Konformitätsfeststellung abschließend geregelt haben will, so doch bei einer Vielzahl von Produktarten die von ihm gewählte Selbstkontrolle des Herstellers nicht geeignet ist, das mit dem Globalen Konzept verfolgte *„hohe Maß an Vertrauen in die Konformität der Produkte mit den einschlägigen wesentlichen Anforderungen"*[9] zu schaffen. Insoweit sind einzig die dem Globalen Konzept primär zugrunde liegenden und in der Mitteilung der Kommission vom 15.6.1989 zum Ausdruck gebrachten Erwägungen maßgebend. Diese (und nur diese) lagen den Harmonisierungsaktivitäten zugrunde. Es galt, die unterschiedlichen Regelungen in den Mitgliedstaaten zur formalen Vorabkontrolle anzugleichen und solchermaßen **technische Handelshemmnisse** in Form unterschiedlicher nationaler Anforderungen an den Konformitätsnachweis **zu beseitigen** (→ Rn. 151–156). Dass hierbei den Herstellern und privaten Stellen die Konformitätsfeststellung im Vormarktbereich zu überantworten war, war letztlich alternativlos und der

558

---

[9]Europäische Kommission, Leitfaden für die Umsetzung der Produktvorschriften der EU 2016, ABl. 2016 C 272, 66. Zu dem wiederholt hervorgehobenen Erfordernis des Vertrauens siehe weiter Europäische Kommission, Ein globales Konzept für Zertifizierung und Prüfwesen, KOM(89) 209 endg., 14, 16 f. und 18. Siehe auch *dies.,* Vorschlag für einen Beschluss des Rates über die in den technischen Harmonisierungsrichtlinien zu verwendenden Module für die verschiedenen Phase der Konformitätsbewertungsverfahren, KOM(89) 209 endg., 4: *„Das wichtigste Ziel eines Konformitätsbewertungsverfahrens besteht darin, den Benutzern, Verbrauchern und Behörden die Gewißheit zu geben; da[ss] die in den Verkehr gebrachten Produkte die verschiedenen an sie gestellten Anforderungen erfüllen, die in den Richtlinien aufgeführt sind.".*

faktischen Unmöglichkeit durchgehender staatlicher Marktzugangskontrolle geschuldet. Hinter der in vielen Fällen angeordneten Selbstkontrolle des Herstellers steht weiter die Absicht des unionalen Gesetzgebers, die Belastung für die Hersteller möglichst gering zu halten.[10] Trotz der Fürsorgepflicht des Staates ist diese Mobilisierung selbstregulativer Verantwortung auch nicht zu beanstanden.[11]

559 Insgesamt liegt die **praktische Bedeutung** der unionalen Vorschriften zur Konformitätsbewertung nach Vorstehendem zunächst darin, dass die Mitgliedstaaten den Marktzugang nicht von weitergehenden Anforderungen an den Nachweis der Vorschriftsmäßigkeit des in Verkehr gebrachten Produkts abhängig machen können.[12] Weiter sind die Sanktionen bei nicht ordnungsgemäßer Konformitätsbewertung zu beachten und praktisch bedeutsam. Als Voraussetzung an die Bereitstellung von Produkten auf dem Markt ist die Durchführung des einschlägigen Konformitätsbewertungsverfahrens eine produktbezogene Anforderung im Sinne des § 26 Abs. 2 ProdSG und sind die Marktüberwachungsbehörden ermächtigt, bei Nichterfüllung Marktüberwachungsmaßnahmen zu ergreifen.[13] Sodann ist ihre Nichteinhaltung mehr und mehr straf- und bußgeldbewehrt (→ Rn. 768, 772). Zuletzt und insbesondere wird der Hersteller ohne eine unternehmensintern organisierte Qualitätssicherung seiner Organisationsverantwortung kaum nachkommen.[14]

---

[10] Europäische Kommission, Leitfaden für die Umsetzung der Produktvorschriften der EU 2016, ABl. 2016 C 272, 69.

[11] Vgl. Schmidt-Preuß, VVDStRL 56 (1997), S. 160 (194–196): *„Der Trend zu weniger Steuerung und mehr Selbstregulierung manifestiert sich handgreiflich auch dort, wo staatliche Präventivkontrolle zurückgenommen oder erst gar nicht begründet wird. Fest verankert in der Verwaltungsrechtstradition, verschafft der Genehmigungsvorbehalt der Verwaltung seit jeher die Möglichkeit, sich der Unbedenklichkeit privater Betätigung zu versichern und sie erst nach positivem Prüfergebnis freizugeben. Mit dem Verzicht hierauf wird – unter Beibehaltung des materiellen Rechts – staatliche Präventivkontrolle durch private Selbstkontrolle und Eigenverantwortung ersetzt. […]. Jede Rücknahme der Präventivkontrolle mu[ss] allerdings der staatlichen Schutzpflicht genügen. Sie fordert den Genehmigungsvorbehalt freilich nur dort, wo die Wahrung von Rechtsgütern Dritter allein mit repressiven Mitteln in Anbetracht drohender Risiken nicht mehr garantiert ist. Unterhalb dieser Schwelle kann der Staat den gebotenen Schutz auch unter Mobilisierung selbstregulativer Verantwortung sicherstellen."*

[12] Vgl. EuGH, Urt. v. 30.4.2009, Lidl Magyarország, C-132/08, EU:C:2009:281, Rn. 25, 28; Urt. v. 8.5.2003, Atral, C-14/02, EU:C:2003:265, Rn. 60.

[13] VG Trier, Urt. v. 5.12.2007, 5 K 755/07.TR, juris, Rn. 35.

[14] Die VDI-Richtlinie 4500-1 *„Technische Dokumentation – Begriffsdefinitionen und rechtliche Grundlagen"* definiert die Organisationsverantwortung so: *„Organisationsverantwortung liegt allein bei dem Organ des Unternehmens, das zur rechtlichen Vertretung des Unternehmens berechtigt und verpflichtet ist (Geschäftsleitung, Vorstand, Inhaber, Geschäftsführer). Nach der Organisationsfreiheit als Folge der Gewerbefreiheit hat der Unternehmer sein Unternehmen nach eigenem Ermessen, jedoch sachgerecht, zu organisieren. Weist die Organisation nach dem Stand der Technik und den rechtlichen Forderungen Fehler, Lücken und Unzulänglichkeiten auf, die ein Erfüllen der*

I. Module für die Konformitätsbewertung

Wie an anderer Stelle ausgeführt (→ Rn. 151 ff.) gehen die Anfänge des modularen Ansatzes auf den Modulbeschluss aus dem Jahre 1993 zurück. Eine differenziertere Ausgestaltung gab ihm der Beschluss Nr. 768/2008/EG und sind seit dem Alignment Package die Mehrzahl der im Recht des technischen Produkts interessierenden Produkte auf der Basis genannten Beschlusses konsolidiert. Inhaltlich übernimmt der Beschluss Nr. 768/2008/EG (→ Rn. 190) ganz überwiegend die Inhalte des Modulbeschlusses.

1. Überblick

Die Konformitätsbewertungsverfahren der Harmonisierungsrechtsvorschriften nach der Neuen Konzeption und dem Gesamtkonzept bestehen aus einem oder zwei **Konformitätsbewertungsmodulen.** Ein Produkt wird sowohl in der **Entwurfs- als auch in der Fertigungsstufe** einer Konformitätsbewertung unterzogen. Umfasst ein Konformitätsbewertungsverfahren stets diese beiden Stufen, kann ein Modul entweder eine der beiden Stufen (in diesem Fall umfasst das Konformitätsbewertungsverfahren zwei Module) oder beide Stufen (in diesem Fall umfasst das Konformitätsbewertungsverfahren ein Modul) abdecken. Die Module A bis A2, D1, E1, F1 G, H und H1 des Modulkatalogs in Anhang II des Beschlusses Nr. 768/2008/EG regeln ein in sich geschlossenes, vollständiges Konformitätsbewertungsverfahren. Die Module B, C bis C2, D, E und F regeln nur Teilausschnitte eines Konformitätsbewertungsverfahrens. In diesen Fällen ergibt sich ein vollständiges Konformitätsbewertungsverfahren erst aus der Kombination des die Entwurfsphase betreffenden Moduls B mit einem Teilmodul zur Fertigungsphase (zu den Modulen, siehe Tab. 1).

560

Schaubild:
Konformitätsbewertungsmodule nach Beschluss 768/2008/EG

Entwurfsphase	Fertigungsphase
Ganzheitliche Module A, A1, A2, D1, E1, F1, G, H, H1	
Teilmodul B (Entwurf)	Teilmodule C, C1, C2, D, E, F (Fertigung)

---

rechtlichen Forderungen an das Unternehmen und/oder der erforderlichen Sicherheit seiner Produkte oder Fertigungsverfahren nicht angemessen erlauben oder verhindert haben, haftet das Organ für diesen Mangel/Fehler als eigenes, auch persönliches Organisationsverschulden zivil- und strafrechtlich." Zur Haftung nach § 130 OWiG und zur strafrechtlichen Produkthaftung → Rn. 768 ff.

Tab. 1 Konformitätsbewertungsmodule nach Beschluss 768/2008/EG. (Nach Europäische Kommission, Leitfaden für die Umsetzung der Produktvorschriften der EU 2016, ABl. 2016 C 272, 70 ff.; siehe im Einzelnen Europäische Kommission, *ebd.*, Anhang 4.)

Module	Beschreibung
A Interne Fertigungskontrolle	Umfasst sowohl Entwurf als auch Fertigung. Der Hersteller selbst gewährleistet die Konformität der Produkte mit den rechtlichen Anforderungen (keine EU-Baumusterprüfung)
A1 Interne Fertigungskontrolle plus überwachten Produktprüfungen	Umfasst sowohl Entwurf als auch Fertigung. A plus Prüfungen bestimmter Aspekte des Produkts[a], die von einer akkreditierten internen Stelle durchgeführt oder vom Hersteller einer von ihm gewählten notifizierten Stelle übertragen werden
A2 Interne Fertigungskontrolle plus überwachte Produktprüfungen in unregelmäßigen Abständen	A plus Fertigungskontrollen in unregelmäßigen Abständen, die von einer notifizierten Stelle oder einer akkreditierten internen Stelle durchgeführt werden[b]
B EU-Baumusterprüfung	Umfasst den Entwurf Danach folgen stets andere Module, mit denen die Übereinstimmung der Produkte mit dem zugelassenen EU-Baumuster nachgewiesen wird. Eine notifizierte Stelle untersucht den technischen Entwurf und/oder die Muster einer Bauart und prüft und bescheinigt durch Ausstellung EU-Baumusterprüfbescheinigung, dass für das Produkt Übereinstimmung mit den geltenden Anforderungen der Rechtsvorschrift besteht. Eine EU-Baumusterprüfung kann auf dreierlei Art und Weise durchgeführt werden: 1) Baumuster, 2) Kombination aus Bau- und Entwurfsmuster sowie 3) Entwurfsmuster
C Konformität mit dem EU-Baumuster auf der Grundlage einer internen Fertigungskontrolle	Umfasst Fertigung und folgt auf Modul B. Der Hersteller selbst gewährleistet die Übereinstimmung der Produkte mit dem zugelassenen EU-Baumuster
C1 Konformität mit dem EU-Baumuster auf der Grundlage einer internen Fertigungskontrolle plus überwachten Produktprüfungen	Umfasst Fertigung und folgt auf Modul B. C plus Prüfungen von bestimmten Aspekten des Produkts[c], die von einer akkreditierten internen Stelle durchgeführt oder vom Hersteller einer von ihm gewählten notifizierten Stelle übertragen werden

(Fortsetzung)

Tab. 1 (Fortsetzung)

Module	Beschreibung
C2 Konformität mit dem EU- Baumuster auf der Grundlage der internen Fertigungskontrolle plus überwachte Produktprüfungen in unregelmäßigen Abständen	Umfasst Fertigung und folgt auf Modul B. C plus Produktprüfungen in unregelmäßigen Abständen mit Prüfung bestimmter Aspekte des Produkts, durchgeführt von einer notifizierten Stelle oder einer akkreditierten internen Stelle[d]
D Konformität mit dem EU- Baumuster auf der Grundlage einer Qualitätssicherung bezogen auf den Produktionsprozess	Umfasst Fertigung und folgt auf Modul B. Der Hersteller betreibt ein Qualitätssicherungssystem für die Produktion (Fertigungsbereich und Endabnahme), um die Konformität mit dem EU-Baumuster zu gewährleisten. Die notifizierte Stelle bewertet das Qualitätssicherungssystem
D1 Qualitätssicherung bezogen auf den Produktionsprozess	Umfasst sowohl Entwurf als auch Fertigung. Der Hersteller betreibt ein Qualitätssicherungssystem für die Produktion (Fertigungsbereich und Endabnahme), um die Konformität mit rechtlichen Anforderungen zu gewährleisten (kein EU-Baumuster, verwendet wie D ohne Modul B). Die notifizierte Stelle bewertet das Qualitätssicherungssystem für die Produktion (Fertigungsbereich und Endabnahme)
E Konformität mit dem EU- Baumuster auf der Grundlage der Qualitätssicherung bezogen auf das Produkt	Umfasst Fertigung und folgt auf Modul B. Der Hersteller betreibt ein System zur Sicherung der Produktqualität (=Produktqualität ohne den Fertigungsbereich) für Endabnahme und Prüfung, um die Konformität mit dem EU-Baumuster zu gewährleisten. Eine notifizierte Stelle bewertet das Qualitätssicherungssystem. Das Modul E beruht auf einem ähnlichen Grundgedanken wie Modul D: Beide basieren auf einem Qualitätssicherungssystem und folgen auf das Modul B. Der Unterschied besteht darin, dass das Qualitätssicherungssystem bei Modul E der Sicherung der Qualität des Endprodukts dient, während das Qualitätssicherungssystem von Modul D (und auch von D1) auf die Sicherung der Qualität des gesamten Produktionsprozesses abstellt (der den Fertigungsbereich und die Endabnahme umfasst). Somit entspricht E dem Modul D ohne die Vorschriften zum Herstellungsprozess

(Fortsetzung)

Tab. 1 (Fortsetzung)

Module	Beschreibung
E1 Qualitätssicherung von Endabnahme und Prüfung der Produkte	Umfasst sowohl Entwurf als auch Fertigung Der Hersteller betreibt ein System zur Sicherung der Produktqualität (=Produktqualität ohne den Fertigungsbereich) für die Endabnahme und Prüfung, um die Erfüllung der rechtlichen Anforderungen zu gewährleisten (kein Modul B (EU-Baumuster), verwendet wie E ohne Modul B). Die notifizierte Stelle bewertet das Qualitätssicherungssystem Das Modul E1 beruht auf einem ähnlichen Grundgedanken wie Modul D1: Beide basieren auf einem Qualitätssicherungssystem. Der Unterschied besteht darin, dass das Qualitätssicherungssystem bei Modul E1 der Sicherung der Qualität des Endprodukts dient, während das Qualitätssicherungssystem von Modul D1 auf die Sicherung der Qualität des gesamten Produktionsprozesses abstellt (der den Fertigungsbereich und die Endabnahme umfasst). Somit entspricht E1 dem Modul D1 ohne die Vorschriften zum Herstellungsprozess
F Konformität mit dem EU- Baumuster auf der Grundlage einer Produktprüfung	Umfasst Fertigung und folgt auf Modul B. Der Hersteller gewährleistet die Konformität der hergestellten Produkte mit dem zugelassenen EU-Baumuster. Die notifizierte Stelle führt die Produktprüfungen durch (Test jedes einzelnen Produkts oder statistische Prüfungen), um die Konformität der Produkte mit dem EU-Baumuster zu kontrollieren[e]. Modul F entspricht C2, doch nimmt die notifizierte Stelle systematischere Produktprüfungen vor
F1 Konformität auf der Grundlage einer Prüfung der Produkte	Umfasst sowohl Entwurf als auch Fertigung. Der Hersteller gewährleistet die Konformität der hergestellten Produkte mit den rechtlichen Anforderungen. Die notifizierte Stelle führt die Produktprüfungen durch (Test jedes einzelnen Produkts oder statistische Prüfungen), um die Konformität der Produkte mit den rechtlichen Anforderungen zu kontrollieren (kein EU-Baumuster, verwendet wie F ohne Modul B)[f]. Das Modul F1 entspricht A2, doch nimmt die notifizierte Stelle eingehendere Produktprüfungen vor

(Fortsetzung)

Tab. 1 (Fortsetzung)

Module	Beschreibung
G Konformität auf der Grundlage einer Einzelprüfung	Umfasst sowohl Entwurf als auch Fertigung. Der Hersteller gewährleistet die Konformität der herstellten Produkte mit den rechtlichen Anforderungen. Die notifizierte Stelle prüft jedes einzelne Produkt, um die Einhaltung der rechtlichen Anforderungen zu gewährleisten (kein EU-Baumuster)
H Konformität auf der Grundlage einer umfassenden Qualitätssicherung	Umfasst sowohl Entwurf als auch Fertigung. Der Hersteller betreibt ein umfassendes Qualitätssicherungssystem, um die Einhaltung der rechtlichen Anforderungen zu gewährleisten (kein EU- Baumuster). Die notifizierte Stelle bewertet das Qualitätssicherungssystem
H1 Konformität auf der Grundlage einer umfassenden Qualitätssicherung mit Entwurfsprüfung	Umfasst sowohl Entwurf als auch Fertigung. Der Hersteller betreibt ein umfassendes Qualitätssicherungssystem, um die Übereinstimmung mit den rechtlichen Anforderungen zu gewährleisten (kein EU-Baumuster). Die notifizierte Stelle bewertet das Qualitätssicherungssystem und den Produktentwurf und stellt eine EU- Entwurfsprüfbescheinigung aus. Das Modul H1 sieht gegenüber dem Modul H zusätzlich vor, dass die notifizierte Stelle eine eingehendere Prüfung des Produktentwurfs vornimmt. Die EU-Entwurfsprüfbescheinigung darf nicht mit der EU- Baumusterprüfbescheinigung von Modul B verwechselt werden, die die Konformität eines „für die geplante Produktion repräsentativen" Musters bescheinigt, sodass die Konformität der Produkte anhand dieses Musters geprüft werden kann. Bei der EU-Entwurfsprüfbescheinigung von Modul H1 gibt es keine derartigen Muster. Mit der EU-Entwurfsprüfbescheinigung wird bescheinigt, dass die Konformität des Produktentwurfs von einer notifizierten Stelle geprüft und bescheinigt worden ist

[a]Bsp. Sportbooterichtlinie 2013/53/EU (Prüfinhalt und -umfang werden in Anhang VI spezifiziert)
[b]Bsp. Druckgeräterichtlinie 2014/68/EU (Prüfinhalt und -umfang werden in Anhang III.2 näher spezifiziert)
[c]Bsp. Druckbehälterrichtlinie 2014/29/EU (Prüfinhalt und -umfang werden in Anhang II Ziffer 2.3 näher spezifiziert)
[d]Bsp. Messgeräterichtlinie 2014/32/EU (Prüfinhalt und -umfang werden in Anhang II Modul C2 näher spezifiziert)
[e]Bsp. Richtlinie 2014/31/EU (nichtselbsttätige Waagen), Anhang II Ziffern 4.3 und 4.4
[f]Bsp. Richtlinie 2014/31/EU (nichtselbsttätige Waagen), Anhang II Ziffer 5

2. Entwurfsphase

a. Technische Dokumentation

Die überwiegende Zahl der Module fordert die Erstellung technischer Unterlagen durch den Hersteller. Die inhaltlichen Anforderungen sind hierbei modulübergreifend gleichlautend.[15]

Zur RoHS-Richtlinie 2011/65/EU, siehe DIN EN 50581; zur Öko-Design-Richtlinie 2009/125/EG, siehe dortigen Anhang IV.

aa. Sinn und Zweck

561 Als den **Konstruktionsprozess dokumentierend** ist mit den technischen Unterlagen der **Nachweis der Übereinstimmung des Produkts,** genauer der Bauart, **mit den wesentlichen Anforderungen** der einschlägigen Harmonisierungsrechtsvorschrift zu führen. Eine technische Dokumentation ist nicht ordnungsgemäß und unzureichend, wenn anhand dieser der Nachweis der Konformität des Entwurfs nicht gelingt und führt eine solchermaßen unzureichende technische Dokumentation zu formaler Nichtkonformität (→ Rn. 556, 730). Die geforderten Mindestinhalte orientieren sich entlang der klassischen Phasen eines jeden Konstruktionsprozesses und sollen es einem Außenstehendem erlauben, die Berücksichtigung der wesentlichen Anforderungen innerhalb des Entwicklungs- und Konstruktionsprozesses *(„Design for X")* zu überprüfen. Für den Konstrukteur bedeuten die Vorgaben an den notwendigen Inhalt der technischen Dokumentation die Anweisung, die gesetzlichen Produktanforderungen innerhalb des Konstruktionsprozesses nicht nur zu berücksichtigen, sondern deren Berücksichtigung und Erfüllung entlang des Konstruktionsprozesses auch

---

[15]Siehe auf die Entwurfsstufe bezogene Module in Anhang I des Beschlusses Nr. 768/2008/EG: *„Der Hersteller erstellt die technischen Unterlagen. Anhand dieser Unterlagen muss es möglich sein, die Übereinstimmung des Produkts mit den betreffenden Anforderungen zu bewerten; sie müssen eine nach Maßgabe der Rechtsvorschrift ausgeführte geeignete Risikoanalyse und -bewertung enthalten. In den technischen Unterlagen sind die geltenden Anforderungen aufzuführen und der Entwurf, die Herstellung und der Betrieb des Produkts zu erfassen, soweit sie für die Bewertung von Belang sind. Die technischen Unterlagen enthalten gegebenenfalls zumindest folgende Elemente:*
- *eine allgemeine Beschreibung des Produkts,*
- *Entwürfe, Fertigungszeichnungen und -pläne von Bauteilen, Baugruppen, Schaltkreisen usw.,*
- *Beschreibungen und Erläuterungen, die zum Verständnis dieser Zeichnungen und Pläne sowie der Funktionsweise des Produkts erforderlich sind,*
- *eine Aufstellung, welche harmonisierten Normen und/oder anderen einschlägigen technischen Spezifikationen, deren Fundstellen im Amtsblatt der Europäischen Union veröffentlicht wurden, vollständig oder in Teilen angewandt worden sind, und eine Beschreibung, mit welchen Lösungen den wesentlichen Anforderungen des Gesetzgebungsinstruments insoweit genügt wurde, als diese harmonisierten Normen nicht angewandt wurden. Im Fall von teilweise angewendeten harmonisierten Normen werden die Teile, die angewendet wurden, in den technischen Unterlagen angegeben,*
- *die Ergebnisse der Konstruktionsberechnungen, Prüfungen usw.,*
- *Prüfberichte."*.

zu dokumentieren. Die zur Konformitätsbewertung geforderte technische Dokumentation ist solchermaßen weit mehr als nur eine vom Hersteller zu beachtende Formalität; sie dokumentiert die Berücksichtigung der gesetzlichen Anforderungen innerhalb des Konstruktionsprozesses und ist als den Konstruktionsprozess nachzeichnende Dokumentation das **Bindeglied zwischen den abstrakten gesetzlichen Forderungen und dem konkreten Produkt** (Bauart). Dies gilt es sich zu vergegenwärtigen, wenn die Produktentwicklung ausgelagert oder Produkte „*zugekauft*" werden (→ Rn. 580 ff.). Die technischen Unterlagen sind zur Einsicht durch die Marktaufsicht bereitzuhalten[16] und genügt der Hersteller seiner Verpflichtung, die vollständige technische Dokumentation zur Verfügung zu haben, nicht dadurch, indem er auf die technische Dokumentation eines Unterauftragnehmers oder Lieferanten verweist.[17]

bb. „Allgemeine Beschreibung des Produkts"
In der **Spezifikationsphase** des Entwicklungs- und Konstruktionsprozesses sind alle Anforderungen und Randbedingungen für das zu entwickelnde Produkt zusammenzustellen, zu

---

[16]Ausschließlich die Module B und F1 bestimmen darüber hinaus, dass die technischen Unterlagen der in der Entwurfsphase (Modul B) bzw. Fertigungsphase (Modul F1) eingeschalteten notifizierten Stelle zu übergeben sind.
Medizinprodukte nach den Richtlinien 93/42 und 98/79 ausgenommen (Aufbewahrungsfrist von 5 Jahren bzw. 15 Jahren im Falle von implantierbaren medizinischen Geräten) ist die **technische Dokumentation zehn Jahre** nach Inverkehrbringen des letzten Exemplars des Produktmodells (Bauart) zur Einsicht **bereitzuhalten** (Anhang VII A. Ziff. 2 der Richtlinie 2006/42/EG, Art. 8 Abs. 3 der Richtlinie 2009/125/EG, Art. 7 lit. d) der Richtlinie 2011/65/EU, Art. 7 Abs. 3 der Richtlinie 2013/53/EU, Art. 6 Abs. 3 der Richtlinie 2014/29/EU, Art. 7 Abs. 3 der Richtlinie 2014/30/EU, Art. 6 Abs. 3 der Richtlinie 2014/31/EU, Art. 8 Abs. 3 der Richtlinie 2014/32/EU, Art. 7 Abs. 3 und 8 Abs. 3 der Richtlinie 2014/33/EU, Art. 6 Abs. 3 der Richtlinie 2014/34/EU, Art. 6 Abs. 3 der Richtlinie 2014/35/EU, Art. 10 Abs. 4 der Richtlinie 2014/53/EU, Art. 6 Abs. 3 der Richtlinie 2014/68/EU).

[17]Empfehlung der Kommission vom 24.9.2013 zu den Audits und Bewertungen, die von benannten Stellen im Bereich der Medizinprodukte (Richtlinie 90/385/EWG über aktive implantierbare medizinische Geräte, Richtlinie 93/42/EWG über Medizinprodukte und Richtlinie 98/79/EG über In-vitro-Diagnostika – „Medizinprodukterichtlinien") durchgeführt werden, ABl. 2013 L 253, 33; Europäische Kommission, Leitfaden für die Umsetzung der Produktvorschriften der EU 2016, ABl. 2016 C 272, 67; siehe auch Guidelines on the Application of Directive 2006/95/EC, August 2007 (Stand Januar 2012), Rn. 23: „*The manufacturer or his authorised representative established in the Union must keep this documentation at the disposal of the national authorities for inspection purposes for at least ten years from the last date of manufacture of the product. The technical documentation may be kept on electronic support, provided that it is easily accessible for inspection. Where the manufacturer is not established in the Union and he has no authorised representative in the Union, this obligation is incumbent upon the importer or the person responsible for placing the product on the Union market. This technical documentation must be held within the Union in such a way it can be presented to the authorities upon first request and within a reasonable time-frame (e.g. two weeks)*" Vgl. auch Europäische Kommission, Niederspannungsrichtlinie 2014/35/EU – Leitfaden, November 2016, § 23: 10 Tage.

analysieren, zu ordnen, zu gewichten und zu konkretisieren.[18] Zu Beginn steht regelmäßig das **Lastenheft** des Kunden und endet die Spezifikationsphase mit dem **Pflichtenheft** als Antwort des Konstrukteurs auf das Lastenheft.[19] In gleicher Weise benötigt der den Entwurf prüfende Dritte (Konformitätsbewertungsstelle oder Marktaufsichtsbehörde) eine Beschreibung des Prüfungsobjekts. Dem Pflichtenheft im Konstruktionsprozess entspricht im Prüfprozess der Nachmarktkontrolle die in den technischen Unterlagen vorzuhaltende *„allgemeine Beschreibung des Produkts".*

cc. Unterlagen aus der Konzeptphase

563   Ist die Anforderungsliste bzw. ist das Pflichtenheft erstellt, zielt die zweite Phase auf Lösungen für die Teilfunktionen und deren Kombination zum Gesamtkonzept ab. Die optimale Lösung zeichnet sich dabei durch Erfüllung aller Forderungen und der meisten Wünsche gemäß Anforderungsliste aus.[20] Neben Randbedingungen, wie Zielkosten, Lieferzeiten, Fertigungsmöglichkeiten, etc. sind hierbei die gesetzlichen Anforderungen an das technische Design zu berücksichtigen. Sie schließen bestimmte Lösungen zur Erfüllung der gestellten technischen Aufgaben aus und lassen andere gestalterische Lösungen zu (→ Rn. 317–319). Wenn nicht bereits innerhalb der Spezifikationsphase erfolgt, hat der Konstrukteur nunmehr die gesetzlichen Anforderungen an das technische Design genauer zu ermitteln und eine hierauf bezogene und nach Maßgabe der einschlägigen Harmonisierungsrechtsvorschrift geeignete **erste Risikoanalyse und -bewertung** vorzunehmen. Beides ist zu dokumentieren und in die technische Dokumentation einzustellen.

dd. Unterlagen aus der Phase der Lösungsauswahl und -bewertung

564   Wenn nicht zuvor schon geschehen, werden bei der Auswahl des am besten geeigneten Lösungskonzepts zunächst die als eher ungeeignet erkannten Gesamtlösungen eliminiert. Hierunter auch zwingend diejenigen, die eine Übereinstimmung mit den gesetzlichen Design-Anforderungen nicht gewährleisten. Die verbleibenden Lösungsalternativen sind rechtlich gleichwertig und ist nicht verlangt, diejenige Lösung auszuwählen, welche die gesetzlichen Design-Anforderungen am besten erfüllt. Die **Gesetzkonformität ist zwingendes Bewertungskriterium** der Lösungsauswahl, aber nur eines unter vielen. Letztlich entscheiden technische oder wirtschaftliche Kriterien. Die Auswahl kann aber nur auf eine solche Lösung entfallen, hinsichtlich derer der Konstrukteur die Vorschriftsmäßigkeit ermittelt und im Umkehrschluss hierzu das *„Wie"* der Vorschriftsmäßigkeit

---

[18]Schindler, Der allgemeine Konstruktionsprozess, S. 403.
[19]Nach VDI/VDE 3694 beschreibt das Pflichtenheft die Realisierung aller Anforderungen des Lastenhefts: *„Im Pflichtenheft werden die Anwendervorgaben (Kundenvorgaben) detailliert und in einer Erweiterung die Realisierungsforderungen unter Berücksichtigung (erster) konkreter Lösungsansätze beschrieben. Im Pflichtenheft wird definiert, wie und womit die Forderungen zu realisieren sind.".*
[20]Schindler, Der allgemeine Konstruktionsprozess, S. 411.

bereits bestimmt hat. Sei es, dass er auf harmonisierte Normen zurückgreift oder die wesentlichen Anforderungen auf anderer Weise umzusetzen gedenkt. Dieses „*Wie*" hat er zu dokumentieren und sind in die technische Dokumentation einzustellen „*eine Aufstellung, welche harmonisierte Normen und/oder anderen einschlägigen Spezifikationen, […], angewandt worden sind, und eine Beschreibung, mit welchen Lösungen den wesentlichen Anforderungen […] insoweit genügt wurde, als diese harmonisierten Normen nicht* [oder nur teilweise] *angewandt wurden*" (→ Rn. 224).

ee. Unterlagen aus der Gestaltungsphase

In der letzten Phase erfolgt die eindeutige und vollständige Erarbeitung der Baustruktur des zu entwickelnden technischen Systems inklusive der Prüfung seiner Funktionen und Vorschriftsmäßigkeit über Berechnungen und Versuche. Eine der Gestaltungsregeln lautet hierbei, das Produkt so konstruieren, dass die Sicherheit von Mensch und Umwelt gewährleistet bzw. allgemein die Übereinstimmung mit den gesetzlichen Design-Anforderungen gegeben ist.[21] **Risikoanalyse und -bewertung und die Aufzeichnungen zum „*Wie*" der Vorschriftsmäßigkeit sind** entlang dieser Phase **fortzuschreiben**. Ergänzt um die in die technische Dokumentation einzustellenden Entwürfe, Fertigungszeichnungen und -pläne von Bauteilen, Baugruppen, Schaltkreisen, etc., Beschreibungen und Erläuterungen, die zum Verständnis dieser Zeichnungen und Pläne sowie der Funktionsweise der Produkts erforderlich sind, den Ergebnissen der Konstruktionsberechnungen, Prüfungen, etc. und den Prüfberichten, wird in dieser Phase die technische Dokumentation fertiggestellt.

565

b. Baumusterprüfung

Ist nach gesetzgeberischer Wertung der Entwurf des harmonisierten Produkttyps generell komplexer, sehen die Harmonisierungsrechtsvorschriften teilweise ein Konformitätsbewertungsverfahren in zwei Schritten vor. Zunächst überprüft eine notifizierte Stelle die Konformität des Entwurfs mit den einschlägigen rechtlichen Anforderungen anhand eines repräsentativen Musters (sogenannte EU-Baumusterprüfung – Modul B). *Dem Antrag*[22] liegen die technischen Unterlagen des Herstellers bei. In diesen Fällen bestehen die Konformitätsbewertungsverfahren aus zwei Modulen, wobei Modul B stets das erste Modul ist. Mit Vorliegen der Baumusterprüfbescheinigung, d. h. sobald das Baumuster zugelassen ist (zur Zurückweisung einer Baumusterprüfbescheinigung durch die Marktaufsichtsbehörden → Rn. 579), muss noch geprüft werden, ob die Produkte, die in Verkehr gebracht werden sollen, mit dem zugelassen Baumuster übereinstimmen (Module C bis C2, D, E und F).

566

---

[21]*Ebd.*, S. 426.
[22]Der Antrag auf eine Baumusterprüfung ist bei einer *einzigen* zugelassenen Prüfstelle einzureichen und dient dieses Erfordernis der Vermeidung von Konfusion (VG Aachen, 3 K 1729/08, juris. Rn. 68).

c. Qualitätssicherungssystem für die Produktentwicklung

567 Im Rahmen der Hauptmodule H und H1 hat der Hersteller ein Qualitätssicherungssystem u. a. für die Produktentwicklung zu betreiben. Dieses ist von einer notifizierten Stelle zuzulassen und zu überwachen. Von der Erstellung der technischen Unterlagen ist der Hersteller auch im Rahmen dieser Hauptmodule nicht entbunden. Sie sind dem Antrag auf Zertifizierung des Qualitätssicherungssystems beizufügen. Das Modul H1 enthält das zusätzliche Erfordernis einer Entwurfsprüfung. Es unterscheidet sich von der Baumusterprüfung dadurch, dass die Prüfung der Konformität mit den einschlägigen rechtlichen Anforderungen ausschließlich auf Dokumentenebene erfolgt und Tests und Messungen an Mustern der zuzulassenden Bauart nicht stattfinden können. Folge ist eine gegenüber der Baumusterprüfung potenziell geringere Prüftiefe.

d. Prüfverfahren

568 Wird im Entwurf auf harmonisierte Normen zurückgegriffen, sind das Prüfverfahren mit Anforderungen an den Prüfling und die Prüfbedingungen regelmäßig in der einschlägigen harmonisierten Norm festgeschrieben.

3. Fertigungsphase

569 Bezogen auf die Fertigungsphase können drei Grundtypen unterschieden werden: *1)* Die Module A und C verpflichten den Hersteller, *„alle erforderlichen Maßnahmen zu ergreifen, damit der Fertigungsprozess und seine Überwachung die Übereinstimmung der Produkte mit den technischen Unterlagen und mit den für sie geltenden grundlegenden Anforderungen gewährleistet"*. Es sind dies die am wenigsten strengen Anforderungen und überlassen es dem Hersteller die für die Herstellung konformer Produkte erforderlichen unternehmensinternen Prozesse, Mittel und Ressourcen zu bestimmen. *2)* Die Anforderungen an den Fertigungsprozess innerhalb der Module A1, A2, C1, C2, F, F1 und G sind zunächst gleichlautend mit denen der Module A und C, d. h. ist auch hier der Hersteller verpflichtet, *„alle erforderlichen Maßnahmen zu ergreifen, damit der Fertigungsprozess und seine Überwachung die Übereinstimmung der Produkte mit den technischen Unterlagen und mit den für sie geltenden grundlegenden Anforderungen gewährleistet"*. Diese allgemeine Pflicht wird aber sodann ergänzt um die **Pflicht zur Durchführung von Kontrollen am gefertigten Produkt**. Diese sind durch eine akkreditierte interne Stelle des Herstellers oder eine notifizierte Stelle (A1, A2, C1, C2) oder zwingend durch Letztere (F, F1, G) durchzuführen bzw. durchführen zu lassen. Sie haben modulabhängig an jedem einzelnen hergestellten Produkt oder an Stichproben der Endprodukte zu erfolgen und können Einzelaspekte oder eine Gesamtbewertung erforderlich machen. *3)* Schließlich kann der Hersteller verpflichtet sein, ein von einer notifizierten Stelle zugelassenes und überwachtes Qualitätssicherungssystem zu unterhalten (D, D1, E, E1, H, H1).

4. Qualitätssicherung

Eine herstellerseitige Pflicht zur Unterhaltung eines Qualitätssicherungssystems auferlegen die **Module der D-, E- und H-Reihe.**[23] Je nach Modul variiert der Umfang der geforderten Qualitätssicherung und werden verschiedene Phasen der Produktrealisierung erfasst (Entwurf, Herstellung, Endabnahme, Prüfung). Ungeachtet des konkreten Umfangs eines Qualitätssicherungssystems gestaltet sich die Implementierung eines Qualitätssicherungssystems im Wesentlichen immer gleich. Zunächst errichtet der Hersteller eigenverantwortlich ein aus seiner Sicht den Anforderungen genügendes Qualitätssicherungssystem. Er beantragt sodann dessen **Zulassung** bei einer notifizierten Stelle seiner Wahl, die die Rechtskonformität des Qualitätssicherungssystems bewertet und gegebenenfalls zulässt (zur Zurückweisung diesbezüglicher Bescheinigungen durch die Marktaufsichtsbehörden → Rn. 579). Die mit der Zulassung einhergehende Verpflichtung des Herstellers, künftig alle mit dem zugelassenen Qualitätssicherungssystem verbundenen Pflichten stets ordnungsgemäß und wirksam zu erfüllen, unterliegt der Überwachung durch die Zulassungsstelle. Obschon es dem Hersteller freisteht, andere Modelle von Qualitätssicherungssystemen anzuwenden, ist für die Implementierung eines Qualitätssicherungssystems die Norm EN ISO 9001:2008 das Maß der Dinge und setzt den in der Praxis maßgeblichen Standard. Die hier vom unionalen Gesetzgeber in Bezug auf die Qualitätssicherungssysteme verfolgte Regelungstechnik erinnert stark an das Neue Konzept. So bleiben die gesetzlichen Anforderungen an ein Qualitätssicherungssystem allgemein gehalten und beschränken sich materiell inhaltlich auf die Forderung, das Qualitätssicherungssystem habe die Konformität mit den grundlegenden Anforderungen der einschlägigen Harmonisierungsrechtsvorschrift zu gewährleisten.[24] Zur Konkretisierung verweist der unionale Gesetzgeber auf die Norm EN ISO 9001:2008. Richtet der Hersteller ein Qualitätssicherungssystem auf der Grundlage dieser Norm ein, vermutet die notifizierte Stelle die Konformität mit den gesetzlichen Anforderungen, sofern das Qualitätssicherungssystem den Besonderheiten der betreffenden Produkte Rechnung trägt.[25] Solchermaßen kommt es zu einem *„sanften Zwang"* zur Einführung von Qualitätsmanagement- und -sicherungssystemen nach dem Vorbild der EN ISO 9001:2008.[26] So die Norm EN ISO 9001:2008 Anforderungen an ein Qualitätsmanagementsystem mit den Zielen Kundenzufriedenheit, Verminderung von Fehlerkosten und kontinuierliche Qualitätsverbesserung normiert, ist ihr Inhalt nicht 1:1 auf die Qualitätssicherung im Rahmen der Konformitätsbewertung zu übertragen. Letztere bezweckt die Sicherstellung der Einhaltung der gesetzlichen Design-Anforderungen.

570

---

[23]Siehe hierzu nachstehend Gauger, Produktsicherheit und staatliche Verantwortung, S. 210–213.
[24]Vgl. Ziff. 3.2. Modul D, E, H und H1 und Ziff. 5.2 Modul D1 und E1 des Anhangs II des Beschlusses Nr. 768/2008/EG.
[25]Europäische Kommission, Leitfaden für die Umsetzung der Produktvorschriften der EU 2016, ABl. 2016 C 272, 70.
[26]Spindler, Unternehmensorganisationspflichten, S. 159–161.

Mehr nicht. Vorgaben einzelner Kapitel der Norm EN ISO 9001:2008 sowie die dortigen Anforderungen bezüglich Kundenzufriedenheit und ständiger Verbesserung finden auf die Qualitätssicherung im Rahmen der Konformitätsbewertung keine Anwendung.[27] Auch bedeutet der Verweis auf die Norm weder, dass der Hersteller ein ISO-9001-zertifiziertes Qualitätsmanagementsystem unterhalten müsste, noch, dass eine vorhandene ISO-9001-Zertifizierung das produktbezogene Qualitätssicherungs-Anerkennungsaudit der Konformitätsbewertungsstelle zu ersetzen vermag, noch, dass eine solche Zertifizierung Voraussetzung für die Zulassung des Qualitätssicherungssystems wäre. Wohl aber wirkt eine vorhandene ISO 9001-Zertifizierung bei der Errichtung eines Qualitätssicherungssystems aufwandsmindernd und kann sich das Audit der Konformitätsbewertungsstelle auf das fachspezifische Delta beschränken. Insgesamt geht es darum, die Anforderungen aus der Norm EN ISO 9001:2008 stimmig auf die produktbezoge Qualitätssicherung zu übertragen und gibt der unionale Gesetzgeber durch den Verweis auf die Norm EN ISO 9001:2008 den Herstellern und Konformitätsbewertungsstellen Hilfestellung bei der Errichtung und Bewertung eines Qualitätssicherungssystems.[28] Er verweist solchermaßen auf einen **prozessorientierten Ansatz** und hat der Hersteller die für die Bereitstellung rechtskonformer Produkte erforderlichen, unternehmensinternen Prozesse festzulegen, einzurichten, zu lenken und zu überwachen und die hierfür erforderlichen Ressourcen und Informationen sicherzustellen.

II. Notifizierte Stellen

Das Notifizierungs- und Akkreditierungsrecht wurde auf unionaler Ebene mit VO (EG) Nr. 765/2008 grundlegend reformiert (→ Rn. 187). Die Anforderungen an die Notifizierung sind in den verschiedenen Harmonisierungsrechtsvorschriften festgelegt und in Anlehnung an die Art. 17 ff. der Musterbestimmungen in Anhang I des Beschlusses Nr. 768/2008/EG formuliert. Der Gesetzgeber des ProdSG hat sich dafür entschieden, diese Regelungen nicht in die einzelnen Verordnungen zum ProdSG zu verlagern, sondern „*vor die Klammer*" zu ziehen und im ProdSG (§§ 9–19) selbst zu platzieren.[29]

---

[27]Vgl. Beschluss Nr. 768/2008/EG, Fn. 2 bis 4 der Tabelle: Konformitätsbewertungsverfahren im Gemeinschaftsrecht. Im Anhang 5 zum Leitfaden für die Umsetzung der Produktvorschriften der EU 2016 (ABl. 2016 C 272, 140 f.) werden zu jedem Modul die aus der Norm EN ISO 9001:2008 anzuwendenden Kapitel im Einzelnen aufgeführt.

[28]Vgl. zum „*Wie*" der Übertragung der Anforderungen nach EN ISO 9001:2008 auf die Qualitätssicherung etwa WELMEC Guide 8.6, Measuring Instruments Directive 2004/22/EC, Presumption of Conformity of the Quality System of Manufacturers with Module D or H1 when EN ISO 9001:2000 is applied, für Messgeräte nach nach der Richtlinie 2014/32/EU, abrufbar unter URL: http://www.welmec.org/latest/guides/86.html (Stand 31.12.2016).

[29]BT-Drucks. 17/6276, 45.

Für die Anerkennung und Notifizierung von Konformitätsbewertungsstellen im Anwendungsbereich der MID-Richtlinie 2014/32/EU gelten die §§ 11 ff. MessEG, im Anwendungsbereich der RED-Richtlinie 2014/53/EU die AnerkV und im Anwendungsbereich der Medizinprodukterichtlinien 90/385/EWG, 93/42/EWG und 98/79/EG die §§ 15 ff. MPG.

1. Überblick und Begrifflichkeiten

Für das Verständnis von Wesen und Bedeutung der notifizierten Stellen sind drei der in Art. R1 des Anhangs I des Beschlusses Nr. 768/2008/EG verwendeten Begriffe von zentraler Bedeutung: *1) „Konformitätsbewertungsstelle"* ist hiernach *„eine Stelle, die Konformitätsbewertungstätigkeiten einschließlich Kalibrierungen, Prüfungen, Zertifizierungen und Inspektion durchführt"*. *„Konformitätsbewertung"* wiederum ist *„das Verfahren zur Bewertung, ob spezifische Anforderungen an ein Produkt, ein Verfahren, eine Dienstleistung, ein System, eine Person oder eine Stelle erfüllt worden sind"*. Solchermaßen ist mit dem Begriff der Konformitätsbewertungsstelle keinerlei Urteil über die fachliche Qualifikation, Unabhängigkeit und Integrität, etc. der Konformitätsbewertungsstelle verbunden. *2) „Notifizierte Stelle"* ist eine qualifizierte Konformitätsbewertungsstelle, die aufgrund hoheitlich erteilter Erlaubnis gesetzlich vorgeschriebene Konformitätsbewertungstätigkeiten durchführt und von der zuständigen mitgliedstaatlichen Behörde gegenüber der Europäischen Kommission und den anderen Mitgliedstaaten benannt, d. h. *„notifiziert"* wurde.[30] Hinter der Notifizierung steht die Erwartung der Europäischen Kommission und der anderen Mitgliedstaaten, dass die notifizierte Stelle hinreichend kompetent und integer ist, um ihre Aufgabe zu erfüllen und dass dies in angemessenem Umfang durch den notifizierenden Mitgliedstaat überwacht wird. Eine Konformitätsbewertungsstelle muss daher, wenn sie gesetzlich vorgeschriebene Konformitätsbewertungstätigkeiten durchführen möchte, zunächst die in der jeweiligen Harmonisierungsrechtsvorschrift aufgestellten Anforderungen an notifizierte Stellen erfüllen und ist die Erfüllung dieser Anforderungen mittels einer in einem förmlichen Verfahren ergangenen, hoheitlichen Erlaubnis zu bestätigen. Diese Erlaubnis wird im ProdSG und in der AnerkV *„Befugnis"*, im MessG *„Anerkennung"* und im MPG *„Benennung"* genannt. Zuständig für die Erlaubniserteilung ist bei harmonisierten Produkten, die einer Rechtsverordnung nach § 8 Abs. 1 ProdSG unterliegen, nach wie vor und bundesweit die Zentralstelle der Länder für Sicherheitstechnik (ZLS) als *„Befugnis erteilende Behörde"*.[31] Im Bereich des MPG ist dies bundesweit die Zentralstelle der Länder für Gesundheitsschutz bei Arzneimitteln und Medizinprodukten (ZLG),[32] im Bereich des

---

[30]Kapoor, in Klindt (Hrsg.), ProdSG, Einl. §§ 9–19 Rn. 10.
[31]Staatsvertrag vom 16./17.12.1993, veröffentlicht in Bayer. GVBl 1994, 875. Die ZLS ist zugleich notifizierende Behörde (BT-Drucks. 17/6276, 44).
[32]Staatsvertrag vom 30.6.1994, veröffentlicht in Bayer. GVBl. 1995, 329. Die Mitteilung der benannten Stellen an die Europäische Kommission und die anderen Mitgliedstaaten erfolgt durch das BMWi (§ 15 Abs. 1 S. 4 MPG).

FuAG die Bundesnetzagentur für Elektrizität, Gas, Telekommunikation, Post und Eisenbahnen (Bundesnetzagentur)[33] und im Bereich des MessEG das Bundesministerium für Wirtschaft und Energie (BMWi) als *„anerkennende Stelle"*[34]. 3) *„Akkreditierung"* ist die *„Bestätigung durch eine nationale Akkreditierungsstelle, dass eine Konformitätsbewertungsstelle die in harmonisierten Normen festgelegten Anforderungen und, gegebenenfalls, zusätzliche Anforderungen, einschließlich solcher in relevanten sektoralen Akkreditierungssystemen, erfüllt, um eine spezielle Konformitätsbewertungstätigkeit durchzuführen"*.[35] Sinn und Zweck der Akkreditierung einer Konformitätsbewertungsstelle ist die formalisierte Prüfung und die Feststellung und Bestätigung ihrer fachlichen Kompetenz in Bezug auf bestimmte Konformitätsbewertungstätigkeiten nach Maßgabe der für die jeweilige Akkreditierung maßgeblichen Anforderungen. Sie bestätigt, dass die akkreditierte Stelle über hinreichende Sachkunde, Zuverlässigkeit und Unabhängigkeit sowie über die erforderlichen personellen und sonstigen Ressourcen verfügt, um entsprechende Konformitätsbewertungsaufgaben wahrnehmen zu können.[36]

572 Das **Institut der Akkreditierung** ist eigentlich nur vor dem Hintergrund der freiwilligen Beauftragung unabhängiger Prüfstellen mit den Tätigkeiten des Prüfens, Überwachens oder Zertifizierens, also der Hinzuziehung solcher Stellen im nicht gesetzlich geregelten Bereich, verständlich. Die Akkreditierung findet ihre Ursprünge denn auch im privatrechtlichen Bereich des technischen Rechts.[37] Beauftragt der Staat eine Stelle mit bestimmten Aufgaben, kann fürwahr davon ausgegangen werden, dass sich der Staat im Rahmen seiner Fürsorge für die Rechtsunterworfenen von der fachlichen Kompetenz und Integrität dieser Stelle überzeugt hat. Die Voraussetzungen für die Erteilung der Erlaubnis, als notifizierte Stelle tätig werden zu dürfen, sind mithin in der jeweiligen sektoralen Rechtsvorschrift festgelegt. Nicht so im nicht gesetzlich geregelten Bereich. Die Anerkennung einer Stelle, bestimmte Aufgaben wahrzunehmen, richtet sich hier danach, ob die Vertragspartner – der Markt – auf die Kompetenz dieser Stelle vertrauen und ist teilweise noch heute stark von nationalen Präferenzen abhängig. Die Hersteller sahen und sehen sich in bestimmten Branchen zum Teil noch heute gezwungen, sich eine Zertifizierung auf jedem einzelnen Markt entsprechend den Forderungen der Kunden zu

---

[33] § 2 Abs. 1 AnerkV. Die Bundesnetzagentur ist zugleich notifizierende Behörde (§ 2 Abs. 3 AnerkV).

[34] § 11 Abs. 1 S. 1 MessEG. Das BMWi ist zugleich notifizierende Stelle (§ 11 Abs. 2 Nr. 2 MessEG).

[35] Art. R1 Nr. 10 des Anhangs I des Beschlusses Nr. 768/2008/EG mit Verweis auf Art. 2 Nr. 10 VO (EG) Nr. 765/2008.

[36] Kapoor, in Klindt (Hrsg.), ProdSG, Einl. §§ 9–19 Rn. 12.

[37] Langner/Klindt, Technische Vorschriften und Normen, Rn. 29. Zum deutschen Zertifizierungs- und Akkreditierungssystem und den Systemen in Schweden, England und Frankreich vor Infrakttreten der VO (EG) Nr. 765/2008, siehe Ensthaler/Strübbe/Bock, Zertifizierung und Akkreditierung technischer Produkte, S. 79–150, 221–250.

besorgen. Wie ausgeführt (→ Rn. 178), erkannte die Europäische Kommission frühzeitig, dass die hiermit einhergehenden Kosten für solche Vielfachzertifizierungen erhebliche Belastungen darstell(t)en und den innerunionalen Handel beschränken. Dem von ihr so viel beschworenen Vertrauen in die Zertifizierungseinrichtungen (→ Rn. 151–153, 176–178) sollte mit der Verordnung (EG) Nr. 765/2008 eine Grundlage gegeben werden. Mit ihr wird die Akkreditierung in der Europäischen Union auf eine einheitliche Grundlage gestellt. Die aus dem privatrechtlichen Bereich heraus gewachsenen Akkreditierungsstrukturen innerhalb der Mitgliedstaaten mussten neu ausgerichtet werden. Die Akkreditierungstätigkeit ist nunmehr hoheitliche Aufgabe und mit Art. **3 ff. VO (EG) Nr. 765/2008** einheitlichen Bedingungen unterworfen. Die Mitgliedstaaten dürfen nur noch eine einzige Stelle benennen, die auf ihrem Hoheitsgebiet für sämtliche Akkreditierungen von Konformitätsbewertungsstellen im gesetzlich geregelten wie auch im gesetzlich nicht geregelten Bereich ausschließlich zuständig ist. Die Anforderungen an die nationalen Akkreditierungsstellen sind in Art. 8 VO (EG) Nr. 765/2008 enthalten.[38]

Betrifft die Akkreditierung das *„fachliche Können"* und wird dieses Können in einem formalisierten Verfahren festgestellt, wird mit der **Erlaubnis**, als notifizierte Stelle tätig werden zu dürfen, das *„rechtliche Dürfen"* der Konformitätsbewertungsstelle festgestellt. Wünscht eine Konformitätsbewertungsstelle als notifizierte Stelle tätig werden zu dürfen, ist es indes nicht erforderlich, dass sie zuvor ein Akkreditierungsverfahren bei der DAkkS als die deutsche Akkreditierungsstelle durchläuft. Fürwahr ist die formalisierte Kompetenzfeststellung in Gestalt einer Akkreditierung gesetzlich nicht vorgeschrieben und keine zwingende Voraussetzung für die Erteilung der Erlaubnis, als notifizierte Stelle tätig werden zu dürfen. Innerhalb der verschiedenen Harmonisierungsrechtsvorschriften wird die Akkreditierung gleichwohl als bevorzugtes Mittel zum Nachweis der fachlichen Kompetenz der sich um eine Notifizierung bemühenden Stelle angesehen.[39] Die Präferenz des Instituts der Akkreditierung äußert sich dadurch, dass bei einer um Notifizierung ersuchenden Konformitätsbewertungsstelle deren Kompetenz zu vermuten ist, wenn diese Stelle ihre Kompetenz durch eine Akkreditierung auf der Grundlage harmonisierter Normen nachweisen kann, und weiter dadurch, dass die der Europäischen Kommission und den anderen Mitgliedstaaten zustehende Einwendungsfrist bei akkreditierten Konformitätsbewertungsstellen verkürzt ist (→ Rn. 576).

2. Regelungsbereich

Die Aufgabe, die Konformität eines Produkts mit den auf es anwendbaren Vorschriften zu bewerten und sicherzustellen obliegt stets dem Hersteller. Je nach anzuwendendem

---

[38]Zum 1.1.2010 ist der deutsche Gesetzgeber mit dem Akkreditierungsstellengesetz (BGBl. I 2009, 2625) und der Schaffung der Deutsche Akkreditierungsstelle GmbH (DAkkS) den unionalen Anforderungen aus der VO (EG) Nr. 2008/765 nachgekommen.
[39]Vgl. im Nachgang zu Erwägungsgrund 12 der VO (EG) Nr. 765/2008 etwa Art. 28 der MID-Richtlinie 2014/32/EU und Art. 24 der Richtlinie 2014/31/EU.

Konformitätsbewertungsverfahren nach Maßgabe der einschlägigen Harmonisierungsrechtsvorschrift muss der Hersteller eine notifizierte Stelle hinzuziehen (gesetzlich geregelter Bereich) oder nicht (gesetzlich nicht geregelter Bereich).[40] Auch wenn er dies nicht muss, steht es dem Hersteller im gesetzlich nicht geregelten Bereich freilich frei, sich im Rahmen der Konformitätsbewertung von einen Dritten unterstützen und/oder beraten zulassen.[41] An die fachliche Kompetenz dieses Dritten, seine Unabhängigkeit und Integrität, die Qualifikation seines Personals, etc. werden im gesetzlich nicht geregelten Bereich keine Anforderungen gestellt. Wenn es daher in § 9 Abs. 1 ProdSG heißt, *„die Befugnis erteilende Behörde erteilt Konformitätsbewertungsstellen auf Antrag die Befugnis, bestimmte Konformitätsbewertungstätigkeiten durchzuführen"*, darf dies nicht dahingehend missverstanden werden, dass jede Konformitätsbewertungsstelle im Sinne des § 2 Nr. 17 ProdSG für die Aufnahme ihrer Tätigkeit einer behördlichen Bedürfnis bedürfe und an den Anforderungen des § 13 ProdSG zu messen wäre. Mit der Wendung *„bestimmte Konformitätsbewertungstätigkeiten"* sind ausschließlich Konformitätsbewertungstätigkeiten gemeint, die nach Maßgabe der jeweiligen Harmonisierungsrechtsvorschrift von einer *„notifizierten Behörde"* durchgeführt werden müssen.[42] Eine einfache, im gesetzlich nicht geregelten Bereich operierende Konformitätsbewertungsstelle ist gesetzlich auch nicht dazu verpflichtet, sich akkreditieren zu lassen.[43]

3. Rechtsnatur des Tätigwerdens notifizierter Stellen

575 Das Unionsrecht gibt die Organisationsform notifizierter Stellen nicht vor. Sowohl öffentlich-rechtlich wie auch privatrechtlich organisierte Stellen finden die Akzeptanz

---

[40]Das Doppel *„gesetzlich geregelter Bereich"* und *„gesetzlich nicht geregelter Bereich"* bezieht auf die Zertifizierung durch eine Konformitätsbewertungsstelle, die in den zuerst genannten Fällen geregelt ist und in den zweitgenannten Fällen nicht (reglementierter Bereich bzw. obligatorische Drittzertifizierung *vs.* nicht reglementierter Bereich bzw. freiwillige Drittzertifizierung).

[41]So etwa im Rahmen des Konformitätsbewertungeverfahrens der *„Internen Fertigungskontrolle"* nach Anhang II, Modul A des Beschlusses Nr. 768/2008/EG.

[42]Kapoor, in Klindt (Hrsg.), ProdSG, § 9 Rn. 4.

[43]Nur dort, wo nach oder aufgrund Gesetzes in Umsetzung entsprechender Harmonisierungsrechtsvorschriften zur Erlangung der geforderten Konformitätsbescheinigung die Einbindung einer notifizierten Stelle erforderlich ist, d. h. im gesetzlich geregelten Bereich, ist der Hersteller in der Auswahl des Dritten beschränkt. Er hat in diesen Fällen zwingend auf eine Konformitätsbewertungsstelle zurückzugreifen, der eine Befugnis im Sinne des § 9 Abs. 1 S. 1 ProdSG erteilt wurde. Die in den Vorschriften der §§ 9–19 ProdSG, §§ 11–22 MessEG, §§ 15–18 MPG und der AnerkV enthaltenen Regelungen gelten daher von vornherein nur für Tätigkeiten, die einer notifizierten Stelle vorbehalten sind, d. h. Produktprüfungen nach den Modulen A1, A2, C1, C2, F, F1, G, Baumusterprüfungen nach Modul B und Zulassungen von Qualitätssicherungssystemen nach den Modulen D, D1, E, E1, H, H1. Jede sonstige Tätigkeit – innerhalb oder außerhalb des geregelten Bereichs – des Prüfens, Auditierens, Kalibrierens und namentlich die von und bei Lieferanten und Unterauftragnehmern vorgenommenen Qualitätsprüfungen und Audits können – entgegen dem Wortlaut der Vorschrift des § 9 Abs. 1 S. 1 ProdSG – von jedermann vorgenommen werden.

der Kommission.⁴⁴ In der Praxis sind notifizierte Stellen regelmäßig Privatrechtssubjekte.⁴⁵ Im rechtswissenschaftlichen Schrifttum ist oder zumindest war nun umstritten, ob notifizierte Stellen in einem privatrechtlichen Vertragsverhältnis zum Hersteller stehen oder in Ausübung hoheitlicher Befugnisse – d. h. bei privatrechtlicher Organisation als Beliehene – handeln, mit der Folge, dass das Rechtsverhältnis zwischen dem Hersteller und der notifizierten Stelle öffentlichem Recht unterläge.⁴⁶ Das OLG Zweibrücken verneint Letzteres und führt hierzu im **Silikonbrustimplantate-Fall**⁴⁷ aus, dass es sich „[b]*ei den Benannten Stellen zwar um neutrale, unabhängige Prüf- und Zertifizierungsstellen [handelt], die von den einzelnen Mitgliedstaaten der Europäischen Union bestellt und akkreditiert werden [,][d]ie Benannten Stellen jedoch gegenüber dem sie beauftragenden Unternehmen nicht mit hoheitlichen Befugnissen ausgestattet [sind] und nicht im Rahmen eines Über-/Unterordnungsverhältnisses [wirken]". „Vielmehr entsteht zwischen dem Hersteller und der Benannten Stelle ein rein privatrechtliches Schuldverhältnis".*⁴⁸ Die rechtliche Qualifizierung der Tätigkeit notifizierter Stellen als dem Privatrecht unterliegend wurde mithin vom Bundesgerichtshof bestätigt und ist bei Streitigkeiten der ordentliche Rechtsweg vor den Zivilgerichten eröffnet.⁴⁹

4. Notifizierungsverfahren und Widerruf der Erlaubnis

Um als notifizierte Stelle anerkannt zu werden, muss die Konformitätsbewertungsstelle zunächst ein Erlaubnisverfahren durchlaufen und den Nachweis erbringen, dass sie den umfangreichen Anforderungen an die Notifizierung genügt.⁵⁰ Die vom unionalen Gesetzgeber vorgegebenen **materiell-rechtlichen Anforderungen** an notifizierte Stellen sind **sektorübergreifend** weitestgehend **einheitlich** und in Anlehnung an Art. R 17 des Anhangs I des Beschlusses Nr. 768/2008/EG formuliert. Im Allgemeinen betref-

576

---

⁴⁴Europäische Kommission, Leitfaden für die Umsetzung der Produktvorschriften der EU 2016, ABl. 2016 C 272, 76.

⁴⁵Siehe auch Einschätzung bei Röhl/Schreiber, Konformitätsbewertung, S. 59; Merten, Private Entscheidungsträger und Europäisierung der Verwaltungsrechtsdogmatik, S. 122 f.; Scheel, DVBl 1999, 441 (445); ebenso die über die deutschen Grenzen hinausgehende Feststellung bei Galland, EJRR 2013, 365,(368 f.).

⁴⁶Zur Diskussion, siehe Kapoor, in Klindt (Hrsg.), ProdSG, Einl. §§ 9–19 Rn. 22–25; Gauger, Produktsicherheit und staatliche Verantwortung, S. 199–208.

⁴⁷Schadensersatzanspruch wegen minderwertiger Brustimplantate: Haftung des TÜV wegen Zertifizierung der fehlerhaften Silikonimplantate einer französischen Firma (OLG Zweibrücken, Urt. v. 30.1.2014, 4 U 66/13, juris = MPR 2014, 62).

⁴⁸OLG Zweibrücken, *ebd.,* Rn. 31 m.w.Nachw.; siehe auch nachfolgend LG Essen, Urt. v. 9.2.2015, 1 O 212/13, juris.

⁴⁹BGH, EuGH-Vorlage v. 9.4.2015, VII ZR 36/14, NJW 2015, 2737-2739 (EuGH, Urt. v. 16.2.2017, Schmitt, C-219/15, EU:C:2017:128); Urt. v. 22.6.2017, VII ZR 36/14, juris, Rn. 13 = MDR 2017, 941-942.

⁵⁰Siehe §§ 12, 13, 15, 16 ProdSG; §§ 13, 15 MessEG; § 15 MPG; §§ 3–5 AnerkV.

fen die Kompetenzkriterien in den Harmonisierungsrechtsakten der Union die Aspekte *1)* Verfügbarkeit von Personal und Ausstattung; *2)* Unabhängigkeit und Unparteilichkeit in Bezug auf diejenigen, die unmittelbar oder mittelbar mit dem Produkt befasst sind (wie der Konstrukteur, der Hersteller, der Bevollmächtigte des Herstellers, der Lieferant, der Monteur, der Installateur, der Betreiber); *3)* fachliche Kompetenz der Mitarbeiter für die jeweiligen Produkte und Konformitätsbewertungsverfahren; *4)* Wahrung der beruflichen Schweigepflicht und Integrität sowie *5)* Abschluss einer Haftpflichtversicherung.[51] Weist die um Notifizierung ersuchende Konformitätsbewertungsstelle eine Akkreditierung gemäß der Normenserie EN ISO/IEC 17000 durch eine national anerkannte Akkreditierungsstelle nach, wird vermutet, dass sie die in der Harmonisierungsvorschrift geforderte fachliche Kompetenz, professionelle Integrität und Unparteilichkeit besitzt.[52] Wurde im Erlaubnisverfahren die Einhaltung der Anforderungen festgestellt, erteilt ihr die Behörde zwingend – **gebundener begünstigender Verwaltungsakt (§ 35 VwVfG)** – die Erlaubnis als notifizierte Stelle tätig zu werden und notifiziert sie über das NANDO-System[53] gegenüber der Europäischen Kommission sowie gegenüber den übrigen Mitgliedstaaten.[54] Zwar sind Erlaubnis (Verwaltungsakt) und Notifizierung (Realakt)[55] zwei unterschiedliche Akte. Sie bedingen aber einander. Zum einen setzt die Notifizierung die für die Erhebung von Einwänden gegen die Notifizierung maßgebenden Fristen in Gang und wird die Erlaubnis unter der aufschiebenden Bedingung erteilt, dass innerhalb der Fristen die Europäische Kommission und die übrigen Mitgliedstaaten keine Einwände erheben – die Fristen sind unterschiedlich, nämlich zwei Wochen, sofern eine Akkreditierungsurkunde vorliegt und zwei Monate sofern eine Akkreditierungsurkunde nicht vorliegt[56]. Zum anderen bestimmen Inhalt und Umfang der Erlaubnis Inhalt und Umfang der Notifizierung und ist jede spätere Änderung der Befugnisse, etwa hinsichtlich der Konformitätsbewertungsverfahren oder -module und des/der Produkts/e, der Kommission und den übrigen Mitgliedstaaten zu melden.[57]

---

[51] Zu den einzelnen Kriterien, siehe Kapoor, in Klindt (Hrsg.), ProdSG, § 13.
[52] § 14 ProdSG, § 16 MessEG, § 15 Abs. 1 S. 4 MPG und § 6 AnerkV. Hierzu Europäische Kommission, Leitfaden für die Umsetzung der Produktvorschriften der EU 2016, ABl. 2016 C 272, 83.
[53] Die notifizierten Stellen sind tagesaktuel über http://ec.europa.eu/growth/tools-databases/nando/(sog. NANDO-Plattform) nach Ländern, Harmonisierungsrechtsvorschrift und Kennnummer abrufbar.
[54] § 15 Abs. 1 S. 1 ProdSG; § 11 Abs. 2 Nr. 2, § 17 MessEG; § 15 Abs. 1 S. 1 MPG; § 4 Abs. 3 AnerkV.
[55] Notifizierung ist die Mitteilung der Erlaubnis erteilenden Behörde an die Europäische Kommisison und die übrigen Mitgliedstaaten, dass eine Konformitätsbewertungsstelle notifizierten Stellen vorbehaltene Konformitätsbewertungsverfahren wahrnehmen kann. Die Notifizierung dient somit dazu, den Adressaten der Notifizierung zur Kenntnis zu bringen, dass eine bestimmte Konformitätsbewertungsstelle die behördliche Erlaubnis erlangt hat, als notifizierte Stelle tätig zu werden (hierzu Kapoor, in Klindt (Hrsg.), ProdSG, § 15 Rn. 4 ff.).
[56] § 15 Abs. 1 S. 2 ProdSG, § 17 Abs.1 MessEG, § 4 Abs. 2 AnerkV.
[57] § 15 Abs. 3 ProdSG, § 17 Abs. 4 MessEG, § 4 Abs. 5 AnerkV.

Erfüllt eine notifizierte Stelle die Anforderungen an ihre Notifizierung oder ihre Pflichten nicht mehr, ist die **Erlaubnis zwingend zu widerrufen** und sind die Europäische Kommission und die übrigen Mitgliedstaaten hiervon zu unterrichten.[58] Die Europäische Kommission streicht dann die notifizierte Stelle von der konsolidierten Liste notifizierter Stellen. Obschon der Entzug der Erlaubnis der nationalen zuständigen Behörde vorbehalten ist und ganz regelmäßig auf Betreiben des notifizierenden Mitgliedstaats hin erfolgen wird, wenn nämlich dieser während der regelmäßigen Überwachung (durch die Akkreditierungsstelle oder die notifizierende Behörde) Belege dafür hat, dass die notifizierte Stelle ihre Anforderungen nicht mehr erfüllt, oder Beschwerden über die Kompetenz oder das Verhalten der notifizierten Stelle erhält, kann der Widerruf auch auf Veranlassung der Europäischen Kommission hin erfolgen. So wenn diese begründete Zweifel daran hat, ob eine notifizierte Stelle die Anforderungen ihrer Notifizierung erfüllt oder weiter erfüllen wird. In Fällen dieser Art unterrichtet die Europäische Kommission den notifizierenden Mitgliedstaat entsprechend und fordert ihn auf, die notwendigen Korrekturmaßnahmen zu ergreifen. Die Europäische Kommission und die Mitgliedstaaten haben die Pflicht zu handeln, wenn Zweifel an der Kompetenz einer notifizierten Stelle aufkommen. Sollte die Europäische Kommission von sich aus oder nach einer Beschwerde zu dem Schluss kommen, dass eine notifizierte Stelle die Anforderungen oder ihre Pflichten nicht mehr erfüllt, setzt sie die nationale notifizierende Behörde hiervon in Kenntnis und fordert entsprechende Belege zur Grundlage für die Notifizierung und die Erhaltung der Kompetenz der Stelle an. Die Kommission kann weiter gegen den notifizierenden Mitgliedstaat das Verfahren nach Art. 258 AEUV einleiten.[59] Um bei Aussetzung oder Widerruf einer Notifizierung für Kontinuität zu sorgen oder wenn die notifizierte Stelle ihre Tätigkeit eingestellt hat, muss der notifizierende Mitgliedstaat gewährleisten, dass die Akten dieser Stelle von einer anderen notifizierten Stelle weiter bearbeitet bzw. für die zuständigen notifizierenden Behörden und Marktüberüberwachungsbehörden bereitgehalten werden.[60]

---

[58] § 19 Abs. 1 ProdSG, § 22 Abs. 1 MessEG, §§ 15 Abs. 6 S. 4, 16 Abs. 4 MPG, § 14 Abs. 2 AnerkV.
[59] Die Europäische Kommission (Leitfaden für die Umsetzung der Produktvorschriften der EU 2016, ABl. 2016 C 272, 86 f.) und Kapoor (in Klindt (Hrsg.), ProdSG, § 19 Rn. 2) führen aus, dass eine Streichung der notifizierten Stelle im NANADO-Verzeichnis nicht nur dann erfolgen könne, wenn die notifizierende Behörde des Mitgliedstaats selbst die von ihr vorgenommene Notifizierung widerruft, sondern auch dann, wenn der Gerichtshof am Ende eines Vertragsverletzungsverfahrens nach Art. 258 AEUV die Notifizierung für ungültig erkläre. Letzteres verkennt indes den ausschließlich feststellenden Charakter eines im Vertragsverletzungsverfahren ergangenen Urteils. Wie im deutschen Prozessrecht verleiht das Feststellungsurteil weder einen Vollstreckungstitel noch gestaltet es die Rechtslage. Siehe statt vieler EuGH, Urt. v. 14.4.2005, Kommission/Deutschland, C-104/02, EU:C:2005:219.
[60] Zum Ganzen Europäische Kommission, Leitfaden für die Umsetzung der Produktvorschriften der EU 2016, ABl. 2016 C 272, 86 f.

5. Pflichten der notifizierten Stelle

577 Die Konformitätsbewertungsstelle hat während der Dauer ihrer Tätigkeit als notifizierte Stelle eine Reihe von Pflichten zu erfüllen und überwacht die Erlaubnis erteilende Behörde deren Erfüllung.[61] Den Widerruf ihrer Erlaubnis riskiert denn auch nicht nur diejenige notifizierte Stelle, die die Anforderungen an die Erlaubniserteilung nicht mehr erfüllt, sondern auch die, die ihren gesetzlichen Verpflichtungen nicht nachkommt. Das ProdSG, das MessEG und die AnerkV enthalten zu den Verpflichtungen der notifizierten Stelle inhaltlich identische und an Art. R17 Abs. 11 und Art. R27 des Anhangs I des Beschlusses Nr. 768/2008/EG angelehnte Regelungen:[62] *1)* Die notifizierten Stellen führen die Konformitätsbewertung im Einklang mit den Vorgaben des jeweiligen Konformitätsbewertungsverfahrens durch. *2)* Die Konformitätsbewertung ist unter Wahrung der Verhältnismäßigkeit durchzuführen, wobei unnötige Belastungen der Wirtschaftsakteure vermieden werden sollen. Die notifizierten Stellen üben ihre Tätigkeiten unter gebührender Berücksichtigung der Größe eines Unternehmens, der Branche, in der es tätig ist, seiner Struktur sowie des Grads der Komplexität der betroffenen Produkttechnologie und des Massenfertigungs- oder Seriencharakters des Fertigungsprozesses aus. Hierbei gehen sie allerdings so streng vor und halten ein Schutzniveau ein, wie dies für die Konformität des Produkts mit den Bestimmungen erforderlich ist. *3)* Stellt eine notifizierte Stelle fest, dass ein Hersteller die jeweiligen Anforderungen nicht erfüllt, fordert sie ihn auf, angemessene Korrekturmaßnahmen zu ergreifen, und stellt (zunächst) keine Konformitätsbescheinigung aus. *4)* Hat eine notifizierte Stelle bereits eine Bescheinigung ausgestellt und stellt im Rahmen der Überwachung der Konformität fest, dass das Produkt die Anforderungen nicht mehr erfüllt, fordert sie den Hersteller auf, angemessene Korrekturmaßnahmen zu ergreifen, und setzt die Bescheinigung falls nötig aus oder zieht sie zurück. Sie unterrichtet hierüber die zuständige nationale Stelle. *5)* Die notifizierte Stelle wirkt an den einschlägigen Normungsaktivitäten sowie an den Aktivitäten der Koordinierungsgruppe notifizierter Stellen mit, die im Rahmen der jeweiligen Harmonisierungsrechtsvorschrift geschaffen wurden.

6. Gültigkeit erteilter Bescheinigungen

578 Über die Gültigkeit einer im gesetzlich geregelten Bereich erteilten Bescheinigung entscheidet die notifizierte Stelle. Sie kann die Gültigkeit befristen, aussetzen oder die Bescheinigung zurückziehen. Grundlage hierfür sind die der Beauftragung zugrundeliegen-

---

[61] § 9 Abs. 3 ProdSG, § 15 Abs. 2 S. 2 MPG (siehe etwa VG Aachen, Urt. v. 31.10.2014, 7 K 2696/12, juris), 11 Abs. 2 S. 3 MessEG.

[62] § 16 ProdSG, § 19 MessEG und § 7 AnerkV. Das in Umsetzung der Richtlinien 90/385/EWG, 93/42/EWG und 98/70/EG ergangene MPG regelt die Pflichten der notifizierten Stelle weniger explizit. Siehe zu den nachstehenden Pflichten im einzelnen Kapoor, in Klindt, ProdSG, § 16. Zu den Verpflichtungen einer benannten Stelle nach der Richtlinie 93/42/EWG siehe Generalanwältin Sharpston, Schlussanträge v. 15.9.2015, C-219/15, EU:C:2016:694, Rn. 47 ff.

den (privatrechtlichen) allgemeinen Geschäftsbedingungen des Prüfinstituts (deren Prüf- und Zertifizierungsrichtlinien, -ordnungen, etc.).

Verfügt der Hersteller über eine im jeweiligen Modul geforderte Bescheinigung einer notifizierten Stelle, genügt er – bezogen auf den/dem von der Bescheinigung abgedeckten Aspekt(en) der Entwicklung und/oder Fertigung (→ Rn. 560) – seiner ihm nach Art. R2 Abs. 2 des Anhangs I des Beschlusses 768/2008/EG bzw. diesem nachgebildeten Rechts obliegenden Verpflichtung: das Konformitätsbewertungsverfahren wurde ordnungsgemäß durchgeführt. Dies selbst dann, wenn die Bescheinigung nicht hätte erteilt werden dürfen. So sind notifizierte Stellen unabhängige Prüfeinrichtungen und kann die Bescheinigung einer solchen Stelle behördlicherseits nicht als unschlüssig oder unrichtig und deshalb als formell ungültig zurückgewiesen werden. Eine inhaltliche Überprüfung der Bescheinigungen durch die Marktaufsichtsbehörden sieht das Gesetz nicht vor. Die Bescheinigung der notifizierten Stelle ist kein Sachverständigengutachten, den die mit der Produktkontrolle betraute Behörde inhaltlich ihrer eigenen Entscheidung zu Grunde legt und deshalb auch auf Schlüssigkeit oder Plausibilität hin überprüfen könnte. Die **Bescheinigung** ist vielmehr eine **eigenständige Entscheidung der notifizierten Stelle und nur von dieser zu verantworten.** Ist die Marktaufsichtsbehörde mit der Bewertung der notifizierten Stelle nicht einverstanden, so kann sie die ihrer Ansicht nach falsche Bewertung zum Anlass nehmen, das Produkt als solches (materielle Konformität) zu überprüfen oder im Wiederholungsfall und bei zu beanstandender Bewertungspraxis Maßnahmen gegen den Aussteller der Bescheinigung erwägen (Widerruf der Erlaubnis bzw. Beschwerde bei der notifizierenden Stelle → Rn. 576). Sie kann aber nicht die von einer notifizierten Stelle erteilte Bescheinigung wegen inhaltlicher Mängel als formal unrichtig zurückweisen. Dies geht jedenfalls dann nicht, wenn die **Unrichtigkeit** der Bescheinigung nicht **offensichtlich** ist.[63] Offensichtlich unrichtig ist eine Bescheinigung etwa dann und ist das Konformitätsbewertungsverfahren nicht ordnungsgemäß durchgeführt, wenn die der Bescheinigung zugrunde liegende Prüfung nach einer auf das Produkt nicht anwendbaren Prüfnorm erfolgt, also die herangezogene Prüfnorm schon gar nicht einschlägig ist.[64] Die bloße Einnahme seitens der notifizierten Stelle eines von der h.M. abweichenden oder im Nachhinein widerlegten wissenschaftlichen Standpunkts macht die Bescheinigung hingegen nicht offensichtlich unrichtig. „*Es entspricht der Natur der Sache, dass naturwissenschaftliche Aussagen später u. U. falsifiziert werden. Außerdem fließen auch in technische Feststellungen Wertungen ein, die unterschiedlich sein können. War [etwa] eine Messmethode zu der Zeit, als sie der Konformitätsbewertung zugrunde gelegt wurde nicht völlig abwegig, sondern zumindest vertretbar, so kann die darauf beruhende Bescheinigung der [notifizierten] Stelle nicht von vorne herein als schon formal unwirksame Scheinerklärung abgetan werden.* […]. *Der Hersteller ist zwar*

579

---

[63] VG Köln, 11 K 4108/06, juris, Rn. 30–37.
[64] VG Hamburg, 9 K 2924/14, juris (bestätigt durch Hamburgisches Oberverwaltungsgericht, 3 Bf 152/16, juris).

für die ordnungsgemässe Beschaffenheit seiner Erzeugnisse verantwortlich, er soll aber nicht zum Objekt einer wissenschaftlichen Auseinandersetzung werden, wenn keine konkrete Gefährdung vorliegt. Zweifel an der Richtigkeit der Bewertung der [notifizierten] Stelle können daher nur Anlass dafür sein, das Gerät selbst zu überprüfen."[65]

III. OEM-Produkte

580 Zur Vervollständigung ihres Produktangebots vertreiben Hersteller unter ihrem Namen häufig auch von ihnen nicht selbst hergestellte, sondern zugekaufte Produkte. Soweit im industriellen Einkauf **Handelsware zugekauft** wird, nähert sich der industrielle Einkauf dem Handelseinkauf. Identische Produkte werden unter verschiedenen Herstellernamen auf den Markt gebracht, jedoch von einem einzigen Produzenten gefertigt. Derjenige, der Produkte entwickeln oder herstellen lässt und unter seinem eigenen Namen vermarktet, ist jedoch Hersteller, sog. Eigenmarken-Hersteller (→ Rn. 274). Er muss das auf das Produkt anwendbare Konformitätsbewertungsverfahren durchführen und dies unabhängig davon, welchen Einfluss er auf die Entwicklung oder die Produktion des Produkts hat. Der die Lieferbeziehung zwischen dem *„Privat Label Manufacturer"* und dem *„Original Equipment Manufacturer"* regelnde Vertrag wird sich damit nicht auf den Aspekt des Kaufs beschränken können. Zu bestimmen ist, wie der Hersteller die Entwicklung und die Produktion des eigenen Produkts rechtlich zulässig auslagern kann.

1. Konformitätsnachweis des Eigenmarken-Herstellers
a. Hersteller *„führen das anzuwendende Konformitätsbewertungsverfahren durch oder lassen es durchführen"*

581 In einer **Empfehlung der Kommission vom 24.9.2013**[66] schien die Europäische Kommission die auch im deutschen Verwaltungsrecht gebräuchliche Unterscheidung zwischen höchstpersönlicher Verpflichtung und vertretbarer Handlung zu unternehmen. Es schien, als seien nach deren Dafürhalten die sich aus den Medizinprodukte-Richtlinien ergebenden Herstellerpflichten höchstpersönlicher Natur.[67] So werden in der Empfehlung

---

[65] VG Köln, 11 K 4108/06, juris, Rn. 38 f.
[66] Empfehlung zu den Audits und Bewertungen, die von benannten Stellen im Bereich der Medizinprodukte (Richtlinie 90/385/EWG des Rates vom 20.6.1990 über aktive implantierbare medizinische Geräte, Richtlinie 93/42/EWG des Rates vom 14.6.1993 über Medizinprodukte und Richtlinie 98/79/EG des Europäischen Parlaments und des Rates vom 27.10.1998 über In-vitro-Diagnostika – „Medizinprodukterichtlinien") durchgeführt werden, ABl. 2013 L 253, 27.
[67] Öffentlich-rechtliche Pflichten, die eine vertretbare Handlung zum Gegenstand haben, können bei sachgerechter Erfüllung durch einen Dritten zum Erlöschen gebracht werden (BVerwG, Urt. v. 10.1.2012, 7 C 6.11., juris, Rn. 10), nicht hingegen eine höchstpersönliche Pflicht, also eine Pflicht, die an die Person des Verpflichteten gebunden ist und sich nicht von der Person des Trägers lösen lässt (zur höchstpersönlichen Pflicht, siehe BVerwG, Urt. v. 16.3.2006, 7 C 3/05, BVerwGE 125, 325–336, Rn. 26–28) (→ Rn. 90).

vom 24.9.2013 „[d]*ie benannten Stellen darauf hingewiesen, dass die Hersteller ihren Pflichten persönlich nachkommen müssen, ungeachtet jeder teilweisen oder vollständigen Auslagerung der Produktion auf Unterauftragnehmer oder Lieferanten*". In den neueren und auf den Musterbestimmungen des Beschlusses Nr. 768/2008/EG basierenden Harmonisierungsrechtsvorschriften heißt es hingegen durchgängig, die Hersteller „*führen das anzuwendende Konformitätsbewertungsverfahren durch oder lassen es durchführen*". Die Wendung „*oder lassen es durchführen*" spricht für eine vertretbare Handlung. Es lag daher nicht fern zu meinen, dass der zum OEM-Geschäft in der Empfehlung vom 24.9.2013 erfolgte Hinweis auf die „*persönliche Pflicht*" und die teilweise strikten Anforderungen an die Zertifizierung von OEM-Produkten im Medizinprodukterecht nicht ohne Weiteres auf die Konformitätsbewertung der neueren Harmonisierungsrechtsvorschriften übertragbar seien. Insoweit ist indes festzustellen, dass auch nach den Medizinprodukte-Richtlinien Konformitätsbewertungstätigkeiten ausgelagert werden können und der unionale Gesetzgeber diese Auslagerung mit der Änderungsrichtlinie 2007/47/EG bestimmten Regeln unterwirft, sie aber nicht verbietet. D. h., die Konformitätsbewertung kann auch innerhalb der Medizinprodukte-Richtlinien in Gänze oder in Teilen von einem Dritten durchgeführt, aber nicht mit befreiender Wirkung einem Dritten übertragen werden. Wenn es daher in der Empfehlung vom 24.9.2013 heißt, die Hersteller müssen „*ihren Pflichten persönlich nachkommen […], ungeachtet jeder teilweisen oder vollständigen Auslagerung der Produktion auf Unterauftragnehmer oder Lieferanten*", so ist dies nur dahingehend zu verstehen, dass eine befreiende Übertragung öffentlich-rechtlicher Herstellerpflichten ausgeschlossen ist und der Hersteller als der ursprünglich Verpflichtete diese Stellung bis zur Erfüllung der Pflicht behält. Solchermaßen bestehen bezogen auf die Pflicht zur Durchführung des einschlägigen Konformitätsbewertungsverfahrens trotz der Wendung „*durchführen oder durchführen lassen*" keine Unterschiede zwischen den Medizinprodukte-Richtlinien und den sonstigen Harmonisierungsrechtsvorschriften nach der Neuen Konzeption. Dritte können hier wie dort die Konformitätsbewertung in Gänze oder Teilen durchführen.

b. Nachweis der Konformität

In der Praxis wird denn auch die Frage nicht weiter thematisiert, ob die Konformitätsbewertung Dritten mit befreiender Wirkung übertragen werden kann. Die Frage ist vielmehr einzig, wie in Fällen vollständiger oder teilweiser Auslagerung des Entwurfs oder der Fertigung der Nachweis ordnungsgemäßer Konformitätsbewertung durch den Eigenmarken-Hersteller zu führen ist. Hierbei sind im Grunde wiederum zwei Aspekte zu unterscheiden, die sich teilweise überschneiden: *1)* Zunächst gilt es zu bestimmen, wie der Eigenmarken-Hersteller den **Nachweis ordnungsgemäßer Durchführung der Konformitätsbewertung** erbringen kann, wenn relevante Entwurfs- und/oder Fertigungsschritte vom Lieferanten ausgeführt werden. Hier sind verschiedene Fallkonstellationen denkbar. Maßgebend ist zunächst, ob der Lieferant für das betreffende Produktmodell auch selbst Hersteller ist, d. h. gleichartige Produkte auch unter seinem Namen oder seiner Marke vertreibt, und nur das äußere Design des Produkts, nicht aber

auch das technische Design, geändert wird. Weiter ist entscheidend, ob das einschlägige Konformitätsbewertungsverfahren die Einbeziehung einer unabhängigen Stelle fordert und der Lieferant über Bescheinigungen für das betreffende Produkt verfügt.[68]
2) Zum anderen geht es um den Nachweis der **Sicherstellung der Konformität durch den Eigenmarken-Hersteller.**[69] So muss nach Einschätzung der Europäischen Kommission der Eigenmarken-Hersteller nachweisen, über jede Änderung im technischen Design, im Herstellungsprozess und der Konformitätsbewertung informiert zu sein.[70] Dies bedingt notwendigerweise, dass die Anforderungen an das Produkt, den Herstellungsprozess sowie die Anforderungen an die Konformitätsbewertung bereits im Vorfeld zwischen dem Eigenmarken-Hersteller und dem Lieferanten festgelegt und der gesamte Produktentstehungsprozess abgestimmt bzw. vom Eigenmarken-Hersteller geprüft und validiert wurden.[71] Die **Gesamtverantwortung für Entwurf und Fertigung verbleibt stets beim Eigenmarken-Hersteller** als Hersteller und gelten die hiermit einhergehenden Kontroll- und Überwachungspflichten unabhängig vom einschlägigen Konformitätsbewertungsverfahren.[72] Aber auch die Erfüllung der sonstigen Herstellerpflichten ist bei

---

[68] Vgl. ZLG, Konformitätsbewertung, 3.9. B 16, Oktober 2010 (Fallkonstellationen bei der Zertifizierung von OEM-Produkten und der notifizierten Stelle vorzulegende Mindestdokumentation).

[69] Art. R2 Abs. 1 bis 4 des Anhangs I des Beschluss Nr. 768/2008/EG und diesem nachgebildetes EU-Recht.

[70] Europäische Kommission, Leitfaden für die Umsetzung der Produktvorschriften der EU 2016, ABl. 2016 C 272, 69 und (allgemein) 28 f. Solchermaßen überträgt die Europäische Kommission bereits zu den Medizinprodukte-Richtlinien ausformulierte Anforderungen auf die Gesamtheit der Harmonisierungsrechtsvorschriften nach der Neuen Konzeption. So lautet Erwägungsgrund Nr. 21 der Richtlinie 2007/47/EG vom 5.9.2007 zur Änderung der Richtlinie 93/42/EG über Medizinprodukte: *„Da die Hersteller die Entwicklung und die Herstellung von Medizinprodukten immer häufiger bei Dritten in Auftrag geben, muss der Hersteller unbedingt nachweisen, dass er jene Dritten angemessenen Kontrollen unterzieht, um dauerhaft zu gewährleisten, dass das Qualitätssicherungssystem effizient arbeitet."* Nach Ziffer 3.2., lit. b), der Anhänge II, V und VI der Richtlinie 93/42/EWG in der Fassung der Richtlinie 2007/47/EG muss der Hersteller bei der Ausgestaltung *„seines"* Qualitätssicherungssystems in Fällen der Ausstellung, Herstellung und/oder Endkontrolle und Prüfung des Produkts oder Produktbestandteilen durch einen Dritten, Methoden zur Überwachung seiner wirksamen Anwendung und insbesondere Kontrollen, denen dieser Dritte unterzogen wird, vorsehen. Darüber hinaus verlangt die Richtlinie im Hinblick auf die vorgelagerten Herstellungsstufen, dass der Hersteller bei der Materialbeschaffung Verfahren und Methoden der Qualitätssicherung und -kontrolle implementiert und dokumentiert (Lützeler/Riemenschneider, MPJ 2010, 71 (72-74)).

[71] Es sind dies die aus der Norm ISO 9001:2008-12, Ziffer 7.4 (Beschaffung) bekannten Regelungsinhalte. Siehe auch Antworten und Beschlüsse des EK-Med, Konformitätsbewertung; Guidance for Notified Bodies auditing suppliers to medical device manufacturers, 3.9. D 17, Annex 2 (Stand März 2010).

[72] Europäische Kommission, Leitfaden für die Umsetzung der Produktvorschriften der EU 2016, ABl. 2016 C 272, 28 f. und 69.

Auslagerung von Prozessen sicherzustellen. Insoweit ist insgesamt festzustellen, dass der Hersteller, der Prozesse ausgliedert, generell die *„Lenkung derartiger Prozesse sicherstellen"* muss.[73]

2. Konformitätssicherungsvereinbarung

Da der Lieferant bezogen auf das unter dem Namen des Auftraggebers vertriebene einzelne Produkt nicht selbst den öffentlich-rechtlichen Herstellerpflichten unterliegt, kann deren Erfüllung nur mittels Vertrag sichergestellt werden. Erforderlich sind detaillierte Vereinbarungen, die zu den Tätigkeiten und Aufgaben im Rahmen des Produktentstehungsprozesses, die vom Eigenmarken-Hersteller nicht selbst bzw. vom Lieferanten durchgeführt werden, präzise, verbindliche und sachgerechte Regelung treffen. Alle relevanten Aspekte der einschlägigen Harmonisierungsrechtsvorschrift sowie zusätzliche nationale Anforderungen müssen zwischen dem Eigenmarken-Hersteller und dem Lieferanten abgestimmt und die Verantwortlichkeiten zugewiesen werden.[74] In der Praxis sind entsprechende Regelungen regelmäßig in den der Lieferbeziehung zugrundeliegenden Entwicklungs- und Lieferrahmenverträgen verortet. Sie können auch Gegenstand gesonderter Vereinbarung sein.[75]

583

a. Generalklauseln

Die das OEM-Geschäft regelnden Vertäge enthalten zunächst Anforderungen an das Qualitätsmanagementsystem des Lieferanten und verlangen ganz regelmäßig eine Zertifizierung nach DIN EN ISO 9001 bzw. ISO/TS 16949. Weitere, gleichsam formularmäßig Regelungen allgemeiner Art sind solche zur Unterauftragsvergabe, zum

584

---

[73]Siehe auch die expliziten Normanforderungen bei zertifizierten Qualitätssicherungssystemenen: zur Pflicht der Lenkung ausgegliederter Prozesse im Rahmen der die gesetzlichen Anforderungen an Qualitätssicherungssysteme konkretisierenden Norm DIN EN ISO 9001, Ziffer 4.1 Abs. 4 DIN EN ISO 9001:2008-12 *(„Wenn sich eine Organisation dafür entscheidet, einen Prozess auszugliedern, der die Produktkonformität mit den Anforderungen beeinflusst, muss die Organisation die **Lenkung derartiger Prozesse sicherstellen**. Die Art und der Umfang der Lenkung derartiger ausgegliederter Prozesse müssen im Qualitätsmanagementsystem festgelegt sein."*) und weiter ISO 9001:2008-12, Ziffer 7.4 (Beschaffung). Siehe auch Ziffer 4.1 DIN EN ISO 13485 (Medizinprodukte) (hierzu Lützeler/Riemenschneider, MPJ 2010, 71 (73)).

[74]Siehe für das Medizinprodukterecht, Lützeler/Riemenschneider, Qualitätssicherung bei Lieferanten und Lohnherstellern, MPJ 2010, 71 73 f. Die insoweit erforderliche Vereinbarung ist nicht zu verwechseln mit der traditionellen Qualitätssicherungsvereinbarung. Letztere regelt die Qualität bezogen auf die zwischen den Parteien vereinbarte Beschaffenheit (Null-Fehler-Zielsetzung) und erfasst von vornherein nur die Fertigungsstufe. Siehe auch Beyerlein, Lohnherstellungs- und Verantwortungsabgrenzungsvertrag für Medizinprodukte, S. 21 f. (dort aber unter dem Aspekt der Haftung und des Regresses).

[75]Siehe etwa Beyerlein, Lohnherstellungs- und Verantwortungsabgrenzungsvertrag für Medizinprodukte.

Beschwerde- und Rückrufmanagement,[76] zur Rückverfolgbarkeit von Bauteilen und Materialien in der Lieferkette, zu den technischen Unterlagen, zur Auditierung durch den Eigenmarken-Hersteller und/oder Dritten,[77] zum Schadstoffmanagement (RoHS und REACH),[78] zu Informationspflichten bei Qualitätseinbrüchen oder Kundenbeschwerden zu bauartgleichen oder -ähnlichen Produkten des Lieferanten.

b. Regelungen zur Produkt- und Fertigungsfreigabe

Generalklauselartiger Regelung entzogen und auf das konkrete Produkt und das anzuwendende Konformitätsbewertungsverfahren spezifisch zugeschnitten sind die vertraglichen Regelungen zur Produkt- und Fertigungsfreigabe. Sie müssen es dem Hersteller erlauben, die Konformität der Bauart und des einzelnen Produktes bei Serienfertigung beurteilen, sicherstellen und dokumentiert belegen zu können.[79]

aa. Produktfreigabe

585 Stellt der Lieferant nicht nach eigenen Spezifikationen her und ist das Produkt von diesem erst noch zu entwickeln, ist vorzusehen, dass der Lieferant von Beginn der Entwicklung

---

[76]Es ist sicherzustellen, dass der Lieferant auch nach Beendigung der Lieferbeziehung bei Kundenreklamationen oder auf beim Eigenmarken-Hersteller eingehende Anfragen der Marktaufsichtsbehörden hin, zum Zwecke der Aufklärung von Schadensfällen und zum Nachweis der Gesetzeskonformität zur Verfügung steht.

[77]Der Besteller muss vor und nach Produktionsfreigabe berechtigt sein, Audits durchzuführen, um sich zu vergewissern, dass die vereinbarten Qualitätssicherungsmaßnahmen stets durchgeführt werden. Es ist dem Eigenmarken-Hersteller oder von ihm beauftragten Dritten (namentlich den mit der Zertifizierung betrauten notifizierten Stellen) Zugang zu den Herstellungs-, Abnahme-, Prüf- und Lagereinrichtungen zu gewähren und sind die für das Audit erforderlichen Unterlagen zur Verfügung zu stellen (siehe auch Empfehlung der Kommission vom 24.9.2013, ABl. 2013 L 253, 32, wonach die benannten Stellen keine Abkommen mit den Herstellern schließen sollten, *„sofern sie keinen Zugang zu allen Unterauftragnehmern von entscheidender Bedeutung und allen wichtigen Lieferanten und damit zu allen Standorten, an denen die Produkte oder ihre wesentlichen Komponenten produziert werden, erhalten"*.).

[78]Der Lieferant hat ein integriertes Schadstoffmanagement zu unterhalten, das die RoHS-Konformität auch der im Produkt verbauten und von Unterlieferanten bezogenen Geräte, Bauteile und -gruppen gewährleistet (Festlegung regelmäßiger Prüfungen/Stichproben; Vornahme von Werkstoff- und/oder Produktanalysen; ggf. Werkstoffsubstitutionen, usw.) (→ Rn. 414). Festzulegen sind die an Herstellererklärungen der Unterlieferanten (Erklärung des Unterlieferanten zur RoHS-Konformität der von ihm gelieferten Produkte) zu stellenden Anforderungen (Plausibilitätsanforderungen, Erfordernis der Verfizierung).

[79]Europäische Kommission, Leitfaden für die Umsetzung der Produktvorschriften der EU 2016, ABl. 2016 C 272, 29 (*„Der Hersteller muss den Entwurf und den Bau des Produkts verstehen, damit er die Verantwortung dafür tragen kann, dass das Produkt alle Bestimmungen der einschlägigen Harmonisierungsrechtsvorschriften der Union erfüllt. Dies trifft zu, wenn der Hersteller das Produkt entwickelt, herstellt, verpackt und etikettiert, aber auch, wenn einer oder alle dieser Arbeitsschritte von einem Subunternehmer ausgeführt werden. Der Hersteller muss über die sachdienlichen Informationen zum Nachweis der Übereinstimmung des Produkts verfügen."*).

an und in regelmäßiger Abstimmung mit dem Eigenmarken-Hersteller eine **fortzuschreibende Risikoanalyse und -bewertung** zu all jenen Aspekten durchführt, die von auf das Produkt anwendbaren Rechtsvorschriften abgedeckt werden. Die Parteien verständigen sich hierbei idealiter auf eine Methode.[80] Eine Abschrift der Risikoanalyse und -bewertung ist in die interne technische Dokumentation einzustellen (→ Rn. 563). Der Eigenmarken-Hersteller ist auch im Übigen in den Konstruktions- und Produktentwicklungsprozess einzubinden. Das Lastenheft des Eigenmarken-Herstellers sollte bereits die einzuhaltenden gesetzlichen Anforderungen und technischen Normen beinhalten. Das im Rahmen der Spezifikationsphase erstellte **Pflichtenheft,** das **Konzept,** die **Lösungsauswahl** und die in der Gestaltungsphase auszuarbeitende **Baustruktur bedürfen aufgeklärter Bestätigung des Eigenmarken-Herstellers:** der Lieferant hat mittels der technischen Unterlagen – namentlich den Ergebnissen der Konstruktionsberechnungen – dem Lieferanten gegenüber den Nachweis zu führen, dass der aus dem Pflichtenheft, inkl. Konstruktionsunterlagen, ersichtliche technische Entwurf des Produkts angemessen ist, d. h. dass ein so konzipiertes Produkt den gesetzlichen Anforderungen entspricht. Diese Nachweise sind zu dokumentieren und eine Abschrift der dem Nachweis dienenden Dokumente dem Besteller zu übergeben. Er hat den Besteller darüber zu informieren und zu erläutern inwieweit das Vertragsprodukt (Bauart) und/oder seine Teile nach den geltenden Vorschriften einschlägiger harmonisierter und/oder sonstiger Normen entworfen wurde und welche Teile ggfs. ohne Anwendung der einschlägigen Vorschriften dieser Normen entworfen wurden (→ Rn. 224, 564). Die auf OEM-Produkte bezogenen Entwicklungs- und Lieferverträge der Eigenmarken-Hersteller enthalten weiterhin regelmäßig die Bestimmung, wonach der Lieferant diesem nach Gelingen dieses Nachweises einen **Prototyp** übersendet. Der Eigenmarken-Hersteller prüft dann oder lässt von dritter Seite prüfen, ob der Prototyp in Übereinstimmung mit dem technischen Entwurf hergestellt wurde und den gesetzlichen Anforderungen und den Anforderungen aus dem Lastenheft genügt. Der Eigenmarken-Hersteller erteilt daraufhin die Freigabe des technischen Entwurfs (**Konstruktionsfreigabe**) oder lehnt diese ab und ist die Konstruktion oder der Prototyp nachzubessern. Nach Konstruktionsfreigabe wird aus dem Pflichtenheft heraus die dann zwischen den Parteien verbindliche technische Spezifikation erstellt. Die sich der Konstruktionsfreigabe anschließende Produktfreigabe dient der **Freigabe der Industrialisierung.** Der Eigenmarken-Hersteller ordert ein oder mehrere Erstmuster. Erstmuster sind unter Serienbedingungen (Maschinen, Anlagen, Betriebs- und Prüfmittel, Bearbeitungsbedingungen) gefertigte und geprüfte Produkte. Die Erstmuster sind vom Lieferanten vor deren Aussendung auf ihre Übereinstimmung mit der technischen Spezifikation hin zu prüfen und werden mit einer Abschrift der Test- und Prüfberichte dem Besteller übersendet. Durch die **Erstmusterprüfung** erbringt der Lieferant den Nachweis, dass auf eine wiederholsichere Serienfertigung geschlossen werden kann. Der

---

[80] Zur Risikoanalyse- und bewertung sowie den Methoden der Risikobeurteilung → Rn. 353.

Besteller wird dann prüfen oder prüfen lassen, ob die Muster der technischen Spezifikation gemäß hergestellt wurden. Der Besteller erteilt daraufhin die Produktfreigabe oder lehnt diese ab und ist die Industrialisierung nachzubessern.

Stellt der Lieferant nach eigenen Spezifikationen her (**Katalogware**) findet eine Einbindung des Eigenmarken-Herstellers in die Entwicklung naturgemäß nicht (mehr) statt. Im Übrigen gilt Vorstehendes analog und muss sich der Eigenmarken-Hersteller von der Konformität überzeugen und diese dokumentieren. Unterhält der Lieferant für das betreffende Produkt ein zertifiziertes QS-System nach D1, E1, F1, G, H, H1 oder verfügt er über eine Baumusterprüfbescheinigung, gelten hinsichtlich des vom Lieferanten zu erbringenden Nachweises der Konformität des Entwurfs weniger strenge Anforderungen. Die Parteien werden sich dann regelmäßig mit der Vorlage gültiger Bescheinigungen nach der einschlägigen Harmonisierungsrechtsvorschrift für das betreffende Produkt, der Verpflichtung zu deren Aufrechterhaltung und einer Übereinstimmungserklärung des Lieferanten, wonach OEM-Produkt und Privat Label-Produkt identisch sind, begnügen können. Ist bezogen auf das Privat Label-Produkt eines der Module D1, E1, F1, G, H, H1 anzuwenden oder bedarf es einer EU-Baumusterprüfung ist weiter die Einbeziehung des QS-Systems des Lieferanten in das des Eigenmarken-Herstellers bzw. ist beim Erfordernis einer EU-Baumusterprüfbescheinigung die Mitwirkung des Lieferanten im jeweiligen Zertifizierungsverfahren sicherzustellen und zu regeln.

bb. Fertigungsfreigabe

586 Mittels auf die Fertigungsstufe bezogener Regelungen ist die **Übereinstimmung der gelieferten Produkte mit dem freigegebenen Muster bei Serienfertigung sicherzustellen.** Bedarf es hierfür nach der einschlägigen Harmonisierungsrechtsvorschrift eines zertifizierten QS-Systems oder überwachter Produktprüfung und unterhält der nach eigenen Spezifikationen herstellende Lieferant (Katalogware) solche, werden sich die Parteien auch hier mit der Vorlage gültiger Bescheinigungen für das betreffende Produkt, der Verpflichtung zu deren Aufrechterhaltung und einer Übereinstimmungserklärung des Lieferanten, wonach OEM-Produkt und Privat Label-Produkt identisch sind, regelmäßig begnügen können. Es bleibt die Einbeziehung des QS-Systems des Lieferanten in das des Eigenmarken- Herstellers i. S. der Ziffer 4.1 Abs. 4 DIN EN ISO 9001:2008-12 sicherzustellen und ist die Mitwirkung des Lieferanten im jeweiligen Zertifizierungsverfahren zu regeln.

Spezifische Regelungen sind indes erforderlich, wenn der Lieferant für das betreffende Produkt nicht selbst Hersteller ist oder bezogen auf das vom Eigenmarken-Hersteller ausgewählte Modul über ein zertifiziertes QS-System oder eine überwachte Produktprüfung nicht verfügt. Fordert die einschlägige Harmonisierungsrechtsvorschrift weder ein auf die Fertigung bezogenes QS-System, noch eine überwachte Produktprüfung, steht es dem Privat Label Manufacturer freilich frei, wie er die Konformität bei Serienfertigung sicherzustellen gedenkt. Indes greifen die in der Praxis vorfindlichen Regelungen zwischen Lieferant und Eigenmarken-Hersteller zur Qualitätssicherung regelmäßig, bewusst oder unbewusst, die in den Teilmodulen C1, C2, D, E, F oder in den Modulen G, H, H1 beschriebenen und solchermaßen vom unionalen Gesetzgeber als tauglich befundenen Qualitätssicherungsprozesse, in Gänze oder in Teilen, auf. Obschon in diesen Fällen der Rückgriff auf diese (Teil-)Module freiwillig bleibt, kommt es in der Praxis zu inhaltlich weitestgehend einheitlichen Regelungen, d. h. unabhängig davon, ob es gesetzlich eines zertifizierten QS-Systems oder überwachter Produktprüfung bedarf oder nicht. Die Parteien werden auf nachstehende (Teil-)Module – gegebenenfalls inhaltlich und im Umfang modifiziert – zurückgreifen und zwischen diesen auswählen.

1) **Überwachte Produktprüfung – Modul C1, Nr. 3 (A1, Nr. 4); Fertigung betreffende Einzelprüfung G Nr. 4:** *„An jedem einzelnen hergestellten Produkt werden vom [Lieferanten] eine oder mehrere Prüfungen eines oder mehrerer bestimmter Aspekte des Produkts vorgenommen, um die Übereinstimmung mit den entsprechenden Anforderungen der Rechtsvorschrift zu überprüfen."*

Wenn und soweit die Prüfanforderungen nicht gesetzlich und auch nicht in vom Lieferanten herangezogenen Normen festgelegt sind, sind sie in einer zwischen den Parteien abzustimmenden Prüfplanung festzulegen und ist dem Private Label Manufacturer gegenüber darzulegen, inwieweit hierdurch die Konformität der Produkte gewährleistet ist. Der Lieferant wird über die Durchführung der integrierten Produktprüfungen, insbesondere über Messwerte und Prüfergebnisse, Aufzeichnungen anfertigen und verfügbar halten. Art, Umfang und Aufbewahrungsfristen von Aufzeichnungen sind, sofern in gesetzlich oder in vom Lieferanten herangezogenen Normen nicht geregelt, zwischen den Parteien zu regeln.

Ist die überwachte Produktprüfung (mit Modul B) oder sind die Module A1 oder G gesetzlich angeordnet, führt eine notifizierte Stelle oder bei Modul A1 gegebenenfalls auch eine akkreditierte interne Stelle die gesetzlich vorgegebenen Prüfungen durch. Führt eine notifizierte Stelle die Prüfungen durch, bringt diese oder der Lieferant unter ihrer Verantwortung ihre Kennnummer an.

2) **Überwachte Produktprüfung in unregelmäßigen Abständen – Modul C2, Nr.3 (A2, Nr. 4):** Entsprechend Modul C1, Nr. 3, aber Prüfung im Stichprobenverfahren.

3) **Qualitätssicherung bezogen auf den Produktionsprozess – Modul D (D1); Fertigung betreffende QS nach H und H1, jeweils Nr. 3.2:** Der Lieferant implementiert ein den Anforderungen nach Modul D genügendes Qualitätssicherungssystem. Er fertigt über die Durchführung der Qualitätssicherung Aufzeichnungen an und hält diese verfügbar. Art, Umfang und Aufbewahrungsfristen der Aufzeichnungen sind zwischen den Parteien zu regeln, verpflichtet sich der Lieferant, die mit dem Qualitätssicherungssystem verbundenen Aufgaben zu erfüllen und sorgt dafür, dass das System stets ordnungsgemäß und effizient betrieben wird. Der Eigenmarken-Hersteller hat eine etwaige ISO-9001 Zertifizierung zu beachten und kann sich in diesem Fall die Kontrolle des QS-Systems des Lieferanten durch den Eigenmarken-Hersteller auf das fachspezifische Delta beschränken.

Ist die Qualitätssicherung bezogen auf den Produktionsprozess (Modul D oder D1) gesetzlich angeordnet, bedarf es der Zertifizierung durch eine notifizierte Stelle.

4) **Qualitätssicherung bezogen auf das Produkt – Modul E (E1):** Wie bei Modul D mit dem Unterschied, dass das Qualitätssicherungssystem bei Modul E der Sicherung der Qualität des Endprodukts dient, während das Qualitätssicherungssystem von Modul D auf die Sicherung der Qualität des gesamten Produktionsprozesses abstellt.

5) **Konformität auf der Grundlage einer Produktprüfung – Modul F, Nrn. 4 und 5 (F1, Nrn. 4 und 5):** Vereinbaren die Parteien Anforderungen entsprechend Modul F, Nrn. 4 und 5 und führt der Lieferant – anstatt einer notifizierten Stelle – die dort aufgeführten Untersuchungen und Prüfungen durch, dokumentiert er diese und ergreift die erforderlichen Maßnahmen, um zu verhindern, dass nicht annahmefähige Lose in Verkehr gebracht werden. Art, Umfang und Aufbewahrungsfristen von Untersuchungs- und Prüfungsberichten sind zwischen den Parteien zu regeln.

Ist die Konformität auf der Grundlage einer Produktprüfung (Modul F oder F1) gesetzlich angeordnet, führt eine notifizierte Stelle die Untersuchungen und Prüfungen durch.

IV. EU-Konformitätserklärung

1. Auf das einzelne Produkt bezogene Erklärung

587   Die Konformitätsbewertung schließt mit der Erstellung der EU-Konformitätserklärung ab. Bei der EU-Konformitätserklärung handelt es sich um das Dokument, mit dem bescheinigt wird, dass das Produkt die wesentlichen Anforderungen der anzuwendenden Rechtsvorschriften erfüllt. Parallel zu der auf das einzelne Produkt bezogenen Konformitätsbewertung wird mit der EU-Konformitätserklärung die Konformität des einzelnen Produkts erklärt und bedingt dies unternehmensinternes **Zusammenwirken der** mit dem Entwurf betrauten und der mit der Qualitätssicherung betrauten **Fachabteilungen.** Mit Ausnahme der Richtlinien über Maschinen, Geräten und Systemen in explosionsgefährdeten Bereichen, über Funkanlagen, Messgeräte, Sportbooten, Aufzügen und der Outdoor-Richtlinie, wonach einem jeden Produkt eine Konformitätserklärung oder Kopie hiervon beizufügen ist,[81] wird nur eine EU-Konformitätserklärung pro Produkttyp, also regelmäßig pro Hersteller-Artikelnummer, erstellt und bezieht sich diese auf alle in Verkehr gebrachten Produkte diesen Typs bzw. alle unter dieser Artikelnummer in Verkehr gebrachten gleichartigen Produkte. Gelten für ein Produkt mehrere Harmonisierungsrechtsvorschriften der Union, so muss der Hersteller oder sein Bevollmächtigter eine einzige Konformitätserklärung in Bezug auf alle einschlägigen Rechtsvorschriften der Union

---

[81]Art. 5 Abs. 1 lit. e) der Richtlinie 2006/42/EG, Art. 6 Abs. 2 der Richtlinie 2014/34/EU, Art. 10 Abs. 9 der Richtlinie 2014/53/EU, Art. 8 Abs. 7 der Richtlinie 2014/32/EU, Art. 15 Abs. 4 der Richtlinie 2013/53/EU, Art. 7 Abs. 2, 8 Abs. 2 der Richtlinie 2014/33/EU und § 3 Abs. 1 Nr. 2 der 32. BImSchV.

vorlegen können.[82] Um den Verwaltungsaufwand zu verringern und ihre Anpassung aufgrund einer Änderung einer der geltenden Rechtsvorschriften der Union zu erleichtern, kann diese einzige EU-Konformitätserklärung eine Akte sein, die aus den einschlägigen einzelnen Konformitätserklärungen zu den verschiedenen Harmonisierungsrechtsakten besteht.[83] Die EU-Konformitätserklärung ist Bestandteil der technischen Dokumentation und muss die EU-Konformitätserklärung ab dem Datum des Inverkehrbringens – also des Inverkehrbringens der letzten von ihr erfassten Verkehrseinheit – zehn Jahre aufbewahrt werden,[84] sofern in den Rechtsvorschriften keine andere Zeitdauer festgelegt wird.[85]

2. Inhalt

Der Inhalt der EU-Konformitätserklärung wird vorgegeben entweder mittels in der Harmonisierungsrechtsvorschrift vorgenommenen Verweises auf die in Anhang III des Beschlusses Nr. 768/2008/EG enthaltene **Mustererklärung** oder Verweises auf eine den einschlägigen Harmonisierungsrechtsvorschriften der Union direkt beigefügte Mustererklärung. Aussteller der EU-Konformitätserklärung ist stets der Hersteller oder sein in der Union niedergelassener Bevollmächtigter und ist zu unterscheiden zwischen Aussteller und **Unterzeichner.** Wer für den Hersteller zeichnet, ist gesetzlich nicht vorgegeben. Es müssen nur Name und Funktion des Unterzeichnenden, also *„zur Person, die zur Ausstellung* [der] *Erklärung im Namen des Herstellers oder seines Bevollmächtigen bevollmächtigt ist",*[86] angegeben werden.

588

3. Sprache

Die EU-Konformitätserklärung muss in die Sprache bzw. die Sprachen übersetzt werden, die von dem Mitgliedstaat vorgeschrieben wird/werden, in dem das Produkt in Verkehr gebracht wird oder auf dessen Markt es bereitgestellt wird.[87] In den Harmonisierungsrechtsvorschriften der Union ist nicht angegeben, wer die Erklärung übersetzen lassen

589

---

[82]Vgl. Art. 5 des Beschlusses Nr. 768/2008/EG.
[83]Vgl. etwa Erwägungsgrund 22 der Richtlinie 2014/35/EU und Erwägungsgrund 24 der Richtlinie 2014/34/EU.
[84]Anhang II. Ziff. 2 der Richtlinie 2006/42/EG, Art. 8 Abs. 3 der Richtlinie 2009/125/EG, Art. 7 lit. d) der Richtlinie 2011/65/EU, Art. 7 Abs. 3 der Richtlinie 2013/53/EU, Art. 6 Abs. 3 der Richtlinie 2014/29/EU, Art. 7 Abs. 3 der Richtlinie 2014/30/EU, Art. 6 Abs. 3 der Richtlinie 2014/31/EU, Art. 8 Abs. 3 der Richtlinie 2014/32/EU, Art. 7 Abs. 3 und 8 Abs. 3 der Richtlinie 2014/33/EU, Art. 6 Abs. 3 der Richtlinie 2014/34/EU, Art. 6 Abs. 3 der Richtlinie 2014/35/EU, Art. 10 Abs. 4 der Richtlinie 2014/53/EU, Art. 6 Abs. 3 der Richtlinie 2014/68/EU.
[85]Nach den Richtlinien über Medizinprodukte und In-vitro-Diagnostika muss die EU-Konformitätserklärung fünf Jahre lang aufbewahrt werden und im Falle von implantierbaren medizinischen Geräten 15 Jahre lang (Anhang II Ziff. 6.1 der Richtlinie 93/42/EG und Art. 9 Abs. 7 der Richtlinie 98/79/EG).
[86]Vgl. Anhang II Ziff. 1. A. Nr. 10 der Richtlinie 2006/42/EG.
[87]Vgl. Art. R10 Abs. 2 des Anhangs I des Beschlusses Nr. 768/2008/EG.

muss. Zwingenderweise muss dies der Hersteller oder ein anderer Wirtschaftsakteur sein, der das Produkt bereitstellt. Die EU-Konformitätserklärung muss vom Hersteller oder seinem Bevollmächtigten unterzeichnet werden. Wurde eine Übersetzung der EU-Konformitätserklärung von einem anderen Wirtschaftsakteur erstellt und diese nicht vom Hersteller unterzeichnet, so ist außerdem eine vom Hersteller unterzeichnete Kopie des Originals der EU-Konformitätserklärung zusammen mit der übersetzten Fassung vorzulegen.[88]

4. Wirkung

590 Das Vorliegen einer EU-Konformitätserklärung ist formale Inverkehrbringensvoraussetzung des einzelnen Produkts. Weiter heißt es, „[m]*it der Ausstellung der E*[U]*-Konformitätserklärung übernimmt der Hersteller die Verantwortung für die Konformität des Produkts*". Obschon feierlich formuliert, entfalten die dem Art. R10 Abs. 3 des Anhangs I des Beschlusses Nr. 768/2008/EG nachgebildeten Vorschriften öffentlich-rechtlich keine eigenständige Wirkung.[89] Auch strafrechtlich knüpft das Gesetz an die falsche EU-Konformitätserklärung, also die Unwahrheit der Aussage, keine Sanktionen. Während etwa die falsche Versicherung an Eides statt (§ 156 StGB) und die sonstigen Aussagedelikte an die unwahre Aussage eine Strafbarkeit knüpfen, bleibt die Unwahrheit erklärter Konformität als solche straflos. Allerdings gibt der Erklärende, also die für das Unternehmen zeichnende natürliche Person, mit der Erklärung das Produkt intern frei und ist eine durch das freigegebene Produkt verursachte Rechtsgutsverletzung immer auch kausal auf diese Erklärung zurückzuführen. Eine aus diesem Kausalzusammenhang abzuleitende Strafbarkeit des Unterzeichnenden gehorcht aber den allgemeinen Grundsätzen und knüpft das Gesetz an die falsche Aussage selbst keine Rechtfolgen. Selbst bewusst falsche Erklärungen oder Erklärungen „*ins Blaue hinein*" sind als solche nicht strafbewehrt.[90]

V. Verpflichtete

591 Den (tatsächlichen) **Hersteller** trifft die produktbezogene Gestaltungsverantwortung und solchermaßen die Pflicht zur Konformitätsbewertung. Gemäß Art. R6 des Anhangs I des

---

[88] Europäische Kommission, Leitfaden für die Umsetzung der Produktvorschriften der EU 2016, ABl. 2016 C 272, 58.
[89] Siehe aber zum Produkthaftungsrecht, LG Stuttgart, Urt. v. 10.4.2012, 26 O 466/10, juris, Rn. 44 (Umkehr der Beweislast). Zum Wettbewerbsrecht siehe OLG Hamm, Urt. v. 6.2.2014, 4 U 131/13, juris, wonach die EU-Konformitätserklärung als reine Herstellererklärung nicht zur Werbung „*geprüfte Qualität*" berechtigt. Im Arbeitsschutzrecht → Rn. 527.
[90] Eine Strafbarkeit ließe sich freilich im Produktsicherheitsrecht über § 40 ProdSG konstruieren (hierzu → Rn. 772 ff.). Dies würde aber zunächst die Erfüllung eines der dort normierten strafqualifizierenden Merkmale voraussetzen und erscheint praxisfern.

Beschlusses Nr. 768/2008/EG trifft diese Pflicht gleichermaßen den **Quasihersteller,** also den Einführer oder Händler, der ein Produkt unter seinem eigenen Namen oder seiner eigenen Marke vermarktet (→ Rn. 275). Weil der Quasihersteller mangels Konformitätssicherungsvereinbarung mit dem Hersteller keinerlei Einfluss auf den Entwurf und die Fertigung hat,[91] muss er, wie auch derjenige, der an einem bereits auf dem Markt befindlichen Produkt so bedeutende Veränderungen vornimmt, dass es im Hinblick auf die einschlägigen Harmonisierungsrechtsvorschriften der Union als neues Produkt zu betrachten ist,[92] die Konformitätsbewertung am einzelnen fertigen Produkt vornehmen. Ein Verweis auf die Konformitätsbewertung des ursprünglichen Herstellers bzw. dessen EU-Konformitätserklärung ist ihm abgeschnitten.[93] Er wird daher zunächst den dem Produktmodell zugrundeliegenden Entwurf auf seine Konformität hin prüfen und in einem zweiten Schritt das einzelne Produkt an dem als konform erachteten Entwurf (z. B. mittels eines Referenzproduktes aus der Produktreihe) messen müssen. Für den Quasihersteller, wie auch für denjenigen, auf den die Herstellerpflichten aufgrund einer Produktänderung übergehen, ist entscheidend, dass Zugriff auf die technischen Unterlagen des tatsächlichen bzw. ursprünglichen Herstellers besteht und ist ohne einen solchen Zugriff eine Konformitätsbewertung des Entwurfs wohl nur bei einfacheren Produkten denkbar. Bei einer Veränderung des Produkts wären die Unterlagen mithin zu aktualisieren und ist zu prüfen inwieweit sich die Veränderung auf die gesetzlichen Design-Anforderungen negativ auswirkt, wie dies konstruktiv zu lösen ist, etc. In Bezug auf Aspekte, die von der Veränderung nicht betroffen sind, entfällt die Notwendigkeit, Prüfungen zu wiederholen oder neue Unterlagen zu erstellen, wenn der Hersteller des veränderten (neuen) Produkts im Besitz von Kopien der ursprünglichen Prüfberichte ist oder Zugang zu diesen hat. Die natürliche oder juristische Person, die Veränderungen an dem Produkt vornimmt oder vornehmen lässt, muss nachweisen, dass nicht alle Aspekte der technischen Unterlagen aktualisiert werden müssen.[94] Der **Händler** ist für das Produkt nicht verantwortlich. Ihn trifft keine Pflicht zur Konformitätsbewertung.[95]

---

[91]Der Quasihersteller ist nicht Eigenmarken-Hersteller und stellt der Originalhersteller nicht für ihn her.
[92]Zum Übergang der Herstellerpflichten bei Produktänderung → Rn. 278.
[93]Vgl. Schleswig-Holsteinisches Verwaltungsgericht, Urt. v. 31.5.2012, 12 A 1/11, juris, Rn. 37.
[94]Europäische Kommission, Leitfaden für die Umsetzung der Produktvorschriften der EU 2016, ABl. 2016 C 272, 17.
[95]Klindt, in Klindt (Hrsg.), ProdSG, § 3 Rn. 40 m.w.Nachw. (hierzu auch → Rn. 327). Siehe weiter EuGH, Urt. v. 30.4.2009, Lidl, C-132/08, EU:C:2009:281, Rn. 22 ff. (Keine Verpflichtung des Händlers zur Abgabe einer Konformitätserklärung). Allerdings obliegen dem Händler Prüfpflichten (→ Rn. 327) und muss ihm bei Ausführung der ihm gesetzlich auferlegten Prüfpflichten das Fehlen einer dem Produkt mitzuliefernden EU-Konformitätserklärung (→ Rn. 587) sofort ins Auge fallen (OLG Düsseldorf, Urt. v. 11.2.2014, I-20 U 188/13, 20 U 188/13, juris).

§ 2 – Fahrzeuge und Fahrzeugteile

592 Die Konformitätsbewertung genehmigungspflichtiger Fahrzeuge und Fahrzeugteile erfolgt im Rahmen eines Verwaltungsverfahrens durch die zuständige Behörde als *„Herrin des Verfahrens"*. Das Verfahren schließt idealiter mit der Erteilung der Genehmigung ab. Soweit spezielles Verfahrensrecht nicht einschlägig ist, gelten bei der Erteilung einer Allgemeinen Betriebserlaubnis oder einer in Deutschland erteilten EU-Typgenehmigung durch das Kraftfahrt-Bundesamt als Bundesbehörde die allgemeinen Regeln des Verwaltungsverfahrensgesetzes und bei Erteilung einer Betriebserlaubnis für Einzelfahrzeuge durch die Zulassungsbehörden der Länder die jeweiligen Landes-Verwaltungsverfahrensgesetze. Gegen die Nichterteilung einer Erlaubnis ist mit der Verpflichtungsklage vorzugehen.[96]

I. Die Genehmigung

1. Genehmigungstypen

593 Die **Allgemeine Betriebserlaubnis** nach § 20 StVZO wird für reihenweise zu fertigende oder gefertigte Fahrzeuge erteilt.[97] Sie ist eine nationale Typgenehmigung.[98] Die Typgenehmigung dient der Verwaltungsvereinfachung. An die Stelle von mehreren Einzelerlaubnissen tritt die Allgemeine Betriebserlaubnis. Der technischen Begutachtung unterliegt das *„erste"* Fahrzeug einer Reihe (Prototyp). Die weiteren Fahrzeuge werden nach dem gleichen Muster hergestellt. Die Übereinstimmung der gefertigten Fahrzeuge mit dem genehmigten Muster ist vom Hersteller zu gewährleisten. Mit der Genehmigung kann der Genehmigungsinhaber die Fahrzeuge unter Berufung auf die Allgemeine Betriebserlaubnis herstellen und in den Verkehr bringen. In der Zulassungsbescheinigung II (Fahrzeugbrief) und in der dazugehörigen Datenbestätigung (§ 2 Nr. 8 FZV) bestätigt er dann die Übereinstimmung des zum Brief gehörenden Fahrzeug mit dem genehmigten Typ. Das unionsrechtliche Pendant zur nationalen Allgemeinen Betriebserlaubnis ist die **EU-Typgenehmigung**. Obschon die drei Basisrechtsakte, Richtlinie 2007/46/EG, VO (EU) Nr. 167/2013 und VO (EU) Nr. 168/2013, verschiedene verfahrensrechtliche

---

[96] Vgl. VG Stuttgart, Urt. v. 1.7.2009, Az.: 8 K 1815/08, juris.
[97] BMV/StV 7 – 8159 K/63 v. 23.1.1963, VKBl. S. 58, mit Berichtigung VKBl. 1963, S. 148: *„Eine reihenweise Fertigung von Fahrzeugen ist anzunehmen, wenn.*
a) die Bauart so weit entwickelt ist, dass zunächst keine wesentlichen Änderungen an die Allgemeine Betriebserlaubnis festgelegten Teilen zu erwarten sind,
b) Werkstatteinrichtungen – einschließlich der Vorrichtungen für den Typ – und Fachkräfte vorhanden sind, die eine gleichmäßige Herstellung der Fahrzeuge gewährleisten.".
[98] § 2 Nr. 5 FZV.

Ausgestaltungen und Arten einer EU-Typgenehmigung vorsehen,[99] handelt es sich stets um eine Typgenehmigung. Die herstellerseitige Bescheinigung der Übereinstimmung des Fahrzeugs mit dem genehmigten Typ erfolgt dort mittels Ausstellung und Beifügung einer Übereinstimmungserklärung.[100] Gegenstand einer Typgenehmigung können nicht nur Fahrzeuge, sondern auch Einrichtungen, die an Fahrzeugen verwendet werden, sein: **EU-Typgenehmigungen für Systeme, Bauteile und selbstständige technische Einheiten** sowie nationale **Betriebserlaubnis und Bauartgenehmigung für Fahrzeugteile**. Die Übereinstimmung mit dem genehmigten Typ wird herstellerseits durch Anbringung eines Typ- bzw. Typgenehmigungs- bzw. amtlich zugeteilten Prüfzeichens bestätigt (→ Rn. 661).[101] Die **Einzelgenehmigung** nach § 13 EG-FGV und die **Einzelbetriebserlaubnis** nach § 21 StVZO wird für Fahrzeuge in Einzelausführung, d. h. nicht zu einem genehmigten Typ gehörende Fahrzeuge, erteilt.

2. Natur und Regelungsgehalt der die Konformität feststellenden Genehmigung

Die Genehmigung von Fahrzeugen und technischen Einheiten ist ein gegenüber dem Hersteller erlassener, die Konformität feststellender, antragsbedürftiger, begünstigender Verwaltungsakt im Sinne des § 35 VwVfG.[102] Selbiges gilt für die Genehmigung bauartgenehmigungspflichtiger Fahrzeugteile.[103] Bei der Typgenehmigung für Fahrzeuge und technische Einheiten in Form der Allgemeinen Betriebserlaubnis und der EU-Typgenehmigung wie auch bei der Allgemeinen Bauartgenehmigung für Fahrzeugteile ist das Begriffsmerkmal „Regelung eines Einzelfalls" (§ 35 VwVfG) insofern erfüllt, als sich die Genehmigung zwar auf eine Vielzahl von Einzelfahrzeugen bzw. Einzelfahrzeugteilen, aber nur auf eine konkrete Bauart bezieht. Adressat ist der Hersteller.[104] Die Wirkung der Typgenehmigung erstreckt sich aber auf alle potentiellen Käufer und haben die Genehmigungen

594

---

[99] Vgl. Art. 6 und 22 f. der Richtlinie 2007/46/EG (Kraftfahrzeuge), Art. 20 und 37 VO (EU) 167/2013 (land- und forstwirtschaftliche Fahrzeuge) und Art. 25 und 42 VO (EU) Nr. 168/2013 (zwei- oder dreirädrige Fahrzeuge).

[100] Art. 18 der Richtlinie 2007/46/EG und § 6 Abs. 1 EG-FGV (Kraftfahrzeuge); Art. 34 Abs. 1 VO (EU) Nr. 167/2013 (land- und forstwirtschaftliche Fahrzeuge); Art. 39 Abs. 1 VO (EU) Nr. 168/2013 (zwei- oder dreirädrige Fahrzeuge).

[101] § 22 StVZO (Betriebserlaubnis für Fahrzeugteile); Art. 19 der Richtlinie 2007/46/EG und § 6 Abs. 2 EG-FGV (Kraftfahrzeuge); Art. 34 Abs. 2 VO (EU) Nr. 167/2013 (land- und forstwirtschaftliche Fahrzeuge); Art. 39 Abs. 2 VO (EU) Nr. 168/2013 (zwei- oder dreirädrige Fahrzeuge); § 22a Abs. 2 und 5 StVZO (Bauartgenehmigung für Fahrzeugteile).

[102] Siehe für Betriebserlaubnis und EU-Typgenehmigung Rebler, in Ferner/Bachmeier/Müller, Fachanwaltskommentar Verkehrsrecht, § 19 StVZO, Rn.7.

[103] Bayerischer Verwaltungsgerichtshof, Urt. v. 8.11.1967, 313 VIII 66, juris.

[104] Entsprechend kann die Betriebserlaubnis nur in einem gegen die Ausgangsbehörde bzw. deren Träger gerichteten Anfechtungsverfahren angegriffen werden (Hessischer Verwaltungsgerichtshof, Urt. v. 31.1.1994, 2 UE 1764/91, juris, Rn. 31).

im KfZ-Bereich stets einen **zweifachen Regelungsgehalt**. Sie sind zunächst Voraussetzung rechtmäßigen Inverkehrbringens. So beinhalten sie für den Hersteller im Falle der Einzelgenehmigung die Erlaubnis zum Inverkehrbringen des Fahrzeugs und im Falle der Typgenehmigung bzw. der Allgemeinen Bauartgenehmigung die Erlaubnis zum Inverkehrbringen von dem genehmigten Typ entsprechenden Fahrzeugen bzw. Einrichtungen. Sie sind weiter Voraussetzung für die rechtmäßige Nutzung des Genehmigungsobjekts im öffentlichen Straßenverkehr. So beinhaltet die Betriebserlaubnis für den Halter des einzel- oder typgenehmigten Fahrzeugs die Erlaubnis zum Betrieb des Fahrzeugs auf öffentlichen Straßen.[105] Die Erlaubnis ist sachbezogen und bei einem Halterwechsel weiterhin gültig. Die in § 22a Abs. 1 StVZO vorgeschriebene Genehmigung von Fahrzeugteilen beinhaltet die sachbezogene Erlaubnis diese im Straßenverkehr zu verwenden und dürfen bauartgenehmigungspflichtige Fahrzeugteile im Straßenverkehr nur verwendet werden, wenn hierfür vom Kraftfahrt-Bundesamt eine amtliche Bauartgenehmigung erteilt und ein Prüfzeichen zugeteilt worden ist.[106] Von der Betriebserlaubnis zu unterscheiden ist die Zulassung nach § 3 FZV. Die Zulassung ihrerseits ist ein Verwaltungsakt im Sinne des § 35 VwVfG und ist deren Wirksamkeit vom Bestehen einer Betriebserlaubnis unabhängig.[107]

---

[105]Vgl. § 3 Abs. 1 und § 4 Abs. 1 FZV sowie § 19 Abs. 5 S. 1 StVZO.

[106]Oberverwaltungsgericht für das Land Nordrhein-Westfalen, Beschl. v. 22.11.2006, 8 B 1694/06, juris, Rn. 27; VG Göttingen, Urt. v. 30.9.2009, 1 A 322/07, juris, Rn. 12; zum Erlöschen der Betriebserlaubnis nach § 19 Abs. 2 S. 2 Nr. 2 StVZO bei Verwendung bauartgenehmigungspflichtiger Fahrzeugteile in einer amtlich nicht genehmigten Bauart, siehe OLG Hamm, Beschl. v. 22.10.1987, 1 Ss OWi 889/87, juris, Rn. 8; AG Eggenfelden, Beschl. v. 22.3.2006, 23 OWi 23 Js 4243/06, juris, Rn. 7.

[107]BR-Drucks. 190/09, 44; Thüringer Oberlandesgericht, Beschl. v. 21.1.2009, 1 Ss 46/08, juris, Rn. 11 f.: *„Nach § 3 der Fahrzeugzulassungsverordnung (FZV) ist die Typengenehmigung oder Betriebserlaubnis Voraussetzung für den Verwaltungsakt der Zulassung des Fahrzeugs. Ein späterer Fortfall der Betriebserlaubnis ist indes keine auflösende Bedingung für den Verwaltungsakt der Zulassung. Dafür geben der Wortlaut der Verordnung und die vom Verordnungsgeber verfasste Begründung nichts her [...]. Da der Verwaltungsakt regelmäßig in der Ausgabe der Zulassungspapiere, also Zulassungsbescheinigung Teil I (entspricht dem vormaligen Kfz-Schein) und Teil II (vormals Kfz-Brief), sowie der Stempelung des Kennzeichens besteht, ist auch nicht zu erkennen, dass der konkrete Verwaltungsakt unter eine Bedingung nach § 36 VwVfG gestellt worden wäre. Der Verwaltungsakt der Zulassung wird auch nicht nachträglich rechtswidrig. Die Zulassung bleibt rechtmäßig und bestandskräftig. Sie kann aber nach § 49 Abs. 2 Nr. 3 VwVfG mit Wirkung für die Zukunft widerrufen werden, wenn ihre Voraussetzungen – hier die Betriebserlaubnis – durch nachträgliche Änderungen entfallen sind. Es gilt sinngemäß dasselbe wie für den Bestand einer Kfz-Haftpflichtversicherung. Diese ist Zulassungsvoraussetzung. Ihre Beendigung führt aber ebenfalls nicht zum Fortfall der Zulassung, sondern es ist von der Zulassungsbehörde gesondert einzuschreiten und die Nutzung des Fahrzeugs zu untersagen, das Fahrzeug also stillzulegen. Ebenso muss nun die Vorgehensweise bei Veränderungen sein, die die Typgenehmigung oder Betriebserlaubnis betreffen. Auf diese Parallele wurde schon vom Verordnungsgeber in der Begründung ausdrücklich hingewiesen (Begründung zu 3 FZV, VBl 2006, 603)."* Siehe auch Rebler, SVR 2010, S. 361 [363 f.]; Huppertz, NZV 2011, S. 172–175; Dauer, in König/Dauer, Straßenverkehrsrecht, § 19 StVZO Rn. 14.

II. Der Genehmigung zugrundeliegende (hoheitliche) Konformitätsbewertung

Die Konformitätsbewertung vollzieht sich innerhalb eines behördlichen Verfahrens. Unionsrechtlich weitestgehend vorgegeben und detailliert geregelt sind die EU-Typgenehmigungsverfahren.[108] Für die nationalen Genehmigungstypen in Form der Allgemeinen Betriebserlaubnis und der Einzelbetriebserlaubnis gelten die allgemeinen Regeln des Verwaltungsverfahrensgesetzes bzw. die des jeweiligen Landes-Verwaltungsverfahrensgesetzes. Die Bauartgenehmigung von Fahrzeugteilen ist verfahrensrechtlich geregelt in der Fahrzeugteileverordnung (FzTV). Die eigentliche und durch die Genehmigungsbehörde durchzuführende Konformitätsbewertung erfasst bei der Typgenehmigung und der Allgemeinen Bauartgenehmigung für Fahrzeugteile die Entwurfs- und die Fertigungsstufe. Bei der Einzelbetriebserlaubnis und Einzelgenehmigung ist alleiniger Prüfgegenstand die technische Ausführung.

595

Im Typgenehmigungsverfahren geht der Prüfung des Entwurfs die Prüfung der herstellerseitigen qualitätssichernden Maßnahmen in Form der **Anfangsbewertung** voraus.[109] Die die Anfangsbewertung einschließende Prüfung der **Übereinstimmung der Produktion** (CoP – Conformity of Production) besteht darin, dass sich die Genehmigungsbehörde vor Erteilung der Typgenehmigung und danach fortlaufend vergewissert, dass geeignete Vorkehrungen getroffen sind, um sicherzustellen, dass die hergestellten Fahrzeuge, Systeme, Bauteile oder selbstständigen technischen Einheiten mit dem genehmigten Typ übereinstimmen. Sie ist für die EU-Typgenehmigungen geregelt in Art. 12 der Richtlinie 2007/46/EG, namentlich dessen Anhang X (Kraftfahrzeuge), Art. 28 VO (EU) Nr. 167/2013 bzw. Anhang IV der Verordnung (EU) Nr. 1322/2014 (land- und forstwirtschaftliche Fahrzeuge) und Art. 33 VO (EU) Nr. 168/2013 bzw. Anhang IV der Verordnung (EU) Nr. 44/2014 (zwei-, drei- und vierrädrige Fahrzeuge). Für die Allgemeine Betriebserlaubnis nach § 20 StVZO werden die diesbezüglichen Anforderungen und beizubringenden Unterlagen durch das Kraftfahrt-Bundesamt bestimmt. Im Rahmen der Allgemeinen Bauartgenehmigung für Fahrzeugteile hat der Hersteller gegenüber dem Kraftfahrt-Bundesamt den Nachweis zu erbringen, dass in Bezug auf die Übereinstimmung der reihenweise gefertigten Fahrzeugteile mit dem genehmigten Typ ein ausreichendes Qualitätssicherungssystem vorliegt. Dies ist u. a. der Fall, wenn es den Grundsätzen der harmonisierten Norm EN ISO 9002 oder einem

596

---

[108] Zum Ablauf – vom Antrag des Herstellers auf Erteilung einer Typgenehmigung bis zur Auslieferung von Fahrzeugen mit EU-Fahrzeugtypgenehmigung – siehe Wegweiser des Kraftfahrt-Bundesamtes zur EG-Fahrzeugtypgenehmigung nach der Richtlinie 2007/46/EG, Stand: Mai 2009 (übertragbar auf Typgenehmigungen nach VO (EU) Nr. 2013/167 und VO (EU) Nr. 168/2013).

[109] Im vom Kraftfahrt-Bundesamt herausgegebenen Merkblatt zur Anfangsbewertung (Kraftfahrt-Bundesamt, Merkblatt zur Anfangsbewertung (MAB)) wird das Verfahren der Anfangsbewertung übergreifend für die EU-Typgenehmigungen und die Allgemeine Betriebserlaubnis beschrieben.

gleichwertigen Standard entspricht (§ 2 Abs. 2 FzTV). Eine Prüfung des Qualitätssicherungssystems vor Ort durch das Kraftfahrt-Bundesamt ist fakultativ und bei einem nach ISO 9002 zertifizierten Qualitätssicherungssystem nur in begründeten Fällen möglich (§ 9 Abs. 1 FzTV).

597 Die für Typgenehmigungen nach Rechtsvorschriften der Europäischen Union erforderlichen **Prüfungen des Entwurfs** sind geregelt in Art. 11 der Richtlinie 2007/46 (Kraftfahrzeuge), Art. 27 VO (EU) Nr. 167/2013 (land- und forstwirtschaftliche Fahrzeuge) und Art. 32 VO (EU) Nr. 168/2013 (zwei-, drei- und vierrädrige Fahrzeuge). Die Einhaltung der technischen Vorschriften wird durch Prüfungen nachgewiesen, die der Hersteller von den benannten Technischen Diensten durchführen lässt.[110] Das Prüfverfahren sowie die für die Durchführung der Prüfungen vorgeschriebenen Spezialausrüstungen und -werkzeuge werden im jeweiligen Einzelrechtsakt bzw. hierzu ergangenen Durchführungsrechtsakten festgelegt.[111] Für jeden betroffenen Einzelrechtsakt ist ein gesonderter Prüfbericht zu erstellen. Zur Erteilung einer Fahrzeugtypgenehmigung ist sodann in einer abschließenden Prüfung an einer geeigneten Zahl von Fahrzeugen die Übereinstimmung der herangezogenen Prüfberichte und eventueller System- und Bauteilgenehmigungen mit den tatsächlichen Fahrzeugen festzustellen.[112] Ungleich geringer ist die Regelungsintensität der die Konformitätsbewertung des Entwurfs betreffenden Vorschriften nationaler Genehmigungstypen. Die Allgemeine Betriebserlaubnis für Typen ist geregelt in § 20 StVZO und die Betriebserlaubnis für Einzelfahrzeuge in § 21 StVZO. Die Bau- und Betriebsvorschriften der §§ 30 ff. StVZO selbst geben Inhalt und Umfang der Begutachtung nicht vor und wird die mit der Begutachtung betraute Stelle (§ 20 Abs. 2 und § 21 Abs. 1 S. 2 StVZO) jeweils prüfen, ob im Hinblick auf eine einheitliche Anwendung der Bau- und Betriebsvorschriften als Prüfgrundlage eine nationale Richtlinie oder ein nationales Merkblatt zu einzelnen Paragraphen der StVZO, ein anerkanntes VdTÜV-Merkblatt oder eine Verkehrsblattverlautbarung anwendbar ist. Obschon diesen eine Bindungswirkung nicht zukommt, stellen sie für den Sachverständigen sicher, dass seine Begutachtung unter Anwendung dieser Prüfgrundlagen mit der Auffassung der für die Genehmigung des Fahrzeugs zuständigen Behörde übereinstimmt und dem Stand der Technik entspricht (→ Rn. 486). Die für Bauartgenehmigungen

---

[110]Die Benennung und Notifizierung von Technischen Diensten mit Anforderungen an Technische Dienste und Verpflichtungen der Technische Dienste sind im jeweiligen Basisrechtsakt geregelt (Art. 41–43 der Richtlinie 2007/46/EG, Art. 57–76 VO (EU) Nr. 167/2013 und Art. 61–71 VO (EU) Nr. 168/2013). Die von den Mitgliedstaaten notifizierten Technischen Dienste sind im Internetangebot der Europäischen Kommission abrufbar unter URL: https://ec.europa.eu/growth/sectors/automotive/technical-harmonisation/eu.

[111]Art. 11 der Richtlinie 2007/46/EG, Art. 27 VO (EU) Nr. 167/2013 und Art. 32 VO (EU) Nr. 168/2013.

[112]Kraftfahrt-Bundesamt, Wegweiser zur EG-Fahrzeugtypgenehmigung nach der Richtlinie 2007/46/EG, Ziffer 7.

von Fahrzeugteilen erforderlichen und von einer durch den Hersteller beauftragten Prüfstelle durchzuführenden Prüfungen sind in den Technischen Anforderungen (TA) beschrieben.[113]

III. Fremdfertigung

Wie gesehen (→ Rn. 580 ff.) sind bei den nach der Neuen Konzeption harmonisierten Produkten im Falle der Auslagerung relevanter Entwurfs- und/oder Fertigungsschritte zwei Aspekte zu berücksichtigen. So der Hersteller die ordnungsgemäße Konformitätsbewertung zu verantworten hat, muss er das hierfür Erforderliche tun und den Nachweis ordnungsgemäßer Durchführung der Konformitätsbewertung jederzeit erbringen können. Weiter muss er die Konformität jedes einzelnen Produkts bei Serienfertigung sicherstellen. Tangiert sind bei diesen Produkten im Sprachgebrauch des Straßenverkehrszulassungsrechts die Prüfungen des Entwurfs und die Übereinstimmung der Produktion und muss die Konformitätsbewertungsvereinbarung mit dem Lieferanten beide Aspekte abdecken. Anders im KfZ-Bereich. Hier erfolgt die Konformitätsbewertung im Wege der Vorabkontrolle durch die Genehmigungsbehörde. Weiter ist die Prüfung des Entwurfs sachbezogen. Die bei Auslagerung relevanter Entwurfs- und/oder Fertigungsschritte sich stellenden Fragen sind daher bei nach der Neuen Konzeption harmonisierten Produkten und bei genehmigungspflichtigen Fahrzeugen und Fahrzeugteilen nicht identisch. Im Gegensatz zu harmonisierten Produkten nach der Neuen Konzeption ist im KfZ-Bereich fürwahr nur zu bestimmen, ob und gegebenenfalls unter welchen Voraussetzungen der Hersteller unter dem Aspekt der **Übereinstimmung der Produktion** die Fertigung vollständig oder teilweise auslagern kann; die Feststellung der Vorschriftsmäßigkeit des Entwurfs erfolgt behördlicherseits. Die Frage des „*Ob*" einer solchen Auslagerung wird vom Kraftfahrt-Bundesamt ohne Weiteres bejaht, aber zugleich unterstrichen, dass mit der Genehmigung verbundene Pflichten nicht wirksam an Dritte übertragen werden können.[114] Der Hersteller, der definitionsgemäß für die Sicherstellung der Übereinstimmung der Produktion verantwortlich ist, wird daher auch hier die ihn solchermaßen treffende öffentlich-rechtliche Pflicht nur mittels Vertrag mit dem Lieferanten erfüllen können.

Muster eines Vertrages zur Begründung der Herstellereigenschaft für Fahrzeuge/Fahrzeugteile bei Fremdfertigung nach dem Kraftfahrt-Bundesamt:[115]

Wir, die Firma ...
*im Folgenden nur „**Firma A**" genannt, lassen bei*
der Firma ...

598

---

[113]Zu den technischen Anforderungen an Fahrzeugteile bei der Bauartgenehmigung nach § 22a StVZO → Rn. 489.
[114]Kraftfahrt-Bundesamt, Merkblatt zur Anfangsbewertung (MAB), S. 12, 21 ff.
[115]*Ebd.*, S. 25–27.

im Folgenden nur „**Firma B**" genannt, die folgend aufgeführten Genehmigungsobjekte fertigen (bitte Geräte(arten), Fahrzeugklasse(n), und/oder Vorschriften angeben):
...
Wir schließen hierzu die nachfolgende Vereinbarung:

§ 1
(1) Die Firma A trägt die technische Verantwortung für die bei der Firma B gefertigten Genehmigungsobjekte und ist befugt, Weisungen unmittelbar an die zuständigen Stellen der Firma B hinsichtlich des Zusammenbaus, des Ablaufs der Montage und der Einhaltung der Qualitätsnormen zu erteilen. Die Weisungsbefugnis umfasst auch das Recht, die Produktionsanlagen zu kontrollieren, den Produktionsablauf zu beaufsichtigen und zu überwachen.
(2) Die Firma B stellt sicher, dass den von Firma A gegebenen Weisungen uneingeschränkt entsprochen wird.
(3) Zur Einhaltung der Qualitätsnormen liefert
☐ die Firma A
☐ die Firma B
☐ eine dritte Firma
die erforderlichen Fertigungs- und Montageunterlagen sowie die Unterlagen für Prüfumfänge und Prüfmaßnahmen, die von der Firma B zu verwenden sind. Bei Abweichungen in Fertigung oder Montage von den genehmigten Unterlagen ist die Firma A berechtigt und verpflichtet, notfalls die Fertigung unterbrechen zu lassen.
(4) Zur Durchführung der oben genannten Weisungen unterhält die Firma A ein eigenes Qualitätssicherungssystem, das mindestens den im Rahmen einer Anfangsbewertung zu erfüllenden Voraussetzungen genügt. Das Qualitätssicherungssystem der Firma A ist auch auf die im Rahmen dieses Vertrages für sie bei der Firma B gefertigten Genehmigungsobjekte anzuwenden.
(5) Die von der Firma B gelieferten Genehmigungsobjekte werden in regelmäßigen Abständen einem Produktaudit unterzogen, um sich von der Konformität mit dem genehmigten Zustand zu überzeugen.
(6) Festgestellte fehlerhafte Genehmigungsobjekte sind durch die
☐ die Firma A
☐ die Firma B
eindeutig zu kennzeichnen, und ein Inverkehrbringen ist auszuschließen.
Sollten trotz Qualitätssicherungsmaßnahmen von der Typgenehmigung abweichende Genehmigungsobjekte ausgeliefert worden sein, koordiniert die Firma A die Rückrufaktion.

§ 2
Die Firma A ist für die bei der Firma B gefertigten Genehmigungsobjekte Hersteller und als solcher für die Erfüllung der mit der Typgenehmigung verbundenen Pflichten allein verantwortlich. Sie trägt im Verhältnis zum Kraftfahrt-Bundesamt (KBA) die Haftung für diese Pflichten. Vereinbarungen zur Übertragung dieser Verantwortung sind unzulässig und entfalten keine Bindungswirkung gegenüber dem KBA.

§ 3
(1) Das KBA und/oder seine Beauftrage sind jederzeit berechtigt, bei der Firma B, die dort im Auftrag der Firma A gefertigten Genehmigungsobjekte und die dafür verwendeten Produktionsanlagen, Materialien und Werkzeuge zu prüfen. Dies gilt auch bezüglich der Einhaltung dieses Vertrages.
(2) [...].

§ 4
(1) Das KBA und/oder seine Beauftragten sind jederzeit berechtigt, die bei der Firma B im Auftrag der Firma A gefertigten Genehmigungsobjekte zu überprüfen und überprüfen zu lassen bzw. im Fall von EG-/UNECE-Typgenehmigungen oder vergleichbaren Typgenehmigungen ein Audit hinsichtlich Conformity of Production (CoP-Audit) durchzuführen.
(2) [...].

§ 5 [...]
Ort, Datum und Unterschriften

IV. Erlöschen der Genehmigung

Die **Befugnis des Herstellers zum Inverkehrbringen** von dem genehmigten Typ entsprechenden Produkten erlischt neben Widerruf und gegebenenfalls Rücknahme der Genehmigung bei der Allgemeinen Betriebserlaubnis nach § 20 Abs. 5 StVZO, bei den EU-Typgenehmigungen nach § 7 EG-FGV, Art. 32 VO (EU) Nr. 167/2013 und Art. 37 VO (EU) Nr. 168/2013 und bei der Allgemeinen Bauartgenehmigung für Fahrzeugteile nach § 10 Abs. 2 FzTV, wenn der Typ den Rechtsvorschriften nicht mehr entspricht und eine entsprechende Aktualisierung der Typgenehmigung nicht möglich ist. Es kommt solchermaßen zu einem Gleichlauf mit den nach der Neuen Konzeption harmonisierten Produkten, wonach die Rechtmäßigkeit des Inverkehrbringens nach der zum Zeitpunkt des Inverkehrbringens geltenden Rechtslage zu bestimmen ist (→ Rn. 323). Hier wie dort müssen die Hersteller den aktuellen Stand der für das Produkt relevanten Vorschriften kennen. Für Lagerfahrzeuge bzw. auslaufende Fahrzeugserien, d. h. Fahrzeuge, die einem Fahrzeugtyp entsprechen, dessen Typgenehmigung nicht mehr wirksam ist, sieht der Gesetzgeber gleichwohl die Möglichkeit vor, für einen Übergangszeitraum und in begrenzter Zahl Ausnahmegenehmigungen zu erteilen.[116] Für die Erteilung einer Ausnahmegenehmigung zuständig ist das Kraftfahrt-Bundesamt.[117]

599

Die **Erlaubnis des Halters zum Führen des Fahrzeugs** auf öffentlichen Straßen erlischt, vorbehaltlich des § 19 Abs. 3 StVZO, in den in § 19 Abs. 2 StVZO

600

---

[116] Siehe Art. 27 der Richtlinie 2007/46/EG, Art. 39 VO (EU) 167/2013 und Art. 44 VO (EU) 168/2013.
[117] § 8 Abs. 2 EG-FGV.

genannten Fällen. Zu erinnern ist, dass die Zulassung und die Erlaubnis zum Führen genehmigungspflichtiger Fahrzeuge auf öffentlichen Straßen sowie die Erlaubnis, bauartgenehmigungspflichtige Fahrzeugteile im Straßenverkehr zu verwenden, nicht vom Fortbestand der dem Hersteller erteilten Erlaubnis des Inverkehrbringens abhängt (→ Rn. 594). Demgemäß ist es möglich, dass die sachbezogene Erlaubnis zur Nutzung des Genehmigungsobjekts im öffentlichen Straßenverkehr unabhängig von der Befugnis des Herstellers zum Inverkehrbringen erlischt, und *vice versa*. Die Fälle des § 19 Abs. 2 StVZO sind die Änderung der genehmigten Bauart, Änderungen am Fahrzeug, wenn hierdurch eine Gefährdung von Verkehrsteilnehmern zu erwarten ist[118] oder das Abgas- oder Geräuschverhalten verschlechtert wird. Die Betriebserlaubnis erlischt nicht wegen des Ein- oder Anbaus von Teilen und bedarf es nicht der Erteilung einer neuen Betriebserlaubnis nach § 21 StVZO (Betriebserlaubnis für Einzelfahrzeug), wenn für die ein- oder angebauten Teile eine Teilegenehmigung oder ein Teilegutachten vorliegt und eine gegebenenfalls erforderliche Änderungsabnahme durchgeführt wurde (§ 19 Abs. 3 StVZO).[119] Eine Auswahl möglicher Änderungen i. S. d. § 19 Abs. 2 StVZO wird in einem Beispielskatalog des Bundesministers für Verkehr behandelt.[120] Der Beispielskatalog hat indes

---

[118]Hierzu Verwaltungsgerichtshof Baden-Württemberg, Urt. v. 31.5.2011, 10 S 1857/09, juris, Rn. 31: *„Für ein Erlöschen der Betriebserlaubnis eines Kraftfahrzeuges gemäß § 19 Abs. 2 Satz 2 Nr. 2 StVZO in der zum 01.01.1994 in Kraft getretenen Fassung genügt weder die Veränderung von Fahrzeugteilen, deren Beschaffenheit vorgeschrieben ist, noch die bloße Möglichkeit einer Gefährdung von Verkehrsteilnehmern. Erforderlich ist vielmehr, dass durch die nachträgliche Veränderung mit einem gewissen Grad an Wahrscheinlichkeit eine Gefährdung für Verkehrsteilnehmer geschaffen wird; dies setzt zwar nicht die Feststellung einer konkreten Gefährdung, aber jedenfalls eine Gefährdungserwartung voraus."* Siehe auch OLG Düsseldorf, Beschl. v. 10.5.1995, 5 Ss (OWi) 147/95 − (OWi) 68/95 I, juris; AG Landstuhl, Urt. v. 16.3.2016, 2 OWi 4286 Js 13.422/15, juris, Rn. 11.

[119]Siehe hierzu im Einzelnen StV 13/36.05.05 − 24 vom 9.6.1999, VkBl S. 451 ff., Teil A (Braun/Damm/Konitzer, StVZO, § 19 Rn. 1). Der Begriff *„Teilegenehmigung"* steht für die Betriebserlaubnis für Fahrzeugteile (§ 22 StVZO), die Typgenehmigungen nach Unionsrecht und Genehmigungen nach Regelungen in der jeweiligen Fassung entsprechend dem Übereinkommen vom 20.3.1958 (BGBl 1965 II S. 857) über die Annahme einheitlicher Bedingungen für die Genehmigung der Ausrüstungsgegenstände und Teile für Kraftfahrzeuge und über die gegenseitige Anerkennung der Genehmigung, soweit sie von der Bundesrepublik Deutschland angewendet werden, z. B. ECE-Regelungen (§ 19 Abs. 3 Nrn. 1 bis 3 StVZO). Der Begriff *„Änderungsabnahme"* steht für die in § 19 Abs. 3 Nrn. 1, 3 und 4 StVZO beschriebene Abnahme des Ein- und Ausbaus von Teilen.

[120]StV 13/36.05.05 − 24 vom 9.6.1999, VkBl S. 451 ff. = Braun/Damm/Konitzer, StVZO, § 19 Rn. 1. Siehe auch bei Dauer, in König/Dauer, Straßenverkehrsrecht, § 19 Rn. 12. Eine *„Änderung"* setzt ein willentlich auf die Änderung gerichtetes Tun voraus, Verschleiß reicht nicht aus (siehe statt aller OLG Düsseldorf, Urt. v. 25.11.1964, 2b Ss 660/64, juris). Unter Änderung ist *„nicht nur eine andere Gestaltung von Teilen durch Austausch bzw Auswechseln von Teilen mit solchen zu verstehen, die nicht zur typenmäßigen Ausrüstung gehören, sondern auch das Hinzufügen von Teilen, die am Fahrzeug angebaut oder in das Fahrzeug eingebaut werden, wie auch das Verbinden vorhandener Teile, wodurch eine andere als die vorgeschriebene Wirkung erzielt wird. Eine [Änderung] liegt daher vor, wenn den Bremsleuchten Nebelschlußleuchten zugeschaltet werden"* (OLG Düsseldorf, Beschl. v. 24.4.1991, 5 Ss (OWi) 149/91 − (OWi) 71/91 I, juris).

§ 2 – Fahrzeuge und Fahrzeugteile

nicht den Charakter einer Rechtsverordnung und ist weder verbindlich noch erschöpfend.[121] Er gibt Hinweise für die Behandlung von in der Praxis häufig vorkommender Anwendungsfälle und bietet eine der einheitlichen Rechtsanwendung förderliche Auslegungshilfe.[122] Auch die Gerichte beziehen sich regelmäßig hierauf.[123] Als zum Erlöschen der Betriebserlaubnis führende Änderungen seien aus der Rechtsprechung genannt die Tieferlegung eines PkW durch Kürzen der Schraubendruckfedern (Gefährdung anderer Verkehrsteilnehmer),[124] das Anbringen einer etwa tennisballgroßen roten Leuchte auf dem Führerhaus eines Lastzugs (Gefährdung anderer Verkehrsteilnehmer),[125] Umbau eines VW-Busse in einen Werkstattwagen (Änderung der Fahrzeugart),[126] das *„Chip-Tuning"* durch Einbau eines leistungssteigernden Chip in einen PkW-Motor (Verschlechterung des Abgasverhaltens)[127] oder der Einbau eines Racingschalldämpfers (Verschlechterung des Geräuschverhaltens)[128]. Nicht zum Erlöschen der Betriebserlaubnis führten etwa die Anbringung einer Folie auf der Frontscheibe, weil im konkreten Fall keine gravierende Sichtbeeinträchtigung oder massive Verschlechterung des Bruchverhaltens der Scheibe bestand,[129] der Einbau eines Frontspoilers,[130] der Einbau einer Gasstandheizung in das Führerhaus eines Lkw,[131] das Abweichen der Größe eines Fahrzeugreifens von der in der Betriebserlaubnis verzeichneten Größe,[132] die nachträgliche Anbringung eines

---

[121] Dauer, in Hentschel/König/Dauer (Hrsg.), Straßenverkehrsrecht, § 19 StVZO Rn. 12 m.w.Nachw.

[122] BGH, Beschl. v. 23.6.1983, 4 StR 39/83, BGHSt 32, 16-21, Rn. 9.

[123] OLG Düsseldorf, Beschl. v. 7.6.1991, 5 Ss (OWi) 66/91 – (OWi) 32/91 I, juris, Rn. 15; OLG Düsseldorf, Beschl. v. 24.4.1991, 5 Ss (OWi) 149/91 – (OWi) 71/91 I, juris, Rn. 17; OLG Zweibrücken, Beschl. v. 19.11.1990, 1 Ss 224/90, juris, Rn. 9; OLG Düsseldorf, Beschl. v. 26.10.1990, 5 Ss (OWi) 360/90 – (OWi) 149/90 I, juris, Rn. 14; OLG Stuttgart, Beschl. v. 10.9.1988, 1 Ss 399/88, juris, Rn.6; OLG Hamm, Beschl. v. 22.10.1987, 1 Ss OWi 889/87, juris, Rn. 8; OLG Hamm, Beschl. v. 6.4.1979, 1 Ss OWi 766/79, juris.

[124] OLG Düsseldorf, Beschl. v. 7. 6.1991, 5 Ss (OWi) 66/91 – (OWi) 32/91 I, juris.; OLG Koblenz, Urt. v. 15.12.2003, 12 U 444/99, juris.

[125] OLG Stuttgart, Beschl. v. 10.9.1988, 1 Ss 399/88, juris.

[126] AG Stuttgart, Urt. v. 15.10.2007, 1 OWi 71 Js 78.019/07, juris.

[127] OLG Karlsruhe, Urt. v. 24.3.2006, 1 U 181/05, juris.

[128] Thüringer Oberlandesgericht, Beschl. v. 21.1. 2009, 1 Ss 46/08, juris.

[129] AG Eggenfelden, Beschl. v. 22.3.2006, 23 OWi 23 Js 4243/06, juris; siehe aber auch BMV/StV 11/36.16.03 vom 27.5.1986, VKBl. S. 306 und BMV/StV 13/36.16.03 vom 2.10.1986, VkBl S. 557 = Braun/Damm/Konitzer, StVZO, § 19 Rn. 5.

[130] OLG Köln, Beschl. v. 30.10.1979, 3 Ss 927/79 Z, juris.

[131] OLG Düsseldorf, Beschl. v. 10.5.1995, 5 Ss (OWi) 147/95 – (OWi) 68/95 I, juris.

[132] OLG Düsseldorf, Beschl. v. 21.8.1996, 2 Ss (OWi) 240/96 – (OWi) 91/96 II, juris.

Lenkhilfeknaufs[133] oder der Einbau eines sogenannten Lauflichts, d. h. einer Lichterkette, in den Kühlergrill eines Fahrzeugs[134].

§ 3 – Nicht harmonisierte Produkte

Nationale Vorabkontrollen in Form einer Kontrollerlaubnis von bereits in einem anderen Mitgliedstaat rechtmäßig in Verkehr gebrachter Produkte müssen mit den Bestimmungen der Art. 34 und 36 AEUV vereinbar sein. Nach der Rechtsprechung des Gerichtshofs stellt das Bestehen solcher Vorabkontrollen zwar eine Maßnahme gleicher Wirkung dar (→ Rn. 16–18). Sie begründen aber nicht per se einen Verstoß gegen diese Bestimmungen. Um mit Art. 34 und 36 AEUV vereinbar zu sein, müssen nationale Verfahren der Vorabkontrolle bestimmten Anforderungen genügen. Diese Anforderungen resultieren aus der Rechtsprechung des Gerichtshofs zu den Bestimmungen der Art. 34 und 36 AEUV und der auf die richtige Anwendung des Grundsatzes der gegenseitigen Anerkennung ausgerichteten Verordnung (EG) Nr. 764/2008, welche diese Rechtsprechung im Wesentlichen konsolidiert wiedergibt.

I. Anforderungen an obligatorische Vorabgenehmigungsverfahren

601   Hiernach müssen Vorabkontrollen mindestens folgende Voraussetzungen erfüllen:[135]

1) Sie müssen auf objektiven, nichtdiskriminierenden und vorher bekannten Kriterien beruhen, so dass dem Ermessen der nationalen Behörden Grenzen gesetzt werden, die seine missbräuchliche Ausübung verhindern.[136] Die Genehmigungsvoraussetzungen müssen verständlich sein.[137]

---

[133]OLG Düsseldorf, Beschl. v. 12.1.1996, 5 Ss (OWi) 457/95 – (OWi) 2/96 I, juris: *„die Feststellung der nachträglichen Anbringung eines Lenkradknaufs* [allein belegt] *das Erlöschen der Betriebserlaubnis für das Fahrzeug nicht und* [muss]*der Tatrichter zusätzlich Feststellungen dazu treffen, ob durch die Anbringung eines Lenkradknaufs eine Gefährdung von Verkehrsteilnehmern zu erwarten ist. Da*[ss] *es sich hierbei nur um eine abstrakte Gefährdung handeln kann, ist selbstverständlich."*.

[134]OLG Zweibrücken, Beschl. v. 19.11.1990, 1 Ss 224/90, juris.

[135]Vgl. EuGH, Urt. v. 22.1.2002, Canal Satélite Digital, C-390/99, EU:C:2002:34, Rn. 34 ff.; Braun/Damm/Konitzer, StVZO, FZV § 7 Rn. 1.

[136]EuGH, Urt. v. 20.2.2001, Analir u. a., C-205/99, EU:C:2001:107, Rn. 38; Urt. v. 22.1.2002, Canal Satélite Digital, C-390/99, EU:C:2002:34, Rn. 35; Urt. v. 10.11.2005, Kommission/Portugal, C-432/03, EU:C:2005:669, Rn. 50.

[137]EuGH, Urt. v. 22.1.2002, Canal Satélite Digital, C-390/99, EU:C:2002:34, Rn. 41.

§ 3 – Nicht harmonisierte Produkte

2) Sie dürfen nicht die Wiederholung von Kontrollen vorsehen, die bereits im Rahmen anderer Verfahren, in demselben oder einem anderen Mitgliedstaat, durchgeführt wurden.[138] D. h., die nationalen Stellen dürfen nicht *„ohne Not"* technische Prüfungen verlangen, wenn solche Prüfungen bereits in einem anderen Mitgliedstaat durchgeführt worden sind und ihre Ergebnisse diesen Behörden zur Verfügung stehen oder auf Anfrage zur Verfügung gestellt werden können.[139] *„Zur strikten Einhaltung dieser Verpflichtung bedarf es eines aktiven Verhaltens der nationalen Stelle, die mit einem Antrag auf Zulassung eines Produktes oder auf die in diesem Rahmen erfolgende Anerkennung der Gleichwertigkeit der von einer Zulassungsstelle eines anderen Mitgliedstaats ausgestellten Bescheinigung befasst ist. Zu einem solchen aktiven Verhalten ist im Übrigen gegebenenfalls auch die zuletzt genannte Stelle verpflichtet, und es obliegt insoweit den Mitgliedstaaten, sich zu vergewissern, dass die zuständigen Zulassungsstellen zu dem Zweck miteinander zusammenarbeiten, die Verfahren zu erleichtern, die den Zugang zum nationalen Markt des Einfuhrmitgliedstaats regeln."*[140] Art. 5 VO (EG) Nr. 764/2008 präzisiert dieses Erfordernis. Hiernach dürfen *„[d]ie Mitgliedstaaten von einer Konformitätsbewertungsstelle, die für eine entsprechende Konformitätstätigkeit gemäß Verordnung (EG) Nr. 765/2008 akkreditiert wurde, ausgestellte Bescheinigungen oder Prüfberichte nicht aus Gründen, die sich auf die Befugnisse dieser Konformitätsbewertungsstelle beziehen, zurückweisen"*.

3) Sie müssen zugänglich sein und in angemessener Frist abgeschlossen werden können.[141] Wie der Gerichtshof in der Rechtssache *Canal Satélite Digital* ausführt,[142] ist fürwahr zu berücksichtigen, dass ein vorheriges Genehmigungsverfahren die Wirtschaftsteilnehmer während seiner gesamten Dauer vollständig und allgemein daran hindert, die betroffenen Erzeugnisse in den Verkehr zu bringen.[143]

---

[138]Vgl. EuGH, Urt. v. 7.6.2007, Kommission/Belgien, C-254/05, EU:C:2007:319, Rn. 42.

[139]EuGH, Urt. v. 17.12.1981, Frans-Nederlandse Maatschappij voor biologische Producten, C-272/80, EU:C:1981:312, Rn. 14; Urt. v. 17.9.1998, Harpegnies, C-400/96, EU:C:1998:414, Rn. 35; Urt. v. 10.11.2005, Kommission/Portugal, C-432/03, EU:C:2005:669, Rn. 46.

[140]EuGH, Urt. v. 10.11.2005, Kommission/Portugal, C-432/03, EU:C:2005:669, Rn. 47.

[141]EuGH, Urt. 5.2.2004, Kommission/Frankreich, C-24/00, EU:C:2004:70, Rn. 26; Urt. v. 28.1.2010, Kommission/Frankreich, C-333/08, EU:C:2010:44, Rn. 81. Die Möglichkeit des Zugangs zum Verfahren setzt voraus, dass das Verfahren in einem die innerstaatlichen Behörden bindenden Rechtsakt von allgemeiner Wirkung ausdrücklich vorgesehen ist (EuGH, Urt. 5.2.2004, Kommission/Frankreich, C-24/00, EU:C:2004:70, Rn. 37 mit Verweis auf Urt. v. 12.3.1987, Kommission/Griechenland, C-176/84, EU:C:1987:125, Rn. 41).

[142]EuGH, Urt. v. 22.1.2002, Canal Satélite Digital, C-390/99, EU:C:2002:34, Rn. 41.

[143]Die Richtigkeit dieser Feststellung bleibt auch mit Art. 7 VO (EG) 764/2008 erhalten. Zwar darf nach dieser Bestimmung die zuständige Behörde vor Erlass einer Entscheidung im Sinne des Art. 2 Abs. 1 keine auf die Untersagung des Inverkehrbringens eines Produkts oder Produkttyps abzielende vorläufige Maßnahme ergreifen. Bedarf aber das Inverkehrbringen eines Produkts oder Produkttyps der Vorabgenehmigung, verbietet der Gesetzgeber das Inverkehrbringen. Das Verbot ist ein gesetzliches Verbot. Das Erfordernis einer Vorabgenehmigung für das Inverkehrbringen ist als

4) Sie dürfen wegen der Höhe der damit verbundenen Kosten nicht geeignet sein, die fraglichen Wirtschaftsteilnehmer von der Weiterbetreibung ihres Vorhabens abzuhalten.[144]

5) Sie müssen vorsehen, falls es zu einer Ablehnung kommt, dass die Ablehnungsentscheidung im Rahmen eines gerichtlichen Verfahrens angefochten werden kann.[145]

II. Anforderungen an die ablehnende Entscheidung

602   Die Genehmigung eines in einem anderen Mitgliedstaat rechtmäßig in Verkehr gebrachten Produkts oder Produkttyps kann im Bestimmungs-Mitgliedstaat nur versagt werden, wenn es eindeutig eine Gefahr für das zu schützende öffentliche Interesse darstellt. Wie der Gerichtshof in seiner namentlich zu mit Nährstoffen angereicherten Lebensmitteln ergangenen ständigen Rechtsprechung ausführt, *„ist es mangels Harmonisierung und soweit beim gegenwärtigen Stand der wissenschaftlichen Forschung noch Unsicherheiten bestehen, Sache der Mitgliedstaaten, unter Berücksichtigung der Erfordernisse des freien Warenverkehrs innerhalb der* [Union] *zu bestimmen, in welchem Umfang sie den Schutz* [des öffentlichen Interesses] *gewährleisten wollen und ob sie für das Inverkehrbringen* […]*, eine vorherige Genehmigung verlangen.*"[146] […]. *Da* [Art. 34 AEUV] *eine – eng auszulegende – Ausnahme vom Grundsatz des freien Warenverkehrs innerhalb der Gemeinschaft darstellt, haben die nationalen Behörden, die sich hierauf berufen, in jedem Einzelfall* […] *darzutun, dass ihre Regelung zum wirksamen Schutz der in dieser Bestimmung erfassten Interessen erforderlich ist, und insbesondere, dass das Inverkehrbringen der in Frage stehenden Erzeugnisse eine tatsächliche Gefahr für* [das zu schützende öffentliche Interesse] *darstellt.*"[147] D. h., die von den Mitgliedstaaten getroffenen Maßnahmen müssen auf das beschränkt sein, was zur Erfüllung der zwingenden Erfordernisse bzw. zum Schutz des verfolgten öffentlichen Interesses tatsächlich und unbedingt erforderlich ist, und sie müssen in einem angemessenen Verhältnis zu dem

---

solches mithin keine technische Vorschrift im Sinne der Verordnung, so dass eine Entscheidung, ein Erzeugnis allein mit der Begründung vom Markt auszuschließen oder vom Markt zu nehmen, dass es über keine gültige Vorabgenehmigung verfügt, keine Entscheidung im Sinne des Art. 2 Abs. 1 der Verordnung darstellt (siehe 12. Erwägungsgrund VO (EG) Nr. 764/2008).

[144]EuGH, Urt. v. 3.10.2000, Corsten, C-58/98, EU:C:2000:527, Rn. 48; Urt. v. 22.1.2002, Canal Satélite Digital, C-390/99, EU:C:2002:34, Rn. 42.

[145]EuGH, Urt. 5.2.2004, Kommission/Frankreich, C-24/00, EU:C:2004:70, Rn. 26.

[146]EuGH, Urt. v. 28.1.2010, Kommission/Frankreich, C-333/08, EU:C:2010:44, Rn. 85 mit Verweis auf EuGH, Urt. v. 14.7.1983, Sandoz, C-174/82, EU:C:1983:213, Rn. 16; Urt. v. 13.12.1990, Bellon, C-42/90, EU:C:1990:475, Rn. 11.

[147]EuGH, Urt. v. 28.1.2010, Kommission/Frankreich, C-333/08, EU:C:2010:44/08, Rn. 87 mit Verweis auf EuGH, Urt. v. 23.9.2003, Kommission/Dänemark, C-192/01, EU:C:2003:492, Rn. 46 und Urt. 5.2.2004, Kommission/Frankreich, C-24/00, EU:C:2004:70, Rn. 53 und die dort angeführte Rechtsprechung.

verfolgten Ziel stehen. Dieses Ziel darf nicht durch andere Maßnahmen zu erreichen sein, die den innerunionalen Handel weniger beschränken.

Diese Rechtsprechung hat sich der unionale Gesetzgeber in weiten Teilen zu eigen gemacht. So greift Art. 6 Abs. 1 VO (EG) Nr. 764/2008 diese Rechtsprechung auf und wird deren Berücksichtigung Kriterium formaler Rechtmäßigkeit der Ablehnung. Hiernach hat die zuständige Behörde, die eine Ablehnung der Vorabgenehmigung beabsichtigt, den Antragsteller von dieser Absicht zu unterrichten, die technischen Vorschriften, auf die sich die Entscheidung stützen soll, anzugeben und technische oder wissenschaftliche Belege dafür vorzulegen, dass *i)* die beabsichtigte Entscheidung durch einen in Art. 36 AEUV aufgeführten Grund des Allgemeininteresses oder durch andere Gründe des Gemeinwohls gerechtfertigt ist und *ii)* die beabsichtigte Entscheidung geeignet ist, das damit verfolgte Ziel zu verwirklichen, ohne über das zur Zielerreichung erforderliche Maß hinauszugehen. Ferner muss die Begründung der ablehnenden Entscheidung vorgenannte technische oder wissenschaftliche Belege benennen. Weiter sind bei ablehnender Entscheidung die in Art. 6 VO (EG) Nr. 764/2008 festgelegten Fristen und das Erfordernis einer Rechtsbehelfsbelehrung zu berücksichtigen.

603

Hinweis-, Kennzeichnungs-, Mitteilungs- und Registrierungs- und Anzeigepflichten

§ 1 – Produktinformation und -instruktion

Bei Produktinformationen und -instruktionen kann es sich handeln um Anweisungen zu Einbau und Montage, um für die Wartung und Reparatur erforderliche Informationen, um Hinweise zur Sicherheit und zum Schutz der Gesundheit, zum Energieverbrauch, zur Lebensdauer, zur Entsorgung, etc. Zuvörderst erstellen Hersteller Bedienungsanleitungen und stellen Produktinformationen zur Verfügung, damit das Produkt überhaupt erfolgreich benutzt werden kann. Öffentlich-rechtliche Informations- und Instruktionspflichten hingegen bezwecken nicht, dass das Produkt die vom Hersteller angepriesenen Funktionen erfüllt. Ihnen geht es um den Schutz öffentlicher Interessen. Rechtstechnisch sind die öffentlich-rechtlichen Informations- und Instruktionspflichten regelmäßig als eigenständige (formelle) **Marktzugangsanforderungen** ausgestaltet.[1] Im KfZ-Sektor ist deren Einhaltung (Typ-)Genehmigungsvoraussetzung.

604

---

[1] Siehe zu den Informationspflichten im Produktsicherheitsrecht, Schucht, in Klindt (Hrsg.), ProdSG, § 26 Rn. 38 f. Ebenfalls als Marktzugangsvoraussetzung (in Form von Ökodesign-Anforderungen) konzipiert sind die in den Durchführungsakten zur Ökodesign-Richtlinie 2009/125/EG angeordneten Produktinformationen (siehe etwa Art. 3 i. V. m. Anhang II Nr. 3 VO (EU) 2015/1185; Art. 3 i. V. m. Anhang II Nr. 2 VO (EU) 2015/1189; Art. 3 i. V. m. Anhang II Nr. 3 VO (EU) 2015/1188). Siehe auch § 9 i. V. m. § 13 Abs. 2 Nr. 1 und § 14 Abs. 3 EMVG, § 3 Abs. 1 Nr. 1 der 32. BImSchV.

© Springer Fachmedien Wiesbaden GmbH, ein Teil von Springer Nature 2018
M. Bauer, *Das Recht des technischen Produkts*,
https://doi.org/10.1007/978-3-658-21585-9_11

I. Verwendungsbezogene Informations- und Instruktionspflichten

1. Rechtsquellen öffentlich-rechtlicher Informations- und Instruktionspflichten

a. Harmonisierungsrechtsvorschriften nach der Neuen Konzeption

Die Harmonisierungsrechtsvorschriften nach der Neuen Konzeption bestimmen durchgängig, dass dem Produkt **Informationen** zu dessen **Nutzung** und/oder eine **Gebrauchs-** bzw. **Betriebsanleitung** beizufügen ist. Diese müssen klar, verständlich, deutlich und in einer vom Mitgliedstaat am Ort des Bereitstellens festgelegten Sprache, die von den Verbrauchern und sonstigen Endnutzern leicht verstanden werden kann, verfasst sein. **Konkretisierungen** finden sich dann regelmäßig im Text der Vorschrift selbst, den wesentlichen Anforderungen, Durchführungsrechtsakten und/oder der einschlägigen Produktnorm.

aa. Inhaltliche Anforderungen in den wesentlichen Anforderungen

605   Die **Aufzugsrichtlinie 2014/33/EU** bestimmt in deren Anhang I Nr. 6 (Betriebsanleitung), dass den dort bezeichneten Sicherheitsbauteilen eine Betriebsanleitung beizufügen ist, damit deren a) Montage, b) Anschluss, c) Einstellung und d) Wartung erfolgreich und gefahrlos durchgeführt werden können. Die Betriebsanleitung zum Aufzug enthält mindestens a) eine Anleitung mit den Plänen und Diagrammen, die für den laufenden Betrieb sowie für Wartung, Inspektion, Reparatur, regelmäßige Überprüfung und Eingriffe im Notfall erforderlich sind sowie b) ein Wartungsheft, in das die Reparaturen und gegebenenfalls die regelmäßigen Überprüfungen eingetragen werden können. Nach Anhang III Nr. 2 der **Druckbehälterrichtlinie 2014/29/EU** müssen in der Betriebsanleitung angegeben sein, der maximale Betriebsdruck (PS in bar), die maximale Betriebstemperatur (Tmax in °C), die minimale Betriebstemperatur (Tmin in °C), das Fassungsvermögen des Behälters (V in L), Name, eingetragener Handelsname oder eingetragene Handelsmarke und Anschrift des Herstellers, Baumusterkennzeichnung, der vorgesehene Verwendungsbereich und die zur Gewährleistung der Gebrauchssicherheit des Behälters erforderlichen Wartungs- und Aufstellungsbedingungen. Die **Druckgeräterichtlinie 2014/68/EU** bestimmt in deren Anhang I Nr. 4, dass den Druckgeräten bei ihrer Bereitstellung auf dem Markt, sofern erforderlich, eine Betriebsanleitung für den Benutzer beizufügen ist, die alle der Sicherheit dienlichen Informationen zu den Aspekten Montage einschließlich Verbindung verschiedener Druckgeräte, Inbetriebnahme, Benutzung und Wartung einschließlich Inspektion durch den Benutzer enthält. In der Betriebsanleitung sind anzugeben das Herstellungsjahr sowie die wesentlichen zulässigen oberen/unteren Grenzwerte. Je nach Art des Druckgeräts sind weitere Angaben zu machen, die zur Gewährleistung der Sicherheit bei Montage, Betrieb, Benutzung und gegebenenfalls Wartung und regelmäßiger Überprüfung erforderlich sind (z. B. das Druckgerätevolumen V in l, die Nennweite DN für Rohrleitungen, den aufgebrachten Prüfdruck PT in bar und das Datum, den Einstelldruck der Sicherheitseinrichtung in bar, die Druckgeräteleistung in kW, die Netzspannung in Volt, die

beabsichtigte Verwendung, den Füllungsgrad in kg/l, die Höchstfüllmasse in kg). Falls erforderlich, sind die Druckgeräte mit Warnhinweisen zu versehen, mit denen auf Fälle unsachgemäßer Verwendung hingewiesen wird, die erfahrungsgemäß möglich sind. Der Betriebsanleitung sind gegebenenfalls die technischen Dokumente sowie Zeichnungen und Pläne beizufügen, die für das richtige Verständnis dieser Anleitung erforderlich sind. Nach Anhang I Nrn. 1.5 und 1.6. der **Verordnung (EU) 2016/426 über Geräte zur Verbrennung gasförmiger Brennstoffe** ist dem Gerät eine Anleitung für den Installateur und eine Bedienungs- und Wartungsanleitung für den Benutzer beizufügen und sind auf dem Gerät sowie auf seiner Verpackung die geeigneten Warnhinweise anzubringen. Die Installationsanleitung für den Installateur muss alle Anweisungen für die Installation, Einstellung und Wartung enthalten, die für eine einwandfreie Ausführung dieser Arbeiten und eine sichere Benutzung des Geräts erforderlich sind. Die Installationsanleitung für den Installateur muss auch Angaben zu den technischen Spezifikationen der Schnittstelle zwischen Gerät und Installationsumgebung enthalten, damit es ordnungsgemäß an die Gasversorgungsleitung, die Hilfsenergieversorgung, die Versorgung mit Verbrennungsluft und die Abgasanlage angeschlossen werden kann. Die Bedienungs- und Wartungsanleitung für den Nutzer hat alle für eine sichere Benutzung erforderlichen Angaben zu enthalten und den Nutzer insbesondere auf etwaige Nutzungsbeschränkungen hinzuweisen. Die Hersteller weisen in der Anleitung darauf hin, wenn besondere Sorgfalt geboten ist oder wenn es ratsam wäre, bestimmte der oben genannten Arbeiten durch einen Fachmann ausführen zu lassen. Diesbezügliche einzelstaatliche Anforderungen bleiben hiervon unberührt. Der Hersteller des Geräts hat in den Anleitungen, die dem Gerät beizufügen sind, alle erforderlichen Angaben über Einstellung, Betrieb und Wartung der Ausrüstung als Teil des fertigen Geräts beizufügen, soweit dies zutreffend ist. Die Warnhinweise auf dem Gerät und seiner Verpackung müssen eindeutige Angaben über die Gasart, den Anschlussdruck, die Gerätekategorie und die etwaigen Nutzungsbeschränkungen enthalten, insbesondere die Beschränkung, dass das Gerät nur in ausreichend belüfteten Räumen installiert werden darf, um sicherzustellen, dass die damit verbundenen Risiken so gering wie möglich sind. Die Anforderungen an der **ATEX-Richtlinie 2014/34/EU** unterfallender Produkte finden sich in deren Anhang II Nrn. 1.0.5 und 1.0.6. Die Betriebsanleitung muss die Mindestangaben zur Kennzeichnung nach Nr. 1.0.5., mit Ausnahme der Chargen- oder Seriennummer, wiedergeben (Name, eingetragener Handelsname oder eingetragene Handelsmarke und Anschrift des Herstellers, CE-Kennzeichnung, Baujahr, das spezielle Explosionsschutzkennzeichen ⟨Ex⟩, gefolgt von dem Kennzeichen, das auf die Gerätegruppe und -kategorie verweist, zusätzlich und wenn erforderlich alle für die Sicherheit bei der Verwendung unabdingbaren Hinweise). Sie enthält weiter folgende Mindestangaben: a) Angaben zur sicheren Inbetriebnahme, Verwendung, Montage und Demontage, Instandhaltung (Wartung und Störungsbeseitigung), Installation und zum sicheren Rüsten; b) erforderlichenfalls die Markierung von gefährdeten Bereichen vor Druckentlastungseinrichtungen; c) erforderlichenfalls Angaben zur Einarbeitung; d) Angaben, die zweifelsfrei die Entscheidung ermöglichen, ob die Verwendung eines Geräts (entsprechend seiner ausgewiesenen Kategorie) oder eines Schutzsystems in dem vorgesehenen Bereich unter den zu erwartenden Bedingungen gefahrlos möglich ist; e) elektrische Kenngrößen und Drücke, höchste Oberflächentemperaturen sowie andere Grenzwerte; f) erforderlichenfalls besondere Bedingungen für die Verwendung, einschließlich der Hinweise auf sachwidrige Verwendung, die erfahrungsgemäß vorkommen kann; g) erforderlichenfalls die grundlegenden Merkmale der Werkzeuge, die an dem Gerät oder Schutzsystem angebracht werden können. Die Betriebsanleitung beinhaltet die für die Inbetriebnahme, Instandhaltung, Inspektion, Überprüfung der Funktionsfähigkeit und gegebenenfalls Reparatur des Geräts oder Schutzsystems notwendigen Pläne und Schemata sowie alle zweckdienlichen Angaben insbesondere im Hinblick auf die Sicherheit. Die Instruktionspflichten bei Maschinen sind geregelt in Anhang I Nr. 1.7 der **Maschinenrichtlinie 2006/42/EG.** Zur Betriebsanleitung bestimmt Nr. 1.7.4., dass diese nach den dort genannten Grundsätzen abzufassen ist. Der Inhalt der Betriebsanleitung muss nicht nur die bestimmungsgemäße Verwendung der betreffenden Maschine berücksichtigen, sondern auch jede vernünftigerweise vorhersehbare Fehlanwendung der Maschine. Bei der Abfassung und Gestaltung der Betriebsanleitung für Maschinen, die zur Verwendung durch Verbraucher bestimmt sind, muss dem allgemeinen Wissensstand und der Verständnisfähigkeit Rechnung getragen werden, die vernünftigerweise von solchen Benutzern erwartet werden können. Jede Betriebsanleitung muss erforderlichenfalls die in Nr. 1.7.4.2. aufgelisteten Mindestangaben enthalten: a) Firmenname und vollständige Anschrift des Herstellers und seines Bevollmächtigten; b) Bezeichnung der Maschine entsprechend der Angabe auf der Maschine selbst; c) die EG-Konformitätserklärung oder ein Dokument, das die EG-Konformitätserklärung inhaltlich wiedergibt und Einzelangaben der Maschine enthält, [...]; d) eine allgemeine Beschreibung der Maschine; e) die für Verwendung, Wartung und Instandsetzung der Maschine und zur Überprüfung ihres ordnungsgemäßen Funktionierens erforderlichen Zeichnungen, Schaltpläne, Beschreibungen und Erläuterungen; f) eine Beschreibung des Arbeitsplatzes bzw. der Arbeitsplätze, die voraussichtlich vom Bedienungspersonal eingenommen werden; g) eine Beschreibung der bestimmungsgemäßen Verwendung der Maschine; h) Warnhinweise in Bezug auf Fehlanwendungen der Maschine, zu denen es erfahrungsgemäß kommen kann (hierzu → Rn. 626 ff.); i) Anleitungen zur Montage, zum Aufbau und zum Anschluss der Maschine, einschließlich der Zeichnungen, Schaltpläne und der Befestigungen, sowie Angabe des Maschinengestells oder der Anlage, auf das bzw. in die die Maschine montiert werden soll; j) Installations- und Montagevorschriften zur Verminderung von Lärm und Vibrationen; k) Hinweise zur Inbetriebnahme und zum Betrieb der Maschine sowie erforderlichenfalls Hinweise zur Ausbildung bzw. Einarbeitung des Bedienungspersonals; l) Angaben zu Restrisiken, die trotz der Maßnahmen zur Integration der Sicherheit bei der Konstruktion, trotz der Sicherheitsvorkehrungen und trotz der ergänzenden Schutzmaßnahmen noch verbleiben; m) Anleitung für die vom Benutzer zu treffenden Schutzmaßnahmen, gegebenenfalls einschließlich der bereitzustellenden persönlichen Schutzausrüstung; n) [...]; o) Bedingungen, unter denen die Maschine die Anforderungen an die Standsicherheit beim Betrieb, beim Transport, bei der Montage, bei der Demontage, wenn sie außer Betrieb ist, bei Prüfungen sowie bei vorhersehbaren Störungen erfüllt; p) Sicherheitshinweise zum Transport, zur Handhabung und zur Lagerung, mit Angabe des Gewichts der Maschine und ihrer verschiedenen Bauteile, falls sie regelmäßig getrennt transportiert werden müssen; q) bei Unfällen oder Störungen erforderliches Vorgehen; falls es zu einer Blockierung kommen kann, ist in der Betriebsanleitung anzugeben, wie zum gefahrlosen Lösen der Blockierung vorzugehen ist; r) Beschreibung der vom Benutzer durchzuführenden Einrichtungs- und Wartungsarbeiten sowie der zu treffenden vorbeugenden Wartungsmaßnahmen; s) Anweisungen zum sicheren Einrichten und Warten einschließlich der dabei zu treffenden Schutzmaßnahmen; t) Spezifikationen der zu verwendenden Ersatzteile, wenn diese sich auf die Sicherheit und Gesundheit des Bedienungspersonals auswirken; u) [...]; v) Kann die Maschine nichtionisierende Strahlung abgeben, die Personen, insbesondere Träger aktiver oder nicht aktiver implantierbarer medizinischer Geräte, schädigen kann, so sind Angaben über die Strahlung zu machen, der das Bedienungspersonal und gefährdete Personen ausgesetzt sind. Anhang I Nr. 9.3 der **MID-Richtlinie 2014/32/EU** bestimmt, dass dem Messgerät Informationen über seine Funktionsweise beiliegen müssen, sofern sich dies wegen der Einfachheit des Messgeräts nicht erübrigt. Diese Informationen müssen leicht verständlich sein und gegebenenfalls folgende Angaben enthalten: a) Nennbetriebsbedingungen; b) Klassen der mechanischen und elektromagnetischen Umgebungsbedingungen; c) Höchst- und Mindesttemperatur, Kondenswasserbildung möglich/nicht möglich, offener bzw. geschlossener Einsatzort; d) Anweisungen für Aufstellung, Wartung, Reparaturen und zulässige Einstellungen; e) Anweisungen zur Gewährleistung eines fehlerfreien Betriebs sowie Angaben zu besonderen Einsatzbedingungen; f) Bedingungen für die Kompatibilität mit Schnittstellen, Teilgeräten oder Messgeräten.

bb. Inhaltliche Anforderungen im Vorschriftentext
Art. 10 Abs. 8 der **Richtlinie 2014/53/EU über Funkanlagen** verlangt, dass die Gebrauchsanleitung die Informationen enthält, die für die bestimmungsgemäße Verwendung der Funkanlage erforderlich sind. Dies umfasst gegebenenfalls eine Beschreibung des Zubehörs und der Bestandteile einschließlich Software, die den bestimmungsgemäßen Betrieb der Funkanlage ermöglichen. Zudem müssen, falls die Funkanlage bestimmungsgemäß Funkwellen ausstrahlt, a) das Frequenzband oder die Frequenzbänder, in dem bzw. denen die Funkanlage betrieben wird und b) die in dem Frequenzband oder den Frequenzbändern, in dem bzw. denen die Funkanlage betrieben wird, abgestrahlte maximale Sendeleistung angegeben werden. Knapp aber präzise und umfassend bestimmt Art. 18 der **EMV-Richtlinie 2014/30/EU,** dass dem Gerät Angaben über besondere Vorkehrungen beigefügt sein müssen, die bei Montage, Installierung, Wartung oder Betrieb des Geräts zu treffen sind, damit es nach Inbetriebnahme die wesentlichen Anforderungen nach Anhang I Nr. 1 erfüllt. Bei Geräten, deren Übereinstimmung mit den wesentlichen Anforderungen nach Anhang I Nr. 1 in Wohngebieten nicht gewährleistet ist, ist auf eine solche Nutzungsbeschränkung – gegebenenfalls auch auf der Verpackung – eindeutig hinzuweisen. Die Informationen, die zur Nutzung des

Geräts entsprechend dessen Verwendungszweck erforderlich sind, müssen in der dem Gerät beigefügten Betriebsanleitung enthalten sein.

Zu erwähnen ist ebenfalls Art. 15 Abs. 1 lit. b) VO (EG) Nr. 1935/2004, wonach es, soweit erforderlich, besonderer Hinweise für eine sichere und sachgemäße Verwendung bedarf.

cc. Inhaltliche Anforderungen in Produktnormen

607 Die **Niederspannungsrichtlinie 2014/35/EU** etwa enthält selbst keine Konkretisierung des Inhalts der dort in Art. 6 Abs. 7 vorgeschriebenen Betriebsanleitung und Sicherheitsinformationen. Zur Bestimmung des notwendigen Inhalts können dann ausschließlich die einschlägigen Produktnormen herangezogen werden. Diese enthalten dann mitunter ins Einzelne gehende und spitz vorgegebene Anforderungen in Form technischer Angaben zum Betriebsmittel sowie Handhabungs-, Aufstellungs- Betriebs- und Wartungsanweisungen. Die Bedeutung der in den technischen Normen festgelegten produktbezogenen Informationspflichten darf nicht unterschätzt werden. So greift die Konformitätsvermutung bei Zugrundelegung der im Amtsblatt der EU veröffentlichten harmonisierten Normen bzw. allgemein die der technischen Norm anhaftende Vermutungswirkung eines dem Stand der Technik entsprechenden Erzeugnisses überhaupt nur, wenn die Anforderungen aus der Norm erfüllt sind (→ Rn. 222 ff.). Dies schließt die in der Norm aufgestellten formellen Aspekte der Produktgestaltung, namentlich produktbezogene Hinweispflichten, mit ein. In einem vom Oberlandesgericht Düsseldorf zu entscheidenden Fall hatte das Gericht über die Rechtmäßigkeit des Inverkehrbringens von Diamant-Trennscheiben zu befinden. Wohl entsprachen die Trennscheiben den Design-Anforderungen der einschlägigen Norm EN 13236 (Sicherheitsanforderungen für Schleifwerkzeuge mit Diamant oder Bornitrid). Gleichwohl stritt für den Hersteller die gesetzliche Vermutung des § 5 Abs. 2 ProdSG nicht. Der Hersteller hatte den aus Ziffer 7 der DIN EN 13236 sich ergebenden Anforderungen an die Information der Anwender über Sicherheitshinweise und -empfehlungen nämlich nicht genügt.[2]

dd. Durchführungsverordnungen zur Ökodesign-Richtlinie

608 Nach Anhang I Teil 2 der Ökodesign-Richtlinie 2009/125/EG kann.

„[i]n den Durchführungsmaßnahmen vorgeschrieben werden, dass der Hersteller Angaben zu machen hat, die den Umgang mit dem Produkt, seine Nutzung oder sein Recycling durch andere Stellen als den Hersteller beeinflussen können, wozu gegebenenfalls folgende Angaben gehören:

a) *Informationen des Konstrukteurs zum Herstellungsprozess;*
b) *Informationen für Verbraucher über die wesentlichen Umweltaspekte und die Eigenschaften des Produkts; diese Informationen sind dem Produkt beizufügen, wenn*

---

[2] OLG Düsseldorf, Urt. v. 17.3.2016, I-15 U 38/15, juris.

es in Verkehr gebracht wird, damit der Verbraucher verschiedene Produkte in ihren Umweltaspekten vergleichen kann;
c) *Informationen für Verbraucher darüber, wie das Produkt mit möglichst geringer Umweltbelastung zu installieren, zu nutzen und zu warten ist, wie es eine möglichst hohe Lebensdauer erreicht und wie es zu entsorgen ist, sowie gegebenenfalls Informationen über den Zeitraum der Lieferbarkeit von Ersatzteilen und die Nachrüstbarkeit der Geräte und*
d) *Informationen über Entsorgungsbetriebe zu Zerlegung, Recycling oder Deponierung des Altprodukts."*

b. Produktsicherheitsrichtlinie 2001/95/EG

Die Richtlinie über die allgemeine Produktsicherheit bestimmt in deren Art. 5, dass die *„Hersteller im Rahmen ihrer jeweiligen Geschäftstätigkeit dem Verbraucher einschlägige Informationen zu erteilen [haben], damit er die Gefahren, die von dem Produkt während der üblichen oder vernünftigerweise vorhersehbaren Gebrauchsdauer ausgehen und die ohne entsprechende Warnhinweise nicht unmittelbar erkennbar sind, beurteilen und sich dagegen schützen kann"*. Umgesetzt und konkretisiert wurde diese Pflicht in § 3 Abs. 4 ProdSG (Gebrauchsanleitung) und **§ 6 Abs. 1 Nr. 1 ProdSG** (Informationspflicht). § 6 Abs. 1 Nr. 1 ProdSG ist **gegenüber** den eine Instruktionspflicht begründenden **Harmonisierungsrechtsvorschriften** zur Produktsicherheit **nachrangig**.[3] Die Informationspflicht nach § 6 Abs. 1 Nr. 1 ProdSG bleibt von Bedeutung, soweit es gebrauchte Produkte (→ Rn. 324) und von Harmonisierungsrechtsvorschriften sonst nicht erfasste Produkte betrifft. Der Anwendungsbereich des § 6 ProdSG bzw. der Produktsicherheitsrichtlinie 2001/95/EG wird über den Begriff *„Produkt"* in Art. 2 lit. a) der Richtlinie 2001/95/EG bestimmt (Art. 1 Abs. 2 S. 1), nämlich.

609

*„jedes Produkt, das – auch im Rahmen der Erbringung einer Dienstleistung – **für Verbraucher bestimmt** ist oder **unter vernünftigerweise vorhersehbaren Bedingungen von Verbrauchern benutzt werden könnte**, selbst wenn es nicht für diese bestimmt ist, und entgeltlich oder unentgeltlich **im Rahmen einer Geschäftstätigkeit geliefert oder zur Verfügung gestellt wird**, unabhängig davon, ob es neu, gebraucht oder wiederaufgearbeitet ist.*

Diese Begriffsbestimmung gilt nicht für gebrauchte Produkte, die als Antiquitäten oder als Produkte geliefert werden, die vor ihrer Verwendung instand gesetzt oder wiederaufgearbeitet werden müssen, sofern der Lieferant der von ihm belieferten Person klare Angaben darüber macht".

---

[3] Europäische Kommission, Leitlinien betreffend das Verhältnis zwischen der Richtlinie über die allgemeine Produktsicherheit und bestimmten sektoralen Richtlinien mit Vorschriften zur Produktsicherheit, S. 7 (vgl. auch S. 10, 18 f.).

aa. Begriff des Verbrauchers

610 Das europäische Primärrecht definiert den Begriff des Verbrauchers nicht.[4] Das Sekundärrecht bestimmt ihn je nach Schutzbereich verschieden.[5] Ein **weiter Verbraucherbegriff** kommt zur Anwendung etwa im Versicherungs-, Banken- und Anlagenrecht und erstreckt sich auf alle Kunden, unabhängig davon, ob sie als Private oder Unternehmer handeln.[6] Innerhalb der klassischen Verbraucherschutzrichtlinien findet sich ein **enges Verständnis** und werden nur natürliche Personen erfasst, die bei ihrem Marktverhalten nicht für gewerbliche oder berufliche, also für private Zwecke tätig sind.[7] Im Bereich der Produkthaftung verliert der Verbraucherbegriff seine Konturen und bezieht die Richtlinie 85/374/EWG letztlich jedes Opfer ein. In den Schutzbereich gelangen alle potentiellen oder tatsächlichen Opfer, jedenfalls soweit Gefährdungen an Leib, Leben oder Gesundheit zu befürchten sind. Hinsichtlich des Ersatzes von Vermögensschäden differenziert allerdings die Produkthaftungsrichtlinie. Hier wird wieder auf den engen Verbraucherbegriff verwiesen, wobei es hier auf ein aktives Marktverhalten, d. h. auf ein rechtsgeschäftliches Handeln, nicht ankommt. Der Verbraucherbegriff umfasst damit insgesamt nicht eine aus einer bestimmten Eigenschaft heraus besonders schutzwürdige Personengruppe, sondern stellt auf die Rolle am Markt ab.[8] Der verwendete Verbraucherbegriff ist situations- und problembezogen.[9] Im Zuge der Umsetzung des Sprachgebrauchs aus der Fernabsatzrichtlinie 2002/65/EG wurde eine inhaltlich dem engen **Verbrauchergriff** entsprechende Definition in **§ 13 BGB** eingeführt.[10] Hiernach ist Verbraucher *„jede natürliche Person, die ein Rechtsgeschäft zu Zwecken abschließt, die überwiegend weder ihrer gewerblichen noch ihrer selbständigen beruflichen Tätigkeit zugerechnet werden können"*. In der Gesetzesbegründung zum Geräte- und Produktsicherheitsgesetz (GPSG) hatte der deutsche Gesetzgeber mithin auf diese Definition verwiesen[11] und sollten mit der redaktionellen Anpassung der

---

[4]Lettl, GRUR 2004, 449 (451); Wichard, in Calliess/Ruffert, Art. 153 EGV Rn. 4; Grub, in: Lenz C. O./Borchardt, Art. 169 AEUV Rn. 6; Lurger, in Streinz (Hrsg.), EUV/AEUV, AEUV Art. 169, Rn. 12.

[5]Lettel, GRUR 2004, 449 (451); Lurger, in Streinz (Hrsg.), EUV/AEUV, AEUV Art. 169 Rn. 12; ausführlich mit Beispielen aus verschiedenen Richtlinien, Micklitz/Rott, H. Wettbewerbsregeln, in Dauses (Hrsg.), Handbuch des EU-Wirtschaftsrecht, Rn. 103 ff.; Pfeiffer, in Grabitz/Hilf/Nettesheim (Hrsg.), Das Recht der Europäischen Union, Bd. I, EUV/AEUV, AEUV Art. 169, Rn. 25.

[6]Lurger, in Streinz (Hrsg.), EUV/AEUV, AEUV Art. 169 Rn. 12.

[7]EuGH, Urt. v. 17.3.1998, Bayerische Hypotheken- und Wechselbank/Dietzinger, C-45/96, EU:C:1998:111, Rn. 22; EuGH, Urt. v. 22.11.2001, Cape und Idealservice MN RE, C-541/99, EU:C:2001:625, Rn. 15 f.

[8]Wichard, in Calliess/Ruffert, Art. 153 EGV Rn. 4.

[9]Wichard, in Calliess/Ruffert, Art. 153 EGV Rn. 4 m.w.Nachw.

[10]Grub, in: Lenz C. O./Borchardt, Art. 169 AEUV, Rn. 6; Bülow/Artz, NJW 2000, 2049 (2050 f.).

[11]BT-Drucks. 15/1620, 26.

Begriffsdefinition im Produktsicherheitsgesetz (ProdSG) Änderungen mithin nicht einhergehen.[12] Im **deutschen Schrifttum** zum Produktsicherheitsgesetz wird dieser Verbraucherbegriff indes nicht aufgegriffen. Es kommt dort zu einer **Gleichstellung von privat Handelndem und Verbraucher** und deckt sich hiernach der Schutzbereich des Produktsicherheitsrechts weitestgehend mit dem der Produkthaftungsrichtlinie 85/374/EWG.[13] Produkte, mit denen der privat Handlende in Berührung kommt, die er irgendwie benutzt oder denen er auch nur mittelbar, unbewusst und ungewollt ausgesetzt ist werden hiernach schnell zum Verbraucherprodukt und ohne dass es auf eine aktive Marktteilnahme, d. h. auf ein rechtsgeschäftliches Handeln des Einzelnen ankäme.[14] Zwar hat sich der Gerichtshof zum Begriff des Verbrauchers im unionalen Produktsicherheitsrecht *bis dato* nicht geäußert und konnte die Sichtweise des deutschen Gesetzgebers weder bestätigen noch zurückweisen. Die von der Europäischen Kommission unternommene Begriffsdefinition bekräftigt indes den vom deutschen Gesetzgeber des ProdSG unternommenen Verweis auf den Verbraucherbegriff der klassischen Verbraucherschutzrichtlinien. Hiernach kann ein Produkt überhaupt nur dann Verbraucherprodukt sein, wenn es Verbrauchern bereitgestellt oder im Rahmen einer Dienstleistung sonst zur Verfügung gestellt wird.[15] Bereitstellung setzt aber ein hierauf gerichtetes Rechtsgeschäft voraus, andernfalls eine solche nicht vorliegt (zum Erfordernis, dass das Produkt „*zirkuliert*" → Rn. 291).[16] Ebenfalls wird bei Erbringung einer Dienstleistung dieser ein Rechtsgeschäft zugrunde liegen müssen, andernfalls keine Dienstleistung, sondern eine Gefälligkeit vorliegt. Am Ende der Liefer- oder Dienstleistungskette muss nach alledem eine **für private Zwecke rechtsgeschäftlich handelnde natürliche Person** stehen und wäre hiernach Verbraucher im Sinne des Produktsicherheitsrechts der für private Zwecke rechtsgeschäftlich handelnde Konsument.[17] Gegen eine Übertragung des Verbraucherbegriffs der klassischen Verbraucherschutzrichtlinien wird nun vorgebracht, dass der

---

[12] BT-Drucks. 17/6276, 41.

[13] Vgl. Klindt/Schucht, in Klindt (Hrsg.), ProdSG, § 2 Rn. 183 ff.; Wilrich, Das neue Produktsicherheitsgesetz (ProdSG), Rn. 72 ff.

[14] Vgl. etwa Klindt/Schucht, in Klindt (Hrsg.), ProdSG, § 2 Rn. 192 („*Bewegungsmelder und -sensoren für automatische Türen (z. B. für Dreh- oder Schiebetüren) von öffentlich zugänglichen Gebäuden (z. B. Flughafengebäuden, Einkaufspassagen und -galerien) dürften als Verbraucherprodukt i. S. d. § 2 Nr. 26 Hs. 1 ProdSG anzusehen sein, auch wenn, die Verbraucher naturgemäß nicht in einen unmittelbaren, physischen Kontakt mit diesen Produkten kommen. Für Rauchmelder in öffentlich-zugänglichen Bereichen dürfte nichts anderes gelten. Die genannten Produkte sind jeweils „für Verbraucher bestimmt".*").

[15] Vgl. auch Entscheidung 2010/15/EU der Europäischen Kommission 2010/15/EU, Anhang, Teil II, Ziffer 2.1.1. (S. 8 f.).

[16] Europäische Kommission, Leitfaden für die Umsetzung der Produktvorschriften der EU 2016, ABl. 2016 C 272, 18.

[17] Bei Kindern wäre das rechtsgeschäftliche Handeln der gesetzlichen Vertreter entscheidend.

Begriff des Verbraucherproduktes auch sog. Sowohl-als-auch-Nutzungen erfasst.[18] Wer etwa ein Produkt auf der Arbeit zu Berufszwecken verwende könne dasselbe Produkt nach der Arbeit privat und damit *„als Verbraucher"* nutzen, so dass es nicht auf den mit dem Rechtsgeschäft verfolgten Zweck ankommen könne.[19] Dies würde dazu führen, dass ein und dasselbe Produkt, je nachdem ob es im konkreten Fall zu professionellen oder privaten Zwecken abgegeben wurde, einmal in die Gruppe der Verbraucherprodukte und ein andermal der der Nicht-Verbraucherprodukte einzuordnen wäre. Dem Produkt selbst sehe man indes nicht immer an, ob es professionell oder privat eingesetzt werde und würde eine hieran anknüpfende Unterscheidung zu großer Rechtsunsicherheit führen. *„Ein Produkt* [sei] [...] *deshalb immer nur Produkt oder immer auch Verbraucherprodukt"*[20] und Verbraucherprodukt sei und bliebe es dann auch, wenn es im konkreten Fall professionell eingesetzt werde.[21] Allerdings betreffen die Sowohl-als-auch-Nutzungen die Frage, ob das Produkt *„für Verbraucher bestimmt"* ist und nicht die dieser voranzustellende Frage, wer Verbraucher ist. Mit dem Verweis § 13 BGB bestimmt der Gesetzgeber nicht den Begriff des Verbraucherproduktes, sondern den des Verbrauchers. Das Verbraucherprodukt wird in Art. 2 lit. a) der Richtlinie 2001/95/EG bzw. § 2 Nr. 26 ProdSG definiert und wird dort auf den Verbraucher als ein für private Zwecke rechtsgeschäftlich handelnden Konsumenten referiert.[22]

bb. Für Verbraucher bestimmt

611 Verbraucherprodukt ist zunächst jedes Produkt, das für Verbraucher bestimmt ist, *„also Produkte, die für Verbraucher konzipiert und hergestellt und ihnen bereitgestellt werden"*[23]. Mit dem Kriterium des Bestimmtseins wird bei Produkten das ***„Definitionsmonopol"***[24] des Inverkehrbringers und in erster Linie das des Herstellers begründet. Er definiert durch ***„Produktwidmung"***[25] den Adressatenkreis des Produkts, ob also das Produkt für eine private oder eine gewerbliche Nutzung zur Verfügung gestellt werden soll. Die Bestimmung der Nutzergruppe kann hierbei auf vielerlei Art und Weise erfolgen. So kann etwa in der Produktbeschreibung, im Verkaufsvertrag, mittels Warnhinweis oder in der Betriebs- oder Montageanleitung die Nutzung auf einen fachlich ausgebildeten und unterrichteten Personenkreis beschränkt werden, beispielsweise wenn besondere fachliche (Vor)Kenntnisse oder Fähigkeiten notwendig sind.[26] Der Nutzerkreis kann weiter über die

---

[18] Klindt/Schucht, in Klindt (Hrsg.), ProdSG, § 2 Rn. 187.
[19] Schmatz/Nöthlichs, 1025 § 1 Anm. 1.2, S. 7 f. und 1025 § 2 Anm. 3.1, S. 10 f.
[20] Wilrich, Das neue Produktsicherheitsgesetz (ProdSG), Rn. 76.
[21] Schieble, Produktsicherheitsgesetz und europäisches Gemeinschaftsrecht, S. 128.
[22] So im Ergebnis auch Geiß/Doll, Geräte- und Produktsicherheitsgesetz (GPSG), § 2 Rn. 24.
[23] Entscheidung 2010/15/EU, Anhang, Teil II, Ziffer 2.1.1. (S. 8).
[24] Klindt/Schucht, in Klindt (Hrsg.), ProdSG, § 2 Rn. 189.
[25] *Ebd.*
[26] Schleswig-Holsteinisches Oberlandesgericht, Urt. v. 27.9.2007, 11 U 135/06, juris.

Vertriebswege beschränkt werden, etwa durch die Abgabe von (Mindest-)Mengen, die eine sinnvolle Nutzung durch Private ausschließen.[27]

cc. „Vernünftigerweise vorhersehbar"
Das Kriterium der „*vorhersehbaren Verwendung durch Verbraucher*" in Art. 2 lit. a) S. 1 der Richtlinie 2001/95/EG kann im Kontext gelesen werden mit Art. 2 lit. b) der Richtlinie 2001/95/EG.[28] Dort wird auf die „*vernünftigerweise vorhersehbare Verwendung*" Bezug genommen. Hierbei handelt es sich um eine bei der Beurteilung der Sicherheit des Produkts zu berücksichtigende Verwendung. In beiden Fällen setzt der Begriff der Vorhersehbarkeit zumindest die Möglichkeit voraus, dass das Produkt auf den Verbrauchermarkt gelangt (hierzu → Rn. 360–375).

612

dd. Dienstleistungsbezogene Produkte
Die dem Privatmann bei Erbringung einer Dienstleistung zur Verfügung gestellten und von diesem im Rahmen der Dienstleistung aktiv benutzten Produkte, wie etwa Geräte in Fitnessstudios, Einkaufswagen im Supermarkt, Geräte in Freizeitparks, Sonnenbänke in Solarien, Automaten im öffentlichen Bereich oder Spielplatzgeräte, werden ganz regelmäßig nicht für die letztlich zu schützenden Verbraucher, sondern für gewerbliche Kunden, wie Hoteliers, Gastronomen, Betreiber von Fitnessclubs oder Freizeitparks bestimmungsgemäß bereitgestellt.[29] Solche für Gewerbetreibende bestimmte Dienstleistungsprodukte lösen keine an den Verbraucher gerichteten Instruktionspflichten nach Art. 5 der Produktsicherheitsrichtlinie 2001/95/EG aus.

613

c. Fahrzeuge und Fahrzeugteile
Nach Art. 37 f. der Rahmenrichtlinie 2007/46/EG stellt der Hersteller, **wenn ein Rechtsakt dies ausdrücklich vorsieht**, den Nutzern alle relevanten Informationen und erforderlichen Anweisungen zur Verfügung, aus denen alle für ein Fahrzeug, ein Bauteil oder eine selbstständige technische Einheit geltenden besonderen Nutzungsbedingungen oder Nutzungseinschränkungen zu ersehen sind (**für Nutzer bestimmte Informationen**). Diese Informationen sind in den Amtssprachen der Gemeinschaft abzufassen. Sie sind in Abstimmung mit der Genehmigungsbehörde in ein geeignetes Begleitdokument (Betriebsanleitung, Fahrzeug- oder Werkstatthandbuch) aufzunehmen. Der Fahrzeughersteller muss weiter den Herstellern von Bauteilen oder selbstständigen technischen Einheiten alle Angaben, gegebenenfalls auch Zeichnungen, zur

614

---

[27] OLG Celle, Urt. v. 15.8.2001, 20 U 24/01, juris.

[28] Vgl. zur Parallelität der Begriffe und der wechselseitigen Inbezugnahme Lenz/Laschet, Das neue Geräte- und Produktsicherheitsgesetz, 2/2.3.2 (S. 4); Lenz, Produkthaftung, § 3, Rn. 317; Wilrich, Das neue Produktsicherheitsgesetz (ProdSG), Rn. 86.

[29] Klindt/Schucht, in Klindt (Hrsg.), ProdSG, § 2 Rn. 203; Wilrich, Das neue Produktsicherheitsgesetz (ProdSG), Rn. 90 f.

Verfügung stellen, die **im Anhang oder in der Anlage eines Rechtsakts ausdrücklich genannt sind** und für die Typgenehmigung von Bauteilen oder selbstständigen technischen Einheiten oder für den Erhalt einer Erlaubnis benötigt werden (**für Hersteller von Bauteilen oder selbstständigen technischen Einheiten bestimmte Informationen**). Art. 51 f. VO (EU) Nr. 167/2013 und Art. 55 f. VO (EU) Nr. 168/2013 enthalten gleichlautende Bestimmungen zu den von ihnen geregelten Fahrzeugen und Fahrzeugteilen. In den Einzelrechtsakten sind die entsprechenden Instruktionspflichten als Genehmigungsvoraussetzung ausgestaltet.[30] Die VO (EG) Nr. 715/2007, Art. 53 ff. VO (EU) Nr. 167/2013 und Art. 57 ff. VO (EU) Nr. 168/2013 regeln den Zugang zu Reparatur- und Wartungsinformationen und nehmen die Hersteller in die Pflicht. Die Einhaltung dieser Pflichten ist der Genehmigungsbehörde gegenüber nachzuweisen.[31]

2. Regelungsbereich
a. Sachlicher Geltungsbereich

615 Die mit der öffentlich-rechtlichen Informationspflicht verfolgten Interessen sind unterschiedlich und bestimmen sich nach dem sachlichen Geltungsbereich der die Information anordnenden Vorschrift (zum sachlichen Geltungsbereich → Rn. 65). So zielen die in den Durchführungsverordnungen zur Ökodesign-Richtlinie geforderten Produktinformationen darauf ab, sicherzustellen, dass Ökodesign-Anforderungen in der Verwendung eingehalten werden, sollen den Konsumenten über die Umwelteigenschaften des Produkts informieren und dessen Kaufentscheidung beeinflussen. Die Instruktionspflichten der auf Gesundheitsschutz und Sicherheit abzielenden Harmonisierungsrechtsvorschriften bezwecken, umfassend oder auf bestimmte Risiken beschränkt, den Schutz der körperlichen Unversehrtheit derjenigen, die mit dem Produkt in Berührung kommen. Die Informationen, die Messgeräten beizulegen sind, ergehen vor dem Hintergrund der Messgenauigkeit der Geräte. Die nach Art. 18 der EMV-Richtlinie 2014/35/EU Betriebsmitteln beizufügenden

---

[30]Siehe beispielsweise Nr. 3.3 (Verwendung von Schneetraktionshilfen) des Anhangs II (Vorschriften für Radabdeckungen) VO (EU) Nr. 1009/2010 über die Typgenehmigung von Radabdeckungen an bestimmten Kraftfahrzeugen und zur Durchführung der VO (EG) Nr. 661/2009; Nrn. 3.3 und 4.3 des Anhangs II (Vorschriften für Fahrzeuge hinsichtlich der Montage der Reifen) VO (EU) Nr. 458/2011 über die Typgenehmigung von Kraftfahrzeugen und Kraftfahrzeuganhängern hinsichtlich der Montage von Reifen und zur Durchführung der VO (EG) Nr. 661/2009; Anhang XXII (Anforderungen für die Betriebsanleitung) VO (EU) Nr. 1322/2014 zur Ergänzung und Änderung der VO (EU) Nr. 167/2013; Nr. 1 des Anhangs II (Anforderungen für die Festigkeit der Fahrzeugstruktur), Nr. 3 des Anhangs XVIII (Anforderungen für Sicherungen gegen unbefugte Benutzung), Nr. 5 des Anhangs XXIX (Anforderungen für Abschleppeinrichtungen), Nrn. 2.2.4.1.2., 2.2.4.3., 2.2.5.2. und 2.2.6.6. ANHANG XXX (Anforderungen für Reifen) VO (EU) 2015/208 zur Ergänzung der VO (EU) Nr. 167/2013; Nr. 2.3 des Anhangs V (Anforderungen hinsichtlich der Anhängevorrichtungen und Befestigungen) VO (EU) Nr. 44/2014 zur Ergänzung der VO (EU) Nr. 168/2013.

[31]Art. 6 Abs. 7 VO (EG) Nr. 715/2007; Art. 53 Abs. 8 VO (EU) Nr. 167/2013 und Art. 57 Abs. 8 VO (EU) Nr. 168/2013.

Produktinformationen zielen auf den Schutz gegen elektromagnetische Störungen und die in Durchführungsverordnungen zu VO (EG) Nr. 661/2009 aufgestellten Instruktionspflichten auf die Sicherheit der Straßenverkehrsteilnehmer ab, etc. Das öffentliche Warenvertriebsrecht gibt mithin für Produkte oder Produkttypen *„die"* Benutzerinformation nicht vor. Es begründet **keine sektorübergreifende Informationspflichten.** Der sachliche Geltungsbereich der Harmonisierungsrechtsvorschrift bestimmt den Umfang der dort normierten Informationspflichten und gilt auch hier $CE_{AspektX} \Leftrightarrow (A + B + C ...)$.

Zu unterscheiden sind die auf eine richtige und gefahrlose Verwendung abzielenden öffentlich-rechtlichen Instruktionspflichten und solche, die ein hiervon losgelöstes Informationsinteresse befriedigen, wie etwa Angaben zum Energieverbrauch, zum Hersteller, den Zugang zu Reparatur- und Wartungsinformationen, etc.

b. Öffentlich-rechtliche Instruktionspflicht und EN 82079-1

Es geht den öffentlich-rechtlichen Instruktionspflichten, also den **verwendungsbezogenen Informationspflichten,** nicht darum, das persönliche Interesse der Nutzer an qualitativ hochwertigen Gebrauchs- bzw. Betriebsanleitungen zu befriedigen. Das **Recht des technischen Produkts zielt nicht darauf, ein Erfüllungsinteresse zu befriedigen.** Vermag nach zivilrechtlichen Grundsätzen eine unzureichende Bedienungsanleitung einen Mangel der Kaufsache zu begründen, weil eine sinnvolle Verwendung eines Kaufgegenstandes eine verständliche Bedienungsanleitung voraussetzt und ohne eine solche das Produkt gegebenenfalls unbrauchbar ist,[32] ist dem öffentlichen Recht eine vergleichbare Logik fremd. Entscheidend ist nicht, dass Dank der Qualität der mitgelieferten Informationen das Produkt seine Funktionen allesamt erfüllt. Entscheidend ist, dass Dank ihrer das Produkt die Gesundheit nicht gefährdet, ordnungsgemäß misst, keine elektromagnetischen Störungen verursacht, etc. Die öffentlich-rechtlich und kaufrechtlich an die Instruktion gestellten Anforderungen mögen sich größtenteils decken. Das dahinterstehende Interesse ist jedoch jeweils ein anderes. Die Norm **DIN EN 82079** *„Erstellen von Gebrauchsanleitungen – Gliederung, Inhalt und Darstellung"* legt **allgemeine Prinzipien** und **detaillierte Anforderungen** an die Erstellung von Anleitungen fest. Sie erstreckt sich auf **Produkte aller Art** von einer Dose Farbe bis hin zu großen oder komplexen Produkten, wie z. B. großen Industriemaschinen, schlüsselfertigen Anlagen oder Gebäude. Ihr Ansatz ist ein ganzheitlicher. Enthalten Gesetze und Produktnormen stets nur bestimmte Teilanforderungen an die Benutzerinformation, legt die DIN EN 82079 insgesamt und umfassend Anforderungen an eine Benutzerinformation fest. Sie ergänzt gesetzliche Bestimmungen und produktspezifische Normen. Hieraus resultiert aber zugleich, dass sie die sich aus den Harmonisierungsrechtsvorschriften ergebenden Anforderungen an Gebrauchs- bzw. Bedienungsanleitungen nicht konkretisiert. So wären etwa die Anforderungen der Norm DIN EN 82079 zu Hinweisen zum Schutz von Sicherheit und Gesundheit oder zur Entsorgung innerhalb der auf Messgenauigkeit abzielenden Produktinformationen nach Anhang I Nr. 9.3 der

---

[32]OLG München, Urt. v. 9.3.2006, 6 U 4082/05, juris, Rn. 25 = MDR 2006, 1338–1339.

MID-Richtlinie 2014/32/EU wenig verständlich. Sie sind nicht Teil des sich aus Art. 8 Abs. 7 der MID-Richtlinie ergebenden Pflichtenprogramms zur Benutzerinformation. Entsprechendes gilt für die Informationspflichten nach der EMV-Richtlinie 2014/30/EU und anderer Harmonisierungsrechtsvorschriften.

617 Entgegen missverständlichen Stimmen in der Praxis legt die Norm DIN EN 82079 auch nicht die Anforderungen an eine Benutzerinformation nach dem Stand der Technik fest. Der Stand der Technik bezieht sich auf technische Anforderungen an ein Produkt, einen Produkttyp oder Anforderungen an Dienstleistungen. Demgemäß vermag die Norm DIN EN 82079 allenfalls die Dienstleistung beauftragter technischer Redakteure zu konkretisieren. Sie definiert aber keinen seitens des Bereitstellers des Produkts zu berücksichtigenden Mindeststandard. Es wird dort vielmehr die ideale Gebrauchs- bzw. Bedienungsanleitung beschrieben. Ein Ideal ist aber keine rechtliche Größe. Die sich mit den Anforderungen an Benutzerinformationen beschäftigende Rechtsprechung nimmt denn auch auf die Norm DIN EN 82079 oder deren Vorgängernorm DIN EN 62079 nicht Bezug.

c. Öffentliche-rechtliche Instruktionspflicht und Betriebsanweisung nach § 12 Abs. 2 BetrSichV

618 Die öffentlich-rechtlichen Instruktionspflichten richten sich an den Hersteller. Die Betriebsanweisung nach § 12 Abs. 2 BetrSichV[33] hingegen ist an der Produktwidmung

---

[33] *§ 12 BetrSichV: (1) Bevor Beschäftigte Arbeitsmittel erstmalig verwenden, hat der Arbeitgeber ihnen ausreichende und angemessene Informationen anhand der Gefährdungsbeurteilung in einer für die Beschäftigten verständlichen Form und Sprache zur Verfügung zu stellen über.*
1. vorhandene Gefährdungen bei der Verwendung von Arbeitsmitteln einschließlich damit verbundener Gefährdungen durch die Arbeitsumgebung,
2. erforderliche Schutzmaßnahmen und Verhaltensregelungen und.
3. Maßnahmen bei Betriebsstörungen, Unfällen und zur Ersten Hilfe bei Notfällen.
Der Arbeitgeber hat die Beschäftigten vor Aufnahme der Verwendung von Arbeitsmitteln tätigkeitsbezogen anhand der Informationen nach Satz 1 zu unterweisen. Danach hat er in regelmäßigen Abständen, mindestens jedoch einmal jährlich, weitere Unterweisungen durchzuführen. Das Datum einer jeden Unterweisung und die Namen der Unterwiesenen hat er schriftlich festzuhalten.
(2) Bevor Beschäftigte Arbeitsmittel erstmalig verwenden, hat der Arbeitgeber ihnen eine schriftliche Betriebsanweisung für die Verwendung eines Arbeitsmittels zur Verfügung zu stellen. Satz 1 gilt nicht für einfache Arbeitsmittel, für die nach § 3 Absatz 4 des Produktsicherheitsgesetzes nach den Vorschriften zum Bereitstellen auf dem Markt eine Gebrauchsanleitung nicht mitgeliefert werden muss. Anstelle einer Betriebsanweisung kann der Arbeitgeber auch eine mitgelieferte Gebrauchsanleitung zur Verfügung stellen, wenn diese Informationen enthält, die einer Betriebsanweisung entsprechen. Die Betriebsanweisung oder die Gebrauchsanleitung muss in einer für die Beschäftigten verständlichen Form und Sprache abgefasst sein und den Beschäftigten an geeigneter Stelle zur Verfügung stehen. Die Betriebsanweisung oder Bedienungsanleitung ist auch bei der regelmäßig wiederkehrenden Unterweisung nach § 12 des Arbeitsschutzgesetzes in Bezug zu nehmen. Die Betriebsanweisungen müssen bei sicherheitsrelevanten Änderungen der Arbeitsbedingungen aktualisiert werden.
(3) Ist die Verwendung von Arbeitsmitteln mit besonderen Gefährdungen verbunden, hat der Arbeitgeber dafür zu sorgen, dass diese nur von hierzu beauftragten Beschäftigten verwendet werden.

§ 1 – Produktinformation und -instruktion

des Arbeitgebers (→ Rn. 548) ausgerichtete Produktinformation. Erstellung und Zur-Verfügung-Stellung der Betriebsanweisung obliegen dem Arbeitgeber. Nach § 12 Abs. 2 S. 3 BetrSichV bedarf es der Erstellung einer Betriebsanweisung nicht, wenn die mitgelieferte Gebrauchsanleitung gleichwertige Informationen in Bezug auf Sicherheit und Gesundheitsschutz der Beschäftigten enthält. Dies setzt aufgrund der Ausrichtung auf den betrieblichen Arbeitsschutz voraus, dass das Arbeitsmittel ausschließlich bestimmungsgemäß entsprechend den Vorgaben des Herstellers verwendet wird und die konkrete Verwendung bei der Produktkonzeption berücksichtigt wurde, d. h. die Produktwidmung des Arbeitgebers mit der des Herstellers korreliert.

3. Anforderungen an die öffentlich-rechtliche Instruktionspflicht

Obschon zum Teil die Inhalte der Instruktionspflicht spitz vorgegeben werden und die zu berücksichtigenden Aspekte *„sehr engmaschig, ja mitunter in erschlagender und unübersichtlicher Zahl benannt [sind]"*,[34] bleiben die **Anforderungen an die** eigentliche **Instruktion** letztlich doch regelmäßig **unbestimmt**.[35] So heißt es in den Harmonisierungsrechtsvorschriften zur Produktsicherheit verschiedentlich, die Produktinformationen müssten enthalten Warnhinweise in Bezug auf Fehlanwendungen des Produkts, zu denen es erfahrungsgemäß kommen kann, Hinweise zu Montage, Installierung, Betrieb, Wartung und Reparaturen oder Anleitungen für vom Benutzer zu treffende Schutzmaßnahmen. § 9 EMVG etwa fordert Angaben über besondere Vorkehrungen, die bei Montage, Installierung, Wartung oder Betrieb des Gerätes zu treffen sind, damit es nach Inbetriebnahme mit den grundlegenden Anforderungen des § 4 Abs. 1 EMVG übereinstimmt, müssen die nach § 17 MessEV dem Messgerät beizufügenden Informationen u. a. Anweisungen zur Gewährleistung eines fehlerfreien Betriebs sowie Angaben zu besonderen Einsatzbedingungen enthalten, etc. Offen bleiben die inhaltlichen und qualitativen Anforderungen an diese Hinweise, Anweisungen und Anleitungen. Namentlich in Bezug auf Sicherheits- und Warnhinweise zu konstruktiv nicht ausgeschlossenen (Rest-)Risiken ist weiter zu berücksichtigen, dass die der Konkretisierung der Instruktionspflicht dienenden Vorschriften – Informationen zu Details der Produktbeschaffenheit oder Grenzen der Beanspruchung (→ Rn. 605 ff.) – die Instruktion nur unvollständig bzw. nur Ausschnitte derselben regeln und nicht abschließend sind.[36] Weiter bedarf der Relativierung die in Harmonisierungsrechtsvorschriften der Neuen Konzeption zum Teil apodiktisch formulierte Pflicht zu Hinweisen und/oder zur Mitlieferung einer Gebrauchs- bzw. Bedienungsanleitung (→ Rn. 630).

619

---

[34]Gauger, Produktsicherheit und staatliche Verantwortung, S. 119.
[35]*Ebd.*
[36]Vgl. auch (zur Produkt- und Produzentenhaftung) BGH, Urt. v. 7.10.1986, VI ZR 187/85, juris = BB 1986, 2368 = NJW 1987, 372 = WM 1986, 1563.

a. Inhalt der Instruktion

Aus der Gesamtschau der die Instruktionspflichten konkretisierenden Anforderungen resultiert, dass es vornehmliche Aufgabe der Produktinformation ist, dem Verwender diejenigen Informationen zur Verfügung zu stellen, die eine **Erfüllung der gesetzlich an das technische Design gestellten Anforderungen im Feld gewährleisten.** Zugrunde zu legen ist die zu berücksichtigende Verwendung (zur zu berücksichtigenden Verwendung → Rn. 357–376).[37] Es geht vereinfacht gesprochen um Informationen zur richtigen Handhabung.[38]

aa. Sicherstellung einer der Konstruktion zugrundeliegenden Verwendung

620 So der Konstrukteur bei der Umsetzung der gesetzlichen Produktanforderungen stets voraussetzt, dass das Produkt in einer bestimmten Art und Weise gebraucht, d. h. montiert, installiert, betrieben, gewartet oder repariert wird, ist über das Wie der Montage, der Installierung, des Betriebs, der Wartung oder der Reparatur zu informieren. Dies jedenfalls, wenn das Produkt diesbezüglich nicht selbsterklärend ist. Dem Nutzer sind also diejenigen Informationen zur Verfügung zu stellen, die erforderlich sind, damit das Produkt so verwendet wird, wie vom Konstrukteur berechtigterweise vorgesehen. Dies wird zumeist mittels einer Gebrauchs- bzw. Bedienungsanleitung und über die Zur-Kenntnis-Bringung der maßgeblichen technischen Daten geschehen.

> **Beispiel:** Ziffer 1.3.2 des Anhangs I der Maschinenrichtlinie 2006/42/EG bestimmt, dass *„[d]ie verschiedenen Teile der Maschine und ihre Verbindungen untereinander den bei der Verwendung der Maschine auftretenden Belastungen standhalten* [müssen]". Solchermaßen sind dem technischen Design die bei Betrieb der Maschine maximalen Belastungen zugrunde zu legen. Über die Produktinformation ist sicherzustellen, dass die Maschine wie vom Konstrukteur unterstellt betrieben wird (Betrieb, bei dem die konstruktiv maximal zulässige Belastung nicht überschritten wird). Liegt den Berechnungen und Tests ein Betrieb zugrunde, bei dem eine maximale Belastung X nicht überschritten wird, ist sicherzustellen, dass die Maschine im Feld so und nicht anders betrieben wird (keine über X hinausgehende Belastung). Dem Verwender sind die Grenzen der Beanspruchung aufzuzeigen. Andernfalls ist die mit der CE-Kennzeichnung behauptete Bruchsicherheit (Ziffer 1.3.2) eine rein rechnerische und theoretische und im Feld nicht sichergestellt.

(1) Selbstschützende Produktwidmung

621 Bei der mittels Produktinformation dem Benutzer vorgegebenen Verwendung ist zu berücksichtigen, dass sich der Hersteller nicht in Widerspruch zu der sich aus der Bauweise oder dem Entwurf des Produkts ergebenden üblichen Verwendung setzen darf. Mit der **üblichen Verwendung in Widerspruch stehende** und die übliche Verwendung

---

[37]Statt aller Gauger, Produktsicherheit und staatliche Verantwortung, S. 119.
[38]Zum ProdSG, siehe Klindt in Klindt (Hrsg.), ProdSG, § 3 Rn. 46 ff.

nicht einbeziehende **Anweisungen** des Herstellers laufen Gefahr, das Ziel der Instruktion, nämlich die Erfüllung der gesetzlichen Anforderungen im Feld sicherzustellen, zu verfehlen. Der Hersteller kann sich denn auch auf *a priori* rein selbstschützende Anweisungen, etwa in Form von Warnhinweisen oder Sicherheitsinformation, nicht berufen, wenn diese der üblichen Verwendung gegenläufig sind. Er hat vielmehr auch eine von ihm nicht gewünschte übliche Verwendung mit zu berücksichtigen und kann sich dieser nicht verschließen (zum objektiven Kriterium der Verwendungsüblichkeit innerhalb der bestimmungsgemäßen Verwendung → Rn. 359).

> **Beispiel:** In einem vom Verwaltungsgerichtshof Baden-Württemberg zu entscheidenden Fall war über die konstruktive Sicherheit von Kabeltrommeln zu befinden. Im Rahmen einer sicherheitstechnischen Überprüfung stellte das zuständige Gewerbeaufsichtsamt bei den eingezogenen Prüfmustern die Gefahr der Überhitzung fest (Gefahr von Verbrennung und Risiko eines Schwelbrands). Geprüft wurden die Kabeltrommeln bei nicht vollständig abgewickeltem Kabel. Prüfgrundlage war die Norm DIN EN 61242 für Leitungsrolle für den Hausgebrauch und ähnliche Zwecke. Die Herstellerin vertrat die Auffassung, die umstrittenen Leitungsroller unterlägen nicht der Norm DIN EN 61242, da diese nicht für Leitungsroller mit abnehmbarer flexibler Leitung gelte. So enthielten die streitgegenständlichen Produktmodelle den *„unverwüstlichen"* Hinweis *„Achtung: Bei Gebrauch Kabel vollständig abwickeln"*. Das Gericht wies den Verweis auf die Benutzung der Kabeltrommeln in nur vollständig abgerolltem Zustand zurück, u. a. weil es bei Verwendung im nicht vollständig abgerollten Zustand am Hinweis auf die Erhitzungsgefahr fehlte und die herstellerseitige Anwendungsbeschränkung damit nicht geeignet – und im konkreten Fall wohl auch nicht darauf angelegt – war, die Verwendung bei nicht vollständig abgewickeltem Kabel zu verhindern (→ Rn. 628).[39]

In der produktsicherheitsrechtlichen Literatur werden in diesem Zusammenhang insbesondere Gerichtsentscheidungen genannt, die die Einordnung von Produkten als Spielzeug anbetreffen.[40] Obschon die Produkte herstellerseits nicht zum Spielen bestimmt waren, lag aufgrund ihrer Bauart die Nutzung durch Kinder nahe und machte diese zu Spielzeug und kam den gegenläufigen Herstellerangaben rechtlich keine Bedeutung zu.

(2) Gegenstand der Verwendung
Dem Nutzer sind alle Informationen zur Verfügung zustellen, die er benötigt, um das Erzeugnis entsprechend den Vorstellungen des Konstrukteurs verwenden zu können, d. h. **Informationen zu einer der Produktwidmung des Herstellers gemäßen Verwendung.** Je nach dem sachlichen Geltungsbereich der Vorschrift und dem Kontext ist auch über das Ob und Wie notwendiger Nach- und Vorbereitungshandlungen und Beseitigungen von Funktionsstörungen zu informieren,[41] über alles von der Wiege

---

[39] Verwaltungsgerichtshof Baden-Württemberg, Urt. v. 30.1.2007, 10 S 204/06, juris, Rn. 29.
[40] VG Gelsenkirchen, Beschl. v. 15.12.2006, 7 L 1247/06, juris, n. 7; OVG Münster, Beschl. v. 28.11.2003, 21 A 1075/01, juris, Rn. 4 = GewArch. 2004, 166; VG Münster, Urt. v. 29.1.2010, 9 K 1667/07, juris, Rn. 18.
[41] Vgl. BGH, Urt. v. 28.3.2006, VI ZR 46/05, Rn. 15 = NJW 2006, 1589.

bis zur Bahre des Produkts, vom Auspacken und Aufbauen und Montieren, über das Betreiben, Pflegen, Reinigen und die Instandhaltung bis zum Transport an andere Stellen und zum Abbau, inklusive Informationen zu Ersatzteilen, zu Kompatibilitäten mit und in anderen Produkten und Systemen sowie Informationen zur Person des Verwenders bzw. den auf Seiten des Verwenders erforderlichen (Fach-)Kenntnissen.[42]

623   Bei längerlebigen und instandhaltungsbedürftigen Produkttypen begründen die einschlägigen Vorschriften und Normen regelmäßig die Pflicht zur Bereitstellung der für die Maßnahmen der **Wartung, Instandhaltung und Instandsetzung** erforderlichen Informationen. Enthalten die einschlägigen Bestimmungen keine spezifischen Informationspflichten zu Wartung und Reparatur, ist zur Beantwortung der Frage, ob und inwieweit es entsprechender Anweisungen und Hinweise bedarf,[43] auf die zu berücksichtigende Verwendung zu referieren. Hier sind insbesondere die verschiedenen Lebensphasen und die vorhersehbare Gebrauchsdauer des Produkts zu berücksichtigen und ist über erforderliche Maßnahmen im Zusammenhang mit Risiken durch Abnutzung, Materialermüdung, etc. zu informieren.[44] Die möglichen Produktrisiken sind dabei vielfältig.[45]

(3) Abnehmerkreis

624   Die Informationen zur bestimmungsgemäßen Verwendung bedingen erforderlichenfalls, den für die Vorgänge des Montierens, Installierens, Betriebs, Wartens und Reparierens **bestimmungsgemäßen Personenkreis** zu **definieren**. Über die Eingrenzung der Zielgruppe kann der Hersteller mithin die an den Inhalt der Benutzerinformationen zu stellenden Anforderungen nicht unerheblich begrenzen. Fürwahr braucht das, was auf dem Gebiet allgemeinen Erfahrungswissens der in Betracht kommenden Abnehmerkreise liegt, nicht zum Inhalt einer Benutzerinformation gemacht werden.[46] Nicht jede Gebrauchs- bzw. Bedienungsanleitung muss „*idiotensicher*" sein.[47] Wie jedoch ausgeführt (→ Rn. 621), vermag eine der üblichen Verwendung gegenteilige

---

[42]Schmatz/Nöthlichs, 1025 § 3 Anm. Ziff. 1.2.4.1, S. 26.
[43]Siehe zum Inhalt entsprechender Informationen beispielhaft Ziff. 1.7.4.2 lit.) r bis t des Anhangs I der Maschinenrichtlinie 2006/42/EG (hierzu Europäische Kommission, Leitfaden für die Anwendung der Maschinenrichtlinie 2006/42/EG, § § 272).
[44]Kapoor, in Klindt (Hrsg.), PodSG, § 6 Rn. 8.
[45]*Ebd.,* § 6 Rn. 11 mit Verweis auf chemische oder physikalische Wirkungsverluste, mechanischen Antrieb, Auflösungsvorgänge oder Rost, witterungsbedingte Erosion, Porosität, Gelenksteifigkeit, Farbverlust („Photo-Effekt"), biologische Alterungsvorgänge, elektormagnetische Beeinflussung, Verlust der inneren Statik, mangelnde Zugfestigkeit, entstehende Bruch-, Reiss- und Schnittkanten, lose Verbindungen, entstehende Enflammbarkeit, Justierungsungenauigkeiten oder technisch überholte Kompatibilitäten bzw. sachlich-inhaltlich überholte Programmierungen.
[46]So etwa (zur Instruktionspflicht unter dem Aspekt der Produkt- und Produzentenhaftung) OLG Düsseldorf, Urt. v. 21.1.2000, 22 U 143/99, juris, Rn. 10; Schlewig-Holsteinisches Oberlandesgericht, Urt. v. 27.9.2007, 11 U 135/06, juris, Rn. 25.
[47]AG Bremen, Urt. v. 23.10.2014, 10 C 0496/12, juris, Rn. 16 = NJW-RR 2015, S. 380.

Produktwidmung nicht zu verfangen. Hinsichtlich der in der Benutzerinformation angesprochenen Verkehrskreise bedeutet dies, dass sich derjenige Hersteller widerspricht, der einerseits ein Nutzungsverbot für eine bestimmte Nutzerkategorie ausspricht, andererseits aber einen für diese Nutzerkategorie ohne Weiteres zugänglichen Verkaufskanal eröffnet.[48] In diesem Fall ist das Produkt trotz des Nutzungsverbots als für diese Nutzerkategorie bestimmt zu werten.[49] Gleiches wird gelten müssen, wenn das Produkt so konzipiert ist, dass seine Bauart die Nutzung durch diese Nutzerkategorie nahelegt.[50]

Andererseits ist anzumerken, dass sich bei **komplexen Produkten** und **Produkten mit spezifischen nutzerbezogenen Anforderungen** eine ausdrückliche Begrenzung des Abnehmerkreises rechtlich oftmals erübrigt, weil diese Produkte bereits ihrer Art nach nicht für Laien bestimmt sind (→ Rn. 373). Der angesprochene Verkehrskreis resultiert in diesen Fällen, also bei Erzeugnissen, die üblicherweise nur von entsprechend erfahrenen Käufern montiert, installiert, betrieben, gewartet oder repariert werden, aus der Produktart und muss die Anleitung hierzu selbst dann nicht allgemeinverständlich und jedermann zugänglich sein, wenn sie sich nicht ausdrücklich nur an Fachleute richtet.[51]

625

> **Beispiele:** Das Amtsgericht Bremen verneinte einen auf das Erfüllungs- oder Integritätsinteresse gerichteten Anspruch des Nutzers, wenn der *„gute Familienvater"* sich bereits aufgrund der Produktart vom Produkt nicht angesprochen fühlt. *„Wer nach Art des verkauften und zu montierenden Produkts nicht davon ausgehen durfte, mit der Montageanleitung angesprochen zu sein und wer dann – und sei es aus Gründen der Kostenersparnis – dieses Gerät kauft und selbst montiert, kann später nicht über § 432 II 2 BGB geltend machen, den damit verbundenen Anforderungen nicht gewachsen zu sein"*.[52] In einem weiteren vom OLG Karlsruhe zu beurteilenden Fall verneinte das Gericht Ansprüche gegen den Hersteller einer Buschholzhackmaschine aus Produzentenhaftung und Schutzgutsverletzung unter dem Gesichtspunkt der Verletzung einer Instruktionspflicht u. a. mit der Erwägung, dass im konkreten Fall die mit der Maschine einhergehenden Gefahren jedenfalls für die angesprochenen Verkehrskreise allgemein bekannt waren, *„denn der Hersteller durfte im Hinblick auf den Verwendungszweck der Buschholzhackmaschine, der eher im gewerblichen oder in einem vergleichbaren Bereich anzusiedeln ist, davon ausgehen, dass mit der Bedienung einer solchen Maschine nur solche Personen betraut werden, die zuvor [vom Arbeitgeber] entsprechend instruiert und mit den Gefahren vertraut gemacht wurden"*.[53] Nach Ansicht des OLG Düsseldorf ist bei einer Klemmverbindung für Wasserrohre eine ins Detail gehende Montageanleitung überflüssig: *„Da Planung und Ausführung eines Trinkwasserleitungssystems hohe Anforderungen an das handwerkliche Können voraussetzen, durfte [der Hersteller] entsprechende Vorkenntnisse bei dem in Betracht kommenden*

---

[48] Vgl. auch OLG Frankfurt, Urt. v. 21.5.2015, 6 U 64/14, juris Rn. 32.
[49] Klindt/Schucht, in Klindt (Hrsg.), PodSG, § 2 Rn. 199.
[50] So noch § 2 Nr. 5 lit. b) ProdSG, hierzu Wilrich, Das neue Produktsicherheitsgesetz (ProdSG), Rn. 82.
[51] Zu den Grenzen der Informationspflicht siehe auch Kapoor in Klindt (Hrsg.), PodSG, § 6 Rn. 16.
[52] AG Bremen, Urt. v. 23.10.2014, 10 C 0496/12, Rn. 16 = NJW-RR 2015, S. 380.
[53] OLG Karlsruhe, Urt. v. 10.10.2001, 7 U 117/99, juris, Rn. 39 = VersR 2003, 1584.

Abnehmerkreis voraussetzen. Jedenfalls für diese Zielgruppe stellt die fachgerechte Montage der Kupplungen keine Herausforderung dar."[54] Allgemein führt der Bundesgerichtshof hierzu aus:[55] *„Jeder Warenhersteller ist allerdings grundsätzlich verpflichtet, vor den mit der Verwendung seines Produktes verbundenen Gefahren zu warnen und den Produktverwender darauf hinzuweisen, wie er solche Gefahren vermeiden kann. Unter Umständen mu[ss] sogar vor einem naheliegenden Mi[ss]brauch des Produkts gewarnt werden. Die Instruktionspflicht besteht jedoch [...] nur im Rahmen der Verbrauchererwartung und nur insoweit, als der Hersteller damit rechnen mu[ss], da[ss] seine Produkte in die Hand von Personen gelangen, die mit den Produktgefahren nicht vertraut sind. Vor allem im Hinblick auf die Gefahr sachwidriger Verwendung von Produkten werden die inhaltlichen Anforderungen an die Instruktionspflichten maßgeblich dadurch beeinflu[ss]t, ob die Produkte von Laien in privaten Haushaltungen oder von Fachleuten im gewerblichen Bereich verwendet werden. Nur dann, wenn der Hersteller davon ausgehen mu[ss], da[ss] bestimmte Produktgefahren auch in spezialisierten Fachunternehmen nicht bekannt sind, oder wenn außer Fachleuten auch sonstige Personen das Produkt verwenden, die dessen Gefahren nicht kennen, mu[ss] er auch bei Lieferungen seines Produkts an Fachunternehmen bzw. Großabnehmer auf die Produktgefahren hinweisen."* In einem Urteil des Oberlandesgerichts Hamburg heißt es:[56] *„Die inhaltlichen Anforderungen an die Instruktionspflichten werden dadurch beeinflusst, ob die Produkte von Laien in privaten Haushalten oder von Fachleuten im gewerblichen Bereich verwendet werden. Wenn eine Bedienungsanleitung von gewerblichem Fachpersonal verwendet wird und eine ausreichende Sachkunde des Fachpersonals zu erwarten ist, muss eine Gebrauchsanleitung nicht zusätzlich auf Umstände hinweisen, die zum technischen Fachwissen der Monteure gehören."*

bb. Durch Konstruktion nicht ausgeschlossene Restrisiken

Risiken, die der Konstrukteur konstruktiv nicht ausräumen konnte, sind denknotwendig nicht Gegenstand solcher Produktinformationen, die darauf abzielen, eine der Konstruktion zugrunde liegenden Verwendung sicherzustellen. Solche Risiken sind Gegenstand von **Warn- und Sicherheitshinweisen.** Es geht darum, den Nutzer über solche Risiken zu informieren, die trotz bzw. bei bestimmungsgemäßer Montage, Installation, Inbetriebnahme, Nutzung, etc. (fort)bestehen (zur Nachrangigkeit der hinweisenden Sicherheit im hierarchischen Sicherheitskonzept → Rn. 355).

(1) Heranziehung der Rechtsprechung zur zivilrechtlichen Instruktionspflicht

Warn- und Sicherheitshinweise dienen dem Schutz der körperlichen Unversehrtheit. Es kommt in Bezug auf das zu schützende Interesse zu einem **Gleichlauf öffentlich-rechtlicher und zivilrechtlicher Instruktionspflichten.** Zur Bestimmung des Inhalts öffentlich-rechtlicher Instruktionspflichten bei konstruktiv nicht ausgeschlossenen

---

[54]OLG Düsseldorf, Urt. v. 21.1.2000, 22 U 143/99, juris, Rn. 10.
[55]BGH, Urt. v. 5.5.1992, VI ZR 188/91, juris, Rn. 41 = NJW 1992, 2016 = ZIP 1992, 934 = VersR 1992, 1010.
[56]Schleswig-Holsteinisches Oberlandesgericht, Urt. v. 27.9.2007, 11 U 135/06, juris, Rn. 19 m.w.Nachw.

Risiken bietet sich an, die zur Produkt- und Produzentenhaftung ergangene zivilrechtliche Rechtsprechung heranzuziehen (zum Gleichlauf öffentlich-rechtlicher und zivilrechtlicher Sicherheitsanforderungen → Rn. 257).[57]

Ausgangspunkt ist, dass es kein Nullrisiko gibt. Das bloße Bestehen konstruktiv nicht ausgeschlossener Restrisiken schließt nicht aus, dass das Produkt dem maßgebenden Sicherheitsstandard des Stands der Technik entspricht (→ Rn. 246–248). Die geschuldete Sicherheit ist dann mittels Unterrichtung der Benutzer über die Risiken sicherzustellen. Der Sinn der Warnung liegt dann darin, dem Benutzer die Möglichkeit zu geben, sich vor etwaigen, ihm nicht direkt einleuchtenden Gefahren, mit denen er nicht rechnet, schützen zu können.[58] Dieser Hinweispflicht hat die Rechtsprechung allerdings auch Grenzen gesetzt.[59]

627

> **Beispiel:** In einem vom Saarländischen Oberlandesgericht zu beurteilenden Fall machte die Käuferin eines 3-teiligen-Poolsets Schadensersatzansprüche gegen den Hersteller geltend, weil ihr beim Aufbau des Pools die untere Kante der insgesamt 40,8 kg schweren Stahlwand eine Sehne auf ihrem rechten Fußrücken durchtrennte und die Montageanleitung nicht ausreichend vor den gefahrbringenden Eigenschaften der scharfkantigen Stahlwand des Pools gewarnt habe.[60] Das Gericht führte hierzu allgemein aus: *„Nach gefestigter höchstrichterlicher Rechtsprechung […] ist es grundsätzlich Sache desjenigen, der ein bestimmtes Produkt anschafft, sich selbst darum zu kümmern, wie er damit umzugehen hat. Der Hersteller und seine Repräsentanten haben nur dann für die Belehrung der Abnehmer zu sorgen, wenn und soweit sie aufgrund der Besonderheiten des Produkts sowie der bei den durchschnittlichen Benutzern vorauszusetzenden Kenntnisse damit rechnen müssen, dass bestimmte konkrete Gefahren entstehen können. Der Hersteller hat zur Gewährleistung der erforderlichen Produktsicherheit (nur) diejenigen Maßnahmen zu treffen, die nach den Gegebenheiten des konkreten Falls zur Vermeidung einer Gefahr objektiv erforderlich und nach objektiven Maßstäben zumutbar sind, wobei Inhalt und Umfang der Instruktionspflichten im Einzelfall wesentlich durch die Größe der Gefahr und das gefährdete Rechtsgut bestimmt werden. **Lassen sich mit der Verwendung eines Produkts verbundene Gefahren nach dem Stand [der] Technik durch konstruktive Maßnahmen nicht vermeiden oder sind konstruktive Gefahrvermeidungsmaßnahmen dem Hersteller nicht zumutbar und darf das Produkt trotz der von ihm ausgehenden Gefahren in den Verkehr gebracht werden, so ist der Hersteller grundsätzlich verpflichtet, die Verwender des Produkts vor denjenigen Gefahren zu warnen, die bei bestimmungsgemäßem Gebrauch oder naheliegendem Fehlgebrauch drohen und die nicht zum allgemeinen Gefahrenwissen des Benutzerkreises gehören. Was auf dem Gebiet des allgemeinen Erfahrungswissens der in Betracht kommenden Abnehmerkreise liegt, braucht nämlich nicht zum Inhalt einer Gebrauchsbelehrung gemacht zu werden.“** Das Gericht verneinte denn auch einen Instruktionsfehler des Herstellers.

---

[57] Zur zivilrechtlichen Instruktionspflicht, siehe Meyer J., Instruktionshaftung; Foerste, in Foerste/v. Westphalen, Produkthaftungshandbuch, § 24 Rn. 217 ff.

[58] BGH, Urt. v. 16.6.2009, VI ZR 107/08, juris, Rn. 23 = BGHZ 181, 253 = VersR 2009, 1125 = NJW 2009, 2952 = MDR 2009, 1106 = BGHReport 2009, 980 m.w.Nachw.

[59] Siehe hierzu Lenz, Produkthaftung, § 3 Rn. 206 ff.

[60] Saarländisches Oberlandesgericht Saarbrücken, Urt. v. 21.8.2013, 2 U 32/13, juris, Rn. 26 m.w.Nachw. = NJW 2014, 1600.

Denn es lag nach Überzeugung des Gerichts im Bereich des allgemeinen Erfahrungswissens selbst eines handwerklich nicht versierten Privatkunden, dass die untere Kante der verhältnismäßig dünn ausgelegten Stahlwand schon in Anbetracht des erkennbar hohen Gewichts der Stahlwand beim Aufbau Verletzungsgefahren in sich birgt, wenn diese auf den – wie im konkreten Fall – nur mit einem leichten Stoffschuh bekleideten Fuß gestellt oder darüber hinweg gezogen wird. Mithin erachtete das Gericht den Hinweis auf das Tragen von Sicherheitsschuhen als nicht erforderlich. Im Zusammenhang mit einer Hackmaschine für das Zerkleinern von Gestrüpp und Ästen führte das Oberlandesgericht Karlsruhe aus:[61] *„Eine Haftung der Beklagten unter dem Gesichtspunkt der Verletzung einer Instruktionspflicht und der Warnpflicht besteht ebenfalls nicht. Die auf der Maschine angebrachten Aufkleber waren als Hinweis auf die Gefahren ausreichend. Die Gefahr, die sich hier nach der Darstellung der Klägerin verwirklicht haben soll, wird in den sicherheitstechnischen Hinweisen ausreichend beschrieben, denn dort ist der Einzug von Personen erwähnt. Im übrigen kann davon ausgegangen werden, dass diese Gefahren für einen verständigen Benutzer der Maschine offenkundig und jedenfalls in den hier in Frage stehenden Verkehrskreisen auch allgemein bekannt waren, denn der Hersteller durfte im Hinblick auf den Verwendungszweck der Buschholzhackmaschine, der eher im gewerblichen oder in einem vergleichbaren Bereich anzusiedeln ist, davon ausgehen, dass mit der Bedienung einer solchen Maschine nur solche Personen betraut werden, die zuvor entsprechend instruiert und mit den Gefahren vertraut gemacht wurden. Dass eine solche Instruktion stattgefunden hat, trägt auch die Klägerin vor.* **Vor offensichtlichen als bekannt vorauszusetzenden Gefahren muss nicht gesondert gewarnt werden.** (Hervorhebung diesseits)" In einem Urteil des Oberlandesgerichts Hamm vom 19.1.2000 heißt es:[62] *„Instruktionsfehler bestehen in einer mangelhaften Gebrauchsanweisung und/oder nicht ausreichenden Warnung vor einer gefahrbringenden Eigenschaft, die in der Wesensart der als solcher fehlerfreien Sache begründet sind. […].* **Was auf dem Gebiet allgemeinen Erfahrungswissens liegt braucht nicht zum Inhalt einer Gebrauchsanweisung oder Warnung gemacht zu werden.** (Hervorhebung diesseits)" Der Bundesgerichtshof hatte über das Erfordernis einer Warnung vor der von einem Papierreißwolf ausgehenden Gefahr der Verstümmelung von Fingern durch Hineingreifen in die Papierschneidemaschine – etwa zur Beseitigung eines Papierstaus – zu urteilen[63]. Er führte zunächst aus, dass *„[n]ach den Grundsätzen der Produkthaftung der Hersteller eines Erzeugnisses nicht nur für Schäden einstehen [muss], die auf einer fehlerhaften Konstruktion oder Fabrikation beruhen. Er ist grundsätzlich auch zum Ersatz solcher Schäden verpflichtet, die dadurch eintreten, da[ss] er die Verwender des Produkts pflichtwidrig nicht auf Gefahren hingewiesen hat, die sich trotz einwandfreier Herstellung aus der Verwendung der Sache ergeben. Eine solche Warnpflicht besteht nicht nur in bezug auf den bestimmungsgemäßen Gebrauch des Produkts; sie erstreckt sich innerhalb des allgemeinen Verwendungszwecks auch auf einen naheliegenden Fehlgebrauch.* **Diese Pflicht entfällt nur dann, wenn das Produkt nach den berechtigten Erwartungen des Herstellers ausschließlich in die Hand von Personen gelangen kann, die mit den Gefahren vertraut sind, wenn die Gefahrenquelle offensichtlich ist oder wenn es um die Verwirklichung von Gefahren geht, die sich aus einem vorsätzlichen oder äußerst leichtfertigen Fehlgebrauch ergeben."** Er erkannte, dass *„[d]ie von der Papierschneidemaschine ausgehende Gefahr […]*

---

[61] OLG Karlsruhe, Urt. v. 10.10.2001, 7 U 117/99, juris, Rn. 39 m.w.Nachw. = VersR 2003, 1584.
[62] OLG Hamm, Urt. v. 19.1.2000, 3 U 10/99, juris, Rn. 41 = NJW-RR 2001, 1248.
[63] BGH, Urt. v. 18.5.1999, VI ZR 192/98, juris, m.w.Nachw. = NJW 1999, 2815 = VersR 1999, 890 = MDR 1999, 936.

*für die Benutzer des Geräts nicht erkennbar [war]. Sie [war] [...] nicht mit den Gefahren einer Kreissäge oder einer Brotmaschine zu vergleichen. Während dort die gefährlichen Betriebsteile leicht wahrzunehmen sind, waren sie bei der Aktenvernichtungsmaschine der Beklagten im Inneren verborgen. Auch war bei diesem Gerät von außen nicht zu erkennen, da[ss] die Messer allein schon durch ein Hineinlangen in den Papiereinführungsschlitz in Betrieb gesetzt wurden. [...]. [Weiter] stand der Pflicht der Beklagten, vor den von außen nicht erkennbaren Gefahren der Papierschneidemaschine zu warnen, auch nicht der Umstand entgegen, da[ss] das Gerät [...] den Anforderungen der **Unfallverhütungsvorschrift** ZH 1/493 "Sicherheitsregeln für Abfallzerkleinerungsmaschinen" entsprach und mit einer Prüfbescheinigung der Zentralstelle für Unfallverhütung und Arbeitsmedizin des Hauptverbandes der gewerblichen Berufsgenossenschaften versehen war. Nach ständiger Rechtsprechung wird die auf der allgemeinen Verkehrssicherungspflicht beruhende zivilrechtliche Verantwortlichkeit des Herstellers eines Erzeugnisses durch derartige sicherheitstechnische Regeln nicht auf deren Einhaltung beschränkt. Solche Vorschriften konkretisieren lediglich Sorgfaltspflichten des Herstellers; sie stellen jedoch keine abschließende Festlegung seiner Verantwortlichkeit dar. **Ist für den Produzenten trotz Einhaltung der technischen Regeln und Wahrung etwaiger behördlicher Zulassungsvoraussetzungen eine von seinem Erzeugnis ausgehende Gefahr erkennbar, so hat er die darüber in Unkenntnis befindlichen Benutzer zu warnen"* (Hervorhebung diesseits).

Warnungen müssen deutlich und vollständig sein. Bei der Gefahr erheblicher Gesundheits- und Körperschäden ist zudem der Funktionszusammenhang anzugeben, warum das Produkt gefährlich sein kann.[64] Sie müssen umso deutlicher sein, je größer das Ausmaß der potentiellen Schadensfolgen und je versteckter die Gefahr ist.[65] Es muss außer dem eigentlichen Hinweis auf die Gefahr auch angegeben werden, wie das Produkt gefahrenfrei zu verwenden ist, welche Vorsorgemaßnahmen zu treffen sind und welche Verwendungsart zu unterlassen ist.[66]

628

(2) Bedeutung des Abnehmerkreises

Obige Erwägungen zum Abnehmerkreis (→ Rn. 624 f.) gelten auch im Bereich der Warn- und Sicherheitshinweise, zumal die Übergänge zwischen Sicherheitshinweisen, einerseits, und Gebrauchs- bzw. Bedienungsanleitungen, ohnehin fließend sind.[67] Entscheidend ist auch hier der Verkehrskreis, an den sich das Produkt wendet, so dass die geschuldete Detailliertheit der Instruktion unterschiedlich ist, je nachdem, ob das Erzeugnis allein für Experten und Fachleute bestimmt ist oder auch an Laien abgegeben wird.[68] Wendet sich das Produkt an verschiedene Verkehrskreise, ist die Instruktionspflicht am Schutz derjenigen Gruppe zu orientieren, die am sensibelsten ausgerichtet

629

---

[64] OLG Düsseldorf, Urt. v. 14.6.2002, 14 U 248/99, juris, Rn. 32 m.w.Nachw.
[65] Kullmann, ProdHaftG, § 3, Rn. 17.
[66] Palandt/Sprau; § 3 ProdHaftG, Rn. 11.
[67] Gauger, Produktsicherheit und staatliche Verantwortung, S. 119.
[68] BGH, Urt. v. 5.5.1992, VI ZR 188/91, juris, Rn. 41 = NJW 1992, 2016 = ZIP 1992, 934 = VersR 1992, 1010; Urt. v. 14.5.1996, VI ZR 158/95, juris, Rn. 24 = NJW 1996, 2224 = VersR 1996, 979; MüKo/Wagner, § 823 Rn. 621.

und am wenigstens informiert ist, deren Angehörige also zu einer eigenverantwortlichen Gefahrenabwehrsteuerung am wenigsten in der Lage sind.[69]

Beispiel „*Frischbetonfall*":[70] Dort hatte das Oberlandesgericht Bamberg über Instruktionspflichten bei einem Migrationsprodukt (→ Rn. 372) zu befinden. Der Kläger, ein diplomierter Betriebswirt, verarbeitete von der Beklagten hergestellten und angelieferten Frischbeton. Den Glattstrich hatte der mit Jeans und Winterstiefeln bekleidete Kläger in der Weise vorgenommen, dass er in kniender Haltung mit Kelle und Trauchtel den Beton abzog, wobei er mit den Knien wiederholt mehrere Zentimeter tief in die Betonmasse einsank mit der Folge, dass die Jeanshose alsbald durchweicht war. Er erlitt alkalische Verätzungen 3. Grades. Die vom Kläger erlittenen Hautschäden waren auf das alkalische Verätzungspotential des von ihm verarbeiteten Frischbetons zurückzuführen. Zur Einstandspflicht der Beklagten nach dem ProdHaftG führte das Gericht aus: „*Nach diesen Bestimmungen muss der Hersteller eines Erzeugnisses nicht nur für Schäden einstehen, die auf einer fehlerhaften Konstruktion oder Fabrikation beruhen. Er ist vielmehr auch zum Ersatz solcher Schäden verpflichtet, die dadurch eingetreten sind, dass er die Verwender des Produkts pflichtwidrig nicht auf Gefahren hingewiesen hat, die sich trotz einwandfreier Herstellung aus der Verwendung der Sache ergeben. Eine solche Warnpflicht besteht nicht nur in Bezug auf den bestimmungsgemäßen Gebrauch des Produkts, sondern erstreckt sich innerhalb des allgemeinen Verwendungszwecks auch auf einen naheliegenden Fehlgebrauch.* **Diese Pflicht entfällt nur dann, wenn das Produkt nach den berechtigten Erwartungen des Herstellers ausschließlich in die Hand von Personen gelangen kann, die mit den Gefahren vertraut sind, wenn die Gefahrenquelle offensichtlich ist oder wenn es um die Verwirklichung von Gefahren geht, die sich aus einem vorsätzlichen oder äußerst leichtfertigen Fehlgebrauch ergeben.** (Hervorhebung diesseits)" Dementsprechend, so führt das OLG fort, war auch im Streitfall eine Instruktionspflicht der Beklagtenseite aktualisiert. „*Frischbeton ist keineswegs ein "Allerwelts-Konsumprodukt", sondern ein spezifischer Werkstoff für gewerbliche Abnehmer oder im Umgang mit diesem Produkt hinreichend erfahrene Heimwerker, der aufgrund seines alkalischen Potentials, wie der Streitfall veranschaulicht, zu erheblichen Hautschädigungen führen kann. Es handelt sich somit um ein* **Erzeugnis mit einem verwendungsspezifischen Produktrisiko, das auf Herstellerseite eine entsprechende Instruktionspflicht auslöst, wenn damit zu rechnen ist, dass das Erzeugnis in die Hände von Personen gelangt, die mit der der Verarbeitung von Frischbeton innewohnenden Verätzungsgefahr nicht vertraut sind**. *[…]. Als privater Auftraggeber zählte der Kläger von vorneherein nicht zu dem Kreis gewerblicher Abnehmer, bei denen ein Wissens- und Erfahrungsstand vorausgesetzt werden darf, der einen Hinweis auf die ätzende Wirkung von Zementstoffen erübrigt. Von einem Heimwerker wie dem Kläger konnte dagegen nicht erwartet werden, dass er mit der verletzungsträchtigen Produktbeschaffenheit hinreichend vertraut war. […]*. (Hervorhebung diesseits)".

---

[69] BGH, Urt. v. 11.1.1994, VI ZR 41/93, juris, Rn. 21 m.w.Nachw = NJW 1994, 932 = ZIP 1994, 374 = WM 1994, 466.
[70] OLG Bamberg, Urt. v. 26.10.2009, 4 U 250/08, juris = NJW-RR 2010, 902 = VersR 2010, 403 = MDR 2010, 153.

b. Erfordernis und Modalitäten der Instruktion

aa. Erfordernis der Instruktion

Unbedingt ist die Pflicht der Zur-Kenntnis-Bringung der in den einschlägigen Vorschriften geforderten technischen Daten, wie etwa Angaben zum Nennbetrieb. Die allgemeine und nicht weiter konkretisierte Pflicht, dem Produkt eine Gebrauchs- bzw. Bedienungsanleitung und/oder Warnhinwiese beizufügen,[71] besteht hingegen nur, wenn für den Benutzer *i)* das Produkt nicht selbsterklärend ist oder *ii)* die Instruktion zur Beseitigung oder Minimierung konstruktiv nicht ausgeschlossener Risiken erforderlich ist.[72]

630

bb. Bildzeichen

Soweit nicht anders bestimmt, sind die Informationen nicht notwendigerweise in Worten auszudrücken. Auch die Verwendung von Zeichnungen oder graphischen (Warn-)Symbolen (Piktogramme) ist dann zulässig und kann im Einzelfall gar angezeigt sein.[73] Zum Zwecke eines einheitlichen Verständnisses von Bildzeichen sind Kennzeichnungen und Symbole verschiedentlich genormt und in Bildzeichen-Datenbanken hinterlegt.[74]

631

cc. Sprache

Die in Wort und Schrift abgefassten Informationen sind bei Bereitstellung auf dem (deutschen) Markt in deutscher Sprache zu fassen.[75] Namentlich im Medizinproduktrecht – aber über das Medizinproduktrecht hinaus bedeutsam – wurde die Frage diskutiert, ob der **Händler,** der die Produktinformationen in die Sprache des Ziellandes übersetzt, hierdurch zum Hersteller wird oder als solcher gilt oder sich wie ein Hersteller behandeln lassen müsse (zum Übergang der Herstellerverpflichtungen aufgrund Produktänderung → Rn. 278).[76] Konkret geht es um die **Fälle des Parallelhändlers,** der

632

---

[71] Beispielsweise nach den dem Art. R2 des Anhangs I des Beschlusses Nr. 768/2008/EG nachgebildeten Harmonisierungsrechtvorschriften.

[72] Ganz h.M., siehe etwa Rat der Europäischen Union, Nr. 1. lit. c) der Hinweise für gute Gebrauchsanleitungen für technische Konsumgüter, Anh. der Entschliessung des Rates v. 17.12.1998 über Gebrauchsanleitungen für technische Konsumgüter, ABl. 1998 C 411, 1; Kapoor, in Klindt (Hrsg.), ProdSG, § 6 Rn. 7; Gauger, Produktsicherheit und staatliche Verantwortung, S. 181.

[73] Siehe etwa DIN EN 82.079–1 Ziff. 6.4; Klindt, in Klindt (Hrsg.), ProdSG, § 3 Rn. 47; Kapoor, in Klindt (Hrsg.), ProdSG, § 6 Rn. 19; Wilrich, Das neue Produktsicherheitsgesetz (ProdSG), Rn. 395.

[74] ISO 7010, ICE 60417, ISO 700, DIN ISO 15223–1.

[75] Siehe zur Gebrauchs-/Bedienungsanleitung etwa § 3 Abs. 4 ProdSG; § 23 Abs. 4 MessEG; § 19 Abs. 3 EMVG.

[76] Vgl. BGH, Urt. v. 12.5.2010, I ZR 185/07, juris = NJW-RR 2010, 1478 = GRUR 2010, 756 = RIW 2011, 250; OLG Frankfurt, Urt. v. 27.6.2013, 6 U 253/11, juris, Rn. 27 = GRUR-RR 2013, 524–526; Stallberg, MPR 2010, 113–117; Fulda, MPR 2011, 1–4; Juknat/Klappich/Klages, PharmR 2010, 488–490; Wilrich, Das neue Produktsicherheitsgesetz (ProdSG), Rn. 193.

bereits einer Konformitätsbewertung unterzogene und mit der CE-Kennzeichnung versehene Produkte einkauft und an ihnen, um sie in einem anderen Mitgliedstaat zu verkaufen, einen neuen Aufkleber bzw. ein neues Etikett in der Sprache des Ziellandes anbringt und ihnen eine in diese Sprache übersetzte Gebrauchsanweisung beifügt. Nachdem der Bundesgerichtshof in der Sache *„One Touch Ultra"* noch entschied, dass der Parallelhändler eines Medizinproduktes, der solchermaßen die Sicherheitseigenschaften des Produkts ändere, ein neues Produkt bereitstelle und ihn damit die dem Hersteller obliegenden Verpflichtungen träfen,[77] namentlich die Pflicht zu einer erneuten oder ergänzenden Konformitätsbewertung, ersuchte er in der gleichgelagerten Sache *„Servoprax"* den Gerichtshof um Auslegung der einschlägigen Bestimmungen der Richtlinie 98/79/EG über In-vitro-Diagnostika.[78] In ihren Schlussanträgen vom 16.6.2016 verneint Generalanwältin Eleanor Sharpston eine entsprechende Verpflichtung des Parallelhändlers.[79] Eine Verpflichtung zu einer erneuten oder ergänzenden Konformitätsbewertung bei Bereitstellung von Produkten mit einer neuen Kennzeichnung und Gebrauchsanweisung in der (den) betreffenden Amtssprache(n) sei weder aus dem Begriff des Herstellers ableitbar, noch unter dem Aspekt einer die Konformität beeinflussenden Änderung des Produkts anzunehmen und wäre offensichtlich mit dem Ziel des freien Warenverkehrs unvereinbar. Dem schloss sich der Gerichtshof an.[80]

dd. Informationsträger

633 Während die technischen Daten regelmäßig auf dem Produkt selbst anzubringen sind, wird der Informationsträger bzw. der Ort, an welchem **Warn- und Sicherheitshinweise** zu erfolgen haben, regelmäßig nicht näher spezifiziert. Der Hinweis muss sich dann nicht zwingend auf dem Produkt selbst befinden.[81] Er kann sich auf einem Beipackzettel, im Produkthandbuch oder in der Gebrauchs- bzw. Bedienungsanleitung befinden. Die **Gebrauchs- bzw. Bedienungsanleitung** muss nach häufig vertretener Meinung in Druckform mitgeliefert werden.[82] Dies soll, soweit ersichtlich, grundsätzlich gelten, d. h.

---

[77]BGH, Urt. v. 12.52010, I ZR 185/07, juris, Rn. 11 ff. = NJW-RR 2010, 1478 = GRUR 2010, 756 = RIW 2011, 250.

[78]BGH, EuGH-Vorlage v 30.4.2015, I ZR 153/13, juris = GRUR 2015, 703–705; vorgehend OLG Frankfurt, Urt. v. 27.6.2013, 6 U 253/11, juris = GRUR-RR 2013, 524.

[79]Generalanwältin Sharpston, Schlussanträge v. 16.6.2016, C-277/15, EU:C:2016:457, Rn. 31 ff.

[80]EuGH, Urt. 13.10.2016, Servoprax, C-277/15, EU:C:2016:770. Vgl. auch EuGH, Urt. v. 24.11.2016, Lohmann & Rauscher International, C-662/15, EU:C:2016:903, Rn. 31 ff.

[81]Gauger, Produktsicherheit und staatliche Verantwortung, S. 181; Wilrich, Das neue Produktsicherheitsgesetz (ProdSG), Rn. 396.

[82]Wilrich, Das neue Produktsicherheitsgesetz (ProdSG), Rn. 401 m.w.Nachw.; vgl. auch Ziff. 4.7.3 DIN EN 82079–1, wo die elektronische Form als regelmäßig mit den gesetzlichen Anforderungen nicht vereinbar angesehen wird.

unabhängig von der die Instruktionspflicht anordnenden Vorschrift.[83] Unbestritten ist dies indes nicht. Nach dem Landgericht Potsdam etwa genügt eine Bedienungsanleitung auf CD-Rom den Anforderungen aus §§ 3 Abs. 4 und 6 Abs. 1 S. 1 Nr. 1 ProdSG.[84] Jedenfalls muss die Gebrauchs- bzw. Bedienungsanleitung mitgeliefert werden und ist unstreitig unzureichend der bloße Verweis auf anderswo eingestellte Informationen, wie etwa auf eine im Internet abrufbare PDF-Datei oder Hinweise im Herstellerkatalog.[85] Andererseits sehen die Durchführungsverordnungen zur Ökodesign-Richtlinie regelmäßig vor, dass Installateuren und Endnutzern in der Durchführungsmaßnahme spitz vorgegebene Produkthinweise auch auf frei zugänglichen Websites der Hersteller, ihrer Bevollmächtigten oder Importeure bereitzustellen sind.

c. Verpflichtete

Verpflichtet sind regelmäßig der Hersteller, der Bevollmächtigte, der Einführer und der Händler. Im Anwendungsbereich der Harmonisierungsrechtsvorschriften der Neuen Konzeption und des ProdSG trifft auch Letzteren die Pflicht, sicherzustellen, dass dem Produkt die geforderten Informationen beiliegen, sowie eine Übersetzung in der Amtssprache des Ziellandes mitzuliefern (kein Übergang der Herstellerverpflichtung aufgrund Übersetzung → Rn. 632).[86]

634

---

[83]Vgl. Wilrich, Das neue Produktsicherheitsgesetz (ProdSG), Rn. 401, mit Verweis auf Europäische Kommission, Leitfaden für die Anwendung der Maschinenrichtlinie 2006/42/EG, § 255.
[84]LG Potsdam, Urt. v. 26.6.2014, 2 O 188/13, juris, Rn. 33–37.
[85]Kapoor, in Klindt (Hrsg.), ProdSG, § 6 Rn. 21; Lenz, MDR 2004, 918 (920).
[86]So Anhang I Art. R5 Abs. 1 und 2 des Beschlusses Nr. 768/2008/EG (Generalanwältin Sharpston, Schlussanträge v. 16.6.2016, C-277/15, EU:C:2016:457, Rn. 40 i. V. m. Fn. 27; vgl. auch OLG Düsseldorf, Urt. v. 11.2.2014, I-20 U 188/13, 20 U 188/13, juris, Rn. 23). Zur **Produktsicherheit,** siehe allgemein § 3 Abs. 4 und § 6 Abs. 5 ProdSG und im Einzelnen Art. 11 Abs. 2 der Richtlinie 2014/33/EU über Aufzüge, Art. 9 Abs. 2 der Richtlinie 2014/29/EU über die Bereitstellung einfacher Druckbehälter, Art. 9 Abs. 2 der Richtlinie 2014/68/EU über die Bereitstellung von Druckgeräten, Art. 9 Abs. 2 der Richtlinie 2014/35/EU über die Bereitstellung elektrischer Betriebsmittel, Art. 13 Abs. 2 der Richtlinie 2014/53/EU über die Bereitstellung von Funkanlagen, Art. 10 Abs. 2 VO (EU) 2016/426 über Geräte zur Verbrennung gasförmiger Brennstoffe, Art. 9 Abs. 2 der ATEX-Richtlinie 2014/34/EU; zur **Messgenauigkeit** von Messgeräten, siehe § 26 Abs. 1 Nr. 2 MessEG; zur **elektromagnetischen Verträglichkeit,** siehe § 13 Abs. 1 Nr. 2 EMVG, zur effektiven Nutzung von Funkfrequenzen und **Vermeidung funktechnischer Störungen,** siehe § 14 Abs. 1 Nr. 2 FuAG; zur **Straßenverkehrssicherheit,** siehe Art. 13 Abs. 2 VO (EU) Nr. 167/2013 über land- und forstwirtschaftliche Fahrzeugen und Art. 14 Abs. 2 VO (EU) Nr. 168/2013 über zwei- oder dreirädrige und vierrädrige Fahrzeuge.

II. Nicht verwendungsbezogene Informationen

Nicht verwendungsbezogen sind Information, die nicht auf die Sicherstellung einer der Konstruktion zugrundeliegenden Verwendung (→ Rn. 620), sondern auf die Befriedigung eines sonstigen Informationsinteresses abzielen.

1. Lärminformationspflichten nach der Outdoor-Richtlinie 2000/14/EG

635 Der Outdoor-Richtlinie 2000/14/EG unterfallende Geräte und Maschinen (→ Rn. 437) bedürfen der Angabe des garantierten Schallleistungspegels. Diese erfolgt ausweislich des Anhangs IV durch den Zahlenwert des garantierten Schallleistungspegels in dB und dem Zeichen „L_{WA}" in dem dort beschriebenen Piktogramm *(„LWAxxxdB")*.

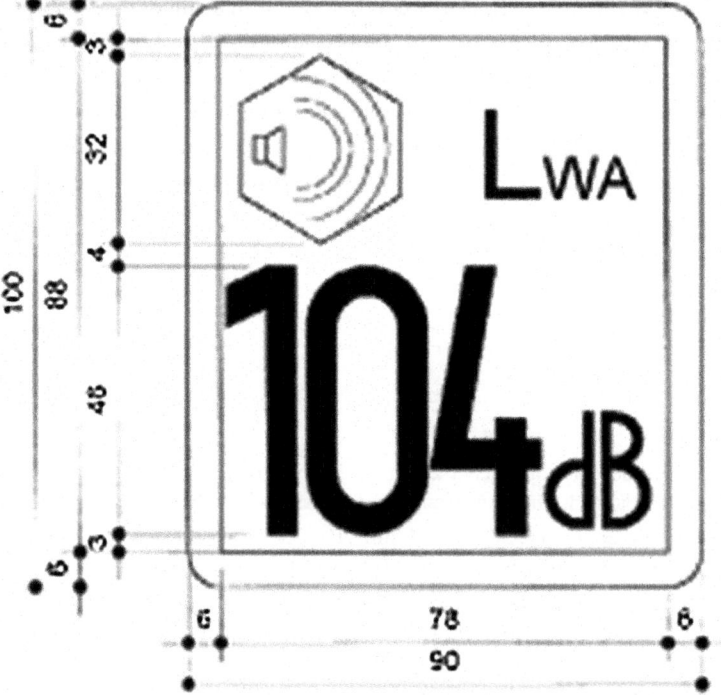

Der garantierte Schallleistungspegel ist der nach dem jeweils einschlägigen Geräuschmessverfahren ermittelte und unter Berücksichtigung der durch Produktionsschwankungen und Messverfahren bedingten Unsicherheiten korrigierte Schallleistungspegel.[87] Das zur Ermittlung des Schallleistungspegels anzuwendende Geräuschmessverfahren wird in den Art. 12 und 13 zu jedem dort gelisteten Gerät und jeder dort gelisteten Maschine spitz vorgegeben. Die Angabe des Schallleistungspegels als solche hat primär informatorischen

---

[87] Art. 3 lit. f) der Richtlinie 2000/14/EG.

§ 1 – Produktinformation und -instruktion

Charakter und soll ausweislich des 10. Erwägungsgrundes den Verbraucher und Benutzer in die Lage versetzen, eine bewusste (Kauf-)Entscheidung zu treffen.

Die Angabe des garantierten Schallleistungspegels muss sichtbar, lesbar und dauerhaft haltbar an jedem Gerät und jeder Maschine angebracht sein. Die Sichtbarkeit und Lesbarkeit der Angabe des garantierten Schallleistungspegels darf durch andere Kennzeichnungen auf den Geräten und Maschinen nicht beeinträchtigt sein (§ 3 Abs. 1 S. 2 und 3 der 32. BImSchV). Die Verpflichtung zur Angabe des garantierten Schallleistungspegels trifft den Hersteller. Fehlt sie, dürfen das Gerät bzw. die Maschine nicht in Verkehr und in Betrieb genommen werden (§ 3 Abs. 1 Nr. 1 der 32. BImSchV).

2. Energieverbrauchskennzeichnung nach VO (EU) 2017/1369

Für energieverbrauchselevante Produkte trifft das Unionsecht Regelungen zur Energiekennzeichnung mit dem Zweck der Verbesserung ihrer Effizienz durch sachkundige Wahl des aufgeklärten Verbrauchers. Hierzu und in Parallele zur Regelungskonzeption der Ökodesign-Richtlinie 2009/125/EG (vormals Richtlinie 2005/32/EG) (→ Rn. 386, 403 f.) schuf die Richtlinie 2010/30/EU, ersetzt durch die Verordnung VO (EU) 2017/1369, einen mehr oder wenigen engen Rechtsrahmen. **Informationspflichten zum Energieverbrauch** und gegebenenfalls zum Verbrauch anderer wichtiger Ressourcen in der Nutzungsphase bestehen mithin nur für von delegierten Rechtsakten erfasste Produktgruppen:[88]

Haushaltsgeschirrspüler, VO (EU) Nr. 1059/2010
Haushaltskühlgeräte, VO (EU) Nr. 1060/2010
Haushaltswaschmaschinen, VO (EU) Nr. 1061/2010
Fernsehgeräte VO (EU) Nr. 1062/2010
Luftkonditionierer VO (EU) Nr. 626/2011
Haushaltswäschetrockner VO (EU) Nr. 392/2012
Elektrische Lampen und Leuchten, VO (EU) Nr. 874/2012
Staubsauger, VO (EU) Nr. 665/2013
Raum- und Kombiheizgeräte, Temperaturregler und Solareinrichtungen, (EU) Nr. 811/2013
Warmwasserbereiter, Warmwasserspeicher, VO (EU) Nr. 812/2013
Haushaltsbacköfen und -dunstabzugshauben, VO (EU) Nr. 65/2014
Wohnraumlüftungsgeräte, VO (EU) Nr. 1254/2014
Gewerbliche Kühllagerschränke, VO (EU) 2015/1094
Festbrennstoffkessel, VO (EU) 2015/1187
Einzelraumheizgerät, VO (EU) 2015/1186

Die vornehmlich auf Art. 194 Abs. 2 AEUV (Energiepolitik) gestützte Verordnung (EU) 2017/1369 nebst den auf diese bzw. ex-Richtlinie 2010/30/EU gestützten delegierten

---

[88]Nachstehend aufgeführte Verordnungen bleiben in Kraft, bis sie durch einen delegierten Akt nach Art; 16 VO (EU° 2017/1369 aufgehoben werden (klarstellend Art. 20 Abs. 4 VO (EU) 2017/1369).

Rechtsakten enthalten keine Anforderungen zum technischen Design. Gleichwohl sind die dortigen Anforderungen an das Etikett und das Datenblatt produktbezogen (Art. 7 Abs. 1 VO (EU) 2017/1369) (→ Rn. 14) und ist die Erfüllung der diesbezüglichen Pflichten **Voraussetzung für das rechtmäßige Bereitstellen** des Produkts (vgl. Art. 8 Abs. 1 und Art. 9 VO (EU) 2017/1369) (zur Marktüberwachung → Rn. 725).

638 Der Lieferant (Hersteller, Bevollmächtigter oder Einführer) hat Etiketten und Datenblätter zu erstellen und den Händlern zu Verfügung zu stellen bzw. ab dem 1.1.2019 in eine online-gestützte und bei der Europäischen Kommission angesiedelten Produktdatenbank einzustellen (Art. 3 Abs. 1 und 2, Art. 4 VO (EU) 2017/1369). Im **stationären Handel** bringen die Händler dann das Etikett auf dem Gerät an der im delegierten Rechtsakt bezeichneten Stelle an (Art. 5 Abs. 1 lit. a) VO (EU) 2017/1369). Das Datenblatt ist dem Kunden, auf Aufforderung auch in physischer Form an der Verkaufsstelle, zur Verfügung zu stellen (Art. 5 Abs. 1 lit. a) VO (EU) 2017/1369). Für den **Fernverkauf**, d. h. wenn der Endnutzer das Produkt nicht ausgestellt sieht, wird das „*Wie*" der Zur-Kenntnis-Bringung der auf dem Etikett und dem Datenblatt enthaltenen Angaben im jeweiligen delegierten Rechtsakt detailliert geregelt (vgl. statt aller Art. 4 lit. b) VO (EU) Nr. 665/2013 i.V.m. Anhängen V und VIII). **Inhalt, äußere Form** und Maße des **Etiketts** und der **Datenblätter** sowie Messverfahren werden für jeden Produkttyp gesondert in dem auf ihn anwendbaren delegierten Rechtsakt spitz vorgegeben.

Beispiel: Etikett für Universalstaubsauger gemäß Anhang II VO (EU) Nr. 665/2013

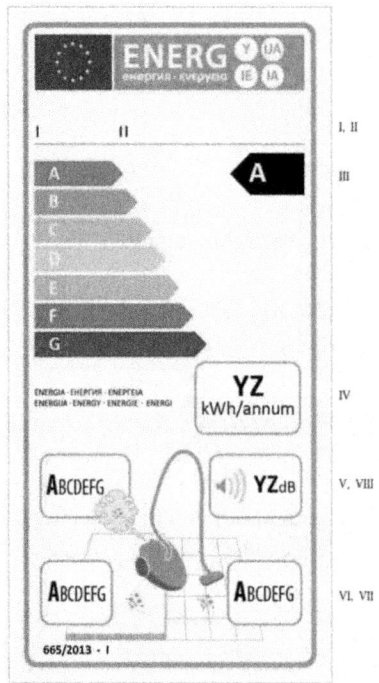

I. . Name oder Warenzeichen des Lieferanten.

II. Modellkennung des Lieferanten, d. h. der üblicherweise alphanumerische Code, der ein bestimmtes Staubsaugermodell von anderen Modellen mit dem gleichen Warenzeichen oder Lieferantennamen unterscheidet.

III. Energieeffizienzklasse gemäß Anhang I; die Spitze des Pfeils, der die Energieeffizienzklasse des Staubsaugers angibt, ist auf derselben Höhe zu platzieren wie die Spitze des Pfeils der entsprechenden Energieeffizienzklasse.

IV. Durchschnittlicher jährlicher Energieverbrauch gem. Anhang VI.

V. Staubemissionsklasse, ermittelt gemäß Anhang I.

VI. Teppichreinigungsklasse, ermittelt gem. Anhang I.

VII. Hartbodenreinigungsklasse, ermittelt gem. Anhang I

VII. Schallleistungspegel gemäß Anhang VI.

Der Nachweis der Richtigkeit der auf dem Etikett und dem Datenblatt veröffentlichten Werte ist über vom Hersteller vorzuhaltende und inhaltlich im delegierten Rechtsakt beschriebene **technische Unterlagen** zu führen (siehe statt aller Art. 3 VO (EU) Nr. 665/2013).

3. Richtlinie 1999/94/EG über Verbraucherinformation zu Kraftstoffverbrauch und CO2-Emissionen neuer Personenkraftwagen

Die Richtlinie 1999/94/EG bzw. die diese umsetzende PkW-Energieverbrauchskennzeichnungsverordnung (Pkw-EnVKV) begründet die Pflicht der Hersteller und Händler, die Personenkraftwagen ausstellen, zum Kauf oder Leasing anbieten oder für diese werben, Angaben über den Kraftstoffverbrauch und die CO_2-Emissionen zu machen. Informationsträger sind dort am oder in unmittelbarer Nähe zum Fahrzeug anzubringende Hinweisschilder gemäß Anlage 1 Pkw-EnVKV und Aushänge am Verkaufsort gemäß Anlage 2 Pkw-EnVKV. Die Werte sind der EU-Übereinstimmungsbescheinigung bzw. den Genehmigungsunterlagen zum Fahrzeug zu entnehmen. Eine Verletzung der Informationspflichten berechtigt nicht zum Erlass von Untersagungsverfügungen (zu den verkehrsbeschränkenden Marktüberwachungsmaßnahmen → Rn. 737 ff.), begründet aber eine Ordnungswidrigkeit nach § 7 Pkw-EnVKV.

4. Informationen gemäß Art. 10 Abs. 10 der Richtlinie 2014/53/EU

Die Aufmachung der Informationen gemäß Art. 10 Abs. 10 der Richtlinie 2014/53/EU bzw. § 10 Abs. 3 i. V. m. § 20 Abs. 4 FuAG (zur Informationspflicht → Rn. 518) ist in der Durchführungsverordnung (EU) 2017/1354 festgelegt. Die Informationspflicht betrifft sog. „*Class 2*" – Produkte im Sinne der Entscheidung 2000/299/EG. Es sind dies Funkanlagen, zu denen ein auf Art. 4 Abs. 3 der Entscheidung Nr. 676/2002/EG gestützter Durchführungsbeschluss über die Bedingungen der Nutzung der Frequenzbänder entweder nicht vorliegt oder aber ein solcher einheitliche Nutzungsbeschränkungen nicht enthält.[89] Ein Verstoss gegen Art. 10 Abs. 10 der Richtlinie 2014/53/EU bzw. § 10 Abs. 3 FuAG begründet formale Nichtkonformität (→ Rn. 82, 725) der in Verkehr gebrachten Funkanlage (Art. 43 Abs. 1 lit. h) der Richtlinie 2014/53/EU bzw. § 28 Abs. 2 Nr. 8 FuAG).

---

[89] Eine Aufstellung von aufgrund Durchführungsbeschlüssen harmonisierten Geräten oder Gerätearten, d. h. Geräten oder Geräterarten, die ohne Einschränkungen in Verkehr gebracht und in Betrieb genommen werden können, ist abrufbar unter URL: http://ec.europa.eu/docsroom/documents/26021. Zu den Funkanlagen-Klassen siehe https://www.efis.dk/sitecontent.jsp?sitecontent=RTTE_sub-classes.

Beispiel: eines Piktogramms nach Anhang I VO (EU) 2017/1354 bei WLAN-Lautsprecher im 5-GHz-Frequenzbereich (Frequenzband 5 150 – 5 350 MHz):

Das Gerät unterfällt in BE, BG, CZ, DK, DE, EE, IE, EL, ES, FR, HR, IT, CY, LV, LT, LU, HU, MT, NL, AT, PL, PT, RO, SI, SK, FI, SE und UK folgenden Beschränkungen in Bezug auf die Inbetriebnahme oder die Nutzungsgenehmigung: Nutzung ausschliesslich innerhalb geschlossener Räume.

5. Kennzeichnungs- und Informationspflichten nach ElektroG und BattG

In den Anwendungsbereichen des ElektroG (→ Rn. 669) und des BattG (→ Rn. 432) treffen die Hersteller (→ Rn. 282 f., 258) Kennzeichnungs- und – begrenzt auf das ElektroG – vormarktliche Informationspflichten.

a. Kennzeichnung mit durchgestrichener Abfalltonne

Nach § 9 ElektroG sind Elektro- und Elektronikgeräte, für die eine Garantie nach § 7 ElektroG erforderlich ist (→ Rn. 705 f.), mit dem Symbol nach und gemäß Anlage 3 zu kennzeichnen. Es soll den Endnutzer darüber informieren, dass das Gerät nicht über die kommunale Restmülltonne, sondern getrennt vom unsortierten Siedlungsabfall zu entsorgen ist.[90] Dieses Symbol ist sichtbar, erkennbar und dauerhaft anzubringen. Elektro- und Elektronikgeräte, für die keine Garantie nachzuweisen ist, können auf freiwilliger Basis entsprechend gekennzeichnet werden. Eine solche Kennzeichnung stellt dann keine Ordnungswidrigkeit nach § 46 Abs. 1 Nr. 8 dar.[91] Gibt es auf Grund der Größe oder der Funktion des Geräts keine Möglichkeit, das Symbol direkt auf dem Produkt anzubringen, ist nach § 9 Abs. 2 S. 2 ElektroG eine Anbringung des Symbols anstatt auf dem Gerät auch auf der Verpackung, in der Gebrauchsanweisung oder auf einem Garantieschein zulässig. Nach der gängigen Praxis wird durch einen schwarzen Balken unter dem Symbol nach Anlage 3 zum Ausdruck gebracht, dass das so gekennzeichnete Gerät nach dem 13.8.2005 in Verkehr gebracht wurde (Pflichtangabe nach § 9 Abs. 1 Hs. 2 ElektroG). Ein Verstoß gegen § 9 ElektroG ist bußgeldbewehrt (§ 45 Abs. 1 Nr. 8 ElektroG) und sind Untersagungsverfügungen (→ Rn. 737 ff.) zumindest denkbar (→ Rn. 720).

---

[90] BT-Drs. 18/4901, 86.
[91] *Ebd.*

Symbol zur Kennzeichnung von Elektro- und Elektronikgeräten gemäß Anlage 3 (zu § 9 Abs. 2 ElektroG) mit schwarzem Balken nach DIN EN 50419:

Für **Batterien** gelten gemäß § 17 Abs. 1 und 2 BattG entsprechende Pflichten. Die **durchgestrichene Abfalltonne** dient auch hier dem Hinweis, die Altbatterie einer vom Siedlungsabfall getrennten Erfassung zuzuführen. Die Kennzeichnung ist grundsätzlich auf der Batterie selbst anzubringen. Entsprechend entfällt die Kennzeichnungspflicht für Batterien auch nicht mit Erfüllung der Kennzeichnung von Elektro- und Elektronikgeräten nach § 9 ElektroG. Wird ein mit einer Batterie bestücktes Elektro- oder Elektronikgerät in Verkehr gebracht, bedarf es einer doppelten Kennzeichnung, nämlich der Kennzeichnung des Geräts nach § 9 ElektroG und der Batterien nach § 17 Abs. 1 BattG. Weiter besteht eine Kennzeichnungspflicht für Fahrzeug- und Industriebatterien bei Überschreiten des Schwellenwertes von 20 ppm **Cadmium** (Cd) und für alle Batterien bei Überschreiten des Schwellenwerts von 40 ppm **Blei** (Pb) (§ 17 Abs. 3 S. 1 BattG). Inhalt, Größe und Ort der Kennzeichnung sind § 17 Abs. 3 S. 2 und Abs. 4 und 5 BattG festgelegt. Zuletzt sind Fahrzeug- und Gerätebatterien außerdem mit einer **Kapazitätsangabe** zu versehen (§ 17 Abs. 6 BattG). Verstöße gegen die Kennzeichnungspflichten nach § 17 ElektroG sind bußgeldbewehrt (§ 22 Abs. 1 Nrn. 15 und 18 BattG).

b. Informationspflicht über Batterien und Akkumulatoren in EEE
Nach § 28 Abs. 2 ElektroG, in Umsetzung des Art. 11 Abs. 1 S. 3 der Batterierichtlinie 2006/66/EG, hat jeder Hersteller von Elektro- und Elektronikgeräten, die eine Batterie oder einen Akkumulator enthalten, Angaben beizufügen, welche den Endnutzer über den Typ und das chemische System der Batterie oder des Akkumulators und über deren sichere Entnahme informieren (zum Informationsträger, entsprechend → Rn. 633).

§ 2 – Produktkennzeichnungspflichten zur Rückverfolgbarkeit

Das Recht des technischen Produkts enthält unterschiedliche der Rückverfolgbarkeit der Produkte dienende Produktkennzeichnungspflichten. Zu unterscheiden ist die **aufwärtsgerichtete Rückverfolgung** (sog. *up-stream*), also diejenige vom Endnutzer zum Erzeuger, von der vom Erzeuger zum Endnutzer verlaufenden **abwärtsgerichteten Rückverfolgung** (sog. *down stream*). Ersterer ist die Verpflichtung zur Hersteller-/Einführerkennzeichnung zuzuordnen. Sie ermöglicht die verantwortlichen Wirtschaftsakteure ausfindig zu machen und ist im Zusammenhang mit der Marktaufsicht (→ Rn. 719 ff.) zu sehen. Die Identifikation der Produkte dient der abwärtsgerichteten Rückverfolgung und ist im Zusammenhang mit dem Rückruf in der Nachmarktphase zu sehen (→ Rn. 682 ff.). Sie dient weiter der aufwärtsgerichteten Rückverfolgung, so sie die Marktaufsichtsbehörden in die Lage versetzt, ein einzelnes Produkt zu identifizieren und es mit einer EU-Konformitätserklärung und/oder technischen Unterlagen zum Produkt zu verknüpfen.

I. Hersteller-/Einführerkennzeichnung

645   Hersteller und Einführer von **gemäß dem Neuen Rechtsrahmen harmonisierten Produkten** (→ Rn. 190) müssen nach Art. R2 Abs. 6 und Art. R4 Abs. 3 des Anhangs I des Beschlusses Nr. 768/2008/EG bzw. diesen Artikeln nachgebildeten Bestimmungen angeben ihren *i)* **Namen**, *ii)* ihren **eingetragenen Handelsnamen** oder ihre **eingetragene Handelsmarke** und *iii)* ihre **Kontaktanschrift** (siehe auch Harmonisierungsrichtlinien älterer Generation und deren nationalen Umsetzungsakte, wie etwa Ziff. 1.7.3 des Anhangs I der Maschinenrichtlinie 2006/42/EG und Ziff. 13.3. lit. a) des Anhangs I der Richtlinie 93/42/EWG; siehe auch Art. 15 Abs. 1 lit. c) VO (EG) Nr. 1935/2004). Diese Angaben müssen mit denen auf der Konformitätserklärung und in den technischen Unterlagen identisch sein. In der Anschrift muss ferner eine zentrale Stelle angegeben sein, unter der der Hersteller kontaktiert werden kann (Art. R2 Abs. 6). In der Union ist nur eine einzige zentrale Stelle erlaubt, die nicht unbedingt mit der Anschrift, an der der Hersteller ansässig ist, übereinstimmen muss. Dies kann beispielsweise die Anschrift eines Bevollmächtigten oder des Kundendienstes sein. Es ist nicht erforderlich, dass in jedem Mitgliedstaat, in dem das Produkt bereitgestellt wird, eine zentrale Stelle eingerichtet ist. Auch kann der Hersteller weitere Anschriften angeben, sofern deutlich wird, welche hiervon die zentrale Stelle ist. Sie ist als *„zentrale Stelle"* anzugeben. Die Anschrift oder das Land sind nicht zwingend in die Sprache des Mitgliedstaats, in dem das Produkt bereitgestellt wird, zu übersetzen. Auf einem Produkt müssen stets Name und Anschrift des Herstellers angegeben sein.

646   Auf eingeführten Produkten sind auch der Name und die Anschrift des Einführers anzugeben. Je nach Konstellation sind daher auf einem Produkt ein oder zwei Anschriften anzugeben: *1)* Befindet sich der Hersteller innerhalb der Europäischen

Union, trägt das Produkt nur eine Anschrift, nämlich die des Herstellers. Ein Einführer ist nicht beteiligt. *2)* Wenn sich der Hersteller außerhalb der Europäischen Union befindet, trägt das Produkt zwei Anschriften, nämlich die des Herstellers (→ Rn. 273 ff.) und die des Einführers (→ Rn. 286). *3)* Im Fall des sogenannten Quasi-Herstellers (→ Rn. 275) ist einzig dessen Anschrift anzugeben, also unabhängig davon, wo das Produkt hergestellt wurde.[92] Unter dem Namen ist die **handelsrechtliche Firmierung,** nicht lediglich die Marke des Kennzeichnungspflichtigen zu verstehen.[93] Mit Kontaktanschrift ist eine **postalisch erreichbare Kontaktadresse** gemeint. Die Angabe einer E-Mail-Adresse oder einer Internet-Adresse (URL) ist nicht ausreichend.[94] Ebenfalls nicht ausreichend sind Angaben, mit Hilfe derer die postalische Kontaktadresse gegebenenfalls ermittelt werden könnte, wie etwa Quick Reponse Code, Bar-Code, GTIN-Code. Als Kontaktanschrift kommt ausschließlich eine zustellungsfähige postalische Anschrift in Betracht.[95]

Für **Verbraucherprodukte** enthält § 6 Abs. 1 Nr. 2 ProdSG in Umsetzung des Art. 5 Abs. 1 UAbs. 1 Nr. 4 lit. a) der Produktsicherheitsrichtlinie 2001/95/EG entsprechende Bestimmungen mit dem Unterschied, dass hier Name und Kontaktanschrift derjenigen Person anzugeben ist, die für das Inverkehrbringen des Produktes im Europäischen Wirtschaftsraum verantwortlich und dort ansässig ist. Hiernach ist zwingend immer nur eine Anschrift anzugeben, nämlich diejenige des Herstellers oder, sofern dieser nicht im Europäischen Wirtschaftsraum ansässig ist, diejenige des Einführers. Auch verpflichtet das ProdSG nicht zur Angabe einer zentralen Stelle. § 6 Abs. 1 Nr. 2 ProdSG ist gegenüber den eine Kennzeichnung anordnenden Harmonisierungsrechtsvorschriften zur Produktsicherheit nachrangig.[96] **647**

Weiter verpflichtet § 9 Abs. 1 Hs. 1 ElektroG Elektro- und Elektronikgeräte vor deren Inverkehrbringen dauerhaft so zu kennzeichnen, dass der Hersteller eindeutig zu identifizieren ist und festgestellt werden kann. **648**

---

[92]Europäische Kommission, Leitfaden für die Umsetzung der Produktvorschriften der EU 2016, ABl. 2016 C 272, 52–54.
[93]So Kapoor, in Klindt (Hrsg.), ProdSG, § 6 Rn. 28, zu § 6 Abs. 1 Nr. 2 ProdG. A.A. *LASI,* Produktsicherheitsgesetz, S. 21 f. zu § 6 Abs. 1 Nr. 2 ProdG, wenn das Warenzeichen einen eindeutigen Rückschluss auf den Hersteller ergibt.
[94]So nunmehr ausdrücklich BT-Drucks. 17/6276 vom 24.6.2011, 35 und 66 (zu § 6 Abs. 1 Nr. 2 ProdG).
[95]Kapoor, in Klindt (Hrsg.), ProdSG, § 6 Rn. 29; Wilrich, Das neue Produktsicherheitsgesetz (ProdSG), Rn. 431.
[96]Kapoor, in Klindt (Hrsg.), ProdSG, § 6 Rn. 46.

II. Identifikationskennzeichnung

649 Die Produktkennzeichnung in Form von Artikel- und Seriennummern oder sonstigen der Identifikation dienenden Kennzeichnungen, die Angabe des Fertigungsdatums, -ortes, etc., dient namentlich bei **Zulieferteilen** dazu, diese über Unternehmensgrenzen hinweg zu identifizieren und ihren Lebenszyklus zurück zu verfolgen. Rückrufe können auf die mit den schadhaften Teilen versehenen Endprodukte bzw. auf bestimmte Serien oder Chargen beschränkt werden. Können hingegen die schadhaften Teile mangels Seriennummer, Chargennummer, Herstellungsdatum oder sonstiger Identifikationskennzeichnung nicht weiter eingegrenzt werden, muss bei Gefahr für Leib und Leben gegebenenfalls jedes ein solches Teil verbauendes Endprodukt zurückgerufen werden (→ Rn. 686 ff.). Es geht also darum, zu wissen, wo, welche Teile eingebaut wurden und setzt dies deren Identifizierung voraus. Idealerweise ermöglicht die Kennzeichnung des **Endprodukts** zu bestimmen, an wen das fehlerhafte Produkt abgegeben wurde. Mindestens aber erlaubt sie, **Rückrufe und öffentliche Warnungen** auf durch den Abnehmer identifizierbare Produkte zu beschränken. Die Anbringung von Marke, Modell sowie Typen- oder Seriennummer stellt denn auch ein in der industriellen Praxis übliches Vorgehen dar und erhebt das Recht des technischen Produkts die Produktidentifikation – wenn auch im Anforderungsniveau eher abgeschwächt – für nach den Musterbestimmungen des Anhangs I des Beschlusses Nr. 768/2008/EG harmonisierte Produkte zur Pflicht. Gleiches gilt nach der allgemeinen Produktsicherheitsrichtlinie und nach VO (EG) Nr. 1935/2004, Art. 15 Abs. 1 lit. d). Die Identifikation von **Fahrzeugen** erfolgt über die auf dem Fabrikschild aufzubringende Fahrzeug-Identifizierungsnummer (FIN).[97] Für selbstständige Einrichtungen und sonstige Fahrzeugteile wird eine entsprechende und auf eine abwärtsgerichtete Rückverfolgung ausgerichtete durchgängige Identifizierungspflicht nicht begründet.

650 Nach Art. R2 Abs. 5 des Anhangs I des Beschlusses Nr. 768/2008/EG und Art. 5 Abs. 1 der Produktsicherheitsrichtlinie 2001/95/EG muss das Produkt eine **Typen-, Chargen-, Serien- oder Modellnummer** oder ein anderes Kennzeichen zu seiner Identifikation tragen. Daraus folgt, dass die Identifikationsmöglichkeit einzelner Produktionschargen oder -serien oder gar eines jeden einzelnen Produkts zwingend nicht vorgeschrieben ist.[98] Ausreichend ist, dass der (End-)Abnehmer das Produkt als vom Produktrückruf zweifelsfrei betroffen erkennen kann. Anzugeben sind daher regelmäßig

---

[97]Die Fahrzeug-Identifizierungsnummer (FIN) ist der alphanumerische Code, den der Hersteller einem Fahrzeug zu dem Zweck zuweist, dass jedes Fahrzeug einwandfrei identifiziert werden kann. Die FIN ist einmalig und zweifelsfrei einem bestimmten Kraftfahrzeug zuzuweisen. Der Aufbau der FIN ist geregelt in Anhang I Teil B VO (EU) Nr. 19/2011 zur Durchführung der VO (EG) Nr. 661/2009, Anhang IV Abschn. 3 VO (EU) 2015/504 zur Durchführung der Verordnung (EU) Nr. 167/2013 und Anhang V Abschn. 3 VO (EU) Nr. 901/2014 zur Durchführung der Verordnung (EU) Nr. 168/2013.

[98]Kapoor in Klindt (Hrsg.), ProdSG, § 6 Rn. 30.

zumindest Marke, Modell und Typ.[99] Im **Medizinprodukterecht** sind ab dem 26.5.2020 ferner die mit dem durch die Verordnung (EU) 2017/745 neu eingefügten UDI-System (*„Unique Device Identification"*) einhergehenden Identifikations- und Registrierungspflichten zu berücksichtigen.

III. Ort und Art der Anbringung

Die Kennzeichnungen müssen grundsätzlich **auf dem Produkt selbst** angebracht werden. Ein Ausweichen auf die **Verpackung** oder den dem Produkt **beigefügten Unterlagen**[100] kommt nur in Betracht, wenn die Anbringung auf dem Produkt zu zumutbaren Bedingungen nicht möglich ist. Bei der Hersteller-/Einführerkennzeichnung können solchermaßen technische und wirtschaftliche Aspekte Berücksichtigung finden. Bei der Identifikationskennzeichnung vermag nur eine technische Unmöglichkeit ein Ausweichen auf die Verpackung oder den dem Produkt beigefügten Unterlagen zu rechtfertigen. Nach der Europäischen Kommission darf aus rein ästhetischen Gründen keine der beiden Kennzeichnungen weggelassen oder vom Produkt auf die Verpackung oder die Begleitunterlagen verlagert werden.[101] Für nicht europäisch-harmonisierte Verbraucherprodukte hingegen lässt der behördliche Vollzug zum ProdSG auch ästhetische Gründe genügen (als anschauliches Beispiel werden in der Literatur etwa Weingläser genannt).[102]

651

Bei in einer **Verpackung** befindlichen und **aus mehreren Teilen bestehenden Produkten** oder aus mehreren Teilen **zusammenzubauenden Produkten** (Teile-Bauteile-Kombination/Sets) kann mit der Europäischen Kommission wie folgt unterschieden werden (zum Produktbegriff bei Bausätzen und -kästen → Rn. 312):[103] *1)* Das Produkt besteht aus mehreren Teilen/Bauteilen und befindet sich in einer Verpackung. Dabei kann es vorkommen, dass manche Teile/Bauteile in der Packung gekennzeichnet werden können, während andere zu klein dafür sind oder eine Form besitzen, die eine Kennzeichnung nicht zulässt. Aus diesen Gründen darf dem Set/der Verpackung eine

652

---

[99]*LASI*, Produktsicherheitsgesetz, S. 23.
[100]Begleitdokumente können etwa die Gebrauchs- bzw. Betriebsanleitung sein. Nach dem Länderausschuss für Arbeitsschutz und Sicherheitstechnik zu § 6 Abs. 1 Nr. 2 ProdSG stehen weiter Angaben auf dem Preisetikett, einem gesonderten Anhängeetikett oder der Rechnung den Angaben auf der Verpackung gleich (*LASI,* Produktsicherheitsgesetz, S. 21).
[101]So ausdrücklich zu den Identifikationskennzeichen, Europäische Kommission, Leitfaden für die Umsetzung der Produktvorschriften der EU 2016, ABl. 2016 C 272, 54.
[102]*LASI*, Produktsicherheitsgesetz, S. 21; zum Ganzen Kapoor, in Klindt (Hrsg.), § 6 Rn. 31–37.
[103]Europäische Kommission, Leitfaden für die Umsetzung der Produktvorschriften der EU 2016, ABl. 2016 C 272, 55. Die Ausführungen betreffen zwar die Identifikationskennzeichnung. Sie können aber auf die Hersteller-/Einführerkennzeichnung entsprechend angewandt werden.

Artikelnummer zugewiesen werden, die auch auf der EU-Konformitätserklärung verwendet werden darf. Zweck des Identifikationskennzeichens ist u. a., die Marktaufsichtsbehörden in die Lage zu versetzen, ein einzelnes Produkt zu identifizieren und es mit einer EU-Konformitätserklärung zu verknüpfen. Wenn sich das Produkt zum Zeitpunkt der Marktüberwachung noch in seiner Verpackung befindet, lässt sich das Kennzeichen leicht identifizieren und somit gewährleisten, dass die entsprechende EU-Konformitätserklärung die betreffende Produkteinheit betrifft. Es wäre komplizierter, die Verpackung öffnen, Kennzeichen auf den einzelnen Artikeln finden und mit einer bestimmten EU-Konformitätserklärung verknüpfen zu müssen. *2)* Das Produkt besteht aus einem aus mehreren Teilen zusammengebauten Artikel. Auch wenn ein Produkt aus nur einem *„Artikel"* besteht, wird es beim Hersteller häufig aus mehreren Teilen zusammengebaut (wobei nicht vorgesehen ist, dass es vom Verbraucher wieder auseinandergebaut wird). Die Teile, aus denen sich der Artikel (das Produkt) zusammensetzt, werden oft in mehr als einer Produktausführung verwendet. Normalerweise sind einige Teile zu klein für die Anbringung eines Identifikationskennzeichens und ist wieder bei anderen Teilen die Kennzeichnung mit einem Identifikationskennzeichen aus technischen Gründen (unebene, kugelförmige Oberfläche usw.) nicht möglich. Auch in diesen Fällen – Teile werden in mehr als einer Produktausführung verwendet oder sind zu klein – darf eine Artikelnummer auf der Verpackung angebracht werden, die auf der EU-Konformitätserklärung verwendet werden darf. *3)* Das Produkt besteht aus einem Artikel, der nicht aus mehreren Teilen zusammengebaut wurde. In diesem Fall scheint es einfach zu sein, das Produkt selbst mit einem Identifikationskennzeichen zu versehen, das identisch mit dem auf der EU-Konformitätserklärung ist (d. h. mit der Artikelnummer). Es ist jedoch möglich, dass dasselbe Produkt auch in Kombination mit anderen Produkten/Artikeln als Set verkauft wird. Ist zum Zeitpunkt der Herstellung nicht bekannt ist, welcher Artikel *„allein"* und welcher in einer Verpackung zusammen mit anderen Produkten verkauft wird, ist es einfacher, die der Angabe auf der EU-Konformitätserklärung entsprechende Artikelnummer auf der Verpackung anzugeben. Dies erleichtert den Marktaufsichtsbehörden auch die Verknüpfung des Produkts mit der EU-Konformitätserklärung.

653 Nach § 6 Abs. 1 S. 3 ProdSG kann bei **nicht europäisch-harmonisierten Verbraucherprodukten** von der Kennzeichnung abgesehen werden, wenn es vertretbar ist, die **Angaben** wegzulassen, insbesondere weil sie **dem Verwender bereits bekannt** sind oder weil es mit einem unverhältnismäßigen Aufwand verbunden wäre, sie anzubringen. Die beispielhafte Aufzählung *(„insbesondere")* der dem Verwender bereits bekannten Angaben erfasst den Fall der **Sonderanfertigung** eines bestimmten Produkts für einen bestimmten Kunden.[104] Die Ausnahmeregelung des unverhältnismäßigen Aufwands erlaubt die Berücksichtigung wirtschaftlicher Aspekte. Konkrete Sachverhalte, bei denen das Weglassen der Angaben vertretbar wäre, werden hierdurch indes nicht beschrieben. Konkretisierungen durch die Rechtsprechung liegen bislang nicht vor und lässt sich mit

---

[104] Kapoor, in Klindt (Hrsg.), ProdSG, § 6 Rn. 40.

Hilfe dieser Ausnahmeregelung verlässlich nicht sagen, wann ein Verzicht auf die Kennzeichnung zulässig sein soll.[105]

Solange der die Kennzeichnung anordnenden Bestimmung Gegenteiliges nicht zu entnehmen ist,[106] liegt die **Art und Weise der Aufbringung** im Belieben des Herstellers und bedarf es keiner abriebbeständigen, ablösungsfesten oder kratzfesten Kennzeichnung. Ein fest haftender Aufkleber genügt.[107]

IV. Verpflichtete

Die Produktkennzeichnungspflichten treffen den Hersteller und den Einführer und im Anwendungsbereich der Harmonisierungsrechtsvorschriften der Neuen Konzeption über Rechtsvorschriften nach Art. R5 Abs. 2 der Musterbestimmungen in Form von Kontroll-/Prüfpflichten auch den Händler (→ Rn. 327). Bei nicht harmonisierten Verbraucherprodukten resultiert eine dem Art. R5 Abs. 2 der Musterbestimmungen entsprechende Verpflichtung des Händlers aus Art. 5 Abs. 2 S. 1 der Richtlinie 2001/95/EG bzw. § 6 Abs. 5 S. 1 ProdSG.[108]

§ 3 – Konformitätskennzeichnungen

I. CE-Kennzeichnung

Die Harmonisierungsrechtsvorschriften der Neuen Konzeption machen die Marktfähigkeit der von ihnen erfassten Produkte regelmäßig von einer Konformitätskennzeichnung[109] in Form der CE-Kennzeichnung abhängig.[110] Aufmachung,

---

[105] *Ebd.*, § 6 Rn. 39–43.
[106] Siehe etwa Ziff. 1.7.3 des Anhangs I der Maschinenrichtlinie 2006/42/EG, der eine *„dauerhafte"* Anbringung verlangt. Siehe auch § 9 Abs. 1 Hs. 1 ElektroG – *„dauerhaft"*: gefordert wird ein Mindestmaß an Unzerstörbarkeit und darf die Kennzeichnung auch sonst nicht einfach zu entfernen sein (BGH, Urt. v. 9.7.2015, I ZR 224/13, juris, Rn. 25 = GRUR 2015, 1021 = NJW-RR 2016, 155). Siehe weiter Art. 15 Abs. 1 lit. d) VO (EG) Nr. 1935/2004.
[107] Vgl. (zu § 6 Abs. 1 Nrn. 2 und 3 ProdSG) Kapoor, in Klindt (Hrsg.), ProdSG, § 6 Rn. 38.
[108] BGH, Urt. v. 12.1.2017, I ZR 258/15, juris, Rn. 32 = GRUR 2017, 409 = MDR 2017, 470 = NJW-RR 2017, 745. Anders noch OLG Köln, Urt. v. 20.2.2015, I-6 U 118/14, 6 U 118/14, juris, Rn. 83 ff.; LG Münster, Urt. v. 5.12.2013, 25 O 127/13, juris, Rn. 20 ff.
[109] Art. R2 Abs. 2 des Anhangs I des Beschlusses Nr. 768/2008/EG; EuGH, Urt. v. 19.3.2009, Kommission/Griechenland, C-489/06, EU:C:2009:165, Rn. 56; Europäische Kommission, Leitfaden für die Umsetzung der Produktvorschriften der EU 2016, ABl. 2016 C 272, 59.
[110] Vgl. Art. R2 Abs. 2, Art. 12 Abs. 2 i. V. m. Art. R34 Abs. 1 lit. b) des Anhangs I des Beschlusses Nr. 768/2008/EG.

Proportionen und Mindestgröße des vorgegebenen Bildzeichens „*CE*" werden hierbei spitz festgelegt.[111] Eine bestimmte literarische Bedeutung kommt dem Bildzeichen nicht zu.[112] Der die Anbringung der CE-Kennzeichnung jeweils anordnende Harmonisierungsrechtsakt bzw. nationale Umsetzungsakt begründet dann die herstellerische Pflicht, diese noch vor dem ersten Inverkehrbringen[113] anzubringen,[114] verbietet § 7 Abs. 2 Nr. 2 ProdSG die **unrechtmäßige Unterlassung** der CE-Kennzeichnung und untersagt § 7 Abs. 2 Nr. 1 Alt. 1 ProdSG den sog. **Kennzeichnungsmissbrauch**.[115]

---

[111] Art. 30 Abs. 2, Anhang II VO (EG) Nr. 765/2008. In der Verordnung (EG) Nr. 765/2008 sind die allgemeinen Grundsätze für die CE-Kennzeichnung festgelegt, während im einzelnen Harmonisierungsrechtsakt ihre Anbringung geregelt wird.

[112] Gauger, Produktsicherheit und staatliche Verantwortung, S. 114; Wende, in Klindt (Hrsg.), ProdSG, § 7 Rn. 3; Ensthaler/Strübbe/Bock, Zertifizierung und Akkreditierung technischer Produkte, S. 187. Nach a. A. soll dem Kürzel „*CE*" hingegen die Bedeutung „*Communauté Européenne*" zukommen: statt vieler, Tünnesen-Harmes, DVBl. 1994, 1334 (1334); Geiß/Doll, Geräte- und Produktsicherheitsgesetz (GPSG), § 6 Rn. 2; Klindt, EWiR 2000, 1171 (1172); Niebling, Die CE-Kennzeichnung, S. 11; Kreifels/Weide, in Foerste/v. Westphalen, Produkthaftungshandbuch, § 59, Rn. 36. Nach wieder a. A. steht „*CE*" für „*Conformité Européenne*": siehe etwa Wagner, BB 1997, 2489 (2497); OLG Köln, Urt. v. 28.3.2003, 19 U 142/02, juris, Rn. 1 = NJW-RR 2004, 1141.

[113] Vgl. Art. R12 Abs. 2 S. 1 des Anhangs I des Beschlusses Nr. 768/2008/EG.

[114] Ort und Art der Anbringung sind geregelt in Art. R12 des Anhangs I des Beschlusses Nr. 768/2008/EG bzw. der entsprechenden Vorschrift im Harmonisierungsrechtsakt. Im Produktsicherheitsrecht erfolgte eine produktspartenübergreifende Umsetzung in § 7 Abs. 3 bis 5 ProdSG. Die CE-Kennzeichnung ist sichtbar, leserlich und dauerhaft auf dem Produkt oder dem Typenschild anzubringen. Falls die Art des Produkts dies nicht zulässt oder nicht rechtfertigt, wird sie auf der Verpackung und den Begleitunterlagen angebracht, sofern die betreffende Rechtsvorschrift derartige Unterlagen vorschreibt. Siehe hierzu im Einzelnen „*Grundsätze für die Anbringung der CE-Kennzeichnung*" in Europäische Kommission, Leitfaden für die Umsetzung der Produktvorschriften der EU 2016, ABl. 2016 C 272, 60 f.

[115] Nach § 7 Abs. 2 ProdSG ist es verboten, „*ein Produkt auf dem Markt bereitzustellen,*

1. wenn das Produkt, seine Verpackung oder ihm beigefügte Unterlagen mit der CE-Kennzeichnung versehen sind, ohne dass die Rechtsverordnungen nach § 8 Absatz 1 oder andere Rechtsvorschriften dies vorsehen oder ohne dass die Anforderungen der Absätze 3 bis 5 erfüllt sind, oder

2. das nicht mit der CE-Kennzeichnung versehen ist, obwohl eine Rechtsverordnung nach § 8 Absatz 1 oder eine andere Rechtsvorschrift ihre Anbringung vorschreibt."

Während § 7 Abs. 2 Nr. 2 ProdSG die Pflicht zur Anbringung der CE-Kennzeichnung bei „*CE-tauglichen*" (BR-Drucks. 457/95, 17) Produkten bestimmt, regelt Abs. 2 Nr. 1 den umgekehrten Fall des unberechtigten Anbringens der CE-Kennzeichnung (nicht CE-taugliche Produkte). Nach Wilrich, Das neue Produktsicherheitsgesetz (ProdSG), Rn. 493) wird hingegen nicht von § 7 Abs. 2 ProdSG erfasst die CE-Kennzeichnung eines Produktes, das zwar grundsätzlich „CE-tauglich" ist, im konkreten Fall die an es gestellten Anforderungen aber nicht erfüllt (a. A. Wende, in Klindt (Hrsg.), ProdSG, § 7 Rn. 14).

§ 3 – Konformitätskennzeichnungen

Hinsichtlich der **Wirkung** bzw. dem Aussagegehalt **der CE-Kennzeichnung** wird diese zuweilen bezeichnet als „*Schlüssel*"[116], „*Ausweis*"[117], „*Eintrittskarte*"[118], „*Europa(reise)pass*"[119], „*Warenpass*"[120], „*Freifahrtsschein*"[121] oder „*Ticket*"[122] für den europäischen Binnenmarkt. Diese Qualifikationen werden festgemacht an der mit der Produktharmonisierung einhergehenden Beschränkung des behördlichen Vollzugs auf die Nachmarktkontrolle bzw. dem Erfordernis, die durch das CE-Konformitätszeichen (vermeintlich) geschaffene Konformitätsvermutung im Rahmen eines auf Unionsebene festgelegten Verwaltungsverfahrens (→ Rn. 719 ff., insbes. 762–764) zu widerlegen.[123] Hierzu ist indes festzustellen, dass CE-taugliche Produkte *per se* keiner Vorabkontrolle zum Schutz des von der Harmonisierungsrechtsvorschrift verfolgten Allgemeininteresses unterliegen können (→ Rn. 558 f.). Auch sind bei diesen Produkten die gesetzlichen und unionsrechtlich veranlassten Regelungen zur Marktüberwachung selbst dann zwingend, wenn die CE-Kennzeichnung nicht angebracht ist und stellt *„das „CE"-Zeichen nur ein Mittel dar, um darauf hinzuweisen, dass die wesentlichen Anforderungen* [der Harmonisierungsrechtsvorschrift] *erfüllt sind, und nicht eine notwendige Voraussetzung für den Nachweis dieser Tatsache"*.[124] Die CE-Kennzeichnung hat keinen konstitutiven Charakter.[125] Ersichtlich knüpf(t)en vorgenannte Qualifikationen der CE-Kennzeichnung als „*Schlüssel*", „*Ausweise*", etc. an den Bestimmungen einzelner CE-Richtlinien der älteren Generation an, wonach die nationalen Marktüberwachungsbehörden das mit der CE-Kennzeichnung versehene Produkt als den Bestimmungen der Richtlinie

657

---

[116]Wagner, BB 1997, 2489 (2497); Schumann, Bauelemente des europäischen Produktsicherheitsrechts, S. 137.
[117]Europäische Kommission, Leitfaden für die Anwendung der Maschinenrichtlinie 2006/42/EG, § 109.
[118]Janiszewski, Gerätesicherheitsrecht, S. 87.
[119]Ensthaler/Strübbe/Bock, Zertifizierung und Akkreditierung technischer Produkte, S. 187; Hüning/Kirchberg/Schulze, Die neue EG- Maschinenrichtlinie, S. 50.
[120]OLG Nürnberg, Urt. v. 17.6.2014, 4 U 1706/12, juris, Rn. 85.
[121]Geiß/Doll, Geräte- und Produktsicherheitsgesetz (GPSG), § 6 Rn. 3; Scheel, in Landmann/Rohmer, GPSG § 6 Rn. 2.
[122]Wilrich, Das neue Produktsicherheitsgesetz (ProdSG), Rn. 473.
[123]Siehe etwa Wilrich, Das neue Produktsicherheitsgesetz (ProdSG), Rn. 471–474; Wende, in Klindt (Hrsg.), ProdSG, § 7 Rn. 5 f.; Gauger, Produktsicherheit und staatliche Verantwortung S. 117 f.
[124]Generalanwalt Campos Sánchez-Bordona, Schlussanträge v. 28.1.2016, James Elliott Construction, C-613/14, EU:C:2016:63, Rn. 82.
[125]*Ebd.*, Rn. 85.

entsprechend zu betrachten hatten.[126] Die Musterbestimmungen nach Anhang I des Beschlusses Nr. 768/2008/EG und die ihnen nachgebildeten Harmonisierungsrechtsvorschriften haben diese Vermutung nicht übernommen.[127] Der Wegfall dieser Vermutungswirkung ist mithin konsequent und entspricht der tatsächlichen Bedeutung der CE-Kennzeichnung.[128] Fürwahr ist die CE-Kennzeichnung – das Medizinprodukterecht gegebenenfalls ausgenommen[129] – kein Gütesiegel eines unabhängigen Dritten oder sonstiges Qualitäts- bzw. Gütezeichen,[130] sondern lediglich die Behauptung des Herstellers selbst, sein Produkt entsprechend den einschlägigen unionsrechtlichen Vorschriften hergestellt zu haben.[131] Anders als bei der tatsächlichen Erfüllung der Vorgaben einer harmonisierten Norm (zur Vermutungswirkung harmonisierter Normen → Rn. 222 ff.) gibt daher das bloße Anbringen der CE-Kennzeichnung keine Hinweise auf die tatsächliche materielle Konformität des Produkts.[132] Obschon die CE-Kennzeichnung Konformitätskennzeichen ist, ist sie rein tatsächlich lediglich der *„erste Hinweis"*[133] darauf, dass *a priori* das bzw. die zutreffenden Verfahren der Konformitätsbewertung mit

---

[126]Ex.-Art. 5 Abs. 1 der Richtlinie 88/378/EWG über die Sicherheit von Spielzeug; ex.-Art. 5 Abs. 1 der Richtlinie 2009/105/EG über einfache Druckbehälter; Art. 7 Abs. 1 der Richtlinie 2006/42/EG über Maschinen; ex.-Art. 5 Abs. 1 der Richtlinie 95/16/EG über Aufzüge; Art. 4 Abs. 1 der Richtlinie 93/42/EWG über Medizinprodukte; Art. 5 Abs. 1 der Richtlinie 89/686/EWG über persönliche Schutzausrüstungen; ex.-Art. 4 Abs. 1 der Richtlinie 94/25/EG über Sportboote; ex.-Art. 5 Abs. 1 der ATEX-Richtlinie 94/9/EG.

[127]Eine Ausnahme bildet Art. 16 Abs. 1 der RoHS-Richtlinie 2011/65/EU.

[128]So auch Wende, in Klindt (Hrsg.), ProdSG, § 7 Rn. 6 zu § 7 ProdSG, der anders als das GPSG a.F. keine Vermutungswirkung mehr dahingehend enthält, dass ein mit der CE-Kennzeichnung versehenes Produkt den Vorgaben der einschlägigne ProdSV entspricht. A.A. Gauger, Produktsicherheit und staatliche Verantwortung, S. 117 f. Ex-§ 8 Abs. 2 S. 3 GPSG bestimmte: *„Die zuständige Behörde geht bei Produkten, die einer Rechtsverordnung nach § 3 Abs. 1 unterliegen und mit der CE-Kennzeichnung versehen sind, davon aus, dass sie den dort jeweils festgelegten Anforderungen entsprechen."*

[129]Klindt, EWiR 2000, 1171 (1172).

[130]OLG Nürnberg, Urt. v. 17.6.2014, 4 U 1706/12, juris, Rn. 85; OLG Düsseldorf, Urt. v. 25.2.2016, I-15 U 58/15, 15 U 58/15, juris, Rn. 22; Wende, in Klindt (Hrsg.), ProdSG, § 7 Rn. 6; Gauger, Produktsicherheit und staatliche Verantwortung S. 117; Niebling, DB 1996, S. 80 (80); Tünnesen-Harmes, DVBl. 1994, 1334 (1339); Klindt, VersR 2004, 296 (298); Kreifels/Weide, in Foerste/v. Westphalen, Produkthaftungshandbuch, § 59, Rn. 36; Hoeren/Ernstschneider, MMR 2004, 507 (512); a. A. OVG NRW, Beschl. v. 24.6.1999, 13 B 96/99, juris, Rn. 23 (Gütesiegel *„CE"*); siehe auch (Werbung mit der Aussage *„CE-geprüft"*) LG Münster, Urt. v. 2.9.2010, 25 O 85/10, juris (Orientierungssatz); OLG Frankfurt a. M., Urt. v. 21.6.2012, 6 U 24/11, juris, Rn. 15; LG Landau (Pfalz), Urt. v. 6.11.2013, HKO 16/13, HK O 16/13, juris, Rn. 16.

[131]Wende, in Klindt (Hrsg.), PodSG, § 7 Rn. 6.

[132]Vgl. auch KG Berlin, Urt. v. 12.6.2015, 5 U 167/13, juris, Rn. 69.

[133]Europäische Kommission, Leitfaden für die Umsetzung der Produktvorschriften der EU 2016, ABl. 2016 C 272, 64.

Erfolg durchlaufen wurden.[134] Sie ist ein *„erstes Indiz"*[135] für die Rechtskonformität des Produkts, nicht aber die marktüberwachungsbehördliche Bestätigung, dass der Hersteller den ihm obliegenden Pflichten nachgekommen wäre.[136]

Es gilt ein **Irreführungsverbot**. *„Allein die CE-Kennzeichnung bescheinigt* [in Form der Selbstzertifizierung], *dass ein Produkt Konformität mit den anzuwendenden und die CE-Kennzeichnung vorschreibenden Harmonisierungsrechtsakten der Union aufweist"*[137] bzw. die Behauptung dessen. Sie duldet keine anderen Kennzeichnungen, Zeichen oder Aufschriften neben sich, sofern sie zu einer Verwechslung mit der CE-Kennzeichnung führen (Art. 30 Abs. 5 VO (EG) Nr. 765/2008). Unsicherheiten bestehen zur Frage, ob hiernach auch die Anbringung von **Zeichen unabhängiger Drittzertifizierer,** wie TÜV, VDE, oder Veritas (VDE-Prüfzeichen, ENEC-Zeichen des VDE, DGUV-Test-Zeichen, TÜV-Zertifikate, etc.) neben der CE-Kennzeichnung untersagt wird.[138] Hierzu äußerte sich die Europäische Kommission auf parlamentarische Anfrage hin in einer Antwort vom 28.2.2001[139] und gibt Ziffer 4.5.1.7 des Leitfadens für die Umsetzung der Produktvorschriften der EU diese wie folgt wieder:[140]

[...] *Andere Kennzeichnungen dürfen jedoch verwendet werden, sofern sie zum Schutz öffentlicher Interessen beitragen, nicht von Harmonisierungsrechtsvorschriften der Gemeinschaft abgedeckt sind und ihre Anbringung die Sichtbarkeit, Lesbarkeit und Bedeutung der CE-Kennzeichnung nicht beeinträchtigt. Die Anbringung zusätzlicher Kennzeichnungen (wie eines geschützten Warenzeichens eines Herstellers oder sonstiger*

---

[134]Vgl. Erwägungsgrund 37 der Verordnung (EG) Nr. 765/2008; Erwägungsgrund 29 des Beschlusses Nr. 768/2008/EG.
[135]Europäische Kommission, CE-Kennzeichnung: Gewinnen Sie den europäischen Markt für sich!, S. 10.
[136]Statt aller Gauger, Produktsicherheit und staatliche Verantwortung, S. 116 f.
[137]Europäische Kommission, Leitfaden für die Umsetzung der Produktvorschriften der EU 2016, ABl. 2016 C 272, 63. Bei Messgeräten nach der Richtlinie 2014/32/EU tritt die Metrologie-Kennzeichnung hinzu: *„Die Konformität eines Messgeräts dieser Richtlinie wird durch die CE-Kennzeichnung und die zusätzliche Metrologie-Kennzeichnung gemäß Artikel 21 auf dem Gerät angegeben."* Selbiges gilt für nichtselbsttätige Waagen nach der Richtlinie 2014/31/EU.
[138]Wilrich, Das neue Produktsicherheitsgesetz (ProdSG), Rn. 513–515 m.w.Nachw.; Scheel, in Landmann/Rohmer, GPSG § 6 Rn. 9. Wie das VG Ansbach in seinem Urteil vom 18.9.2008 (AN 16 K 07.01026, juris, Rn. 31) zutreffend ausführt, geht es beim Irreführungsverbot nach Art. 30 Abs. 5 S. 1 VO (EG) Nr. 765/2008 um Zeichen neben der CE-Kennzeichnung auf dem Produkt und nicht um Hinweise auf DIN-Normen, Zertifikate, etc. in einem Werbeblatt o. Ä. (mit Verweis auf OLG Frankfurt, Urt. v. 17.8.2000, 6 U 98/99, juris, das eine Irreführung insoweit auch verneinte; siehe aber auch OLG Düsseldorf, Urt. v. 25.2.2016, I-15 U 58/15, juris, Rn. 25).
[139]Schriftliche Anfrage E-4121/00 von Paul Rübig (PPE-DE) an die Europäische Kommission. Verbot der Anbringung von Zeichen unabhängiger Drittzertifizierer neben der CE-Kennzeichnung (ABl. 2001 C 174 E, 235).
[140]Europäische Kommission, Leitfaden für die Umsetzung der Produktvorschriften der EU 2016, ABl. 2016 C 272, 63.

privater/nationaler Kennzeichnungen) ist statthaft, sofern sie zu keiner Verwechslung mit der CE-Kennzeichnung führen. Eine solche Verwechslung bezieht sich auf die Bedeutung oder Gestalt der CE-Kennzeichnung.

Andere Zeichen, die zusätzlich zur CE-Kennzeichnung angebracht werden, müssen eine andere Funktion als die CE- Kennzeichnung erfüllen. Sie sollten daher Informationen über die Konformität mit Zielen zum Ausdruck bringen, die sich von den Zielen der CE-Kennzeichnung unterscheiden (indem sie z. B. auf Umweltaspekte ausgerichtet sind, die in den anzuwendenden Harmonisierungsrechtsvorschriften der Union nicht berücksichtigt sind) [...].

Weil die privaten Drittzertifizierer mit der Sicherheit und Gesundheit, der elektromagnetischen Verträglichkeit, etc. regelmäßig Aspekte abprüfen – wenn auch am Maßstab privatrechtlicher Kriterien (nämlich technischer Normen) –, die europäisch harmonisiert sind, geben deren Qualitätszeichen Auskunft über die Konformität mit öffentlichen Interessen, die in den anzuwendenden Harmonisierungsrechtsvorschriften der Union berücksichtigt sind. Die Anbringung der Qualitätszeichen neben der CE-Kennzeichnung wäre nach Vorstehendem unzulässig. Andererseits ist aber aus dem Blickwinkel der maßgeblich Beteiligten, die voraussichtlich mit dem Produkt zu tun haben,[141] eine Verwechslung mit der CE-Kennzeichnung als Konformitätskennzeichen jedenfalls dann nicht zu befürchten und wäre das Zeichen wiederum nach Vorstehendem zulässig, wenn diese Produkte für die Verwendung durch Gewerbetreibende bestimmt sind. Denn diese wissen, dass die Zeichen nicht die Konformität mit hoheitlich, sondern privatrechtlich aufgestellten Anforderungen, namentlich einschlägigen technischen Normen, bestätigen und es sich bei diesen solchermaßen nicht um Konformitätskennzeichen im Sinne von Gesetzeskonformität handelt.[142]

II. Die CE-Kennzeichnung ergänzende Zeichen

659 Piktogramme oder andere Zeichen, die die Verwendungsart angeben, ergänzen gemäß einigen Harmonisierungsrechtsvorschriften die CE-Kennzeichnung. Sie sind aber nicht Bestandteil der CE-Kennzeichnung und ersetzen sie auch nicht. Generell gelten für diese Zeichen dieselben Grundsätze wie für die CE-Kennzeichnung. Beispiele sind das Explosionsschutzkennzeichen ⟨Ex⟩ nach Art. 16 Abs. 4 ATEX-Richtlinie 2014/34/EU und die Metrologie-Kennzeichnung „M" nach Art. 15 der Richtlinie 2014/31/EU über nichtselbsttätige Waagen und Art. 21 der MID-Richtlinie 2014/32/EU.

---

[141]„*Die Entscheidung darüber, ob eine Kennzeichnung oder ein anderes Zeichen irreführend ist, ist vom Blickwinkel aller maßgeblichen Beteiligten, die voraussichtlich damit zu tun haben, zu treffen.*" Siehe Schriftliche Anfrage E-4121/00 von Paul Rübig (PPE-DE) an die Europäische Kommission. Verbot der Anbringung von Zeichen unabhängiger Drittzertifizierer neben der CE-Kennzeichnung (ABl. 2001 C 174 E, 235).

[142]Vgl. auch OLG Düsseldorf, Urt. v. 25.2.2016, I-15 U 58/15, 15 U 58/15, juris, Rn. 25.

III. Pi-Kennzeichnung

Bei der Richtlinie 2010/35/EU unterfallenden ortsbeweglichen Druckgeräten tritt an die Stelle der CE-Kennzeichnung die Pi-Kennzeichnung. Deren Logik und Aussagegehalt entsprechen denen der CE-Kennzeichnung. Art. 14 der Richtlinie 2010/35/EU enthält die allgemeinen Grundsätze und deren Art. 15 die Vorschriften und Bedingungen für die Anbringung der Pi-Kennzeichnung.

660

IV. EU-Typgenehmigungszeichen für Fahrzeugteile

Bei auf Unionsebene harmonisierten Bauteilen oder selbstständigen technischen Einheiten (→ Rn. 593) bestätigt der Hersteller deren Übereinstimmung mit dem genehmigten Typ durch Anbringung des EU-Typgenehmigungszeichens.[143] Das Typgenehmigungszeichen besteht aus einem Rechteck, das den Kleinbuchstaben „e" umgibt, gefolgt von einer bestimmten Nummernfolge gemäß Anhang VII der Richtlinie 2007/46/EG, Anhang IV Abschn. 5 der Verordnung (EU) 2015/504 zur Durchführung der Verordnung (EU) Nr. 167/2013 und Anhang V Abschn. 5 der Verordnung (EU) Nr. 901/2014 zur Durchführung der Verordnung (EU) Nr. 168/2013. Bei Fahrzeugen bestätigen die Übereinstimmungsbescheinigung und das Fabrikschild die Übereinstimmung mit dem genehmigten Typ.

661

V. Prüfzeichen nach § 22a II StVZO

Das Prüfzeichen nach § 22a Abs. 2 StVZO (→ Rn. 565) ist geregelt in § 7 FzTV.
Beispiel für ein Prüfzeichen an einer lichttechnischen Einrichtung: ∿∿∿ K 10833

662

§ 4 – Registrierungs-, Mitteilungs- und Informationspflichten nach REACH

Die Verordnung (EG) Nr. 1907/2006 enthält in § 7 für Produzenten und Importeure von Erzeugnissen Registrierungs- und Mitteilungspflichten und in § 33 Informationspflichten. Die Erfüllung Ersterer ist Marktzugangsanforderung (Art. 5 VO (EG) Nr. 1907/2006). Letztere ist eine Nachmarktpflicht (zu den Nachmarktpflichten → Rn. 672 ff.), soll aber des Zusammenhang wegens hier behandelt werden (Abb. 1).

663

---

[143] Art. 19 der Richtlinie 2007/46/EG; Art. 34 VO (EU) Nr. 167/2013 und Art. 36 VO (EU) Nr. 168/2013.

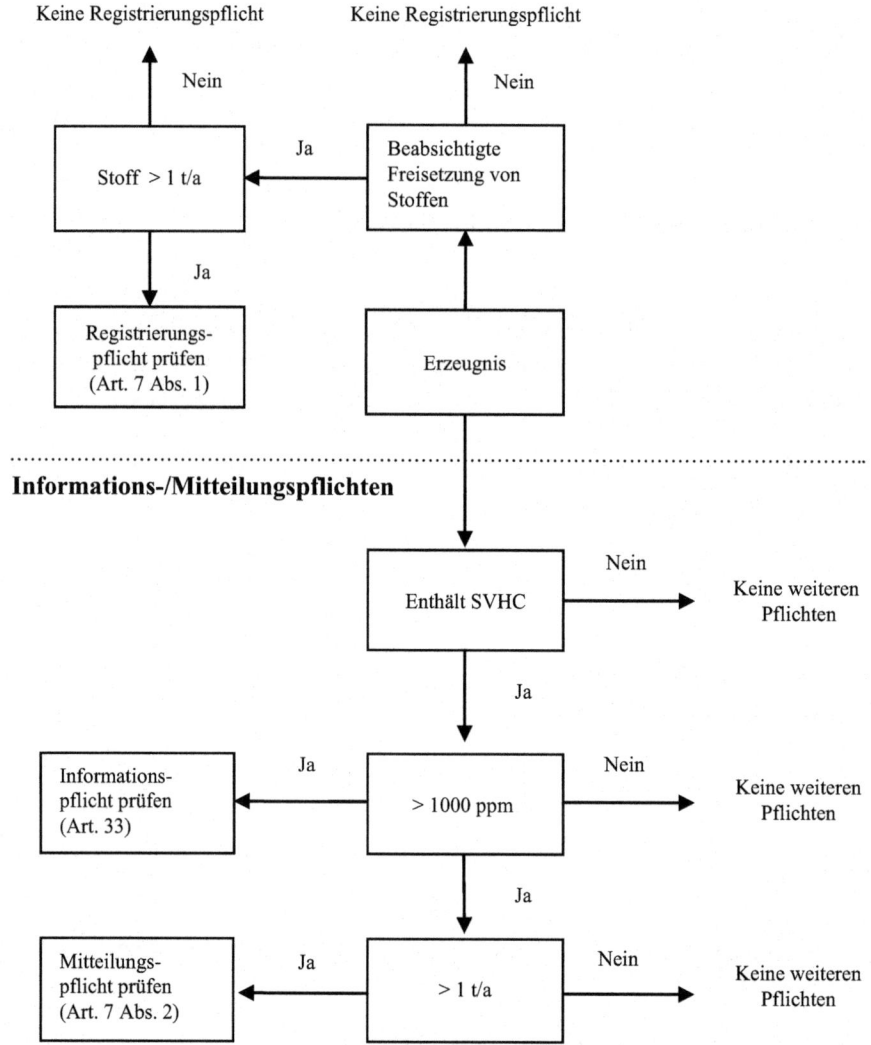

Abb. 1 Übersicht zu den Registrierungs- und Informations-/Mitteilungspflichten nach REACH bei Erzeugnissen (angelehnt an Haas/Knietsch/Weiß, REACH-Info 6. Erzeugnisse – Anforderungen an Produzenten, Importeure und Händler, S. 17.)

I. Registrierung nach REACH von Stoffen in Erzeugnissen bei beabsichtigter Freisetzung

Der Hersteller oder Importeur eines Erzeugnisses muss die Inhaltsstoffe dieses Erzeugnisses in der Regel nicht selbst registrieren. Der Umwelt- und Gesundheitsschutz vor Stoffen ist unter REACH grundsätzlich über die Registrierung durch den Stoffhersteller vorgesehen (→ Rn. 393). Ein anderer, aber bei technischem Gerät eher theoretischer Fall liegt vor und kommen gewisse Pflichten auf den Produzenten oder Importeur eines Erzeugnisses zu, wenn Stoffe, die in das Erzeugnis eingehen, unter normalen oder vernünftigerweise vorhersehbaren Verwendungsbedingungen freigesetzt werden sollen. Hier normiert Art. 7 Abs. 1 VO (EG) Nr. 1907/2006 eine Registrierungspflicht des Produzenten und Importeurs der Erzeugnisse, wenn die Menge dieses Stoffes in den Erzeugnissen 1 Tonne pro Jahr überschreitet und der Stoff für die betreffende Verwendung noch nicht registriert wurde.[144] Dieser Fall, dass ein Stoff für die Anwendung in einem bestimmten Erzeugnis noch nicht registriert worden ist, könnte dann eintreten, wenn *i)* das fertige Erzeugnis importiert wird oder *ii)* die Registrierung noch nicht abgeschlossen ist oder *iii)* wenn der Vorlieferant (insbesondere der Stoffhersteller) die spezielle Nutzung nicht bei seiner Registrierung abdecken möchte.

664

II. Mitteilungspflichten nach REACH für Stoffe in Erzeugnissen

Bei Erzeugnissen, bei denen die Freisetzung besonders besorgniserregender Stoffe (SVHC-Stoffe) zwar nicht gewünscht ist, aber auch nicht definitiv ausgeschlossen werden kann, begründet Art. 7 Abs. 2 VO (EG) Nr. 1907/2006 eine **Mitteilungspflicht** des Produzenten des Erzeugnisses **gegenüber der ECHA**. Die Mitteilungspflicht unterliegt mehreren Bedingungen: *i)* Der Stoff wurde nach Art. 57 und 59 VO (EG) Nr. 1907/2006 als SVHC identifiziert und steht damit auf der „*Kandidatenliste*" für Stoffe, die möglicherweise der Zulassung unterworfen werden sollen oder der Stoff wurde bereits für zulassungspflichtig erklärt (→ Rn. 408), *ii)* der Stoff ist in diesen Erzeugnissen in einer Menge von insgesamt mehr als 1 Tonne pro Jahr und pro Produzent oder Importeur enthalten, *iii)* der Stoff ist in diesen Erzeugnissen in einer Konzentration von mehr als 0,1 Massen-/Gewichtsprozent (Gew-%) enthalten, *iv)* die Freisetzung kann nicht definitiv ausgeschlossen werden (Art. 7 Abs. 3) und *v)* der Stoff ist für diese Verwendung noch nicht registriert (Art. 7 Abs. 6).

665

---

[144]Für Erzeugnisse ist die Registrierung des betreffenden Stoffs für eine bestimmte Verwendung durch einen beliebigen Stoff-, Gemisch- oder Erzeugnishersteller (auch außerhalb der Lieferkette eines bestimmten Erzeugnisherstellers) ausreichend für alle anderen Produzenten des gleichen Erzeugnisses. Ob eine Registrierung vorliegt, kann der Hersteller des Erzeugnisses durch seinen Lieferanten erfahren oder über die Website: http://apps.echa.europa.eu/registered/registered-sub.aspx.

III. Informationspflichten nach REACH für Stoffe in Erzeugnissen

666 Unter REACH ist der **Lieferant eines Erzeugnisses**[145], das SVHC der Kandidatenliste in einer Konzentration von mehr als 0,1 Massen-/Gewichtsprozent (Gew-%) enthält, verpflichtet, hierüber die Handelshäuser und sonstigen gewerblichen Abnehmer der Erzeugnisse zu informieren (Art. 33 Abs. 1 VO (EG) Nr. 1907/2006). Darüber hinaus haben Verbraucher das Recht, sich nach dem Vorliegen von mehr als 0,1 Massen-/Gewichtsprozent (Gew-%) eines SVHC der Kandidatenliste in Erzeugnissen zu erkundigen (Art. 33 Abs. 2 VO (EG) Nr. 1907/2006). Der Verbraucher wird also nicht automatisch informiert. Er hat aber ein Recht auf Information zu den SVHC, wenn er aktiv wird und solche Daten nachfragt.[146] Art. 33 Abs. 1 VO (EG) Nr. 1907/2006 lautet: *„Jeder Lieferant eines Erzeugnisses, das einen [als besonders besorgniserregend ermittelten] Stoff in einer Konzentration von mehr als 0,1 Massenprozent (w/w) enthält, stellt dem Abnehmer des Erzeugnisses die ihm vorliegenden, für eine sichere Verwendung des Erzeugnisses ausreichenden Informationen zur Verfügung, gibt aber mindestens den Namen des betreffenden Stoffes an".* Art. 33 Abs. 2 VO (EG) Nr. 1907/2006 erlegt dem Lieferanten eine entsprechende Verpflichtung für den Fall auf, dass ein Verbraucher um diese Informationen ersucht. Diese Informationspflichten bestehen unabhängig von der jährlichen Tonnage der in Verkehr gebrachten SVHC (also auch unter 1 Jahrestonne).

667 Die sich aus Art. 33 Abs. 1 und 2 VO (EG) Nr. 1907/2006 ergebenden Informationspflichten erfuhren mit **Urteil des Gerichtshofs vom 10.9.2015 in der Rechtssache FCD und FMB** eine gegenüber der bisherigen und von der Europäischen Kommission und der ECHA genehmigten Praxis sensible Ausweitung auf **in komplexen Produkten vorfindliche Erzeugnisse:** Die Informationspflicht über Stoffe der Kandidatenliste nach REACH war Gegenstand eines vom französischen Conseil d'Etat eingereichten Ersuchens um Vorabentscheidung durch den Gerichtshof. Im Ausgangsverfahren wandten sich Verbände gegen eine ministerielle Mitteilung über die Pflicht zur Weitergabe von Informationen über Stoffe in Erzeugnissen gemäß Art. 7 Abs. 2 und Art. 33 VO (EU) Nr. 1907/2006 – Auslegung des in Art. 7 Abs. 2 und Art. 33 genannten Schwellenwerts

---

[145]Der Begriff *„Lieferant eines Erzeugnisses"* ist in Art. 3 Nr. 33 definiert als *„Produzent oder Importeur eines Erzeugnisses, Händler oder anderer Akteur der Lieferkette, der das Erzeugnis in Verkehr bringt".* Der Begriff des Inverkehrbringens ist in Art. 3 Nr. 12 wie folgt definiert: *„entgeltliche oder unentgeltliche Abgabe an Dritte oder Bereitstellung für Dritte. Die Einfuhr gilt als Inverkehrbringen".* Daraus folgt, dass die in Art. 33 vorgesehenen Pflichten für alle Personen innerhalb der Europäischen Union gelten, die ein Erzeugnis bereitstellen (EuGH, Urt. v. 10.9.2015, FCD und FMB, C-106/14, EU:C:2015:576, Rn. 73).

[146]Ein Musterbrief für ein solche Anfrage findet sich unter: http://www.reach-info.de/auskunftsrecht.htm.

§ 4 – Registrierungs-, Mitteilungs- und Informationspflichten nach REACH 563

von 0,1 Massenprozent.[147] Die vom vorlegenden Gericht in Betracht gezogene Sachlage betraf sogenannte „*komplexe*" Produkte, die sich aus mehreren hergestellten Gegenständen zusammensetzen, von denen jedes oder einzelne unter ihnen die in Art. 3 Nr. 3 VO (EU) Nr. 1907/2006 genannten Kriterien des Erzeugnisbegriffs erfüllen. In einem solchen Fall stellt sich die Frage, ob die Einstufung als Erzeugnis für das Gesamtprodukt *und* gleichzeitig für jedes einzelne Erzeugnis gilt, aus denen es sich zusammensetzt. Generalanwältin Juliane Kokott illustrierte die Problematik mit dem Beispiel eines Fahrrads, dessen Kunststoff-Lenkergriffe Weichmacher enthalten, die auf der Kandidatenliste für besonders besorgniserregende Stoffe stehen. Möglicherweise wäre die Anteilsschwelle von 0,1 Massenprozent für die Lenkergriffe als solche erreicht, doch bezogen auf das ganze Fahrrad vermutlich nicht. Andere Beispiele sind Sessel, deren Bezug Kandidatenstoffe enthält, oder ganze Flugzeuge, in denen derartige Sessel installiert sind.[148] Die Verbände machten geltend, die Einstufung als „*Erzeugnis*" im Sinne von Art. 3 Nr. 3 VO (EU) Nr. 1907/2006 gelte ausschließlich für das Enderzeugnis, das sich aus Erzeugnissen zusammensetze. Die gegenteilige Auslegung würde insbesondere zu ernsten Zwängen führen: *i)* zur Pflicht der Lieferanten und Importeure, die Konzentration besonders besorgniserregender Stoffe, die in dem hergestellten, eingeführten oder in Verkehr gebrachten Endprodukt enthalten seien, mit Tests oder anhand von Informationen festzustellen, die sie von ihren eigenen Lieferanten erhielten, was mit einem komplizierten und kostspieligen Verfahren verbunden wäre, und *ii)* zur großen Schwierigkeit für die Importeure, von außerhalb der Europäischen Union ansässigen Herstellern

---

[147]JORF vom 8.6.2011, S. 9763, im Folgenden: Mitteilung vom 8.6.2011. In der Mitteilung vom 8.6.2011 heißt es: *„Unter Bezugnahme auf die am 1. April 2011 auf der Website der [ECHA] (http://guidance.echa.europa.eu/docs/guidance_document/articles_en.pdf) erfolgte Veröffentlichung [...], der überarbeiteten Leitlinien betreffend die Anwendung der [VO (EG) Nr. 1907/2006] auf Stoffe in Erzeugnissen und speziell den in diesen Leitlinien enthaltenen Hinweis des Direktors, dass über diese Leitlinien kein Konsens unter allen Mitgliedstaaten der Europäischen Union/des Europäischen Wirtschaftsraumes erzielt wurde, informieren die französischen Behörden mit der vorliegenden Mitteilung die Wirtschaftsteilnehmer über die in Frankreich beschlossene Auslegung hinsichtlich der Anwendung von Art. 7 Abs. 2 und Art. 33 der [VO (EG) Nr. 1907/2006]. Sie stellen klar, dass unter den Begriff "Erzeugnis" jeder Gegenstand fällt, der der Definition des Begriffs "Erzeugnis" im Sinne der [VO (EG) Nr. 1907/2006] entspricht, das heißt, der bei der Herstellung eine spezifische Form, Oberfläche oder Gestalt erhält, die in größerem Maße als die chemische Zusammensetzung seine Funktion bestimmt (Art. 3 Abs. 3). Folglich kann ein Erzeugnis aus einem oder mehreren Gegenständen zusammengesetzt sein, die der Definition des Begriffs "Erzeugnis" entsprechen, und die Bestimmungen von Art. 7 Abs. 2 und Art. 33 finden somit auf jeden dieser Gegenstände Anwendung. [...]. Die französischen Behörden werden Art. 7 Abs. 2 und Art. 33 diesen Vorgaben entsprechend anwenden. Es werden schrittweise Kontrollen durchgeführt, um in pragmatischer und auf die Gesichtspunkte des Gesundheits- und des Umweltschutzes abgestimmter Weise die Einhaltung dieser Vorschriften zu überprüfen."*
[148]Generalanwältin Kokott, Schlussanträge v. 12.2.2015, FCD und FMB, C–106/14, EU:C:2015:93, Rn. 26.

detaillierte Angaben über die besonders besorgniserregenden Stoffe in allen Bestandteilen eines komplexen Erzeugnisses zu erhalten. Der Gerichtshof folgte der Auslegung des französischen Ministeriums. Den Schlussanträgen der Generalanwältin folgend verliert nach Ansicht des Gerichtshofs ein hergestellter Gegenstand, der den Kriterien von Art. 3 Nr. 3 VO (EU) Nr. 1907/2006 entspricht, seine Erzeugniseigenschaft nicht, wenn er mit anderen Gegenständen zusammengefügt oder vereinigt wird, um mit ihnen ein komplexes Produkt zu bilden. In einem solchen Fall bleibt der hergestellte Gegenstand ein „*Erzeugnis*" im Sinne dieser Bestimmung. Er behält diese Eigenschaft, solange er eine spezifische Form, Oberfläche oder Gestalt beibehält, die seine Funktion in größerem Maß als die chemische Zusammensetzung bestimmt, und solange er nicht zu Abfall im Sinne der Richtlinie 2006/12/EG wird. Folgerichtig erkannte der Gerichtshof, auch vor dem Hintergrund, dass die Informationspflicht es den an der Lieferkette Beteiligten und den Verbrauchern indirekt ermöglichen solle, ihre Beschaffungsentscheidungen in voller Kenntnis der Eigenschaften der Produkte, einschließlich der Erzeugnisse, aus denen sie sich zusammensetzen, zu treffen, dass Art. 33 VO (EU) Nr. 1907/2006 dahin auszulegen ist, *„dass für die Zwecke der Anwendung dieser Vorschrift der Lieferant eines Produkts, bei dem ein oder mehrere Erzeugnisse, aus denen es sich zusammensetzt, einen gemäß Art. 59 Abs. 1 der Verordnung ermittelten besonders besorgniserregenden Stoff in einer Konzentration von mehr als 0,1 Massenprozent (w/w) je Erzeugnis enthalten, den Abnehmer und, auf entsprechendes Ersuchen, den Verbraucher über das Vorhandensein dieses Stoffes zu informieren hat, indem er ihnen mindestens den Namen des betreffenden Stoffes angibt."*[149]

§ 5 – Registrierungs- und Anzeigepflichten nach ElektroG und BattG

I. Registrierungspflicht nach dem ElektroG

668 § 6 ElektroG, in Umsetzung des Art. 16 Abs. 2 der WEEE-Richtlinie 2012/19/EU, verpflichtet den Hersteller von Elektro- und Elektronikgeräten oder im Falle der Bevollmächtigung nach § 8 ElektroG den Bevollmächtigten (zum Hersteller und Bevollmächtigten nach dem ElektroG → Rn. 282–284), sich bei der zuständigen Behörde registrieren zu lassen. Mit der Registrierung erfolgt die Einbindung des Herstellers oder seines Bevollmächtigten in das **Entsorgungssystem des ElektroG** und löst eine Vielzahl weiterer Pflichten aus (→ Rn. 705 ff.). Diese Einbindung ist Ausfluss der **Produktverantwortung** nach § 23 KrWG. Nach diesem Prinzip des Abfallrechts ist der Hersteller nicht nur zu recycling-, verwertungs- und instandsetzungsgerechter Produktkonzeption verpflichtet (siehe allerdings zur fehlenden Vollziehbarkeit → Rn. 399). Die Produktverantwortung umfasst insbesondere auch die Rücknahme der Erzeugnisse, derer sich ihr

---

[149] EuGH, Urt. v. 10.9.2015, FCD und FMB, C-106/14, EU:C:2015:576, Rn. 82.

Besitzer entledigt, entledigen will oder entledigen muss, sowie deren umweltverträgliche Verwertung und Beseitigung (§ 23 Abs. 2 Nr. 5 KrWG). Im ElektroG ist die Produktverantwortung derart ausgestaltet, dass die öffentlich-rechtlichen Entsorgungsträger für die Sammlung der Altgeräte aus privaten Haushalten zuständig sind (§ 13 ElektroG). Den Herstellern und Bevollmächtigten obliegt die Abholung dieser Altgeräte bei den öffentlich-rechtlichen Entsorgungsträgern, die Rücknahme von Altgeräten anderer Nutzer als private Haushalte sowie deren Entsorgung (§ 16 Abs. 1 und 2 ElektroG). Koordiniert und gesteuert wird das System durch die **stiftung elektro-altgeräte register** (stiftung ear) als Gemeinsame Stelle i. S. des § 40 ElektroG. Ihr kommen neben den originären Befugnissen und Aufgaben nach §§ 31 ff. ElektroG die mit Beleihungsbescheid vom 24.10.2015[150] zur Wahrnehmung übertragenen hoheitlichen Befugnisse und Aufgaben nach § 15 Abs. 4 S. 1 ElektroG und §§ 37 bis 39 ElektroG zu. Die Pflichten der Hersteller, Bevollmächtigten und Vertreiber nach dem ElektroG (Registrierungspflicht, Entsorgung, …) sind **öffentlich-rechtliche Pflichten** und als solches nicht übertragbar. Bedient sich der Verpflichtete zur Erfüllung seiner Pflichten eines Dritten (Entsorgungsunternehmen, Dienstleister, …), wird der Dritte nur als Erfüllungsgehilfe i. S. von § 278 BGB tätig (→ Rn. 90). Zu beachten ist hier § 43 ElektroG, der auf § 22 S. 2 und 3 KrWG verweist.

1. Anwendungsbereich

In Umsetzung des Art. 2 Abs. 1 lit. a) der WEEE-Richtlinie 2012/19/EU ist der Geltungsbereich des ElektroG nach dessen § 2 Abs. 1 S. 1 eröffnet, wenn ein **Elektro- oder Elektronikgerät** vorliegt (zum Begriff des EEE → Rn. 412–414) und dieses einer der dort aufgeführten Gerätekategorien unterfällt. Das Erfordernis der Zuordnung zu einer der Gerätekategorien entfällt mit Wirkung zum 15.8.2018 und gilt mit der dann eintretenden vollständigen Neufassung des § 2 Abs. 1 ElektroG und entsprechend Art. 2 Abs. 1 lit. b) der WEEE-Richtlinie 2012/19/EU ein **offener Anwendungsbereich** („*open scope*").[151] D. h. der sachliche Anwendungsbereich des ElektroG erstreckt sich von da an auf sämtliche Elektro- und Elektronikgeräte. Parallel zu Art. 2 Abs. 4 der RoHS-Richtlinie 2011/65/EU (§ 1 Abs. 2 ElektroStoffV) statuiert sodann Art. 2 Abs. 3 und 4 der WEEE-Richtlinie 2012/19/EU (§ 2 Abs. 2 ElektroG) Ausnahmen vom Anwendungsbereich. Glühlampen (Art. 2 Abs. 3 lit. c)) sowie medizinisches Gerät und In-vitro-Diagnostika, von dem zu erwarten ist, dass es infektiös wird (Art. 2 Abs. 4 lit. g)) ausgenommen, finden sich diese Ausnahmen inhaltsgleich in Art. 2 Abs. 4 der

669

---

[150] Abrufbar unter URL: http//www.stiftung-ear.de/fileadmin/download/Beleihungsbescheid-UBA_151024.pdf.
[151] Art. 7 Abs. 3 i. V. m. Art. 3 Nr. 1 ElektroNOG.

RoHS-Richtlinie 2011/65/EU (§ 1 Abs. 2 ElektroStoffV) wieder (→ Rn. 416–425).[152] Die Beurteilung, ob die von ihm hergestellten Geräte in den Anwendungsbereich des ElektroG fallen und es der Registrierung nach § 6 Abs. 1 S. 1 ElektroG bedarf, wie auch die Zuordnung des Geräts zu einer bestimmten Geräteart (hierzu → Rn. 670) obliegt zunächst dem Hersteller. Die Letztentscheidung liegt bei der stiftung ear als Gemeinsame Stelle (§§ 37 Abs. 1, 40 ElektroG (→ Rn. 668)). Zur **rechtssicheren Klärung** des Anwendungsbereichs des ElektroG ist eine **negative Feststellungsklage** statthaft. Sie ist zu richten auf die Feststellung, dass eine Registrierungspflicht nach dem ElektroG nicht besteht (und damit das Gerät ohne vorherige Registrierung in Verkehr gebracht werden darf).[153] Feststellungsantrag und Klage sind an bzw. gegen die stiftung ear zu richten.[154]

Beispiel: In einer vom BVerwG zu entscheidenden Sache bestritt der Hersteller, dass der von ihm vermarktete Sportschuh mit elektronisch betriebenem Mikroprozessor ein Elektronikgerät und deshalb registrierungspflichtig gewesen wäre.[155] Gleichwohl hatte der Hersteller – zur Vermeidung von Rechtsnachteilen, die sich aus einer Nichtregistrierung ergeben können (→ Rn. 670) – zunächst einen Registrierungsantrag gestellt. Dieser wurde in der Folge auch positiv beschieden. Eine Anfechtungsklage gegen den Registrierungsbescheid wäre *a priori* nicht zulässig und auch nicht weiterführend gewesen. So lag dem

---

[152]Dies gilt auch für den Ausnahmetatbestand des Art. 2 Abs. 3 lit. b) der WEEE-Richtlinie 2012/19/EU bzw. des § 2 Abs. 2 Nr. 2 ElektroG (Geräte, die Teil eines andreres Geräts sind, das nicht in den Anwendungsbereich des ElektroG fällt). Obschon in seinem Wortlaut („[…] *konzipiert und darin eingebaut sind* […]") dieser Ausnahmetatbestand von dem nach Art. 2 Abs. 4 lit. c) der RoHS-Richtlinie 2011/65/EU bzw. des § 1 Abs. 2 Nr. 3 ElektroStoffV ("[…] *konzipiert sind und als ein solches Teil installiert werden sollen* […]") abweicht, werden hierunter in der Praxis identische Fälle subsumiert. Beidemal wird untersucht, ob ein (gesondert) in Verkehr gebrachtes Gerät zum Einbau in ein nicht vom Anwendungsbereich des Gesetzes erfasstes Gerät bestimmt ist (und deshalb seinerseits vom Anwendungsbereich ausgeschlossen ist). Entgegen seinem Wortlaut meint Art. 2 Abs. 3 lit. b) der WEEE-Richtlinie 2012/19/EU bzw. § 2 Abs. 2 Nr. 2 ElektroG nicht zusammen mit dem Hauptgerät in Verkehr gebrachtes Bestandteilsgerät (dies widerspräche dem produktverkehrsrechtlichen Grundsatz, wonach stets die Gesamtsache bzw. das einzeln in Verkehr gebrachte Produkt in den Blick zu nehmen ist → Rn. 309 ff.), sondern Gerät, das dazu bestimmt ist, Bestandteilsgerät zu werden. Siehe beispielhaft AG Ansbach, Urt. v. 20.9.2006, AN 11 K 06.01850, juris. Dort wurden unter § 2 Abs. 2 Nr. 2 ElektroG a.F. für den industriellen Bedarf bestimmte Temperaturregler und Systeme zur Temperaturregelung diskutiert (Zulieferungen für den Maschinenbau und die Kunststoffverarbeitung). Siehe weiter Sachverhalt zu VG Ansbach, Urt. v. 2.7.2008, AN 11 K 06.02339, juris (einzeln vertriebene Signalverstärkeranlagen) und zu Art. 2 Abs. 3 lit. b) der WEEE-Richtlinie 2012/19/EU Sachverhalt zu EuGH, Urt. v. 16.7.2015, Sommer Antriebs- und Funktechnik, C-369/14, EU:C:2015:491 (dort Rn. 53–59) (einzeln vertriebene Garagentorantriebe).

[153]BVerwG, Urt. v. 21.2.2008, 7 C 43/07, juris, Rn. 11 = NVwZ 2008, 697 = GewArch 2008, 322; BayVGH, Urt. v. 22.3.2007, 23 BV 06.3012, juris, Rn. 26 = GewArch 2008, 92; VG Ansbach, Urt. v. 13.1.2010, AN 11 K 09.00812, juris, Rn. 22.

[154]VG Ansbach, *ebd.*, Rn. 20.

[155]BVerwG, Urt. v. 21.2.2008, 7 C 43.07, juris = NVwZ 2008, 697 = DÖV 2008, 600.

Registrierungsbescheid eine entsprechende Antragstellung des Sportschuh-Herstellers zugrunde und hätte infolgedessen eine Anfechtung des eigenen Begehrens die Frage des Rechtsschutzbedürfnisses tangiert („*volenti non fit in-iuria*"). Auch wäre der Streitstoff in einem Anfechtungsverfahren unterschiedlich. So unterliegt die Registrierung einer Vielzahl von Bedingungen und käme eine Aufhebung der Registrierung in Betracht, ohne dass die strittige Frage über die Notwendigkeit der Registrierungspflicht des Sportschuhs als solcher Gegenstand der materiellen Rechtskraft des Urteils geworden wäre. Reichen die Rechtskraftwirkungen eines etwaigen Aufhebungsausspruchs aber nicht so weit wie die Feststellungen eines stattgebenden Feststellungsurteils, ist eine Feststellungsklage als das effektivere und zweckmäßigere Rechtsmittel zur eindeutigen Klärung eines Registrierungserfordernisses zulässig, zumal mit ihr weitere Prozesse zu einzelnen Herstellerpflichten für die betreffende Marke vermieden werden können.[156] Folgerichtig stand § 43 Abs. 2 S. 1 VwGO der von der Klägerin gewählten Klageart – negative Feststellungsklage – nicht entgegen.[157] Wird gerichtlich das Nichtbestehen einer Registrierungspflicht festgestellt, entscheidet die Behörde über den Registrierungsbescheid nach § 48 VwVfG.

2. Registrierung

Nach § 6 Abs. 1 S. 1 ElektroG muss sich der Hersteller oder im Falle der Bevollmächtigung nach § 8 ElektroG sein Bevollmächtigter bei der stiftung ear mit der betreffenden Geräteart und Marke registrieren lassen. Die ordnungsgemäße Registrierung ist **Marktzugangsvoraussetzung.** Ein Verstoß hiergegen ist bußgeldbewehrt (→ Rn. 768 f.) und kann wettbewerblich durchgesetzt werden (→ Rn. 754).[158] Eine rückwirkende Registrierung kann nicht erteilt werden.[159] Hersteller und Bevollmächtigte müssen sich mit der Geräteart und der Marke registrieren lassen und werden mit der Geräteart (und Marke) registriert (§ 6 Abs. 1 und § 37 Abs. 1 ElektroG).[160] Die **Registrierungspflicht** wird also nicht nur einmal persönlich begründet, sondern ist **marken- und gerätebezogen** und entsteht jeweils neu, wenn der Hersteller eine weitere Marke oder Geräteart anbietet. D. h. jede weitere Geräteart und/oder Marke eines Herstellers ist neu zu registrieren.[161]

670

---

[156] BVerwG, Urt. v. 17.1.1972, I C 33.68, juris, Rn. 7 = BVerwGE 39, 247; Urt. v. 24.6.2004, 4 C 11/03, Rn. 19 = BVerwGE 121, 152.

[157] BayVGH, Urt. v. 22.3.2007, 23 BV 06.3012, juris, Rn. 27.

[158] Zum Vertriebsverbot nach § 6 Abs. 2 S. 1 ElektroG und seiner wettbewerblichen Durchsetzung, siehe Giesberts/Hilf, ElektroG, § 6 Rn. 6 f. und 32–37.

[159] Die Registrierung ist als Dauerverwaltungsakt anzusehen, da sie ein auf Dauer angelegtes Rechtsverhältnis begründet und sich ständig aktualisiert. Damit wirkt die Registrierung ab ihrem Erlass in die Zukunft bis zu einer anders lautenden Entscheidung. Dagegen kann eine vom aktuellen Entscheidungszeitpunkt aus gesehene rückwirkende Registrierung nicht erteilt werden, da nach der Konzeption des ElektroG die auf der Registrierungspflicht beruhenden Herstellerpflichten zeitbezogen sind und gerade in diesen Zeiträumen zu erfüllen sind (VG Ansbach, Urt. v. 3.3.2008, AN 11 K 07.01998, juris, Rn. 55).

[160] *Ebd.,* § 3 Rn. 23.

[161] So bereits zu § 6 Abs. 2 ElektroG a.F. VG Ansbach, Urt. v. 3.3.2008, AN 11 K 07.01998, juris, Rn. 55; BVerwG, Urt. v. 15.4.2010, 7 C 9/09, juris, Rn. 18 ff.

§ 6 Abs. 1 S. 2 ElektroG i. V. m. Anlage 2 legt die **Angaben bei der Registrierung** fest:

1. **Name und Anschrift** des Herstellers oder des gemäß § 8 benannten Bevollmächtigten (Postleitzahl und Ort, Straße und Hausnummer, Land, Telefon- und Faxnummer, E-Mail-Adresse sowie Angabe einer vertretungsberechtigten Person); im Fall eines Bevollmächtigten auch den Namen und die Kontaktdaten des Herstellers, der vertreten wird.
2. **Nationale Kennnummer** des Herstellers, einschließlich der europäischen oder nationalen **Steuernummer** des Herstellers.
   Nationale Kennnummer meint die Nummer der Eintragung im Handelsregister, Genossenschaftsregister, etc.[162]
3. **Kategorie des Elektro- oder Elektronikgerätes** nach Anlage 1.
4. **Art des Elektro- oder Elektronikgerätes** (Gerät zur Nutzung in privaten Haushalten oder zur Nutzung in anderen als privaten Haushalten).
   „Art des Elektro- oder Elektronikgerätes" meint nicht die Geräteart i. S. des § 3 Nr. 2 ElektroG. Die Angabe nach Nr. 4 der Anlage 2 ist zu sehen im Zusammenhang mit dem Erfordernis eines Garantienachweises nach § 7 Abs. 1 ElektroG für in privaten Haushalten nutzbare Geräte (zur Finanzierungsgarantie → Rn. 705). Die stiftung ear als Gemeinsame Stelle soll bereits anhand der Antragsunterlagen sehen können, ob eine Garantie nach § 7 ElektroG erforderlich ist.[163]
5. **Marke und Geräteart** des Elektro- oder Elektronikgerätes.
   Die Gerätearten (§ 3 Nr. 2 ElektroG) legt die stiftung ear fest (§ 33 Abs. 1 S. 1 ElektroG).[164] Die einschlägige Geräteart ist bedeutsam für die Regelungen in § 31 Abs. 5 S. 2 und 3 ElektroG (Zuordnung zu einer der sechs Sammelgruppen nach der Geräteart). Hintergrund ist, dass die Kosten, die der Hersteller eines Geräts bei der Rücknahme und der Entsorgung aufzuwenden hat, zwischen den Geräten innerhalb einer Kategorie stark variieren können. Um eine gerechtere Zuordnung der Lasten aus dem ElektroG zu erreichen, wurde im ElektroG nicht die Gerätekategorie, sondern die Geräteart als Grundlage der Rücknahme- und Entsorgungsverpflichtung festgelegt.
6. **Angaben zum Garantienachweispflicht nach § 7 ElektroG**.
   Im Falle einer Garantienachweispflicht nach § 7 ElektroG aufgrund Inverkehrbringens von Geräten zur Nutzung in privaten Haushalten (vgl. auch Angaben nach Nr. 4 der

---

[162] Giesberts/Hilf, ElektroG, § 6 Rn. 16.

[163] *Ebd.*, § 6 Rn. 22.

[164] Beispielhaft die Unterteilung innerhalb der Kategorie 4 (Unterhaltungselektronik und Photovoltaikmodule) in die Gerätearten 4.1 TV-Geräte, die in privaten Haushalten genutzt werden können, 4.2 Übrige Geräte der Unterhaltungselektronik (mit Ausnahme von TV-Geräten), die in privaten Haushalten genutzt werden können, 4.3 Geräte der Unterhaltungselektronik, die in anderen als privaten Haushalten genutzt werden, 4.4 Photovoltaikmodule, die in privaten Haushalten genutzt werden können und 4.5 Photovoltaikmodule, die in anderen als privaten Haushalten genutzt werden (Regel ear 03-004, Stand: 24.10.2015).

Anlage 2) ist anzugeben, ob der Hersteller seine Verpflichtungen durch eine individuelle Garantie oder ein kollektives System erfüllt, einschließlich Informationen über Sicherheitsleistungen. Aus systematischen Gründen gehört in diesem Zusammenhang zu den für die Registrierung erforderlichen gerätebezogenen Angaben auch die in Verkehr gebrachte Menge. Insoweit hat der Hersteller zumindest als Schätzung anzugeben, welche Menge an Elektrogeräten je Geräteart er bis zur nächsten Aktualisierung seiner Registrierungsdaten in Verkehr zu bringen gedenkt (sog. Registrierungsgrundmenge). Diese Verpflichtung besteht unabhängig von den sonstigen Meldepflichten nach § 27 Abs. 1 S. 1 Nr. 1 ElektroG.[165] Dem Registrierungsantrag ist eine Garantie nach § 7 Abs. 1 S. 1 ElektroG oder eine Glaubhaftmachung nach § 7 Abs. 3 S. 1 ElektroG beizufügen (§ 6 Abs. 1 S. 3 ElektroG) (zur Finanzierungsgarantie → Rn. 705).

7. **Verwendete Verkaufsmethode** (z. B. Fernabsatz, Tätigkeiten im Sinne des § 3 Nr. 9).
8. **Erklärung, dass die Angaben der Wahrheit entsprechen.**

Mit der ersten Registrierung mit mindestens einer Marke und Geräteart erteilt die stiftung ear dem Hersteller eine **Registrierungsnummer.** Er kann sich unter dieser Registrierungsnummer mit weiteren Gerätearten und/oder Marken registrieren lassen. Die Registrierungsnummer wird nach § 31 Abs. 2 S. 2 ElektroG von der stiftung ear mit dem Hersteller und der Marke und Geräteart auf www.stiftung-ear.de veröffentlicht. Die Registrierungsnummer ist beim Anbieten registrierungspflichtigen Geräts, etwa auf Lieferscheinen und Angebotsschreiben oder auf der Webseite eines Webshops[166] und auf Rechnungen anzugeben (§ 6 Abs. 3 ElektroG). Die Angabe der Registrierungsnummer und deren Veröffentlichung sind bedeutsam vor dem Hintergrund der Herstellerfiktion in § 3 Nr. 9 HS. 2 und 3 ElektroG und die den Vertreiber treffende Obliegenheit, sich über das Vorliegen einer ordnungsgemäßen Registrierung zu erkundigen (→ Rn. 288).

II. Anzeigepflicht nach dem BattG

§ 4 BattG, in Umsetzung des Art. 17 der Batterierichtlinie 2006/66/EG, verpflichtet den Hersteller (→ Rn. 285) von Batterien (→ Rn. 432), dessen Marktteilnahme gegenüber dem Umweltbundesamt (UBA) anzuzeigen, bevor er Batterien in Deutschland in Verkehr bringt (→ Rn. 296).[167] § 3 Abs. 3 BattG beschränkt sodann den Zugang zum deutschen

671

---

[165]VG Ansbach, Urt. v. 29.8.2012, AN 11 K 12.00566, juris, Rn. 38; Giesberts/Hilf, ElektroG § 6 Rn. 25, § 7 Rn. 10 f.
[166]Giesberts/Hilf, ElektroG, § 6 Rn. 41.
[167]Die Anzeige beim UBA muss nicht zwingend durch den verantwortlichen Hersteller selbst und kann auch durch einen Dritten vorgenommen werden. Dieser ist dann nur als Erfüllungsgehilfe i. S. von § 278 BGB tätig (→ Rn. 90). Zu beachten ist hier § 19 BattG, der auf § 22 S. 2 und 3 KrWG verweist.

Markt auf Hersteller, die *i)* ihre Marktteilnahme angezeigt und *ii)* Vorkehrungen für die Rücknahme von Altbatterien getroffen haben (zur Rücknahmepflicht → Rn. 716). Die Anzeige ist solchermaßen **Marktzugangsvoraussetzung.** Ein Verstoß hiergegen ist bußgeldbewehrt (→ Rn. 768 f.).[168] Im Gegensatz zu der als Erlaubnisvorbehalt ausgestalteten Registrierung beim ElektroG ist die Anzeige nicht konstitutiv für die Heranziehung zur herstellerbezogenen Entsorgungspflicht. Die Anzeigepflicht ist eine bloße Meldepflicht, d. h. eine einseitige Erklärung des Herstellers. Auf eine Reaktion des UBA kommt es mithin nicht an. So ist dem BattG ein der Abholkoordination nach dem ElektroG entsprechendes Konstrukt (zum Entsorgungssystem des ElektroG → Rn. 709–711) fremd, erfolgt mit der Anzeige kein „*Beitritt*" zu einem Entsorgungssystem und werden Bestand, Inhalt und Umfang der Rücknahmepflichten durch das Gesetz und nicht durch eine zentrale Stelle bestimmt (hiervon zu unterscheiden ist die zivilrechtlich ausgestaltete freiwillige Teilnahme am gemeinsamen Rücknahmesystem GRS (hierzu → Rn. 716)). Die registrierten Hersteller werden in einem öffentlich zugänglichen **Register** geführt. Diese Veröffentlichung macht den Markt für Wettbewerber, Vertreiber, Zwischenhändler und Endnutzer transparent und sichert damit neben dem Verkehrsverbot nach § 3 Abs. 3 BattG und den Bußgeldtatbeständen nach § 22 Abs. 1 Nrn. 2, 4, 5 und 6 BattG zusätzlich die Durchsetzung der in § 5 BattG geregelten Produktverantwortung.[169]

Das **Anzeigeverfahren** ist elektronisch ausgestaltet und erfolgt die Anzeige über die Internetseite des UBA (§ 4 Abs. 1 S. 2 BattG).[170] Es ist das dort hinterlegte elektronische Formular zu verwenden. Daneben sind Anzeigen und Mitteilungen, etwa in Papierform, nicht zulässig.[171] § 2 BattGDVO legt die Angaben bei der Anzeige fest.

Anzeigeinhalt für alle Batterietypen:

1. **Name und Rechtsform** des Herstellers.
2. **Anschrift** des Herstellers, bestehend aus Straße, Hausnummer, Postleitzahl, Ort und Staat.
3. **Kontaktdaten** des Herstellers, bestehend aus Telefonnummer, Faxnummer, E-Mail-Adresse, Internetadresse und dem Namen der zuständigen Kontaktperson beim Hersteller.
4. **Handelsregistereintrag** des Herstellers, bestehend aus Handelsregisternummer und Registergericht, oder, falls der Hersteller nicht im Handelsregister eingetragen ist,

---

[168] Wettbewerbsrechtlich dürfte die Nicht-Anzeige eines Herstellers hingegen nicht relevant sein, vgl. Ahlhaus/Waggershauser, Das neue Batteriegesetz, S. 45 f., 82 m.w.Nachw. (Verneinung der Anzeigepflicht nach § 4 Abs. 1 BattG als Marktverhaltenregelung).
[169] Vgl. etwa die Kostenerstattungsansprüche bei Nichtteilnahme am System (→ Rn. 716) und die Fiktion nach § 2 Abs. 15 S. 2 BattG (→ Rn. 285).
[170] Unter URL: https://www.battg-melderegister.umweltbundesamt.de/battg/authenticate.do.
[171] BT-Drs. 16/12227, 26.

Gewerbeanzeige des Herstellers, bestehend aus dem Datum der Gewerbeanzeige und der Gemeindekennzahl.
5. **Art der Batterien** die der Hersteller in den Verkehr zu bringen beabsichtigt, und **Marke,** unter der er dabei tätig wird.

Batteriearten sind die in § 2 Abs. 4 bis 6 BattG aufgeführten Typen (hierzu → Rn. 433). Wie beim ElektroG zur dortigen Registrierungspflicht (→ Rn. 670) wird die Anzeigepflicht nicht nur einmal persönlich begründet, sondern ist **marken- und batterieartbezogen** und entsteht jeweils neu bzw. ist die Anzeige zu ergänzen, wenn der Hersteller eine weitere Marke oder eine weitere Batterieart anbietet. D. h. jede weitere Batterieart und/oder Marke eines Herstellers ist neu anzuzeigen. Unter Marke ist grundsätzlich die auf der jeweiligen Batterie eingesetzte Hauptkennzeichnung zu verstehen. Zusätzliche von der Hauptkennzeichnung abgeleitete Sonderkennzeichnungen sind als Eintrag nicht erforderlich. Für Batterien, die in andere Produkte eingebaut oder anderen Produkten beigefügt sind, ist in der Regel die Marke des Produkts und nicht die Marke der Batterie anzugeben.[172] Bei **Gerätebatterien** bedarf es zusätzlich der Erklärung über die Teilnahme des Herstellers am gemeinsamen Rücknahmesystem GRS (zum Rücknahmesystem GRS → Rn. 716) einschließlich der GRS-Mitgliedsnummer. Gehört der Hersteller nicht dem gemeinsamen Rücknahmesystem an, sind anzugeben *i)* der Name des genehmigten herstellereigenen Rücknahmesystems für Gerätealtbatterien (zum herstellereigenen Rücknahmesystem → Rn. 716), *ii)* die Rücknahmesystem-Mitgliedsnummer, *iii)* die Behörde, bei welcher das herstellereigene Rücknahmesystem genehmigt wurde nebst Aktenzeichen oder Geschäftszeichen der Genehmigung und *iv)* das Datum der Genehmigung. Bei **Fahrzeug-** oder **Industriebatterien** sind ergänzend zu den allgemeinen Angaben die Erklärung über die Einrichtung einer den Anforderungen des § 8 BattG entsprechenden Rückgabemöglichkeit für Altbatterien sowie Angaben zur konkreten Ausgestaltung der Rückgabemöglichkeit erforderlich (→ Rn. 716).

---

[172] Ziff. 4.2 des Benutzerhandbuchs für das BattG-Melderegister (Stand 15.3.2016), abrufbar unter URL: https://www.umweltbundesamt.de/sites/default/files/medien/378/dokumente/benutzerhandbuch_battg-melderegister_v3.0.pdf.

Teil IV
Nachmarktphase

Nachmarktpflichten

Die Produktverantwortung des Wirtschaftsakteurs dauert über die Bereitstellung hin an. Ihn treffen nicht nur Pflichten in Bezug auf die Produkte, die er hier und jetzt bereitstellt, sondern auch in Bezug auf diejenigen, die er in der Vergangenheit bereitgestellt hat.   672

§ 1 – Überwachung nach dem Inverkehrbringen

I. Produktüberwachung im System des Produktverkehrsrechts

„Die Sicherungspflichten eines Warenherstellers enden nicht mit dem Inverkehrbringen seines Produkts; er mu[ss] *es danach noch auf unbekannt gebliebene schädliche Eigenschaften hin beobachten und sich über sonstige, eine Gefahrenlage schaffenden Verwendungsfolgen informieren.“* Dieser vom Bundesgerichtshof in der **Rechtssache Benomyl**[1] herausgearbeitete Grundsatz gilt gleichermaßen im öffentlichen Produktverkehrsrecht. Hersteller und Einführer haben eingehende Beschwerden zu prüfen und müssen bei Gefahr für das zu schützende öffentliche Interesse Korrekturmaßnahmen ergreifen und gegebenenfalls bereits in Verkehr gebrachte Verkehrseinheiten zurückrufen. Bei kontinuierlicher Vermarktung einer Produktbauart resultiert bereits aus der Pflicht, mit dem Produkt verbundene Risiken zu ermitteln und zu bewerten, die Pflicht, Erfahrungen mit bereits vermarkteten Produkten diesen Typs in die Risikoanalyse mit einfließen zulassen. Liegen Erfahrungswerte zum Langzeitverhalten einer Produktbauart nicht vor oder ist aus sonstigen Gründen eine proaktive Erhebung und Überprüfung der Zuverlässigkeit im Feld angezeigt, ist sie gesetzlich auch gefordert (→ Rn. 684–679). Sinn und Zweck der Überwachung nach dem Inverkehrbringen (sog. Produkt-Monitoring) erschließen   673

---

[1]BGH, Urt. v. 17.3.1981, VI ZR 286/78, BGHZ 80, 199–205.

sich mit Blick auf das herstellerseitige Risikomanagement (Präventivmaßnahmen) und der Pflicht zu Korrekturmaßnahmen und Produktrückruf (Korrektivmaßnahmen).

674 Die Überwachung nach dem Inverkehrbringen ist zwar eine eigenständige Pflicht. Sie ist aber – bei kontinuierlicher Vermarktung einer Produktbauart – vornehmlich im Zusammenhang mit dem übergeordneten **Erfordernis eines Risikomanagements** zu sehen.[2] Hierbei ist Risikomanagement zu verstehen als kontinuierlicher iterativer Prozess während des gesamten Lebenszyklus eines Produkttyps, der eine regelmäßige systematische Aktualisierung erfordert. Anhang I Kapitel I Nrn. 3 und 4 VO (EU) 2017/745 beschreibt ein solches Risikomanagementsystem für die dort erfassten Produktarten. Die Inhalte sind aber letztlich allgemeingültig, d. h. produktspartenübergreifend zutreffend und müssen die Hersteller bei der Durchführung des Risikomanagements *a)* eine Risikobeurteilung (Dokument) zu jedem Produktmodell (Bauart) vorhalten und unterhalten, *b)* die bekannten und vorhersehbaren Gefährdungen/Risiken, die mit Produkten des Typs verbunden sind, identifizieren und analysieren, *c)* die Risiken, einschätzen und bewerten, die bei der zu berücksichtigenden Verwendung auftreten, *d)* die Informationen und Erkenntnisse aus der Überwachung nach dem Inverkehrbringen in die fortzuschreibende Risikoanalyse/-bewertung einfließen lassen und *e)* Maßnahmen der Risikosenkung im gesetzlich vorgegebenen Maß ergreifen und diese erforderlichenfalls an die aus der Überwachung nach dem Inverkehrbringen gewonnenen neuen Informationen und Erkenntnisse anpassen (→ Rn. 347 ff., 563, 565).

675 Eine effiziente Überwachung nach dem Inverkehrbringen vermittelt dem Produktverantwortlichen frühzeitig die für ein rasches Gegensteuern erforderlichen Informationen. **Korrekturmaßnahmen** können geräuschlos vorgenommen und **Rückrufkampagnen** auf wenige bereits im Feld befindliche Produkte des Typs beschränkt werden (zu den Korrektivmaßnahmen → Rn. 685 ff.).

II. Anforderungen an die Produktbeobachtung

1. Anknüpfung an die zivilgerichtliche Rechtsprechung

676 Die Richtlinie 2001/95/EG in deren Art. 5 Abs. 1 wie auch die überwiegende Zahl der an den Musterbestimmungen des Beschlusses Nr. 768/2008/EG ausgerichteten Harmonisierungsrechtsvorschriften enthalten explizit eine öffentliche Produktbeobachtungspflicht in Form aktiver Stichproben- und passiver Beschwerdeprüfung (→ Rn. 678 f.). Wo diese Pflicht textlich nicht verankert ist, resultiert sie – jedenfalls bei kontinuierlicher Vermarktung einer Produktbauart – aus dem Erfordernis einer Risikoanalyse als Teil der Konformitätsbewertung. Zum genaueren Inhalt und Umfang der Produktbeobachtungspflicht liegt, soweit ersichtlich, verwaltungsgerichtliche Rechtsprechung nicht vor, können aber aufgrund des diesbezüglichen Gleichlaufs mit der zivilrechtlichen

---

[2] Vgl. auch Gauger, Produktsicherheit und staatliche Verantwortung, S. 185.

Produktbeobachtungspflicht die Grundsätze der zivilrechtlichen Produktbeobachtungspflicht herangezogen werden. So ist die hinter der öffentlich-rechtlichen und der zivilrechtlichen Produktbeobachtungspflicht stehende Idee deckungsgleich: den Hersteller trifft eine **Gefahr-/Risikoabwendungspflicht zu bereits vermarkteten Produkten** (reaktive Gefahr-/Risikoabwehr). Im Recht des technischen Produkts ist die Produktbeobachtungspflicht zudem Teil des Risikomanagements (präventive Gefahr-/Risikoabwehr) (→ Rn. 674). Hierbei ist die Produktbeobachtungspflicht nicht auf ein bestimmtes öffentliches Interesse beschränkt und gilt sie etwa bei Messgeräten für den Aspekt der Messrichtigkeit genauso wie bei elektrischen Betriebsmitteln für den Aspekt des Sicherheits- und Gesundheitsschutzes. Zivilrechtlich handelt es sich um eine Verkehrssicherungspflicht, bei deren Verletzung Schadensersatzansprüche nach § 823 Abs. 1 BGB drohen.[3] Dort bezieht sich die Produktbeobachtungspflicht allerdings nur auf die von § 823 Abs. 1 BGB geschützten Rechtsgüter.

2. Am Risikograd ausgerichteter Pflichtenumfang

Der Inhalt der Produktbeobachtungspflicht ist abhängig vom Einzelfall.[4] Gegenständlich erstreckt sich die Pflicht zur Produktbeobachtung auf alle Risiken, die bei zu berücksichtigender Verwendung vom Produkt ausgehen (→ Rn. 357 ff.). Der **Umfang der Produktbeobachtungspflicht** richtet sich nach der Art und Größe der Gefahr für das geschützte öffentliche Interesse, der Wahrscheinlichkeit eines Schadenseintritts und der wirtschaftlichen Zumutbarkeit der Produktüberwachungsmaßnahmen.[5] Bei Produkttypen, die sich seit längerer Zeit im Feld bewährt haben, sei es unter Realbedingungen in Feldtests oder auf dem Markt, ist die Produktüberwachungspflicht weniger stark ausgeprägt als bei neu entwickelten Produkten, zu denen reale Erfahrungswerte fehlen und deren Langzeitverhalten allenfalls aus Berechnungen abgeleitet wird. In den erstgenannten Fällen entfällt die (aktive) Produktbeobachtungspflicht gar nach einer gewissen Zeit.[6] Die **passive Produktbeobachtung**, die darin besteht, dass der Hersteller ihm zugeleitete Beschwerden prüft, beschreibt die Mindestanforderungen an die Produktbeobachtung.[7] Gefordert ist der präventive Aufbau einer Organisation, die Kundenbeschwerden sammelt und an eine zentrale Stelle weiterleitet. Kann der Hersteller nicht sogleich erkennen, was als Fehlerursache in Betracht kommt, muss er zusätzliche Tests vornehmen und sind unter Umständen Gutachten bei einer neutralen Stelle einzuholen.[8]

---

[3] Gundlegend BGH, Urt. v. 17.3.1981, VI ZR 286/78, BGHZ 80, 199–205.
[4] OLG Frankfurt, Urt. v. 29.9.1999, 23 U 128/98, juris, Rn. 69 = NJW-RR 2000, 1268; Lenz, Produkthaftung, § 3 Rn. 226.
[5] MüKo/Wagner, § 823 Rn. 838 m.w.Nachw.
[6] OLG Karlsruhe, Urt. v. 22.6.1977, 7 U 123/76, juris, Rn. 28 f. = VersR 1978, 550.
[7] BGH, Urt. v. 7.12.1993, VI ZR 74/93, juris, Rn. 26 = NJW 1994, 517 = ZIP 1994, 213 = MDR 1994, 254.
[8] Lenz, Produkthaftung, § 3 Rn. 228 m.w.Nachw.

678 Das öffentlich-rechtliche Produktverkehrsrecht fordert verschiedentlich explizit ein solches **Reklamations- bzw. Beschwerdemanagement**.[9] Es geht darum, sicherzustellen, dass eingehende Beschwerden aus dem Feld durch Kunden, Händler, Nutzer oder Dritte systematisch erfasst werden, um sie einer Auswertung zum Schutz des Verwenders zugänglich zu machen. Die Einrichtung einer zentralen Eingangs- und Sammelstelle für alle (weltweit) eingehenden Feldrückmeldungen, die Hinweise auf potenzielle Produktrisiken liefern können, und deren Bewertung durch die intern für das Produkt verantwortlichen Stellen ist Voraussetzung für eine effektive Beobachtung der eigenen Produkte im Feld. Ein ineffizient organisiertes Reklamations- bzw. Beschwerdemanagement wird nicht nur dem öffentlich-rechtlichen Produktverkehrsrecht zuwiderlaufen. Vielmehr drohen den Hersteller zivil- und strafrechtliche Sanktionen, wenn sich bei einer Verletzung von Leib oder Leben herausstellt, dass ein Produktfehler im Feld im Rahmen eines den Anforderungen genügenden Reklamations- bzw. Beschwerdemanagements hätte erkannt werden müssen. Die Geschäftsleitung trifft dann möglicherweise der Vorwurf eines Organisationsverschuldens (→ Rn. 776).[10]

679 Eine passive Produktbeobachtung genügt, wenn lediglich Eigentums- und Besitzrechte oder sonstige nicht den Sicherheits- und Gesundheitsschutz betreffende öffentliche Interessen, dazu möglicherweise noch in nicht erheblichem Umfang, gefährdet sind.[11] Je höher aber das Risiko liegt (→ Rn. 691 ff.), umso weniger werden die bloße Entgegennahme von Kundenbeschwerden und deren Auswertung genügen und umso mehr besteht eine Pflicht zu **aktiver Produktbeobachtung**. Diese beinhaltet zunächst die aus der zivilrechtlichen Produktbeobachtungspflicht bekannten und dem Risikograd anzupassenden Informations- und Organisationspflichten. Je nach Risikograd sind aktiv Informationen zu generieren zum eigenen Produkt, zu dessen Verhalten im Feld und zu Konkurrenzprodukten gleicher oder ähnlicher Beschaffenheit. Weiter ist das relevante wissenschaftlich-technische Fachschrifttum auszuwerten und sind organisatorische Vorkehrungen dafür zu treffen, dass die Entwicklung von Wissenschaft und Technik auf dem einschlägigen Gebiet laufend verfolgt wird.[12] Soweit es aufgrund des Risikogrades aktiver Produktbeobachtung bedarf, verlangt das öffentlich-rechtliche Produktverkehrsrecht zunehmend und explizit die Durchführung von **Stichproben** an bereits in Verkehr gebrachten Verkehrseinheiten.[13] Nicht nur das *„Ob"*, auch Anzahl und Intensität

---

[9]Bestimmungen nach Art. R2 Abs. 4 UAbs. 2 des Anhangs I des Beschlusses Nr. 768/2008/EG; Art. 5 Abs. 1 UAbs. 4 lit. b) der Richtlinie 2001/95/EG.

[10]Kapoor, in Klindt (Hrsg.), ProdSG, § 6 Rn. 62.

[11]Lenz, Produkthaftung, § 3 Rn. 227 m.w.Nachw.

[12]BGH, Urt. v. 17.3.1981, VI ZR 286/78, juris, Rn. 34 = BGHZ 80, 199–205 = NJW 1981, 1606 = MDR 1981, 744; Urt. v. 17.10.1989, ZR 258/88, juris, Rn. 27 = VersR 1989, 1307 = WM 1990, 272 = NJW 1990, 906; MüKo/Wagner, § 823 Rn. 839.

[13]Bestimmungen nach Art. R2 Abs. 4 2. UAbs. des Anhangs I des Beschlusses Nr. 768/2008/EG; Art. 5 Abs. 1 4. UAbs. lit. b) der Richtlinie 2001/95/EG.

der Stichproben hängen vom Risikograd ab.¹⁴ Als Maßnahme aktiver Produktbeobachtung meint Stichprobenprüfung nicht eine betriebsinterne Warenausgangskontrolle noch innerhalb der Herstellersphäre, sondern die Kontrolle eigener Produkte im Feld. Es geht um die Feststellung, ob und gegebenenfalls wie Produkte des Typs auf solche Umweltbedingungen und -einflüsse reagieren, die im Labor nicht reproduzierbar sind oder an die der Konstrukteur nicht gedacht hat. Solche Bedingungen können etwa betreffen den Transport (z. B. fluglogistisch bedingte Veränderungen durch Kälte), die Handhabung (z. B. Beschädigung durch unergonomisches Design), die Lagerung (z. B. gewichtsbedingte Änderung durch Stapelware) oder die Verpackung (z. B. werkstoffliche Änderung durch Kartonagestoff).¹⁵

3. Dauer der Produktbeobachtungspflicht

Im öffentlichen Recht besteht die Produktbeobachtungspflicht, weil auch dem Risikomanagement zugehörig (→ Rn. 674), jedenfalls so lange, wie Produkte diesen Typs in Verkehr gebracht werden.¹⁶ Zumindest die aktive Produktbeobachtungspflicht kann bei unveränderter Fertigung auch früher enden, nämlich dann, wenn sich die Bauart im Feld bewährt hat.¹⁷

680

III. Unterrichtung der Händler

Soweit nach Art. R2 Abs. 4 UAbs. 2 des Anhangs I des Beschlusses Nr. 768/2008/EG die Händler über die Überwachung nach dem Inverkehrbringen *„auf dem Laufenden"* zu halten sind, wird man in Anlehnung an Art. 5 Abs. 1 UAbs. 4 lit. b) der Richtlinie 2001/95/EG annehmen dürfen, dass nur über solche Fälle zu informieren ist, in denen sich eine Gefahrensituation offenbart hat.¹⁸

681

§ 2 – Identifikation der Wirtschaftsakteure

Mit dem Neuen Rechtsrahmen führt der Unionsgesetzgeber als Referenzregelung der Rückverfolgbarkeit dienende Vorschriften zur Feststellung der Identität von Lieferanten und Kunden ein (Art. R7 des Anhangs I des Beschlusses Nr. 768/2008/EG). Hiernach

682

---

[14] Kapoor, in Klindt (Hrsg.), ProdSG, § 6 Rn. 58; Gauger, Produktsicherheit und staatliche Verantwortung, S. 185 m.w.Nachw.
[15] Kapoor, in Klindt (Hrsg.), ProdSG, § 6 Rn. 59.
[16] Zum Ende der zivilrechtlichen Produktbeobachtungspflicht, siehe Lenz, Produkthaftung, § 3, Rn. 234 ff.
[17] Vgl. OLG Karlsruhe, Urt. v. 22.6.1977, 7 U 123/76, juris, Rn. 28 f. = VersR 1978, 550.
[18] Vgl. Wilrich, Das neue Produktsicherheitsgesetz (ProdSG), Rn. 446; Kapoor, in Klindt (Hrsg.), ProdSG, § 6 Rn. 66.

nennen die Wirtschaftsakteure den Marktüberwachungsbehörden auf Verlangen die Wirtschaftsakteure, *a)* von denen sie ein Produkt bezogen haben und *b)* an die sie ein Produkt abgegeben haben. Die Wirtschaftsakteure müssen diese Informationen über einen in der Harmonisierungsrechtsvorschrift festgelegten Zeitraum (regelmäßig zehn Jahre) ab dem Bezug des Erzeugnisses bzw. ab der Abgabe des Erzeugnisses vorlegen können. Im Lebensmittelecht wurden bereits mit Art. 18 Abs. 2 und 3 der VO (EG) Nr. 178/2002 (sog. Basisverordnung) und – im Recht des technischen Produkts – mit Art. 17 VO (EG) Nr. 1935/2004 (Lebensmittelkontaktrichtlinie) (→ 333) im Wesentlichen gleichlautende Pflichten eingeführt. Die Unternehmer müssen feststellen können, von wem sie ein Erzeugnis erhalten haben und an wen sie ein Erzeugnis geliefert haben. Hier wie da wird von dem Ansatz *„Ein Schritt dahinter (sog. down stream) – ein Schritt davor (sog. up-stream)"* ausgegangen, der von den Wirtschaftsakteuren verlangt, dass sie eine Verbindung *„Lieferant-Erzeugnis"* (welches Erzeugnis wird von welchem Lieferanten geliefert) und eine Verbindung *„Abnehmer-Erzeugnis"* (welche Erzeugnisse werden an welche Kunden geliefert) herstellen.

683 Die Unternehmen müssen jedoch die direkten Abnehmer nicht ermitteln können, wenn es sich um Endnutzer handelt. Durch die Vorgabe des *„up-stream, down-stream"* wird deutlich, dass das Gesetz **keine interne Rückverfolgbarkeit** fordert. Eine Pflicht, Buch zu führen über die Auflösung von Chargen und deren Neu-Zusammenstellung innerhalb eines Unternehmens zur Herstellung bestimmter Produkte oder neuer Chargen wird mithin nicht begründet.[19]

684 Welche Informationen von den Unternehmen aufzuzeichnen und welche Unterlagen aufzubewahren sind wird nicht genauer bestimmt. Die Ermittlung bzw. Erfassung der **Rückverfolgungsdaten** erstreckt sich aber nicht nur auf den Namen der Lieferanten bzw. der Kunden, denn dies würde nicht ausreichen, um die Rückverfolgbarkeit zu gewährleisten. Geschuldet ist zumindest eine Dokumentation des Warenein- und -ausgangs.[20] Mangels konkreter Vorgaben zum Inhalt der Rückverfolgungsdaten, zur Art und Weise und zur Form der Aufzeichnung, wie beispielsweise die spitzen Anforderungen an die Ein- und Ausgangsbücher nach Art. 36 ff. VO (EG) Nr. 436/2009 (Kellerbuch und Weinbuch nach § 7 Wein-Überwachungsverordnung), ist es aber weitestgehend Sache des Unternehmers, dies zu bestimmen.[21] **Inhaltlich** müssen in jedem Fall zur Verfügung gestellt werden können *i)* Name und Anschrift des Lieferanten sowie die Art der gelieferten Produkte, *ii)* Name und Anschrift des Kunden sowie die Art der abgegebenen

---

[19] So zu Art. 18 VO (EG) Nr. 178/2002, Europäische Kommission, Leitlinien für die Anwendung der Artikel 11, 12, 16, 17, 18, 19 und 20 der Verordnung (EG) Nr. 178/2002 über das allgemeine Lebensmittelrecht, S. 20.

[20] Vgl. zu Art. Art. 18 VO (EG) Nr. 178/2002, Meyer, in Meyer/Streinz (Hrsg.), LFGB, BasisVO, HCVO, BasisVO Art. 18 Rn. 19.

[21] Vgl. Oberverwaltungsgericht für das Land Nordrhein-Westfalen, Beschl. v. 21.12.2007, 13 A 1662/06, juris, Rn. 18–20.

Produkte und *iii)* Datum der Lieferung/der Abgabe. Wird dieselbe Art von Produkten von unterschiedlichen Lieferanten geliefert, so genügen der Name des Lieferanten und die Angabe der Produktart nicht, um die aufwärtsgerichtete Rückverfolgung *(up-stream)* zu gewährleisten; hier ist die Aufzeichnung weiterer Rückverfolgungsdaten, namentlich eine genauere Artikelbezeichnung, die eine Zuordnung des Erzeugnisses zum Lieferanten ermöglicht, erforderlich.[22] Eine chargen- oder seriengenaue oder gar eine auf die einzelne Verkehrseinheit bezogene Rückverfolgbarkeit ist aber nicht geschuldet, weder innerhalb der aufwärtsgerichteten, noch innerhalb der abwärtsgerichteten Rückverfolgung.[23] Obschon dem Text des Art. R7 des Anhangs I des Beschlusses Nr. 768/2008/EG und dem ihm nachgebildeten EU-Recht dies nicht zu entnehmen ist, weist die Kommission in diesem Zusammenhang darauf hin, dass die Marktaufsichtsbehörden einschlägige **Unterlagen wie Rechnungen und Warenbegleitpapiere** anfordern können.[24] Die **Art und Weise** der Dokumentation des Wareneingangs- und -ausgangs wird auch nicht weiter spezifiziert. Zu Art. 18 VO (EG) Nr. 178/2002 wird insoweit eine gegliederte und geordnete Aufzeichnung in Papierform oder schriftlicher Form gefordert.[25] Dies wird aus der dort ausdrücklich vorgesehenen Pflicht, zur Rückverfolgbarkeit *„Systeme und Verfahren"* einzurichten, *„mit denen diese Informationen den zuständigen Behörden auf Aufforderung mitgeteilt werden können"*, abgeleitet.[26] Entsprechendes gilt für die Rückverfolgbarkeitsanordnung in Art. 17 VO (EG) Nr. 1935/2004, die sich an Art. 18 VO (EG) Nr. 178/2002 anlehnt.[27] Art. R7 des Anhangs I des Beschlusses Nr. 768/2008/EG und das diesem nachgebildete EU-Recht enthält indes keine Pflicht zur Errichtung eines Rückverfolgungssystems. Demgemäß steht hier das *„Wie"* der Aufzeichnung weitestgehend im Belieben des Unternehmers.[28]

---

[22]Vgl. zu Art. Art. 18 VO (EG) Nr. 178/2002, Meyer, in Meyer/Streinz (Hrsg.), LFGB, BasisVO, HCVO, BasisVO Art. 18 Rn. 21.

[23]*Ebd.*, Rn. 22 und 25.

[24]Europäische Kommission, Leitfaden für die Umsetzung der Produktvorschriften der EU 2016, ABl. 2016 C 272, 55 f.

[25]Meyer, in Meyer/Streinz (Hrsg.), LFGB, BasisVO, HCVO, BasisVO Art. 18 Rn. 19.

[26]*Ebd.*

[27]Meyer, in Meyer/Streinz (Hrsg.), LFGB, BasisVO, HCVO, LFGB § 2 Rn. 199 f.

[28]Die Art. R7 des Anhangs I des Beschlusses Nr. 768/2008/EG nachgebildeten Vorschriften enthalten keine belastbaren Vorgaben zur Errichtung eines betrieblichen Rückverfolgungssystems. Dies ist freilich eine rein rechtliche Betrachtung der den Wirtschaftsakteur obliegenden Pflichten zur Identifizierung von Lieferanten und Abnehmern. Dass eine minimale Erfüllung dieser Pflicht den Wirtschaftsakteur im Krisenfall, namentlich innerhalb einer Rückrufkampagne, schwer treffen kann, bedarf keiner größeren Ausführungen. Hersteller sollten berücksichtigen, dass bei einem Rückruf, bei dem die mangelhaften Verkehrseinheiten und deren Abnehmer nicht weiter eingegrenzt werden können, unter Umständen alle Produkte des Typs in breit angelegten Kampagnen vom Markt genommen werden müssen.

§ 3 – Nachmarktliche Konformitäts-, Risikoabwendungs- und behördliche Notifikationspflicht

685 Die den Musterbestimmungen des Beschlusses Nr. 768/2008/EG nachgebildeten Rechtsvorschriften bestimmen, dass der Wirtschaftsakteur, der der Auffassung ist oder Grund zu der Annahme hat, dass ein von ihm bereitgestelltes Produkt nicht den an es gestellten Marktzugangsanforderungen entspricht, unverzüglich die erforderlichen Korrekturmaßnahmen ergreifen muss (bzw. der Händler sicherstellen muss, dass die erforderlichen Korrekturmaßnahmen ergriffen werden), um die Konformität dieses Produkts herzustellen. Wenn dies nicht möglich ist, muss er es erforderlichenfalls vom Markt nehmen oder zurückrufen. Außerdem muss er, wenn mit dem Produkt Risiken für das jeweilige kollektive Rechtsgut (Gesundheit, Sicherheit, Umwelt, Verbraucherschutz oder andere vom Rechtsakt erfasste öffentliche Interessen) verbunden sind, unverzüglich die zuständigen nationalen Behörden der Mitgliedstaaten, in denen er das Produkt auf dem Markt bereitgestellt hat, darüber unterrichten und muss dabei ausführliche Angaben, insbesondere über die Nichtkonformität und die ergriffenen Korrekturmaßnahmen machen.[29]

I. Nachmarktliche Konformitäts- und Gefahr-/Risikoabwendungspflicht

1. Straf-, zivil- und öffentlich-rechtliche Pflichtenregime

686 Risikoabwehrpflichten in der Nachmarktphase sind auch im Straf- und Zivilrecht vorzufinden; dort sind sie aber – jedenfalls nach der heutigen Rechtsprechung – auf den Schutz von Leib und Leben beschränkt.[30] Der Inverkehrbringer hat nicht nur das Produktverhalten im Feld zu beobachten (→ Rn. 673 ff.). Er muss auch, wenn er erkennt, dass sein Produkt Schäden verursachen kann, dafür sorgen, dass solche Schäden nach Möglichkeit vermieden werden. Im Rahmen der straf- und zivilrechtlichen Gefahrenabwendungspflichten ist zu beachten, dass behördliche Einschätzungen zum „Ob" und „Wie" der Gefahrenabwendung grundsätzlich unbeachtlich sind: die strafrechtliche Pflicht, „*in wirksamer Weise dafür zu sorgen, da[ss] gesundheitsgefährdende Erzeugnisse, die in den Handel gelangt sind, keinen Schaden anrichten, obliegt – unabhängig davon, was die zuständigen Behörden für geboten erachten – den für Herstellung*

---

[29]Vgl. Art. R2 Abs. 8, R4 Abs. 7 und R5 Abs. 4 des Anhangs I des Beschlusses Nr. 768/2008/EG.
[30]Lenz, Produkthaftung, § 4 Rn. 45 f.

und Vertrieb dieser Produkte Verantwortlichen"[31] und bewirkt das Produktsicherheitsrecht nach heutiger Rechtsprechung keine abschließende Konkretisierung der zivilrechtlichen Verkehrspflichten der an der Warenherstellung und -verteilung beteiligten Unternehmen[32]. Die straf-, zivil- und öffentlich-rechtlichen Gefahr-/Risikoabwendungs- bzw. nachmarktlichen Konformitätspflichten stehen im Grundsatz unabhängig nebeneinander. Auch knüpfen die straf- und zivilrechtlichen Gefahrabwendungspflichten – und im Gegensatz zur öffentlich-rechtlichen nachmarktlichen Konformitätspflicht – nicht am **im-Feld-Belassen nichtkonformer** bzw. fehlerhafter **Produkte,** sondern am **im-Feld-Belassen gefählicher Produkte** an. Mit etwas Distanz zu Einzelfragen gilt: zeigt sich im Nachhinein, dass das Produkt gefährlich ist, sind straf- und zivilrechtlich Gefahrabwendungsmaßnahmen selbst dann zu treffen, wenn das Produkt bei Invehrbringen dem zu diesem Zeitpunkt maßgebenden Stand der Technik entsprach (zum geschuldeten Maßstab bei Inverkehrbringen → Rn. 246–248, 251 ff.).

a. Strafrechtliche Gefahrabwendungspflicht

Es besteht eine strafrechtliche Verantwortlichkeit für die Herstellung und den Vertrieb fehlerhafter Produkte. Wer ein fehlerhaftes Produkt in den Verkehr bringt und dadurch Leib oder Leben anderer beschädigt haftet strafrechtlich. Indes haftet strafrechtlich nicht nur derjenige, der den Schaden durch positives Tun verursacht, also zumindest fahrlässig ein fehlerhaftes Produkt in Verkehr bringt, sondern auch derjenige, der die Abwendung drohender Schäden von im Feld befindlichen Produkten unterlässt (zur strafrechtlichen Zurechnung → Rn. 774–779).[33] Letzteres selbst dann, wenn das Produkt bei Inverkehrbringen den allgemeinen Standards entsprach.[34] Steht die Gefährlichkeit des Produkts fest bzw. wurde diese erkannt, sind Produktion und Vertrieb zu stoppen bzw. Korrektivmaßnahmen zu treffen. Die Gefahr ist abzuwenden. Dem Hersteller obliegen die Pflicht

---

[31]BGH, Urt. v. 6.7.1990, 2 StR 549/89, juris, Rn. 44 = BGHSt 37, 106–135 = NJW 1990, 2560 = BB 1990, 1856 = EWiR 1990, 1017 = VersR 1990, 1171 = NStZ 1990, 588. Siehe auch LG Frankfurt am Main, Urt. v. 25.5.1993, 5/26 Kls 65 Js 8793/84, ZUR 1994, 33 (36): *„Die Angeklagten können sich im Grundsatz auch nicht auf die Zurückhaltung der Behörden berufen. Die Pflicht zu Rückruf und Warnaktion entfiel nicht deshalb, weil das Bundesgesundheitsamt oder das Bundesministerium zu solchen Maßnahmen nicht zwang bzw. andere Vorkehrungen empfiehlt. Die Aufgabe der Produktbeobachtung obliegt – unabhängig davon, was die zuständigen Behörden für geboten erachten – den für Herstellung und Vertrieb Verantwortlichen. Der Hersteller beobachtet das Geschehen in aller Regel auch näher als die staatlichen Gesundheitsbehörden. Anders als der Produzent verfügen die Behörden weder über geeignete Forschungseinrichtungen noch über das grundsätzliche know-how, um spontan reagieren zu können."*

[32]MüKo/Wagner, § 823 Rn. 841–844; siehe aber auch Lenz, Produkthaftung, § 3 Rn. 231, der die These wagt, wonach künftig das Produktsicherheitsrecht die zivilrechtliche Rechtsprechung maßgeblich beeinflussen wird.

[33]BGH, Urt. v. 6.7.1990, 2 StR 549/89, juris, Rn. 34 m.w.Nachw. = BGHSt 37, 106–135 = NJW 1990, 2560 = BB 1990, 1856 = EWiR 1990, 1017 = VersR 1990, 1171 = NStZ 1990, 588.

[34]Winkelbauer, in Foerste/Graf von Westphalen (Hrsg.), Produkthaftungshandbuch, § 81 Rn. 44 f.

zum **Vertriebsstopp** sowie **Warn-** und gegebenenfalls **Rücknahme- und Rückrufpflichten**. Art und Inhalt der zu treffenden Maßnahmen richten sich nach Maßgabe des mit dem Produkt verbundenen Risikos (zum maßgeblichen Risikogand → Rn. 695).

688 Die für eine strafrechtliche Verantwortlichkeit durch Unterlassen (§ 13 StGB) erforderliche Garantenstellung ergibt sich aus Ingerenz. Hierbei fordert der Bundesgerichtshof der Sache nach nicht, dass bei Inverkehrbringen gegen ein Verkehrsverbot verstoßen wurde. Die **produktverkehrsrechtliche Nichtkonfomität** ist **hinreichende, aber nicht notwendige Bedingung strafrechtlicher Inpflichtnahme** aus Ingerenz. Die Rechtsprechung scheint eine bloße unangemessene Gefährlichkeit des Produkts ausreichen zu lassen und dies mithin unabhängig davon, ob diese bereits bei Inverkehrbringen erkennbar war oder nicht. Dieser gesteigerten Inpflichtnahme des Herstellers liegt offensichtlich die in der Lederspray-Entscheidung *en passant* getroffene Feststellung zugrunde, wonach der Hersteller eine überlegene Schutzposition innehat, auf dessen Kompetenz der Produktverwender angewiesen ist. So haben Hersteller aufgrund der bei ihnen eingehenden Schadensmeldungen einen Wissensvorsprung und dürfen die *„Händler und Verbraucher bei ihnen am ehesten diejenige Sachkenntnis voraussetzen, die erforderlich ist, um die Fehlerhaftigkeit des Produkts zu beurteilen, das Ausmaß der drohenden Gefahr abzuschätzen und die richtige Auswahl der zu ihrer Beseitigung notwendigen Maßnahmen zu treffen"*.[35],[36]

b. Zivilrechtliche Gefahrabwendungspflicht

689 Ebenfalls enden die zivilrechtlichen Sicherungspflichten des Produktverantwortlichen nicht mit dem Inverkehrbringen. Er ist auch danach verpflichtet, alles zu tun, was ihm nach den Umständen zumutbar ist, um Gefahren abzuwenden, die vom Produkt ausgehen.[37] Er hat demgemäß dafür Sorge zu tragen, dass bereits ausgelieferte gefährliche Produkte möglichst effektiv aus dem Verkehr gezogen oder nicht mehr benutzt werden.[38] Jedenfalls, wenn Warnungen oder Aufforderungen zur Nichtbenutzung von gefährlichen Produkten nicht helfen, drohende Gefahren abzuwenden (etwa weil die Nutzer die Gefahr nicht richtig einschätzen können,[39] sich über die Warnungen hinwegsetzen[40] oder

---

[35]*Ebd.,* Rn. 43.
[36]Kuhlen, NStZ 1990, 566 (567 f.); Meier, NJW 1992, 3193 (3196); Kühl, JA 2014, 507 (511); siehe hierzu weiter Spindler, in Fleischer (Hrsg.), Handbuch des Vorstandsechts, § 15 Rn. 68 ff.; Mayer, PharmR 2008, 236 (242 ff.).
[37]BGH, Urt. v. 17.3.1981, VI ZR 286/78, juris Rn. 34 = BGHZ 80, 199–205 = WM 1981, 548 DB 1981, 1277 = VersR 1981, 636 = BB 1981, 1048 = NJW 1981, 160; Urt. v. 27.9.1994, VI ZR 150/93, juris Rn. 12 = NJW 1994, 3349 = ZIP 1994, 1960 = BB 1994, 2307 = DB 1994, 2441 = WM 1994, 2288 = VersR 1994, 1481.
[38]OLG Düsseldorf, Urt. v. 16.3.2007, I-17 U 11/06, juris, Rn. 37 = NJW-RR 2008, 411.
[39]Urt. v. 27.9.1994, VI ZR 150/93, juris Rn. 23 = NJW 1994, 3349 = ZIP 1994, 1960 = BB 1994, 2307 = DB 1994, 2441 = WM 1994, 2288 = VersR 1994, 1481.
[40]Lenz, Produkthaftung, § 4 Rn. 34.

diese sonst ignorieren und sich nur durch das Angebot kostenloser Nachbesserung von der weiteren Nutzung abhalten lassen), trifft den Inverkehrbringer die Pflicht, das Sicherheitsrisiko durch Nachrüstung oder Reparatur auf seine Kosten zu beseitigen.[41] Wurde durch ein fehlerhaftes Produkt ein Schaden verursacht, ist im Verhältnis Hersteller/geschädigter Dritter die Frage des Vorliegens einer **Rückrufpflicht** nicht das eigentliche Problem, wobei nach richtiger, wenn auch strittiger Auffassung, eine **Gefahrabwendungspflicht auch bei usprünglich fehlerfreien Produkten** gegeben sein kann.[42] Ob nämlich die Rückrufpflicht bestand oder nicht, ist bei fehlerhaften Produkten für die Haftung irrelevant. Der Produktverantwortliche ist so oder so zum Schadensersatz verpflichtet.[43] Die praktische Bedeutung der Rückrufpflichten liegt beim fehlerhaften Produkt denn auch weniger in der Rechtsbeziehung zwischen Hersteller und geschädigtem Produktnutzer als vielmehr im **Regressverhältnis Endhersteller/Zulieferer** für die Kosten eines Rückrufs.[44] Als Anspruchsgrundlagen für Erstattungsansprüche kommen dabei in Betracht vertragliche Ansprüche nach §§ 437 ff., 280 BGB[45] sowie gesetzliche Ansprüche nach §§ 840 Abs. 1, 426 BGB (Gesamtschuldnerausgleich)[46] und §§ 683, 670, 677 BGB (Geschäftsführung ohne Auftrag)[47]. Wusste jedoch der Endhersteller von den Sicherheitsproblemen des jeweiligen Zulieferteils, bevor er das Endprodukt in den Verkehr gebracht hat, dann hat er das Rückrufrisiko sehenden Auges in Kauf genommen und scheiden Regressansprüche gemäß §§ 426, 254 BGB aus.[48]

c. Öffentlich-rechtliche nachmarktliche Konformitätspflicht

Wie die straf- und zivilrechtlichen Gefahrabwendungspflichten, bezieht sich auch die öffentlich-rechtliche Pflicht, Korrekturmaßnahmen zum nicht konformen Produkt zu ergreifen (bzw. solche sicherzustellen) oder dieses aus dem Verkehr zu ziehen, auf den einzelnen Gegenstand und nicht auf den Produkttyp. Die Pflicht des Inverkehrbringers, bei festgestellter Nichtkonformität bereits vermarkteter Verkehrseinheiten die Bauart

---

[41] BGH, Urt. v. 16.12.2008, VI ZR 170/07, juris, Rn. 11–12 = BGHZ 179, 157–168 = VersR 2009, 272 = NJW 2009, 1080 = MDR 2009, 378; OLG Nürnberg, Urt. v. 3.8.2011, 12 U 1143/06, juris, Rn. 73; Lenz, Produkthaftung, § 4 Rn. 39 m.w.Nachw.

[42] So Kullmann in Kullmann/Pfister/Stöhr/Spindler, Produzentenhaftung, KzA 1520 Fn. 384; Staudinger/Hager, § 823 F 20 (2009) Rn. F 26; siehe auch Lenz, Produkthaftung, § 4 Rn. 54. A.A. MüKo/Wagner, § 823 Rn. 853.

[43] MüKo/Wagner, § 823 Rn. 853.

[44] *Ebd.*, Rn. 856.

[45] Hierzu Lenz, Produkthaftung, § 5 Rn. 5–83.

[46] OLG Nürnberg, Urt. v. 3.8.2011, 12 U 1143/06, juris, Rn. 67 ff.; OLG Karlsruhe, Urt. v. 2.4.1993, 15 U 293/91, juris, Rn. 33, 88–91 = NJW-RR 1995, 594; OLG Düsseldorf, Urt. v. 16.3.2007, I-17 U 11/06, juris, Rn. 34 = NJW-RR 2008, 411.

[47] OLG München, Urt. v. 18.2.1998, 7 U 6173/95, juris, Rn. 53 = NJW-RR 1999, 1657.

[48] LG Frankfurt, Urt. v. 1.8.2006, 2-19 O 429/04, juris, Rn. 27 ff. = VersR 2007, 1575 = BB 2007, 2368.

anzupassen bzw. die alle Wirtschaftsteilnehmer treffende Pflicht, Produkte dieser Bauart nicht weiter zu vertreiben, resultiert bereits aus der Pflicht zum Bereitstellen nur konformer Produkte (→ Rn. 327). Korrekturmaßnahmen sind mithin Maßnahmen des Nachrüstens und Umrüstens.

Ein Verstoß gegen die entsprechenden Pflichten in den Verordnungen zum ProdSG, in der ElektroStoffV, im MessEG, im EVPG, im EMVG und im FuAG ist in der Bundesrepublik Deutschland nicht bußgeldbewehrt. In anderen Ländern kann dies durchaus anders sein (→ Rn. 768).

2. Risikobewertung

691 Zur Beantwortung der Frage, ob und gegebenenfalls welche Gefahr-/Risikoabwendungs- bzw. Korrekturmaßnahmen zu ergreifen sind, bedarf es zuvor der Bewertung von Art und Höhe der mit dem Produkt einhergehenden Risiken. Diese Risikobewertung entspricht inhaltlich der von den Marktüberwachungsbehörden unternommenen Risikoanalyse nach Art. 20 VO (EG) Nr. 765/2008 und Rechtsvorschriften nach Art. R31 des Anhangs I des Beschlusses Nr. 768/2008/EG.[49] Nicht zu verwechseln ist diese Risikobewertung mit der den Hersteller innerhalb der Konformitätsbewertung obliegenden Risikobeurteilung (→ Rn. 352 ff., 563, 565).

692 Obschon in der Praxis Gefahr-/Risikoabwendungsmaßnahmen vornehmlich zum Sicherheits- und Gesundheitsschutz ergehen, dürfen die Begriffe „*Gefahr*", „*Risiko*" und „*Schaden*" nicht nur in Bezug auf die Rechtsgüter Leib und Leben gedacht werden. Risikobewertung findet auch außerhalb des Produktsicherheitsrechts statt: im Produktumweltrecht ist das vom nichtkonformen Produkt ausgehende Risiko von Umweltschäden und im Straßenverkehrszulassungsrecht das Risiko eines durch ein nichtkonformes Fahrzeug oder Fahrzeugteil verursachten Unfalls zu bestimmen; bei nichtkonformen Messgeräten ist zu ermitteln, inwieweit die Messunrichtigkeit Nutzer finanziell schädigt und deren Vertrauen in Abrechnungen und behördliche Messungen erschüttert; Geräte, die den Anforderungen zur elektromagnetischen Verträglichkeit nicht genügen, gefährden die Funktionsfähigkeit anderer Geräte (u. U. gar der Lebenserhaltung dienende Geräte, wie Herzschrittmacher); etc. Die Expertengruppe für den Binnenmarkt für Produkte (IMP-MSG) und die AdCo-Gruppen haben aufbauend auf den zur Risikobewertung von Verbraucherprodukten ergangenen RAPEX-Leitlinien eine **rechtsgüterübergreifende Methodik zur Risikobewertung** nichtkonformer Produkte entwickelt.[50]

---

[49]Etwa Europäische Kommission, Guide to the Radio Equipment Directive 2014/53/EU, 19.5.2017, S. 29, abrufbar unter URL: https://ec.europa.eu/docsroom/documents/23321/attachments/1/translations/en/renditions/native.

[50]Europäische Kommission, EU general risk assessment methodology (Action 5 of Multi-Annual Action Plan for the surveillance of products in the EU (COM(2013) 76 final), abrufbar unter: https://ec.europa.eu/docsroom/documents/17107/attachments/1/translations/en/renditions/native.

Dort wird die aus den RAPEX-Leitlinien bekannte Vorgehensweise für eine größere Bandbreite öffentlicher – von Harmonisierungsrechtsvorschriften abgedeckter – Interessen handhabbar gemacht.

Im Grundsatz[51] erfolgt die Risikobewertung in drei Schritten: *1)* Ausgangsbasis ist ein gedachtes Szenario, bei dem das inhärente Produktrisiko zu einer Beeinträchtigung des öffentlichen Interesses führt. Der Schweregrad der Beeinträchtigung ist auf der Grundlage einer Skala von „*1*" (Negativeffekte, die vollkommen reversibel sind) bis „*4*" (schwere und nachhaltige Beeinträchtigungen des Rechtsguts) zu bestimmen. Der Risikobewerter geht hierbei von einem Szenario aus, das Schritt für Schritt beschreibt, auf welche Weise das Risiko zur Beeinträchtigung des Rechtsgutes führt. Es wird gleichsam ein „*Unfall*" beschrieben und der Schweregrad der durch den Unfall verursachten Beeinträchtigung bestimmt. *2)* Sodann ist die Wahrscheinlichkeit des Eintritts der Beeinträchtigung zu bestimmen. Jedem Schritt des Szenarios ist eine bestimmte Wahrscheinlichkeit zuzuordnen. Durch Multiplizieren der einzelnen Wahrscheinlichkeitswerte wird die Gesamtwahrscheinlichkeit des Szenarios ermittelt. *3)* In einem letzten Schritt wird nachstehender Tabelle der Risikograd entnommen. Dort wird der Schweregrad der Beeinträchtigung mit der Wahrscheinlichkeit kombiniert und zwischen den Risikograden „*ernst*", „*hoch*", „*mittel*" und „*niedrig*" unterschieden.

Risikograd aus Kombination von Schweregrad der Beeinträchtigung und Wahrscheinlichkeit:

Wahrscheinlichkeit einer Beeinträchtigung während der voraussichtlichen Lebensdauer des Produkts		Schweregrad der Beeinträchtigung			
		1	2	3	4
Hoch	> 50%	Hohes Risiko	Ernstes Risiko	Ernstes Risiko	Ernstes Risiko
	> 1/10	Mittleres Risiko	Ernstes Risiko	Ernstes Risiko	Ernstes Risiko
	> 1/100	Mittleres Risiko	Ernstes Risiko	Ernstes Risiko	Ernstes Risiko
	> 1.000	Niedriges Risiko	Hohes Risiko	Ernstes Risiko	Ernstes Risiko
	> 10.000	Niedriges Risiko	Mittleres Risiko	Hohes Risiko	Ernstes Risiko
	> 100.000	Niedriges Risiko	Niedriges Risiko	Mittleres Risiko	Hohes Risiko
	> 1.000.000	Niedriges Risiko	Niedriges Risiko	Niedriges Risiko	Mittleres Risiko
Gering	> 10.000.000	Niedriges Risiko	Niedriges Risiko	Niedriges Risiko	Niedriges Risiko

---

[51]Für Messgeräte, siehe Methodik zur Rechtsbewertung in WELMEC 5.3., Risk Assessment Guide for Market Surveillance: Weigh and Measuring Instrumens, abrufbar unter URL: http://www.welmec.org/fileadmin/user_files/publications/WELMEC_05.03_Risk_Assessment_Guide_issue1.pdf.

694 Beispiel: Risikobewertung aus dem Bereich „*Druck*" (Richtlinien 2014/29/EU und 2014/68/EU) in Anlehnung an PED (Pressure Equipment Directive) ADCO[52]
Sandstrahlgerät (mit einem zulässigen Betriebsdruck von 8 bar) mit Mängeln an der Längsschweißnaht. Szenario: Der Druckkessel versagt plötzlich und schlagartig (sog. bersten). Der Benutzer wird von umherfliegenden Teilen getroffen oder durch die entstandene Druckwelle umgestoßen. Er erleidet nachhaltige Verletzungen.
Schweregrad der Verletzung (nach RAPEX): 4.
Wahrscheinlichkeit der Verletzung:

Druckkessel berstet (zerknallt) aufgrund der mangelhaften Schweißnaht	>70 %
Teile des Kessels reißen ab und fliegen umher	>90 %
Jemand befindet sich unmittelbarer Nähe des Kessels	>70 %
Diese Person wird von Teilen getroffen oder durch die Druckwelle umgestoßen	>70 %
Sie erleidet nachhaltige Verletzungen	>10 %

Gesamtwahrscheinlichkeit: $(0{,}7 \times 0{,}9 \times 0{,}7 \times 0{,}7 \times 0{,}1) = 0{,}031 > 1/100$
Risikograd: Ernstes Risiko

3. Maßgebender Risikograd

Der Risikograd, ab dem Gefährdungs-/Risikobeseitigungs- bzw. Korrekturmaßnahmen durchzuführen sind, wird gesetzlich nicht näher bestimmt.

a. Strafrechtliche Gefahrabwendungspflicht

695 Eine strafrechtliche Verantwortung wegen Bereitstellens nichtkonformer Produkte entsteht erst mit dem Schaden. So hat es der Gesetzgeber vorgeschrieben (→ Rn. 771 f.). Erst wenn Leben, Körper oder Gesundheit eines anderen verletzt sind, kann eine Strafbarkeit entstehen (§§ 211 ff., 223 ff. StGB). Ist der Verletzungserfolg eingetreten, fragen die Strafgerichte rückblickend, ob die Entscheidungsträger die mögliche Gefahr kannten oder hätten kennen müssen. Die Frage nach dem Grad der Eintrittswahrscheinlichkeit zum Tatzeitpunkt wird nicht weiter thematisiert und genügt der „*eine*" Fall, wenn der Strafvorwurf am Inverkehrbringen eines fehlerhaften Produkts ansetzt und der Inverkehrbringer zum Zeitpunkt des Inverkehrbringens um die Fehlerhaftigkeit wusste oder in vorwerfbarer Weise nicht wusste.[53] Anders in den hier interessierenden Fällen, bei denen der Strafvorwurf am Im-Feld-Belassen eines gefährlichen Produkts anknüpft. Die Schwelle,

---

[52]Nach PED ADCO 2013.01, S. 16, abrufbar unter URL: http://ec.europa.eu/DocsRoom/documents/13244/attachments/1/translations/en/renditions/native.
[53]Vgl. etwa OLG Karlsruhe, Urt. v. 21.11.1980, 1 Ss 97/80, NJW 1981, 1054; LG Kassel, Urt. v. 18.12.2000, 800 Js 20985/99, VersR 2001, 1031.

ab deren Erreichen im Kernstrafrecht (§§ 211 ff., 223 ff. StGB) Maßnahmen zu ergreifen sind, ist der **ernst zu nehmende Gefahrenverdacht.**[54] In einem ersten Schritt sind die dem Unternehmen bekannt gewordenen Schadensfälle zu erforschen und bestehen **Nachforschungspflichten.** Es genügt zur Begründung dieser strafrechtlich bewehrten Handlungspflicht sicherlich nicht, wenn irgendjemand nur die Gefährlichkeit eines Produkts behauptet. Geht jedoch eine nennenswerte Anzahl gleichgelagerter Schadensmeldungen ein, verdichtet sich der Verdacht der Gefährlichkeit des Produkts und sind die Schadensfälle zu erforschen.[55] Die Geschäftsleitung wird sich in derartigen Fällen nicht darauf zurückziehen können, dass die positive Gefährlichkeit des Produkts nicht bekannt war. Im Mandelbienenstich-Urteil des BGH[56] heißt es, dass sich die Angeklagten der *„sehr naheliegenden Wahrscheinlichkeit"* weiterer Erkrankungen bewusst waren.[57] Im Ledersspray-Urteil[58] stellt der BGH fest, dass es sich *„angesichts der Zahl der*

---

[54] LG Aachen, Urt. v. 18.12.1970, 4 KMs 1/68, 15–115.67, JZ 1971, 507 (515 f.) (Contergan); LG München II, Urt. v. 21.4.1978, IV KLs 58 Js 5534/76 (Monza Steel), Kullmann/Pfister/Stöhr/Spindler, Produzentenhaftung, KzA 8701/4 (S. 46 f.); LG Frankfurt am Main, Urt. v. 25.5.1993, 5/26 Kls 65 Js 8793/84, ZUR 1994, 33 (35) (Holzschutzmittel).

[55] Schmidt-Salzer, NJW 1996, 1 (5); Schmid, in Müller-Gugenberger/Bieneck (Hrsg.), Wirtschaftsstrafrecht, § 56 Produkthaftung, Rn. 50 ff.

[56] BGH, Urt. v. 4.5.1988, 2 StR 89/88, juris: Nach dem Verzehr von Mandelbienenstichkuchen erkrankten in einer Klinik 109 Personen, darunter 99 Patienten, an Übelkeit, heftigen Bauchschmerzen, Erbrechen und Durchfall. Ursache war, dass bei der Herstellerfirma sog. Staphylokokken in den Kuchen geraten waren. Die Krankheitserscheinungen, insbesondere der Durchfall, waren bei einigen – bereits aufgrund ihrer Erkrankung oder nach durchgeführter Operation geschwächten – Patienten derart intensiv, dass für diese eine lebensbedrohliche Situation bestand. Bereits rund zwei Wochen zuvor waren andernorts zahlreiche Personen nach dem Genuss von Mandelbienenstichkuchen der Herstellerfirma erkrankt. Der Geschäftsführung des den Kuchen ausliefernden Lebensmittelgroßhandelsunternehmens waren diese Vorfälle bekannt. Sie waren sich der sich der *„sehr naheliegenden Wahrscheinlichkeit"* weiterer Erkrankungen bewusst, entschieden aber wegen *„*des damit verbundenen zeitlichen, sachlichen und finanziellen Aufwands, aber auch um eine mögliche Schädigung des Rufs der Firma zu vermeiden, keine Warnaktion durchzuführen. Dies auch ersichtlich deshalb, weil sie *„diese Erkrankungen für nicht besonders gefährlich hielten und sich von der Vorstellung leiten ließen, da[ss] man im Einzelfall den von einer solchen Erkrankung durch den Genu[ss] von verdorbenem Bienenstich betroffenen Kunden durch die Zuwendung eines entsprechenden Präsents in Form von Pralinen werde besänftigen können".*

[57] *Ebd.*, Rn. 21.

[58] BGH, Urt. v. 6.7.1990, 2 StR 549/89, juris = BGHSt 37, 106–135 = DB 1990, 1859 = NJW 1990, 2560 = BB 1990, 1856 = EWiR 1990, 1017 = VersR 1990, 1171 = MDR 1990, 1025 = ZIP 1990, 1413 = NStZ 1990, 588: Ab dem Spätherbst 1980 kam es im Feld zum Ledersspray (Typ) der Marken „E" und „S" zu Schadensmeldungen. Personen erlitten nach dem Gebrauch des Ledersprays gesundheitliche Beeinträchtigungen. Diese äußerten sich zumeist in Atembeschwerden, Husten, Übelkeit, Schüttelfrost und Fieber. Die Betroffenen mussten vielfach ärztliche Hilfe in Anspruch nehmen, bedurften oftmals stationärer Krankenhausbehandlung und kamen in nicht seltenen Fällen wegen ihres lebensbedrohlichen Zustands zunächst auf die Intensivstation.

[den Angeklagten bekannten] *Schadensfälle bei den schadensursächlichen Ledersprays nicht bloß um sogenannte Ausreißer* [handelte], *die, weil sie selbst bei der Fabrikation generell einwandfreier Massenerzeugnisse nicht ausnahmslos zu vermeiden sind, unter Umständen keine strafrechtliche Haftung begründen"*. Das Landgericht Frankfurt erkannte im Holzschutzmittel-Fall[59], dass sich die Produktverantwortlichen eines möglichen toxikologischen Ursachenzusammenhangs zwischen den ihnen bekannten Schadensfällen und den im Erzeugnis vorfindlichen Giftstoffen nicht verschließen konnten und mangels wissenschaftlicher fundierter Kenntnisse zur Langzeitexposition dieser Giftstoffe diese Wissenslücke hätten schließen müssen.[60] Obschon sich die Strafgerichte in den genannten Fällen nicht explizit zu dem eine strafrechtliche Rückrufpflicht auslösenden Risikograd äußerten, setzen sie sich mit dem zum Tatzeitpunkt bei den Angeklagten vorhandenen Kenntnisstand auseinander. Für einen Fahrlässigkeitsvorwurf genügt hiernach, wenn aufgrund konkreter Umstände ein Schadenseintritt und dessen Zurückführbarkeit auf das technische Design oder zumindest einen einer ganzen Serie anhaftenden Fehler, wenn auch nicht sicher, so doch (sehr) wahrscheinlich war. Eine Abwägung der widerstreitenden Interessen findet nur eingeschränkt statt. Eine Gefahrenabwehrpflicht trotz bekannter Risiken entfällt nur dann, wenn dem Endnutzer bei Unterbleiben der zur Gefahrenabwehr erforderlichen Maßnahmen nur geringfügige Nachteile drohen, diese Maßnahmen jedoch für das Unternehmen mit schwerwiegenden, womöglich existenzgefährdenden Folgen verbunden wären.[61] Insgesamt besteht hiernach in der Tendenz der strafgerichtlichen Rechtsprechung eine **Abwehrpflicht bei hohen und ernsten Risiken.**

Firmeninterne Untersuchungen brachten keine Klärung. Bei einer Sondersitzung der Geschäftsführung wurde beschlossen eine externe Institution mit weiteren Untersuchungen zu beauftragen und Warnhinweise auf allen Spraydosen anzubringen. Die Anordnung eines Vertriebsstopps, einer Rückruf- oder auch Warnaktion sei nur dann in Betracht zu ziehen, falls die noch ausstehenden Untersuchungen einen *„echten Produktfehler"* oder ein *„nachweisbares Verbraucherrisiko"* ergeben sollten.

[59]LG Frankfurt am Main, Urt. v. 25.5.1993, 5/26 Kls 65 Js 8793/84, ZUR 1994, 33; BGH, Urt. v. 2.8.1995, 2 StR 221/94, juris=BGHSt 41, 206–219=DB 1995, 1908=NJW 1995, 2930=MDR 1995, 1153=NStZ 1995, 590: Nach der Verwendung des Holzschutzmittels der Marke „X" erlitten mindestens 29 Personen körperliche Schäden. Die Betroffenen klagten über Atemnot, Hautausschläge, Kreislaufprobleme sowie Gedächtnis- und Sprachstörungen bis hin zu Wasseransammlungen in der Lunge. Der im landgerichtlichen Verfahren bestellte Sachverständige stellte fest, dass die im Holzschutzmittel vorhandenen giftigen Stoffe aufgrund des ihnen anhaftenden Dampfdrucks über Jahre hinweg der Ausgasung im Sinne einer dynamischen Nachdiffusion unterlegen hätten. Das Landgericht Frankfurt erkannte hierin einen Ursachenzusammenhang zwischen den bioziden Inhaltsstoffen und den Gesundheitsschäden und verurteilte den kaufmännischen und den technischen Geschäftsführer wegen fahrlässiger Körperverletzung in Tateinheit mit fahrlässiger Freisetzung von Giften. Tathandlung war hierbei das Inverkehrbringen des Holzschutzmittels sowie das Im-Feld-Belassen.
[60]LG Frankfurt am Main, Urt. v. 25.5.1993, 5/26 Kls 65 Js 8793/84, ZUR 1994, 33 (36).
[61]BGH, Urt. v. 6.7.1990, 2 StR 549/89, juris, Rn. 46=BGHSt 37, 106–135=DB 1990, 1859=NJW 1990, 2560=BB 1990, 1856=EWiR 1990, 1017=VersR 1990, 1171=MDR 1990, 1025=ZIP 1990, 1413=NStZ 1990, 588.

b. Zivilrechtliche Gefahrabwendungspflicht

Voraussetzung für eine Verkehrssicherungspflicht ist, dass sich vorausschauend für ein sachkundiges Urteil die nahe liegende Gefahr ergibt, dass Rechtsgüter anderer verletzt werden können.[62] *„Kommt es in Fällen, in denen hiernach keine Schutzmaßnahmen getroffen werden mussten, weil eine Gefährdung anderer zwar nicht völlig ausgeschlossen, aber nur unter besonders eigenartigen und entfernter liegenden Umständen zu befürchten war, ausnahmsweise doch einmal zu einem Schaden, so muss der Geschädigte – so hart dies im Einzelfall sein mag – den Schaden selbst tragen. Er hat ein "Unglück" erlitten und kann dem Schädiger kein "Unrecht" vorhalten".*[63] Entsprechend sind Abwehrpflichten zu bereits vermarkteten Produkten, namentlich eine Rückrufpflicht, erst bei einer nahe bevorstehenden oder typischer Weise zu erwartenden Gefahr zu bejahen.[64] Das Vorliegen einer solch konkreten Gefahr ist gegeben, wenn es bereits zu Unfällen gekommen ist[65] sowie im Falle eines *„Beinahe-Unfalls"*[66], also ein Geschehens, bei dem ein unbeteiligter Beobachter zu der Einschätzung gelangt ist, dass das *„noch mal gut gegangen sei"*[67]. Auch hier gilt, dass die Anforderungen an die Eintrittswahrscheinlichkeit umso geringer sind, je grösser der mögliche Schaden liegt;[68] eine nur theoretische Betrachtung, wonach es nur *„eine Frage der Zeit"* ist, bis sich *„irgendwann einmal zwangsläufig"* ein Schadensfall ereigne, ist hier nicht ausreichend.[69] Ist die Gefahr noch nicht konkret greifbar und bestehen lediglich Zweifel an der Sicherheit des Produkts, die zwar substantiiert sein müssen, sich aber eben noch nicht zur Gewissheit seiner Gefährlichkeit verdichtet haben, ist der Hersteller gleichwohl verpflichtet Gegenmaßnahmen zu ergreifen, wenn die Schadensfolgen schwerwiegend wären.[70] Insgesamt scheinen auch die Zivilgerichte eine **Abwehrpflicht** erst **ab den Risikograden „ernst" und „hoch"** zu bejahen.

696

c. Öffentlich-rechtliche nachmartliche Konformitätspflicht

Bei am Wortlaut orientierter Auslegung der Art. R2 Abs. 8, R4 Abs. 7 und R5 Abs. 4 der Musterbestimmungen und der ihnen nachgebildeten Harmonisierungsrechtsvorschriften bestünde die nachmarktliche Konformitätspflicht bei jeder Nichtkonformität (siehe aber

697

---

[62] BGH, Urt. v. 2.3.2010, VI ZR 223/09, juris, Rn. 6 m.w.Nachw. = VersR 2010, 544 = MDR 2010, 625 = NJW 2010, 1967.

[63] *Ebd.*, Rn. 7 m.w.Nachw.

[64] OLG Düsseldorf, Urt. v. 31.5.1996, 22 U 13/96, NJW-RR 1997, 1344 (1346) m.w.Nachw.

[65] OLG München, Urt. v. 18.2.1998, 7 U 6173/95, juris, Rn. 49 f. = NJW-RR 1999, 1657; OLG Karlsruhe, Urt. v. 2.4.1993, 15 U 293/91 –, juris, Rn. 33, 88–90 = NJW-RR 1995, 594.

[66] OLG Düsseldorf, Urt. v. 31.5.1996, 22 U 13/96, NJW-RR 1997, 1344 (1346).

[67] BGH, Beschl. v. 3.11.2009, 4 StR 373/09, juris, Rn. 6 m.w.Nachw. = JuS 2010, 364.

[68] OLG München, Urt. v. 18.2.1998, 7 U 6173/95, juris, Rn. 49 f. = NJW-RR 1999, 1657.

[69] OLG Düsseldorf, Urt. v. 31.5.1996, 22 U 13/96, NJW-RR 1997, 1344 (1346).

[70] BGH, Urt. v. 16.12.2008, VI ZR 170/07, juris, Rn. 15 m.w.Nachw. = BGHZ 179, 157–168 = VersR 2009, 272 = BB 2009, 627 = NJW 2009, 1080 = MDR 2009, 378 = BGHReport 2009, 456 = JZ 2009, 905; MüKo/Wagner, § 823 Rn. 845 m.w.Nachw.

zum maßgeblichen Beurteilungszeitpunkt → Rn. 323). Eine Anknüpfung an ein Risiko findet im Text nicht statt und wäre die nachmarktliche Konformitätspflicht hiernach absolut. Bei jedem noch so geringen Verstoß gegen Marktzugangsvoraussetzung müssten die bereits vermarkteten Erzeugnisse nachgerüstet und gegebenenfalls vom Markt zurückgeholt und zurückgerufen werden. Eine solche weit und einseitig verstandene nachmarktliche Konformitätspflicht würde die mit den Maßnahmen der Rücknahme und des Rückrufs verbundenen Folgen bei dem betroffenen Wirtschaftsteilnehmer vollkommen ignorieren. So ziehen diese Maßnahmen nicht nur in der Lieferkette durchgereichte Schadensersatzansprüche nach sich. Sie sind mit immensem logistischem, personellem und administrativem Aufwand verbunden und kann dies kleinere und mittlere Unternehmen, die oftmals über kein oder nur ein rudimentäres Rückrufmanagementsystem verfügen, schnell in eine finanzielle Schieflage bringen. Weiter geht mit der Rücknahme und dem Rückruf zumeist ein Vertrauens- und Glaubwürdigkeitsverlust einher, der eine gegebenenfalls mühsam erarbeitete Marktposition nachhaltig beschädigen kann. Dies kann den Erfolg eines Unternehmens insgesamt bedrohen.[71] Zur Korrektur textlich weitgefasster nachmarktlicher Konformitätspflichten ist auch hier der für alles Handeln der Unionsorgane geltende und in Art. 5 Abs. 4 EUV verankerte Grundsatz der Verhältnismäßigkeit zu bemühen und über das Gebot primärrechtskonformer Auslegung des Sekundärrechts die nachmarktliche Konformitätspflicht auf das wirtschaftlich noch Vernünftige und Zumutbare zu beschränken (→ Rn. 247).[72] Der anzulegende Maßstab ist demgemäß der für die marktaufsichtsbehördliche Anordnung von Rücknahme und Rückruf erforderliche Risikograd: erforderlich ist, dass die Nichtkonformität der in Rede stehenden Verkehrseinheiten festgestellt oder doch hinreichend sicher ist (→ Rn. 726–728) und sind die Intensität der drohenden Beeinträchtigung des geschützten öffentlichen Interesses, die Wahrscheinlichkeit der Risikoverwirklichung sowie die Maßnahmefolgen zu berücksichtigen (→ Rn. 738). Dies entspricht auch der Praxis der Marktüberwachungsbehörden und dem dortigen System abgestufter, nämlich am Risikograd orientierter Maßnahmen und sind auf bereits vermarktete Produkte bezogene Anordnungen ab einem mittleren und der hoheitliche angeordnete **Rückruf** gar erst **ab einem ernsten Risiko** zu befürchten.[73]

4. Wissen oder Wissen-Müssen

Die öffentlich-rechtliche Pflicht zum Ergreifen von Korrekturmaßnahmen und gegebenenfalls zum Aus-dem-Verkehr-Ziehen bereits vermarkteter Produkte entsteht, sobald der

---

[71] Gauger, Produktsicherheit und staatliche Verantwortung, S. 238–240.

[72] So zu § 4 ElektroStoffV explizit Bundesrat in seiner Entschliessung zur Zustimmung zur Elektstoff V gefassten Entschliessung (BR-Drucks. 68/13) (hierzu Ellinghaus, in Schmehl, GK-KrWG, Elektro- und Elektronikgerätegesetz (ElektroG) Rn. 46.

[73] Europäische Kommission, EU general risk assessment methodology (Action 5 of Multi-Annual Action Plan for the surveillance of products in the EU (COM(2013) 76 final)), S. 16, abrufbar unter: https://ec.europa.eu/docsroom/documents/17107/attachments/1/translations/en/renditions/native.

Wirtschaftsakteur der Auffassung ist oder Grund zu der Annahme hat, dass das Produkt nicht den an es gestellten Marktzugangsanforderungen entspricht und von ihm zumindest ein mittleres Risiko ausgeht. Gefordert wird wenigstens fahrlässig Unkenntnis.[74] Die bloße Besorgnis genügt nicht. Es bedarf eindeutiger und nicht nur erster Anhaltspunkte, ist dem Wirtschaftsakteur eine erste Sachverhaltsaufklärung – nicht aber langwierige Tests – zuzugestehen und ist für ein Wissen-Müssen zu fordern, dass sich dem Wirtschaftsakteur die Nichtkonformität und das Produktrisiko hätten erschließen müssen,[75] z. B. aufgrund ansteigenden Reklamationsgeschehens im Feld.[76]

II. Notifikationspflicht

Neben der nachmarktlichen Konformitätspflicht des Inverkehrbringers begründen die Art. R2 Abs. 8, R4 Abs. 7 und R5 Abs. 4 des Anhangs I des Beschlusses Nr. 768/2008/EG nachgebildeten und die in Umsetzung des Art. 5 Abs. 1 der Richtlinie 2001/95/EG ergangenen Rechtsvorschriften die – mit Ausnahme des Bevollmächtigten – **alle Wirtschaftsakteure treffende Pflicht,** die zuständigen Behörden unverzüglich und von sich aus zu informieren, wenn sie der Auffassung sind oder Grund zu der Annahme haben, dass ein von ihnen bereitgestelltes Produkt ein Risiko für das jeweilige – von der Rechtsvorschrift abgedeckte – öffentliche Interesse darstellt. Sinn und Zweck der Meldepflicht ist es, die Bewertung des Erfordernisses der Durchführung von Risikoabwendungsmaßnahmen einer behördlichen Überprüfung zuzuführen.[77] Ein Verstoß gegen die entsprechenden Pflichten im ProdSG, in den Verordnungen zum ProdSG, in der ElektoStoffV, im MessEG, im EVPG, im EMVG und im FuAG ist in der Bundesrepublik Deutschland nur in Bezug auf Verbraucherprodukte (§§ 6 Abs. 4 S. 1, 39 Abs. 1 Nr. 4 ProdSG) und Messgeräte (§§ 23 Abs. 6 S. 6, § 60 Abs. 1 Nr. 8 MessEG) bußgeldbewehrt.

1. Meldekriterien

Der Risikograd, ab dem eine Meldepflicht besteht, wird auch hier gesetzlich nicht näher bestimmt. Nach dem Text der eine behördliche Notifikationspflicht begründenden Vorschriften, entstünde diese bereits dann, wenn von dem Produkt erkennbar (irgend-)ein Risiko für das jeweilige öffentliche Interesse ausginge. Sinn und Zweck der Meldung (→ Rn. 699) wie auch die Leitlinien gemäß Entscheidung 2004/905/EG, auf die die Europäische-Kommission auch außerhalb des Art. 5 Abs. 1 der Richtlinie 2001/95/EG

---

[74]Vgl. Kapoor, in Klindt (Hrsg.), ProdSG, § 6 Rn. 79.
[75]Wilrich, Das neue Produktsicherheitsgesetz (ProdSG), Rn. 449; Gauger, Produktsicherheit und staatliche Verantwortung, S. 189 m.w.Nachw.; vgl. auch 21. Erwägungsgrund der Richtlinie 2001/95/EG.
[76]Kapoor, in Klindt (Hrsg.), ProdSG, § 6 Rn. 79.
[77]Entscheidung 2004/905/EG, L 381/66; Kapoor, in Klindt (Hrsg.), ProdSG, § 6 Rn. 73.

verweist,[78] fordern eine Meldung hingegen nur bei solchen Risiken, bei denen sich die Behörde zu einem Einschreiten veranlasst sehen könnte, d. h. ab dem Risikograd „*mittel*" (→ Rn. 697).[79] Mithin ist eine Meldung nicht erforderlich und dies unabhängig vom Risikograd, wenn der Hersteller an allen betroffenen Einzelstücken sofortige Korrekturmaßnahmen veranlassen konnte bzw. die betroffene Ware aus dem Verkehr gezogen hat, wie auch dann, wenn dem Wirtschaftsakteur bekannt ist, dass die Behörden bereits unterrichtet sind und über alle erforderlichen Informationen verfügen.[80]

2. Meldeverfahren

701 Der Wirtschaftsakteur hat die Meldung an die Marktüberwachungs-/Vollzugsbehörden aller Mitgliedstaaten zu richten, in denen er das Produkt bereitgestellt hat (zur zuständigen Behörde → Rn. 723). Die Kommission stellt hierfür ein Online-Meldetool, die „*GPSD Business Application*" bereit, das die praktischen Aspekte der Meldepflicht erheblich erleichtert. Es führt den Nutzer Schritt für Schritt durch den Meldeprozess. Die Meldung – das einmalig auszufüllende Formular nebst den eingestellten Dokumenten – wird simultan an die zuständigen Behörden aller betroffenen Mitgliedstaaten gesendet und bedarf es keiner weiteren Recherche der Zuständigkeiten im europäischen Ausland. Die Nutzung des Online-Meldetools ist freiwillig. Streng rechtlich ist die Form der Meldung nicht und ihr Inhalt nur bei den Verbraucherprodukten (Art. 6 Abs. 4 S. 1 ProdSG i. V. m. Anhang I der Richtlinie 2001/95/EG) festgelegt, muss aber richtig, vollständig und rechtzeitig erfolgen (vgl. § 39 Abs. 1 Nr. 4 ProdSG, § 60 Abs. 1 Nr. 8 MessEG). Bei aus Sicht der Behörde unzureichender Meldung wäre behördlicherseits der weitere Sachverhalt von Amts wegen aufzuklären (→ Rn. 729 ff.),[81] was rein praktisch bedeutet, dass die Behörde zunächst um weitere Auskünfte bitten wird.[82]

3. Meldefrist

702 Die Meldung muss **unverzüglich** erfolgen, nachdem der Wirtschaftsakteur um das Produktrisiko weiß oder aufgrund der ihm vorliegenden Informationen bzw. seiner Erfahrung um dieses wissen müsste (zum Wissen oder Wissen-Müssen → Rn. 698): *i)* im Grundsatz binnen zehn Tagen, auch bei noch laufenden Untersuchungen, *ii)* binnen drei Tagen, wenn ein ernstes Risiko vorliegt und *iii)* auf schnellstem Wege, wenn ein Unternehmen Sofortmaßnahmen veranlasst (Notfallsituation).[83]

---

[78] Europäische Kommission, Business application – User manual for producers and distributors, 27.9.2016, Version 2.0, S. 3, abrufbar unter https://webgate.ec.europa.eu/gpsd-ba/user_manual_producers_distributors.pdf.
[79] Entscheidung 2004/905/EG, L 381/77. Vgl. auch Wilrich, Das neue Produktsicherheitsgesetz (ProdSG), Rn. 451.
[80] Entscheidung 2004/905/EG, L 381/69; Kapoor, in Klindt (Hrsg.), ProdSG, § 6 Rn. 77.
[81] Kapoor, in Klindt (Hrsg.), ProdSG, § 6 Rn. 88.
[82] Zu den Anschlussmaßnahmen siehe auch Entscheidung 2004/905/EG, L 381/72.
[83] Entscheidung 2004/905/EG, L 381/71.

4. Privilegierung nach § 6 Abs. 4 S. 3 ProdSG

Die im rechtswissenschaftlichen Schrifttum anzutreffende Qualifizierung der Meldepflicht als „*Selbstanschwärzungspflicht*"[84] oder als „*Selbstanzeigepflicht*"[85] wird durch § 6 Abs. 4 S. 3 ProdSG nicht unrichtig. Zwar darf hiernach die Meldung straf- oder ordnungswidrigkeitsrechtlich nicht gegen den Meldenden verwendet werden. Das sich hieraus ergebende Beweisverwertungsverbot gilt indes nur für die Behördenmeldung als solche, setzt aber die Meldung ein Verwaltungsverfahren in Gang, wird die Behörde den Sachverhalt von Amts wegen aufklären (→ Rn. 729 ff.) und können die Erkenntnisse aus der Ermittlungsarbeit in ein ordnungswidrigkeits- oder gar strafrechtliches Verfahren münden.[86] Die eine Notifikationspflicht begründenden Vorschriften der Verordnungen zum ProdSG, der ElektoStoffV, des MessEG, des EVPG, des EMVG und des FuAG enthalten eine solche Privilegierung der im Rahmen der Behördenmeldung übermittelten Information mithin nicht.

703

§ 4 – Rückrufmanagement

Das ProdSG, in Umsetzung des Art. 5 Abs. 1 UAbs. 3 lit. b) der Richtlinie 2001/95/EG, verpflichtet Inverkehrbringer, Vorkehrungen für im Krisenfall geeignete, den Produkteigenschaften angemessene Maßnahmen zu treffen, um Risiken zu vermeiden, die einem bereitgestellten Verbraucherprodukt (→ Rn. 609 ff.) anhaften können. Für gewerbliche Erzeugnisse statuiert der Gesetzgeber keine solche Organisationspflicht. Der Normadressat soll nach Sinn und Zweck des § 6 Abs. 2 ProdSG im Ernstfall, d. h. bei auftretenden Produktgefahren, in der Lage sein, schnell und zielgerichtet reagieren zu können.[87] Gefordert wird ein „*Sich-Wappen*"[88], eine „*Notfallplanung*"[89] bzw. ein „*Gefahrenabwehr-Managementsystem*"[90]. Was der Gesetzgeber im Einzelnen vom Normadressaten verlangt, d. h. wie diese Vorkehrungen konkret auszusehen haben, lässt er offen. § 6 Abs. 2 ProdSG ist mithin nicht bußgeldbewehrt. In der Praxis erfolgen die Einführung und das Unterhalten eines Rückrufmanagementsystems denn auch eher aus wirtschaftlichen Erwägungen und wird weniger als hoheitliche Pflicht verstanden.[91]

704

---

[84]Langner/Klindt, Technische Vorschriften und Normen, Rn. 63; Lenz/Laschet, Das neue Geräte- und Produktsicherheitsgesetz, 2/1.2 (S. 3) und 4.2 (S. 1).
[85]Fluck/Sechting, DVBl. 2004, 1392 (1396).
[86]Kapoor, in Klindt, (Hrsg.), ProdSG, § 6 Rn. 90 f.
[87]BT-Drucks. 15/1620, 29; Fluck/Sechting, DVBl. 2004, 1392 (1401).
[88]Klindt, NJW 2004, 465 (468).
[89]Kullmann, in Kullmann/Pfister/Stöhr/Spindler, Produzentenhaftung, KzA 2450, G.III.2., S. 32.
[90]Wilrich, Das neue Produktsicherheitsgesetz (ProdSG), Rn. 441.
[91]Erste Hinweise zum Aufbau eines Rückrufmanagementsystems gibt. PROSAFE u. a., Corrective Action Guide, abrufbar unter: http://www.prosafe.org/index.php/library/knowledgebase/item/corrective-action-guide (oder http://ec.europa.eu/consumers/cons_safe/action_guide_de.pdf).

§ 5 – Nachmarktpflichten nach ElektroG und BattG

I. Hersteller- und Vertreiberpflichten nach dem ElektroG

Das ElektroG (zum Anwendungsbereich des ElektroG → Rn. 669) begründet in der Nachmarktphase Nachweis-, Mitteilungs-, Bereitstellungs-, Rücknahme-, Abhol- und Informationspflichten.

1. Finanzierungsgarantie

705 Jeder Hersteller (zum Herstellerbegriff des ElektroG → Rn. 282 f.) und Bevollmächtigte (zum Bevollmächtigtenbegriff im ElektroG → Rn. 284) ist verpflichtet, der stiftung ear als Gemeinsame Stelle kalenderjährlich eine insolvenzsichere Garantie für die Rücknahme und Entsorgung der Geräte – je Geräteart[92] (zum Konzept der Geräteart → Rn. 670) – nachzuweisen, die in privaten Haushalten genutzt werden können (§ 7 Abs. 1 S. 1 ElektroG). **Sicherungszweck der Garantie** ist die Sicherung des Rückgriffsanspruchs der Gemeinsamen Stelle aus § 34 Abs. 2 ElektroG bzw. § 34 Abs. 3 S. 4 i. V. m. Abs. 2 ElektroG. Theoretisch wäre zwischen den nach § 31 Abs. 5 S. 3 Nr. 1 ElektroG vorausfinanzierenden Herstellern und den nach § 31 Abs. 5 S. 3 Nr. 2 umlagefinanzierenden Herstellern zu unterscheiden.[93] Eine Optierung für die Vorausfinanzierung setzt allerdings voraus, dass der Hersteller seinen Anteil an der gesamten Altgerätemenge pro Geräteart durch Sortierung oder anerkannte Methoden im Abfallstrom nachweisen kann. In der Praxis kommt dieser individuellen Rücknahme keine Bedeutung zu. Der Garantiefall innerhalb der praktisch relevanten sog. Umlagenfinanzierung ist der des Marktaustritts des letzten Herstellers von Elektronikgeräten einer Geräteart. In diesem Fall fällt – mangels Rücknahmeverpflichtung auch nur eines Herstellers – die Entsorgung der Geräte dieser Geräteart den öffentlich-rechtlichen Entsorgungsträgern zur Last (subsidiäre Entsorgungspflicht nach § 20 des KrWG). Diese haben dann einen Erstattungsanspruch gegen die Gemeinsame Stelle (§ 34 Abs. 1 ElektroG) und diese wiederum hat einen Rückgriffsanspruch gegen die ehemaligen Hersteller. Zu diesem Zweck kann die Gemeinsame Stelle die hinterlegte Garantie der ehemaligen Hersteller in Anspruch nehmen.[94] Die Höhe des Rückgriffsanspruchs gegen den einzelnen Hersteller richtet sich nach § 34 Abs. 4 S. 2 ElektroG. Zulässige **Garantieformen** sind zunächst die klassischen Sicherungsmittel der Bürgschaft auf erstes Anfordern eines Kreditinstituts oder -versicherers, der Garantie auf erstes Anfordern eines Kreditinstituts oder -versicherers und die Hinterlegung von Geld zur Sicherheitsleistung i. S. von § 232 Abs. 1 BGB (§ 7 Abs. 2 Nrn. 1–3 ElektroG). Weitere zulässige Garantieform ist die Teilnahme an Garantiesystemen nach § 7 Abs. 2 Nr. 4 ElektroG. Bei Letzteren ist zunächst die Eignung des jeweiligen Systems zur Finanzierung der Entsorgung im

---

[92] Vgl. BVerwG, Urt. v.15.4.2010, 7 C 9/09, juris, Rn. 58 ff.
[93] Giesberts/Hilf, ElektroG, § 7 Rn. 19–21.
[94] BT-Drs. 18/4901, 105.

Garantiefall nach §§ 37 Abs. 6, 40 ElektroG durch die stiftung ear festzustellen. Die festgestellten Systeme werden auf der Webseite der stiftung ear veröffentlicht.[95] Die Methode zur Berechnung der *jährlichen* **Garantiehöhe** – der insgesamt garantierte Betrag erhöht sich um den jährlich neu hinzukommenden Betrag solange, bis mit Erreichen der Garantielaufzeit zuvor gestellter Garantien Garantiebeträge frei werden –, die Berechnungsgrößen sowie die **Garantielaufzeit** legt die Regel ear 02-003[96] fest.

Beispiel: Für die Geräteart *„TV-Geräte, die in privaten Haushalten genutzt werden können"* legt die Regel ear 02–003 fest: voraussichtliche Rücklaufquote von 22 %, voraussichtliche Entsorgungskosten von 100 €/t und voraussichtliche mittlere Lebensdauer von 84 Monaten. Die jährliche Garantiesumme berechnet sich geräteartübergreifend nach folgender Formel: Garantiebetrag (in EUR) = Registrierungsgrundmenge (in Tonnen) x voraussichtliche Rücklaufquote (in Prozent) x voraussichtliche Entsorgungskosten (in EUR/Tonne). Hieraus resultiert ein Garantiebetrag von 22 €/t und eine Mindestgarantielaufzeit von 7 Jahren.

Des Nachweises einer Finanzierungsgarantie bedarf es nicht, wenn der Hersteller glaubhaft macht (§ 294 ZPO), dass dessen Geräte *i)* tatsächlich nicht in den privaten Bereich abgegeben werden oder *ii)* aufgrund der bestimmungsgemäßen Verwendung ausschließlich im gewerblichen Bereich nutzbare oder benutzte Geräte darstellen. Die Kriterien zur Bestimmung der **b2b-Eigenschaft von Elektro- und Elektronikgeräten** nach § 7 Abs. 3 ElektroG decken sich nicht mit denen zur Abgrenzung zwischen Verbraucherprodukt und gewerblichem Produkt innerhalb des ProdSG (→ Rn. 609 ff.). Eine Ausnahme von der Nachweispflicht nach § 7 Abs. 1 ElektroG wird vielmehr nur dann gemacht, wenn ausgeschlossen werden kann, dass die Geräte jemals privat genutzt werden. Denn nur dann ist gesichert, dass die betreffenden Geräte nie bei den öffentlich-rechtlichen Entsorgungsträgern anfallen und für deren Entsorgung am Ende des Lebenszyklus ein Gewerbetreibender verantwortlich ist, d. h. die Entsorgungskosten nicht von der Herstellergemeinschaft getragen würden.[97] Bei der Glaubhaftmachung der 1. Alternative ist unerheblich, ob die Geräte ihrer Zweckentsprechung nach theoretisch auch in privaten Haushalten zum Einsatz kommen könnten. Denkbar ist etwa, dass mittels vertraglicher Regelungen ein Abwandern des Geräts in die private Nutzung ausgeschlossen wird. Im Rahmen der 2. Alternative kommt es nicht auf die tatsächliche, sondern auf die zu erwartende Sachlage an. Gemeint sind praktisch ausschließlich gewerblich nutzbare oder genutzte Geräte.[98]

---

[95] Siehe unter URL: https://www.stiftung-ear.de/hersteller/garantie-glaubhaftmachung-und-kosten/garantienachweis-b2c-geraete/garantiearten/.
[96] Stand 1. September 2017, abrufbar unter URL: https://www.stiftung-ear.de/hersteller/produktbereiche-regelsetzung-und-regeln/produktuebergreifende-arbeitsgruppe-pbue/regelsetzung-garantiehoehe/.
[97] VG Ansbach, Urt. v. 3.3.2008, AN 11 K 07.01742, juris, Rn. 22 f.
[98] *Ebd.*, Rn. 23; Giesberts/Hilf, ElektroG, § 7 Rn. 38 f.

2. Mitteilungspflichten

707 Nach § 27 Abs. 1 S. 1 ElektroG hat der **Hersteller** oder im Fall der Bevollmächtigung nach § 8 dessen Bevollmächtigter – in den Nrn. 1 bis 4 zwecks Berechnung der Bereitstellungs- und Abholpflicht der Hersteller[99] und im Übrigen zu Zwecken der Berichterstattung an das Umweltbundesamt (§ 32 ElektroG) – der Gemeinsamen Stelle die dort in Nrn. 1 bis 9 genannten Mengen in kg oder t (§ 27 Abs. 3 S. 1 ElektroG) und innerhalb der in § 27 Abs. 2 ElektroG vorgesehenen Meldezeiträume mitzuteilen:

1. **Mengen in Verkehr gebrachter Geräte je Geräteart.**
   Die Inverkehrbringsmenge ist geräteart- und nicht markenbezogen.[100] Die Menge der vom Hersteller in Verkehr gebrachten Geräte, für die eine Garantie nach § 7 Abs. 1 S. 1 ElektroG erforderlich ist, ist gesondert auszuweisen.
2. **Menge der ins Ausland verbrachten Geräte** je Geräteart, wenn diese zuvor vom Hersteller nach Nr. 1 in Verkehr gebracht wurden.
   Die Menge der nach dem Inverkehrbringen ins Ausland verbrachten Geräte wird bei der Berechnung der Abhollast nach § 31 Abs. 6 S. 2 ElektroG berücksichtigt und in Abzug gebracht. In diesem Zusammenhang ist daran zu erinnern, dass es keine Bereitstellung nach § 3 Nr. 7 ElektroG darstellt und es eines Inverkehrbringens nach Nr. 1 ermangelt, wenn das Gerät dem in Inland ansässigen Exporteur übergeben wird, damit dieser sie sodann an seine ausländischen Abnehmer weiterreichen kann (→ Rn. 296).
3. **Menge der** je Gruppe nach § 16 Abs. 1 S. 1 ElektroG bei den öffentlich-rechtlichen Entsorgungsträgern **abgeholten Altgeräte.**
   Mit Gruppen sind die Gruppen nach § 14 Abs. 1 S. 1 ElektroG gemeint.
4. **Menge der** je Geräteart nach § 16 Abs. 5 ElektroG **zurückgenommenen Altgeräte.**
   Betreibt der Hersteller allein oder gemeinsam mit anderen Herstellern ein freiwilliges Rücknahmesystem für die Rückgabe von Altgeräten aus privaten Haushalten nach § 16 Abs. 5 ElektroG, so ist je Geräteart die Menge der von ihm zurückgenommenen Altgeräte der stiftung ear mitzuteilen. Die im Wege der Eigenrücknahme vom Hersteller selbst gesammelten Mengen werden nach § 31 Abs. 6 S. 5 ElektroG auf seinen Anteil an der Abholmenge gemäß § 31 Abs. 5 S. 2 oder 3 ElektroG angerechnet.
5. **Menge der** je Geräteart und Gerätekategorie im Kalenderjahr **zurückgenommenen Altgeräte, für die keine Garantie nach § 7 Abs. 1 S. 1 ElektroG erforderlich ist.**
   Hierbei handelt es sich um b2b-Geräte, zu deren Rücknahme der Hersteller nach § 19 Abs. 1 ElektroG verpflichtet ist (→ Rn. 710).

---

[99] VG Ansbach, Urt. v. 24.9.2008, AN 11 K 07.03141, juris, Rn. 26.
[100] BVerwG, Urt. v.15.4.2010, 7 C 9/09, juris, Rn. 66 ff.

6. **Menge der** je Gerätekategorie **zur Wiederverwendung vorbereiteten und recycelten Altgeräte**.
7. **Menge der** je Gerätekategorie **verwerteten Altgeräte**.
8. **Menge der** je Gerätekategorie im Kalenderjahr **beseitigten Altgeräte**.
   Die für die Mitteilungen nach Nrn. 6 bis 8 erforderlichen Daten – wie auch die Daten für die Meldungen nach § 27 Abs. 4 ElektroG – erhält der Hersteller gemäß § 22 Abs. 3 S. 3 ElektroG vom Erstbehandler und dieser von den Betreibern der weiteren Behandlungs- und Verwertungsanlagen (→ Rn. 711).[101]
9. **Menge der** je Gerätekategorie zur Behandlung **ausgeführten Altgeräte**.
   Im Hinblick auf § 17 Abs. 5 ElektroG (→ Rn. 712) treffen den **Vertreiber** (zum Vertreiberbegriff des ElektroG → Rn. 288) den vorstehenden Nrn. 4, 6 bis 9 entsprechende Mitteilungspflichten (§ 29 ElektroG).

3. Bereitstellungs-, Rücknahme- und Abholpflichten

Nach der Systematik des ElektroG stellt sich die **Logistik der Sammlung von Elektro-Altgeräten** wie folgt dar:[102] Nach §§ 15 Abs. 1 und 16 Abs. 1 ElektroG sind Behältnisse zur Entsorgung von Altgeräten an den von den öffentlich-rechtlichen Entsorgungsträgern nach § 13 ElektroG einzurichtenden Sammelstellen von den Herstellern unentgeltlich zur Verfügung zu stellen und haben diese die zur Abholung bereitstehenden Behältnisse, wenn die Abholmenge nach § 14 Abs. 3 ElektroG erreicht wurde,[103] abzuholen. Die Sammelstellen sind also durch die Hersteller mit den Behältnissen auszustatten und holen die Hersteller die von den öffentlich-rechtlichen Entsorgungsträgern bereitgestellten und als voll gemeldeten Behältnisse auch wieder ab. Die Logistik wird durch die stiftung ear als Gemeinsame Stelle organisiert (→ Rn. 668). **Abhol- und Bereitstellungsanordnung** sind Verwaltungsakte.[104] Das „Wie" der Berechnung der Menge der von jedem registrierten Hersteller bei den öffentlich-rechtlichen Entsorgungsträgern abzuholenden und aufzustellenden Behältnisse gibt § 31 Abs. 5 ElektroG vor. Die zeitlich und örtlich gleichmäßige Verteilung der Bereitstellungs- und Abholpflicht auf alle registrierten Hersteller erfolgt nach § 31 Abs. 7 und 8 ElektroG auf der Basis einer wissenschaftlich anerkannten Berechnungsweise unter Anwendung der Kriterien

708

709

---

[101]Hierzu Rhein/Meyer/Bilitewski, Anforderungen an die Dokumentation beim Erstbehandler und die Meldevorgänge zum Erstbehandler für das Monitoring der Quoten.
[102]§§ 15 und 16 ElektroG finden keine Entsprechung in der WEEE-Richtlinie 2012/19/EU. Die dortigen Bereitstellungs- und Abholpflichten gehören zur Eigenart des nach dem ElektroG geschaffenen Rücknahmesystems (Giesberts/Hilf, ElektroG, § 16 Rn. 6).
[103]Zu den Abholmengen, siehe LAGA 31 A, S. 17.
[104]Vgl.VG Ansbach, Urt. v. 30.5.2007, AN 11 K 06.02455, juris, Rn. 17 = NVwZ 2008, 237; Urt. v. 24.9.2008, AN 11 K 07.03141, juris, Rn. 18 ff.

nach Abs. 5. Grundlage der Berechnung sind die Meldungen der Hersteller nach § 27 ElektroG (→ Rn. 707) (§ 31 Abs. 6 ElektroG).

710 Für nicht aus privaten Haushalten stammende Altgeräte verpflichtet § 19 Abs. 1 S. 1 ElektroG in Umsetzung von Art. 5 Abs. 5 der WEEE-Richtlinie 2012/19/EU den **Hersteller** zur Rücknahme *seiner*[105] Geräte und zu diesem Zwecke zur **Schaffung zumutbarer Rückgabemöglichkeiten.**[106] Ausgenommen hiervon sind historische Altgeräte i. S. des § 3 Nr. 4 ElektroG. Ob weiter auch solche Altgeräte ausgenommen sind, zu denen eine von § 19 Abs. 1 S. 1 ElektroG abweichende vertragliche Regelung nach § 19 Abs. 1 S. 4 ElektroG vorliegt, ist offen. Zwar können nach § 19 Abs. 1 S. 4 ElektroG Hersteller und Erwerber oder Besitzer von b2b-Geräten eine Vereinbarung darüber treffen, wer für die Rücknahme und Entsorgung dieser Altgeräte verantwortlich sein soll. Die Möglichkeit befreiender Übertragung öffentlich-rechtlicher (Entsorgungs-)Pflichten durch zivilrechtliches Rechtsgeschäft ohne Beteiligung der zuständigen Behörde wäre allerdings zumindest atypisch (→ Rn. 90). Richtig dürfte es sein, dass eine solche Vereinbarung nur Wirkungen zwischen den Parteien zeitigt. Entsorgungspflichtig gegenüber der Allgemeinheit wäre dann immer und stets (ausschließlich) der Hersteller.[107]

711 Nach §§ 16 Abs. 2 und 19 Abs. 2 ElektroG trifft den Hersteller nach Abholung der bereitgestellten Behältnisse bzw. Rücknahme der Altgeräte die Pflicht zur **Wiederverwertung**, zur **Behandlung** nach § 20 ElektroG und zur **Entsorgung** nach § 22 ElektroG. Hierfür sind in einem ersten Schritt die Altgeräte einer Erstbehandlung durch ein zertifiziertes Erstbehandlungsunternehmen zuzuführen.[108] Die Folgebehandlung (Verwertungs- und Beseitigungsmaßnahmen) kann hingegen durch jede gemäß § 35 KrWG genehmigte Anlage durchgeführt, d. h. jedem Entsorger von Abfällen (§ 49 Abs. 1 KrWG) anvertraut werden.[109]

712 § 17 ElektroG setzt Art. 5 Abs. 2 S. 1 lit. b) und c) der WEEE-Richtlinie 2012/19/EU um. Er begründet in Abs. 1 für **Vertreiber im Einzelhandel mit Verkaufsflächen**[110] für Elektro- und Elektronikgeräte von mindestens **400 m²** (maßgebend für die Berechnung

---

[105]Die Rücknahmepflicht nach § 19 Abs. 1 ElektroG bezieht sich auf die von dem jeweiligen Hersteller selbst in Verkehr gebrachten Geräten (vgl. LAGA 31 A, S. 55).

[106]Offen bleibt, was unter *„zumutbarer Möglichkeit zur Rückgabe"* zu verstehen ist (vgl. Giesberts/Hilf, ElektroG, § 19 Rn. 6).

[107]Giesberts/Hilf, ElektroG, § 19 Rn. 9–13; a. A. (befreiende Übertragung öffentlich-rechtlicher Entsorgungspflichten) Lustermann/Holz, NJW 2006, 1033.

[108]Verzeichnis der Betreiber von Erstbehandlungsanlagen auf der Website der stiftung ear unter URL:https://www.ear-system.de/ear-verzeichnis/eba#no-back.

[109]Vgl. hierzu LAGA 31 A, S. 80 ff.

[110]Zur Verkaufsfläche gehören alle Flächen eines Einzelhandelsbetriebs, die für den Kunden zugänglich und geeignet sind, Verkaufsabschlüsse zu fördern, wie etwa Auslage- und Ausstellungsfläche sowie die angrenzende Gangfläche, inkl. der Kassenzone (LAGA 31 A, S. 44).

ist die Grund- und nicht die Regalfläche und ist entscheidend die für Elektro- und Elektronikgeräte bestimmte Verkaufsfläche[111]) in Nr. 1 eine 1:1 Rücknahmepflicht (Pflicht zur Rücknahme bei Abgabe neuen Geräts)[112] und in Nr. 2 eine 0:1 Rücknahmepflicht (Pflicht zur Rücknahme kleiner Altgeräte[113]). Nach der stiftung ear sind nur Geräte, die in privaten Haushalten genutzt werden können (sog. b2c-Altgeräte i. S. des § 7 ElektroG → Rn 705), zurückzunehmen.[114] Um einen Wettbewerbsnachteil des stationären Handels zu vermeiden, nimmt Art. 17 Abs. 2 ElektroG explizit auch diejenigen Händler in die Pflicht, die unter **Verwendung von Fernkommunikationsmitteln** Elektro- und Elektronikgeräte unmittelbar an Nutzer abgeben (Verkaufsfläche i. S. des Abs. 1 ist hier die Lager- und Versandfläche[115]).[116] § 17 Abs. 4 ElektroG regelt die **Modalitäten der Rücknahme.** Um eine unzulässige Vermischung der Erfassungsmengen der einzelnen Akteure zu verhindern, sieht dessen Satz 2 – parallel zu § 16 Abs. 5 S. 3 ElektroG – vor, das die Rücknahme nicht an den Sammel- und Übergabestellen der öffentlich-rechtlichen

---

[111]BT-Drs. 18/4901, 91.

[112]Der Vertreiber ist verpflichtet, ein Altgerät zurückzunehmen, wenn der Endnutzer gleichzeitig ein neues Elektro- und Elektronikgerät erwirbt. Das zu erwerbende Gerät muss dabei der gleichen Geräteart angehören und im Wesentlichen die gleichen Funktionen wie das Altgerät erfüllen. Hierbei muss es sich bei dem Altgerät nicht um ein in allen Merkmalen identisches Gerät handeln, da ansonsten der technologischen Entwicklung nicht Rechnung getragen werden könnte. Beispielsweise kann beim Neukauf eines LCD-Flachbildschirms auch ein herkömmliches CRT-Bildschirmgerät oder bei Neukauf eines Laptops ein Tower-PC zurückgegeben werden. Die Rücknahmeverpflichtung besteht dabei unabhängig davon, ob der Vertreiber die Marke des Altgeräts in seinem Sortiment führt. Die Rücknahme hat am Ort der Abgabe des Neugeräts, in der Regel im Ladenlokal des Einzelhändlers, oder in unmittelbarer Nähe hierzu zu erfolgen (BT-Drs. 18/4901, 91). Ort der Abgabe ist auch der private Haushalt, sofern dort durch Auslieferung die Abgabe erfolgt (§ 17 Abs. 1 S. 2 ElektroG).

[113]Unabhängig vom Kauf eines Neugeräts ist der Vertreiber verpflichtet, Altgeräte (max. fünf Altgeräte pro Geräteart), die in keiner Abmessung größer als 25 cm sind, zurückzunehmen. Wie in Nr. 1 besteht auch hier die Pflicht unabhängig davon, ob der Vertreiber das zurückgegebene Gerät in seinem Sortiment führt. Da nicht jeder Vertreiber die Möglichkeit haben wird, die Rücknahme unmittelbar in seinem Geschäft anzubieten, kann die Rücknahme auch in unmittelbarer Nähe hierzu erfolgen. Hierdurch wird es z. B. in Einkaufszentren ermöglicht, zentrale gemeinsame Rücknahmestellen einzurichten (BT-Drs. 18/4901, 91).

[114]Siehe unter URL: https://www.stiftung-ear.de/service/fragen-und-antworten/vertreiber/.

[115]Versandfläche ist die Fläche, auf der die Pakete verpackt oder kommissioniert, d. h. als Ein- oder Ausgänge bearbeitet werden. Lagerfläche ist die Regalfläche, also die Fläche der einzelnen Regalböden und nicht die Regalgrundfläche (LAGA 31 A, S. 45).

[116]BT-Drs. 18/4901, 91. Die Rücknahme ist durch geeignete Rückgabemöglichkeiten in zumutbarer Entfernung zum jeweiligen Endnutzer zu gewährleisten (§ 17 Abs. S. 2 ElektroG). Denkbar sind etwa Kooperationen mit dem stationären Handel oder Sozialbetrieben sowie die Schaffung von Rücksendemöglichkeiten. Im letzteren Fall kann die nächstgelegene Annahmestelle eines Paketdienstes, mit dem der Vertreiber Vertragsbeziehungen unterhält, regelmäßig als in zumutbarer Entfernung zum Endverbraucher liegend angesehen werden *(ebd.).*

Entsorgungsträger (z. B. nicht an den kommunalen Wertstoffhöfen) stattfinden darf und untersagt solchermaßen hierauf gerichtete Kooperationen zwischen Vertreiber und öffentlich-rechtlichem Entsorgungsträger.[117] Übergibt der Vertreiber die zurückgenommenen Altgeräte nicht den öffentlich-rechtlichen Entsorgungsträgern (§ 13 Abs. 1 ElektroG) oder Herstellern (§§ 16 Abs. 5 und § 19 Abs. 1 ElektroG), ist er verpflichtet, die Altgeräte selbst entsprechend den allgemeinen gesetzlichen Vorgaben (→ Rn. 711) zu entsorgen (§ 17 Abs. 5 S. 1 ElektroG). Vor Aufnahme der Rücknahmetätigkeit sind die eingerichteten **Rücknahmestellen** der Gemeinsamen Stelle (Übertragung der Aufgabe im Wege der Beleihung gemäß § 40 Abs. 1 S. 1 ElektroG, hierzu → Rn. 668) **anzuzeigen**.

4. Informationspflichten gegenüber Behandlungsanlagen

713 § 28 Abs. 1 ElektroG setzt Art. 15 Abs. 1 der WEEE-Richtlinie 2012/19/EU um. Hiernach hat der Hersteller den Betreibern von Behandlungsanlagen Informationen über die Wiederverwendung, die Vorbereitung zur Wiederverwendung und die Behandlung für jeden in Verkehr gebrachten Typ neuer Elektro- und Elektronikgeräte kostenlos zur Verfügung zu stellen. Die Informationen sind innerhalb eines Jahres nach dem Inverkehrbringen der ersten Verkehrseinheit in Form von Handbüchern oder elektronisch – auf Anfrage eines Betreibers hin[118] – zur Verfügung zu stellen. Aus den Informationen muss sich ergeben, welche verschiedenen Bauteile und Werkstoffe die Elektro- und Elektronikgeräte enthalten und an welcher Stelle sich in den Elektro- und Elektronikgeräten gefährliche Stoffe und Gemische befinden. Die Pflicht besteht nur, wenn und soweit diese Informationen für den Erst- und Folgebehandler erforderlich sind, um den Bestimmungen dieses Gesetzes nachkommen zu können. Den Herstellern ist es freigestellt, ob sie die Informationen als Handbücher oder in elektronischer Form zur Verfügung stellen. Die Informationen müssen Rückschlüsse darauf zulassen, welche Bauteile und Werkstoffe verbaut und wo diese im Gerät zu finden sind, um die Voraussetzungen für die **selektive Behandlung nach Anlage 4** des ElektroG (§ 20 Abs. 2 ElektroG) zu schaffen.[119] Die End-of-Life-Anweisung wird zunächst die verschiedenen Bauteile und Werkstoffe des Gerätes anzugeben haben. Weiter ist zu beschreiben, wie das Gerät zu zerlegen ist und welche Bauteile Gemische oder Stoffe nach Anlage 4 enthalten und wie diese gemäß Anlage 4 zu behandeln sind. Eine bestimmte Sprache für diese Instruktionen sieht § 28 Abs. 1 ElektroG nicht vor.

5. Information der privaten Haushalte

714 Nach § 18 Abs. 2 Elektro informieren die Hersteller, Bevollmächtigten und Vertreiber die privaten Haushalte über *i)* die von ihnen geschaffenen Rückgabemöglichkeiten

---

[117] BT-Drs. 18/4901, 92.
[118] So ausdrücklich etwa Reg. 24 Abs. 2 der britischen Verordnung 2013 N° 3113 in Auslegung des Art. 15 Abs. 1 der WEEE-Richtlinie 2012/19/EU.
[119] BT-Drs. 18/4901, 99.

(→ Rn. 710, 712), *ii)* die Pflichten der Besitzer von Altgeräten nach § 10 Abs. 1 ElektroG[120], *iii)* die Eigenverantwortung der Endnutzer im Hinblick auf das Löschen personenbezogener Daten auf den zu entsorgenden Altgeräten und *iv)* die Bedeutung des Symbols nach Anlage 3 (→ Rn. 642). Eine bestimmte Form für die Information der privaten Haushalte sieht das Gesetz nicht vor. Denkbar sind etwa herstellerseits Information in der Gebrauchsanweisung, bei Vertreibern Informationstafeln am Verkaufsort und Sensibilisierungskampagnen.[121]

II. Hersteller- und Vertreiberpflichten nach dem BattG

Die **Rücknahme- und Entsorgungspflichtigkeit** der Hersteller von Batterien (zum Herstellerbegriff des BattG → Rn. 285) ist in § 5 BattG und die der Vertreiber (zum Vertreiberbegriff des BattG → Rn. 288) in § 9 BattG geregelt.

Hiernach sind die **Vertreiber** verpflichtet, vom Endnutzer Altbatterien an oder in unmittelbarer Nähe der Verkaufsstelle unentgeltlich zurückzunehmen. Die Rücknahmeverpflichtung beschränkt sich auf Altbatterien der Art, die der Vertreiber als Neubatterien in seinem Sortiment führt oder geführt hat, sowie auf die Menge, derer sich Endnutzer üblicherweise entledigen. Als Art sind dabei die drei im BattG genannten und in § 2 Abs. 4 bis 6 BattG definierten Batterietypen zu verstehen (zu den Batterietypen → Rn. 433).[122] Eine Beschränkung der Rücknahmepflicht auf vom Vertreiber im Sortiment geführte Marken erfolgt mithin nicht.[123] Zurückgenommene **Geräte-Altbatterien** sind einem Rücknahmesystem nach § 6 oder § 7 BattG (→ Rn. 716) zur Abholung bereitzustellen.[124] Für **Fahrzeug- und Industriebatterien** besteht keine Pflicht, wohl aber das Recht der Überlassung zurückgenommener Batterien an die Hersteller (§ 8 Abs. 1 und § 9 Abs. 2 BattG).

715

Die **Hersteller** sind gemäß § 5 BattG verpflichtet, die von den Vertreibern zurückgenommenen Altbatterien sowie die von den öffentlich-rechtlichen Entsorgungsträgern

716

---

[120] § 10 Abs. 1 ElektroG: „*Besitzer von Altgeräten haben diese einer vom unsortierten Siedlungsabfall getrennten Erfassung zuzuführen. Sie haben Altbatterien und Altakkumulatoren, die nicht vom Altgerät umschlossen sind, vor der Abgabe an einer Erfassungsstelle von diesem zu trennen. Satz 2 gilt nicht, soweit nach § 14 Absatz 5 Satz 2 und 3 Altgeräte separiert werden, um sie für die Wiederverwendung vorzubereiten.*"
[121] Vgl. Art. 14 Abs. 5 der WEEE-Richtlinie 2012/19/EU. Hierzu LAGA 31 A, S. 106 f.
[122] Ahlhaus/Waggershauser, Das neue Batteriegesetz, S. 63.
[123] *Ebd.*
[124] Die praktische Umsetzung der Rücknahme- und Überlassungspflicht erfolgt regelmäßig durch die vom Verbraucher oder Endnutzer als Rückgabemöglichkeit erkannten und akzeptierten Boxen des gemeinsamen Rücknahmesystems GRS oder der herstellereigenen Rücknahmesysteme. Kosten fallen für den Vertreiber hierbei nicht an (vgl. § 6 Abs. 3 Nr. 2, 3 und 5 sowie § 7 Abs. 2 S. 2 BattG).

erfassten Geräte-Altbatterien zurückzunehmen.[125] Weiter erstreckt sich die Rücknahme- und Entsorgungspflicht der Hersteller auf Altbatterien, die bei der Behandlung von Altgeräten nach dem ElektroG oder bei der Behandlung von Altfahrzeugen nach der AltfahrzeugV in den dafür jeweils vorgesehenen Behandlungsanlagen anfallen. Bis zu ihrem Ausbau in der Behandlungsanlage unterliegen die in Altgeräten und Altfahrzeugen eingebauten Batterien hingegen ausschließlich den Entsorgungsregime des ElektroG und der AltfahrzeugV. Für **Geräte-Altbatterien** bestimmen sodann die §§ 6 und 7 BattG wie der Rücknahmepflicht nachzukommen ist. Hiernach muss der Hersteller dem gemeinsamen Rücknahmesystem GRS[126] (§ 6 BattG) oder einem genehmigten herstellereigenen Rücknahmesystem[127] (§ 7 BattG) beitreten: die Betreiber der **Rücknahmesysteme** erfüllen die herstellerbezogenen allgemeinen Rücknahme- und Entsorgungspflichten nach § 5 BattG für die im jeweiligen System organisierten Hersteller als beauftragte Dritte im Sinne des § 19 BattG. Dies geschieht auf **zivilrechtlicher Basis** gegen Entrichtung von Entsorgungskostenbeiträgen. Der Hersteller von Gerätebatterien, der keinem Rücknahmesystem angeschlossen ist, kann vom gemeinsamen Rücknahmesystem GRS bzw. dem Betreiber eines herstellereigenen Rücknahmesystems (je nachdem bei welchem Rücknahmesystem die Altbatterien des sich einer Systemteilnahme verweigernden Herstellers anfallen) wegen der Kosten für die Rücknahme, Sortierung und Verwertung oder Beseitigung der von ihm in den Verkehr gebrachten Batterien in Anspruch genommen werden. Der Anspruch umfasst auch die anteiligen Gemeinkosten des entsorgenden Rücknahmesystems (§ 6 Abs. 4 BattG bzw. § 7 Abs. 4 BattG). Die Rücknahmepflicht für **Fahrzeug- und Industrie-Altbatterien** wird in § 8 BattG konkretisiert.[128]

---

[125] Zu den Pflichten der öffentlich-rechtlichen Entsorgungsträger, siehe § 13 BattG.

[126] Die „*Stiftung gemeinsames Rücknahmesystem Batterien*" (GRS) ist das i. S. des § 6 Abs. 2 festgestellte Rücknahmesystem (BAnz AT 1.12.2009, 4069). GRS ist – anders als die Stiftung EAR im Bereich des ElektroG – keine Beliehene.

[127] Genehmigte herstellereigene Rücknahmesystem sind CCR REBAT, ERP Deutschland GmbH und ÖcoReCell. Es handelt sich um Rücknahmesysteme nach § 7 Abs. 3 BattG. Sitz des Herstellers i. S. von § 7 Abs. 1 BattG ist in diesen Fällen der Sitz des beauftragten Betreibers (§ 7 Abs. 3 S. 2 Hs. 2 BattG).

[128] *(1) Die Hersteller von Fahrzeug- und Industriebatterien stellen die Erfüllung ihrer Pflichten aus § 5 dadurch sicher, dass sie.*
  1. den Vertreibern für die von diesen nach § 9 Absatz 1 Satz 1 zurückgenommenen Fahrzeug- und Industrie-Altbatterien und.
  2. den Behandlungseinrichtungen nach § 12 Absatz 1 und 2 für die dort anfallenden Fahrzeug- und Industrie-Altbatterien.
eine zumutbare und kostenfreie Möglichkeit der Rückgabe anbieten und die zurückgenommenen Altbatterien nach § 14 verwerten. Eine Verpflichtung der Vertreiber oder der Behandlungseinrichtungen zur Überlassung dieser Altbatterien an die Hersteller besteht nicht.
(2) Für Fahrzeug- und Industrie-Altbatterien können die jeweils betroffenen Hersteller, Vertreiber, Behandlungseinrichtungen nach § 12 Absatz 1 und 2 und Endnutzer von Absatz 1 Satz 1 abweichende Vereinbarungen treffen.

Eine Systembeteiligungspflicht ist dort nicht vorgesehen und ist der Hersteller – vergleichbar der Regelung in § 19 Abs. 1 ElektroG (→ Rn. 710) – zur Rücknahme *seiner* Batterien verpflichtet. § 8 Abs. 2 BattG entspricht, *mutatis mutandis*, dem § 19 Abs. 1 S. 4 ElektroG (→ Rn. 710). Soweit eine Andienung durch Vertreiber und Behandlungseinrichtungen überhaupt stattgefunden hat, organisiert der Hersteller sodann die Entsorgung. Dies geschieht regelmäßig durch Beauftragung spezialisierter Entsorgungsunternehmen.

Die rechtlichen Vorgaben für die ordnungsgemäße Erfüllung der Entsorgungspflicht sind in § 14 BattG und den dort in Bezug genommenen Regelungen enthalten. 717

Weiter enthält § 18 BattG in ihrer Zielrichtung nicht aber inhaltlich mit den Informationspflichten nach § 18 Abs. 2 ElektroG (→ Rn. 714) vergleichbare und vornehmlich den Vertreiber von Batterien treffende (Kunden-)Informationspflichten.[129] 718

---

(3) Soweit Fahrzeug- und Industrie-Altbatterien durch Vertreiber, Behandlungseinrichtungen nach § 12 Absatz 1 und 2, öffentlich-rechtliche Entsorgungsträger oder gewerbliche Altbatterieentsorger nach § 14 verwertet werden, gilt die Verpflichtung der Hersteller aus § 5 als erfüllt.

[129] *§ 18 Hinweispflichten.*

(1) Vertreiber haben ihre Kunden durch gut sicht- und lesbare, im unmittelbaren Sichtbereich des Hauptkundenstroms platzierte Schrift- oder Bildtafeln darauf hinzuweisen,

1. dass Batterien nach Gebrauch im Handelsgeschäft unentgeltlich zurückgegeben werden können,

2. dass der Endnutzer zur Rückgabe von Altbatterien gesetzlich verpflichtet ist und.

3. welche Bedeutung das Symbol nach § 17 Absatz 1 und die Zeichen nach § 17 Absatz 3 haben.

Wer Batterien im Versandhandel an den Endnutzer abgibt, hat die Hinweise nach Satz 1 in den von ihm verwendeten Darstellungsmedien zu geben oder sie der Warensendung schriftlich beizufügen.

(2) Die Hersteller sind verpflichtet, die Endnutzer über die in Absatz 1 Satz 1 Nummer 1 bis 3 genannten Bestimmungen, über die möglichen Auswirkungen der in Batterien enthaltenen Stoffe auf die Umwelt und die menschliche Gesundheit sowie über die Bedeutung der getrennten Sammlung und der Verwertung von Altbatterien für Umwelt und Gesundheit zu informieren.

(3) […].
(4) […].

Marktüberwachung, Straf- und Bußgeldvorschriften

Neben verantwortungsbewussten Wirtschaftsakteuren, die bereit sind, ihre Produkte, Prozesse, Verfahren und Organisation den für sie geltenden Anforderungen anzupassen und die für die Einhaltung der Vorschriften erforderlichen Kosten zu tragen, wird es stets Unternehmer geben, die für einen schnellen Gewinn oder einen Wettbewerbsvorteil es mit dem öffentlich-rechtlichen Produktverkehrsecht nicht so genau nehmen oder sich bewusst darüber hinwegsetzen. Diese, wie auch der unwissende oder der mit der verliehenen Eigenverantwortlichkeit schlicht überforderte Wirtschaftsakteur, können kostengünstiger agieren, erzielen viele regelwidrig handelnde Unternehmen höhere Gewinne bei niedriger Wahrscheinlichkeit der Aufdeckung und entsteht eine Schieflage zum Nachteil der aufgeklärten und gesetzestreuen Unternehmer. Fürwahr bleiben Verstöße oftmals unbemerkt und kann der genaue Anteil der auf dem Markt angebotenen nicht konformen Produkte nicht beziffert werden. Ihre Zahl ist hoch.[1] Der **Marktüberwachung,** verstanden als hoheitliche Produktüberwachung,[2] kommt demgemäß die ökonomisch und wettbewerblich bedeutende **Aufgabe** zu, einen **fairen Wettbewerb sicherzustellen.**[3] Unterschiedliche nationale Vollzugspraktiken und Durchsetzungsgrade wirken ihrerseits wettbewerbsverzerrend und besteht die Gefahr, dass es trotz unionsweit einheitlicher Marktzugangsvoraussetzungen im Grunde wieder zu einer Zersplitterung des Binnenmarkts kommt. Die Aufstellung wirksamer Durchsetzungsmechanismen auf Unionsebene ist denn auch seit Längerem Gegenstand eines sich regelmäßig wandelnden

---

[1] Europäische Kommission, Background document – Public consultation on Internal Market for Goods – Enforcement and Compliance, abrufbar unter URL: http://ec.europa.eu/DocsRoom/documents/16921/attachments/1/translations/de/renditions/native (Stand: 31.12.2016).

[2] Vgl. auch die Definition in § 2 Nr. 18 ProdSG für die produktbezogene Kontrolltätigkeit im Anwendungsbereich des ProdSG.

[3] Hierzu Gauger, Produktsicherheit und staatliche Verantwortung, S. 224 f.; siehe auch COM(2013) 75 final, 2.

Marktüberwachungsrechts und eine Forderung aus Industrie und Wirtschaft. Im Interesse des Binnenmarkts ist eine unionsweit gleichwertige und einheitliche mitgliedstaatliche Durchsetzung der materiell-rechtlichen Unionsvorschriften durch Regelungen zum indirekten Vollzug sicherzustellen (→ Rn. 180 f.). Hingegen schließen die nicht dem indirekten Vollzug zugehörigen sekundärrechtlichen Schutzklauseln inhaltliche Lücken der auf das technische Produkt anwendbaren materiell-rechtlichen Unionsvorschriften und richten sich gegen das konforme Produkt. Obschon diese Schutzklauseln nicht zur Rechtssetzung ermächtigen und die durch die Harmonisierung gesperrte nationale Rechtssetzungskompetenz nicht wieder auflebt, tragen die Schutzklauseln der Fürsorgepflicht des Staates[4] Rechnung. So übertragen sie den nationalen Behörden die Aufgabe, Maßnahmen zum Schutz des öffentlichen Interesses mittels hoheitlicher Einzelfallregelung auch dann zu ergreifen, wenn das Produkt den anwendbaren materiell-rechtlichen Unionsvorschriften entspricht (→ Rn. 759–761). Der Steuerung und Koordinierung nationaler Durchführungsmaßnahmen auf Unionsebene dient die in den Harmonisierungsrechtsvorschriften vorfindliche Weisungsbefugnis der Europäischen Kommission (→ Rn. 762–767). Solchermaßen wurde auf Unionsebene ein hierarchisch aufgebautes Marktüberwachungssystem geschaffen. Im Hinblick auf die immer weiter vordringende Reglementierung der mitgliedstaatlichen Marktüberwachung auf Unionsebene und die bei der Durchführung von Unionsrecht zu beachtenden übergreifenden Rechtsgrundsätze[5] sind nationale Regelungsunterschiede zur Marktüberwachung nur noch zur Konkretisierung unionaler Vorgaben und Rahmenbedingungen und, in Grenzen, auf das allgemeine Verwaltungsverfahren bezogen zulässig.[6] Die Vorgaben zur mitgliedstaatlichen Marktüberwachung – REACH ausgeblendet – sind grundsätzlich auf zwei und im Produktsicherheitsrecht gar auf drei Vorschriftenwerke verteilt: VO (EG) Nr. 765/2008, die Marktüberwachungsregelungen der jeweiligen Harmonisierungsrechtsvorschrift bzw. der diesen umsetzende oder konkretisierende nationale Rechtsakt (Tab. 1 (→ Rn. 720)) und die Richtlinie 2001/95/EG. Gelöst werden Widersprüche innerhalb und aufgrund dieses „[Zwei-/]*Drei-Drittel-Ansatzes*" (→ Rn. 189) formalrechtlich über die Kollisionsregeln in Art. 15 Abs. 3 und 5 VO (EG) Nr. 765/2008, dem regelmäßigen Verweis in den Harmonisierungsrechtsvorschriften auf die Art. 16 bis 29 dieser Verordnung und Art. 1 Abs. 2 der Richtlinie 2001/95/EG. Es gilt hiernach der Grundsatz der Spezialität. Ergänzt wird die vom EU-Recht determinierte Marktüberwachung durch dem nationalen Gesetzgeber vorbehaltene Bestimmungen des Ordnungswidrigkeiten- und Nebenstrafrechts (→ Rn. 768 ff.).

---

[4]Zur Pflicht der Mitgliedstaaten zur Sicherheitsgewährleistung, siehe Schumann, Bauelemente des europäischen Produktsicherheitsrechts, S. 73 ff.; Gauger, Produktsicherheit und staatliche Verantwortung, S. 34 f.
[5]Siehe hierzu Von Danwitz, Europäisches Verwaltungsrecht, S. 476 ff., 495 ff.
[6]Vgl. EuGH, Urt. v. 2.12.1980, Cremoni und Vrankovich, C-815/79, EU:C:1980:273, Rn. 6, 9 f.; Urt. v. 17.4.2007, A.G.M.-COS.MET Srl, C-470/03, EU:C:2007:213, Rn. 53 und Urt. v. 14.6.2007, Medipac, C-6/05, EU:C:2007:337, Rn. 50 ff.; EuG, Urt. v. 15.7.2015, CSF/Kommission, T-337/13, EU:T:2015:502, Rn. 98; siehe auch *LASI*, Marktüberwachung, S. 14.

Tab. 1 Vollzugsregelungen im Recht des technischen Produkts neben den Art. 15 ff. VO (EG) Nr. 765/2008

Harmonisierte Marktzugangsvoraussetzungen	Umsetzungsakt	Marktüberwachungsbestimmungen[a]
Elektrische Betriebsmittel nach der **Richtlinie 2014/35/EU**	1. ProdSV	§§ 24 ff. ProdSG
Einfache Druckbehälter nach der **Richtlinie 2014/29/EU**	6. ProdSV	§§ 24 ff. ProdSG
Marktzugangsvoraussetzungen für **Maschinen** nach der **Richtlinie 2006/42/EG**	9. ProdSV	§§ 24 ff. ProdSG
Marktzugangsvoraussetzungen für **Sportboote** nach der **Richtline 2013/53/EU**	10. ProdSV	§§ 24 ff. ProdSG
Geräte und Schutzsysteme zur bestimmungsgemäßen Verwendung in explosionsgefährdeten Bereichen (**ATEX**) nach der **Richtlinie 2014/34/EU**	11. ProdSV	§§ 24 ff. ProdSG
Aufzüge und Sicherheitsbauteile für Aufzüge nach der **Richtlinie 2014/33/EU**	12. ProdSV	§§ 24 ff. ProdSG
Druckgeräte nach der **Richtlinie 2014/68/EU**	14. ProdSV	§§ 24 ff. ProdSG
Marktzugangsvoraussetzungen für **zur Vewendung im Freien betimmte Maschinen** nach der 32. BImSchV	32. BImSchV	§§ 24 ff. ProdSG (die 32. BImSchV wurde auch auf die Regelungsermächtigungen des ProdSG gestützt[b]) und § 6 der 32. BImSchV (Mitteilungspflichten)
Elektro- und Elektronikgeräte (**RoHS**) nach der **Richtlinie 2011/65/EU**	ElektroStoffV	§§ 24 ff. ProdSG (§§ 4 ff. der ElektroStoffV sind auf die Regelungsermächtigungen des ProdSG gestützt[c])
Batterien und Akkumulatoren nach der **Richtlinie 2006/66/EG**	BattG	§ 25 Abs. 1 und 3, § 26 Abs. 2 und 3, § 27 Abs. 1, § 28 Abs. 1 und 2 und Abs. 4 S. 1 und 2 ProdSG (§ 21 BattG i. V. m. § 47Abs. 1 KrWG)
Elektro- und Elektronikgeräte (**WEEE**) nach der **Richtlinie 2012/19/EG**	ElektroG	§ 25 Abs. 1 und 3, 26 Abs. 2 und 3, § 27 Abs. 1, § 28 Abs. 1 und 2 und Abs. 4 S. 1 und 2 ProdSG (§ 2 Abs. 3 S. 2 ElektroG i. V. m. § 47 Abs. 1 KrWG)
Geräte zur Verbrennung gasförmiger Brennstoffe nach VO (EU) 2016/426		Art. 36–40 VO (EU) 2016/426

(Fortsetzung)

Tab. 1 (Fortsetzung)

Harmonisierte Marktzugangsvoraussetzungen	Umsetzungakt	Marktüberwachungsbestimmungen[a]
Umweltgerechte Gestaltung energieverbrauchsrelevanter Produkte (**Ökodesign**) nach der Richtlinie 2009/125/EG	EVPG	§§ 7–10 EVPG
Elektromagnetische Verträglichkeit nach der Richtlinie 2014/30/EU	EMVG	§§ 23–26 EMVG
Marktzugangsvoraussetzungen für **Messgeräte** nach der **Richtlinie 2014/32/EU**	MessEG	§§ 48–53 MessEG
Funkanlagen nach der Richtlinie **2014/53/EU**	FuAG	§§ 24–31 FuAG
Verbrennungsmotoren für nicht für den Straßenverkehr bestimmte mobile Maschinen und Geräte nach **VO (EU) 2016/1628**		Art. 7, 38 f. VO (EU) 2016/1628; 28. BImSchV
Energieverbrauchskennzeichnung nach **VO (EU) 2017/1369**		Art. 8–10 VO (EU) 2017/1369
Fahrzeuge und Fahrzeugteile nach der **Richtlinie 2007/46/EG**	EG-FGV	§ 25 EG-FGV
Land- und forstwirtschaftliche Fahrzeuge und -teile nach **VO (EU) Nr. 167/2013**		Art. 41–48 VO (EU) Nr. 167/2013
Zwei- oder dreirädrige und vierrädrige Fahrzeuge und -teile nach **VO (EU) Nr. 168/2013**		Art. 46–53 VO (EU) Nr. 168/2013

[a]Neben Art. 15 ff. VO (EG) Nr. 765/2008
[b]Ex-§ 4 Abs. 1 Gerätesicherheitsgesetz (BGBl I 2002, 3478); siehe auch *LASI*, Marktüberwachung, S. 13.
[c]BT-Drs. 17/11836, 12; siehe auch *LASI*, Marktüberwachung, S. 13.

§ 1 – Indirekter Vollzug

721 Indirekter Vollzug bezeichnet den Vollzug des Unionsrechts durch die mitgliedstaatlichen Verwaltungsbehörden und unterteilt sich in den Vollzug unmittelbar anwendbaren Unionsrechts (*„unmittelbarer Vollzug"*) und den Vollzug mitgliedstaatlicher Vorschriften, die zur Umsetzung von Unionsrechts ergangen sind (*„mittelbarer Vollzug"*).[7] Im Recht des technischen Produkts ist dies die hoheitliche Durchsetzung der unionsrechtlich

---

[7]Hierzu Von Danwitz, Europäisches Verwaltungsrecht, S. 312–314.

vorgegebenen Marktzugangsvoraussetzungen. Die Marktüberwachung ist proaktiv oder reaktiv, je nachdem, ob das behördliche Tätigwerden in Vollziehung übergreifender Überwachungskonzepte[8] erfolgt oder aufgrund intern gewonnener oder von außen zugetragener Erkenntnisse, welche die Konformität eines Produktes in Frage stellen,[9] ausgelöst wird. Sieht sich die Marktaufsichtsbehörde zu einem Einschreiten im Einzelfall veranlasst, läuft der Prozess im Wesentlichen immer gleich ab. Nach Feststellung der sachlichen und örtlichen Zuständigkeit bzw. der Festlegung und Beschreibung der Marktüberwachungsaktion entsprechend dem aufgestellten Marktüberwachungsprogramm wird der Sachverhalt zu dem in Frage stehenden Produkt ermittelt. Damit sind alle Vorgänge gemeint, die das betreffende Produkt identifizieren und den möglichen Mangel beschreiben, einschließlich der Recherche im ICSMS (→ Rn. 171). Anschließend erfolgt die eigentliche Überprüfung des Produkts. Dabei werden die formalen Anforderungen geprüft und der rechtliche Sollzustand beschrieben. Ist der mögliche Mangel nur durch eine labortechnische Prüfung zu ermitteln, erfolgt in der Regel eine Probenahme. Das Produkt wird technisch, ggf. zerstörend, getestet. Nach Abschluss der Produktprüfung muss bewertet werden, ob das Produkt, der Typ, mit den einschlägigen Vorschriften konform ist. Werden Abweichungen festgestellt, so trifft die Marktüberwachungsbehörde die erforderlichen Maßnahmen nach dem Verhältnismäßigkeitsgrundsatz. Die Maßnahmen richten sich dabei im Prinzip nach der Höhe des mit den festgestellten Abweichungen verbundenen Risikos. Im weiteren Verlauf muss die Marktüberwachungsbehörde entscheiden, welche Meldewege zu beschreiten sind, ob und welche Informationen über den Mangel des Produkts, des Typs, und über getroffene Marktüberwachungsmaßnahmen veröffentlicht werden müssen. Danach ist das Verfahren abzuschließen (Abb. 1).[10]

---

[8]Übergreifende Überwachungskonzepte sind namentlich die von den Marktüberwachungsbehörden aufgestellten Marktüberwachungsprogramme nach § 25 ProdSG, § 49 MessEG, § 7 EVPG. Siehe hierzu vertiefend Schucht, in Klindt (Hrsg.), ProdSG, § 25; Gauger, Produktsicherheit und staatliche Verantwortung, S. 226 ff.

[9]Hinweise, die zu einem reaktiven Tätigwerden veranlassen, können sein: Meldungen von anderen Marktüberwachungsbehörden über das System nach Art. 23 der VO (EG) Nr. 765/2008 (ICSMS), Meldungen anderer Mitgliedstaaten entsprechend Art. R31 Abs. 4 des Anhangs I des Beschlusses Nr. 768/2008/EG, Informationen/Schnellmeldungen über das System gemäß Art. 12 der Richtlinie 2001/95/EG (RAPEX), Meldungen entsprechend § 6 Abs. 4 und 5 ProdSG der Wirtschaftsakteure an die Marktüberwachungsbehörde, inkl. solche über die Business Application gefährlicher Produkte, die bei den Behörden durch Hersteller oder Händler eingehen, Kontrollmitteilungen der Zollbehörden, Amtshilfeersuchen anderer Mitgliedstaaten entsprechend § 25 Abs. 4 ProdSG, Meldungen sonstiger Stellen, wie Arbeitsschutzbehörden oder Unfallversicherungsträger, andere Behörden oder Dritte, wie Wirtschaftsakteure, Verbraucher, Verbände, Konformitätsbewertungsstellen, GS-Stellen (*LASI,* Marktüberwachung, S. 19).

[10]*LASI,* Marktüberwachung, S. 17 (zum Vollzug des ProdSG und der ProdSV). Der Ablauf ist im EMVG, dem MessEG und dem FTEG im Wesentlichen identisch; zum MessEG, siehe *AG ME,* Metrologische Überwachung, S. 7 ff.

```
                                          Start
                                            ↓
Abgabe an die
zuständige Behörde,     ← Nein    Sachlich zuständig?      Im Fall proaktiver
inkl. Zoll                                                  Marktüberwachung tritt an
                                            ↓ Ja            die Stelle der
Abgabe an die                                               Zuständigkeitsprüfung die
zuständige Behörde,     ← Nein    Örtlich zuständig         Projektbeschreibung
inkl. Zoll
                                            ↓ Ja
                                  Sachverhaltsermittlung
                                            ↓
                                  Prüfung des Produkts
                                            ↓
                          ←       Gefahrenbewertung
                                            ↓
Meldewege                         Anhörung*
                                            ↓
                          ←       Maßnahmen der
                                  Marktüberwachungsbehörde
                                            ↓
                                  Veröffentlichung von
                                  Informationen
                                            ↓
                                  Abschluss des Verfahrens
```

722   *Die in § 21 Abs. 3 VO (EG) Nr. 765/2008 festgelegte Pflicht, vor Erlass einer verkehrsbeschränkenden Maßnahme dem betroffenen Wirtschaftsakteur Gelegenheit zur Anhörung zu geben, ist in Anlehnung an die Ausgestaltungen des Anhörungsrechts im EU-Eigenverwaltungsrecht (hierzu Von Danwitz, Europäisches Verwaltungsrecht, S. 424 ff.) handlungsformenunspezifisch und im Gegensatz zu § 28 (L)VwVfG nicht auf die Handlungsform des Verwaltungsakts beschränkt. Siehe zur Anhörungspflicht bei öffentlicher Warnung Tremml/Luber, NJW 2013, 262 (266).

Abb. 1 Ablaufbeschreibung Marktüberwachung. (Diagramm in Anlehnung an *LASI*, Marktüberwachung, S. 18 ff.)

I. Zuständigkeit

723   Der Vollzug des **ProdSG** ist im Grundsatz Angelegenheit der Länder (§ 24 Abs. 1 S. 1 ProdSG). Die Zuständigkeit auf Länderebene ist nach dem jeweiligen Landesorganisationsrecht zu bestimmen. Hiernach obliegt der Vollzug regelmäßig den Gewerbeaufsichtsämtern, Landesämtern für Arbeits-, Umwelt- und/oder Verbraucherschutz und Regierungspräsidien.[11] Die örtliche Zuständigkeit bestimmt sich nach § 3 Abs. 1 Nr. 2 (L)VwVfG. Maßgebend ist der Ort des Regelungsadressaten (Wirtschaftsakteur oder Aussteller).[12] Dem Kraftfahrt-Bundesamt als für EU-Typengenehmigungen zuständige Behörde (§ 2 Abs. 1 EG-FGV) obliegen die Marktüberwachungsmaßnahmen und Meldungen nach Art. 41 ff. **VO 167/2013,** Art. 46 ff. **VO 168/2013,** § 25 **EG-FGV.**

---

[11]Schucht, in Klindt (Hrsg.), ProdSG, § 24 Rn. 7 m.w.Nachw.; siehe Übersicht bei Gesmann-Nuissl, Weiterentwicklung des BAuA-Produktsicherheitsportals, S. 62 ff.
[12]*LASI*, Marktüberwachung, S. 28. Die zuständige Marktüberwachungsbehörde ist zu finden unter www.icsms.org.

Die StVZO wird von den nach Landesrecht zuständigen Stellen ausgeführt (§ 68 Abs. 1 StVZO). Die Durchführung des **EMVG** und des **FuAG** liegt in der Zuständigkeit der Bundesnetzagentur (§ 22 Abs. 1 EMVG, § 23 Abs. 1 FuAG). Marktüberwachungsmaßnahmen nach dem **MessEG** treffen die nach Landesrecht zuständigen Behörden (§ 48 MessEG), sog. Eichbehörden.[13] Entsprechendes gilt für Marktüberwachungsmaßnahmen nach **VO (EU) 2017/1369** (§ 5 Abs. 1 S. 1 EnVKG) und das **EVPG**. Der Vollzug der **VO (EU) 2016/1628** liegt beim Kraftfahrt-Bundesamt als Genehmigungsbehörde und den nach Landesrecht zuständigen Behörden als Marktüberwachungsbehörden (§ 10 Abs. 1 der 28. BImSchV).

Die sich aus den nationalen Gesetzen zur Umsetzung und Ergänzung der Harmonisierungsrechtsvorschriften ergebenden **Zuständigkeiten** der Marktüberwachungsbehörden **sind abschließend.** In diesem Sinne entschied der Gerichtshof in den Urteilen vom 2.12.1980 in der Rechtssache *Cremoni und Vrankovich* und vom 14.6.2007 in der Rechtssache *Medipac:* Weder den nationalen Gerichten, noch sonstigen Organisationen oder Einrichtungen, die einem Träger öffentlicher Gewalt oder dem Staat oder seiner Aufsicht unterstehen, ist es gestattet, warenverkehrsbeschränkende Maßnahmen zum Schutz solcher öffentlicher Interessen zu treffen, die von den auf das Produkt anwendbaren Harmonisierungsrechtsvorschriften abgedeckt werden.

724

Im Ausgangsverfahren zur **Rechtssache *Cremoni und Vrankovich*** [14] hatte das vorlegende Gericht im Rahmen eines Strafverfahrens die Beschlagnahme elektrischer Geräte (Bügeleisen, Bohrmaschinen und Rasenmäher der Marken Calor, Rowenta, Metabo und Gazonette) angeordnet, die aus Belgien nach Italien eingeführt worden waren. Die Beschlagnahme, deren Aufhebung die Importeure beantragt hatten, wurde damit begründet, dass die fraglichen Geräte nicht dem in Italien geltenden untergesetzlichen Recht entsprächen. Entgegen den dortigen Anforderungen hatten die Bügeleisen keine Zusatzisolierung zwischen den unter Spannung stehenden Teilen und hatten die Metallgehäuse keine Erdung. In diesem Zusammenhang legte das die Beschlagnahme anordnende Gericht dem Gerichtshof u. a. die Frage vor, ob die Vorschriften der damaligen Niederspannungsrichtlinie 73/23/EWG die innerstaatlichen Gerichte daran hindere, in Abwesenheit verwaltungsbehördlicher Maßnahmen und außerhalb des Verfahrens nach Art. 9 der Richtlinie (sog. Schutzklauselverfahren (→ Rn. 166)) selbst den freien

---

[13]Baden-Württemberg, Regierungspräsidium Tübingen – Eich- und Beschusswesen; Bayern, Bayerisches Landesamt für Maß und Gewicht; Berlin/Brandenburg, Landesamt für Mess- und Eichwesen Berlin-Brandenburg; Bremen, Landeseichdirektion Bremen; Hamburg/Schleswig-Holstein/Mecklenburg-Vorpommern, Eichdirektion Nord; Hessen, Hessische Eichdirektion; Niedersachsen, Mess- und Eichwesen Niedersachsen; Nordrhein-Westfalen, Landesbetrieb Mess- und Eichwesen Nordrhein-Westfalen; Rheinland-Pfalz, Landesamt für Mess- und Eichwesen Rheinland-Pfalz; Saarland, Landesamt für Umwelt und Arbeitsschutz, Fachbereich 4.3 – Gesetzliches Mess- und Eichwesen; Sachsen, Staatsbetrieb für Mess- und Eichwesen – Sachsen-Anhalt, Landeseichamt Sachsen-Anhalt; Thüringen, Thüringer Landesamt für Verbraucherschutz, Abteilung – Mess- und Eichwesen, Beschussamt (*AG ME,* Metrologische Überwachung, S. 6).

[14]EuGH, Urt. v. 2.12.1980, Cremoni und Vrankovich, C-815/79, EU:C:1980:273.

Warenverkehr beschränkende Maßnahme zu treffen. Der Gerichtshof erkannte, dass der freie Verkehr von Betriebsmitteln, die von der Niederspannungsrichtlinie erfasst würden, aus Sicherheitsgründen nur unter Beachtung des in der Richtlinie hierfür vorgesehenen Verfahrens beschränkt werden könne. Die Einleitung dieses Verfahrens, so der Gerichtshof, sei ausschließlich den Mitgliedstaaten vorbehalten und der Begriff „*Mitgliedstaat*" in Art. 9 der Richtlinie dahingehend zu verstehen, dass hiermit die innerstaatlich zuständige Verwaltungsbehörde gemeint sei. Demgemäß sei die rechtsprechende Gewalt vom indirekten Vollzug ausgeschlossen.[15] Auf Grund der strukturellen Übereinstimmung der Niederspannungsrichtlinie 73/23/EWG und der ihr nachgebildeten Richtlinien nach der Neuen Konzeption, sind diese Aussagen auch auf den heutigen und die Neue Konzeption fortführenden Rechtsrahmen übertragbar. In der Rechtssache *Medipac*[16] hatte der Gerichtshof über die Frage zu entscheiden, ob ein öffentlicher Auftraggeber (im konkreten Fall ein Krankenhaus), der zur Beschaffung von Medizinprodukten ein Vergabeverfahren eingeleitet hat, aus Gründen des öffentlichen Gesundheitsschutzes – im konkreten Fall wegen Bedenken bezüglich der Gesundheit und Sicherheit von Patienten wegen technischer Unzulänglichkeit des angebotenen Materials – ein der Medizinprodukterichtlinie 93/42/EWG unterfallendes Produkt direkt vom Verfahren ausschließen kann oder ob zuvor das Verfahren nach Art. 8 und 18 der Richtlinie (sog. Schutzklauselverfahren (→ Rn. 166)) durchlaufen muss. Der Gerichtshof beantwortete beide Fragen dahingehend, dass es einem öffentlichen Auftraggeber verwehrt ist, aus Gründen des Gesundheits- und Sicherheitsschutzes ein Medizinprodukt direkt und außerhalb des sog. Schutzklauselverfahrens abzulehnen und fügte hinzu, dass das Krankenhaus selbst dieses Verfahren nicht einleiten konnte. Hierfür seien ausschließlich die vom Mitgliedstaat mit dem Vollzug der Richtlinie betrauten Einrichtungen zuständig gewesen und war das Krankenhaus verpflichtet zum Zwecke der Durchführung des sog. Schutzklauselverfahrens die zuständige nationale Marktüberwachungsbehörde zu unterrichten.[17]

II. Eingriffsvoraussetzungen

1. Verstoß gegen Marktzugangsregelungen

725 Gemäß Art. 16 Abs. 2 VO (EG) Nr. 765/2008, Art. R31 des Anhangs I des Beschlusses Nr. 768/2008/EG nachgebildetem Unionsrecht (→ Rn. 190), Art. 6 Abs. 1 der Richtlinie 2001/95/EG und den diese Vorschriften konkretisierenden und umsetzenden nationalen marktüberwachungsrechtlichen Befugnisnormen (§ 26 Abs. 2 ProdSG[18],

---

[15] EuGH, Urt. v. 2.12.1980, Cremoni und Vrankovich, C-815/79, EU:C:1980:273, Rn. 10 f.
[16] EuGH, Urt. v. 14.6.2007, Medipac, C-6/05, EU:C:2007:337.
[17] EuGH, Urt. v. 14.6.2007, Medipac, C-6/05, EU:C:2007:337, Rn. 43–53.
[18] § 26 Abs. 2 ProdSG ist ebenfalls Befugnisnorm für den Vollzug der 9. ProdSV, der 32. BImSchV, der ElektroStoffV, des BattG und des ElektroG (nicht nach Anhang I des Beschlusses 768/2008/EG harmonisierte Bereiche) → Rn. 720.

§ 50 Abs. 2 MessEG, §§ 23 ff. EMVG, §§ 24 ff. FuAG, § 7 Abs. 1 und 3 EVPG) sowie § 25 EG-FGV; Art. 41 Abs. 1 VO (EU) Nr. 167/2013 und Art. 46 Abs. 1 VO (EU) Nr. 168/2013 treffen die Marktüberwachungsbehörden die erforderlichen Maßnahmen, wenn ein Produkt nicht den auf es anwendbaren Anforderungen genügt. Die Eingriffsbefugnis ist hiernach immer dann gegeben, wenn die Anforderungen an die Bereitstellung des Produkts nicht erfüllt sind. Eine Beschränkung auf die Überwachung materieller, d. h. das technische Design betreffender Produktanforderungen findet mithin nicht statt und erstreckt sich die Handlungsermächtigung auch auf bloß formelle Voraussetzungen an die Bereitstellung von Produkten auf dem Markt.[19] Deren Nichterfüllung berechtigt zur behördlichen Anordnung von Korrekturmaßnahmen und im Falle des Fortbestehens der Nichtkonformität zu den gravierenden Maßnahmen des temporären oder endgültigen Bereitstellungsverbots, der Rücknahme und des Rückrufs.[20] Berechtigt hiernach **jede Nichtkonformität, d. h. materielle und formale Nichtkonformität**, zu Korrekturmaßnahmen, sind umgekehrt die Nachmarktpflichten behördlicher Anordnung entzogen. Die Pflicht zum Aufbau eines Gefahrenabwehr- und Rückrufmanagements (→ Rn. 704), die Pflicht zur Implementierung eines Reklamations-/Beschwerdemanagements (→ Rn. 678), die Pflicht zur Unterrichtung der Marktüberwachungsbehörden (→ Rn. 699–703), etc. sind behördlicherseits nicht durchsetzbar, d. h. deren Erfüllung kann nicht erzwungen werden.[21]

2. Eingriffsschwelle und Feststellung der Nichtkonformität

Bei in Serie und mit bedeutenden Stückzahlen gefertigten Produkten wird die Marktüberwachungsbehörde die Übereinstimmung mit den auf sie anwendbaren Anforderungen immer nur anhand von Stichproben prüfen können und je nach Fehlertyp und -ursache von der Nichtkonformität des Prüflings oder der Prüflinge auf die Nichtkonformität der gesamten Serie oder Charge, aller Produkte der gleichen Bauart oder nur einer Teilmenge hiervon schließen. Fürwahr muss das der Serie oder Charge, der Bauart, etc. zugehörige einzelne Produkt auch dann Gegenstand behördlicher Korrekturmaßnahmen

726

---

[19] Zum ProdSG, siehe Schucht, in Klindt (Hrsg.), ProdSG, § 26 Rn. 39; Gauger, Produktsicherheit und staatliche Verantwortung, S. 224. Beispiele aus der Rechtsprechung: VG Köln, Urt. v. 17.7.2013, 21 K 2589/12, juris, Rn. 24–26 (produktbezogene Hinweis- und Kennzeichnungspflichten – mangelnde Produktinformationen); VG Köln, Beschl. vom 3.9.2008, 1 L 1048/08, juris, Rn. 4 (produktbezogene Hinweis- und Kennzeichnungspflichten – fehlende CE-Kennzeichnung).

[20] Vgl. Art. R34 Anhang I des Beschlusses Nr. 768/2008/EG.

[21] Siehe für das ProdSG Schucht, in Klindt (Hrsg.), ProdSG, § 26 Rn. 35 und 40. Diese Lücken im behördlichen Vollzugszugriff sind von Gesetzes wegen hinzunehmen. Die fehlende behördliche Durchsetzbarkeit der Nachmarktpflichten bedeutet allerdings nicht, dass Verstöße hiergegen stets sanktionslos bleiben. So enthalten die Bußgeldvorschriften der einzelnen Fachgesetze eine Reihe von Ordnungswidrigkeitstatbeständen, die solche Verstöße durchaus sanktionieren können (→ Rn. 768 f.). Soweit auch keine Ordnungswidrigkeitstatbestände statuiert sind, bleiben Verstöße hingegen sanktionslos (Schucht, in Klindt (Hrsg.), ProdSG, § 26 Rn. 40).

sein können, wenn es selbst zwar nie gesichtet und geprüft und solchermaßen ein Mangel an ihm positiv nie festgestellt wurde, ein solcher Mangel aber als praktisch sicher gelten kann.[22] Würde den Marktüberwachungsbehörden sichere Kenntnis im Sinne von Gewissheit in Bezug auf die Nichtkonformität abverlangt, müsste jede einzelne Verkehrseinheit gesichtet und geprüft werden. Dies wäre praktisch unmöglich und kann vom EU-Gesetzgeber auch nicht verlangt sein. Weiter verlangt die zum Prüfling zu treffende Entscheidung regelmäßig technische Einschätzungen, Prognosen und Risikobewertungen. Die für ein behördliches Einschreiten von den Harmonisierungsrechtsvorschriften geforderte Feststellung der Nichtkonformität kann hierzu unumstößliche Gewissheit nicht verlangen. Der deutsche Gesetzgeber lässt denn auch in § 26 Abs. 2 ProdSG, § 50 MessEG und 7 Abs. 3 EVPG bereits dem Wortlaut nach den begründeten Verdacht der Nichtkonformität genügen. Andernorts muss die Behöde *„zu dem Ergebnis* [*kommen*]*, dass das Gerät die Anforderungen d*[*e*]*s Gesetzes nicht erfüllt"* bzw. die Nichtkonformität feststellen (§§ 23 Abs. 2, 24 Abs. 1 EMVG, vgl. auch §§ 24 Abs. 2, 28 Abs. 1 FuAG, § 25 EG-FGV und die direkt anzuwendenden Unionsvorschriften nach Art. 41 Abs. 1 UAbs. 2 VO (EU) Nr. 167/2013, Art. 46 Abs. 1 UAbs. 2 VO (EU) Nr. 168/2013, Art. 37 Abs. 1 UAbs. 2 VO (EU) 2016/426, Art. 39 Abs. 1 VO (EU) 2016/1628 und Art. 9 Abs. 2 VO (EU) 2017/1369). In der Sache ergeben sich hierdurch keine Unterschiede und werden in der Praxis der Marktaufsichtsbehörden bereichsübergreifend Anhaltspunkte erst dann als *„begründet"* erachtet, wenn die Behörde durch Bewertung des Einzelfalls Erkenntnisse darüber erhält, dass das Produkt bzw. die Produkte einer Produktserie/-charge oder des Typs nicht die an es/sie gestellten Anforderungen erfüllt/erfüllen.[23] Es ist dies eine auf positiver Kenntnis, Deduktion oder Erfahrungswerten beruhende Feststellung materieller Nichtkonformität. Soweit Stimmen in der Literatur und vereinzelt die Verwaltungsgerichte zu § 26 Abs. 2 ProdSG, § 50 MessEG und § 7 Abs. 3 EVPG ein Weniger an Gewissheit und einen bloßen Verdacht ausreichen lassen, also den Behörden eine Einschätzungsprärogative zukommen soll,[24] ist, wie andernorts zutreffend bemerkt, festzustellen, dass in den unionsrechtlichen Vorschriften zur Marktüberwachung vom Verdacht einer Nichtübereinstimmung keine Rede ist.[25] Dies beantwortet freilich nicht

---

[22]*LASI*, Produktsicherheitsgesetz, Leitlinie 26/2, S. 30.

[23]Hingegen ist „[e]*ine abschließende Gewissheit oder gar positive Kenntnis für die Nichtübereinstimmung des Produkts mit den gestellten Anforderungen nicht erforderlich"* (LASI, Produktsicherheitsgesetz, Leitlinie 26/2, S. 30). Siehe auch Erfahrungsbericht bei Gauger, Produktsicherheit und staatliche Verantwortung, S. 351.

[24]Geiß/Doll, Geräte- und Produktsicherheitsgesetz (GPSG), § 8 Rn. 43; VG Düsseldorf, Beschl. v. 4.9.2012, 3 L 1092/12, juris, Rn. 7 (Gefahrenverdacht ausreichend); VG Berlin, Beschl. v. 9.2.2012, 1 L 422.11, juris, Rn. 4 (Gefahrenverdacht ausreichend); siehe auch Sächsisches Oberverwaltungsgericht, Beschl. v. 28.11.2012, 3 A 937/10, juris, Rn. 8 = GewArch 2013, 368.

[25]Klindt, GPSG, § 8 Rn. 40 (zu *„begründeter Verdacht"* in ex-§ 8 Abs. 4 GPSG); in diesem Sinne auch Schucht, in Klindt (Hrsg.), ProdSG, § 26 Rn. 55. Vgl. auch VG Köln, 11 K 4108/06, juris, Rn. 40 = GewArch 2008, 90.

die Frage nach dem geforderten Beweismaß. Es wird hiermit aber zu Recht auf das Erfordernis der Berücksichtigung unionsrechtlicher Vorgaben verwiesen. Denn das Recht des technischen Produkts ist unionsrechtlich determiniert und ist das „Wie" des Vollzugs der in Umsetzung des Unionsrechts ergangenen nationalen Vorschriften seit Längerem nicht mehr in das Belieben der Mitgliedstaaten gestellt.[26]

In diesem Zusammenhang ist zu beachten, dass die Harmonisierungsrechtsvorschriften nach der Neuen Konzeption, wie auch die Verordnungen (EU) Nr. 167/2013 und Nr. 168/2013, ein **System der Überwachung und Regulierung des Binnenmarkts** begründen in dem in einem ersten Schritt die zuständigen nationalen Behörden zu beurteilen haben, ob ein Risiko für das geschützte öffentliche Interesse besteht bzw. das Produkt konform ist, und im Falle der Nichtkonformität korrektive Maßnahmen ergreifen müssen. Ist die Nichtkonformität nicht auf das Hoheitsgebiet des die Maßnahmen ergreifenden Mitgliedstaates beschränkt, ist es in einem zweiten Schritt Aufgabe der Kommission, zu prüfen, ob diese Maßnahmen gerechtfertigt sind, indem sie sich insbesondere der Stichhaltigkeit der rechtlichen und sachlichen Begründung für deren Erlass vergewissert.[27] Vom Ergebnis dieser Prüfung hängt es ab, ob die in Rede stehende nationale Maßnahme endgültig aufrechterhalten bleibt, da der Mitgliedstaat sie nur aufrechterhalten kann, wenn die Kommission sie als gerechtfertigt erklärt bzw. die Maßnahme kraft Fiktion als gerechtfertigt gilt, und er sie andernfalls beenden muss (→ Rn. 762 ff.).[28] Hält die Kommission die nationale Maßnahme für gerechtfertigt, wird hiermit zugleich bestimmt, welches Ergebnis die anderen nationalen Behörden erzielen müssen, die insoweit keinen Ermessensspielraum haben.[29] Die weitere Vermarktung des Produkts ist zu stoppen und sind bereits in Verkehr gebrachte Erzeugnisse gegebenenfalls zurückzurufen. Die Kommission entscheidet vergleichbar einer der nationalen Marktüberwachungsbehörde übergeordneten Verwaltungsbehörde und wird der Wirtschaftsakteur zunächst die Aufhebung der Kommissionsentscheidung durch das Europäische Gericht erreichen müssen.[30] Bei grenzüberschreitender Vermarktung wird die Frage der Übereinstimmung mit den auf das Produkt anwendbaren Anforderungen daher regelmäßig vor dem Unionsrichter zu klären sein (→ Rn. 767).[31] Etwaige vom nationalen

---

[26]Siehe zum Unionsverwaltungsrecht, Von Danwitz, Europäisches Verwaltungsrecht, S. 467 ff.

[27]EuG, Urt. v. 15.7.2015, CSF/Kommission, T-337/13, EU:T:2015:502, Rn. 46 m.w.Nachw. zu Art. 11 der Richtlinie 2006/42/EG.

[28]*Ebd.*

[29]EuG, Urt. v. 15.7.2015, CSF/Kommission, T-337/13, EU:T:2015:502, Rn. 31; Beschl. v. 7.6.2007, IMS/Kommission, T-346/06R, EU:T:2007:164, Rn. 51 bis 54; vgl. auch EuGH, Urt. v. 13.3.2008, Kommission/Infront WM, C-125/06P, EU:C:2008:159, Rn. 47, Rn. 59 bis 63.

[30]So denn auch die Sachverhaltskonstellation zu EuG, Urt. v. 15.7.2015, CSF/Kommission, T-337/13, EU:T:2015:502.

[31]Dies betrifft jedenfalls die Fälle einer der Bauart oder einer Serie oder Charge anhaftenden Nichtkonformität.

Gesetzgeber den Marktaufsichtsbehörden eingeräumte Einschätzungsprärogativen oder eine nationale Absenkung der Einschreitensschwelle haben dann von vorneherein keine Bedeutung.

728 Dies vorweggenommen, ist Ausgangspunkt zur Bestimmung des geforderten Grads an Gewissheit über die Nichtkonformität die Feststellung, dass bei Vollzug von Unionsrecht das Maß an gerichtlicher Kontrolle auf nationaler Ebene nicht hinter dem zurückbleiben darf, was auf Unionsebene in vergleichbaren Fällen praktiziert wird.[32] Solchermaßen ist im hiesigen Zusammenhang auf die **vom Unionsrichter praktizierte Kontrolldichte** zu referieren, wenn dieser über die Rechtmäßigkeit einer im Bewertungsverfahren der Union ergangenen – eine nationale Marktaufsichtsmaßnahme bestätigende – Kommissionsentscheidung zu befinden hat (→ Rn. 767). Hierzu erkennt das Europäische Gericht in der Rechtssache *CSF gegen Kommission,* dass die Beantwortung der Frage, ob ein Produkt das von der Rechtsvorschrift verfolgte öffentliche Interesse gefährdet bzw. das Produkt den an es gestellten wesentlichen Anforderungen entspricht, komplexe Beurteilungen technischer und wissenschaftlicher Art verlangt.[33] Es leitet hieraus einen Ermessensspielraum (in der Terminologie des deutschen Verwaltungsrechts einen *„Beurteilungsspielraum"*) der Kommission ab und gesteht das Europäische Gericht der Kommission ein weites Ermessen (*„Beurteilungsspielraum"*) zu. Das Gericht zieht sodann die Rechtsprechung des Gerichtshofs zur Kontrolldichte bei Ermessensentscheidungen der Unionsorgane heran[34] und führt aus:[35]

> Bei der Kontrolle eines weiten Ermessensspielraums muss der Unionsrichter im Rahmen der ihm unterbreiteten Klagegründe prüfen, ob die Verfahrensvorschriften eingehalten worden sind, ob der Sachverhalt von der Kommission zutreffend festgestellt worden ist und ob keine offensichtlich fehlerhafte Würdigung dieses Sachverhalts und kein Ermessensmissbrauch vorliegen. Insbesondere muss er unter Berücksichtigung des Vorbringens der Parteien die sachliche Richtigkeit der zur Untermauerung des angefochtenen Beschlusses vorgebrachten Beweise, ihre Zuverlässigkeit und ihre Kohärenz prüfen und kontrollieren, ob diese Beweise alle relevanten Daten darstellen, die bei der Beurteilung einer komplexen Situation heranzuziehen waren, und ob sie die aus ihnen gezogenen Schlüsse zu stützen vermögen.

Ist hiernach unumstößliche Gewissheit über die Nichtkonformität nicht gefordert, genügt andererseits der bloße Verdacht einer Nichtkonformität nicht. Es bedarf vielmehr konkreter, belegter, in sich kohärenter und die Feststellung der Nichtkonformität sachlich und fachlich stützender Tatsachen. Ein über den Begriff des *„begründeten Verdachts"* in

---

[32] Vgl. EuGH, Urt. v. 21.1.1999, Upjohn, C-120/97, EU:C:1999:14, Rn. 35 *(arg. a contrario);* hierzu Von Danwitz, Europäisches Verwaltungsrecht, S. 592.

[33] EuG, Urt. v. 15.7.2015, CSF/Kommission, T-337/13, EU:T:2015:502, Rn. 79 f.

[34] EuGH, Urt. v. 18.7.2007, Industrias Químicas del Vallés/Kommission, C-326/05P, EU:C:2007:443, Rn. 76; Urt. v. 6.11.2008, Niederlande/Kommission, C-405/07P, EU:C:2008:613, Rn. 55; EuG, Urt. v. 9.9.2011, Dow AgroSciences u. a./Kommission, T-475/07, EU:T:2011:445, Rn. 151 und 153.

[35] EuG, Urt. v. 15.7.2015, CSF/Kommission, T-337/13, EU:T:2015:502, Rn. 81 f.

§ 26 Abs. 2 ProdSG, § 50 MessEG und § 7 Abs. 3 EVPG den Marktaufsichtsbehörden zugestandener Beurteilungsspielraum darf nicht zu mit diesen Anforderungen in Widerspruch stehenden Ergebnissen führen.

III. Sachverhaltsermittlung

1. Untersuchungsgrundsatz

Die Marktüberwachungsbehörden entscheiden über den äußeren Verlauf des Verfahrens (Prinzip des Amtsbetriebs) und ermitteln den entscheidungserheblichen Sachverhalt von Amts wegen (Untersuchungsgrundsatz). Sie bestimmen Art und Umfang der Ermittlungen, insbesondere auch welche Beweismittel zu verwenden sind.[36] Heranzuziehen und zu berücksichtigen sind alle für den Fall bedeutsamen, auch die für die Wirtschaftsakteure günstigen Umstände (vgl. § 24 VwVfG).[37] Beweismittel sind Auskünfte jeder Art, Zeugenaussagen, Gutachten von Sachverständigen, Produktanalysen, Dokumente sowie Augenscheinseinnahmen. Wie die Behörden haben auch die Verwaltungsgerichte den Sachverhalt von Amts wegen zu erforschen. Im Rahmen dieser Aufklärungspflicht müssen sie entscheidungserhebliche Tatsachen unabhängig vom Vortrag der Beteiligten ermitteln und alle Möglichkeiten zur Aufklärung des maßgeblichen Sachverhalts ausschöpfen. Wenn die Marktüberwachungsbehörde der ihr obliegenden Sachverhaltsermittlungspflicht (§ 24 VwVfG) nicht hinreichend nachgekommen ist, muss das Gericht die entscheidungserheblichen Tatsachen selbst aufklären. Dabei ist es weder an die Beweisanträge noch an das Vorbringen der Verfahrensbeteiligten gebunden.[38] Korrelat des Untersuchungsgrundsatzes ist das Fehlen einer prozessualen Beweislast bzw. Beweisführungslast. Denn wenn das Gericht den Sachverhalt von Amts wegen zu erforschen hat, kann es nicht darauf ankommen, ob und wie die Verfahrensbeteiligten Beweis antreten. Demgemäß müssen weder der Kläger noch der Beklagte Beweisanträge stellen oder Beweis führen. Obschon es keine Beweisführungslast gibt, gibt es jedoch Regeln über die materielle **Beweislast**. So ist in jeder Verfahrensart zu bestimmen, wie zu entscheiden ist, wenn die Beweiserhebung zu einem *non liquet* führt, d. h. wenn das Verwaltungsgericht nach Beweiserhebung zu dem Ergebnis kommt, dass der Sachvortrag der Verfahrensbeteiligten nicht bewiesen werden konnte. Bei der im Rahmen der Marktüberwachung vornehmlich interessierenden Anfechtungsklage hat die beklagte Marktaufsichtsbehörde die Beweislast, dass die tatsächlichen und rechtlichen

729

---

[36] Zur sachgerechten Risikobeurteilung bzw. Sachverhaltsermittlung, siehe Tremml/Luber, NJW 2013, 262 (264).
[37] Vgl. Maurer, Allgemeines Verwaltungsrecht, § 19 Rn. 17 f.
[38] Schenke, Verwaltungsprozessrecht, Rn. 20–24; Schenke, in Kopp/Schenke (Hrsg.), VwGO, § 86 Rn. 14 ff.

Voraussetzungen der Eingriffsnorm gegeben sind. Sie trägt das Aufklärungsrisiko für die tatsächlichen Voraussetzungen belastenden Verwaltungshandelns.[39]

730 Unter dem Aspekt der Beweislast ist hier ein besonderes Augenmerk zu richten auf die den Konstruktionsprozess nachzeichnende und innerhalb der Konformitätsbewertung zu erstellende **technische Dokumentation.** Sie muss vollständig und verfügbar sein. Andernfalls liegt formale Nichtkonformität vor. Vollständig ist sie nur dann, wenn sich aus ihr die Übereinstimmung der Bauart mit den Anforderungen an das technische Design ergibt (→ Rn. 347 f., 352, 561). Obschon bei auf materieller Nichtkonformität der Bauart gestützten Marktüberwachungsmaßnahmen die Behörde die Beweislast dafür hat, dass die Eingriffsvoraussetzungen gegeben sind, wird die an der Konformität zweifelnde Marktaufsichtsbehörde – Zweifel, die durch eine ordnungsgemäße technische Dokumentation ausgeräumt werden müssten – verkehrsbeschränkende Maßnahmen immer auch auf formale Nichtkonformität stützen können. Mittels reiner Dokumentenprüfung muss sich die Marktaufsicht von der Konformität der Bauart, also der Fehlerfreiheit des technischen Designs, überzeugen können. Andernfalls ist formale Nichtkonformität gegeben. Zur Abwendung von auf formaler Nichtkonformität gründender Maßnahmen wird der Hersteller sodann die technische Dokumentation zu kommentieren, zu erläutern und deren Vollständigkeit, d. h. letztlich die Konformität der Bauart, nachzuweisen haben. Solchermaßen begründet die Verpflichtung, eine vollständige technische Dokumentation verfügbar zu halten, bezogen auf die Konformität des technischen Designs eine faktische Umkehr der Beweislast. Dies gilt mithin generell und nicht nur im Fall der Nichtheranziehung einschlägiger harmonisierter Produktnormen.[40]

2. Nachschaubefugnisse

731 Wenn die Marktüberwachungsbehörden gemäß Art. 19 Abs. 1 UAbs. 1 S. 1 VO (EG) Nr. 765/2008, §§ 25, 26 Abs. 1 ProdSG, §§ 49, 50 Abs. 1 MessEG, § 22 Abs. 2 Nrn. 1 und 2 EMVG, § 7 Abs. 1 EVPG, § 23 Abs. 2 Nr. 1 FuAG zur Produktkontrolle anhand angemessener Stichproben, zur Überprüfung von Unterlagen oder sonstigen Kontrollmaßnahmen verpflichtet sind, dann muss ihnen auch das Recht eingeräumt werden, Produkte zu entnehmen und zu prüfen, die technischen Unterlagen anzufordern, etc. Weil aus der Aufgabennorm nicht auf die entsprechende Befugnis geschlossen werden

---

[39] Siehe allgemein Schenke, in Kopp/Schenke (Hrsg.), VwGO, § 108 Rn. 11 ff. Vgl. auch EuG, Urt. v. 15.7.2015, CSF/Kommission, T-337/13, EU:T:2015:502, Rn. 57.

[40] Bei der harmonisierten Norm entsprechender Herstellung ist die Darstellungslast aber reduziert. Die Anwendung harmonisierter Normen bedeutet rein praktisch, dass der Konstrukteur in den technischen Unterlagen nicht darzustellen hat, dass und auf welcher Weise das von ihm gewählte technische Design die gesetzlichen Anforderungen gemäß dem geschuldeten Anforderungsprofil des Standes der Technik erfüllt. Ausreichend ist dann vielmehr ein einfacher Verweis auf die angewandten harmonisierten Normen (oder Abschnitte davon) nebst Darlegung der Normkonformität (→ Rn. 221, 354) (vgl. auch Europäische Kommission, Leitfaden zur europäischen Normung als Unterstützung für legislative und politische Maßnahmen der Union, SWD(2015)205 final, Teil 1, S. 20, Fn. 29).

kann, bedarf es hierfür ausdrücklicher Befugnisnormen.[41] Entsprechende Nachschaubefugnisse der Marktaufsichtsbehörden bzw. Mitwirkungspflichten der Wirtschaftsakteure begründen, angelehnt an Art. 19 Abs. 1 UAbs. 1 S. 1, UAbs. 2 S. 1 VO (EG) Nr. 765/2008, die §§ 28 ProdSG, 52 MessEG, 29 EMVG, 31 FuAG und 7 Abs. 4–6 EVPG. Es sind dies das Betretensrecht von Geschäftsräumen und Betriebsgrundstücken, die Besichtigungs- und die Prüfbefugnis in Bezug auf Produkte, die Ermächtigung, Proben zu entnehmen, Muster mitzunehmen, Unterlagen und Informationen anzufordern sowie Auskunft zu verlangen. Eine **Verletzung** dieser dem Wirtschaftsakteur solchermaßen auferlegten **Mitwirkungspflichten** darf in Anlehnung an einen aus den §§ 427, 444 und 446 ZPO abgeleiteten Rechtsgrundsatz bei der Beweiswürdigung berücksichtigt werden.[42] Es kommt zu einer Minderung des Beweismaßes.[43] Weiter ist die Verletzung der jeweiligen Mitwirkungspflicht regelmäßig bußgeldbewehrt.[44] **Auskunftsverweigerungsrechte** nach §§ 28 Abs. 4 S. 3 ProdSG, 52 Abs. 5 S. 4 MessEG, 29 Abs. 1 S. 2 EMVG, 31 Abs. 1 S. 2 FuAG, 7 Abs. 6 S. 3 EVPG, beziehen sich auf die Verpflichtung zur Erteilung von Auskünften nach §§ 28 Abs. 4 S. 2 ProdSG, 52 Abs. 5 S. 3 MessEG, 29 Abs. 1 S. 1 EMVG, 31 Abs. 1 S. 1 FuAG, 7 Abs. 6 S. 2 EVPG, erstrecken sich aber nicht auf die Vorlage von Unterlagen oder auf sonstige Anordnungen zu den behördlichen Nachschaubefugnissen, die kein Auskunftsverlangen zum Gegenstand haben.[45]

Beim **Betretens- oder Betretungsrecht** nach Art. 19 Abs. 1 UAbs. 2 S. 1 VO (EG) Nr. 765/2008, § 28 Abs. 1 S. 1 ProdSG, § 52 Abs. 1 S. 1 MessEG, § 29 Abs. 2 EMVG, § 31 Abs. 2 FuAG, § 7 Abs. 4 S. 1 EVPG[46] wird die Befugnis geregelt, *„zu den üblichen Geschäfts- oder Betriebszeiten"*, Geschäftsräume und Betriebsgrundstücke zu betreten. Es muss sich um solche Räume und Grundstücke handeln, *„in oder auf denen im Rahmen einer Geschäftstätigkeit Produkte"* hergestellt werden, erstmals verwendet werden, zum Zwecke der Bereitstellung lagern oder ausgestellt sind. Erfasst werden damit

732

---

[41] Schucht, in Klindt (Hrsg.), ProdSG, § 28 Rn. 7.
[42] BVerwG, Beschl. v. 19.6.2000, 1 DB 13/00, juris Rn. 16 = BVerwGE 111, 246–255 = DVBl 2001, 125 = NVwZ 2001, 436; Beschl. v. 5.11.2013, 2 B 60/13, juris Rn. 9 m.w.Nachw. = NVwZ 2014, 530.
[43] Kommt der Wirtschaftsakteur seinen Mitwirkungsobliegenheiten nicht nach, hat dies grundsätzlich keine unmittelbaren vefahrensrechtlichen Folgen (Ramsauer, in Ramsauer (Hrsg.), VwVfG, § 26 Rn. 43; Kallerhoff, in Stelkens/Bonk/Sachs (Hrsg.), VwVfG, § 24 Rn. 18 und § 26 Rn. 56), kommt es aber bei schlüssigem Vortrag der Behörde zu einer Minderung des Beweismaßes entsprechend dem aus den §§ 427, 444 und 446 ZPO abgeleiteten allgemeinen Rechtsgrundsatz (Ramsauer, in Ramsauer (Hrsg.), VwVfG, § 24 Rn. 45).
[44] Vgl. § 39 Abs. 1 Nrn. 11 und 12 ProdSG, § 60 Abs. 1 Nrn. 24 und 25 MessEG, § 13 Abs. 1 Nr. 3 lit. b) und Nr. 5 EVPG, § 33 Abs. 1 Nr. 13 EMVG, § 37 Abs. 1 Nr. 13 FuAG.
[45] Sächsisches Oberverwaltungsgericht, Beschl. v. 28.11.2012, 3 A 937/10, juris, Rn. 10; hierzu, Schucht, in Klindt (Hrsg.), ProdSG, § 28 Rn. 63.
[46] Zu Nachstehendem ausführlich Schucht, in Klindt (Hrsg.), ProdSG, § 28 Rn. 8–19.

die Produktionsstätten der Hersteller, die Ausstellungs- und Lagerräume der Hersteller sowie die der Groß-, Zwischen- und Einzelhändler.[47] Bei Produkten, deren Konformität bei Inbetriebnahme, d. h. der erstmaligen Benutzung, zu beurteilen ist (→ Rn. 305), sind nach § 28 Abs. 1 ProdSG Produktkontrollen auch beim Endbenutzer möglich und sind die Behörden befugt, dessen Räumlichkeiten zu betreten.[48] Einer vorherigen Anmeldung durch die Marktüberwachungsbehörde bzw. die von ihr beauftragten Personen bedarf es für die Wahrnehmung der Betretungsbefugnis nicht.[49]

733   Die **Besichtigungs-** und **Prüfbefugnis** nach Art. 19 Abs. 1 UAbs. 1 S. 1 VO (EG) Nr. 765/2008, § 28 Abs. 1 S. 2 ProdSG, § 52 Abs. 1 S. 2 MessEG, § 29 Abs. 2 EMVG, 31 Abs. 2 FuAG, 7 Abs. 4 S. 2 EVPG[50] ermächtigt die Marktüberwachungsbehörden und die von ihnen beauftragten Personen, vor Ort befindliche Erzeugnisse *„zu besichtigen, zu prüfen oder prüfen zu lassen sowie insbesondere zu Prüfzwecken in Betrieb nehmen zu lassen"*. Das bloße Besichtigen von Produkten, also die Inaugenscheinnahme, erlaubt die Kontrolle der Kennzeichnungspflichten. Weitaus bedeutender sind die in den nationalen Vorschriften unter dem Begriff der Prüfbefugnis zusammengefassten und in ihrem Ablauf in Art. 19 Abs. 1 UAbs. 2 S. 1 VO (EG) Nr. 765/2008 beschriebenen Produktkontrollen. Die Konformität ist vorranging anhand der Unterlagen zu prüfen.[51] Die zur Aufgabenerfüllung der Marktüberwachungsbehörden erforderlichen Unterlagen sind auf Anforderung hin auszuhändigen und die erforderlichen Informationen zu erteilen (z. B. Informationen über Produktinhaltsstoffe, Werkstoffe, Sicherheitsdatenblätter, Fabrikationsprozesse, arbeitsmedizinische Erkenntnisse, Auslieferungswege, Lager- und Vertriebslisten, Händlerketten oder Kundenkarteien).[52] Wenn dies angezeigt ist, sollen sich physische Kontrollen und Laborprüfungen der Dokumentenprüfung anschließen. Auf Verlangen ist das Produkt vom Wirtschaftsakteur vor Ort in Betrieb zu nehmen und wird die Marktaufsichtsbehörde vielfach nur am betriebenen Produkt dessen Funktionsfähigkeit, Gefährdungspotential und Störanfälligkeit einschätzen können. Die Prüfbefugnis ist nicht auf eine Vor-Ort-Prüfung beschränkt und ermächtigen die nationalen Vorschriften zur Prüfbefugnis wie auch Art. 19 Abs. 1 UAbs. 2 S. 1

---

[47]Vgl. auch (zu Art. 19 Abs. 1 UAbs. 2 S. 1 VO (EG) Nr. 765/2008) Europäische Kommission, Leitfaden für die Umsetzung der Produktvorschriften der EU 2016, ABl. 2016 C 272, 98.
[48]*Ebd.;* Schucht, in Klindt (Hrsg.), ProdSG, § 28 Rn. 10.
[49]Schucht, in Klindt (Hrsg.), ProdSG, § 28 Rn. 16.
[50]Zu Nachstehendem ausführlich *ebd.,* 28 Rn. 20–31.
[51]Europäische Kommission, Leitfaden für die Umsetzung der Produktvorschriften der EU 2016, ABl. 2016 C 272, 99; so auch BT-Drucks. 17/6276, 50; ebenso Gauger, Produktsicherheit und staatliche Verantwortung, S. 233.
[52]Schucht, in Klindt (Hrsg.), ProdSG, § 28 Rn. 39–45.

VO (EG) Nr. 765/2008 zur Entnahme von Proben und zur Mitnahme von Mustern.[53] Regelmäßig wird die Prüfbefugnis durch eine allgemeine Unterstützungspflicht ergänzt (§ 28 Abs. 4 S. 1 ProdSG, § 23 Abs. 1 S. 2 EMVG, § 52 Abs. 5 S. 1 MessEG, § 24 Abs. 1 S. 2 FuAG, § 7 Abs. 6 S. 1 EVPG, Art. 41 Abs. 1 S. 2 VO (EU) Nr. 167/2013, Art. 46 Abs. 1 S. 2 VO (EU) Nr. 168/2013, Art. 37 Abs. 1 UAbs. 1 S. 2 VO (EU) 2016/426, Art. 9 Abs. 1 S. 2 VO (EU) 2017/1369), wie etwa die Pflicht, auf Verlangen verschlüsselte Funktionalitäten des Produkts zu entschlüsseln, erforderliche Passwörter einzugeben, Betriebsweisen und Funktionalitäten zu erklären, Sicherheitstüren zu öffnen oder schlicht, (Fach)Personal als Ansprechpartner abzustellen.[54]

Gemäß **Kostentragungsregel** nach § 28 Abs. 1 S. 4 ProdSG, § 59 MessEG, § 7 Abs. 4 S. 4 EVPG und § 10 Abs. 2 S. 2 EnVKG erheben die Marktüberwachungsbehörden für Besichtigungen und Prüfungen Gebühren und Auslagen, wenn die Kontrolle ergibt, dass das Produkt nicht den an es gestellten Anforderungen entspricht. Hersteller und Einführer sind stets tauglicher Adressat behördlicher Kosten-/Gebührenbescheide, also auch dann, wenn die Kontrolle etwa in den Lagerräumen eines Händlers durchgeführt wurde. Es liegt im pflichtgemäßen Ermessen der Marktüberwachungsbehörde, ob sie in einem solchen Fall, trotz möglicher Inanspruchnahme des Herstellers oder Einführers, den Händler belastet.[55] Fürwahr hat sich der Gesetzgeber klar dagegen entschieden, die Kosten vorrangig den Herstellern aufzuerlegen.[56]

734

3. Untersuchungsanordnung

Wo der deutsche Gesetzgeber den begründeten Verdacht einer Nichtkonformität als Eingriffsschwelle statuiert, ermächtigt er die Marktüberwachungsbehörden bei Vorliegen eines solchen Verdachts anzuordnen, dass das bereitzustellende Produkt von einer geeigneten unabhängigen Stelle[57] überprüft wird (§ 26 Abs. 2 S. 2 Nr. 3 ProdSG, § 50 Abs. 2 S. 2 Nr. 3 MessEG, § 7 Abs. 3 S. 2 Nr. 3 EVPG, § 8 Abs. 2 S. 2 Nr. 1 EnVKG). Im Gegensatz zur Prüfbefugnis, die es der Marktüberwachungsbehörde erlaubt, Produkte *„zu prüfen oder prüfen zu lassen"* und eine entsprechende Duldungspflicht des Wirtschaftsakteurs begründet, wird Letzterer bei der Untersuchungsanordnung[58] bzw.

735

---

[53]Zur im rechtswissenschaftlichen Schrifttum geführten Diskussion zur Eigentumslage am mitgenommenem Prüfmaterial bzw. zur Frage des Bestehens einer Rückgabeverpflichtung, siehe Gauger, Produktsicherheit und staatliche Verantwortung, S. 234.
[54]Schucht, in Klindt (Hrsg.), ProdSG, § 28 Rn. 52–72.
[55]Vgl. (zu ex-§ 7 Abs. 1 GSG) VG Karlsruhe, Urt. v. 17.11.2003, 3 K 1642/03, juris, Rn. 21.
[56]Schucht, in Klindt (Hrsg.), ProdSG, § 28 Rn. 36.
[57]Die mit der Untersuchung zu beauftragende Prüfstelle wird in §§ 26 Abs. 2 S. 2 Nr. 3 ProdSG, 50 Abs. 2 Nr. 3 MessEG, 7 Abs. 3 Nr. 3 EVPG jeweils abschließend geregelt.
[58]Bezeichnung bei Scheel, in Landmann/Rohmer, GPSG § 8 Rn. 72.

bei der Anordnung zur Produktprüfung[59] aufgefordert, selbst die Produktprüfung zu veranlassen, also in Auftrag zu geben. Der für eine Untersuchungsanordnung erforderliche begründete Verdacht einer Nichtkonformität setzt nicht voraus, dass die für verkehrsbeschränkende Maßnahmen geforderte Eingriffsschwelle (→ Rn. 726–728) erreicht würde. „Begründet" i. S. des § 26 Abs. 2 S. 1 ProdSG, § 50 Abs. 2 S. 1 MessEG, § 7 Abs. 3 S. 1 EVPG und § 8 Abs. 2 S. 1 EnVKG ist der Verdacht hier vielmehr bereits dann, wenn eine sachlich fundierte Anfangsvermutung zu weiterer Sachverhaltsaufklärung Anlass gibt.[60] Auftraggeber und somit Vertragspartner der Prüfstelle ist der betreffende Wirtschaftsakteur. Ihn treffen die sich aus dem Vertragsverhältnis resultierenden Prüfkosten. Mangels auf Behördenseite entstehender Kosten ist kein Raum für die Kostentragungsregeln nach § 28 Abs. 1 S. 4 ProdSG, § 59 MessEG, § 7 Abs. 4 S. 4 EVPG und § 10 Abs. 2 S. 2 EnVKG.[61]

4. Temporäres Bereitstellungsverbot

736 Für den für die Prüfung des Produkts erforderlichen Zeitraum ermächtigen § 26 Abs. 2 S. 2 Nr. 4 ProdSG, § 50 Abs. 2 Nr. 4 MessEG, § 7 Abs. 3 Nr. 5 EVPG und § 8 Abs. 2 S. 2 Nr. 2 EnVKG die Bereitstellung des Produkts zu verbieten. Dieses interimistische Bereitstellungsverbot dient bei § 26 Abs. 2 S. 2 Nr. 4 ProdSG der Umsetzung des Art. 8 Abs. 1 lit. d) der Richtlinie 2001/95/EG. Im europäisch harmonisierten Bereich ist es indes nicht unproblematisch. Obschon sich nämlich die Behörde von der Nichtkonformität selbst erst noch überzeugen muss und die Harmonisierungsrechtsvorschriften eine dem Art. 8 Abs. 1 lit. d) der Richtlinie 2001/95/EG entsprechende Regelung nicht kennen, handelt es sich hier um ein den Freiverkehr beschränkendes Verkehrsverbot. Kann die Prüfung die Nichtkonformität bestätigen, wird sich an das temporäre Bereitstellungsverbot ein endgültiges Bereitstellungsverbot anschließen. Wird jedoch die Konformität des Produkts konstatiert, bricht die Grundlage für das zwischenzeitliche Verkehrsverbot weg. Das Produkt kann wieder bereitgestellt werden. Eines ausdrücklichen Widerrufs des Bereitstellungsverbots bedarf es nicht.[62] Im Fall nachträglich festgestellter Konformität stellt sich die Frage nach dem Ersatz des dem betroffenen Wirtschaftsakteur entstandenen Schadens.[63]

---

[59]Bezeichnung bei Schucht, in Klindt (Hrsg.), ProdSG, § 26 Rn. 99 ff.

[60]Vgl. für das Produktsicherheitsrecht, Schucht, in Klindt (Hrsg.), § 26 Rn. 100. Als Beispiele werden Unfall- und Mängelberichte genannt. Diese Verdachtsmomente müssen nach Schucht (ebd.) und Scheel (in Landmann/Rohmer, GPSG § 8 Rn. 73) dem Adressaten mitgeteilt werden, damit die Prüfstelle weiß, auf welche Aspekte sie den Fokus zu richten hat bzw. gebiete der Grundsatz der Verhältnismäßigkeit eine entsprechende behördliche Informationspflicht.

[61]Siehe zu § 26 Abs. 2 S. 1 ProdSG, Schucht, in Klindt, ProdSG, § 26 Rn. 107.

[62]Klindt, GPSG, § 8 Rn. 75; Schucht, in Klindt (Hrsg.), ProdSG, § 26 Rn. 121.

[63]Klindt, GPSG, § 8 Rn. 76 ff.; Schucht, in Klindt (Hrsg.), § 26 Rn. 122 f. Diese diskutieren in diesem Zusammenhang Ansprüche auf Entschädigungsleistungen aus enteignendem Eingriff und eine analoge Anwendung des § 27 Abs. 1 S. 3 ProdSG.

IV. (Verkehrsbeschränkende) Marktüberwachungsmaßnahmen

Die Marktüberwachungsbehörden treffen die erforderlichen Maßnahmen, wenn sie eine Nichtkonformität festgestellt haben. Sie sind dann *insbesondere*[64] befugt die in den Katalogen der § 26 Abs. 2 ProdSG, § 50 Abs. 2 MessEG und § 7 Abs. 3 EVPG aufgeführten Standardmaßnahmen zu ergreifen. Art. 37 Abs. 1 UAbs. 2 und Abs. 4 und Art. 40 Abs. 2 VO (EU) 2016/426, Art. 9 Abs. 1 UAbs. 2 und Abs. 4 VO (EU) 2017/1369 und §§ 23 Abs. 4 und 24 Abs. 3 EMVG und §§ 24 Abs. 3 und 28 Abs. 3 FuAG erlauben entsprechende Maßnahmen. Im Straßenverkehrszulassungsrecht sind zu nennen Art. 41 Abs. 1 UAbs. 2 und Abs. 4 VO (EU) Nr. 167/2013, Art. 46 Abs. 1 UAbs. 2 und Abs. 4 VO (EU) Nr. 168/2013, § 25 EG-FGV und § 14 Abs. 2 FzTV und zu NRMM-Motoren Art. 26 Abs. 5, Art. 38 Abs. 1 und Art. 39 Abs. 1 39 VO (EU) 2016/1628.

737

1. Auswahlermessen und Verhältnismäßigkeit

Die wohl h.M. verneint bei festgestellter Nichtkonformität ein **Entschließungsermessen** der Marktüberwachungsbehörden, d. h. ihnen sei bei der Frage des „*Ob*" des Tätigwerdens kein Ermessen eingeräumt. Sie haben bei festgestellter Nichtkonformität tätig zu werden.[65] Marktüberwachungsmaßnahmen können hiernach mit der Begründung, das Einschreiten selbst sei aufgrund der Geringfügigkeit der Nichtkonformität nicht erforderlich oder unangemessen, erfolgreich nicht angefochten werden. Demgegenüber verfügen die Behörden zweifelsfrei über ein **Auswahlermessen.** Dieses Auswahlermessen bezieht sich sowohl auf die zu treffende Maßnahme (z. B. endgültiges Bereitstellungsverbot) wie auch auf deren Adressaten.[66] Das „*Wie*" der Aufgabenerfüllung ist gleichwohl nicht frei.[67] Das Ermessen ist pflichtgemäß auszuüben. Insbesondere hat sich die Behörde bei der am **Verhältnismäßigkeitsgrundsatz** zu messenden Wahl unter mehreren möglichen Maßnahmen von der Intensität der drohenden Beeinträchtigung des geschützten öffentlichen Interesses, der Wahrscheinlichkeit der Risikoverwirklichung, den Maßnahmefolgen[68]

738

---

[64] Der Katalog der Standardmaßnahmen ist nicht abschließend (vgl. statt aller Schucht, in Klindt (Hrsg.), ProdSG, § 26 Rn. 21 ff.).
[65] Siehe zum Poduktsicherheitsrecht Schucht, in Klindt (Hrsg.), ProdSG, § 26 Rn. 58 ff. m.w.Nachw.; vgl. auch Europäische Kommission, Leitfaden für die Umsetzung der Produktvorschriften der EU 2016, ABl. 2016 C 272, 106.
[66] Schucht, in Klindt (Hrsg.), ProdSG, § 26 Rn. 61.
[67] Siehe allgemein Maurer, Allgemeines Verwaltungsrecht, § 7 Rn. 17.
[68] Den im Einzelfall gegebenenfalls sehr schwerwiegenden ökonomischen Verlustpositionen ist Rechnung zu tragen. Das hoheitliche Verkehrsverbot in Form der Bereitstellungsuntersagung etwa kann bei geringer Produktpalette auf Herstellerseite zu Kurzarbeit und Personalabbau führen. Bei geschlossenen Werktoren können Aufträge nicht mehr erfüllt werden und sieht sich der Hersteller in der Lieferkette durchgereichten Schadensersatzansprüchen ausgesetzt. Rücknahme und Rückruf ihrerseits ziehen nicht nur Schadensersatzansprüche nach sich. Sie sind mit immensem logistischem, personellem und administrativem Aufwand verbunden. Dies kann kleinere und mittlere

sowie von Fragen der Effektivität leiten zu lassen.[69] Ausfluss des Grundsatzes der Verhältnismäßigkeit ist der **Vorrang freiwilliger Maßnahmen.** Wurde der Wirtschaftsakteur bereits tätig und hat freiwillig wirksame und angemessene Maßnahmen ergriffen, wäre ein gleichwohl erfolgendes behördliches Einschreiten nicht (mehr) erforderlich.[70] Der dem Wirtschaftsakteur obliegende Nachweis eines den festgestellten Verstoß abstellenden und die Gefährdungslage abwehrenden proaktiven Tätigwerdens ist innerhalb der Anhörung zu erbringen. Hierfür kann die Vorlage eines vom Wirtschaftsakteur ausgearbeiteten – gegebenenfalls mit der Behörde ausverhandelten[71] – Maßnahmeplans genügen und ist nicht zwingend erforderlich, dass mit dessen Durchführung bereits begonnen und konkrete außenwirksame Maßnahmen ergriffen wurden.[72] Hat die Behörde hiernach vom Erlass von Marktüberwachungsmaßnahmen abzusehen, hat sie nach § 26 Abs. 3 ProdSG, § 50 Abs. 3 S. 1 MessEG, § 7 Abs. 3 S. 3 EVPG und generell nach Art. 21 Abs. 4 VO (EG) Nr. 765/2008 bereits getroffene Marktüberwachungsmaßnahmen zu widerrufen oder abzuändern, sobald der Wirtschafsakteur oder Aussteller nachweist, dass er wirksame Maßnahmen getroffen hat.[73] **Widerruf und Änderung von Marktüberwachungsmaßnahmen** setzen hiernach voraus, dass der Rechtsverstoß bzw. die Nichtkonformität zwischenzeitlich nachweislich beseitigt wurde.[74] Obschon Art. 21 Abs. 4 VO (EG) Nr. 765/2008

Unternehmen, die oftmals über kein oder nur ein rudimentäres Rückrufmanagementsystem verfügen, schnell in eine finanzielle Schieflage bringen. Mit der Rücknahme und dem Rückruf geht zumeist weiter ein Vertrauens- und Glaubwürdigkeitsverlust einher, der eine gegebenenfalls mühsam erarbeitete Marktposition nachhaltig beschädigen kann. Dies kann den Erfolg eines Unternehmens insgesamt bedrohen (Gauger, Produktsicherheit und staatliche Verantwortung, S. 238–240). Letzteres gilt auch bei der behördlich angeordneten und verstärkt bei der hoheitlichen Warnung mit u. U. irreparablen Auswirkungen auf die Firmenreputation und das Markenimage (hierzu Tremml/Luber, NJW 2013, 262 (265); Schucht, in Klindt (Hrsg.), ProdSG, § 26 Rn. 209 f.).

[69]VG Sigmaringen, Urt. v. 27.11.2008, 8 K 1828/06, juris, Rn. 51; PROSAFE, Best Practices Techniques in Market Surveillance, § 8.1; Schucht, in: Klindt (Hrsg.), ProdSG, § 26 Rn. 63; Gauger, Produktsicherheit und staatliche Verantwortung, S. 238; Europäische Kommission, Leitfaden für die Umsetzung der Produktvorschriften der EU 2016, ABl. 2016 C 272, 107.

[70]BT-Drucks. 15/1805, 13; *LASI,* Produktsicherheitsgesetz, Leitlinie 26/3, S. 30 f.; Gauger, Produktsicherheit und staatliche Verantwortung, S. 241–243 m.w.Nachw.

[71]Siehe hierzu Klindt, NVwZ 2003, 307 ff.

[72]Schucht, in Klindt (Hrsg.), ProdSG, § 26 Rn. 30.

[73]Vgl. auch Europäische Kommission, Leitfaden für die Umsetzung der Produktvorschriften der EU 2016, ABl. 2016 C 272, 106.

[74]Offen sind die Anforderungen an den zu erbringenden Nachweis. Die vom Länderausschuss für Arbeitsschutz und Sicherheitstechnik herausgegebenen Leitlinien zum Produktsicherheitsgesetz verhalten sich hierzu nicht. Nach Schucht (in Klindt (Hrsg.), ProdSG, § 26 Rn. 240) soll genügen, dass der Wirtschaftsakteur oder Aussteller sein Maßnahmeprogramm gegenüber der Behörde schlüssig darlegen kann.

anordnet, dass die Marktüberwachungsmaßnahme *zurückgenommen* werden müsse, handelt es sich auch dort um einen Widerruf im Sinne des § 49 (L)VwVfG. Im Falle hoheitlicher Warnungen darf die Marktüberwachungsbehörde bei Vorliegen genannter Voraussetzungen die Warnung nicht weiter aussprechen.[75] Bei § 26 Abs. 3 ProdSG, § 50 Abs. 3 S. 1 MessEG, § 7 Abs. 3 S. 3 EVPG und Art. 21 Abs. 4 VO (EG) Nr. 765/2008 handelt es sich um Fälle gesetzlich gebundener Verwaltung.

2. Standardmaßnahmen
a. Ausstellungsuntersagung

Ein dem ProdSG, MessEG, EMVG, FuAG oder EVPG unterfallendes, aber den Anforderungen an die Bereitstellung nicht genügendes Produkt, darf nur ausgestellt werden (zum Begriff des Ausstellens → Rn. 306), wenn der Aussteller deutlich darauf hinweist, dass es diese Anforderungen nicht erfüllt und es erst erworben werden kann, wenn die Übereinstimmung hergestellt ist. Bei einem Verstoß gegen die Pflicht, entsprechende Hinweise anzubringen bzw. zu geben, wird die Behörde im Hinblick auf die Erforderlichkeit ihres Handelns den Aussteller zunächst auffordern müssen, dies zu tun. Erst wenn sich der Aussteller uneinsichtig zeigt und zum Ausdruck bringt, dass er einer solchen Aufforderung nicht nachkommen werde, kann das Ausstellen untersagt werden (§ 26 Abs. 2 S. 2 Nr. 1 ProdSG, § 50 Abs. 2 S. 2 Nr. 1 MessEG, § 23a EMVG, § 26 FuAG und § 7 Abs. 3 S. 2 Nr. 1 EVPG).[76]

739

b. Bereitstellungsverbot mit auflösender Bedingung

Der Gesetzgeber ermächtigt in § 26 Abs. 2 S. 2 Nr. 2 ProdSG, § 50 Abs. 2 S. 2 Nr. 2 MessEG und § 7 Abs. 3 S. 2 Nr. 2 EVPG die Marktüberwachungsbehörden explizit *„Maßnahmen anzuordnen, die gewährleisten, dass ein Produkt erst dann auf dem Markt bereitgestellt* [bzw. nach § 7 Abs. 3 Nr. 2 EVPG *„in den Verkehr gebracht oder in Betrieb genommen"*] *wird, wenn es die* [an es in § 26 Abs. 2 S. 2 Nr. 2 ProdSG, § 7 Abs. 3 S. 2 Nr. 2 EVPG oder im MessEG gestellten] *Anforderungen erfüllt."*[77] Er ermächtigt hiermit die Marktüberwachungsbehörden nicht dazu, dem Wirtschaftsakteur ein bestimmtes Tun aufzuerlegen und insbesondere nicht zu Designvorgaben (z. B. Sicherheitsvorrichtungen anzubringen, Kriechstrecken zu vergrößern, Komponenten auszutauschen oder Kennzeichnungen anzubringen). Denn der Adressat der Maßnahme kann selbstredend auf die Bereitstellung des inkriminierten Produkts, Produkte des inkriminierten Typs, verzichten, wenn er, etwa aus Kostengründen, nicht bereit ist, entsprechende Korrektivmaßnahmen zu treffen. Vielmehr wird mit vorgenannten

740

---

[75] Schucht, in Klindt (Hrsg.), ProdSG, § 26 Rn. 244.
[76] VG Berlin, Beschl. v. 9.2.2012, 1 L 422.11, juris, Rn. 7; Schucht, in Klindt (Hrsg.), ProdSG, § 26 Rn. 83.
[77] Entsprechende Standardmaßnahmen ließen sich auch stützen auf, § 25 EG-FGV und Art. 26 Abs. 5, Art. 38 Abs. 1 und Art. 39 Abs. 1 VO (EU) 2016/1628.

Bestimmungen die Befugnis für ein **Verkehrsverbot** statuiert und mit einer **auflösenden Bedingung** i. S. des § 36 Abs. 2 Nr. 2 (L)VwVfG verknüpft. Um einen Unterfall des Bereitstellungsverbots mit auflösender Wirkung handelt es sich bei den Standardmaßnahmen nach §§ 26 Abs. 2 S. 2 Nr. 5 ProdSG und 7 Abs. 3 Nr. 4 EVPG.[78] Beim Bereitstellungsverbot mit auflösender Wirkung sind die Bedingungen klar zu benennen, deren Erfüllung zur Konformität und zum Wegfall des Verbots führt. Dem **Grundsatz der Bestimmtheit** (§ 37 Abs. 1 (L)VwVfG) kommt hier besondere Bedeutung zu. Gemäß § 37 Abs. 1 (L)VwVfG muss ein Verwaltungsakt inhaltlich hinreichend bestimmt sein. Das bedeutet, dass der Adressat in die Lage versetzt werden muss zu erkennen, was von ihm gefordert wird. Demgemäß muss bei der Bereitstellungsuntersagung mit auflösender Bedingung die Nebenbestimmung so eindeutig und klar umschrieben sein, dass für die Beteiligten jederzeit ohne weiteres feststellbar ist, ob die Voraussetzungen der Nebenbestimmung eingetreten sind.[79] Dem Bestimmtheitsgebot wird insbesondere dann nicht genügt, wenn und soweit nur die Wiederholung des Inhalts einer Gesetzesvorschrift mit gleichen oder anderen Worten erfolgt, ohne dass eine Konkretisierung auf den Einzelfall vorgenommen wird und so die Wertung dem Adressaten überlassen bleibt.[80] Die Verwendung generalisierender Begriffe ist möglich, wenn sie eine Bestimmbarkeit im konkreten Fall gestatten, z. B. durch die Beifügung von Beispielen.[81] Zudem ist maßgeblich, welches Maß an Bestimmtheit der Behörde zur Regelung des fraglichen Sachverhalts überhaupt möglich ist und dürfen die Anforderungen an die Bestimmtheit nur so hoch gesteckt werden, wie dies dem Sachverhalt angemessenem und mit vernünftigem Verwaltungsaufwand noch erfüllbar ist.[82] Hiernach wird die Behörde genauer ausführen müssen, worin die Nichtkonformität besteht und in Form einer Zielvorgabe die zu treffenden Abhilfemaßnahmen festlegen müssen. Das „*Wie*" der Umsetzung bleibt dem Wirtschaftsakteur überlassen.

---

[78] Siehe zu § 26 Abs. 2 S. 2 Nr. 5 ProdSG Schucht, in Klindt (Hrsg.), ProdSG, § 26 Rn. 132. Die Marktüberwachungsbehörden werden durch § 26 Abs. 2 S. 2 Nr. 5 ProdSG und in Umsetzung des Art. 8 Abs. 1 lit. b) i) der Richtlinie 2001/95/EG ermächtigt, *„anzuordnen, dass geeignete, klare und leicht verständliche Hinweise zu Risiken, die mit dem Produkt verbunden sind, in deutscher Sprache angebracht werden"*. Nach § 7 Abs. 3 Nr. 4 EVPG sind die zuständigen Behörden befugt, *„anzuordnen, dass geeignete Informationen nach § 5 [EVPG] angebracht werden"*.
[79] Schucht, in Klindt (Hrsg.), § 26 Rn. 93; vgl. auch VG Oldenburg, Beschl. v. 23.1.2013, 11 A 4635/12, juris, Rn. 6.
[80] Statt vieler BVerwG, Urt. v. 2.12.1993, 3 C 42.91, juris, Rn. 47–51 = BVerwGE 94, 341; Stelkens U., in Stelkens/Bonk/Sachs (Hrsg.), VwVfG, § 37 Rn. 27.
[81] Stelkens U., in Stelkens/Bonk/Sachs (Hrsg.), VwVfG, § 37 Rn. 5.
[82] Siehe etwa Verwaltungsgerichtshof Baden-Württemberg, Urt. v. 8.9.2015, 6 S 1426/14, juris, Rn. 19.

c. Zweistufiges Verfahren

§§ 23 Abs. 2 und 4, 24 Abs. 1 und 3 EMVG, §§ 24 Abs. 2, 25 Abs. 1, 28 Abs. 1 und 3 FuAG, Art. 37 Abs. 1 UAbs. 2 und Abs. 4 und Art. 40 Abs. 2 VO (EU) 2016/426, Art. 9 Abs. 1 UAbs. 2 und Abs. 4 VO (EU) 2017/1369, Art. 41 Abs. 1 UAbs. 2 und Abs. 4 VO (EU) Nr. 167/2013 und Art. 46 Abs. 1 UAbs. 2 und Abs. 4 VO (EU) Nr. 168/2013 ermächtigen nicht (explizit) zu einem Bereitstellungsverbot mit auflösender Wirkung und sehen stattdessen zweistufige Verfahren[83] vor, in dem zunächst der Wirtschaftsakteur aufgefordert wird, den Mangel zu beseitigen und – für den Fall, dass dieser nicht behoben wird – erforderliche Maßnahmen zur Verhinderung des Inverkehrbringens oder der Weitergabe zu treffen sind. Fraglich ist, ob es sich bei der behördlichen Aufforderung um eine zwangsweise durchsetzbare Maßnahme mit Verwaltungsaktcharakter i. S. von § 35 VwVfG oder im Rahmen eines Anhörungsverfahrens verlangte Abhilfemaßnahmen handeln soll.[84] So muss auch hier dem Adressaten die Entscheidung darüber verbleiben, ob er der behördlichen Verfügung Folge leistet oder von einer (weiteren) Bereitstellung Abstand nimmt, was gegen die Qualifizierung der Aufforderung als Verwaltungsakt spricht. Die zitierten Rechtsvorschriften sehen denn auch als Rechtsfolge in der zweiten Stufe nicht die zwangsweise Durchsetzung der Aufforderung, sondern ein Bereitstellungsverbot oder eine Berteitstellungsbeschränkung vor.[85]

741

d. Endgültiges Bereitstellungsverbot

Das endgültige Bereitstellungsverbot nach Art. 20 VO (EG) Nr. 765/2008, § 26 Abs. 2 S. 2 Nr. 6 ProdSG, § 50 Abs. 2 S. 2 Nr. 5 MessEG, § 7 Abs. 3 S. 2 Nr. 6 EVPG oder in Anwendung des § 25 EG-FGV oder der Art. 26 Abs. 5, Art. 38 Abs. 1 und Art. 39 Abs. 1 39 VO (EU) 2016/1628 ist eines der schärfsten Schwerter unter den Marktüberwachungsmaßnahmen. Dem Grundsatz der **Verhältnismäßigkeit** gebührt hier besondere Beachtung.[86] Namentlich bei bloß formaler Nichtkonformität wird das Bereitstellungsverbot mit auflösender Wirkung regelmäßig das mildere Mittel und damit ebenso regelmäßig vorranging in Betracht zu ziehen sein.[87] Weiter ist der **Grundsatz der Bestimmtheit** (§ 37 Abs. 1 (L)VwVfG) besonders zu beachten. Es bedarf genauer Identifikation des inkriminierten Produkttyps bzw. der inkriminierten Verkehrseinheiten und muss feststellbar sein, worauf sich das Verkehrsverbot erstreckt. Wie an anderer Stelle ausgeführt (→ Rn. 726) ist diese Identifikation bei fertigungsbedingter und bei nur einer oder mehreren Serien/Chargen anhaftender Nichtkonformität mitunter schwierig

742

---

[83] VG Köln, Urt. v. 17.7.2013, 21 K 2589/12, juris, Rn. 32 (zu ex-§ 14 Abs. 3 EMVG).
[84] *Ebd.*
[85] Ist die vorherige Aufforderung ersichtlich unnütz, weil erkannbar ist, dass der Wirtschaftsakteur ihr nicht Folge leisten wird, kommt ein sofortiges Bereitstellungsverbot in Betracht *(ebd.)*.
[86] Scheel, in Landmann/Rohmer, GPSG § 8 Rn. 82.
[87] *Ebd.*; vgl. auch Schucht, in Klindt (Hrsg.), § 26 Rn. 92, 143 und 147.

und ohne Mitwirkung des Wirtschaftsakteurs bei der Sachverhaltsaufklärung kaum durchführbar.[88]

e. Sicherstellung

743 Zur Sicherstellung ermächtigen ausdrücklich § 26 Abs. 2 S. 2 Nr. 8 Var. 1 ProdSG, § 50 Abs. 2 S. 2 Nr. 7 MessEG, § 7 Abs. 3 S. 2 Nr. 7 EVPG. Sie kann etwa durch Abtransport von im Herstellerlager oder in Produktionsräumen befindlichen Produkten, durch Einlagerung sowie durch Verschluss und Versiegelung eines Lagers erfolgen. Kennzeichnend ist, dass dem bisherigen Besitzer die unmittelbare Verfügungsgewalt über das Produkt genommen wird. Die Gewahrsamsbegründung kann auf der Grundlage eines Verwaltungsakts in Form einer Herausgabeanordnung oder mittels Realakts erfolgen. Mit der Sicherstellung entsteht ein öffentlich-rechtliches Verwahrungsverhältnis.[89] Von dem Betroffenen aus dem öffentlich-rechtlichen Verwahrungsverhältnis geltend gemachte vermögensrechtliche Ansprüche fallen nach § 40 Abs. 2 S. 1 VwGO in den Zuständigkeitsbereich der ordentlichen Gerichte. Diese Bestimmung erfasst neben Schadens- und Aufwendungsersatzansprüchen auch Ansprüche auf Rückgabe der Sache.[90]

f. Unbrauchbarmachung

744 Die als Standardmaßnahme in §§ 26 Abs. 2 S. 2 Nr. 8 Var. 2 ProdSG, 50 Abs. 2 S. 2 Nr. 7 MessEG, 7 Abs. 3 S. 2 Nr. 7 EVPG normierte und nach Art. 19 Abs. 1 UAbs. 2 S. 2 VO (EG) Nr. 765/2008 autorisierte Vernichtung ist als Ultima Ratio zu qualifizieren und zulässig, wenn sich abzeichnet, dass der Adressat das Produkt trotz Bereitstellungsverbots unverändert bereitstellen würde. Die rechtmäßigerweise erfolgte Unbrauchbarmachung ist nicht entschädigungspflichtig.[91]

g. Anordnung von Rücknahme und Rückruf

745 Art. 20 Abs. 1 VO (EG) Nr. 765/2008, § 26 Abs. 2 S. 2 Nr. 7 ProdSG, § 50 Abs. 2 S. 2 Nr. 6 MessEG, § 23 Abs. 4 S. 1 EMVG[92], § 23 Abs. 4 S. 1 FuAG, § 7 Abs. 3 S. 2 Nr. 7 EVPG, Art. 41 Abs. 1 UAbs. 2 VO (EU) Nr. 167/2013 und 46 Abs. 1 UAbs. 2 VO (EU) Nr. 168/2013, Art. 37 Abs. 1 UAbs. 2 2 VO (EU) 2016/426, Art. 9 Abs. 2 VO (EU) 2017/1369 ermächtigen zur behördlichen Anordnung der Rücknahme und des

---

[88]Zur Feststellung der Nichtkonformität → Rn. 726–728.
[89]Schucht, in Klindt (Hrsg.), ProdSG, § 26 Rn. 188.
[90]Vgl. etwa Rennert, in Eyermann, VwGO, § 40 Rn. 123; Redeker/von Oertzen, VwGO, § 40 Rn. 44; Schenke/Ruthig, in Kopp/Schenke, VwGO, § 40 Rn. 64, jeweils m.w.Nachw.
[91]Klindt, NJW 2000, 2563, 2565.
[92]Zum Heranziehen der Vorgängervorschrift des § 14 Abs. 3 S. 2 EMVG als Rechtsgrundlage für Produktrückrufe, Oberverwaltungsgericht für das Land Nordrhein-Westfalen, Beschluss vom 6.11.2008, 13 B 1461/08, juris, Rn. 12 = NVwZ 2009, 925; hierzu Klindt, NVwZ 2009, 891–893.

Rückrufs bereits im Umlauf bzw. im Feld befindlicher Produkte.[93] **Rücknahme** ist eine *„Maßnahme, mit der verhindert werden soll, dass ein Produkt, das sich bereits in der Lieferkette befindet, [weiter] auf dem Markt bereitgestellt wird".*[94] Das Produkt befindet sich noch nicht in den Händen des Endverwenders, namentlich des Verbrauchers und soll die Warendistribution durch Groß- Zwischen- und Einzelhändler gestoppt werden. Rein praktisch erfolgt dies mittels Retouren (Rücknahme i. e. S.) oder durch Produktwarnungen.[95] **Rückruf** ist jede Maßnahme, die darauf abzielt, die Rückgabe eines dem Endbenutzer bereitgestellten Produkts zu erwirken.[96] Wie bei der Rücknahme geht es beim Rückruf darum, bereits bereitgestellte Produkte aus dem Markt zurückzuholen. Zurückzuholen ist das Produkt aber nicht aus der Lieferkette, sondern aus dem Feld. Das Gesetz selbst bestimmt nicht, wie Rücknahme und Rückruf ausgestaltet sein müssen. Auch gibt es keinen Standardrückruf oder standardisierte Rückrufmodule. Fürwahr können Rückrufkampagnen völlig unterschiedlich ablaufen und organisiert werden. Entscheidend ist der Einzelfall. Vor dem Hintergrund des **Bestimmtheitsgrundsatzes,** wonach angeordnete Maßnahmen inhaltlich hinreichend bestimmt sein müssen (§ 37 (L) VwVfG), wirft dies die Frage auf, ob und wenn ja inwieweit die Behörde das *„Wie"* der Durchführung der Rücknahme oder des Rückrufs zu bestimmen hat oder ob schon allein durch die Verwendung des Begriffs *„Rückruf"* klar zum Ausdruck kommt, was zu tun ist.[97] Letzteres ist nach der Rechtsprechung der Verwaltungsgerichte nicht zutreffend.[98] In einem vom OVG Münster etwa zu entscheidenden Fall ordnete die Behörde ohne weitere Präzisierungen zu Inhalt, Umfang und Form, den Rückruf der Produkte einer bestimmten

---

[93]Unionsrechtlich liegen zitierten Paragraphen Art. 8 Abs. 1 lit. f) i) – ii) der Richtlinie 2001/95/ EG für Verbraucherprodukte im nicht harmonisierten Bereich und die Art. R31 Abs. 1 des Anhangs I des Beschlusses Nr. 768/2008/EG nachgebildeten Bestimmungen der Harmonisierungsrechtsvorschriften zugrunde.

[94]Siehe Art. 2 Nr. 15 VO (EG) Nr. 765/2008; § 2 Nr. 24 ProdSG, § 50 Abs. 2 S. 2 Nr. 6 lit. a) MessG, § 3 Nr. 23 EMVG, § 3 Abs. 1 Nr. 24 FuAG, § 2 Nr. 18 EnVKG. Vgl. auch § 2 Abs. 16 EVPG.

[95]Zu den Produktwarnungen siehe Pflegebettenurteil des BGH vom 16.12.2008, VI ZR 170/07, BGHZ 179, 157–168 = NJW 2009, 1080 = BB 2009, 627. Der in der Lieferkette nachgeschaltete Wirtschaftsakteur wird auf die Produktgefahren hingewiesen und – gegebenenfalls mit Verweis auf seine Gefahrabwehrpflichten (siehe etwa § 12 Abs. 5 der 1. ProdSV, § 13 Abs. 4 EMVG, § 26 Abs. 3 MessEG, § 14 Abs. 4 FuAG) – aufgefordert, die Vermarktung des Produkts zu stoppen.

[96]Siehe Art. 2 Nr. 14 VO (EG) Nr. 765/2008, §§ 2 Abs. 2 Nr. 25 ProdSG, 50 Abs. 2 S. 2 Nr. 6 lit. b) MessEG, § 3 Nr. 22 EMVG, § 3 Abs. 1 Nr. 23 FuAG, § 2 Nr. 17 EnVKG, Vgl. auch § 2 Abs. 15 EVPG.

[97]Siehe hierzu Klindt, NVwZ 2009, 891 (892).

[98]Oberverwaltungsgericht für das Land Nordrhein-Westfalen, Beschl. v. 6.11.2008, 13 B 1461/08, juris, Rn. 13 ff. = NVwZ 2009, 925 (kritisch Klindt, NVwZ 2009, 891 (892) und Schucht, in Klindt (Hrsg.), ProdSG, § 26 Rn. 181); VG Köln, Beschl. v. 28.8.2008, 1 L 1158/08, juris; VG Aachen, Urt. v. 10.8.2010, 3 K 456/09, juris, Rn. 42.

Baureihe an. Das Gericht sah hierin einen Verstoß gegen den Grundsatz der Bestimmtheit und führt aus:[99]

> *Nach § 37 Abs. 1 VwVfG muss der Entscheidungsinhalt so gefasst sein, dass der Adressat ohne Weiteres erkennen kann, was genau von ihm gefordert wird und was in der betreffenden Angelegenheit geregelt worden ist. Der Verwaltungsakt muss geeignete Grundlage für Maßnahmen zu seiner zwangsweisen Durchsetzung sein können. Im Einzelnen richten sich die Anforderungen an die notwendige Bestimmtheit eines Verwaltungsakts nach den Besonderheiten des jeweils anzuwendenden und mit dem Verwaltungsakt umzusetzenden materiellen Rechts. Das Bestimmtheitserfordernis erfordert bei einem Gebot zusätzlich die Angabe des Mittels, wie das gewünschte Ziel zu erreichen ist. Aus Gründen der Verhältnismäßigkeit der Maßnahme kann es notwendig sein, dass die Behörde nur das Ziel festlegt, das der Adressat durch eigene Maßnahmen erreichen muss, so dass eine Festlegung der einzusetzenden Mittel entweder überhaupt nicht erfolgt oder dem Adressaten die Freiheit der Wahl zwischen mehreren vorgegebenen Handlungsalternativen eingeräumt wird. Im Grundsatz ist es aber erforderlich, dass die Behörde den Bescheidadressaten mehrere Mittel zur Gefahrenabwehr bezeichnet und ihm die Wahl lässt, das ihm am günstigsten erscheinende oder ihn am wenigsten beeinträchtigende Mittel zu ergreifen. [...] Hiervon ausgehend durfte eine nähere Festlegung des verfügten Rückrufs und des Warnhinweises nicht unterbleiben [... und ...] kann sich die Behörde ihrer Verantwortung für die Abwehr von relevanten Gefahren nicht dadurch entledigen, indem sie es dem Bescheidadressaten überlässt, die geeigneten Maßnahmen selbst zu bestimmen.*

h. Warnung der Öffentlichkeit

746 Die Warnung der Öffentlichkeit als Standardmaßnahme ist vorgesehen in § 26 Abs. 2 S. 2 Nr. 9 ProdSG und § 50 Abs. 2 S. 2 Nr. 8 MessEG. Ob Warnungen zum Schutz der **Umwelt,** der **Sicherheit des Straßenverkehrs,** der **elektromagnetischen Verträglichkeit** und/oder zur Vermeidung **funktechnische Störungen** in Anwendung der Generalklauseln in § 23 Abs. 4 EMVG, § 25 Abs. 1 FuAG[100], 7 Abs. 3 S. 1 EVPG oder des Art. 19 Abs. 1 UAbs. 1 VO (EG) Nr. 765/2008[101] ausgesprochen werden können ist ungewiss. Im **Produktsicherheitsrecht** ermächtigt § 26 Abs. 2 S. 2 Nr. 9 ProdSG die Behörde bei Nichtkonformität nach dem ProdSG *„anzuordnen, dass die Öffentlichkeit vor den Risiken gewarnt wird, die mit einem auf dem Markt bereitgestellten Produkt verbunden sind; die Marktüberwachungsbehörde kann selbst die Öffentlichkeit warnen, wenn der Wirtschaftsakteur nicht oder nicht rechtzeitig warnt oder eine andere ebenso wirksame Maßnahme nicht oder nicht rechtzeitig trifft".* § 50 Abs. 2 S. 2 Nr. 8 MessEG

---

[99]Oberverwaltungsgericht für das Land Nordrhein-Westfalen, Beschl. v. 6.11.2008, 13 B 1461/08, juris, Rn. 14 ff. = NVwZ 2009, 925.

[100]Das OVG Münster sah in ex-§ 14 Abs. 3 EMVG die Befugnis zur Warnung der Öffentlichkeit bei Nichtkonformität nach dem EMVG bzw. dem FTEG (Oberverwaltungsgericht für das Land Nordrhein-Westfalen, Beschl. v. 6.11.2008, 13 B 1461/08, juris, Rn. 12 = NVwZ 2009, 925).

[101]Unklar ist, ob Art. 19 Abs. 1 UAbs. 1 VO (EG) Nr. 765/2008 als Befugnisnorm ausgestaltet ist (ablehnend Schucht, in Klindt (Hrsg.), ProdSG, § 26 Rn. 201).

ist, bezogen auf eine Nichtkonformität nach dem **MessEG,** im Wesentlichen gleichlautend. Der erste Halbsatz statuiert die Befugnis zur **Anordnung einer Warnung** und der zweite Halbsatz diejenige zur **hoheitlichen Warnung.**[102] Tatbestandliche Voraussetzung der Maßnahme ist beide Male neben der Nichtkonformität das Vorliegen eines Risikos bzw. einer Gefahr für das geschützte öffentliche Interesse. Bloße formale Nichtkonformität ist damit bereits tatbestandlich nicht ausreichend. Bei der hoheitlichen Warnung ist aufgrund ihrer Subsidiarität gegenüber der Anordnung einer Warnung weitere Eingriffsvoraussetzung, dass *i)* Gefahr im Verzug besteht[103] oder *ii)* die Marktaufsichtsbehörde, bevor sie selbst die Öffentlichkeit warnt, den betreffenden Wirtschaftsakteur mittels Verfügung zunächst zur Bekämpfung der Produktrisiken auffordert – Inhalt des Verwaltungsakts ist entweder die Anordnung zur Warnung oder zu einer sonstigen ebenso wirksamen Maßnahme, namentlich zum Rückruf[104] – oder *iii)* eine vorherige Anordnung sinnlos wäre[105].[106]

Die Anordnung einer Warnung muss dem Erfordernis der **Bestimmtheit** (§ 37 Abs. 1 (L)VwVfG) genügen. Bloße Zielvorgaben genügen nicht und sind in der Verfügung die Mittel (z. B. Rundschreiben, Veröffentlichungen in Presse, Funk und/oder Fernsehen) und die wesentlichen Informationsinhalte anzugeben.[107] Hingegen ist die hoheitliche Warnung kein Verwaltungsakt, sondern ein Realakt.[108] § 37 (L)VwVfG findet keine Anwendung.

747

---

[102]Die hoheitliche Warnung kann definiert werden als *„das unzweideutige, kraft Amtsautorität ausgesprochene und so auch wahrgenommene Abraten von einem konkreten Produkt unter Benennung des Firmen- und Produktnamens und des (angeblichen) Mangels, wobei eine effektive Steuerung des Publikumsverhaltens beabsichtigt ist"*. Warnung ist damit nicht nur, was sprachlich als Warnung bezeichnet wird, sonder auch *„jede sonstige in Ausübung von Amtsgewalt getätigte Aussage, die sich direkt – erfasst ist auch das Medium Presse – an die Bevölkerung wendet und dabei deutlich macht, dass eine Fortsetzung des bisherigen Handelns, das ein Tun oder Unterlassen sein kann, nach Einschätzung der Behörde sehenden Auges zu einem Schaden führen wird"* (Schucht, in Klindt (Hrsg.), ProdSG, § 26 Rn. 213). Zu den vom Begriff der Warnung nicht erfassten Empfehlungen, siehe Tremml/Luber, NJW 2013, 262 (263).

[103]Vgl. BR-Drucks. 457/95, 15.

[104]Tremml/Luber, NJW 2013, 262 (265).

[105]*Ebd.,* 262 (263), wonach eine sofortige hoheitliche Warnung zulässig sein soll, wenn die Marktüberwachungsbehörde, *„davon ausgehen kann, dass durch eine Anordnung und das darauf folgende Handeln des Wirtschaftsakteurs zu viel Zeit verloren geht und die Warnung nicht mehr rechtzeitig käme, oder dass die Anordnung sinnlos ist, weil der Wirtschaftsakteur bereits zu erkennen gegeben hat, dass er nicht entsprechend verfahren werde"*.

[106]Zum Ganzen, siehe Schucht, in Klindt (Hrsg.), § 26 Rn. 210 f.

[107]Oberverwaltungsgericht für das Land Nordrhein-Westfalen, Beschl. v. 16.12.2002, 21 B 1723/02, juris, Rn. 9 ff.; Beschl. v. 6.11.2008, 13 B 1461/08, juris, Rn. 14 ff. = NVwZ 2009, 925.

[108]Schucht, in Klindt (Hrsg.), ProdSG, § 26 Rn. 221.

748 Der Grundsatz der **Verhältnismäßigkeit** (→ Rn. 738) gebietet zunächst, dass mit der Warnung der erstrebte Erfolg produktbezogener Gefahrenabwehr erreicht wird. Sie muss effektiv sein. Solchermaßen bedarf es bei der hoheitlichen Warnung erklärender Information und muss der Inhalt der Warnung, um vom Publikum ernst genommen zu werden, auf das konkrete Risiko bezogen formuliert sein und sind pauschale Warnungen unzulässig.[109] Insbesondere im Hinblick auf die anderen und *a priori* weniger einschneidenden Maßnahmen des Bereitstellungsverbots, des Rückrufs und der Sicherstellung muss die Warnung erforderlich sein.[110] Schließlich darf die Warnung bzw. deren Anordnung nicht außer Verhältnis zum erstrebten Schutz stehen. Zuletzt ergibt sich im Rahmen der hoheitlichen Warnung aus dem Verhältnismäßigkeitsgrundsatz die behördliche Pflicht zur unverzüglichen **Entwarnung,** wenn und sobald sich im Nachhinein und nach erneuter Prüfung/Risikobeurteilung herausstellt, dass ein die hoheitliche Warnung rechtfertigendes Risiko und/oder eine Nichtkonformität nicht vorlagen, d. h. die hoheitliche Warnung nicht hätte erfolgen dürfen.[111] Diese Pflicht lässt sich weiter aus § 31 Abs. 5 ProdSG analog ableiten.[112] Die Entwarnung muss dann in derselben Form wie die Warnung ausgesprochen werden.[113] Nach in der Literatur vertretener Ansicht soll die Entwarnung nur mit Einverständnis des Wirtschaftsakteurs ausgesprochen werden dürfen.[114] Hiervon zu unterscheiden ist der Fall, dass die Warnung rechtmäßigerweise erfolgte, die Voraussetzungen aber weiterhin nicht mehr vorliegen (→ Rn. 750).

3. Adressaten

749 Marktüberwachungsmaßnahmen richten sich im Grundsatz gegen einen der Wirtschaftsakteure. Ein Rangverhältnis bei deren Inanspruchnahme, insbesondere eine Privilegierung des Händlers, gibt es nicht.[115] Der Regress des Inanspruchgenommenen gegenüber

---

[109]Tremml/Luber, NJW 2013, 262 (265).
[110]*Ebd.*, 262 (266).
[111]*Ebd.*, 262 (265).
[112]Schucht, in Klindt (Hrsg.), ProdSG, § 26 Rn. 222.
[113]Tremml/Luber, NJW 2013, 262 (265).
[114]*Ebd.;* Schucht, in Klindt (Hrsg.), ProdSG, § 26 Rn. 222.
[115]Anders noch ex-§ 8 Abs. 5 S. 1 GPSG im Produktsicherheitsrecht, wonach „*die zuständige Behörde* […] *Maßnahmen nach Absatz 4 vorrangig an den Hersteller, seinen Bevollmächtigten oder den Einführer richten* [sollte]". Nach der Gesetzesbegründung zum ProdSG habe sich die vorrangige Heranziehung des Herstellers, seines Bevollmächtigten oder des Einführers in der Praxis nicht bewährt und kenne auch die Verordnung (EG) Nr. 765/2008 ein entsprechendes Vorrangprinzip nicht (BT-Drucks. 17/6276, 49). Nach Schucht (in Klindt (Hrsg.), ProdSG, § 27 Rn. 10 und 14–16; a. A. *LASI*, Produktsicherheitsgesetz, Leitlinie 27/1, S. 32) ist ein jeder der Wirtschaftsakteure gleichrangig heranziehbarer Adressat behördlicher Marktüberwachungsmaßnahmen und eine Privilegierung des Händlers auch nicht im Auswahlermessen (Auswahlermessen mit Blick auf den Adressaten/Störerauswahl) angelegt. Für ein Verkehrsverbot ist es auch nicht notwendig, dass der Adressat selbst gegen den Marktzugang regulierende Vorschriften verstoßen hat oder dass

den anderen Wirtschaftsakteuren richtet sich mangels spezieller gesetzlicher Regelung[116] nach zivilrechtlichen Grundsätzen. Eine subsidiäre Inanspruchnahme anderer Personen als einen der Wirtschaftsakteure (unter Heranziehung polizeirechtlicher Terminologie sog. „Nichtstörer") ist vorgesehen in Art. 8 Abs. 4 lit. c) der Richtline 2001/95/EG („[…] *wenn sich dies* […] *als nötig erweist*") sowie in § 27 Abs. 1 S. 2 ProdSG und § 51 Abs. 1 S. 2 MessEG („[…] *solange ein gegenwärtiges/bestehendes ernstes Risiko nicht auf andere Weise abgewehrt werden kann*").[117]

4. Rechtsschutz

Die **Untersagungsverfügungen**, nämlich die Ausstellungsuntersagung, die Bereitstellungsverbote und die Anordnung von Rücknahme oder Rückruf, sowie die **Anordnung der Warnung** sind Verwaltungsakte. Statthafte Klageart ist die **Anfechtungsklage** (§ 42 Abs. 1 Var. 1., § 113 Abs. 1 S. 1 VwGO). Wurde die sofortige Vollziehung nach § 80 Abs. 2 S. 1 Nr. 4 VwGO angeordnet, ist vorläufiger Rechtsschutz nach § 80 Abs. 5 S. 1 2. HS VwGO zu suchen.[118] Die **öffentliche Warnung** ist ein Realakt. In Betracht kommt bei Nichtvorliegen der für eine öffentliche Warnung erforderlichen Voraussetzungen eine (vorbeugende) Unterlassungsklage als Unterfall der verwaltungsprozessual statthaften allgemeinen Leistungsklage sowie die auf Entwarnung abzielende Leistungsklage (§ 43 Abs. 2, § 113 Abs. 4 VwGO). Erfolgte die Warnung

750

---

ihm ein Verschulden zur Last gelegt werden kann. Bei Untersagungsverfügungen handelt es sich nicht um eine Bestrafung oder eine Ahndung einer Ordnungswidrigkeit, die ein vorwerfbares Verhalten voraussetzt. Vielmehr können Maßnahmen der Gefahrenabwehr nach allgemeinen Grundsätzen gegen jeden Störer ergriffen werden, also gegen jede Person, von deren Verhalten oder von deren Sachen eine Gefahr ausgeht (siehe etwa VG Köln, Beschl. v. 21.9.2015, 7 L 1356/15, juris, Rn. 79).

[116]Siehe beispielsweise § 24 Abs. 2 BBodSchG.

[117]Erachtet man die auf Unionsebene vorgenommene Harmonisierung der Marktüberwachung als abschließend (→ Rn. 719), ist die Befugnis einer Inanspruchnahme des Nichtstörers im harmonisierten Bereich, wie in § 27 Abs. 1 S. 2 ProdSG und § 51 Abs. 1 S. 2 MessEG vorgesehen, kompetenzrechtlich nicht unproblematisch. Sie bleibt aber ohnehin auf krasse Ausnahmefälle beschränkt (zu den Voraussetzungen, siehe Schucht, in Klindt (Hrsg.), ProdSG, § 27 Rn. 20–26) und ist wenig praxisrelevant.

[118]Die Untersagungsverfügungen sind Dauerverwaltungsakte (siehe etwa VG Köln, Beschl. v. 21.9.2015, 7 L 1356/15, juris, Rn. 59). Für die Beurteilung der Rechtmäßigkeit ist demgemäß die Sach- und Rechtslage zum Zeitpunkt der gerichtlichen Entscheidung maßgebend (siehe etwa BVerwG, Urt. v. 10.12.2015, 3 C 7/14, BVerwGE 153, 335–353; Bayerischer Verwaltungsgerichtshof, Urt. v. 16.2.2015, 1 B 13.648, juris, Rn. 24; Beschl. v. 28.6.2016, 15 CS 15.44, juris, Rn. 14; VG Ansbach, Beschl. v. 17.10.2016, AN 9 S 16.01686, juris, Rn. 22). Ist die Klagefrist des § 74 Abs. 1 S. 1 VwGO abgelaufen, wird bei veränderter Sach- oder Rechtslage der betroffene Wirtschaftsakteur eine neue Behördenentscheidung herbeiführen müssen und ist der gegebenenfalls rechtswidrig gewordene Verwaltungsakt nach den Widerrufsregeln zu beurteilen. Der Widerruf muss ausgesprochen werden, wenn sich die tatsächlichen oder rechtlichen Verhältnisse geändert

rechtmäßigerweise, ist dann aber der Wirtschaftsakteur tätig geworden und hat nachgewiesen, dass er wirksame Maßnahmen getroffen hat, muss die Behörde gemäß Art. 21 Abs. 4 VO (EG)7 65/2008 bzw. nach §§ 26 Abs. 3 ProdSG, 50 Abs. 3 S. 1 MessEG 7 Abs. 3 S. 3 EVPG die getroffene Maßnahme widerrufen oder ändern. Für den Fall der Produktwarnung bedeutet dies, dass die Behörde die Warnung nicht weiter ausspricht, namentlich einen entsprechenden Text von ihren Internet-Seiten entfernt.[119]

751　Bei der Kommission gemeldeten Maßnahmen (zum Bewertungsverfahren der Union → Rn. 762–764) und aufgrund Art. R31 Abs. 8 und R32 Abs. 2 S. 1 des Anhangs I des Beschlusses Nr. 768/2008/EG nachgebildeten Rechts oder aufgrund Art. 42 Abs. 2 VO (EU) Nr. 167/2013, Art. 47 Abs. 2 VO (EU) Nr. 168/2013 ergangenen Maßnahmen ist das **Kooperationsverhältnis zwischen** dem **Gerichtshof und den nationalen Gerichten** zu beachten (→ Rn. 763 f.).

752　Wurde Primärrechtsschutz (Abwehr von Rechtsverletzung) erreicht und die Rechtswidrigkeit der Maßnahme gerichtlich festgestellt, ist die Geltendmachung von **Sekundärrechtsschutz** (finanzieller Ausgleich für die gleichwohl erfolgte Rechtsverletzung), namentlich von Amtshaftungsansprüchen nach § 839 BGB, Art. 34 GG, zu erwägen.[120]

753　Öffentlich-rechtliche Produktanforderungen sind objektiv-rechtlicher Natur. Sie dienen öffentlichen Interessen, nicht dagegen der Begründung öffentlich-rechtlicher Individualansprüche Dritter oder der Sicherung wettbewerblicher Interessen von Konkurrenten. Sie vermitteln **keinen Dritt-/Konkurrentenschutz.**[121] Eine auf den Erlass von Marktüberwachungsmaßnahmen gerichtete Verpflichtungsklage des Konkurrenten wäre mangels Klagebefugnis bereits unzulässig.

754　So Dritt-/Konkurrentenschutz vor den Verwaltungsgerichten nicht zu erreichen ist, wird der Konkurrent auf die **wettbewerbliche Unterlassungsklage** vor den ordentlichen Gerichten verwiesen. Marktzugangsregelungen sind im Grundsatz Marktverhaltensregelungen und ist ein Verstoß gegen diese regelmäßig unlauter i. S. von § 3a UWG

---

haben und der Verwaltungsakt deshalb jetzt nicht mehr erlassen werden dürfte (§ 49 Abs. 1 (L) VwVfG), insbesondere bei zwischenzeitlicher Beseitigung des Rechtsverstoßes (§§ 26 Abs. 3 ProdSG, 50 Abs. 3 S. 1 MessEG, 7 Abs. 3 S. 3 EVPG und Art. 21 Abs. 4 VO (EG) Nr. 765/2008). Wird der Antrag, den Verwaltungsakt aufzuheben, abgelehnt, ist die Verpflichtungsklage statthafte Klageart (§ 42 Abs. 1 Alt. 2, § 113 Abs. 5 VwGO). Maßgeblicher Zeitpunkt für die Beurteilung ihrer Begründetheit ist auch hier der Zeitpunkt der letzten mündlichen Verhandlung.

[119] Schucht, in Klindt, ProdSG, § 26 Rn. 244 m.w.Nachw.
[120] Siehe hierzu Tremml/Luber, NJW 2013, 262.
[121] Siehe etwa zu § 30 StVZO wie auch zu produktsicherheitsrechtlichen Anforderungen, Schleswig-Holsteinisches Verwaltungsgericht, Urt. v. 11.11.2008, 3 A 30/08, juris, Rn. 32 und 35; zum Arzneimittelgesetz, Oberverwaltungsgericht Berlin, Urt. v. 23.9.1999, 5 B 12.97, juris, Rn. 20; Beschl. v. 10.11.1994, 5 S 36.94, juris, Rn. 2; VG Köln, Urt. v. 31.5.2016, 7 K 3170/14, juris, Rn. 46.

(Rechtsbruch).[122] Durch die Gerichte als **Marktverhaltensvorschriften i. S. von § 3a UWG** eingestuft wurden bisher namentlich an den Hersteller gerichtete **Anforderungen an das technische Design**,[123] **Prüfpflichten der Händler**,[124] Vorschriften zur **Konformitätskennzeichnung**,[125] **Produktkennzeichnungspflichten** zur Rückvefolgbarkeit,[126] **Registrierungspflichten** nach dem **ElektroG**,[127] **Kennzeichnungspflichten** nach § 9 Abs. 2 S. 1 ElektroG (durchgestrichene Abfalltonne),[128] sowie Regelungen zur **Energieverbrauchskennzeichnung** nach VO (EU) 2017/1369.[129]

5. Meldungen
a. Überblick
Den Marktüberwachungsbehörden obliegen umfangreiche **Melde-, Informations- und Veröffentlichungspflichten.** Diese Pflichten bestehen in direkter Anwendung des Unionsrechts oder durch Unionsrecht initiiert, nämlich nach Art. 22 ff. VO (EG) Nr. 765/2008 und aufgrund den Art. R31 Abs. 4–7, R32, R33 Abs. 3–5 des Anhangs I des Beschlusses Nr. 768/2008/EG nachgebildeten Bestimmungen der Harmonisierungsrechtsvorschriften. Zum Zwecke der Effektivität bedarf es eines Systems interbehördlichen Informationsflusses, wechselseitiger Unterstützung zwischen den mit Marktüberwachungsaufgaben betrauten Behörden und sind divergierende Entscheidungen zu vermeiden (→ Rn. 165 ff.).[130] Die Vermeidung divergierender Entscheidungen wird im harmonisierten Bereich in einem bei der Europäischen Kommission angesiedelten Bewertungsverfahren organisiert (→ Rn. 762–764). Es ist Bestandteil eines größeren Ganzen und eines in sich eng geflochtenen Systems gegenseitiger Unterstützungs- und Informationsstrukturen. „*Gespeist*" und angestoßen wird dieses System

755

---

[122] V. Jagow in Harte/Henning (Hrsg.), UWG, § 3a Rn. 75 bis 77; Köhler in Köhler/Bornkamm/ Feddersen, UWG, § 3a Rn. 1274–1282.
[123] Siehe etwa OLG Frankfurt, Urt. v. 21.5.2015, 6 U 64/14, juris, Rn. 29 f. = WRP 2015, 996 (§ 3 Abs. 1 PodSG); OLG Düsseldorf, Urt. v. 17.3.2016, I-15 U 38/1, juris (§ 3 Abs. 2 PodSG); BGH, Urt. v.21.9.2016, I ZR 234/15, juris Rn. 12 (Stoffbeschränkungen nach der RoHS-Richtlinie bzw. der ElektroStoffV).
[124] BGH, Urt. v. 12.1.2017, I ZR 258/15, juris, Rn. 24; Urt. v. 11.5.2017,ZR 59/16, juris, Rn. 17 f.
[125] OLG Frankfurt, Urt. v. 23.3.2017, 6 U 23/16, juris, Rn. 13 (CE-Kennzeichnung); Urt. v. 25.9.2014, 6 U 99/14, juris, Rn. 22 (CE-Kennzeichnung).
[126] Zur Herstellerkennzeichnung nach ex-§ 7 S. 1 ElektroG BGH, Urt. v. 9.7.2015, I ZR 224/13, juris, Rn. 15 = GRUR 2015, 1021 = NJW-RR 2016, 155; OLG Celle, Urt. v. 21.11.2013, 13 U 84/13, juris; a. A. OLG Köln, Urt. v. 20.2.2015, I-6 U 118/14, juris = WRP 2015, 616.
[127] OLG Köln, Urt. v.20.2.2015, I-6 U 118/14, juris Rn. 64 m.w.Nachw. = WRP 2015, 616.
[128] Nachw. bei Giesberts/Hilf, ElektroG, § 9 Rn. 26.
[129] BGH, Urt. v. 6.4.2017, I ZR 159/16, juris, Rn. 17 = WRP 2017, 1098 = GRUR 2017, 928 (zur delegierten VO (EU) Nr. 626/2011).
[130] Gauger, Produktsicherheit und staatliche Verantwortung, S. 245.

durch die Meldung verkehrsbeschränkender Marktüberwachungsmaßnahmen, die Meldung freiwilliger Maßnahmen der Wirtschaftsakteure und den Austausch von Informationen über inkriminierte Produkte (Produkt- und Gefahrenbeschreibung, Prüfergebnisse, Risikobewertung, vorläufige beschränkende Maßnahmen, Kontakte mit den betreffenden Wirtschaftsakteuren, Informationen über die Absatzkette und den Vertrieb des Produkts, etc.). So haben die Behörden regelmäßig über eine Maßnahme, durch die die Bereitstellung eines Produkts untersagt oder eingeschränkt oder seine Rücknahme oder sein Rückruf angeordnet wird sowie z. T. auch über freiwillige Korrekturmaßnahmen die übrigen Marktüberwachungsbehörden und gegebenenfalls andere beteiligte Stellen und bei grenzüberschreitenden Sachverhalten die Marktüberwachungsbehörden im europäischen Ausland sowie die Europäische Kommission zu informieren.[131] Folgen dieser Meldungen sind, je nach Fallkonstellation, die Einleitung von Verfahren anderer zuständiger Marktüberwachungsbehörden im In- und Ausland, das In-Gang-Setzen eines unionalen Kontrollverfahrens behördlicher Verfügungen und die Veröffentlichung der Informationen auf der Öffentlichkeit zugänglichen webbasierten Portalen. Letzteres mit dem hiermit für den Hersteller gegebenenfalls einhergehenden Imageverlust und diesem folgenden wirtschaftlichen Schäden. Die Unterrichtungserfordernisse dienen der gegenseitigen Information und der Koordination sowie der einheitlichen Anwendung des Marktüberwachungsrechts; sie begründen keine subjektiven Rechte der von der zu meldenden Sachentscheidung Betroffenen und führt eine unterbliebene Unterrichtung nicht zur Rechtswidrigkeit oder Nichtigkeit der Sachentscheidung.[132]

756 Bei **rein nationalen Sachverhalten** erfolgt die marktüberwachungsbehördliche Kooperation regelmäßig via der onlinebasierten Informations- und Kommunikationsplattform ICSMS (→ Rn. 171), deren originäres Ziel es ist, Doppelarbeit zu vermeiden. Ist die **Nichtkonformität nicht auf das Hoheitsgebiet der Bundesrepublik Deutschland** beschränkt[133], sind – nach deutscher Gesetzgebung – zwei Fälle zu unterscheiden, nämlich *i)* die Meldung angeordneter oder freiwilliger Maßnahmen im Hinblick auf ein ernstes Risiko (Art. 22 Abs. 1 und 2 VO (EG) Nr. 765/2008 und/oder Art. 12 der Richtlinie 2001/95/EG bzw. § 30 ProdSG) und *ii)* die Meldung marktbeschränkender Behördenanordnung im europäisch harmonisierten Bereich (§ 29 Abs. 3 S. 2 ProdSG, § 53 Abs. 2 MessEG, § 25 Abs. 1 und 2 EMVG, § 29 Abs. 1 FuAG, § 8 Abs. 2 EVPG,

---

[131] Siehe Art. 22 und 23 VO (EG) Nr. 765/2008, Art. 41 Abs. 2 und 5, Art. 42 VO (EU) Nr. 167/2013, Art. 46 Abs. 2 und 5, Art. 47 VO (EU) Nr. 168/2013 und in Umsetzung der EU-Harmonisierungsrechtsvorschriften §§ 29 und 30 ProdSG, § 53 MessEG, § 8 EVPG, § 23 Abs. 5 EMVG, § 29 FuAG.

[132] Vgl. VG Köln, Urt. v. 17.7.2013, 21 K 2589/12, juris, Rn. 21.

[133] Die Nichtkonformität ist nicht auf das deutsche Hoheitgebiet beschränkt, wenn das betroffene Produkt aus dem EU-Ausland in die BRD kam oder in entsprechender Richtung verlässt (vgl. §§ 29 Abs. 3 S. 2, 30 Abs. 4 S. 2 ProdSG, § 53 Abs. 2 MessEG, § 25 Abs. 1 S. 1 EMVG, § 29 Abs. 1 S. 1 FuAG).

Art. 41 Abs. 2 VO (EU) Nr. 167/2013 und 46 Abs. 2 VO (EU) Nr. 168/2013, Art. 37 Abs. 4 UAbs. 2 VO (EU) 2016/426, Art. 39 Abs. 1 UAbs. 2 VO (EU) 2016/1628, Art. 9 Abs. 6 VO (EU) 2017/1369). Die Marktüberwachungsbehörden melden im Falle eines **ernsten Risikos** (→ Rn. 693) der Kommission alle freiwilligen oder obligatorischen Maßnahmen entsprechend dem in Art. 22 VO (EG) Nr. 765/2008 und/oder Art. 12 der Richtlinie 2001/95/EG festgelegten Verfahren. Die Meldung erfolgt über das ebenfalls onlinebasierte **RAPEX-System** (→ Rn. 172). Meldungen verkehrsbeschränkender Marktüberwachungsmaßnahmen bei **nicht erstem Risiko** werden inhaltlich durch das dem Art. R31 Abs. 5 des Anhangs I des Beschlusses Nr. 768/2008/EG nachgebildete Unionsrecht bzw. durch Art. 11 Abs. 2 der noch nicht an die Musterbestimmungen angepassten Richtlinie 2006/42/EG vorgegeben.[134] Das Verfahren *("Wie")* der Meldung ist unionsrechtlich indes nicht determiniert. Obschon die **Meldung von Untersagungsverfügungen** an die Kommission über **ICSMS** erfolgen soll,[135] ist der Gebrauch von ICSMS in den anderen Mitgliedstaaten noch zurückhaltend und variieren auch in der deutschen Praxis die Kommunikationswege durchaus.[136] Die Meldeverfahren bzw. -instrumente nach Art. 22 VO (EG) Nr. 765/2008 und/oder Art. 12 der Richtlinie 2001/95/EG, einerseits, und nach den Art. R31 Abs. 4 und 5 Anhang I des Beschlusses Nr. 768/2008/EG nachgebildeten Bestimmungen der Harmonisierungsrechtsvorschriften, andererseits, sind nebeneinander anwendbar und können Untersagungsverfügungen Anlass für eine Meldung in das RAPEX-System und in ICSMS geben.[137]

b. Rapex

In das **RAPEX-System** sind zu melden: bereits getroffene, behördlicherseits beabsichtigte und freiwillige Maßnahmen, die ein erstes Produktrisiko zum Gegenstand haben.[138] Es geht um die Information über und die Veröffentlichung von ernsten Produktrisiken. Dieses seit dem Jahr 2004 existierende Informations- und Veröffentlichungstool findet seinen Ursprung in Art. 12 der Richtlinie 2001/95/EG. Entsprechend war es zunächst ausschließlich auf Produkte anwendbar, die eine ernste Gefahr für Sicherheit und Gesundheit von Verbrauchern darstellten. Art. 22 VO (EG) Nr. 765/2008 weitete das Anwendungsspektrum des RAPEX-Systems mit Geltung ab dem 1.1.2010 aus. Die Verpflichtung, RAPEX-Meldungen zu verschicken, erstreckt sich seither auch auf harmonisierte Produkte für die gewerbliche Nutzung (b2b-Produkte) und erfasst auch

---

[134] Zum Inhalt der Meldung, siehe Europäische Kommission, Leitfaden für die Umsetzung der Produktvorschriften der EU 2016, ABl. 2016 C 272, 111.
[135] *Ebd.*, S. 110, Fn. 183. Explizit § 56 Abs. 1 MessEV.
[136] Gauger, Produktsicherheit und staatliche Verantwortung, S. 338 f.
[137] Europäische Kommission, Leitfaden für die Umsetzung der Produktvorschriften der EU 2016, ABl. 2016 C 272, 109.
[138] Art. 22 Abs. 1 VO (EG) Nr. 765/2008.

Risiken für andere Schutzgüter als Sicherheit und Gesundheit.[139] Die Verfahrensregeln für RAPEX sind detailliert aufgeführt in Anhang II der Richtlinie 2001/95/EG sowie in den Leitlinien gemäß Entscheidung der Kommission vom 16.12.2009.[140] Geregelt werden Meldekriterien, Aspekte des Melde- und des Rückmeldeverfahrens, das Zurückziehen von Meldungen, die Reaktion auf Meldungen und organisatorische Aspekte. Die Meldungen werden von der nationalen RAPEX-Kontaktstelle als nationaler Systemkoordinator – in Deutschland die Bundesanstalt für Arbeitsschutz und Arbeitsmedizin – an die Kommission adressiert. Meldungen, die nach Prüfung durch die Kommission als formal richtig und vollständig befunden worden sind, werden von dieser validiert und über die RAPEX-Anwendung verbreitet.[141] Die anderen Mitgliedstaaten außer jenem, der die Meldung eingereicht hat, bzw. die nationalen Marktüberwachungsbehörden prüfen nunmehr die über RAPEX übermittelten Informationen und ergreifen geeignete Maßnahmen, um *i)* festzustellen, ob das Produkt in deren Hoheitsgebiet auf dem Markt bereitgestellt worden ist, *ii)* zu beurteilen, welche präventiven oder restriktiven Maßnahmen bezüglich des gemeldeten, auf deren Markt gefundenen Produkts ergriffen werden sollten; hierbei berücksichtigen sie, welche Maßnahmen der meldende Mitgliedstaat ergriffen hat und welche besonderen Umstände es eventuell rechtfertigen könnten, andere oder keine Maßnahmen zu ergreifen, *iii)* das gemeldete Produkt bei Bedarf einer zusätzlichen Risikobewertung und zusätzlichen Tests zu unterziehen und *iv)* eventuell ergänzende Informationen einzuholen (z. B. Informationen über die Vertriebswege des gemeldeten Produkts in anderen Mitgliedstaaten). Gewonnene Erkenntnisse sowie ergriffene Maßnahmen sind wiederum der Kommission zurückzumelden,[142] welche diese nach erneuter Validierung an die Beteiligten zurückspielt.[143] Das RAPEX-System erschöpft sich indes nicht in dieser interbehördlichen Vernetzung und dem Informationstransfer. Es unternimmt zusätzlich eine für den Wirtschaftsakteur äußerst unangenehme **Öffentlichkeitsinformation** und nimmt eine Warnfunktion wahr. Jeden Freitag werden

---

[139]Vgl. Europäische Kommission, Bericht vom 13.2.2013 über die Durchführung der Verordnung (EG) Nr. 765/2008 des Europäischen Parlaments und des Rates vom 9.7.2008, COM(2013) 77 final, Ziffer 3.3; siehe auch Gauger, Produktsicherheit und staatliche Verantwortung, S. 258; a. A. Wende, in Klindt (Hrsg.), ProdSG, § 30 Rn. 1 und 4 (Beschränkung auf Verbraucherprodukte).

[140]Europäische Kommission, Entscheidung vom 16.12.2009, 2010/15, ABl. 2010 L22, 1.

[141]In der Praxis benötigt die Kommission ca. 1 Woche, um über die Validierung einer Meldung zu entscheiden. Rund eine weitere Woche vergeht bis zur gegebenenfalls erfolgenden Veröffentlichung der Meldung in den freitäglich erscheinenden RAPEX-Wochenberichten (Gauger, Produktsicherheit und staatliche Verantwortung, S. 336).

[142]Art. 12 Abs. 2, Anhang II Ziff. 6 der Richtlinie 2001/95/EG; Teil II, Ziff. 3.7. der Leitlinien gemäß Entscheidung vom 16.12.2009, 2010/15, ABl. 2010 L22, 1.

[143]Teil II, Ziff. 4 der Leitlinien gemäß Entscheidung vom 16.12.2009, 2010/15, ABl. 2010 L22, 1.

auf der offiziellen Homepage des Systems[144] öffentlich zugängliche Wochenübersichten über eingegangene Meldungen eingestellt, wobei die Kommission bereits heute auch die ihr zugegangenen Meldungen veröffentlicht, die Produkte mit einem nur mäßigen Risiko betreffen.[145] Obschon nicht die nationale Meldung als solche, d. h. deren Text, wiedergegeben wird, wird umfassend informiert, etwa über die Produktidentifizierung,[146] über die Art der Gefahr[147] und über etwaig schon getroffene Maßnahmen[148]. Die Wochenberichte werden auf der Homepage für unbestimmte Zeit archiviert. Trotz des mit einer solchen Veröffentlichung einhergehenden Imageverlustes sind dem betroffenen Wirtschaftsteilnehmer Rechtsbehelfe gegen die Meldung weitestgehend abgeschnitten. So sind mit dem Verwaltungsgericht München Meldungen in ein Schnellwarnsystem als behördliche **Verfahrenshandlungen im Sinne des § 44a S. 1 VwGO** einzustufen, mit der Folge, dass Einwendungen gegen die Meldung nicht isoliert, sondern nur gleichzeitig mit den gegen die Sachentscheidung zulässigen Rechtsbehelfen geltend gemacht werden können.[149] Solchermaßen ist der von einer RAPEX-Meldung betroffene Wirtschaftsakteur auf einen zusammen mit dem Rechtsbehelf gegen die Sachentscheidung geltend zu machenden Folgenbeseitigungsanspruch verwiesen. Der Folgenbeseitigungsanspruch selbst ist zu richten auf eine Antragstellung nach Teil II Ziff. 3.8.3 der Leitlinien gemäß Entscheidung vom 16.12.2009.[150]

c. Information der Öffentlichkeit

Weiter ist die **Veröffentlichung nach § 31 ProdSG** zu nennen. Nach § 31 Abs. 1 ProdSG sind unanfechtbar gewordene und sofort vollziehbare Untersagungsverfügungen (Maßnahmen nach § 26 Abs. 2 S. 2 Nrn. 6, 7, 8 und 9 und Abs. 4 ProdSG) im Anwendungsbereich des ProdSG durch die Bundesanstalt für Arbeitsschutz und Arbeitsmedizin (BauA) öffentlich bekannt zu machen. In Absatz 2 wird die Öffentlichkeitsinformation auf Produktrisiken erstreckt, zu denen sonstige Maßnahmen angeordnet

758

---

[144]Unter URL: http://ec.europa.eu/consumers/consumers_safety/safety_products/rapex/alerts.

[145]Kritisch (bzgl. der Veröffentlichung von Informationen zu b2b-Produkten bei nur mäßigen Risiken) Gauger, Produktsicherheit und staatliche Verantwortung, S. 260 f. (Fn. 1232).

[146]Der Identifikation dienende Information sind solche über das Aussehen (mitunter ist ein Foto des betroffenen Produkts eingestellt), optische Aufmachung der Verpackung, Produktname und -code, Herstellernamen und -marke, Chargenbezeichnung.

[147]Z. B. Stromschlag, manuelle Verletzung, Verschlucken, Vergiftung, Verätzung.

[148]Namentlich ob die Maßnahme freiwillig getroffen oder behördlich angeordnet wurde.

[149]VG München, Beschl. v. 14.8.2013, M 18 E 13.3371, juris, Rn 50 f. (in Abkehr von VG München, Urt. v. 26.9.2011, M 18 K 11.1445, juris, Rn. 32 = GRURPrax 2012, 199, wo das Gericht den Vorgang der Meldung noch als eine Kette schlicht hoheitlichen und im Wege der Unterlassungsklage angreifbaren Handelns begriff); siehe auch OVG Lüneburg, Beschl. v. 27.11.2007, 11 ME 455/07, juris = StoffR 2008, 94 = NVwZ-RR 2008, 474 (Verneinung eines Unterlassungsanspruchs).

[150]ABl. 2010 L22, 1.

oder vom Wirtschaftsakteur freiwillig durchgeführt wurden (Verbot des Ausstellens, Bereitstellungsverbot mit auflösender Bedingung, temporäres Bereitstellungsverbot und Warnung der Öffentlichkeit).[151] Die zu veröffentlichenden Inhalte entsprechen im Wesentlichen den auf der RAPEX-Website eingestellten Inhalten.[152] Stellt sich im Nachhinein heraus, dass die eingestellten Informationen falsch sind oder Umstände unrichtig wiedergegeben wurden, hat der betroffene Wirtschaftsakteur einen Anspruch auf Richtigstellung und ist in § 31 Abs. 5 ProdSG ein Informations-Korrekturverfahren verankert. Ebenfalls sind die nach **Art. 23 Abs. 2 VO Nr. 765/2008** in das ICSMS einzustellenden Information sowie die über ICSMS vorgenommenen Meldungen von Untersagungsverfügungen, zumindest in Auszügen, der Öffentlichkeit zugänglich.[153] Ob und gegebenenfalls in welcher Konstellation es sich bei diesem Einstellen in ICSMS um schlicht hoheitliches und mit der Unterlassungsklage angreifbares Verwaltungshandeln oder um behördliche Verfahrenshandlungen im Sinne des § 44a S. 1 VwGO handelt, ist gerichtlich, soweit ersichtlich, bisher nicht entschieden. Wurden behördlicherseits Maßnahmen nicht ergriffen und fehlt es solchermaßen an einer Sachentscheidung, wird schlicht hoheitliches Handeln und bei der Meldung einer Marktüberwachungsmaßnahme eine unselbstständige Verfahrenshandlung anzunehmen sein (→ Rn. 757).

§ 2 – Schutzklausel im eigentlichen Sinne (Maßnahmen gegen konforme Produkte)

759   Der **Begriff der Schutzklausel** wird im Recht des technischen Produkts **uneinheitlich** verwendet. **Dreierlei Sachverhalte** werden von ihm gewöhnlich erfasst, nämlich *i)* die Nachmarktkontrolle bzw. der indirekte Vollzug (i. S. der Art. R31 und R34 des Anhangs I des Beschlusses Nr. 768/2008/EG)[154] *ii)* das in Art. R32 des Anhangs I des Beschlusses Nr. 768/2008/EG vorgesehene Bewertungsverfahren der Union bzw. diesem entsprechende Bewertungsverfahren in den Musterbestimmungen nicht angepassten Regelwerken (*„Schutzklauselverfahren der Union"*) (→ Rn. 762–764) und *iii)* die Eingriffsbefugnis der nationalen Marktüberwachungsbehörden bei konformen, aber mit

---

[151] Wende, in Klindt (Hrsg.), ProdSG, § 31 Rn. 11.
[152] Abrufbar unter http://www.baua.de/de/Produktsicherheit/Produktinformationen/Datenbank/Datenbank.html.
[153] ICSMS (https://webgate.ec.europa.eu/icsms) gliedert sich in einen für jedermann zugänglichen sowie einen passwortgeschützten Bereich. Die im öffentlichen Bereich vorfindlichen Informationen entsprechen auch hier wieder nahezu den auf der RAPEX-Website eingestellten Inhalten (im Anwendungsbereich des EVPG gleichwohl konkretisiert durch dessen § 9). Der Zugang zum geschlossenen Bereich mit weitergehenden Informationen wie etwa positive oder negative Prüfergebnisse und Unfallereignisse steht lediglich den Marktüberwachungs- und Zollbehörden sowie der Kommission offen. Zu ICSMS, siehe allgemein Blue Guide, Ziff. 7.5.5.
[154] Siehe Titel des Kapitels R5 des Anhangs I des Beschlusses Nr. 768/2008/EG.

einem Risiko verbundenen Produkten (Art. 16 Abs. 2 VO (EU) Nr. 168/2008, Art. R33 des Anhangs I des Beschlusses Nr. 768/2008/EG, Art. 29 der Richtlinie 2007/46/EG, Art. 43 VO (EU) Nr. 167/2013, Art. 48 VO (EU) Nr. 168/2013, Art. 129–131 REACH (→ Rn. 98)). Mit Blick auf Art. 114 Abs. 10 AEUV, der es der Union ermöglicht, in geeigneten Fällen mittels *Schutzklausel* die Mitgliedstaaten zu ermächtigen, *abweichend von harmonisierten Anforderungen* vorübergehende Maßnahmen zum Schutz von Allgemeininteressen nach Art. 36 AEUV zu treffen,[155] ist terminologisch der Gebrauch des Begriffs Schutzklausel nur im zuletzt genannten Fall *(iii))* korrekt (→ Rn. 166).[156]

Von wenigen Ausnahmen abgesehen,[157] begründen die neueren Harmonisierungsrechtsvorschriften – in Übernahme des Art. R33 des Anhangs I des Beschlusses Nr. 768/2008/EG oder mittels Verweises auf Art. 16 Abs. 2 VO (EU) Nr. 168/2008 – durchgängig eine solche Befugnis zum Einschreiten bei Risiken durch konforme Produkte. Obschon hiernach die jeweilige Harmonisierungsrechtsvorschrift zum Schutz der von ihr verfolgten Interessen verkehrsbeschränkende Maßnahmen auch gegen konforme, aber risikobehaftete Produkte vorsieht, werden hierdurch keine dem Art. 3 Abs. 1 der Richtlinie 2001/95/EG vergleichbaren Generalklauseln (allgemeines Sicherheitsgebot) über die „*Hintertür*" der Marktüberwachung eingeführt.[158] Andernfalls würden die in den Harmonisierungsrechtsvorschriften aufgestellten und teilweise ins Detail gehenden Anforderungen an das technische Design *ad absurdum* geführt. Sie wären *de facto* nur Mindestanforderungen und nicht abschließend. Fürwahr ist in Anlehnung an die deklaratorische Aussage in Art. 13 Abs. 3 und 4 des Vorschlags der Kommission für eine Verordnung über Marktüberwachung[159] „[zwingend] *davon auszugehen*", dass durch ein den Anforderungen der Harmonisierungsrechtsvorschriften genügendes Produkt, die dort verfolgten öffentlichen Interessen angemessen gewahrt werden.[160] Nur wenn **neue Erkenntnisse** dafür sprechen, dass mit dem Produkt trotz dieser Konformität

760

---

[155] Siehe zur Vorgängerregelung des Artikels 100a Abs. 5 EGV, Generalanwalt Jacobs, Schlussanträge v. 8.6.1994, Deutschland/Rat, C-359/92, EU:C:1994:231, Rn. 24.

[156] Vgl. Schumann, Bauelemente des europäischen Produktsicherheitsrechts, m.w.Nachw. Die Europäische Kommission hatte den Begriff *Schutzklauselverfahren* in ihrem Vorschlag für eine Verordnung über die Marktüberwachung, COM(2013) 75 final, auch nicht mehr aufgegriffen. Anders aber – mit Verweis auf Art. 114 Abs. 10 AEUV – Europäische Kommission, Leitfaden für die Umsetzung der Produktvorschriften der EU 2016, ABl. 2016 C 272, 109, wo der indirekte Vollzug und Maßnahmen gegen mit einem Risiko behafteten konformen Produkt einheitlich unter dem Titel „*Schutzklauselverfahren*" behandelt werden.

[157] Richtlinie 2009/125/EG und VO (EU) 2016/1628.

[158] A.A. Kapoor/Klindt, EuZW 2008, 649 (653) und Schucht, EuZW 2013, 90 (94 f.), die Art. 16 Abs. 2 VO (EG) Nr. 765/2008 als eine die Sicherheitsanforderungen modifizierende Vorschrift verstehen (hierzu → Rn. 335).

[159] COM(2013) 75 final.

[160] So auch das Selbstverständnis der wesentlichen Anforderungen → Rn. 67, 146.

oder Übereinstimmung ein Risiko verbunden ist, sind verkehrsbeschränkende Maßnahmen zulässig. *„Die Möglichkeit, ein höheres Maß an Schutz der betreffenden öffentlichen Interessen zu erreichen, und die Verfügbarkeit anderer Produkte, die mit einem geringeren Risiko verbunden sind, stellen keine Gründe dafür dar, ein* [konformes] *Produkt als mit einem Risiko verbunden anzusehen.*"[161]

761 Die Befugnis zum Einschreiten trotz Produktkonformität ergänzt den auf die Durchsetzung der Marktzugangsregelungen gerichteten indirekten Vollzug. Es wird eine zusätzliche Eingriffsbefugnis begründet.[162]

§ 3 – Bewertungsverfahren der Union

I. Verfahrensablauf

762 Die Meldung von Untersagungsverfügungen nach Art. R31 Abs. 4 und 5 sowie Art. R33 Abs. 3 des Anhangs I des Beschlusses Nr. 768/2008/EG nachgebildeten Sekundärrechts löst ein unionsweites und von der Europäischen Kommission verwaltetes Bewertungsverfahren aus (ebenfalls bei Meldungen nach Art. 11 Abs. 2 der Richtlinie 2006/42/EG, Art. 41 Abs. 5 VO (EU) Nr. 167/2013, Art. 46 Abs. 5 VO (EU) Nr. 168/2013). Innerhalb der in der jeweiligen Harmonisierungsrechtsvorschrift festgelegten Frist (vgl. Art. R31 Abs. 7) verschafft sich die Kommission innerhalb einer **vorläufigen Prüfung** eine erste Meinung. Erheben innerhalb der Frist weder die Kommission noch die anderen Mitgliedstaaten Einwände gegen die gemeldete Maßnahme, gilt diese als gerechtfertigt (Art. R31 Abs. 8). Wird hingegen die Rechtmäßigkeit der Maßnahme durch einen Mitgliedstaat infrage gestellt oder gelangt die Kommission in der ersten Verfahrensstufe zur Auffassung, dass die Maßnahme nicht mit Unionsrecht vereinbar ist, eröffnet sie das **förmliche Bewertungsverfahren,** konsultiert die Mitgliedstaaten und den/die betroffenen Wirtschaftsakteur/e und nimmt eine eigene Beurteilung der nationalen Maßnahme vor (Art. R31 Abs. 7 und R32 Abs. 1 S. 1). In der von ihr sodann zu treffenden Entscheidung gibt sie an, ob die nationale Maßnahme gerechtfertigt ist oder nicht. Die Entscheidung ist an alle Mitgliedstaaten der Union zu richten und nicht nur an den meldenden Mitgliedstaat. Sie ist damit nach Art. 288 AEUV für jeden von ihnen in all ihren Teilen verbindlich (→ Rn. 167).[163] Bestätigt die Kommission die nationale Maßnahme, sind alle Mitgliedstaaten verpflichtet, die erforderlichen Maßnahmen zu ergreifen, damit nichtkonforme Verkehrseinheiten des inkriminierten Typs vom Markt genommen werden.

---

[161] Art. 13 Abs. 4 COM(2013) 75 final.
[162] Die Ausführungen unter § 1 (→ Rn. 721 ff.) – mit Ausnahme derjenigen unter II. (Eingriffsvoraussetzungen) – gelten entsprechend.
[163] EuG, Urt. v. 15.7.2015, CSF/Kommission, T-337/13, EU:T:2015:502, Rn. 24.

Bereits zu dem weniger streng formulierten ex-Art. 7 Abs. 3 der Maschinenrichtlinie 98/37/EG hat der Gerichtshof in der Rechtssache *IMS gegen Kommission* ausgeführt, dass den Mitgliedstaaten hierbei keinerlei Handlungsspielraum mehr verbleibe.[164] Hält die Kommission die Maßnahme für nicht gerechtfertigt, sind bereits ergriffene nationale Maßnahmen rückgängig zu machen. Kommen die Mitgliedstaaten den sich aus der Entscheidung ergebenden Pflichten nicht nach, droht ihnen die Einleitung des in Art. 258 AEUV vorgesehenen Vertragsverletzungsverfahrens.[165] Gilt die nationale Maßnahme als gerechtfertigt und wird die Nichtkonformität des Produkts mit Mängeln der harmonisierten Normen begründet, wendet die Kommission das in Art. 11 VO (EU) Nr. 1025/2012 vorgesehene Verfahren für formelle Einwände gegen harmonisierte Normen an (→ Rn. 227).[166]

II. Kooperationsverhältnis zwischen dem Gerichtshof und den nationalen Gerichten

Zur Kompetenzabgrenzung zwischen den Unionsgerichten und den mitgliedstaatlichen Gerichten bei der Beurteilung von der Kommission gemeldeten Maßnahmen liegt bisher keine Rechtsprechung vor. In der Rechtssache *IMS gegen Kommission* vertrat die Kommission noch die Ansicht, dass deren Beurteilung im Bewertungsverfahren nach der Maschinenrichtlinie 98/37/EG (ex-Art. 7 Abs. 2) keine Rechtswirkungen entfalte, es sich mithin nur um eine Stellungnahme handle.[167] Wenn daher die Nichtvornahme ähnlicher Maßnahmen, wie diejenige, die die Kommission für gerechtfertigt erkläre, Gegenstand eines gegen den untätigen Mitgliedstaat gerichteten Vertragsverletzungsverfahrens (Art. 258 AEUV) sein könne, so dies – nach damaliger Ansicht der Kommission – wegen Verletzung der maßgeblichen Bestimmungen der Richtlinie und nicht wegen Verletzung der „*Stellungnahme*".[168] In der Rechtssache *CSF Srl gegen Kommission* trat der Unionsrichter dieser Ansicht unzweideutig entgegen und qualifiziert **im Bewertungsverfahren ergangene Entscheidungen** als solche nach **Art. 288 Abs. 4 AEUV**.[169] Weil aber gemäß Art. 288 Abs. 4 AEUV Entscheidungen bzw. Beschlüsse für ihre Adressaten in allen ihren Teilen verbindlich sind, hat der Mitgliedstaat, an den eine Entscheidung der Kommission gerichtet ist, alle geeigneten Maßnahmen allgemeiner oder besonderer

763

---

[164]EuG, Beschl. v. 7.6.2007, IMS/Kommission, T-346/06R, EU:T:2007:164, Rn. 51 f.
[165]Europäische Kommission, Leitfaden für die Umsetzung der Produktvorschriften der EU 2016, ABl. 2016 C 272, 112; Kapoor/Klindt, EuZW 2008, 649 (652).
[166]Art. R32 Abs. 3 des Anhangs I des Beschlusses (EG) Nr. 768/2008/EG.
[167]EuG, Beschl. v. 7.6.2007, IMS/Kommission, T-346/06R, EU:T:2007:164, Rn. 34.
[168]*Ebd.,* Rn. 44.
[169]EuG, Urt. v. 15.7.2015, CSF/Kommission, T-337/13, EU:T:2015:502, Rn. 24.

Art zu treffen, um die sich aus ihnen ergebenden Verpflichtung zu erfüllen.[170] Die Entscheidungen sind für alle Organe des jeweiligen Staates verbindlich, einschließlich seiner Gerichte.[171] Hat ein nationales Verwaltungsgericht über die Rechtmäßigkeit der als gerechtfertigt erklärten Maßnahme oder über eine Maßnahme zu befinden, die in Durchführung einer Entscheidung der Kommission getroffen wurde, darf es folglich keine Entscheidung erlassen, die der Entscheidung der Kommission zuwiderläuft. Das nationale Gericht wird daher prüfen müssen, ob es das Verfahren aussetzen soll, *i)* um eine endgültige Entscheidung über eine beim Europäischen Gericht eingereichte Nichtigkeitsklage abzuwarten oder – sofern der Unionsrichter mit der Frage der Gültigkeit der Kommissionsentscheidung noch nicht befasst ist – *ii)* um dem Unionsrichter selbst die Frage vorzulegen.[172] Auch ist vorläufiger Rechtsschutz nach § 80 Abs. 5 S. 1 VwGO bei Vorliegen einer dem Aufhebungsbegehren des Wirtschaftsakteurs entgegenstehenden Kommissionsentscheidung kaum zu erreichen, nämlich nur dann, wenn *i)* das nationale Gericht erhebliche Zweifel an der Gültigkeit der Entscheidung hat und es die Frage der Gültigkeit, sofern der Unionsrichter mit ihr noch nicht befasst ist, diesem selbst vorlegt, *ii)* die Entscheidung dringlich in dem Sinne ist, dass die Aussetzung des Vollzugs der Maßnahme erforderlich ist, um zu vermeiden, dass der Antragsteller einen schweren und nicht wieder gutzumachenden Schaden erleidet und *iii)* das Gericht das Interesse der Union angemessen berücksichtigt.[173]

764 Liegt **keine ausdrückliche Entscheidung der Kommission** vor, ist offen, wie der nationale Richter zu verfahren hat. So ist gemäß den an den Beschluss Nr. 768/2008/EG angepassten Harmonisierungsrechtsvorschriften bei Zweifeln an der Rechtmäßigkeit einer der Kommission gemeldeten Maßnahme, die Kommission berufen über die Rechtfertigung der Maßnahme zu befinden. Wurde im Nachgang zu einer nationalen Meldung ein förmliches Bewertungsverfahren nicht eröffnet, ist zunächst denkbar, die mit Ablauf der Einwendungsfrist (Art. R31 des Anhangs I des Beschlusses Nr. 768/2008/EG) eintretende Fiktion, wonach die Maßnahme als gerechtfertigt gilt, als (anfechtbare) Positiventscheidung, ähnlich einer stillschweigenden Genehmigung nach Art. 4 Abs. 6 VO (EU) 2015/1589,[174]

---

[170] EuGH, Urt. v. 12.12.2002, Kommission/Deutschland, C-209/00, EU:C:2002:747, Rn. 31; Urt. v. 26.6.2003, Kommission/Spanien, C-404/00, EU:C:2003:373, Rn. 21.
[171] EuGH, Urt. v. 21.5.1987, Albako/BALM, C-249/85, EU:C:1987:245, Rn. 17; Urt. v. 13.2.2014, Mediaset, C-69/13, EU:C:2014:71, Rn. 23.
[172] Vgl. EuGH, Urt. v. 14.12.2000, Masterfoods, C-344/98, EU:C:2000:689, Rn. 55–58.
[173] EuGH, Urt. v. 21.2.1991, Zuckerfabrik Süderdithmarschen, C-143/88 und C-92/89, EU:C:1991:65, Rn. 27, 33; Urt. v. 26.11.1996, T. Port, C-68/95, EU:C:1996:452, Rn. 48; vgl. auch Oberverwaltungsgericht für das Land Nordrhein-Westfalen, Beschl. v. 26.11.2001, 13 B 942/01, juris, Rn. 2; VG Köln, Beschl. v. 22.6.2001, 24 L 1218/01, juris, Rn. 31.
[174] Zur *„stillschweigenden Genehmigung"* nach Art. 4 Abs. 6 VO (EU) 659/1999, siehe Müller/Kamann, EWS 1999, 332 (337); Sinnaeve, in Heidenhain (Hrsg.) Handbuch des Europäischen, Beihilfenrechts, § 33 Rn. 31; Soltész, in Heidenhain (Hrsg.) Handbuch des Europäischen, Beihilfenrechts, § 44 Rn. 6.

zu begreifen. Vorstehendes (→ Rn. 763) würde dann entsprechend gelten. Denkbar wäre weiter, in Anlehnung an das Urteil des Gerichtshofs in der Rechtssache *Cremoni und Vrankowich* (→ Rn. 724), den Begriff „*Mitgliedstaat*" in Art. R31 Abs. 8 des Anhangs I des Beschlusses Nr. 768/2008/EG wie in ex-Art. 9 der Niederspannungsrichtlinie 73/23/EWG dahin zu erstehen, dass hiermit nur eine innerstaatliche Verwaltungsbehörde gemeint ist.[175] Dies würde bedeuten, dass die Fiktion der rechtsprechenden Gewalt gegenüber nicht bestünde und der nationale Richter frei entscheiden könnte. Verneint man allerdings den Entscheidungscharakter der Fiktion und verneint weiter eine Beschränkung des Begriffs „*Mitgliedstaat*" in Art. R31 Abs. 8 des Anhangs I des Beschlusses Nr. 768/2008/EG auf die innerstaatlichen Verwaltungsbehörden, wären dem nationalen Richter die Hände gebunden. Es obläge dem betroffenen Wirtschaftsakteur beim Europäischen Gericht Untätigkeitsklage gegen die Kommission zu erheben und die Einleitung eines förmlichen Bewertungsverfahrens zu erzwingen. Das Unionsrecht sieht fürwahr keine Möglichkeit für ein nationales Gericht vor, den Gerichtshof im Wege der Vorlage zu ersuchen, durch Vorabentscheidung die Untätigkeit der Kommission festzustellen. Entsprechend würde man in Anlehnung an die Rechtsprechung des Gerichtshofs zu Eilrechtsmaßnahmen nationaler Gerichte in der *Rechtssache T. Port* annehmen müssen, dass die nationalen Gerichte nicht befugt sind, der Fiktion gegenläufige Entscheidungen zu treffen.[176] D. h., Rechtsschutz wäre nur über den Unionsrichter zu erreichen.

III. Verfahrensgrundsätze

Während also die nationalen Marktaufsichtsbehörden gegenüber dem Wirtschaftsakteur („*nach außen*") tätig werden, trägt die Kommission innerhalb der Verwaltung die sachliche Letztentscheidungsbefugnis als gleichsam übergeordnete Kontrollinstanz.[177] Solchermaßen ist das Tätigwerden der Kommission im Bewertungsverfahren dem unionalen Eigenverwaltungsrecht zuzuordnen.[178] Es gelten die verwaltungsrechtlichen Rechtsgrundsätze, die bei der Durchführung sekundären Unionsrechts durch die Unionsorgane zu wahren sind.[179] Zu nennen ist zunächst der in Art. 337 AEUV (ex-Art. 284 EGV) angelegte, in verschiedenen Vorschriften des Eigenverwaltungsrechts näher ausgestaltete und vom Gerichtshof als Verwaltungsgrundsatz anerkannte **Untersuchungsgrundsatz**.[180] Hiernach hat die Kommission alle relevanten erheblichen tatsächlichen und rechtlichen Gesichtspunkte von

765

---

[175]EuGH, Urt. v. 2.12.1980, Cremoni und Vrankovich, C-815/79, EU:C:1980:273, Rn. 10 f.
[176]EuGH, Urt. v. 26.11.1996, T. Port, C-68/95, EU:C:1996:452, Rn. 53 ff.
[177]Siehe auch Gauger, Produktsicherheit und staatliche Verantwortung, S. 251.
[178]Vgl. Von Danwitz, Europäisches Verwaltungsrecht, S. 338 ff. (Kontroll- und Beanstandungsbefugnisse der Kommission).
[179]Hierzu *ebd.*, S. 344 ff.
[180]*Ebd.*, S. 417.

Amts wegen zu ermitteln und aufmerksam zu prüfen.[181] Neben ihrer originären Funktion der Gewährleistung sachrichtiger Entscheidungen kommt der Untersuchungsmaxime eine drittschützende Funktion zu und macht die unzureichende Sachverhaltsermittlung die Entscheidung *per se* anfechtbar.[182] Weiter stehen dem Wirtschaftsakteur **Anhörungs- und Informationsrechte** zu. Zwar ist der Wirtschaftsakteur nicht Adressat der Entscheidung und teilt die Kommission diesem diese nur mit. Er ist solchermaßen nicht Beteiligter eines ihn betreffenden Verfahrens. Gleichwohl ist er aber „*zu konsultieren*".[183] Vergleichbar dem Empfänger einer unionsrechtswidrigen Beihilfe, deren Rückforderung die Kommission anordnet, trägt der Wirtschaftsakteur die wirtschaftlichen Folgen einer Entscheidung der Kommission, die eine nationale Maßnahme für gerechtfertigt erklärt. Wie das Europäische Gericht in der Rechtssache *CSF Srl gegen Europäische Kommission* feststellt, „*bestimmt die Entscheidung der Kommission, die die [nationale] Maßnahmen für gerechtfertigt erklärt hat, welches Ergebnis die anderen nationalen Behörden erzielen müssen, die insoweit keinen Ermessensspielraum haben*"[184]. Es ist denn auch ständige Rechtsprechung, dass die **Beachtung der Verteidigungsrechte** in allen Verfahren, die zu einer dem Betroffenen beschwerenden Maßnahme führen können, ein fundamentaler Grundsatz des Unionsrechts ist, der auch dann gewährleistet sein muss, wenn eine Regelung für das betreffende Verfahren fehlt. Dieser Grundsatz gebietet es, dass jeder Person, der gegenüber eine ihre Interessen spürbar beeinträchtigende Entscheidung ergehen kann, Gelegenheit gegeben wird, zu den Gesichtspunkten, auf die in der Entscheidung zu ihrem Nachteil abgestellt wird, sachgerecht Stellung zu nehmen.[185] In **Parallele zur Rechtsprechung im Recht der Beihilfeaufsicht** und den Verteidigungsrechten, die dem von einer Rückforderungsentscheidung der Kommission Betroffenen gewährt werden, darf die Kommission eine den Wirtschaftsakteur beschwerende Entscheidung in einem Bewertungsverfahren nicht erlassen, ohne dass sie zuvor dem Wirtschaftsakteur Gelegenheit gibt, zur Sache sachgerecht Stellung zu nehmen und sind ihm zu diesem Zwecke die maßgeblichen Prüf-, Test- und Sachverständigenberichte mitzuteilen und ist Einblick in diese zu gewähren.[186] Zuletzt ist auf die **Begründungspflicht** (Art. 296 AEUV) der Kommission hinzuweisen. Die Begründung ist

---

[181]EuGH, Urt. v. 11.10.1983, Demo-Studio Schmidt, C-210/81, EU:C:1983:277, Rn. 19; Urt. v. 28.3.1985, CICCE/Kommission, C-298/83, EU:C:1985:150, Rn. 18; Urt. v. 17.11.1987, BAT und Reynolds/Kommission, C-142/84 und C-156/84, EU:C:1987:490, Rn. 20; Urt. v. 17.3.2001, International Express Carriers Conference (IECC) gegen Kommission, C-449/98 P, EU:C:2001:275, Rn. 45.

[182]Von Danwitz, Europäisches Verwaltungsrecht, S. 418.

[183]Vgl. Art. R32 Abs. 1 S. 1 des Anhangs I des Beschlusses Nr. 768/2008/EG.

[184]EuG, Urt. v. 15.7.2015, CSF/Kommission, T-337/13, EU:T:2015:502, Rn. 31.

[185]Vgl. EuGH, Urt. v. 24.10.1996, Kommission/Lisrestal u. a., C-32/95 P, EU:C:1996:402, Rn. 21; Urt. v. 21.9.2000, Mediocurso/Kommission, C-462/98 P, EU:C:2000:480, Rn. 36.

[186]Zum Beihilferecht, siehe EuG, Urt. v. 6.12.1994, Lisrestal u. a. gegen Kommission, T-450/93, EU:T:1994:290, Rn. 49 f.; Urt. v. 9.7.2003, VlaamsfondsvoorSocialeIntegratie van Personen meteen Handicap gegen Kommission, T-102/00, EU:T:2003:192, Rn. 60 ff.

„*ein wesentlicher Bestandteil eines Rechtsaktes*"[187] und dient die Pflicht, Entscheidungen mit Gründen zu versehen, nicht nur dem Schutz des Einzelnen, sondern bezweckt darüber hinaus, dem Gerichtshof die richterliche Nachprüfung der Entscheidung in vollem Umfang zu ermöglichen.[188] Die Rechtsprechung hat wiederholt betont, dass in einem Rechtsakt die Überlegungen der Unionsbehörde, die ihn erlassen hat, so klar und unzweideutig wiederzugeben sind, dass der Unionsrichter die ihm obliegende Rechtmäßigkeitskontrolle wahrnehmen kann und es den Betroffenen möglich ist, Kenntnis von den Gründen für die getroffene Maßnahme zu erlangen, damit sie ihre Rechte verteidigen und prüfen können, ob die Entscheidung in der Sache begründet ist oder nicht.[189] Wie etwa auch im Recht der Beihilfeaufsicht[190], kann der Wirtschaftsakteur, obschon nicht Adressat der Kommissionsentscheidung, als Betroffener den Verstoß gegen die Begründungspflicht rügen bzw. wäre die sich aus dem Begründungsmangel ergebende Nichtigkeit der Entscheidung in einem vom Wirtschaftsakteur angestrengten Klageverfahren von Amts wegen festzustellen.[191] Die Kommission hat „*in knapper Form, aber so klar und schlüssig wie möglich, die wichtigsten rechtlichen und tatsächlichen Erwägungen darzulegen, auf denen ihre Entscheidung beruht und die für das Verständnis der Gedankengänge erforderlich sind, die sie zu ihrem Handeln geführt haben*".[192] Die Kommission muss also nicht alle im Bewertungsverfahren gemachten Sach- und Rechtserwägungen in der Begründung anführen, sondern nur diejenigen Tatsachen und Erwägungen mitteilen, auf die sie ihre Entscheidung stützt, damit ihr wesentlicher Gedankenvorgang nachvollziehbar wird. So ist die Frage, ob die Begründung einer Entscheidung den an sie gestellten Erfordernissen genügt, nämlich nicht nur im Hinblick auf ihren Wortlaut zu beurteilen, sondern auch anhand ihres Kontextes sowie sämtlicher Rechtsvorschriften, die das betreffende Gebiet regeln.[193] Solchermaßen sind

---

[187] EuGH, Urt. v. 23.2.1988, Vereinigtes Königreich/Rat, C-131/86, EU:C:1988:86, Rn. 37.
[188] EuGH, Urt.l v. 20.3.1959, Nold KG/Hohe Behörde, C-18/57, EU:C:1959:6, S. 114 und Folgeurteile (Nachw. bei Von Danwitz, Europäisches Verwaltungsrecht, S. 439 (Fn. 776)).
[189] EuGH, Urt. v. 14.2.1990, Delacre u. a./Kommission, C–350/88, EU:C:1990:71, Rn. 15; Urt. v. 15.4.1997, Irish Farmers Association u. a., C–22/94, EU:C:1997:187, Rn. 39; EuG, Urt. v. 22.10.1996, Skibsvaerftsforeningen u. a./Kommission, T-266/94, EU:T:1996:153, Rn. 230 (m.w.Nachw.).
[190] Vgl. etwa EuG, Urt. v. 22.10.1996, Skibsvaerftsforeningen u. a./Kommission, T-266/94, EU:T:1996:153, Rn. 209 ff.; Urt. v. 6.3.2003, Westdeutsche Landesbank Girozentrale/Kommission, T-228/99 und T-233/99, EU:T:2003:57, Rn. 287 ff.
[191] Vgl. EuG, Urt. v. 15.7.2015, CSF/Kommission, T-337/13, EU:T:2015:502, Rn. 76.
[192] EuGH, Urt. v. 3.3.1982, Alpha Stell/Kommission, C-14/81, EU:C:1982:76, Rn. 18 und Folgeurteile (Nachw. bei Von Danwitz, Europäisches Verwaltungsrecht, S. 439 (Fn. 777)).
[193] Insbesondere EuGH, Urt. vom 17.7.1997, Affish, C-183/95, EU:C:1997:373, Rn. 63; Urt. v. 29.2.1996, Kommission/Rat, C-122/94, EU:C:1996:68, Rn. 29.

namentlich auch die Beweggründe der nationalen Behörde und die Begründung zur nationalen Maßnahme, die die Kommission für gerechtfertigt erklärt, durch den Unionsrichter zu berücksichtigen.[194]

IV. Ermessen

766 Der Unionsrichter gewährt der Kommission weite Ermessens-/Beurteilungsbefugnisse bei der Frage, ob ein Produkt den an es gestellten Anforderungen entspricht.[195] Die **Kontrolle der Ermessens-/Beurteilungsentscheidung** durch den Unionsrichter, die sich am französischen Verständnis der Ermessensprüfung orientiert, ist weniger intensiv als die der deutschen Verwaltungsgerichte.[196] Im Rahmen der Prüfung eines Verstoßes gegen die Begründungspflicht prüft der Unionsrichter die Richtigkeit und Vollständigkeit der Tatsachenfeststellungen.[197] Er prüft unter Berücksichtigung des Vorbringens der Parteien die sachliche Richtigkeit der zur Untermauerung der angefochtenen Entscheidung vorgebrachten Beweise, ihre Zuverlässigkeit und ihre Kohärenz und kontrolliert, ob diese Beweise alle relevanten Daten darstellen, die bei der Beurteilung der Produktkonformität bzw. des Risikos heranzuziehen waren, und ob sie die aus ihnen gezogenen Schlüsse zu stützen vermögen.[198] Fehlt es an einer zureichenden Aufbereitung des Sachverhalts stellt der Unionsrichter selbst keine eigenen Ermittlungen an, sondern hebt die angefochtene Entscheidung wegen Mängel in der Begründung auf.[199] Die rechtliche Würdigung des Sachverhalts (*„qualification juridique des faits"*) ist auf die Prüfung beschränkt, ob bei Erlass der Maßnahme, deren Gültigkeit angefochten wird, der Kommission keine offensichtlichen Beurteilungsfehler unterlaufen sind,[200] keine offenkundigen Widersprüche vorliegen und keine offensichtlichen Ermessensfehler begangen wurden.[201] Zu Letzterem hat der Unionsrichter zu kontrollieren, ob die Kommission sorgfältig und unparteiisch alle relevanten Gesichtspunkte des Einzelfalls untersucht hat.[202] Ein Ermessensfehler

---

[194] EuG, Urt. v. 15.7.2015, CSF/Kommission, T-337/13, EU:T:2015:502, Rn. 76.
[195] *Ebd.*, Rn. 79 f.
[196] Von Danwitz, Europäisches Verwaltungsrecht, S. 366 m.w.Nachw.
[197] EuGH, Urt. v. 30.10.1974, Grassi/Rat, C-188/73, EU:C:1974:112, Rn. 27 ff.; Urt. v. 21.1.1987, Control Data/Kommission, C-13/84, EU:C:1987:16, Rn. 12 ff.
[198] EuG, Urt. v. 15.7.2015, CSF/Kommission, T-337/13, EU:T:2015:502, Rn. 82.
[199] EuGH, Urt. v. 17.3.1983, Control Data/Kommission, C-294/81, EU:C:1983:84, Rn. 19, 31 f.; EuG, Urt. vom 7.11.2007, Deutschland gegen Kommission, T-374/04, EU:T:2007:332, Rn. 149 f.; Urt. v. 26.1.2017, GGP Italy/Kommission, T-474/15, EU:T:2017:36, Rn. 71; Von Danwitz, Europäisches Verwaltungsrecht, S. 368.
[200] EuGH, Urt. v. 25.1.1979, Racke/Hauptzollamt Mainz, C-98/78, EU:C:1979:14, Rn. 5.
[201] EuGH, Urt. v. 22.11.2007, Spanien/Lenzing, C(525.04P, EU:C:2007:698, Rn. 60.
[202] EuGH, Urt. v. 21.11.1991, Technische Universität München, C–269/90, Slg. 1991, I–5469, Rn. 14; Urt. v. 18.7.2007, Industrias Químicas del Vallés gegen Kommission, C-326/05 P, Slg. 2007 I-6557, Rn. 77 ff.

ist hiernach insbesondere dann gegeben, wenn die Kommission keine eigenen Untersuchungen anstellt oder den Sachverhalt nur summarisch instruiert und eine nationale Untersagungsverfügung faktisch ungeprüft bestätigt.

V. Rechtsschutz

Gegen die Entscheidung der Kommission, die die nationale Maßnahme für gerechtfertigt erklärt, ist statthafte Klageart die **Nichtigkeitsklage** gemäß Art. 263 AEUV. Die unmittelbare Betroffenheit (Art. 263 Abs. 4 AEUV) resultiert aus der mit der Entscheidung einhergehenden Verpflichtung der anderen Mitgliedstaaten, entsprechende Maßnahmen zu ergreifen.[203] Eröffnet die Kommission im Anschluss an eine nationale Meldung entsprechend Art. R31 Abs. 4 oder Art. R33 Abs. 4 des Anhangs I des Beschlusses Nr. 768/2008/EG kein förmliches Bewertungsverfahren und verneint man den Entscheidungscharakter der Fiktion, wonach eine nicht fristgemäß beanstandete Maßnahme als gerechtfertigt gilt (Art. R31 Abs. 7 des Anhangs I des Beschlusses Nr. 768/2008/EG) (→ Rn. 764), wäre in beiden Fällen (Art. R31 Abs. 4 (indirekter Vollzug) und Art. R33 Abs. 4 (Maßnahmen im Schutzklauselverfahren i. e. S.)) statthafte Klageart die **Untätigkeitsklage nach Art. 265 Abs. 3 AEUV.** Obschon nach dem Wortlaut des Art. 265 Abs. 3 AEUV lediglich an den Kläger zu richtende Entscheidungen erfasst sind, ist im Hinblick auf die Parallelität der Rechtsbehelfe[204] in Art. 263 AEUV (Nichtigkeitsklage) und Art. 265 AEUV (Untätigkeitsklage) auch die

767

---

[203]EuG, Urt. v. 15.7.2015, CSF/Kommission, T-337/13, EU:T:2015:502, Rn. 14 ff. Das Europäische Gericht hatte über die Rechtmäßigkeit einer von der Kommission im *„Schutzklauselverfahren"* nach Art. 11 der Richtlinie 2006/42 getroffenen Entscheidung zu entscheiden. Die Kommission bestätigte hierin von den dänischen Behörden gegenüber einem italienischen Maschinenhersteller getroffene Untersagungsverfügungen zum Fabrikat „Multitone S360". Die finnischen und die litauischen Behörden, nachdem ihnen die Entscheidung der Kommission mitgeteilt wurden, unternahmen entsprechende Schritte. Die gegen die Entscheidung beim Europäischen Gericht erhobene Klage war zulässig und bejahte Letzteres eine unmittelbare Betroffenheit der klagenden italienischen Maschinenherstellerin. *„In Anbetracht von Zweck, Systematik und Inhalt der […] Bestimmungen [des Art. 11 der Richtlinie 2006/42] ist festzustellen, dass der angefochtene Beschluss verlangt, dass jeder andere Mitgliedstaat als das Königreich Dänemark zweckdienliche Maßnahmen für das Inverkehrbringen oder den Verbleib der Multitone S360 auf seinem Markt trifft und damit die korrekte und einheitliche Anwendung der Richtlinie 2006/42 im Licht der von den dänischen Behörden erlassenen und von der Kommission für gerechtfertigt erklärten Maßnahmen gewährleistet. […]. Unmittelbare Folge des angefochtenen Beschlusses ist daher die Einleitung nationaler Verfahren, die das der Klägerin bis dahin in der gesamten Union zustehende Recht in Frage stellen, [die Multitone S360] in Verkehr zu bringen. […]. Sodann ist festzustellen, dass der angefochtene Beschluss seinen Adressaten hinsichtlich des zu erreichenden Ziels keinen Ermessensspielraum einräumt, seine Durchführung insoweit rein automatisch erfolgt und sich allein aus der Unionsregelung ergibt, ohne dass weitere Durchführungsvorschriften angewendet werden."*

[204]EuGH, Urt. v. 18.11.1970, Chevalley gegen Kommission, C-15/70, EU:C:1970:95, Rn. 6.

unterlassene Adressierung eines Rechtsaktes an einen Dritten statthafter Klagegenstand im Rahmen des Art. 265 Abs. 3 AEUV, sofern das Organ der Union es unterlassen hat, einen Rechtsakt zu erlassen, der den Individualuntätigkeitskläger unmittelbar und individuell betroffen hätte. *„Denn die Möglichkeit für den einzelnen, seine Rechte geltend zu machen, darf nicht davon abhängen, ob das betreffende [Unions]Organ tätig geworden oder untätig geblieben ist".*[205] Solchermaßen würden die Feststellungen zur unmittelbaren Betroffenheit in der Rechtssache *CSF Srl gegen Europäische Kommission*[206] auch hier gelten. Begründet ist die Untätigkeitsklage, wenn die Kommission eine Entscheidung nicht getroffen und hierdurch eine ihr obliegende Handlungspflicht verletzt hat.[207] Dies wäre ohne Weiteres der Fall, wenn die Kommission im Anschluss an eine ihr entsprechend Art. R33 Abs. 3 des Anhangs I des Beschlusses Nr. 768/2008/EG gemeldete Maßnahme nicht tätig wird (Maßnahmen im Schutzklauselverfahren i. e. S.). So sah der Gerichtshof in der *Rechtssache Klein gegen Kommission* in dem mit Art. R33 Abs. 4 des Anhangs I des Beschlusses Nr. 768/2008/EG inhaltsgleichen Art. 8 Abs. 2 der Richtlinie 93/42/EWG eine entsprechende Handlungspflicht verankert.[208] Vergleichbare Rechtsprechung liegt zu den an Art. R32 Abs. 1 des Anhangs I des Beschlusses Nr. 768/2008/EG angepassten Harmonisierungsrechtsvorschriften nicht vor. Stets unter der Prämisse, dass bei Maßnahmen des indirekten Vollzug die in der **Vorprüfungsphase** getroffene stillschweigende Entscheidung der Kommission, kein förmliches Bewertungsverfahren einzuleiten, nicht tauglicher Gegenstand einer Nichtigkeitsklage nach Art. 263 AEUV ist (→ Rn. 746), ist dann fraglich, ob im Hinblick auf die Fiktion gemäß Art. R31 Abs. 7 des Anhangs I des Beschlusses Nr. 768/2008/EG nachgebildetem Unionsrecht eine Entscheidungspflicht der Kommission besteht und diese unter bestimmten Voraussetzungen ein förmliches Bewertungsverfahren eröffnen muss.[209] In Parallele zur Rechtsprechung in Beihilfesachen wird man anzunehmen haben, dass die Einleitung eines förmlichen Bewertungsverfahrens unerlässlich ist, wenn die Kommission bei der

---

[205] EuGH, Urt. v. 26.11.1996, T. Port, C-68/95, EU:C:1996:452, Rn. 59.
[206] EuG, Urt. v. 15.7.2015, CSF/Kommission, T-337/13, EU:T:2015:502, Rn. 14 ff.
[207] Pechstein, EU-Prozessrecht, Rn. 657.
[208] EuGH, Urt. v. 22.4.2015, Klein/Kommission, C-120/14P, EU:C:2015:252, Rn. 68 ff; EuG, Urt. v. 28.9.2016, Klein/Kommission, T-309/10 RENV, EU:T:2016:570, Rn. 47; vgl. auch (zu Art. Art. 7 Abs. 2 der Richtlinie 98/37/EG) EuG, Beschl. v. 7.6.2007, IMS/Kommission, T-346/06R, EU:T:2007:164, Rn. 39.
[209] Ablehnend Europäische Kommission, Leitfaden für die Umsetzung der Produktvorschriften der EU 2016, ABl. 2016 C 272, 111 (Fn. 284): *„Während in der Vergangenheit die Kommission bei Notifizierung einer Gefahr durch ein Produkt einen Vorgang eröffnen und eine Stellungnahme erarbeiten musste, ist diese Belastung inzwischen abgeschafft worden, und ein Schutzklauselverfahren wird nur eröffnet, wenn ein Mitgliedstaat oder die Kommission Einwände gegen die von der notifizierenden Behörde ergriffene Maßnahmen hat. Wenn sich die Mitgliedstaaten und die Kommission einig sind, dass eine von einem Mitgliedstaat ergriffene Maßnahme gerechtfertigt ist, muss die Kommission nur dann weiter tätig werden, wenn sich die Nichtkonformität auf Unzulänglichkeiten einer harmonisierten Norm zurückführen lässt."*

vorläufigen Prüfung, ob die Maßnahme gerechtfertigt ist, auf ernste Schwierigkeiten stößt. Die Kommission darf sich also nur dann auf die Vorprüfungsphase beschränken, wenn sie nach einer ersten Prüfung die Überzeugung gewinnt, dass die Maßnahme rechtmäßig ist. Ist die Kommission aufgrund dieser ersten Prüfung jedoch zu der gegenteiligen Überzeugung gelangt oder hat sie nicht alle Schwierigkeiten hinsichtlich der Beurteilung der Rechtfertigung der Maßnahme ausräumen können, so ist sie verpflichtet, alle erforderlichen Stellungnahmen einzuholen und zu diesem Zweck das förmliche Bewertungsverfahren einzuleiten.[210] Begründet wäre die Untätigkeitsklage hiernach dann, wenn die Kommission den Sachverhalt nur unzulänglich aufklärt und die Rechtfertigung der Maßnahme nur oberflächlich prüft.

§ 4 – Ordnungswidrigkeiten und Straftatbestände des Nebenstrafrechts

Die Strafrechtssetzungsgewalt der EU ist beschränkt auf den Erlass von Mindestvorschriften zu den in Art. 83 Abs. 1 UAbs. 2 AEUV aufgeführten Kriminalitätsbereichen. Im Recht des technischen Produkts ist sie nicht einschlägig. Gleichwohl findet sich in den verschiedenen EU-Vorschriften die Vorgabe an die Mitgliedstaaten, Regelungen für Sanktionen festzulegen, die bei Verstößen von Wirtschaftsakteuren gegen dort normierte Pflichten verhängt werden. Die vorgesehenen Sanktionen müssen wirksam, verhältnismäßig und abschreckend sein (sog. *„Sanktionen-Trias"*). Im Recht des technischen Produkts bestimmt demgemäß der nationale Gesetzgeber das Sanktionssystem. Der deutsche Gesetzgeber setzt hierbei vornehmlich auf das Mittel des Ordnungswidrigkeitenrechts, komplettiert durch Sanktionen des Nebenstrafrechts.

768

I. Ordnungswidrigkeiten

Die Bußgeldkataloge finden sich in § 39 Abs. 1 ProdSG, § 33 Abs. 1 EMVG, § 37 FuAG, § 60 Abs. 1 MessEG, § 13 Abs. 1 EVPG, § 37 EG-FGV, § 15 EnVKG, § 11 der 28. BImSchV, § 9 der 32. BImSchV, § 45 ElektroG, § 14 ElektroStoffV, § 22 BattG.

1. Bußgeldtatbestände und -höhe

Durchgängig bebußt wird die Missachtung der nicht-designbezogenen Marktzugangsvoraussetzungen. Die Missachtung designbezogener Pflichten des Herstellers bzw. die Pflicht, nur konforme Produkte in Verkehr zu bringen, wird geahndet nach § 33 Abs. 1 Nr. 1 EMVG, § 37 Abs. 1 Nrn. 2 und 3 FuAG, § 60 Abs. 1 Nr. 1 MessEG, § 37 EG-FGV,

769

---

[210]EuGH, Urt. v. 2.4.1998, Kommission/Sytraval und Brink's France, C-367/95P, EU:C:1998:154, Rn. 39; Urt. v. 20.3.1984, Deutschland/Kommission, C-84/82, EU:C:1984:117, Rn. 13.

§ 11 der 28 BImSchV, § 9 Abs. 1 der 32. BImSchV, § 22 Abs. 1 Nrn. 1–3 BattG. Nicht bußgeldbewehrt sind hingegen der Verstoß gegen materielle Produktanforderungen nach dem ProdSG und den auf den Regelungsermächtigungen des ProdSG gestützten Verordnungen.[211] Gleiches gilt für die Nichtbeachtung der Anforderungen an die umweltgerechte Gestaltung energieverbrauchsrelevanter Produkte nach dem EVPG. Weiter wird ein Großteil der Nachmarktpflichten nicht geahndet. Die Vorschriftenwerke sehen am Schweregrad der Ordnungswidrigkeiten ausgerichtete **abgestufte Bußgeldandrohungen** vor. Die Regelbebußung liegt bei maximal 10.000,- Euro und die Höchstbebußung bei maximal 50.000,- EUR respektive 100.000,- Euro. Alle Ordnungswidrigkeitentatbestände werfen bei Massenprodukten die Frage auf, ob sie sich auf das einzelne Produkt, also die einzelne bereitgestellte Verkehrseinheit beziehen oder die Geldbuße einmalig anfällt. Werden bei einem in großen Mengen hergestellten und vertriebenen Produkt(typ) die Hinweis- und Kennzeichnungspflichten nicht erfüllt, ein Konformitätsbewertungsverfahren nicht durchgeführt, die technische Dokumentation nicht erstellt, Designvorgaben nicht beachtet, etc., handelt der Bereitsteller nicht tatmehrheitlich und auch nicht in Tateinheit (§§ 19, 20 OWiG), sondern verwirklicht den Bußgeldtatbestand bei wertender Betrachtung nur einziges Mal. Es liegt eine **natürliche Handlungseinheit** in Form der sog. iterativen Tatbestandsverwirklichung vor. So sind produktbezogene Verstöße ganz regelmäßig prozessbedingt und finden ihren Ursprung in der betrieblichen Organisation des Bereitstellers. Es weist der Produktentwicklungs- und/oder Fertigungsprozess des Herstellers *einen* Fehler auf bzw. arbeitet sein Produkt(compliance)management in *einem* bestimmten Punkt unzureichend mit der Folge, dass aufgrund *eines* Fehlers u. U. tausende nichtkonformer Verkehrseinheiten in Umlauf gebracht werden, nicht ordnungsgemäß gekennzeichnet sind, die technischen Unterlagen hierzu unvollständig sind, etc.[212] Wegen des daher nur einmaligen Anfallens wirken bei Massenprodukten die drohenden Geldbußen von bis zu maximal 50.000,- Euro respektive 100.000,- Euro nicht immer abschreckend. Der Verhängung einer Geldbuße kommt aber nicht nur eine Abschreckungs-, sondern auch eine Abschöpfungsfunktion zu. Die Geldbuße soll gemäß **§ 17 Abs. 4 S. 1 OWiG** den wirtschaftlichen Vorteil, den der Täter aus der Tat erlangt hat, übersteigen. Das gesetzliche Höchstmaß der Geldbuße gilt demgemäß nicht absolut. Sie ist zum Zweck der **Gewinnabschöpfung** überschreitbar und kann Letztere Unternehmen empfindlicher treffen als die Bebußung selbst.[213] Zu beachten ist weiter die mit einer Geldbuße bis zu einer Million Euro geahndete Ordnungswidrigkeit nach § 130 OWiG wegen Verletzung von Aufsichtspflichten im Betrieb oder Unternehmen und die Unternehmensbebußung nach § 30 OWiG, wonach Geldbußen von bis zu zehn Millionen Euro drohen.

---

[211] Siehe zu den ProdSV Klindt, in Klindt (Hrsg.), ProdSG, § 39 Rn. 7 f.
[212] Vgl. etwa BGH, Urt. v. 6.7.1990, 2 StR 549/89, BGHSt 37, 106–135, Rn. 74 (Lederspray); vgl. auch (zu § 45 Abs. 1 Nr. 5 ElektroG), Giesberts/Hilf, ElektroG, § 45 Rn. 13.
[213] Hierzu Gauger, Produktsicherheit und staatliche Verantwortung, S. 279 f.

2. Haftung

Tauglicher Täter kann nur sein, wer die inkriminierte Handlung selbst vornimmt. Nach deutschem Ordnungswidrigkeits- und Strafrecht sind jedoch nur natürliche Personen deliktsfähig.[214] So sich die Bußgeldtatbestände durchgängig an das Unternehmen (Wirtschaftsakteur) richten und die juristische Person als tauglicher Täter ausscheidet, ist der jeweilige Bußgeldtatbestand zu lesen i. V. m. **§§ 9, 30 und 130 OWiG.** Wird eine Ordnungswidrigkeit begangen und hätte diese durch gehörige Aufsicht verhindert werden können, haften die in § 9 aufgeführten Personen[215] und gegebenenfalls auch der Verband (§ 30). Entscheidend ist dann die Frage, ob im Unternehmen Prozesse, Verfahren, Kontrollen, etc. eingeführt waren, die den Verstoß hätten verhindern müssen bzw. den Verstoß als *„Ausreißer"* erscheinen lassen. Die Haftung einer in § 9 OWiG aufgeführten Person setzt voraus, dass diese die mit Geldbuße belegte Handlung entweder eigenhändig vorgenommen hat, die Anweisung gegeben hat, diese Handlung vorzunehmen, die Handlung durch einen Mitarbeiter geduldet hat oder wenigstens von der Handlung Kenntnis hätte haben und sie hätte verhindern können oder eine Verletzung der Aufsichtspflicht gemäß § 130 Abs. 1 OWiG gegeben ist. Die Haftung des Verbandes setzt zunächst eine Straftat oder Ordnungswidrigkeit eines Angehörigen mit Leitungs- und Kontrollaufgaben voraus. Die Haftung des Verbandes (Nebenbeteiligte in einem gegen die Leitungsperson gerichteten Verfahren) ist dann ein *„Annex"* (§ 30 Abs. 1 OWiG). Zwar kann gegen die juristische Person gem. § 30 Abs. 4 OWiG eine Geldbuße auch selbstständig festgesetzt werden. Voraussetzung dafür ist aber die Feststellung einer von einem Angehörigen mit Leitungs- und Kontrollaufgaben begangenen Ordnungswidrigkeit, durch die Pflichten, welche den Verband treffen, verletzt worden sind oder durch die der Verband bereichert ist oder werden sollte. Kann für den Erlass einer selbstständigen Verbandsgeldbuße offenbleiben, welches Führungsmitglied konkret verantwortlich war, ist aber Voraussetzung, dass jedenfalls feststeht, dass überhaupt ein Angehöriger mit Leitungs- und Kontrollaufgaben gehandelt und die Zuwiderhandlung schuldhaft begangen hat.[216]

770

II. Strafechtliche Produkthaftung

Das **Kernstrafrecht,** also das StGB, enthält kein spezielles Recht strafrechtlicher Produkthaftung. Der Verstoß gegen Vor- und Nachmarktpflichten an sich, also isoliert

771

---

[214]Lackner/Kühl, StGB, § 14 Rn. 1a.
[215]Vertretungsberechtigte Gesellschafter und Organe bzw. Mitglieder solcher Organe, gesetzliche Vertreter, Betriebsleiter und gewillkürte Beauftragte, wobei stets ein nur faktisches Vertretungs- oder Auftragsverhältnis genügt (§ 9 Abs. 1 und 2 OWiG; hierzu Gauger, Produktsicherheit und staatliche Verantwortung, S. 276).
[216]Gürtler, in Göhler, OWiG, § 30 Rn. 40. Beispielhaft etwa OLG Rostock, Beschl. v. 14.1.2013, 2 Ss (OWi) 254/12 I 276/12, juris; vgl. auch OLG Jena, Beschl. v. 2.11.2005, 1 Ss 242/05, NStZ 2006, 533.

betrachtet, wird im Kernstrafrecht nicht sanktioniert; löst aber ein Produkt Personenschäden aus, kann dies selbstredend eine strafrechtliche Verantwortung unter dem Gesichtspunkt der Körperverletzungs- oder der Tötungsdelikte (§§ 223 ff., 211 ff. StGB) begründen.[217] *„Echtes Produktstrafrecht"* existiert nur im sog. **Nebenstrafrecht** und im Recht des technischen Produkts mit § 40 ProdSG und §§ 40 f. MPG ausschließlich im Produktsicherheitsrecht. Die dem Schutz anderer öffentlicher Interessen als dem Sicherheits- und Gesundheitsschutz dienenden Fachgesetze (EMVG, EVPG, FuAG, MessEG, EG-FGV, etc.) enthalten keine Strafvorschriften.

1. Strafrechtlich sanktionierte Pflichten

772 Nach **§ 40 ProdSG** wird „[m]*it Freiheitsstrafe bis zu einem Jahr oder mit Geldstrafe bestraft, wer eine in § 39 Absatz 1 Nummer 7 Buchstabe a, Nummer 8 Buchstabe b, Nummer 9, 16 Buchstabe a oder Nummer 17 Buchstabe a [ProdSG] bezeichnete vorsätzliche Handlung beharrlich wiederholt oder durch eine solche vorsätzliche Handlung Leben oder Gesundheit eines anderen oder fremde Sachen von bedeutendem Wert gefährdet"*. Praktisch bedeutsam sind die beiden ersten Varianten. Nach §§ 40, 39 Abs. 1 Nr. 7 lit. a) ProdSG sind strafrechtlich sanktioniert der Verstoß gegen die Pflicht zur **Durchführung eines Konformitätsbewertungsverfahrens** und zur Erstellung der technischen Unterlagen[218] sowie deren Bereitstellung[219], das Fehlen einer EU-Konformitätserklärung,[220] die fehlende **Identifikationskennzeichnung**,[221] die fehlende

---

[217] Ist die strafrechtliche Verfolgung der Geschäftsleitung wegen der Herstellung und/oder des Vertriebs gefährlicher Produkte zumindest nicht auszuschließen, blieben *bis dato* strafrechtliche Verfahren zur Produkthaftung gegen Mitarbeiter auf Ausnahmefälle beschränkt. Wie andernorts ausgeführt, darf die strafrechtliche Produkthaftung – stellt man auf die Praxis ab – insgesamt nicht überbewertet werden (Lenz, Produkthaftung, § 2 Rn. 1). Die strafrechtliche Produkthaftung nach §§ 223 ff., 211 ff. StGB gibt mithin keinen Anlass, Entscheidungen der Geschäftsleitung entgegen zu handeln, bei vermeintlichen Produktfehlern eigenmächtig eine externe Prüfstelle einzuschalten oder gar die Behörden zu informieren (Lenz, Produkthaftung, § 2 Rn. 47, 53 f.). Zur strafrechtlichen Produkthaftung nach §§ 211 ff. und 223 ff. StGB, siehe Winkelbauer, in Foerste/Graf von Westphalen (Hrsg.), Produkthaftungshandbuch, §§ 80–82.

[218] § 19 Abs. 1 S. 1 Nr. 1 der 1. ProdSV (elektrische Betriebsmittel), § 8 Nrn. 1, 3 und 7 der 9. ProdSV (Maschinen), § 19 Abs. 1 Nr. 1 der 11. ProdSV (ATEX); vgl. auch § 17 Abs. 1 Nr. 1 der 6. ProdSV (einfache Druckbehälter), § 21 Abs. 1 Nr. 1 der 12. ProdSV (Aufzüge), § 6 der 7. ProdSV (Gasverbrauchseinrichtungen) und § 22 Abs. 1 Nr. 1 der 14. ProdSV (Druckgeräte).

[219] § 14 Abs. 2 Nr. 4 ElektroStoffV.

[220] § 14 Abs. 2 Nr. 1 ElektroStoff, vgl. auch § 9 Abs. 1 Nr. 2 der 32. BImSchV.

[221] § 19 Abs. 1 Nr. 2 der 1. ProdSV (elektrische Betriebsmittel), § 17 Abs. 1 Nr. 2 der 6.ProdSV (einfache Druckbehälter), § 25 Abs. 1 Nr. 1 der 10. ProdSV (Sportboote), § 19 Abs. 1 Nr. 3 der 11. ProdSV (ATEX), § 21 Abs. 1 Nr. 3 der 12. ProdSV (Aufzüge) und § 22 Abs. 1 Nrn. 2 und 3 der 14. ProdSV (Druckgeräte).

Hersteller-/Einführerkennzeichnung,[222] der Verstoß gegen Kennzeichnungspflichten nach der 32. BImSchG,[223] die Verletzung öffentlich-rechtlicher **Instruktionspflichten** in Form fehlender Gebrauchs-/Bedienungsanleitung oder Sicherheitsinformationen[224] und die Verletzung von den Einführer treffenden **Kontroll-/Prüfpflichten**[225]. Nach §§ 40, 39 Abs. 1 Nr. 8 lit. b) ProdSG sind strafrechtlich sanktioniert die Zuwiderhandlung gegen vollziehbare[226] **Bereitstellungsverbote** nach § 26 Abs. 2 S. 2 Nrn. 2, 4 und 6 und Abs. 4 S. 1 ProdSG, **Anordnungen von Rücknahme und Rückruf** nach § 26 Abs. 2 S. 2 Nr. 7 und Abs. 4 S. 1 ProdSG, **Anordnungen zu öffentlicher Warnung** nach § 26 Abs. 2 S. 2 Nr. 9 und Abs. 4 S. 1 ProdSG sowie **Sicherstellungen** nach § 26 Abs. 2 S. 2 Nr. 8 ProdSG.

2. Strafqualifizierende Merkmale des § 40 ProdSG

Nach § 40 ProdSG wird nur bestraft, wer die Zuwiderhandlung beharrlich wiederholt oder hierdurch Leben oder Gesundheit eines anderen oder fremde Sachen von bedeutendem Wert gefährdet. Das strafbegründende Element *„beharrliche Wiederholung"* ist ein übliches Tatbestandsmerkmal des Nebenstrafrechts, mit dem der Gesetzgeber Verwaltungsunrecht zu Kriminalunrecht aufwertet.[227] Gefordert wird eine – durch besondere Hartnäckigkeit zum Ausdruck kommende – rechtsfeindliche Gesinnung in Form gesteigerter Gleichgültigkeit oder Pflichtwidrigkeit.[228] Ob eine Wiederholung

---

[222] § 19 Abs. 1 Nr. 4 der 1. ProdSV (elektrische Betriebsmittel), § 17 Abs. 1 Nr. 3 der 6. ProdSV (einfache Druckbehälter), § 25 Abs. 1 Nrn. 2 und 3 der 10. ProdSV (Sportboote), § 19 Abs. 1 Nr. 6 der 11. ProdSV (ATEX), § 21 Abs. 1 Nrn. 4 und 6 der 12. ProdSV (Aufzüge), § 22 Abs. 1 Nr. 4 der 14. ProdSV (Druckgeräte) und § 14 Abs. 2 Nr. 2 ElektroStoffV (RoHS).

[223] § 9 Abs. 1 Nrn. 1 und 1a der 32. BImSchV.

[224] § 19 Abs. 1 Nr. 5 der 1. ProdSV (elektrische Betriebsmittel), § 17 Abs. 1 Nr. 3 der 6. ProdSV (einfache Druckbehälter), § 8 Nrn. 2 und 8 der 9. ProdSV (Maschinen), § 6 der 7. ProdSV (Gasverbrauchseinrichtungen), § 25 Abs. 1 Nr. 4 der 10. ProdSV (Sportboote), § 19 Abs. 1 Nr. 7 der 11. ProdSV (ATEX), § 21 Abs. 1 Nr. 5 der 12. ProdSV (Aufzüge) und § 14 Abs. 2 Nr. 3 ElektroStoffV (RoHS).

[225] § 19 Abs. 1 Nr. 6 der 1. ProdSV (elektrische Betriebsmittel), § 17 Abs. 1 Nr. 5 der 6. ProdSV (einfache Druckbehälter), § 6 der 7. ProdSV (Gasverbrauchseinrichtungen), § 25 Abs. 1 Nrn. 2, 3 und 5 der 10. ProdSV (Sportboote), § 19 Abs. 1 Nr. 8 der 11. ProdSV (ATEX), § 21 Abs. 1 Nr. 7 der 12. ProdSV (Aufzüge) und § 22 Abs. 1 Nr. 5 der 14. ProdSV (Druckgeräte).

[226] Vollziehbar ist eine Maßnahme, wenn sie nicht mehr mit förmlichen Rechtbehelfen wie Widerspruch oder Anfechtungsklage angegriffen werden kann, also bestandskräftig ist, oder deren sofortige Vollziehung gemäß § 80 Abs. 2 S. 1 Nr. 4, Abs. 3 VwGO angeordnet wurde (Klindt, in Klindt (Hrsg.), ProdSG, § 39 Rn. 31).

[227] *„Muttervorschrift"* dieses strafqualifizierenden Merkmals ist § 148 GewO (hierzu eingehend Kahl, in Landmann/Rohmer, GewO § 148).

[228] BT-Drucks. 7/626, 14; BGH, Urt. v. 25.2.1992, 5 StR 528/91, juris, Rn. 20 = NStZ 1992, 594; OLG Koblenz, Urt. v. 8.6.1989, 1 Ss 519/88, juris, Rn. 6; Bayerisches Oberstes Landesgericht, Beschl. v. 3.8.1993, 4St RR 78/93, juris, Rn. 13 m.w.Nachw.

hiernach „*beharrlich*" ist, die zweifache Zuwiderhandlung ausreicht[229] oder ein ständiges Übertreten des Gesetzes, etwa aus Missachtung oder Gleichgültigkeit, zu verlangen ist,[230] ist nach den besonderen Umständen des Einzelfalls zu entscheiden.[231] Zu prüfen ist, ob ein so schwerwiegender Verstoß in Rede steht, dass eine Ahndung mit den Mitteln des Strafrechts gerechtfertigt erscheint.[232] Eines vorangegangenen abgeschlossenen Bußgeldverfahrens oder einer vorangegangenen strafrechtlichen Sanktion wegen der gleichen Zuwiderhandlung bedarf es dazu nicht.[233] Strafqualifizierendes Merkmal der zweiten Alternative des § 40 ProdSG ist das **Gefährden von Leben oder Gesundheit eines anderen oder von fremden Sachen von bedeutendem Wert**.[234] Einer tatsächlichen Schädigung bedarf es nicht.[235] Es genügt eine nach allgemeinen Erfahrungsgrundsätzen naheliegende Schadensrealisierung, wobei nicht das konkrete Rechtsgut in den Blick zu nehmen, sondern eine generelle Betrachtung anzustellen ist.[236] Eines „*Beinahe-Unfalls*", also ein Geschehens, bei dem ein unbeteiligter Beobachter zu der Einschätzung gelangt ist, dass das „*noch mal gut gegangen sei*",[237] bedarf es mithin nicht.[238] Hinsichtlich der Sachen von bedeutendem Wert wird im Schrifttum die Wertgrenze bei ungefähr 1000 EUR angesetzt.[239]

3. Täterschaft

774 Adressat der produktsicherheitsrechtlichen Pflichten, an welche die Tatbestände anknüpfen, ist der Wirtschaftsakteur, also regelmäßig eine (nicht strafrechtsfähige) juristische Person. Zu prüfen ist daher der bei Sonderdelikten heranzuziehende § 14 StGB, der – wie § 9 OWiG zu § 39 ProdSG – den personellen Anwendungsbereich des § 40 ProdSG auf einen bestimmten Mitarbeiterkreis der Organisations- und Leitungsebene des Unternehmens erstreckt. Wird nämlich eine nach § 40 ProdSG strafrechtlich

---

[229] Vgl. BGH, Beschl. v. 18.11.1969, 1 StR 361/69, BGHSt 23, 167–176, Rn. 13.

[230] In diesem Sinne wohl Klindt, in Klindt (Hrsg.), ProdSG, § 40 Rn. 10.

[231] BGH, Urt. v. 25.2.1992, 5 StR 528/91, juris, Rn. 20 = NStZ 1992, 594–596.

[232] BT-Drucks. 7/626, 14; Gauger, Produktsicherheit und staatliche Verantwortung, S. 274.

[233] BGH, Urt. v. 25.2.1992, 5 StR 528/91, juris, Rn. 20 = NStZ 1992, 594; Kahl, in Landmann/Rohmer, GewO § 148 Rn. 4.

[234] Entgegen Eidam (NJW 2005, 1021 (1023)), ist das beharrliche Wiederholen der in Bezug genommenen Ordnungswidrigkeitentatbestände keine Voraussetzung eine Strafbarkeit nach § 40 Alt. 2 ProdSG. Es genügt die einmalige Begehung (Kahl, in Landmann/Rohmer, GewO § 148 Rn. 5; Klindt, in Klindt (Hrsg.), § 40 Rn. 11; Gauger, Produktsicherheit und staatliche Verantwortung, S. 273 m.w.Nachw.).

[235] Klindt, *ebd.*, § 40 Rn. 11; Gauger, *ebd.*, S. 274 m.w.Nachw.

[236] Gauger, *ebd.*, S. 274 m.w.Nachw.

[237] BGH, Beschl. v. 3.11.2009, 4 StR 373/09, juris, Rn. 6 m.w.Nachw.

[238] Gauger, Produktsicherheit und staatliche Verantwortung, S. 274.

[239] Eidam, NJW 2005, 1021 (1023); Klindt, in Klindt (Hrsg.), ProdSG, § 40 Rn. 11; Gauger, Produktsicherheit und staatliche Verantwortung, S. 274.

sanktionierte Pflicht verletzt und damit die Frage einer strafrechtlichen Verantwortung aufgeworfen, ist eigentlich das Unternehmen der Zurechnungsadressat. Der Einzelne hat für die Pflichtverletzung jedoch strafrechtlich einzustehen, wenn ihm die betrieblichen Vorgänge, die im weiteren Ablauf des Geschehens zur Pflichtverletzung geführt haben, als hierfür innerbetrieblich Verantwortlichen zuzurechnen sind. Die Verantwortung verlagert sich vom zivil- und gesellschaftsrechtlichen Rechtssubjekt her auf diejenigen natürlichen Personen, die im Unternehmen verantwortlich waren. Zu prüfen ist, welcher in die Geschehenskette eingeschaltete Mitarbeiter für die Pflichtverletzung innerbetrieblich verantwortlich ist oder hierbei mitgeholfen hat. Es geht darum die Pflichtverletzung des Herstellers den innerbetrieblich hierfür Verantwortlichen zuzuordnen.[240] Diesbezüglich bestehen hier keine Unterschiede zur strafrechtlichen Produkthaftung nach den Allgemeindelikten (§§ 211 ff., 223 ff. StGB), ist jedoch bei Mitarbeitern aus dem unteren und mittleren Management stets § 14 Abs. 2 StGB zu prüfen.

a. Mitarbeiter aus dem „lower" und „middle" management

Als Täter aus dem „lower" und „middle" management kommen insbesondere technische (Entwicklungs- und/oder Forschungs-)Leiter,[241] Produktions- und Teilbetriebsleiter,[242] Laborleiter,[243] Leiter der Qualitätssicherung,[244] Produktmanager[245] und Compliance Officer[246] in Betracht. Es ist zu prüfen, ob der Pflichtverstoß auf innerbetriebliche Organisations- und Entscheidungsvorgänge zurückzuführen ist, die in die betriebliche Entscheidungskompetenz des als strafrechtlich verantwortlich in Betracht kommenden Mitarbeiters fallen. Bei mehreren zuständigen Entscheidungsträgern kann Mittäterschaft

---

[240]Schmidt-Salzer, NJW 1996, 1 (3 f.); Winkelbauer, in Foerste/Graf von Westphalen (Hrsg.), Produkthaftungshandbuch, § 81 Rn. 1–31; Sternberg-Lieben/Schuster, in Schönke/Schröder (Hrsg.), StGB, § 15 Rn. 217; Sternberg-Lieben/Schuster, in Schönke/Schröder (Hrsg.), StGB, § 15 Rn. 217.

[241]Vgl. OLG Karlsruhe, Beschl. v. 3.1.1995, 1 Ws 192/94, juris; LG Aachen, Urt. v. 18.12.1970, 4 KMs 1/68, 15-115.67, JZ 1971, 507 (Contergan); Sternberg-Lieben/Schuster, in Schönke/Schröder (Hrsg.), StGB, § 15 Rn. 223.

[242]Vgl. OLG Karlsruhe, Beschl. v. 3.1.1995, 1 Ws 192/94, juris; Schmid, in Müller-Gugenberger/Bieneck (Hrsg.), Wirtschaftsstrafrecht, § 56 Produkthaftung, Rn. 38; LG Hamburg, Urt. v. 5.12.1986, (47) 53/84 KLs, Schmidt-Salzer, Entscheidungssammlung Produkthaftung, IV.3.16; AG Heilbronn, 41 Cs Js 10497/10, zit. nach Lenz, Produkthaftung, § 2, Rn. 36 f.

[243]Vgl. BGH, Urt. v. 6.7.1990, 2 StR 549/89, BGHSt 37, 106–135 (Lederspray).

[244]Schmid, in Müller-Gugenberger/Bieneck (Hrsg.), Wirtschaftsstrafrecht, § 56 Produkthaftung, Rn. 38.

[245]Vgl. BGH, Urt. v. 4.5.1988, 2 StR 89/88, juris (Mandelbienenstich).

[246]Vgl. BGH, Urt. v. 17.7.2009, 5 StR 394/08, BGHSt 54, 44–52 = NJW 2009, 3173 = WM 2009, 1882.

aufgrund einverständlichen Zusammenwirkens gegeben sein.[247] Innerbetriebliche und unter dem Gesichtspunkt der Körperverletzungs- oder der Tötungsdelikte (§§ 223 ff., 211 ff. StGB) relevante Pflichtverstöße auf unterer und mittlerer Managementebene können bei Produktion und Vertrieb eines fehlerhaften Produkts etwa sein die unzureichende Beaufsichtigung von Mitarbeitern und/oder Prozessen,[248] das Erstellen einer fehlerhaften Gebrauchsanleitung durch den technischen Redakteur,[249] die verführte Produktfreigabe durch den Leiter der Entwicklungsabteilung (Nichtdurchführung noch ausstehender Tests),[250] die Einrichtung eines unzureichenden Qualitätssicherungsmanagements (keine Produkt-/Fertigungskontrolle, keine Kontrolle zugelieferter Produkte, etc.),[251] die Anwendung veralteter Normen[252] oder die Nichtbefolgung fachlicher Weisungen eines Vorgesetzten[253]. Liegt der Sorgfaltspflichtverstoß des Herstellers in dem Im-Feld-Belassen eines fehlerhaften Produkts ist als Pflichtverstoß auf unterer und mittlerer Managementebene die unzureichende bzw. fehlerhafte Unterrichtung der Geschäftsleitung über Schadensmeldungen, -ursachen und über zu ergreifende Maßnahmen zu nennen.[254] Diese der Rechtsprechung und Literatur zur strafrechtlichen Produkthaftung

---

[247] Vgl. OLG Karlsruhe, Beschl. v. 3.1.1995, 1 Ws 192/94, juris, Rn. 32.

[248] Schmidt-Salzer, NJW 1996, 1 (4).

[249] Schmid, in Müller-Gugenberger/Bieneck (Hrsg.), Wirtschaftsstrafrecht, § 56 Produkthaftung, Rn. 45 m.w.Nachw.

[250] Vgl. LG München II, Urt. v. 21.4.1978, IV KLs 58 Js 5534/76 (Monza Steel), Kullmann/Pfister/Stöhr/Spindler, Produzentenhaftung, KzA 8701/4; LG Frankfurt, Beschl. v. 27.7.1990, 5/26 KLs 65 Js 8793/84, NStZ 1990, 592 (Strafbarkeit des Chefchemikers, weil er trotz fehlender wissenschaftlicher Kenntnisse über die Langzeitexposition mit den fraglichen Stoffen keine weitergehenden Prüfungen unternahm).

[251] Vgl. Bayerisches Oberstes Landesgericht, Urt. v. 30.10.1974, RReg 8 St 158/73, juris.

[252] Schmid, in Müller-Gugenberger/Bieneck (Hrsg.), Wirtschaftsstrafrecht, § 56 Produkthaftung, Rn. 45.

[253] LG Hamburg, Urt. v. 5.12.1986, 47 KLs 53/84, VersR 1987, 828 (s. hierzu Schmidt-Salzer, NJW 1996, 2 – Serum-Strafverfahren).

[254] BGH, Urt. v. 6.7.1990, 2 StR 549/89, BGHSt 37, 106–135 (Lederspray); vgl. auch BGH, Urt. v. 17.7.2009, 5 StR 394/08, BGHSt 54, 44–52 = NJW 2009, 3173 = WM 2009, 1882 (Pflichten eines *Compliance Officer*"). Ist der Mitarbeiter kraft seiner Stellung im Unternehmen verpflichtet, die Geschäftsleitung über Schadensmeldungen und -ursachen gebührend zu unterrichten und gegebenenfalls diese über zum Schutz der Benutzer zu ergreifende Maßnahmen zu informieren, so ist er darüber hinaus nicht verpflichtet, Maßnahmen gegen den Willen der Geschäftsleitung eigenverantwortlich durchzuführen. Der Bundesgerichtshof führt hierzu im Urteil zum Mandelbienenstich-Fall aus (BGH, Urt. v. 4.5.1988, 2 StR 89/88, juris): *„Der Angestellte eines Lebensmittelgroßhandels, der Kenntnis davon erlangt hat, da[ss] kontaminierte Lebensmittel in den Handel gelangt sind, machte sich [nicht strafbar], wenn er nach Verständigung der für den Verkauf und Vertrieb zuständigen Geschäftsführer über den gesamten Sachstand im Verlauf einer Besprechung, in der die Geschäftsführer beschlossen, keine alle Kunden erfassende Warnaktion durchzuführen, sich für eine umfassende Rückrufaktion aussprach. Mehr war ihm, da er der Weisungsbefugnis der Geschäftsführung unterstand, nicht zuzumuten. Insbesondere war er nicht verpflichtet, die von ihm befürwortete Maßnahme gegen den erklärten Willen der Geschäftsführung selbst durchzuführen."*

nach §§ 223 ff., 211 ff. StGB entnommenen Beispiele vermitteln eine Idee zu Grund und Ausmaß **strafrechtlicher Zurechnung in der betrieblichen Arbeits- und Verantwortungsteilung.** Bezogen auf die nach §§ 40, 39 Abs. 1 Nr. 7 lit. a) ProdSG sanktionierten Verstöße ist in Parallele hierzu zu fragen, wer innerbetrieblich für die formale Konformität der Produkte verantwortlich ist, ob auf die formale Konformität gerichtete Weisungen getroffen bzw. Verfahren und Prozesse eingerichtet und deren Befolgung kontrolliert wurden.

b. Top-Management-Ebene

Die strafrechtliche Produkthaftung trifft aber insbesondere das *„Top"* **Management.** Dort sind die betrieblichen Organisations- und Entscheidungskompetenzen originär angesiedelt. Die **Organisationsverantwortung** der Geschäftsleitung verlangt geeignete organisatorische Vorkehrungen, die gesetzestreues Verhalten des Wirtschaftsakteurs, d. h. die Erfüllung der Marktzugangsvoraussetzungen und der den Wirtschaftsakteur treffenden Vor- und Nachmarktpflichten, sicherstellen. Aufgaben sind an qualifizierte und sorgfältig ausgewählte Mitarbeiter zu delegieren. Ob die verantwortlichen Mitarbeiter die ihnen zugewiesenen Aufgabenbereiche sorgfältig wahrnehmen ist laufend zu kontrollieren.[255] Werden entsprechende organisatorische Vorkehrungen nicht getroffen, kann dem Top-Management trotz zunehmenden Abstands zum konkreten innerbetrieblichen Fehler ein Organisationsverschulden vorzuwerfen sein. Anschaulich hierzu aus dem Kernstrafrecht der sog. **Zwischenbehälter-Fall**[256] betreffend eine Gewässerverunreinigung (§ 324 StGB) wegen Abschaltung einer vorhandenen und für das Produktionsverfahren vorgeschriebenen Sicherheitseinrichtung: Der Betriebsingenieur, der die für die Reinigung des Fabrikationsabwassers vorgesehene Anlage aus Gründen der Arbeitserleichterung abgeschaltet hatte, war wegen aktiven Handelns verantwortlich. Der stellvertretende Betriebsleiter war verantwortlich wegen eines Beaufsichtigungsverschuldens, weil er die tatsächlichen betrieblichen Betriebsbedingungen an dem betreffenden Tag nicht hinreichend überwachte. Dem am betreffenden Tag urlaubsbedingt abwesenden hauptberuflichen Betriebsleiter wurde ein Organisationsverschulden vorgeworfen in der Form, dass er nicht für eine ausreichende Organisation des Betriebs mit den hierfür erforderlichen Kontrollen gesorgt hatte und es wegen der Verletzung dieser ihm obliegenden Organisationspflicht zum fraglichen Schaden hatte kommen können.[257]

Der im Kernstrafrecht in der Praxis häufigste Anknüpfungspunkt strafrechtlicher Produkthaftung der Geschäftsleitung gründet in der auf Top-Management-Ebene verorteten **Entscheidungskompetenz.** Die in der rechtswissenschaftlichen Literatur

776

777

---

[255] Schmid, in Müller-Gugenberger/Bieneck (Hrsg.), Wirtschaftsstrafrecht, § 56 Produkthaftung, Rn. 10a.
[256] AG Frankfurt, Urt. v. 18.10.1985, 92 Js 28270/82, MDR 1988, 338.
[257] Schmidt-Salzer, NJW 1996, S. 1 (3 f.).

regelmäßig aufgeführten Beispiele aus dem Kernstrafrecht[258] gehen hierauf zurück. Am bedeutsamsten ist hierbei die auf Top-Management-Ebene angesiedelte Befugnis über Produktions- und Vertriebsstopp, öffentliche Warnaktionen, Produktrücknahme und -rückruf zu entscheiden. Sie mündet in eine Strafhaftung durch aktives Tun, wenn trotz erkennbarer Produktgefährlichkeit Produktion und Vertrieb fortgesetzt werden und in eine Strafhaftung durch Unterlassen, wenn hinsichtlich im Feld befindlicher Produkte schadensverhindernde oder -begrenzende Maßnahmen nicht ergriffen werden. § 40 ProdSG setzt jedoch nicht an der Bereitstellung eines den materiellen Anforderungen nicht genügenden Produkts an. Eine direkte Ahndung wegen Verstoßes gegen die materiellen Produktanforderungen sieht das Gesetz nicht vor. Allerdings wird bei Zuwiderhandlungen gegen vollziehbare Anordnungen (Ordnungswidrigkeit nach § 39 Abs. 1 Nr. 8 ProdSG) ganz regelmäßig eine Strafbarkeit der Geschäftsleitung nach § 40 ProdSG an die Entscheidungskompetenz der Geschäftsleitung anknüpfen.

778 Sind in der Geschäftsleitung mehrere Geschäftsführer tätig, also bei einer **Mehrheit von Geschäftsführern,** trifft die jeweilige Pflicht trotz interner Aufgabenverteilung alle Geschäftsführer gemeinsam, sofern „*aus besonderem Anlass das Unternehmen als Ganzes betroffen ist*", d. h. eine ressortüberschreitende Entscheidung ansteht.[259] Letzteres wird bei Zuwiderhandlungen gegen vollziehbare Anordnungen (§ 39 Abs. 1 Nr. 8 ProdSG) ganz regelmäßig der Fall sein, weil mit der Anordnung von Vertriebsstopps, Warn-, Rücknahme- und Rückrufaktionen unterschiedlichste Geschäftsbereiche (Technik, Produktion, Einkauf, Qualität und Vertrieb) betroffen sein werden.[260]

---

[258]Siehe etwa bei Lenz, Produkthaftung, § 2 Rn. 10–37 und Schmid, in Müller-Gugenberger/Bieneck (Hrsg.), Wirtschaftsstrafrecht, § 56 Produkthaftung, Rn. 19–31.
[259]BGH, Urt. v. 6.7.1990, 2 StR 549/89, juris. Rn. 48 und 52; BGHSt 37, 106–135 (Lederspray).
[260]Innerhalb der Geschäftsleitung ist zunächst derjenige Ressortverantwortliche zum Handeln verpflichtet, dessen Geschäftsbereich unmittelbar betroffen ist. Das wird im Kontext von Produktions- und Vertriebsstopp, Rücknahme-, Rückruf- und Warnaktionen ganz regelmäßig das Ressort Technik sein. Er hat den Sachverhalt aufzuklären, Nachforschungen zu veranlassen, etc. Häufen sich aber die Schadensfälle und die Hinweise darauf, dass ein Serienerzeugnis gefährlich ist und zu Schäden an Leib und Leben führen kann und bringt der Ressortverantwortliche die Angelegenheit nicht in die Geschäftsleitung, entsteht bei den anderen Geschäftsleitungsmitgliedern eine Nachfrageverantwortung. Sie haben vom Ressortzuständigen Bericht zu verlangen. Hinsichtlich der Strafbarkeit ist zeitlich zu trennen zwischen der Phase, in der sich die Kollegen in der Geschäftsleitung berechtigterweise auf ein ordnungsgemäßes Handeln des primär Ressortverantwortlichen verlassen können und der Phase, ab der eine Nachfrageverantwortung besteht und auch das ressortmäßig primär nicht zuständige Geschäftsleitungsmitglied zum Handeln verpflichtet ist. Siehe Schmidt-Salzer, NJW 1996, S. 1 (4).

4. Vorsatz

§ 40 ProdSG verlangt eine vorsätzliche Tatbestandsverwirklichung. Nicht verlangt wird das Bewusstsein, etwa Unerlaubtes zu tun. Wusste der Täter nicht um die den Wirtschaftsakteur treffenden Pflichten, handelt es sich hierbei um einen Verbotsirrtum (§ 17 StGB). War der Verbotsirrtum vermeidbar, so bleibt die Vorsatztat erhalten, wissend, dass er vermeidbar ist, wenn der konkrete Täter wegen seines Berufs, seiner Stellung oder aufgrund sonstiger besonderer Umstände verpflichtet gewesen wäre, sich nach den einschlägigen Rechtsvorschriften zu erkundigen.[261]

779

---

[261] Statt vieler BGH, Beschl. v. 27.1.1966, KRB 2/65, BGHSt 21, 18 (21 f.).

Literatur

Ahlfeld, Zwingende Erfordernisse im Sinne der Cassis-Rechtsprechung des Europäischen Gerichtshofs zu Art. 30 EGV: Anwendungsbereiche – einzelstaatliche Regelungsspielräume, Diss., Baden-Baden 1997;

Ahlhaus/Waggershauser, Das neue Batteriegesetz, Berlin/Wien/Zürich 2011;

Amory, Telecommunications in the European Communities, EuZW 1992, S. 75–85;

Arbeitsgemeinschaft Mess- und Eichwesen (AG ME), Metrologische Überwachung – Konzept der für den Vollzug des Mess- und Eichgesetzes zuständigen Behörden in Deutschland, Version 4.2: Stand 4.5.2016 [zitiert *AG ME*, Metrologische Überwachung];

Beyerlein, Lohnherstellungs- und Verantwortungsabgrenzungsvertrag für Medizinprodukte, Frankfurt am Main 2010;

Birkhofer/Rath/Zhao, Umweltgerechtes Konstruieren, in Rieg/Steinhilper, Handbuch Konstruktion, München/Wien 2012, S. 563–581;

Bock, Rechtsangleichung und Regulierung im Binnenmarkt, Diss., Baden-Baden 2005;

Braess/Seiffert (Hrsg.), Vieweg Handbuch Kraftfahrzeugtechnik, 7. Aufl., Berlin 2013;

Braun/Damm/Konitzer, StVZO, Straßenverkehrs-Zulassung-Ordnung, Loseblatt-Ausgabe in 3 Ordnern, Bonn, Stand: 1. April 2015;

Breuer, Die internationale Orientierung von Umwelt- und Technikstandards im deutschen und europäischen Recht, JbUTR Bd. 9 (1989), S. 43–116;

Breulmann, Normung und Rechtsangleichung in der Europäischen Wirtschaftsgemeinschaft, Diss., Berlin 1993;

Brugger, Rechtsprobleme der Verweisung im Hinblick auf Publikation, Demokratie und Rechtsstaat, AöR 78 (1987), S. 1–44;

Bruder/Kaiser, Ergonomiegerechtes Konstruieren, in Rieg/Steinhilper, Handbuch Konstruktion, München/Wien 2012, S. 547–559;

Budde/ Reihlen, DIN-Normen und Rechtsvorschriften, DIN-Mitt. 61 (1982), S. 439–442;

Bülow/Artz, Fernabsatzverträge und Strukturen eines Verbraucherprivatrechts im BGB, NJW 2000, S. 2049–2056;

Bund/Länder-Arbeitsgemeinschaft Abfall, Mitteilung 31A – Umsetzung des Elektro- und Elektronikgerätegesetzes, Stand 23.1.2017, abrufbar nter URL: https://www.laga-online.de/documents/m31_merkblatt_elektroaltgeraete_1503993087.pdf, [zitiert LAGA 31A];

Bundesministerium für Wirtschaft (Hrsg.), Bericht der Arbeitsgruppe „Rechtssetzung und technische Norm", Bonn 1990;

Calliess/Ruffert, EUV/EGV Kommentar, 3. Aufl. München 2007;

Classen, Anmerkungen zum Urteil des EuGH vom 10. Februar 2009, Rs. C-110/85 (Kommission/Italien), EuR 2009, S. 555–563;

Clemens, Die Verweisung von einer Rechtsnorm auf andere Vorschriften – insbesondere ihre Verfassungsmäßigkeit, AöR 111 (1986), S. 63–127;

Cremer/Bothe, Die Dreistufenprüfung als neuer Baustein der warenverkehrsrechtlichen Dogmatik, EuZW, 2015, S. 413–418;

Crespo van de Kooij, The Private Effect of the Free Movement of Goods: Examining Private-Law Bodies' Activities under the Scope of Article 34 of the Treaty of the Functioning oft he European Union, LIEI 40 (2013), S. 363–374;

Crone/Rosemann/Mörtl, Recyclinggerechtes Konstruieren, in Rieg/Steinhilper, Handbuch Konstruktion, München/Wien 2012, S. 485–509;

von **Danwitz**, Europäisches Verwaltungsrecht, Berlin/Heidelberg 2008;

von **Danwitz**, B. II. Rechtsetzung und Rechtsangleichung, in Dauses (Hrsg.), Handbuch des EU-Wirtschaftsrecht, München, Stand 36. Ergänzungslieferung Oktober 2014;

von **Danwitz**, Europarechtliche Beurteilung der Umweltnormung: Kompetenzen – Legitimation – Binnenmarkt, in Rengeling (Hrsg.), Umweltnormung: deutsche, europäische und internationale Rechtsfragen, S. 187–216, München 1998;

Dietrich/Akkermann, EU-Ökodesign-Richtlinie, ZUR 2013, S. 274–278;

DIN, Normenheft 10: Grundlagen der Normungsarbeit des DIN, 7. Aufl., Berlin u. a. 2001;

Eberhardt, Die EU-Maschinenrichtlinie, 6. Aufl., Renningen 2015;

Ehlers/Fehling/Pünder, Besonderes Verwaltungsrecht, Bd. 2, 3. Aufl., Heidelberg u. a. 2013;

Eichener/ Heinze/Voelzkow, Techniksteuerung im Spannungsfeld zwischen staatlicher Intervention und verbandlicher Selbstregulierung, in: Voigt (Hrsg.), Abschied vom Staat – Rückkehr zum Staat?, S. 393–421, Baden-Baden 1993;

Eidam, Die Straf- und Bußgeldbestimmungen des neuen Geräte- und Produktsicherheitsgesetzes, NJW 2005, 1021–1023;

Ensthaler/Strübbe/Bock, Zertifizierung und Akkreditierung technischer Produkte, Heidelberg 2007;

Europäische Kommission, Guide to application of the Machinery Directive 2006/42/EC, Edition 2.1, 2017;

Europäische Kommission, Niederspannungsrichtlinie 2014/35/EU – Leitfaden, 2016;

Europäische Kommission, ATEX 2014/34/EU Guidelines, 2016;

Europäische Kommission, Frequently Asked Questions on Directive 2012/19/EU on Waste Electrical and Electronic Equipment (WEEE), 2014;

Europäische Kommission, RoHS 2 FAQ, 2012;

Europäische Kommission, Leitfaden zur Anwendung der Richtlinie 2004/108/EG des Rates vom 15. Dezember 2004 zur Angleichung der Rechtsvorschriften der Mitgliedsstaaten über die elektromagnetische Verträglichkeit, 2010;

Europäische Kommission, Leitfaden für die Anwendung der Maschinenrichtlinie 2006/42/EG, 2. Aufl., 2010;

Europäische Kommission, Guide to the R&TTE Directive 1999/5/EC, 2009;

Europäische Kommission, Guide to Application of the Lifts Directive 95/16/EC, 2007;

Europäische Kommission, Leitfaden zur Anwendung der Richtlinie 2006/95, 2007;

Europäische Kommission, Leitlinien für die Anwendung der Artikel 11, 12, 16, 17, 18, 19 und 20 der Verordnung (EG) Nr. 178/2002 über das allgemeine Lebensmittelrecht, 2004;

Europäische Kommission, Leitlinien betreffend das Verhältnis zwischen der Richtlinie über die allgemeine Produktsicherheit und bestimmten sektoralen Richtlinien mit Vorschriften zur Produktsicherheit, 2003;

Europäische Kommission, Leitfaden für die Umsetzung der nach dem neuen Konzept und dem Gesamtkonzept verfaßten Richtlinien, 2000;

Europäische Kommission, Die Rechtsvorschriften der Gemeinschaft für Maschinen – Erläuterungen zu der Richtlinie 98/37/EG, 1999;

European Engineering Industrie Association, ORGALIME guidance on the manufacturer's obligations for the combination of a machine with radio equipment, 2017;

European Engineering Industrie Association, ORGALIME RoHS GUIDE – A practical Guide to understanding the specific obligations of recast Diective 2011/65/EU on the Restriction oft he Use of Certain Hazardous Substances in EEE (RoHS II), 2012;

Everling/Roth (Hrsg.), Mindestharmonisierung im Europäischen Binnenmarkt, Baden-Baden 1997;

Eyemann (Hrsg.), Verwaltungsgerichtsordnung Kommentar, 14. Aufl., München 2014;

Falke, Das Grünbuch zur integrierten Produktpolitik – erste Etappe auf dem Weg zu einer Richtlinie über ökologische Produktverantwortung?, ZUR 2001, S. 314–321;

Falke, Rechtliche Aspekte der Normung in den EG-Mitgliedstaaten und der EFTA, Bd. 3, Deutschland, Luxemburg 2000;

Ferner/Bachmeier/Müller, Fachanwaltskommentar Verkehrsrecht, Köln 2009;

Fleischer (Hrsg.), Handbuch des Vorstandsrechts, München 2006;

Fluck/Sechting, Öffentlich-rechtliches Verbraucherschutz- und Produktsicherheitsrecht, DVBl. 2004, S. 1392–1403;

Foerste/Graf von Westphalen (Hrsg.), Produkthaftungshandbuch, 3. Aufl., München 2012;

Franzmeyer, Der Binnenmarkt 1993 und die Europäische Wirtschafts- und Währungsunion, in Jakobeit/Yenal, Gesamteuropa, S. 342–361, Bonn 1993;

Frenz, Handbuch Europarecht, Bd. 1 – Europäische Grundfreiheiten, Berlin/Heidelberg 2004;

Fulda, Veränderung von Medizinprodukten durch Dritte: Erforderliche Konformitätsbewertung und Qualitätssicherung, MPR 2011, S. 1–4;

Galland, The difficulties of Regulating Markets and Risks in Europe through Notified Bodies, EJRR 2013, S. 365–373;

Gassner, RoHS 2 als Compliance-Risiko, MPR 2014, S. 45–51;

Gauger, Produktsicherheit und staatliche Verantwortung, Das normative Leitbild des Produktsicherheitsgesetzes, Diss., Berlin 2015;

Geiger/Khan/Kotzur, EUV/AEUV Kommentar, 6. Aufl., München 2017;

Geiß/Doll, Geräte- und Produktsicherheitsgesetz (GPSG), Stuttgart, 2005;

Geppert/Schütz, Beck'scher TKG-Kommentar, 4. Aufl., München 2013;

Germelmann, Private Regelwerke im Geltungsbereich der Warenverkehrsfreiheit – Konsequenzen der Fra.bo-Entscheidung für die technische Normung in Deutschland, GewArch 2014, S. 335–342;

Gesmann-Nuissl, Weiterentwicklung des BAuA-Produktsicherheitsportals: Internethandel und Produktsicherheit, Dortmund/Berlin/Dresden 2014;

Giesberts/Hilf, Elektro- und Elektronikgerätegesetz (ElektoG) Kommentar, 3. Aufl., München 2018;

Göhler (Hrsg.), Gesetz über Ordnungswidrigkeiten Kommentar, 16. Aufl., München 2012;

Grabitz/Hilf/Nettesheim (Hrsg.), Das Recht der Europäischen Union, Bd. I, EUV/AEUV, München, Stand Oktober 2016;

Groeben/Schwarze/Hatje (Hrsg.), Europäisches Unionsrecht, 7. Aufl., Baden-Baden 2015;

Grote/Feldhusen, Dubbel – Taschenbuch für den Maschinenbau, 23. Aufl., Berlin/Heidelberg 2011;

Haas/Knietsch/Weiß, REACH-Info 6. Erzeugnisse – Anforderungen an Produzenten, Importeure und Händler, 3. Aufl., Dortmund 2016;

Hagena/Freeman/Volz, Die behördliche Meldung unsicherer Verbraucherprodukte nach dem neuen Geräte- und Produktsicherheitsgesetz und ihre europäische Dimension, BB 2005, S. 2591–2595;

Hager, Staudinger BGB Buch 2, §§ 823 E–I, 824, 825, Berlin 2009;

Harte-Bavendamm/Henning-Bodewig (Hrsg.), Gesetz gegen den unlauteren Wettbewerb (UWG), 4. Aufl., München 2016;

Heidenhain (Hrsg.), Handbuch des Europäischen Beihilfenrechts, München 2003;

Helms/Heidt, Erarbeitung eines Konzepts zur Minderung der Umweltbelastung aus NRMM (non road mobile machinery) unter Berücksichtigung aktueller Emissionsfaktoren und Emissionsverminderungsoptionen für den Bestand, abrufbar unter URL: https://www.umweltbundesamt.de/publikationen/erarbeitung-eines-konzepts-zur-minderung-der;

Hentschel/König/Dauer, Straßenverkehrsrecht, 44. Aufl., München 2017;

Herrmann, Richtlinienumsetzung durch die Rechtsprechung, Diss., Berlin 2003;

Herschel, Regeln der Technik, NJW 1968, S. 617–623;

Hertel/Klaiber/Wallner, Technische Regeln systematisch managen, 2. Aufl., Berlin u. a. 2010;

Hertel/Oberbichler/Wilrich, Technisches Recht, Berlin u. a. 2015;

Hoeren/Ernstschneider, Das neue Geräte- und Produktsicherheitsgesetz und seine Anwendung auf die IT-Branche, MMR 2004, S. 507–513;

Hofmann/Rowe/Türk, Administrative Law and Policy of the European Union, Oxford, 2011;

Hüning/Kirchberg/Schulze, Die neue EG- Maschinenrichtlinie, Köln 2006;

Huppertz, Erlöschen der Betriebserlaubnis, NZV 2011, S. 172–175;

Janiszewski, Gerätesicherheitsrecht, Berlin u. a. 1997;

Jarass, Voraussetzungen der innerstaatlichen Wirkung des EG-Rechts, NJW 1990, S. 2420–2425;

Jarass/Petersen, Kreislaufwirtschaftsgesetz Kommentar, München 2014;

Jokusch/Kapoor, Alles Spielzeug oder was? Europäische Sicherheitsanforderungen für Spielzeug und andere Verbraucherprodukte, NVwZ 2011, S. 540–544;

Joerges/Falke/Micklitz/Brüggemeier, Die Sicherheit von Konsumgütern und die Entwicklung der Europäischen Gemeinschaft, Baden-Baden 1988;

Jörissen, Produktbezogener Umweltschutz und technische Normen, Köln u. a. 1997;

Juknat/Klappich/Klages, Anmerkung zu einer Entscheidung des BGH, Urteil vom 12.05.2010 – Zu Konformitätsbewegung bei umverpackten Medizinprodukten, PharmR 2010, S. 488–490;

Kahl G., Landmann/Rohmer (Hrsg.), Gewerbeordnung und ergänzende Vorschriften, u. a. Kommentierung zu §§ 144–149 GewO, München, Stand: März 2017 (75. Lieferung);

Kahl W., Umweltprinzip und Gemeinschaftsrecht, Diss., Heidelberg 1993;

Kahl W., Hat die EG die Kompetenz zur Regelung des Allgemeinen Verwaltungsrechts?, NVwZ 1996, S. 865–869;

Kalberlah/Schwarz/Bunke/Wurbs, Schadstoffbelastete Erzeugnisse im Verbraucherbereich: Wird REACH zu Verbesserungen führen?, Umweltwiss Schadst Forsch (2010), S. 188–204, abufbar unter URL: https://enveurope.springeropen.com/articles;

Kalberlah/Schwarz/Bunke/Augustin/Oppl, Karzinogene, mutagene, reproduktionstoxische (CMR) und andere problematische Stoffe in Produkten, 2. Aufl., Umweltbundesamt 2011, abrufbar unter URL: http://www.umweltbundesamt.de/publikationen/karzinogene-mutagene-reproduktionstoxische-cmr;

Kapoor/Klindt, Das neue Produktsicherheitsgesetz (ProdSG), NVwZ 2012, S. 719–724;

Kapoor/Klindt, Die Reform des Akkreditierungswesens im Europäischen Produktsicherheitsrecht, EuZW 2009, S. 134–138;

Kapoor/Klindt,, „New Legislative Framework" im EU-Produktsicherheitsrecht – Neue Marktüberwachung in Europa?, EuZW 2008, S. 649–655;

Karpen, Die Verweisung als Mittel der Gesetzgebungstechnik, Berlin 1970;

Kessels/Muck, Risikobeurteilung gemäß 2006/42/EG, 3. Aufl., Berlin/Wien/Zürich 2013;

Kienzle, Vom Wesen der Normen, Berlin 1953;

Kittner/Pieper, ArbSchR Arbeitsschutzrecht: Arbeitsschutzgesetz, Arbeitssicherheitsgesetz und andere Arbeitsschutzvorschriften, 3. Aufl., Frankfurt am Main 2006;

Klindt (Hrsg.), Produktsicherheitsgesetz – ProdSG, 2. Aufl., München 2015;

Klindt, Geräte- und Produktsicherheitsgesetz – GPSG, München 2007;

Klindt, Verwaltungsverfahrensrechtliche Bestimmtheitserfordernisse behördlicher Rückrufanordnungen, NVwZ 2009, S. 891–893;

Klindt, Das neue Geräte- und Produktsicherheitsgesetz, NJW 2004, S. 465–471;

Klindt, Das Recht der Produktsicherheit: ein Überblick, VersR 2004, S. 296–301;

Klindt, Konstruktive Sicherheitsmängel technischer Produkte: ihre Bewertung und Behandlung nach dem neune Geräte- und Produktsicherheitsgesetz, DS 2004, S. 93–96;

Klindt, Öffentlich-rechtliche Verträge zwischen Unternehmen und Behörden als Instrument der Marktüberwachung, NVwZ 2003, S. 307–310;

Klindt, Der „new approach" im Produktrecht des europäischen Binnenmarkts: Vermutungswirkung technischer Normung, EuZW 2002, S. 133–136;

Klindt, Der geschäftsmäßige Handel mit „Kampfhunden" als Inverkehrbringen gefährlicher Produkte im Sinne des Produktsicherheitsgesetzes, NJW 2000, S. 2563–2565;

Klindt, Kommentar zu OLG Frankfurt am Main, Urt. v. 17.8.2000, 6 U 98/99, EWiR 2000, S. 1171 f.;

Klindt/Handorn, Haftung eines Herstellers für Konstruktions- und Instruktionsfehler, NJW 2010, 1105–1108;

Kloepfer, Instrumente des Technikrechts, in Schulte (Hrsg.), Handbuch des Technikrechts, Berlin/Heidelberg 2003, S. 111–154;

Kloepfer/Greve, Zur Drittwirkung der Warenverkehrsfreiheit – Die horizontale Wirkung der Warenverkehrsfreiheit am Beispiel der technischen Regelsetzung, DVBl. 2013, S. 1148–1158;

Köhler/Bornkamm/Feddersen, Gesetz gegen den unlauteren Wettbewerb, 35. Aufl., München 2017;

Kollmer/Klindt (Hrsg.), Arbeitsschutzgesetz, 2. Aufl., München 2011;

König/Dauer, Straßenverkehrsrecht, 44. Aufl., München 2017;

Kopp/Schenke, Verwaltungsgerichtsordnung Kommentar, 22. Aufl., München 2016;

Kraftfahrt-Bundesamt, Merkblatt zur Anfangsbewertung (MAB), Stand: April 2016;

Kraftfahrt-Bundesamt, Wegweiser zur EG-Fahrzeugtypgenehmigung nach der Richtlinie 2007/46/EG, Stand: 6. Mai 2009;

Kröger, Nutzungsmodalitäten im Recht der Warenverkehrsfreiheit, EuR 2012, S. 468–479;

Krönke, Die Verfahrensautonomie der Mitgliedstaaten der Europäischen Union, Diss., Tübingen 2013;

Kuhlen, Strafhaftung bei unterlassenem Rückruf gesundheitsgefährdender Produkte – Zugleich Anmerkung zum Urteil des BGH vom 6.7.1990 – 2 StR 549/89 (NStZ 1990, 588) –, NStZ 1990, 566–570;

Kühl, Das Unterlassungsdelikt, JA 2014, 507–512;

Kullmann, ProdHaftG, 6. Aufl., Berlin 2010;

Kullmann/Pfister/Stöhr/Spindler (Hrsg.), Produzentenhaftung, Berlin 2012;

Lackner/Kühl, Strafgesetzbuch Kommentar, 28. Aufl., München 2014;

Länderausschuss für Arbeitsschutz und Sicherheitstechnik, Leitlinien zum Produktsicherheitsgesetz (LV 46), 3. Aufl. 2013 [zitiert *LASI*, Produktsicherheitsgesetz];

Länderausschuss für Arbeitsschutz und Sicherheitstechnik, Handlungsanleitung für die Ausführung der Marktüberwachung in Deutschland, 4. Aufl. 2008 (LV 36) [zitiert *LASI*, Marktüberwachung];

Langner, C. VI. Technische Vorschriften und Normen, in Dauses (Hrsg.), Handbuch des EU-Wirtschaftsrecht, München, Stand 23. Ergänzungslieferung 2008;

Langner/Klindt, C. VI. Technische Vorschriften und Normen, in Dauses (Hrsg.), Handbuch des EU-Wirtschaftsrecht, München, Stand 37. Ergänzungslieferung April 2015;

Lauwaars, The „Model Directive" on Technical Harmonization, in Bieber/Dehousse/Pinder/Weiler (Hrsg.), 1992: One European Market?, S. 151–173, Baden-Baden 1988;

Lenz C. O./Borchardt, EU-Verträge Kommentar, 6. Aufl., Köln 2013;

Lenz T., Produkthaftung, München 2014;

Lenz T./Laschet, Das neue Geräte- und Produktsicherheitsgesetz, Loseblatt-Ausgabe in 2 Ordnern, Merching, Stand: November 2010;

Lenz T., Das neue Geräte- und Produktsicherheitsgesetz, MD 2004, S. 918–922;

Lettl, Der Schutz der Verbraucher nach der UWG-Reform, GRUR 2004, S. 449–461;

Littbarski, Das neue Geräte- und Produktsicherheitsgesetz: Grundzüge und Auswirkungen auf die Haftungslandschaft, VersR 2005, S. 448–458;

Loerzer, EMV und Niederspannungsrichtlinie, 1. Aufl., Berlin u. a. 2009;

Lützeler/Riemenschneider, Qualitätssicherung bei Lieferanten und Lohnherstellern, MPJ 2010, S. 71–77;

Lustermann, Klimaschutz durch integrierte Produktpolitik – die neue EuP-Richtlinie, NVwZ 2007, S. 895–900;

Lustermann/Holz, Das neue Elektro- und Elektronikgerätegesetz – Anwendungsprobleme in der Praxis, NJW 2006, S. 1029–1034;

Marburger/Enders, Technische Normen im Europäischen Gemeinschaftsrecht, JbUTR Bd. 27 (1994), S. 333–368;

Marburger/Gebhard, Gesellschaftliche Umweltnormierungen, in: Endres/Marburger (Hrsg.), Umweltschutz durch gesellschaftliche Selbststeuerung: gesellschaftliche Umweltnormierungen und Umweltgenossenschaften, S. 1–48, Bonn 1993;

Marburger, Formen, Verfahren und Rechtsprobleme der Bezugnahme gesetzlicher Regelungen auf industrielle Normen und Standards, in Müller-Graff (Hrsg.), Technische Regeln im Binnenmarkt, S. 27–55, Baden-Baden 1991;

Marburger, Die Regeln der Technik im Recht, Köln u. a. 1979;

Maurer, Allgemeines Verwaltungsrecht, 18. Aufl., München 2011;

Mayer, Die strafrechtliche Rückrufpflicht des pharmazeutischen Unternehmers, PharmaR 2008, 236–252;

Meerkamm u. a., Design for X (DFX), in Rieg/Steinhilper, Handbuch Konstruktion, München/Wien 2012, S. 443–462;

Meier, Verbraucherschutz durch Strafrecht? Überlegungen zur strafrechtlichen Produkthaftung nach der "Lederspray"-Entscheidung des BGH, NJW 1992, 3193–3199;

Merten, Private Entscheidungsträger und Europäisierung der Verwaltungsrechtsdogmatik, Diss., Berlin 2005;

Meyer A. H./Streinz (Hrsg.), LFGB, BasisVO, HCVO, 2. Aufl., München 2012;

Meyer J., Instruktionshaftung, Diss., Bielefeld 1992;

Micklitz/Rott, H. Wettbewerbsregeln, in Dauses (Hrsg.), Handbuch des EU-Wirtschaftsrecht, München, Stand 37. Ergänzungslieferung April 2015;

Mössner, Risikobeurteilung im Maschinenbau, Dortmund 2012, abrufbar unter URL: http://www.baua.de/de/Publikationen/Fachbeitraege/F2216.pdf;

Möstl, Grenzen der Rechtsangleichung im europäischen Binnenmarkt – Kompetenzielle, grundfreiheitliche und grundrechtliche Schranken des Gemeinschaftsgesetzgebers, EuR 2002, S. 318–350;

Molitoris/Klindt, Die Entwicklung im Produkthaftungs- und Produktsicherheitsecht, NJW 2014, S. 1567–1573;
Molitoris/Klindt, Die Entwicklung im Produkthaftungs- und Produktsicherheitsecht, NJW 2012, S. 1489–1495;
Molitoris/Klindt, Produkthaftung und Produktsicherheit – Ein aktueller Rechtsprechungsüberblick für 2008/2009, NJW 2010, S. 1569–1573;
Müller/Kamann, Erweiterter Beteiligtenschutz im Beihilfenrecht der EG – die Untätigkeitsklage, EWS 1999, S. 332–338;
Müller-Gugenberger/Bieneck (Hrsg.), Wirtschaftsstrafrecht, 5. Aufl., Köln 2011;
Niebling, Gewährleistung und Produkthaftung bei fehlender CE-Kennzeichnung, DB 1996, 80–81;
Niebling, Die CE-Kennzeichnung, 2. Aufl. 2010, Stuttgart u. a. 2010;
Neudörfer, Sicherheitsgerechte Maschinen, in Rieg/Steinhilper, Handbuch Konstruktion, München/Wien 2012, S. 513–544;
Oliver, Oliver on Free Movement of Goods in the European Union, 5. Aufl., Oxford/Portland 2010;
Ossenbühl, Die verfassungsrechtliche Zulässigkeit der Verweisung als Mittel der Gesetzgebungstechnik, DVB1. 1967, S. 401–408;
Ostermann/Moritz/Geiß, Der Handel mit Gebrauchtmaschinen im Rahmen des Produktsicherheitsgesetzes, PHi 2012, S. 116–120;
Pechstein, EU-Prozessrecht, 4. Aufl., Tübingen 2011;
Pfeifer, Produktfehler oder Fehlverhalten des Produzenten – Das neue Produkthaftungsrecht in Deutschland, den USA und nach der EG-Richtlinie, Berlin 1987;
Pieper, Betriebssicherheitsverordnung, Frankfurt am Main, 2015;
PROSAFE (Product Safety Forum of Europe), Best Practices Techniques in Market Surveillance, 2010;
Prütting, Münchener Kommentar zu Zivilprozessordnung, Kommentierung zu §§ 279–299a ZPO, 5. Aufl., München 2016;
Pühs, Der Vollzug von Gemeinschaftsrecht, Diss., Berlin 1997;
Ramsauer (Hrsg.), Verwaltungsverfahrensgesetz Kommentar, 18. Aufl., München 2017;
Raupach, Der sachliche Anwendungsbereich der REACH-Verordnung, Diss., Berlin 2011;
Rebler, Einzelbetriebserlaubnis, Allgemeine Betriebserlaubnis, Typgenehmigung, SVR 2010, S. 361–367;
Redeker/von Oertzen, Verwaltungsgerichtsordnung Kommentar, 16. Aufl. Stuttgart 2014;
Reich, „Nutzungsbeschränkungen" als „Verkaufsmodalitäten" oder „Marktzugangssperren"?, EuZW 2008, S. 485 f.;
Reihlen, Europäische und internationale Normung mit ihren Einwirkungen auf das deutsche Recht, in Rengeling (Hrsg.), Umweltnormung: deutsche, europäische und internationale Rechtsfragen, München 1998, S. 1–24;
Rhein/Meyer/Bilitewski, Anforderungen an die Dokumentation beim Erstbehandler und die Meldevorgänge zum Erstbehandler für das Monitoring der Quoten, Umweltbundesamt 2007, abrufbar unter: URL: https://www.umweltbundesamt.de/sites/default/files/medien/publikation/long/3462.pdf;
Röhl/Schreiber, Konformitätsbewertung in Deutschland, 2006, abrufbar unter URL: http://nbn-resolving.de/urn:nbn:de:bsz:352-opus-19333;
Rönck, Technische Normen als Gestaltungsmittel des Europäischen Gemeinschaftsrechts, Diss., Berlin 1995;
Röthel, Europäische Normen, JbUTR Bd. 86 (2006), S. 31–66;
Roth, Die „horizontale" Anwendbarkeit der Warenverkehrsfreiheit (Art. 34 AEUV), EWS 2013, S. 16–27;

Roßnagel, Europäische Techniknormen im Lichte des Gemeinschaftsvertragsrechts, DVBl. 1996, S. 1181–1189;
Rüthers/Fischer/Birk, Rechtstheorie, 9. Aufl., München 2016;
Sauer, Normung im neuen Konzept der EG-Kommission, DIN-Mitteilungen 66 (1987), S. 600–603;
Schauer, Technische Harmonisierung – Europäische Betriebserlaubnis für landwirtschaftliche Fahrzeuge, Jahrbuch Agrartechnik 1998, S. 30–41;
Schauer, Technische Regelwerke in der Europäischen Union, Landtechnik 4/97, S. 208–209;
Scheel, K.-Ch., Privater Sachverstand im Verwaltungsvollzug des europäischen Rechts, Diss., Berlin/Wien/Zürich 1999;
Scheel, K.-Ch., Landmann/Rohmer (Hrsg.), Gewerbeordnung und ergänzende Vorschriften, Gesetz über technische Arbeitsmittel und Verbraucherprodukte (Geräte- und Produktsicherheitsgesetz – GPSG), München, Stand: 2011 (60. Lieferung);
Scheel, K.-Ch., „Benannte Stellen": Beliehene als Instrument für die Verwirklichung des Binnenmarkts, DVBl. 1999, S. 442–449;
Scheffer, Die Marktfreiheiten des EG-Vertrages als Ermessensgrenze des Gemeinschaftsgesetzgebers, Diss., Frankfurt am Main u. a., 1997;
Schellberg, Technische Harmonisierung in der EG, Diss., Frankfurt am Main u. a. 1992;
Schenke, Verwaltungsprozessrecht, 15. Aufl., Heidelberg 2017;
Schepel, The Constitution of Private Governance: Product Standards in the Regulation of Integrating Markets, Oxford 2005;
Van **Scherpenberg**, Ordnungspolitik im EG-Binnenmarkt: Auftrag für die politische Union, Baden-Baden 1992;
Schieble, Produktsicherheitsgesetz und europäisches Gemeinschaftsrecht, Diss., Baden-Baden 2003;
Schindler, Der allgemeine Konstruktionsprozess – Grundlagen des methodischen Konstruierens, in Rieg/Steinhilper (Hrsg.), Handbuch Konstruktion, München/Wien 2012, S. 395–442;
Schmahl/Jung, Horizontale Drittwirkung der Warenverkehrsfreiheit?, NVwZ 2013, S. 607–612;
Schmatz/Nöthlichs, Produktsicherheit – Kommentar und Textsammlung, Berlin, Stand: Lieferung 2/17 August 2017;
Schmehl, GK-KrWG Gemeinschaftskommentar zum Kreislaufwirtschaftsgesetz (KrWG) sowie zur Verpackungsverordnung (VerpackV), zur Altfahrzeugverordnung (AltfahrzeugV), zum Elektro- und Elektronikgesetz (ElektroG), zum Batteriegesetz (BattG), Bioabfallverordnung (BioAbfV), zur Abfallverzeichnisverordnung (AVV) und zur EU-Abfallverbringungsverordnung (VVA), Köln 2013;
Schmidt-Preuß, Verwaltung und Verwaltungsrecht zwischen gesellschaftlicher Selbstregulierung und staatlicher Steuerung, VVDStRL 56 (1997), S. 160 – 234;
Schmidt-Preuß, Private technische Regelwerke – Rechtliche und politische Fragen, in: Kloepfer (Hrsg.), Selbst-Beherrschung im technischen und ökologischen Bereich, Berlin 1998, S. 89–101;
Schmidt-Salzer, Entscheidungssammlung Produkthaftung, Bd. 2 – Strafrecht mit Urteilsanmerkungen, Berlin 1988;
Schmidt-Salzer, Konkretisierungen der strafrechtlichen Produkt- und Umweltverantwortung, NJW 1996, 1–8;
Schmitt von Sydow, Binnenmarktpolitik, in Weidenfeld/Wessels (Hsg.), Jahrbuch der Europäischen Integration 1986–87, Bonn 1987, S. 154–162;
Schneider, Die neue Elektrostoffverordnung – RoHS II, WEKA, Kissing 2013;
Schönke/Schröder, Strafgesetzbuch Kommentar, 29. Aufl. München 2014;
Schucht, Der Maßstab der Sicherheit im Produktsicherheitsrecht, NVwZ 2015, S. 852–858;

Schucht, Die neue Architektur im europäischen Produktsicherheitsrecht nach New Legislative Framework und Alignment Package, EuZW 2014, S. 848–853;
Schucht, Das Recht der Verbraucherprodukte im neuen Produktsicherheitsgesetz, VuR 2013, S. 86–91;
Schucht, Aktuelle Rechtsfragen im europäischen Niederspannungsrecht, EuZW 2013, S. 90–95;
Schucht, Der Handel mit gebrauchten Arbeitsmitteln im Spannungsfeld von Produktsicherheits- und Betriebssicherheitsrecht, NJW 2013, S. 967–970;
Schulte, Materielle Regelungen: Umweltnormung, in Rengeling (Hrsg.), Handbuch zum europäischen und deutschen Umweltrecht,, 2. Aufl., Köln u. a. 2003, Bd. I, § 17, S. 497–550;
Schumann, Bauelemente des europäischen Produktsicherheitsrechts, Diss., Baden-Baden 2007;
Schwab/Kürner, Elektromagnetische Verträglichkeit, 6. Aufl., Berlin/Heidelberg/New-York, 2011;
Schwappach (Hrsg.), EU-Rechtshandbuch für die Wirtschaft, 2. Aufl., München 1996;
Schwarze (Hrsg.), EU-Kommentar, 3. Aufl., Baden-Baden 2012;
Schwarze/Becker/Pollak, Die Implementation von Gemeinschaftsrecht: Untersuchungen zur Gesetzgebungs- und Verwaltungspolitik der Europäischen Gemeinschaft und ihrer Mitgliedstaaten, Baden-Baden 1993;
Schweitzer, Standardisierung als Mittel zur Förderung und Beschränkung des Handels und des Wettbewerbs, EuZW 2012, S. 765;
Schwemer, Die Bindung des Gemeinschaftsgesetzgebers an die Grundfreiheiten, Diss., Frankfurt am Main u. a., 1995;
Seidel, Die Vollendung des Binnenmarkts der Europäischen Gemeinschaft als Rechtsetzungsprozeß, in: Baur/Hopt/Steindorff (Hrsg.), FS für Ernst Steindorff zum 70. Geburtstag, Berlin 1990, 1455–1475;
Seiler, Der souveräne Verfassungsstaat zwischen demokratischer Rückbindung und überstaatlicher Einbindung, Tübingen, 2005;
Spindler, Unternehmensorganisationspflichten – Zivilrechtliche und öffentlich-rechtliche Regelungskonzepte, 2. Aufl., Habil., Göttingen 2011;
Sprau, Palandt BGB, Kommentierung zum ProdHaftG, 76. Aufl., München 2017;
Stallberg, Umverpackung und Import von Medizinprodukten als regulatorisches Problem – Reichweite des Erfordernisses einer erneuten Konformitätsbewertung nach dem BGH-Urteil „One Touch Ultra", MPR 2010, S. 113–117;
Stelkens/Bonk/Sachs (Hrsg.), Verwaltungsverfahrensgesetz Kommentar, 8. Aufl., München 2014;
Streinz (Hrsg.), EUV/AEUV, 2. Aufl., München 2012;
Streinz, Europarecht, 10. Aufl., Heidelberg 2016;
Streinz, Mindestharmonisierung im Binnenmarkt, in Everling/Roth (Hrsg.), Mindestharmonisierung im Europäischen Binnenmarkt, Baden-Baden 1997, S. 9–37;
Stuiber/Hoffmann, Das ElektroG in der Rechtsprechung – Anwendungsbereich, Registrierungspflicht und Bußgeldvorschriften, ZUR 2011, S. 519–525;
Sutherland u. a., Der Binnenmarkt nach 1992: Die Herausforderung aufnehmen. Bericht der hochrangigen „Beratergruppe Binnenmarkt" an die Kommission der Europäischen Gemeinschaften, Brüssel III/21/1992;
Taschner/Frietsch, Produkthaftungsgesetz und EG-Produkthaftungsrichtlinie, 2. Aufl., München 1990;
Thiard/Pfau, Forschung & Entwicklung und Normung, Brüssel/Luxemburg 1991;
Tremml/Luber, Amtshaftungsansprüche wegen rechtswidriger Produktwarnungen, NJW 2013, S. 262;
Tünnesen-Harmes, Die CE-Kennzeichnung zum Abbau technischer Handelshemmnisse in der Europäischen Union, DVBl. 1994, S. 1334–1342;

Vieweg, Technische Normen im EG-Binnenmarkt, in Müller-Graff (Hrsg.), Technische Regeln im Binnenmarkt, S. 57–78, Baden-Baden 1991;

Wagner, Münchener Kommentar zum BGB, Kommentierung zu § 823, 7. Aufl., München 2017;

Wagner, Das neue Produktsicherheitsgesetz: Öffentlich-rechtliche Produktverantwortung und zivilrechtliche Folgen (Teil I), BB 1997, S. 2489–2497;

Weidenfeld, Folgefragen der Binnenmarktvollendung: Zukunftsaufgaben für die europäische Politik, in Weidenfeld (Hrsg.), Der vollendete Binnenmarkt – eine Herausforderung für die Europäische Gemeinschaft, Gütersloh 1993;

Graf von **Westphalen**, Das Produkthaftungsgesetz, NJW 1990, S. 83–93;

Wiebauer, Import und Produktsicherheit, EuZW 2012, S. 14–19;

Wiesendahl, Technische Normung in der Europäischen Union, Diss., Berlin 2007;

Wilrich, Das neue Produktsicherheitsgesetz (ProdSG), Berlin/Wien/Zürich 2012;

Wilrich, Die neue Formel der Betriebssicherheitsverordnung: Sicherheit = Produktkonformität + Gefährdungsbeurteilung + Schutzmaßnahmen ≠ starrer Bestandsschutz, CCZ 2015, S. 175–179;

Zils, Die Wertigkeit des Umweltschutzes in Beziehung zu anderen Aufgaben der Europäischen Gemeinschaft, Diss., Heidelberg 1994;

Zubke-von Thünen, Technische Normung in Europa: mit einem Ausblick auf grundlegende Reformen der Legislative, Diss., Berlin 1999.

Sachverzeichnis

A
AdCo Gruppen 170
AEUV 1
Akkreditierung
   DAkkS 573
   Definition 571
   Kommissionmitteilung vom 7.5.2003 176 ff.
   nach dem Gesamtkonzept 177
   Privatrechtliche Hintergründe 178, 572
   VO (EU) Nr. 765/2008 187
Allgemein anerkannte Regeln der Technik 236 f.
Anforderung, wesentliche 67 ff.
Ansatz, neuer s. Konzeption, neue
Arbeitsschutz (produktbezogener)
   Arbeitsmittelbeschaffungsrichtlinie 530, 535, 545
   Arbeitsschutzgesetz (ArbSchG) 531
   Betrieblicher Arbeitsschutz 528 f., 534, 548
   Betriebsebene 525
   Betriebssicherheitsverordnung (BetrSichV) 531, 536, 546, 547 ff.
   Deutsches Arbeitsschutzsystem 531 ff.
   Europäischer Arbeitsschutz 526 ff.
   Gefährdungsbeurteilung 538
   Geltungsbereiche (sachliche) 542 ff.
   Gesetzliche Unfallversicherung 532
   Gesundheitsschutz 340, 542 f.
   Herstellung für den Eigengebrauch 550 f.
   Kompetenzkonflikt 540
   körperliche Unversehrtheit 543
   Marktebene 525
   Mindestregelungen 528
   Produktkonformität 537, 547
   Produktwidmung 548
   Rahmenrichtlinie 89/391/EWG 530 f.
   Schutzmaßnahmen (betriebliche) 539
   Staatliches Arbeitsschutzrecht 531
   Unfallverhütungsvorschriften (UVV) 532 f.
   Unfallversicherungsträger 532
   vereinfachte Vorgehensweise 537, 539
   vorgelagerter Arbeitsschutz 527 f., 534, 537, 547
   Warenverkehrsfreiheit 527
ATEX-Richtlinie 190, 332, 333, 357, 605, 659, 720
ATRAL SA 5
Aufzugsrichtlinie 190, 244, 332, 333, 357, 605, 720
Auskunftsverweigerungsrechte 731
Auslegung, primärrechtskonforme 247
Ausstellen (Begriff) 306
Ausstellungsuntersagung 739
Aussteller 289

B
BattG
   Anzeigepflicht 671
   Batterie (Begriff) 432
   Batterieart 433, 671
   durchgestrichene Abfalltonne 643
   Fahrzeugbatterie 433, 671
   Gerätebatterie 433, 671
   Grenzschwellenwerte 432
   Hersteller 285
   Industriebatterie 433, 671
   Informationspflichten 644
   Kapazitätsangabe 643
   Kennzeichnung 643

Kennzeichnungsschwellenwert 643
Nachmarktpflichten
    Entsorgungspflicht 717
    GRS (Rücknahmesystem) 716
    Informationspflichten 718
    Rücknahmepflicht der Hersteller 716
    Rücknahmepflicht der Vertreiber 715
    Rücknahmesystem 671, 716
Register 671
Stoffbeschränkungen 432 ff.
Verkehrsverbot 432
Vertreiber 288
Vollzug 720
Bauteil
    Bereitstellung s. dort
    ElektroG 713
    EMV-Richtlinie s. dort
    Fahrzeugteile 458–460, 488–490, 614
    Produktkennzeichnung 652
    RoHS 414, 429
    Sicherheitsbauteil (Aufzüge) 605
    technische Dokumentation 565
    Typgenehmigung (Fahrzeug) 193, 203, 461 ff., 593
    Versagen oder Ausfall 328 f., 342
Benomyl 673
Bereitstellung
    Abgabe 291 ff., 550
    Abgabezwecke 300 f.
    Arbeitsmittel 298
    Bauteil 290, 309, 312
    Definition 290
    Feilbieten, Feilanbieten und Anbieten 294 f.
    gesonderte Bereitstellung 312
    konzerninterne Abgabe 298
    Produkte aus Drittländern 293 ff.
    Produktmuster und Prototypen 298
    unternehmensbezogener Kontext 303 f.
Bereitstellungsverbot
    endgültiges 741, 742
    mit auflösender Bedingung 740
    temporäres 736
Besichtigungsbefugnis 733
Bestimmtheitsgrundsatz 740, 742, 745, 747
Betretens-/Betretensrecht 732
Betriebssicherheitsverordnung (BetrSichV)
    s. Arbeitsschutz (produktbezogener)
Beurteilungszeitpunkt 323–326
Bevollmächtigter 279, 284

Beweislast
    normkonformes Produkt 221
    Umkehr der Beweislast 254, 730
    Untersagungsverfügung 729 f.
Beweismaß 726, 731
Bewertungsverfahren
    Anhörungs- und Informationsrechte 765
    Begründungspflicht 765
    Entscheidungen nach Art. 288 Abs. 4 AEUV 763
    Ermessens-/Beurteilungsentscheidung 766
    Kooperationsverhältnis 763 f.
    Modellrichtlinie 166, 182
    Nichtigkeitsklage 767
    Untätigkeitsklage 767
    Verfahrensablauf 762
    Verteidigungsrechte 765
Binnenmarkt(verwirklichung)
    Begriff 2
    Binnenmarktkompetenz 49 ff.
    Primärrecht 2 ff.
    Sekundärrecht 49 ff., 86 f.

C
Cassis de Dijon 9, 28, 34
CE-Kennzeichnung
    Entstehung 155 f.
    Irreführungsverbot 658
    keine Konformitätsvermutung aufgrund 657
    Kennzeichnungsmissbrauch 656
    unrechtmäßige Unterlassung 656
    Wirkung 657
    Zeichen unabhängiger Drittzertifizierer 658
CEN 124 ff.
CENELEC 124 ff.
Costa/E.N.E.L. 4
Cremoni und Vrankovich 724
CSF/Kommission 167, 182, 728

D
Dassonville 8
Dokumentation, technische
    „allgemeine Beschreibung des Produkts" 562
    Bereithaltung zur Einsicht 561
    den Konstruktionsprozess dokumentierend 561

Fertigungszeichnungen und -pläne 565
formale Nichtkonformität 730
Konstruktionsberechnungen 565
Prüfberichte 565
Risikoanalyse und -bewertung
   s. Risikobeurteilung
Sinn und Zweck 561
zum „Wie" der Vorschriftsmäßigkeit 564
Dritt-/Konkurrentenschutz 753
Druckbehälterrichtlinie 190, 332, 333, 357, 605, 720
Druckgeräterichtlinie 190, 245, 332, 333, 360, 605, 660, 720

E
ECE-Regelungen 201, 483
Eigentum, gewerbliches 41–43
Einführer
   Begriff 286
   verpflichteter (Design-Anforderungen) 327
Eingriffsvoraussetzungen
     (indirekter Vollzug)
   begründeter Verdacht 726
   Eingriffsschwelle 726–728
   Nichtkonformität 725
ElektroG
   Anwendungsbereich 669
   Bevollmächtigter 284
   durchgestrichene Abfalltonne 642
   Garantienachweispflicht 670
   Gemeinsame Stelle 668
   Geräteart 670
   Hersteller 282 f.
   Herstellerkennzeichnung 648, 651 f.
   Kennzeichnung 642
   Nachmarktpflichten
     Abholanordnung 709
     Abholpflichten 709
     Bereitstellungspflichten 709
     Entsorgungpflicht 711
     Finanzierungsgarantie 705
     Garantieformen-höhe und -laufzeit 705
     Informationspflichten 713 f.
     Mitteilungspflichten 707 f.
     Rücknahmepflichten 710, 712
     Sicherungszweck
       (Finanzierungsgarantie) 705
   Registrierung 670
   Registrierungspflicht 668 ff.
   stiftung elektro-altgeräte register (ear) 668
   Vertreiber 288
   wettbewerbliche
     Unterlassungsklage 670, 754
Elektromagnetische Verträglichkeit
   Anwendungsbereich (EMV-Richtlinie) 498 ff.
   Apparat 501
   Bauteil 499, 503, 506
   Betriebsmittel 498 ff.
   Definition 494
   EMV-Anforderungen 506 ff.
   EMV-Management 503
   EMV-Richtlinie 496 ff.
   Funkanlagen 497
   Funkentstörung 494
   Gerät 500–502
   Kollisionsregel 497
   Medizinprodukte 497, 507
   Messgeräte 497, 508
   Nichtselbsttätige Waagen 497, 509
   Ortsfeste Anlagen 505, 510
   Produktsicherheit 496 f.
   Produktwidmung 503
   Störfestigkeit/Immunität 494
   Straßenverkehrszulassungsrecht 473, 479
   Warenverkehrsfreiheit 496
Emissionen 389
Emissionsgrenzwerte
   Abgasemissionsgrenzwerte (NRMM) 445
   elektromagnetische Verträglichkeit 495
   Geräuschemissionsgrenzwerte (Outdoor) 440
Energieverbrauchskennzeichnung
   delegierte Rechtsakte 636
   Etikett 637 f.
   Marktzugangsvoraussetzung 637
   Produktgruppen (betroffene) 636
   Vollzug 720
Entwarnung 748, 750
Erfordernis, zwingendes 9, 24
Erfüllungsgehilfe 90, 668
Ermessen
   Bewertungsverfahren der EU 766
   Marktüberwachungsmaßnahmen 738
Erschöpfungsgrundsatz 42 f.
Etikett
   Energieverbrauchskennzeichnung 636 ff.
   Maßnahmen gleicher Wirkung 14

ETSI 131 f.
Europäisch harmonisierter Bereich 65
Europäische Integration 1
Europäische Norm
  Begriff 211
  Erarbeitung 123 ff.

F
Fahrzeuge s. Straßenverkehrszulassungsrecht
Fail-Safe-Prinzip 329
Fairer Wettbewerb 87, 719
Formalitäten
  Maßnahme gleicher Wirkung 15
  Verstoß s. Nichtkonformität, formale
Fra.bo 119–121
Funkanlagenrichtlinie
  Frequenznutzung 518 ff.
  Frequenzzuteilung 520
  Funkanlage (Begriff) 522 f.
  Funkdienst 517
  funktechnische Anforderungen 516 ff.
  funktechnische Störung 517, 524
  ISM-Geräte 517
  Kollisionsregelungen 333, 497
  kombinierte Produkte 523
  Musterbestimmungen 190
  nationale Frequenzpläne 519–521
  Nutzungsbeschränkungen 518, 641
  Short Range Devices 517
  Sicherheits- und Gesundheitsschutz 332 ff.
Funktionslosigkeit 38, 345

G
Gasgeräte-Verordnung (EU) 190, 332, 333, 469
Gefährdung
  deterministische 328, 330, 355
  stochastische 328 f.
Geltungsbereich (sachlicher) 65
Gesetzliche Unfallversicherung s. Arbeitsschutz (produktbezogener)
Gesundheitsschutz
  arbeitsschutzrechtlicher 542 f.
  Art. 153 AEUV 340, 542
  Art. 36 AEUV 37
  Sicherheits- und Gesundheitsschutz 337 ff.

H
Händler
  BattG 288
  Begriff 287
  ElektroG 288
  formelle Prüfpflichten 327
Harmonisierung s. Rechtsangleichung
Harmonisierungsrechtsvorschrift
  Begriff 65
  Modellrichtlinie und Gesamtkonzept 157
  unmittelbare Wirkung 114
Hersteller
  BattG 285
  Eigenhersteller 277
  Eigenmarken-Hersteller 274
  ElektroG 282 f.
  Fahrzeuge und Fahrzeugteile 281
  Produktänderung 278
  Quasi-Hersteller 275
  tatsächlicher 273 f.

I
Ianelli gegen Meoni 3
ICSMS 171
Identifikation der Wirtschaftsakteure 682–684
IMS gegen Kommission 762 f.
Inbetriebnahme 305
Informationpflichten, behördliche 758
Informationsverfahren 91 ff., 133, 143 f.
Inländerdiskriminierung 23
Inverkehrbringen
  Definition 290
  zweifaches 297

K
Konformitätsbewertung
  Abbau von Handelshemmnissen 558
  Akkreditierung s. dort
  Baumusterprüfung 566, 578 f.
  Begriff 552
  EN ISO 9001:2008 570
  Fahrzeuge und Fahrzeugteile
    s. Typgenehmigung
  formale Marktzugangsvoraussetzung 556
  Kommissionmitteilung vom 7.5.2003 176 ff.
  Konformitätserklärung s. dort

Kritik an Selbstregulierung 557
Modulbeschluss s. dort
Module 560 ff.
nicht harmonisierte Produkte s. VO (EG) Nr. 764/2008
notifizierte Stellen s. dort
OEM-Produkte s. dort
Qualitätssicherungssystem 567, 570, 578 f.
Regelungsbereich 554 f., 558 f.
strafrechtliche Sanktion 772
technische Dokumentation s. dort
verpflichtete 591

Konformitätserklärung
auf die Verkehrseinheit bezogen 587
falsche 590
formale Marktzugangsvoraussetzung 590
Mustererklärung 588
Sprache 589
strafrechtliche Sanktion 772
Teil der technischen Dokumentation 587
Unterzeichner 588

Konformitätskennzeichnung
CE-Kennzeichnung s. dort
EU-Typgenehmigungszeichen 661
Explosionsschutzkennzeichen ⟨Ex⟩ 659
Metrologie-Kennzeichnung „M" 659
Pi-Kennzeichnung 660
Prüfzeichen für Fahrzeugteile 662

Konsensprinzip (Normung) 139 ff.

Konstruktionsprozess
Dokumentation 561ff.
gesetzliche Designanforderungen 319
Gestaltungsphase 565
Gestaltungsrichtlinien 318 f.
Konzeptphase 563
Lösungsauswahl und -bewertung 564
Methodologie/Grundsätze 346 ff.
Risikobeurteilung s. dort
Spezifikationsphase 562

Konzept, globales 151 ff.
Konzeption, neue 146–150

L

Lauterkeit des Handelsverkehrs 14, 24 f., 45, 511
Lebensmittelkontaktmaterialien VO (EG) 332 f., 606, 645, 649, 654, 682

M

Marktüberwachung
Adressaten 749
Bewertungsverfahren der Union 762 ff.
Binnenmarktkompetenz 88 f., 719
indirekter Vollzug 721 ff.
Maßnahmen gegen konforme Produkte 759 ff.
Rechtsschutz 750–754
uneinheitliche 160, 719
Vollzugsdefizite 180
Vollzugsregelungen 720

Marktüberwachungsbehörde (zuständige) 723 f.

Marktverhaltensvorschrift 754

Marktzugangsbehinderungen, sonstige 15 ff., 80

Marktzugangsregelungen, sonstige 82 ff.

Maschinenrichtlinie 190, 332, 333, 385, 438, 443, 449, 468–472, 605

Maßnahmen gleicher Wirkung
allgemeines Beschränkungsverbot 9
Begriff 8
Maßnahmebegriff 118
Prüfungsschema 22
Schutzbereich 6 ff.
technische Regel 117 ff.
unmittelbare Anwendbarkeit von Art. 34 AEUV 3–5
Zulassungserfordernisse 16–19

Medizinprodukterichtlinien 332, 333, 357, 507, 570, 571

Meldepflicht, behördliche 755 ff.

Meroni 233

Messrichtigkeit
Drift 511
Gesetzmäßigkeit des Verwaltungshandelns 511
Justierung 511
Kalibrierung 511
Langzeitstabilität 511
Lauterkeit des Handelsverkehrs 511
Messgerät 513
neuer Ansatz 512, 515
Physikalisch-Technische Bundesanstalt 515
Regelungskonzeption 512
sachlicher Geltungsbereich 514
Verbraucherschutz 511

Mickelsson und Roos 20, 322

Mitwirkung (Sachverhaltsermittlung) 731
Mobile Maschinen und Geräte (NRMM) 441
Modulbeschluss 155, 435

N
Nachmarktpflicht
　BattG s. dort
　Binnenmarktkompetenz 85–87
　ElektroG s. dort
　Gefahrenabwendungspflicht 686 ff., 695 f.
　Identifikation der Wirtschaftsakteure s. dort
　Notifikationspflicht s. dort
　öffentlich-rechtliche Konformitätspflicht
　　690, 697 f.
　Produktüberwachung s. dort
　Risikobewertung (nachmarktliche) s. dort
　Rückrufmanagement 704
　Rückrufpflicht
　　strafrechtliche 687
　　zivilrechtliche 689
　strafrechtliche Inpflichtnahme 688
Nachschaubefugnisse, behördliche 731–734
New Approach 145–150
New Legislative Framework s. Rechtsrahmen,
　neuer
Nichtkonformität, formale 82, 341, 347,
　725, 730
Niederspannungsrichtlinie 146, 190, 241,
　246, 332, 333, 343, 357, 607, 720
Normen, harmonisierte
　Debatte der 90er 232–234
　Ende der Vermutungswirkung 230 f.
　formeller Einwand 227, 762
　Fundstellenveröffentlichung 222
　Konformitätsvermutung 222 ff.
　neuer Ansatz 146
　Nichtheranziehung 224
　Normenlisten 222
　Relativität normkonkretisierender Verweisung 221, 224
　Risikobeurteilung (Vorwegnahme) 354
　Stand der Technik 248
　technische Dokumentation 564
　Vermutungswiderlegung 225
Normungsvertrag (DIN) 125, 137
Notifikationspflicht
　GPSD Business Application 701
　Meldekriterien 700
　Meldepflicht 702
　Meldeverfahren 701
　Privilegierung 703
Notifizierte Stelle
　Akkreditierung s. dort
　Bescheinigungen (Gültigkeit) 578 f.
　Definition 571
　Erlaubnis 573, 576
　gesetzlich geregelter Bereich 574
　Konformitätsbewertungsstelle 571
　NANDO-System 576
　Notifizierungsverfahren 576
　Pflichten 577
　privatrechtliche Tätigkeit 575
　Reformierung mit
　　VO (EG) Nr. 765/2008 187
　Regelungsbereich 574
　Widerruf der Erlaubnis 576
NRMM („*non-road mobile machinery*") s.
　auch Mobile Maschinen und Geräte
　Anwendungsbereich (VO (EU) 2016/1628)
　　442–444
　Emissionsgrenzwerte 441, 445
　Maschinenrichtlinie 443
　Mehrstufen-Konzept 441
　Motoren in Wasserfahrzeugen 444
　Motorenklassen 442
　sachlicher Geltungsbereich 442
　Straßenverkehrszulassungsrecht 476
　Typgenehmigung 441
　Vollzug 720
Nutzungsbeschränkung
　s. Produktverwendung

O
OEM-Produkt
　Auslagerung der Konformitätsbewertung
　　581
　Eigenmarken-Hersteller 274
　Erstmusterprüfung 585
　Freigabe der Industrialisierung 585
　Katalogware 585 f.
　Konformitätssicherungsvereinbarung 583 ff.
　Konstruktionsfreigabe 585
　Nachweis der Konformität 582
　Produktverantwortung 582
**Öffentliche Sittlichkeit, Ordnung und
　Sicherheit** 36

Sachverzeichnis

Ökodesign-Richtlinie
  Anwendungsbereich 402
  Durchführungsmaßnahmen
    Ausarbeitung 403
    Konzeption 386–388, 401, 406
  energieverbrauchsrelevante Produkte 402
  integrierte Produktpolitik 382, 387
  Rahmenrichtlinie 386
  Regelungsbereich 387 f.
  verabschiedete Ökodesign-Verordnungen 405
  Verhältnis zu REACH und RoHS 397
Old Approach 142
Ordnungswidrigkeit
  Aufsichtspflichtverletzung 770
  Bußgeldkataloge 768
  Bußgeldtatbestände und -höhe 769
  Gewinnabschöpfung 769
  natürliche Handlungseinheit 769
  Täter 770
Outdoor-Richtlinie
  Detailharmonisierung 440
  Geräuschemissionsgrenzwerte 434, 440
  Geräuschmessverfahren 635
  Informationspflichten 635
  Kennzeichnung 434, 635
  Kompressoren 434
  Maschinenrichtlinie 438
  Ökodesign-Richtlinie 439
  Schalldruckpegel 438
  Schallleistungspegel 438, 440, 635
  Straßenverkehrszulassungsrecht 475
  Verwendung im Freien 437
  Vollzug 720

P

Prinzip
  der begrenzten Einzelermächtigung 51
  der gegenseitigen Anerkennung 9, 28–31, 465
Produkt
  Baukastensysteme 312
  Bauteil s. dort
  Definition 308
  End-/ Gesamtprodukt 309–311, 470, 477
  Ersatz-, Austausch- oder
    Nachrüstteile 312, 464
  gebrauchtes 309, 314–316, 323–326, 609
  Verkehrseinheit 69, 313, 555, 587, 679, 762
Produktänderung 278, 280, 551, 591, 632
Produkthaftung, strafrechtliche
  „beharrliche Wiederholung" 773
  betriebliche Arbeitsteilung 775
  Compliance Officer 775
  „echtes Produktstrafrecht" 771
  Entwicklungs- und Forschungsleiter 775
  Leiter der Qualitätssicherung 775
  Mehrheit von Geschäftsführern 778
  Organisationsverschulden 776
  Produktions- und Teilbetriebsleiter 775
  Produktmanager 775
  sanktionierte Pflichten 772
  strafqualifizierende Merkmale 773
  Täter 774
  Vorsatz 779
Produktinformation und -instruktion
  Abnehmerkreis 624 f., 629
  Anforderungen 619 ff.
  Betriebsanweisung nach der BetrSichV 618
  Bildzeichen 631
  DIN EN 82079 616
  Energieverbrauchskennzeichnung s. dort
  Fahrzeuge und Fahrzeugteile 614
  Frischbetonfall 629
  Gegenstand der Verwendung 622 f.
  Informationsträger 633
  Instruktionserfordernis 630
  komplexe Produkte 625
  nach dem BattG s. dort
  nach dem ElektroG s. dort
  nach der Outdoor-Richtlinie s. dort
  Nutzungsbeschränkungen i.S.d. FuAG s. Funkanlagenrichtlinie
  Pkw-EnVKV s. Straßenverkehrszulassungsrecht
  sachlicher Geltungsbereich 615
  sekundärrechtliche Vorgaben 605 ff.
  selbstschützende Produktwidmung 621
  Sprache 632
  Verbraucherprodukt s. dort
  Verpflichtete 634
  Warn- und Sicherheitshinweise 626 ff.
Produktkennzeichnung
  Konformität s. Konformitätskennzeichnung
  Rückverfolgbarkeit
    Fahrzeuge 649

Hersteller-/Einführerkennzeichnung 645 ff.
Identifikationskennzeichnung 649 ff.
nach ElektroG s. dort
Ort und Art der Anbringung 651 ff.
Typen-, Chargen- oder Seriennummer 650
Verpflichtete 655
Produktpolitik, integrierte 382
Produktregelung 7 ff.
Begriff 11
geborene Maßnahme gleicher Wirkung 10
Produktsicherheit
3-Stufen-Methode 355
elektromagnetische Verträglichkeit 496
erfasste Kausalverläufe 342–344
Fahrzeuge 449 f., 466 ff.
Harmonisierungsrechtsvorschriften 332
hierarchisches Sicherheitskonzept 355
Kollisionsregelungen 333
Produktsicherheitsrichtlinie (allgemeine) s. dort
Risikobeurteilung s. dort
Risikominderung s. dort
sachlicher Geltungsbereich 337 ff.
Schutz der körperlichen Unversehrtheit 340
Sicherheitsgebot (allgemeines) s. dort
Sicherheitsgeräte 345
Sicherheitstechnik
hinweisende 330
mittelbare 330
unmittelbare 330
sonstige Rechtsgüter 341
Stand der Technik 356, 377 f.
zu berücksichtigende Verwendung s. dort
Produktsicherheitsrichtlinie, allgemeine
gebrauchte Produkte 314
geschichtliche Entwicklung 159 ff.
harmonisierter Bereich 83, 334
Herstellerkennzeichnung 647
Identifikationskennzeichnung 649 ff.
Instruktionspflicht 609 ff.
nicht harmonisierter Bereich 336
Produktanforderungen 78 f.
Produktüberwachung
aktive 679
Dauer 680
Gefahr und Abwendungspflicht 676
passive 677

Pflichtenumfang 677
Reklamationsmanagement 678
Risikobewertung, nachmarktliche s. dort
Stichproben 679
Teil des Risikomanagements 674
Unterrichtung der Händler 682
Produktverwendung
Arbeitsmittel 536 ff.
Frequenznutzung 518 ff.
Maßnahme gleicher Wirkung 20
nationale Regelungskompetenz 320–322
Prüfbefugnis 733

R
RAPEX 172, 756 f.
REACH
Binnenmarktkompetenz 396
FCD und FMB 667
Informationspflichten 663, 666 f.
Kandidatenliste 408, 665
komplexe Produkte 667
Mitteilungspflicht 663, 665
Registrierungspflichten 663 f.
Stoffbeschränkung 409
Stoffhersteller 407
„Sunset date" 408
Verhältnis zu RoHS 395, 397
Verwendungsverbot 408
Zulassungserfordernis 408
Rechtfertigung (Warenverkehrsfreiheit) 24 ff.
Rechtsakte, delegierte 75–77, 202, 204, 206, 428, 441, 484, 636
Rechtsangleichung 50, 52
Angleichungsbedürftigkeit 56 f.
Angleichungsfähigkeit 58
Handlungsformen 99 ff.
Harmonisierungsintensität 59 ff.
Rechtsrahmen
Ayral-Paket 186
Gründe der Neuregelung 176–184
Musterbestimmungen 190
Reforminhalte 185 ff.
Rechtsschutz
gegen Untersagungsverfügungen 750–754
im Bewertungsverfahren der EU 767
Redundanz 329
Regelungsbereich 64 ff.

Resale-Markt 315
Richtlinie
   Handlungsform 101 ff.
   richtlinienkonforme Auslegung 111–113
   unmittelbare Wirkung 103 ff.
Risikobeurteilung
   Dokument „*Risikobeurteilung*" 352, 674, 565
   formale Konformität 347
   fortzuschreibende Risikoanalyse 353, 565, 673 f.
   harmonisierte Norm 354
   iterativer Prozess 353
   konstruktionsbegleitender Prozess 347, 352
   Risikobewertung 353
   Teil der Konformitätsbewertung 563, 565
Risikobewertung, nachmarktliche
   RAPEX-Leitlinien 692
   rechtsgüterübergreifende Methodik 692 ff.
   Risikograde 693
Risikomanagement 674
RoHS
   Anwendungsbereich 412–425
   Aufzüge 420
   Ausnahmen 416–425, 430
   Bestandteilsgeräte 418
   bewegliche Maschinen 422
   delegierte Rechtsakte 428
   E-Bikes 421
   Einsatz im Weltraum 417
   Elektro- und Elektronikgeräte 412 f.
   ElektroStoffV 411
   Ersatzteil 415
   Fahrrad 421
   Fahrzeugteile 480
   Forschung und Entwicklung 425
   Gerät 414
   Gerätekategorien 427
   homogener Werkstoff 429
   Initiativberechtigung 430
   Kabel 415
   Komponente und Bauteil 414
   Kontroll- und Überwachungsinstrumente 425
   Konzentrationswerte in Gew.-% 429
   medizinische Geräte 423
   ortsfeste Großanlagen 420
   ortsfeste industrielle Großwerkzeuge 419
   Ortsfestigkeit 419

   Photovoltaikmodule 424
   Stoffbeschränkungen 410, 428–431
   Übergangsregelungen 426
   Untätigkeitsklage 430 f.
   Verhältnis zu REACH 395, 397
   Verkehrsmittel 421
   Waffen, Munition, Kriegsmaterial 416
Rücknahme (Anordnung) 745
Rückruf (Anordnung) 745
Rückrufmanagement s. Nachmarktpflicht

S

Sachverständigengutachten, antizipiertes 270
Safe-life-Prinzip 329
Schutzklausel 62, 98, 166, 759 f.
„*Selbstanschwärzungs-/Selbstanzeigepflicht*" 703
Sicherheit 246
Sicherheitsgebot, allgemeines 71, 78, 162, 249, 334–336, 377
Sicherstellung 743
Sperrwirkung 60 f.
Spezifikation, technische 128
Sportbooterichtlinie 190, 332, 333, 357, 385, 444, 587, 720
Sprachregelungen 19, 44
Stand der Technik
   Aufzugsrichtlinie 244
   Begriff 236, 240
   Beispiele in Deutschland 239
   Druckgeräterichtlinie 245
   EMV-Richtlinie 242
   fahrzeugtechnische Anforderungen (§ 30 StVZO) 486, 489
   Kalkar-Beschluss 236
   kaufrechtlicher Mangelbegriff 252–254
   Konkretisierung durch technische Regel 259 ff.
   Maschinenrichtlinie 243
   Niederspannungsrichtlinie 241
   Produzenten- und Produkthaftung 255–257
   strafrechtliche Produkthaftung 258
   übergreifendes Anforderungsprofil 246–249
   wirtschaftliche Verhältnismäßigkeit 240, 247
   Zivilrecht 251 ff.

Stand von Wissenschaft und Technik 236, 250
Straßenverkehrssicherheit 48, 449
Straßenverkehrszulassungsrecht
   aktive Sicherheit 449
   Basisrechtsakte 454
   Bauteile und selbstständige technische Einheiten 458, 460
   Bauvorschriften 457, 482 ff.
   Betriebserlaubnis 452
   elektromagnetische Verträglichkeit 473, 479
   Fahrzeugaufbauten 469
   Fahrzeugteile 458 ff., 477 ff., 488 ff.
   Fahrzeugteileverordnung (FzTV) 461
   Fahrzeug-Zulassungsverordnung (FZV) 453
   Genehmigungserfordernis 454
   genehmigungsfreie Fahrzeuge 456
   Genehmigungspflicht 452 f., 461
   Genehmigungsverfahren 455, 592 ff.
   Genehmigungsvoraussetzungen 454
   geschichtliche Entwicklung 191–206
   hoheitliche Erlaubnis 453
   „In-etwa-Wirkung" 465
   Maschinenrichtlinie 468 f., 471 f.
   Merkblätter 486
   objektive Verwendungsmöglichkeit 463
   passive Sicherheit 449
   Produktsicherheitsrecht 449 f., 466 ff.
   RoHS 480
   sachlicher Geltungsbereich 448–450, 473
   selbstfahrende Arbeitsmaschinen 469
   Stand der Technik 486, 489
   technische Anforderungen (TA) 489
   Teile und Ausrüstungen 458 f.
   Träger-/Grundfahrzeug 469 f.
   Typgenehmigung s. dort
   Umweltschutz 474 ff.
   UN/ECE-Regelungen 483
   Verkehrsblattverlautbarungen 486
Strategie, neue 145

T
Technische Regel
   Abgrenzungen 212, 213
   Anforderungen
      an die Regelsetzung 266 f., 268
   Begriff 210 ff.
   doppelte Vermutung 262 ff.
   Freiwilligkeit 212
   handelshemmende Wirkung 116
   harmonisierte Normen s. dort
   Harmonisierung 115 ff.
   prozedurale Richtigkeitsgewähr 263
   Regelsetzer 208
   Relativität normkonkretisierender Verweisung 221
   technische Norm 211
   Vermutungswiderlegung 266 ff.
   Vermutungswirkung 261 ff.
   Verweisung
      gesetzliche 214 ff.
      normergänzende 218
      normkonkretisierende 219 f.
      starre 217
   Zulässigkeit gesetzlicher Verweisung 232–234
Tedeschi/Denkavit 62
Typgenehmigung
   Fahrzeuge und Fahrzeugteile
      Anfangsbewertung 596
      Erlöschen der Genehmigung / Betriebserlaubnis 599 ff.
      Fremdfertigung 598
      Genehmigungspflicht 452 f.
      Genehmigungstypen 593
      geschichtliche Entwicklung 191 ff.
      Mehrstufen-Konzept 202, 204, 206
      Pkw-EnVKV 640
      Prüfung des Entwurfs 597
      Übereinstimmung der Produktion 596, 598
      zweifacher Regelungsgehalt 594
   NRMM 441

U
Umweltproduktrecht
   Altfahrzeuge 398
   BattG s. dort
   ElektroG s. dort
   Emissionsbegrenzungen 389
   Energieeffizienz
      Handlungsaufträge 390
      Informationspflichten 390
      Kennzeichnung 390
   Fahrzeuge 385
   integrierte Produktpolitik 379–383

Maschinenrichtlinie 385
nationale Regelungskompetenz 400
Ökodesign-Richtlinie s. dort
Outdoor-Richtlinie s. dort
Produktlebenszyklus 379–383
REACH s. dort
recyclinggerechtes Konstruieren 391
ReUse II 399
RoHS s. dort
Sportbooterichtlinie 385
Stoffbeschränkungen 391 ff.
Straßenverkehrszulassungsrecht 474 ff.
umweltgerechte Produktgestaltung 381
WEEE-Richtlinie 2012/19 s. ElektroG
Umweltschutz
  Rechtfertigung handelsbeschränkender Maßnahmen 47
  Umweltproduktrecht s. dort
Unbrauchbarmachung 744
Unfallverhütungsvorschriften (UVV) s. Arbeitsschutz (produktbezogener)
Unterlassungsklage, wettbewerbliche 754
Untersuchungsanordnung 735
Untersuchungsgrundsatz 729 f., 765

V
Verbraucher
  Definition
    nach § 13 BGB 610
    nach dem Produktsicherheitsgesetz (ProdSG) 610
  unionsrechtliche Verbraucherbegriffe 610
  Verbraucherschutz 44, 448, 511
Verbraucherprodukt
  dienstleistungsbezogene Produkte 613
  „für Verbraucher bestimmt" 611
  Herstellerkennzeichnung 647
  Identifikationskennzeichnung 649 ff.
  Marktfähigkeit 79
  Migrationsprodukt 372
  Produktwidmung 611
  „vernünftigerweise vorhersehbar" 612
Verbrennungsmotor s. NRMM (non-road mobile machinery)
Verhältnismäßigkeit
  Grundsatz des EU-Rechts 247
  handelsbeschränkende Maßnahmen 27 ff.

Marktüberwachungsmaßnahmen 738, 742, 748
Sekundärrecht 53
Verkehrseinheit s. Produkt
Verordnung (EG) Nr. 764/2008
  ablehnende Entscheidung 602 f.
  Vorabgenehmigungsverfahren 601
Vertrag
  von Lissabon 1
  von Maastricht 1
Verwaltungsvollzug
  indirekter 721 ff.
  Marktüberwachung s. dort
  Regelung auf Unionsebene 88
Verwendung
  Regelungen zur s. Produktverwendung
  zu berücksichtigende
    bestimmungsgemäße 359
    Elektrofahrrad 365
    EN ISO 12000-1 364
    Fremdverantwortung 361
    Geburtstagskaravane 369
    Herstellerhinweise 371
    komplexe Produkte 373
    LASI 363
    Migrationsprodukte 372
    Mountainbike 367
    Produktbeobachtung 677
    Rauchwarnmelder 369
    Risikomanagement 674
    Selbstverantwortung 361
    Steckdosenleisten 368
    Tischfeuerstelle 366
    übliche Nutzung 359
    Verantwortungsbereiche 361
    vertriebsgebundene Erzeugnisse 374
    vorhersehbare 360
    Warnhinweise 375
    Zubehör- und Kombinationsprodukte 376
Vollharmonisierung 59, 62
Vormarktkontrolle 69, 160, 553 f.
Vorrang
  des Unionsrechts 4
  freiwilliger Maßnahmen 738
Vorschrift, technische 12, 94 f.
Vorsorgeprinzip 37

W

Warenverkehrsfreiheit s. Maßnahmen gleicher Wirkung
Warnung der Öffentlichkeit 746–748, 750
Weißbuch zur Vollendung des Binnenmarkts 54, 81, 145
Wettbewerbsbedingungen, einheitliche 87, 294, 304
Wettbewerbsverzerrung (Beseitigung) 87
Widerspruchsfreiheit
    (technische Regel) 135 ff.

Y

Yonemoto 327

Z

Zertifizierung
    Drittzertifizierung 177
    Vertrauen in Zertifizierungsstellen 176 ff.
Zwingendes Erfordernis s. Erfordernis

Printed by Printforce, the Netherlands